Adolf Bastian

Der Mensch in der Geschichte

zur Begründung einer psychologischen Weltanschauung

Adolf Bastian

Der Mensch in der Geschichte
zur Begründung einer psychologischen Weltanschauung

ISBN/EAN: 9783741168871

Hergestellt in Europa, USA, Kanada, Australien, Japan

Cover: Foto ©berggeist007 / pixelio.de

Manufactured and distributed by brebook publishing software
(www.brebook.com)

Adolf Bastian

Der Mensch in der Geschichte

DER MENSCH

IN DER

GESCHICHTE.

ZUR BEGRÜNDUNG

EINER

PSYCHOLOGISCHEN WELTANSCHAUUNG

VON

ADOLF BASTIAN.

ZWEITER BAND.

LEIPZIG

VERLAG VON OTTO WIGAND.

1860.

PSYCHOLOGIE

UND

MYTHOLOGIE.

VON

ADOLF BASTIAN.

LEIPZIG
VERLAG VON OTTO WIGAND.
1860.

Inhalt
des zweiten Bandes.

Seite

Frage und Antwort
in Wechselwirkung mit der Natur.

DAS OMEN.

Je nach der Stimmung des individuellen Temperamentes im Menschen wird der Natur ein verschiedener Resonanzboden geboten, um darauf ihre einfallenden Melodien abzuspielen. Im Zustande ungewissen Zweifels, wo sich zwei gleich starke Vorstellungsreihen balanciren und der Wille nicht zur selbstständigen Entscheidung gelangen kann, muss jede äusserlich hinzutretende Erscheinung, jeder sinnliche Eindruck, der sich plötzlich und schlagend mit den noch haltlos umherschweifenden Gedanken associirt, rasch die Schaale auf seine Seite neigen und ihr den Ausschlag geben. So besitzt in den frühen Entwicklungsstadien des Denkens das Omen eine hohe Wichtigkeit in der Logik des Geistes. Wenn es von diesem noch nicht in die Zufälligkeiten seiner Erscheinung zersetzt ist, wenn es sich noch zwanglos in die vorwaltende Weltanschauung einzufügen vermag, wird es am bedeutsamsten in dem Sanguiniker mitwirken, wo die subjective Lebhaftigkeit schon von selbst zu fester Entscheidung drängt und deshalb rasch nach jeder erreichbaren Hülfe hascht. In solchen Fällen wirkt das Omen aber nicht in seiner mystischen Bedeutung, sondern als vernünftiges Motiv, das seine natürlichen Erklärungsgründe in der Naturbetrachtung findet; und der durch den ihm gesandten Adler oder den rechtshin leuchtenden Blitzstrahl in seinem Vorhaben geleitete Gottesdiener handelt darin ebenso nach einem deutlichen Warum, als wenn uns dieser selbige Blitzstrahl veranlasst, Eisenstangen auf die Häuser zu setzen. Mit dem Gotte, der den Blitzstrahl schleudert, fällt auch die motivirungsfähige Bedeutung des Omen hinweg, wenigstens für den Sanguiniker, dessen Hinneigung zu selbstständiger Willensentscheidung durch kurze und rasch verständliche Eindrücke der Aussenwelt mächtig unterstützt werden mag, der aber, wenn dieselben nicht mehr deutlich und klar den Stempel des Göttlichen an der Stirne tragen, sie ganz und gar unbeachtet lassen wird, da er, eine tiefere Meinung herauszugrübeln, eben keine Zeit hat. Anders bei dem Melancholiker. In dem gleichmässigen Gedankenflusse, innerhalb welches er fortlebt, muss jede über das glatte Niveau hinübersprudelnde Welle, jeder kleine Strudel und kräuselnde Ring, ob aus den Sinnesnerven, ob aus den hypochondrisch verstimmten Ganglien des Unterleibes hervorquellend, seine ängstliche Selbstbeobachtung treffen und kann nicht vorübergehen, ohne in seinem Bewusstsein ein Nachzittern zurückzulassen, das, (sich mit neuen, in dieser oder jener Richtung hinzukommenden, Schwingungen vermehrend), leicht zu accumulirenden Wirkungen anwächst und schliesslich eine eigene Klangwelle anschlagen mag, als die offenbarende Stimme der Gottheit sprechend. Der Melancholiker sieht die Wellenlängen seiner Gedanken dem Bewusstsein vorüberströmen, er sieht sie, den ihnen einwohnenden Krystallisationsgesetzen nach, sich regelmässig anordnen, bald hier, bald dort durch einander schwingen, und selbst ihre Producte aus den gegebenen Factoren herausrechnen, er fühlt eben in sich denken, und wenn ihm die Schärfe psychologischer Beobachtung fehlt, um weiter zu der Quelle der ersten Entstehung zurückzusteigen, so überträgt er die Gestaltungsform seiner Denkgesetze auf das eingreifende Walten der Gottheit und wird in seinem Vorstellungsleben vielfach die Willensentscheidung suspendiren, um auf die innerliche Offenbarung zu warten, auf eine kräftiger intonirte Gedankenwelle, deren einseitig überwiegenden Anstoss er nicht aus sich selbst zu erklären fähig ist. Bei ihm wird dieses passive Denken leicht in die dunkelen Träume des Mystikers verlaufen, der, getäuscht durch das organische Entwicklungsgesetz der geistigen Thätigkeit, nach Aussen projicirt, was in ihm lebt und wirkt. Nur wenn die Tragweite jedes, in die Vorstellungsreihen eintretenden, Motives bekannt ist, wird jedes seinem richtigen Werthe nach abgeschätzt werden können.

Um sich über einen Gegenstand, seinem wahren, objectiven Sachverhalte nach, klar zu werden, übergiebt man sich dem reflectirenden Nachdenken, man sucht jede individuelle Willensneigung zu verwischen, um eine künstliche tabula rasa herzustellen, man löst jede geschlossene Vorstellungskette, die sich aus den zufälligen Anforderungen des gewöhnlichen Lebens im Bewusstsein gebildet hatte, in den Zustand halbflüssigen Allgemeingefühls auf, damit in denselben die Gedanken nach ihren harmonischen Verwandtschaftsverhältnissen gestaltend aneinander treten mögen. Je ungehinderter und freier die Neubildung vor sich geht, desto vollkommener wird die gefundene Antwort die gestellte Frage decken. Die Abstraction will gelernt sein, wie jede andere Kunst, und bei der Unbehaglichkeit, die ihre polare Spannung dem daran nicht gewöhnten Organismus zu verursachen pflegt, lässt sich gewöhnlich der Wille verleiten störend einzugreifen, noch ehe die sich zusammenordnenden Stoffe zum völligen Auswachsen aller in ihnen verborgenen Kräfte gereift sind. Ein jeder Reiz, der in ihre entwicklungsfähige Masse fällt, wirkt gleich einem Stabe, den man in eine eingedampfte Mutterlauge steckt, als der Ansatzpunkt rascher Krystallisation. So fühlt sich Mancher voll inneren Dankgefühls, durch eine besondere Naturerscheinung, die zufällig sein Auge oder Ohr traf, aus der quälenden Unschlüssigkeit des Nachdenkens erleichtert. Um den Kern ihrer Empfindung schiesst sogleich der bestimmende Entschluss an, und sollte sich dieser nachher als ein richtiger beweisen, so erinnert man sich dankbar des günstigen Omens, das die guten Götter gesandt hatten. Das Nacheinander wird zum Wegeneinander. Wie der Kranke, der nichts Besseres zu thun weiss, das empfohlene Geheimmittel nimmt, und im Falle seiner Genesung die wunderbare Wirksamkeit desselben rühmt, im andern nicht weiter daran denkt, so war der Mensch, der so vielfach die Unsicherheit gefühlt hatte, seinem beschränkten Urtheile zu folgen, um so freudiger bereit, die Entscheidung auf die Gottheit zurückzuwerfen, je weniger er seiner eigenen Kraft vertraute. Bei dem Wilden hängt es noch stets von Umständen ab, ob ihm ein Stein zum Fetisch wird oder nicht. Bei fortgeschrittener Begriffsentwicklung dagegen bildet sich bald ein priesterliches System günstiger und ungünstiger Omen, und dann tritt auch leicht die geschickte Unterstützung hinzu, das Haupt beim betenden Nachdenken zu verhüllen, um selbst die Auswahl leiten zu können; der feste Glaube unterstützt auch hier die Ausführung der That, wie das Vertrauen zum Arzte die Heilung des Patienten.

Wer glaubt, mit dem festen Vertrauen des Columbus, dass alle Ereignisse aus höherer Fügung zu seiner speciellen Unterstützung eingerichtet sind, wird stets für grosse Unternehmungen die nöthige Kraft gewinnen; wer glaubt, dass Alles, was ihn trifft, zu seinem Besten dient, wird es auch stets so finden. Was immer geschieht, ist das Beste, das geschehen kann, da es eben das Einzige ist, und sich, wenn auch in seinen relativen Zwecken nicht jederzeit zu erklären, schliesslich in der Harmonie des Ganzen erfüllen muss.

Der Schamane, als subjectiver Wahrsager, der durch körperliche Mittel sich innerlich aufregend, aus den seinem Geiste vorschwebenden Phantasiebildern über die einfachen, ihm wohlbekannten Lebensverhältnisse urtheilt und seinen Rath darüber giebt, steht dem griechischen *μάντις* der homerischen Zeit, als objectivem, gegenüber, indem der letztere sich innerlich sammelt, um seinen Geist in passiver Eindrucksfähigkeit empfänglicher zu machen für die richtige Auffassung der *τέρα* und *σήματα*, die in der Aussenwelt von den Göttern gesendet, ihre Beziehung zu den wichtigsten, weitgreifendsten Staatsverhältnissen haben. Odysseus fleht zum Vater Zeus um ein Zeichen vom Himmel. „Ihn höret der Ordner der Welt, Zeus. Plötzlich erscholl der Donner vom glanzerhellten Olympos und doch war nirgends Gewölk.“ Im Gegensatz zu der sanguinischen Reizbarkeit der leicht erregbaren Polarvölker vermittelt die harmonische Weltanschauung der Griechen den Uebergang zum contemplativen Phlegma des Orientalen. Werden die indischen Büsser um Orakel befragt, so schliessen sie ihre Augen, um in der Ruhe des Nachdenkens auf die Antwort der Offenbarung zu warten. — Die gemeinen Leute (sagt Aristoteles) haben ihren Kopf von Geschäften und Sorgen weniger voll und ihre Seele wird weniger mit dem Spiel der Gedanken beschäftigt, sie bleibt aber dessenungeachtet für die Eindrücke empfänglich und folgt gelehrig der Richtung, wohin sie bewegt wird, so dass die Dümmsten am fähigsten sind, in die Zukunft zu sehen. — Plato bemerkt, dass Apollo in Thessalien Aplos genannt wurde, als wahr und einfältig im Weissagen, ähnlich dem Fatuus oder der Fatua bei den Römern. — Cambyses ermahnt (bei Xenophon) seinen Sohn Cyrus, nie den Opfern und Vogelzeichen zuwider etwas zu wagen, weder für sich, noch für sein Heer, „denn menschliche Weisheit versteht das Beste ebensowenig zu wählen, als wenn Einer nach dem Loose das, worauf das Loos fällt, thun wollte. Die ewigen Götter aber wissen Alles, Vergangenheit und Gegenwart, und das, was aus jedem hervorgehen wird, und wenn sie dem sich Berathenden gnädig sind, so geben sie ihm Anzeichen, was er thun und lassen soll.“ — Omina sind dem Homer solche Ereignisse, in denen der Schicksalslenker bestimmend in das Leben einzugreifen scheint, wenn unvermuthet dem Lenkrus die Sehne des Bogens springt oder dem Ajax im Augenblicke der Entscheidung der Lanzenschaft abgehauen wird, oder der Sturm plötzlich Staub gegen den Feind treibt. — Als der vom Senat geächtete Marius in Minturnae einen Esel dem Futter ausweichen und nach dem Wasser laufen sah, erkannte er den Wink der Götter und schiffte nach Africa, wodurch er den Waffen Sulla's entkam. — Von Pompejus berichtet Valerius Maximus, dass nach der Schlacht bei Pharsalus, der schlimme Name (*κακοβασιλέα*) eines Palastes bei Paphos, nach dem er bei seiner Landung fragte, den letzten Rest seiner Hoffnungen vernichtete. Ein anderer Proscribirter erzählt von sich selbst, wie er in qualvoller Ungewissheit, ob es sicherer sei nach Rom zurückzukehren oder nicht, in Sicilien habe landen wollen, als ein Hase aufgesprungen sei und ihn zur Flucht entschieden habe, wodurch sein Leben gerettet wurde. — Als Melanchthon über die trübe Zukunft der jungen Reformation beunruhigt, aus dem Versammlungssaal zu Torgau in das Vorzimmer tretend, dort drei Predigerfrauen in gottgefälligen Beschäftigungen fand, indem die eine betete, die andere ein Kind säugte, die dritte ihrem Manne das Essen zubereitete, fühlte er sich so erleichtert, dass er mit freudestrahlendem Gesichte in die Versammlung zurückkehrte, und auch diese durch die Mittheilung des günstigen Omen derart kräftigte, dass sie zur Fassung fester und standhafter Entschlüsse ermuthigt wurde. (*Winshemius.*) — Der Regenmacher der Choctaw-Indianer sass während einer lang anhaltenden Dürre durstig unter einem vertrockneten Baume, als plötzlich, zum Himmel aufblickend, er den grossen Geist mit den Augen winken und einen Baum vom Blitze getroffen niederfallen sah. Der grosse Geist befahl ihm, in die Erde, an den Wurzeln des Baumes niederzugraben und das, was er niedergeschmettert finden würde, sorgsam bei sich zu tragen. Und wenn es geschähe, dass die Erde wieder trocken würde, so solle er damit auf einen Hügel gehen und für Regen bitten, der dann sicherlich gewährt werden würde. Der Donnerkeil bestand in einem Glasstöpsel, in Baumwolle und Zeug gewickelt. — Als Mahtolohpa, der Mandanenhäuptling, von Catlin gemalt sein wollte, hielt er eine Feder in der linken Hand, die er sorgfältig auf dem Hefte der Lanze balancirte, ihn auffordernd, genau darauf zu achten, dass sie nicht zu der Lanze gehöre. Auf weitere Fragen erklärte er, dass diese Feder grosse Medicin sei und dem grossen Geiste, nicht ihm, gehöre. „Als ich die Hütte Wongatap's (an dem er durch einen kühnen Ueberfall seinen vor vier Jahren ermordeten Bruder gerächt hatte) verliess, blickte ich zurück und sah diese Feder auf der Wunde in seiner Seite liegen. Ich lief zurück in den Wigwam, hob sie auf, brachte sie in meiner linken Hand nach Hause und habe sie seitdem für den grossen Geist aufbewahrt." Auf die Frage, weshalb er sie nicht wieder an der Lanze befestige, von der sie losgegangen, antwortete er: „Stille! Hätte der grosse Geist gewollt, dass sie an ihrer Stelle bliebe, so würde sie niemals abgefallen sein. Er ist gütig gegen mich gewesen und ich will ihn nicht beleidigen." — Als der Caboseer Noyte Tessing in Fessing die Thürschwelle überschritt, um sich in seinem Streite mit den Aslanten nach dem dänischen Fort zu begeben, trat er auf einen Stein, so dass es ihm Schmerz verursachte. Er nahm ihn auf, hielt ihn in der Hand bei seiner Vertheidigungsrede *), die ihm zum Lossprechen verhalf, weshalb er seitdem den Stein stets mit sich führte. (*Römer.*) — Ein Priester an der Goldküste sah einst etwas Glänzendes zwischen den Blättern des Waldes schaukeln und gelangte nach vielen Bemühungen zum Besitz der goldenen „Axt", die er dem Könige brachte und als „überredend" erklärte, worauf sie unter den Regalien der Fantees aufbewahrt und fortan jedesmal zu Verhandlungen mit andern Stämmen mitgenommen wurde, wenn dieselben „überredet" werden sollten. (*Robertson.*) — Als ein Kaffer, der von einem am Strande ausgeworfenen Anker etwas abgebrochen hatte, bald darauf starb, glaubte man in jenem den Sitz eines mächtigen Fetisches zu sehen, und auf das Gebot des Königs Chabo musste ihn Jedermann beim Vorübergehen begrüssen. — In Malemba brach im vorigen Jahrhundert eine Pest aus, kurz nachdem ein Portugiese dort gestorben war, und seitdem sieht man sorgfältig darauf, jeden Europäer innerhalb der Gebietsgrenzen in möglichst guter Gesundheit zu halten. — Weil die von Cocles vertheidigte Brücke nur mühsam in der höchsten Gefahr hatte abgebrochen werden können, hielt das Volk nach ihrer Erneuerung noch lange an dem Dogma fest, dass kein Eisen zur Erbauung von Brücken verwendet werden dürfe, den directen Grund über den allgemeinen Eindruck vergessend. — Die Rabbinen verbieten irgend einen Gebrauch von den zerstörten Götzenbildern zu machen,

*) Der Babylonier Zachalias war am Hofe des Mithridates berühmt für seine Kenntniss derjenigen Steine, die in Rechtshändeln nützlich seien. — „Phöbus Apollo gab ihm einen redenden Stein, einen wahrhaften Eisenstein, welchen man den beseelten Bergstein hiess, rund und schwarz von Farbe. Ihn hegte Helenos wie ein Kind, und wenn man ihn mit den Händen schwingt, erhebt er auch die Stimme eines neugeborenen Kindes. Dieser Helenos (Laomedon's Sohn) sagte den Atriden den Tag der Einnahme Trojas vorher, dem redenden Steine vertrauend." (*Photius.*)

„denn da es in der Natur des Menschen läge, zufällige Beziehungen auf einander zu beziehen, wie glückliche Geschäfte nach einem Kaufe dem daraus erlösten Gelde zuzuschreiben, so könne es auch in gleicher Weise mit dem aus dem Götzenbilde gewonnenen gehen, und schliesslich dem Götzen selbst die begünstigende Kraft zugeschrieben werden." — Ein mexicanischer Geistlicher (der Padre Flores) legte im vorigen Jahrhundert die ersten Silberstufen seiner neu bearbeiteten Mine vor dem Bilde der Jungfrau nieder, mit dem Gelübde eines reichen Tempels, wenn er ferner begünstigt werden sollte. Die Ausbeute nahm jährlich zu und die Wirkung musste nothwendig auf diejenige Ursache zurückgeführt werden, durch deren Anerkennung sich der Gläubige selbst gefesselt hatte. Das Resultat war die Erbauung der prächtigen Kathedrale in San Juan del Rio, der schönsten Kirche America's. — Die Chinesen weissagen aus Stäben, die mit räthselhaften Charakteren beschrieben sind, oder sie lassen sich die Zukunft aus Ziffern und Buchstaben von einem Bonzen zusammensetzen. Wenn durch Zufall, sagt Du-Halde, eintritt, was vorhergesagt ist, so wurzelt der Aberglaube fester ein als je. Zeigen sich die Vorhersagungen dagegen falsch, so begnügt man sich zu sagen, dass der herbeigezogene Wahrsager seinen Beruf nicht gut verstanden. — Die Araber orakeln mit drei Pfeilen, von denen der erste die Worte trägt: „Befiehl mir, o Herr." der zweite: „Verhindere mich, o Herr." der dritte unbeschrieben ist.

Die einfachste Form der Orakel, um sich in zweifelhaften Fällen zur Entscheidung bestimmen zu lassen, bieten die Loose, wozu in Smyrna und im Tempel des Apollo Spodios in Theben die Würfel dienten. Die Würfel am Orakel des Hercules zu Bura (Achaja) waren aus Knochen der Opferthiere gefertigt. — Aehnlich der Stichomantie der Griechen und den virgilischen Loosen der Römer hatten die Christen ihre Sortes Apostolorum oder Prophetarum aus zufällig aufgeschlagenen Stellen der Bibel; die Mohamedaner gebrauchen zu gleichem Zwecke den Koran. Bis zum 9. Jahrhundert galt in England das Loos als gewöhnliches Entscheidungsmittel, selbst vor Gericht. — Als Chlodwig um ein Orakel im westgothischen Kriege nach dem Grabe des heiligen Martinus schickte, wurden seine Gesandten angewiesen, auf die Worte des Psalmes zu achten, der bei ihrem Eintritt in die Kirche gesungen werden würde. — Als R. Simon und R. Johanan den Vorsteher der Hochschule zu Babylon (Samuel mit Namen) besuchen wollten, unterliessen sie ihre Reise, als sie, bei einer Schule vorbeigehend, die Schüler lesen hörten: „Und Samuel ist gestorben", indem sie dies für ein Bathkol (Ablaut der Himmelsstimme) nahmen. — Die orientalischen Türken (523—799 p. C.) hoben den neuen Grosskhan auf einem Filz in die Höhe und wickelten ihm ein seidenes Tuch um den Hals, das so fest angezogen wurde, dass er den Athem verlor. Die ersten Worte, die er nach der Ohnmacht aussprach, wurden auf eine abergläubische Weise gedeutet. — Der Bildsäule des Hermes Agoräos wurde die Frage in's Ohr gesagt und dann nahm der mit zugehaltenen Ohren aus dem Tempel Hervorkommende das erste Wort, das er draussen hörte, als die Antwort, wie beim Orakel des Apis, vor dessen Tempel ein Spielplatz der Schuljugend war. — Als dem König von Macassar Anträge von mohamedanischen und christlichen Missionären gemacht wurden, entschied er sich, diejenige Religion anzunehmen, deren Diener zuerst anlangten; und machte so das factische Verhältniss selbst zum Ausspruch der Gottheit. — Eine Zauberin der Abiponen prophezeite den drohenden Ueberfall von Feinden aus dem Jucken ihres linken Armes, indem sich ihr durch zufällige Association ein Causalnexus gebildet hatte, und sie verfehlte nicht, sich Ansehen dadurch zu schaffen, wie Dobrizhoffer erzählt. — Vor einem Kriegszuge der nordamericanischen Indianer rauchen die Häuptlinge auf einem rein gefegten Platze und beobachten die Eindrücke, die aufgestapelte Steine beim Herabfallen machen, um danach die Richtung des einzuschlagenden Weges zu bestimmen. (*Tanner.*) — Die Altas (auf den Philippinen) entnahmen sie aus der Beobachtung aufsteigenden Rauches, wie es im Tempel der Athene Poliader geschah. — In Litthauen prophezeiten die Puttons mittelst Beobachtung des Wassers, die Welons durch Beobachtung der Winde, die Swakons aus dem Brennen der Kerzen, die Kannm Rawgis aus dem Schaume des Bieres, worin sie Salz warfen, die Silneks aus Meteoren und dem Geschrei der Vögel. — An den Rusalka-Festen entnehmen die Slawen ihre Vorhersagungen aus dem Verwelken der Blumen, die Osmanen prophezeiten aus den Figuren, die in den Sand gezeichnet wurden, die alten Preussen aus solchen, die geschmolzenes Wachs beim Einträufeln in Wasser bildet. Aelian erwähnt der Verwendung von Mehl, von Sieben, von kleinen Käsen zu gleichem Zwecke. — Die Mongolen weissagen aus den Rissen eines in's Feuer geworfenen Schulterblattes*) eines Hammels oder Schafes, die Pommern aus dem Brustbein der Gans, die Tahiter aus aufgeschnittenen Coconnüssen. — Die magischen Ruthen, die Beobachtungen der Eingeweide geschlachteter Thiere, das bedeutsame Fliessen des Blutes kehrt überall wieder. In Mähren beobachtet man die in den Zweigen der Bäume spielende Sonne, die Sibylle säuselt in den Blättern der heiligen Haine**), die germanische Priesterin lauschte dem Rauschen unterirdischer Quellen, die Pajes der Coroados in Brasilien dem Wehen des Windes, die Aboriginer in Keate dem Hacken des Baumspechtes. — Zu Plougasnou (in Finisterre) wurden Vorhersagungen aus der Ebbe und Fluth entnommen (*Cambry*), in Sicilien und Euboea aus der Wellenbewegung des Meeres. Nach Varro erfuhr man in Rom aus der Farbe des Wassers den Ausgang des mithridatischen Krieges. — Wie unter Numa aus den Schwingungen eines aufgehängten Ringes, wie im Mittelalter aus den Drehungen der Erbbibel, so prophezeite man neuerdings aus dem Tanzen der Hüte und Tische. — Die Kuren, die Semgallen, die Sachsen, die Azteken, die Jagas liessen Kriegsgefangene feindlicher Stämme, ehe sie in's Feld zogen, zum wahrsagenden Omen mit einander kämpfen, die Malayen Hähne, die aus den betreffenden Districten stammen. Die alten Polen weissagten Sieg aus dem Wasser, das in einem Siebe geschöpft, ihrem Heere vorangetragen wurde, ohne durchzulaufen; die Normannen aus ihrer wunderbaren Fahne. — Die Germanen setzten einen Eselskopf (die Lombarden später einen Pferdekopf) auf glühende Kohlen und nannten die Namen der eines Verbrechens Verdächtigen, worauf Derjenige als der Schuldige angesehen wurde, bei dessen Erwähnung die zusammenschlagenden Kinnbacken ein krachendes Geräusch machten. Die Zendekiten besassen zu Harun-Al-Raschid's Zeit einen Orakel gebenden Kopf (nach Ennedin), und auch den Juden wird eine Kephalomancie zugeschrieben.

Plötzliches Erzittern und Zusammenfahren (*καρδίας ἅλμα*), Klopfen und Zittern des Herzens, der Augen (*παλμοί*) galten für Omina (nach Melampus). Schon das Niesen, wo der Mensch, ohne Bewusstwerden des Willens,

---

*) Von den mit den Normannen nach England gekommenen Flamländern wird erzählt, dass sie aus der Beobachtung von fleischlosen Schulterknochen die Staatsumwälzung unter Heinrich I. prophezeiet und so sich noch zeitig gerettet hatten.

**) David erhielt göttlichen Befehl, die Philister nicht eher anzugreifen, bis die Bäume des Haines in Bewegung seien, ohne dass ein Wind wehe.

sich zu Thätigkeitsäusserungen bewegt fühlt, wurde für ominös gehalten, für schädlich von Mitternacht bis Mittag, während es Xenophon in seiner Rede zum Feldherrn bestätigte. Die unwillkürlichen Darmbewegungen schufen in Egypten den Gott Pet*); den alten Persern war das Niesen das äussere Zeichen des inneren Kampfes zwischen den leichteren Feuertheilen und dem Samen der grobsinnlichen Materie. Die Nase**) wird für Gehirn genommen, weshalb man bei der Frage nach der Gesundheit sich erkundigt, wie die Nase schneuzt. Nach dem Ammek hamnelech ist die Nase der Sitz des Gedächtnisses. — Wenn der Kaiser von Monomotapa nieste, wurde es durch das ganze Land verkündet, um allgemeine Freude zu zeigen. — Musste der König von Sennaar niesen, so drehten sich sämmtliche Hofleute um und klappten mit der Hand auf den rechten Schenkel. — Wie die Rabbinen sagen, war das Niesen in alter Zeit von böser Vorbedeutung, das Zeichen des Todes, aber da Jacob durch sein Gebet erlangte, um einer so unbedeutenden Ursache willen nicht sterben zu sollen, wurde fortan der Glückwunsch beim Niesen zur Gewohnheit. — Die Spanier machen beim Gähnen viermal mit dem Daumen das Zeichen des Kreuzes vor dem offenen Munde, damit der Teufel nicht eintrete. — Die Russen rufen den Namen Gottes an, wenn sie vom Schlucken befallen werden, denn während dieser Zeit streiten der Schutzengel des Menschen und der Teufel miteinander, darauf achtend, an wen der Schluckende denke. — Wenn ein kleines Kind, heisst es im Talmud, lacht in der Nacht des Sabbath oder in der ersten des Monats schläft, so spielt Lilith mit ihm und muss die Mutter oder der Vater ihm dreimal auf die Nase schlagen.

[AUGURIEN.] Bei dem Räthsel seiner ganzen Existenz ist dem Menschen jeder Naturgegenstand gleich wunderbar und, weil unbegriffen, unbegreiflich. Obwohl er, durch Gewohnheit abgestumpft, objectiv sich nur von solchen Naturerscheinungen besonders angeregt finden wird, die als Ausnahme die Regel aufheben, kann er subjectiv doch mit jedem beliebigen Gegenstande dieselben Fragen nach den letzten Ursachen verknüpfen, sei es mit einem niederen Moose, sei es mit einem Steine, sei es der mächtige Sonnenball. Ueber den untersten Grad der Steinfetische erhoben sich die Egypter, durch ihren Thierdienst angeleitet, zu dem der belebten Natur, indem in jedem Hause ein Vogel gehalten wurde, dem eine zur Gewohnheit gewordene Ideenassociation die Weihe einer höheren Wesenheit gab, wodurch er aus der Zahl seines Gleichen herausgehoben wurde. Im

---

*) Ob, démon des Syriens, qui était ventriloque. Il donnait ses oracles par le derrière, organe, qui n'est pas ordinairement destiné à la parole et toujours d'une voix basse et sépulcrale. (*Plancy de Collin.*)

**) Die Sitte, sich bei vertraulichem Grüssen mit den Nasen zu berühren (weshalb im Sanscrit, wie auf Java und Neuseeland dasselbe Wort für Riechen, Küssen und Grüssen dient), findet sich auch bei den Papua's und auf Timor, wo (wie Freycinet bemerkt) ein starkes Anziehen des Athems damit verbunden sei, so dass die Sitte gewissermassen auf ein gegenseitiges Beriechen hinausläuft. Christliche Heilige hatten die Gabe, Tugendhafte und Lasterhafte durch den Geruch zu unterscheiden, wie die Priesterbande in einigen Tempeln Griechenlands. An Rang gleichstehende Personen auf den Tonga-Inseln begrüssen sich dadurch, dass die Nasen neben einander gelegt, Stirn und Lippen aufeinander gedrückt werden, ohne jedoch zu schmatzen, was (wie Mariner bemerkt) als europäischer Kuss verlacht wird.

Cameroon lässt man einen Vogel im Hause absterben, um seine Seele als Schutzgeist zu gewinnen. Dass zu Augurien die Vögel gewöhnlich vorgezogen wurden, ging zunächst aus unbestimmter Auffassung ihrer dem Himmel verwandten Luftnatur hervor, aus natürlichen Anschauungen, die sie zu Götterboten machten und die in philosophischen Systemen leicht ihre weitere Ausbildung fanden. Die der pneumatischen Seele wachsenden Flügel wurden auch von den Kirchenvätern benutzt, um die orientalischen Engelwesen aus dem Chaos des mit seinen Dämonen und Götzengöttern zusammenbrechenden Heidenthums zu retten; die buddhistischen Heiligen schweben schon bei körperlichem Leibe umher und die chinesischen Reisenden klagen, dass ihnen die Flügel noch nicht stark genug gewachsen waren, um nach alter Sitte das Taubenkloster im Dekkhan durch die Luft zu besuchen. Die persischen Gesetze wurden durch den Sperber, das purpurne Priesterbuch nach Theben durch den Habicht, der heilige Geist durch die Taube gebracht. Puruscha geht als Vogel in die gebildeten Geschöpfe ein. (Yajur Veda.) An jedem Opfer, an jeder heiligen Handlung, die wichtigen Einfluss auf die menschlichen Geschicke ausüben mochte, blickte man zum Himmel, um die Ansicht der Götter darüber zu vernehmen, und die Auguren, als genauer mit den nöthigen Ceremonien vertraut, beschrieben die Grenzen des Templum, worin allein die Vorzeichen erscheinen durften. Durch die lange verweigerte Veröffentlichung ihrer Grundsätze übten sie die durchgreifendste Herrschaft über die Volksversammlungen aus, während bei weiteren Kriegszügen (wo die Nothwendigkeit der Beobachtung unbequem wurde und die Pläne der Omen sendenden Götter oft in Collision mit denen des Kriegsrathes*) kamen) die Consuln die Geschäfte des Priesters und Heerführers theilten. Der nicht Beobachtende war wegen seines Nichtwissens auch nicht verantwortlich und konnte so den Dictaten der gesunden Vernunft folgen. Da Adler und Geier nicht immer nach Wunsch erschienen, so vereinfachte man die Augurien des Lagers durch das Fressen der heiligen Hühner, was so ziemlich sicher immer eintreten musste. Auch hier stand es noch in der Macht des Menschen, etwa unbequeme Bestimmungen seines Schicksals zu verbessern. Die Macht eines schlimmen Omens konnte entkräftet werden durch Aufwerfen eines Steines, Tödten des Thieres, Ausspucken oder Aussprechen günstiger Worte, wie Numa durch solche seinen Gott um Menschenopfer betrog und Kohlköpfe für

*) Prusias, der eine Schlacht vermied, weil sie die Eingeweide der Opferthiere verböten, gedachte zu spät an Hannibal's Vorwurf, dass er einem Stücke Kalbfleisch mehr glauben wolle, als einem erfahrenen Feldherrn.

Menschenköpfe substituirte. Dii omen avertant, Procul omen esto, waren die Formeln, wodurch der Fromme das Omen im Nomen und Numen abwendete.

Plinius rühmt die Nachsicht der Götter, dass weder Verwünschungen, noch irgend welche Vorzeichen diejenigen betreffen, die beim Beginn ihres Vorhabens jede Wahrnehmung leugnen. — Bei der Landung in Africa stolpernd, verwandelte Caesar das ungünstige Omen in ein günstiges, rufend: Africa, ich erfasse dich. — Euphemistisch wurde der Name Maleventum in Beneventum verändert, Epidamnus in Dyrrhachium. — Als vor der Schlacht mit den Samnitern sich das Gerücht verbreitete, dass der Hühnerwärter günstige Auspicien erlogen, liess ihn Papirius Cursor in die vorderen Reihen der Kämpfenden stellen, wo er zuerst fiel, als Vorzeichen des Sieges. — Als der Knabe Potikiroroa vor der Thüre des Priesters Whanekora stolpert und fällt, ergreift ihn dieser, um das unheilverkündende Omen unschädlich zu machen, und isst ihn ungebraten, erzählen neuseeländische Geschichten.

Die Ceremonie des Augurium Salutis wurde alljährlich um die Zeit, wo die Consuln ihr Amt antraten, um die Geschicke des Jahres zu erforschen und zu bestimmen, von den Auguren und obersten Beamten angestellt, da der Anfang den Fortgang auf magische Weise regiere. (*Gellius.*) Sie war mit Gelübden und Gebeten für das Wohl des Volkes und seiner Vertreter verbunden, und musste an einem Tage geschehen, der von Unruhe, Zwietracht, Blutvergiessen und anderen bösen Zeichen möglichst frei war. (*Cicero.*) Die Tusker theilten die Vögel in praepetes, wenn die beobachteten zu glücklichen Zeichen einherflogen und inferae oder ungünstige. Aus dem Falle eines in der Erde wurzelnden Baumes wurde das auspicium soniviunı gezogen. Seneca unterscheidet fulmina monitoria, pestifera, fallacia, deprecanea, obruta, regalia, hospitalia und auxiliaria. In der Definition des fulmen concillarium (den Jupiter nach Zuziehung des Götterrathes schleudert) heisst es: „Es ist ein Blitz, der den Menschen gegeben wird, wenn sie etwas in Gedanken gefasst haben, vor der Ausführung, und der Vorsatz wird dadurch entweder widerrathen oder angerathen. Kommt ein Blitz nach der Ausführung, so heisst er auctoritatis und deutet den glücklichen oder unglücklichen Erfolg an. Hat man Nichts vor, weder in Gedanken noch in Handlungen, so heisst der dann erfolgende Blitz: status." War den Feldherren ein Unfall begegnet, so mussten sie nach Rom, dem Sitz der Augurien zurückkehren, um neue Zeichen einzuholen. Die griechischen Vogelschauer (die Pythaisten in Athen und die Ephoren in Sparta) richteten sich mit dem Gesichte nach Norden, während in Italien ihre Unterscheidung von Rechts und Links durch die etruskischen Augurien eine gerade entgegengesetzte Bedeutung erhielt. Die im übrigen Griechenland ungünstig gedeutete Eule galt in Athen für glückbringend. Zeigte sich der heilige Rabe der Normannen mit offenem Schnabel und flatternden Flügeln, so bedeutete es Sieg, aber beim Stillsitzen Unglück. — Ehe die Dayak auf Borneo etwas unternehmen, suchen sie von der weissköpfigen Weihe Vorbedeutungen zu erhalten, indem sie dieselbe durch Hinstreuen von Futter und Geschrei anlocken, um aus ihren Bewegungen zu wahrsagen. — Auf Tonga wird die Erscheinung des der Zukunft kundigen Vogels Tschicoba, der oft mit einem kreischenden Geschrei vor dem Menschen niederfliegt, für unheilverkündend gehalten. — Wenn der schwarze Storch (Matuu) bei einem Kriegszuge in derselben Richtung flog, bedeutete es auf Samoa Glück, sonst das Gegentheil. Das Quieken der Ratte galt für unheilkündend.

Die Abraismanen von Lar, sagt Marco Polo, haben jedem Tage der Woche ein besonderes Zeichen gegeben. Wenn sie über irgend einen Kauf in Unterhandlung stehen, so erhebt sich, der ihn abschliessen will, und betrachtet seinen Schatten in der Sonne, indem er sagt, dass an diesem Tage sein Schatten*) eine solche Grösse haben müsse. Findet er ihn in der gewünschten Dimension, so schliesst er den Handel ab, wo nicht, so wartet er, bis der Schatten die nothwendige Länge erreicht hat. Sind sie in einem Hause oder anderswo in Geschäften und sehen sie eine Spinne herankommen, so kaufen sie die Waare sogleich, wenn sie sich von der günstigen Seite ihnen nähert, oder unterlassen es im entgegengesetzten Falle. Wenn sie beim Ausgehen Jemand, der ihnen verhasst ist, begegnen, so bleiben sie stehen; sehen sie eine Schwalbe vorbeifliegen, so hängt es von der Seite ab, von der sie kömmt, ob sie umkehren oder weitergehen werden. — Die Chinesen betrachten das Fongchoui (den Wind und das Wasser oder gewissermassen das normalgemässe Templum des Auguriums) als eine Sache, die kostbarer ist als das Leben selbst, und folgern aus ihm alles Glück und Unglück, das ihnen zustösst. Ausser einer Menge minutiöser Bestimmungen in Betracht der Lage des Hauses, des Ortes, wo die Thür zu öffnen ist, des Tages und der Weise, den Herd zu bauen, wird die höchste Wichtigkeit darauf gelegt, einen geeigneten Berg oder Hügel für die Begräbnissstelle ihrer Eltern zu finden, und es ist die Sache eines gelehrten Collegiums die richtigen Zeichen dafür aufzufinden. Um den bösen Fongchoui unschädlich zu machen, wenn sein Nachbar das Nebenhaus um eine Ecke vorspringend heranbaut oder in zu vielen Etagen erhebt, setzt der Chinese einen thönernen Drachen auf sein Dach, der seine durchbohrenden Blicke auf die unheilvolle Wand richtet. (*Du-Halde.*)

DIE FETISCHE.

So lange in der Sprache die entsprechende Entwickelung abstracter Begriffe fehlt, um durch generelleres Zusammenfassen der Einzelnheiten sich die Masse dieser übersichtlich anzuordnen, wird sich der Wilde durch räumliches Nebeneinanderstellen der neu hinzugefundenen Fetische immer mehr die Möglichkeit systematischer Betrachtung abschneiden, je weiter er sich in ein Chaos zusammenhangloser Ansichten verstrickt. Für jede neue Frage wird zunächst eine neue Antwort gefunden, und das Unbekannte in derselben durch die Gottheit supplementirt. An jedem Naturgegenstand haftet ein Manitou (ein Ungesehenes und Uebernatürliches), überall greift der Fetisch als deus ex machina in das Leben hinein. Wenn die alten Römer für das Getreide allein (nach Varro's Forschungen) einer Proserpina (zum Abschneiden), Volutina (über die Hülsen der Aehren), Nodotus (über die Knoten der Halme), Patelana (zum Oeff-

---

*) Auch in Madagascar wurde nach Flacourt die für Augurien günstige Zeit nach dem Schatten des Menschen gemessen.

nen der Keimblättchen), Hostilina (für die Spitzen), Segetia, Spinensis, Rubigo u. s. w. bedurften; so waren (nach Cavazzi) diese verschiedenen Geschäfte in Congo unter eben so viele Gangas vertheilt. Kruse's Taubstummer, als er Korn säen und wachsen sah, glaubte, dass Gott Nachts vom Himmel käme, und es aus der Erde zöge. Segetia hatte in Rom das Geschäft, die Saat aus der Erde zu ziehen, während die fränkischen Capitularien den Hofaufsehern einschärfen, darauf zu achten, dass die Truhten nicht die Saat in die Erde hinabzögen. Mit Kenntniss der organischen Gesetze fehlt die logische Begriffsentwicklung. Eine jede Frage findet ihre directe Antwort, für jedes im Gehirn stehende Fragezeichen muss ein Wunder die Welt verändern. Selbst wenn ein Blatt vom Baume fällt, ist es am leichtesten zu sagen, dass der Gott Caducus es herabgeworfen, Educa macht die Kinder essen, Potina trinken, Rumina säugen, Abeona führt sie fort, Adeona bringt sie her, jedes Geschäft des Ehestandes*) hat seine speciellen Vorsteher und Vorsteherinnen (Jugatinus, Domitius, Virginensis, Subigus, Prema, Pertunda u. s. w.); dann Gott Catus, der scharfsinnig macht, Gott Statilinus, um die Kinder stehen zu machen, Göttin Fessonia, um Müdigkeit zu vertreiben, Göttin Pellonia, um Feinde zu verjagen. Hermes wurde an die Thüren gestellt, wie der Fetisch Enquizi in Congo, als Strophaios öffnete er den Wanderern, Limentinus stand der Schwelle vor. Hermes Empolaios war an die Kramläden gemalt.

Je kürzer man eine jede Frage gleich durch die letzte Ursache, durch den Gott selbst abschneidet, desto weniger bedarf es weiteren Denkens und alles indiscrete Meinen und Zweifeln ist damit aufgehoben. Numa's Versuch, eine pythagoräische Religionsphilosophie zur Staatsreligion zu erheben, musste fehlschlagen, da ein scharf definirter Formelcodex, gleich den Gebeten im Islam, fehlte, um sprachliche Fetische an die Stelle der sichtbaren zu setzen, und als später die zu Hause

---

*) Bei Capella ruft die Philologie (die Braut Mercurs) Juno an, als Lucina (Licht gewährend), und als Lucetia. „Denn als Fluonia dich anrufen, oder als Februalis und Februa bedarf ich nicht, da ich rein bin von der Gebrechlichkeit des Geschlechts und keine körperliche Befleckung kenne. Als Iterduca und Domiduca, als Unxia und Cinctia müssen dich sterbliche Mädchen zu ihrer Hochzeitsfeier anrufen, damit du ihre Wege schützest und sie in die gewünschten Wohnungen einführst, ihnen, wenn sie die Pfosten salben, günstige Vorbedeutungen verleihst und wenn sie im Thalamus den Gürtel ablegen, sie nicht verlässt. Als Scotigena oder Opigena werden dich Diejenigen anrufen, die du in den Schmerzen der Geburt und den Gefahren des Krieges beschützt hast. Als Populona wird das Volk, als Curitis die Krieger dein gedenken. Hier aber rufe ich dich lieber mit dem Namen Aëria in dem Reiche der Luft an."

nicht mehr befriedigten Römer die poetischeren Göttergestalten der Griechen aufzunehmen anfingen, bildete sich aus ihrer Vermischung mit den einheimischen Fetischklötzen ein ebenso buntes Flickwerk, wie in den mittelalterlichen Legenden aus dem Durcheinanderlaufen der Kobolde, Feen, Elfen, Teufel, Engel und Heiligen hervorging. Auch der griechische Gottesbegriff hatte noch eine in Incongruenzen zerbrochene Begriffssphäre und, abgesehen von den aus Eigenschaften und Abkunft hergenommenen Beinamen, wird Zeus, der die Argiver in die Flucht schlägt, zum Tropäus (ähnlich dem Jupiter Stator des Romulus), Aesculap, der des Hercules Hüfte heilt, zum Kotyleus, Hercules, der die Fliegen verjagt, zum Apomyius, als Bürge des Consul Sp. Posthumius zum Sponsor, Apollo, in dessen Tempelstrasse man Peitschen verkauft, zum Tortor, nach der Schlacht bei Actium zum Navalis.

Zeus Mechaneus in Argos schützt das Feuer, als Künstler Zeus; Juno Procilia stand in Rom der Hut der Augenwimpern vor; Lykurg weihte, zum Dank für das gerettete Auge, der Athene einen Naos in Sparta, als Ophthalmitis; Diomedes, als Ὀξυδερκώ. — So giebt es eine Maria Hülf, Maria vom Brunnen, Maria die Kindbetterin, Maria della Navicula, Maria de Victoria, Maria die Bettelnde, Maria die Schweissige, Maria die Weinerliche, und in directer Beziehung zum römischen Pontificat Maria della Minerva, Maria del Sol u. s. w. — „In Bezug auf die Mäuse wird bei den Teukrern Smintheus verehrt. Von den Parnopen und Kornopen wird ein Hercules Kornopion verehrt, weil er sie von den Heuschrecken befreite. Als Ipoktonus wird er verehrt bei den Erythräern, weil er die Reben anfressenden Würmer vertrieb, denn bei den Erythräern allein wird dieses Thier nicht gefunden. Die Rhodier, die den Brand im Getreide Erythibe nennen, haben einen Tempel des Apollo Erythibius. Die Aeolier opfern dem Apollo Pornopion.“ (*Strabo.*) — Von den den mechanischen Künsten vorstehenden Göttern auf Tahiti präsidirte Pihanu oder Oifanu über den Ackerbau, Tanetchia über Holzarbeiten, Nesua über Dachdecker, Topiu über solche, die die Winkel beendigten, wo das Dach beider Seiten zusammentraf. — Ausser Perun (dem Donnerer), Swatowit (Gott des Krieges), Radihost (Gott der Industrie), Weles (Gott der Viehzucht), Lada (Göttin der Liebe), Dewana (Göttin der Jagd), Morana (Göttin des Todes), verehrten die Böhmen eine Menge Dämonen (Diasy) und Feen (Will), sowie Wasser-Nymphen (Rusalky), Baum-Dryaden (Polednice), dann den Tras (Dämon der Furcht), Hausgötter (Sotky, Skrety), Kobolde (Zmeky, Morusi, Wlodinky) u. s. w. Bei den Kureliern war Rongotheus der Gott des Roggens, Pellonpeko der Gerste, Wieracannos des Hafers. Von den Numelns (Hausgöttern der Polen) wachte der Gott Oblanicza über allen Hausrath, Tratitos Kirbixtu löschte die Lichter aus, Polengabia besorgte das Feuer auf dem Herde, Aspelenie sass in den Winkeln, Budintaia weckte die Menschen aus dem Schlafe. Die Göttin Dugnai bewahrte den Teig, der Matergabia wurde von der Hausfrau der erstgebackene Laib (Taswirgis), von dem nur der Hausvater und seine Frau geniessen durften, geopfert. Der erste Trank (Nulaidimos) frisch gezapften Methes wurde von dem Hausvater als Opfer für den Ranguzemapat genossen, die Göttin Ladbegeld hatte den Speltsamen und eine Eichelschaale nach Polen gebracht. Segen und Gedeihen gaben Datan und Tawals, Versöhnung Ligicz, Frieden Derfintos; Brautführer opferten dem Pizi und Mädchen riefen den Gondu an. Bentis machte, dass Mehrere zusammen eine Reise antraten, Prigiustitis hörte das Gemurmel und wurde durch Schreien beleidigt. Vor dem Pflügen flehte man zum Lawkpatim, die Hausthiere standen unter besonderem Schutze der Götter und eine Missgeburt war Zeichen ihrer Ungnade, das den Hausherrn seine Wohnung verändern liess, welcher Wechsel von dem Gotte Apidome geleitet wurde. Ratainicza besorgte die Pferde, Kremara die Schweine, Priparsis die abgesäugten Ferkel, Kurwaiczin Eraiczin die Schafe, Gardunithis die Lämmer, Hagina die übrigen Hausthiere. Von Babilos und der Austheia wurde den Bienen Glück und Heil beim Schwärmen erfleht, der Geburtsgott aller Jungen im Hause war der hinter der Heerde wohnende Pessclas, Lasdona war Gott der Haselnüsse, Kirnis der Kirschen, Krikstbos der Gräber, die meisten Geschlechter hatten ihre eignen Stammgötter. — Nach Rubruquis liess die Hausfrau bei den Tartaren, ausser dem auf ihrem Lager stehenden Götzen, einen zum Schutz der Kühe für die Frauen und einen andern zum Schutz der Zugthiere für die Männer verfertigen. — Hubert beschützt die Hunde, Pelagius das Hornvieh, Anton die Schweine, Ferlolus die Gänse, Udalrich die Mäuse, Jodocus die Feldfrüchte, Maria die Eichen, Linden, Lilien und Rosen. — „Ich werde es kühnlich behaupten, sagt Origenes, dass es himmlische Energien giebt, die Regierung der Welt zu leiten, von denen die eine die der Erde hat, eine andere die der Pflanzen, eine andere die der Flüsse und Quellen, eine andere die des Regens, eine andere die der Winde u. s. w.“ Tertullian spricht von einem Engel des Gebetes, einem Engel der Ehe, einem Engel der Taufe, einem Engel, der der Bildung des Körpers im Mutterleibe vorsteht, Origen von einem Engel der Berufung der Heiden, von einem Engel der Gnade. Ein segnender Engel des Tages findet sich bei Basilius, wie bei den Persern jedem Tage ein Engel vorstand. — Als Pius IV. die Kirche der heiligen Maria von den Engeln in Rom einweihte, stand die Jungfrau auf dem Altare, von Engeln umgeben, von denen Michael die Inschrift trug: „Ich bin bereit die Seelen zu empfangen,“ Raphael: „Ich begleite die Reisenden und heile die Kranken,“ Jehudiel: „Ich belohne diejenigen, die Gott dienen.“ Gabriel verkündet die Herabkunft des heiligen Geistes, Uriel ermahnt zur Wohlthätigkeit, Barachiel gewährt Hülfe, Sealtiel betet demüthig. In Palermo fanden sich in einer Kirche Michael der Sieger, Gabriel der Botschafter, Raphael der Arzt, Uriel der treue Gefährte, Jehudiel der Belohner, Barachiel der Helfer, Sealtiel der Redner. *(Basnage.)* — Augustin spottet über die Manichäer, die die Melonen und Feigen, als mit göttlichen Schätzen gefüllt, essen, ihren Gott im Geschmacke zu suchen und mit Hülfe des Gaumens zu finden. — Saturn ist dargestellt in dem Tempel der Sabäer als ein schwarzer indischer Greis mit einer Axt in seiner Hand, ferner mit einem Eimer zum Wasserziehen aus einem Brunnen, dann als nachdenkender Mann, dann als Holzarbeiter, dann als König auf einem Elephanten reitend, umgeben von Rindern und Büffeln. Mit Ketten behangen opfern sie ihm am Sonnabend schwarz gekleidet einen alten Stier oder ein ähnliches Opfer. *(Dimeschqui.)* — „Für jede Sache haben die Mexicaner ihre Götzen, so dass sie, um eine gewisse Sache zu erlangen, auch immer eine andere Gottheit anflehen müssen,“ erzählt Cortez in seinem Briefe an Carl V. — „Their wars, their labours, their amusements were all under the control of their gods.“ sagt Ellis von den Tahitern. — „Die alte Religion der Finnen (sagt Rühs) war ein reiner Fetleismus, indem jedes Individuum den ihm zunächst aufstossenden Gegenstand als Gott mit Gebeten und Opfer verehrte, ihn nach der Laune oder etwaigen Zweifeln verändernd." Die Bewohner des kleinen Java (Sumatra) verehrten (nach Marco Polo) diejenige Sache, die sie beim Aufstehen am Morgen zuerst erblickten.

So lange die Begriffsentwicklung fehlt, fehlt die Erklärung und bleibt nur das Staunen. Der africanische Schmied wundert sich über seinen eigenen Hammer, der so künstliche Sachen zu arbeiten versteht, er zündet ihm Weihrauch an und zollt ihm Verehrung, wie jeder Handwerker seinem Instrumente, der Krieger und Jäger seiner Waffe. Um so mehr wird dies geschehen, wenn das Werkzeug etwa wirkliche Vorzüge vor anderen besitzen sollte, wo man sich des Forschens nach der materiellen Ursache überhebt und den Grund auf einen besonders kräftigen Fetisch zurückschiebt. Ein Knabe, der mit einem Ball oder Marmel besonders glückliche Erfolge erzielt hat, wird denselben gleich einem Heckepfennig sorgsam hüten und nur bei kritischen Gelegenheiten zum Vorschein bringen, wo er dann seines Sieges gewiss ist. Die kriegerischen Scythen steckten ein Schwert zu öffentlicher Verehrung auf, das später in der Hand eines Götzen, als Symbol, seine eigentliche Bedeutung verlor. Um an ihren Auszug zu erinnern, feierten die Mongolen ein jährliches Fest, bei welchem der Monarch ein glühendes Eisen auf dem Amboss hämmerte, während der Kaiser von China alljährlich den Pflug führt, wie der Inka in Cuzco. — Indra wird im Samaveda von den Brahmanen gefeiert, wie Tänzer ein Stück Bambu preisen, an dem sie ihre Künste zeigen. — Am Pongol-Feste verehrt der Indier den kochenden Reis, der Schreiber verehrt Dinte und Feder, der Tischler seinen Hobel. — Hinderer erzählt von einem Jorubaner, der in einem Dispute vor die Stirne geschlagen, ohne dadurch verletzt zu werden, seine Stirne verehren wollte, die Olorun (der Herr des Himmels) so trefflich erschaffen habe, und sie deshalb vor seinem Hausgötzen mit dem Blute geschlachteter Ziegen bestrich. Ehe ein Jorubaner auf Reisen geht, pflegt er unter Libationen, die dem Fetisch dargebracht werden, seinen Fuss zu verehren.

Die religiöse Verehrung wächst aus den psychologischen Gesetzen hervor. Durch die allgemeine Polarität ist der Mensch an beständigen Schlag und Rückschlag in seinen Gedankenverbindungen gewöhnt: er denkt den Baum, weil er ihn sieht, er denkt ihn fort in der Erinnerung, weil er weiss, dass er ihn sehen kann und gesehen hat. Er hört das Brüllen aus dem Walde herüberschallen und kennt den Tiger, von dem es ausgeht. Er passirt einen reissenden Strom. Jede Bewegung, die er thut, wird nothwendig, um einen bestimmten Widerstand zu überwinden, um einen Fortschritt zu thun, um eine Stütze zu fassen. Seine Muskeln arbeiten zusammen, sie ergänzen sich, sie folgen seinem Willen; jede Bewegung hat einen bestimmten Zweck, trägt ihre Erklärung in sich selbst, er ist sich des Warum und Wozu aller seiner Handlungen bewusst. Aber er fällt nieder, fühlt das Wasser über sich gehen und schon seine widerstandsunfähigen Muskeln erschlaffen, als sich ein zufällig über ihm hängender Zweig durch den Wind niederbeugt und ihm die Stütze zum Aufheben und zu seiner Rettung giebt. Hier ist der bis dahin nothwendige und regelmässige Causalnexus unterbrochen. Vorher war sich Ursache und Wirkung stets im Nebeneinander klar, eine grosse Anstrengung der Thätigkeit erreichte grosse Erfolge, die auf eine bestimmte Richtung gehende, eben diese Richtung. Aber hier in dem Augenblicke der höchsten Noth, wo seine Kräfte bereits auf ein Minimum reducirt waren, gewährte ihm eine verhältnissmässig unbedeutende Bewegung eine Hülfe, wie sie vorher mit dem angstvollen Kämpfen des ganzen Körpers nicht möglich gewesen. Lässt er, an's Land gelangt, das Erlebniss noch einmal an sich vorübergehen, so sieht er klar und deutlich alle Einzelheiten im Spiegel des Gedächtnisses, kann sich von jeder Thätigkeitsäusserung und ihren Folgen Rechenschaft geben, aber dieser Augenblick der Todesnoth dämmert wie die dunkle Unendlichkeit auf ihn nieder, er kann sich weder der Mächtigkeit der Gefühle, die ihn dann durchstürmten, deutlich werden, noch der unbegreiflichen Folgen, die, ohne die zufällige Wendung seines Schicksals, der nächste Augenblick auf ihn gehabt haben musste. In diesem absoluten Denken über sich und sein Sein, tritt er aus dem relativen Horizonte, aus sich selbst heraus, und findet in den bisher gewohnten Denkverbindungen keine Antwort auf die Fragen, die sein Herz beengen. In solchen Verhältnissen mag er die dunklen Ideen-Associationen aus sich selbst in die Aussenwelt projiciren und in dem Bilde des rettenden Astes die Mystik des Subjectiven zu religiösen Gestaltungen verkörpern, oder er wird noch lieber eine ihm von den Priestern gebotene Antwort ergreifen, und daran um so fester halten, je fremder und deshalb wunderbarer die Hand ist, die ihm das Bild seines göttlichen Retters reicht, je ferner und grauer die Vorzeit, aus der sie geholt, denn in den Nebelgrund jener lässt sich die Offenbarung in den imposantesten Umrissen zeichnen. Es ist das psychologische Bedürfniss, das die Völker stets zu gläubiger Hingebung geführt hat und immer wird führen müssen, so lange man den Gedanken als ein stabil Gewordenes anschaut, statt ihn, als ein lebendig Werdendes, in statu nascenti zu erfassen.

[Wahl des Fetisches.] Die empfängliche Gemüthsverfassung, in der sich der Wilde befinden muss, um mit vollem Glauben und im festen

Vertrauen seinen Fetisch zu wählen, oder vielmehr in der Offenbarung zu erkennen, findet sich am vollkommensten angebahnt in dem Entwicklungszustande der Pubertät, wo die während des zersetzenden Gährungszustandes körperlicher Organe aufgenommenen Begriffe sich nicht nur combiniren, sondern gleichsam in die Gewebe hineinwachsen. Es ist die Zeit der Ideale, des sehnsüchtigen Schwärmens, wo der in die golden beleuchtete Fernsicht schwellender Hügel und Thäler blickende Knabe sich seinen Lebensplan vorzeichnet, durch den er den äussersten Horizont, wo der Himmel die Erde berührt, erreichen zu können wähnt. Es ist die Zeit der Vorsätze, der Entschlüsse. Der junge Indianer sondert sich von seiner Familie ab, er besteigt einen einsamen Baum des Waldes, und dort träumt er von seiner grossen Medicin, die ihn in der von seinem Manitou angenommenen Form durch das Leben ferner schützen*) und begleiten soll. In entwickelteren Staatsverhältnissen geht die Ceremonie der Toga-Bekleidung nach vorgeschriebenen Formen vor sich, der Knabe tritt in die Reihen der Männer und nimmt Theil an ihren Berathungen. In Africa, wo die verschiedenen Altersklassen meist zu besonderen Genossenschaften zusammentreten, führen die Priester die zur Ehe Gereiften in den dunklen Wald, wo sich selbst überlassen in finstern Gründen, sie der Stimme des Gottes lauschen müssen, um die Form des Fetisches zu erkennen, in welcher dieser sich ihnen zu enthüllen meint. Ausser dem Gebrauche der Narcotica, aus deren Rausche im Haoma- und Somatranke sich die Keime der erhabensten Religionsideen in Asien entwickelt haben, ist es vor Allem der somnambulische Traum, wo „das, was im Menschen denkt", am auffälligsten hervortritt. Wenn dieses Es, dieses Tad, das Brahma, der θεος**) von den Priestern mit dem Charakter des Wunderbaren und Göttlichen bekleidet wurde und (da ihnen die psychologische Einsicht fehlte) bekleidet werden musste, so erschien es im Alterthume wenigstens nicht in jenen verzerrten Formen, zu denen es sich in dem Hohlspiegel hohler Gehirne bei unsern hysterischen Modekranken entstellt. In den Tempeln des Aesculap wurde der Kranke zur θεωρια unter eindrucksvollen Ceremonien auf die Felle heiliger Thiere gelagert, und auch von den Juden kennt St. Hieronymus die Incubation, die Strabo auf Moses zurückführt. In Sparta schliefen zu gewissen Zeiten einige Staatsbeamte in dem Tempel der Pasiphaë und erhielten prophetische Träume über Staatsangelegenheiten, wie Cicero mittheilt. — Die Nordländer schliefen in

*) Dem Russen ertheilt der Priester seinen Schutzpatron schon bei der Taufe, wo er noch nicht selbstständig zu wählen vermag.

**) *Και τοι θεος ἐμβαλη θυμῳ.* „dann wird er zur Feldschlacht ausziehen, wenn sein Herz im Busen gebeut," *και θεος ὀρσῃ.*

Schweinshürden, um weissagende Träume zu haben, die Australier auf Kirchhöfen. Durch mysteriöse Vorbereitungen wurde der Geist in die richtige Stimmung versetzt, um in Trophonius' Höhle oder St. Patrick's Fegefeuer die durch Fragen zu entlockenden Schreckgestalten zu sehen.

PANTHEISMUS IM FETISCHDIENST.

Das mechanische Geistesdenken füllt die Natur mit Fetischen. Es ist den Priestern am bequemsten, für jede neue Frage einen neuen Deus ex machina zu schaffen, aber indiscreten Neugierigen gegenüber, die das „Warum des Warum" wissen wollen, wird ihre Stellung schwieriger. Man weiss ja, dass ein Thor mehr fragen mag, als zehn Weise antworten können. Die Erde stützt sich auf den Elephanten, dieser auf die Schildkröte, diese auf die Schlange, und diese? Nun auf die Schlange, eben auf die Ur-Schlange! Die Rabbinen gründen die Welt auf den mit dem heiligen Namen versiegelten Schlussstein, und wer gottlos genug sein sollte, ihre Lehren zu prüfen, dem wird es gehen wie jenen verwegenen Arbeitern, die bei David's Tempelbau an dem Ebu Schatja zu rücken wagten und in den hervorsprudelnden Fluthen ohne Rettung ertränkt wurden. Auch die Mandanen wissen von der prädiluvianischen Raçe zu erzählen, die zu tief in die Erde grabend, auf die fundamentale Schildkröte gestossen sei, worauf diese niedersank und die Erde mit Wasser überschwemmte. Nach den arabischen Legenden befahl Gott einem starken Engel, die Erde zu tragen, schuf einen Karfunkel, worauf derselbe stehen könne, einen Riesenochsen (Leviathan), um den Karfunkel zu tragen, ein Seeungeheuer (Behemoth), um den Ochsen zu stützen. Da derselbe mit seiner Last unzufrieden wurde, setzte ihm Gott einen Wurm in's Gehör, der ihn so lange quälte, bis er sich bereit erklärte, geduldig zu bleiben und auf die Einflüsterungen des Teufels nicht weiter zu hören. Der dadurch unterhaltene Zuhörer wird vergessen, sich nach der Stütze des Seeungeheuers zu erkundigen. Für weitere Fragen findet sich auch eine weitere Antwort, indem man die letzte Ursache mehr und mehr hinausschiebt *).

*) Als Abraham aus der Höhle trat, wo ihn Gott vor den Verfolgungen Nimrod's verborgen und ernährt hatte, betete er zum Stern, der sich zeigte, dann zum Mond, als jener erbleichte, dann zur aufgehenden Sonne, und fragte, als sie verschwand, seine Mutter, wer sein Gott sei. „Ich bin es," antwortete sie. „Und deiner?" „Dein Vater." „Und meines Vaters?" „Nimrod!" „Und Nimrod's?" Als sie erzürnt über sein Fragen ihm zu

Wird dann aber das Fragen selbst zur Gewohnheit, so sehen sich die Sophisten gezwungen, den Lehrsatz der Ruhe (τον ἡσυχάζοντα λογον des Chrysippus) aufzustellen, nach dem sie nicht weiter zu antworten brauchen. In den mystischen Schlangensymbolen des Alterthums sucht man die Frage nach dem Anfange durch sein Rücklaufen in das Ende zu umgehen. Auf Ragnarökr folgt ein neuer Himmel und eine neue Erde, denen gleicher Untergang drohen mag, aber höher als Idavöllr, höher als Adlangur, höher als Widblaen thront Alfadur. Wenn der Wilde jedes Ereigniss, jede Beziehung, in die er zu der Natur tritt, mit einem besonderen Fetische verknüpft, der Mohamedaner überall Allah sieht, so bleibt das pantheistische Princip in beiden Fällen dasselbe, obwohl im Letztern die Anschauung eine höhere ist, da man schon Harmonie in Ereignissen zu erkennen strebt, wo das ungeübte Auge des Wilden nie darnach suchen würde. Der persische Sofi schaut sie auf der höchsten Stufe mystischer Ekstase. Der Brahmane, der vom Moment des Erwachens bis zu dem des Einschlafens gleich dem alten Perser jede seiner Lebensverrichtungen (vom Kochen des Reis bis zur Ausleerung im Stuhlgang) mit heiligen Ceremonien begleitet, der bei der Anlegung eines jeden seiner Kleidungsstücke, bei jeder Handlung des Tages und der Nacht seine mystischen Mantras ausspricht, hat mehr noch als der Mohamedaner (der seinen sprachlichen Fetisch, gleich dem Buddhisten, auf eine farblose Einförmigkeit reducirt hat) das Gefühl religiöser Abhängigkeit*) consequent in sich ausgebildet. Beim Fortschritte zu einer

schweigen befahl, bekannte er den Schöpfer Himmels und der Erde. Als Nimrod ihn das Feuer anzubeten hiess, meinte er: „Lieber das Wasser, das das Feuer erlöscht!" „Nun denn, das Wasser." „Lieber die Wolke, die das Wasser trägt!" „Nun denn, die Wolke." „Lieber den Wind, der die Wolke bringt!" „Nun denn, den Wind." „Lieber den Menschen, der dem Winde widersteht!" Er wird von dem erzürnten König in das Feuer geworfen, wo ihn der ohne Mittler angerufene Gott unversehrt erhält.

*) Die Tahiter sprachen ein Ubu oder Gebet, ehe sie ihre Speise assen, wenn sie die Erde bebauten, ihre Gärten bepflanzten, ihre Häuser umfriedeten, Canoes in's Wasser liessen, Netze auswarfen, Reisen begannen oder beendeten. — Beim Essen betete der Neger (nach Oldendorp): „O Gott, du hast uns dies gegeben, du lässest es wachsen!" und beim Arbeiten: „O Gott, du hast mir Stärke gegeben, dieses zu vollführen!" — Die Fukaha (fromme und gelehrte Leute) pflegen in Cairo, wenn sie eine Thür verschliessen, Brot zudecken, bei Nacht ihre Kleider ablegen und bei andern Gelegenheiten zu sagen: „Im Namen Gottes, des Allbarmherzigen, des Erbarmers!" wodurch sie ihr Eigenthum vor den Geistern zu schützen glauben. Die Sache, über welche diese Worte gesprochen worden sind, wird Musemmi (Mussemma) alejh genannt. — „Wir bezeichnen die Stirne mit dem Kreuzeszeichen, wenn wir ausgehen oder nach Hause kommen, wenn wir unsere Kleider oder Schuhe anlegen, wenn wir in's Bad gehen oder uns

erhabeneren Weltanschauung stösst man den willkürlich beständig in die Lebensverhältnisse eingreifenden Tyrannen vom Throne, man sucht organisch eine den sämmtlichen Bedürfnissen entsprechende Res publica auszubilden und findet für die Mannichfaltigkeit der constitutionellen Vertreter die Einheit in dem sie beherrschenden Gesetze, das sich poetisch gleichfalls wieder in eine Statue verkörpern liesse, aber dann auf das Niveau des Götzendienstes zurückführen würde. Bei normaler Entwicklung des Gedankenganges schloss sich der aus allmälig zusammengetragenen Fetischen immer vermehrte Polytheismus, wenn er alle Naturgegenstände erfüllt hatte, in der Einheit des Himmelsgewölbes ab. Gewöhnlich aber traten schon früher mehr oder weniger gewaltsame Störungen ein, die das gesetzliche Wachsthum krankhaft ablenkten. Noch auf untern Stufen stehend, mochte man sich nach der befriedigenden Einheit sehnen, und konnte sie dann nur in der unverhältnissmässigen Erweiterung einer der adoptirten Gestalten finden, in einer möglichst gigantischen Ausserrung ihrer Proportionen, so dass die bisher auf gleiche Reihe gestellten Genossen dahinter verschwinden. Dann verdeckt Jupiter die übrigen Götter des Olymp und Odin die der Walhalla. Während Aristoteles klagt, dass es keinen specifischen Namen für die Gattung der Mähnen tragenden Thiere gäbe, helfen die späteren Zoologen diesem Mangel ab, indem sie das Pferd als den Repräsentanten daraus hervorheben. In den vierundzwanzig Gottheiligen der Dschainas wird die Einheit durch den Erstgeborenen gegeben, dem sich die anderen unterordnen. Ein solches Herausheben einer besonderen Götzenform mag in der Vorliebe eines despotischen Herrschers seinen Grund finden oder sich zufällig aus dem Verkehr mit Nachbarvölkern ergeben. Je mehr ihr Cultus, durch einseitige Pflege genährt, aus der Umgebung hervorwuchert und diese überrankt, desto unverhältnissmässiger muss das richtige Gleichgewicht verrückt werden. In späteren Zeiten findet dann eine philosophische Betrachtung vielfache Schwierigkeiten, die mit der sinnlichen Anschauung verknüpfte Vorstellung der Persönlichkeit mit der durch die Abstraction angebahnten

---

zu Tische setzen, wenn wir unsere Lichter anzünden, wenn wir uns niederlegen oder wenn wir uns setzen." (*Tertullian.*) — Der rechtgläubige Russe unternimmt kein Geschäft des gewöhnlichsten Lebens, ohne sich vorher vor seinem Heiligen gebeugt oder bekreuzigt zu haben, der Fellah nicht, ohne die Efrits für etwaige Verletzungen um Entschuldigung zu bitten. — Beim Ausgang oder Eingang griff der Hebräer nach den in die Thürpfosten eingefügten Mesusa oder Amuletten, als Phylakterien oder Verhütungsmitteln, gleich den Thephilim (Gebetriemen), deren Gebrauch auf Plätzen, die von Dämonen bewohnt sind (wie heimliche Gemächer oder Todtenäcker), verboten war.

Idee der Allgemeinheit im Gottesbegriff zu vereinbaren, und wie Varro den Alles pervadirenden Jupiter nicht mehr mit dem capitolinischen in Uebereinstimmung bringen konnte, so wird ein Uneingeweihter leicht die Beziehungen zwischen Mahadeva und Siva, Narayana und Rama verkennen.

Allfadr heisst Oden, als Alles durchdringend, wie Lucan sagt: Jupiter est, quocunque moveris; oder der leuchtende Aether, quem vocant omnes Jovem (*Ennius*). — Dem Tahiter war Eatua das allgemein die Natur durchdringende Göttliche, das sie je nach ihrer augenblicklichen Disposition in der einen oder andern Weise auffassten. Als bei einem dem Oro dargebrachten Opfer sich ein Eisvogel*) hören liess, machte der König O-Tuh Capt. Cook darauf aufmerksam und freute sich über das günstige Omen, das in der Stimme des Eatua spreche. Später liess derselbe sich noch einmal hören, als ein kleiner Knabe plötzlich zu schreien begann. — Genium dicebant antiqui naturalem deum uniuscujusque loci vel rei, vel hominis (nach Servius). Aehnlich verstanden die alten Persaner ihr Ilnaca und von Zeus heisst es (bei Stobäus): „Zeus, der Erste und Letzte, Zeus, das Haupt und die Glieder, er, aus dem Alles entsprang, Zeus wird Mann und reine Jungfrau, Zeus die Stütze des Himmels und der Erde, Zeus der Athem von Allem in der Bewegung des Feuers, Zeus die Wurzel des Meeres, Zeus die Sonne und der Mond, er der Allschöpfer, die Eine Kraft, der Alles Umschliesser, Zeus die ganze Welt, das Thier und die Thiere, der Gott aus den Göttern, der Alles durch die Intelligenz erzeugt." „Alles bist Du und Alles umher schaffest Du," kündet der orphische Hymnus von der „Göttin Natur, der Mutter des Alles." — Die Verehrung der Geschöpfe meint bei dem Perser nur, jedes Geschöpf für das erkennen, was es ist und dieses in Form eines Gebetes bekennen, und von jedem Wesen, nach dem Zwecke seiner Schöpfung, die Wohlthaten erbitten, die zu ertheilen ihm Ormuzd verliehen hat. — Wer da weiss: „Ich bin Brahma," der wird Alles und selbst Gott sein, er ist unvermögend Vereinigung zu hindern, denn er wird ihre Wesenheit. Der, welcher eine andere Gottheit verehrt, der wird ein Anderer, weil er eben denkt: „Ein Anderer bin ich." (*Yajur-Veda.*) — Der Maniton der Rothhäute muss zur Vermenschlichung eine Seelenwanderung durch Thierkörper durchmachen, und wird deshalb bald in Gestalt eines Vogels (Wakon), bald eines Hirschbocks oder in Gestalt des Hasen, des Büffels, des Bibers, der Schlange verehrt. Auch in Bäumen, in Wasserfällen, im Nordwestwinde, im Feuer. — Als Isvara seiner, als Samiranis, auf den Samibaum geflüchteten Gattin Parasvati in der Gestalt eines Täubers beiwohnte, verwandelten sie sich nach einander in alle Thierwesen, um diese zu erzeugen, bis zuletzt der Knabe Ballsvara sich mit Lilisvara in Lilistan (Freudenstätte) niederliess. — „Das Leuchten in der Flamme, der Glanz in den Sternen, die Stärke des Starken, der Verstand des Verständigen, jeglichen Geschöpfes Namen, das bin ich, o Ardschuna," sagt Krischna in dem Mahabharata. — „Wer auf der Erde geht, segnet die Erde, wer die Hand bewegt, segnet die Lüfte," lehrte Manes (nach Tyrbon's Mittheilungen). — „Seelen, die sich nicht ganz in das evangelische Leben verloren haben, dass sie ihren Bissen Brot nur in dem Heiland essen, und denen das im Namen Jesu auf den Abtritt Gehen

*) In der Ilias sitzen Apollo und Athene als zween hochfliegende Geier auf der Buche des Zeus.

noch ein Geheimniss ist, verfallen in allerlei Zweifel," heisst es in Büdlng's Sammlung. — Im Gespräch mit Gargya erklärt Agataçatan, dass er den Geist in der Sonne, als Brahma, verehre, da er das Haupt aller Wesen ist; den Geist im Monde, als reichen Opfertrank gewährend; im Winde, als Sieg verleihend; im Feuer, als Standhaftigkeit gewährend; im Wasser, als alle Wünsche erfüllend; im Spiegel, als mit Glanz umgebend; im Schalle, als langes Leben gewährend; in den Weltgegenden, als die Familie schützend; in den Schatten, als den Tod abhaltend; in der Seele, als Macht verleihend.

Von Erde sind, zu Erde werden wir,
Voll Angst und Kummer sind auf Erden wir;
Du gehst von hinnen, doch es währt die Welt,
Und Keiner hat ihr Räthsel aufgehellt;

klagt der persische Sänger.

Wenn das Auge das verwirrende Fächergerüste des Polytheismus aus der Weltanschauung ausgestossen hat, bietet ihm der optische Horizont den natürlichen Abschluss des subjectiven Standpunktes. Aber für die Weltanschauung objectiver Betrachtung würde jedes Kuppelgewölbe, das wir in das All hineinbauen sollten, eine neue Beschränkung werden, so weit und so grossartig es auch geschwungen sei. Dann giebt es keine Grenze des räumlichen Bestehens, dann liegt die Einheit nur in dem Verständniss des harmonischen Gesetzes. Wie dem durch das ungewohnte Licht noch geblendeten Auge nur ein unbestimmter Gesichtskreis umherschwimmend erscheint, so umgränzt in schwankender Nebelgestaltung der religiöse Horizont die Weltanschauung der Naturvölker. Ein unbekannter Urgrund in sich, als Centrum, ein unbekannter Abschluss in unerreichbarer Ferne, wogen zwischen beiden dem Menschen die Wellen eines dunkelen Traumlebens hin und her. Wenn das Auge anfängt, klarer seine nächste Umgebung zu erkennen, wenn es zu gliedern, zu unterscheiden beginnt, so werden die Betrachtungen des praktischen Lebens auf das Reich der deutlichen Sehweite beschränkt bleiben, obwohl noch immer sich am Himmelsgewölbe die gespenstigen Göttergestalten umherziehen mögen. Aber mehr und mehr schärft sich das geübte Auge, weiter und weiter treibt es seine Gedankenreihen in die Umgebung hinaus, das unbestimmte Dunkel erhellend und erklärend, und wenn schliesslich die Quadrirung des ganzen Kreisinhaltes durch die Kreuzungen scharf verstandener Sehstrahlen gelungen ist, so mag stets ein geheimnissvoller Rest zurückbleiben, aber die Erkenntniss ist dann nicht mehr fern, dass auch die gewundene Linie der ewigen Spirale aus den Verhältnissen messbarer Parallelen abzuleiten sein mag. So lange der Mensch versucht, aus dem dunklen Urgrund heraus, von dem unerreichbaren Horizont herüber, die Bedeutung des Daseins zu construiren, wird er sich in nutzlosen Speculationen umhertreiben, Luftgebäude errichten, denen jede natürliche Basis fehlt. Der Knotenpunkt des menschlichen Wissens schlingt sich in seinem eigenen Auge, an ihm muss er festhalten, auf den dort gegebenen Daten aufzubauen beginnen, und in dem Gleichgewichte der Gegensätze die sichere Basis der Naturwissenschaften findend, mag er dann von der ruhenden Mitte aus, vorwärts oder rückwärts folgern, um zu erkennen, wieweit ihm die schon gewonnenen Erfahrungen zu schliessen erlauben. Auf relativer Verhältnissmässigkeit beruht alle Erkenntniss und nur ein zufälliges Mehr oder Minder unterscheidet das Objective des Wissens von dem subjectiven Glauben. Die Auflösung der letzten Gründe ist stets vergeblich von dem Menschen angestrebt, wenn er, ein integrirender Theil des Ganzen, dieses, als ein Aussersich, meint anschauen zu können. Nur aus der Erkenntniss der ewigen Wechselwirkung vermag das organische Gesetz der Bewegung hervorzuwachsen.

Die Anschauung der Natur.

DAS SUBJECTIVE IM OBJECTIVEN.

Die Vorstellung der Existenz beruht auf dem Nebeneinander im Raum. Ein Baum mag sich auf der Netzhaut des Wilden abspiegeln, er mag dort entstehen und wieder vergehen, ohne dass dieser ihn denkt, da das Bild des Sehnerven zu bedeutungslos für die übrigen Processe des Körpers ist, um auf dieselben einen materiellen Eindruck zu machen, und erst bei weiterer Entwickelung der Denkoperationen ein verbindungsfähiges Substrat finden mag, um sich dauernd zu associiren. Nähert sich der Wilde dem Baume, berührt er ihn, so fühlt er einen Widerstand, einen Gegensatz seines Ich, der, wenn er ihn zu durchdringen suchen sollte, seinen Organismus verletzen oder zerstören würde, der eine Reaction des freien Willens verlangt, um seinen Eindruck zu complementiren. So wird das Gefühl des Baumes zur geistigen That. Er wächst, als solche, in die Vorstellung des Menschen hinein, geht in Fleisch und Blut über, wird assimilirt von der Persönlichkeit und diese muss ihm eine Existenz zuschreiben, da er neben ihr im Raume besteht, und also ihre Herrschaft über denselben beschränkt. Der irdische Raum selbst ist für uns mit Luft gefüllt, die, als das entsprechende Substrat des Lebens, nicht weiter zum Bewusstsein kommt, während inadäquate Gasarten, flüssige und feste Körper, ihre Empfindung erzwingen. Nach hinlänglicher Uebung braucht nicht weiter jedes Object gefühlt zu werden, um dem Menschen Kunde von seiner Existenz zu geben, das Sehen allein mag genügen oder das Hören oder eine andere Sinnesreaction, und diese Antwort des Körpers auf den von der Aussenwelt einströmenden Reiz schliesst zunächst dasjenige ab, was von der Existenz gewusst wird. Wir erkennen später in den relativen Beziehungen der verschiedenen Körper zu einander Verhältnisse, die unter ihnen bestehen, aber der objectiven Geltung derselben muss stets eine subjective Schöpfung vorhergehen; wir erkennen sie nur, weil wir sie denken, und mit den Existenzen, die wir denken, ist die Sphäre derselben nicht abgeschlossen, so lange die Forschungen des Denkens selbst fortschreiten. Nur in dem Ineinanderschlingen des Subjectiven und Objectiven hat die Existenz einen Sinn, insofern muss aber auch Alles existiren, was und weil wir es denken. Aus einem unbekannten Urgrund, in die Natur hineingewachsen, fühlen wir diese auf uns einströmen. Nur dasjenige, wofür wir die entsprechenden Apparate besitzen, erkennen wir aus ihr, als existirend, schon im ersten Beginn durchdringt sich unauflöslich Ursache und Wirkung. Man hat das Ideale dem Realen in der Wechselwirkung zwischen Macro- und Microcosmos gegenübergestellt, damit aber durchaus incongruente Grössen verglichen. Der Baum, der in der Natur existirt, hat unmittelbar Nichts mit dem Begriff des Baumes im Denken zu thun. Die Eiche, die in der Natur existirt, besteht für den Geist, als Gesichtsbild, als Gefühl des Harten und Knorrigen, als der Gedanke eines Wachsenden, eines Fruchttragenden, eines aus Holz, Zweigen, Blättern Zusammengesetzten u. s. w. Der Gedanke des Wachsenden, des Fruchttragenden, ist selbst erst das Product aus einer unendlichen Masse von Factoren, aber von Factoren, die sich in ihrem letzten Grunde immer aus dem Nacheinander einer Menge von Gesichts- und Gefühlsbildern zusammensetzen. Erst nachdem das Auge des Wilden vielfach von dem Nacheinander der Entwicklungsphasen getroffen war, kommt er auf den Begriff des Wachsens mit gleicher Gesetzlichkeit, wie sich der Rechner das fortdauernde Addiren derselben Grösse durch Multiplication erleichtert und vereinfacht. Insofern ist dieser Gedanke etwas Neues oder auch nicht, denn wer sechs mal sechs Groschen multiplicirt, hat zwar eine neue Operation gewonnen, aber immer nur sechsunddreissig Groschen. Der Gewinn ist der zeitliche des Geistes ohne Bedeutung für die räumliche Existenz, nichtsdestoweniger jedoch ein materieller Gewinn, denn der Geschäftsmann, der sich nur mit Addiren behelfen wollte, würde auf die Dauer mit seinem Capital weniger schaffen, als der zeitersparende Rechner. Time is money. Wenn sich aus der angesammelten Menge Gefühls-, Gesichts-,*) Geruchs- und Geschmacks-

*) Die Wolken, obwohl nur ein Gesichtsbild, haben dennoch für uns eine Existenz (während wir uns im Horizonte der optischen Täuschung des Firmamentes bewusst sind), da der herabfallende Regen durch die bekannten Gesetze der Verflüchtigung und Verdichtung von Flüssigkeiten mit ihnen in Beziehung gesetzt wird, so dass das Denken die Existenz in diesem Falle durch verwickelte Operationen mit Herbeiziehung des Subtrahirens und Divi-

bilder der Begriff des einzelnen Baumes, der erwähnten Eiche gebildet hat, so leitet sich aus der Vergleichung verschiedener Eichen, oder der Zusammenstellung der Eiche mit Linden und Tannen, in organischer Gesetzlichkeit der des Baumes ab (durch weitere Vereinfachung des Multiplicirens in Potenzirungen und Logarithmen, je nach der Geübtheit des Mathematikers), als ideale Schöpfung des Baumbegriffes, dem als solchem kein einziges der verschiedenen Gesichtsbilder von Eichen, Linden, Tannen u. s. w. direct entspricht. Auch hier wäre es nutzlos zu streiten, ob die Idee des Baumes, als solche existirt, wenn sie aus der Ruhe des Raumes in die Bewegung der Zeit übergeht. Eine schöpferische Existenz jedoch gewinnt sie durch ihre Reproduction in der Sprache, indem sie schon als Gegebenes in die Hörempfindung eingeht, und der nächsten Generation die lange Schule des Selbstlernens erspart. Als aber ursprünglich aus Raumempfindungen emporgewachsen, klebt den Ideen noch lange die Neigung an, sich äusserlich im Raume zu verkörpern. So lange sie noch in dem sinnlichen Banne der Materie befangen sind, incarniren sie sich in den Phantasiegebilden der nächsten Umgebung, die mit der Erweiterung des Gesellschaftskreises an den religiösen Horizont projicirt werden. Aber je länger sie schwingen, desto rascher accumuliren die Vibrationen die mitgetheilte Bewegung, bis sie endlich, durch die Mächtigkeit des Impulses losgerissen, in die freie Ewigkeit hinausschweben.

Beim Druck auf das Auge zeigen sich Lichtfiguren, zierliche Blumenkreise, Arabesken in verschlungenen Windungen, die nicht immer aus centraler Erregung der Erinnerung zu erklären sind, und im Gefässnetz der Retina selbst ihre Entstehung finden. Ein jeder Reiz, der durch die Retina zur Auffassung kommt, wird nur insoweit seiner Wesenheit nach empfunden werden, als die von ihm erweckten Schwingungen mit denen des Leitungsnerven zusammenklingen. Da schon der Reiz eines unbestimmten Druckes sich unter differenzirten Vorstellungsbildern dem Geiste verkörpert, so muss auch der auffallende Reiz des Lichtes, also der Umriss des gesehenen Gegenstandes, stets noch eine subjective Modification erfahren durch das der Retina selbst einwohnende

dieses herausrechnet. Ebenso schreiben wir den durch verstärkte Linsen in einem Wassertropfen gesehenen Infusorien eine Existenz zu, vermöge der Umrisse ihrer künstlichen Organisation, die nicht ein reines Product der Lichtbrechung sein können, wobei dann die freie Bewegung wieder auf animalisches Leben schliessen lässt. Die funkelnden Sterne sind dem Auge nur zerstreute Lichtfunken, aber der Astronom schliesst aus einer angesammelten Masse von Beobachtungen und Erfahrungen auf eine materielle Schwere in ihrer Existenz. Ist der Begriff der Existenz einmal als solcher abstrahirt, so lässt er sich dann auch überallhin übertragen.

Empfindungsvermögen. Die psychische Intention in dem Verschwinden der Doppelbilder lernt sich zwar unbewusst, aber zufällige Störungen in der Einfachheit des binoculären Sehens werden um so leichter constitutionell, je weniger der Geist geübt ist, sie sich im wünschenswerthen Falle zum Bewusstsein zu bringen. Je weniger die Sinne zu gegenseitiger Controle benutzt werden, desto leichter wird der Wilde subjective mit objectiven Gesichtsvorstellungen mischen, und dann, nachdem er sich einmal die Ungeheuer der Prodigien und Drachen, der Chimären und Sphinxe geschaffen hat, diese auch in die Aussenwelt hinausversetzen, im steten Schlag und Rückschlag der Nervenaction. „Das Empfinden (sagt Herbart) verhält sich zum Handeln, wie das Herein zum Heraus.“ Schon Vico bemerkt: „Der menschliche Geist ist von Natur geneigt wegen der Sinne sich aussen im Körper zu sehen, und nur mit grosser Schwierigkeit mittelst der Reflexion sich selbst zu verstehen.“ Von den Schriftvölkern meint Büffon: le style c'est l'homme, und wenn hier der Styl der ideale Abdruck des Gedankens ist, so gilt bei dem Wilden dasselbe für die phantastische Verkörperung seiner Vorstellungen. „Die Vorstellung des Gesehenen projicirt das Geschene nach Aussen,“ sagt J. Müller und deshalb alle psychischen Vorstellungen (die grösstentheils auf Gesichtsbildern, als den deutlichsten der Nerveneindrücke beruhen) ebenfalls, so lange bis sich der Geist in der Abstraction zur freieren Erkenntniss des psychologischen Gesetzes in seiner organischen Bewegung losgelöst hat. Ferner heisst es bei Müller: „Der Neugeborene setzt das Empfundene ausser dem empfindenden Ich und in diesem Sinne setzt er das Empfundene nach Aussen.“ „Das Versetzen des Empfundenen nach Aussen ist eine Folge des Zusammenwirkens der Vorstellung und der Nerven, nicht des Sinnes allein, der isolirt nur seine Affectionen empfinden würde.“ Cheselden's Blindgeborenem kam es in der ersten Zeit nach der Operation vor, als ob die Gegenstände der körperlichen Welt auf ihn eindrängten. Wie das Auge, versetzt auch das Ohr seine Empfindungen aus sich hinaus in die wahrscheinliche Richtung, die es aber beim Andrücken der Ohrmuscheln nicht finden kann, so dass, wenn der unter Wasser getauchte Gehörgang keine Luft mehr enthält, der Ton im Kopfe zu entstehen scheint. So lange noch das Objective und Subjective in den Traumvorstellungen unbestimmt ineinander schwimmt, sieht sich der Mensch von einer phantastischen Gespensterwelt umgeben. Erst wenn die specifische Sinnesauffassung klar aus dem Allgemeingefühl hervortritt, und als solche in die Aussenwelt projicirt wird, schliesst sich das schwankende Gespenst zu den deutlichen Umrissen einer Göttergestalt ab. Die erste Weltanschauung war überall eine sinn-

Hehe, als, wie es bei Vico heisst: „die ungeheure Einbildungskraft jener Urmenschen, ganz in die Sinne versenkt, ganz im Leibe begraben lag.“ Comte unterscheidet in seiner positiven Philosophie das theologische, metaphysische und exacte Stadium, das jedes Volk, und jeder Zweig der Wissenschaft in jedem Volke, für seine Entwicklung zu durchlaufen hat, und Lewis bemerkt dabei: Some sciences are more rapid in their evolution, than others, some individual pass through these evolutions, more quickly, than others, so also of nations. The present intellectual anarchy results from that difference, some sciences being in the positive, some in the supernatural or theological, some in the metaphysical stage, eben dadurch die romantischen Verirrungen erzeugend. Aber man sollte zugleich die phantastische Weltanschauung berücksichtigen, die durch alle Phasen hindurchläuft und gewissermassen immer den Uebergang der einen zur andern vermittelt. Der Wilde sieht im Fetischklotze Fratzen, in den Wolken Gespenster, in dem Fremden einen Riesen. Zauberer transformiren sich in Wehrwölfe und Geisterspuk. Ursprünglich knüpft die Phantasie unmittelbar an das gesehene Object. Wurden später Gegenstände nicht nur gesehen, sondern auch gedacht, strebte der Geist nach den die äusseren Erscheinungen vermittelnden Begriffen, so mussten auch diese durch die noch ungeordnete Phantasie entstellt werden. Wie dem Perser die ganze Welt der Ausdruck des Ormuzd war, so erfand man für nicht direct verkörperte Ideen die Zusammensetzungen der Wunderthiere. So lange die Natur noch überall Räthsel einschloss, mussten sich auch die schöpferischen Gestaltungen der Ideen in Räthsel verkörpern. Sind die gesetzmässigen Regeln für die mosaikartige Ausfüllung des gemeinschaftlichen Gesichtsbildes zerrüttet, so muss ein verworrenes Sammelbild aus den in einander gewürfelten Contouren hervorgehen, und um so verworrener, je lebhafter sich der Wettstreit der Sehfelder erhitzt. Die Furcht, jeder plötzliche Schreck wirkt lähmend, und indem mit momentaner Paralysirung der Augenmuskeln die Horopter-Abstände wachsen, wird das Gebilde der Phantasie immer grausiger auseinandertreten. Selbst nachdem das Denken von sinnlichen Anschauungen völlig losgelöst, und in das Gebiet des rein Metaphysischen übergetreten war, blieben die Begriffe anfangs phantastisch verzerrt, und dann oft um so excentrischer und barocker, da jede Controle fehlte. Erst einem an rhythmische Schwingungen geübten Auge wird die Auffindung der Mischfarbe leicht, wie dem musikalischen Ohre das Auffassen der Tartinischen Töne. Als mit der Ausbreitung der römischen Kaiserherrschaft die Geister durcheinander gemischt wurden, und in dem lebhaften Austausch der Ideen die esoterischen Speculationen der Tempelmysterien in die Menge ausströmten, so musste jetzt die neue Gottheit für die metaphysischen Abstractionen gesucht werden, und wurde es in den erstaunlichen Wahnsinnwühlereien über Wesenheit, Persönlichkeit, Aehnlichkeit und Gleichheit, wo selbstgemachte Bauernphilosophen verschiedener Sprachen und Vorstellungskreise über ihnen und Allen unverständliche Ausdrücke unbekannter Systeme auf Tod und Leben disputirten, bis sie in dem halsbrechenden Rechenexempel der Trinitas die gewünschte Grösse schliesslich gefunden zu haben glaubten. Es ist stets seine eigene Geisterwelt, die den Menschen äusserlich umgiebt. So lange noch das sinnliche Denken mit den sich loslösenden Begriffen kämpft, treten jene mystischen Symbole auf, die, anfangs das natürliche Product der gährenden Phantasie, später zu unverständlichen und nichtssagenden Formeln werden, zu einer geheimnissvollen Bundeslade, die beim schliesslichen Oeffnen sich leer findet, wenn sie nicht gar eine giftige Schlange verbirgt. Wenn Epicur von den Göttern sagen mochte, dass sie kein Blut, aber quasi Blut, dass sie keinen Körper, aber quasi Körper haben, so war das für seine Zeit noch weit von dem Gedankenkunststück eines gebackenen Fleisches und gekelterten Blutes entfernt, denn wie Beausobre bemerkt, l'asomatou ou l'incorporel des Grecs ne veut dire tout au plus qu'un corps subtil. Aber das „Geheimniss" des Christenthums liegt (nach St. Chrysostomus) darin, dass wir die Dinge anders glauben, als wir sie sehen (*Ἕτερα ὁρῶμεν, ἕτερα πιστεύομεν*). Ein nüchterner Verstand würde das die verkehrte Welt des Irren nennen, wo Alles auf dem Kopfe steht. „Nicht den Sinnen, sondern den Worten ist (nach demselben Vater) zu trauen." Um das „schauerliche Gastmahl" (*St. Chrysostomus*), in dem sich unsere Seele an Gott mästen soll (*Tertullian*), zu erklären, lehrt St. Cyrillus: „Wisse und zweifle nicht, dass dasjenige, was dem Scheine nach Brot ist, kein Brot ist, obgleich der Geschmack es für solches hält, sondern dass es der Leib Jesu Christi ist, und dass dasjenige, was dem Scheine nach Wein ist, kein Wein ist, obgleich es dem Geschmacke so vorkommt, sondern das Blut Christi." Und doch bittet Gregor von Nazianz seine Zuhörer, nicht anzustehen, sondern ohne Zweifel und ohne Erröthen den Leib zu essen und das Blut zu trinken. Nach den Brahmanen ist Gott ein Licht, aber ein Licht von anderer Natur, als dasjenige, das wir in Sonne und Licht sehen. Es ist ein Wort, nicht ein articulirtes Wort, aber ein Wort der Wissenschaft, durch dessen Vermittelung die Weisen die verborgenen Mysterien begreifen: dieses Gott genannte Wort ist körperlich und umhüllt sich selbst mit einem Körper, gleich einem Menschen, der sich mit Widder-Vliess bedeckt, aber wenn es den Körper abgelegt hat, der es umgiebt, so erscheint es den Augen.

DIE GEBILDE DER PHANTASIE.

Das Thier ist ein weit freierer Herr der Schöpfung, als der Mensch, der sich sklavisch jedem Naturgegenstande, als seinem Gotte unterordnen mag. Gerade die höhere Ausbildung des Geistes wird darin Anfangs sein Fluch, indem noch an die Wechselwirkung des Objectiven und Subjectiven in der sinnlichen Anschauung gewohnt, er auch für die Subjectivität der abstracteren Begriffe ein äusserlich Entsprechendes sucht, und an sie den vielgestaltigen Götzendienst knüpft, über den sich erst ein reiferes Bildungsstadium erhebt, wenn die rasche Bewegung den ihn magisch bindenden Faden zerreisst. „Democritos leitete den Götterglauben von der Einwirkung gewisser Phantasiebilder ab, denen aber, wie allen Bildern, etwas Objectives zum Grunde läge, wodurch seine Götter wenigstens mit einem blassen Scheine von Realität überzogen wurden. Sie waren ihm Gestalten, die dem Menschen bald segnend, bald furchtbar und schädlich wirkend sich nahten, von riesenhafter Grösse. Sie erschienen als Verkündiger der Zukunft, sie liessen prophetische Stimmen erschallen, sie waren schwer vergänglich, aber doch keineswegs unvergänglich, sie waren nichts als Idole, luftige, aus dünnen Atomen zusammengewebte, aber doch mit Kraft zu schaden und zu nützen ausgerüstete Dämonen." *(Steinhart.)* „Idole oder Götzenbilder nennt Bacon die Erzeugnisse der Einbildungskraft, die aus mangelhafter Erfahrung hervorgegangen, nicht aus der Natur entnommen und nicht Abbilder der wirklichen Dinge, sondern vorgefasste, selbstgemachte Meinungen, von der Einbildung vorweggenommene Bilder seien, indem er die Vorurtheile des Geschlechts, des Temperaments, des Marktplatzes und des Theaters aufführt." Die mythologischen Gestalten der Völker, wenn der Tag ihres Schaffens und Dichtens geboren war, heben sich überall aus einem unbestimmten Hintergrunde hervor, aus der Dämmerungsstunde des frühen Morgens, in deren Nebel sich ihre Umrisse fester und schärfer abscheiden, je weiter sie dem Lichte des hellen Mittags entgegenschreiten. Mit Titanen und Giganten hebt der Schöpfungsgesang der Griechen an, dann folgen die Götter des hehren Olymps, dann die zur Erde schwebenden Heroen der Luft beherrschenden Here, dann der Mensch, der auf festem Boden fusst. Aus des ersten Göttergeschlechtes erstem Geist entstand den Japanesen des Chaos erste Bewegung, die neue Bewegungen schuf. Aus den letzten Ausflüssen dieser das zweite Geschlecht der Wesen, die halb Götter, halb Menschen waren, und aus ihm das dritte Geschlecht, das der existirenden Menschen.

[RIESEN.] Den Litthauern war die Welt einst mit gewaltigen Riesen erfüllt, während die Menschen allmälig immer kleiner werden, bis zuletzt sieben Zwerge an einem Strohhalm zu schleppen haben. Die Idee der riesigen Vorzeit findet sich in den meisten Sagen, obwohl im Allgemeinen die daraus erhaltenen Geräthschaften auf das Gegentheil deuten, das, die reichlichere Ernährung der Gegenwart in Betracht gezogen, auch für manche Gegenden nicht unwahrscheinlich sein würde. Wie wenig auf Berichte zu geben ist, lehren die Erzählungen der holländischen Entdecker, die in den verkrüppelten Tasmaniern furchtbare Giganten sahen. Die Hunnen, die von schärfer und ruhiger beobachtenden Schriftstellern übereinstimmend als von kleiner Statur beschrieben wurden, bildeten dem Volke lange das Prototyp der Hünen, wie auch der untersetzte Lappe sich in den titanischen Jetten verwandelte; die grausamen Avaren wurden zu den riesigen Obrern oder Ogern. In der Periode des Cimabue und Giotto, sowie der byzantinischen Kunst wurden die Abbildungen des ewigen Vaters, Jesus Christus und der Jungfrau Maria in ausschweifender Grösse gemalt, wie die Götter auf den egyptischen Tempeln. Auch die verschiedenen Wandlungen Buddha's werden gern in gigantischer Ungeheuerlichkeit dargestellt. Auf der Insel Lotuma wurden zu Mariner's Zeit noch die Schienbeinknochen der Riesen gezeigt, die einst die Tonga-Inseln bewohnt hätten. Der Orient ist mit gigantischen Gräbern (Noah's, Eva's, Adam's u. s. w.) gefüllt. Es liegt in der natürlichen Entwickelung jedes Menschen begründet, dass die in der Kindheit aufgenommenen Ideen von der Grösse und Stärke seiner Eltern und der ihn umgebenden Erwachsenen ihn unmerklich auch im ferneren Leben beeinflussen, und nachdem er selbst herangewachsen ist, ihn in der neuen Generation eine schwächere sehen lassen, wie schon jeder Schulknabe meint, dass mit dem Austritt seiner Altersklasse die Glanzperiode des Gymnasiums vorbei sei. So entsteht leicht, unter dem Lobe der guten alten Zeit, die Vorstellung der Ausartung des Menschengeschlechts, dessen Alter die indischen Philosophen auf schliesslich zehn Jahre reduciren. Beim Einbruch der riesigen Hunnen bauten sich (nach der Meininger Chronik) die Leute Löcher in die Berge, als Wachtelwohnungen, da sie wie Zwerge ihnen gegenüber erschienen, wie die Hebräer vor den Söhnen Anak's. Ueber das Maass von König Og's Bett haben sich noch lange gelehrte Professoren mit gravitätischen Allongenperücken gestritten. Den Riesen gegenüber wird es später ein um so höheres Verdienst der Däumlinge, sie zu besiegen, und wie Pipin der Kurze, erschlägt Ritter Kurzbold den riesigen Petschenegen, David den Goliath, der Zwerg Nanda den Giganten, Roland den Unhold des Ardennenwaldes, und der junge Russe in Nestor's Chronik den kolossalen Polowzer. Ehe die Erde geschaffen war, gab es (nach den Sagen der Serranos in Californien) ein Wesen oben und eins unten, die als Bruder und Schwester sich verheiratheten, zuerst Sand und Erde, dann Felsen, Pflanzen und Thiere zeugten und zuletzt ein thierähnliches Wesen (Quiot), das später von seinen Nachkommen getödtet wurde. Diese sahen sich öfter in Folge dessen von einem Gespenst erschreckt, das sich auf Befragen, ob es der Geist Quiot's sei, als Tschinigtschinish (Allgewaltiger) offenbarte, die Beschäftigungen des Ackerbaues unter sie vertheilte und dann aus Lehm einen Menschen formte, dessen Gestalt auch Quiot's Nachkommen annahmen. In persischen Schöpfungsmythen spielt der Urstier, in scandinavischen die Audhumbla, die Kuh, die den Riesenvater Ymir nährt, den Ersten der Hrymthursen. Der chaldäischen Menschenbildung gehen die phantastischen Ungethüme des Urschlammes voraus. Lange ragen bei den Naturvölkern die Traumvorstellungen der Vorzeit noch in das wirkliche Leben hinein, die Gestalten ihrer Sagen spielen auch in der Geschichte und das Auge unterscheidet noch nicht zwischen dem, was es sieht, und dem, was es denkt, wenn überhaupt das Denken schon begonnen und einen Vorstellungsschatz gesammelt hat.

[WEHRWÖLFE.] Wenn die Zauberer der Abiponer (erzählt Dobrizhoffer) sich beleidigt oder einem Feinde gegenüber glauben, drohen sie, sich auf der Stelle in einen Tiger zu verwandeln und Alles in Stücke zerreissen zu wollen. Kaum fangen sie das Gebrüll des Tigers nachzuahmen an, so nehmen Alle, die in ihrer Nähe sind, mit Angst und Zittern Reissaus; doch horchen sie noch von Weitem auf das nachgeahmte Gebrüll. Sogleich jammern sie vor Schrecken und ausser sich: „Siehe, wie er schon Tigerflecke bekömmt, wie ihm schon die Klauen hervorwachsen!" wiewohl sie den in der Hütte versteckten Betrüger nicht sehen können. Der Missionär fügt hinzu, „dass er ihnen oft die Absurdität vorgestellt habe, dass sie, die täglich auf dem Felde wahre Tiger erlegten, ohne sich zu entsetzen, so feige über einen eingebildeten erschräcken. Sie erwiederten mit Lächeln: Ihr Väter habt von unsern Sachen noch keine ächten Begriffe. Wir fürchten die Tiger auf dem Felde nicht, weil wir sie sehen; wir erlegen sie daher ohne Mühe, die künstlichen Tiger aber setzen uns in Angst, weil wir sie nicht sehen und also auch nicht tödten können. Und wenn man dann einwendete, wie sie wissen könnten, dass ihnen Tigerflecken und Tigerklauen hervorschössen, wenn sie Nichts sähen, so hielten sie nur um so hartnäckiger an ihrer Ansicht fest." Mit einem Menschen, der sich in einen Ideenkreis hineingelebt hat, zu disputiren, ist ebenso nutzlos, als einem Irren seine Wahnideen wegraisonniren zu wollen. Man muss erst seine Vorstellungen in ihre zusammensetzenden Gedankenelemente auflösen, und indem man ihm Schritt vor Schritt in Errichtung seines Systemgebäudes folgt, den Irrthum in seinen ersten leichtesten Anfängen nachweisen und dort verbessern. — In dem Geheimbund der irokesischen Zauberer unter den Nanikokes konnten die Hexen und Hexenmeister sich in einen Wolf oder Fuchs verwandeln, im Laufe Funken aussprühend. Auch vermochten sie die Gestalt eines Truthahns oder einer Eule anzunehmen, sehr rasch zu fliegen*) und bei Verfolgung sich in einen Stein oder Holzstamm zu verwandeln. — Bei den Gallas werden Unglücksfälle den Buddas zugeschrieben oder den in Hyänen verwandelten Zauberern, die Menschen fressen. — In Livland versammeln sich einmal im Jahre alle Zauberer und baden in einem Flusse, wodurch sie zu Wehrwölfen werden und Heerden verfolgen, erst nach zwölf Tagen zu menschlicher Form zurückkehrend. — Auch zu Augustin's Zeit verstanden die Magier Menschen durch Kräuter in Wölfe zu verwandeln und wie in allen Gebieten des Glaubens die Gläubigen, waren die Wehrwölfe eben so oft Betrogene, als Betrüger. „Aus einer gänzlichen Umwandlung des Fühlens bei Melancholikern geht diejenige Form der Melancholie hervor, die mit der Wahnvorstellung einer verwandelten Persönlichkeit verbunden ist, wie der Verwandlung in einen Wolf (Lykanthropie), in einen Hund (Kynanthropie), einen Bären, eine Leiche, Holz, Butter, in Spreu oder in ein anderes Geschlecht" (*Spielmann*), als insania metamorphosis, wohin die insania zoanthropica gehört. — Als Kaiser Siegismund die Frage, ob es Wehrwölfe gäbe,

*) Sie hexten mit Hülfe des Schlangengiftes oder giftiger Wurzeln und konnten den Menschen Haare und Würmer in den Körper blasen. Auf die Angabe eines alten Onondaga wurden alle Diejenigen verbrannt, die er auf dem Sabbath gesehen und beim Besuche der verschiedenen Wigwams wiedererkannte.

wissenschaftlich debattiren liess, wurde entschieden, dass eine solche Verwandlung ein positives und vielfach constatirtes Factum sei. Fincelius erzählt von einem Bauer in Pavia, der mit grosser Bestimmtheit versicherte ein Wolf zu sein, und dass der Unterschied nur darin liege, dass bei ihm die Haare des Fells nach Innen stünden, bei Wölfen nach Aussen. — Pomponace rettete aus den Händen der Bauern einen Unglücklichen, der sich, in einen Wehrwolf verwandelt fühlend, den Umstehenden zurief zu fliehen, damit er sie nicht fresse, und den man zu schinden im Begriff war, um das Wolfsfell abzuziehen, das er unter der Haut tragen müsse. — Der Lykanthrop von Angers, dessen Delancre erwähnt (1598), erklärte gerichtlich, dass seine Hände und Füsse bei der Verwandlung zu Wolfsklauen würden. Sennert meint, dass die Lykanthropen die die Augen täuschende Decke des Wolfsfells von dem Teufel erhielten und Jean Grenier hatte sie dem in einem Flammenhaus gefesselten Pierre Labonrant zu verdanken (1603). Als die Lykanthropie im Jura grassirte (1598—1600), zerriss Perrette Gandillon, als Wölfin, ein kleines Mädchen auf offenem Felde, und ihr Bruder wurde durch die Hexensalbe bald in einen Wolf, bald in einen Hasen transformirt. Ebenso fühlte Peter Burgot (1521) nach einer solchen Einreibung seine Glieder sich behaaren. In Abyssinien wird die Thierzauberei von den Sabarr genannten Familien ausgeübt und geheim gehalten. — Plancy de Collin erzählt des Weiteren die Geschichte des Wehrwolfes Marchall von Longueville, der 1804 zu lebenslänglicher Galeerenstrafe verurtheilt wurde. — Im Wawkalaka (Wehrwolf) sehen die Weissrussen einen durch den bösen Feind verwandelten Verwandten umherstreifen, den sie füttern. — Nicephoros erzählt bei Petronius, wie er mit einem Menschen spazieren gehend, diesen plötzlich die Kleider ausziehen, in den Wald laufen und ein Wolf werden sah, aber bei der Rückkehr ihn im Bette antraf. — Ein Hottentotte erzählte dem Reisenden Alexandre, wie er, mit einer Buschfrau im Walde gehend, diese durch einige Bemerkungen erzürnt habe, worauf sie ihr Schurzfell abgeworfen und sich in einen Löwen verwandelt habe. Nur durch klägliches Flehen gelang es ihm, sie zu bewegen, wieder die menschliche Gestalt anzunehmen und ihm das Leben zu lassen. — Am Mohorumfeste ziehen die Chinesen in Pinang mit Burschen umher, die abgerichtet sind, einen Tiger vorzustellen, und lebendige Ziegen, wenn man sie ihnen zuwirft, in Stücke zerreissen und das Blut trinken, wobei sie das Recht haben, aus den Esswaaren-Buden was ihnen gefällt zu nehmen. Gewöhnlich sind es Abkömmlinge bestimmter Familien, die Tiger genannt werden. — In Sudan gehen die Marafihl (Hyänen) als verwandelte Menschen herum, die durch den blossen Blick ihres Auges (Aein el hamid) solche, die sie verfolgen, tödten. Churschid Pascha liess ein Hyänenweib tödten, das ein Kind und einen Soldaten gefressen, starb aber bald nachher, als er auf Nilpferde (Aesint) Jagd machte, worin sich Nachts die Zauberer verwandelt hatten. — Als Petrus, der Stifter der Bogomilen, gesteinigt ward, harrten seine Anhänger drei Tage und drei Nächte bei dem Steinhaufen, unter dem er begraben lag, um ihn, seiner Verheissung gemäss, auferstehen zu sehen, sahen aber zu ihrem Schrecken am Ende der drei Tage den Dämon in der Gestalt eines Wolfes daraus hervorgehen, weshalb sie Lyko-Petrier genannt wurden. — Tiridates, König von Armenien, wurde in ein Schwein verwandelt, weil er Gregorius den Illuminator in eine Grube hatte werfen lassen, und erst bei der Befreiung desselben, von ihm wieder zum Menschen gemacht (4. Jahrh.). — Ein durch zwei römische Zauberinnen in einen Esel verwandelter Schauspieler zeigte seine Künste auf den Jahrmärkten, bis man ihm durch Exorcisation und

Abwaschung seine wahre Gestalt zurückgab. (*Beauvais.*) — Wenn in Polen und Russland Wölfe sich im Winter an einen Menschen wagen, so werden sie von dem Landvolke für Menschen gehalten, die in Wölfe verwandelt sind und nach Menschenblut lechzen. (*Hanusch.*) — In Arkadien, wo die Hirten über einen Fluss schwammen, um als Wehrwölfe zurückzukommen, war König Lykaon in einen Wolf verwandelt worden, als er einst dem auf Erden umwandelnden Zeus gekochtes Menschenfleisch vorsetzte. — Die Neger am Zambese glauben, dass ihre Häuptlinge sich schon während des Lebens in Löwen (worin nach dem Tode die Seelen derselben eingehen) verwandeln können, Jeden, der ihnen beliebt, tödten, und dann wieder in den menschlichen Körper zurückkehren, weshalb sie die Löwen beim Begegnen mit Händeklatschen begrüssen, so dass hier noch ein Prärogativ adlicher oder priesterlicher Aristokratie ist, was später als gefährliches Kunststück in den Wehrwölfen verdammt wurde. So mag die heilige Sprache unter Umständen eine geheime Gaunersprache sein oder bildet die Geschichte aus heimathlosen Zigeunern bald verachtete Juden, bald angebetete Brahmanen. — Simpson erzählt von dem obersten Häuptling der Ballabollas, dass er sich zuweilen wahnsinnig stellte, in den Wald ging, um Gras zu fressen oder an den Rippen einer Leiche nagte. Wurde seine Begeisterung noch heftiger, so biss er Alle, die ihm in den Weg kamen. — Wenn die Bakalla von einem Löwen angegriffen sind, so glauben sie sich bezaubert, oder durch einen Nachbar in die Gewalt der Löwen gegeben. — Die Priester der Waldubba behaupten auf Löwen zu reiten, die Gott ihnen bestimmt hat. — Die Hyänen, welche nächtlich des Abfalles wegen um Sennaar schweifen, werden für Glieder der Nachbarstämme gehalten, die durch Bezauberung verwandelt sind. — Der heilige Macarius entzauberte ein Mädchen, das ihr zurückgewiesener Liebhaber in ein Pferd verwandelt hatte. — Diodorus von Catane wusste die Leute auf solche Weise zu bezaubern, dass sie sich in wilde Thiere verwandelt glaubten. — Circe machte die Gefährten des Ulysses glauben, dass sie durch narcotische Mittel in Thiere verwandelt seien, und Nebucadnezar ging als Ochs auf die Weide, wie die Töchter des Proteus sich für Kühe hielten. — Nach Pomponius Mela konnten sich die Druidinnen auf der Insel Sena in beliebige Thierleiber verwandeln, und die Tscherkessen schreiben dieselbe Fähigkeit den Uddas zu. — „Das Inmassa (Beschwörungsschlagen) der Jemmaboes besteht vornehmlich darin, sagt Kämpfer, dass sie unter dem Murmeln gewisser Formeln mit Händen und Fingern gewisse Figuren eines Tigers, Krokodiles und anderer gewaltiger Thiere in einem Augenblicke vorstellen und wieder in andere verwandeln. Hiermit und mit Veränderungen und verschiedenen Erhebungen der Stimme fahren sie so lange fort, und dringen mit Kreuzhieben auf ihr Object ein, bis alle Hindernisse überwunden sind und der gewünschte Zweck erreicht ist.“ — In Quauhtitlan wurden am Jahresfeste zwei Frauen geschunden, mit deren Haut bekleidet zwei Adliche von den Stufen des Teocalli herabstiegen, indem sie gleich wilden Thieren brüllten. Bei ihrem Anblick erscholl der Ruf: „Seht unsere Götter kommen,“ der sich in dumpfen Klagen durch das versammelte Volk fortsetzte. Unter dem Klange einer düstern Trauermusik heftete man ihnen zwei gigantische Papierflügel an die Schultern, in welchem Aufzuge sie den Tanz vor dem Tempel anführten. — Nach dem Mecklenburger Volksglauben kann man sich in einen Hasen verwandeln, wenn man einen von einem Zauberer besprochenen Riemen umbindet. In den Wolfsriemen der Wehrwölfe sind die zwölf Himmelszeichen eingewirkt.

PHANTASTISCHE UMGEBUNG.

Obwohl die scharfe Unterscheidung zwischen dem sinnlich Empfundenen und dem abstract Gedachten fehlt, kennt der Wilde zunächst nur das, was er sieht und hört. Wenn der materielle Ansatzpunkt fehlt, wird auch Nichts vorgestellt. Auf die Frage, „was Luft sei, (heisst es in Spix und Martius' Brasilien) hat uns nie ein Indianer geantwortet, wie oft wir sie auch wiederholt und wie deutlich wir sie zu versinnlichen bemüht waren, wohl aber auf die Frage, was Wind sei." An das, was er sieht und hört, knüpft er seine Ideenassociation und erhebt nach Umständen den auffälligen Gegenstand zum Fetische. Der träge Geist, froh, die Frage beseitigt zu haben, bleibt mit der nächstliegenden Antwort zufrieden und aus der zunehmenden Masse baut sich ein zerstücktes Fächergerüste auf, in das das Wunder der Gottheit überall und bei jeder einzelnen Gelegenheit eingreift, wie in Geulinx' Occasionalismus oder wie die Lebenskraft in die Processe der mittelalterlichen Physiologie. Doch der Geist strebt zur Einheit, das Auge des Menschen, nicht facettenartig durchbrochen, wie das der Insecten, verlangt einen runden Horizont, und indem das Wunder der Parallelen in jedem Augenblicke sich ablenkt, läuft die Curve kreisend um. Es ist der erste Schritt zur geistigen Entwickelung, wenn sich aus dem Nebeneinander des Raumes die zeitliche Bewegung organisirt. Zunächst wird die Einheit gesucht werden, nicht in den richtigen Verhältnissen zwischen den einzelnen Theilstücken, sondern in der unproportionirten Vergrösserung eines derselben, das zu solchen Dimensionen aus einander gezerrt wird, dass dem Auge die innere Zusammenhanglosigkeit*) verdeckt bleibt. Der Wilde verallgemeinert nicht. Der amerikanische Indianer besitzt keine Ausdrücke zum Generalisiren. Für jede der verschiedenen Eichen, die in seinen Wäldern wachsen, hat der Algonkiner eine eigene Benennung, aber er besitzt kein Wort, um den Begriff der Eiche im Allgemeinen auszudrücken. Im Nothfall wird also zum Repräsentanten des Genus die besonders hervorragende oder häufigste Species substituirt werden. „Unter der Person oder Maske eines Familien-Oberhauptes (sagt Vico) steckten sämmtliche Söhne und sämmtliche Knechte der Familie, unter einem Real-Namen oder dem Abzeichen eines Hauses steckten

---

*) Les anciens philosophaient souvent sans se limiter dans un système, traitant le même sujet selon les points de vue, qui s'offraient à eux, ou qui leur étaient offerts par les écoles antérieures, sans s'inquiéter des dissonances qui pouvaient exister entre ces divers tronçons de théorie. (*Renan.*)

alle Agnaten und alle Gentilen desselben. So steht Ajax allein, als Thurm, vertheidigt Horatius allein eine Brücke, werden die fränkischen Paladine als die Repräsentanten souveräner Fürsten von erstaunlicher Grösse geschildert.“ Solche Darstellungen gehen schon in das Gebiet der Poesie über, das dem rohen Wilden fehlt. Ihm erscheint die Natur nicht schön, sondern furchtbar. Als unbekannt, jagt sie Schrecken ein und der Schrecken sieht in ihr ein Scheusal. Wie im Kindheitsalter der Geschichte der Mensch, so jeder Mensch in den Jahren der Kindheit. Wer mit den Elementen seiner Gedankenreihen nicht richtig zu rechnen gelernt hat, lässt seine Phantasie wirken, die sich zum deutlichen Denken verhält, wie die kabbalistische Zahlensymbolik zur Arithmetik. Ist die eigene Phantasie nicht üppig genug, so fehlt es nicht an erfinderischen Köpfen, ihr die nöthigen Bumänner zu schaffen.

Der chinesische Kindermensch wagt nur mit Herzklopfen und Zittern seine Tempel zu betreten, die voll von bösen Nicolassen, Knechten Ruprecht's und andern Kinderstuben-Popanzen sind, en gros gearbeitet, mit ausgestreckter Zunge, verdrehten Augen, Grimassen schneidend, mit aufgedunsenen Backen, so dass der arme Fokien mit der Stirn auf der Erde liegend, kaum aufzublicken wagt, und nur den günstigen Moment erspäht, sich unbemerkt wieder fortzuschleichen. — In Paris wandert der Moine bourru durch die Strassen, der aus den Fenstern sehenden Kindern*) den Kopf abzwickt. — Der Neger sieht überall Fetische wandeln, bald gross bald klein, Gestalt und Farbe verändernd, je nach der Perspective seines Standpunktes. Der Indianer complementirt sich jede Naturerscheinung durch das Hinzudenken eines Manitou, dem Kamtschadalen blicken beständig die tollen Streiche Kuka's hervor. Die Lechies genannten Holzgeister der Russen erscheinen von der Höhe von Gräsern, wenn sie in diesen, von der von Bäumen, wenn sie zwischen solchen wandern. Die Tejätkujad ziehen in Esthland den Weg unter den Füssen fort. Die Hotuah Pows spielen ihren Schabernack auf Tonga, Gurupira neckt im brasilischen Walde. So im gewöhnlichen Leben. Aber wenn der Indianer durch die einsamen Prairien wandelt, dann sieht er den grossen Geist des Feuers mit seinen glühenden Bogen dahinrasen, dem Australier wandelt Wandong, das schwarze Gigantengespenst, durch seine Gummiwälder, der Dajak sieht den Koloss Nesi-punjang mit seinen Beinen über dem Fluss stehen, wenn die steigende Fluth seinen leichten Kahn zu verschlingen droht. Der mit umgekehrten Füssen am Ufer des Marañon wurzelnde Unhold Ypupiara erdrosselt**) mit verschränkten

*) Wenn in den Strassen von Poitou der Loup-garou (la bête bigourne, qui court la galipède) sein nächtliches Geheul hören lässt, so zeigt sich Niemand am Fenster, da dem Neugierigen der Hals umgedreht werden würde, wie in Abbrokonta Solchen, die sich erkühnen sollten, dem Durchzuge Oro's zuzuschauen. Perchtha, die gänsefüssige Königin, die später in den Pinzgau überging, schreckt als gespenstige Repräsentation der Ruthe. Der weibliche Dämon Syojittar frisst die Kinder bei den Finnen.

**) Der Dränger (das Gespenst an einsamen Deichstrecken in den Marschen) fällt den einzelnen Wanderer so und fasst ihn mit seinen kalten, entsetzlichen Armen. Man sieht ihn nicht, man hört ihn nicht, aber man fühlt sich wie mit eisernen Ketten umschlungen. Der Dränger will sein Opfer in die hungerig wartende Fluth hinabdrängen. Dieses wehrt und sträubt sich dagegen, und nun geht es an ein Balgen auf Leben und

Armen den Wanderer. — Der Kobold Annaberg erdrückt die Bergleute in den Stollen, indem er unter der Gestalt eines schwarzen Pferdes, Feuer aus den Nüstern schnaubend, auf sie eindringt*). In Senegambien brüllt Horey, Opfer verlangend, im Walde, aus dem Walde spricht die Stimme der Will, im Donner tobt der alte Himmelsalte. In Ceylon ist die Luft mit bösen Geistern, Fafardets, gefüllt, die Kalmücken hören den Drachen Lun Chan durch dieselbe fahren. Der Gul verwirrt dem einsamen Wüstenreisenden seine Sinne. Der Grigri lebt in den canadischen Wäldern. Auf den Philippinen sitzen die Tibalangas mit langem Haar und bunten Flügeln auf den höchsten Spitzen der Bäume. Scheute plötzlich die Heerde des arkadischen Hirten, so wandelte das Schreckbild des Pan montivagus vorüber. — Die Itas (negritos) in den Philippinen fürchten die Erscheinung des bösen Geistes, der bald in der Gestalt eines Greises, bald eines Kindes, bald eines Pferdes, Affen oder Ungeheuers umgeht. Homer singt, wie die seligen Götter in wandernder Fremdlinge Bildung unter den Menschen umgingen, und nach Diodor durchstreiften die Götter der Egypter die Welt, den Menschen bald in der Gestalt heiliger Thiere, wie der Idem-Efik am Calabar, bald in jeder andern Form ovidischer Metamorphosen erscheinend. Scheich Negr, der aus seinem Grabe zu den Wolken emporwächst, erschreckt den Reisenden bei Beirut; auf deutscher Halde guckt der riesige Haidmann Nachts in die Fenster; in Toscana die gigantische Fee Befanel (Epiphania); der Kobold Kelpy leitet in Hochschottland Reisende durch sein Klagen in Sümpfe; aus irländischen Sümpfen steigt der Feenkönig empor; über den nordischen Meeren schweben die Geister der Helden. — „Da alles Gute unbemerkt an ihm vorübergeht und nur das Widerwärtige Eindruck macht, so erkennt der brasilische Indianer keine Ursache des Guten oder keinen Gott, sondern nur ein böses Princip, welches ihm bald als Eidechse, bald als Mann mit Hirschfüssen, als Krokodil oder Unze begegnet, bald sich in einen Sumpf verwandelt, ihn irreführt, neckt, in Schaden oder Gefahr bringt, ja selbst tödtet." (*Spix* und *Martius*.) — Die Dämonen verwandeln sich im Umsehen in Alles, was ihnen einfällt, in Schlangen, Kröten, Nachteulen, Raben, Böcke, Esel, Katzen, Hunde, Stiere, aber auch in Menschen, in Engel des Lichtes. Sie heulen in der Nacht und machen Lärm, als ob sie angekettet wären, sie rücken Tische und Bänke von der Stelle, wiegen Kinder, blättern in den Büchern, zählen Geld, werfen Gefässe auf die Erde, sie haben mehrere Namen, als cacodémons, incubes, succubes, cocquemares, gobelins, lutins, mauvais anges, Satan, Lucifer etc. (*Paraeus*.) — In den Clementinischen Homilien erzählt Petrus, dass die Engel der niederen Luftschichten, beleidigt durch die Undankbarkeit der Menschen gegen Gott, ihn um Erlaubniss baten, sie strafen zu dürfen und dann herabstiegen. Da sie von einer göttlicheren Substanz als die Menschen sind, so haben sie die Fähigkeit jede beliebige Form anzunehmen. Sie verwandelten sich in kostbare Steine, Perlen, Purpur, Gold und in Alles, was es Reiches giebt. Sie verwandelten sich in Thiere mit vier Füssen, Schlangen,

Tod, bis alle Kraft erschöpft ist und der Dränger es ersäuft oder das grässliche Wesen mit dem ersten Morgenstrahle ablassen und entfliehen muss. Mancher hat so gerungen die ganze Nacht über und ist endlich in Schweiss gebadet mit dem Leben davon gekommen. Viele Andere verschwanden auf ewig. (*Wägge*.)

*) In den Orkaden sehen die englischen Matrosen oft das über die bösen Geister des Meeres präsidirende Phantom David-Jones, von riesiger Gestalt, drei Reihen spitzer Zähne in seinem gewaltigen Rachen zeigend, mit weit starrenden Augen und breiten Nasenlöchern, aus denen blaue Flammen hervorschiessen.

Fische, Vögel und endlich in Menschen. In ihnen nahmen sie mit der Gestalt auch die Begierde an, wodurch ihre feurige und himmlische Natur in solcher Art geändert wurde, dass sie sie niemals wieder erlangen konnten. — Evodus wirft den Manichäern vor, zu glauben, dass Christus alle Tage geboren werde, und alle Tage leide und alle Tage sterbe, und zwar nicht in den Heiligen, die seine Glieder sind, sondern in den Kürbissen, im Lattich und in der Petersilie. Es ist durch die Kraft des heiligen Geistes (sagt Manes) und durch seine geistigen Ausflüsse, dass die Erde den leidensfähigen Jesus (Jesum patibilem bei Augustin) empfängt und gebiert, der, das Leben und Heil aller Menschen, an jedem Baume hängt. — Der Geist des Berges im Königreiche Dhanakatcheka, wo aus dem Buddhakloster die dort lebenden Mönche jährlich als Arhats hervorgingen, erscheint bald in der Form eines Wolfes, bald eines Affen, die Reisenden (wie Hiouen-thsang erzählt) erschreckend. — Bei Aristophanes erscheint die Empusa bald in Gestalt eines Ochsen, bald eines Maulthieres, bald als Feuer, bald als Hund, mit wildem Blicke, einem ehernen und einem Eselsfuss, mit Flammen um das Haupt. Die Griechen beschworen sie durch Schimpfreden. Apollonius von Thyana entdeckte eine solche in der Braut seines Schülers Menippus, wie Buddha den verkleideten Drachen erkennt, der unter seinen Zuhörern sitzt.

Besonders mächtig eingreifende Ereignisse rufen zur geistigen Reaction ihre phantastische Complementirung hervor. In den Ruinen von Uxmal geht das Gespenst des Bezauberers um, unter dem Klange der Tunkal, die den Untergang des Reiches herbeiführte. Zu Drusus tritt im Cheruskerlande eine übermenschliche Frauengestalt, zu Cassius sein böser Geist, zu Brutus der Dämon, als er von Europa nach Asien übersetzt. Den Burgundern erheben sich die Geister aus der Donau und Runenjungfrauen wehren Attila den Uebergang über den Lech. Dieselbe furchtbare Ate, die durch die griechischen Tragödien schreitet, waltet über dem Verlauf der mexicanischen Geschichte, so der Tolteken, so Chalco's, so der Azteken, die sich alle am Abende ihres Völkerlebens mit demselben drückenden Gewitter-Horizonte*) umziehen. Dann stieg das Phantom des Todtentanzes bei den Götterfesten herab; dann durchlief die Opferfrau**) die Strassen, Zettel austheilend für die dem Priestermesser Verfallenen, dann erhoben sich die Leichen von den blutigen Steinen, die Schaar der Verehrer durch ein magisches Band mit sich zum Abgrunde ziehend, dann standen die Verstorbenen aus den Gräbern auf. Als der Einfall der Chichimeken drohte, suchten die Haruspices in Tula vergebens in der Brust des Menschenopfers das Herz, wie es in Rom zu Spurina's Schrecken in der des Stieres fehlte, aus dem man am Morgen vor Cäsar's Ermordung den Willen der Götter erforschen wollte. Das Ahnen jenes mächtigen, unerbittlichen Geschickes, das das Dasein der Menschen beherrscht, wühlt in dem noch in der Sinnlichkeit befangenen Geiste des heroischen Zeitalters die unheilschwangeren Gestaltungen auf, die dann in den gespenstischen Erscheinungen und unglückverkündenden Vorzeichen spielen. — In Patna sitzt die Cholera mit Schädelketten behangen an den Ufern der Sone, den Serben ist die

*) „Ausdeutungen der Apocalypse auf den nahen Weltuntergang, Weissagungen der politischen Zukunft aus dem Volksmunde, sibyllinische Mönchsorakel, Vorgesichte von Hellseherinnen u. dergl. wurden in allen möglichen Formen und Fassungen während der Revolutionsperiode von 1848 zusammengetragen und fanden unter dem gemeinen Manne reissenden Absatz," sagt Riehl.

**) Nach Bourbourg pflegen die Indianer Centralamerica's, unter denen die Erinnerung an die Zeit der aztekischen Menschenopfer noch immer nicht verschwunden ist, selbst jetzt ihr an den Kreuzwegen Kerzen zu verbrennen.

alte Kuga mit einem weissen Schleier verhüllt. Der Pole sieht sie, auf einem Wagen fahrend, Krankheiten bringen. In Chloe klopft der in den Schlammkörper eines Burcolaceas gehüllte Dämon an die Thüren der Häuser, die zu Gregor's von Tours Zeit der Tan-Schreiber bezeichnete. In der Lüneburger Haide lässt sich das Klageweib blicken, in der Lausitz schleicht Smertnza um, in Ceylon die rothäugige Jaxa, dem Neugriechen ist die Pest eine blinde Frau, die den Häusern entlang tappt. In Schweden kehrt sie die Dörfer mit einem Besen. In Armenien wird sie durch den Reiter Zaemanojoger in rother und schwarzer Kleidung angekündigt; die nordische Hel zieht auf dreibeinigem Pferde umher, die Menschen zu würgen. In Hameln spielt der Rattenfänger auf den Strassen und alle Kinder folgen ihm zu den sieben Bergen. — In russischen Beschwörungen ist die Liebe eine Bangigkeit, die auf dem Meere auf einer Insel, am Bujan liegend, auf Befehl der unreinen Kraft dem Mädchen in die Wangen und Zähne, in die Rippen und Knochen, in ihren weissen Leib, in ihr widerstrebendes Herz und in ihre schwarzen Locken weht. — Den Egyptern war (nach Herodot) das Feuer ein reissendes Thier, das erst alles Andere und dann sich selbst verschlang. — In Russland durchläuft die Empusa oft in Wittwenkleidern die Strassen des Dorfes und zerbricht Allen, denen sie begegnet, die Knochen, als eine Erinnerung aus der Zeit der Tartarenherrschaft, wo es Tod gewesen sein würde, eine der Einwohnerinnen des Harems anzutreffen, wie noch jetzt in manchen Neger-Residenzen. — Wenn die Werbung inländischer Rekruten auf Celebes von den Holländern betrieben wurde, so wagte Niemand auszugehen, da der Menschendieb des Rajah von Goa umginge, und Schmidtmüller traf einst eine Partie Bewaffneter, einen alten Korb, der am Kreuzwege lag, mit ihren Waffen zerfetzend, da sich jener darin verkörpert habe. Apollonius von Thyana liess die Pest in Ephesus in Gestalt eines alten Bettlers steinigen. — Beim Ausbruch des Vesuvs zeigten sich (nach Dio Cassius) viele Männer von übermenschlicher Grösse, wie man die Giganten*) zu malen pflegt, in der Luft schwebend, bei Tage und bei Nacht, wie die Tolteken solche beim Brande von Tula sahen. — Als Wahrzeichen, die der Schlacht von Philippi vorangegangen, erwähnt Dio Cassius, dass die Sonne den Glanz verlor, Blitze schossen, Fackeln umherirrten, Waffengeklirr erscholl, ein Hund einen todten Hund im Tempel der Ceres begrub, ein sechsfingeriges Kind und die Missgeburt eines Maulesels geboren wurde. — „Diejenigen Wunder, welche sich beim Anfang und im Verlaufe der Kriege unter dem Consulate des Publius Volumnius und Servius Sulpicius in unserer Stadt ereigneten, sind nicht minder Gegenstände grosser Verwunderung. Denn statt zu brüllen, redete ein Stier wie ein Mensch, und wer es hörte, erschrack über die Neuheit der ausserordentlichen Erscheinung. Auch fielen, wie ein Regen, einzelne Fleischstücke nieder, die zum grössten Theil von den hochfliegenden Weissagevögeln aufgefangen wurden; die übrigen lagen mehrere Tage am Boden, ohne dass sie einen üblen Geruch oder ein widriges Aussehen angenommen hätten.“ „Zu denselben Klasse von Wundern rechnete man diejenigen, welche zu einer andern unruhigen Zeit vorfielen, dass ein halbjähriges Kind auf dem Ochsenmarkt „Triumph!“ rief, ein anderes mit einem Elephanten-

---

*) In dem Berichte über den Blitzschlag, der den Thurm der Kirche zu Quimper-Corentin traf und verbrannte (1620), heisst es: „A l'instant fut visiblement un démon horrible au milieu d'une grande onde de grêle, se saisir de ladite pyramide par le haut et au dessous de la croix, étant ce démon de couleur verte avec une longue queue.“ — Bei Lukas fällt Satan wie ein Blitz vom Himmel.

kopf zur Welt kam, dass es im Picenischen Steine regnete, in Gallien ein Wolf einem Wächter sein Schwert aus der Scheide riss, in Sicilien zwei Schilde Blut schwitzten; dass bei Antium blutige Aehren den Schnittern in den Korb fielen, in Cäre Blut unter dem Wasser floss. Auch weiss man, dass im zweiten punischen Krieg ein Stier zu Cn. Domitius sagte: Nimm dich in Acht, Rom!" (*Valerius Maximus.*) — Während der schrecklichen Vorzeichen unter Wsevolod († 1093) fiel eine gewaltige Schlange vom Himmel und boshafte Geister durcheilten unsichtbar Tag und Nacht zu Pferde die Strassen von Polotsk, indem sie die Bürger verwundeten und Viele tödteten. — Die Azdiden, gewarnt durch die Prophezeiungen der Prophetin (Kahina) Zafira, wanderten aus, ehe sie das Unglück des Deichbruches bei Mariaba erreichte. — Die Erscheinung einer abenteuerlichen Schlange ohne Kopf und nächtliches Geheul zeigten den Sturz der Thsin im Voraus an, waren aber auch auf der anderen Seite glückbringende Vorzeichen für die zur Herrschaft gelangenden Han. Vorbedeutungen aus Bäumen und Insecten zeigten den Tschaoti oder Han Unglück, den Sionanti Glück an. — Tertullian erwähnt des Phantoms einer Stadt, die in Judäa während der Expedition des Kaisers Severus im Orient in der Luft hängend gesehen wurde, als eines wunderbaren Beweises, dass das Reich der Heiligen nahe bevorstehe. St. Jago stritt mit seinen Rittern in der Schlacht bei Ambassee. — Kämpfende Kriegsheere sah das Volk zu Kopenhagen (1677) in den Wolken, auf der Wiese bei Upland (1655), bei Helsingborg (1682), in England während des Einfalls des Prätendenten von Schottland aus.

[PHANTASMEN DES GEHÖRS.] Die Stimmen an den Ufern des Mawelligangastromes (wie das Geschrei eines Nachtvogels) in Ceylons Gebirgen werden von den dorthin gebannten Geistern hervorgebracht, von denen auch die Luft der Wüste Kobi voll ist, wie verirrte Reisende oft zu ihrem Schrecken vernommen haben. In der Salzwüste bei Khom werden sie durch das Geschrei des Gespenstes Ghul häufig auf Abwege geleitet. Der Todesschrei in Schottland, der bei den Hochländern Taisk, bei den Niederländern Wraith heisst, gleicht der Stimme der zunächst sterbenden Person. Im Odenwald zieht der Rodensteiner Ritter zwischen seinen Burgen umher, im Harze Hackelberg*), in Sachsen Hackelbärend. In der Nacht nach der ersten Schlacht gegen die Söhne des vertriebenen Tarquinius wurden die Römer durch eine laute Stimme ermuthigt und siegten am nächsten Tage. (*Dionys. Hal.*) Durch eine Stimme befahlen die Götter einem Plebejer, dem Senate anzuzeigen, dass die Gallier heranrückten. Als rufende Stimme**) tönt Jodute aus dem Welfesholze. Im Glockenberg bei Suez soll ein Kloster begraben sein, und die Mönche auf Sinai hören vielfach unterirdischen Donner. Die gehörnten Waldgeister der Russen jagen entweder durch fürchterliches Geschrei Schrecken ein oder verführen den Wanderer durch bekannte Stimmen auf Irrwege. In den Retumbos ihres heiligen Gebirges erkannten die Yucatanesen die Stimme des Bergherzens, wie die Mexicaner im Tepeyolotl. „Este Tepeyolotl era el simbolo de la voz cuando

*) Ein von ihm in Isenberg einst zurückgelassener Hund lag ein ganzes Jahr unbeweglich, bis er bei der nächsten Rückkehr der Hetze mit ihr wieder weiter zog. Bleibt ein Hund des Heljägers zurück, so verwandelt er sich in einen Stein bis zum nächsten Jahre.

**) Aus dem Pulsgraben erklangen lange Zeit bei nächtlicher Weile die Worte: „O Leb, o Leb, wenn ich di seh, so deit mio Hart im Liwe weh!" Im Jahre 1796 brannte Lebe fast gänzlich ab und als die Flamme emporschlug, tönten wieder jene klagenden Worte. (*Allmers.*)

retumba en un valle de un cerro á otro.“ Die vielfachen Echo's am Calabar dienen den Feitizeros in ihren Unterredungen am Teufelsfelsen.

[DER MITTAGSTEUFEL.] Den Schnittern ist der Mittagsteufel gefährlich in der Ruhe der Natur, wo Pan umgeht, wo Theocrit's Hirten sich hüten, durch das Spielen der Syrinx den jähzornigen Gott zu stören, wenn er schlafen sollte. Ibliss, die Hörner der Sonne erfassend, proclamirt sich einen Augenblick als Herrn der Welt, während des kurzen Wendepunktes, wo das sich umdrehende Gestirn die Harmonie aus den Fugen rückt und der Mundus momentan aufklappt, um seine Dämonen zu entlassen. Seit dem Schlagen der Thurmuhren ist die gespenstige Stunde auf die durch sie bezeichenbare Mitternacht gerückt. — Vom bösen mittägigen Feldgeiste der Moscoviter (Poludnitza oder Pschipolnitza) heisst es: Daemonemque quoque meridianum metuunt et colunt. Ille enim, dum jam maturae resecantur fruges, habitu viduae ingentis ruri obambulat operariisque uni vel pluribus, nisi protinus viso spectro in terram concidunt, bracchia frangit et crura. In Osnabrück geht Tremse-Mutter im Korn um. — Der *δαιμονιον μεσημβρινον* spielt als Mittagsteufel in den Psalmen. Auf dem Berge Lohan öffnet sich am Johannistage (dem höchsten Stande der Sonne) am Mittag eine Höhle, Schätze enthaltend. — Die Ketef oder die Seuche, die am Mittage verderbet, regiert (nach Rabbi Levi) weder in dem Schatten, noch in der Sonne, sondern zwischen dem Schatten und der Sonne. — „Vier Weiber (sagt Rabbi Bechai) sind der Teufel Mütter, nämlich die Lilith und die Naama und die Igereth und die Machalath, und hat jede derselben Schaaren der unreinen Geister. Es heisst auch, dass jede in einer Sonnenwende, von den vier, die im Jahre sind, herrsche, und dass sie sich zu dem Berg Nischpa, nahe an den Bergen der Finsterniss, versammeln und eine jede in ihrer Sonnenwende von der Zeit an, wo die Sonne untergeht, bis um Mitternacht mit allen ihren Heeren herrscht. Alle diese hat Salomo in seiner Gewalt.“

DIE VERSCHÖNERUNG DES FURCHTBAREN.

Das Furchtbare und Schreckliche dominirt in den Schöpfungen der Naturvölker, in hässlichen Verzerrungen weidet die zerrüttete Phantasie, spiegelt in Gespenstern ihre „spectra imaginationis,“ schafft Ungethüme, wie dem heiligen Antonius in der Wüste begegneten: grandem homunculum*), aduncis naribus, fronte cornibus asperata, cujus extrema pars corporis in caprorum pedes desinebat. Aber der

*) Vincentius sah später in Alexandrien einen solchen „Dämon“ einbalsamirt. Der fromme Guthlac wurde von einer Bande Teufel beständig in seinen Contemplationen gestört, aus einer Zelle in die andere gerissen, in Sümpfe gesteckt, durch Hecken und Dornbüsche gezogen, mit eisernen Geisseln gepeitscht und auf ihren schwarzen Flügeln umhergetragen. Er giebt folgende Schilderung als eine naturgetreue: „Sie hatten dicke, breite und grosse Köpfe, lange Hälse, hagere, gelbe Augen, wie Kohlen, einen glühenden Schlund, breites Maul, knotige Kniee, krumme Beine, geschwollene Knöchel und (gerade wie der brasilische Unhold Ypupiara) umgekehrte Füsse.“

Geist wird sich nicht für die Dauer mit Fratzen begnügen. Er strebt sie zu verschmelzen, ihre scharfen Ecken zu glätten, das Schroffe zu mildern. Die Magie sucht die zerstreuten Räthsel grotesk zu combiniren, in Arabesken verschlingt die orientalische Poesie ihre zierlichen Verse, bis das befriedigende Ideal in seiner aesthetischen Kunstform gefunden ist. Dann formt Phidias*) seinen Zeus nach dem rhythmischen Wohllaute, in dem Homer's Worte im geistigen Ohre klingen, und giebt dadurch als Götterschöpfer (wie Dion Chrysostomus bemerkt) Hellas, und dann den andern Ländern, zuerst eine gleichmässige Weltanschauung. Nabelsteine und Aschera-Säulen genügen nicht mehr zur Symbolisirung der Aphrodite. Praxiteles wählt das Meisterstück der Schöpfung, den Menschen, und unter den Menschen die schöne Phryne. Zeuxis strebt weiter in seinen Idealen. Der aus den Erscheinungen abstrahirte Begriff muss schon in der Kunst unmittelbar abgezogen werden und fünf Mädchen Krotons leihen ihre Vollkommenheiten, um die Vollkommenheit Here's zu bilden. Das Meer der Empfindungen wird tiefer angeregt. Neben der Idee des Schönen tritt die des Guten nach aussen, das Erwachen der Seele zur Gotteseinheit ruft das Gebot der Nächstenliebe hervor, verkörpert sich in den gläubigen Idealen der Religion. Alle diese Erzeugnisse reihen sich der Weltanschauung ein, sie standen am geistigen Horizonte und als sie dort später von den eindringenden Barbaren entdeckt wurden,

---

*) „Es hatte dieser Künstler, als er den Jupiter oder die Minerva bildete, Niemanden vor sich, den er anschaute oder nachbildete, sondern in seiner Seele sass irgend ein herrliches Ideal von Schönheit, auf die sein Inneres geheftet war, und nach deren Zügen seine Hand arbeitete.“ Onatas arbeitete das mystische Schnitzbild der Hecate nach einem Traumgesicht und auch das barocke Bild der dreihändigen Jungfrau wird von den Russen göttlicher Eingebung zugeschrieben. Der mit der Verfertigung beauftragte Maler fand in dem verschlossenen Atelier am andern Morgen zu den zwei Händen eine dritte hinzugefügt, und als er nach dreimaliger Wiederholung dieses Wunders in Verwirrung gerieth, erschien ihm die Jungfrau, zu verkünden, dass sie also gemalt sein wollte. Dieselbe Jungfrau dankte Albert dem Grossen in eigener Person für seine Lobschrift und als er „Apellis instar ductibus suis singulas illius animae et corporis dotes expressurus,“ soll sie sich ihm bereitwillig zu genauester Besichtigung dargestellt haben. Ueber die wunderbare Verfertigung der Statue des Mi-le-Phou-sa in dem Königreiche Tholy erzählt Fabian: „Es lebte hier ehemals ein Arhan, der mittelst übernatürlicher Kräfte einen Künstler in den Himmel Teou-chou versetzte, um dort die Gestalt und Züge des Mi-le-Phou-sa zu betrachten und dann nach seiner Rückkehr zur Erde eine Holzfigur zu verfertigen,“ wie es nach dreimaligem Besuche geschah.

Zeus kam selbst vom Olymp herab, dir zu zeigen sein Antlitz,
Phidias, oder du stiegst, ihn zu beschauen, hinauf.

(Nach einem Epigramm der griechischen Anthologie.)

die den griechischen Morgentraum nicht mitgeträumt hatten, meinte der scholastische Verstand, dass er sie zu erklären das Recht habe, wie alle überlieferten Naturproducte, und machte sich, trotz freundlichster Zuneigung, unbarmherziger als die Eristiker und Dialektiker Megara's über Aristoteles' und Plato's geistige Schöpfungen her, die seine besser an das Schlachtschwert gewohnten Hände mit täppischer Unbeholfenheit zerdrückten. Die glänzende Idee, ihrer Schmetterlingsflügel beraubt, lag hülfloser, als früher die Raupe, am Boden. Anselmus, dem es Gott verdankt, ontologisch bewiesen zu sein, hielt die Dialektik für geeignet, um Vernunftschlüsse *) des Glaubens in Wissen zu verwandeln und Raymund Lullus meinte die Geheimnisse der Incarnation aus natürlichen Gründen unwiderleglich constatiren zu können. Origenes hatte sich der allegorischen Schriftauslegung bedient, um Glauben und Wissen zu vermitteln.

Für den Gang der Weltgeschichte ist es von höchster Bedeutung,

*) Die durch das von den jüdischen Schulen vermittelte Studium der classischen Philosophie im arabisch-aristotelischen Gewande angeregte Geistesthätigkeit führte die in ihren Klöstern verschlossenen Mönche, die mit dem Mangel eines politischen Lebens zugleich die praktische Controle desselben entbehrten, zu dem Operiren mit den Begriffen selbst, als den allein gebotenen Gegenständen. Als das auf die Spitze getriebene Spielen der Nominalisten zur Leugnung der Wirklichkeit gelangt war, opponirte sich der seiner tieferen Natur unbestimmt bewusste Geist im Realismus, dessen zur Fasslichkeit strebende Mystik indessen bald zersplitterte, da sie, an gegebenen Formen einer verknöchernden Religion haftend, leicht den Nominalisten auf dem dialektischen Felde, dem Wortbegriffe, erliegen musste. Auf ihre spitzfindigen Sinnlosigkeiten gerieth die Scholastik durch ihre totale Unkenntniss des psychologischen Denkprocesses. Aus zerschnittenen Wortformen suchte man Welten zu schaffen, wie aus einem lebendigen Honover, und alle in der Sprache enthaltenen Begriffe in Wirklichkeit zu versichern, selbst wenn sie auf der babylonischen Confusion zu Nicäa geboren waren. Jeder dem Gehirn entsprungene Gedanke wird damit als Minerva Glaukodes verehrt, als Hocceität, Quidditat, Modalität, Ubität und andere Eulengestalten. Die aus den verschiedensten Operationsmethoden gewonnenen Resultate wirft die Scholastik auf das Incongruenteste zusammen, beständig übersehend, dass die durch complicirtere Methoden gewonnenen Potenzen höherer Factoren durchaus nicht als gleichartig mit den Cardinalzahlen zusammengestellt werden dürfen, und dass die immer aufs Neue erstaunenden Anknüpfungspunkte, die sich allerdings überall finden, nur daher rühren, weil jene sich aus diesen entwickelten, dass sie nur insofern also von Bedeutung sein können. Erst nachdem die Naturwissenschaften eine allgemeinere Anschauung von der gesammten Weltordnung möglich gemacht hatten, ordneten sich die von den Scholastikern in buntem Wirrwarr durch einander gemengten Begriffe zu einem mehr den Anforderungen des harmonischen Geisteslebens entsprechenden Systeme der Philosophie zusammen, obwohl der Schlüssel, der die organische Entwicklung enthüllt, nur durch die sichere Begründung der Psychologie selbst gefunden werden kann.

in welchem Stadium seiner Entwicklung ein Volk mit fremden Culturen in Berührung kommt, ob es schon fähig ist, durch gegenseitigen Austausch productionsfähiger Ideen neue Schöpfungen hervorzurufen. Ein Volk, in noch unerzogenem Jugendalter, wird die Resultate einer übermachten Weisheit passiv hinnehmen in knechtischer Verehrung, und sich einem stricten Autoritätenglauben unterordnen, wie die Araber ihrem Gotte Aristoteles. Sie aristotelisirten (ἀριστοτελίζειν) auch in der Religion, wie Strabo für seine Zeit von den Naturforschern bemerkt, als die vergrabenen Bücher durch Sulla nach Rom gebracht wurden. Verschieden von dem im Greisenalter stehenden Indier, dessen Indifferentismus umsonst von der europäischen Bildung erschüttert wird, wurden die Söhne der Wüste allerdings zu lebhafter Thätigkeit angeregt, aber die Blüthezeit ihrer islamitischen Literatur trägt keinen originellen Stempel, so wenig wie die der Römer, die Horaz's Geboten (Tag und Nacht die griechischen Bücher zu durchblättern) gehorsam, von Virgil zu spät an ihren eigentlichen Beruf erinnert wurden. Tu regere imperio populos, Romane memento, hae tibi erunt artes. Ihr Stammvater war Mars. In dem religiösen Vorstellungskreise, eben dem Producte der durch Jahrhunderte entwickelten Ideen, prägt sich am deutlichsten der nationelle Volkscharakter ab, er bildet den unmittelbaren Abdruck des Geisteslebens. Der Polynesier, der auf seinen beschränkten Inseln keinen Mächtigern über sich kannte und jeden Gegner ausrottete, wenn er ihm nicht selbst erlag, beherrscht in seinen Sagen auch die Götter des Jenseits. Maui fängt auf Neuseeland die Sonne in einer Schlinge. Auf Samoa dreht Titii dem Gott der Erdbeben seinen rechten Arm ab. Der Tahiter zerstörte das Götzenbild, das auf sein Bitten keine Heilung gewährte. Ebenso bei dem gleichfalls insularischen Caraiben. „Die Unabhängigkeit ist ihm ein so unschätzbares Gut (sagt Oldendorp), dass er das Leben ohne dieselbe nicht der Mühe werth achtet und sich eher zu Tode hungert, als nach Vorschrift eines Andern oder gegen Lohn seine Leibeskräfte*) zu verwenden.“ Der Ahnherr des Dzawindanda (des Königs von Tilantonga) schoss seine Pfeile gegen die Sonne, als sie ihn, einen so tapfern Krieger zu verbrennen wagte, und die übermüthigen Azteken sperrten die Götter der besiegten Völker in ihr Staatsgefängniss ein, während der frommere Römer sie höflich zur Wohnungsveränderung

*) Dampier lud bei seiner Landung in Van-Diemensland einem der ihn umstehenden Wilden einen Wasser-Eimer auf, um bei der Arbeit behülflich zu sein, aber er konnte ihm das Lasttragen ebenso wenig verständlich machen, als die Affen ein Ohr dafür haben, die, nach der Ansicht der Bewohner Sumatra's und Guinea's, recht wohl zu reden verstehen, aber es verhehlen, damit man keine Diener aus ihnen mache.

einlud. Der frei die Wüste*) durchschweifende Abbadie kennt keinen Gott über sich und fühlt sich nur von seiner Gesundheit abhängig, für deren Erhaltung er Gebete spricht. Die Alexander den Grossen besuchenden Gallier des adriatischen Meeres fürchteten Nichts, als dass der Himmel einfallen möchte. Anders der Neger, der in seiner üppigen Natur sich erdrückt fühlt, in den Schauern des Urwaldes, widerstandsunfähig gegen die Geschöpfe, die ihn bewohnen. Ihm schaut aus jedem Blatte ein Fetisch hervor, ihm füllt sich Land, Luft und Meer mit Teufeln, wie begünstigteren Völkern mit Feen, mit Genien, mit Dämonen oder Göttern. Martius erzählt von einem seiner indianischen Führer, wie er, als zufällig im Walde eine Eidechse vor ihm niederfiel, sich dem Gurupira ein Spiel glaubte, und als er sich nachher in einem Sumpfe verirrte, sogleich alle Hoffnung aufgab, je wieder seiner Macht zu entkommen. Noch scheuer war ein Indianer vom Stamme der Catauaxis. Jeder krumme Ast, oder abgestorbene Baumstumpf, jede seltsame Verschlingung**) von Sipos erschreckte ihn. Die Wanika fürchten sich vor ihrem eigenen Schatten, den der Körper auf den Boden wirft. Von den das höhere Wesen als Sibu bezeichnenden Indianern im östlichen Theil von Costa rica verehren die Bergbewohner besonders die Sonne wegen ihres Wärmesegens, die Küstenbewohner dagegen das Meer. Ebenso baten die Anwohner des letztern in Peru die erobernden Inkas, ihnen ihre alte Gottheit zu lassen, die nützlicher sei als die brennende Sonne. Der Buschmann, der sich

---

*) Die Beduinen (sagt Volney) meinen, dass Mohamed's Religion nicht für sie gemacht sei. „Wie sollen wir unsere Abwaschungen verrichten, da wir kein Wasser haben? Wie sollen wir Almosen geben, da wir nicht reich sind? Warum sollen wir am Ramadan fasten, da wir es das ganze Jahr hindurch thun? Weshalb nach Mekka wallfahrten, da Gott überall ist?" In der von Abd-el-Wahab Mekrani eingeführten Reformation wurde nur die Anbetung Gottes festgehalten, da selbst die Erwähnung des Propheten sich dem Götzendienst nähere. Christus anzurufen ist nach Socin derselbe Götzendienst, als die Heiligenbilder verehren. Die Kaffern meinen zur Verehrung Humma's, des höchsten Gottes, der das Wetter macht, nicht verpflichtet zu sein, da er, ohne Unterschied zu machen, sie durch Hitze und Trockenheit verbrenne, ob sie Opfer brächten oder nicht.

**) Wie leicht es ist, irgendwie ungewöhnliche Formen durch aufgeregte Phantasie und den gereizten Zustand des Sinnesnerven mit beliebigen Gestalten zu bekleiden, fand ich auf einer Reise durch die schwedischen Tannenwälder, die, bei den langen Tagen während 96 Stunden fast ohne jeden Schlaf fortgesetzt, das angegriffene Auge allmählig durch eine ununterbrochene Welt gespenstischer Fratzen führte, die überall und nach einander an den den Weg einfassenden Baumstümpfen und deren Knorren aufsprangen. Bei längeren Nachtreisen in Mesopotamien füllte der ermüdete Sehnerv seine Umgebung mit einer wunderbaren Architektonik, die sich gleich einer versteinerten Musik in die ruhigen Luftschichten hinausbaute.

zwischen den Bäumen des Waldes eine Stelle zum Feldbau gelichtet hat, muss sich aus den zerstörenden Einflüssen der äusseren Umgebung nur drohende Teufel bilden, die knechtische Verehrung verlangen, während mit erhabneren Anschauungen der auf weiten Flächen wandernde Hirte zum gestirnten Himmelszelte aufschaut, unter dem er allnächtig lagert.

DIE GÖTTER IN DER GESPENSTERWELT.

Nach den allgemeinen Gesetzen des Rhythmus sucht jede Schwingung sich harmonisch zu complementiren, in Schlag und Rückschlag, jede Nervenreizung in Empfindung und Bewegung, jeder Gedanke in Frage und Antwort. Manchmal, wenn man sich Abends mit einem störenden und unangenehmen Gedanken niedergelegt, wird man die ganze Nacht in wüsten Halbträumen die Phantasie geschäftig finden, Mittel und Wege auszusinnen, wie das Quälende der Vorstellung zu beseitigen sei, um eben der Empfindung, welche nicht ihre gewünschte Ergänzung in der That finden kann, durch subjective Antworten ihre gesuchte Ausgleichung zu geben, das die Harmonie Zerrüttende derselben unschädlich zu machen. So lange unangenehme Empfindungen mit solcher Wucht auf dem Herzen lasten, dass das Bewusstsein noch nicht vermocht hat, sie in ihre einzelnen Beziehungen zu zergliedern und klar aufzufassen, wird diese Disharmonie des gesammten Allgemeingefühls sich in der Schwere des Kreislaufs-Centrums, in niedergedrückter und trüber Stimmung äussern. Trübe blickt dann der trübe Sinn in trübe Umgebung hinaus, und mächtig und überwältigend wirkt auf ihn die Natur in schreckbaren grauenhaften Spukgestalten zurück. Beginnt diese allgemeine Disharmonie sich in ihre constituirenden Elemente zu zerlegen, gelingt es der analysirenden Meditation, einzelne derselben zu erhaschen und sich ihrer klarer zu bemächtigen, dann springt, wenn die Unmöglichkeit der gewünschten Antwort vorliegt, eben jener störende Gedanke unruhig im Gehirn umher und schafft sich phantastische Bilder, wodurch er seine Fragen stillen zu können glaubt. Das Bewusstsein fühlt sich dann in seiner gleichmässigen Ruhe zerrüttet, aber jene allgemeine Schwere, jener bleierne Stein, der während einer unbestimmten Disharmonie des gesammten Allgemeingefühls die Seele drückte, ist aufgelöst und abgeschüttelt, das Herz selbst fühlt sich wieder leichter, und so unruhig das Bewusstsein auch hin- und hergestossen werden mag, so wird es doch nie so eingreifend, wie in jenem Falle totaler Verstimmung, auf den Organismus zurückwirken, da es jetzt schon activ selbstthätig ist und nicht mehr in passiver Widerstandslosigkeit den beherrschenden Eindrücken des Aeussern hingegeben bleibt. Das Fragezeichen des Bewusstseins wird je nach der Altersstufe des Menschen oder des Volkes, je nach dem augenblicklichen Zustande des Träumens oder Wachens seine Beantwortung auf dem Felde der Phantasie, oder dem der Dialectik finden, und zwar in einer für den Gesammtorganismus um so zusagenderen Weise, je mehr sich das Denken auf die rein geistigen Operationen des letzteren beschränkt, vorausgesetzt, dass es sich nicht durch die bei einiger Uebung zu erreichende Leichtigkeit seiner Methode zu dem Uebermass des abstracten Speculirens verleiten lässt. Der Grieche verschönerte die Welt mit heiteren Bildern, der Nordländer zeichnete in seine grauen Nebel die mächtigen Gestalten der scandinavischen Mythologie hinein, der von ängstlichen Illusionen beherrschte Geisteskranke*) sieht sich überall von Spionen, Gerichts-

*) „Man kann verfolgen, dass der Wahnsinn sich in einem und demselben Lande nach den äusseren politischen Verhältnissen, nach der Beschaffenheit der literarischen Erzeugnisse, nach dem Zustande der Künste und Wissenschaften verschieden darstellt. Seitdem physikalische und chemische Anschauungen populärer geworden sind, phantasiren die Wahnsinnigen von Electricität, Hohlspiegel, optischen Einwirkungen. Man errichtet grosse electrische Batterien, um sie zu quälen, acustische Vorrichtungen werden erfunden, um ihnen Schimpfworte zuzurufen, durch Fernröhre kann man jede ihrer Bewegungen belauschen; seit Mesmer spielt der thierische Magnetismus und die Einwirkung von Somnambulen in Irrenhäusern eine grosse Rolle. Nach der Revolution in Frankreich schwebten den Unglücklichen, die während der Schreckensregierung den Verstand verloren, noch immer die blutigen Gräuel vor Augen; unter Napoleon commandirten die Wahnsinnigen die Armeen, rühmten sich ihrer Trophäen und waren stolz, die Erde mit dem Klang ihres Namens zu erfüllen; als Napoleon besiegt wurde, kam die Furcht vor den Kosaken in die Irrenhäuser; jetzt fürchten sich die Melancholischen nur vor den Gensdarmen und Gerichtsdienern." (*Calmeil* nach *Leubuscher*.) Ebenso bildet die innerhalb des normalen Horizonts bleibende Phantasie die mythologischen Gestalten der Furcht, ob in der vom Staate nachher anerkannten Form, oder, wie bei den Hexentheorien des Mittelalters, in einer verbotenen. — „Als man auf die beste Abhandlung über den Croup einen bedeutenden Preis setzte, wurde der Croup mit allgemeiner Vorliebe studirt. Diese Krankheit wurde von allen Aerzten untersucht, alle Kinder starben am Croup und die Mütter befürchteten bei ihnen nur den Croup. Die Furcht vor dem Croup wich dem Schrecken, den die Gehirnentzündungen und die Gehirnwassersuchten verursachten. Diese Krankheiten schienen sich vermehrt zu haben, weil man sie besser studirte und mehr davon sprach. Ebenso war es mit den Krankheiten des Herzens, als Corvisart seine gelehrten klinischen Vorlesungen in der Charité hielt." (*Esquirol*.) — Goldschmidt führt ein Beispiel an, wie rasch die Verhältnisse der Umgebung auf den Anschauungskreis des Volkes einwirken. Während früher die oldenburgischen Bauern sich jeder Vorsichtsmassregeln bei contagiösen Krankheiten überhoben glaubten (denn „Wer's nicht haben soll, der bekommt's nicht"), fragen sie jetzt

schergen, Polizeiofficianten umgeben, besonders in der Gestalt der geheimnissvollen Freimaurer, malt sich Kerker, Folter und Hochgericht in die Zukunft.

Der Hellene, einen Wald betretend, freute sich des säuselnden Laubes, der singenden Vögel, der aus den Zweigen schauenden Dryade, der Theologe*) dagegen, der mit einer Litho-, Petino-, Sismo-, Bronto-, Akridotheologie oder anderen Teleologien schwanger geht, wird ängstlich den auf dem Blatte kriechenden Käfer betrachten und kritisirt hinsichtlich der Zweckmässigkeit seiner Schöpfung den allmächtigen Herrn des Weltgebäudes, der freilich auch den Wald geschaffen hat, aber schwerlich um ihn von einem Erbsündler bekritteln zu lassen. Es muss diesem lieben Gotte, der an seinem weisen Prediger Salomo so schlimme Erfahrungen gemacht hatte, eine grosse Befriedigung gewähren, dass in der letzten Zeit die Vota der englischen Pastoren meistens ziemlich befriedigend für sein verständiges Benehmen bei der Schöpfung ausgefallen sind. Einige haben ihm sogar Numero Eins in ihrer Censur gegeben, deren er in den „vernünftigen Gedanken" des vorigen Jahrhunderts immer von vornherein sicher sein konnte.

Die äussere Welt ist stets der Reflex des inneren Microcosmus. Der Geist haftet an einzelnen Erscheinungen der Umgebung, er hält an ihnen, und zwar zunächst an den handgreiflichsten, fest, aber um diesen Resistenzpunkt krystallisiren dann alle seine weiteren Denkthätigkeiten an. Der Wilde trägt sorgsam den bröckligen Stein nach Hause, der ihm, als nützlicher Fetisch, Befriedigung seines

---

auch bei den unschädlichsten ängstlich den Arzt: „schallt ook woll bekliven?" (anstecken) und stossen oft selbst Verwandte aus Furcht rücksichtslos aus dem Hause. „Die polizeilich angeordneten Sperrmassregeln, die in den ersten Decennien dieses Jahrhunderts bei Pocken und Typhus hier zu Lande besonders eingeschärft wurden, haben wahrscheinlich, indem sie mächtig auf die Phantasie einwirkten, den Uebergang von dem türkischen Fatalismus in das entgegengesetzte Extrem veranlasst." Die Münchhausiade mit ihren speculativen Kunstsprüngen entspricht, als Volkswitz, dem abstracten Philosophenzeitalter. Wie rasch war durch die ochlocratischen Zerrüttungen Attika's der Uebergang angebahnt von dem klaren, festen Zusammenhange zwischen dem Walten des Schicksals mit der Gottheit, der so erhaben in den älteren Tragikern (Aeschylus und Sophokles) dasteht, zu den sittlichen Kämpfen innerlicher Entzweiung und angestrebter Versöhnung, wie sie in den Dramen des Euripides wogen?

*) Die Cenobiten zogen sich in die ungastlichsten Wüsten zurück, damit man ihnen im Jenseits nicht vorwerfen könnte, schon im Leben einen Trost empfangen zu haben. Selbst sich der Schönheit des Himmels und der Sterne zu freuen, galt für Sünde, und St. Eusebius erfand einen Kettenapparat, der ihn immer vor sich nieder zu sehen zwang, so dass er Nichts von der andern Welt erblicken konnte.

Wunsches nach Nahrung gewährt hatte, und wenn ihm später sein Verkehr mit seinen Nebenmenschen die edleren Regungen seiner Gefühle erweckt, wenn er andächtig nach dem Himmelsgewölbe aufschaut, so wird er noch für lange hinaus diese neugewonnenen Ideen an die schon früher ihnen eigene Repräsentation des Göttlichen anknüpfen, und erst in weit späterer Zeit den Trieb empfinden, die rohe Form des Geschenen nach den poetischeren Formen des idealistisch Angeschauten selbst zu verschönern. Die Philosophen drehen sich gewöhnlich bei den Erörterungen der Religionsanschauungen in einem steten Kreisschlusse, indem sie das Secundäre als das Primäre setzen. Sie gehen behutsam um den schmutzigen Fetisch herum und wagen nicht ihn zu berühren, da ihre gebildeten Zuhörer über die besudelten Hände schreien könnten, wogegen es eine anziehende und ästhetische Beschäftigung ist, die Ideen nach der Mode anzukleiden und aufzuputzen. Auf solche Weise mag man ein geschmackvoller Blumengärtner werden, aber sicher kein wissenschaftlicher Botaniker. In der Unendlichkeit des Alles ist für eine absolute Betrachtung Nichts niedrig oder gemein, verschwindet jeder Unterschied des Grossen und Kleinen, und nur nach Erforschung des Einfachen und Deutlichen kann der Fortschritt zu Höherem mit Sicherheit geschehen.

In der ersten Manifestation sieht der contemplative Sofi das absolute Wesen unter der Figur irgend etwas Körperlichen, in der zweiten sieht er es beweglich, als Schöpfer oder Gestalten-Ertheiler, in der dritten als mit Eigenschaften begabt, wie die Wissenschaft und das Leben, in der vierten als Essens. (*De Sacy.*) — Ob der Baum der Fetisch ist, der Dämon, der im Baume lebt, oder der Gott, der ihn schuf, hängt von der Stufe sinnlicher oder geistiger Anschauung ab, die im Vorstellungskreise überwiegt. Bei den Streiten der Concilien über die Bilderverehrung waren alle drei Stadien zu verschiedenen Zeiten vertreten und in jeder Religionsgeschichte kehren diese Entwicklungsphasen nach und neben einander wieder. — Am reinsten wird das symbolische Opfer genommen, indem der Gott von den hingesetzten Speisen nur insofern das Geistige geniesst, als der fromme Sinn seiner Verehrer ihm mit Darbringung derselben seine Andacht bezeugen will. Die Perser vertheilten das ganze Opferthier unter sich, da dem Gott die Seele genüge *). Mehr materiell ist die Anschauung, dass der Gott den geistigen Theil der Speisen genösse, und mag dann schon mit der alkoholischen Verdunstung derselben, wie in Arkona, oder dem Dufte des auf griechischen Altären verbrannten Fettes zusammengestellt werden. Endlich erwartet man auch die directe Verminderung der hingesetzten Speisen, und die Priester wissen am Gaboon die Nachts kommenden Krustenthiere, welche eine oberflächliche Beobachtung nicht bemerkt, oder auch die Schakale zur Erklärung zu benutzen, wenn sie nicht etwa die Schaubrote selbst essen. — Die katholische Transsubstantiation der Hostie wurde von den Lutheranern

*) Die unverschämten Kamtschadalen opfern nur den Abfall, indem sie den Schwanz, die Flossen, Gräten und andere nicht essbare Theile ihrer Fische nach dem mit Lumpen behangenen Pfeil werfen, von dem sie langes Leben zu erhalten hoffen.

auf den Augenblick der Communion beschränkt, die griechische Kirche nahm früher nur ihre Vergöttlichung durch Aufnahme der heilsamen Eigenschaften an, die reformirte spricht von einem rein geistigen Genuss des Abendmahls durch die Anschauung des Glaubens. — An die Stelle der Purganzen, womit der Indianer (wie das Aeussere durch Wasser) sein Inneres reinigt, setzt der Parse die geistige Medizin religiöser Sammlung und andächtiger Betrachtung, um stets gegen das Eindringen der ihn umschwärmenden Diws gewappnet zu sein, und verwirft das (auch in gesundheitspolizeilicher Hinsicht) so schädliche Fasten, da es die Frische seiner, nur in einem kräftigen Körper kräftigen, Denkthätigkeit schwächen würde, deren ganzer Stärke er zum Schutze gegen die mächtigen Feinde bedarf. — Soungyun erzählt auf seiner Reise nach Outschang, dass, umgeben von der prächtigen Vegetation und der lieblichen Scenerie des Berges Chentschi, er sich, von der tiefsten Wehmuth ergriffen, so wunderbar durch die Gedanken an seine weit entfernte Heimath bewegt gefühlt habe, dass er einen Monat dort verweilen musste, um von den Brahmanen (Seelenärzten gleich den essenischen Therapeuten) die zu seiner Beruhigung nöthigen Zauber und Talismane zu erhalten. In dem mystischen Pietismus des vorigen Jahrhunderts, wo Theologie und Medicin durcheinanderlief, fungirte Graf Zinzendorf als Arzt der Seele sowohl, wie des Leibes, und hatte auch Francke (durch Richter) Heilmittel zu seiner Disposition (die Halle'schen Medicamente). Jung Stilling ging auf den Rath theologischer Freunde nach seiner Erweckung zum Studium der Medicin über. — Der chinesische Unsterblichkeitstrank, der auf Erden sich nicht bewähren wollte, wurde für seine Wirkungen in den Himmel gerückt, und chiliastische Secten hofften umgekehrt das Versprechen, dass, wer das vom Himmel gekommene Brot esse, leben werde in Ewigkeit, schon auf Erden erfüllt zu sehen.

In allen solchen Fällen ist es durchaus unwesentliche Nebensache, zu erörtern, was eigentlich gedacht sei, und vielleicht gar daraus wieder auf das Wesen des zu Grunde liegenden Ideenkreises zu schliessen. Der Denkprocess durchläuft stets die organischen Phasen seiner Entwickelung, das sinnliche, allegorische und metaphysische Stadium. Wenn es sich nicht um die praktische Gärtnerei handelt, ist es dem Botaniker gleichgültig, ob der Apfelbaum in diesem Jahre schon Früchte oder erst Blüthen getragen habe, da zufällige Verhältnisse vorliegen mögen, das Wachsthum zu verzögern oder zu beschleunigen. Der Wissenschaft kann es zunächst nur darauf ankommen, die nothwendigen Gesetze dieses Wachsthums selbst zu erforschen, die Organisation des Baumes anatomisch und physiologisch zu zergliedern, und dann erst wird sie die Proportionszahlen finden, ihn in seiner Stellung zur Natur richtig zu verstehen. Um des Entwickelungsganges der Menschheit klar zu werden, müssen die psychologischen Kerne aufgesucht und die Gesetze ihres Wachsthums abgeleitet werden, wobei die gegebenen Facta nicht ihrer selbst wegen interessiren, sondern nur weil sie die Basis der Erfahrungen und Experimente bieten, weil sie allein die Induction ermöglichen. Das Gesetz der Entwickelung ist Eines in der Gedankenwelt. Als selbstständig gestaltete Organismen wachsen die verschiedenen Ideenkreise neben einander empor, indem sie jeder die Phasen ihres Wachsthums in den fortschreitenden Geschichtsepochen durchlaufen. Allen liegen dieselben einfachen Elemente zu Grunde, wie sämmtliche Pflanzengebilde sich auf die Zelle reduciren, so mannigfaltig sie auch in ihren äusseren Erscheinungen sein mögen.

Indem nach Feuerbach die Theologie Anthropologie ist, so müssen die

Religionen mit ihren Göttern so verschieden sein, als die Menschen verschieden sind. Wenn Gott eine Schöpfung*) des Menschen genannt wird, da ihn dieser nach seinem Bilde schafft, so ist der Mensch (das politische Thier) als Menschheit zu fassen, und in ihrer Gesammtheit (nicht in dem blossen Individuum) sieht Vico den Begriff des Menschen verwirklicht. Die im sprachlichen Verkehr entwickelten Ideen der Gesellschaft finden in der Religion ihren natürlichen Abdruck, so lange sie den normalen Horizont repräsentiren, während im Uebergangsstadium der Fortentwicklung der für eine Zeitlang unversöhnliche Zwiespalt zwischen Glauben und Wissen nicht zu vereinbaren ist. — Nach Lessing sind alle Religionen dem Bildungszustande jedes Volkes angemessene Heilsanstalten und in den Staaten des Philosophen von Sans-souci sollte Jeder nach seiner Façon selig werden können. — „Wir erkennen einen Schöpfer der Welt, einen höchsten Vater und Herrn aller Dinge an, aber es ist nicht dieser, der die verschiedenen Nationen regiert, sondern er hat ihre Lenkung an untergeordnete Localgottheiten überlassen, deren jede ein Element der Humanität repräsentirt," sagt Julian, indem er gegen die Präsumtion eines kosmopolitischen Charakters im Christenthum eifert. — Nach Origenes hatte Christus keine bestimmte Gestalt, sondern erschien Jedem so, wie es sein Begriff und sein Bestes verlangte. Indier, Aethiopier und Römer stellten alle Christus immer nach dem Typus ihres Volkes dar. — „Mars begeistert die kriegerischen Völker, Minerva die Weisen und Muthigen, Mercur die Klugen und Feigen," sagt Julian (bei Cyrill). — Themistius, der besonders bei den christlichen Kaisern auf Toleranz drang, meint, dass die Egypter, Griechen und Syrer Jeder am besten nach seinen Ceremonien anbete, um die Glorie des höchsten Wesens zu erhöhen. — Ut animae nascentibus, ita populis fatales genii dividuntur. (*Symmachus.*) — Nach der Theosophie des Aristocrites kamen alle Religionen (heidnische, jüdische und christliche) im Grunde in ihren Principien und Dogmen überein und waren nur durch einige Ceremonien verschieden. — Ideo unum atque idem sunt Christiani et Judaei et gentes, eundem Deum colentes, sagt Tyrrhon in den Acten des Archelaus. — Im mailändischen Edict Constantin's heisst es: Summe rerum sator, cujus tot nomina sunt, quot linguas gentium esse voluisti, quem enim te ipsum dici velle, scire non possumus. Wenn, wie Cicero sagt, jedes Volk die Gottheit kennt, aber jedes auf seine Weise, so kann nach jenem christlichen Bekenntniss das Anathema, das Tertullian auf Solche schleudert, die Gott verkennen, glücklicherweise Niemanden treffen, und wenn Alexander Severus Christus als Idol zwischen seine übrigen Götzen stellen durfte, so sind Hohen und Mächtigen noch ganz andere Sachen von höflichen Priestern erlaubt. Der Heide ist Patriot, sagt Feuerbach, der Christ Kosmopolit, folglich ist auch der Gott der Heiden ein patriotischer, der Gott der Christen ein kosmopolitischer. Die Donatisten meinten freilich, dass Gott nur in Africa sei, und die spanischen Colonisten in den Philippinen und in Mexico tragen die Medaille der heiligen Jungfrau mit der Inschrift: Non fecit taliter omni nationi. — Die bekehrten Chinesen in Manilla verehren besonders den heiligen Nicolaus, der einst ein Krokodil, das einen Chinesen verfolgte, in Stein verwandelte, als dieser ihn anrief. Die Indianer wenden sich meistens an Nuestra Señora del Antipolo, die Franciscaner an ihren heiligen Stifter, der nach der 1510 mit

*) Si les cieux, dépouillés de leur empreinte auguste
Pouvaient cesser jamais de le manifester
Si Dieu n'existait pas, il faudrait l'inventer.

(*Voltaire.*)

Christus angestellten Vergleichung ganz andere Ansprüche auf Verehrung besitzt. Der christliche Gott (Dieu, Bog, Gouth) ist noch bis heute auf keinen christlichen Eigennamen getauft, und die Karpocratianer würden nicht Unrecht gehabt haben, ihn *μια ἀρχη* zu nennen, in Bezug auf seine proteusartigen Wandlungen, unter denen er erschienen ist, von dem Lämmchen, das in der Klosterzelle einer nervösen Nonne zu spielen pflegte, bis zu der von einem beliebten Kanzelredner (dem Mokannaa des Rationalismus) verschleierten Nichtpersönlichkeit, unerforschlich wie der valentinianische *βυθος* und namenlos wie das höchste Wesen der Marcioniten. Die Jesuiten und Dominicaner fragten bei dem Kaiser an, ob die Chinesen bei dem Worte Thian und Schang-ti den materiellen Himmel oder den Herrn des Himmels verständen, indem sie zugleich eine Entscheidung des Papstes verlangten, ob die dem Confucius erwiesenen Ehrenbezeigungen religiöse oder politische seien, worüber der Kaiser bemerkte: „Diese Entscheidung geht nur die jämmerlichen Europäer an. Was kann es für die hohe Lehre der Chinesen bedeuten, von der die Leute in Europa nicht einmal die Sprache verstehen?" Um zu wissen, welchen Namen für Gott (Schang-ti, Tien-tschu oder Schin) die protestantischen Missionäre am besten in ihrer neuen Bibelübersetzung verwendeten, erbat sich der Bischof von Victoria eine Zusammenkunft mit dem Statthalter der vereinigten Provinzen Fokien und Tschekiang, der (in Futschu) den von ihm selbst gebildeten Namen Tienschin (unsichtbarer oder himmlischer Herr) vorschlug und so in seiner chinesischen Anmassung den Christen einen Gott schaffen wollte. Die indischen Missionsberichte sind voll der Versuche, sich erst zu vereinigen, welcher Gott in Birma und Siam zu predigen sei. Den Hundsrippen-Indianern wird von ihren weissen Lehrern das Wort eines „Mannes verkündet, der sich auf dem Wolkenhimmel zurückbeugt," den Indiern das eines Monarchen (Parmeshua). Im Soahelee-Dialekt erfanden die Missionäre einen „Mooigniazimoongo", und in Tahiti versahen sich die Methodisten so sehr, dass sie das Volk in ihrer Verlegenheit zum Judenthum bekehrt und auf Jehovah getauft haben, in dessen Namen Pomare II. die Götzentempel zerstörte. Prius a creatione creator, qui productum faciens est, silens fuit. (*Upnekhat.*)

GESCHICHTLICHE VERARBEITUNG DER RELIGIONEN.

Sobald ein Ideenkreis eine Zeit beherrscht, müssen sich sämmtliche Bestrebungen derselben in ihm wiederspiegeln, und zwar, wie alle Naturvorgänge, nach bestimmt nothwendigen Gesetzen. Für die Gebildeten wird die Religion eine philosophische Form annehmen, für die Masse des Volkes eine ceremonielle, für den Schwärmer eine mystische, für den Fanatiker eine magische und andere Unterabtheilungen zeigen, in derselben Weise, wie der Lichtstrahl die sieben Farben in sich vereinigt und erst durch den Charakter des brechenden Körpers bedingt wird, in der einen oder anderen zu erscheinen. Dieselben Grundformen kehren in jeder Religion des europäischen und asiatischen Heidenthums ebensowohl, als im Christenthum wieder, und es hing von den besonderen Zeitverhältnissen ab, welche derselben in den dominirenden Secten gerade am frappirendsten hervortrat. Der von dem Stifter subjectiv beabsichtigte Charakter der Religion kann keine objective Geltung bewahren, indem der Gang der Weltgeschichte die bildungsfähigen Materialien, die in ihr liegen, in nothwendiger Wechselwirkung nach dem Typus der Epoche und der Nationalität ummodelt. Trotz des ausdrücklichen Verbotes des Mönchthums entwickelten sich rasch die Derwischorden im Islam, und ungeachtet aller seiner Nüchternheit wurde er in die dunkelsten Tiefen des persischen Sofismus hineingezogen.

Lucian erwähnt der Ungläubigkeit des Democritus gegen jede Art von Gespenstern, und dennoch gaben seine naturwissenschaftlichen Schriften später einer mit seinem Namen bezeichneten Magie ihren Ursprung, wie er auch schon von den Abderiten für einen gefährlichen Zauberer gehalten ward. — Die Tempel der indischen Atheisten füllten sich in China mit dem buntesten Gemisch von Götterfiguren und der reine Feuercultus artete in den wilden Mithrasdienst aus. Selbst in dem abstract entsagenden Buddhismus kämpfte das Sinnliche zur Geltung hindurch und schuf, an die wollüstige Versenkung anknüpfend, die üppigen Formen des Weiblichen in den meditirenden Bildern Sakya's. Auf dem Hügel von Goyapara wurde eine Figur Gautama's, als Sib, mit paphischen Orgien verehrt. — Im strengen Jahvedienst wurde das Hohelied (das Schir Haschirim oder Lied der Lieder) gedichtet. — In den Theocrasien konnten selbst Anknüpfungen zwischen Maria, dem perugianischen Ideale jungfräulicher Schöne, und Jezi Baba, der scheusslichsten Ausgeburt einer alten Hexe, gefunden werden. Jede Epoche fasst die Religion ihrem Zeitgeiste gemäss auf, und Julian deutete die untergehenden Mythen der heidnischen Götter in derselben rationalistisch-mystischen Weise, wie es die Romantiker mit denen der Bibel versuchen. — Nach den Mormonen hatte Christus fünf Frauen, während ihn Origenes zu einem Eunuchen machte. — Während Basilius und viele der Kirchenväter Kriegsdienste den Christen zu Verbrechen und die Soldaten zu Mördern machten, versprachen die Päpste während der Kreuzzüge Jedem auf dem Felde Fallenden das Himmelreich, nach Art des Islam, so dass dieselbe Religion, je nach den Zeitumständen, zwischen den beiden nur denkbarsten Extremen schwankt und alle Zwischenformen, wie sich von selbst versteht, annehmen kann und angenommen hat. „Unsere Religion lehrt die Demuth (sagt Bayle), und doch giebt es kein kriegerischeres Volk als die Christen, von denen selbst die Türken neue Mordinstrumente lernen." Der Dichter des Heliand bekleidet den Geist des Christenthums mit einem germanischen Leibe, lässt Jesus als einen Adaling an der sächsischen Hofhaltung des Herodes erscheinen und schildert die Bergpredigt in dem Sinne eines Volksthing. Nach B. Bauer ist das Christenthum eine Schöpfung theologischer Phantasie und Tendenz, wie es geschichtlich von den äusseren Formen der Religionen gilt, aber „wo ihr den lebendigen Gott nicht anders kennen lernen wollt, als ihn eure Hexenlaterne der Bibel fast durchgehends beschreibt, so werdet ihr ihn nimmermehr kennen lernen," sagt Edelmann. — Obwohl von dem Gottesleugner Diagoras herrührend, rühmt Aelian die Gesetze von Mantinea als ebenso gerecht und gut, wie die von Creta, Sparta und Athen. Balduin rühmt die trefflichen Gesetze, die vom Kaiser Diocletian gegeben worden, und wundert sich, dass gottlose Leute etwas so Vortreffliches haben verfertigen können, meint aber, dass es besser sei, weder Gesetz noch Polizei, als solche Verfassungen zu haben, die von verruchten

Christenverfolgern erlassen wurden. — Von den Epicuräern wurde gerühmt, dass sie trotz ihrer bösen Lehren gut gelebt hätten, und Cicero preist ihre Tugenden. Die Verderblichkeit ihrer Ansichten lag in den Augen der specifisch Gläubigen, die oft trotz des Prahlens mit ihren vortrefflichen Lehren schlecht genug leben, wie Bayle sagt. Im Alterthum hatten sie ihre Feinde an den Stoikern, die sich durch ihre minutiöse Sittenlehre in ein Gewebe unverletzlicher Dogmen verrannt hatten und von ihm aus die Bestrebungen Anderer beurtheilten. Nicht die Religionen bilden die Heiligen, sondern gehen umgekehrt aus ihnen hervor, und mit diesen anmassenden Götterschöpfern ist nicht immer leicht umgehen. Trotzdem wird es zum Dogma gemacht, dass ihre Dogmen dem Staat unentbehrlich seien, aber die Herrscher möchten schwerlich einen für sie nützlicheren Grundsatz finden, als den des atheistischen Epicur, wie ihn Rondelius formulirt: Donec iracundos habuit magistratus, patiens fuit ac docilis, quum vero bonos ac mites, gratus fuit ac obsequiosus. „Wenn der französische Hof atheistisch gewesen wäre, würde er je so gegen die Calvinisten verfahren haben, wie er verfuhr? würde er je eine Bartholomäus-Nacht gefeiert haben?" frägt Bayle. — Bei Gelegenheit der Disputationen und der Wortzänkereien der Gottesgelehrten zur Reformationszeit bemerkt Matthäus: „Daraus, dass ein Jeder damit klug thun will, trägt sich's zu, dass der Gläubige auf einerlei Blume, als wie die Biene Honig findet, der Rebelle, wie die Spinne, Gift daraus zieht, und viele sind über das Thier der Offenbarung Johannis selbst zu Thieren geworden." — „In seiner Controverse mit den Manichäern pelagianisirt Augustin (wie Beausobre bemerkt), wirft dagegen den Pelagianern selbst manichäistische Ketzereien vor und wird umgekehrt von diesen seinerseits solcher beschuldigt." Vage Anschauungen, die jeder Umdeutung fähig sind, walten in den theoretischen Systemen. Specifisches liegt nur in den minutiösen Prüfungen der directen Beobachtung und mag von dieser heraus später für abstractere Begriffe verwerthet werden, während solche an sich durchaus im Unbestimmten umherschwanken. — Erst mit der wissenschaftlichen Schule, die sich mit Leonardo da Vinci öffnete und mit Galilei schloss, erstarb der Averroismus in Padua und fast mit ihm auch jede freie Bewegung, die bis dahin ein so reges Geistesleben in Italien geweckt hatte, als die katholische Restauration dem Versuche der Reformation folgte. So hatte der Averroismus in diesem Falle der Unabhängigkeit des Gedankens gedient, wie Renan bemerkt und hinzufügt, dass man sich über diesen Widerspruch nicht wundern dürfe, da ja auch der Jansenismus, die beschränkteste aller Secten, in seiner Art die Freiheit vertreten hat. — Während es nicht an Christen gefehlt hat, die, noch innerhalb der Kirche, den Pantheismus bekannten, entwickelte umgekehrt in Nepal die Schule Aswarika's (10. Jahrh. p. C.) das theistische Dogma des Adi-Budha aus dem brahmanischen Weltschöpfer Iswara. Einige buddhistische Secten nennen Unification, was den andern Annihilation ist, und doch meinen beide dasselbe Nirwana festzuhalten. — Die allergeistlichste Ketzerei (sagt Doucin), wenn sie nur ein wenig Verwandtschaft mit der Richtschnur der Sitten und in Ansehung des Gebrauches hat, bahnt zu den allerabscheulichsten Unordnungen den Weg, weshalb der schändliche Molino sich auf den keuschen Origenes stützen konnte und schon Epiphanius zwischen dem fleischlichen und geistigen Origenismus unterscheidet, denn die Besudelungen des Fleisches würden, wenn dieses nur als das Gefängniss des Geistes angenommen wird, unvermögend sein, dem letzteren seine Reinigkeit zu nehmen und ihn der Gnade des Schöpfers zu berauben.

RELIGION, DAS MÄHRCHEN UND DIE PHILOSOPHEN.

An und für sich denkt der Naturmensch nicht über die Grenzen seiner Sinne hinaus; „die Synecdoche ging späterhin in Metapher über, sagt Vico, damit sich das Besondere zum Allgemeinen erhob, oder sich Theile mit andern zusammenfügten, um mit denselben ihre Grenzen auszumachen. So sagte man Mortales anfangs eigentlich nur von denjenigen Menschen, die auch vor aller Augen wirklich starben.“ Das sinnlich Gedachte wird in den Theorien des gewöhnlichen Lebens reflectirt und der Wilde, der jede Handlung mit einem Fetische verknüpft, wird die Flinte des Weissen fliehen, wenn sie auch nur an dem Baum hängt.

Der Anblick einer solchen hielt, wie Dobrizhoffer erzählt, die tapfersten Abiponer vom Angriffe ab und einen ähnlichen Eindruck machten, nach den Berichten der alten Chronisten, die Armbrüste der Ritter auf die Preussen, der Bogen der Herakliden auf die Achäer, der der Xatriyas auf die Ureinwohner Indiens. Der Chinese zeichnet Strassen in das Meer, das die Länder verbindet und malt seiner Dschonke Augen, um sie finden zu können. Dem Indianer ist das mit Kanonen bewaffnete Dampfboot „die Donner-Medizin mit Augen.“ Die Bearbeitung der Waffen (und der dazu geeigneten Materialien) ist dem Indianer Medizin. Da nur eine Sonne am Himmel steht, muss Odin, der das andere Auge im Quell Mimir verlor, einäugig sein; in Egypten war es dem Horus im Kampfe mit Typhon ausgeschlagen; der Africaner in seinem stumpfsinnigen Hinbrüten wird durch das Einnotiren seines Namens in das Fetischbuch des Europäers geschreckt; der geistig regere Indianer liess sich leicht überreden, dass mit einigen Zügen aus der Pfeife die alte Feindschaft wie Rauch in die Luft verpufft sei; der Volksglaube scheut das Geschenk eines scharfen Gegenstandes, um nicht die Freundschaft zu zerschneiden. Die Mühle, die sich bewegt, bedarf eines Menschenopfers*), um die lebendige Seele zu empfangen. Dem Neger wird ein Reisender mit einem Regenschirm als mächtiger Fetisch**) gezeigt. Er sieht den Schirm auf- und abspannen und bis er in sein Dorf zurückgekehrt ist, hat seine Phantasie Wundergeschichten fertig, über verwandelbare Fetische, die umherwandern, bald grösser, bald kleiner werdend. Die vorgeschobenen Colonisten in den Wäldern Brasiliens werden stets durch das Bugregespenst geschreckt. Ueberall fürchtet man sie und fragt nach ihnen, obwohl nur selten einer dieser versprengten Wilden gesehen wird. In der folgenden Generation, wo sie vielleicht völlig ausgestorben oder verschwunden sein werden, mag der traditionell gewordene Name noch zur Bezeichnung eines phantastischen Phantomes fortbestehen. — Die Thessalier, wo

*) Als am Rio Grande während meines Aufenthaltes in Peru eine Fähre gebaut werden sollte, glaubte das Volk, dass es menschlichen Blutes bedürfen würde, damit sie über den Fluss hin- und hergehen könne, und wie Riehl erwähnt, hegt das Landvolk in Baden die Meinung, dass beim Anhalten der Eisenbahn an den Hauptstationen stets Einer fehle, der als Lohn für die Bewegung gegeben sei.

**) Bei dem Revival zu Abakrampa sahen die Neubekehrten durch die Fenster der Kirche ein menschliches Wesen mit schwarzer Kleidung, die an den Rändern weiss besetzt war, vorübergehen und der heidnische Mann, der es nicht glauben wollte, wurde im Walde beim Palmwein-Verfertigen erschlagen.

ein asiatisches Weib die venena colchica einschwärzte (*Horaz*), galten den Hellenen für Zauberer und Verworfene. Den Küstennegern lebt das wilde Volk der Gobi im Innern des Buschlandes, wohin sie die Seelen zu sich citiren, um sie zu Sklaven zu machen. In Manilla fürchtet man die Wilden von Palawan, die eine Wurzel kauen, deren Geruch allein durch Blasen tödtet. — Lange Zeit bildeten die Türken das Schreckgespenst des gemeinen Mannes in Deutschland und noch in diesem Jahrhundert wurde in mehreren Städten täglich geläutet, oder das Türkengebet zu bestimmten Stunden gehalten. — Die Windigoes sind den americanischen Indianern Riesen, die Männer, Weiber und Gespenster fressen. — Viehsterben bei den Kirgisen während der Anwesenheit eines Fremden wird diesem, als Zauberer, Schuld gegeben und deshalb gesucht, ihn zu verbrennen. — Die Uddas, die sich dem Bösen verschrieben haben und im Frühling nächtlich auf einem Berge im Gebiet des Shapsug zechen, verursachen (nach Ansicht der Tscherkessen) plötzliche Krankheiten. — Das Popokan-Gespenst kommt alljährlich mit den Frauen von Salayar nach Macassar und hält sich dort während der Anwesenheit derselben in einem alten Baume auf, bis es mit ihnen wieder zurückkehrt. — Tlaloc stand, als Gott des Wassers, der Fruchtbarkeit vor; die Mexicaner gaben ihm die Berge, wo sich die Feuchtigkeit sammelt, zu Gefährten, die (als Tlaloque-Tlamacazque) an der Göttlichkeit Theil hatten, ebenso wie die dort gebildeten Wolken, die als Ahuaque (Herren des Wassers) verehrt wurden. Der Nebel wurde gleichfalls als göttlicher Geist anerkannt und unter dem Bilde einer Constellation in den Tonalamatl gesetzt unter dem Namen von Ahuilteotl. Der in den Bergen grollende Gewittersturm (tetamito) wurde als das Herz des Gebirges angebetet. (*Brasseur.*) — Die Bewohner von Sennaar sehen furchtsam der Ankunft der Hagium Magium (kleine Leute, die wie Fliegen in grossen Schwärmen aus der Erde kommen) entgegen. Zwei ihrer Häuptlinge werden auf einem Esel reiten und jedes Haar dieses Esels ist eine Pfeife, die in verschiedener Tonart spielt, und alle, die es hören und folgen, werden zur Hölle geführt. — Augustin wirft den Manichäern ihre mythologischen Gestalten des Scepterträgers, des Splenditenens, des Stephanophoros, des diamantenen Heros, des Räder drehenden Königs vor, aber auch die Christen kannten Hanael (nach Origen), den Engel der Gnade, Uriel (nach Cedrenus), den Engel der Reue, Hegrin (nach Hermas), den Engel der Thiere, Agrion (nach Hegrin) oder den Schrecklichen, Tyri, den Engel des Gewürms, und Beausobre fügt den Schlüssel tragenden Petrus hinzu. Der unfehlbare Papst selbst bestätigt die Erscheinung des Michael, mit Degen und Wage in den Händen, der den Pfarrer von Siponte nach der für Erbauung einer Kirche geeigneten Höhle führte, wo er drei Engel fand, die sich weisse Servietten vorgebunden hatten. — „Die Herren der Welt mit glänzenden Augen, die Intelligenzen der Gestirne loben und ehren dich, o König," singt Synesius in einer poetischen Auffassung, die das Volk sinnlich verstehen würde.

Wird der Naturmensch durch Zufälligkeit darauf geführt, sich allmälig seine Vorstellungen zu erweitern, neue hinzuzubilden, so stellt er beliebig die barockesten Associationen zusammen, aus deren ungeordnetem Gemisch in den Mythologien dann erst später philosophischere Köpfe Ordnung zu bringen versuchen. „Was bei einzelnen mehr begabten Individuen sich als Rudimente einer Naturphilosophie darstellt, ist bei ganzen Stämmen das Product instinctiver Empfänglichkeit," sagt Humboldt. Indem Krachininicoff von den absurden Geistertheorien der Kamtschadalen spricht, und dass Einige dahin gelangten, zu glauben, Alles, was Vögel oder Fische sprächen, mit ihrem Verstande durchdringen zu können, fügt er hinzu: Et lorsqu' ils ont conçue une opinion, ils ne se mettent point en peine d'examiner, si elle est vraie ou non. Im Gegentheil, „da sie sich vielfach mit Träumen oder deren Auslegung beschäftigen," geschieht es häufig, dass Schlaf- und Wachleben *) in ihrem Ideenkreise ineinanderlaufen, wie überall, so lange das Selbstbewusstsein noch nicht zur klaren Auffassung seiner Individualität gelangt ist. Aus den nationalen Mythen, in denen Götter und Menschen ineinanderspielen, scheiden sich erst später die Gebiete der Wissenschaft und Dichtkunst ab, indem jene von dem sinnlichen Horizonte aus ihre Grenzen mit dem gewiss Erkannten, dem nur Gedachten gegenüber, zieht. Die Vermittelung hängt von der relativen Weltanschauung ab. Je klarer der Blick des Volkes wird, desto mehr müssen von ihm die unbestimmten Gestalten der Phantasie in das Dämmerlicht des Mährchens zurückgedrängt werden, um sich die Bahn seiner Forschung frei und rein zu halten. Die Religion der Gebildeten wird dem Volke zum Mährchen **) und die Unterschiede sind nur graduelle, wie auch für die Unterscheidung zwischen Zauberer und Priester, schwarzer und weisser Magie nur relative Werthe aufgestellt werden können. Von allem Unbekannten geschreckt, weiss der Fetischdiener selten, ob er den Fremden als Gott ***) verehren, als Dämon fürchten, oder als Zauberer vernichten soll, und wird nur durch zufällige Associationen des Augenblicks zu der einen oder andern Entscheidung gedrängt werden. Die Religion der Kamtschadalen ist Volksmährchen, verglichen mit der indischen, die schon früh auf jene influencirte. Im Mittelalter schuf sich das Volk ein neues Mährchen, da man das einheimische auszurotten suchte.

Psychologischen Gesetzen gemäss muss sich die in sinnlicher Anschauung stets nur Stückwerk bleibende Weltanschauung zu

---

*) Aehnlich eines Traumes Gestalten mischten und verwirrten fort und fort sie Alles blindlings, wie Prometheus (bei Aeschylus) in Betreff der ersten Menschen sagt. Auf dem geistigen Gebiete kehrt dieses phantastische Denken in dem mystisch-allegorisch-symbolischen Riesenbau der Divina comedia wieder, wo das Wirkliche als unmöglich, das Unmögliche als wirklich erscheint.

**) Nach Herodot waren es Homer und Hesiod, die den Griechen ihre Götter schufen und noch Strabo suchte in Homer alle Kenntnisse der spätern Geographen, wie die Christen ihrer Zeit in der Bibel.

***) In allem Heiligen liegt etwas Unheimliches, d. h. etwas Fremdes, worin wir nicht ganz heimisch und zu Hause sind. (*Stirner*.)

irgend einem Abschluss complementiren, sei es durch das beständig willkürliche Eingreifen eines Fetisches, sei es durch das gesetzliche Walten einer Gottheit. Je weniger sich noch der Gedanke zum klaren freien Denken losgerungen hat, desto phantastischer müssen die Gestalten sein, mit denen die noch in die Grenzen der Materie gebannte Schöpferkraft sich umgiebt. In dem weitern Stadium, wo abstracte Speculationen anfangen, neben dem fasslich Körperlichen ihre Geltung zu erlangen, schlingt die Allegorie die Wunderthiere und Chimären zu den Räthseln der Sphinx zusammen, mit denen sich der Horizont füllt, bis das hell aufschlagende Licht des Verstandes, ihre dämmrigen Nebel auflösend und scharf die Umrisse beleuchtend, sich in der Majestät des harmonischen Kosmos erkennt. Diese Entwicklungsphasen der Geschichte hat jedes Individuum in seinem Wachsthum zu durchlaufen, und so taucht die bunte Mährchenwelt den Blicken des Kindes auf, wenn sein Organismus, mit Ausbildung des erst in der Zukunft erfüllten Reproductionssystems, zum selbstständigen Abschluss zu gelangen strebt.

In dem engen Gehäuse des Mittelalters, der beschränkten Stiftshütte des Indicopleustes fühlte man sich mit allen Theilen der Welt vertraut und besuchte Himmel, Hölle und Fegefeuer. Karl der Dicke sah im letztern schon den Kessel vorbereitet, in dem er die Ehre haben sollte, gesotten zu werden. Die thüringischen Landgrafen hatten ihr specielles Fegefeuer zum bequemen Privatgebrauch in einer Schlucht dicht hinter der Wartburg. Den Mohamedanern war der Unterbau des salomonischen Tempels der Eingang in das Jenseits, den Griechen der Aetna und Vesuv, die Höhle des Trophonius oder zu Cumä, wie den Azteken die im Thale zu Cuernavaca. Auf den Wassern des Firmamentes segelten Schiffe im Mittelalter und Capitaine fanden beim Nachhausekommen manchmal Messer und Nägel in ihren Wohnungen, die in demselben Augenblick dorthinein gefallen waren, wo sie sie in ihrem Schiffe verloren hatten. Das neugierige Kind, dem Maria die Schlüssel zu den Kammern der Apostel gegeben, findet in der dreizehnten die heilige Dreifaltigkeit und vergoldet sich den Finger. Die Hottentotten glauben, dass die Sonne jeden Abend zu den Leuten ginge, die zu Zeiten ein Stück Speck aus dem Monde zu schneiden pflegten, und in Ditmarschen waren es die Einwohner von Büsum, die in ihrem Kirchthurme sassen und die Sonne am Tage am Tau hatten. Sie bewachen sie die Nacht über und lassen sie des Morgens in die Höhe steigen. Wenn sie des Abends wieder in ihre Nähe kommt, binden die Strassenjungen ihre Taschenmesser an Bindfaden, um sie in die Sonne zu werfen und diese herzuziehen. Dasselbe geschieht dem Monde in einem Dorfe bei Hamburg, wo er nach seiner Grösse zurechtgeschnitten wird. Nach den Tahitern hören die Bewohner von Borabora drei zischende Laute, wenn die Sonne (Ra oder Mahana) in's Meer*) taucht. Den Indiern gehen Sonne und Mond bei Finsternissen hinter einen Berg. Die Flecken im Mond sind geraubte Kinder (wie Hil und Bil) oder eine spinnende Frau, oder ein Reisigträger, oder (bei den Mon-

*) Jenseits der nordischen Grenzen und des nebligen Gebirges können die Figuren der Götter (sagt Tacitus) deutlich gesehen werden, mit Lichtstrahlen gekrönt, während man ein dumpfes Geräusch der unter den Ocean tauchenden Sonne hört.

golen) ein Hase, den Churmusta dahin setzte, um Shigamuni für die Speisung eines hungrigen Wanderers zu belohnen. Drei in einem Boot reisende Brüder werden bei den Indianern zu einer Constellation, ebenso die Maus, die, den Regenbogen hinaufkriechend, einem Gefangenen seine Stricke zerbeisst. In Holstein lässt Gott die alten Jungfern die abgenutzten Sonnen in Sterne zerschneiden, und durch die Junggesellen im Osten aufblasen. Die Litthauer nennen die Sterne eine von Sonne und Mond erzeugte Heerde. Beim Donnern kegeln die Engel in Ditmarschen. Wer die Sonne lästert, wird bei den Aleuten mit Blindheit geschlagen, der Mond tödtet seinen Widersacher durch Steine, die er nach ihm wirft, und wer von den Sternen übel sprach, wurde genöthigt sie zu zählen, worüber er in Wahnsinn fiel. El (von einer Jungfrau geboren), durch dessen Kampf mit der die Erde aufrecht haltenden Riesin die Erdbeben entstehen, bemächtigte sich durch List der Sonne und des Mondes und stellte sie am Himmel auf, um den Koloschen zu leuchten, denen er zugleich das Feuer brachte. Bei den Indianern und in Neuseeland *) regelt ein Schlingenfänger den zu raschen Gang der schief stehenden Sonne. Nach litthauischen Sagen wurde die Sonne in einem Verliesse gefangen gehalten, bis die Zeichen des Thierkreises zu Hülfe kamen und sie befreiten. Das Dogma der Seelenwanderung hat in den orientalischen Mährchen die Gelegenheit zu den circeischen Thiermetamorphosen gegeben und in dem arabischen Evangelium verwandelt Jesus spielende Knaben in Böcke und entzaubert einen in einen Maulesel verwandelten Egypter. Percunatele (Percun's Gattin) nahm jede Nacht die von ihrer Wanderung ermüdete und mit Erdenstaub bedeckte Sonne (Sawle) in ihr Seebad auf und wusch sie wieder rein. Die Maori fürchten, dass Neuseeland zerstört werden könne, wenn die Schiffe der Weissen die Akeake (die Leiter für die herabsteigenden Geister, die durch die Aeste eines Pohutukara-Baumes gebildet wird) durchschnitten. — Die Bewohner eines Inseldorfes (erzählt Gervasius von Tilbury) fanden eines Sonntags Morgens an einem wolkigen Tage, als sie aus der Kirche kamen, den Anker eines Schiffes an einem Grabsteine festgehakt, und als sie daran zerrten, kam ein Matrose an dem Stricke herunter, starb aber, als man ihn angriff, plötzlich wie ein Ertrunkener, dem die Luft ausgeht. So war erklärt, wie die Genesis von den Wassern über dem Firmamente reden konnte. Kinder von grüner Hautfarbe, die sich aus dem Lande des heil. Martin verirrt hatten, wurden im 12. Jahrhundert durch die Christen in Suffolk gefunden. (*Wright.*) Die Sonne sieht Abends roth aus, weil sie dann auf die Hölle niederblickt. (*Wright.*) Die die Mehlwaaren bedeckenden Blutflecken (rothe Pilze, wie Zoogalactina, Serratia, oidium aurantiacum) sind aus den Zehen der durch die Luft springenden Hünen getröpfelt, wenn sie sich an den Thurmspitzen ritzen. Im 9. Jahrhundert glaubte man in Frankreich an eine geheime Zaubergesellschaft, die das Getreide massenweise auf Schiffen durch die Luft nach dem Fabellande Magonia führte, und Fremde, die irgendwo aufgegriffen wurden, waren vielfach in Gefahr gesteinigt zu werden, indem man sie aus den Wolkenschiffen herabgefallen glaubte. So bildete folgerichtig ein Gedanke den andern, die Entwicklung ist stets gesetzmässig und logisch, und eben des-

*) Da Mauitiki auf Neuseeland sich über die kurze Tagesdauer ärgert, erfindet er die Kunst, aus Flachs Stricke zu drehen, nimmt seine Brüder mit sich und reist mit ihnen bei Nacht, sich am Tage vor der Sonne verbergend. So wandern sie, bis sie im Osten den Ort des Aufgangs erreichen. Dort legen sie Schlingen, in denen die Sonne sich fängt. Mauitiki schlägt sie mit dem Kinnbacken wund, bis die Strahlen hervorschiessen und lässt sie dann frei. Sie kann aber nur langsam dahinkriechen und ruft in Schmerzen aus: Warum wollt ihr Tamanuitera tödten, so ihren zweiten Namen verrathend?

halb bedarf es der Vorsicht, um nicht den ersten Grundsatz ohne weitere Prüfung auszugeben, da es später nicht mehr in der Macht des Menschen steht, sich gegen Vorstellungen zu wahren, die den Einzelnen ins Irrenhaus führen würden, aber, wenn von der Gesammtmasse adoptirt, sich innerhalb des religiösen Horizonts der dann grade normalen Weltanschauung ausbilden können. Wie immer das Bedürfniss die Versorgung schafft, fehlte es auch hier nicht an Hülfe, indem (wie Agobard erzählt) sich eine Compagnie Betrüger zusammen that, um durch ihren zauberischen Schutz die Felder gegen Beschädigungen zu assecuriren. In gleicher Weise zogen während der Hexen-Epidemie (im 16. und 17. Jahrhundert) Schaaren von Bettelmönchen mit ganzen Säcken sogenannten Hexenrauches umher und spendeten ihn, als Schutzmittel gegen Zauberei, für reichliche Gaben aus. Ein Kassenti-Neger erzählte Oldendorp, dass seine Mutter, wenn er ungehorsam gewesen, ihn mit einer fürchterlichen Wasserfluth zu warnen pflegte, und bei seiner Einwendung, dass er auf die höchsten Bäume klettern würde, erwiederte, dass das den früheren Menschen auch Nichts genützt habe, so dass dieses später so bedeutsame Element der Religion dort noch als Ammenmährchen existirt. Celsus erkühnt sich, in einer bekannten Stelle, die mosaische Schöpfungsgeschichte ein Altweibermährchen zu nennen.

Das Volk hält sich an das direct Gegebene und Fassliche und nimmt aus den Systemen auf, so viel es daraus versteht. Der bedeutungslose Streit über die Osterfeier hat mächtigere Bewegungen hervorgerufen, als kaum ein anderer der angeblich das Schicksal von Ewigkeiten und Unendlichkeiten entscheidenden Ansichten. „Die Manichäer (sagt Ebed-Jesu) verwandeln den Sonntag in einen Tag der Traurigkeit und der Fasten, weil diese Welt an einem Sonntage ihr Ende nehmen werde, nachdem sie 9000 Jahre bestanden, gegen die Sitte der Christen," denn Tertullian hielt es für unerlaubt, am Sonntage zu fasten und auf den Knieen anzubeten, und Ignatius nennt selbst denjenigen, der am Sonnabend oder Sonntag fastet, einen χριστοκτονος oder Mörder des Herrn, deren es also in Schottland die Fülle geben muss. Aeusserliche Gebräuche, wie jede Art von Symbolen, sind weit deutlichere Kennzeichen, um einer Religion ihren temporären Charakter aufzudrücken, als irgend eins der gelehrten Dogmen. Wenn das Volk am Freitage fastet, so weiss es diesen Tag sehr wohl von dem Sonntage zu unterscheiden, wenn Vaterunser gebetet wird, so heisst es nicht Unser Vater, wenn einem Frommen ein lateinisches Kreuz gezeigt wird, so kann auch das blödeste Auge dasselbe leicht von einem griechischen unterscheiden, und der Russe lernt schon als Kind die Bekreuzungsweise der raskolnikischen Ketzer verabscheuen; die Orthodoxen beugen sich beim Kreuzschlagen vor dem heiligen Bilde und blicken zu demselben auf, wogegen die Starowerzen sich zwar vor demselben bekreuzen, aber beim Beten zum Himmel hinaufschauen, wo der Heilige sich für sie bei Gott verwendet. Die Lutheraner waren, wie die Katholiken, gewohnt, eine kleine Hostie ganz zu gebrauchen, die Calvinisten bedienten sich des Brotes, das gebrochen wurde. Bei der Vereinigung machten sie gemeinsam von einer Hostie Gebrauch, die (wie das calvinische Brot) gebrochen wurde. Pferde-essen (das noch jetzt Vielen ekelhaft scheint) galt seit Kaiser Otto dem Rothen (nach der Olaf's Saga) als grösstes Kristnispell (Christenthumsverderbniss), zum unterscheidenden Zeichen der Heiden. An solchen Anschauungen hält der Gläubige fest, aber die Speculationen, ob der Sohn ein oder zwei Naturen oder Personen habe, ob er vom Vater und dem heiligen Geiste oder nur von jenem ausgeflossen, ob Gott die giftigen Kräuter vor oder nach der Sünde geschaffen und Feind des Bösen oder auch sein Herr sei, bewegen sich in so allgemeinen Ausdrücken, dass die unbedeutendste Zweideutigkeit, die ihren Grund in der Sprache des Lehrers oder dem Hören des Schülers finden mag, oft genügt, das ganze System umzuwerfen oder ein direct entgegengesetztes an die Stelle zu setzen. Das kleine „Nicht" überhört sich leicht mit oder ohne Absicht. Moser erzählt, dass die Censur es ihm in seinen Schriften zuweilen einfach auszustreichen pflegte. Da die Gebildeten, die in der freien Ausbildung ihres Geistes die abstracten Manifestationen desselben congenialer fühlen, gerade den inneren Sinn (in dessen Auslegung der Allegorie das weiteste Feld gegeben ist) zum eigentlich Bedeutsamen machen und die äusseren Symbole für gleichgültig halten, so tritt jener Zwiespalt der Weltanschauung ein mit der geheimnissvollen Zurückziehung der esoterisch Eingeweihten, die das Volk mit den von ihnen verlachten Göttern zu betrügen suchen und dadurch Zweifel aufregen, welche nur durch die mystische Hingebung des Glaubens zu lösen sind, es zum willenlosen Werkzeuge ihrer Pläne machen. An sich sollte die Religion den normalen Ideenkreis des Volkes repräsentiren, wie er aus seinen Anschauungen organisch emporgewachsen ist: „die Versöhnung des Endlichen mit dem Unendlichen, des Menschen mit Gott," wie Hegel sagt. Ihr tieferes Verständniss wird, wie alle Wissenschaft, auf die Kasten der Gebildeten *) beschränkt bleiben, deren esoterische Lehren nur sparsam unter das Volk ausleckten, in der Spruchweisheit des griechischen Siebengestirns. Auch die Buddhisten kleiden ihre Predigten in Fabeln, wie die Apostel in Gleichnissen sprachen. Durch diese an sich nothwendige Abscheidung des Clerus von der Gemeinde wurde die organische Fortentwicklung der nationalen Literatur vielfach gehemmt und auf Abwege geleitet, indem der Eigennutz den ersteren darauf führte, seine Kenntnisse immer dichter mit dem Dunkel der Mysterien zu umhüllen und

*) Etiam Antisthenes in eo libro, qui physicus inscribitur, populares deos multos esse, naturalem unum esse dicens. (*Cicero.*)

der profanen Menge statt des frischen, vollsaftigen Lebensbaumes des Wissens, verdorrte Stäbe, die nicht wie der Aaron's geblüht hatten, zu geben, die Gläubigen mit einer Hecke heiliger Dogmen umzäunend, deren Grenze nicht von ihnen überschritten werden durfte. Durch das Stabilwerden solcher Schranken wird ein allmälig gesetzliches Weiterschreiten unmöglich, der fortschwellende Geist, dem alle Schleusen verschlossen sind, strebt unter dem Drucke nur um so elastischer empor, und wenn es schliesslich unmöglich ist, die alten Formen durch Ueberbauten und Reparaturen für sein Gefängniss zu kräftigen, bricht er im gewaltsamen Strome durch, in jenen umwälzenden Revolutionen, durch die sprungweise die Geschichte ihre Epochen aneinander knüpft. In solchen Zeiten, in den kritischen Phasen der Entwicklungsknoten, ist es, dass die gottbegeisterten Seher aufstehen und dem zerrissenen Gemüthe die neue Lehre der Zukunft enthüllen; es sind begabtere Talente, welche die schon lange in der Luft waltenden Zeitideen, nach contemplativer Sammlung in der Einsamkeit der Wüsten und Höhlen, in ein abgeschlossenes Bild zusammenfassen, und das vermoderte System der Vergangenheit durch ein entsprechenderes ersetzen. In solchen Perioden ist die Religion ganz, was sie sein soll, der lebendige Ausdruck des Volksgeistes, der in dem Munde des Propheten seinen Ausdruck gefunden hat; aber bald pflegt sie auf's Neue auseinander zu fallen*), um auf's Neue den vorigen Kreislauf zu beginnen, einen Kreislauf in langsamen Spiralen, der unter allem Ringen nur geringes Terrain erringt. Der geistige Gehalt ist bald wiederum von der Priesterklasse absorbirt und verläuft in meinungslosen und bald ganz willkürlichen Symbolen, an die ihn der Zufall in bedeutungsvollen Momenten knüpfte. Was das Volk aus einer ihm selbst entsprossenen Religion zu verstehen pflegt, umgaukelt ihn als Mährchen, während denkende Köpfe, die ausgeschlossen von dem Sanctuarium der Tempel oder unzufrieden mit deren aristocratischen Formeln, nach selbstständiger Erkenntniss streben, in philosophischen Speculationen über das Niveau des religiösen Horizontes hinübertreten, wie andererseits das Mährchen unter denselben hinabsinkt. Die Philosophen sind die Pioniere der neuen Religion der Zukunft, noch ehe dieselbe zum Ersatze der alten ganz gereift ist, sie unternehmen kühne Kreuzzüge in die Gebiete jenseitiger Fernen, zu forschen und entdecken, sind aber eben wegen der Excentricität und allzu subjectiven Originalität ihrer Theorien selten geeignet, dem Volke ein gutes Hausbrot zu liefern, von dem es sich

*) In den kritischen Perioden, die Bazard den organischen entgegenstellt, in welch letzteren allein sich la synthèse sociale verwirkliche.

im täglichen Leben nähren könnte. Sie mögen einen enthusiastischen Kreis von Anhängern und Schülern um sich sammeln, die horchend zu ihren Füssen sitzen und auf die Worte des Meisters schwören, auf ein *αὐτος ἔφα*, aber die grosse Menge wird lieber in dem wohnlich eingerichteten Gebäude der Religion verbleiben. Doch sind auch hier keine scharfen Unterschiede zu ziehen. Wie Socrates in seiner Schule, da er keine eigenen Schriften hinterlassen hatte, bald zur mythischen Figur wurde, so spielte schon in Anaxagoras, an dessen Grabe die Jugend von Lampsakus ein jährliches Freudenfest feierte, der Philosoph und Prophet durch einander.

Er suchte allegorische Erklärungen der moralischen Erzählungen, die im Homer versteckt seien, einzuführen und seine Lehre vom Noos, als dem ersten Beweger musste ihn den Polytheisten gegenüber ebenso als Atheisten erscheinen lassen, wie (nach Irenäus) die Juden und Christen. So schleuderte auch der erzürnte Zeus seinen Donner, mit dem er aber nur, wie Lucian erwähnt, den Tempel der Dioscuren traf. Er selbst führte den Beinamen Noos oder Geist, was leicht zum Gespenst wurde. Seine Vorkenntniss der Witterung, die er bei öffentlichen Spielen zeigte, bekleidete ihn mit einem übernatürlichen Charakter und er theilte auch darin das Loos anderer Propheten, dass der bei Aegospotamos gefallene Stein speciell auf seine allgemeine Vorhersagung bezogen wurde. Die Buddhisten entnehmen ihre Fabeln aus alten Epopöen, wie die Apostel aus der Spruchweisheit der Rabbinen und den philanthropischen Geboten Hillel's. Schon Dion, der sich magischer Zaubermittel bediente und seine Schüler vorzugsweise aus Bootsleuten wählte, hatte gelehrt, dass der Fortschritt darin bestände, diejenigen geduldig anzuhören, die schimpften und schmähten. Meidani, Zamakhschari und Schakrub erweiterten den altarabischen Gnomen-Vorrath zu moralischen Lehrgedichten. Die Epicuräer, deren Schule, als durch göttliche Anregung constituirt, sich niemals in Secten spaltete, feierten nicht nur den Tag, sondern den ganzen Monat von ihres Lehrers Geburt. Diogenes Laertius erzählt von ihm, dass er als Knabe mit seiner Mutter in wüste Häuser gegangen sei, um die Poltergeister durch Gebet unter Anwendung von Schwefel und Eiern (was auch Ovid empfiehlt) zu vertreiben. — Nach dem weltanschauenden Grabmal des Metaphysikers Ibn Turek († 1011) bei Nischabur wurde, um Regen zu bitten, gewallfahrt. — Wie Tatian erzählt, versteckte Heraclit sein Buch im Tempel zu Ephesus, damit es nachher auf geheimnissvolle Weise gefunden werden sollte (wie die Tafeln Joe Smith's). — Der Philosoph Eustathius von Cappadocien, als Gesandter Constantius' an Sapor, wurde in Persien von den Hofleuten für einen *γοης* gehalten. — Mit der Ausbreitung der Schriften des Averroes wurde dem Aristoteles (im 12. Jahrh.) wegen seines bewunderten Wissens eine übernatürliche Begeisterung beigeschrieben, die innerhalb des Bezirkes der orthodoxen Kirche nur vom Antichrist hätte ausgehen können, und so seine zeitweilige Verdammung zur Folge hatte. Wie Aristoteles im Mittelalter für die Gelehrten, war am Ende desselben Eulenspiegel der Prophet des neu erwachenden Volkstreibens. — Der Graf Saint-Simon, der Gründer des modernen Socialismus, meinte zur Durchführung desselben eine Religion (das neue Christenthum) stiften zu müssen. — Der „Prophet sein wollende" Motenebbi missglückte in seiner Wüstenpredigt. — Epimenides (der Knosser) unternahm (nachdem er mehrere Jahre in einer Höhle geschlafen) die Lustration vieler

Städte, besonders Athens; und wie Mohamed in der Einsamkeit der Wüste, Moses und Zoroaster auf heiligen Bergen ihre Offenbarungen sammelten, so soll auch Pythagoras in Italien sich ein unterirdisches Gemach gebaut haben. — Porphyrius schreibt dem Pythagoras, den Empedocles, Epimenides und Abaris darin unterrichteten, die Macht zu, Stürme aufzuhalten, Hagel zu stillen, Ungewitter zu legen und glückliche Fahrt zu verschaffen. — Pythagoras wurde (nach Diodor) in Kroton als ein Gott verehrt. Wie Aristoteles sagt, wurde er für den hyperboräischen Apollo gehalten und die goldene Hüfte bezeichnete seine Herkunft, als Tegri Sohn. Herodot nennt die orphisch-dionysischen Weihen pythagoräische. In Rom wurde auf Befehl des pythischen Apollo während des Samniterkrieges eine Bildsäule des Pythagoras aufgestellt. Nach Athenagoras war er mit dreien seiner Schüler verbrannt worden. — Ueber die Zauberkünste des Pythagoras wird angeführt, dass er durch gewisse Kräuter Wasser in Eis verwandelte, Schlangenbisse heilte, Bohnen durch Kochen in Blut verwandelte, in einen Spiegel geschriebene Worte auf die Fläche des Mondes reflectirte, mit einem goldenen Schenkel bei den olympischen Spielen erschien, sich von dem Flusse Nessus begrüssen liess, eines Adlers Flug aufgehalten, einen Bären gezähmt, eine Schlange getödtet und einen Ochsen, der ein Bohnenfeld verheerte, ausgetrieben, nur durch die Kraft geheimer Worte, an demselben Tage in Kroton und Metapont erschienen, und die Zukunft vorhergesagt habe. — Von Socrates heisst es, dass er öfters im Traume die Erinnerung empfunden, sich auf die Uebung der Musen zu legen und nachdem er sich erst an einem Hymnus des Apollo versucht, später an die Personificirung der Fabeln des Aesopus, mit Hülfe seines Dämonion, gegangen sei. [Auch in den von Mohamed gesammelten Sagen ward Vieles auf den mit Aesopus zusammengeworfenen Locman zurückgeführt. Nach dem mythischen Charakter des Aesopus sollte er nach seiner Ermordung durch die Delphier, die von Apollo deshalb mit der Pest bestraft wurden, aufgestanden sein und mit den Griechen am Passe von Thermopylä gekämpft haben. Plato, der Homer aus seiner Republik verbannte, wünschte, dass die Fabeln des Aesopus (worin auch die schweizerische Dichterschule den höchsten Ausdruck des poetischen Motivs fand) mit der Milch eingesogen würden, und empfiehlt den Ammen, solche frühzeitig den Kindern zu lehren, um sie zur Tugend und Weisheit zu führen. Ihr tieferer Gehalt, der in der für andere Zwecke von Phädrus gemachten Ueberlieferung, oder in dem Kalilah we Dimnah leicht verloren ging, drückt sich in Plutarch's Bemerkung aus, dass Aesopus, um die Trübsale des menschlichen Lebens zu erklären, zu sagen gewohnt gewesen, dass Prometheus, als er den Koth genommen, um den Menschen daraus zu kneten, ihn nicht mit Wasser, sondern mit seinen Thränen angefeuchtet habe. Nach den orphischen Hymnen zeugte Phanes den Menschen durch Thränen, durch sein Lächeln das selige Geschlecht der Götter. Auch Apollonius von Thyana lehrte, dass des Aesopus Fabeln geschickter als andere gewesen, um Weisheit einzuflössen, denn die der Poeten verderbten nur die guten Sitten, indem sie die Laster der Menschen ausmalten. Strabo bekennt die Nothwendigkeit, die für die Gesetzgeber vorliegt, die Mährchen der Poeten anzunehmen, um die Empfindung der Religion dem Gemüthe des Volkes einzuprägen. Denn nicht durch philosophische Definitionen werden die Frauen und die Menge zum Glauben und zur Gottesfurcht geführt, sondern dazu bedürfe es des Aberglaubens, und ohne Fabeln könne sich kein Aberglaube bilden. „Der Donnerkeil, die Aegis, der Dreizack, die Erscheinungen, die Drachen, Thyrsoslanzen als Götterwaffen, sind Mährchen, sammt der ganzen alten Theologie, erfunden von den Gesetzgebern, um kindische Gemüther damit zu schrecken.]

„Im Anfange sind die Lockspeisen der Mythen nothwendig. Die erwachsene Jugend aber muss man zur Kenntniss des Wirklichen anleiten, da der erstarkte Verstand solcher Reizmittel nicht mehr bedarf. Jeder Unerfahrene und jeder Ungebildete ist im Grunde ein Kind und liebt das Wunderbare, wie ein Kind. Ebenso der nur Halbgebildete, denn auch bei diesem ist der Verstand nicht vorherrschend, sondern es kleben ihm noch die kindischen Gewohnheiten an. Es giebt aber nicht nur anziehende, sondern auch abschreckende Mythen, weshalb man sich beider für die Jugend, wie für die Erwachsenen bedient: die unterhaltenden Mythen erzählen wir den Knaben zur Aufmunterung, die abschreckenden zur Warnung. Zu den letzteren gehört das Mährchen von der Lamia, der Gorgo, Ephialtes und von der Mormolyke. Die meisten derer, die in Städten wohnen, werden durch schöne Mythen zur Nacheiferung aufgemuntert, wenn sie die Dichter edle Thaten aus der mythischen Zeit erzählen hören, wie die Kämpfe des Heracles und Theseus und die Ehre, die ihnen von den Göttern widerfahren, oder auch wenn sie Gemälde, Schnitzbilder oder sonst plastische Kunstwerke schauen, die solche Begebenheiten aus dem höchsten Alterthume darstellen. Zur Warnung aber dient es ihnen, wenn sie die Strafen, die Schrecknisse, die Drohungen der Götter in Schilderungen oder in Abscheu erregenden Abbildungen erblicken, oder doch glauben, dass dies über Manchen verhängt sei.“ (*Strabo.*) — Ueber die Seele (sagt Megasthenes) behaupteten die Inder Gleiches mit den Hellenen, aber, wie selbst Plato gethan, mischten auch sie viele Fabeln ein, über die Unvergänglichkeit der Seele, über das Gericht, das in der Unterwelt gehalten würde, und andere Dinge dieser Art. — Nach Scävola müssen die philosophischen Religionen, wenn sie auch an sich wahr sein mögen, doch wegen des vielen Schädlichen dem Volke unbekannt bleiben. — Strabo sagt von der untersten Klasse der indischen Weisen, die (der Todtenopfer und Zauberbücher kundig) bettelnd in Dörfern und Städten umherziehen, dass sie die Ungebildeten ihrer Klasse seien, dass aber auch die Andern den Fabeln von der Unterwelt nicht widersprächen, da durch solche die Frömmigkeit und Heiligkeit gefördert würde. — Nach Kritias (unter den dreissig Tyrannen in Athen) hätten schlaue Staatsmänner den Götterglauben erfunden, um durch diese unsichtbaren Zeugen von Uebertretung der Gesetze abzuschrecken, als billige Polizeidiener, wie die Fetische am Gaboon. Bolingbroke liess die Kirche nur als Staatsinstitut, und die christliche Religion nur als Zaum und Zügel des ungebildeten Pöbels gelten. Nach dem Verfasser de tribus impostoribus ist alle Religionsstiftung nur ein selbstsüchtiger Betrug. — Von den trunkenen Orgien sprechend, die auf den Gräbern der Märtyrer vom Volke gefeiert wurden, meint Augustin, dass sie zwar nicht gelehrt werden dürften, aber geduldet werden könnten, denn ein Anderes sei die christliche Lehre, ein Anderes der Irrthum der Schwachen. Polybius vertheidigt die römischen Staatsmänner gegen seine philosophischen Landsleute, denn „weise Männer bedürften des Aberglaubens nicht, aber die Städte seien vom Volke bewohnt.“ — Origenes sucht die Uebereinstimmung des Glaubens mit den Speculationen des Pythagoras und Plato zu vereinigen, um Religion und Philosophie zu vermitteln. — Die Vorstellungen von Himmel und Hölle erklären die Kabir Panthis für Erfindungen der Maya und leere Einbildungen, legen ihnen jedoch in Beziehung auf Seligkeit oder Qual in dem Leben der Menschen auf Erden Bedeutung bei. — Es cosa de mugeres, sagen die zur Freigeisterei inclinirenden Spanier in Manilla, wenn von den kirchlichen Ceremonien die Rede ist, wie auch die Aufführungen der Geheimbünde in Africa auf das Erschrecken der Frauen, Sklaven und Kinder gehen. — Die Mummereien bei dem Wasser-, Rauch- und Stampenspiele entsprachen denen bei den griechischen und besonders bei den africanischen Mysterien, obwohl dort nichts zu enthüllen, sondern nur der Andrang abzuhalten war. — Plutarch bemerkt, wie Chrysippus es nicht billige, dass man mit der göttlichen Gerechtigkeit Furcht mache, um von der Sünde abzuhalten, „denn (sagte er) es fehlet uns an Gründen nicht, welche dasjenige bestreiten, was von den göttlichen Strafen gesagt wird, und welche beweisen, dass dergleichen Reden denjenigen ähnlich sind, deren sich die einfältigen Weiber bedienen, welche den kleinen Kindern mit der Acco (eine alte Frau, die über ihr Spiegelbild närrisch werdend, sich mit demselben unterredete) und Alphito eine Furcht einjagen, um sie dadurch von dem Missbrauch ihrer Musse abzuhalten."

Die Religion giebt den Horizont der normalen Sehweite, der Philosoph schaut durch die Telescope der Abstraction in die Ferne, der Rabbinismus beschäftigt den Geist durch microscopische Zergliederung der überlieferten Lehrsätze. So bildet die Religion die naturgemässe Weltanschauung der Mitte*), die aber, um nicht anachronistisch und somit falsch zu werden, mit der Entwicklung der Wissenschaft im gleichen Verhältnisse fortschreiten, die so wenig unter das Niveau sinken, als sich bis zur völligen Abtrennung über dasselbe erheben darf, damit sie fortfahre, die gesunde Nahrung des Durchschnittsmenschen zu bilden. Wenn im Kindesalter der Völker das Auge rings gespenstige Mährchengestalten um sich herum sieht, so wird der erwachsene Mann dieselben schärfer anschauen, untersuchen, betrachten und nach ihrem jedesmaligen Werthe in die Harmonie des Kosmos einfügen. Wenn er mehr und mehr erkennt, dass das bisher für ein Firmament gehaltene Himmelsgewölbe nur das Product seiner optischen Organe ist, so wird er gleichfalls zur Erkenntniss der Unendlichkeit gelangen, in die er nach der Richtung der Projectionslinien hineinblickt. Aber dann ist diese Idee nicht, als Begriff der Metaphysik, künstlich und somit unrichtig geschaffen, sondern, der menschlichen Eigenthümlichkeit entsprechend, aus dieser mit Nothwendigkeit hervorgewachsen. So lange die Priester mit den Gelehrten zusammenfielen, umschloss die Religion den natürlichen Bildungskreis des Volkes und wenn unvorhergesehene Ereignisse Missverhältnisse herbeiführten, so konnten solche leicht aus dem Thesaurus der esoterischen Lehren remendirt werden. Aber der zwischen Glaube

*) Die Allopathie ist die breite Basis der natürlichen Medicin, auf der die Durchschnittssumme mittelmässiger Köpfe verharrt, während die Genies bald mit der Homöopathie, bald dem Magnetismus, bald der Hydropathie fortrennen und durch die Excentricität ihrer einseitigen Secten weit grösseren Schaden stiften, als jene mit allgemeinem Indifferentismus.

und Wissenschaft eintretende Zwiespalt muss sich um so bedrohlicher und unaufhaltsamer vermehren, je rascher die letztere auf den Flügeln der Eisenbahnen und Telegraphen forteilt, muss sich zum unausfüllbaren Abgrunde weiten, wenn es nicht vorher der Gegenwart gelingt, das Losungswort des heiligen Namens zu finden, mit dem sie den Schlussstein versiegeln könnte.

In den Religionsideen projicirt sich der Zeitgeist, der Abglanz des natürlichen Menschen, der in der Gegenwart lebt und webt. Die theogonischen Schöpfer hegen und pflegen das Gebilde ihres eigenen Geistes, sie freuen sich in ihm, als einem Spiegel, selbst sich wiederzusehen. Aber die Geschichte schreitet fort, die lebendige Gottheit verknöchert zum Dogma. Den späteren Generationen steht es ferner, es wird ihnen fremd; fremder und fremder, und wunderbarer und ungeheuerlicher, je weiter es dem ihm zugewandten Gesichte der janusköpfigen Zeit, die dem Mittage zustrebt, in die Nebel einer grauen Vergangenheit zurücktritt. Der zum Dogma verknöcherte Gott wird zum Popanz. Jetzt schreckt er und entsetzt. Es grauset dem Volke vor dem unheimlichen Gespenst in dem sonderbaren Aufputz, mit den unbegreiflichen Mienen und Geberden. Die Priester sind da, sie auszulegen und erklären, aus alten Schriften nachzuweisen, was es will und wünscht, welche Dienste ihm zu leisten seien. Athemlos lauschen die Gläubigen ihren gravitätischen Lehren, sie prägen sich die Gebote ein, um nichts zu vergessen, sie nahen kriechend und speichelleckend ihren Götzen, legen ihr Hab und Gut, ihr irdisches und ewiges Glück in seine Hände nieder, ein Spiel seiner Launen. Aber der lange und ernste Unterricht ermattet. Hier und da entschlüpft ein loser Vogel der staubigen Schulstube, er schaut sich um in der schönen, freien Natur, dort ist Alles so herrlich und frisch, so balsamisch labend die Luft, dort ist es lieblicher als drinnen. Und kein Gespenst ist dort zu sehen, kein böser Bumann, kein Kinder fressender Moloch. Aber warte, wenn er euch durch die Fenster erspäht. Dann schickt er den heiligen Nicolaus mit Ruthe und Dintenfass, wehe, wie wird es euch ergehen! Die guten und artigen Knaben laufen zurück, wenn der Pedell zur Unterrichtsstunde klingelt, sie arbeiten sorgsam ihre Pensa auf und quälen ihren Kopf mit dem Herplappern sinnloser Formeln. Aber die Jugend wächst heran, sie fühlt sich stärker und kräftiger. Sie leidet nicht mehr die Schläge des Herrn Präceptor, sie widersteht ihm, ja sie prügelt ihn wohl selbst oder sticht ihn gar mit ihren Griffeln todt. Jetzt lacht sie des dummen Popanzes, der so hölzern und unbeholfen dasteht und zuschaut, sie spottet seiner barocken Tracht, sie reisst vielleicht auch ihn in Stücke, wenn nicht etwa ein aufklärender Rationalist seinen altväterischen Ornat mit der Kleidung des gewöhnlichen Lebens vertauscht, ihn nun nach der Mode aufputzt und die Leute überredet, dass er auch so noch für die Zwecke der Gottheit dienen könne. Doch ist es nur das Kleid, das dann verändert ist, das Innere bleibt todt, ist wohl schon längst vermodert und zerfressen. Der Philosoph sucht die unmöglich gewordene Religion nach dem Maasse der fortgeschrittenen Zeitideen zuzustutzen und auszustaffiren, er mag für kurze Dauer die Augen mit dem umgehangenen Flitterwerk täuschen, aber die lebendige Gottheit der Gegenwart springt nur aus der prophetischen Offenbarung hervor, in der das freie Denken die neugeborene Zukunft schaut. Es schaut den Samen, den fruchttragenden Keim, der des Alles gewaltige Kräfte in sich birgt. Bald wird er aufwachsen zum mächtigen Baume. Jetzt gilt es Schritt gehalten mit der Geschichte, die Trägheit abzuschütteln, die am Gegebenen klebt, sich gerne mit ihm begnügt, und ehe sie sich versieht, sich zum Sklaven der Gewohnheit gemacht hat. Der Zeitenstrom eilt rasch dahin, zur Ewigkeit dahin. Doch rasch eilt auch das freie, das lebendige Denken. Es denkt in der Zeit, in jedem seiner Pulsschläge sie zählend, es lebt in den Pulsschlägen der Zeit, im rhythmischen Einklang, lebt in der Zeit schon hier die Ewigkeit.

„Handelt es sich um Gegenstände der Religion," sagt Cicero, „so folge ich den Hohenpriestern T. Coruncanus, P. Scipio, P. Scävola, nicht aber dem Zeno, Kleanthes oder dem Chrysippus . . . Von den Philosophen erwarte ich die Gründe der Religion; unseren Vorfahren aber glaube ich, wenn sie auch keinen Grund angegeben haben." — „Dass unsterbliche Götter du ehrst, wie die Sitte gebietet, ist vornehmstes Gebot," heisst es in den goldenen Sprüchen des Pythagoras. — „Wenn Alles in der Natur so ungewiss ist, wie viel besser und würdiger ist es dann, an dem Glauben unserer Vorfahren festzuhalten als an dem Erbe der Wahrheit, und die Religionen zu bekennen, welche durch die Tradition uns überkommen sind, und die Götter zu fürchten, welche unsere Väter und Mütter uns zu fürchten gelehrt haben!" (*Minucius Felix.*) — Der Mensch muss Etwas haben (meinte Napoleon), woran er sich als untrügliche Autorität halten könne, und Alles wohl erwogen, sei es besser, der Religion sein Herz zu öffnen, als zu Mademoiselle Lenormand zu gehen. (*Horst.*) — „Die Tat-scha oder Tscha sind Geister, die den Gütern der Erde Nutzen oder Schaden bringen. Es sind deren acht, die des Windes, Donners, Regens, der Wolken, des Hagels, der Insekten, des Frostes und des Reifes. Der Cultus dieser Geister war sehr alt und in den heiligen Büchern überliefert, ja von Confucius selbst anerkannt. Er bestand in einem Gesange (Pin-song), im Rühren der aus Erde gemachten Trommel (Toukou) und in Gebeten. Das waren die acht Geister, die den Himmel richteten. Der Zweck dieser Ceremonien war, den Arbeitern einige Erholung*) zu gewähren und um wiederum ihnen Achtung für ihren Beruf und

*) In dem utilitarischen Prosaismus Nicolai's ist der „aufgeklärte" Prediger „beständig beflissen, seinen Bauern zu predigen, dass sie früh aufstehen, ihr Vieh fleissig warten, ihren Acker und Garten auf das beste bearbeiten."

ihre Person an den Tag zu legen." — Die Sphäre des Prophetenthums, sagt Algazzali, ist der Ausdruck einer Periode, in welcher das Gesicht mit einem Lichte erleuchtet ist, das ihm verborgene Dinge enthüllt, so wie Gegenstände, die das Wissen nicht zu verstehen vermag. — Jeder Zeitraum ist den Sofis eine Periode der Offenbarung irgend eines göttlichen Namens. Ist die Zeit dieses Namens vorüber, so tritt er hinter einen anderen Namen zurück, dessen Zeit nun an der Reihe ist. — Als die socialistische Reform der Gesellschaft zum Durchbruche drängte, und schon eine communistische Ueberschwemmung drohte, erstanden ihr in St. Simon und Fourier begeisterte Apostel. Zu derselben Zeit, in demselben Lande, mit denselben Zielen, ohne dass sie zusammen arbeiteten oder von einander wussten. — Plutarch erwähnt (im Leben des Sulla) eines Wunders, von dem die etruskischen Weisen erklärten, dass es die Entstehung eines neuen Geschlechts und einer Umwandlung der Welt verkünde. Denn es gäbe im Ganzen acht Menschengeschlechter, die in Lebensweise und Sitten von einander verschieden seien, und für jedes derselben sei von der Gottheit eine Zahl von Zeiträumen bestimmt, welche zusammen ein grosses Jahr ausmachen; gehe nun eine solche Periode zu Ende und träte eine andere an ihre Stelle, so geschähen auf der Erde oder am Himmel wunderbare Zeichen, so dass die, welche auf dergleichen achteten und sich darauf verständen, sogleich klar einsähen, dass Menschen von anderen Sitten und anderer Lebensweise und den Göttern minder oder mehr werth, als die früheren, geboren seien. — Den Anhängern Sakyamuni's steht ein Buddha am Eingange jeder Kalpe, wie auch der deutsche Tragöde singt: „den grossen Geschicken schreiten ihre Geister schon voraus und in dem Heute wandelt schon das Morgen."

Ein jeder Prophet bringt den Menschen die Keime einer neuen Gedankenwelt, und, im Gegensatz zu einem nur zufällige Associationen anregenden Lehrer, wird seine Offenbarung um so mehr den Charakter des Göttlichen tragen, als er sich selbst vorher in der Einsamkeit durch Meditation einen abgeschlossenen Ideenhorizont geschaffen hat. Ob er vom guten oder bösen Principe gesandt wurde, hängt nachher nur von dem relativen Standpunkt des jedesmaligen Beurtheilers ab. Oft „geht es dem in die Welt hinausgesandten Worte wie dem Samen, den der Wind von einer Zone zur andern trägt. Er fliegt hin über das Meer und keimt fern von dem Baume, der ihn erzeugt hat." (*Reybaud.*) Durch die zufällige Verbreitung von Buonarotti's Werk wachte die Lehre des in den Augen seiner Anhänger als Märtyrer gefallenen Babeuf plötzlich wieder unter den in den Strassenkämpfen besiegten Republikanern auf, in der Form des Babouvismus.

In solchen Geschichtsepochen, wo der gährende Zeitgeist nach dem Stichwort einer neuen Einheit sucht, ist es leicht, dass alle bewegenden Interessen und Forschungen um die Person eines geliebten Lehrers ankrystallisiren *), dessen melancholisches Geschick gerade

*) „Der grosse Mensch ist immer wie ein Blitz vom Himmel; die übrigen Menschen warten auf ihn, gleich Brennstoff und dann flammen sie auf." sagt Carlyle von seinem Helden-Propheten Mohamed.

durch seine Tragik vielleicht einen um so tieferen Eindruck auf das Gemüth gemacht hat. So ordnete Plato, nach Sokrates Tode, seine Lehre in ein System, Matthäus sammelte die λογια Jesus', Ananda Sakyamuni's Sutras, die Pythagoräer*) den ἱερος λογος aus den der Damo hinterlassenen Schriften. Dieser erste Abschluss ist gewöhnlich in zu beschränkter Form, um der Fülle der einmal angeregten Discussionen zu genügen; sie wird wieder durchbrochen und erst in späteren Jahrhunderten findet sich ein auf weiter hinaus genügender Abschluss, wie beim Christenthume in den Concilien Constantin's, beim Buddhismus in denen Asoka's, während die Eklectiker, die als philosophische Schule auf eine Kaste beschränkt bleiben, selten durch eine politische Macht**) unter den Dogmen einer Staatsreligion vereinigt werden. Akbar versuchte es ohne Erfolg. Selbst Mohamed's Koran, der schon unter Abubekr, dem Ordner der Suras (wie Josua der mosaischen Gebote) durch Zeid Ibn Thabih, als Gesetz auftrat, musste später zum Appendix die Sunna (El Bochari's) zulassen, wenn man sich nicht mit der fortgehenden Uebertragung des heiligen Geistes in der schiitischen Mystik half.

Der zum Abschluss seiner Individualität gelangte Mann, der selbstständig den Horizont seiner Weltanschauung ausgebildet hat, wird stets grosse Schwierigkeiten finden, sich in ein neu auftauchendes Philosophensystem hineinzuarbeiten, besonders wenn dieses, einer positiven Naturbegründung entbehrend, sich nur in abstracten Ideen bewegt, da, bei der unendlichen Mannigfaltigkeit subjectiver Begriffe, er für die in der Auseinandersetzung gegebenen, keine direct entsprechenden in seinem eigenen Kopfe findet und bei dem Schwankenden aller speculativen Vorstellungen auch nie sicher ist, ob er wirklich aus Analogien eine totale Deckung aufgefunden hat. Nur von völlig gleichen Prämissen aussetzend, dürfte er erwarten, dass das organische Wachsthum seines Geistes auch gleiche Phasen durchlaufen würde. So werden Fortschritte der Metaphysik meist erst in der nächsten Generation d. h. bei den, noch im eindrucksfähigen Alter nach den neuen Formen aufgezogenen und gestempelten, Jüngern ihre Geltung erhalten und könnten dann, wenn von ihnen adoptirt, gleich den religiösen Ideenkreisen weiter fortgeerbt werden. Doch ist gewöhnlich

*) „Die goldenen Sprüche" wurden noch bis in die neuplatonischen Zeiten alle auf den Stifter bezogen, wie die der ägyptischen Priesterschaften auf Hermes Trismegistus. Arrian sammelte die Aussprüche des stoischen Sklaven-Philosophen Epictet in dem Enchiridion unter Kaiser Hadrian.

**) Die kosmopolitische Reform des Dede Sultan (des Eremiten vom Berge Stylarios) musste schon ihrer communistischen Tendenzen wegen fehlschlagen.

ihre Lebensdauer nur eine kurze, da sie sich selten auf einer hinlänglichen Breite historischer Basis entwickeln, um ein nationales Bedürfniss befriedigen zu können, und auf die engeren Grenzen einer Secte beschränkt bleiben werden.

Ohne ihre nur ephemere Dauer würde für die philosophischen Ideenkreise ein stabiles Verknöchern ebenso zu fürchten sein, wie in der Religion. Die von Zeno von Elea in seine Trugschlüsse verwebten Antinomien, die des Aristoteles Scharfsinn zu finden, aber nicht zu entwickeln wusste, löste der grosse Denker von Königsberg seinen Zeitgenossen in dem transcendentalen Idealismus. Die Anerkennung des Transcendentalismus war eine berechtigte Forderung, so lange das organische Wachsthumsgesetz der Denkprocesse nicht erforscht war; aber die raschen Eroberungen der Naturwissenschaften haben jene glänzende Zeit schon jetzt zur Vergangenheit gemacht. Sobald die Unendlichkeit des Gedankens in seiner Ewigkeit erkannt ist, bedarf es keiner weitern Beweise, dass sich die Welt als nach Zeit und Raum begrenzt oder unbegrenzt auffassen lasse, da schon die mathematischen Principien diese zweifache Betrachtung, als natürliche Folge, darlegen oder wenigstens einem psychologisch erzogenen Denker darlegen sollten. Der Philosoph beweist, dass die Welt, als ein unendliches Ganze, auch nicht einmal gedacht werden könne, beweist damit aber nur, wie nutzlos es ist, mit metaphysischen Begriffen operiren zu wollen, ehe man ihre genetische Entwickelung aus psychologischer Grundlage verfolgt hat. Wäre eine unendliche Welt für den Gedanken ein Nichtsein, so würde auch nie ihre Möglichkeit vorgestellt sein können, denn auch die verkehrtesten Begriffe schliessen ein Wahres ein und es ist nur das verkehrte Verständniss des wahren Kerns, was sie zu verkehrten macht. Relativ genommen mag ein Verkehrtes auf dem Kopfe stehen, aber im Absoluten ist weiter kein Verkehrtsein denkbar, so wenig, wie im Auge selbst. Das Nichtsein ist gleichfalls einer Wortbildung fähig, kann jedoch, als eine Negation, nicht specifisch gedacht werden, da die Specifität der Negation eben eine Nicht-Specifität jedes speciellen Falles einschliesst. Die Null reducirt die Zehn, wie die Hunderte und die Tausende alle zu demselben grauen Nichts, das eben Nichts sagt. Die Idee der Unendlichkeit, wo in der Bewegung der Ewigkeit Raum und Zeit sich identificirt, entwächst dem ungehindert freien und allseitigen Ausströmen unserer Gedankenreihen, während jeder andere unserer Begriffe in räumlicher Beschränktheit angeschaut wird. Jene Zeitbewegung in räumlichen Vorstellungen, als Product statt producirend, zu denken, sollte dem normalen Gehirne unmöglich sein und könnte nur bei vorhandenen Defecten entschuldigt werden, wie wenn der Blinde sich die rothe Farbe unter dem Bilde von Trompetentönen versinnlicht. Die Psychologie wird aus dem Anfange der Gedankenreihen das Gesetz ihres Fortganges herausrechnen, aber nicht, wie „der Kerl, der speculirt," in der Unendlichkeit nach einem Ende suchen.

DIE KOMIK DES VOLKSWITZES.

Festspiele.

Was die Priester dem Volke aus der Religion gaben, war gewöhnlich von vorne herein schon Mährchen und selbst Ceremonien, bei denen ein ernsterer Zweck beabsichtigt war, fielen mit der Zeit in den Händen der Menge rasch der Burleske anheim. Diese Neigung des gemeinen Mannes zum Komischen erkennend, würden dann die gutmüthigen Priester nicht daran gedacht haben, ihn in seinen Lustbarkeiten zu stören, vielmehr fanden sie umgekehrt bald vortheilhaft, ihrem Dienste sogleich einen possenhaften Anhang hinzuzufügen, damit die dadurch unterhaltene Menge sich um so weniger um die Geheimnisse der Ceremonien kümmerte. Die Possen der Jambe erheiterten die trauernde Demeter. Kam die heilige Procession von Eleusis, wohin sie Jakchos in mystischem Flechtkorbe geführt hatte, zurück, so war es ein altes Recht der Bauern Atticas, sich auf der Brücke des Cephissus einzufinden, und dort die geweihten Halbgötter, die sich einen so unschuldigen Scherz gern gefallen liessen, mit groben Spässen (den Brückenscherzen oder *γεφυρισμοι*) durchzuziehen. Invenies exitus tristes, fata et funera et luctus et planctus. Isis perditum filium calvis sacerdotibus luget et Isiaci miseri caedunt pectora et dolorem infelicis animae imitantur. Mox invento Osiride gaudet dea, exultant sacerdotes, nec desinunt annis omnibus vel perdere, quod invenerunt, vel invenire, quod perdunt. (*Minutius Felix.*) Bei ihrer Weihe durch die egyptischen Priester erhielten die ptolemäischen Könige heilige Titel, wie Soter, Epiphanes, Dionysos u. s. w., aber das Volk spottete über die Schmeichelei und gab ihnen Spottnamen. Der Todtenmesse am Charfreitag folgte der Jubel beim Aufhängen des Judas und später ward zum Besten des Pöbels ein Eselsbischof erwählt, oder die ganze Leidensgeschichte tragikomisch dargestellt. Silen- und Satyr-Masken begleiteten den Festzug des Dionysos, wie die Morristänzer oder der Schellen-Moritz das heilige Sacrament*) und in Quito die als Popanze ausgekleideten almas santas.

*) Bei den weihnachtlichen Umzügen in Kärnthen brachte Joseph, Hebammendienste leistend, ein hölzernes Christusbild unter den Kleidern

Die Fabulae atellanae, aus denen später das Possenspiel hervorging, wurden zum ersten Male in Rom zur Aufführung gebracht, als ein allgemeines Sterben *) wüthete, um gleichsam die furchtbaren Gespenster durch noch hässlichere Larven zu vertreiben, Masken, vor denen der Teufel selbst erschrecken möchte, wie St. Augustin von den bei den Calenden gebrauchten sagt. Daraus ergab sich weiter ein practischer Nutzen. Gingen die Krankheiten als Phantasmata um, so war es vielleicht möglich, ihnen zu entrinnen. Der Neger am Calabar bekleckst sich mit weissen Flecken, als ob er von den Blattern **) schon angesteckt wäre. Brechen die Blattern in einem benachbarten Dorfe aus, so bestreuen die Khands die dorthin führenden Wege mit Dornen. In Kongo legen die Frauen solche auf die besäeten Felder, damit sie nicht von böswilligen Geistern zertreten werden. Die Australier stecken Speere auf den Weg, um den bösen Koppa abzuhalten. Der Indianer geht bei Epidemien in steten Schlangenwindungen, um dem Tode nicht in die Arme zu laufen. Im danse macabre wurden die convulsivischen Bewegungen der von der Pest Befallenen nachgeahmt ***), sowie während der Tanzwuth im Mittelalter, woran die Todtentänze zu Lübeck und Basel erinnern. Die Tjumbaeer fordern den Kulok (Teufel) zum Teufelstanz heraus, um ihn zu besiegen. Die Römer hatten Sklaven, und wie der Chinese einen solchen für sich hinrichten lassen kann, überlieferten sie ihn an ihrer Statt den hungrigen Dämonen, die ihre Opfer wollten. Am Todesfest der gespenstischen Lemuren, wenn diese in den langen Nächten auf der Oberwelt umgingen, pontificirten die Sklaven, wie Dionysius Halicarn. sagt. Sie zogen die Kleider ihrer Herren an, sie jubelten fröhlich in saturnalischer †) Ausgelassenheit. Die Armen! Sie

der Jungfrau hervor. Ponit animos Jupiter, si Amphitryon fuerit actus, aut si Leda fuerit saltata. (*Arnobius.*) In den mittelalterlichen Mysterien spielte vielfach Joseph die Rolle des Amphitryo. Gregor von Nazianz verarbeitete in seinem Passionsspiel (*Χριστὸς πάσχων*) den Hippolytos des Euripides.

*) Der Schäfflertanz in München, wo Küfer und Fassbinder in phantastischen Anzügen umherlaufen, wurde ebenfalls bei Gelegenheit einer Pest eingerichtet.

**) Um keine ängstlichen Träume zu haben, bemalen sich die Malayen mit weissen Figuren, die Polynesier tättowiren sich gegen böse Einflüsse mit magischen Symbolen.

***) Utuntur larvis in figura daemonum, heisst es in den mittelalterlichen Conciliensacten, die die Tänze auf den Kirchhöfen verboten. Wenn der Todte hinausgetragen wird, heisst es im Miths des Jalkut Chadash, tanzt der Todesengel zwischen den Weibern mit gezücktem Schwert, und wer sich zwischen sie mischt, kann eines plötzlichen Todes sterben.

†) Auch wenn das Fest der Lemuren (wo Ditis janua patet) noch einen düsteren Charakter trug, wurde doch an seinem Ende als Zeichen neu be-

wussten nicht, dass sie als Beute dienen sollten, als vicarirende Opfer, denn die Bildsäule des grausamen Saturn war an diesem Tage ihrer Fesseln entledigt. Am Feste Churremruss (des fröhlichen Tags) stieg der persische König von seinem Thron, um sich unter seine Unterthanen zu mischen und nicht erkannt zu werden, da sein Leben als wichtiger erhalten werden musste. In Africa stehen die Aufzüge der geheimen Verbrüderungen meist auf der Schwelle des Ernsthaften und Komischen, indem Weiber und Kinder vor den phantastischen Verkleidungen fliehen, während die Männer darüber lachen. Mumbo Jumbo in Senegambien und Oro in Joruba führen strenges Regiment *). In Schwaben und Franken kannte man nur im Advent die auf das Klopfen und Pochen der Spukgeister bezogenen Anklopferleins-Nächte, die dort jetzt eine anmuthige Deutung erhalten haben, aber in America zur Charakteristik unserer Wissenschaft neuerdings wieder aufgelebt sind. An dem von Servius Tullius den Laren eingesetzten Feste der Compitalia durften nur Sklaven den Priestern beim Opfer administriren. Oft verliert eine religiöse Ceremonie ganz und gar ihre Bedeutung oder dreht sich mit der Zeit und unter der Herrschaft der Mode in ihr directes Gegentheil um, wie in Brasilien sich der Act der Zerknirschung, wenn eine Dame der Jungfrau einen Bittgang abhält, in ein fröhliches Fest des Schmauses verwandelt, wobei man die Büsserin zur Rainha da fiesta ernennt. Der Schönheitssinn der Griechen verwandelte die schreckhaften Aufführungen später in ihre athletischen Spiele. Aus Rache für den Tod des Wahrsagers Arnus suchte Apollo das Lager der Herakliden mit einer Pest heim, bis er durch Spiele gesühnt wurde. Als Hellas von innern Kämpfen

---

ginnenden Lebens der phallische Maibaum aufgesteckt, der Phallus, den Dionysos an die Pforten des Hades pflanzte. Auch am Beiramfeste spielt Kara Gös mit phallischen Marionetten. In spätern Zeiten dienten die Maniä als Popanze, um Kinder zu schrecken. (*Festus.*) Die Larven wurden als Gliedermännchen auf die Tafel gesetzt. (*Petronius.*)

*) Bei den religiösen Ceremonien der Mandanen fliehen die Frauen entsetzt bei dem Einbrechen des schwarzbemalten Ockkih-Haddäh (Teufel). Wenn er aber durch das Pfeifen der Medicinmänner gebannt ist, fallen sie schreiend und spottend über ihn her und jagen ihn unter Schlägen in die Prairie zurück. Am Circuszuge wurde (nach Festus) mit der grossen Zehe des Manducus (ein phantastisches Zerrbild) zum Aengstigen der Furchtsamen geklappert, wie in Africa mit Brummkreiseln. Der Aufzug mit wilden Thiermasken (Barungam) in Java dient seit Einführung des Islams nur zur Erheiterung der Kinder. In den theatralischen Schatten (Wyangs) haben alle die Hauptfiguren der epischen Gedichte ihre festen Maskentypen und diese Gedichte werden bei der Geburt und Namengeben der Kinder gelesen, um böse Einflüsse fern zu halten. In den dramatischen Aufführungen der Aleuten spielen zwei als gigantische Popanze ausgestopfte Puppen die Hauptrolle, während die andern Schauspieler Masken tragen.

und einer Seuche heimgesucht wurde, stellte Lycurgus in Verbindung mit Iphitus von Elis die von Herakles zu Olympia gestifteten Spiele, die auf die Kureten zurückgeführt wurden, nach den delphischen Befehlen wieder her; die Römer begingen den Ablauf des Lustrums mit Spielen.

Theseus stiftete die isthmischen Spiele zu Ehren Neptun's, damit Attica nicht mehr eine Beute des Wassers werde. Durch die taurischen Spiele suchten die Sabiner bei einer Seuche das Uebel auf taurea (unfruchtbare Kühe) abzuleiten. (*Servius.*) Im zweiten punischen Kriege, 580 u. c., wurden die apollinischen Spiele eingeführt, nach dem Marcischen Spruche: willst du des Feindes ledig werden, Quiriner und des Scheusals, das aus der Ferne gekommen, so rathe ich dir, dem Apollo Spiele zu feiern. Bei einer Pest, die 1634 endete, gelobten die Bewohner des Ammergaues, alle 10 Jahre das Passionsspiel aufzuführen. Die Procession der springenden Heiligen wurde in Folge einer Pest gelobt. Als im Drange des Krieges einst die Parentalia unterlassen waren, brannte die Stadt ab und die aus dem Scheiterhaufen aufgestiegenen Ahnengeister schweiften wimmernd umher, bis dem Remus das Fest der Lemuralien eingesetzt wurde. (*Ovid.*) Dass in den Mysterien des Bacchus, wo die Tänze der Eingeweihten die Sphärenschwingungen der seligen Geister versinnlichten, die Silen- und Satyr-Masken auf die von den sinnlichen Gelüsten noch nicht gereinigten Geister anspielten, erklärt sich leicht aus der Umkehrung, die die Bedeutung der Symbole stets in einem verschiedenen Ideenkreise erhalten. Die Thiermasken, unter deren Symbolen die Lehren von der Seelenwanderung vorgetragen wurden, dienen bei den Tänzen der Indianer nur zur Belustigung des Volkes, wenn sie ihre magische Bedeutung verloren haben. Ursprünglich sollte der Büffeltanz die Heerden dieser Thiere, deren Bewegungen und Lebensweise nachgeahmt wurden, durch einen sympathischen Rapport herbeiziehen und der Scalptanz wurde bei Fackelschein aufgeführt, um durch schaudererregendes Fratzenschneiden und alle Arten widriger Verzerrungen die Geister ihrer ermordeten Feinde zurückzuschrecken, welche Lust haben mochten, sich in den Wigwam einzuschleichen und dort an den Schwachen zu rächen. Martius erwähnt bei den Juris (denen tägliche Bemalung statt der Kleidung dient) eines Tanzes mit monströsen Köpfen, die aus Mehlkörben mit Baststricken verbunden waren.

Die Komödie (s. *Sepp*), bei welcher die Silenen, Satyren, Bacchantinnen, Lenen, Thyiaden, Mimallonen, Najaden, Nymphen und Tityren (*Strabo*) den θιασος oder κωμος (den festlichen Anfang) bildeten, war ebenso für den jüngeren, wie die Tragödie, in der die Mänaden mit der mystischen Kiste auftraten, für den älteren Dionysosdienst charakteristisch, und so liess der scenische Gebrauch auf das Drama die Aufführung eines komischen Spieles folgen. Die ältern Festspiele waren zur Erinnerung an ein menschliches oder göttliches Opfer, die jüngern zum Andenken an die Milderung des Dienstes eingesetzt. Beim Festzuge in Alexandria machte (nach Athenäus) der Eine den Bacchus, der Andere einen Satyr, aber in mimischen Tänzen wurde zugleich die Zerfleischung des Jacchus, die Verbrennung der Semele und die Doppelgeburt des Dionysos dargestellt. Am Eselsfest (zum Andenken an Maria's Flucht nach Egypten) wurde das schönste Mädchen auf einem Esel unter dem Hinham, Hinham des Volkes herumgeführt, worauf der Priester am Schlusse der Messe iahte und beim Absingen der Eselshymne der „Herr Esel" (Sire Asnes) niederknieen musste.

Am Narrenfest weihte der Narrenbischof den Narrenpapst, die Diakonen und Subdiakonen assen Würste auf dem Altar, trieben dem Messe lesenden Priester Rauch von schmierigen Schuhsohlen ins Gesicht und fuhren auf einem kothbeladenen Karren durch die Stadt, den Pöbel mit Schmutz werfend. (*Flögel.*) Am Pfingstdienstag begleitete der Schellen-Moritz unter Spässen den ausgekleideten Bischof. Unter Heinrich IV. wurde ein Mysterium (miracle-play) von der Weltschöpfung und dem Weltuntergang aufgeführt, das eine Woche dauerte, und wer ihm ununterbrochen beiwohnte, erhielt tausendjährigen Ablass. In einem französischen Mysterium weckt ein Engel Gott Vater im Himmel, der mit einem Fluche aus dem Schlafe auffährt, als er hört, dass sie auf Erden seinen Sohn schon getödtet haben. Auf einem Relief über dem Hauptportale der Marienkapelle zu Würzburg zeigt das Jüngste Gericht Päpste und hohe Prälaten unter den Insassen der Hölle. An der Procession des Frohnleichnam nahm auch Gott der Vater vielfach in Person Theil. In der Anordnung der Rollen unter Wilhelm IV. von München, 1580, sind die Voraussetzungen angegeben, unter denen Personen zu den Hauptfiguren gewählt wurden. So sollte Gott Vater eine lange Person mit dickem, grauem Barte, glatten Angesichts sein, „wie der selige Doctor Sixt ausgesehen, oder wie der Indersdörfer Wirth." In Ansehung Christi soll der Director der Procession 14 Tage zuvor fleissig auf den Gassen und in den Kirchen Acht haben, um Personen von gehöriger Mannslänge zu ersehen, nicht zu dick, von gesunder Farbe, länglichem Angesicht, ohne unförmliche Nase, Schielen oder Zahnlücken, sondern von feiner Physiognomie, auch sonst am Leibe nicht tadelhaftig. Die Hohenpriester Melchisedek, Aaron, Ananias, Kaiphas u. s. w. sollen theils lange, dicke, graue Bärte, theils kurze Knebelbärtchen, zwei kleine Zipfel am Kinnbacken, dicke aufgeblasene Gesichte haben, sonst auch von Leibe dick sein, wo aber sie dies nicht sind, Kissen einschieben. Zu den Riesen Goliath und Urias wurden die zwei langen Schmiede, Gebrüder Mittenwald, verschrieben und ihnen ausser der Zehrung zwölf Gulden zum Geschenk gemacht. Dem Teufel, der Feuer ausspie, gab man einen halben Gulden und alle Materialien, als Schwefel, Branntwein, Baumwolle. In Gerona fand schon 1360 eine Procession mit Riesen und lächerlichen Figuren, denen biblische Scenen (wie das Opfer Isaac's, der Verkauf Joseph's) folgten, am Frohnleichnamsfeste statt. Bei der vom König Renatus (1462) zu Aix angeordneten Procession des Frohnleichnamsfestes, wo sie bis 1781 gefeiert wurde, erwählte man zu Lieutenants bei der Maskerade den Prince d'Amour, den Roi de la Baroche und Abbé de la Jeunesse. Am ersten Tage halten die olympischen Götter ihren Umzug, am zweiten die biblischen Personen. Nach der Messe in der Kathedrale fallen die mit Gabeln bewaffneten Teufel über den König her, der sich ihrer mit seinem Scepter erwehrt. Dieses, das grosse Teufelsspiel, wird auf allen Hauptplätzen der Stadt wiederholt und darauf folgt das kleine Teufelsspiel, wo ein Engel mit vielem Hin- und Herspringen die Seele eines kleinen Kindes vor vier Teufeln*) zu schützen sucht. Dann folgt das Katzenspiel, wobei ein Jude eine Katze in die Luft wirft und zu fangen sucht, dann die Anbetung des goldenen Kalbes, dann der Besuch der Königin von Saba bei Salomo, die fünfte Scene ist das Sternspiel, wo die drei Könige einem an einem Stocke befestigten Sterne nachgehen. Dann folgt das Spiel der Kinder, die sich auf der Erde herum-

*) Alle diese Teufel hören die Messe, besprengen sich und ihre Kleidung aber vielfach mit Weihwasser, damit sich nicht, wie es einst wirklich geschehen sein soll, ein wahrer Teufel unter ihren Haufen mische.

wälzen (der bethlehemitische Kindermord), der alte Simeon, als Hohepriester gekleidet und einen Korb mit Eiern tragend, Judas an der Spitze der Apostel mit dem Beutel in der Hand, Jesus, sein Kreuz zur Schädelstätte tragend. Dann der grosse Christoph, wie er Christus auf die Schultern nimmt. Dann kommt das „Tänzerspiel“, indem zehn junge Leute, in Papppferden versteckt, Reiterübungen aufführen, dann die Scene der „Grindköpfe“, indem ein ärmlich gekleideter Knabe einen Kamm, ein anderer eine Bürste, ein dritter eine Scheere tragen und alle drei um einen vierten tanzen, seine Perücke kämmen und ihn mit der Scheere necken. Der Zug der olympischen Götter wird von Fama angeführt und schliesst mit den drei Parzen, den der biblischen Personen, den Teufel anführen, schliesst ein in ein Leichentuch gewickelter Mensch, der, das Stundenglas auf dem Kopf und eine Sense in der Hand, vor sich hinmäht. (*Scheible's* Kloster.) Aus solch incongruenten Elementen stoppeln sich überall die Volksmythologien (so lange nur an mechanische Nebeneinanderstellung der Gedanken, statt an ihre logische Verbindung durch die Idee gedacht wird) zusammen, zumal wenn nicht einmal ein *ἱερὸς λόγος*, als Canon, anerkannt ist, und das Geschäft der Symboliker, überall tiefsinnige Beziehungen zu sehen und diese als das Ursprüngliche zu betrachten, statt auf ihre mögliche Entwicklung zurückzugehen, ist jedenfalls ein sehr undankbares. Was würden sie nach ein paar Jahrhunderten aus der Bedeutung der im Jahre 1843 reformirten Feier des Frohnleichnamsfestes in München machen, wenn ihnen zufällig nicht das Schriftchen erhalten bleiben sollte, worin dargelegt wird, weshalb der König (da die Darstellung biblischer Charaktere durch verkleidete Menschen wegen der vorwiegenden Stellung des Theaters und des Schauspielwesens nicht in Vorschlag kommen konnte) als den eigentlich belebenden Gedanken des Festzugs aufgriff, dass in ihm das ganze Volk in allen seinen Gliedern vertreten sein solle, und so alle Zünfte, Stände und Gesellschaftsklassen nebst dem Allerheiligsten mitwirken liess? Von welchen Zufälligkeiten die Wahl der angewandten Symbole selbst abhängt und wie leicht sich ihre Meinung verliert oder ins Gegentheil*) umspringt, lässt sich überall nachweisen. In den Volksbüchern wird die Tochter des Herzogs Robert von der Normandie nach indischer Weise in eine Kuh verwandelt. Dr. Faustus frisst dem Bauer seine Ochsen, wie einst Hercules, Ulysses figurirt als König von Troja u. dgl. m. Zu Dorla in Thüringen wurde die aus grünen Zweigen geflochtene Figur des Schossmaier früher, nach dem Umzuge durchs Dorf, auf dem heissen Stein verbrannt, aber seitdem einst aus Unvorsichtigkeit die nächsten Häuser Feuer gefasst hatten, fortan ins Wasser gestürzt. Solche aus dem Mittelalter bekannte Einzelheiten standen weder dem Herodot und Ktesias, noch seinen spätern Commentatoren über Persien zu Gebote. Vor der Anzündung des Carnfeuers (das dem Carneval seinen Namen gegeben haben soll, statt carnevale) wurde ein Popanz in Thiermaske durch die Druiden umhergetragen und unter Wehklagen in den Fluss gestürzt. Sommer und Winter kämpften in vielen Dörfern Deutschlands im Frühjahr, und ehe der Letztere unterlag, musste in Steiermark erst die Sache beider durch ihnen gesetzte Anwälte vor Gericht verhandelt werden.

Am Schlusse des Gesanges am Tage des Miserere (in der Sixtinischen Capelle) stampfen die Cardinäle und ihre Begleiter mit den Füssen, um den Lärm anzudeuten, womit die Juden Jesum im Garten aufsuchten. — Ist das Gebet am

*) Wie Froha (Frau), was einst Herr bedeutete, jetzt in umgekehrte Bedeutung gefallen ist, wie aus Carl (carol) dem Könige ein Knecht wurde, aus dem freien Kmeta der Leibeigene, aus dem stolzen Bonde der Bauer.

grünen Donnerstag in Rom beendet, fangen die Anwesenden an, mit den Stricken auf Sitze und Bänke zu schlagen, um die Misshandlungen des Heilandes auszudrücken. — Die heiligen Dramen, die die Studenten von Kiew im Kloster vorstellten, wurden bald zu Possenspielen, mit denen die Convictarier, das Volk zu erheitern, die Ukraine durchzogen. — Nach der Ertheilung der allgemeinen Indulgenz (am grünen Donnerstag) durch den Papst, werden Ablasszettel unter das Volk geworfen, das sich darum schlägt. — In Portugal beginnt mit dem Auferstehungsfest des Erlösers das Begräbniss des Stockfisches (Bacalhao) in glänzender Procession und unter rauschender Musik. Trotz des anfänglichen Widerspruches gegen die Einrichtung des neuen Festes, das die Nonne Juliane für nöthig glaubte, als sie dem Mond Etwas an seinem Glanze mangeln sah, wurde nach ihrer Vision des himmlischen Hofes die Kirchenfeier zu Ehren des Abendmahls (als Frohnleichnamsfest) von Urban IV. eingesetzt. In Madrid wird am Aschermittwoch eine Procession abgehalten por enterrar la sardina (um die Sardelle zu begraben). — Kommen die Mönche, um den in der Kirche angenagelten Leib des Erlösers (eine Pappfigur) abzuholen (in Rom), so bricht die ganze Gemeinde in wildes Jammergeschrei aus und wirft sich auf die Erde, wie die Schiiten beim Verlesen der Leidensgeschichte der Söhne Ali's*). Die Aufführung vollständiger Dramen in der Kirche, wovon diese Vorstellungen noch die Ueberbleibsel sind, verbot Innocenz III. (1210), aber sie waren schon früher aus den heidnischen Mysterien ins Christenthum hinübergenommen, wie eine Charfreitagshomilie des Eusebius von Emesa (359) zeigt, wo der personificirte Hades, der Tod und Teufel auftreten, um sich über die Kreuzigung des Heilands zu unterreden. Im Volke bestanden sie lange mit einem Charakter des Possenhaften fort, so in den Aufführungen der Confrères de la Passion in Paris (1398) und in den spanischen Autos, wo der den Dulder vorstellende Erlöser von den Mönchen mit seinem schweren Kreuze auf solch' rohe Weise durch die Strassen geschleift und geprügelt wurde, dass er häufig den Geist aufgab, obwohl sich immer Bereitwillige zu dieser Procession finden liessen, da ihnen im Todesfalle die Seligkeit**) versprochen war, ähnlich, wie sie der Indier erwartet, wenn er sich vom Wagen des Juggernauth zermalmen lässt, oder der Sicilianer, der am Gerüst der heiligen Lucia ziehen hilft. In der Grabeskirche zu Jerusalem wird das biegsame Christusbild an den verschiedenen Stätten gekreuzigt, gewaschen und beerdigt. Bei der Charfreitagsprocession in Brüssel wurde die Schmerzensmutter (in seidene Goldstoffe gehüllt) umhergeführt; in Wien die Leidensgeschichte von den Steuerbeamten dem Volke in „seit uralter Zeit verfassten Reimen“ vorgetragen und die Kerzen von den verschiedenen Zünften geliefert, wie auch in Madrid jedes Gewerbe seine Rolle spielte. In Kärnthen wurde noch im neunzehnten Jahrhundert eine vollständige Charfreitagstragödie von den Schullehrern, Handwerkern und Bauern unter den gemeinsten Spässen aufgeführt, und in Schwäbisch-Gmünd spielten auch

---

*) Die Juden liessen am Purim ein Freudenfest auf das der Klagen folgen, indem sie den Uebermuth und die nachfolgende Demüthigung Haman's feierten. In Frankfurt wurde 1616 der Purim Vinz (am Tage der Rückkehr) nach dem Taanith Vinz (dem Festtage der Verjagung) gefeiert, während die polnischen Juden auf die Trauergebete (Generath Chmel), die sie zur Erinnerung an die Plünderung der Kosaken unter Bogdan Chmielnicki (1649) anstellen, noch keinen Jubel folgen lassen können. Das Befreiungsfest von der Tyrannei Zohak's wird in Demavend, besonders von den Kurden gefeiert.

**) Auch bei Processionen des grünen Donnerstags in Sorrento (Neapel) lässt der den Heiland Vorstellende gerne alle Misshandlung über sich ergehen, da sie ihm zur Sühne der in diesem Leben begangenen Fehler angerechnet werden werde.

die heilige Genoveva, Adam und Eva, Simson, die Todsünden, Kaiser Constantin eine Rolle in der Procession neben Herodes und Pilatus, Maria, Veronica, Martha, Magdalena u. s. w. In Quito gebrauchte man zu dem linken Schächer bei der Kreuzigung einen Indianer, zum rechten einen Schwarzen. — Am Himmelfahrtstage wurde im Mittelalter ein hölzerner Salvator mittelst Stricken durchs runde Loch im Kirchengewölbe (das oft durch eine Sage als unschliessbar erklärt wird) aufgezogen, zwei Engel dagegen herabgelassen, um die Himmelfahrt anzudeuten. Einige Burschen blieben, als Teufel vermummt, in der Kirche und schlossen dieselbe, um die Hölle darzustellen. Wenn die Procession ankam, stiessen die Priester die Thür auf, wobei sich die Teufel mit dem Werfen brennenden Wergs vertheidigten. — Wenn das Veni Sancte Spiritus am Pfingsttage angestimmt wurde, flog in Paris eine weisse Taube vom Deckengewölbe herab. In Tarasque wurde am Pfingstmontage ein beweglicher Drache in Procession umhergetragen, den am nächsten Festtage ein die heilige Martha repräsentirendes Mädchen am Bande führte. — Im Mysteriumspiel Schernberg's spielt Fraw Jutten als „Babst von Rom" (15. Jahrh.). — Bei der Frohnleichnamsprocession in Lissabon ritt die reichgeschmückte Figur des S. Jorge des Kaudilles auf einem Schimmel mit. — Einem americanischen Missionsberichte zufolge, wurden an einem Charfreitag fünfhundert Indianer zu Ehren des gegeisselten Christus blutig gepeitscht und eine Menge indianischer Kinder mit Dornen gekrönt, und dem Crucifix der Kirche gegenüber, mit den Händen an hölzerne Kreuze befestigt. Bei den Convulsionären in Paris wurden noch im vorigen Jahrhundert jährlich am Charfreitag eine oder mehrere Schwestern gekreuzigt, und italienische Fanatiker haben es oft wiederholt. — In der peruanischen Kirche wird am Charfreitage Christus gekreuzigt und dann durch die Santos varones abgenommen und der durch eine Maschinerie bewegten Jungfrau übergeben, unter der Klage der Indianer, die am nächsten Tage Judas im Jubel aufhängen.

Personificationen.

Die Alles personificirenden Indier stellen die Weltperiode des Kali-yug in der Gestalt eines Halbgottes (Sohnes von Paramesboa) vor. — In einigen Stellen der Vedas, die weder Bitte noch Anbetung enthalten, wird der darin angeführte Gegenstand als die Gottheit betrachtet, z. B. in manchen Hymnen, die an Fürsten gerichtet sind, von denen die Autoren Geschenke erhielten, ist das Lob der Freigebigkeit die Gottheit oder Devata. (*Colebrooke.*) — Im Yaçna werden die Gahanbars oder grossen Jahresfeste angerufen, so wie die Personificationen des Sieges, des Schlagens von Oben, der ahurischen Fragen. — Das subjective Gebet in Brahmanaspati gestaltet sich zu der allumfassenden Weltseele, zu Brahma, dem gegenüber die materielle Körperlichkeit nur als Maya erscheint. — Wie in der Gesellschaft, schaffen sich später diese phantastischen Gestalten auch im Gehirne einzelner Individuen aus den aufgenommenen Ideen. Le Docteur Ramon, surveillant général de Charenton a vu, il y a plusieurs années, une mère et une fille qui se croyaient sous la protection spéciale d'esprits, qu'elles appellaient des airs. Une autre Dame B. . . . s'etait créé un être fantastique, qu'elle appellait Salomon. Son père rapportait tout ce, qui lui arrivait à un sylphe, nommé stratagème. (*Moreau.*) — Die Somnambulen stellen den Heilungsgang oft allegorisch unter dem Bilde einer Bergreise vor. Die Kranke Dürr's personificirte die

Heilkraft des Magnetismus (wie die Mexicaner das Menschenopfer) als ein altes wohlwollendes Männchen, das sie täglich besuchte, ein eisernes Täfelchen mit sich brachte, auf welchem es die Verordnungen niederschrieb, und beim Abgehen die Treppe hinab mit seinem eisernen Stöckchen klingelte. Eine andere Somnambule sah den natürlichen und magnetischen Schlaf miteinander kämpfen, bis sie sich über den „albernen Halbschlaf" vertrugen, in dem sie lag. (*Werner.*) — „Nach den Principien der die Familien darstellenden Personae imaginirten die römischen Juristen, weil sie sich auf abstracte Formen noch nicht verstanden, körperliche Formen und imaginirten sie sich nach ihrer eigenen Natur, als beseelt. Sie dichteten die Erbschaft, als Herrin über die erbschaftliche Habe und bei jedem besonderen Gegenstande des Erbes dachten sie sich dieselbe ganz zugegen, gerade wie sie eine Scholle oder Erdkloss ihres Landgutes, die sie dem Richter vorzeigten, in der Formel der Rei vindicatio: hunc fundum nannten. In Gemässheit dieser Natur war die ganze alte Jurisprudenz eine Poetik, welche Facten als Nichtfacten, Nichtfacten als Facten, als Geborene die noch Ungeborenen, als Todte die Lebenden und als Lebende in ihren liegenden Erbschaften die Todten dachte, so viele leere Masken ohne Subjecte einführte, welche Jura imaginaria (Rechte, die in der Phantasie erfabelt sind) genannt worden, und sich auf die Erfindung solcher Mährchen legte, die den Gesetzen ihren Nachdruck geben und den Facten das Recht zuführen mussten, wonach alle Fictionen der alten Jurisprudenz maskirte Wahrheiten waren und die Formeln, durch welche die Gesetze sprachen, Carmina hiessen. Nachdem aber die menschlichen Zeiten der volksfreien Republiken eingetreten waren, begann der Verstand allgemeine Rechtsbegriffe zu abstrahiren, von denen man sagte, dass sie in intellectu juris beständen." (*Vico.*) — Die Butterwoche wird in Russland von dem Volke personificirt. Man ruft sie an, geleitet sie hinaus und verbrennt sie. „Es lud der redliche Semik (die Siebenzahl) die breite Maslaniza (Butterwoche) zu Gast in den Hof," heisst es bei Sacharoff. — Am Feste der Rusalka wird der Geburtstag als eine Puppe personificirt, mit männlichen Kleidern angethan und in's Wasser geworfen. — Während das Wort Tag (dies, jour, giorno) männlich ist, so stehen diesen siebenfältigen Zeitabschnitten (sagt Schott) im walachischen Volksglauben sieben Göttinnen oder Heilige vor, verschiedenen Ranges, indem z. B. die Swinta maica Vinire (heilige Mutter Freitag) mächtiger ist, als die Swinta maica Mercuri (Mittwoch). Die weiblichen Kälber werden nach den Tages Patroninnen genannt, unter denen sie geboren sind. Die heilige Mutter Sonntag spielt als gütige Frau im romänischen Mährchen (wie Frause Würdje). — In Montenegro stellen die Mönche die heilige Woche (Swjäta Ndjelja), der viele Pfarrkirchen geweiht sind, als festlich gekleidetes Weib, mit einer Krone auf dem Haupte und Kreuz in den Händen, dar, bei ihr schwörend. — Nach der Volkssage wurde das Fest in Rouen, wobei ein Verbrecher zu Ehren des heiligen Romanus und der Gargouille freigelassen wird, auf einen von diesem zum Tode verurtheilten Verbrecher erschlagenen Drachen bezogen, wodurch er sich von der Hinrichtung löste, wogegen die Chroniken von einer Ueberschwemmung (Hervorsprudeln von Wasser) sprechen, so dass in dem verkörpernden Mährchen das Geräusch, als Gargouille, zu der Person eines Richters wird. — Gottsched liess den Hanswurst (1737) in effigie wegen seines Unfugs auf dem Theater verbrennen. — Der ewige Jude (als Schuhmacher Ahasverus oder Thürhüter Kartaphilos) wurde (nach Paris) durch einen armenischen Priester, der an den Papst gesandt war, in Europa bekannt, und erschien (1700) in Paris, wo ihn die Universität examinirte. — Am Tage, wo das Hallelujah zuletzt in der Kirche gesungen war, wurde es von klagenden Chorknaben in Procession mit Kreuzen, Fackeln, Weihwasser und Rauchfässern zu Grabe getragen, so dass es sich leicht mystisch hätte personificiren können, wie bei Linus*) (Ai-Linu oder Wehe uns, Jakchos oder er lebt, Maneros und Hu Adon oder Wehe Adonis). In Paris wurde es durch einen Knaben hinausgepeitscht. — Die Klagelieder der Basken begannen mit Anrufung des Lelo, eines Vornehmen, der, von einer Reise zurückkehrend, durch den mit seiner Frau buhlenden Zara ermordet worden war (*Humboldt*), die der alten Preussen (nach Hartknoch) mit: Hele, Hele. An den Freudenfesten der Beduinen ertönt das Lili der Weiber (das Hallelujah oder Lilith**) stundenweit in der Wüste, sagt Hammer, oder das Tagraib (Tehlih) nach Burkhardt. Auf die Nachricht von des Aegeus Tode brachen Theseus und seine Gefährten auf der Rückfahrt von Creta in den Ruf: Eleleu Ju Ju aus. (*Plutarch.*) Adair glaubt den mystischen Namen Je-Ho-Vah***) in den religiösen Gesängen der nordamericanischen Indianer wieder erkannt zu haben. Allah Hu ist das Gemurmel der türkischen Derwische. — „Im Jahre 1786, am 27. December, verschied zu Würzburg Madame Lotto im zwanzigsten Jahre ihres Alters," als es der Fürstbischof Erthal aufhob. — Im Hegel'schen System wird immer so gesprochen, als dächte und handelte das Denken oder der denkende Geist, d. h. das personificirte Denken, das Denken als Gespenst, sagt Stirner. — Nach Methodius war das Wort der Gatte des XLV. Psalms. — Die nordischen Dichter fassten das Schwert als lebendes Wesen auf, als tödtende Schlange und vertilgenden Brand, das, wenn es zerspringt, stirbt. — Die Psalmen, in denen Christus und das Wort als göttliche Person verehrt wurden, liess Paul von Samosata in seiner Diöcese verbieten, da sie erst neuerdings eingeführt seien, obwohl Eusebius behauptet, dass sie von jeher in der Kirche bestanden hätten. — Nach Epiphanius sahen die Ebioniten und Essener in Christus eine gewisse Kraft, die 96 Meilen in Höhe, 80 in Breite, und Dicke in Proportion hatte, ähnlich den Gestaltungen der von Mohamed bei der Himmelfahrt gesehenen Engel. — In Baiern wurden im Jahre des Heils 1859 Gebete, gerichtet an die wahre Länge Jesu, die miraculöser Weise aufgefunden worden war, verkauft. Die Mystik projicirt Personificationen von Begriffs-Complexen, statt sie analysirend in ihre constituirenden Elemente zu zersetzen. In ihrer Emancipation von den biblisch-mythologischen Charakteren der Mysterien personificirten die Passionsbruderschaften Tugenden und Laster in moralischen Allegorien. — „Die Ideen Plato's waren für ihre philosophischen Schöpfer blosse Formen der Erkenntniss, für die Neuplatoniker aber wurden sie wirkliche Wesen, ja eigentlich die einzigen in der Welt wirklich existirenden Gegenstände und das unzulängliche Schema des Universums, das nur aus diesen Ideen bestehen soll, wurde als das grösste und höchste Object aller philosophischen Contemplationen aufgestellt. Abu Dschafar Ibn Tophail († 1176 zu Sevilla) erklärte die Formen (Schemen) des Aristoteles für geistige Kräfte, mit eigener

*) Linus, der von Sappho als Adonis beklagt wurde, war der Sohn Apollo's und durch Hercules getödtet, oder der Urania, und durch Apollo getödtet.

**) Der schönste Gesang der Kurden heisst Leila (Lilijan oder Leilidschan), nach Rich.

***) Evovae (Euovae), was sich oft in liturgischen Büchern am Ende des Gesanges und Gebetes findet (eine mit den Selbstlauten angegebene Abkürzung der Worte Seculorum amen), wird zugleich als Tonübergang oder Modulation in die Tonica des nächsten Gesanges benutzt. (*Fink.*)

Intelligenz begabt, als besondere Naturwesen, deren Complex die Weltseele mit Gott selbst, als dem Mittelpunkt bildet.'' (*Whewell.*) — Bei Auflösung der bestehenden Religion folgen jene unbestimmten Vergötterungen philosophischer Begriffe der Vernunft, wie in der französischen Revolution; der Freundschaft (312 p. C. in Antiochien); der Weisheit bei vielen Secten der neuplatonischen Epoche, der Zeugungskraft in höherer Auffassung oder irgend einer der andern Allegorien, die in untergeordneter Bedeutung schon im klassischen Polytheismus durchspielten. — In den pseudo-hesiodischen Gesängen ist dem Dienste der Naturmächte das Walten persönlicher Gottheiten (wie bei Homer) vorangestellt. — Die Mayas verehrten die Dichtkunst als Pizlintec, den Gesang als Xochitun, die Künste als Zamna, die Medicin als Chitolonton, so wie die Göttin Ixchel, als die Verwandtschaft mit der Priester-Corporation.

Der Kampf mit der Natur.

DIE PRIESTERLICHE HÜLFE IM STAATE.

Den Wilden umgiebt eine unbekannte Natur. Soweit seine Sinne reichen, vermag er zu controliren, relative Verhältnisse abzuleiten, zu verstehen, zu wissen. Er sieht den Baum, er hat den Schmerz gefühlt. Er weiss, der Baum ist hart. Er versteht, was er hört, was er riecht, was er schmeckt. Warum das Blatt vom Baume fällt, weiss er nicht. Er kennt ein Blatt, Werfen, Fallen. Es ist der Manitou, der es herunterwirft, der Manitou, oder der Mokisso oder der Ivi; der Ivi, der die Pflanzen aus der Erde zieht, der Mokisso, der in der Speise lebt, der Manitou, der im Thiere waltet, der Manitou, der in der Sonne auf- und untergeht, der Manitou, der den Blitz schleudert. Es ist das Unbekannte, Ueberwältigende, das dunkle Ahnen, die Verknüpfung mit der Gottheit. Er fühlt Schmerz, sein Freund stirbt. Es ist der Manitou, der ihn sticht, der Manitou, der tödtet. Ein Buschmann, über den Unterschied von gut und böse gefragt, erklärt für böse, wenn ihm ein Anderer seine Frauen raube, für gut, wenn er die Frauen eines Anderen raube. Der Manitou ist böse. Er sticht, er tödtet. Oder der Manitou, der sticht und tödtet, ist böse, denn ein anderer, der gute Manitou giebt Yams, lässt Regen auf die Erde fallen. Wer alles Dieses genauer weiss, das sind die Priester, die Weisen und die Greise. Sie kennen die Manitou, sie communiciren mit ihnen. Sie können den guten Manitou um Regen bitten, sie können den bösen anreizen zu tödten. Schlecht wie der Manitou, der tödtet, ist der Priester, der ihn tödten macht. Schon schleicht der Wilde um seinen Feind. Wehe ihm, wenn er ihn einsam oder im Schlafe trifft. Er wird ihn erdrosseln, erwürgen, dann kann er nicht den Manitou schicken, ihn zu tödten. Das Geschäft des Zauberers ist gefährlich, das Risico lohnt nicht das Verdienst. Besser und einträglicher, als zu verderben, wird es sein zu helfen. Der Priester bietet sich dem Leidenden an. Wohl ist es ein böser Manitou, der ihn quält, ein mächtiger Zauberer, der ihn gesandt hat; aber auch der Manitou des Priesters ist mächtig und er ist gut, er wird mit dem bösen Feinde kämpfen, er wird es wagen, sich dessen Zorne, dessen Wuth auszusetzen, denn er ist edelmüthig und mitleidig, der Befreite wird seinerseits grossmüthig sein. Schwarze und weisse Magie kämpfen. Lange schwankt die Entscheidung, aber im Laufe der Zeiten kommt die nach Ordnung strebende Staatsgewalt der letzteren zu Hülfe, sie leiht ihr ihren mächtigen Arm, den Gegner zu verderben, und die Dämonen der Krankheiten und des Todes, gegen die bisher mit Gefahr der eigenen Existenz gestritten wurde, sie werden jetzt nur verächtlich *) aus dem Körper ausgequetscht, in einen Sack gesteckt, oder durch die geweihten Formeln allein schon verjagt. Bleibt trotzdem die Krankheit unheilbar, so ist es nicht mehr die Uebermacht des bösen Zauberers, die dem legalen Princip gegenüber immer ein Stümper bleiben muss, was den Erfolg vereitelt, die Ursache liegt in dem Kranken selbst; er ist unrein, er hat gesündigt, siehe da, die verdiente Strafe. Zu verzweifeln braucht der Arme jedoch auch dann nicht, denn der Priester, der ihm auf Erden nicht mehr zu helfen vermag, kann ihm vielleicht durch seine Fürbitte eine gute Wohnung im Himmel auswirken. Allmälig wird sich die Praxis der Priester mehr und mehr aus dem gewöhnlichen Leben zurückziehen, sie überlassen den niedrigen Körper und seine Krankheiten, mit denen es kaum werth ist, sich zu beschäftigen (zumal bei der verwickelten Diagnose oder Therapie), sie überlassen alle diese irdischen Lappalien den Quacksalbern, den Chirurgen, zu Aerzten **) angelernten Schülern, sie selbst begnügen sich mit der Apotheke des Himmels. Dort wissen sie besser Bescheid. Sie kennen die Con-

*) Der Franzose Capri versicherte Langsdorf, dass er oft den Dämon der Krankheit, den der Taua in Nukahiva aus der Brust des Patienten streicht, in der geballten Faust des Taua habe pfeifen hören.

**) Nachdem die Aerzte zu einer stolzen Kaste geworden waren, wiederholten sie dasselbe Spiel und zogen sich in abstruse Theorien zurück, nach denen sie, unbekümmert um das Auge des Laien, lege artis zu Tod und Leben kuriren konnten, während sie das deutlich Gegebene und Handgreifliche, in dem Jeder ein Wort hätte mitsprechen können, als niedrig und gemein zurückwiesen. Die alexandrinischen Professoren sahen die Chirurgie als eine der Gelehrten unwürdige Kunst an und rückten in den von der Hippokratischen Familie überkommenen Eidschwur ein, dass der Zögling weder den Stein zu schneiden, noch eine andere Operation vorzunehmen sich verbindlich machen, sondern diese den Handwerkern (ἀνδράσιν ἐργατῃσιν) überlassen solle.

stellationen, den Auf- und Niedergang der Gestirne, ihren Einfluss auf den Feldbau, auf die Geschicke des Menschen, auf Metalle, auf geschichtliche Ereignisse. Sie zeichnen mystische Figuren in ihren Kalender, den sie dem Bauer zu seinem Nutz und Frommen alljährlich mittheilen. Gegen gute Bezahlung mögen sie vielleicht noch den Gott belästigen, einen Dieb*) ausfindig zu machen, oder in einer Schlacht**) thätig mitzuwirken, im Allgemeinen werden sie es nicht wagen, ihn für solche, der Polizei angehörige, Verfahren weiter in seiner Ruhe zu stören, eher noch, wenn es etwa Regen zu machen giebt, oder um den durch Kometen und Finsternisse der Himmelsgestirne angedrohten Weltuntergang noch um einige Jahre zu verzögern. Solche Ausnahmsstörungen sind selten. Bald werden sich die Priester einen Himmel eingerichtet haben, wo alle Hauptfälle schon im Voraus vorgesehen, wo alle Schicksale, die im gewöhnlichen Laufe der Dinge das Land betreffen können, berechnet sind und sich selbst reguliren. Bei annahendem Sturme pflegen die Lamas ihre kleinen Götzen im Zelt des Kalmücken zu disponiren, damit an jeder bedrohten Stelle***), wo es gefasst und umgeworfen werden könne, einer der-

---

*) Wenn ein Diebstahl zu Schoa begangen wird, macht der Bestohlene die Anzeige beim Lebaschi (Ergreifer der Diebe), der seinem Diener eine Arznei von schwarzem Mehl mit Milch vermischt giebt und ihn Tabak rauchen lässt. Der in den Zustand eines Begeisterten versetzte Diener geht (auf Händen und Füssen kriechend) auf allen Vieren an den Häusern schnüffelnd umher (durch ein um seinen Leib gebundenes Seil geleitet), bis er das des Diebes gefunden, wo er sich auf's Bett legt und schläft und, vom Meister mit Schlägen geweckt, den Eigenthümer ergreift. Bequemer war es später, sich an die Statuen der Götter zu wenden. In dem würtembergischen Diebssegen wird der Dieb durch den Bann des heiligen Petrus gebunden.

**) Im Siegeslied der Trisu über den geschlagenen Bharata singt der Priester des Königs Sudas: „Dem Sudas gab Indra das blühende Geschlecht seiner Feinde dahin, die eitlen Schwätzer unter den Menschen. Mit Armseligen auch hat Indra das Einzige gethan, den Löwengleichen hat er durch den Schwachen geschlagen, mit einer Nadel hat Indra Speere zerbrochen, jegliche Güter hat er dem Sudas geschenkt. Zehn Könige, im Treffen unbesiegbar sich dünkend, stritten nicht wider den Sudas, den Indra und Varuna, wirksam war das Loblied der Speise bringenden Männer.“ (*Rigveda.*) Ein anderer Rishi prahlt, dass er seinen tapferen Indra nicht für zehn Kühe verkaufen würde, liess aber wahrscheinlich mit sich handeln

***) In Scandinavien steckte man Pferdeköpfe auf Stangen und richtete den mit Hölzern aufgesperrten gähnenden Rachen nach der Gegend, woher der Mann, der als Schaden bringend gefürchtet war, kommen sollte. Die Samojeden richten beim Verreisen eines Anverwandten das Götzenbild nach der Gegend, wohin er gegangen, um ihm nachsehen zu können, da ihm keine neuen Köpfe wachsen können, wie Schiva, als er auf allen vier Seiten der reizenden Tilotama nachzusehen strebte. Die schlafenden Götter sind erst durch Erzgetös zu wecken. Die in allen römisch-katholischen Gegenden

selben zum Schutze*) stellt. So in dem wohleingerichteten Olymp eines behäbig unterhaltenen Priestercollegiums, das für alle Fragen eine Antwort haben wird, für jede Freude einen Gott, dem dafür durch Opfer zu danken ist, für jedes Leiden eine strafende Wandlung, die durch Opfer zu versöhnen ist. Damit die Ruhe des guten Bürgers nicht beständig gestört werde, werden die schwarzen Zauberer mit ihren Dämonen verjagt, nicht nur in jedem speciellen Falle, sondern auch en gros. Einmal jährlich findet ein grosses Teufelaustreiben statt am Calabar und an der Goldküste, wie früher in Cuzco und Rom**). Treten dennoch Epidemien auf, so wird sich bald ausfindig machen lassen, welcher Gott sie sandte und aus welcher besonderen Ursache. Dieser Extrafall verlangt nur Extraopfer, eine Hecatombe, statt des Zehnten, dann wird auch dieses Unglück sein Ende finden; es muss sein Ende dadurch finden, da die Hecatomben wiederholt werden, bis das Ende***) erreicht ist. Von jetzt an wird es eines Priesters für alle Geschäfte des Lebens bedürfen, privatim wie öffentlich. Wer weiss, wo immer ein Gott eingreifen mag, wer kann wissen, wie er jedesmal versöhnt sein will, und wer ist sicher, ohne geistlichen Rath ihn nicht vielleicht durch verkehrte Opfer †)

---

am Epiphaniastage durch den Schullehrer oder den Geistlichen an die Thüren mit geweihter Kreide geschriebenen, dreimal bekreuzten C + M + B (Caspar, Melchior, Balthasar) gelten dem Volke als Zauberschutz.

*) Auch nachdem die Götter verschwunden waren, hatten noch die Griechen die Calazophylaces, priesterliche Hüter, die gegen Hagel und Ungewitter zu bewahren hatten. Harald Germson (König von Norwegen) schickte einen Trallmann nach Island, um die Insel zu erkunden, aber obwohl er auf einem Walfisch überall um die Küsten herumritt, erlaubten ihm die Landwaltur (die guten Geister der Vorgebirge) nirgends zu landen.

**) Wenn dem Genius des Ahnen in den Parentalien das ihm eingesetzte Recht nicht wird, so verlassen die Vorfahren ihre Gräber und durch die Strassen Roms und die Felder Latiums heulen ungestaltete Schatten. Die Austreibung der Manen der Väter an den Lemuralien geschah durch Reinigung mit Quellwasser und durch den Klang eherner Becken.

***) Plutarch beschreibt, wie die Opferthiere, wenn sie nicht das für günstige Omen nöthige Zittern beim Begiessen mit Wasser zeigten, durch mehr und mehr überschwemmt würden, bis der Zweck erreicht sei.

†) Unter den Götzen (sagt Porphyrius) giebt es unreine und boshafte Geister, die für Götter gehalten und von den Menschen angebetet sein wollen. Man muss sie besänftigen, damit sie nicht schaden. Andere, fröhlich und vergnügungssüchtig, lassen sich durch Schaustücke und Spiele gewinnen; die Schwermuth anderer verlangt den Geruch des Fettes und nährt sich von blutigen Opfern. — An den Horäen, wo um Abwendung der Dürre gebetet wurde, musste das Opferfleisch gesotten werden, was eine durch Wärme gemässigte Feuchtigkeit anzeigt, wogegen das Braten ein Symbol der Hitze gewesen sein würde. (*Nork.*) — Die Opfer, die man dem bösen Geiste (der sich unter dem Namen von Hercules verehren lässt) in Liedern

zu beleidigen? Ueberall fühlt man sich in seiner mysteriösen Gegenwart*), im Walde und mehr noch im Hause, wo es der Verstecke genug giebt, in den dunkeln Ecken**), den engen Corridoren, besonders in den langen Winternächten des Nordens. Zwar weiss er, dass die dort gespielten Streiche nur von Kobolden herrühren (neckischen Zwerggestalten, da das Zimmer keine Riesen fasst), der Priester hat es so gesagt, denn sein Gott des Himmels kümmere sich nicht um derartige Dummheiten, doch auch mit Kobolden ist nicht gut zu spassen. Ausser guten giebt es auch böse. Kein neues Haus***)

(auf Rhodus) darbringt, werden mit Flüchen und Schelten begleitet, da Hercules, nachdem er die dem Bauer geraubten Ochsen aufgefressen, sich an den Flüchen und Scheltworten ergötzte.

*) Wie Erman berichtet, rühmen sich die Zauberer der heidnischen Borjat (Mongolen in Daurien), „besser als andere Menschen mit gewissen schadenfrohen Geistern umgeben zu können, die sie Ongot betiteln." — In Allem, was die Luft erfüllt und daselbst seinen Ursprung hat, wie Schnee, Regen, Wetter, Donner (Ildschan-nom), Hagel (Ilron-nom), sieht der Samojede Num's unmittelbare Gegenwart. Dem Num untergeordnet sind die Lohet oder Loset (bei den tomskischen Samojeden) oder Lonk (bei den Ostjäken), unsichtbare geistige Wesen, und als solche dem gewöhnlichen Menschen unzugänglich, während nur die Schamanen die Macht besitzen, die Lohet zu sehen, mit ihnen zu sprechen, bei ihnen Rath zu erholen. Im tomskischen Gouvernement besitzen die Schamanen ausserdem auch die Kraft, die Lohet zu verkörpern, so dass sie nützlich werden und Jedermann als Schutzgötter dienen können. Der Fetisch muss, um seine Macht zu erhalten, von Schamanen geweiht und eingesegnet sein. — Die Egypter wissen bald an diesen, bald an jenen Ort gewisse Geister zu setzen, die das Künftige vorhersagen oder den Kranken helfen können, ja die selbst, damit dem Volke bange werde, diejenigen quälen und züchtigen, die ihre Gesetze von den verbotenen Speisen oder der Berührung eines Leichnams übertreten. Und ein solcher Geist ist der, den die Egypter zu Antinopolis für einen Gott halten. Einige dichten ihm (zu ihrem Vortheil) allerlei Wunder an, Andere werden von dem bösen Geist, der dort wohnt, betrogen, Andere, die ihr Gewissen plagt, glauben, dass der Gott Antinous züchtige und strafe. (*Origenes.*)

**) Ihre Hausgötter beteten die Preussen an unter dem Ofen, in Dampf- und Rauchlöchern oder an anderen verborgenen Stellen des Hauses und in Holzhaufen. (*Meletius.*)

***) Ehe ein Haus bezogen ward auf Hawaii, wurde es durch eine Menge von Ceremonien von solchen Geistern gereinigt, die seinen Besitz disputiren möchten. — Als Magyar auf einem Platze, wo ein Hexenmeister hingerichtet war, sein Haus bauen wollte (in Bihé), versprach ihm ein Kimbanda den Geist zu bannen, und brachte das Opfer einer Ziege, durch dessen periodische Wiederholung er nach dem Pacte vor allen Verfolgungen sicher sein würde, indem er ihm zugleich das Impemba-Zeichen aufdrückte. — Als ein Bürger von Magdeburg wegen des gespenstischen Polterns in dem Hause, das sich nach dem Tode seines Kindes hörbar machte, von den Pfaffen Messen und Vigilien für das „Seelchen" halten liess, rieth ihm Luther solche zu unterlassen und „mit seinem Hofgesinde gewiss zu glauben, dass

wird am Calabar oder in Nukahiva bezogen, ehe es nicht der Priester eine Zeit lang bewohnt hat, um mit dem dort schon eingenisteten Dämon ein Abkommen zu treffen, und dem Eigenthümer wird dann die Art der Formeln, der Gelübde und Opfer mitgetheilt, bei deren regelmässiger Beobachtung der Dämon nach dem geschlossenen Bunde sich verpflichtet hat, die Hausgenossen in Ruhe zu lassen. Missverständnisse sind mitunter leicht möglich, trotz der besten Absicht mag etwas versehen sein und der erbitterte Dämon brüllt und tobt. Doch da der Priester im Dorfe wohnt, ist der Schaden nicht gross, man ruft ihn eiligst herbei und durch seine vernünftigen Vorstellungen gelingt es ihm bald, den unbändigen Geist wieder zu Sinnen*) zu bringen. Die Staatsmaschine arbeitet ungestört, im Himmel und auf Erden ist Alles auf's beste vorgesehen, die Götter des Landes kennen seine Grenzen, dort stehen sie treulich Schildwacht**) und werden auch innerhalb desselben Niemanden ihres Schutzes mangeln lassen, so lange die übereingekommenen Opfer nicht ausbleiben. Aber wie, wenn die Grenze des heiligen Bezirks, des Templums, zu überschreiten, wenn selbst der Gott Terminus im Rücken zu lassen ist? Wer wird es wagen, aus dem heiteren Bereiche seines Gotteshauses in die Wüsten zu treten, deren Luft mit bösen Geistern und Dämonen gefüllt ist, die dort sich raufen und balgen, die nur darauf warten, dass der gefeite Wiedergeborne nicht mehr von der schützenden Hand seiner Götter bedeckt werde, um ihn zu packen und ihm den Hals

---

es der Teufel sei," worauf sich denn dieser auch, da er sich so verachtet sah, schliesslich entfernte. — Um die Lemuren zu bannen, ging der Hausvater um Mitternacht, ein Schnippchen schlagend, um das Haus, warf ihnen schwarze Bohnen hin und vertrieb sie dann mit dem Klang eherner Becken.

*) Bei den Buräten hat jeder Geist eine Vorneigung zu einem ihm besonders werthen Opfer. Dieses zu wissen ist die Sache des Schamanen, dem einen bringt man einen Hammel, dem andern eine Ziege, dem dritten Branntwein, dem vierten ein Pferd, einen Ochsen oder eine Kuh; der Eine verlangt mehrere Opfer zugleich, der Andere eins nach dem andern. In dem einen Falle bestimmt der Schamane, welche Farbe das Thier haben muss, wie viel Fässchen Branntwein der Geist fordert. Alles dieses erkennt der Schamane aus den Rissen der verbrannten Schulterknochen des Hammels und seine Befehle werden heilig vollzogen. Auch bei den Griechen war die Farbe und Art des Thieres verschieden, das den oberen Göttern mit aufgerichtetem Halse, denen der Unterwelt mit niedergebeugtem Kopfe dargebracht werden musste. Rinder-Prodigien wurden in Rom durch alle fünf Jahre zu wiederholende Opfer der Ceres gesühnt. Dem dem Storjunkare geopferten Rennthiere zog der Lappe einen rothen, dem der Saiwo einen weissen, dem den Sitte (Geister der Todten) einen schwarzen Faden in's Ohr.

**) Auf den Alpenspitzen werden in Tirol die Wetterkreuze aufgerichtet, zum Schutz der Thäler gegen böse Wetter und Lawinen. Eugenius stellte die Bildsäule des Jupiter in die Alpenpässe gegen den anrückenden Feind.

umzudrehen? in die Wüsten, wohin die Priester Typhon gejagt haben, der dort an den Grenzen *) umherirrt, in den Tummelplatz der Barbaren, der Habesch, der Buschmänner, das Gebiet des verfluchten Ahriman? Wer wird es wagen, ein fremdes Land zu betreten, einen feindlichen Terminus zu überschreiten und sich muthwillig und selbstmörderisch in die Gewalt der Todfeinde seines Götterheeres zu liefern? Wer wird es wagen ohne Priester? Die Priester leiten die Heere, sie sühnen den Terminus **), sie besänftigen den zu überbrückenden Fluss. Sie tragen ihren Kriegsgott auf der Standarte den Sturmcolonnen voran, sie führen ihn auf heiligen Kameelen, auf prachtvollen Caroccios, auf gesegneten Büffeln, sie wahren ihn in geheimnissvoller Lade, sie tragen seine göttlichen Kräfte in Formeln und Weihen. Sie wissen selbst die fremden Götter zu bannen, und wie das untere Egypten kämpft das obere im Streit. Sie leiten auch die frommen Colonien, die der Orakel Wort in weite Fernen sendet. Sie segnen die neu zu bewohnenden Fluren, sie ziehen auch dort das heilige Templum, sie schliessen einen Pact mit den einheimischen Göttern ***), oder wenn deren böse Natur sich nicht mildern lässt,

*) Als ganz Indien entwildert und in den heiligen Bezirk des Brahmanenthums gezogen war, musste das Böse, der feindliche Gegensatz in das Meer hinausgestossen werden, und Niemand durfte, ohne seine Kaste zu verlieren, das „Schwarze Wasser" befahren. Auch dem Indianer lebt die feindliche Schlange im Wasser, der bittere Todfeind Menaboschu's. Als nach erbitterten Kämpfen (auf Japan) sich die irdischen Geister den himmlischen unterwarfen, zog sich der Sohn des Fürsten der Geister der Erde in's Meer zurück und Amatsufiko (Enkel der Ten-no-tsal-sin) wurde wieder in den Besitz über die Erde eingesetzt. In Athen fiel die Abstimmung zwischen Poseidon und Athene zu Gunsten der letzteren aus, „als die Menschen noch keine anderen Küsten, als die ihres Vaterlandes kannten und die Tanne noch nicht den Bergen entrissen war, um das Meer zu befahren," wie Ovidius singt. „Wer durchwanderte gerne der unermesslichen Salzfluth Wüste, fern von den Städten der Sterblichen, welche den Göttern heilige Opfer weihen und erlesene Festhecatomben?" lässt Homer den Hermes sprechen. Tiridates von Armenien (als Fürst eines Binnenlandes) weigerte sich über das Meer zu schiffen, zu Nero's Zeit, wo schon brahmanische Ideen in das Vaterland der Osthanes eingedrungen waren, deren Reihe sich an die Incarnationen der dem Wasser entstiegenen Oannes anschloss.

**) Als Cyrus die Grenze überschritt, besänftigte er die Erde durch Weihegüsse und erflehte die Gunst der Götter und der Heroen, die Assyrien bewohnen. (*Xenophon.*) Als die Alliirten die Grenzen Frankreichs überschritten, suchte man sich die Ideen, die das Land beherrschten, günstig zu stimmen und die öffentliche Meinung zu gewinnen, da nur mit dem Usurpator gekriegt würde.

***) Man sucht sich mächtige Götter günstig zu stimmen und nimmt sie in den Staatsverband auf. Als Boreas (der Nordwind) die Flotte des Dionysius zerstört hatte, gaben die Thurier ihm ein Haus und machten ihn (wie die Athener) zu ihrem Stammgenossen, nach Aelian's Mittheilung. Als die

senden sie in das Vaterland, um dort Schutzgötter*) gegen die Löwen zu erhalten. Dann werden die alten Teufel verjagt, wie es die in der Luft fechtenden Kaunier noch alljährlich wiederholten, dann singt die siegende Menschheit ihr Triumphlied. „Vieles Gewaltige lebt, doch nichts ist gewaltiger als der Mensch, denn selbst über die grauliche Meerfluth zieht er, vom Süd umstürmt, hinwandelnd zwischen den Wogen den rings umtosten Pfad.“ (*Sophokles* nach *Donner*.) Jene Fieber, die den Sümpfen New-Orleans entsteigen, die die weissen Ansiedelungen von Sierra Leone und Hong-Kong verheeren, sie waren im Alterthum die Pfeile der erbitterten Landesgötter, die noch nicht richtig durch das Ritual der Religion gebunden waren.

Erkrankt ein Javane und gelingt es ihm nicht, durch Anzündung von Feuer das Mitleid des angerufenen Scheitan oder Djin zu erregen, so wandert er aus, um sich an einem anderen Orte niederzulassen. Wie Ellis erzählt, überhäuften die Tahiter die Predigten der Missionäre, die zur Anerkennung Jehovah's aufforderten, mit bitterem Spott, da es dieser Gott, den sie in's Land gebracht, gewesen, der die Insel mit Krüppeln und Todten gefüllt habe und füllen würde, bis Oro's Rache erscheine. Nach Abulfeda scheuen sich die Araber von den Dattelbäumen an der Quelle bei Jahrin zu benutzen, wegen des endemischen Fiebers, das an der dortigen Localität und dem

---

Bewohner von Apollonia sich von dem Flusse Aeas in einer Schlacht unterstützt glaubten, opferten sie ihm, als einem Gott. (*Valerius Maximus*.) Augustus erbaute dem Winde Cyrcius in Narbo einen Tempel. Aus den dunklen Wäldern der Druiden kehrte Diana, als Diana Arduenna, in die römischen Colonien Galliens zurück. Die Römer pflegten die Götter ihrer Feinde einzuladen, aus den belagerten Städten zu ihnen herauszukommen, indem sie ihnen einen ehrenvollen Platz auf dem Capitol unter den Reihen der einheimischen versprachen. Nicht selten liessen sie sich durch geckenhafte Parvenu's unter diesen novensides verleiten, ihre guten alten indigetes, die weniger rein gewaschen waren, zu vernachlässigen. Aber die traurigen Folgen sind von Varro zur Genüge nachgewiesen. Die übermüthigen Azteken schlossen die besiegten Götter in das Staatsgefängniss zu Tenochtitlan ein. Dagegen sagt Kublai-Khan bei Marco Polo: „Es giebt vier Propheten, welche von den vier Geschlechtern der Welt verehrt werden. Die Christen betrachten Christum als ihren Gott, die Sarazenen Mohamed, die Juden Moses, die Buddhisten Sakjamuni. Ich achte und verehre alle vier und bitte den, der in Wahrheit der höchste unter ihnen ist, dass er mir helfen wolle.“

*) Antiochus liess in den Tempelarchiven Niniveh's forschen, welche Götter für seine neu eroberten Länder die geeignetsten sein würden. Die Samaritaner baten den assyrischen König um Leviten und deshalb wurden die Kuthäer von Nablus, die nur aus Furcht vor den Löwen das mosaische Gesetz angenommen hätten, von den Rabbinen Löwen-Propheten genannt. Als die Polen einen Heiligen wünschten, fragte Papst Lucius die Heiligen seiner Kapelle, welcher Lust hätte, dorthin zu gehen, und als der Leichnam des heiligen Florian seine Hand herausstreckte, wurde er zum Schutzpatron geweiht.

Wasser haftet. — So wie schon Romulus jährliche Lustrationen der Feldmark durch die fratres arvales angeordnet hatte, so wurde eine grössere Lustration des Volkes von dem Könige selbst nach grösserem Zeitraume vorgenommen (im 5. Jahre). Lustrum appellatum tempus quinquennale a luendo i. e. solvendo. (*Varro.*) — Im Kimbunda-Lande werden vielfach Dörfer durch die auswandernde Bevölkerung verlassen, in Folge von Unglücksfällen, die man dem Zorne eines Kilulu (bösen Geistes) zuschreibt. Aus gleicher Ursache zogen die Tolteken nach Süden. — Dass die geistigen und körperlichen Heilmittel in der Regenzeit, in welcher die meisten Krankheiten aus schlechter Diät entstehen, wenig helfen, ist kein Fehler der ärztlichen Unerfahrenheit (bei den Akkran-Negern), sondern, wie sie sagen, Folge der Abwesenheit der Götter, die gerade in dieser gefährlichen Zeit an dem Hofe des obersten Gottes erscheinen müssen. Folglich können sich die Priester bei ihnen nicht Raths erholen und so Nichts ausrichten. Während der Abwesenheit der Schutzgötter wird sechs Wochen lang keine Trommel gerührt, keine Hochzeit gehalten und die Todten ohne Sang und Klang, laut beweint, beigesetzt. (*Oldendorp.*) — Beim Beginn jeder trockenen Jahreszeit wird ein Schiffsmodell in den Dörfern der Nicobaren umhergetragen. Die Bewohner der Hütten jagen die Iwis (bösen Geister) aus denselben heraus und treiben sie an Bord des Schiffes, das dann in's Meer gesetzt und den Winden preisgegeben wird, wie auf den Maldiven, während die Griechen und Römer die in Procession bei den Mysterien getragenen Schiffe den Fluss hinab fahren liessen. — Um am Fest der Feldbauer das Haus zu reinigen, wirft der Mobed Sand in alle Ecken, um die bösen Geister auszutreiben. — Krankheiten schreiben die Batta's von den Begus (bösen Geistern) her, die durch Ausstreuen von Reiskörnern verjagt werden. Von den Bewohnern ausgestorbener Gegenden wurde Junghuhn gesagt, dass sie der Teufel geholt habe, wie es die meisten Wilden thun können. — Apollonius von Thyana lustrirte Ephesus nach einer Pest und baute dort einen Tempel dem abwehrenden Herakles, weil dieser einst Elis von der Pest befreit hatte. — Epimenides (der Knossier) unternahm, nachdem er mehrere Jahre in einer Höhle geschlafen hatte, die Lustration vieler Städte, besonders Athens. — Der Gortynier Thales (ein cretischer Priester) entsündigte Sparta, um es von der Pest zu befreien. — Der sibirische Bauer ruft bei der Beschwörung des kalten Fiebers die Heiligen an, mit den Worten: „Und du, heiliger Vater Sisinie, verscheuche die beiden Töchter des Herodes und treibe sie in die wasserlose Wüste!“ — Ein auf Papier geschriebener Fiebersegen sagt:

Febris, Fubris, Fabris, transi in Calabris,
Linquas me in pace, sic gaudeo in thorace.

während man später nach der Pfefferküste verwünschte. Die Finnen schicken die Pest auf einem Wagen oder Pferde nach Norden, nach „Norwegs Alpen“, in „Lappmarks Wald.“ (*Rühs.*) — Als Alkmäon nach dem von Apollo gebotenen Morde seiner Mutter durch die Erinnyen in Wahnsinn gestürzt wurde, gebot ihm die Pythia in ein Land zu gehen, das noch nicht vorhanden gewesen, als jene alles Land verflucht habe. So fand er seine Gesundheit wieder auf einer von dem Achelous erst angeschwemmten Insel. — Als die Gottheit Dur (das höchste Prana des Antlitzes) die Sünde und den Tod, womit die Asuras sie bestürmten, abgeschlagen, brachte sie dieselben dahin, wo das Ende dieser Welt ist und zerstreute ihre Sünden. Deshalb gehe man nicht in eine öde oder fern gelegene Gegend, damit man nicht die Sünde und den Tod erblicke. (Catapatha Brahmana des weissen Yayurveda.)

[DIE WEIHE DER WILDERNISS.] Als zum ersten Male das heilige Evangelium gesungen wurde, verloren sich die Wölfe, die die Wilderniss von Wien infestirten, zum Andenken woran jährlich der Wolfsegen gesprochen wurde. Durch das Glockengeläute wurden die Feen und die Berggeister zu Ostritz in der Lausitz vertrieben. — Der Tod wurde durch die slawischen Bevölkerungen Deutschlands am Rosensonntag (Lätare) als Strohmann ausgetrieben oder in der Gestalt eines alten Weibes durchsägt. — Am Schuremfest bestimmt der Priester bei den Tscheremissen den Tag, an welchem die Leute sich auf dem Felde einfinden sollen, um Scheitan auszutreiben. — St. Collen, der in seiner Zelle durch die Anwn und Feen gestört wurde, machte den Geisterhof des Gwyn ap Nudd verschwinden, indem er ihn mit Weihwasser besprengte. — Noch im 17. Jahrhundert wurde in der Kirche von Poissy eine Messe gelesen, um das Land vor den bösen Einflüssen der Feen zu schützen. In Lothringen fürchtet man, dass die Feen ihre frühere Gewalt wiedergewinnen würden, wenn nicht das Johannesevangelium fleissig abgelesen werde. Der Pfarrer von Domremy las alljährlich unter dem Feenbaum (wo Johanna ihre Visionen hatte) das Johannesevangelium ab. — Als Tiberias zum Sitz des grossen Synedriums erhoben werden sollte, wurde die Unreinheit des Ortes (der früher zum Begräbnissplatz gedient hatte) durch die kabbalistischen Künste des R. Simon ben Jochai*) beseitigt. — Die Reinigung einer zu bewohnenden Gegend von bösen Geistern war um so nothwendiger, als vielfach magisch gebundene Körper dort von den früheren Besitzern zum Schutze derselben eingegraben waren, wie Jerusalem auf das Haupt Adams, Rom auf das des Romulus gegründet war, und der Glaube, dass weder Kirche noch Brücke stehen wollte, ohne dass der Grundstein mit Menschenblut getränkt sei, durchzieht die Sagen aller Völker im Mittelalter. Umgekehrt ward dieser Zauber wieder zur Beschwörung der Feinde verwandt, wie Xerxes an den Neunwegen im Lande der Edonen nach persischer Sitte (*Herodot*) Jünglinge und Jungfrauen der Eingeborenen beerdigen liess und die Römer nach der Schlacht bei Cannä einen Griechen und eine Griechin, einen Gallier und eine Gallierin begruben. Im marcomannischen Kriege wurde ein Menschenpaar auf dem jenseitigen Ufer der Donau eingescharrt. Den Penthelliden gebot Artemis das Opfer einer Jungfrau bei ihrer Ankunft in Tenedos. — Auf Grumant geht Zinga, die älteste Tochter des Herodes, als ein altes Weib um, indem sie mit ihren festlich geschmückten Schwestern bei stürmischer Witterung im Scheine des Nordlichts auf dem Schnee tanzt, singend: „Hier ist kein Kirchengesang, kein Glockenklang, hier ist Alles unser!“ — Bei der ersten Landung auf Spitzbergen schlachten die Grumanianen ein männliches Rennthier, um den gespenstigen Hund von Grumant zu begütigen (auf dem Felsen Bolwan bes schapki). — Typhon wurde durch das Geräusch der Isisklapper vertrieben, die Juden vertrieben die Dämonen mit Paukenton, die Römer mit Tibicines, die Christen mit Glockenklang, der nach den Mohamedanern dagegen die Ruhe der glücklichen Seelen stört. — In Rangitahu landend, um sein Canoe auszubessern, tödtete Turi zwei seiner Hunde, von denen der eine gekocht, der andere, als Opfer der Götter, roh aufgeschnitten wurde.

*) Wie die Eremiten in der Wüste von Thebais und die indischen Büsser lebte dieser Vater der Kabbala mit seinem Sohne Eleasar zwölf Jahre der Zurückgezogenheit in einer Höhle bei Tiberias. Nur beim Gebete kleideten sie sich an, während sie sonst nackt und bis an den Hals im Sande sitzend den ganzen Tag das Gesetz studirten und das kabbalistische Buch Sohar schrieben. Ihre Lehrsätze hüllten sie absichtlich in Dunkel, damit das gemeine Volk nicht forsche und ohne Gründe glaube.

Und sie bauten einen heiligen Platz und stellten Pfeiler für die Geister auf, damit sie günstlich das Opfer verzehren möchten. Und sie nahmen die Zauberschürze und legten sie vor sich und ermüdeten die Geister, indem sie dieselben um Ziehen anriefen, und dann brieten sie das Opfer, die Namen der Geister hernennend, denen das Opfer bestimmt war, und steckten dies wieder auf den Pfahl. — Die von dem Festlande herüberkommenden Pferde weideten auf Konjew (der Pferde-Insel) ohne Hütung, da sie vor wilden Thieren durch die Geister beschützt wurden, denen deshalb auch im Herbste, wenn man die Pferde fortbrachte, eins zurückgelassen wurde, das man im nächsten Frühjahr todt antraf. Als der heilige Arsenius von Nowgorod den Pferdestein, in dem die Geister wohnten, mit Weihwasser besprengte, fuhren sie in Gestalt von Raben aus, worauf dort ein Kloster gegründet wurde. — Das jenseits der britannischen Inseln gelegene Thule war wegen seiner Gespenstererscheinungen im Alterthum gefürchtet. — Nach Eusebius wären hinter Britannien viele Inseln gelegen, mit Dämonen und bösen Geistern angefüllt, die Donnerwetter, Stürme und Platzregen erregten und den Leuten (einheimischen sowohl, als zufällig dorthin gerathenen) allerlei Blendwerk vorgaukelten, um sie in Verwirrung zu bringen, zu ängstigen und an Leib und Seele zu schaden. — Auf der Insel Farne konnte sich der vielen Geister wegen kein Ansiedler aufhalten, bis sie von dem heiligen Cuthbert bewohnt war. Der heilige Patrick trieb die Dämonen und Hobgoblins mit dem Zauberstabe Jhesu, den er von einem frommen Eremiten erhalten hatte, zu Irland aus, und als sie in der Gestalt schwarzer Vögel zurückkehrten und seine Höhle umflogen, vertrieb er sie mit dem Lärm einer Trommel, die, wenn beschädigt, durch einen Engel wieder ausgebessert zu werden pflegte. (*Joscelin.*) — Die unbewohnte Insel Tanakeke wird als der Sitz böser Geister von den Schiffen (von Macassar) vermieden. — Zoroaster zwang die auf der Erde in Menschengestalt umherlaufenden Diws, sich unter der Erde zu verbergen. — Das Bildniss des Gram-Dewata, des Schutzgottes von Gaya, wurde in Vischnupad durch Brahma aufgestellt, bei der ersten Gründung des Platzes. — King-ki (Gangi), über die Einwohner von Oudayana erbittert, wurde nach seinem Tode zu einem giftigen Drachen, der mit Stürmen und Erdbeben das Land verheerte, bis ihn Çakya Tathagata bekehrte und ihm das Versprechen abnahm, mit einer Ernte alle zwölf Jahre sich begnügen und des Contracts eingedenk sein zu wollen, wenn er das Glöcklein des Klosters höre. — Aehnlich den Maldiviern bringen die Biajas auf Borneo jährlich ihr Opfer dem Gotte des Uebels, indem sie eine kleine Barke, beladen mit den Sünden und Unglücksfällen der Nation, vom Stapel lassen, welche dann auf das arme Schiffsvolk fallen werden, das so unglücklich ist, dieser geopferten Barke zu begegnen (*Earle*), die als fliegender Holländer am Cap segelt. — Die Watje-Neger erbaten sich (nach Oldendorp) von ihrem göttlichen Kattunbaum erst die Erlaubniss, die bösen Geister (Doblo) mit gewaffneter Hand über die Grenze zu jagen. — Auf der Insel Rook (Neu-Guinea) wird nicht ein göttliches Wesen, sondern nur der Teufel verehrt oder Marsaba, der aber nicht Opfer und Gebete, sondern nur Schläge erhält, sagt Reina. Ist irgend ein Unglück passirt, so laufen alle Leute zusammen, schreien, schimpfen, heulen und schlagen die Luft mit Stöcken, um Marsaba zu vertreiben. Von der Stelle ausgehend, wo Marsaba den Schaden angerichtet hat, treiben sie ihn in das Meer; am Strande angelangt, verdoppeln sie den Lärm und das Fechten, um Marsaba von der Insel zu vertreiben. Er zieht sich dann gewöhnlich in das Meer zurück oder nach der Insel Lottin. — Nach Agathias tödteten die Perser einmal im Jahre eine Menge Schlangen und Gewürm, um sie den Magiern abzuliefern, wie überall im Zendavesta der Krieg mit dem ahrimanischen Ungeziefer gepredigt wird, um auf Schlangen und Scorpionen zu wandeln. — Die Mohamedaner steinigen ihren Teufel einmal jährlich gemeinsam im Thale Mina bei Mekka. — Am Fest der Besen kehren die Kamtschadalen (unter dem Rufe: Alkalalai!) ihre Hütten rein, zu Ehren der Götter Filiat-Chont-Chl (Vater), Touita (Sohn), Gaëtch (Enkel). — Um den Satan (Keremlet) auszutreiben, schlagen die Tscheremissen mit Lindenstöcken an alle Wohn- und Wirthschaftsgebäude des Hofraums. Ist er dann in den Wald geflohen, so laufen sie ihm auf das Brachfeld nach und bewerfen von dort die Bäume mit den Käsekuchen und Eiern des Festmahles. — Die Cyloneser werfen monströse Bilder (Gereah genannt) an dem jährlichen Reinigungsfeste auf die Strassen, damit sie von den bösen Geistern zerrissen werden. Am Calabar werden Fratzenpuppen an den Strassenecken aufgestellt. — Das Dorfopfer (Tumalinga Sikoko) wird von den Alfurus auf Celebes vorgenommen, bei der ersten Eroberung oder bei besonderen Unglücksfällen, um den Bösen zu vertreiben, indem die Priester den Vogel Mangani belauschen und aus dem Krähen des Hahnes weissagen, worauf verkleidete Jünglinge mit wildem Geschrei durch die Strassen laufen, ehe das heilige Feuer gebracht werden darf.

DER PRIESTER UND DER TEUFEL.

Das Schachspiel des Guten und des Bösen.

Der Fetischdiener, dem ein Teufel aus jedem Blatte guckt, fühlt auch bei jeder Krankheit einen solchen in sich fahren. Luther drückt das sehr gut aus: „Hier verliert man sein Auge, dort seine Hand. Dieser fällt in's Feuer und verbrennt sich zu Tode, Jener fällt in's Wasser. Ein Anderer steigt auf die Leiter und stürzt den Hals ab. Ein Anderer kommt vom Boden herunter, dass er selbst nicht weiss, wie ihm geschehen, und was solche unvorhergesehene Fälle mehr sind, deren sich denn täglich, wie man siehet, viele zutragen, das sind eitel Teufelswürf' und Schläg', damit er immerdar nach uns sticht und wirft, nur dass er uns alles Unglück zufügen möge." So springen bei den Dajaks die Belauvan umher. In Ceylon ist die Luft voll Krankheitsteufel. Den Dschur (am weissen Nil) schwebt der böse Kerjot über die Erde daher. „Die Dämonen verderben die Luft und bewirken daher die Krankheiten," sagt St. Augustin. Im hessischen Schwalmgrunde unterhalten die jungen Burschen in der Walpurgisnacht ein lautes Peitschenknallen, und wenn die Dämonen ausgetrieben sind, macht der Hausvater mit Kohle und Kreide drei Kreuze, damit sie nicht zurückkommen können. Bei den Battaern kriechen die Krankheiten bringenden Begus auf der Erde umher und ähnlich der Schwellensuchung der Römer trieben die Münsterländer den Sullenvogel (das magische Ungeziefer*) unter der Schwelle) im Reinigungsmonat aus. Da bei den Molukken der Dämon durch die Oeffnung des Daches in das Haus niedersteigt, um dort eine inficirte Luft zu verbreiten, woraus die Blatteransteckung hervorgeht, so werden zum Schutze geweihte Holzfiguren in den Schornstein gesetzt. In Japan setzt man die scheussliche Fratze eines mit Haaren bewachsenen Jesoer vor das Haus oder das Bild des ochsenköpfigen Himmelsfürsten, um gegen die Blattern zu schützen. Gegen Scharlach wird Alles roth bekleidet. Am Feste des Tlacaxipehualitzli, des Gottes der unheilbaren und ekelhaften Krankheit, zogen die Priester den Schlachtopfern die Haut ab, um in diesen blutigen Trophäen während zwanzig Tage ungewaschen umherzugehen und zu tanzen, damit sie möglichst den sie umgebenden Aussätzigen glichen. Die Schamanen kämpfen oft muthig mit dem Krankheitsteufel und werden nachher erschöpft im Zelte gefunden. Die Armenier bestreichen selbst die Leiche mit Oel, damit sie mit den Feinden im Jenseits zu ringen geschickt sei. Das Ungeheuer der Pöne, die von Apollo gesandt, den Müttern ihre Kinder entriss, wurde endlich von dem tapferen Corôbos erlegt (nach Pausanias). Die Kunst der Zauberpriester mag auf ihr eigenes Haupt zurückfallen. Wenn ein Indianerhäuptling (von Patagonien) stirbt (erzählt Falkner), werden oft einige Zauberer getödtet, besonders wenn sie mit dem Häuptling kurz vor seinem Tode einen Streit hatten, indem in einem solchen Falle der Tod des Caziken den Zauberern und ihren Dämonen zugeschrieben wird. Wegen der Blattern, die den Chechehet-Stamm fast ganz aufrieben, liess Cangapol alle Zauberer tödten**), um zu sehen, ob die Krankheit dadurch beendet würde. Im Mittelalter waren die Hebammen am Rhein noch mehr

---

*) Anderswo zogen die Holdichen und Elben umher und frassen sich als Würmer, Krankheiten erzeugend, in den Körper ein. Blasen am Körper entstehen aus dem Aelfblast. In der Geest ist jede Krankheit, wenn die Zähne nicht länger bei Kindern beschuldigt werden können, „von die Worms“ (nach Goldschmidt).

**) Mancher Wahrsager rettete sein Leben dadurch, dass von einem argwöhnischen Despoten um sein eigenes Prognosticon befragt, er seine Todesstunde so fixirte, dass sie der Jenes nur auf kurze Zeit vorausging. Der esthnische Zauberer in Nowgorod (1071), der von dem Fürsten Gleb um sein Schicksal befragt, sich zu grossen Thaten berufen erklärte, wurde auf der Stelle Lügen gestraft, indem ihm Jener das Haupt abschlug. Klüger handelte der Astrologe Thrasyllus, der in ähnlicher Weise von Tiberius auf Capreä zur Beobachtung der Sterne aufgefordert, voll Schrecken erklärte, sich von einer grossen Gefahr bedroht zu sehen, und von dem dadurch überraschten Kaiser, der seine Hinrichtung beschlossen hatte, unversehrt entlassen wurde.

gefürchtet, wie die Hexen, und hatten sich also ebenso zu fürchten, weil sie häufig die Neugeborenen dem Teufel überlieferten oder mit den Impen der Succuben und Incuben vertauschten. Solche „Kielkröpfe" müssen dann schleunigst ertränkt werden, wie Luther empfiehlt, aber damit bei dem Fürsten von Anhalt, der keine theologischen Teufelstheorien studirt hatte, nicht durchdringen konnte. Plötzliche Todesfälle kommen in Ungarn von dem zuletzt Verstorbenen, der ein Vampyr gewesen sein muss, und eine bald nach Begrabung einer Frau in Rhezur (Vorstadt Lemberge) in ganz Polen ausgebrochene Pest (1572) hörte erst auf, nachdem man der ohne Kleider gefundenen Leiche den Kopf abgestossen hatte. Die die Tolteken decimirende Pest*) wurde von dem kopflosen Rumpfe eines halbverwesten Kindes ausgehaucht. Wenn in Massilia die Pest grassirte, wurde ein Armer auf Staatskosten genährt und mit der Sünde des Volkes beladen, in die Tiefe gestürzt. In England wurde früher ein Stück Vieh dargebracht, um die ganze Heerde zu schützen. Wenn eine epidemische Krankheit in den Provinzen der Bisayas (oder los Pictos) auf den Philippinen ausbricht, schwebt die an ihrer rauhen Stimme erkannte Divita unsichtbar in der Luft, und fällt auf das ausersehene Opfer nieder. Unter den Neugriechen gehen Krankheiten als drei Frauen um, von denen die eine die Rolle hält, die zweite den Lebensfaden abschneidet, die dritte den Todten wegfegt. Bei Ausbruch der Blattern gehen die Chunipies nie den geraden Weg, sondern in allerlei Krümmungen, um der Pest zu entgehen. In Schlesien schreibt der vom Wechselfieber Geplagte mit Kreide über seine Thür: „Wenn das Fieber kommt, bin ich nicht zu Hause," worauf das Fieber fortgeht, und zuletzt aus Aerger, wenn es öfters solche vergebliche Visiten gemacht hat, nicht wiederkommt. Der Dämon der Pest (Pungu) wurde am Congo in einer jungen Frau beschworen, die slavische Pestjungfrau (die Morawa Dziewiça der Litthauer) reicht in Preussen ein rothes Tuch in die Fenster der Häuser, wo sie einkehren will und die Lischonetka überschattet, als Wechselfiebergespenst, den Kranken, wie es ähnlich Rabbinen und bei den Christen schwäbische Magnetiseure gesehen haben. Wo der Papst bei der Procession den Pestengel mit seinem Schwerte stehen sah, erbaute er die Engelsburg, wie David dort den Platz für den Tempel bestimmte und die Athener die Altäre des unbekannten Gottes auf der Akropolis errichteten. Zum Erschrecken der Krankheitsdämonen

*) Im Canton Auté wird der Teufel als ungeheurer Riese dargestellt, dessen Körper zur Hälfte verfault ist und bei der Berührung unfehlbaren Tod bringt, weshalb man ihm Speisen zur Besänftigung hinstellt.

dienen phantastische Verkleidungen. Auf der Insel Rook suchen die Zauberer durch Schreien und Verrenkungen die Seele dem Marsaba (Waldteufel) wieder zu entreissen. Die Tahua-Faatere oder die austreibenden Priester auf Tahiti wirkten im Namen der Heilgötter (Tane, Temaru, Teimala und Teruharuhatai) den Zauberern entgegen, um die bösen Geister zu vertreiben. Um das Geschäft zu erleichtern, wurden später die einzelnen Zweige der Wissenschaft unter eben so viele Practicanten vertheilt, bei den Makanern sowohl als (nach Freycinet) auf den Marianen. Auch in Congo und Aegypten hatten die Collegien ihre Berufsarbeiten so vertheilt, dass jeder Krankheit ein besonderer Arzt *) vorstand. Suum cuique. Die Jesuiten bewiesen die schlechten Erfolge in den Curversuchen der Pest, weil man sie unter dem Schutze des heiligen Cajetanus versucht habe, wogegen dies nur dem Franz Xaver zukäme. Später wurde sie im Mittelalter in effigie verbrannt, eingemauert, gepfählt oder in Kirchen gesperrt. Apollonius von Thyana liess die Pest in Ephesus in der Gestalt eines Bettlers steinigen, und später fand man den Dämon unter dem weggeräumten Haufen als einen todten Hund daliegen. In Augustin's Zeit war das Oel der Lampen, die auf den Gräbern der Märtyrer brannten, ein treffliches Heilmittel, das unter Umständen selbst Todte erweckte. Einst erschien der heilige Stephanus in der Kleidung eines jungen Diaconus, und die Blumen, an denen er gerochen hatte, curirten Alles, was vorkam. Die Dayakärzte bestreichen den Körper des Kranken mit Zaubersteinen, die sie von den Geistern (Autoh) empfangen haben. Tritt keine Genesung ein, so wird in China der Arzt nicht bezahlt: in Madagascar wird den Ambiasse, die das abgewaschene Recept trinken lassen, vorgeworfen, dass sie einen Fehler in ihren Operationen begangen haben. Fühlen sich die Priester stärker, so wird die unheilbare Krankheit als von dem allmächtigen Gott gesandt erklärt, gegen die einzuschreiten selbst Sünde gewesen wäre, oder sie werfen den

*) Nach Herodot hatten die Aegypter Aerzte für alle Krankheiten, einen für die Augen, einen für den Kopf, einen für den Unterleib, einen für unsichtbare Krankheiten. Die Heiligen hatten die Curmethoden unter sich in der Art getheilt, dass Antonius die Viehseuchen übernahm, Caslide die Blutflüsse, Apollinarius den Mutterkrebs, Balbina den Kropf, Quintin den Husten, Maurus den Schnupfen u. s. w., doch waren diese geistlichen Collegien verschiedentlich besetzt, je nach der Neigung ihrer Protectoren. Gegen Bettharnen rufen die Kinder den heiligen Veit an und bitten ihn, sie zur rechten Zeit zu wecken. Doch mag man auch etwas von seinem Harne mit einer Leiche begraben lassen, sich unter eine Brücke verstecken, über welche ein Sarg geführt wird, oder um Mitternacht in ein frisch gegrabenes Grab harnen.

Kranken selbst ihre Verbrechen *) vor. Um sie nicht ganz ohne Trost zu lassen, versprechen sie, dass der auf Erden tödtende Unsterblichkeitstrank im Himmel um so schöner erwecken werde, oder sie schicken die parfümirte Asche des Verstorbenen nach Thibet, wo sie vom Dalai Lama wieder belebt werden würde. Bei den Samojeden communicirt der zu einem Kranken gerufene Tadibe mit seinem Tadebtsio, und kann nur helfen, wenn dieser es gestattet, da es ohne solche Erlaubniss sündhaft sein würde, gegen eine Krankheit anzukämpfen, die vielleicht von Gott geschickt ist. Weiss der Kranke, wer ihm das Leiden geschickt hat, und theilt es dem Tadebtsio mit, so wird der Urheber selbst krank. Der zu einem kranken Caraiben gerufene Boye beschwört den bösen Geist (Maboye), der durch lärmendes Erschüttern **) des Hausgeräthes seine Gegenwart bekundet, und zieht ihn entweder durch Saugen in Gestalt von Splittern aus oder prognosticirt einen letalen Ausgang und tröstet dann den Leidenden, dass Gott ihn zu sich nehmen wolle, um seine Schmerzen zu lindern.

Schwarze und weisse Magie.

Hatte sich neben dem reineren Cultus des Himmels noch eine Verehrung der unterweltlichen Götter aus dem alten Fetischdienste erhalten, so mussten die diesen versehenden Priester von den andern bald mit verdächtigen Augen betrachtet und in eine den Zauberern ähnliche Stellung verdrängt werden. Je nach dem magischen oder

---

*) Haben im Königreiche Dagralan (Andragiri) die Magier in ihren Verzückungen einen Kranken für unheilbar erklärt, so ersticken ihn seine Verwandten (erzählt Marco Polo).

**) Vielleicht ist dies die harmlose Sorte der europäischen Teufel, die Nachts in die Stube kommen und Haselnüsse zu knacken pflegen, wenn sie einen Sack davon vorfinden. Aus Luther's Tischreden kann man ersehen, wie sie zu bannen sind. In Weinsberg und Prevorst werfen sie vom Ofen mit Kitt und Lehm, rotteln an den Fensterladen oder marschiren mit mächtigen Sporen, die sie sich an ihre schmutzigen Stiefeln anschnallen, im Zimmer hin und her, besonders in der Nähe des Bettes, um durch das Klirren derselben im Schlafe zu stören. In den Spukhäusern zu Lancashire und London schmissen sie Teller und Suppenschüsseln von den Gesimsen, oder wühlten auch wohl einen ganzen Schrank zerbrechlichen Töpfergeschirres durcheinander, wenn die Mägde sie vielleicht geärgert hatten, wie es bei dem launigen Wesen dieser Kobolde auch dem besten passiren kann. Die praktischen Yankee haben sie indess nutzbar zu machen gewusst, und statt der dummen Streiche, mit denen solche Geister in der alten Welt ihre Zeit vertrödelten, haben sie sich dort auf Schreiben und Zählen gelegt, und schon manches hübsche Stück Geld verdienen helfen. In Yoruba wohnen sie in den aus Sassaholz gemachten Möbeln.

speculativen Charakter der Religionen mochte die Theurgie der Goëtie gegenüber die orthodoxe Lehre vertreten, oder selbst nur als weisse Magie erscheinen. Der Lutheraner Widmann nennt das Babstthum einen Teufelsdienst rechter Hand, zur Unterscheidung von der Zauberei, dem Teufelsdienste linker Hand. Was in solchen Fällen rechte oder linke Seite ist, hängt natürlich nur vom subjectiven Standpunkt ab, den man zufällig einnimmt, der Hass zwischen nahe verwandten Secten ist immer der erbittertste, und während man im christlichen Scandinavien die einheimischen Seidmänner unerbittlich verbrannte, verharren die Spamadr der Finnen als Begleiter der Könige, und werden noch von Olaf Haraldson verwendet. Wie Plutarch berichtet, befahl Zoroaster dem Arimanius sowohl, als dem Oromazes Opfer zu bringen, zur Sühne und zum Dank, aber die spätern Secten würden die Verehrung*) des erstern nicht als berechtigt anerkannt haben. Von den zwei Oberpriestern der Opuntier stand der Eine den Himmlischen, der Andere den Dämonen und Halbgöttern dienend vor. Wie die Heere feindlicher Staaten kämpfen ihre Schutzgötter. Eine siegende Priesterschaft mag die Gottheiten des unterworfenen Volkes in ihr System aufnehmen, ihnen dort eine untergeordnete bescheidene Stellung anweisen und aus den Geheimnissen ihrer Diener lernen, aber eine Offenbarungsreligion, durch den Bekehrungseifer der Missionäre verbreitet, muss sich in einen dualistischen Gegensatz zu Allem setzen, was nicht mit dem Buchstabenglauben des heiligen Wortes übereinstimmt. Die Römer luden die Götter zu belagernder Städte ein, ihren Sitz auf dem Capitol zu nehmen, aber das Christenthum verwandelte das zahllose Heer der heidnischen Dämonen, Heroen und Götter in ebenso viele Teufel, alle gleich schwarz und hässlich.

Nach den Parsen ist der Hamoasaft der Lebenstrank, der schon den Neugeborenen in den Mund gedrückt und vom Priester genossen wird, um seinem Gebete volle Kraft zu geben, aber Plutarch erzählt, dass die Magier das Kraut Omomi in einem Mörser zerstampften, den Hades und die Dunkelheit anrufend, dann den Saft mit dem Blute eines geschlachteten Wolfes mischten und an einen von der Sonne nicht beschienenen Ort trügen, um es wegzuwerfen. In ähnlicher Weise deuten die mystischen Auslegungen der Messe im Mittelalter darauf hin, dass in den Kellergewölben der Klöster manchmal wirkliches Blut der Lämmer oder Kinder dem symbolischen substituirt wurde. — Die Horen wurden für Gedeihen der Früchte, Zeus um Regen,

*) Unterirdischen Göttern zu opfern, wurde der Kopf des Thieres nach der Erde gewandt, bei olympischen nach oben gehalten, doch änderte es sich nach Umständen, wie es bei Arnobius heisst: In Albano antiquitus monte nullos alios licebat quam nivei tauros immolare candoris, nonne istum morem religionemque mutastis atque ut rufulos liceret dari, senatus constitutum sanctione?

Mars pater für Heerden und Saaten angerufen. Die bösen Kräfte der Eumeniden, die durch Geifer die Saaten, durch Schlossen die Früchte verderben, beschwor der Zauberer, der die bösen Naturmächte in Wirksamkeit setzen wollte. Flectere si nequeo superos, Acheronta movebo. — Neben dem Dienst Ahriman's, in der dunklen Tempelkammer von Jerusalem, stand der Lichtdienst des Ormuzd, wobei die zu Magiern gewordenen (24) Priester der davidischen Ephemerien mit dem Hohenpriester in einem Tempel (das heilige Reis-Barsom vor die Nase haltend) gegen die Sonne gewandt, das Lichtwesen verehrten. — „Der Mann, voll dunkler Absichten des Truges, ein Schwein oder Ochsen den Göttern darbringend, und mit klarer und deutlicher Stimme Janus und Apollo anrufend, bewegt leise seine Lippen, aus Furcht verstanden zu werden, indem er sich an Laverna (Göttin der Diebe) wendet und ihre Altäre an den Thoren Roms." — „Die erste Art der Bilder besteht aus denjenigen, welche der Grieche Tos und der Babylonier Germath zu verfertigen gelehrt haben. Diese Bilder werden bei den Namen der 54 Engel, die dem Monde dienen, exorcisirt und mit sieben Namen in natürlicher Ordnung beschrieben, wenn man dadurch eine gute Sache erreichen will, und hingegen mit sieben Namen in verkehrter Richtung, wenn man die Absicht hat, Schaden damit zu stiften." (*Albert. Magn.*) — Beim Todtbeten in Ostpreussen sagt man den Psalm rückwärts her, indem man bei jedem Vers den Namen des Feindes ausspricht. — Wenn die Perser den Namen Ahriman's schreiben, so thun sie es (nach *Hyde*) rückwärts und mit umgekehrten Buchstaben. — Da man sich die Götter von Norden nach Süden schauend dachte, wendete sich der Germane beim Beten nach Norden und der das Heidenthum Abschwörende musste wieder mit zornigem Gesichte nach Norden blicken, als dem Sitz des Teufels. — Am Andreastage legt sich der Heirathslustige am Rhein umgekehrt in das Bett, im Namen des Teufels. — Wenn ein Kranker zu sterben wünscht, so muss er (an der hessischen Bergstrasse) den jüdischen Rabbiner für sich um langes Leben und Gesundheit beten lassen. (*Wuttke.*) — Die Hankas oder Hexenmeister (denen, sowie den Kiluin oder bösen Geistern, jede Krankheit zugeschrieben wird) bei den Kimbundas sollen mit den Dämonen der andern Welt Umgang pflegen und von ihnen die Zauberei erlernen, weshalb es der Hülfe der Kimbandas (Priester) gegen sie bedarf. Die Gangas und Priester der Jagas gelten in Bihé gleichfalls für Zauberer, und im Lande der Ganguella wird umgekehrt wieder jeder Bihé-Mann als Zauberer verfolgt. — Die Kabbalisten unterscheiden im Rapport mit der Geisterwelt die reine oder heilige von der schwarzen oder diabolischen Magie. — Während die Hexerei vorzugsweise von Weibern (besonders von alten) ausgeübt wird, wird die gutartige (besonders der Hexenbann) verhältnissmässig häufiger von „klugen" Männern geübt. — Die Seidmänner wurden als mit dem Christenthum ganz unvereinbar betrachtet, und so lässt Olaf den Seidmann Rögnwalld in der Olafs-Saga verbrennen.

In Island wurden gute und böse Alraunen unterschieden, nach der Einführung des Christenthums aber die einen, wie die anderen in den feindlichen Gegensatz des Teufels, als Hexen verwiesen, dann wurden, als Kondige, die Fiol kuni (Vielkönnerin) und Fiol kuninger (Vielkönner) nicht aus kone und quean zu queen und König, sondern zum schlechten cunning. Sagae a sagiendo dictae, quia multa scire volunt. Sagire enim sentire acute est nach Cicero. Zauberei ist illegitimes Wunder und das Wunder ist eine legitime Zauberei. Thomas von Aquino gestattet „den Besitz magischer Kenntnisse als unsündlich, sofern man dieselben nicht zur Ausbreitung, sondern zur Widerlegung der Magie anwenden will," nicht als Goëtie, sondern als Theurgie.

Die später von den Pehlewi bekämpften Diws erscheinen anfangs in der persischen Geschichte als die Träger der Wissenschaft. Nach dem Ferheng Schuuri wird der Rath der weisen Männer ein Diwan genannt, wie Sammlungen geistvoller Gedichte. Die Böte-Kunst (Besprechungs-Kunst) unterschied sich im Mittelalter von der eigentlichen (magischen oder zauberischen) Beschwörungskunst dadurch, dass man sie für erlaubt und christlich hielt, ja als eine höhere Potenz des Glaubens (so bei Paracelsus, Agrippa, Pomponazzi) betrachtete, weil man ausschliesslich gute, erlaubte Zwecke (um Krankheiten zu heilen) dadurch zu erreichen strebte und nur Anrufungen Gottes und guter Geister dabei stattfänden. Daher wird das Wort Böten, Besprechen, Segensprechen (Benedictionen) immer im guten Sinne genommen. Auch die Maledictionen, z. B. wenn man einen Dieb verflucht, dass er das Gestohlene wieder bringen muss u. dgl. m., wurden für erlaubt gehalten und gehören unter die allgemeine Kategorie von Segensprechen. Beschreien ist dieselbe Sache, aber im bösen Sinne, nämlich Uebel und Krankheiten durch zauberische Formeln und Anrufung dämonischer Mächte bewirken. — Das Bild des Ongon, aus einigen rothen Lappen bestehend, empfängt der Mongole aus der Hand des Schamanen (Ibeg) oder einer Schamanin (Uddugun), die in Herbeirufung von Geistern geschickt sind, und stellt es als Hausgottheit in der Jurte auf, trotz des Eiferns der Lamas. — Die Mönche bekämpften die Zauberei mit Gegenzaubern bis zur Bulle Innocenz VIII. (erneuert 1523), wogegen die Calvinisten (die die katholischen Wunder selbst als Teufelswerk betrachteten) jene durch weltliche Macht unterdrückten, als ein Verbrechen, obwohl sie später gleichfalls exorcisirten, nur dass sie Gebete statt Weihwasser gebrauchten. — Sokrates wurde hingerichtet, weil er bei neuen Eiden (Eiche, Ziege und Gans) geschworen; Anaxagoras verurtheilt, weil er die Sonne, die von den Athenern für einen Gott gehalten wurde, für einen Feuerball erklärte; Diagoras, weil er über die Mysterien gelacht hatte; eine Priesterin, weil sie Leute fremden Göttern geweiht hatte.

Edris (Herr der Meditation) oder Enoch (dem Gott 30 Bücher vom Himmel sandte) führte zuerst (nach dem Tarikh Montekheb) den heiligen Krieg des Dualismus ein, gegen die Nachkommen Kabil's oder Kain's. Nach den Aethiopiern, die seine (durch Jacobus citirten) Bücher noch bewahren wollen, wurde er lebendig in den Himmel erhoben. Bei Daniel kämpfen die Schutzgeister der Völker vor dem Throne des Herrn. — Nach Arnobius bekämpften sich „Ninus von Assyrien und Zoroaster von Bactrien mit magischen Künsten," woraus sich direct der Dualismus auf die streitenden Staatsgötter übertrug. — Ziton, der böhmische Magier des Königs Wenzeslaus, verschlang den Wagen mit bairischen Zauberern, den sein Schwiegervater zu der Hochzeit nach Prag schickte, ausgenommen die schmutzigen Schuhe des Hofnarren, die er wieder ausspie. — Indra, der Gott der Berge, öffnete (im Rigveda) die Höhle des Asuren Bali, der die himmlischen Kühe gestohlen hat. — Petrus kämpft in Rom mit Simon Magus, den er beim Auffliegen durch sein Gebet zur Erde stürzt. Als die Oberhäupter der Perser durch ihre Zaubereien Schigemuni in Barnassi anzugreifen und zu stürzen suchten, besiegte er sie durch seine Gelehrsamkeit und die Kraft seiner Reden. — Der Zauberer des Königs Iimche, der in Form eines Vogels und eines Thieres heulend die Nächte auf dem Palastdache des Königs von Gumareaah sass, wurde schliesslich von dem Magier desselben erjagt und mit gefeiten Stricken gebunden. — Bei den Burätten finden sich weisse und schwarze Schamanen. — Während Israel mit den Egyptern im

Streit gewesen, bekämpfte der Horr für sie das obere Egypten. Dem Dualismus von Iran und Turan entsprechend, setzt Origenes die Kriegsheere der Engel des Lichtes (die schaffenden Naturkräfte) und die Engel der Finsterniss (die zerstörenden Naturkräfte) einander gegenüber. Schon Pherecydes wusste, dass Ophioneus (Serpentinus) das Oberhaupt der Rebellen gegen Jupiter gewesen und die phönizische Mythe kennt eine am Nil um die Weltherrschaft gelieferte Götterschlacht. — Als ein egyptischer Magier den Antonius benachrichtigte, dass sein Genius von dem des Octavian besiegt sei, zog er sich muthlos zurück. — Abraham zerschlug die Götzen seines Vaters Therah, und dem grössten einen Stock in die Hand gebend, entschuldigte er sich, dass dieser die kleinen erschlagen, als sie sich beim Essen stritten. — Der im Hecla wohnende Geist des Feuers führt stete Kriege mit dem umherschweifenden Luridan, dem Geist des Windes, und unterliegt meistens, wenn sie auf dem Meere zusammentreffen, wogegen er auf dem Lande die Oberhand behält, weshalb man dann laute Klagen in der Luft in Lappland, Norwegen und Schweden hört. — Macarius wurde von Satan verhindert, das Grab der egyptischen Zauberer (Jannes und Mambre) zu besuchen, wo er sich mit den bösen Geistern messen wollte. — Die Slaven glaubten, dass der Priester oder Knies (Fürst) weit erhaben sei über den Wolchowec (Zauberer) oder den Westee (Wahrsager). — Um dem bösen Zauber der Obeahmänner in Westindien entgegenzuwirken, verwendet man die Myiah-Ceremonien. — Wenn die Neger von Temba in den Krieg ziehen, beten sie zu Sia um Hülfe, und werden sie geschlagen, so beschuldigen sie nicht ihn, sondern die Uebermacht des feindlichen Gottes (sagt Oldendorp). — Die Neger am Rio Casamansa glauben an einen Gott und haben weder Götzen noch Häuser der Anbetung, aber denken es in allen wichtigen Lebensereignissen nöthig, den Teufel an den heiligen Plätzen (unter Bäumen, auf dem Markte des Dorfes oder bei des Königs Haus) zu beschwören, die Kinna genannt werden, und wo eine Seemuschel auf einem Pfahle liegt, der in die Erde gesteckt wird. Der König nebst den Häuptlingen bringen dort Libationen von Palmwein dar und opfern eine Ziege, um Vorzeichen zu gewinnen. Sie glauben an die Unsterblichkeit der Seele, die aber in Krankheitsfällen durch den Ilran (bösen Geist) von ihnen genommen wird, weshalb sie dann von dem Jambacoz oder Jabocouce (ein Magier, der im dunklen Hause sich mit dem unsichtbaren spiritus familiaris unterhält) bitten, sie ihnen zurückzugeben, was derselbe zu thun versucht, unter allgemeiner Trunkenheit, mimischen Ceremonien und Beschwörungen. — Rivale Collegien bekämpfen sich, wie die Schulen Hesiod's und Homer's, um den Dreifuss göttlicher Autorität fortzutragen, wie Calchas und Mopsus. Der unterliegende erleidet die von Apollo an Marsyas, der schon früher mit Olympus gestritten hatte, vollzogene Strafe. — Als dem Manno, der durch die Malvenstaude (der Ascherat gehörig) zu prophezeien pflegte, in Ninive die ihm entzogene Prophetengabe zurückgegeben wurde, klagte ihm diese ihren Process mit dem Alraun über ihre Zauberkräfte. — Als Amphilochos (Sohn des Sehers Amphiaraos) in Acarnanien nach Mallos zurückkam, wollte ihn Mopsus, der gleich ihm ein Orakel dort hatte, nicht neben sich dulden, und es kam zum Zweikampf, in dem Beide blieben. — Als Anacharsis die in Hellas gelernten Festspiele (Ἀχίλλειος δρόμος) bei den Scythen einführen wollte, fand er seinen Tod. — Als zwischen Plotinus und Olympius Streit entstand über den ersten Rang in der Philosophie, forderte ihn Olympius auf magische Kunst heraus. Plotinus schleuderte auf ihn seine Kunst los und sagte zu seinen Schülern: Nun zieht sich der Körper des Olympius wie ein Geldbeutel zusammen, was Olympius nicht ohne Schmerz empfand, von seiner Bosheit abstand und dem Plotin die stärkste Geisteskraft zuerkannte. (*Porphyr.*) — Der sächsische Bischof Friedrich, der auf Island das Christenthum predigte, wohnt der Hochzeit Thorwald's zu Haukagil in Vatsdal bei. Die Heiden und Christen halten sich dabei in getrennten Gemächern. Doch hindert das die beiden grimmigen und zauberkundigen Berserker, die Gebrüder Haukr, nicht, den Bischof aufzufordern, wenn er seinem Gotte vertraute, die Künste, die sie zu vollführen gewohnt waren, zu versuchen, mit blossen Füssen durch flammendes Feuer zu waten oder sich fallen zu lassen auf Waffen (Schwerter), so dass sie ihm nicht schadeten. Der Bischof verneint das nicht. Es werden grosse Feuer gemacht. Der Bischof weiht Wasser, weiht das Feuer und sprengt das Wasser darüber. Zunächst gedenken die Berserker durch das Feuer zu waten, fallen aber und finden in dem Feuer den Tod. Sie werden begraben dort, wo es seitdem Haukagil (Kluft der Haukar) heisst. Bischof Friedrich macht das Kreuzeszeichen und geht unbeschädigt durch das grosse und lange Feuer. Da wenden sich viele Menschen zu Gott. — Basilius ringt mit dem Teufel*), dem sich der durch den Empfehlungsbrief eines Zauberers recommandirte Jüngling in Cäsarea verschrieben hatte, um diesen zu befreien. — Als der exorcisirende Priester dem, Françoise Secretain bei einer Epidemie in Turin (1598—1600) besitzenden Dämonsteufel (Chat genannt) sich zu entfernen befahl, antwortete dieser, dass er noch keine Lust hätte, worauf ein heftiger Kampf zwischen ihnen entbrannte. Der Priester griff mit Gebeten und Beschwörungen an, der Satan vertheidigte sich durch Hohn und Verwünschungen, die Glieder der Unglücklichen auf das schrecklichste verzerrend. (*Boguet.*) — Johann a Cruce, den als Knabe ein Engel aus dem Wasser gerettet hatte, zwang den Teufel, die Handschrift, auf welcher sich ihm eine Nonne mit ihrem Blute verschrieben, herauszugeben, so dass sich der böse Feind bitter beklagte, von keinem Heiligen im Himmel schärfer bekriegt worden zu sein, als von diesem Carmeliter. — Der über seinen Lehrer erbitterte Chamoa im Königreiche Kanth Hara, indem er die ganze Fülle seines Verdienstes ausbrechen liess, verwandelte sich in den Drachenkönig des Sees, um das Land zu verwüsten, bis der durch die ganze Kraft seiner Tugend ihn besiegende König einen Vertrag abschloss, dass er seine wilde Natur bezähmen wolle, so oft beim Erscheinen von Wolken die Glocken geläutet würden. — Nimrod, der sich selbst als Gott verehren liess (und Macht über Leben und Tod zu haben behauptete, weil er Verbrecher hinrichten oder begnadigen konnte), liess sich auf seinem Wagen durch Adler zum Himmel emportragen und schoss gegen den Gott Abraham's einen Pfeil ab, der mit Blut**) gefärbt auf die Erde niederfiel, wo in demselben Augenblicke der bei Babel erbaute Thurm zusammenbrach. — Als (nach Theodoret) der Bischof Marcellus (in Syrien) mit Hülfe des Präfecten einen Tempel des Jupiter verbrennen wollte (4. Jahrhundert), löschte ein schwarzer Teufel das Feuer beständig wieder aus, bis Marcellus ein Gefäss mit Wasser auf den Altar setzte, das (nach seinem Gebet und dem Zeichen des Kreuzes) wie Oel brannte und das Götzenbild anzündete. — Missgeburten werden in Grönland in die Seehunde und Vögel scheuchenden Luftgespenster (Angiak) verwandelt, auf die die

---

*) Der Teufel war bei seinen Contracten sehr betrügerisch, verwischte die Ziffern und gab Termine unrichtig an, konnte aber auch selbst geprellt werden.

**) Als der dem Teufel verschriebene Jäger von Bensbausen in das Bild der Sonne (im Walde) schoss (mit einer Hostie), damit ihm fortan kein Schuss fehlgehe, fielen drei Blutstropfen herab.

Angekoks mit verbundenen Augen Jagd machen und sie beim Ergreifen zerreissen. — Die Missionäre von Apurimac verbrannten den Teufel (nach Garcilasso de la Vega), während ihn die mohamedanischen Pilger jährlich im Thale von Mina steinigen. — Columba trieb die Hobgoblins aus einem Milcheimer aus, über welchen sie das Zeichen des Kreuzes machte. (*Wright.*) — Wenn in Ost- und Westpreussen römisch-katholische Processionen nach Wallfahrtsorten ziehen, so geben viele evangelische Leute den Pilgern Geld, um für sich Heilung von Krankheiten oder Segen für ihr Haus zu erflehen. — In protestantischen Landestheilen wendet man sich mitunter an katholische Geistliche entfernter Städte, um Weihwasser zu erhalten, mit dem Krankheiten curirt werden. (*Goldschmidt.*) — Der Heidentempel, worin in der Nähe von Cäsarea Gregorius Thaumaturgus eine Nacht zubrachte, wurde von den Dämonen der Götzen verlassen, so dass die Priester w iter keine Ceremonien vornehmen konnten. Sie kehrten auf das Geheiss des mit Strafe bedrohten Heiligen zurück, aber der dadurch von dessen Macht überzeugte Priester bekehrte sich. — Bei Ankunft des heiligen Patrick in Irland zerbrach das Haupt-Idol (Cromeruach), während die untergeordneten Götter bis an die Hälse in die Moräste einsanken. — Im Jahre 1820 stand ein ausgezeichneter Lama, der seinen Wohnsitz in dem Choschun des Mergen Wan hatte, kräftig gegen die Schamanen auf und es gelang ihm in kurzer Zeit, den schamanischen Glauben im ganzen chalchassischen Fürstenthume auszurotten, indem er von ihm selbst geweihte Erde an alle Schamanen schickte, durch deren Berührung die bösen Geister sie verliessen. Dem Beispiele der chalchassischen Mongolen folgten die an der Seelenga und zum Theil die chorinschen Buräten, indem alle schamanischen Geräthschaften und Gewänder verbrannt wurden. — Nach den Concilien, die alle Wahrsagerei und besonders die Sortes Sanctorum verboten, sollten arzneiliche Kräuter nicht mit Sprüchen gesammelt werden, sondern nur das göttliche Symbolum und das Gebet dabei gebraucht werden. Die Missionäre in Congo gestatteten die unverwundbar machenden Matebbe-Stricke nur, wenn sie aus den am Palmsonntag geweihten Zweigen gemacht waren. — Euthymus, ein olympischer Sieger, bezwang den als schwarzen Dämon (in Wolfsfelle gekleideten) umgehenden Geist eines Gefährten des Odysseus (der wegen Nothzucht dort gesteinigt war) und errettete die Jungfrau, die sich eidlich ihn zu heirathen verpflichtete, aus dem Tempel, wo sie, dem Ausspruche der Pythia gemäss, geopfert werden sollte, ein Vorbild der mittelalterlichen Heldenthaten der Ritter, die ursprünglich in priesterlichen Orden (wie auch später wieder in den Kreuzzügen) ihre Weihe empfingen. — In den arabischen Legenden warnt Hiskiel der Schatzmeister den Pharao, Moses und Aaron*) nicht als Zauberer zu tödten. „Denke an Noah's Zeitgenossen und an die Völker Aad und Thamud. Auch sie hielten die ihnen gesandten Propheten Noah, Hud und Salih für Zauberer, Besessene und Betrüger, bis sie Gottes Zorn traf und mit all ihrer Habe durch Wasserströme und Feuer vernichtete." (S. *Weil.*) Iblis sprach aus dem Götzen zum König David, dass er sich nicht durch die Neuerungen Kanoch's verführen liesse. — In Dakiki's Fragmenten heisst es von der Erscheinung der Religion Zoroaster's unter den Persern: Artshasp, der König von Tschin, berief auf die Veranstaltung des Dämon oder Diw die Mobeds um sich und sagte ihnen: „Es sei euch kund, dass

*) Aaron wird dabei von Gabriel mit dem Prototyp des ungenähten Rockes bekleidet, wie Samiri, der Verfertiger des goldenen Kalbes, als ewiger Jude durch die Welt gejagt wird. Uebrigens war das ungenähte Gewand (pallium clausum) die Kleidung eines Rabbi (wie sich auch Jesus nennen liess) in Palästina, nach R. Abarbanel.

vom Boden Irans die Verehrung Ised's (des Schmuckes des Ised oder Gottes) und der wahre Glaube gewichen sind. Es erschien dort ein wahnsinniger Greis, der da sagt, er sei vom Himmel und als Gottgesandter gekommen. „Ich sah Gott im Paradiese, sagt er, dieses Buch Zend-Avesta ist von seiner Hand geschrieben. Ich sah in der Hölle Ahriman, aber er konnte nicht über den Kreis hinaustreten, in den er gebannt war. Gott hat mich als Glaubensprediger an die Herren der Welt gesandt.“ Und jetzt (fährt der Herrscher von Tschin fort) sind die ausgezeichnetsten Häupter des Heeres von Iran, dazu der hochgeborene Sohn des Lohrasp, den die Iranier Kuschtasp nennen, von dem Neuerer gefesselt. Des Herrschers Bruder, der gewaltige Kampfesheld, Sarir, der Oberfeldherr der iranischen Heere, auch sie sind zu dem alten Zauberer*) gegangen und haben seine Lehre angenommen. Die Welt ist voll seiner Satzungen, der Stifter des neuen Glaubens sitzt als Prophet in Iran und breitet seine Irrlehre aus. Jetzt ziemt es uns, an jenen Fürsten zu schreiben, dass er von diesem Wege des Verderbens ablenke und Gott im Himmel verehre, dass er jenen unsauberen Greis von sich entferne und auf unsern Glauben allein sich stütze.“ Dann schrieb Artshasp an Kuschtasp, den Nachfolger des Mannes, welchem, als dem Würdigsten der Helden Irans, ein König gesegneten Andenkens (Kej Chosrew) die Krone übergab, sich nicht von einem alten Zauberer verführen zu lassen, da er sonst die Türken aus Tschin und Turkistan gegen ihn sammeln und den Djihun überschreiten werde. — In Innocens VIII. Bulle heisst es, dass viele Personen beiderlei Geschlechts, unbesorgt um das Heil ihrer Seele, dem katholischen Glauben entsagt, sich mit Dämonen, unzüchtigen Teufeln (incubus et succubus) vermischt hätten und mit ihrer Hülfe verschiedene magische Künste und teuflische Dinge trieben, Menschen und Vieh quälten, viel Unglück und Plage anrichteten, die Fruchtbarkeit der Erde, Wiesen, Felder, Gärten und Weinberge zerstörten, Männer impotent, Frauen unfruchtbar machten. — Sulla bedrohte Alle mit Todesstrafe, qui susurris magicis hominem occiderint, qui mala sacrificia fecerint venenaque amatoria habuerint. — In den Capitularien fallen die Verbote der heidnischen und zauberischen Gebräuche zusammen. — Die lex Bajuvar. verbietet die zauberische Weihe der Waffen vor dem Vehadinc (gerichtlichen Zweikampf) und die Bezauberung der Ernte auf einem fremden Acker. — Als die vornehmen Römer, die durch das Drehen des Ringes in der Dactylomancie (wie die Alexandriner mittelst des Aufpickens der auf die Buchstaben gelegten Körner durch einen Hahn in der Alectryomancie) das Schicksal des Kaisers Valens erfahren wollten, grausam von diesem verfolgt wurden, gaben die Grossen (wie Ammianus Marcellinus erwähnt) die gefährliche Kunst der Magie auf und überliessen sie fortan den Dorfleuten. — Finnow liess die Missionäre, die in ihren Häusern versteckt lasen und Ceremonien trieben, als der Zauberei verdächtig, auf Anklage eines Deportirten tödten. — Die Besitzer festmachender Geheimnisse wurden im dreissigjährigen Kriege von ihren Kameraden gefürchtet, aber nicht geehrt. Schon im 16. Jahrhundert liessen Offiziere jeden Gefangenen hängen, bei welchem ausgeschnittene oder mit Eisen gefütterte Kugeln gefunden wurden, „welche um einer Seele willen geheiligt waren.“ Gustav Adolf verbot in seinen Kriegsartikeln Götzendienst, Hexerei oder Zauberei der Waffen,

*) „Sollen wir unsere Götter verlassen um eines rasenden Propheten halber?“ fragten die Koreischiten bei Mohamed's Erscheinung, der sich aber damit tröstete, dass alle sieben Propheten (Moses, Abraham, Noah, Hud, Salih, Loth und Schoaib) von ihren Zeitgenossen der Lüge beschuldigt worden seien.

als Sünde gegen Gott. — In Athen wurden, wie in Moses Gesetzen (die im Mittelalter so blutig wütheten) die Zauberer (nach Demosthenes) getödtet. Die Zwölftafeln verboten carmina, um Feldfrüchten zu schaden und sie von des Nachbars Acker wegzuziehen. — Als Bhshawwatn beschlossen hatte, die Zauberei des Turatsa mit magischen Köpfen zu zerstören, rief er die ihm dienstbaren Geister um sich, um ihn in einen tiefen Schlaf zu werfen und den zukünftigen Ausgang zu erfahren. — Als Buddha sich seine Mutter zur Wiedergeburt ausersehen hatte, fanden auf den Palast niederfliegende Brahmatchari zu ihrem Erstaunen, dass sie die Wände nicht zu durchdringen vermochten, und wurden von ihren Lehrern unterrichtet, dass dort das göttliche Wesen geboren würde, das sie ihrer übernatürlichen Kräfte berauben werde. — Nach dem Apocryphicum stürzten in Egypten die Götzentempel zusammen, als Jesus das Land betrat. — Nach dem Bhagavat-Gita, der vor dem Gespensterdienst der Bhuts warnt, wird zu den Devatas oder Pitris gelangen, wer diese oder jene einseitig verehre. Im Ramayana sucht der Hofphilosoph dem Rama die Pietätspflicht gegen seinen Vater auszureden. — Die Eleusinier riefen gegen den angreifenden Erechtheus von Athen den Eumolpos (Sohn des Poseidon) um Hülfe, worauf Erechtheus so gedrängt wurde, dass er, um den Sieg zu gewinnen, seine Tochter (Chthonia) den Göttern der Unterwelt zum Opfer bringen musste. Im Kampfe verlor Immarados (des Eumolpos Sohn) das Leben und Eumolpos schloss dann mit den Athenern den Vertrag, dass Erechtheus als König herrschen, Eumolpos aber nebst den Töchtern des Keleos dem Gottesdienste zu Eleusis vorstehen solle.

DIE RELIGION DER FURCHT.

Der unbekannte und der böse Gott.

In dem dunklen Hintergrunde des religiösen Dämmerlichtes wird der Wilde das Walten übernatürlicher Mächte erkennen und sich vor der Ahnung einer Gottheit beugen, vor dem Unbekannten, dem Manitou. Da es im Naturzustande zunächst nur feindliche Einwirkungen sind, die den Menschen zur Betrachtung seiner Umgebung anregen, so muss sich ursprünglich auch die Gottheit ihrem Anbeter überall in schreckbaren Formen gestalten. Solche sind die Fetische der Neger, solche die Balichu der Chaco-Nationen, die Ana der Brasilianer, solche die Teufel in allen Gestaltungen, Formen und Gestalten. Bei der Unmöglichkeit, in dieser bunt zerstückelten Feindeswelt die allmälig zusammengetragenen Materialien unter sich zu vereinbaren, wird die Einheit durch ihre Negirung erzwungen werden, durch ihren Gegensatz zu einer Gotteseinheit von gutem oder doch indifferentem Character, einem unbekannten*) oder selbst namenlosen

*) Nezahualkoiotl, der von den nationalen Göttern sagte, dass diese Bilder aus Holz und Stein weder hören noch fühlen könnten, baute (nach Fernando de Alva Ixtlixochitl) einen Tempel al Dios no conocido, causa de las causas.

Gotte, gleich dem Abassi, dem Torngarsuk, dem Duadächtschitoh, dem Num u. A. m. In friedlicher Natur tritt er den Menschen näher, und wie die Odjibbewäs überall die Thaten Menaboschi's wiederfinden, so sehen sich die Kamtschadalen beständig von den Dummheiten Kuka's umgeben, unter welchen Formen sich bei ihnen der πρωτος oder der Erste in seinen proteusartigen Erscheinungen gestaltet hat. Bei den Wilden stehen die Priester dieses machtlosen Nebelbildes gegen die der bösen Dämonen zurück, wie der Buyehrup in Fernando Po gegen den Botikimann, aber in fortgeschrittenen Gesellschaftsverhältnissen werden sie es bald angemessener und vortheilhafter finden, sich nicht als Diener der bösen Mächte, sondern eher als ihre Gegner zu constituiren, indem sie dadurch auch das Recht bekommen, die Operationen der schwarzen Zauberer, die sich ihrem System nicht fügen wollen, zu bekämpfen und den Obeahmann mit den Mylah-Ceremonien in die Enge zu treiben. Allmälig bilden die Moralbegriffe eine würdigere Idee der Gottheit, deren Allmacht mit der Güte zusammenfällt, und verwandelt die gefürchteten Götzen entweder in böse Gegensätze, wie Czernobog dem Bielbog gegenüber, oder in die activen Energien, gleich Siwa in der Trimurti. Die Lamaisten stellen zornige Wandlungen Buddha's auf. Als eine ansteckende Krankheit unter den Kindern der Corinthier ausbrach, die noch alljährlich Menschenopfer im Tempel der Here Akräa darbrachten, wussten Aufgeklärte sie klüglich zu benutzen, um diesen barbarischen Brauch abzuschaffen, indem sie zugleich das Bild der Deima (Furcht) in der Figur einer schrecklichen *) Frau aufgestellt hatten. Schreckenerregend war Zeus Horkios gebildet im Tempel zu Olympia, vor dem der Eid der Kämpfenden abgelegt wurde. Mitunter wurden entgegenstehende Götter gleichzeitig verehrt. Einem Fremden, der von dem Fleische der dem Pelops geopferten Thiere ass, war es verboten, in Elis den Tempel des Zeus zu betreten, und wer in Pergamus dem Telephos opferte, musste sich erst durch ein Bad reinigen, ehe er in den Tempel des Aesculap eingehen durfte. Ein monotheistisches System würde dagegen einen der nicht zu vereinbarenden Götter als Teufel ausgestossen haben. Das Hervortreten der guten Gottheit in der religiösen Verehrung wird veredelnd auf

*) Wie Demeter in der dunkeln Jahreshälfte die Schwarze (μέλαινα) hiess, so wird auch Maria (die Honigspendende, wie jene) zu Neapel in der Pausilipphöhle, zu Einsiedeln, Würzburg, im Kloster Emaus zu Prag, im Kloster Czenstochau in Polen und in vielen Kirchen Frankreichs und Belgiens als die schwarze Maria verehrt, die nur gegen schwere Büssungen Ablass spendet. Jahve, als El Schaddai (der Verwüster, der Mächtige), macht „seine Pfeile trunken mit dem Blute seiner Feinde."

den Wilden wirken. Sie zieht ihn aus seinem feindlichen Gegensatze heraus, sie führt ihn zum Naturgenuss und weckt in ihm die Neigung, sich selbst an Kunstgebilden zu freuen. Schon von den armseligen Tlegonchaten erzählt Tajosken, dass sie ihre Vielfrassfallen mit bunten Figuren bemalten, um dem grossen Geist zu gefallen, der den schönsten die reichste Beute geben würde. An sich wächst die Idee feindlicher Einwirkung Seitens der Natur aus den menschlichen Verhältnissen im irdischen Jammerthal von selbst hervor, und da sich im Christenthum keine Elemente finden, um diesen Gegensatz organisch zu entwickeln (nachdem die in Dämonen verwandelten Heidengötter beseitigt waren), so bildete sich aus den übrig gebliebenen Brocken der Volksmythologien unter jüdisch-orientalischen Zuthaten der Hexenglaube, der bald in einem festen System abgeschlossen war, beständige Umzüge und Prozessionen (Seitens der schützenden Kirche) hervorrufend, um Haus, Hof und Feld gegen die schädlichen Einflüsse, die beständig drohten, zu schützen. Durch Luther's Opposition schuf sich ihm natürlich sogleich eine ebenso reiche Welt von Teufeln, wie sie die Kirchenväter in der römischen Staatsreligion gefunden hatten; doch fand man es politischer, sie nicht zu sehr in den Vordergrund treten zu lassen und lieber bei der einmal ausgebildeten Hexentheorie zu bleiben, die sich zugleich durch ihre genau vorgeschriebenen Formeln empfahl und ausserdem die Hülfe der Staatsgewalt herbeizuziehen erlaubte. Ecclesia non sitit sanguinem. Ungeachtet der zunehmenden Bevölkerung ihrer Teufelswelt hatten sich die Reformatoren der meisten Mittel begeben, wodurch die katholische Kirche*) jene

*) In der „erschröcklichen, gantz wahrhafftigen Geschichte“ über Apollonia Geisslbrecht (1587) spottet der Berichterstatter (Sixtus Agricola), wie sich ein „lutherisches Predigerkäuzlein“ gegen ihren Ehemann vermessen habe, die Besessene kraft seines Amtes zu erleichtern. „Er spricht zu ihr, aber lieber Gott, auf seine todten, kraftlosen Worte wollte Hans nicht hervorkommen, sondern der Böse trieb nur sein Affenspiel mit ihm.“ Der katholische Dechant dagegen, nachdem er sechs Studirte zu sich genommen, bekämpfte ihn siegreich, erst mit der Hostie, dann mit einem Agnus Dei. — „In vielen Gegenden Preussens (Ost- und Westpreussen), besonders in Litthauen (welches überwiegend evangelisch ist), ist es üblich, das Vieh vom Geistlichen geweihte Kräuter fressen zu lassen. Der Litthauer wendet sich aber deshalb nicht an seinen Prediger, von dem er behauptet, dass er das Weihen nicht verstehe, sondern lässt sich zu diesem Zweck mit grossen Kosten einen katholischen Priester von auswärts kommen. Auch das protestantische Landvolk in Westpreussen wendet sich, wenn es durch unmittelbare Vermittlung des Himmels etwas erreichen will, z. B. die Entdeckung eines Diebstahls, nicht an seinen eigenen, sondern an einen katholischen Geistlichen. Ja sogar gegen ganze Landplagen wird des Letzteren Hülfe in Anspruch genommen, und es wurde, als sich vor wenigen Jahren (geschrieben 1837) in einer Gegend Westpreussens eine Zeit lang Heu-

wirksam zu bekämpfen vermochte, und nur das Gebet zurückbehalten. Während Carl M. die heidnische Sitte, Menschen wegen Hexerei zu verbrennen, mit dem Tode bestrafte, wurde sie durch Innocenz X. aus der Bibel, als christliches Gebot, bewiesen. Nur maskirt unter den Gestaltungen der alten Mythologie konnte es dem Teufel gelingen, seine bedeutende Rolle im Mittelalter zu spielen, denn vom rein theologischen Standpunkte aus würde er nie im monotheistischen Christenthum zur Geltung haben kommen können, da er von Rechtswegen vor jedem Kind, sobald es ein Kreuz zu schlagen verstand, jämmerlich hätte Reissaus nehmen müssen.

Die nordamericanischen Indianer nennen das göttliche Wesen den grossen Geist (der Torngarsuk der Grönländer) im Gegensatz zu den Manitou oder kleinen Geistern, die alle auch die leblosen Geschöpfe bewohnen und von ihnen verehrt werden. — Dusdächtschitch (das höchste Wesen der Kamtschadalen) hat eine zu unbestimmte Bedeutung, um practisch in die Verhältnisse des gewöhnlichen Lebens eingreifen zu können. — Die Ainos beten am Morgen: „Wir danken Dir Kamoi, dass Du an unserer Küste gewohnt und für uns gewacht hast," worauf sie wiederholen: „Kamoi, trage immer Sorge für uns." — Jeden Morgen (erzählt Loyes) geht der Neger (im Königreiche Saasini) an den Fluss, wäscht sich, streut Sand auf das Haupt, faltet die Hände und lispelt: „Ekmvais", worauf er die Augen erhebend, betet: „Mein Gott, gieb mir heute Reis und Yam, gieb mir Gold und Aigris, gieb mir Sklaven und Reichthümer, gieb mir Gesundheit, lass mich stark und schnell sein." — Die Koreken haben keine bestimmte Zeit für das Gebet, sondern wenn sie sich geneigt fühlen, tödten sie ein Rennthier oder einen Hund und stecken den Kopf, woran nur die Zunge gelassen ist, auf einen Pfahl nach Osten gewendet, indem sie, ohne Specificirung des Namens sagen: „dies ist für Dich. Schicke mir etwas Gutes." (*Krachininikoff.*) — Zu den Localgöttern in Java gehören die Banaspati oder die bösen Geister der Bäume, die Barkashan die bösen Geister der Luft, die Daminali die guten Genien in menschlicher Form, die Brayagan die weiblichen Genien der Flüsse, die Kabo-Hamale die bösen Genien der Buffaloes, die Frauen in der Gestalt ihrer Gatten täuschen, die Wewe boshafte Geister als weibliche Riesen, die Dadunjaoru die Beschützer der Jäger. — An den gütigen Gott Zanchor ein Gebet zu richten, halten die Madagesen für überflüssig, wogegen es nur ihr eigener Schade sein würde, wenn sie unterlassen sollten, den bösen Niang zu besänftigen. — Ehe ein Buschmann nach Wasser gräbt, legt er ein Opfer für Toosip (den alten Mann des Wassers) hin. — In den Institutionen Menu's wird der Hausvater angewiesen, nach der täglichen Mahlzeit seine Opfer in die Luft zu werfen (allen Göttern, die da wandeln, bei Tage und bei Nacht), um die unsichtbaren Hausgeister zu versöhnen. Der Araber wirft nie etwas fort und schüttet kein Wasser aus.

---

schrecken in solcher Masse zeigten, dass sie alle Felder zu vernichten drohten, dann aber plötzlich wieder verschwanden, vom Landvolk allgemein behauptet, ein Geistlicher habe durch seine kräftigen Beschwörungsformeln das Ungeziefer sämmtlich in die benachbarten Seen getrieben, in welchen es umgekommen wäre." (*Wuttke.*)

ohne vorher die Efrits, die er treffen möchte, um Verzeihung zu bitten, und in den nordischen Häusern poltern die Kobolde in allen Ecken der Zimmer. — Wer auf Tahiti von dem giftigen Fisch essend starb, war von dem darin eingetretenen Gott getödtet, wer in der Schlacht fiel, erlag dem Einfluss der Götter, die die Waffen seines Gegners besessen hatten, wer plötzlich starb, war von Gott ergriffen. — Die ältere Edda kündigt (im Hyndlaliede) den „unausgesprochenen" Gott an, wie die Voluspa in der neuen Weltordnung des Fimbultyr, als des Höchsten, erwähnt. — Inter multiformia deorum numina, quibus arva, silvas, tristitias atque voluptates attribuunt, non diffitentur unum deum in caelis ceteris imperitantem, illum praepotentem coelestia tantum curare, hos vero distributis officiis obsequentes, de sanguine ejus processisse et unumquemque eo praestantiorem, quo proximiorem illi deo deorum, sagt Helmold von den Wenden.

Mannigfaltigkeit in den göttlichen Associationen.

„Es giebt kein so ungezähmtes und wildes Volk, das nicht wüsste, dass man einen Gott haben müsste, obwohl es nicht weiss, was für einen Gott" (*Cicero*), und die olympische Versammlung ist buntscheckig genug.

Das Wort Ulixo (verwundetes Knie) wird von den Namaquas gebraucht, um die Gottheit zu bezeichnen (Tsuchoei-Koap). Ursprünglich war es der Name eines gefürchteten Zauberers, der wegen einer Wunde im Knie so genannt, und (während des Lebens im grossen Rufe wegen seiner Macht) auch nach dem Tode noch angerufen wurde. Allmählig vermischte sich die Vorstellung von ihm mit der von der Gottheit, seine Gestalt kam der dieser am nächsten, und schliesslich wurde sein Name ohne Weiteres für Gott gebraucht. — Der unsichtbare Geist des Himmels, den die Aleuten und altaischen Tartaren in der Sonne sehen, wird vorgestellt als ein alter bärtiger Mann, in der Kleidung eines Dragonerofficiers. Er soll einen prächtigen Hofstaat und viele Pferde haben. Wenn er ausreite, so entstehe der Donner von dem Geräusche und die Blitze von den Funken der Hufeisen und der Steine im Himmel. Man glaubt, dass er in der Nähe des russischen Gottes wohne, und sich vielfach mit ihm besuche. — Jede Gottheit hiess als weibliches Element Mathe (Mutter), als männliches Thewa bei den Litthauern. — Nach Elzchasai, dem Oberhaupte der Moghasilas (Waschenden), giebt es zwei Reihen von Wesen, männliche wie die Gemüsekräuter und weibliche wie die Mistel oder die Wurzel der Bäume. — Die Timmanees erbauen ihr Teufelshaus über einem verlassenen Haufen der Bugbugs, die als Diener des Satans gefürchtet werden, und in Folge ihrer unterweltlichen Wohnung einen Höllendienst verlangen, wie dem Achilles, als König der Myrmidonen auf den Donauinseln gezollt wurde. — Nach Strahlenberg besteht der Gottesdienst der Ostjäken darin, dass sie, vor ihrem Götzenbilde auf- und abwandelnd, mit dem Munde ein Geräusch machen, wie das der Mäuse und Ratten. — Les Moabites adoraient Baalphégor sur le mont Phégor. Des rabbins disent, qu'on lui rendait hommage sur la chaise percée et qu'on lui offrait l'ignoble résidu de la digestion, comme au dieu Pet ou Crepitus. (*Collin de Plancy*.) — Cruikshank erzählt von dem Fetisch einer Sklavin in Akim (eine kupferne Pfanne mit einem Klumpen Lehm, worin Papageienfedern steckten), die Rum vor demselben ausgoss, um Verwünschungen auf ihren Beleidiger herabzurufen, und als sie desselben von ihm beraubt worden war, hoffte, dass Jaukompa (Gott) ihr einen andern bescheeren würde. — Die alchemistische Secte der Saiwas verehrte das Quecksilber, als das Bild Siwa's. — Als Gott des Porcellans wird bei den Chinesen Pai-Scha verehrt, ein Arbeiter, der sich (als ein vom Kaiser aufgegebenes Modell nicht glücken wollte) in den glühenden Ofen warf, worauf das Porcellan die gewünschte Form annahm. Da die Menschen gesellschaftlich leben, so stellen sie sich auch die Götter unter gesellschaftlichen Verhältnissen vor. — Gmelin sah die Anbetung dreier Buräten, die am Kuta mit einem Birkenreise der Sonne entgegengingen. Als ihr Hauptgott auf ihre Einladung über den Fluss ihnen entgegenkam, warfen sie, um ihre Ehrfurcht zu bezeigen, ihre Schalen in die Luft, und als er befriedigt zurückkehrte, warfen sie dieselben aus Freude hinter ihm her. — Wer sich bei dem Miaotse-Stamme in den Ping-Scha-Schi-Hügeln verheirathen will, steckt fünf kleine Fahnen in ein Grasbündel, das durch sieben Bänder zusammengehalten wird und kniet im Beisein seiner Freunde davor nieder. Beim Tode der Eltern bleibt der älteste Sohn noch 49 Tage im Hause, ohne das Gesicht zu waschen, Opfer der Gottheit Fang-qwei bringend. — „Der Gott der Oregon-Indianer, die für ihn nur die Bezeichnung Wolf haben, scheint zwischen Thier und Gottheit zu stehen," sagt Wilkes. — Wurde dem Storjunkare, der auf unzugänglichen Felsen seinen Sitz hatte, geopfert, so warf der Lappe einen mit Fett besalbten Stein zu ihm hinauf. — Die Jupi-ta-tze (mandshuischen Fischhäute) rufen (nach dem Taamo-Glauben der Chinesen) gewisse Geister an, die man für gute hält, um vor dem gefürchteten Teufel zu schützen. — Soll in Halmahera ein Krieg beschlossen werden, so wird in der Saboewah ein Schmaus angerichtet und der Häuptling befragt die Anwesenden um ihre Meinung. Dann begiebt sich ein Mahimo oder Aeltester unter einen grossen Baum, in dessen Stamm ein Loch gebohrt worden ist, worunter man einen Korb hält. Während einige Krieger den Waffentanz eröffnen, klopfen andere an den Stamm und beschwören den Geist, aus dem Baum in den Korb zu fahren. Sobald der Mahimo erklärt, dass der Geist eingeschlüpft ist, wird der Korb in Procession nach der Saboewah gebracht und dem Geiste Speise angeboten, wozu man einstimmig ruft: „Der Geist ist da und soll uns folgen." Ist der Krieg vollendet, so verziert man den Korb mit Blumen und bringt ihn mit Musik und feierlichem Gefolge nach der Saboewah unter dem Rufe: „Unser Geist ist heimgekehrt." Dann wird der Mahimo herbeigeholt, der den Korb beschauend, ausruft: „Mein Geist ist zurückgekehrt." Nach drei Tagen wird dann zu Ehren des Unsichtbaren ein Gastmahl veranstaltet, und der Korb mit Beobachtung aller Etikette in das Loch im Baume gebracht, wobei die Krieger rufen: „O Geist, wenn wir wieder in Gefahr gerathen, stehe uns bei." „Unseren Philosophen und Theologen (sagt Schmidtmüller) fällt es oft ein, ideale Grundzüge bei den verschiedenen Religionen der heidnischen Völker zu finden oder in diesen Religionen einen Vereinigungspunkt zu entdecken, worüber diese Völker sich selbst sehr wundern und die daraus hergeleitete Symbolik des indischen Archipels wohl für eine Abhandlung über christliche Symbolik halten würden." — Ausser der Gottheit (Atua, welchen Namen sie von den hellfarbigen Stämmen erhalten) verehrten die Wanikoro (Negritos) specielle Gottheiten, als deren Wohnsitz man d'Urville in einer Hütte das Loch der Landkrabben und ein Bienen- oder Ameisennest (wie die Wohnungen der Termiten an der Westküste) bezeichnete, während ein anderer Gott auf dem weissen Felsen am Gipfel des Kapago lebte, dessen Anwesenheit die dort ruhenden Wolken anzeigten. Der angebliche Wohnsitz der Götter war stets in der Nähe von Gräbern der Häuptlinge, deren Körper oft absichtlich in Ameisenhaufen gelegt werden, damit diese das Fleisch von ihren Knochen abzehren.

[Bei den Neuguineern heisst Gott (nach Fernebe) Wat, was Meinike aus dem molukkischen Worte (Diwata) abgeleitet glaubt. Der Dämon wird Mara vom gemeinsamen Stamm Mala (woher ein Europäer in Torres-Strait Lammar oder Alamala heisst), wie der böse Geist bei den Buddhisten genannt, während bei den semitischen Völkern, wo Helios, El, Allah, Bel Gott bezeichnet, Scheitan der Böse ist. Das mexicanische Teotl schliesst sich an das arische Wort für Gott (Devas der Hindu, Zeus oder θεος der Hellenen, Diewas der Litthauer, Dus der Gallier, Dia der irländischen Celten, Tyr der Edda, Zeo des Hochdeutschen, Dewana des Slavischen, Diana der Lateiner), was Lassen von Dhou (erhellen), Windischmann von Dha (schaffen) herleitet. Die Abyssinier sagen (nach Ewald) Egzie und Amlak (Herr). Neben Isis, Osiris, Isa, Krishna, Josua, Jesus läuft eine Modification in Mithra, Ahmed u. s. w., oder Here, Ormuzd, Ahriman hin.]

Der böse Feind.

Das Gefühl der Furcht mischt sich mehr oder weniger in jede Gottesverehrung. Sie bildet den Haupthebel für den Fetisch des Wilden, der, wenn er sich selbst genügen könnte, keines Andern Hülfe verlangen würde, der also von dem, der sie gewähren kann, auch besorgt, dass er sie wieder entziehen möchte. Auch wenn die Civilisation den Gottesbegriff zu einem höhern Wesen erhebt, wird der gemeine Mann sich immer mit einer gewissen Angst dem nahen, von dem auch alles Uebel ausser dem stets weniger tiefen Eindruck machenden Guten kommt, trotz aller metaphysischen Argumente, ihm zu beweisen, dass er sich gegentheils über das Böse gleichfalls zu freuen hätte. Zuchelli verschwendete alle seine Beredtsamkeit umsonst, die Neger zu überzeugen, dass die Krankheit eine wohlwollende Veranstaltung Gottes sei. Die Furcht vor dem mächtigen Herrn wird zum Hass gegen den Diener. Der Russe spuckt aus, wenn er einem Popen begegnet, den er demüthig verehrt, so lange er in seinem Ornate fungirt. Die Begegnung eines Pfaffen galt im Mittelalter vielfach als böses Omen, und die englischen Matrosen verwünschen Missionäre als Passagiere, da sie sicher Unglück bedeuten.

Primus in orbe deos fecit timor, sagt Papinianus, und die Furcht des Wilden verschwindet nie völlig in der Liebe des Gläubigen, bis der von den relativen Verhältnissen des Lebens losgerissene Blick sich in der Unendlichkeit des Absoluten auflöst. „Wem ergreift die Furcht vor den Göttern das Herz nicht?“ singt Lucrez. — Ein grosses Schrecken ist Brahma, ein gezückter Donnerkeil, die das wissen, werden unsterblich. Aus Furcht vor ihm brennt das Feuer, aus Furcht vor ihm glüht die Sonne, aus Furcht vor ihm eilt Indra und Vayu und Mritgu, als Fünfter. Wer dies Brahma schon hienieden erkannt hat, der wird befreit von dem Untergang des Körpers. In den geschaffenen Welten geht er „einen neuen Körper" ein. Brahma erscheint im Geiste des Menschen, wie in einem Spiegel. Ueber dem Unentfalteten aber steht der höchste Purusha (Geist), der Alles Durchdringende, Zeichenlose. Wer dieses erkannt hat, wird frei und gelangt zur Unsterblichkeit, durch das Zusammenhalten der Sinne gelangt der Mensch auf dem Pfade der Yoga zur Vereinigung mit dem höchsten Geiste. (Yajur-Veda.) — Die Bewohner der Georgs-Inseln glaubten in einer Welt von Geistern zu leben, die sie Tag und Nacht umgaben, jede Handlung ihres Lebens beobachtend und bereit, die kleinste Nachlässigkeit oder Ungehorsam gegen ihre Anordnungen, die von den Priestern verkündet wurden, zu rächen. — Während des Treibens der Jesuiten in den sonderbündlerischen Kantonen verglich Pator Burgstaller (in einer zu Sursee gehaltenen Predigt) Gott mit einem tollen Hunde, der wüthend auf die Menschen losfahre und sie beissen wolle. „Damit nun aber Gott in seiner Hundswuth die frommen Bauern von Luzern und Unterwalden nicht wirklich beschädige, dafür seien die Geistlichen, und besonders die Väter der Gesellschaft Jesu und der heiligen Kirche als Schirmvögte aufgestellt" gleich den domini canes. — Die Bewohner des Feuerlandes sagen, zum Himmel blickend, Ara Ira, indem sie in die Luft blasen, als ob um die bösen Geister wegzujagen (Meriale), so dass sie in der *κοσμος δαιμονων πληρης**) des Thales zu leben scheinen. In den Rheinprovinzen ist (nach Wuttke) Alles so mit Seelchen gefüllt, dass man keine Thür heftig zuschlagen darf, um nicht einige derselben zu klemmen. Der Araber wagt keine Orangeschale fortzuwerfen, ohne die Efrits um Entschuldigung zu bitten, die er dadurch treffen könnte. — Turbane zu tragen war auf Tonga den gemeinen Leuten (ausser bei der Arbeit auf dem Felde und in Canoen) verboten, als respectswidrig, denn wenn auch gerade keine Häuptlinge (Matabule) gegenwärtig seien, doch irgend welche Götter ungesehen in der Nähe weilen könnten. (*Mariner.*) — Die Vorstellungen der Nicobaren von dem, was nicht im unmittelbaren Bereiche ihrer Vorstellungen liegt, beschränken sich (nach der Mittheilung eines Missionärs) nur auf die Furcht vor Wesen, deren Einflüssen sie solche unglückliche Ereignisse zuschreiben, die aus gewöhnlichen Ursachen nicht zu erklären sind, gewisse Krankheiten, Misslingen der Früchte u. s. w. Diese Wesen (Ivi), die von den Mainen oder Aerzten beschworen oder vertrieben werden können, haben ihren Aufenthalt in dem Dickicht der Wälder, und von Einigen werden sie auch als die Erhalter der Natur betrachtet, die die Pflanzen zum Wachsen bringen können. „Da droben in der Luft schweben die bösen Geister, wie die Wolken über uns, flattern und fliegen allenthalben um uns her, wie die Hummeln mit grossen unzähligen Haufen, lassen sich wohl auch sehen in leiblicher Gestalt, wie die Flammen am Himmel daherziehen, in Drachengestalt oder anderen Figuren, item in Wäldern und bei dem Wasser, da man sie siehet wie Böcke springen oder hörnen wie die Fische, kriechen in

*) „Mit einem der Phantasie eigenen Pragmatismus holt der Mensch die Erklärung der Naturwunder aus der Menschheit, belebt die Kräfte der todten Natur, giebt ihnen Persönlichkeit, Wille, knüpft sie an die Menschheit, aus der er sie entwickelte, wieder an, und bildet sich seine Götter." (*Gervinus.*) — Nach der griechischen Anschauung vom Hades oder dem Unsichtbaren, aus dem die Dinge (das Ding an sich) ans Licht und wohin sie zurücktreten, sagt Aristoteles: „Die Materie hat zu viel Scham, um sich nackt sehen zu lassen und deshalb zeigt sie sich nie, als von irgend einer Form bekleidet." „Blick umher in der Welt und sage, ob nicht aus Allem dich ein Geist anschaut. Ja, es spukt in der ganzen Welt. Die ganze Welt ist ein räthselhaftes Gespenst und auch in die spukt es." (*Stirner.*) „Winde sind nichts anders, denn gute oder böse Geister," sagt Luther.

den Sümpfen und Tümpeln, dass sie die Leute ersäufen und das Genick brechen und sind gerne an wüsten Orten und Winkeln, als in wüsten Häusern, also dass sie die Luft und Alles, was um und über uns ist, inne haben. (*Luther.*) — Die Dahomeer fürchten bei Nacht zu reisen, wegen der tödtlichen Berührung des Leiba (Teufel), der in Schlangengestalt die Luft durchfliegt. Wenn die Priester erklären, dass der Teufel im Winde ist, flieht Alles erschreckt. (*Robertson.*) — Das Zerreissen der Kleider der Rabbinen rührt von den Teufeln her, die sich daran reiben, ebenso die müden Kniee, das Zerschlagen der Schienbeine, sowie das Gedränge, das am Sabbath in den Synagogen entsteht, obwohl dort Platz genug ist. (Tractat Berachoth.) — Die Messalianer, welche in der heil. Schrift gelesen, „dass der Teufel umgehe wie ein brüllender Löwe, und suche, wen er verschlinge," waren nicht zufrieden mit einem einzigen Räuber dieser Art, sondern bildeten sich ein, die ganze Atmosphäre wimmele von Teufeln, welche man mit der Lebensluft einathme. In Folge dieser Vorstellung thaten sie nichts, als ausspucken und ihre Nase schnäuzen; während der Intervalle dieser letztern Beschäftigung glaubten sie Lichtstrahlen von der Dreieinigkeit aufzufangen. — Die Ascodrogiten oder Pattalorenchiten erhoben es zu einer Uebung der Andacht, während des Gebets den Finger an die Nase oder auf den Mund zu legen, wodurch sie nach der Angabe des h. Augustinus David nachahmen wollten, der spricht: „Stelle, o Herr, eine Wache vor meinen Mund, und bewahre die Pforte meiner Lippen" (Psalm CXL. 3). — Die Perser mussten bei jeder Handlung des Lebens Gebete sprechen, um immer auf der Hut gegen die bösen Diws zu sein, die sie überall umschwärmten, hungrig auf eine Beute lauernd. — Der Abaje hatte sich ein Lamm auferzogen, das mit ihm auf das Secret ging, oder besser noch ein Böcklein, so würde sich ein Bock mit dem andern verwechselt haben (da der Teufel Sair oder Bock genannt wird). Ehe der Rabba das Haupt der hohen Schule wurde, klapperte ihm des Raf Chasda's Tochter mit einer Nuss in einer Flasche, wenn er auf dem Abtritt sass, später legte sie während der Zeit ihre Hand auf sein Haupt, damit kein Teufel ihm Leid zufügen möchte. (Tractat Berachoth.) — Ideler theilt aus der Charité die Eingabe eines Rechtsgelehrten an ein königl. hochlöbl. Polizei-Präsidium mit, worin sich derselbe über ein ruchloses Spiel beklagt, das die Juden seit mehreren Jahren mit Hülfe des Electromagnetismus mit ihm trieben, ohne ihm einen Augenblick Ruhe zu gönnen. Andere Geisteskranke glauben sich stete Schmähungen von den Kirchthürmen zugerufen. — In einer Bulle (1317) beklagt sich Johann XXII., dass mehrere seiner Hofleute, sogar sein eigener Arzt, sich dem Teufel ergeben hätten, dass sie böse Geister in Ringen, Spiegeln, magischen Kreisen eingeschlossen hielten, um dadurch auf ihre Mitmenschen aus Nähe und Ferne zu wirken. — Als ich in Tübingen war, sah ich jede Nacht Flammen, die lange brannten, bis sie in einem grossen gewaltigen Rauch aufgingen. Gleichfalls erschienen mir zu Heidelberg Gestalten, wie fallende Sterne, die jede Nacht kamen. Dies sind ohne Zweifel Teufel, die immerfort unter den Menschen umherschweifen. (*Melanchthon.*) — In den Burgen der Ritter, in den Palästen der Grossen, in den Bibliotheken der Gelehrten, auf jedem Blatte in der Bibel, in den Kirchen, auf dem Rathhause, in den Stuben der Rechtsgelehrten, in den Officinen der Aerzte und Naturlehrer, in dem Kuh- und Pferdestalle, in der Schäferhütte, überall und überall ist in dem siebenzehnten Jahrhundert der Teufel. (*Horst.*) — Unter dem Landvolk des nördlichen Deutschlands gilt die Erkältung (die Verkühlung) als die Ursache aller Krankheiten. Sie wird überall gefürchtet und ist überall da. So bietet sich die Wärme, als das nächste Heilmittel, das immer nützt und nie schadet. „Die Furcht vor Erkältung (sagt Goldschmidt) lastet wie ein Alp auf ihnen und hindert sie an dem freien fröhlichen Genuss des Lebens." — Das gewöhnliche Volk in China, und besonders die Frauen, suchen die bösen Geister durch verschiedene Ceremonien zu versöhnen. Bald ist es das Götzenbild oder vielmehr der Dämon, der es bewohnt, bald ein hoher Berg, oder ein dicker Baum, oder ein eingebildeter Drache, den sie sich im Himmel oder auf dem Grunde des Meeres vorstellen, bald die Quintessenz irgend eines Thieres (la quintessence de quelque bête), eines Fuchses z. B., eines Affen, einer Schildkröte, einer Grasmücke u. s. w. Sie nennen dieses Tsing oder auch Yao-couai, d. h. Ungeheuer oder eine überraschende Sache. Sie sagen, dass diese Thiere, nachdem sie lange Zeit gelebt haben, das Vermögen besitzen, ihre Wesenheit zu reinigen, sich von dem, was grob und irdisch an ihnen ist, zu entkleiden; und was dann übrig bleibt, diese feinere Substanz, ist es, die Gefallen daran findet, den Verstand der Männer oder Frauen zu verwirren. Ein auf diese Weise destillirter Fuchs ist im höchsten Grade zu fürchten. Sobald sie krank sind und wenn das Fieber sie ergreift, ist es sichtbarlich der Dämon, der sie quält. Sie heissen Tao-sse und richten den grössten Lärm und die vielfachsten Gaukeleien im Hause an. (*Du-Halde.*) — Die geheime Berathung, die Cunibert, König der Longobarden, mit seinem Minister über den Verrath Aldons' u. Grausens hielt, wurde diesem (nach Paul Diaconus) durch den während derselben den König als Mücke stechenden Teufel verrathen, der als hinkender Bote erschien, da ihm ein Bein von dem Minister ausgerissen worden. — In Fliegengestalt, als Beel-Zebub, durchstreicht Ahriman alle Theile der Welt. — Aehnlich heisst es in den Act. Benedict.: In muscae similitudinem prorumpens cum sanguine de naribus egressus est inimicus, so dass dies ein beliebter Ausgangspunkt scheint. St. Dunstan versuchte sogar den Teufel aus seiner eigenen Nase zu ziehen. St. Genovefa blies den Teufel so kräftig von einer Lampe herab, dass die Hälfte derselben mit abfiel. Loki betrog die Freia als Fliege, wie der Fliegengeist die Welt inficirte. Bei den Hottentotten wurde dagegen derjenige, auf den sich ein gewisses Insect niedersetzte, als vom Himmel begünstigt betrachtet und verehrt. — Jupiter muscarius (Beel-Zebub) brachte im Fliegenmonat Seuche und Pest, wehrte sie aber auch ab, als *ἀπόμυιος* (Abwehrer der Pestfliege). — Als der Teufel ihn in Gestalt einer blaubäuchigen Fliege umschwärmte und beständig auf seine Feder flog, warf Luther („der, wie Russel bemerkt, den Satan in allen seinen Vermummungen kannte"), zuletzt ungeduldig werdend, das Dintenfass nach ihm. — Auf Augen und Mund eines jungen Einsiedlers sah der Anachoret Macarius Teufel, in Gestalt von Fliegen, sich niederlassen, die aber von einem Engel mit zweischneidigem Schwerte verjagt wurden. — Der Volksglaube legt Menschen, deren Augenbrauen zusammengewachsen sind, eine besondere Kraft bei, indem sie einen Geist in Gestalt eines Schmetterlings daraus hervorgehen lassen können. Johannes von Damascus schreibt solche Christus zu und sagt, dass seine Farbe gelbbraun, wie die seiner (egyptischen) Mutter (gleich einem Weizenkorne) gewesen sei. (*W. Grimm.*) — Jeder zauberkundige Finnlappe hielt sich einen Sack mit Gäne (blaue, flügellose Thiere, wie Mücken) in Berghöhlen neben seinen Götzen versteckt, von denen er täglich einige für seine Geschäfte ausschickte, doch konnten diese bösen Geister keinem Menschen schaden, wenn der Zauberer nicht den Namen dessen Vaters wusste. Auch konnte einem Gan entgegen geschossen werden. Das Tyre (in Finnisch-Lappland) war etwas Lebendiges von der Grösse einer Wallnuss, das sich die Zauberer nach allen Richtungen bewegen lassen konnten (rasch wie der Wind, aber alles im Wege Liegende treffend, so dass es oft das Ziel verfehlte), um seinen Feinden Schlangen, Kröten und andere Plagegeister zuzuschicken.

KRANKHEITEN UND IHRE HEILUNG.

Indem die sinnliche Naturanschauung, wie im Tode, so in jeder Krankheit, die Verletzung eines wundenden Pfeiles sieht, der, wenn nicht vom Pestsender Apollo ausgehend, durch die Hand eines bösen Zauberers geworfen ist, so bedarf es auch der guten Magier, um ihm entgegenzuwirken, und im Mittelalter nahm man die Hülfe derselben selbst für alle Unfälle im Haushalte *) in Anspruch, mochte die Milch nicht gekäst haben oder das Garn nicht gut zu spinnen sein. Die Krankheit wird von dem Wilden in der Zerrüttung der körperlichen Functionen empfunden. Er begreift sie nicht, er schreibt ihr Eindringen schädlichen Dämonen, den Geschossen der glühenden Sonne zu, er sieht darin eine Rache der Götter oder, wenn er den Kranken liebt, die Wirkung eines schändlichen Hexenmeisters, der aufgesucht und bestraft werden muss. Ist die regelmässige Wiederkehr der zum Tode führenden Symptome, besonders in hohem Alter, beobachtet, so entfernt man den Kranken schon vor dem Verscheiden, um die lästigen Reinigungen zu ersparen, man verspeist ihn im Kreise der Bekannten, wobei sich leicht ansprechende Hypothesen finden lassen, um das Fressen aus Liebe zu mehr als einem bildlichen Ausdrucke zu machen. Die Priester sind nicht unthätig, wo ihre Kräfte in Anspruch genommen werden, sei es für den Himmel, sei es für die Erde. Sie kennen Beschwörungen, als Arznei oder Zauber zu verwendende Mittel, sie wissen dem Körper die Gesundheit wiederzugeben oder sonst der Seele Flügel anzuschnallen, dass sie aus diesem Jammerthale fortfliege.

Gelingt es dem Zauberarzt in Congo nicht, gegen den bösen Wind, der die Krankheit bringt, zu blasen, so weiss man wenigstens später aus der Leiche zerfetzte Stücke Eingeweide und Holzsplitter als den Sitz der Krankheit herauszupracticiren. — Sah man in den Marquesas-Inseln die Krankheit als die Wirkung einer mächtigen Gottheit an, so suchten, statt sich an ihre Bekämpfung zu wagen, die Tauas die zornigen Bewegungen im Leibe des Kranken durch sanftes Streicheln zu beruhigen. Die chirurgische Behandlung äusserer Krankheiten hatten sie den untergeordneten Tahounas schon

*) In Lauenburg schützt man junge Hunde vor Läusen, indem man ihnen ein Kreuz von Kreuzdorn an den Hals bindet. Die Ostfriesen machen Kreuze an die Milchgefässe, um das Buttern hindernde Behexung abzuhalten.

überlassen. Findet der Manilese seine Anrufung an den Nono, um einen Verwandten zu heilen, nicht erhört, so droht er ihm wohl mit seiner Rache, wie auch die Fetischmänner in Africa ihre Götter oft die Peitsche fühlen lassen. Das Ende eines Ochsenhorns wird vielfach in Africa, in den Philippinen und America gebraucht, von den spanischen Colonisten besonders nach Art des Schröpfkopfs, um (je nach der Ansicht) Blut auszuziehen oder den unsauberen Teufel. Die Zauberer der Abiponen drücken auf den leidenden Theil des Kranken ihre Lippen und nach starkem Saugen speien sie Käfer, Körner, Würmer u. s. w. aus, die sie vorher in den Mund genommen haben. Bei den Payaguas wird der Arzt, unter dessen Händen der Kranke stirbt, getödtet (wie auch in China er Strafe unterliegen kann), während sonst sich mit dem Gegenwirken eines mächtigeren Zauberers, der aufzufinden und zu vernichten ist, entschuldigt wird. Die Patagonier trommeln am Bett des Kranken. Ehe der Zauberer bei den Chiquitos seine Künste anhebt, füllt er seinen Magen mit den ausgesuchtesten Speisen (um einen gesunden Athem zum Aussaugen und Anblasen zu erhalten) und fragt den Patienten, ob er etwa eine Kanne umgestürzt, Weizentrank verschüttet oder gar Schildkröten-, Hirsch- oder Wildschweinfleisch den Hunden vorgeworfen habe. Gesteht derselbe Etwas der Art ein, so wird mit dem Kolben auf die Erde umhergestossen, um die Seele des beleidigten Thieres, das seinen Körper besessen hat, zu erschrecken und auszutreiben. — Catlin sah einen phantastisch geputzten Medicinmann unter dem Schütteln seiner Rassel um den schwerverwundeten Häuptling der Schwarzfuss-Indianer tanzen. — Bei einem Krankheitsfalle rufen die Tingulanes eine Zauberin, Agonera (Asistera) genannt, die, durch berauschende Getränke aufgeregt, sich über Kopf und Gesicht einen ausgehöhlten Schweinskopf stülpt und mit wildem Geschrei umherspringend, das Götzenbild (Anito) mit einer Mischung aus Ochsen-, Hühner- und Ferkelblut begiesst. — Wenn die Kräuter und Wurzeln der indianischen Medicinmänner nicht helfen, so bekleiden sie sich mit der Haut des gelben Bären, woran allerlei Anomalien und Missbildungen befestigt sind, sowie die Häute von Schlangen, Fröschen und Fledermäusen, Schnäbel, Zehen und Schwänze von Vögeln, Hufe von Hirschen, Ziegen und Antilopen, oder überhaupt Alles, was schwimmt, kriecht und fliegt, und tanzen in diesem phantastischen Anzuge über den Kranken, schütteln ihre Rasseln und singen Zaubergesänge, um das Leiden zu heilen, wenn es nicht etwa der Wille des grossen Geistes gewesen, dass er sterben solle.

Durch Praxis bilden sich gewisse Curregeln, man vergleicht die verschiedenen Fälle, man sammelt die Votivtafeln, man stellt sie in den Tempeln auf, deren Diener dann um so mehr Zutrauen verdienen, als ihnen Mittel zu besserer Belehrung gegeben sind. In Kos vererbten sich die Kenntnisse unter Aesculap's Schülern und die Benedictiner begründeten im Mittelalter die salernitanische Schule. Besonders die Tempel in der Nähe von Mineralquellen kommen als Badeörter in Aufnahme, durch Träume sucht man somnambulisch auf die Kranken zu wirken, aus fernen Gegenden herbeigebrachte Heilkräuter werden am Fusse der Götterstatuen gepflanzt und ihrem Schutze anvertraut*).

*) Bei der unbestimmten Allgemeinheit der Ideenverbindungen sind dieselben jeder Modification fähig, und so konnte sich rasch in Panias die Ver-

Möglich, dass trotz ihres reichen Apparates die geistlichen Heilkünstler bei einem vornehmen Kranken nicht zum Ziele kommen. Alles ist umsonst versucht, die reichen Belohnungen, die in Aussicht stehen, scheinen verloren zu sein. Jedenfalls muss ein Trost gegeben werden. Dass die Krankheit durch einen allzu mächtigen Dämon verursacht wäre, ist bedenklich anzudeuten. Als Götterdiener haben sie die moralische Pflicht, die Dämonen nicht nur zu bekämpfen, sondern auch zu besiegen, und bei ihrer Unfähigkeit würde kein Geld gespart werden, sich kräftigere Theurgen kommen zu lassen. Aber wie, wenn es sogar unrecht sein sollte, diese Krankheit zu bekämpfen? Sie ist von der höchsten Gottheit gesandt, sie ist eine heilsame Prüfung des gnädigen Herrn (eine gerechte Strafe würde es bei einem armen Schlucker heissen), die schliesslich zu den schönsten Belohnungen führen wird. Kommt der Tod dazwischen, so macht es keinen Unterschied, die verassecurirten Belohnungen *) werden im Himmel in um so überschwänglicherem Maase ausbezahlt, und die chinesischen Bonzen schnauzen die armen Leute, die sich über die Vergiftung des Familienhauptes mit dem Unsterblichkeitstrank beklagen, noch wegen ihrer Dummheit an, weil es ja eben beabsichtigt gewesen sei, ihn unter das Reich der Geister zu versetzen. Sobald die Möglichkeit eines solch unmotivirten Eingreifens einer höheren Macht in die Verhältnisse des Lebens (nicht zuzugeben, was immerhin unschädlich genug geschehen möchte, sondern) als mitbedingend in die Schlussfolgerungen des Denkens aufgenommen ist, wird sich der Mensch immer mehr und mehr in das confuseste Gedankenlabyrinth von Folgerungen und Hypothesen verwirren, aus dem sich herauszufinden er erst eines Führers in der Gestalt des mit den Geheimnissen vertrauten und durch die Ordination zur Kenntniss derselben berechtigten Priesters bedürfen wird.

In dem Asklepion zu Epidaurus standen noch zu Pausanias' Zeit die metallenen Tafeln, worin die Krankengeschichten eingegraben waren, und an den Thürpfosten und Säulen waren oft Heilmittel angeschrieben, wie die Zusammensetzung des Eudamas gegen den Biss giftiger Thiere an der Thür des Asklepions zu Kos. Ein Goldschmied hatte dem Tempel zu Ephesus ein Augenwasser vermacht, das stets helfen sollte. Erasistratus schenkte dem delphischen ein Instrument zum Ausziehen der Zähne. — Chiron, der Mann der Hand (in der Chirurgie), wurde bei den Magneten verehrt (von Apollo unterrichtet), als Lehrer des Aesculap. — Apollo Paion wurde mit Rücksicht auf die Heilung durch Schläge so genannt, die später im Mittelalter durch Paullini wieder in Mode gebracht wurde und sich neuerdings zur

---

mittlung zwischen dem Heilgott und dem palästinensischen Wunderthäter einleiten.

*) Die Hospital-Ritter von Jerusalem gewährten (wie Tudela erzählt) den Pilgern Alles, was sie für dieses Leben oder den Tod bedurften.

Lebenserwecker verfeinert hat. — Die Heilmittel werden von den Priestern der Baalzer theils durch Inspiration erfunden, theils indem sie sie in ihren Tempeln durch eine weisse Hand aufgeschrieben fanden. — Der Erfinder des Arzneipulvers Wadsusan (in Japan) behauptete, dass es ihm durch den Abgott Jakusi im Traume enthüllt sei. (*Kämpfer.*) — Pausanias erklärte dem streitenden Sidonier im Tempel zu Aegium, dass auch die Griechen unter Aesculap besonders die reinigende Luft verständen. Für die Benedictiner in Salerno dagegen war die gesunde Atmosphäre, in der ihre Kranken dort lebten, ein nur untergeordnetes Moment, da sie auch ohne das geheilt sein würden, so lange man die Reliquien der heiligen Theresa, Susanna und Archelais besass. — Als Aristäus, nach Ceos hinübergeschifft, dort das Opfer für sämmtliche Griechen brachte, hörte die damals grassirende Pest auf, weil gerade die etesischen Winde wehten, wie Diodor hinzusetzt. — Mit Hautausschlägen Behaftete badeten in der Quelle der Anigridischen Nymphen, nach einem Gebete an dieselben. — Man besucht die Quelle von Spy in Schottland gegen manches Körperleiden und zu gleichem Zwecke die von Drachaldy, wo kleine Geldstücke und Lappen geopfert werden. (*Pennant.*) — In Grusien legen Kranke über einigen Wachslichtern das Gelübde ab, nach ihrer Wiedergenesung zu Fuss nach einer Kirche zu pilgern und Gott ihr Opfer zu bringen. Die Lichter werden zusammengeknetet und als ein durchbohrter Wachsklumpen an Händen und Füssen getragen, welchen später der Priester den Pilgern abnimmt, indem er zugleich jedem kreuzförmig das Haar scheert. — Die Tempeldiener zu Epidauros suchten einst (nach Aelian) ein um Heilung kommendes Weib, das am Bandwurm litt, in Abwesenheit des Gottes zu curiren, indem sie ihr den Kopf abnahmen und den Wurm herauszogen. Mit Wiederansetzen des Kopfes konnten sie indess nicht recht zu Stande kommen, bis der Gott glücklich noch zu rechter Zeit erschien und Alles wieder in Ordnung brachte, wie Jesus bei dem Hufschmied, der, ihm nachahmend, den Schenkel des Pferdes zum Beschlagen auf den Amboss gelegt hatte. Statt solch gefährlicher oder anstrengender Operationen genügen später Formeln allein, wenn der Kranke den rechten Glauben hat, aber bei Unmündigen muss der Vater an ihrer Statt an Besprechungen glauben, wie Riehl bemerkt, auch im deutschen Volksglauben. So übernimmt der Vater, statt der unwürdigeren Mutter, bei den Wilden die solidarische Verpflichtung für den Säugling im Kindbette. Wichtig ist es vor Allem, auszufinden, welcher Ursache der Kranke sein Leiden zuschreibt, denn das tolle causam darf nicht vernachlässigt werden. Hat er einen bösen Feind in Verdacht, so schickt man diesem die Krankheit zurück, unter Umständen durch geschickt beigebrachtes Gift, und das Gefühl befriedigter Rache wirkt dann an sich schon als gute Medicin. Vosmaers sah bei den Orang Badjos in Celebes, dass ein Kind, das plötzlich krank geworden war, nachdem es unter einem alten Baume gespielt hatte, von seinen Verwandten dorthin zurückgeführt wurde, wo sie groteske Tänze aufführten unter Leitung einer alten Frau und sich verschiedentlich mit ihren Kris verwundeten, um den bösen Geist zu erschrecken, dass er die Seele des Kindes zurückgebe. Vom Theologen Hemmingius wird erzählt, von einigen seiner Verse behauptet zu haben, dass sie, als magischer Natur, das Fieber vertreiben könnten, worauf sogleich eine Menge von Curen mit denselben glückte, bis er eingestand, dass das Ganze nur ein Scherz gewesen sei, und dadurch die Wirksamkeit vernichtete. Im Hallenser Krankenhause wurde ein Student, der, um die Nicht-Ansteckungsfähigkeit der Cholera zu beweisen, in einem solchen Bette schlief, an der Cholera krank, obwohl nachher sich umgekehrt zeigte, dass kein Cholera-Kranker darin gelegen habe. Die spanischen Aerzte machen miraculöse Curen mit agua sebada (theelöffel- und stundenweis), wie Hippocrates mit dem Honigwasser und Gerstentrank, und weniger gefährlich, als wenn sie sich an Droguen wagten. Der Kranke wird in somnambulischen Schlaf versetzt, um durch Träume selbst die nöthigen Heilmittel zu enthüllen. In Australien schlafen sie auf den Kirchhöfen, im alten Griechenland in den Tempeln des Aesculap auf heiligen Fellen, in Celebes auf Büffels-Koth, nachdem die nöthigen Reinigungen vorgenommen sind. Im Tempel der Ceres zu Patras stiegen sie, nach Pausanias, in einen Teich, um in einem dort aufgehängten Spiegel selbst nach dem Erscheinen ihres Bildes über die Genesung zu urtheilen. — Zum „Abschreiben" wird in Würtemberg Name und Alter des Kranken auf ein Stück Papier geschrieben (beim kalten Fieber), das der Kranke mit Brot essen muss. In Preussen schreibt es der weise Mann oder die weise Frau auf Butterbrot. Die Marabus in Senegambien schreiben eine Koranstelle auf eine Tafel und lassen das Wasser trinken, worin sie abgewaschen wird. — Most erzählt von einer Dame, die, da sie durch die Aerzte nicht vom Wechselfieber curirt werden kann, an einen durch Sympathie heilenden Mann schreibt und gesund wird, obgleich ihr Brief gar nicht abgegeben wurde. — Alvaro (auf seinem Zuge nach dem Mississippi), der die Vortheile (an der Küste) gelernt hatte, ärztliche Geschicklichkeit vorzuspiegeln, bewirkte manche wunderbare Curen, indem er, gewisse Worte murmelnd, auf seine Patienten blies, und unter den Indianern (die ihn und seine zwei Gefährten für Kinder der Sonne hielten) selbst einen Todten zum Leben erweckt haben soll. — Mohamed schickte Amir ibn Saafsas eine mit seinem Speichel befeuchtete Erdscholle, um durch ihren Genuss seine Krankheit zu heilen. — Nach Marcellus' Interpretation des Scribonius Largus wird Kopfweh curirt durch das Moos, das auf dem Kopfe einer Statue gewachsen ist. — Mit Gebet und geweihtem Oel bringt der heilige Martinus (bei Venantius Fortunatus) einen Gelähmten, der schon in den letzten Zügen liegt, zu augenblicklicher Genesung. Mit Chrysam und Kreuzeszeichen behandeln Hospitius, Eparchius und andere Einsiedler die Taubstummen, Blinden, Blatterkranken und Aussätzigen, die (wie es bei Gregor von Tours heisst) augenblicklich genasen. — Durch die vom Teufel geschenkte Kröte vermochten sich die Hexen unsichtbar zu machen, aufzufliegen und jeden Schaden anzustiften. — Die Scheyerischen Kreuzchen auf's Haupt gelegt, machten die vom Teufel eingegebenen Gegenstände ausvomiren (1738). — Nach Metrophanes wird die Gebetsölung (εὐχέλαιον) bei Kranken am wirksamsten von sieben Priestern gleichzeitig vorgenommen, so dass sich jeder mit einem Gliede beschäftigt, wie auch die Egypter besondere Aerzte für jeden Theil des Körpers hatten, und die congesischen Collegien nach Cavazzi. Dass jetzt im Allgemeinen Kranke lieber nach der Apotheke, statt nach der Sacristei schicken, folgt schon aus der grösseren Bequemlichkeit und Billigkeit des Verfahrens. Indess heisst es bei Wuttke: Wenn Arzneien vergeblich versucht sind und der Doctor zu theuer ist, schickt man in Lauenburg wohl nach dem Geistlichen, um das Abendmahl zu versuchen. Aerzte „verordnen" zuweilen (im Wupperthal) das Abendmahl, um eine Krisis herbeizuführen. — Dass bei der letzten Oelung (bei welcher non sunt omnes corporis partes ungendae, sed eae tantum, quas veluti sensuum instrumenta homini natura attribuit, oculi, aures, nares, os, manus, renes, pedes) die Genesung nur bisweilen erfolgt, leitet der Catech. Rom. davon her, quod eorum magna pars, vel qui sacro oleo perunguntur vel a quibus administratur, fide infirmajor est. — Der zu einem Kranken gerufene Schamane erkennt aus den Rissen eines in's Feuer gelegten Schulterknochens, was für ein Geist der Verfolger ist, d. h. was für ein Dämon die Seele des Patienten geraubt und in das Reich seines Gebieters entrückt hat, wo er sie im Dunkeln und in Fesseln hält. Um sie zu erlösen, bedarf es der dann näher bezeichneten Sühnopfer, die den Reichen oft zum Bettler machen. Dann werden der überwölbende Himmel, die weit ausgebreitete Erde, die neunzig Fürsten im Südwest, die neun schneeweissen Greise, der Vater Durcha Nojan, die Mutter Budan Chatun unter Libationen von Branntwein bei der Beschwörung am Feuer angerufen. — Kann ein Kimbande (Zauberpriester) unter den Mundombe den Kranken nicht heilen, so beschuldigt er die Kilulu (Seelen der Verstorbenen), den Tod herbeigeführt zu haben. (*Magyar.*) — Aesculap wurde von der Anschuldigung des Unvermögens oder der Unwissenheit freigesprochen, als die sibyllinischen Bücher als Ursache einer andauernden Pest erklärten, dass so Viele die den Göttern geweihten Häuser für sich bewohnten. Indess wurden auch die dann abgeforderten später wieder vernachlässigt. — Bei der Pest in Ticinus sah man zur Nachtzeit den guten und bösen Engel durch die Stadt gehen, und so viele Male der böse Engel mit der Ruthe (nach Geheiss des guten) an die Thür eines Hauses klopfte, so viele Menschen starben darin am folgenden Tage. Da wurde das Gesicht offenbar, dass die Pest nicht früher enden würde, als bis in der Kirche des heiligen Petrus (zu den Ketten) dem heiligen Märtyrer Sebastian ein Altar gesetzt werde. Deshalb wurden Reliquien des heiligen Märtyrers Sebastian aus der Stadt Rom gebracht und ihm in der Kirche ein Altar gesetzt, worauf die Pest aufhörte. (*Paul. Diaconus.*) — Wenn die Hunde heulen (sagt R. Bechai), so kommt der Engel des Todes in die Stadt, wenn aber die Hunde spielen, Elias. Bei der Pest darf kein Jude über die Strasse gehen. — Hat der Priester nicht Vertrauen genug zu sich selbst, so nimmt er seine Operationen im Beisein des Kranken vor und erklärt sie ihm, so dass dieser selbst anerkennen muss, dass ein etwa unglücklicher Ausgang jenem nicht weiter zur Last zu legen ist. Im Mittelalter wurde der nackte Kranke, ohne dass er dafür Dank sagen durfte, gemessen und das Maass sorgfältig hingelegt, um je aus seiner Veränderung bei Wiederholung der Procedur die Prognose zu stellen. Der Patient durfte sich dann nur selbst zuschreiben, wenn sein Körper nicht die gewünschten Dimensionen hatte. — Bei Krankheitsfällen schicken die Khands zu einem Priester, der Reis in kleine Haufen vertheilt und jeden derselben einer Gottheit weiht. Dann hält er eine Sichel an einem Faden fest und legt einige Körner darauf. Sobald sich die Sichel bewegt, erklärt der Priester, ein Gott sei gekommen, sagt den Namen desselben und zählt die Körner des für ihn bestimmten Häufchens. Ist die Zahl der Körner eine gerade, so ist der Gott nicht beleidigt, ist sie aber eine ungerade, so wird der Priester von dem Gott besessen und erklärt in seinem Namen, welche Sühnopfer gebracht werden müssen. (*Spiegel.*) — Im Vendidad ist der Preis bestimmt, nach welchem die durch Curen an den Daevayaçna's geprüften Mazdayaçnas-Aerzte heilen müssen, wobei das zu bezahlende Thier (ein kleines Zugthier für den Herrn des Hauses, ein mittleres für den des Dorfes, ein grosses für den einer Burg, ein Viergespann für den einer Gegend, eine Eselin für eine Frau u. s. w.) dem vicarirenden Opfer entspricht. Ein Priester wird für einen Segensspruch geheilt. — Wenn ein Familienglied krank wird bei den Jupi-ta-tse (in der Mandschurei), als Werk des Teufels, muss man einen der angesehensten Genien (den Geist des Hirsches, des Fuchses, des Wiesels) zu Hülfe rufen, indem man den Gross-Taama, der den Tiso-xeu oder Geist zu rufen versteht, einladet. Dieser durch eine Trommel angekündigt, hüllt sich in sein heiliges Gewand, und sitzt, mit dem dreifachen Gürtel umschlungen, unter Absingen eines Klageliedes nieder, indem er die Trommel dazu schlägt. Am Ende jedes Absatzes nimmt sein Gesicht den Ausdruck der Bestürzung an, die Trommel schlägt schneller. Dann zieht der Taama (Schamane) seine Lippen zusammen und hält, dumpfe pfeifende Töne ausstossend, inne. Die Zuschauer antworten mit einem anhaltenden Schrei, der allmählig verhallt. Dann geht der Schamane springend und unter Gesichtsverzerrungen im Zimmer umher, während er auf seine kupfernen Röhren bläst. Der Geist nähert sich sodann und zeigt sich, aber nur dem Göttlichen, nie den Zuschauern. In dem von de la Bournière beschriebenen Falle rief der Taama den Geist des Hirsches und stiess bei seiner Ankunft ein lautes Geheul aus. — Wurde ein Priester bei den Quiches zu einem Kranken gerufen, den er nicht sogleich durch seine Kräuterkenntniss curiren konnte, so sagte er ihm: „Du hast schwer gesündigt" und setzte ihm so lange zu, bis er wirklich sich eines früher begangenen Fehltrittes erinnerte. Dann zog er magische Kreise, um die Art der nöthigen Reinigung kennen zu lernen. Auch Unfruchtbarkeit wurde der Sündhaftigkeit zugeschrieben, und die Eheleute mussten sich zur Busse oft Jahre lang trennen. Um langes Leben zu erhalten, wurden den Priestern Vögel geschickt. (*Brasseur.*) — Treffen Prophezeiungen oder die Wirkungen der Arznei nicht ein, so legt man es (auf Tonga) nicht dem begeisterten Priester zur Last, sondern meint, dass der Gott später seine Ansicht geändert und übereilt oder ohne Vorbereitung gesprochen habe (nach Mariner). — Hat der Kranke in Ardandan (Chenei) die Magier rufen lassen, sagt Marco Polo, und ihnen sein Uebel mitgetheilt, so beginnen sie mit ihren Instrumenten zu lärmen, zu tanzen und springen, bis Einer unter ihnen zur Erde fällt, am Munde schäumend und wie todt. Die Uebrigen befragen ihn sodann über die Krankheit, und er pflegt zu antworten: „Der oder der Geist hat ihn getroffen, weil er ihm missfiel." Die Magier sagen weiter: „Wir bitten dich jetzt ihm zu verzeihen und, um sein Blut zu erneuern, solche Sachen, wie dir gefallen mögen, zu nehmen." Nach vielem Bitten und Beten giebt der Besessene seine Antwort, die, wenn die Krankheit tödtlich ist, heisst: „Der Kranke hat den Dämon auf solche Weise beleidigt, er ist so boshaft und schlecht, dass er ihm unter keiner Bedingung verzeihen würde, für was es auch immer sein möchte." Verspricht die Krankheit eine Genesung, so sagt der Besessene: „Will der Kranke geheilt sein, so nehme er zwei oder drei Hammel, mache davon zehnerlei Getränke und geniesse sie." Dabei empfiehlt er, dass die Hammel einen schwarzen Kopf oder ein anderes besonderes Zeichen haben müssten, und fügt hinzu, dass das Opfer einem solchen Götzen oder solchen Dämon zu bringen sei, vor so vielen Magiern und so vielen Tempelfrauen, und dass Alle einem solchen Dämon oder einem solchen Götzen Almosen und Dank bringen sollten. Die Verwandten beeilen sich das Befohlene zu thun, und bereiten den Priestern und Priesterinnen ein Fest, mit Musik, Tanz und Gesang. Am Ende desselben wird nun der Zauberer auf's Neue besessen und fällt zur Erde nieder, worauf ihn die Uebrigen fragen, ob er dem Kranken verziehen habe und dieser auf Genesung rechnen könne. Die Antwort lautet, dass er noch nicht volle Verzeihung erlangt habe, sondern dafür noch ein Uebriges thun müsse. Haben die Verwandten auch den neuen Anforderungen gewillfahrt, so antwortet der Dämon: „Weil das Opfer und alles Nothwendige geschehen ist, so wird dem Kranken verziehen, und sehr wahrscheinlich wird er nächster Zeit gesund werden."

Russische Volksärzte beschneiden dem Kranken zuweilen die Nägel an Händen und Füssen, schieben sie in die Risse eines dann verklebten Eies und legen dieses in den Wald, wo es ein Vogel nebst der Krankheit forttragen wird, wie man anderswo mit dem Ansteckungsstoff beschmiertes Geld auf die Strasse wirft. — Die kyrillischen Zauberer bedienen sich zu ihren Ceremonien eines Klapperschlegels, bis ihnen die Geister, wie sie vorgeben, zur Trommel die Erlaubniss geben, oder vielmehr sie reich genug geworden sind, um ein Pferd zu opfern und das Fell über die Trommel zu spannen, so dass die Heiligkeit des Propheten auch hier von seinem Vermögen abhängt. — Krankheitsfälle erkennt der Datu (Priester) aus den Eingeweiden des ihm von den Batta gebrachten Vogels, als durch den Zorn eines Geistes veranlasst, der von einem Vorfahren des von dem Unglück Betroffenen beleidigt worden sei. Zu Ehren dieses Vorfahren wird ein Gastmahl angestellt, um den Gefeierten zu bewegen, als Vermittler einzutreten. Der Guru bestimmt aus seinen Büchern die Art und den Anfang des Festes, an dessen drittem Tage einer der Gäste behauptet, dass der Geist seines verstorbenen Vorfahren, aus den unbetretenen Wegen des Gebirges, wo er umherwandere, durch den Schall der Musik angezogen und in ihn gefahren sei. Der Besessene fällt bewusstlos nieder. Nach einiger Zeit wieder etwas erholt, behauptet er, nicht mehr er selbst zu sein, sondern der verstorbene Verwandte, der gekommen sei, an dem Feste Theil zu nehmen. Nachdem er Speise zu sich genommen, trägt ihm der Gastgeber sein Anliegen vor und bittet ihn, das bevorstehende Unglück durch seine Vermittelung abzuwenden. Eine günstige oder zweideutige Antwort wird ertheilt. Der Besessene fällt dann abermals in Bewusstlosigkeit, findet jedoch bald alsdann sein eigenes Selbst wieder. — Die Bogaier oder Sammeti (Zauberer der Caraiben) suchen den bösen Geist (Maboye) durch ihre Gaukeleien unter dem Lärmen der Calabassen und Anwendung von Kräutern herauszutreiben. Schlägt die Cur nicht an, so entschuldigen sie sich damit, dass sich der grosse böse Geist des Kranken bemächtigt hätte, gegen den sie Nichts ausrichten könnten. (*Oldendorp.*) — „Die Ertzte betrachten in Krankheiten nur die natürlichen Ursachen und geben ihre Ertzneien, aber sie bedenken nicht (wie Luther in den Tischreden sagt), dass der Teufel ist ein Treiber der natürlichen Ursachen in der Krankheit, als der die Ursachen und Krankheiten bald endert, das Heisse ins Kalde und wiederum das Gute ins Böse keret.“ — Die Priester der Akkras halten Krankheiten für eine Wirkung des Missverständnisses zwischen Leib und Seele, indem der eine Theil sich verunreinigt hat und der andere sich deshalb trennen will. — Der Arzt rügt deshalb zunächst das Gewissen seines Patienten, um die Versündigung zu erfahren, wodurch er sich die Krankheit zugezogen. Ist diese offenbar gebeichtet, so wird die Cur vorgenommen. Erst wird die Ursache der Krankheit gehoben, indem für den verunreinigten Theil Opfer gebracht und Gelübde gethan oder erfüllt werden, so dass die Einheit zwischen Leib und Seele wieder hergestellt wird. Die Anweisung dazu wird von der Gottheit gegeben. Dann erst wird die Heilung des siechen Körpers versucht durch äussere und innere Arzneien. (*Oldendorp.*) — Der Jambocas giebt die Seele, die von Hiran (dem bösen Geist) genommen ist (bei den Feloops), dem beraubten Kranken zurück, indem er ihm in die Achselhöhlen mit einem Kuhhorn sticht. — Der Madagasse holt die dem Irren geraubte Seele vom Kirchhof in seiner Mütze, die er ihm auf's Haupt setzt. — Die Steppendoctoren der Kirgisen heilen Krankheiten der Pferde durch das Gebet, indem sie die Verstorbenen, die sie verursachten, bewegen, sie zurückzunehmen. — Bei jeder

Unpässlichkeit bringen die Indianer Opfer, indem sie sagen: „Die Geister sind unzufrieden und wollen versöhnt sein.“ Die Schmerzen, die sie empfinden, rühren von den Manitou's her, die in ihre Leiber gefahren sind und sie zwicken und stechen. — Als Friedrich (Erzbischof von Magdeburg) Güter und Privilegien der Kirche von Merseburg entzog, um sie nach dem Schlosse Giebichenstein zu senden, warnten ihn die erzürnten Schutzgeister jener Kirche durch Verstecken des Missal. Als er aber darauf nicht achtete, fühlte er plötzlich bei seiner Reise heftige Schmerzen im Unterleibe, sprechend: „Jetzt empfinde ich in Wahrheit, dass die Schutzheiligen aufgebracht sind, da sie nicht gestatten, weiter vorzugehen.“ Trotz seiner Umkehr starb er nach einigen Tagen (1382). — Bei den Kirgisen haut der Schamane den Kranken, zu dem er gerufen ist, mit einer Peitsche, um die unsichtbaren Geister auszutreiben, beleckt ihn, beisst ihn, dass es blutet und spuckt ihm in die Augen. — Bei den Jakuten rennt der in seiner phantastischen Tracht aufgeputzte Schamane unter Trommeln in die Hütte des Kranken, stösst sich ein Messer in den Leib, so dass es auf der anderen Seite scheinbar herausdringt, verneigt sich, wirft die Trommel nieder, fällt dann selbst zu Boden, um anzuzeigen, dass seine Seele zeitweise den Körper verlassen hat und in der Geisterwelt herumwandert, dann steht er auf und erzählt, mit welchen Geistern sich seine Seele unterredet und was für ein Stück Vieh diese zum Opfer verlangt haben. Zuweilen umarmt der Schamane den Leidenden und setzt sich so in Rapport zu dem Geiste, der ihn quält, um von ihm Mittheilung zu erhalten. Das zum Opfer herbeigeführte Thier untersucht der Schamane genau, ob es die erforderlichen Kennzeichen habe, dann packt er es und schreit unverständliche Worte. Da das gedrückte Thier brüllt und sich nach allen Seiten windet, so glauben die Jakuten, dass der Geist aus dem Schamanen in das Thier gefahren sei. Am nächsten Tage wird es dann geschlachtet. — Um eine Gliederverrenkung zu heilen, sah Castrén ein Weib im russischen Lappmarken auf der verrenkten Stelle hin und her streichen, gleichsam nach den Schmerzen forschend. Als sie dieselben zwischen die Fingerspitzen bekommen, quetschte sie sie zwischen den Nägeln, führte sie zum Munde, zermalmte sie mit den Zähnen und spie endlich die so zugerichteten Plagegeister aus. — Die weisen Frauen (die eben so gehasst, als nothwendig sind) wissen die drei Haare auf dem Scheitel herauszufinden, durch deren An- und Ausziehen die Dalschatere Huck (Halsentzündung) wieder aufgezogen wird. (*Goldschmidt.*) — Dem kranken Hattaer wird eine von ihm gekaute Wurzel an den Nabel gebunden und dann ein Pisangstamm daneben gelegt, damit der Begu in denselben einziehe, worauf er rasch fortgetragen und ins Wasser geworfen werden muss. — Ein zu einem kranken Hottentotten gerufener Zauberer befragt erst die Eingeweide eines geschlachteten Schafes, um zu sehen, ob der Zaubergeist nicht zu stark ist. — In Constantinopel werden Krankheiten durch Ablesen von Koransprüchen und Anblasen curirt, wobei Männer Frauen und Frauen Männer behandeln müssen. — Der Brial-Mann in Surinam heilt Krankheit durch Räucherung mit Kräutern. — Um ein langes Leben zu erhalten, sandte der Mayas den Priestern Vögel zum Opfer. — Werden hohle Zähne mit Bilsenkraut geräuchert, so fallen kleine Madenwürmer heraus und mit ihnen verliert sich der Schmerz nach der oldenburgischen Volksmedicin. (*Goldschmidt.*) — Kranken werden in Grönland Haare und Fellstücke aus dem geschwollenen Gliede gezogen durch die Illiseetsok, meistens alte Weiber, die sich durch Hexerei ernähren, aber häufig von den Angekoks zur Untersuchung gezogen werden, wo sie dann, wie Cranz bemerkt, nie ungestehen, dass sie Betrüger oder Betrogene sind, sondern als Märtyrer für ihre Gaukeleien sterben. — Kane sah einen Medicinmann ein indianisches Mädchen, das nackt in den Armen eines alten Weibes auf ihrem Schoosse gehalten wurde, mit seinen Händen packen, sobald er von der Ekstase ergriffen war, um [illegible], sich in die Hüfte einbeissend, sie wild hin- und herschütteln, worauf er das Corpus delicti der Krankheit in ein Wassergefäss ausspie, das sein Gefährte, nach dem Zerschneiden, als eine knorpelige Substanz aufwies. — Die Bayl-yas, durch welche in Australien alle Krankheiten verursacht sind, transportiren sich unsichtbar durch die Luft und befallen ihr Opfer, aus dessen Körper sie die Priesterärzte in Gestalt von Quarzstücken auszuziehen verstehen. — Der Arzt Christoph Seliger erzählt, dass er im Junius des J. 1681 mit Hülfe von anderen Aerzten eine fünfzigjährige Frauensperson zergliedert, und in ihrem Leibe eine unsägliche Menge von Haaren, einen ganzen Katzenschädel mit den Maxillen, mehrere Hunde und alte Weiberzähne angetroffen habe, die unstreitig durch Zauberei in den Leib der Kranken hineingebracht worden. — Um Kranke in Tonga zu heilen, bringt man sie, zur Befragung der Götter, in das Haus eines Priesters, der sogleich inspirirt wird und sich fast die ganze Zeit der Anwesenheit jener in diesem Zustand erhält. Tritt keine Besserung ein, so bringt man sie zu einem andern. — Die Bewohner der Insel Rook glauben, dass Krankheiten von bösen Geistern (Marcabes) herrühren, die die Wälder bewohnen, wilde Schweine essen und nächtlicher Weile an die Wohnungen schleichen, aus denen sie die Seele der Lebendigen entführen, und so in den Leib den Keim des Todes legen, wenn sie ihnen nicht von den unter Contorsionen nachlaufenden Zauberern wieder entrissen wird. — Befällt den Alfur (auf Celebes) das Fieber, so verbirgt er sich vor dem Urheber desselben, sei es nun der böse Geist oder eine abgeschiedene Seele aus seiner Familie, damit er von dem einen oder andern nicht gefunden werden könne. — In Neu-Caledonien steckt der Priester dem Kranken Daumen und Zeigefinger in die Nasenlöcher und presst ihm mit der andern Hand den Mund zu, wobei der noch, um die Finger aus der Nase zu entfernen, hinlänglich kräftige Kranke genesen wird, sonst aber sicher sterben muss. — Wenn Krankheiten unter den Baliern herrschen, müssen, um die Diwas zu versöhnen, alle Festlichkeiten und Musik eingestellt werden, und darf selbst kein Gewehr abgeschossen werden. — Als in Folge einer Sonnenfinsterniss eine Pest entstand, soll Empedokles in Agrigent durch Räucherungen, magische Scheiterhaufen vielen Menschen das Leben gerettet haben. — Nach dem Glaubenssysteme der Battaer ist jede Hauptkrankheit durch einen Begu veranlasst; der Krampf durch den Begu Lumpan, die Bräune durch den Begu Antis, das Fieber durch den Begu Namarung, die Manie durch den Begu Solpot, die Kolik durch den Begu Barang-munji u. s. w., und als den Furchtbarsten stellen sie sich den Begu Nalalain (den Geist der Zwietracht) vor, der das Land entvölkert und die Dörfer verheert. Während die andern Begu's unstät in der Luft umherschweifen, ohne irgend einen festen Sitz zu haben, als eigentliche Luftgeister und sich nur von Zeit zu Zeit in die Menschen einsenken, um zu schaden und krank zu machen, kriecht der Begu Nalalain unheimlich lauschend zwischen den Dörfern umher und ist überall und nirgends. Viele behaupten ihn Abends beim Dämmerlicht gesehen zu haben, wie er mit feurigen Augen, langer rother Zunge und Krallen an den Händen um die Ecke schleicht. Epidemische Krankheiten werden dem Erscheinen neuer Begu's zugeschrieben. (*Junghuhn.*) — Der gemeine Russe leitet jedes Uebel entweder von der Einwirkung des bösen Auges oder von der Portscha (Verderbniss) ab, und jede Krankheit heisst bei ihm Portscha, da sie durch einen tückischen Menschen gleichsam eingegossen sei. Wenn man bei unfruchtbaren Frauen die Portscha auszutreiben sucht, glaubt man sie, wenn Hydatiden abgehen, in Substanz zu besitzen. Die Sibirier meinen, dass der Mensch in Folge einer Behexung durch das böse Auge (Surokow) selbst sterben könne. Wenn der Snachar (Heilkundiger) das Wasser bespricht, ist es ein gutes Zeichen, wenn der Patient zu gähnen oder weinen beginnt, was auch die Magnetiseure zu sehen lieben. — Ist es auf den Marquesas dem Zauberer gelungen, sich des Speichels einer Person zu bemächtigen, so bannt er mit ihm die Seele derselben durch den Kaha-Zauber in ein Blattbündel, mittelst welches er Krankheiten erregt. Um geheilt zu werden, legt sich der Arzt neben den Patienten und sucht den Dämon des Uebels, der aus dem Kranken ein- und ausfliegt, im Augenblicke seines Hervorkommens zu erhaschen, worauf er ihn in ein Blatt wickelt und zerstört.

Entbindungen.

Nach der Entbindung legt sich der Mann bald in's Bett, wie in Cassange, damit der Krankheitsteufel getäuscht wird, bald darf er wenigstens nicht jagen, Thiere tödten und Bäume fällen, wie bei den Dowakken, oder muss sich eben jeder Handlung enthalten, wodurch unbekannter Weise ein dämonisches Wesen beleidigt werden möchte, das an dem widerstandsunfähigen Säugling dann die beste Gelegenheit sich zu rächen hätte. Der an die Bedienung seiner Frau, die ihm das Fleisch zubereitet, gewöhnte Mann bleibt in der Zeit, wo diese dazu weniger fähig ist, lieber unthätig und faul zu Hause, als Wild zu jagen, dessen Kochen er selbst übernehmen müsste. Hat sich dieser für die Entschuldigung des Faulen bequeme Vorstellungskreis einmal gebildet, so müssen sich auch die Uebrigen ihm fügen, da der zur Wiederaufnahme seiner gewöhnlichen Thätigkeit Geneigte als herzlos würde verschrieen werden. — Wenn die Geburt eines Kindes herannaht, enthalten sich Mann und Weib bei den brasilischen Indianern einige Zeit aller Fleischspeisen. — Bei den californischen Indianern liegt der Mann drei Tage mit dem Neugeborenen unter einem Baume, wie in Kindesnöthen. — Xenophon erzählt von den Tibarenern in Kleinasien, dass sich bei der Geburt eines Kindes der Mann statt der Frau als Wöchner zu Bett legte, ebenso auf Buro und (nach Marco Polo) in West-Yünnan, dann bei den Basken in Biscaya, auf der Perlinsel bei Carthagena, bei den Juris am Solimoes, bei den Mundrucus am Tapajoz, bei den Conibos am Ucayale, und die Indianer am Orinoco beobachten ein strenges Fasten, das bei den Caraiben nur bei der Erstgeburt eingehalten wird. — Nach Bomare legt sich bei den Caraiben der Ehemann nach der Geburt eines Kindes in's Bett, ohne Fische oder Vögel zu essen, damit dasselbe nicht an den Unvollkommenheiten dieser Thiere theilnehme. — Auch in Iberien und Corsica hütete der Mann das Bett, so wie bei den Abiponen, wo Entbindungen, als bei einem Reitervolk, leicht lebensgefährlich sind. Der dumme Teufel wird ebenso hinter's Licht*) geführt, wie von den Baumeistern des Mittelalters, wenn sie

*) In Lycien legten die Männer während der Trauer die Kleider ihrer Frauen an, damit die etwa zurückkehrenden Geister, die sie zu beschädigen die Absicht haben sollten, getäuscht würden, so dass nur in umgekehrter Weise dieselbe Ideenassociation zu Grunde liegt, wie in dem Verfahren bei Entbindungen.

statt der versprochenen Seele einen Wolf zuerst in die Kirche jagten oder einen Ochsen vor sich her über die neue Brücke trieben. Auch bei den Grönländern ist das Befinden des Neugeborenen von der Diät des zu seinem Besten bettlägerigen Vaters abhängig und darf derselbe in den ersten Wochen nur leichte Speisen geniessen. Sollte der Säugling nichtsdestoweniger krank werden, so bleibt noch das auch den Lappländern bekannte Mittel, den Namen zu verändern, oder wie die Norweger thaten, ihn zu messen und das Mass zu verändern. Die jungen Mädchen laufen während der Wehen bei den Abiponen durch das Dorf, unter Anführung der Stärksten, die als Spinne gekleidet ist, um durch athletische Spiele das kräftige Aufwachsen des Neugeborenen zu sichern. — Ist die Frau in Ardandan (Chenci) niedergekommen, so liegt es dem Manne ob, sagt Marco Polo, das Kind zu waschen und zu windeln. Dann legt sich derselbe in's Bett mit dem Neugeborenen und bleibt vierzig Tage dort liegen, während welcher Zeit ihn die Frau bedient. Bei den Jagas konnte eine Frau nur dann auf eine leichte Geburt hoffen, wenn sie vorher eine vollständige Beichte aller im Leben begangener Fehltritte dem Ganga abgelegt hatte. — Sogleich nach der Entbindung muss der Wöchnerin (in Mecklenburg) das Halstuch des Mannes, welches derselbe eben trägt, über die Herzgrube gebunden werden. — Nach dem Volksaberglauben soll die Wöchnerin die erste Arznei aus des Mannes Löffel nehmen, oder die Kreisende des Mannes Pantoffel anziehen. Bei schwerer Niederkunft zog die Frau im Mittelalter des Mannes Hosen an; Braut und Bräutigam wechselten das Hemd in der Hochzeitsnacht, um später die Geburt zu erleichtern. — Die Kamtschadalin hat eine schwere Geburt, wenn der Vater unterdessen arbeitet. — Die entbundene Frau zieht die Kleider des an ihrer Statt bettlägerigen Mannes an, wenn derselbe (wie nach indischen Ansichten) mit seinem Sohne wiedergeboren ist, und also eigentlich (wie auf Tahiti) jetzt schon vom Schauplatz des Lebens abtreten sollte. — Bei den Alfuren begleitet der Mann seine Frau nach der Entbindung in voller Waffenrüstung nach dem Wasser, damit sie sich wasche, und schiesst bei seiner Rückkehr nach dem Hause, wohin er von den Dorfbewohnern mit Stöcken verfolgt wird, drei Pfeile über das Dach. Auch bei den Abiponen folgt der Mann mit allen Waffen behangen der Frau zum Fluss, wenn sie nach der Entbindung zum ersten Male dorthin geht, um sich zu waschen. Auf der Insel Rook (Neu-Guinea) lässt der Vater, wenn er nach der Geburt eines Kindes in den Wald geht, für mehrere Tage lang die Spitze einer Lanze hinter sich schleppen, damit ihm der Geist des Kindes nicht folgen könne. — Wird die Javanesin von einem Knaben entbunden, so schneidet man die Nachgeburt mit einem scharfen Messer ab und begräbt sie in einem Topfe an einer Stelle, wo beständig eine Lampe brennend erhalten wird, bis die Nabelschnur des während der Zeit beständig bewachten Kindes (unter Lesen der Geschichte der Dewas und Maskenvorstellungen) abgefallen ist. — „In der Carmenta ist die Aufsicht der über den glücklichen Ausgang der Entbindung angestellten Gebete mit Weissagekraft vereinigt. Was der Mensch für die Beförderung der Geburt thun kann, ist geregelte Behandlung der Kreisenden. Diese Regelung wird durch Formeln festgestellt, und von diesen (nicht vom Gesang und der Weissagung) ist Carmenta genannt, diese bei der Geburt angewandten Formeln waren aber nicht nur ärztliche Regeln, sondern besonders die Zaubersprüche, wodurch die störenden Geister verscheucht, die guten herbeigerufen werden." — Werden bei den Wakash (am Nutka-Sunde) Zwillinge geboren, so muss die ganze Familie in einer besonders gebauten Hütte leben, sich ein Jahr hindurch des

Genusses frischen Fleisches und frischer Fische enthalten. Der Vater gilt während dieser Zeit für einen heiligen Mann. Er trägt zum Zeichen der Andacht und Trauer eine besondere Kleidung und geht täglich mit einer grossen Klapper in's Gebirge, um zu singen und zu beten. (*Hülsewitt.*) In Abo werden beide Zwillinge getödtet, in Benin geehrt, am Gaboon einer getödtet. — Der Ilithyia bereitete man beim Anfange der Wehen, um sie einzuladen, ein Lager im Familiensaale. Die Erstgebärende fürchtete ihren Zorn (*Theocrit*), aber nach dreimaligem Anrufen erhörte sie und rettete. Nach Varro werden einer Gebärerin drei Götter zu Hütern gegeben, damit nicht zur Nachtzeit der Gott Silvanus bei ihr einkehre und sie plage. Diese Götter (Intercidona, Pilumnus und Deverra) vorzustellen, gingen drei Männer Nachts um das Haus, die Schwellen der Thür erst mit der Axt, dann mit der Keule schlagend und nachher mit einem Besen abfegend, um durch diese Sinnbilder des Ackerbaues den Dämon der Wildermiss vom Eintritte abzuhalten. Um den Pontianac, den bösen Geist, der die Frauen am Gebären hindert, zu beschwören, reinigt auf den Philippinen der Hausherr, sobald die Wehen beginnen, den Platz vor seinem Hause und zündet dort ein grosses Feuer an, hinter welches er sich nackend stellt, und mit einem Säbel in der Luft umherficht. — Nach der Entbindung der gurischen Frauen umgeben sie ihre weiblichen Verwandten in Thier-Vermummungen. — Bei einer in den Wehen liegenden Kalmückin liest ein Geistlicher die tibetischen Gebete, während der Mann ein Netz um das Zelt aufspannt und mit einem Knüttel in der Hand ein beständiges Luftgefecht aufführt, rufend: Gart Tschetkir! (Fort Teufel!) — Bei Annäherung der Niederkunft muss die Frau der Chewsurier (im Kaukasus) das Dorf verlassen, und wenn man aus ihrem Geschrei auf eine schwere Geburt schliesst, so feuern die Männer ihre Gewehre ab, um dieselbe zu erleichtern. (*Eristow.*) — Die Kleider des heiligen Ignatius oder das Corpus constitutionum der Jesuiten werden auf den Leib der Gebärenden zur Erleichterung gelegt. — Der türkische Dämon Ascik-Pascha erleichtert die Niederkünfte. — Auf Tahiti durfte nach der Geburt eines vornehmen Knaben kein Feuer angezündet werden, um jeden Schaden zu verhüten. — Im Peloponnes überdeckt die Hebamme das Gesicht des Neugeborenen sogleich mit einem Tuche und drückt ihm ein Lehmzeichen auf die Stirne, wodurch es gegen böse Einflüsse geschützt ist.

COMMUNICATION MIT DER GOTTHEIT.

Die Auswahl des Fetisches.

Der Indianer darf nur einmal im Leben seine Medicin selbst machen (indem er sich das erträumte Thier als schützenden Genius wählt), und muss sie, bei etwaigem Verlust, durch die erkämpfte Medicin seines Feindes ersetzen.

Die Träume des irokesischen Knaben sind bedeutungslos, bis er schon Bogen und Pfeil zu führen weiss. Dann entdeckt er unter Fasten und Kasteiungen das wesentlich wirksame Ding (Ojaron), indem ihm sein Otkon (Okki oder Manitou) in irgend einer Gestalt erscheint. Die besonders durch den Schutzgeist Begünstigten (Agotsinnachen) können Wunder thun. —

Wenn ein Schamane unterrichtet ist (wurde Castrén von einem ketscher Samojeden erzählt), dass ich keinen Schutzgeist habe, so kommt er zu mir und sagt: „Freund, du hast keinen Los; denkst du Russe zu werden?“ dann gebe ich dem Schamanen ein Eichhorn-, Hermelin- oder anderes Fell, womit er nach einigen Tagen zurückkehrt, nachdem er dem Thierfelle eine menschliche Gestalt gegeben und es mit solchen Kleidern ausgestattet hat, wie bei uns im Gebrauch sind und die von einer unbefleckten Jungfrau genäht werden. Der so zubereitete Los wird in einen von einer reinen Jungfrau verfertigten Korb gelegt und nach einem Speicher gebracht, wo aber nichts Anderes verwahrt werden darf, als der Los und sein Opfer. Keine verheirathete Person darf um diesen Speicher herumgehen und kein verheirathetes Weib seine Schwelle betreten. Wünsche ich nun vom Los Hülfe zu erlangen für Jagd und Fischfang oder in einer Krankheit, so bringe ich ein Opfer (Eichhörnchen, Tücher, Bänder u. s. w.), das aber von einem Junggesellen in den Korb niedergelegt werden muss. Im tomskischen Gouvernement haben die Samojeden jeder einen besonderen Schutzgott und wenn der Eigenthümer stirbt, so wird auch der Gott als todt angesehen, und in den Fluss geworfen. Früher hatten die Karbinschen Jurten ein Messingbild (von alten Tschuden gefertigt) als gemeinsamen Stammgott, als es aber bei dem Brande seines mit reichen Fellen gefüllten Tempels, den die Tungusen angezündet, seine ursprüngliche Gestalt verlor, wurde es als todt angesehen. (*Castrén.*) — Bei den Stämmen des americanischen Isthmus musste das Kind in der Einsamkeit zu dem grossen Gott beten, ihm einen Nebengott zu geben, der dann in der Gestalt eines Menschen, Thieres oder Reptils abgebildet und stets am Leibe getragen wurde. (*Cook.*) — Bei der Geburt eines Kindes in den Stämmen des westlichen Ucayale versammeln sich die Aeltesten und blasen das Kind wiederholt an, zur Vertreibung der Dämonen und Krankheiten, worauf es den Namen eines Thieres erhält und die Zeugen mit einem Holzstifte einige Hieroglyphen auf ein paar Blätter graben, die sorgsam bewahrt und beim Tode mit in's Grab gegeben werden. (*Tschudi.*) — Bei den Playanos (in Californien) erhielt jedes Kind mit 6—7 Jahren eine Art Gott als Beschützer, nämlich ein Thier, dem es völlig vertraute und von dem es in Gefahren vertheidigt wurde. Der wirkliche Gott (Tschinigtschinish) wohnte in den Höhlen und Gründen der Berge, erschien aber nie als solcher, sondern nur in Gestalt eines gräulichen Ungethüms, als Touseh oder Teufel. Das schützende Thier wählte jedes Kind selbst, zu welchem Zwecke man ihm einen berauschenden Trank eingab, worauf ihm der Gott seinen Willen offenbarte. Dann folgte ein dreitägiges Fasten, nach dessen Beendigung dem Schenkel ein Brandmal (Potense) aufgedrückt wurde, und wer kein solches hatte, galt für immer unglücklich. Die Mädchen wurden tättowirt. Beim Eintritt in das Mannesalter wurden die Jünglinge mit Nesseln gepeitscht und in Ameisenhaufen gelegt. — Eine Negerin in Sierra Leone hatte in ihrer Stube vier Götter (einen für sich selbst, einen für ihren verstorbenen Ehemann, und einen für jedes ihrer Kinder), deren Mund sie täglich mit Egiddi (Mischung von Mais und Palmöl) bestrich. Die Lappen vermehren die Zahl der um Storjunkare gestellten Götzen nach der Zunahme ihrer eigenen Familie. Ein freier Africaner in Bathurst unterzeichnete bei der Wesleyan-Gesellschaft zwei Thaler für sich, einen für seine Frau, einen für sein Kind und einen für sein verstorbenes Kind. Die Russen verehrten an der Itil (Wolga) eine Gesellschaft kleiner Statuen, die sie mit Schmuck behängten, und um leichtere Gewährung ihrer Bitten zu erhalten, wandten sie sich an die kleinen, als die Kinder und Frauen des Herrn, um bei diesem

Fürbitte einzulegen, wenn sie Nabis (berauschendes Getränk) darbrachten. — Die Tschuwaschen legen den Meisten ihrer Götter eine Frau und einen Sohn bei, die sie dreimal anrufen. — Um das Wagnaro (von Zeit zu Zeit) zu feiern (besonders wenn der Sohn eines Häuptlings mannbar wird), ziehen die jungen Leute (einer gewissen Altersstufe) der Wanika in den Wald, bestreichen sich mit weisser oder grauer Erde und verweilen (fast nackt) in den Wäldern, bis sie einen Menschen getödtet haben, worauf sie zurückkehren und das Fest feiern. — Die Betschuana-Stämme sind nach gewissen Thieren genannt und jeder Stamm hat eine abergläubische Furcht vor dem Thiere, nach dem er genannt ist, und dessen Verehrung sie „tanzen" (Bina). — Als der (später zum Christenthum bekehrte) Chusco in seiner Jugend beschloss (unter den Ottawas) Zauberer (Pausu) zu werden, träumte ihm während seines Fastens von einer Schildkröte, einem Schwan, einem Specht und einer Krähe, welcher Thiere Geister ihm fortan behülflich waren, wenn er in seiner Hütte zauberte. — Nach Theodoret gaben die Christen ihren Kindern den Namen der Märtyrer, um sie unter den Schutz derselben zu stellen. — Die noch unter dem Christenthum ihrem alten Götzendienst nachhängenden Nahualisten (Nahual, als der Name der eingeborenen Stämme, oder der schlangenartigen Hausgeister) geben dem Kinde noch vor der Taufe, um diese unschädlich zu machen, einen Namen aus dem astronomischen Buche Tonalamatl (Buch der Sonne), das mit Thierbildern gefüllt ist, um es einem Thiere als seinem Schutzgeist zu weihen. — Von der Zeit, wo das Kind bei den Parsen den Kosti trägt, muss es sich einen Schutzpatron unter den Yazatas und einen geistlichen Rathgeber unter den Destoors suchen. — Jeder Hindu, der Belehrung von seinem Lehrer (Guru) erhalten hat, muss einmal täglich zu seinem Lieblingsgotte (Jestadevata) beten, nach der Form wie es ihm aus den Tantras gelehrt ist. Ausserdem muss er dreimal täglich für die Vergebung seiner Sünden beten, nach den den Vedas entnommenen Ceremonien, wenn Brahmane, oder nach denen der Tantras, wenn ein Sudra. — „Die Gesinnung ist dem Menschen sein Dämon," sagt Herakleit, und die Thiergestalt, die sich der träumende Indianerknabe aussinnt, macht er zu seinem dämonischen Gott. — „Sobald ein Soldat wird geboren, sind ihm drei Bauern erkoren, der erste, der ihn ernährt, der andere, der ihm ein schönes Weib bescheert, der dritte, der für ihn zur Hölle fährt," sagten (nach Grimmelshausen) die Söldlinge im dreissigjährigen Kriege. — Ein jeder Mensch hat seine Engel, die (von Gott gesandt) einander ablösen, vor und hinter ihm hergehen und ihn bewachen, heisst es im Koran. — Wenn die Mönnitarris ihren Schutzgeist oder Medicin (Choppenick) sich erwählen, fasten sie mehrere Tage, thun Busse an abgelegenen Orten, opfern Glieder und Finger, und schreien sich in einen fieberhaften Zustand, worauf ihnen im Traume der zur Medicin zu wählende Gegenstand erscheint. Der Inhaber einer geweihten Tabakspfeife adoptirt einen Medicinsohn. — Nestorios (Priester zu Athen) zur Zeit eines grossen Erdbebens (unter Kaiser Valens) hatte einen Traum, der ihn aufforderte, dem Heros Achilleus öffentliche Verehrung zu bezeigen, und erfüllte den Rath. (*Zosimus.*) — De Scala sagt über die Tschuktschen: Diese Völker haben nur einen Gott, Manhat-Tak in Sibirien, Maniton in America. Er wohnt in den Gegenden ewiger Jagd und Fischerei. Der Mensch, zu unrein, als dass er sich unmittelbar an ihn wenden dürfte, sucht sich seinen eigenen Fetisch, seinen Vermittler. Mannbar geworden, fastet er drei Tage und irrt allein in den Ebenen, im Walde und im Wasser herum. Von Hunger, Durst, Strapazen, Hitze oder Kälte erschöpft, verfällt er in eine Art nervöser Ekstase und seine Phantasie wird leicht rege. Der plötzliche Anblick eines Thieres oder irgend eines Gegenstandes überzeugt ihn, dass er seinen Fetisch gefunden hat, er nimmt ihn als solchen an und bleibt ihm treu bis zum letzten Augenblick. Sollte derselbe durch Zufall eine Schlange, eine giftige Pflanze oder ein Stein sein, dem das Vorurtheil einen üblen Einfluss zuschreibt, so gehört er nicht mehr der Gesellschaft an. Er muss allein leben und wird als Mann für die Mysterien, als Executor der Opfer, verehrt, aber gefürchtet vom Volke, das ihn bei allen Gelegenheiten zu Rathe zieht und ihm Zaubermittel gegen die Anfechtungen der bösen Geister abkauft.

Priesterliche Erziehung.

Es geschieht vielfach, dass junge Leute, die bei einem Schamanen in die Lehre gingen, Nichts begreifen konnten und wieder zurücktraten. Wer aber zu diesem Amte einen Beruf fühlt, zeigt in seiner Jugend schon etwas Auffallendes und Räthselhaftes in seinen Gewohnheiten; doch gelangen nicht alle Schamanen zu gleicher Macht, denn während dem einen die Dämonen nicht sehr unterwürfig sind, glückt dem andern Alles. — Bei den Koloschen erbt die Schamanenwürde vom Vater auf den Sohn, oder vom Grossvater auf den Enkel fort, aber nicht Jeder kann Schamane werden. Dem Einen gelingt es mit aller Anstrengung nicht, einen einzigen Geist zu sehen, dem Andern drängen sich die Geister in Massen auf. Wer Schamane werden will, begiebt sich in einen Wald oder auf einen Berg, und bleibt dort so lange, bis der vornehmste Dämon ihm eine Fischotter sendet. Während dieser ganzen Zeit nährt er sich aber nur von Kräutern. Die Otter kommt von selber, er aber lässt sie nicht an sich heran, sondern tödtet sie durch den Laut O, den er vier Mal in vier verschiedenen Tönen ausstösst. Die Otter fällt auf den Rücken und stirbt, ihre Zunge ausstreckend. Der Schamane schneidet mit einem Messer die Zunge ab, sprechend: „Möge ich in meinem neuen Berufe nicht zu Schanden werden, möge mein Zauberwerk leicht von Statten gehen." Die abgeschnittene Zunge legt er in ein Körbchen aus Lindenbast, das mit allerlei Läppchen angefüllt ist und verwahrt das Alles an einem abgelegenen und unzugänglichen Orte. Sollte ein in das Schamanenthum nicht Eingeweihter einen solchen Talisman finden, so würde er unfehlbar von Sinnen kommen. Der Balg der getödteten Otter wird in einen Beutel verarbeitet, und bleibt dem Schamanen immer als Zeichen seiner Würde, das Fleisch aber wird in die Erde verscharrt. Ist es dem Adepten nicht gelungen, eine Otter zu tödten, so begiebt er sich zum Grabe eines Schamanen und schläft einige Nächte auf demselben, oder er scharrt das Grab auf, bricht dem Todten einen Zahn aus, oder schneidet ihm das Ende des kleinen Fingers ab und trägt es so lange im Munde, bis er zum Besitz der Otter und somit auch der Dämonen gekommen ist. Hat der Schamane seinen Zweck erreicht, so kehrt er zu den Seinigen zurück und macht sich alsbald an's Beschwören. Vor dem Beginne seines Werkes fastet er und reinigt sich; das Haar schneidet er niemals. — Nach der Ansicht der Samojeden vermag der Zauberer selbst Wenig oder Nichts. Er ist nur der Dolmetscher der Geisterwelt und seine ganze Kraft besteht darin, dass er sich in Beziehung zu den Geistern (Tadebtsio) zu setzen und von ihnen die nöthigen Aufklärungen zu erhalten weiss. Die Tadebtsio sind eigensinnig und launisch, führen durch falsche Orakel irre oder verhöhnen auch die Tadiben, so dass das Geschäft junge, kräftige Männer erfordert, zumal sie sich auf Befehl des Tadebtsio oft martern und mit Messern verwunden müssen. Die in die Mysterien der Tadiben eingeweihten Samojeden lassen mit Kugeln auf sich schiessen und sind sie zufällig durch die Verwirrung des Beauftragten nicht getroffen, glauben sie selbst kugelfest zu sein, bis etwa ein Kosake sie wirklich durchbohrt. Von den Tadiben des Alterthums werden viele Dinge erzählt, die man auch in den finnischen Volkssagen wiederfindet. Sie fliegen, schwimmen unter dem Wasser, steigen in die Wolken hinauf und nehmen jede beliebige Gestalt an. Die Kunst ist erblich (magus non fit, sed nascitur), wie bei den Finnen. Doch müssen die Knaben bei den Tadiben in die Lehre gehen. Der Sprosse einer alten Priesterfamilie erzählte, wie ihm die Augen verbunden und eine Trommel, darauf zu schlagen, gegeben wurde. Von zwei Tadiben schlug ihn der eine mit der Hand oben auf den Kopf, der andere auf den Rücken. Nach einer Weile ward es Licht vor den Augen des Lehrlings. Eine zahlreiche Schaar von Tadebtsios zeigte sich dem Knaben auf seinen Händen und Füssen umhertanzend und ihn so erschreckend, dass er fortlief und sich taufen liess. (*Castrén.*) — Ehe der Candidat zu den Geheimnissen der Jemmaboes in Japan zugelassen wird, muss er eine sechstägige Probe bestehen, während welcher er nur Kräuter und Reis geniesst, sich täglich siebenmal in kaltem Wasser badet und 780 mal auf Knien und Fersen niedersitzen und sich wieder aufrichten muss, indem er die Hände zusammengeschlossen über das Haupt erhebt. — Will ein Grönländer ein Angekok (Zauberer) werden, so muss er von den Geistern der Elemente einen zu seinem Torngak (spiritus familiaris) erhalten. Dazu sondert er sich in einer Einöde ab und bringt seine Einbildung durch Fasten und angestrengtes Fixiren der Gedanken in Unordnung, bis er Erscheinungen von Menschen, Thieren und Abenteuern hat. Einige werden schon von Jugend auf zu dieser Kunst destinirt, mit einer aparten Kindertracht ausgezeichnet und von einem berühmten Meister unterrichtet, und solchen kostet es dann weniger Mühe. Manche geben vor, dass sie sich auf einen grossen Stein setzen, den Torngarsuk rufen und sagen müssen, was ihr Begehr ist. Wenn derselbe kommt, erschrickt der Lehrling, stirbt und bleibt drei Tage todt liegen, dann wird er wieder lebendig und erhält seinen Torngak, der ihm auf Erfordern alle Weisheit und Geschicklichkeit beibringt und ihn in wenig Zeit durch Himmel und Hölle begleitet. Um später ein Angekok Poglik (dicker oder grosser Wahrsager) zu werden, muss er in einem finsteren Hause den Torngarsuk, singend und trommelnd, anrufen, worauf ein weisser Bär herbeikommt, ihn an's Meer schleppt, dort wird er von einem Walross gefressen und später an derselben Stelle ausgespieen, worauf sein Geist aus der Erde emporsteigt, um die Knochen wieder zu beleben. Nur wenige Angekoks erlangen diesen Grad, und manche sind selbst unfähig die niederen Kunststücke auszuüben. Wer zehnmal um seinen Torngak vergeblich getrommelt hat, muss sein Amt niederlegen. (*Cranz.*) — Bei den Jakuten kommt das Schamanenthum von selbst über einen Auserwählten, der träumerisch wird, sich in's Wasser und Feuer wirft und Messer ergreift, um sich zu verwunden, worauf er erklärt, dass ihm die Geister befohlen, Schamane zu werden und bei einem alten Schamanen seinen Unterricht antritt. — Bei den Burjäten und Tartaren geht das Schamanenthum von Einem auf den Andern über, oder kommt von selbst über den Auserwählten. — Ein Brahmane, der dreimal falsch über das Wetter prophezeit hatte, wurde (nach Strabo) zum beständigen Schweigen verurtheilt. — Chinesische Bonzen, die sich wiederholt über den Eintritt von Regen täuschen, werden gepeitscht. — Hiouen-thsang erzählt von

Brahmanen in Prayaga, die beim Aufgange der Sonne an einer Säule im Flusse (wo ein büssender Affe gestorben) hinaufkletterten und, sich mit der Hand anfassend, gestreckten Halses und offenen Auges von Rechts nach Links drehten, den ganzen Tag in die Sonne blickend. — Der Medicinmann der Sioux muss einen ganzen Tag an seinem Fleische aufgehängt*) in die Sonne geblickt haben, seinen Bogen und Pfeil in der Hand, mit dem er mächtig genug sein soll, sie nöthigenfalls zu bekämpfen. Brahmanos Philosophos eorum, quos Gymnosophistas vocant, ab exortu ad occasum perstare contuentes solem (in der sie, nach Solinus, ihre Geheimnisse suchten) immobilibus oculis, ferventibus arenis de toto die, alternis pedibus insistere. Damit der Zauberer Pauau unter den Ottawas Glauben findet, muss die Hütte, wie von einer übernatürlichen Kraft bewegt, hin- und herschwanken, sobald er seine magische Klapper und Trommel rührt. — Wer den höchsten Grad der Inyanga (Zauberer) bei den Kaffern erreichen will, muss alle niederen Stufen überwunden haben, wozu erforderlich ist, dass er in der Einsamkeit und an schauerlichen Orten lange gefastet, den Stimmen des Waldes gelauscht, getanzt und die ermüdendsten Uebungen angestellt habe, um von den Geistern ergriffen zu werden, die ihn befähigen, zu heilen, zu prophezeien, Verlorenes und Gestohlenes zu entdecken. Die untergeordnete Klasse umfasst die Viehärzte, Schmiede, Holzfäller; höher stehen die Aerzte der Menschen oder Izanuse, die die Hexen herausriechen, damit sie vertilgt werden können. — „Die Gabe durch Böten (Segensprechen) zu heilen lässt sich (in Oldenburg) nur von einem Manne auf eine Frau und umgekehrt von einer Frau einem Manne übertragen. Man hört zuweilen, dass dieser oder jener noch auf dem Todtenbette sie mitgetheilt, da er nicht eher ruhig sterben konnte, bis er sicher war, dass diese segensreiche Kunst mit ihm nicht begraben würde." — Die indischen Brahmanen, die den Feyto oder die Vedas studiren, wissen ihre Schüler geschickt an sich zu fesseln und sollten talentvolle unter denselben zu fliehen suchen, so halten sie dieselben auch mit Gewalt zurück, erzählt Hionen-thsang, der auf seiner Reise rothe Blumen sah, aus dem Blute eines Prinzen und einer Prinzessin entsprossen, die der sie erziehende Brahmane bis auf solches mit Ruthen zu streichen pflegte. — Nach Megasthenes begannen die Brahmanen die Erziehung des von ihnen ausgewählten Schülers schon vor seiner Geburt, indem sie der Mutter gute Rathschläge während der Schwangerschaft gaben. — Für die Zulassung in den Rang eines Fetisch-Mannes ist (in Guinea) ein Cursus der Vorbereitungen nothwendig. Der Novize hatte entweder freiwillig die Wahl seines Standes getroffen, oder er war vom Mutterleibe an dazu bestimmt. Mütter, denen mehrere Kinder gestorben sind, weihen oft den nächsten Fötus dem Fetisch. Das Kind wird dann besonders erzogen für den Dienst des Fetisches und sehr oft, wenn es zur Mannbarkeit gelangt, erfüllt es den Wunsch der Mutter, ein Fetisch-Mann zu werden. Ist es indess abgeneigt, so genügt ein Opfer an den Fetisch-Mann, sich von seinem Gelübde zu lösen. Gewöhnlich pflegt der Fetisch-Mann seinen Enkel zu seinem Berufe aufzuziehen. Es ist durch heftiges Tanzen beim Schalle der Trommel, dass die Fetisch-Männer die Begeisterung suchen. Sie regen sich in einen vollständigen Wahnsinn auf, bis der Fetisch Besitz von ihnen nimmt, worauf sie alle Verantwortlichkeit

*) Dem am Himmel hängenden Monde hingen die Griechen sein Opfer auf, wie es später in den Schaukelfesten zur reinigenden Luftlaufe geschah, und in dem indischen Huli noch jetzt.

verlieren und zitternd mit rollenden Augen umherblicken, wie ein Trunkener, bis sie in Erschöpfung sinken. Der Novize, der sich als ausdauernder Tänzer bewährt, wird allmählig in die weiteren Geheimnisse eingeweiht. Man pflegt bedeutsame Ereignisse der verschiedenen Familien sorgsam zu bewahren und diese Kenntniss dann den Schülern heimlich mitzutheilen, um sich den Schein einer übernatürlichen Kenntniss zu sichern. — Die Lehrlinge der Barden (der Barden-Präsident trug keine Waffen und war unverletzlich bei Freund und Feind) wurden als Weissager und Traumdeuter befragt, mit dunkeln Versen in ihrer Verzückung antwortend, aus welchem Zustande (durch Eingiessen von Milch und Honig geweckt) sie keine Erinnerung bewahrten. Sie wurden auf den britannischen Schulen in der Prophetenkunst unterrichtet, die in Syrien zu Rama gelehrt wurde. — Die Deyabos (Doctoren oder Teufelsmänner) der Greboes sind durch einen Ku (Dämon oder Geist) besessen, unter dessen Eingebung sie handeln und Antworten geben. Sobald eine Person Symptome davon zeigt, durch Niederwerfen, Zähnefletschen, Erstarren, so wird sie für besessen gehalten und in die Obhut eines alten Deya gegeben, um in den Künsten und Geheimnissen der Profession unterrichtet und mit dem üblichen Strohgewand bekleidet zu werden. Sind die Ceremonien beendet und ist das Honorar durch die Familie bezahlt, so wird eine Prüfung vorgenommen, welche darin besteht, dass der Candidat seine Augen mit dem Blute eines geköpften Huhnes beschmiert und es in dem Busche aufsuchen muss, wohin man es wirft. — Die Fantees, die den Himmel (Aung-Compan) bei Schwüren anrufen, aber zum bösen Gott (Alastor) häufiger, als zum guten (Sooman) beten, schicken ihre Kinder oft, um bei den Feticeros zu lernen, wie man Schnecken und giftige Insecten unschädlich ist. — Der in die Geheimnisse der Medicin (bei den Mandanen) Einzuweihende wird mit der Rassel (Schi-schi-quoi), einem Zauber- oder Doctorstab, Klauen von Bären, Hasen oder Antilopen, mit Hermelinfellen, wildem Salbei und Fledermausflügeln geschmückt und mit dem Dufte des Iltis parfümirt, nachdem ein Hund geschlachtet und über dem Wigwam aufgehängt ist. — Celui, qui cherche à devenir un Richi (in Varanasi oder Benares) doit s'asseoir au milieu de l'autel, tenir dans sa main un long sabre, réciter des prières magiques et concentrer en lui-même sa faculté de voir et d'entendre. A l'approche du matin, il s'élèvera au rang de Richi. Le sabre sacré qu'il tenait en main, se changera en une précieuse épée. Il s'élancera au ciel et marchera dans les airs, il deviendra le roi de la troupe des Richis. En brandissant son épée, il donnera ses ordres et reussira dans tous ses désirs. Il ne sera plus sujet à la décrépitude, ni à la vieillesse, à la maladie, ni à la mort. Hiouen-thsang erzählt dann von einem Zauberlehrling, der während dieser Nacht sich getödtet und unter heftigen Schmerzen aus dem Leibe einer südlichen Brahmanin neugeboren fühlte, der dann ein langes Leben durchlief und stets das versprochene Stillschweigen bewahrte, bis schon im höchsten Alter er, seine Frau zum Morde seines Sohnes bereit sehend, in einen Schrei ausbrach, worauf unter schreckbaren Feuerzeichen am Himmel der Bann gebrochen und die ganze Operation unnütz war. — Die vollständige Kenntniss der Wahrheiten des Buddhismus verschafft den Heiligen zehn Arten der Kräfte (mit deren übernatürlicher Macht unter Sakyamuni's Schülern besonders Mou-kian begabt war): 1) die Gedanken Anderer zu kennen, 2) Alles im Weltall mit ihrem Gesicht zu durchdringen, 3) die Vergangenheit und Zukunft zu kennen, 4) den anfang- und endlosen Zusammenhang der Kalpas in ihrer ununterbrochenen Aufeinanderfolge zu verstehen, 5) alle Stimmen und Geräusche der drei Welten oder zehn Theile des Alles zu vernehmen (mit Ohren des Himmels), 6) jede Art von Erscheinungen hervorzurufen, 7) die Nüancirungen der glücklichen und unglücklichen Worte zu unterscheiden, 8) jede Art von Gestalten anzunehmen oder zu vernichten, 9) die Kenntniss aller Gesetze zu haben, 10) die Wissenschaft der Contemplation zu besitzen. — Wenn, um durch die Stufen des Joogeeismus mit Kurkhanat vereinigt zu werden, ein Anlia (nach dem Dabistan) den Athem einzieht, stellt er sich den Mond an seiner linken, die Sonne an seiner rechten Seite vor. Einige der Sanyassi in jeder der sieben Stufen stellen sich die entsprechenden Planeten vor, eine Art der Verehrung, die weit jede andere Anbetung oder gute Werke übertrifft, denn es heisst, dass der so Handelnde fähig sein wird, zu fliegen, niemals krank zu sein, sich vom Tode zu befreien und niemals Hunger oder Durst unterworfen zu sein. Die völlig Eingeweihten sagen, dass, wenn die Uebung richtig ausgeführt wurde, jede Furcht des Todes verschwindet, und dass, so lange ein solcher sich in seinem Körper befindet, er fähig sein wird, den Tod abzuweisen, oder ihn wieder anzuziehen, niemals krank zu sein und über alle Dinge Macht zu haben.

Erweiterung des individuellen Fetischbegriffes.

Wie den einzelnen Individuen geben die Priester bald auch den Familien ihre Götter, bald ganzen Geschlechtern, bald gesellschaftlichen Kreisen, Zünften und Ständen, bald dem Staate, in eine politische Stellung eintretend. Die officiellen Götter waren für gewöhnlich dem gemeinen Mann nicht erreichbar, der mit seinen Laren und Penaten zufriedene Römer wagte sich nur in besonderen Nothfällen in den goldenen Tempel des Jupiter Capitolinus und der Grieche horchte lieber der Sibylle, die aus den Blättern der Bäume sprach, ehe er der von fremden Königen verwöhnten Pythia ihren hohen Preis zahlte. Die gemeinen Leute unter den Kalmücken wenden sich lieber an die armen Schamanen, als an die stolze Hierarchie der Lamas. Die Stämme der Hellenen vereinigten sich unter dem gemeinsamen Cultus des Zeus Hellenius, die ionischen und dorischen Colonien in Kleinasien am Altare des Panhellenium. Jetzt war es auch Aufgabe der Priester, neue Götter, wenn thunlich, zum Besten ihres Staates zu gewinnen und dann durch Weihe zu fesseln, wie Boreas in Athen, Aesculap in Rom. Die Mexicaner eroberten sich die Götter mit Gewalt.

Jeder Demos verehrte ein übermenschliches Wesen, einen alten Heros, als Eponymos, der als Schutzpatron und als Vermittler zwischen seinen Verehrern und den Göttern angesehen wurde. Ausser diesen Culten der Eponymen (von denen mancher erst durch Klisthenes und nach ihm eingesetzt wurde) gab es auch viele andere herkömmliche Gottesdienste, theils der einzelnen Demen, theils mehrerer gemeinschaftlich, und zwar auch zwischen solchen Demen, die von Klisthenes getrennt, und zu verschiedenen Phylen geschlagen worden, damit die bestehenden Religionsinstitute unangestattet blieben. Es gab so auch Priester in den Demen zur Besorgung ihres Cultus und diese wurden, zum Theil wenigstens, durch Wahlen und Loos verbunden, ernannt, indem die Demoten eine gewisse Anzahl Candidaten durch Wahl ernannten, unter denen das Loos entschied. Unter den Verwaltungsbeamten war der oberste der Demarch. Die Versammlungen der Demoten waren die Agorä, die allgemeinen Volksversammlungen die Ekklesiä. Die Demen Phaleros, Piraeus, Thymaetadae, Xypete hatten ein gemeinsames Heraklieseigenthum, obwohl der erste zu Aeantis, der zweite und dritte zu Hippothontis, der vierte zu Kekropis gehörte. — Die zu Sparta im ehernen Hause verehrte Athene stand dem Volke in seinen Versammlungen als Hellania vor, wurde auf dem Markte als Agoräa, im Rathe als Ambulia, von den Fremden als Xenia, von der arbeitenden Classe als Ergane, von dem die Grenze überschreitenden Heere als Diabateria verehrt. — Ausser den besonderen Privat-Idolen, die jede ostjäkische Familie verehrt (im vornehmsten Winkel der Jurte), geniessen die Hauptanbetung gewisse vornehme Idole, deren Ruf durch den Schamanen an verschiedenen Plätzen begründet wurde. Ortlonk (Holzbild mit Eisenblech-Gesicht) oder der Fürst der Idole (von den Ostjäken aus Permien mitgebracht), der von zwei weiblichen Reiser-Figuren bedient war, ertheilte Orakel in Lonk-pulg (Götzendorf) bei den belogorskischen Jurten in einer rothen Tuchhütte. Köcher und Bogen wurden aufgehängt bei dem männlichen Idole der wasurskischen Jurten, das, sowie das weibliche, unter einem Baume stand. Die Männer opferten allein dem ersten, die Frauen dem letzteren. — Die Mitglieder einer und derselben Zunft und abgesonderten Quartieres bei den Mohamedanern haben gemeinsame Zunftheilige, wie z. B. die Zunft der Sattler in Damascus den Schech Ali. — Die Senecas bestehen aus acht Sippen, oder Clans, die je den Wolf, den Bären, die Schildkröte, den Hirsch, den Biber, den Falken, den Kranich und den Regenpfeifer zum Totem haben. Diese Sippen betrachten sich unter einander verbrüdert, ein alter Brauch verbietet ihnen unter Angehörigen eines und desselben Totems, jeder muss in eine Sippe heirathen, die einen anderen Totem hat. Die übrigen Irokesenvölker haben dieselben Totems, wie die Senecas, und gleich bezeichnete Sippen betrachten sich als Verwandte. — Gewisse Rinder von besonderer Farbe, Gestalt, Wuchs der Hörner u. s. w. werden je nach den Gesetzen jeder Esanda (Abstammung) unter den Damaras besungen und verehrt. — Die Thiere, nach denen die Stämme der Betschuanas ihre traditionelle Abstammung bezeichnen, werden heilig gehalten, weder gejagt, noch gegessen und man pflegt durch die Frage: „Was tanzt ihr“, sich nach dem Namen derselben zu erkundigen. Die Bassutos sind Bakuens (Männer des Krokodils), die Mantätis sind Bakahi (Männer der wilden Katze), die Lighoyas sind Bataung (Männer des Löwen) u. s. w. — Grey spricht von einem Complex and artfully contrived system of customs and institutions existing among the Australians. These laws, which are a complicated set of regulations for marriage and the constitution of society prevail universally over the Australian continent, though the knowledge of them is preserved by mere oral tradition. The people is divided into great families, all the members of each having the same family name. Each family adopts some animal or plant, as a kind of badge or armorial embleme (as their kobong). A certain mysterious connection exists between a family and its kobong, so that a member of the family will not kill an animal or pluck any plant of the species of which its kobong belongs except under particulars circumstances. — Dog-ribs descended from a dog. — Nach Aben Esra waren die Juden unter zwölf Heerschilden, von denen Juda den Löwen, Ruben den Hirsch, Dan den Drachen und Ephraim den Ochsen führte, aus Aegypten gezogen. Wie die Azteken zogen die Ashantie unter getrennten Wappenschildern und gleich den egyptischen Heeresabtheilungen unterschieden sich die römischen Legionen durch verschiedene Thierbilder, ehe der Adler die übrigen verdrängte. Ein jeder Stamm der Jakuten, sagt Strahlenberg, blickt auf ein besonderes Geschöpf als heilig, sei es ein Schwan, eine Gans oder ein Rabe, und ein solches Thier darf dann nicht von diesem Stamme gegessen werden. — Die Untergötter (wurde Oldendorp von den westindischen Negersklaven erzählt) sind von dem grossen Gotte zu Schutzgeistern eingesetzt und müssen auf einer jährlichen Versammlung Rechenschaft ablegen. Wer seinem Amte genügt hat, wird von dem grossen Gotte zur Bezeugung seines Wohlwollens mit einem glühenden Eisen in der Unsterblichkeit und in dem Amte eines Schutzgottes auf ein Jahr bestätigt; welche aber, dem bösen Geiste nachgelassen haben, ungerechte Kriege unter den Nationen zu stiften, oder die Pest, Feuerschaden und dergleichen in dem ihnen anvertrauten Gebiete wissentlich haben vorkommen lassen, die werden von ihrem Amte abgesetzt, aus dem Range der Götter verstossen und sterblich. Aus Verzweiflung und Bosheit sollen dergleichen abgesetzte Götter sich zu der gottwidrigen Partei schlagen und Teufel werden. — Adrian erhört die Brauer, Sebastian die Schützen, Laurentius die Köche, Pantaleon die Aerzte, Hanna die Wäscherinnen, Catharina die Philosophen, Crispus die Schuster, Theobald die Schuhflicker, Georg die Soldaten, Christoph die Schiffer, Dismas die zur Hinrichtung geführten Verbrecher. — Als die Weissagungen der Marcier (die im zweiten punischen Kriege hervorgezogen wurden) mit anderen Beziehungen auf halbgriechische Culte (besonders den des Diomedes in Apulien) den Dienst des Apoll empfahlen, bestätigte es die Sibylle. — Wegen des trasimenischen Unglücks wird aus den sibyllinischen Büchern unter andern Feierlichkeiten ein grosses Lectisternium der zwölf Götter und die Einführung des Dienstes der erycinischen Venus, in Verbindung mit der Mens, verordnet. — Dschingiskhan (Anhänger des Schamanenthums) liess eine religiöse Disputation zwischen uigurischen Kamen und chinesischen Priestern halten, wobei letztere mythologische Erzählungen aus ihrer Sittenlehre vorlasen. Die Buddhapriester stellten ihre Burchanen auf und verrichteten Opfer. Neben der Buddha's wurden alle andern Religionen geduldet, um sich die Gunst jedes Gottes zu sichern. — Akbar liess an seinem Hofe Christen, Mohamedaner und Brahmanen disputiren; um die Bekehrung Wladimir's stritten sich griechische und römische Katholiken mit Juden und Mohamedanern; jüdische und christliche Missionäre durchzogen die Länder der Chasaren und kamen vielfach in Collision, wie die Methodisten mit den Marabous in Senegambien.

Erbliche Priesterschaft.

Je mehr die zunehmende Masse der Kenntnisse die Priester, als besonderen Stand, aus dem Volke abschied, desto ängstlicher mussten sie die Geheimnisse nun unter sich fortpflanzen und als ihr erbliches Eigenthum betrachten.

Bei den Koçalen waren (nach dem Ramayana) die Vasishtha die Priester der Könige, bei den Videha und Anga die Gautama, als erbliches Priestergeschlecht. — Nach Erman haben die Ostjäken ihren erblichen Priesterstand in den Schamanen, denen die Vermittlung zwischen Göttern und Menschen aufliegt. — Die phönizischen Cinyraden und die cilicischen Wahrsager, die Thamyraden, die (nach Tacitus) den Tempeldienst in Paphos einführten, waren (gleich den Eumolpiden in Athen und Alexandrien) alte Priestergeschlechter, an deren Wanderungen sich die Ausbreitung des hierodulischen Cultus knüpfte. Der Hierophant der Eleusinien stammte stets aus dem Geschlechte des Eumolpos, dessen Sohn zuerst als solcher fungirte. Den Buzygen war das Palladium in der unteren Stadt zur Aufsicht anvertraut. — „Während bei andern Völkern (sagt Diodor, von der erblichen Weisheit der Chaldäer redend) immer dieselben Vorstellungen herrschen und alles Einzelne festgehalten wird, werden bei den Griechen, die jenes Fach als Erwerbsquelle benutzen, immer neue Schulen gestiftet, die einander in den Hauptsätzen widersprechen, so dass die Schüler an ein schwankendes Urtheil gewöhnt und in die Irre geführt, ihr ganzes Leben mit Zweifeln zubringen, ohne zu einer sicheren Ueberzeugung zu kommen." — Die Griechen glaubten (sagt Constant), dass die Gabe der Prophezeiung, als eine Gunst der Götter, sich vom Vater auf den Sohn übertrage. Calchas entsprang einer Familie, die dieselbe durch drei Generationen genossen hatte. Mopsus war von Manto geboren, der Tochter des Teiresias. Amphilochos fungirte als Prophet, wie sein Vater Amphiaraos. Deiphonius, der im Heere als Wahrsager diente, war der Sohn des Evenius, der diese Kunst vom Himmel dafür erhalten, weil ihn die Apolloniaten ungerechter Weise des Gesichts beraubt hatten. In den meisten Städten Griechenlands fanden sich priesterliche Familien. Die Branchiden und Deucalioniden bewohnten Delphi, die Evangeliden (adoptirte Nachkömmlinge der Branchiden) lebten in Milet, die Telliaden in Gela, die Clitiaden und die durch Jamus von Apollo stammenden Jamiden, die in den Flammen zu lesen wussten, in Elis. Die Ceryceen und Eteobutaden als Besorger der Geheimnisse, dann die Clytiaden in Elis von Melampus stammend, die Thaulonkiden und Hesychiden, die eleusinischen Philliden und Pömeniden, die apollinischen Cephaliden, Phytaliden, Trackiden, Lapiriaden, Erechthiden, Cleomantiden, Acestoriden (Argos), Antheaden (Halicarnassus), Aegiden (Theben), Trophoniaden (Lebadea), Athamantiden, Minyaden. Nach Plutarch war später die solonische Schule in Athen das Surrogat der Priesterkaste. — Die Priesterschaft des Huitzilopochtli in Mexico gehörte einigen bestimmten Quartieren der Stadt an, in denen sie wohnte. — Die Beni-Hosain, die im Geheimen zu der Secte Ali's gehörten, hielten lange Zeit die Aufsicht über des Propheten Grab in ihrer Familie zu Medinah. — Als die Spartaner die Gesandten des Darius tödteten, entbrannte der Zorn des Talthybios (des Herolds des Agamemnon), der in Sparta einen Tempel hatte und dessen Nachkommen (die Talthybiaden) daselbst das Ehrenamt aller Gesandtschaften hatten, so dass für lange günstige Opfer ausblieben. — Ausser den Zauberern und Zauberinnen (Kalidscha) wird von den Gallas eine religiöse Verehrung besonders den Watos gezollt, die (um die Reinheit des Blutes zu wahren) nur unter einander heirathen, und über Andere nach Gefallen ihren Fluch aussprechen oder sie segnen mögen. (*Isenberg*) — „Die aber, so sich des Geschlechts St. Pauli rühmen, kommen mit einer fliegenden Fahne aufgezogen. Darauf steht an der einen Seite St. Paulus mit seinem Schwert, auf der andern aber ein Haufen Schlangen, welche also gemalt sind, dass man sich fürchtet von ihnen gebissen zu werden. Da fängt Einer an, den Ursprung ihres Geschlechts zu erzählen, wie St. Paulus auf der Insel Malta von einer Otter gebissen worden, aber ohne Schaden, und wie er dieselbe Gnade auf seine Nachkommen fortpflanzt," erzählt Garzoni von den mittelalterlichen Jahrmärkten. — Michael Nostradamus rühmte sich aus einem durch die Gabe der Weissagung berühmten Stamme entsprossen zu sein, de filiis quoque Issachar — viri eruditi, qui noverunt singula tempora. — Alle Fürsten des Hauses Savoyen wurden während und noch nach dem 30jährigen Kriege für unverwundbar gehalten, entweder weil sie aus dem Geschlecht des königlichen Propheten David stammten oder weil die Kunst, sich festzumachen, bei ihnen erblich war. Als Feldmarschall Schauenburg es am Prinzen Thomas versuchen liess, versagte dem besten Schützen die Büchsenkugel. — Nach den Hexentheorien unter Innocenz VIII. ist die Neigung zum Teufelscultus in manchen Familien erblich, an manchen Orten endemisch, und besonders sollten die Weiber und jungen Mädchen mit schwarzem dichten Haarwuchs sich besonders den Incuben hingeben. — Die Zauberkunst vererbt sich in Finnland geschlechterweis und der Lehrling wird auf einem Steine umgetauft. Die Kunst des Aquilicium (ein Mittelpunct der pontificalischen Wissenschaft) gab den Anlass, die Aemilier von Pythagoras und Numa von Aeneas herzuleiten. Wegen dieser erblichen Wissenschaft hat der Pontifex Marcus Lepidus neben seine Siegerin Venus das Simpulum, die Trua gestellt, ebenso der Pontifex Qu. Lepidus neben Vesta und der Triumvir M. Lepidus verbindet mit dem Lituus und dem Messer, Kanne und Trua oder stellt Trua, Weihwedel, Axt und Apex zusammen. — Die Priesterclasse Kahuna Lapaku Mai in Hawai beschränkte gewöhnlich die Kenntniss ihrer Kunst, Krankheiten zu heilen, auf ihre eigenen Familien, so dass sie erblich wurde. — Die Grosspriester (Kohen hagadol) an der Spitze der hebräischen Hierarchie sollten von Aaron abstammen. — Während des Pietismus des vorigen Jahrhunderts wurde in dem gräflichen Hause Promnitz (in Schlesien) die Erweckung einheimisch. — Nach dem Dogma der Schiiten haben Ali und seine Nachkommen ein erbliches Recht auf das Imamat. — Die Anverwandten des Passine (des geistlichen Oberhauptes der Khyen's), die in der Nähe bei den Quellen des Moh leben, verkünden das Orakel der dortigen Höhlen. Though the Tauas do not profess to be gods, yet they are supposed to possess a hereditary gift of inspiration and the power of causing a god to dwell within them and it is individuals of this class principally, who venture to usurp the dignity and name of the Atuas. Often at night crying out with a shrill voice in wild and unnatural sounds and then giving answers in their usual tone, they pretend to be conversing with a god within them. In their fits of inspiration they become convulsed, prophesying or demanding human sacrifices for the god by whom they are possessed. As every internal disorder is believed to be inflicted by some god, the Tauas being inspired, smother the mischievous deity between the fingers and the palm of the hand. In order to cure some diseases they place the patient in water, invoking the god and beating the water with branches of trees and pouring some of it on his head. The Tauas (of whom some are females) become gods after their dead. The office of the Tahunas (the priests, who offer sacrifices and perform ceremonies in the temples) is not (like the gift of the Tauas) hereditary, but is conferred by the ordination of those already exercising its functions, who also initiate the novices in the discharge of its duties. — Die Duchoborzen (Lichtbekämpfer) oder Skonoborzen (Bilderstürmer) stammen von den drei Knaben im feurigen Ofen (zu Jekaterinoslaw). Als König Magnus mit der Ausübung der Heilkunst den Isländer Rafn betraute, pflanzte sie sich in seiner Familie fort.

Berathende Dämone.

Ein märkischer Edelmann bei Prenzlau hatte (1614) zwei Geister, die er sich unterthänig gemacht, einen Pigmäus, so unter dem Gesindetisch gewohnt und ihn den Lapis philosophorum zu machen gelehrt; der andere Celus, so in der Hölle (dem Ofen) gewohnt und ihm zu Zeiten stattlich musicirt. Sonst auch noch viel Geister und Teufel. (*Raumer.*) — Der Mützenkobold Heedekin hielt sich neben dem Palaste des Bischofs von Hildesheim (1130) auf, dem er gute Rathschläge über sein diplomatisches Verhalten gab. — Die Frauen niederer Kasten in Shabad werden im Monate Strawan von Mahamaya besessen und geben Orakel unter einem Baume in heftigen Convulsionen umherbewegt, während ihre Ehemänner eine Trommel schlagen. — Nach Wilhelm von Paris, frug Aristoteles bei allen seinen Verrichtungen einen Geist um Rath, den er durch Opferung eines ungeborenen Lammes und andere Ceremonien aus dem Kreise der Venus herunterzwang. — Den Genius des Plato erklärten die Priester, die ihn (in Egypten) beschworen hatten, für einen der oberen Götter, und der heilige Geist, der die Propheten erfüllte, wurde später mit der höchsten Gottheit selbst identificirt. — Der die heilige Francisca begleitende Engel erschien ihr wie ein neunjähriger Knabe in einem Levitenröcklein (nach dem Schnitt der Subdiakonen) gekleidet und mit nackten Füssen, die auch im Kothe der Strassen nie schmutzig wurden. — Cardanus schrieb sich zu Zeiten einen Schutzengel zu, während er dann wieder zweifelte, ob es nicht die Vortrefflichkeit seiner Natur wäre, die ihn belehre. — Peter von Apono war durch den Unterricht der sieben Familiengeister, die er in einer Flasche verwahrte, in allen freien Künsten bewandert. Im dreissigjährigen Kriege erfreute sich eine Magd zu Gumpershausen der Besuche eines kleinen Engels, der sich bald in rothem, bald in blauem Hemdlein vor ihr auf's Brett oder den Tisch setzte, Wehe schrie, vor Gotteslästerung und Fluchen warnte, und schreckliches Blutvergiessen verhiess, wenn die Menschheit nicht das Lästern, die Hoffart und die gestärkten und gebläuten Krägen abschaffen würde. — Ein schwachsinniger Knabe, den Wilhelm von Grumbach unterhielt, verkehrte mit Engeln, die in einem Kellerloche hausten, sich bereit erklärend, Gold zu schaffen und dem Herzog (Albrecht von Brandenburg) ein Bergwerk an den Tag zu bringen. — Marcion (dem Irenäus einen Paredros oder Schutzgeist beilegt) gewann seine Anhänger durch Farbenverwandlung des weissen Weins in rothen, blauen und violetten. — Die sächsischen Theologen (1619) vertheidigten das substantielle Einwohnen Gottes in den Wiedergeborenen. — Von Pythagoras wird erzählt, dass die Seele eines Krotoniatischen Freundes ihn Tag und Nacht umschwebe, die wichtigsten Lebensregeln beständig wiederholend. — Contigit me semel sub mediam noctem subito expergefieri. Ibi Satan mecum coepit ejusmodi disputationem. Audi, inquit, Luthere, Doctor perdocte. Nosti etiam te quindecim annis celebrasse missas privatas pene quotidie? Quid si tales missae privatae horrenda essent idololatria? Cui respondi, sum unctus sacerdos ..... haec omnia feci ex mandato et obedientia majorum: haec nosti. Hoc, inquit, totum est verum; sed Turcae et Gentiles etiam faciunt omnia in suis templis ex obedientia. — In dem Saivo erwarben sich die Zauberer durch den Unterricht der Olmak ihre Kenntnisse und dort fanden sie auch die zur Zauberei nöthigen Thiere und Geräthschaften, welche weit vorzüglicher waren, als die des gewöhnlichen Lebens. Der Zauberer hatte in dem ihm zugänglichen Saivo dreierlei Thiere: einen Vogel (oder Saivo Lodde zur Leitung auf der Jagd), einen Fisch oder Pflanze, oder Saivo Guelle (um nach

Jabme Aimo (Lappland) zu reisen, um Andern Schaden zu thun), und einen Rennthierstier oder Saivo Warove (um zum Wettkampfe ausgesandt zu werden), die zusammen Noaaide Wewige hiessen. — Die Sien, diejenigen der in den Wolken schwebenden Geister, von denen nur Tungpien (der Gott der Barbiere) verehrt wird, können sich in Menschen verwandeln und erscheinen oft in der Gestalt eines Priesters des Tao oder Buddah, um zur Tugend zu ermuntern. — Der Eatua (Gott) soll zu dem Oberpriester (Tahowarahas) der Gesellschaftsinseln herabsteigen und Verkehr mit ihm halten, während er dem umgebenden Volke unsichtbar bleibt. Der Gottheit werden Opfer von Esswaaren dargebracht, aber die untergeordneten und besonders die boshaften Geister werden nur durch eine Art Pfeifen und Zischen verehrt. — Der patagonische Zauberer beginnt das Ceremoniel seiner Beschwörung damit, dass er mit seiner Trommel und seinem Klapperbeutel einen grossen Lärm macht. Dann simulirt er einen Anfall oder Kampf mit dem bösen Geist, der in ihn gekommen sein soll, wendet die Augen nach oben, verdreht sein Gesicht, hat Schaum vor dem Mund, verzerrt seine Glieder und liegt nun nach vielen heftigen und verzerrenden Bewegungen steif und bewegungslos da, wie ein Epileptischer. Hat er den Dämon allmählig überwunden, so ahmt er seine traurige und schrillende Stimme nach und giebt dann von einer Art Dreifuss herab die gewünschten Antworten. (*Falkner.*) — Von der Magie nennt die Kabbala diejenige Art, in welche sich der Mensch durch Beschwörung oder äussere Mittel im Traume versetzt, bis der böse Geist in ihm spricht: Idoul. Bei dem Citiren des Geistes wurde dem schwarzen Magier ein Tisch mit Speise und Trank hingestellt und Rauchwerk angezündet, um die Dämonen zu versammeln, die dann das Gewünschte bekannt machten. Manchmal gebrauchen die Zauberer Stäbe, mit denen sie auf die Erde schlagen, die Geister zu erregen, die bald auf dem Boden umherzukriechen beginnen. Grösstentheils stehen sie auf mit verwilderten Haaren, zerren an ihren Gliedern, machen die unnatürlichsten Bewegungen oder ritzen sich auch, um den bösen Geist anzuziehen. — Scipio Africanus unternahm nie ein Geschäft, weder in eigenen Angelegenheiten, noch im Namen des Staates, ohne vorher in der Capelle des Jupiter Stator einige Zeit im Gebete zugebracht zu haben. (*Valer. Max.*) — Socrates hörte stets die Eingebungen seines Dämonium (der ihn aber nur durch Winke, nicht durch Zuspruch belehrte) und Confucius genoss häufig die Erscheinung des durch seine trefflichen Gesetze und Einrichtungen gefeierten Tscheoukong, nachdem er schon sechs Jahre gestorben war. Auch Tasso verkehrte mit einem Genius. Kaiser Maximilian hatte seinen guten Dämon an dem treuen Kunz von Rosen. — George Fox, der Schuhmacherlehrling († 1621), wurde im einsamen Hirtenleben durch beschauliche Einkehr in sich zu fühlbarer Gottesnähe geführt und fasste das in den Stunden tiefer Versenkung in sich Wahrgenommene als die Offenbarung des Gottesgeistes auf, worauf er 1647, als Prediger auftretend, die Gemeinde der Freunde (Quäker) gründete, aus der sich 1820 die rationalistisch-deistische Partei des Elias Hicks abschied. — Thomas Münzer (nach dessen Lehre die erleuchtete Vernunft die einzige Vermittlung sei, durch welche Gott sich dem Menschen offenbare) glaubte, wenn auf einsamem Zimmer seine Gedanken im lauten Selbstgespräch heraustraten, sich im Zwiegespräch mit Gott zu befinden, und erklärte seinen Anhängern zu Allstedt, dass er Bescheid von ihm erhalte. (*Zimmermann.*) — Der sich häufig mit Torralba (1510) unterhaltende Genius las in der Zukunft und wusste die verborgensten Geheimnisse. — Der Neuplatoniker Probus erhielt (nach Marinus, seinem Schüler) schon im Knabenalter einen Besuch von Apollo und Minerva, studirte die Redekunst in Alexandrien und wurde in Athen von Lysianus und Plutarch in die Geheimnisse der Neuplatoniker eingeweiht, indem ihm Asklepigeneia (Tochter des Plutarch) mit eigener Hand die Weihe ertheilte, ihn zu den mystischen Geheimnissen der Chaldäer und den verborgenen Grenzen der Theurgie führend, worauf er auch in die eleusinischen Mysterien zugelassen wurde, fortan sein Leben zubringend in Fasten und Gebete, mit Hymnen und Purificationen und Erscheinungen der Dämonen, sowie Festen der Gottheiten, besonders der grossen Mutter der Götter. — Wie Numa den Picus und Faunus berückte Salomo den Djin Sachr, um von ihm ein Mittel zu erhalten, das Metalle im Stillen zerschnitte, damit das Klappern und Hämmern der in dem Tempel arbeitenden Djins, vor dem die ganze Stadt nicht schlafen könne, aufhöre. Sachr rieth ihm, die Raben zu belauschen, die um den Samurstein flögen, und nachdem dadurch der Bruch desselben gefunden worden, wurden losgelöste Splitter unter die Djins vertheilt, die dann mit ihnen die Quadern des Tempels verarbeiteten. Nach Garcilasso de la Vega erhielten die Steine der prächtigen Inca-Monumente ihre eigenthümliche Politur, weil sie mit einem harten Kiesel, ohne Metall- oder wenigstens Eisen-Instrumente geschliffen waren, des Mörtels entbehrend, wie das von Diodor erwähnte Grabmal des Osymandyas. Nach Andern ist es der Wurm Samir (der sich in Indien in den Salagramastein einbohrt, bis die Schmerzen dem leidenden Gotte den Schweiss der Todespein auspressen), der Salomo's Steine glättet, und nur mit Hülfe des von einer Djin gebrachten Wurms gelang es ihm einen Faden durch den von der Königin von Saba geschenkten Edelstein zu ziehen, aus Dankbarkeit wofür er den Wurm auf den Maulbeerbaum versetzte, um dort fortan sein Seidengewebe zu ziehen.

Die subjectiven Phantasmen.

Ein russischer Reisender beschreibt die Ceremonien, denen er bei einem Besuche der Burätten beiwohnte. Der Schamane zog seine Galatracht an und beräucherte sich mit Wachholder und Thymian, worauf ihm der Herr der Hütte eine Schale Milchbranntwein reichte. Daraus spritzte er unter Beschwörungen gegen den Rauchfang, nahm dann zwei Krücken in die Hände und ging aus der Jurte, indem er (mit dem Rücken gegen die Thür gestellt) mit wilder Stimme rief: „Geister und Schatten berühmter Schamanen, die ihr längst aus der Welt geschieden seid, eilet zu mir, lasset keine tiefen Abgründe, keine hohen Berge, keine Meere, Flüsse oder unzugängliche Sümpfe euch zurückhalten. Erscheint!" Darauf begann er zu schnauben und zu knurren und mit seinen Krücken die Erde zu schlagen. Die Burätten antworteten mit eintönigen Worten aus der Hütte, um ihn, wie sie sagten, recht wild zu machen. Dann kam er auf seine Krücken gestützt in die Hütte zurück, wie in Verzückung, und begann vorwärts und rückwärts zu gehen, unter dem Absingen gewisser Verse. Im Verlaufe des Gesanges schlug er sich mit den Krücken, machte vor der Thüre Halt und rief die Geister herbei. Dann fasste er einen am

Boden liegenden Säbel, steckte ihn zuerst in glühende Asche und durchbohrte sich dann mit demselben, von den Zuschauern abgewendet. Wie man sah, steckte derselbe nicht im Bauche, sondern in den daran gedrückten Fäusten. Dann forderte er Jemanden auf die Waffe herauszuziehen, und indem ein Buräte sie am Griffe fasste, gab der Schamane, mit den Zähnen schmatzend, einen zischenden Laut von sich, wie man hört, wenn ein Messer oder Degen aus einer gefüllten Blase herausgezogen wird. Der Schamane beleckte die Spitze des Degens mit der Zunge und wischte das Blut ab, das daran gewesen. Für die Ceremonie des Kopfabschneidens meinte er zu steif geworden zu sein.

Man würde sehr irren in der Ansicht, dass solch läppische Gaukeleien, wie sie bei allem Fetischdienste wiederkehren, von den Wilden als heilige Mysterien unbedingt geglaubt würden. Sie haben in der Jugend daran geglaubt und das ist ihnen genug, um sie in reiferen Jahren, wo sie die Schliche alle kennen mögen, noch ferner mit Vergnügen zu betrachten, zumal sie durchaus kein Interesse haben, die wegen ihrer Rache zu fürchtenden Zauberer zu entlarven, und die Häuptlinge im Gegentheil sie wirksam verwenden können, um das Volk in Unterwürfigkeit zu halten. Im Uebrigen wird überhaupt nicht gegrübelt. Ob das Messer wirklich in den Bauch gegangen, oder nur nebenhin gefahren, ist durchaus gleichgiltig, es ist immer ein sehenswerthes Kunststück, und je nach der Stimmung, in der der Zuschauer sich befindet, wird er es nach seiner unterhaltenden oder geheimnissvollen Seite auffassen. Dann ist auch genugsam bekannt, dass die Nachweisung eines Betruges auf solchem Gebiete durchaus nicht zu den leichten Sachen gehört. Der Eine wird immer meinen: auch wenn die Messerdurchbohrung nur eitele Spielerei wäre, so liesse sich doch nicht leugnen, dass die Schamanen höhere Kenntnisse besässen, und dass sie davon Proben genug abgelegt hätten, wie denn auch sie gewöhnlich im alleinigen Besitz der Gelehrsamkeit sich finden. Oder ein Anderer, der dem gegenwärtigen Schamanen nicht zugethan ist, wird doch von der geheimnissvollen Wissenschaft reden, die sich schon seit Jahrhunderten in der Familie vererbte, und wie ihr tiefsinniges System den übernatürlichen Ursprung beweise. Zum Nothfall kann auch die Brüderschaft ein Mitglied, das sich zu offenkundig als Betrüger bewiesen, ganz fallen lassen, ohne dass dadurch ihre heilige Würde selbst weiteren Eintrag erleiden würde. C'est tout comme chez nous. Die Gaukeleien der Heiligen hat der Rationalist längst aufgegeben, aber was hat das mit der Göttlichkeit des Christenthums zu thun? Einer meint, die Wunder der Apostel selbst möchten ersonnen sein, aber die geschichtliche Ausbreitung desselben beweise das Eingreifen einer höheren Macht. Der Andere dagegen wird sich in die mysteriösen Beziehungen der Prophezeiungen des alten und neuen Testaments vertiefen, ein Anderer wieder wird nur auf die moralische Bedeutung der Lehren Werth legen, ein Anderer die sonderbaren Anknüpfungspunkte in den heidnischen Religionen, die auf die letzte Erfüllung hinwiesen, hervorheben, während sein Gegner, der sich mit der philosophischen Wahrheit des Christenthums genügt, jene Speculation als mystisch verwirft. Der Eine freut sich der Harmonie der Evangelien, der Andere, der noch immer innerhalb des Heiligthums der Kirche bleiben kann, weist die zufällige Zusammentragung der heiligen Schrift nach. So nimmt der Eine dieses, der Andere jenes Bollwerk der Orthodoxie fort, glaubt aber dennoch, dass diese selbst noch ebenso sicher und mächtig wie in der blühendsten Zeit der Hierarchie dastünde, wogegen, wenn sie versuchen sollten, sich alle mit einander über ihre geraubten Beuteantheile zu vergleichen, sie finden würden, dass schon längst das ganze Gebäude abgetragen sei und nur noch das Nachbild auf der Retina ihnen das Fortbestehen desselben vorgaukelt. Auch an solche Hallucinationen mag man glauben, aber dann würde der Sibirier den vollsten Vorzug haben, da er nicht nur den Worten seines Schamanen glaubt, sondern selbst diejenige Gestalt an seinem Körper hervorsprossen sieht, in die er sich verwandeln will. Das Denken beruht auf Associationen, die man bildet, die man im Causalnexus verbindet, ohne sie gewöhnlich in ihren richtigen Verhältnissen gegenseitig abzuwägen. Der Geester Bauer schreibt jede Krankheit (sagt Goldschmidt) einem „Utfraren sin“ oder Verküllung zu, vielleicht in früher Jugend, und führt sie als Ursache an, trotz der langen Zeit der Gesundheit, die dazwischen lag. Geholfen hat stets die letzte Medicin, und oft wird ein zerlumptes Recept als Heiligthum in der Familie vererbt. Manchmal liegen den phantastischen Folgerungen richtige Beobachtungen zu Grunde. Dem Kranken wird ein schlechtes Prognostikon gestellt, wenn sich beim Aufmachen des Bettes die Federn kreisartig ineinandergeballt haben, wie es leicht bei langem Liegen und Nasshalten des Lagers geschieht. Aber daraus bildet sich dann die Vorstellung des „Todtenkranzes“ und ein solcher, der wieder seine Ursache haben muss, wird den „quajen oder leepen Lüe“ zugeschrieben, meist unbekannte dunkle Grössen, die man nicht weiter bezeichnen kann, aber die überall ihr „Spillwark“ haben.

Der Schamane ist nicht ein plumper Betrüger, sondern eine psychologische Erscheinung sonderbarer Art, bemerkt v. Wrangell. „So oft ich sie handeln sah, fühlte ich mich trübe bewegt. Der wilde Blick, die blutunterlaufenen Augen, die heftig arbeitende Brust und die convulsivische Sprache, die scheinbar unwillkürliche Verzerrung von Gesicht und Körper, das flatternde Haar, selbst der hohle Ton der Trommel trug dazu bei, und es ist leicht erklärlich, wie die ganze Vorstellung von den ungebildeten Zuschauern als das Werk von Gespenstern oder körperlosen Geistern betrachtet wird." — Beim Mawalian-Opfer der Alfurus auf Celebes murmeln die Priester, nachdem sie die Segnungen des Oberpriesters empfangen, ihre Gesänge, indem sie den Empong Lembej einladen, in ihre Mitte kommen zu wollen, während der Oberpriester bebend und zitternd die Augen mit scheuer ängstlicher Miene gen Himmel hebt, als ob er das Kommen des bösen Geistes*) von dort gewahrte. Ist der Gott Lembej in ihn gefahren, so macht er unter schrecklichen Geberden einige Sprünge auf einem dazu hingelegten Brette, schlägt beständig mit einem Blätterbündel auf und nieder, tanzt und springt, indem er die Geschichten eines der alten Götter erzählt. Nach einigen Stunden wird er von einem andern Priester abgelöst, der die Geschichte eines andern Gottes singend erzählen muss. So geht es Tag und Nacht fort. Am fünften Tage fällt der Oberpriester, nachdem ihm die Zunge beschnitten worden ist, in Ohnmacht, als ob er den Geist aufgäbe, worauf er sogleich mit einem Betttuche bedeckt wird, damit man sein Athemholen nicht sehe. Die von der Zunge abgeschnittenen Stücke werden mit Benzoë (Wuwul) geräuchert, um sie vor Fäulniss zu bewahren. Dann schwingen die Priester singend ein Rauchfass über dem Leibe des Oberpriesters, seine Seele zurückrufend. Wenn der Scheintodte auflebt, ist er anfangs stumm, tanzt und springt aber mit erneuter Lebenslust. Nachdem er die abgeschnittenen Stückchen seiner Zunge wiedererhalten, wirft er sie nach einigen Ceremonien tanzend in die Luft und auf die Erde, fängt sie aber auf und bringt sie in den Mund, worauf er nach Beräucherung mit Benzoë und Kauen von Pinang wieder zu sprechen beginnt. — Damit der Geist aus seinem Munde rede und dem Hausherrn die gewünschten Fragen beantworte, spricht der Schamane mit niedergebeugtem Haupte und knieend (bei den Buräten) die Anrufung, bis er, sich ergriffen fühlend, unter Convulsionen aufspringt und seine Schale schwingt. (*Schtschukin.*) — Der Ime (Priester) der Yumale (in Teggele) sitzt, wenn er wahrsagen soll, auf seinem Stuhl (Tod) und geräth in zitternde Bewegung, die zuletzt in Convulsionen aller Theile des Körpers übergeht, von Zeit zu Zeit langgedehnt das Wort Hak-aa aussprechend. Während dieser Zuckungen bemerkt man die ihm einwohnenden Geister vom Unterleibe allmählig in den Kopf steigen, hier seinen Verstand erleuchten und dann sich wieder niederlassen. Ist er ruhig geworden, so steht er auf und giebt Bescheid auf die ihm vorgelegten Fragen. (*Tutschek.*) [Als das Volk die in den Priesterstand getretene Schwester (Njelu Alimi) ihres Königs von den sie besitzenden Geistern befreien wollte, um sie ihrem Bruder zu vermählen, brachte es Blutopfer dar, damit der Himmel die widerstrebenden Geister zu sich hinaufnehmen möge. Sie aber floh in die Wildniss und zog dem alten Wildnisshüter mit Hülfe des Zauberkrautes Li die Haut ab, um sich darin als Greis zu verhüllen, bis sie beim Baden durch Fortnehmen des Zauberringes erkannt wurde.] — Bei der Krönung des neuen Königs in Zapotecapan setzte sich der Oberpriester (Wigatao) von Yopaa auf den Thron, um sich mit den Göttern zu unterhalten. Er wurde von übernatürlicher Wuth ergriffen, und in verzerrten Convulsionen umhergeworfen, stiess er unzusammenhängende Worte aus, die von den umstehenden Priestern

---

*) Die Somnambulen ringen in ihren Visionen mit dunklen Gestalten, um zum Lichte zu gelangen, und Werner erzählt, dass seine „zarte Amalie" einst von einem „ungestalteten Teufel" einen heftigen Stoss auf die Brust erhielt. „Die Aegypter behaupten (sagt Diodor), dass ihnen Isis im Traume zu Hülfe komme, um ihnen Heilmittel bei Krankheiten anzugeben."

sorgsam niedergeschrieben wurden, um als Orakel erklärt zu werden. — Durch heftiges Schreien, Schlagen der Trommel und das Kesselrasseln der Zuschauer, geräth der Schamane bei Obdorsk in Verzückungen, wirft sich in Convulsionen auf der Erde umher, worauf seine Gefährten ihm eine Schlinge um den Hals werfen (in die ein anderer Schamane den Finger steckt, um Erstickung zu verhindern) und daran ziehen, ihn ermahnend, sich mit den Geistern zu unterhalten, bis er unfähig länger auszuhalten, ein Zeichen giebt, dass ihn der Geist verlassen hat. (*Erman.*) — Da die fellumhüllten Lobet der Samojeden nur stumme Götter sind, so bedarf es des zauberkundigen Schamanen, um Orakel aus der Geisterwelt zu erhalten. Dazu setzt sich der Schamane mit einem beschuhten Stabe in der einen, zwei Pfeilen in der andern Hand, auf einen Schemel in der Mitte der Hütte, singend, bis seine Geister kommen, worauf er mit seinem Glöckchen läutend, aufsteht und einen schwerfälligen Tanz ausführt, nach dessen Beendigung er die Fragen beantwortet. — Durch den Gebrauch der Handtrommel gerathen die Schamanen der Ostjäken vor dem Hüttenfeuer in grässliche Verzückungen, bis sie von den herbeigelockten Teufeln verlassen sind und Antwort auf die vorgelegten Fragen ertheilen, wobei die mit Schalen und Kesseln lärmenden Anwesenden einen blauen Rauch über dem Zauberer schweben zu sehen meinen. Eine tungusische Zauberin beantwortete die von Pallas gestellten Fragen unter allerlei Verdrehungen, durch Schlucksen, Kollern, Kukukschreien und andere Laute unterbrochen. — Nach dreimaliger Anrufung der Geister bei einer Beschwörung, nimmt der opfernde Schamane ein hölzernes Gefäss, legt den Mastdarm des Thieres hinein, wirft es in die Lohe und ruft: „Für die, so das brennende Feuer, den Brodem des heissen Wassers umkreisen,“ womit er diejenigen armen Geister meint, die es nicht wagen an die Opferstätte heranzutreten und die sich erhebenden Dämpfe zu geniessen. Dann schöpft er etwas von der brodelnden Fleischbrühe, klatscht es ins Feuer und ruft: „Für die, so unter der Opferstätte zischeln und unter dem Schatten beben,“ womit er die schwachen Geister meint, die sich unter dem Altare verstecken, nicht angelockt durch den Geruch der schmorenden Knochen. — In dem „wahrhaft feurigen Drachen, oder Herrschaft über die himmlischen und höllischen Geister und über die Mächte der Erde und der Luft“ (Ilmenau 1850) wird Lucifer angerufen, während man Branntwein in's Feuer giesst, und geht dann nicht Alles sogleich nach Willen, so „peitsche man sämmtliche Geister tüchtig, indem man die beiden Enden des Zauberstabes in das Feuer steckt“ und ohne sich über das grässliche Jammergeheul, das von allen Seiten ertönen wird, zu entsetzen, sondern vielmehr mit noch grässlicherem Peitschen drohend. Während der Spirit rappings in der Union, erschien (1853) eine reiche Geister-Literatur, wie „Cursus von Lectionen unter dem geistigen Lehrer, von Geistern aus dem sechsten Kreise,“ „Wanderungen Thomas Paine's, geschrieben von dem Geiste Paine's durch E. Hammond, Medium,“ „Liebe und Weisheit, nach Mittheilungen der Geister von Victor Wilson, Benjamin Franklin, General Washington und Sir Asthley Cooper.“ Der „Spirit Messenger“ wurde allwöchentlich von Mr. Ambler (Medium) herausgegeben, das „Light from the Spirit world“ erschien jeden Sonnabend, dann die „Shekenlah,“ „Spiritual Telegraph,“ „Seraphic Advocate“ u. s. w. — Bei den Buräten kniet der Schamane an dem mit dem Fleische des Opferthieres gefüllten Eimer nieder und ruft seinen Schutzgeist. Dann thut er Luftsprünge, ohne seine Stelle zu verlassen, schneidet schauderhafte Fratzen und giebt so den Anwesenden zu verstehen, dass der Geist in ihn gefahren ist. Im

Augenblicke der äussersten Verzückung schwingt er den Eimer um den Kopf, aber der hinter ihm stehende Hausherr springt heran und erfasst ihn plötzlich. Dann sagt der Schamane mit einer fremden Stimme (der des in ihn gefahrenen Geistes), wer er sei und woher er stamme. Dem Geber dankt er für die erwiesene Ehre und verkündet ihm allerlei Glück oder schilt ihn aus für seine Lässigkeit im Darbringen von Opfern und versichert, dass er ihm nur auf die Verwendung des Schamanen verziehen werde. Zuweilen prophezeit er auch schlau einem der Anwesenden irgend ein Unheil, das natürlich wieder nur durch Gaben abzuwenden ist. Auch ergreift wohl der Schamane, während der Besessenheit, ein Messer und stösst es sich scheinbar in den Leib. Zuletzt gewinnt er Ruhe und verkündet, dass er wieder er selbst ist. Es folgt ein letztes Gebet zu Gunsten der kranken Person, begleitet von ferneren Ceremonien, und am Ende empfängt der Schamane das Honorar für seine Pflege. — Durch die Zaubertrommel erforschte der Lappe die Genesung oder den Tod des Kranken und nach dem Hinscheiden floh Alles aus dem Hause, aus Furcht vor dem Geiste des Entschlafenen. Ein Mann wurde für die Grabgebräuche angestellt. Er hatte während seiner Verrichtungen von einem Verwandten einen messingenen Ring, damit ihm der Geist nicht schaden könne. Am Grabe wurde das Rennthier, das den Leichnam dorthin gezogen, geopfert, und man schlug die Zaubertrommel, singend: „Wollt ihr ein Opfer, o Geister?" — Wollte der lappländische Zauberer ferne Dinge wissen, so legte er den Arpa (das Zeichen) auf dasjenige Feld des Kannus*), das die Sonne enthielt, und sang mit heller Stimme ein Lied, das man Jouke nannte, und die Umstehenden sangen im Chor, den man Duura nannte, in Einem fort. Nach einiger Zeit fiel der Zauberer um, legte die Trommel auf seinen Rücken und schlief in Ohnmacht, wie todt, während der Chor immer fortsingen musste, bis jener erwachte. Unterliess man den Gesang oder wollte ihn Jemand aufwecken, so blieb der Zauberer todt. Länger als 24 Stunden lag er nicht. Während des Schlafens war sein Gesicht schwarz und braun, Schweisstropfen fielen ihm herab, und wenn er aufwachte, wusste er die Fragen zu beantworten und brachte oft Wahrzeichen aus fernen Ländern mit. — Wenn die Schüler des Dalai-Lama das Volk täuschen, indem sie Messer verschlucken und Feuer ausspeien, so bestraft er sie durch die Herabsetzung zu den letzten Rangstufen. (*Timkowski.*) — Im tomskischen Gouvernement lässt sich der Samojede in einer dunkel gemachten Hütte auf eine Rennthierhaut festbinden, worauf die Aussenstehenden die sonderbarsten Töne eines Wiesels und Eichhörnchens durch das Zimmer laufen hören, bis plötzlich zu ihrem Erstaunen der losgebundene Schamane, der mit dem Lobet sich unterhalten hatte, unter ihnen erscheint. Die nördlichen Schamanen lassen sich als Kunststück zuweilen eine Kugel vor die Stirne schiessen, wobei aber Viele umkommen. (*Castrén.*) — Bei den Tschuktschen verschluckt der Schamane Steine und giebt sie wieder von sich; bei andern Stämmen schlägt er sich mit Stricken und isst glühende Asche. Ein russischer Reisender sah, wie der Schamane einen Stein verschwinden, und dann durch eine Geschwulst am Ellbogen wieder hervorkommen liess. — Die Zauberer auf Tahiti hiessen Tahu (die Anzünder), oder Natinati (die Verstrickten), um die schmerzhaften Verdrehungen ihrer Eingeweide anzuzeigen, oder Pifao (Haken), indem sie in der Gewalt des Dämon sich krümmten, wie von

*) In Thüringen wurde 1860 mit der Geistermaschine des Storchschnabels prophezeit, in Fächer eingetheilt, deren oberstes mit † † † (Gott sei mit uns) beschrieben war.

einem Haken durchstochen. — Finow erwähnte gegen Mariner oft seine Zweifel, ob es wirklich solche Wesen gäbe, wie man sich die Götter denke, und meinte, die Menschen seien Narren, das zu glauben, was die Priester von ihnen erzählten. Wurde ihm entgegnet, dass er selbst mehr als einmal vom Geiste des Mumoe (eines frühern How oder Königs) inspirirt gewesen sei, so antwortete er: „Das ist wahr. Ich will auch allenfalls zugeben, dass wirklich Götter einwirken, aber, was die Priester von ihrer Macht über die Menschen uns erzählen, das halte ich Alles für falsch.“ Solche Ansichten machen leicht erklärlich, wie unter seinem Sohne (wo die weltliche Macht sich kräftig genug fühlte) die Würde des Tuitonga*) (die erbliche Verkörperung der Gottheit in dem geistlichen Oberhaupte) mit dem Tode des bisherigen abgeschafft wurde, da man folgerte, dass, wie Tonga während der ganzen Zeit der politischen Kriege ohne ihn habe bestehen können, so es auch für Wauwauh möglich sein würde. Das Volk war froh, von dem lästigen Gebrauche des Inachi befreit zu werden. Finow selbst wusste noch Vortheile von dem religiösen Glauben zu ziehen, indem er seine Kriege unter dem Gebote und der Obhut seines Schutzgottes, Tubo Total, der ihm sicheren Sieg versprochen habe, zu führen behauptete, wie auch Attila, Dschingiskhan, Zimbo, Danfodio sich für Gesandte der Gottheit ausgaben. Mariner giebt ein Beispiel, wie er die Priester zu seinen Zwecken zu benutzen verstand, als er den Frieden mit den Wauwauhern wünschte und es doch unter seiner Würde hielt, denselben selbst anzubieten. Er hatte deshalb vielfach geheime Conferenzen mit den Priestern, entweder nur über religiöse Zustände oder über politische, bei denen er heuchelte, Alles vom Willen der Götter abhängig zu glauben, und dabei wie zufällig Worte über beabsichtigte Reformen fallen liess, Bemerkungen über freundliche Gesinnungen gegen seine Feinde einflocht und die Segnungen des Friedens mit den lachendsten Farben ausmalte. So brachte er es dahin, dass die Priester später bei ihren Inspirationen dieselbe Ansicht von der Sache hatten, und dem Könige in den Volksversammlungen Frieden und Versöhnung als den Willen und das Gebot der Götter vorstellten. Als trotz aller Gebete und Mittel seine Tochter ihrer Krankheit erlag, beabsichtigte er schon den Tubo Tea, den Priester des Gottes Tubo Total, dessen Bosheit er diesen Verlust zuschrieb, fesseln und tödten zu lassen, wenn ihn nicht der eigene Tod überrascht hätte. Jener hatte dagegen versucht, die Schuld weiter zurückzuschieben. Wurde der inspirirte Priester, der fast beständig in Thränen aufgelöst war, im Kawa-Kreise angerufen, so gab er auch auf die dringendsten Bitten entweder gar keine Antwort, oder höchstens, wie: „Warum ermüdet ihr euch mit flehentlichem Rufen zu mir? Stände es blos bei mir, das Weib wiederherzustellen, so würde ich es thun. Seid versichert, es geschieht dies Alles nach dem Willen der Götter von Bolotuh.“ — Die tahitischen Zauberer mischten oft Gift in die Speise, um die angedrohten Wirkungen hervorzurufen, wie Bekehrte mehrfach auf dem Sterbebette selbst gestanden haben. (*Ellis.*) — Die bekehrten Christen auf Tahiti zwangen zuweilen die alten Priester, ihre Gaukeleien zu unterlassen, indem einige

---

*) Indem Finow's Vater die alte Königsfamilie gestürzt hatte, so trat dadurch ein untergeordneter Rangzustand des Fürsten zu den geistlichen Oberhäuptern Tuitonga und Weachi ein, der um so eher, um dieses Missverhältniss zu beseitigen, zu ihrer Aufhebung führen musste. Während Mariner's Anwesenheit musste Finow beim Vorübergehen eines dieser höhern Häuptlinge niedersitzen, und war tabuirt, wenn er etwas ihnen Angehöriges berührt hatte, so dass er, um nicht krank zu werden, sich erst durch die Ceremonie Moe-moe reinigen musste, ehe er seine Hände wieder gebrauchen durfte.

kräftige Männer den Besessenen festhielten, so dass er nicht vom Dämon niedergeworfen werden konnte. Schon in frühern Zeiten war zuweilen die Aeusserung gefallen, dass, wenn man dem Inspirirten den Bauch aufschneiden sollte, sich kein Gott darin finden würde, aber erst die Missionäre gaben den Muth zum entscheidenden Auftreten, denn als Uruhia (unter der Inspiration des Gottes) war der Priester stets, als dem Gotte geheiligt, angesehen, und während dieser Zeit Atua (Gott) genannt, statt Taura (Priester). — „So weit ist es gekommen, dass, weil durch Gottes Wort die bösen Geister verjagt und vertrieben werden, die Magie ersinnet hat, den Unglauben in der Menschen Herzen zu heiligen und zu bestätigen, dass sie der Kirche nachthut und Gleiches sucht zu Wege zu bringen,“ sagt Clemens, und das Concil zu Laodicea (363): „Es sollen die, so heiligen Aemtern ergeben und geistliche Personen genannt werden, bei Leib und Leben sich hüten und sich des Zauberns und Versegnens enthalten; welcher aber dawider handeln sollte, der soll von der Kirche weit hinweggebannt werden.“ Im Mittelalter nahm aber das Zauberwesen der Pfaffen wieder überhand, obwohl schon Alexander III., Patriarch von Aquileja (1108), gegen das Suchen verlorenen Gutes durch einen Priester eiferte. Bei Martinus von Arles heisst es: „Zauberer, Pythonen und Schwarzkünstler sind diese Pfaffen, zu denen das thörichte Volk läuft, um zukünftige Dinge zu erfragen und das Verlorene wieder zu bekommen.“ — Nach dem Geständnisse Chusco's (eines Zauberers der Ottawas), der sich zum Christenthum bekehrte, gründen die Pauaus (Zauberer) ihre Ansprüche auf Fasten, Kasteiungen, Träume und manchmal auf wirklichen oder erheuchelten Wahnsinn. Sie werden in das Meta (zur Heilung von Kranken), in das Jisukan (zum Wahrsagen) und in das Wabeno (die sogenannte Teufelei, die vor einigen Menschenaltern durch einen mondsüchtigen Mann unter den Pottawatomis in Schwung gebracht wurde) eingeweiht. — Bei den gerichtlichen Verhören in Cap Coast-Castle gestanden die Fetischmänner, dass im heiligen Wald des Braffoo-Fetisches die Speisen durch die Hände unsichtbar verborgener Männer aufgehoben seien. — Von Pythagoras wurde erzählt, dass er bei seiner Ankunft in Italien sich eine unterirdische Wohnung zubereitet, wo seine Mutter ihm täglich die Vorgänge von Kroton mitgetheilt, und, als er dann später abgezehrt daraus hervorgekommen, habe er den Krotoniaten Alles vorgelesen, als Bestätigung seiner unterweltlichen Reise. — Als er noch die Psalmen lernte (erzählt Johann von Salisbury), liess der Priester, der den Unterricht gab, ihn und einen andern Knaben zuweilen in ein blankes, mit Chrisma bestrichenes Becken schauen, um gewisse Aufschlüsse, die andere Personen begehrten, darin zu finden und mitzutheilen. Der Mitschüler zeigte sich anstellig und redete von allerlei Gestalten in nebelhaften Umrissen, Johann aber, der nichts, als ein blankes Becken sah, wurde in der Folge nicht mehr zugezogen. — Um Gestohlenes zurückzubringen, nahmen die Priester auf Tahiti eine Ceremonie vor, bei der sie den Dieb in einem Wassergefässe sahen, und durch die Vorbereitungen dazu erschreckt, geschah es gewöhnlich, dass die Diebe schon vorher in der Nacht das Gestohlene zurückbrachten. Aehnliche Verfahren beobachten die africanischen Fetizeros, deren Bolungo-Trank, der psychischen Aufregung wegen, der Schuldige nicht auszubrechen vermag. Magyar erzählt, wie ein solcher bereit war, alle Suggestionen zuzugeben und (von schrecklichen Leibschmerzen gefoltert) ebenso aufrichtig gestand, sich in einen Löwen verwandelt und seinen Feind zerrissen zu haben, wie die auf der Tortur liegenden Hexen, durch die Luft geritten zu sein. Wenn ein Diebstahl auf einem Schiffe vorgekommen, haben Capitäne häufig mit Glück das Verfahren angewandt, Brotkügelchen unter die Verdächtigen zu vertheilen, wobei es dem Thäter unmöglich ist, nachher auszuspucken. In Ghemba stellt der Priester seinen Götzen aus und droht mit dessen Zorn, wenn der Dieb das Gestohlene nicht bis zum nächsten Morgen vor demselben niederlegen würde. — Die indischen Gaukler, die (mit einem Arm auf einen Stock gestützt) mit untergeschlagenen Beinen in der Luft sich sitzend erhalten, wissen vielfach durch Verbergen der dünnen Stütze den Schein eines Freischwebens hervorzubringen, wie es schon Apollonius von Thyana bewunderte und Jamblichus nachahmte. — Greatrakes kam ein Impuls, dass er das king's evil wohl curiren möchte, und so that er es durch Gebet und Handauflegung. — Der Dämon, der den von Heaton beobachteten Knaben infestirte, fühlte auch die von einem der Anwesenden im Geiste vorgenommene Beschwörung und heftete sogleich seinen starren Blick auf denselben. — Gregor von Tours erzählt von einem Desiderius, der einen Botenwechsel mit den Aposteln Paulus und Petrus zu unterhalten vorgab, Blinde und Lahme dadurch curirend, dass er sie von seinen Dienern an den Beinen ziehen und recken liess. — Die Dämonen der Luft, die sich mit leichtem Fluge zur Erde niederlassen können, sowie sich auch zum Himmel erheben, offenbaren sich (nach Plato) vielfältig in Träumen und in der Divination, durch das Ohr von Kranken und Gesunden und beim Abschiede vom Leben auf das Gemüth der Menschen einwirkend. — Tauas, denen die Geister der Verstorbenen bevorstehende Unglücksfälle mittheilen, stossen in Nukahiva oft mitten in der Nacht durchdringende Schreie aus und, in Unterbrechungen ihre natürliche Stimme wieder annehmend, stellen sie sich, als ob sie mit einem überirdischen Wesen sich unterhielten. — Als Cenetus (König von Schottland) seine Grossen zum Kriege gegen die Picten überreden wollte, liess er als Sechandio verkleidete Soldaten unter Waffengeräusch in seinem Palaste, wo sie versammelt waren, Nachts umgehen, zum Kampfe auffordernd. (*Boistuau.*) — Bei der chaldäischen Todtenbeschwörung glaubte man die Stimme des aus dem Scheol hervorgerufenen Geistes in einem leisen Seufzen, in Murmeln, Zirpen und Flüstern (wie wenn Bauchredner sprächen) zu vernehmen. — Nach dem Apocryphicum erzählt Johannes, der Apostel, wie ihm das Phantom Jesus während der Kreuzigung in der Höhle des Oelberges erschien, aber nur als Stimme. — Die Einwohner der Georgs-Insel und Tahitis wurden oft Nachts durch ein quickendes Geräusch aus dem Schlafe erweckt, das durch Fragen sich als die Stimme der Gottheit zu erkennen gab, mit Strafe drohend wegen nachlässiger Erfüllung der von den Priestern angeordneten Ceremonien. — Die Fetischmänner der Guaicurus in Brasilien ahmen die Stimmen der Vögel nach, wenn sie in ihren Unterhaltungen mit den Göttern Orakel geben, während eine mit Steinen gefüllte Calabasse geschüttelt wird. — Die Chinesen (sagen die arabischen Reisenden) glauben, dass die Budas (die ihnen von Indien gebracht sind) mit ihnen reden, aber es ist nur die Stimme des Tempelpriesters, die sie vernehmen. — Um den Perserkönig gegen den christlichen Bischof Abdas, der einen Feuertempel zerstört hatte, aufzuregen, versteckten die Magier einen Menschen im Tempel, dessen Stimme seine Bestrafung verlangte. (*Socrates.*) — Die Seelen der Verstorbenen antworteten in dem Echo der Grotten auf der Landenge Araya (Antillen), wie am Calabar. — Die Fetischmänner in Senegambien erschrecken das Volk durch ihre bauchrednerischen Unterhaltungen am Teufelsfelsen. — Lentulus erzählt von dem Lehrlinge eines Bäckers, den dieser so vielfach prügelte, dass er schliesslich in Ekstase fiel und Lieder sang, bei seiner Rückkehr von seinen Besuchen im Himmel erzählend. — Den

Sohn Jochia's erleuchtete (wie der Talmudist R. Jochanan erzählt) ein roher Bauer so sehr, dass er mit einem plötzlichen Glanze übergossen, unerwartet tiefsinnige Gesetzesgeheimnisse in der Versammlung der Weisen vorgetragen habe, so dass alle Anwesenden in Staunen geriethen, und Aristophanes erwähnt eines Mannes, der sich nach Art des Eurykles in den Leib anderer Personen habe hineinbegeben können, um sich, aus ihnen herausprechend, in viel närrischen Aeusserungen zu ergehen. — Nach Dschelaleddin Mohamed Aufi stand unter den Kirgisen ein Mann auf, Namens Maaun, der an einem Tage jährlich vor der Versammlung niederfiel und die an ihn gerichteten Fragen orakelmässig beantwortete. — Bei dem Fest der Aissaoua, um an das Wunder ihrer Gründung in Algier zu erinnern (unter der Fahne des Marabuten Mohamed Ben-Aïs-Sa), spricht der Mokaddam, das Haupt der Secte, Gebete, nach deren Beendigung jeder von den Aissaouas um Wünsche bittet (Gesundheit, Fruchtbarkeit u. s. w.), indem der Chor ihn unterstützt und auch der der Frauen auf der Galerie. Nachdem die Tamburine, worin Schlangen enthalten sind, geschlagen und während ein aufgeregter Chorgesang angestimmt wird, drehen sich die Tänzer des Zikr in heftigen Bewegungen herum, legen heisse Eisengegenstände auf Hände, Arme und Zunge, und wenn sie erschöpft niederfallen, so werden sie durch Stampfen auf den Magen wieder belebt. Sie ahmen die Stimmen von Kameelen und Löwen nach, worin sie sich verwandelt glauben, und zerbrechen stachlichte Cactus mit ihren Zähnen. Neger wälzen sich in glühenden Kohlen oder werfen sich mit blosser Brust auf die Schneide eines Yatagan, die Frauen stossen grelle Schreie aus (Lululu) und der Boden ist mit Körpern bestreut. — The prophet of Ilapane (a senoga or one, who holds intercourse with the gods), who used to retire into a cave (to remain in a hypnotic or mesmeric state until the moon was full), returning quite emaciated to his tribe (after having induced a fit by stamping, leaping, violently shouting, beating the ground with a club) pointed eastwards, advising Sebituane (the chief of the conquering Makololo) in the name of the gods, to shun the fire, which he beheld there, but saw in the west a city and a nation of black men, plenty water and cattle over which he would reign (after himself being called away by the gods). — Der indische Schlangenzauberer, während er sich in einförmigen Bewegungen hin- und herbewegt, lässt sich in methodischen Cadenzen durch die lärmende Musik seines Gefährten begleiten und ebenso der das Götzenbild schwingende Priester, nachdem er dasselbe erst (auch in den transkaukasischen Feuertempeln) durch die Triton-Muschel zur Aufmerksamkeit gerufen hat, was die Buddhisten durch das Klingeln kleiner Glöckchen bewirken. — Die zu der Würde der Zauberer (Keebet bei den Abiponern, Abapaye bei den Guaraniern, Pay bei den Payaguas) gelangen wollen, begeben sich auf eine einsame Weide an einem See und enthalten sich einige Tage aller Speise, bis sie die Zukunft vorhersehen, indem sie sich (wie Dobrizhoffer bemerkt) durch ihr langes Fasten eine Art Kopfschwäche zuziehen, und so erst sich selbst und dann Andere betrügen. In der Einsamkeit einen bestimmten Gedankengang verfolgend, kommen sie zu Vorstellungen, die ihnen im gewöhnlichen Leben fremd waren, und nicht nur ihnen selbst deshalb übernatürlich scheinen, sondern mehr noch den Indianern, wenn sie bei Rückkehr zur Gesellschaft dieselben mittheilen. Als ein Missionär aus rother Leinwand Rosen machte, hielten ihn seine Beichtkinder für einen Zauberer, oder von einem Zauberer abstammend, so wie einen Drechsler, der Holz gedreht hatte. Die Brasilianer nannten ihre Zauberer Paje, die Kraft Wunder zu thun aber Caraybа, und legten nun diesen Namen (wie anfangs dem westindischen Schiffervolk) den europäischen Ankömmlingen bei, deren Kunstwerke sie anstaunten. — Die Zauberer geben sich für Statthalter und Dolmetscher ihres Grossvaters, des Teufels aus, für Seher in die Zukunft, Besitzer von Geheimnissen, für Krankheitsbanner und Herren der Elemente. Bringt ihnen ein unvermuthet angelangter Wilder heimlich die Nachricht, dass sich der Feind ihren Hütten nahe, so thun sie vor dem Volke, als ob ihr Grossvater ihnen dies Geheimniss kundgethan hätte, oder sie weissagen auch von selbst Dinge, deren Wahrscheinlichkeit ihnen, wegen ihres geübtern Denkens, klarer ist, als dem stumpfsinnigen Volke, welches nicht autorisirt sie für Inspirirte zu halten. Straft der Erfolg ihre Prophezeiungen Lügen, so mangelt es ihnen nicht an Entscheidigungen, die umgekehrt zuweilen ihr Ansehen noch um so fester begründen. Oft erregen sie mitten in der Nacht Lärm durch Flöten oder Pfeifen, als ob der Feind im Anzuge wäre, so dass Weiber und Kinder schleunigst fliehen, die Männer sich zur Vertheidigung rüsten und stundenlang in banger Spannung harren. Erscheint schliesslich kein Feind, so verkündigen sie lächelnd, dass ihr Grossvater auf ihre Bitten die Anschläge des Feindes zu nichte gemacht, und bitten sich eine Belohnung dafür aus. — Wenn der zum Medicinmann bei den Mandanen zu Weihende mit der Rassel, dem Stabe, den Antilopenhörnern und -Hufen beschenkt und mit dem Duft des Iris parfümirt ist, wird ein Hund vor seiner Hütte geschlachtet und aufgehängt. — Nebi (der Prophet) wird von Bellen abgeleitet, denn Sirius (Latrator Anubis) war der Hüter der Götter- und Menschenpforten, worin auch der Parse, der im Todeskampfe den tröstenden Hund anblickt, einzugehen hofft. — Der religiös wahnsinnige Johann Frank, den Ideler genauer zu beobachten Gelegenheit hatte, war wider seinen Willen von den Schwärmern, die ihn beim Erwachen aus seinen Paroxysmen umgaben, dazu fortgerissen worden, sich für einen Gottesgesandten auszugeben, eine Erklärung, zu welcher seine aufgeregte Stimmung ihn leicht leiten konnte. — Henoch las die Schrift der Fürbitte, die er zu Gunsten der gefallenen Engel verfasst hatte, bis er einschlief. „Und siehe, es überkam mich ein Traum und es erschienen Gesichter über mir. Und ich fiel zu Boden und sah ein Strafgericht, damit ich es erklärte den Himmelssöhnen und sie zur Rede stellte. Und als ich erwachte, nahte ich ihnen." — Auf der Synode der Magier, die Artaxerxes zur Wiederherstellung des alten Gottesdienstes in Persien berief, empfing Erdaviraph, ein junger, aber heiliger Priester, die Becher feurigen Weines aus den Händen seiner Brüder. Nachdem er sie getrunken, fiel er in einen langen und tiefen Schlaf. Beim Erwachen berichtete er dem König und der gläubigen Menge seine Reise zum Himmel und seinen vertrauten Verkehr mit der Gottheit. Jeder Zweifel ward durch dieses Wunder beseitigt und die Grundsätze des Zoroastrischen Glaubens begründet.

Narcotica.

Dem mit ruheloser Unbefriedigung nach dem Verständniss der die Welt im mystischen Dunkel umhüllenden Gottheit forschenden Menschen bieten sich die Narcotica, um ein subjectives Gleichgewicht zu gewinnen, das sich objectiv in der Umgebung nicht schaffen lässt. Bei allen Völkern findet sich der Gebrauch des einen oder andern. Am verbreitetsten im Westen ist der Wein, im Norden der Meth, bei den Negern der Palmwein, der Awa (Kümmelpfeffer) in Polynesien, der Kumis bei den Mongolen, der Wiecu (aus Cassava) bei den Caraiben, die Algarraba in Patagonien, der Soma-Trank (asclepias acida) diente den alten Ariern, Opium (als Trank, Rauch oder in Substanz) in Indien, Haschisch-Confect den von Spirituosen enthaltsamen Mohamedanern, Kaffee den Wachabiten, Thee den Chinesen, Caa (paraguayischer Thee) in Chili. Die Brasilianer berauschten sich mit dem Rauche des Tabak, die Abiponer mit den Hülsen und Schoten des Cevil, die Hottentotten mit Dacca, die Indianer in Schwitzhütten. Die Priester assen oder tranken in diesen Substanzen ihren Gott; der Brahmane beim Agni-Opfer durch Soma, die Bacchanten der Mysterien durch den Wein, die Pythia zu Delphi durch das Lorbeer-Decoct beim Einathmen der Höhlendämpfe. Die Paje steckten Röhren in die Nase, um den Tabaksrauch einzuziehen. Der Schamane betäubt sich durch die Zaubertrommel, der Fetizero durch den Tamtam, der Queevet durch Kürbisschalen, die Cureten durch Erzgetön, der Derwisch durch wilde Tänze. Die Striges der Griechen und Römer operirten mit ihren Kräutern zur Zeit des aufregenden Vollmonds. Blut tranken die Jagas. Mit eigenem Blut opfernd, zerfleischten die Priesterinnen Bellona's sich die Brust, stachen sich mit Spiessen in die Seite, geisselten sich blutig, bespritzten damit das Götterbild und prophezeiten. Die Gallen geriethen durch Wunder und Marterungen in Ekstase. Cornelius Agrippa sagt von den Zauberern: Fiunt etiam quaedam suffumigationes vel inunctiones, quae faciant dormientes loqui, ambulare vel exercere opera vigilantium atque etiam quandoque quae vigilantes vix possint vel audeant. Die Jogis setzen sich durch Kasteiungen in einen übernatürlichen Zustand, die Buddhisten durch angestrengte Meditation, die Somnambulen durch magnetische Striche. Bei den Russen wahrsagen die Blödsinnigen, wie die Fatui bei den Römern. Hos Faunos etiam Fatuos dicunt, quod per stuporem divina pronuntiant, wie die Schellen tragenden Narren. „Beim Wein berathschlagen sie sich, sagt Strabo von den Persern, über die wichtigsten Dinge und glauben, dass diese ihre Rathschlüsse mehr gelten, als die, welche sie nüchtern gefasst haben.“ Ktesias erwähnt eines Festes des Mithras, zu dessen Ehren sich der König an dem Jahrestage betrank und tanzte. Die Germanen überlegten nachher nochmals im nüchternen Zustande, was sie in der Trunkenheit beschlossen, die in dem raschen Gedankenflusse dieser auftauchenden Ideen in der Erinnerung festhaltend. Die Abiponer verachten Jeden, der bei ihren Trinkgelagen nicht seinen Humpen leeren kann, indem der Berauschte über seinen gewöhnlichen Zustand sich erhaben fühlt und deshalb auf denjenigen heruntersieht, der nicht zu gleicher

Höhe aufsteigen kann und vielleicht das Sprüchwort fürchtet: in vino veritas. Die verächtlichen Excesse, zu denen sich aber der Trunkene leicht fortreissen lässt, haben von jeher die gravitätischen Orientalen abgeneigt gegen die Spirituosen gemacht, schon ehe es ihnen durch die Religion verboten ward, und jetzt halten sie mit derselben Willensstärke (vereinzelte Ausnahmen abgerechnet) daran fest, wie Mässigkeitsgesellschaften der nordamericanischen Staaten. Die Spartaner liessen, nach Plutarch, sich die Sklaven betrinken, um ihren Jünglingen das Laster in seiner hässlichen Gestalt, als abschreckendes Beispiel, aufzustellen.

Nach den Egyptern wurde der Weinstock, als er zuerst aus der Erde sprosste, vom Blute der Giganten bewässert, woher der Wahnsinn und die Verzückungen rühren, die der Wein im Gehirne der Menschen verursacht, wenn in ihren Adern das Blut der Giganten rollt. — Die von dem Samen der Schlange geschwängerte Erde brachte nach der von Severus ausgesprochenen Ansicht der Encratiten den Weinstock hervor. — Als Persephone, die Geberin des ersten Weizens, in ihrer Schönheit aufblühend, die Eifersucht der Götter erregte, verbarg sie Demeter in einer Grotte von Schlangen bewacht. Zeus aber nahte ihr in Gestalt einer Schlange, den ältesten Dionysos zeugend, durch den die Bereitung des berauschenden Trankes eingeführt wurde. — Die Zwerge bereiteten aus dem mit dem Speichel der Asen bei dem Frieden mit den Wanen gemischten Blute des weisesten der Wesen den zur Poesie begeisternden Meth. — Nonnus nennt den Wein des himmlischen Nectars Abbild. — Am Jahresfest der Muras blasen sich die paarweise verbundenen Gefährten, die sich (aus Verirrung des Geschlechtstriebes) blutig gegeisselt, das Paricá-Pulver mit einer Bambu-Röhre in die Nasenlöcher, worauf eine plötzliche Exaltation, Singen und Schreien folgt. Es wird auch im Klystier genommen. (*Spix* u. *Martius*.) — Der Soma-Presser singt: „Du bist der Priester, der Weise, du, der Honig, der dem Saft entzeugt, in deinem Meth trägst du das All. In dir gesellen Alle sich den Göttern freudevoll zum Trank, in deinem Meth trägst Alles du“ oder „Spende Soma, erzeuge uns hehre Nahrung, o Reiniger, mach' ferner uns glückseliger. Spende Licht vom Himmel, o Soma, jegliches Glücksgut. Spende Weisheit und Stärke, vertreibe den, der uns feind ist. Soma-Reiniger, reinige den Soma dem Inder zum Getränk, mach' uns ferner glückseliger. Gieb die Sonne zum Erbe uns durch deine Weisheit und deinen Schutz, durch deine Weisheit, deinen Schutz mögen wir lange die Sonne sehen. Ström' uns, o schön bewaffneter, du Soma, beider Welten Schutz, mach' uns ferner glückseliger. Ström' ein Unwiderstehlicher, o Starker, ein Schlachtensieger, mach' uns ferner glückseliger. Dich verherrlichen, Reiniger, auf dem Kübel mit Opfern sie, mach' uns ferner glückseliger. Bring, Indu, reiche Schätze uns, Rosse mit Nahrung versehend, mach' uns ferner glückseliger“ oder „Das Strahlende trinke, den hehren Soma-Meth, ungetrübtes Leben bescheerend des Opfers Herrn. Vom Winde beeilt, verleiht es von selber Schutz, die Wesen segnet es und ergänzet mannichfach“ oder „Die Somas Indu's sind gesprengt, gepresset, mit der Wahrheit Strom, für Indra, honigsüsseste“ oder „Ströme rein, o Freudenspendendster, tropfend, Weiser, bis durch das Netz, im Schoosse des Strahlenden zu ruhen. Ströme rein, o Freudenspendendster, mit Milch und Zier wohl ausgeschmückt dringe ein in Indra's Leib.“ — Der Soma strömt, des Himmels Zeuger und der Erde Zeuger, des Agni Zeuger und der Sonne

Zeuger, der Zeuger Indra's, der Gedanken Zeuger. (*Samaveda.*) — Siva wurde von den Brahmanen als der trunkene Gott angerufen, wie Dionysos bei den Griechen. — Einst beim Anbruche der Morgenröthe, als Zarathustra das Feuer schürte und die heiligen Lieder sang, erschien ihm (nach der Zendavesta) der Gott Haoma. „Wer bist du, fragte Zarathustra, der du meinem Blicke als der Vollkommenste erscheinst in der existirenden Welt, mit deinem schönen und unsterblichen Körper?“ „Ich bin, antwortete jener, der heilige Haoma, der den Tod entfernt. Rufe mich an, presse meinen Saft aus, um mich zu geniessen, lobe mich, um mich zu feiern, damit auch Andere, die ihr Bestes wollen, mich loben.“ Darauf sprach Zarathustra: „Anbetung dem Haoma, Haoma der Gute ist wohl geboren, er ist gerecht geboren, er giebt Gesundheit, er thut das Gute, er ist siegreich und von goldglänzender Farbe.“ — In jedem Hause sollen bei den Parsen, um den Saft auszudrücken und in der Schale darzubieten, Mörser, Schale und Haomapflanzen vorräthig sein, die Zarathustra als seine besten Waffen rühmt. Der Haoma galt als Lebenstrank, der den Tod ferne hielt. — Nicht nur wird dem Neugebornen Haoma in den Mund gedrückt, sondern auch der Priester trinkt aus der Opferschale, um seinen Gebeten Kraft zu geben. — Während des Gottesdienstes kauten die Priester, zur Inca-Zeit, die Coca, mit diesem Kraut wurde geräuchert, und der Bittende musste der Gottheit mit einem Acullico im Munde nahen. Auf keiner Arbeit, die ohne Cocablätter begonnen wurde, ruhte Segen und dem Strauche selbst wurde göttliche Verehrung erzeigt. Die Grubenarbeiter warfen an die harten Metalladern gekaute Coca, da die Coyas (die Gottheiten der Metalle) die Berge undurchdringlich machen, wenn sie nicht durch den Gebrauch der Coca günstig gestimmt werden. (*Tschudi.*) — Zur Inca-Zeit bedienten sich die Zauberärzte des Stechapfeldecoctes (Tonga), um mit den mächtigen Geistern vertraulich zu sprechen. Jetzt gebrauchen es die Indianer, um sich mit den Geistern ihrer Vorfahren in Verbindung zu setzen, und besonders über vergrabene Schätze zu hören. (*Tschudi.*) — Die Verehrung der Jesiden für den Wein geht (nach Niebuhr) so weit, dass sie, im Falle einige Tropfen vergossen werden, die damit getränkte Erde ausgraben und an einen besondern Ort tragen, wo sie nicht mit Füssen getreten werden kann. — Im Decretum Gratiani heisst es: „Wenn aus Nachlässigkeit Etwas vom Blute des Herrn auf die Erde tröpfeln sollte, so soll es mit der Zunge aufgeleckt werden, und der Priester muss 40 Tage Busse thun. Wenn der Kelch auf den Altar getröpfelt hat, soll der Priester die Tropfen aufschlürfen und drei Tage Busse thun.“ — Czerski zehrte darum die beim Abendmahl übrig gebliebenen Hostien auf. — Die Scythen ermordeten ihren König Skyles, da er im Bacchusdienste den fremden Gott, den er mit dem Wein in sich aufgenommen hatte, verehrte. — Wie die Russen das Braga (der scandinavischen Poesie), bereiten die Tschuwaschen das Kohlschka, um bei einer ihrer Cultushandlungen zu dienen. Die Indianer am Oregon erweisen den ihnen durch die Weissen bekannt gewordenen Anodynen (Opium und Chloroform) göttliche Verehrung. — Augustin erzählt von seiner Mutter (die Speisen zur Heiligung auf die Altäre zu setzen pflegte, wie es noch jetzt in der russischen Kirche geschieht): „Sie pflegte alle Basiliken der Märtyrer zu besuchen, aber sie trank nur ein einziges Glas Wein, gemischt mit vielem Wasser, worin sie sich sehr von der Mehrzahl der Männer und Frauen ihrer Zeit unterschied, denn die meisten derselben hörten eine Vorlesung über die Mässigkeit mit eben solcher Abneigung, als sie gemischten Wein getrunken haben würden. Was Monica betrifft, so war es nur ein kleines

Glas Wein, was sie sich auf den Altar der Märtyrer stellte, um der Gnade theilhaft zu werden, die daraus folgte (unde dignationem sumeret); da aber, so klein ein Glas auch war, wenn es ein Einzelner auf das Wohlsein aller Märtyrer in Mailand hätte wagen wollen, er sicher mehr vom Wein, als von Gnade berauscht worden sein würde, so pflegte Monica dasselbe Glas auf alle Altäre der Märtyrer zu stellen und trank dann jedesmal nur einen kleinen Mund voll davon." Trunkene Orgien auf den Gräbern der Märtyrer scheinen damals, nach vielen Stellen der Kirchenväter, an der Tagesordnung gewesen zu sein. — Die Calal in Malayala, die Verehrer des Malaya-Devami (der Gott des Hügels), sühnen die Geister guter Menschen, die Krankheiten schicken können, durch Darbringen von destillirten und gegohrenen Getränken, welche der Verehrer trinkt, nachdem er die Geister angerufen hat, so viel davon zu nehmen, als ihnen beliebe. — Uthyr Pendragon versammelte die Ritter an der Tafel, wo einst der Geist Gottes die Apostel trunken machte, und die Olympier tafelten jährlich am Sonnentisch im Lande der Aethiopier. — In Bezug auf die von den Griechen in Nord-Indien aufgenommenen Sagen findet sich Dionysos auf den Münzen der griechischen Könige in dem dem weinreichen Kabulistan, wo Trauben auf den Gräbern der Vorfahren gegessen wurden, benachbarten Baktrien (wo in Balkh, der Mutter der Städte, Zoroaster seine Lehre aufrichtete), wie auch die Rebe im Tempel der Juden, von denen die Afghanen sich ableiten, gefunden wurde. — Dionysos, Nachfolger des Hippostratos, nannte das indische Nagara Dionysopolis. — Auf den Münzen des Telephos drückt ein Riese Reben aus dem Munde von Schlangen. — Vishnu schlägt dem Asura, der die Amrita kosten will, das Haupt ab. — Nach Herodot wurde den egyptischen Priestern Rebenwein gereicht, wogegen der gewöhnliche Wein des Landes aus Gerste gemacht war, da es keine Reben dort gebe. In Griechenland trat das Bier des Cerescultus vor dem Wein des neueingeführten Dionysosdienstes zurück. — Das Wahre ist der bacchantische Taumel, an dem kein Glied nicht trunken ist und weil jedes, indem es sich absondert, ebenso unmittelbar sich auflöst, ist er ebenso die durchsichtige und einfache Ruhe. (*Hegel.*) — Nach dem Genuss des Fliegenschwamms, der auch in gelassenem Urin von Neuem getrunken wird, ist der Kamtschadale (sagt Kraschininikoff) fröhlich oder traurig, seiner Natur und Charakter gemäss, die Einen springen, tanzen und singen, Andere weinen und sind in schrecklichen Verzückungen, das geringste Loch scheint ihnen ein Graben, ein Löffel Wasser ein See. In diesem Zustande behaupten sie, was immer Tolles und Sonderbares von ihnen geschehe, im Auftrage des Pilzes zu thun. — Taylor beschreibt, wie er nach dem Genuss von Haschisch die Raumempfindung verloren gehabt und gewünscht hatte, dass Jemand den Teufel Haschisch austreiben möchte, nachdem die angenehmen Sensationen vorübergegangen. Bei Ennemoser wird beschrieben, wie sein Genuss die Sensation des Fliegens gäbe, oder der Verwandlung in eine Bildsäule, oder als ob der Kopf vom Rumpfe getrennt wäre, oder als ob Arme und Beine sich in das Unendliche verlängerten, die Gedanken Mauern durchdrängen und in der Seele Anderer lesen. — Die in der Heilkunst bewanderten Egypter besassen (nach Homer) selbst das Geheimniss, die Schmerzen der Seele zu lindern, eine wunderbare Mischung, die die Traurigkeit vertreibt, wie den Zorn und alle Leiden in Vergessenheit taucht. Wer sie in seinem Becher mit dem Getränke mischt, wird während des Tages keine Thränen vergiessen, selbst wenn er Vater und Mutter verlieren sollte und mit eignen Augen seinen Bruder oder geliebten Sohn durch das Erz fallen sähe. — Das berauschende

Maschla-Getränk wird an der Mosquitoküste aus gekauter Cassava-Wurzel bereitet, der Tombo der Neger aus Palm- oder Bambussaft, die Anwohner des Araxes machten sich (nach Herodot) trunken vom Rösten der Baumfrüchte. Der Sudanese bereitet das berauschende Getränk des Merissa (das, wieder aufgekocht, das Bilbil bildet) aus dem Durrah und Dochen und in Chartum lässt man den eingeweichten Durrah an einem feuchten Orte zwischen den milchigen Blättern der Asclepias procera (Soma) erst zolllange Keime treiben. — Die Malayen kauen in Blätter gewickelte Areca-Nuss mit Kalk. Die javanesischen Frauen essen eine aus Thonerde verfertigte Conditor-Waare, wozu vielfach im Oriente Haschisch gefügt wird. Der Genuss des Kati ist in Yemen mit dem Gebrauch der Wasserpfeife verbunden. — Die peruanische Coca (Erythroxylon peruvianum) heisst in Paraguay el arbol del hambre y de la sed. — Die Tahiter bereiteten den Kawa-Trank in öffentlichen Destillir-Apparaten aus der Ti-Wurzel (dracaena terminalis). — Die Khands bereiten ein berauschendes Getränk aus den Knospen und Blüthen von Bassia latifolia (Ippee genannt). — Zu Jersey wird Wein aus Rhabarber bereitet. — Nach der Tradition der Delawaren, Monceys und Mohikaner versammelten sich, als das erste Schiff der Europäer im Hudson erschien, die Häuptlinge, um den an's Land getretenen Manitou zu begrüssen, und liessen den von ihm empfangenen Becher unter sich herumgehen, nur daran riechend, bis ein tapferer Krieger erklärte, auf jede Gefahr, und sollte er sich auch zum Besten seines Volkes opfern, dem Beispiel des Manitou, der selbst von dem Getränk genossen, zu folgen. Als er den Rum geleert hatte, fiel er besinnungslos nieder und wurde schon von den Seinigen beklagt. Als diese aber beim Erwachen von ihm die Träume seines seligen Zustandes vernahmen, berauschten sie sich Alle in dem Feuerwasser. (*Heckewelder.*) — Schon vor der Bekanntschaft mit dem Tabak rauchten die Torres-Insulaner trockne Pflanzenblätter, deren Rauch nach dem Aufrollen in ein Bambusrohr eingezogen wurde. Die Birmesen stecken ein solches in ihre Cheroot. — Die Hottentotten bereiteten ihr Buschbasch, indem sie Dacca (Hanfblüthen) mit Tabak mischten. — In Algier wurde der Kiff (eine Abart des Hanfs) zum Rauchen gebraucht. — Die stärkeren Feuerwasser (das von Arnold von Villeneuve 1313 erfundene Aqua vitae) zu trinken bedarf es bei dem an schwächere Berauschungsmittel gewöhnten Indianer oft erst der Erziehung, doch lernen sie es, wie Affen und Elephanten. Das Rennthier berauscht sich durch das Fressen des giftigen Fliegenschwamms, den die Kamtschadalen in Urin destillirt geniessen, die Katze wälzt sich gerne auf Baldrian, Katzenmünze und anderen stark riechenden Kräutern, zu denen sie eine Idiosynkrasie besitzt, bis sie oft dadurch in eine Art von Rausch geräth. — Der Kawah oder Kaffee, als vor Schlaf und Ermüdung schützend, war (seit Dhabani ihn in Persien kennen lernte) das Getränk der Sofis und Mönche in Aden, ehe er allgemeiner wurde. — In America und Nordeuropa dient der Porch, in Deutschland der Hopfen, in Frankreich der Lattich, als beruhigendes Narcoticum. — Gassendi erzählt von einem Schäfer in der Provence, der sich durch ein Suppositorium von Stramonium zu visionären und prophetischen Zuständen vorbereitete. — Die narcotische Hexensalbe, um Träume hervorzubringen, kannten schon die Zauberer (*φαρμακίδες*) der Griechen. — Die Fedavees pflegten sich mit Haschisch aufzuregen, ehe sie auf Unternehmungen auszogen, die Rajputen mit Opium. — Nach Snorri Sturleson tranken die Normannen Thor's Minni zur Besserung des Ganges der Fruchtbarkeit, Odin's Minni, wenn man um Sieg opferte. In der Saga Olafs kounmig- hius Heiga werden die Minni der Asen nach alter Sitte getrunken. — Beim Eidschwur legen die Tonga-Häuptlinge ihre Hände auf die geweihte Flasche, in der sich der gährende Kawa befindet, indem sie den Gott Tui fua Bolotuh (für den allein der Trank in dieser Flasche bereitet wird) anrufen. Ein untergeordneter Häuptling dagegen schwört nur bei seinem vornehmeren Verwandten, der ein höher stehender Häuptling ist, und legt dabei seine Hand auf dessen Füsse. — Die Gerechten im mohamedanischen Paradiese trinken Wein aus dem Kampherquell. — Nach arabischen Sagen durchzog Alexander Dhulkarnain mit seinem Siegesheere die Erde, um die den Nachkommen Sam's verheissene Unsterblichkeitsquelle zu finden, von der aber sein Vezier Alhidr vor ihm trank. — Der Hom war nach den Parsen der Saft eines unverweslichen Baumes (das Wasser der Unsterblichkeit), der in den Gebirgen von Jezd wuchs. Das aus dem Paradiesbaum destillirte Oel wurde mit Jesu Salbung verglichen. — Marco Polo sagt von den Caigi (Jogi) oder Priestern der Abraiamanen (Brahminen), dass sie durch ihre Enthaltsamkeit häufig ein mehrhundertjähriges Alter erreichten, indem sie sich zugleich eines Getränkes bedienten, das, aus Schwefelquecksilber*) bereitet, ihr Aussehen immer frisch und jung erhielt. Der Unsterblichkeitstrank der Laotso mag ähnlich zusammengesetzt gewesen sein. — Zeus Soter, dessen Kopf die Münzen von Agrigent mit Bekränzung zeigen, gehört in das Gebiet der Heilgottheiten hinein, insofern der ihm geweihte Trinkbecher auch der Becher Hygieia genannt wurde, und seinen Ursprung nahm von dem in den Wein des Krater hinabgefallenen Regenwasser, dessen angenehmer Geschmack die Menschen auf die Mischung des Weins mit Wasser hinleitete, als deren Lehrer und wohlthätiger Abwehrer der Trunkenheit, Zeus, der Erretter (Zeus Soter), im Gegensatz zu dem Geber des starken, süssen, ungemischten Weines, dem Förderer der Trunkenheit (Akratos), als guter Dämon (Daimon Agathos) angerufen wurde. Valerius Julianus aus Smyrna weihte eine Statue des Zeus Soter mit silberner Basis dem Asklepios mit dem Beinamen der Arzt. — Hermes von Babylon nach Egypten auswandernd, verbot den Gebrauch berauschender Getränke. — Kais ben Assim el Mankiri war der Erste, der den Wein („das Getränk, in dem Verstand und Ehre untergehen") vor der Zeit des Islam schon verbot. — Wie die reine Lehre des Orpheus durch die dionysischen Orgien, wurde das Reich der von Quetzalcoatl gestifteten Dynastie durch die Erfindung der Mayauel, das Octli (Pulque) aus Agave zu bereiten, untergraben, indem die Anhänger der blutigen Menschenopfer dem Könige von Tollan von dem berauschenden Getränke (das schon den betrunkenen Cuextecatl in den Zustand der Selbstentblössung gesetzt hatte, so dass er fliehen musste) gaben, damit „er den Verstand verliere, verwirrt rede und aufhöre, ein Heiliger zu sein." Bald zeigten sich die Folgen innerer Zerrüttung, die Chichimekenstämme stürmten immer zahlreicher herbei und die nach Unabhängigkeit strebenden Markgrafen öffneten ihnen selbst den Eingang des Reiches. Schon pflanzte Tochinteuctli seine Zelte an den nördlichen Grenzen und bald war das mächtige Tolteken-Reich verschwunden. — Die aztekischen Pulque-Trinker verehrten (ausser dem Izquitecatl) unter ihren Gottheiten besonders den Tezcatzoncatl, der auch Tequechmecaniani oder der Hänger genannt wurde, weil Viele im Rausche hingingen, sich zu erhängen, oder auch Teatlahuiani (Gott der Ertrunkenen), nach Torquemada. — Die Bacchantin

*) Nach Huc werden die mit einem tartarischen Fürsten begrabenen Kinder durch Quecksilber getödtet.

Agave, nachdem sie ihren Sohn in Stücke zerschnitten, trug seinen Kopf auf ihrem Stabe umher. — Nach Heratius hatten die Egypter vor Psammetich weder Wein (Geschenk des Typhon) getrunken, noch den Göttern gespendet, da sie ihn für das Blut jener gehalten, die im Kriege gegen die Götter umgekommen, indem aus deren mit Erde vermischtem Leibe die Reben erwachsen wären. Die Trunkenheit beraube die Menschen ihres Verstandes, weil sie sich mit dem Blute ihrer Vorfahren anfüllten.

Was die Reisenden Tanz bei den Wilden nennen und überall unter einer ihnen kaum verständlichen Bedeutung auftreten sehen, geht aus demselben Bestreben, den Fremden zu ehren oder imponiren hervor, wegen welches wir uns mit Staatskleidern behängen und das Gesicht in würdige Falten legen. Dem Naturmenschen ist der Kopf weniger der Repräsentant des Menschen, und er giebt deshalb den Muskeln seines ganzen Körpers den ihm am vollkommensten dünkenden Ausdruck, da ihn keine Kleider verhüllen. Meistens besteht dieser sogenannte Tanz in einem Aufstemmen der Füsse, einem Erzittern der Kniee und einer daraus folgenden Erschütterung des ganzen Körpers, wie bei den meisten Papuas-Stämmen. Auch der König von Dahomey nimmt bei Audienzen eine ähnliche Procedur vor, die schon nach bestimmtem Rhythmus und Ceremonie geregelt ist. Diese dem Menschen mögliche Bewegung seiner eigenen Muskeln ist schon dem Wilden ein Gegenstand der Bewunderung und damit geheimnissvoller Beobachtung, sobald er durch zufälliges Experimentiren Theile seines Körpers, die sonst selten in Thätigkeit gesetzt werden, sich contrahiren gesehen hat, und jetzt seine Aufmerksamkeit, die an den Erscheinungen des gewöhnlichen Lebens nicht gehaftet haben würde, erweckt ist. Später bildet sich der Tanz zu der mimischen Hieroglyphensprache*) aus, wie sie sich bei den Arreytos der westindischen Caziken fand.

In Tete wälzen sich die Neger zur Begrüssung in allen möglichen Stellungen auf der Erde herum und die Spanier nannten die Feuerländer Rasca barrigas (Bauchkratzer), da sie sich an allen Theilen des Körpers zur Begrüssung rieben. — Die Sagoskin begegnenden Tiegonchoten, deren verfilzte Haare mit Flaumfedern bestreut waren, begrüssten ihn mit mehreren Tänzen unter Ausstossung verschiedenen Thiergeheuls und zogen dann weiter. — Der Perserkönig tanzte ausnahmsweise am Tage des Mithras (*Athenäus*), wie der König von Israel vor der Bundeslade, die Cybelepriester am Auferstehungsfest des Attis, die Cureten bei der Geburt des Zeus, die Marspriester am Neujahr, wie die Baalspfaffen um den Altar und die Priester Bellona's. Waffentänze wurden der ephesischen Artemis gehalten, sowie

*) Die Geberdensprache, die bei den vielgliederigen Insecten ihre eigentliche Ausbildung findet, spielt bei allen Wilden eine grosse Rolle, wie auch bei dem Durcheinandermischen so vieler verschiedener Dialecte im Oriente das Verständniss der Zeichen zur Communication unerlässlich ist.

der libyschen Pallas, die den Dioscuren die Kriegshymne auf der Flöte vorspielte. Tänze wurden von den Uskoken dem Gott Kolada (in der Winterwende) gefeiert. Jungfrauen tanzten am Fest des Auschwe (in Lithauen) der Sonne entgegen, und am Fest Kupadlo wurde in der Sommerwende über angezündete Feuer gehüpft. Die Indier ahmten (nach Lucian) Morgens den Tanz der Sonne nach. Theseus führt bei der Rückkehr von Creta in Athen den die Windungen des Labyrinths nachahmenden Tanz ein, ähnlich der Draconitia. In den Sabazien tanzten die Mysten beim Vortrag des *κρατηρ* (Weltbechers). Die Thesmophoriazusen führen bei Aristophanes einen Reigentanz auf. Tänze dienten zur Einweihung in Samothrace. In Nachahmung des Planetentanzes drehen sich die Derwische Mewlewi. Der Freude tanzen die Almen und Bajaderen. Die Engel tanzten bei Vollendung der Schöpfung und Rückkehr Christi. Der Kolo im Lichtdienst der Slawen (woraus noch der Veitstanz übriggeblieben) stellte das Kreisen der Gestirne dar. In dem Tanze Zayi (Tapir) feierten die Indianer von Yucatan Votan, als den Herrn des Tunkul. Die Australier setzen sich durch den Corroberry-Tanz in einen Zustand der Ekstase. Die Tänzer der Ostjäken stellen (nach Pallas) theils ihr Verfahren bei der Jagd gewisser Thiere und Vögel (besonders des Zobels, des Elenthiers, Kranichs, Mäusefalken u. s. w.) dar, oder beim Fischfang, theils das Betragen der verschiedenen Postures und Gänge der ansehnlichsten Thiere und Vögel, theils auch satyrische Nachahmungen ihrer Nachbarn. Die vornehmsten Tänze der americanischen Indianer sind der Bären-, Büffel- und Skalptanz. Der Tanz der Barabras (sagt Rafalowitsch) besteht in wilden, affenartigen Verdrehungen des untern Körpers, beinahe ohne alle Bewegung der Füsse, wobei der Tänzer immer einen langen Stab in der Hand hält, auf den er sich stützt. In der russischen Heidenzeit waren die Spiele oder Reigentänze so unauflöslich mit den Liedern verknüpft, dass man unter dem gemeinen Volk noch jetzt den Ausdruck hat, ein Lied spielen statt singen. (*Sacharoff.*) — Im Radja-Tanz (Tandak) auf Sumatra findet sich das ganze Muskelsystem im höchsten Grade der Spannung, jede einzelne Fiber trillend und jedes Glied krampfhaft spielend. — Beim Begrüssen des Mondes stampfen die Hottentotten im Tanz mit den Füssen und bewegen den Leib von einer Seite zur andern hin und her. — Beim Tanz der Puris stellten sich die Männer nebeneinander in eine Linie. Hinter ihnen standen gleichfalls in einer Linie die Weiber. Die männlichen Kinder oft zu zwei oder drei umfassten sich und die Väter, die weiblichen die Mütter. So bewegten sie sich in Vor- und Rückschritt vorwärts, und liefen dann an die Ausgangsstelle zurück. (*Spix* und *Martius.*) — Alle Befehle der Fürsten und alle Botschaften, die dem javanischen Vornehmen gebracht werden, werden, so lange sie in dem Bereiche seiner Blicke sind, tanzend (tandak) ausgerichtet. — Nach den Priscillianisten sang Jesus am Vorabende seines Todes einen Hymnus zu Ehren des Vaters in Antithesen mit seinen Jüngern, die ihn (wie es im Apocryphicum heisst) im Kreise umtanzten. — Bei ihren Tänzen verschlangen die Therapeuten (wie Philo erzählt) die zwei Reigen in einen, nach dem Vorbilde der Feier am rothen Meere, wo der eine Chor von Miriam, der andere von Moses angeführt wurde. — Nach den Rabbinen tanzte Gott vor den Engeln, als er die Eva dem Adam zugeführt hatte. — Nach Xenophon schrieen die Paphlagonier vor Schrecken auf, als die Thracier ihren Kriegstanz darstellten, bei dem sie sich gegenseitig zu morden schienen. Der Büffeltanz der Indianer soll den Erfolg der Jagd sichern. — Gleich dem Zauberkreis der Druiden bestand das Deasil der Engländer darin, dass die Person, welche das Deasil macht, um einen Andern, der

Gegenstand der mysteriösen Feierlichkeit ist, dreimal (in Richtung des Sonnenlaufs) herumgeht, wodurch sie, gleich den Schamanen, in Ekstase gerathen und künftige Dinge verkünden oder Kranke heilen. — Numa führte die dreimalige Umdrehung bei der Adoration und Imprecation der Götter und den dreimaligen Umgang um die Götterstatuen ein. — Mewlana Dschelaleddin Rumi (1207—1273), die Nachtigall des beschaulichen Lebens, stiftete den Orden der tanzenden Derwische (Mewlewi), die, um den in der Mitte sitzenden Scheich beim Klange der Trommel und Flöte unter dem Ausrufe Allah hu! im Kreise sich drehend, durch diesen Cultact das Sichdrehen und Schwingen aller Wesen um das All symbolisiren. — „Was wir jetzt pantomimischen Ausdruck nennen, d. h. Darstellung eines Gedankens oder einer Empfindung durch Mienen und Geberden, im Gegensatz der Sprache und Schrift, das nannten die Griechen ὄρχησις, ὀρχεῖσθαι, die Römer saltatio, saltare. Die alte Orchestik (verschieden von unserm Tanz) ist rhythmisch und mimetisch zugleich, oft nur letzteres, und wurde durch die verschiedenartigsten Geberden dargestellt (*σχήματα* nach Aristoteles), der einzelnen Körpertheile, besonders des Kopfes und der Hände, oder auch des ganzen Körpers, woher die Ausdrücke saltare oculis, manibus, pedibus oder *σχήματα γράφειν, σχηματίζεσθαι*. Für viele derselben, zumal für die, welche zur Gattung der Grimasse (*μωκοι*, sannae) gehörten, hatte die Theatersprache der Alten stehende Namen.“ (*Grysar.*) — Von dem egyptischen König Alexander berichtet Athenäus, dass er ungeachtet seiner Dickleibigkeit die Orchestik mit wahrer Meisterschaft geübt. So trat Nero als saltator auf. — Zu Socrates Zeit war in Athen der Tanz Memphis beliebt. — Im alten Etrurien bildeten die Tänzer der Histrionen eine eigene Gilde. — Zur Zeit des zweiten punischen Krieges wurden (nach Macrobius) die Tanzschulen in Rom von angesehenen Männern und Matronen viel besucht. — In der bei den Spartanern beliebten Angelike wurde das Benehmen eines Boten dargestellt, die Hypones und Hypogypones stellten das Herumkriechen alter gebückter Männer, ähnlich „dem Dieb im Mais“ bei americanischen Indianern, vor, die Mimetike eine auf dem Diebstahl von Esswaaren Ertappte, die Sobas eine herumschwirrende Dohlerin, die Brydalicha das Treiben ausgelassener Weiber, die Phrygike die Streiche betrunkener Bauern, das Oklasma das Niederkauern der Perser (wie die komischen Theaterdarstellungen in Cholula nach den spanischen Entdeckern). Auch Thiere wurden nachgeahmt, wie im Büffeltanz der Sioux, und unter dem Gattungsnamen *μορφασμος* wurden verschiedene Arten (*γλαυξ, λεων, αλωπηξ* u. s. w.) begriffen. — Der Chortanz auf Delos (Geranos, Hormos) war (nach Homer) von Dädalus in Nachahmung der Windungen des Labyrinthes erfunden. — In dem Spiel des *πολυπροσωπος* wurden die Masken in Nachahmung der verschiedenen Rollen gewechselt. (*Jacobs.*) — Die Australier setzen sich durch den Corroberry-Tanz in einen Zustand der Ekstase. — In der Upanpa genannten Ceremonie setzten sich die Areois im Kreise umher und begannen einen immer lauter werdenden Gesang, den sie durch Bewegungen der Arme und Beine begleiteten, bis sie erschöpft niederfielen. — Zum Gottesdienst hatte sich der ganze Stamm der Walla-Wallas in dem Kraal versammelt (erzählt Scouler) und nach einer Anrede des Häuptlings, die beantwortet wurde, sassen sie stumm im Gebete beisammen, nur zuweilen die Stille durch Seufzer unterbrechend, worauf ein Gesang die Handlung beschloss. — Die chinesischen Barbiere erzeugen durch magnetisches Drücken einen schläfrigen Sopor. — Der Tanz wurde nicht nur für den Krieg, sondern als Sühnmittel gegen jede Störung des Gedeihens, besonders gegen Unwetter.

gehalten, als Numa ihn einsetzte. — Im Kaukasus lässt man Jungfrauen Regen ertanzen. — Die Abiponer suchten durch den Tanz alter Weiber einen feindlichen Zauberer zu tödten. — Die indianischen Medicinmänner curiren Krankheiten durch Tänze. — Chaldaei dicunt tempestatis proventus frugumque sterilitatem item morbosque circumire. (*Censorinus.*) Aehnlich dem Umgang der Kaaba war der Tanz der Draconten. — Anno 1374 zu Mitten im Sommer, da erhob sich ein wunderlich Ding auff Erdreich und sonderlich in Teutschen Landen, auff dem Rhein und auff der Mosel, also dass Leute anhuben zu tantzen und zu rasen und stunden je zwei gegen ein und tantzeten auff einer Stätte einen halben Tag und in dem Tantz da fielen sie etwan oft nieder und liessen sich mit Füssen treten auf ihren Leib. (*Limburger Chronik.*) — Die Dublaagn (Vorfechter oder Tirailleurs) gehen auf Java den feindlichen Truppen tanzend entgegen. Jedes Kind muss die nationalen Tänze lernen, besonders die Bajaderen. — Bockold, der König über die ganze Welt, prophezeite den Anabaptisten, indem er im Kreise umherwirbelte. — Bei den Pahnis hüllen sich die Arzneimänner in die Haut eines Bären, dessen Bewegungen und Gang sie in ihren magischen Ceremonien nachahmen. — Am Feste der purisima concepçion de nuestra Señora tanzen die mexicanischen Indianer, ihre Messer schwingend, den baile de Montezuma. — Hat der Aleute einen Walfisch mit einem in Menschenfett getauchten Pfeil angeschossen, so ahmt er in seiner Hütte den Todeskampf eines sterbenden Walfisches nach, um ihn dadurch zu tödten, wie der Indianer durch seine Träume den Bär herbeizieht. — Die Hirpi Sorani ahmten in Tänzen die Geberden und Bewegungen der Wölfe nach, und führten es später, als bei fortschreitendem Anbau die Jagd auf diese Thiere verschwand, auf eine Pest zurück, die sich aus einer Höhle in Soracte verbreitet hatte. — Während der Zeit, wo die Männer von Akrah gegen Augna zu Felde lagen, tanzten die Weiber täglich Fetisch in Nachahmung des Krieges. — Die mohamedanischen Fanatiker setzen sich in einen Zustand der Convulsionen, indem sie rasch nach einander das Wort Hou ausstossen, das mit gigantischen Buchstaben an die Höhlenwand des türkischen Abdal (Baba Bazarlu) geschrieben war, oder divaneh koda bei den Persern, wie die Römer ihre Propheten und Sibyllen furens deo nannten und Odin's Berserkr durch Wuth (Gouth, Gode, Koda) begeistert wurden. — In Constantinopel wird der Zikr an einigen Wochentagen im Klostergebäude der tanzenden, an andern in dem der heulenden Derwische geübt. — Die indianischen Knaben erträumen für ihren Vater das gewünschte Wild, indem dem somnambulischen Schauen zugleich eine magische Anziehung zugeschrieben wird. Der Büffeltanz der Mandanen in der Verkleidung dieses Thiers wird beim Ausbleiben der Heerden auf der Jagd angestellt und erreicht stets seinen Zweck dieselben herbeizuziehen, da er wochenlang fortgesetzt wird, bis die Büffel kommen. Ebenso wissen die Regenmacher die letzte entscheidende Operation zu verschieben, bis sie die Wolken am Himmel sehen, oder aus der Richtung ihrer hohen Windfahnen die Veränderung des Windes in den oberen Luftschichten merken, die dem mit den Beobachtungen nicht vertrauten Volke noch unbekannt ist. Ist die Wolke dem Entladen nahe, so schiesst die grosse Medicin wohl einen Pfeil darauf ab, um sie zu spalten, wie Indra mit dem Blitzstrahl. — An dem jährlichen Feste des Schutzheiligen der peruanischen Dörfer werden unter Leitung des Mayordomo die monatlichen Tänze (Raymi) der Incazeit erneuert, in der bewaffneten Kleidung und der Musik der damaligen Zeit.

DIE PRIESTER UND DIE GELEHRTEN.

Die Kastenwissenschaft.

Ursprünglich waren die Priester die Gelehrten (die Weisen und die Greise) und die offenkundige Charlatanerie in der späteren Tempelwirthschaft darf nicht übersehen lassen, dass sie in ältester Zeit ein gutes Recht zu dem Ansehen hatten, das sie so lange genossen. Sie constituirten eben die Klasse der Gebildeten, der Genies, die, wie überall und immer, sich über die Durchschnittsmasse des Volkes erheben und seinen Bedürfnissen Abhülfe zu schaffen suchen. Erst nachdem ihre geheim gehaltenen Künste, ihre Monopole und Geheimnisse bekannt, und Allgemeingut des Publikums geworden waren, mussten ihre Nachkommen um des Broterwerbes willen, mit Gaukeleien zu verdienen streben, was ihre Vorfahren durch ehrliche Arbeit erworben hatten. Im Anfang war alles Wissen Magie, selbst die Wissenschaft, Feuer hervorzulocken, woher die eigentlichen Priester Flamines oder Zünder hiessen. Der Erfinder der Töpferscheibe war ein Wundermann und in Phrygien war der gordische Knoten *) eben so unauflöslich geschürzt, wie in Wien das Schloss des Stocks am Eisen jedem Dietrich widerstand. Gerbert's Rechenbret, nach Art der von den Russen und Chinesen noch jetzt gebrauchten Faullenzer (ähnlich dem römischen Abacus), genügte, um die Wundergeschichte seines gefährlichen Diebstahls im Lande der Saracenen, Belehrungen durch den Gesang der Vögel und Heraufbeschwörung unterweltlicher Schatten auszuspinnen. Die Nabatäer wandten sich an die Priester, um aus dem Stand der Gestirne praktische Regeln für den Landbau des kommenden Jahres zu entnehmen und noch jetzt würde der Bauer nicht ohne seinen Almanach sein wollen. Die Tempel der Slaven hatten nach Masudi Oeffnungen an den Kuppeln, um den Stand der Sonne zu beobachten. Die egyptischen Priester verknüpften das Steigen des Nils mit den religiösen Symbolen der Götterwelt. Sie bedurften der Ausbildung der Trigonometrie, um die durch die jährlichen Ueberschwemmungen verrückten Grenzen der Felder wieder zu bestimmen und die Missionäre in den Philippinen erwarben sich grossen Einfluss bei den Rajahs, indem sie zuerst das Besitzthum des Landes ordneten. Der Bau des Cacao ist dort, wie der des Caffee im west-

*) Zur Zeit des trojanischen Krieges wurden (nach Plinius) die Briefe in Ermangelung von Siegeln durch Knoten verwahrt und die Knotenschnüre, die in Peru und Ardrah den Zweck der Hieroglyphenschrift erfüllen, dienten anderswo im Nestelknüpfen zur Zauberei.

lichen Africa, ein Verdienst der Jesuiten. Die römischen Priester, die Pontifices*), die ersten Erbauer des pons sublicius, besassen die hohe Kunst Brücken**) zu bauen, deren Regeln damals ebenso sorgsam den Augen der Menge entzogen wurden, als die der Maurergilden im Mittelalter. Kein Eisen durfte bei dem Bau gebraucht werden und der beleidigte Strom war durch mysteriöse Ceremonien zu versöhnen. Eine Brücke war ein mächtiges Wunderwerk in den Augen der uncultivirten Völker, und als der Inca zuerst den Apurimac überbrückte, unterwarfen sich die staunenden Stämme der umliegenden Lande. Die Mexicaner erhoben Quetzalcoatl zu ihrem Könige, dessen Gefährten Brücken auf dem Wege ihres Zuges von Tampico nach Anahuac gebaut hatten. König Heloros schlägt eine Brücke über den sicilischen Fluss, der bisher die Umwohner beim Uebersetzen verschlungen hat. Die Gephyräer***) wurden zum Brückenbau nach Athen berufen, wie Friesen und Holländer in Elbgegenden, um Brücken zu bauen. Die Missionäre von Tahiti legen den Strassenbau als Strafe

---

*) Pontifices, ut Scaevola Quintus pontifex maximus, dicitur a posse et facere, ut potifices, Varro a ponte arbitratur, nam ab his sublicius est factus primum, ut restitutus saepe, quum in eo sacra et uls et cis Tiberim non mediocri ritu fiant.

**) Eine neue Ableitung des Baches war an Festtagen nach dem Pontificalrecht verboten, ebenso wie die Erde nicht aufgegraben, die Bäume nicht beschnitten werden durften, um die in ihnen wohnenden Geister nicht in der Festruhe zu stören. Reinigung alter Bäche aber war erlaubt, weil man dadurch dem Geist des frischen Wassers einen Dienst erzeigte. Der Bach, der dem Hause nützt, bildet auch eine Grenze, die nicht ohne Gebet und Auspicien überschritten werden darf. Peremne dicitur auspicari, qui amnem aut aquam, quae ex sacro oritur, auspicato transit. Wenn eine Quelle, sei sie auch unversiegbar, nicht Kraft genug besitzt, den nächsten Fluss zu erreichen, so kann sie auch ohne Auspicien überschritten werden, weil sie dann keine durch einwohnende Macht befestigte Grenze bildet. Manalis fons appellatur ab auguribus puteus perennis, neque tamen spicendus videtur, quia flumen id spicatur, quod sua sponte in amnem influat.

***) In Athen verrichteten die Gephyräer die Ceremonien auf der Cephissosbrücke und an derselben fand bei Mysterienzügen der Gephyrismus statt. Die Gephyräer bieten Vertrag und bewaffnen die Jünglinge. Sie wohnen in einem auf Pfahlwerk ruhenden Dorfe (σχεδία, κώμη) an beiden Ufern des Asopos, sie bedürfen der Brücken zum Verkehr mit einander, und hatten deshalb auch in Athen den Dienst auf der heiligen Brücke zu verrichten. Sie wurden in Athen aufgenommen, um die Brücke über den grössten Landesfluss auf der heiligen Strasse gottesdienstlich zu sichern. — Luculi opferte einen Stier beim Uebergang über den Euphrat. — Depontani senes appellabantur, qui sexagenarii a ponte dejiciebantur, wie später die Argeenbilder. — „Der priesterliche Segen, den er seiner Morgenkost hat mitgeben lassen, schützt den auf der Fähre Uebersetzenden vor den Flussgeistern im Ausonerlande.“

für Vergehen auf. Auf Runensteinen liest man häufig, dass Brückenbau verdienstlich und heilfördernd für die abgeschiedene Seele sei, wie das Brunnengraben im Oriente. Bald wurde die Brücke symbolisch *) aufgefasst, gleich der Brücke Tschinewat, die zum Lichtreiche führt. Γεφυραια Δημητηρ passirt, aus der Unterwelt kommend, über die Brücke des Cephissos in Eleusis. Nach Servius war das Palladium vom Himmel gefallen und durch die Wolken auf eine Brücke**) getragen, wo es bis zu seiner Versetzung nach Ilium, als Pallas Γεφυριστις (Athene Gephyritis) blieb. Von Godoma heisst es, dass er mit zweiunddreissig Gefährten in einem Dorfe die Wege besserte, und in welch praktischem Sinne dies oft verstanden wurde, sahen die Engländer während ihrer Herrschaft in Java, wo in wenigen Tagen eine breite Strasse durch die Wildniss bis auf den Gipfel eines hohen Berges, auf dem die Erscheinung einer Gottheit erwartet wurde, gebahnt war. Der Fetischweg in den Negerdörfern muss stets rein gefegt gehalten werden, auf Bifröst, der Regenbogenbrücke, wandeln die scandinavischen Götter, über die Brücke Sirat ziehen die Seelen der Gläubigen in das Paradies ein, längs der Königsstrasse am Himmel durchläuft der Sonnenheld den Cyclus seiner Heldenthaten. Der Hirte Benezet, der Stifter der frères Pontifes, die Pilgern beim Uebergang über Flüsse halfen, regte auf göttliche Berufung den Bau der Brücke bei Avignon (1177) an.

An die Orakel wandte man sich um die Entscheidung politischer Fragen. Sie leiteten eine regelmässige Emigration aus den übervölkerten Ländern ein, indem sie sorgsam ausgerüstete Colonisten in fremde Gebiete aussandten und in schwer oder leichter verständlichen***) Sprüchen den Ansiedlern Winke und Verhaltungsmassregeln mitgaben. Indem sich der Ruf der Orakel †) weiter verbreitete, schlang sich da-

*) Sancte deorum, quisquis es, pontificum more, qui sic precantur: Jupiter omnipotens vel quo alio nomine appellari volueris. Nach Numa Pompilius hiessen die Pontificalbücher die pompilianischen Indigitamenta.

**) Ex qua etiam causa pontifices appellatos volunt, quamvis quidam pontifices a ponte sublicio, qui primus Tiberi impositus est, appellatos tradunt, sicut Saliorum carmina loquuntur. Auf der Brücke tanzten die Salier mit dem vom Himmel gefallenen Ancile.

***) Krösus suchte die Allwissenheit des delphischen Orakels durch Kochen von Lammfleisch in Schildkrötenschalen zu prüfen, und als er sich nach seiner Niederlage über den ihm gewordenen Spruch beklagte, bewies ihm die Pythia, dass er Loxias noch zu danken habe, weil derselbe das freilich unabwendbare Geschick wenigstens für einige Jahre verzögert gehabt hätte. Die von Calchas und Mopsus einander gestellte Aufgabe, die Blätter eines Baumes zu zählen, kehrt auch in der Geschichte von Uxmal wieder, wo Noh-Pat den Propheten Ahcunal dadurch prüft.

†) Die Eleer bringen nicht nur den hellenischen Göttern im Prytaneum

mit um so fester ein einigendes Band des Zusammenhanges. In Delos blühte unter dem Schutze des unverletzlichen Tempels auf neutralem Gebiete ein lebhafter Handel empor und durch die Verknüpfung des Amphiktyonengerichtes mit den festlichen Spielen sicherten die Priester des Zeus Hellenios die nationale Einheit *) der Hellenen, für deren

---

Trankopfer (unter Absingung von Hymnen, die einen geheimen Sinn haben), sondern auch dem libyschen Zeus und der ammonischen Here und dem Parammon, welch' letzteres ein Beiname des Hermes ist. Sie haben nämlich schon in frühester Zeit das libysche Orakel zu Rathe gezogen und es befinden sich auch im Tempel des Ammon Altäre, die Weihgeschenke der Eleer sind. Auf denselben stehen die Fragen, die jene an den Gott gerichtet und seine Antworten, wie auch die Namen der Männer eingeschrieben, die von Elis zum Ammon geschickt wurden.

*) „Neben den phantastischen Verschmelzungen der Göttergestalten stellte die phönicische Priesterschaft die Culte, welche sich in den einzelnen Städten local entwickelt hatten, zu einem Götterkreise zusammen. Man erhielt dadurch eine Reihe von sieben Gottheiten, an welche die verschiedenen Attribute der göttlichen Macht vertheilt wurden, und rief diese als gemeinsame Landesgötter unter dem Namen Kabirim (die Grossen) an, vorzüglich in der Bundesstadt Tripolis, die dem Schutze aller Landesgötter übergeben wurde. Durch diese Zusammenstellung der Landesgötter und die Vertheilung der göttlichen Attribute kamen die Priester auf eine Lehre, die die Weltschöpfung und Regierung auf die abstract aufgefassten Gestalten ihrer Landesgötter zurückführte. In diesem priesterlichen Systeme hiess Melkart Kadmos (Kadmon d. h. der Alte) und Astarte Thuro, d. h. Gesetz. Den Griechen war die Göttin in dieser Auffassung (Harmonia) die Tochter des Ares und der Aphrodite, in welcher die ursprüngliche und spätere Natur der Göttin angedeutet sind. Kadmos suchte nach diesem System die Harmonie, und ein besonderes Gewicht wurde auf die Vermählung des Kadmos und der Harmonia (deren Hochzeit auf dem Kadmeon zu Theben besungen wurde) gelegt. Das Brautgemach, der Schleier und das Halsband wurden in Tyros, wie in Samothrake gezeigt." — „Wenn der König von Egypten über Etwas in Sorge war, befahl er den Priestern, sich in der Stadt Menf (Memphis) zu versammeln, und nachdem die Leute an der Hauptstrasse der Stadt in Ordnung aufgestellt waren, hielten die Priester ihren Einzug zu Pferde nach ihrem Rang, mit Pauken voran. Es war keiner unter ihnen, der nicht ein Wunder hätte sehen lassen, das er gemacht hatte. Der eine hatte auf seinem Gesicht ein Licht gleich einer Sonne, der andere in das Kleid gewebte Edelsteine, ein anderer hatte sich mit Schlangen umwunden, ein anderer über sich einen Lichtbogen ausgespannt, und andere wunderbare Arbeiten mehr. So zogen sie vor den Palast des Königs und beriethen sich über das ihnen Mitgetheilte. — Der unter der Perserherrschaft zur Verwaltung der Tempel eingesetzte Meder, Osthanes, weihte, zugleich mit dem Griechen Demokritus, eine gelehrte Jüdin (Maria) und den Egypter Pammenes im Tempel zu Memphis. — Die Strassburger Bauhütte, die bei ihrem Entstehen unter Erwin von Steinbach durch Rudolf von Habsburg mit grossen Privilegien bedacht wurde, genoss des höchsten Ansehens unter den mittelalterlichen. — Die von Fulrad an der Grabstätte in Rom unter König Pipin gefundenen und nach dem Kloster Sct. Denis bei Paris

Ahnherrn ein alle Geschlechter gemeinsam verknüpfender Stammbaum erfunden wurde. Noch lange nach dem Untergange der Druiden waren die Barden den schottischen Clans und irischen Fürsten unentbehrlich, um die verwickelten Familienverhältnisse zu ordnen. Im Carnunterlande hielten die Druiden eine jährliche Versammlung an ihrem heiligen Sitze, wo die nationalen Angelegenheiten Galliens gemeinsam besprochen wurden. Später sanken die Druiden zu Barden herab, wie die Burtanik bei den Litthauern oder die Diavandous zu Greots bei den Fulahs. Die Pisistratiden zu Athen ordneten die von den Rhapsoden gesammelten Gesänge Homer's, die, dem Charakter des Volkes gemäss, einen politischen Stoff behandelten, während den Vedas ein solcher fehlte. Neben den Homerischen Rhapsoden oder schon vor ihnen zogen die cyclischen Dichter (die Horatius Festtagsbänkelsänger nennt) umher, in dem von Hesiodus zusammengestellten Cyclus die mythische Geschichte der Griechen vom Anfange ihrer Götter vortragend, wie in den politischen Verhandlungen die Tahitier die irdischen Genealogien*) aufzählen und an die Halbgötter anknüpfen.

Die Arzneikunde**) gehörte überall zu den frühesten Wissen-

---

gebrachten Gebeine des heiligen Knaben Vitus, der unter Kaiser Diocletian in Lycien gemartert worden, wurden von Warinus, Abt von Corvey (der sie auf seine Bitte vom Abt Hilduin mit Ausnahme einer Hand erhalten), unter dem Jubel der Sachsen und mit Bewilligung des Kaisers Ludwig nach seinem Stifte geführt, 836 p. C., welches fortan nicht nur für sich allein den Schutz des Heiligen anerkannte, sondern ihn auch dem ganzen Sachsenlande zum Gegenstande nationaler Verehrung empfahl.

*) Die Bojani (Wieszczy) bewahrten die epischen Gedichte der Russen. — Numa übergab die Gesetze des Manendienstes den Pontifices. — Die slawischen Priester schrieben den Hauptinhalt der Nationalrechte auf hölzerne Tafeln, weissagten mit Hülfe ihrer eigenthümlichen Runenschrift und unterrichteten in Religion, Heilkunst, Dichtkunst, Zeitrechnung u. s. w. — Kontyna war im Stettiner Tempel der Ort, wo die Gesetze aufbewahrt wurden. — Wenn es sich in Nepaul darum handelt, die Kaste eines Brahmanen oder Rajaputen zu entscheiden, so wendet man sich an den Guru, der die Shastras befragt. Ist ein Parbatia oder Newar der Pholla betheiligt, so bezieht man sich auf die Gebräuche, die in der Zeit von Jaya Thiti Mal Raja eingerichtet worden, für jeden besonderen Stamm.

**) Aus den Klöstern der Benedictiner gingen die medicinischen Schulen Italiens hervor, wie die altgriechischen aus Kos. Die Canoniker von Notredame behandelten die Kranken und Gebrechlichen jeder Art und veranlassten später die Stiftung des Hotel-dieu. St. Basilius der Grosse, Gregorius von Nazyanz trieben praktische Medicin. Die Behandlung des Morbus sacer wurde lang geheim gehalten. Trallianus nennt unter den Fiebermitteln, die die egyptischen Priester anwendeten, auch Frictionen und Manipulationen.

schaften der Priester, bis diese später sie als profan von sich ausschieden und nicht länger in zweifelhaften Experimenten mit dem Körperlichen ihren guten Ruf compromittiren wollten, wenn ein so schönes Feld der Thätigkeit im Himmel offen stand, ähnlich den Missionären, die hinaus zu fernen Wilden ziehen, während (nach dem Bericht der home-mission) Englands Counties „in die dickste Finsterniss versenkt sind" (s. den ersten Bericht der home-mission vom Jahre 1820). Die Schamanen am Junaska suchten den Rest ihres den Pocken erliegenden Volkes dadurch zu schützen, dass sie die in Quarantäne gehaltenen Russen vielfachen Räucherungen unterwarfen. Neben der Arzneikunde kennen die indianischen Medicinmänner praktische Jagdregeln, die sie auf Bezahlen nicht vorenthalten, die Feticeros an der Westküste die Kunstgriffe, die weissen Händler zu betrügen. Die Etrusker wussten vor dem Blitze zu schützen, die Magier die beste Art, Feuer anzuschlagen. Das Aquilicium war eine wichtige Kunst, besonders in trockenen Gegenden, und erforderte, neben der Kenntniss der auf Wasser deutenden Pflanzen, systematische Vorbereitungen zur Beobachtung der ausgestellten Decken, artete aber bald in die Wasserzauberei*) aus, die sich überall verbreitet findet. Die Aqua virgo (Juturna) in Latium hielt schon die Wünschelruthe in der Hand. Aus den meteorologischen Wetterbeobachtungen der Chaldäer folgte, dass sie den Regen vorherzusagen vermochten und es konnte nicht lange dauern, bis sie ihn auf Verlangen zu machen verstanden. Der Erfolg der Handelsunternehmungen lag in den Händen der Priester, die die Winde und das Meer beherrschten.

---

*) Nam et ipse Numa, ad quem nullus dei propheta, nullus sanctus angelus mittebatur, hydromantiam facere compulsus est, ut in aqua videret imagines deorum vel potius ludificationes daemonum, a quibus audiret, quid in sacris constituere atque observare deberet. Quod genus divinationis Varro a Persis dicit allatum, quo et ipsum Numam et postea Pythagoram philosophum usum fuisse commemorat, ubi adhibito sanguine etiam inferos perhibet sciscitari, quae sive hydromantia sive necromantia dicatur, id ipsum est, ubi videntur mortui divinare. — Die Wasserzauberei verband sich im Alterthum mit dem Aquilicium. Ein Zweig jener, eine Art Onomantie erregte noch kürzlich grosses Aufsehen unter den in Egypten reisenden Engländern, nachdem der für dieses Land zum Orakel erkorene Lane die Unmöglichkeit einer Täuschung verbürgt hatte. Er hätte schon aus den Schriften seines Landsmannes Johann von Salisbury (12. Jahrhundert) lernen können, was eigentlich an der Sache sei. Plinius erklärt den crepitus der Memnonssäule aus der Temperaturveränderung des Granits, aber moderne Reisende haben ebenso fabelhafte Geschichten über die Ursache desselben aufgetischt, wie über die des tönenden Sandes in Arabien. — Puteos Danaus invenit ex Aegypto advectus in Graeciam, quae vocabatur Argos dipsios. — Lynceus entdeckte zuerst durch seine scharfen Augen die Metalle in der Erde.

Vor der Einfahrt in den gefährlichen Bosporus liefen die Griechen beim Tempel von Samothrace an, um geweihte Schwimmbinden zu erhalten. Die nordischen Seeräuber hüteten sich vor jeder Verletzung der heiligen Eremiten auf Heiligenland, und in der Kapelle des heiligen Nicolaus auf Minorka legten die Erretteten ihre Votivtafeln nieder, wie die Mohamedaner am Grabe des heiligen Scheich in Kimbaya. Die Lappländer verkaufen Windschläuche, wie einst Aeolus, und in Congo erzeugt der Fetischmann die günstige Brise, die die europäischen Schiffe herbeibringen soll, in seiner von dem gewaltigen Process erzitternden und rauchenden Hütte. Die Christen in Socotra waren, als Herren der Stürme, von den Seefahrern gefürchtet. Als Magnus Nilsson, zum König der Gothen erwählt, den Tempel auf einer schwedischen Insel zerstörte, und von dort (Thor's) Hämmer (quod Joviales vocabant nach Saxo) fortnahm, wird er Zeitlebens als Heiligthumsräuber gescholten. Wie die griechischen Orakel die Auswanderungen (nach Cyrene, Rhegium u. s. w.) leiteten, so die Priester in Polynesien*) die dortigen. Sie ermuntern die Eingeborenen

*) In dem beschränkten Raume der vom Meere umgebenen Inseln Polynesiens wird die Auswanderung oft zur zwingenden Nothwendigkeit, und dann von den Anordnungen der Priester geleitet, wie bei den Lemmingen (in Norwegen und Lappland) durch den Instinct. Keins der vollkommneren Thiere vermehrt sich in dem Grade wie die Lemminge, und der daraus folgenden Ueberfüllung wegen sollen sie in unbestimmten Zeiten (alle 10 bis 20 Jahre) ihre Wanderungen anstellen, wo sie in unzählbaren Schaaren vom Gebirge herunterkommen und sowohl westlich, als östlich gegen das Nordmeer oder nach dem bottnischen Meerbusen ziehen. Sie bewegen sich dabei in regelmässigen Colonnen, die einander parallel gehen und Nichts vermag die Richtung ihres Laufes, der immer schnurgerade fortgeht, zu ändern. Die Wanderratte (in Europa seit ungefähr 70 Jahren bekannt) stammt aus Persien und hat sich nach und nach über den ganzen Continent verbreitet, die Hausratte vertreibend. Die Schildkröte begiebt sich ans Land, um Eier zu legen; Fische steigen die Flüsse aufwärts, zu laichen; die Vögel zieht der Wandertrieb nach wärmern Klimaten. Die sibirische Wurzelmaus, die mehrkammerige Häuser und Vorrathsspeicher baut, sammelt sich Frühjahrs in grossen Haufen und zieht westlich immer gerade fort, Berge übersteigend und sich in Flüsse und Seen stürzend. Am Penschinskischen Meerbusen angekommen, umgehen sie diesen, wenden sich nach Süden und kommen im Juli im Gebiete von Ochotzk, an den Flüssen Ochota und Indoman an. Zu Anfang October sammeln sie sich wieder und treten den Rückweg in die Heimath an, wo sie gegen Neujahr ankommen, freudig von den Kamtschadalen begrüsst. Auch Kriege können durch den Instinct als nothwendig gefordert werden, wie die rothe Ameise in regelmässigen Zügen die Wohnungen der schwarzen überfällt, um die Larven und Puppen von Arbeitern zu erobern. Aus dem Heerwurm (der Mückenlarve aus der Gattung Sciara) prophezeit das Volk Krieg, wenn er aufwärts, Frieden, wenn er abwärts zieht.

zum Abziehen, und einige Nächte nach dem Fortgange schleichen sie sich heimlich in die Hütten ihrer Anverwandten, um in einem dämonischen Geschrei die glücklichen und fruchtbaren Länder, die gefunden seien, zu beschreiben, und ihnen Verstärkung nachzusenden. Auch im Mittelalter wussten die Mönche den Enthusiasmus der für die Kreuzzüge begeisterten Ritter zu ihrer Bereicherung zu benutzen. Die Tschoktahs wurden von einem grossen Medicinmanne geführt, indem er mit einem rothen Stabe vor ihnen herging, den er jeden Abend da, wo sie lagerten, in die Erde steckte (wie die heilige Axt der Thugs); diesen Stab fand man jeden Morgen gegen Osten geneigt, und der Medicinmann sagte ihnen, dass sie so lange ostwärts wandern müssten, bis der Stab in ihrem Lager aufrecht stehen bleibe (als der von dem grossen Geist zum Wohnsitz bestimmten Stelle), wie es in Nabniwaji geschah. Die Quiches zogen in vier Abtheilungen aus Tulhun aus, um die von den Göttern verheissenen Zeichen zu suchen, von denen Balam-Quitze das erste fand. Timoleon, als er von Corinth zur Befreiung Siciliens sich einschiffte, wurde durch eine vom Himmel leuchtende Fackel, die vor ihm herzog, geleitet, Alexander der Grosse in der Wüste durch zwei Raben. Die Töchter der Priester-Häuptlinge bei den Damaras unterhalten in der Hütte das ewige Feuer, von welchem jeder neu sich abzweigende und fortziehende Stamm einen Brand mitgetheilt erhält. Beim Erlöschen werden Ceremonien und Opfer zum Wiederanzünden angestellt. Um die Gottheit zu sühnen, legten die alten Italioten das Gelübde eines Menschenzehnten ab, wobei die auserwählte Mannschaft als Ver sacrum auszuwandern hatte (immolationis genus nach Servius). Wegen Misswachses werden die Chalkidier gezehntet und gründen einem Orakel zufolge Rhegium in Unter-Italien. Nach Paulus Diaconus war bei der Auswanderung des Volkes aus den Nordlanden der dritte Theil der Longobarden als ein Ver sacrum zur Aufsuchung neuer Sitze bestimmt worden. Der Donnergott (Tauriki) steuert selbst das Schiff des vertriebenen Maui nach Hanriki, wie Engel den Kasten des Xisuthrus auf den Ebenen von Shinear.

Von den die Priester um Hülfe Angehenden sucht natürlich ein Jeder den besten Handel für sein Geld zu machen. Der arme Congo-Neger hat sich den Arm verstaucht, er kauft sich einen Fetisch für starke Arme: es gehen ihm keine Fische in's Netz, er kauft einen Fetisch für Flussfische: er hat Leibschmerzen, er kauft einen Fetisch für starken Magen; beim Nachhausegehen stolpert er und möchte jetzt gerne einen Fetisch für starke Beine besitzen, aber das Geld reicht nicht mehr zu, und der Arme wird regungslos in seiner Hütte sitzen bleiben, in der er sich eben so wenig zu bewegen wagt, wie der Irre, der seine gläsernen Beine zu zerbrechen fürchtet*). Mit solchen langstieligen Umständlichkeiten ist der stolze Mandingo, der lebhafte Fellah nicht zufrieden, für ihn muss der Marabu lange Knotenschnüre mit einigen Dutzend Lederkästchen fertig haben, deren jede schon einen verschiedenen Fetisch enthält, so dass er sie alle mit einem Schlage umhängen kann. Ebenso zufrieden, als ob er das bischöfliche Pallium mit den vom Papst geweihten Fetischkreuzen um seinen Hals hätte, steigt er zu Pferde und sprengt dahin. Doch Halt! er hat zwar einen Fetisch für die Leber, einen für das Herz, einen für den Kopf, einen für scharfe Waffen, einen für billige Einkäufe und manche andere für andere treffliche Sachen, aber sein gutes Ross darf nicht vergessen werden. Der Marabu hat Fetische die Fülle und kann jeder Anforderung genügen. Das Pferd**) wird am Kopf, Hals und Rücken mit Schnüren behängt, und jetzt ist er hieb- und stichfest, wie mit einem Passauer Schusszettel. Am liebsten hätte man freilich gleich einen Talisman, wie Salomo's Ring z. B., der für sich allein für Alles genügte, aber solche Universalmedicin ist es misslich auf Erden anzugeben, da sie zu strengen Prüfungen unterworfen werden möchte, wogegen man für den Himmel ziemlich verschwenderisch damit umgeht. Hauptsächlich in der katholischen Kirche wird ein unverantwortlicher Missbrauch mit der plenaria indulgentia getrieben, die man mit so freigebiger Hand überall austheilen sieht, um ernstliche Besorgnisse über völlige Entwerthung des Artikels zu haben. Oekonomie ist bei dem reichen Schatze, woraus geschöpft wird (dem Thesaurus meritorum superabundantium), ganz unbekannt, und in einer Formel werden selbst Würmer von einem Pferde im Namen des Vaters, Sohnes und heiligen Geistes abgetrieben, obwohl dies doch ein weit passenderes Geschäft für den heiligen Aesculap von Padua gewesen sein würde. In Nothfällen ist das Kreuzschlagen stets ein wirksames Mittel, wobei sich nur nicht begreifen lässt, wie die Heiligen, die damit Legionen von Teufeln augenblicklich in die Flucht treiben können, sich dennoch oft so gewaltig vor ihnen fürchten. Der Beduine der

*) Beifuss vertrieb im Mittelalter Fusswanderern die Müdigkeit, Hyacinth machte sie den Wirthen willkommen, Flachsknoten verschaffte Geld, Kreuzbeere hielt bösen Zauber von Thüren und Fenstern ab. Ringe und Gemshorn wurden gegen das Rheuma getragen, der Bezoarstein gegen die Gicht. Krebsaugen für klaren Blick. Lacerta stincus für die Manheit: zu Jägerkünsten wurden die Augen, Zungen oder Excremente von Vögeln talismanisch eingenäht.

**) Im „Gürtel" (von Dietrich von Glaz) sagt der Ritter, dessen Gürtel 50 Steine und mehr enthält, von seinem Pferde: Ein Stein liegt in der Brust meines Rosses, davon es stark und schnell ist.

Wüste, der sich nicht immer Fetischstränge vom Marabu in der Stadt holen kann, begnügt sich (ausser den an die Djinnen verschwendeten Entschuldigungen) mit dem Namen Allah's, der ihm bei jeder Gelegenheit helfen muss, und wappnet sich ausserdem im Voraus täglich durch fünfmaliges Gebet. Auch der Russe ist trotz der vielfältigen Hülfsmittel, die ihm die Kirche gewährt, stets noch ängstlich, dass Etwas fehlen möchte. Trotz des vom Priester umgehängten Kreuzes, trotz des mit heiligen Lappen geflickten Amuletes, trotzdem dass der Heilige, zu dem er betet, „zwei Engel zu seiner Bedienung hat, findet er es doch noch gerathener, sich Morgens nüchtern ein geweihtes Brot zu kaufen und brockenweise zu essen, jeden Augenblick einen Schluck aus dem heiligen Jordanwasser zu nehmen, und vor keinem Bilde ohne Bekreuzigung und Verbeugung vorüberzugehen, kein Geschäft, keinen Gang ohne solche Vorbereitung zu beginnen oder zu enden. Die den verschiedenen Tageszeiten entsprechenden Gebete des Koran haben sich in Thibet vereinfacht in der mystischen Formel, die in unce Alles mit einem Mal giebt. Mit ihr ist deshalb auch das ganze Land, Luft, Wasser und Erde, erfüllt. Sie summen die Räder, sie klappern die Mühlen, sie weben die Fahnen im Winde, sie wächst auf den Blättern der Bäume, sie steht an den Felsen, auf Steinen, über den Thüren, sie murmelt der Buddhist, wohin immer er geht. Dort ist man heiter und zufrieden, die Rechnungen sind abgeschlossen für jetzt und ewige Zeiten, Höllenstrafen und Paradiesesfreuden sind in ihren gegenseitigen Werthen verglichen und abgewogen, indem ein etwaiges Deficit rasch durch ein paar Extradrehungen des Gebetrades sogleich wieder gutgemacht wird. Und jetzt stehen selbst noch Dampfmaschinen in Aussicht seit Baron v. Schilling. Wie sauer musste es sich dagegen der heilige Dominicus werden lassen, der für ununterbrochene Selbstgeisselung während des Absingens von zwanzig Psalmen seinen reuigen Schützlingen nur eine hundertjährige Busse abverdienen konnte, und dessen Haut bei seinem Tode ganz hart und schwarz gewesen sein soll, was bei der grossen Nachfrage seitens der mit dieser Stellvertretung sehr zufriedenen Sünder nicht gerade unwahrscheinlich ist. Die englischen Thane vor der normannischen Eroberung betrieben das Fasten und die Geisselungen in Gesellschaft, wo die Zeit, besonders im Vorgeschmack des nachfolgenden Gelages, rascher vergehen mochte, und mit 120 Gehülfen konnte ein Reicher in acht Tagen die Busse eines ganzen Jahres abprügeln lassen. Die Flagellanten (1349) lasen einen durch einen Engel überbrachten Brief vor, worin Gott anzeigt, dass sie durch 34tägige Geisselung viele Christen aus dem Fegfeuer erretten und Deutschland von den verheerenden Sünden befreien könnten.

Seiner natürlichen Entstehung nach giebt das religiöse Element im Fetischdienste die gewünschte Ausgleichung des Menschen mit seiner Umgebung. Er setzt sich in einen mystischen Rapport zu dem Unbekannten, zu dem Unsichtbaren, um mit ihm in Wechselwirkung zu treten, und zieht, soviel ihm zum Bedürfniss wird, in den Kreis seiner Verehrung, giebt sich mit vollster Andacht und Inbrunst dem Göttlichen hin, soweit er es ahnet, aber auch nicht weiter. Tritt indessen bei complicirter entwickelten Gesellschaftsverhältnissen ein Zwiespalt in seiner Weltanschauung ein, werden von seinen begabteren Mitmenschen Entdeckungen und Forschungen gemacht, die er nicht kennt und nicht zu verstehen vermag, schwangen sie sich im Taumel der Ekstase oder mit Hülfe einer grübelnden Speculation zu höheren und geläuterten Anschauungen der Gottheit auf, von der sie ihm bei ihrer Rückkehr in's gewöhnliche Leben erzählen, so kann er diese Offenbarungen, wenn er sie nicht von vornherein zu verwerfen wagt, nur auf die Autorität des *αὐτος ἐφα* annehmen, sie glauben, weil man von ihm den Glauben verlangt, und so es nicht vermeiden, den Kampf mit dem wilden Strudel der Zweifel zu beginnen, der zwischen den Klippen des Wissens und des Glaubens umhertreibend, ihm manche Schmerzenslaute auspressen wird, bis er ihn in das gelobte Land getragen hat. Da er die geoffenbarte Gottheit, die ihm nur aus den Berichten der Priester bekannt ist, nicht aus eigener Anschauung kennt, so vermag er auch nicht direct mit ihr zu communiciren, dazu bedarf es eines Vermittlers, der nur in der Klasse der Priester zu finden ist, und wenn die Hebräer ausser ihren Hausgötzen, die sie selbst zu besorgen verstanden, auch noch dem Jehovah Opfer bringen wollten, so mussten sie einen Leviten herbeiziehen.

Hausvater und Priester. Nach Philotheus (Erzbischof von Tobolsk) waren die Familienväter bei den Ostjäken die einzigen Priester, Magier und Götterverfertiger, Opfer bringend, Orakel erfragend und die gewordenen Mittheilungen verkündend. — Bei den öffentlichen Festen in Ostsibirien sind keine Schamanen zugegen. Bei den Jakutischen Festen (Yzech) und bei den Festen der Buräten und Tartaren (Tailagan) werden dem unsichtbaren Wesen von einem der Aeltesten Opfer gebracht. — Der römische Hausvater opferte seinen Laren und Penaten selbst, indem er sich nur bei besonderer Gelegenheit an den öffentlichen Priester wandte. — Nach Beltrami vermeiden die Curas in Mexico bei den religiösen Festen der Indianer zugegen zu sein, ausser wenn besonders darum angegangen. — Es ist bei den Galliern Gebrauch, dass sie kein Opfer ohne einen ihrer Weisen (Druiden) bringen, denn sie sagen, man dürfe den Göttern die Dankopfer nur bringen durch diejenigen, die mit ihrem Wesen vertraut seien und, so zu sagen, ihre Sprache verstehen. Und durch eben dieselben glauben sie erbitten zu müssen, was sie sich wünschen. (*Diodor.*) — Der Perser durfte (nach Herodot) nicht ohne einen Magier opfern, der ihm eine Götterschöpfung sang. — Auf der Insel Cozumel sah Grijalva (auf seiner Reise längs der Küste von

Yucatan) die Vasen des Thurmes mit Räucherwerk besetzt und einen alten Indianer vor den dort befindlichen Bildern Weihrauch verbrennen, mit lauter Stimme singend. — Die Filipponen haben keine Priester, aber, zum Vorlesen, Beten und Psalmensingen, ihre Kirchendiener oder Aeltesten (Starik). Der dazu von seinem Vater von Kindheit auf bestimmte Sohn darf nie Fleisch und nur einmal am Tage warm essen, keine hitzigen Getränke trinken, nicht heirathen. Zur Einführung bei seiner Gemeinde umarmt ihn (im angemessenen Alter) ein benachbarter Starik, nachdem er mehrmals mit ihm gebetet hatte. Die Filipponen beichten ihre Sünden einem Heiligenbilde in Gegenwart eines Starik, der ihnen eine Busse auferlegt. — Die Germanen haben weder Druiden, die den Gottesdienst leiten, noch Opfer. Sie ehren nur die Götter, die ihren Sinnen begegnen und von denen sie täglich Wohlthaten zu erhalten glauben, sagt Cäsar. — Le sacellum privé des Indiens (en Mexique) n'est officié que par eux, sans l'assistance du prêtre. Veulent-ils fêter solennellement une de leurs images, ils la portent habillée, un dimanche, processionnellement à l'eglise principale, où le curé leur prête son ministère. (*Beltrami.*) — Die Neger kommen einzeln oder in Gesellschaft für ihren Unterricht zu den Dliabefs (den Priestern der Karabari oder Sokko), worauf sie mit ihnen auf den Knien beten, dass sie Gott (Tschuku) vor Krieg, Gefangenschaft und anderm Unglück bewahren möge. (*Oldendorp.*) — Erst wenn sie den Process der Erneuerung durchgemacht haben, dürfen die Doctoren der Kaffern Hexen ausspüren, sonst aber nur Opfer bringen. — Die Ulemas kehren nach ihrer Erziehung auf der Hochschule von Kairo (von Mekka zurückkommend) nach dem Sudan zurück, als Hadjis, und lassen sich in den Hauptstädten nieder. In den Dörfern lebt der niedrige Klerus der Fakihs (Gesetzkundige), die den Kindern lesen und schreiben lehren und als Kadi (Richter) fungiren. Am Krankenlager beschwört der Fakih den peinigenden Dämon und schreibt auf Stücke Papier den Surat Alak (ein vor Besessenheit, bösen Geistern, Wunden und Krankheiten schützender Talisman). — Sie halten es der Hoheit der Himmlischen unangemessen, sie in Wänden einzuschliessen oder sie irgendwie in menschlicher Gestalt abzubilden. Haine und Gehölze weihen sie ihnen und rufen unter den Namen von Göttern jenes geheimnissvolle Wesen (secretum illud) an, welches nur ihr ehrfurchtsvolles Gemüth erkennt („quod sola reverentia vident"), sagt Tacitus von den Germanen. — In Lupo-Lupo (Celebes) werden keine Gottheiten verehrt, doch frägt das Volk bei allen seinen Unternehmungen gewisse kleine Vögel um Rath, die es durch eine Bambu-Pfeife herbeiruft, um aus ihrem Fluge und Geschrei Belehrungen zu entnehmen. An der Bai von Kenderi liegt das grosse Gebäude Kallan aha (allvermögendes Haus), wo der Radja Tobau das Orakel um Deutung seiner Träume befragt. — Nach Lucian waren auch die egyptischen Tempel früher bilderlos. Die Tempel waren ursprünglich nur errichtet, um, wie es Strabo von Moses *) erzählt, mit der Gottheit zu communiciren in einem geschlossenen Raume, in den man später auch Idole zur Weihung zu stellen anfing. Erst beim Uebergang in die gemässigtern und kältern Zonen in Griechenland und Kleinasien begann sich der frei geschmückte Stil zu entwickeln, während in Indien und Egypten Höhlenbauten vorherrschten. — Israel populus non solum in hortis immolans et super lateres thura succendens, sedens quoque vel habitans in sepulcris et in delubris idolorum dormiens, ubi stratis pellibus hostiarum incumbere soliti erant, ut somniis futura cognoscerent. (*St. Hieronymus.*) — Incubare dicun-

*) Philo führt die Stiftung des Bundes der Essener auf Moses zurück.

tor hi, qui dormiunt ad accipienda responsa, unde illo incubat Jovi, id est dormit in Capitolio, ut responsa possit accipere. (*Servius.*)

Künste und Handwerke. So lange die Priester noch die Bewahrer der irdischen Künste sind, theilen sie gegen entsprechende Vergütung diese ebenso bereitwillig mit, wie später in den Mysterien die himmlischen Geheimnisse, auf welche sie es weiterhin vortheilhafter gefunden haben sich ganz zu beschränken. Bei den Cholones unterwerfen sich beim Eintritte der Pubertät die Knaben derjenigen Operation, die sie zum guten Jäger macht, dem curar un mozo para hacerlo cazador, und wenn der Erwachsene einmal besonderes Jagdunglück hat, so lässt er sich (nach Pöppig) auf's Neue curiren. Der Candidat erhält heftige Purganzen (wie bei den nordamericanischen Indianern vor dem Kriegszuge), trinkt Decocto verschiedener Schlingpflanzen und muss dann einen Monat in der Hängematte fasten. Auch Waffen werden curirt und selbst Hunden impft man die Neigung und das Geschick zur Jagd ein, indem man ihnen, damit sie scharfen Geruch bekommen, den Saft von Tabernaemontana Sanaño eingiesst. Später wird auch diese fassliche Medicin, Wissenschaft einzutrichtern, rein symbolisch und verliert sich in den bedeutungslosen Formeln der Ritterweihe, denen dann später irgend eine allegorische Erklärung untergeschoben wird. Plinius behauptet (nach Hermippus und Democrit), dass die Lehre des Zoroaster von der Arzneikunde ausgegangen sei und gleichsam eine höhere und heilige Medicin eingeführt habe. Dazu sei dann die Kraft der Religion selbst gekommen und endlich die mathematischen Künste der Erforschung der Zukunft aus dem Himmel. So habe diese Lehre durch ein dreifaches Band die Sinne der Menschen in Beschlag genommen und sei zu solcher Höhe emporgewachsen, dass sie im Oriente den Königen der Könige gebiet. — Die egyptischen Priester entsagten früh allen bürgerlichen Beschäftigungen und Künsten des gewöhnlichen Lebens, um einzig den heiligen Dingen und dem Cultus der Götter zu leben. Durch die Contemplation erwarben sie die Wissenschaft und durch ihre Beschäftigung mit dem göttlichen Dienste zogen sie sich Ehren, die Unverletzlichkeit ihrer Person und den Ruf grosser Heiligkeit zu. (*Diodor.*) — Nach einer orientalischen Tradition (bei Suidas) hatten die Engel Seth in den Künsten des Schreibens und der Astronomie unterrichtet und ihm die Gesetze der gerechten Religion gegeben, deren Kenntniss er seinen Nachkommen mittheilte und ihnen dadurch eine solche Liebe für die Tugend und solche Gluth, die von Adam und Eva im Paradiese genossene Seligkeit wieder zu erlangen, eingeflösst, dass sie nicht im Stande an jenen glücklichen Wohnort heimzukehren, sich auf den Berg Hermon zurückzogen, wo sie in völliger Unschuld, beständiger Enthaltsamkeit, als die Kinder Gottes lebten. — Die Töchter (Aglauros, Herse, Pandrosos) des Cekrops, der Zeuge war von der Besitznahme Athens durch (Pallas) Athene (Asana der Spartaner), waren Dienerinnen der Göttin. Das attische Geschlecht der Praxiergiden (eine alte Innung von Künstlern, Holzschnitzern und Ausstaffirern) verrichtete (am Feste der Plynterien) geheime Cultusgebräuche, indem sie den Schmuck von dem alten Bilde der Athene abnahmen, das Bild selbst verhüllten und den Tempel mit Seilen umzogen, damit Niemand während dieser Zeit der Göttin nahen könnte. (*Müller.*) — Von den durch den Archon gewählten Mädchen, webten die Ergastinen den panathenäischen Peplos, während die von den Deipnophoren ernährten Ersephoren und Arrhephoren (Kosmo und Trapezo) die geheimen Heiligthümer am Feste zu tragen hatten. Die jungfräulichen Kanephoren trugen die Körbe mit dem Opfergeräth. Die Wäsche der göttlichen Gewänder besorgten die Plynteriden, die Vollendung des Peplos die Ergastinen und die Reinigung seines untern Saumes die Katanipten. — Der Dienst der Athene Akria auf der Burg (der argivischen Larissa) zu Argos wurde von dem Geschlecht der Diomediden besorgt. Jungfrauen aus dem Geschlecht der Akestoriden dienten als Badejungfrauen, die Gerarden für die Ankleidung nach dem Bade. — Einem eigenen Collegium von fünf Subdiaconen ist in Rom die Verfertigung des zum Pallium nöthigen Wollenstoffes anvertraut. Am Tage der heiligen Agnes werden zwei Lämmer vor dem Vatican, wo sie der Papst segnet, vorbeigeführt, und in dem Kloster der Nonnen San Agnese geschoren, worauf die von den Nonnen gesponnene Wolle auf den Leichnam der Apostelfürsten zur Weihung gelegt wird. — Nach Marco Polo waren die Abrajamin oder Braminen in Indien nicht nur eine der religiösen Kasten der Nation, sondern auch die weisen Männer und Zauberer. Ohne ihre Hülfe war es unmöglich glücklich Perlen zu fischen, da sie allein die Macht hatten die Ungeheuer der Tiefe zu beschwören. — Die Priester des auf Bolotu wohnenden Gottes Tangaloa, der Tonga aus dem Meere aufgefischt hatte, waren stets Zimmerleute. — Der Hufschmied heisst in der Sprache der Dahomeer a cunning man und steht im Rang dem Fetischpriester zunächst. — In Senegambien ist die Kaste der Schmiede eine unreine. Macht ein Schmied, wenn sein Leben auf dem Schlachtfelde bedroht ist, das Zeichen seiner Kunst, indem er seinen Kaftan ausbreitet, so lässt ihn bei den maurisch-arabischen Stämmen sein Gegner unversehrt. — Um seine leeren Kassen zu füllen, hob Heinrich IV. von England (nach Evelyn) die früheren Verbote über Bereitung des Steins der Weisen auf, und liess verschiedene Male die baldige Bezahlung seiner Schulden in Aussicht stellen, da er auf dem Punkte stehe das Geheimniss entdeckt zu haben. — Kaiser Caligula suchte (nach Plinius) aus Operment Gold zu machen, indem man das Arsenik für den Vater des Goldes hielt, er aber unter *ἀρσενικὸν* nicht das wahre Arsenik, sondern *τὸ ἀῤῥενικὸν* oder den Schwefel verstand, weil in den Schulen der egyptischen Priester die Naturkörper alle andere Namen bekommen hatten. — Der schwarze Adler (eine Zusammensetzung des giftigen Kobalts) wurde von einigen Alchymisten für die Substanz des philosophischen Mercurs gehalten. — Girtanner sieht den höchsten Erfolg der Alchymie darin, das Leben zu verlängern, indem durch den Verbrauch des Goldes zu allen Gefässen des Lebens sämmtliche Schädlichkeiten, die aus den Oxyden des Kupfers und Zinns beständig in den Körper eingeführt würden, nicht weiter verkürzend einwirken könnten. — Von dem Perdoyto, dem auf einem heiligen Steine Fische geopfert wurden, glaubten die Preussen, dass er ein Engel oder Gott von unglaublicher Grösse sei und allezeit auf dem Meere stände. Wohin er sich wende, dahin wendeten sich auch die Winde, und wenn er von den Fischern zum Zorn gereizt würde, so verjage und tödte er alle Fische. Deshalb feierten sie ihm ein jährliches Fest, an dessen Ende der priesterliche Sigonotha aufstand, die Winde theilte und einem Jeden den Ort bestimmte, wo er zu fischen haben würde. (*Hartknoch.*) — Die portugiesischen Matrosen fürchten den Tag des heiligen Franciscus von Assisi, an dem er das Meer mit seinen Stricken peitscht. — Beim Fest des Brotbackens ertheilte der Priester (Kart) bei den Tscheremissen Jedem, der von der frischen Speise ass, denjenigen Gott zu, den er während des Jahres anzubeten hätte. — Aus den neben die Bildsäule des Camaxtli (die das Gefäss mit heiliger Jungfrauenmilch bewahrte) hingelegten Röhren und Schilfen sahen die Priester am nächsten Morgen Pfeile und Speere verfertigt, die von selbst flogen und das Heer der Teo-Chichimeken von Huexotzinco in die Flucht schlugen. —

Wie Pytheas erzählt, herrschte auf der Insel des Aeolus (die liparischen Inseln) der Gebrauch, ein Stück Eisen, das man bearbeitet wünschte, in die Nähe des Stromboli-Vulcanes (den Vulcan bewohnte) zu stellen, worauf man am nächsten Morgen das gewünschte Werkzeug dort an seiner Stelle fand. — In der Nähe von White-Horse-Hill in Berkshire findet sich ein Stein, auf den man früher nur das Hufeisen nebst einem Stück Geld zu legen und das Pferd in der Nähe anzubinden brauchte, um dasselbe beim Zurückkommen beschlagen zu finden. — Die am Avernus in den Argillen hausenden Cimmerier trieben Schmiedearbeit und Weissagung. — Die Metallarbeiter der Tscherkessen verehrten den Feuergott Tleps, als den Fertiger künstlicher Werkzeuge. — Die Telchinen, die in den idäischen Höhlen Erz und Eisen bearbeiten, werden als erfindungsreiche Künstler geschildert, die heilsame Erfindungen machen und Götterbilder verfertigen. Dann aber erscheinen sie bei Diodor als Zauberer und bösartige Dämonen, die Hagel, Regen und Schnee herbeiführen oder abwenden und allerlei Gestalten annehmen. Stygisches Wasser vermischen sie mit Schwefel, um Thiere und Gewächse damit zu verderben (*Strabo*). Schon ihr Blick, das böse Auge ist verderblich (*Ovid*), wie überall die Stellung der Schmiede eine exceptionelle, sei es in gutem, sei es in bösem Sinne, ist. — Bei dem Märzfeste während des ersten Mondviertels verfertigen der Huf- und Silberschmied jeder ein Stück für den Tempel, der dem Gotte Karmataraya und seiner Sacti geweiht ist, unter den Cohstaren (den Verfertigern der Ackerbauwerkzeuge für die Badacaren), welche von einer auserwählten Zahl von Familien einen Priester bestimmen, der mit dem niedergelegten Gelde alle zu verschreuden Opfer zu kaufen hat. — Dädalus, der lebende Bilder verfertigt, erschlägt neidisch seinen Schüler im Labyrinth und fliegt fort, wie auch der Wunderschmied Wiland sich und seinem Bruder Eigil ein Federhemd macht. — In der Zwerghöhle zu Ramonchamps bei Lüttich, fertigten die Zwerge (sotai) schwere Arbeiten, die ihnen die Umwohner hinlegten und am nächsten Morgen fortholten. — Die Palliwal-Brahmanen unter den Bhattis verehren den Pferdezaum als Gottheit. — Der Tempel der Zaum erfindenden (Chalinitis) Athene in Korinth wurde auf die Zähmung des Pegasus bezogen. — Neben dem Bilde des Swantowit (dem ein weisses Pferd geheiligt war) hing ein Zügel, ein Sattel und eine Keule. — Die auf dem Concil von Ephesus (431) nach dem Orient getriebenen Bischöfe der Nestorianer, deren Uebersetzungen der Classiker der späteren Literatur der Araber vorarbeiteten, legten zuerst Sammlungen von Arzneistoffen (Apotheken) an, und schrieben zur Anleitung die Dispensatoria.

Unterstützung im Kriege. „Je feiger ein Abipone ist, desto schreckenerregender sucht er sich (sagt Dobrizhoffer) für den Krieg aufzustutzen, durch Hirschgeweih, Vögelschnäbel und Aehnliches," die gleich der Helmzierde der Ritter getragen wurden. Der Erste, der seine nackten Glieder mit einem abgezogenen Thierfell zum schützenden Panzer umhüllte, warf schon dadurch die Furcht vor der Aegis in seine Feinde, und mochte sich einem Hercules gegenüber darin verstecken. Das gleichzeitige Blasen der Triton-Muschel, überall von den Priestern gebraucht, vermehrte den panischen Schrecken. Die Congesen kleiden vor der Schlacht den Todten-Capitain auf das Abenteuerlichste an, und schicken ihn voran, die Gegner in die Flucht zu schlagen. Was selbst gegen bewaffnete Menschen versucht werden konnte, diente noch viel sicherer, um unsichtbare Geister fortzutreiben, wie im Scalptanz der Indianer. — „Der von ganz Etrurien verfluchte Mezentius, der eberähnlich (horrendus visu) in der Schlacht wüthet, steht im Gegensatz zum Jovialgenius." — Die die Götzen tragenden Priester stürzten unter gellendem Geschrei und scheusslichen Fratzen zur Schlacht, die Krieger durch ihr Geschrei (das man von den Göttern ausgehend glaubte) zur Schlacht ermunternd und die Gegner erschreckend, auf Hawaii, wie die Gangas der Jagas. — „Ich bin mit euch (im Djehad oder heiligen Kriege), stärket daher die Gläubigen", spricht Allah zu den Engeln (im Koran), „aber in die Herzen der Ungläubigen will ich Furcht bringen, darum hauet ihnen die Köpfe ab und hauet ihnen alle Enden der Finger ab." — In dem Kriege Jupiter's mit den Titanen soll Pan mittelst einer Muschel, die er als Blasinstrument verwandte, einen so ungeheuern Lärm erregt haben, dass die Titanen das erste panische Schrecken bekamen. Die Triton-Muschel spielt noch überall in den heidnischen Ceremonien der Priester, doch konnte sie nur in der ersten Zeit den dämonischen Gewalten der Mysterien dienen, wie Columbus noch bei den indianischen Caziken ein Blasinstrument dazu verwandt sah, während sie später in allgemeinen Gebrauch überging. In ähnlicher Weise findet sich vielfach der Drache, von dem die Dichter sehr bombastische Schilderungen gaben, als Fahnenzeichen verwandt, wie ihn zu des Vegetius Zeit alle römischen Cohorten führten und auch noch nach Einführung des Adlers zum Theil beibehielten. Die in ihrer Cultur durchschnittlich auf der Stufe kindlicher Anschauungen gebliebenen Chinesen benutzen ihn noch jetzt, und suchen die grausige Erscheinung des Heeres durch groteske Stellungen und scheussliche Fratzen zu vermehren, besonders im Kampfe mit den furchtsamen Eingebornen, wie am Zaire zu gleichem Zwecke der Capt Mor ausstaffirt wird. Der panische Schreck ist vielfach der Gegenstand wissenschaftlicher Behandlung bei den griechischen Kriegsschriftstellern, während er im besser geordneten Heere der Römer nur beiläufig auftaucht. Ein panischer Schreck trieb die Gallier von Delphi zurück. — Als das Schiff des Kaisers Cajus mitten auf dem Meere trotz seiner 400 Ruderer festgehalten wurde, sprangen die Matrosen in's Meer und brachten dem Kaiser den einem Klumpen gleichenden Fisch (Echinus oder Remoralis), der am Steuerrad gesogen hatte. — Zur Erklärung des panischen Schrecks bemerkt der Scholiast zu Synesius, dass es ein Gebrauch der Weiber gewesen sei, dem Pan zu Ehren Orgien zu feiern, mit lautem Geschrei, das plötzlich ausbrach, wenn der Gott das Gemüth ergriff und so die, welche es hörten, in Schrecken setzte.

Auswanderungen und Pilgerfahrten. Als die vor den asiatischen Despoten ausgewanderten Bewohner von Cnidus und Rhodus sich auf Lipara niedergelassen, bildeten sie Speisegesellschaften und vertheilten jährlich das Land, Weihgeschenke nach Delphi schickend. (*Diodor.*) — Die Karthager verhehlten die Lage der glücklichen Insel jenseits der Strasse vor den Tyrrhenern, um bei etwaigen Unglücksfällen der Stadt die Bevölkerung auf ihrer Flotte dorthin führen zu können. (*Diodor.*) — Die italienischen Kaufleute machten (nach Diodor) grossen Gewinn, indem sie den Galliern den von ihnen leidenschaftlich geliebten Wein brachten, den sie (nur an Bier und Honigwasser gewöhnt) bis zum Wahnsinn tranken und dann leicht zu behandeln waren, wie es die Americaner mit den Indianern, die Engländer mit den Negern machen. — Nach Tannal Meir ist, wer in Palästina lebt, und die hebräische Sprache spricht, der Seligkeit gewiss. — Benares liegt auf dem halben Wege zum Himmel, in den man auf Adam's Pik, fast unmittelbar aus den Wolkenschichten hinübertreten kann. In Joruba ist Ife der Sitz der Götter, wo Sonne und Mond begraben sind, und von wo sie immer auf's Neue ausgehen. — Im Glaesis-vellir (Glänzer's-Gefilde), dem nordischen Reiche König Gudmund's, des grossen Opfermannes, lag Odainsakur (der Ungestorbenen Acker), wo jeder Ankömmling wieder jung und von etwaiger Krankheit geheilt wurde. — Viele Colonien der Chinesen im malayischen Archipel verdanken ihre Entstehung der Forschung nach der Unsterblichkeitsquelle der Tao-Secte, wie die Entdeckungen der Spanier in Florida. — Sikyon tritt im alten Namen Mekone (bei Hesiod) als vornehmster Göttersitz, als derjenige Ort auf, in welchem die Götter nach beendetem Titanenkampf ihre Ansprüche auf irdischen Landbesitz und auf Opfergebühr feststellten. — „Die Bewohner des glücklichen Landes, Utkal K'hand (Orissa), leben sicher ihrer Aufnahme in die Welt der Devatas (heisst es im Kapila Sanhita), die ihre geheiligten Tempel besuchen, in ihren Strömen baden, in ihren Wäldern ruhen, sich des Duftes der Blumen freuen", wie im heiligen Lande Elis. — Unter Wladimir I. wurde Kiew ein slawisches Pantheon, wo Perun, Walos, Dajebog, Led, Kolinda, Korscha, Kupalo, Lado, Polelia, Did, Dedilia, Makosh, Uslad, Smarig, Stribo, jeder mit seinem besonderen Dienste verehrt wurde. — In Rhetra war das Pantheon aller Völker an der Ostsee, der Scandinavier, Finnen und Slawen. — Bei den Kuren (sagt Adam von Bremen) war ein jedes Haus voll von Wahrsagern, Vogeldeutern und Todtenbeschwörern und die entferntesten Völker (Spanier und Griechen) hätten zur Wahrsagerei derselben ihre Zuflucht genommen (a toto orbe ibi responsa petuntur, maxime ab Hispanis et Graecis). — Pilgerfahrten wurden als etwas Verdienstliches betrachtet und nach dem smyrnäischen Epigramm wird so die dreimal vollendete Pilgerfahrt ein gewisser Anspruch auf göttlichen Segen geknüpft. Als urkundliche Erinnerung solcher Wallfahrten wurden an den heiligen Stellen Fussspuren mit beigeschriebenen Namen eingehauen, wie im Tempel zu Philä. (*Curtius.*) — Die Wallfahrer zu den Festen des Phöbos Apollo auf Delos (wo die Städte Reigentänze aufführen liessen) feierten Wettspiele in der Turnkunst und in den Musenkünsten. (*Thucydides.*) — Die Egypter betrachteten es (nach Plutarch) als ein Glück, nahe dem Grabe des Osiris bei Abydos beigesetzt zu werden. — Unabhängige Fürsten, durch Nachbarn unterworfen, waren als Vasallen (Nitaynos) dem Lehnsherrn zu Kriegsdiensten verpflichtet. Die Caziken, als die Eigenthümer des Cemes (der Gottheit des Reichs), kannten alle Geheimnisse und wie die Wallfahrer zu den Sitzen der Götter geführt werden sollten; dort angelangt, schlug der Priester auf den trommelartig ausgehöhlten Baumstamm, das Volk für die Orakel zusammenrufend, um den Zorn des Cemes durch Fasten und Selbstpeinigungen zu sühnen (in Araya). — Wateevo, wo die englischen Entdecker nach einander eine Reihe corpulenter Häuptlinge, die mit gekreuzten Beinen sassen, zu begrüssen hatten, hiess Wenooa no te Eatooa (das Land der Götter) bei den Eingeborenen, die sich selbst für eine Art von Gottheit hielten, mit dem Geist des Eatooa durchdrungen. — Im Lande des Tschuku am Niger wohnen die Kinder Gottes. — Das nur alle sieben Jahre (dem Sabbathjahre) aus dem Meere auftauchende Irland wurde erst dauernd aus dem Meere gehoben, als nach der himmlischen Offenbarung der Entdecker sein Schwert (als ein Stück Eisen) darauf warf, um den Zauber zu brechen. Delos war die nach ihrem Sturze aus dem Himmel wieder aufsteigende Asteria. Die ambrosischen Inseln bei Tyrus wurden durch ein Opfer zum Stehen gebracht. Rhodus stieg aus den Fluthen, als die ersten Strahlen von Helios es beschienen. Als die Pelasger von Epirus aus nach der saturnischen Halbinsel vordrangen, erfüllten sie des Orakels Geheiss: sobald sie die schwimmende Insel (Cotyle bei Reate) erreichen würden, Besitz zu nehmen und dem Dis Häupter, dem Saturn Menschen zu opfern. — Als Orpheus zu den samothracischen Göttern betet, legen sich die Winde und der Meergott Glaukos schwimmt neben dem Schiffe her und sagt dem Hercules seine künftigen Thaten voraus. — Die Seefahrenden brachten in Kambeya dem heiligen Scheich Ali Haidari Votiv-Geschenke. — „Die Aneignung der fremden Dienste erfolgte auf zweifache Weise. Entweder wird das Bild und der Tempeldienst geradezu in die neue Hauptstadt verpflanzt, so dass die ursprüngliche Cultusstätte gleichsam zu einem Filial der neuen Stiftung wird, oder die alte Cultusstätte bleibt bei Verpflanzung der Sacra der heilige Mittelpunkt des Dienstes, während in der Hauptstadt entsprechende Anstalten errichtet werden und die Verwaltung des ganzen Cultus dort ihren Sitz nimmt. In beiden Fällen wird eine heilige Strasse zur Verbindung gebaut, wie zwischen Sparta und Amyklä, Olympia und Elis, Eleutherä und Athen.“ — Nach attischer Sage hatte sich Apollo von Delos nach Athen geschwungen und von Athen geleiteten ihn, wie Aeschylos sagt, unter Preis und Ehre die wegebahnenden Hephästossöhne, des rauhen Landes Wildniss ihm entwildernd. — Die stone railways in Griechenland waren für die Wagengleise aus dem Fels geschnitten, mit *ἐκτροπαῖς* zum Ausweichen. — Wie Libanius dem Theodosius schreibt, dass die Tempel die Seele der Felder, der Anfang des Anbaus gewesen, so wurden sie auch die Mittelpunkte des Verkehrs. Ihretwegen sind die Sümpfe gedämmt, die Bergjoche überwunden, die Gewässer überbrückt. Dem Apollo zu Ehren liess Nikias eine Meerbrücke über den Sund zwischen Delos und Rhenaia bauen. (*Curtius.*) — Die heiligen Wege sind zunächst solche, die die Götter selbst gewandelt sein sollten, als sie in das Land kamen, um ihren Wohnsitz aufzuschlagen. In Africa wandeln sie noch jetzt auf den Fetischwegen. Baal, der Beschützer der Caravanen, als Baal Gad (der glückbringende Gott), hatte seinen Tempel in Baalbek und Palmyra, wo ihm von den Anführern der Caravanen, die die Züge leiteten, Statuen geweiht wurden. — Martius erzählt von den brasilischen Indianern, dass sie an Bäume des Urwaldes Waffen und Hausgeräthe hie und da aufzuhängen pflegten, um die infestirenden Geister der Wildniss wissen zu lassen, dass schon der Fuss des Mannes dort gewandelt. So leiteten Axtträger die heilige Procession in Griechenland, und vertrieben die Römer bei schweren Entbindungen den feindlichen Silvanus, indem sie mit den Werkzeugen der Civilisation in die Pfosten des Hauses Zeichen einschlugen. — Auf Apollo's heiliger Insel durfte keine Leiche begraben werden, und kein Weib gebären. — Durch die Wunder des heiligen Sebaldus (der an dem Berge begraben wurde, wo die die Leiche ziehenden Ochsen stille standen) wurde eine zahlreichere Bevölkerung nach Nürnberg gezogen, welchem Heinrich III. Stadtrecht verliehen. — Das Asylrecht der Kirchen und Klöster (dann auch anderer Orte, wie Kirchhöfe) wurde vom Kaiser auf ganze Städte und gewisse Plätze (im Mittelalter) übertragen. — Bauern, die sich im Mittelalter gewöhnt hatten, regelmässig eine Gabe vor ihrem Schutzheiligen niederzulegen, wurden dann unter dem Namen von Wachszinsigen oder Altargehörigen von den Priestern als Abgabenpflichtige behandelt. — Als im Beginn seines Lehramtes Schigemuni von reisenden Kaufleuten Huldigung dargebracht wurde, wünschte er ihnen Glück und schrieb auf ihre Bitte einige Gebete, ihnen eine Schrift mittheilend, die Fragen und Antworten über die Sternkunde, sowie die Zeichen des Thierkreises enthielt. — Die unter den noch heidnischen Deutschen gestifteten Klöster ragten bald durch die im engen Zusammenleben um so eifriger gepflegte Wissenschaft über die des civilisirteren Gallien, von wo ihre Gründer ausgezogen waren, hervor. So nahmen die Schulen Fulda und Corvey, wo vielfach Fürstensöhne erzogen wurden, dieselbe Stellung ein, wie früher die nach Britannien verpflanzten Druiden-Collegien. — Ehe eine Auswanderung beschlossen wird, senden die Priester Kundschafter aus, die aus den fruchtbaren Thälern verführerische Früchte zurückbringen werden, oder von dem Zuge nach dem kalten Norden abrathen. Als Cartier (1534) den Hochelaga (St. Lorenz) hinaufzusteigen beabsichtigte, kleideten die Indianer drei Männer wie Teufel an, in Schwarz mit weissen Hundsfellen, geschwärzten Gesichtern und Hörnern auf dem Kopf, und setzten dieselben in ein Canoe, dem sie eine solche Stellung gaben, dass es mit der nächsten Ebbe in die Nähe der französischen Schiffe geführt werden musste. Als sie auf Sprechdistanz herangekommen waren, stand einer der Teufel auf, eine lange Rede loslassend und sobald sie nach dem Lande zurückgekehrt waren, fielen sie wie todt nieder und wurden von den Indianern sogleich in ein Versteck geschleppt. Nach dem Berichte, den die Indianer gaben, war es ihr Gott Cudruaigny, der am Hochelaga gesprochen und diese drei Dämonen gesandt habe, um zu erklären, dass in der oberen Gegend so viel Schnee und Eis sich finde, dass wer immer die Bereisung unternehmen sollte, sicherlich umkommen würde. Die Franzosen erreichten indess Montreal. — Die Boten der Chichimeken brachten dem Könige Xolotl günstige Botschaft aus Mexico's Thälern zurück. — Soweit das Wasser überbrückt werden darf, so weit nicht himmelhohe Gebirge den Verkehr abschneiden, darf der Pontifex Maximus über Feld ziehen, aber nicht über das Meer, das nicht auf Balken zu überschreiten ist, nicht über die Alpen, deren Pfade dem Römer unbekannt, deren Geister ungebändigt sind. (*Klausen.*) — Als die Mexicaner auf ihrer Wanderung, von der Anmuth eines Lagerplatzes bezaubert, dort zu verweilen beschlossen, ohne das von Huitzilopochtli ihnen geweissagte Zeichen gefunden zu haben, sprang der Gott in seiner furchtbarsten Gestalt aus dem Bilde, dessen Vorhang zerriss, hervor, mit seiner Strafe drohend, und am nächsten Morgen wurden die Anstifter mit geöffneter Brust auf den Altären liegend gefunden. — Sambar (Sohn des Krishna), um sich von dem Aussatz zu curiren, führte aus dem Lande Saka nach Berar eine Colonie von Magas oder Brahmanen, welche die Verehrung der Sonne mitbrachten und Magadha gründeten. Apion sagt von den Juden, dass sie aus gleicher Krankheitsursache durch die Egypter ausgetrieben wurden. — Als das Königreich der Bituriger zu übervölkert wurde, sandte Ambigatus seine Neffen (Bellovesus und Sigovesus) mit Colonien aus, eine Ansiedlung zu suchen, worauf dieser nach dem hercynischen Walde, jener nach Italien zog. (*Livius*). — Die vom Norden in Indien eindringende Eroberung verbreitete den Siwa-Dienst (Nandiza oder Herr des Stiers in Kaschmir) über die ganze Halbinsel bis an die Grenzen des Dekkhan, in dessen Wäldern später (als schon Hindostan von den die Mysterien der Brahmanen offen predigenden Buddhisten bekehrt war) die zu den damals bekannt gewordenen Tirthas pilgernden Büsser die verlassenen Tempelruinen fanden. Die von dem Abenteurer Pandja unter den Eingebornen gegründete Dynastie des Königs Kalayckhara (Sohn des Sampana-Pandja) richtete in ihrer Hauptstadt Madhura den Dienst des Siwa wieder auf, aber vermischt mit den Orgien des einheimischen Lingam-Cultus. Wie die schwedischen Scandinavier (Olaf) nach Osten zogen, um Odin's Heimath wieder aufzusuchen, so des Königs Sampana Tochter (die verkörperte Schutzgöttin der Stadt) aus der Pandja-Dynastie nach dem Himalaya, wo sie in Kailasa ihren Besieger Siwa durch ihre Schönheit fesselte, so dass er sie (als Sundara-Pandja) nach ihrem Reiche zurückbegleitete. Unter dem dritten ihrer Nachfolger (Cekhara Pandja) wurde das von dem Könige von Cola gegen ihn geführte Heer von Sammanals (Buddhisten) zurückgeschlagen. Später verbreitete sich der Siwa-Dienst wieder vom Dekkhan aus nach dem Ganges. In den brahmanischen Darstellungen der epischen Zeit verschwindet die Gestalt des Siwa vor der des Rama (während später in ihrer Kaste gerade wieder der Siwa-Dienst seine festeste Stütze fand), wie er auch in Java den dortigen Localverhältnissen angepasst wurde. — Die als heilig erkannten Thiere führten zu Ansiedlungen von Städten, deren Stelle in Indien oft durch einen Löwen, in Africa durch Elephanten angedeutet wurde. Ilda wurde erbaut, wo sich ein Hase verkroch. Delphine leiteten das Schiff des delphischen Apollo, Vögel die Griechen nach Cumä und auch die Portugiesen entdeckten manche Inseln, indem sie dem Fluge der Vögel folgten. Lavinium wurde gegründet, wo das losgerissene Opferschwein niederfiel, nachdem Wolf und Adler das daselbst entzündete Feuer gegen den Fuchs vertheidigt. Die Kreuzfahrer des Mönches Gottschalk wurden von einer Ziege und einer Gans geleitet. Die Dithmarsen setzten das Marienbild auf eine bunte Stute, damit diese Platz für eine Kirche suche. Um einen passenden Platz zur Erbauung einer Kirche in Angeln zu finden, flehte man zur Jungfrau, als alsogleich eine Schaar Raben erschien, und über der ausgewählten Stelle bis zur Vollendung des Gebäudes blieben, worauf sie sich in Stein verwandelten. Die Samniter stellten den Stier des Mars an die Spitze ihrer Heere, die Lappen ziehen in diejenigen Sommer- oder Winterweiden, wohin der Instinct das Rennthier treibt. Die Gephyräer wurden durch eine Kuh zur Ansiedlung geleitet. Waldesel zeigten den Israeliten in der Wüste eine Quelle. Wie Diana von Ephesus dem Erbauer ihres Tempels im Traume versprach, selbst den Grundstein legen zu wollen, so bauten Engel an der Kathedrale zu Puebla de los angeles. Ferdinand II. stellte sein Heer unter den Schutz der Jungfrau. Der Auszug der Azteken geschah auf Mahnung eines Vogels und sie siedelten sich an, wo sie, dem ihnen gewordenen Zeichen gemäss, einen Adler mit einer Schlange in den Krallen auf einem Nopal sitzen sahen. — Bei der Erhebung des Temudschin zum Khagan (Grosskhan) an den Ufern des Keranloun erschien ein kleiner Vogel, Tschinghis, Tschinghis rufend, worauf ihn das Volk zum absoluten Herrscher (Aewen) proclamirte unter dem Titel Sotto Bokdo, Tschinghis Khagan. — Der Hirtenkrieg (1328) in Spanien wurde durch den Schäfer Roar angeregt, dem eine Taube in's Ohr flüsterte, eine Armee zu sammeln und die Saracenen zu vertreiben, indem sie ihm das Zeichen des Kreuzes auf den Arm eindrückte und unter der Gestalt eines Mannes verschwand. — Die Rajputen liessen ein Pferd frei, um die Richtung ihrer Eroberungen zu bestimmen, und eine ähnliche Ceremonie sah Catlin auf der Büffelhaut eines Pahnis-Indianers, wo in einer Procession von Medicinmännern ein Häuptling seinem Lieblingsrosse die Freiheit schenkt. Ein solches Pferd gesellt sich in den Prairien sogleich den Heerden der wilden zu und wird es später von einem Indianer mit dem Lasso gefangen, so giebt er ihm sofort die Freiheit wieder, denn es gehört nunmehr dem grossen Geiste, und Niemand darf es ungestraft sich aneignen. Auch in Indien war das freigelassene Pferd unverletzlich und der heftige Krieg unter der Maurja-Dynastie entbrannte, als das heilige Pferd des Puschpamitra entführt wurde. Bei dem Aswamedha wurde das Ross mit den Worten entlassen: „Durchstreife die Berge, Wüsten, Wälder, Städte, stampfe Alles unter deine Füsse und sei

Sieger über die Könige. Vertilge die Rakschasas und alle Bösewichter." Das weisse Ross der Libussa leitete die Gesandten zu dem zu erwählenden Könige. Die alten Preussen jagten aus der an Pferden gemachten Beute eines zu Ehren der Gottheit zu Tode. Auch die Mongolen heiligten Pferde, welche Niemand berühren durfte und die Tartaren des südlichen Sibiriens liessen beim Pferdeopfer ein weisses Pferd frei, indem sie ihm unter feierlichen Ceremonien den Zügel abnahmen. Die Koraischiten liessen jede Kameelstute, die zehnmal geworfen hatte, unter dem Namen Seiba (mit einem Zeichen im Ohr) frei. — Trat das heilige Pferd der Livländer mit dem Lebensfusse (dem linken) zuerst über die Lanze, so war es ein Zeichen göttlicher Ungnade und das beabsichtigte Opfer blieb verschont. Als man den gefangenen Priester Dietrich opfern wollte, hob das Pferd den Lebensfuss. Der livländische Priester behauptete, dass der Christengott unsichtbar auf dem Pferde sitze und es verzaubert habe, worauf man Tücher über dasselbe deckte, um ihn zu vertreiben. Aber das Pferd hob nochmals den Lebensfuss und der Gefangene wurde in Freiheit gesetzt. Bei dem Auszuge der Pilgercaravane dient dem Scheich in Cairo das Auftreten seines Pferdes zum Orakel. — Vor einem Feldzuge wurde zum Orakel das schwarze Ross zu Stettin gesattelt und über neun Spiesse geführt, wie zu Arcona das weisse Ross des Swantowit. — In Wadai werden dem Pferde, dem man wirkliche unsichtbare Flügel wegen seiner Schnelligkeit zuschreibt, glückliche und unglückliche Zeichen zu Vorbedeutungen entnommen.

Verdächtige Stände.

Das Geschäft der Priester, wie ein einträgliches, war auch ein gefährliches. Wen der gemeine Mann zu fürchten hat, den hasst er auch, und es liegt in der Natur der Sache, dass es ihm unmöglich war, immer scharfe Distinctionen zwischen schwarzer und weisser Magie, einer Teufels- oder Engelskunst zu machen, wenn die Gelehrten selbst darüber manchmal nicht einig waren, ja wenn es sich zuweilen die officielle Gottheit selbst einfallen liess, falsche Propheten zu senden und durch ihre Autorität zu stützen — sonderbare Launen, die sich aber nach den in den heiligen Schriften der Indier und Hebräer gegebenen Daten nicht wohl bezweifeln lassen. Der ärmlich umherschweifende Nomade sinkt vor der imposanten Erscheinung eines Quetzalcoatl oder Manco Capac anbetend nieder, er verehrt im Buddhisten den glänzenden Tegri-Sohn, aber wenn er längere Zeit das schwere Joch einer Priesterherrschaft geschmeckt hat, so wird er seine Ansichten bald bedeutsam ändern. Er fürchtet die magischen Zaubereien des Popen, das die Stürme beherrschende Grimoire in der Hand des französischen Curé, und da er keinen mächtigeren Gegenzauber kennt, zumal wenn sein Feind der legitime Zauberkünstler des Staats ist, so muss er sich begnügen, seinen Rachedurst im Ausspucken zu stillen. Durch die im 13. Jahrhundert eingeführte Ohrenbeichte erhielten die Priester die unumschränkteste Macht, als „aller Leute

Heimlichkeiten wissend," weshalb der Bundschuh auch seinen Mitgliedern verbot, je eine solche abzulegen.

Am natürlichsten concentrirt sich die Gelehrsamkeit in den Alten, die eben mehr gesehen und erfahren haben, weshalb der Senat und die Geronten sich in primitiven Zuständen gewöhnlich als die Leiter aller Angelegenheiten finden. Dringt eine künstliche Bildung in das Land ein, die durch Unterricht von bevorzugten Klassen und schon in der Jugend zu erwerben ist, so werden die Gelehrten derselben leicht in eine Opposition gegen die vererbten Kenntnisse der Aeltesten treten und (wie Cranz von den Grönländern sagt) „Leute, die alt werden, als Hexen verschreien," in welchem Vorurtheil dann diese wieder oft einen einträglichen, obwohl gefährlichen Beruf finden. Sie bilden einen bequemen Sündenbock für die Angekoks, denn, wenn ihre Medicin oder Talismane nicht die versprochene Wirkung äussern, so ist eine Hexe oder ein Zauberer schuld, der gesteinigt, in's Wasser gestürzt oder zerschnitten werden muss. In italienischen, slawischen und deutschen Dörfern wurde vielfach im Mittelalter die Durchsägung des alten Weibes begangen, um gleichsam durch die Vernichtung einer Repräsentantin des Hexenwesens das Gebiet für das kommende Jahr zu reinigen.

Die spanischen Mönche werden vom Volk als Zauberer betrachtet und es ist vielfach behauptet worden, dass sie Erscheinungen simulirten, wie die Priester des Pekol in Litthauen, um ihr Ansehen als Magier zu bewahren. — Bei den Waldensern riss eine solche Verachtung der Geistlichkeit ein, dass die Edelleute (bons hommes) nicht mehr ihre Söhne, sondern nur ihre Leibeigenen in den Stand treten liessen. — Ein flandrischer Blechschneider wurde in Peru verschiedentlich vor das Tribunal der heiligen Inquisition gefordert, weil er so zierliche Figuren nicht ohne teuflische Hülfe würde verfertigen können. Ein Marionettenspieler wäre fast in der Schweiz als Zauberer verbraunt worden, wenn sich nicht ein Offizier der Schweizergarde, der ihn von Paris her kannte, für ihn verwendet hätte. — Im Mittelalter wurden die Juden als die Anstifter des Aussatzes, der Pest (in späterer Zeit wegen Vergiftung der Brunnen) angesehen. — Bei der Krönung Richard's I. (1189) wurde allen Juden und allen Frauenzimmern der Zutritt zu der Feierlichkeit verboten, weil man glaubte, diese beiden Klassen wären im Besitz teuflischer Zauberkünste, um bei dergleichen Gelegenheiten viel Schaden anzurichten. — Les bergers superstitieux donnent le nom des gardes à de certaines oraisons incompréhensibles, accompagnées de formules, comme capables de tenir toute espèce de troupeau en vigueur et bon rapport. (*Collin de Plancy.*) Gewöhnlich wird dabei Salz geweiht, wie im château de Belle-Garde pour les chevaux. Man muss sich vorsehen, nicht das angewandte Fadenknäuel zu benetzen. Böswillige Schäfer schneiden dieses dagegen in Stücke, um dadurch die Heerden mit Krankheiten zu schlagen. — Wenn die Garabanczia (Chiromantie) - deak (Studenten) oder fahrende Schüler, die von den ungarischen Hirten mit verdächtigen Augen betrachtet werden, Ungewitter erregen (durch Ausbreitung des Taschentuches) und auf den Wolken einherfahren, so schiessen die Hirten mit geweihten Kugeln hinein, wodurch oft die Garahancsias todt herniederfallen. Umgekehrt werden wieder die Schäfer selbst, wegen ihres einsamen Lebens, von dem Volk argwöhnisch betrachtet und als die Urheber von Krankheiten angesehen. Quoique ces pauvres gens (sagt Collin de Plancy) ne sachent pas lire, on craint si fort leur savoir et leur puissance dans quelques hameaux, qu'on a soin de recommander aux voyageurs de ne pas les insulter et de passer auprès d'eux sans leur demander quelle heure il est, quel temps il fera ou telle autre chose semblable, si l'on ne veut avoir de nuées, être noyés par des orages, courir des grands perils et se perdre dans les chemins les plus ouverts. In einigen Cantonen der Bretagne werden die Reepschläger (Aqueux oder Cacoux genannt) mit Abscheu betrachtet, als Stricke, die Zeichen des Todes und der Sklaverei, verfertigend, und gelten für Zauberer, von welchem Vorurtheile sie Nutzen ziehen, indem sie Talismane der Unverwundbarkeit verkaufen und die Zukunft vorhersagen. Zur Zeit Franz II. (Herzogs der Bretagne) mussten sie, als Paria, einen Flecken rothen Zeuges an ihren Kleidern tragen. Im Mittelalter galt der Scharfrichter überall für einen Magier, und einen um so grösseren, je verachteter er war. Die aus dem Samen und Harn Hingerichteter (Piedilje oder Harndiebchen) gemachten Alraunichen (Semihomines nach Columella) wurden theuer verkauft. Die umherziehenden Zigeuner, in Senegambien die Peuls, unter den Khands die wandernden Hindus, mögen später als Brahmanen herrschen. An der Aschantieküste führt der Nachrichter den Vorsitz in der Regentschaft der sieben obersten Beamten, die sich beim Tode des Königs bildet. In verschiedenen Gegenden Frankreichs glaubt das Volk, dass die Pfarrer Macht über Stürme haben durch das Zauberbuch Grimoire. — Die alten Finnen glaubten, in jedem Wirbelwinde fahre eine alte Lappin als Zauberin umher, und wer ein Messer hineinwürfe, müsste nach dem brotlosen Finnland wandern, um es wieder zu holen. In Polen fiel das Messer mit Blut bespritzt nieder, das in einen Wirbelwind geworfen wurde. Die Abiponer warfen einem Wirbelwinde Asche entgegen, damit er nicht in das Haus einträte, wo sonst bald Einer sterben würde. Die Congesen nennen den Wirbelwind das Reitpferd des Boossi. — Un pauvre laboureur de Sézanne, à qui on avait volé 600 francs, alla consulter le devin en 1807. Le devin lui fit donner douze francs, lui mit trois mouchoirs pliés sur les yeux, un blanc, un noir et un bleu, lui dit de regarder alors dans un grand miroir, où il faisait venir le diable et tous ceux, qu'il voulait évoquer. „Que voyez-vous," lui demanda-t-il. „Rien," répondit le paysan. Là-dessus le sorcier parla fort et longtemps, il recommanda au bon homme de songer à celui, qu'il soupçonnait capable de l'avoir volé, de se représenter les choses et les personnes. Le paysan se monta la tête et, à travers les trois mouchoirs, qui lui serraient les yeux, il crut voir passer dans le miroir un homme, qui avait un sarrau bleu, un chapeau à grands bords et des sabots. Un moment après il crut le reconnaître et s'écria, qu'il voyait son voleur. „Eh bien," dit le devin, „voilà l'attrapé Vous prendrez un coeur de boeuf et soixante clous à lattes, que vous planterez en croix dans ledit coeur, vous le ferez bouillir dans un pot neuf avec un crapaud et une feuille d'oseille, trois jours après le voleur, s'il n' est pas mort, viendra vous apporter votre argent, ou bien, il sera ensorcelé." Le paysan fit tout ce qui lui était recommandé, mais son argent ne revint pas, d'où il conclut que son voleur pouvait bien être ensorcelé. (*Collin de Plancy.*) — Die Zigeuner, die ohne Schaden offene Feuer in Scheunen unterhalten, schützen die Häuser durch Besprechen vor Feuersgefahr. — Der Profoss des Regimentes galt vorzugsweise für einen Wissenden und der Henker von Pilsen, der alle Tage drei treffende Kugeln in das Mansfeldische Lager geschossen, wurde bei der Eroberung der Stadt (1618) an einem besonderen Galgen gehängt. Der gefrorne Profoss der Hatzfeldischen Armee wurde (1636) von den Schweden mit einer dazu vorbereiteten Axt erschlagen. — Im Mittelalter galten der Vogelfänger zu Wöllnitz oder der lombardische Rattenfänger für ebenso grosse Zauberer, als die Schlangenbeschwörer in Indien. — Kikimora (vom Ofen aus mit Steinen, Ziegeln, Holz, Gefässen werfend) ist ein Gespenst, das Jemand (besonders Zimmerleute und Ofensetzer) aus Groll in ein Haus senden können; zur Beruhigung muss eine fromme Person alle Winkel untersuchen und Keile einschlagen (in Russland). — Die aus dem Thuroczer Comitat in Deutschland umherziehenden Olitätenhändler oder Krummholzmänner verkauften mit ihren Arzneien Fiebertropfen aus Arsenik. — Die Bewohner des Fichtelgebirges glauben, dass ein Fremder kommen müsse, um die besondern Qualitäten ihrer Goldsteine aufzuschliessen, und dass namentlich die Welschen, unter ihnen besonders die Venediger, diesen Zauber besässen. (*Riehl.*) — Nach Firdusi brachte der gefährliche Manes Bilder aus China mit und war selbst in der Bildnerkunst sehr erfahren. — Die Australier halten die Europäer (lamma) für zurückgekommene Geister des Himmels. — Die Indianer Californiens nennen jeden Weissen gente de razon, oder eine Vernunftperson. — The people of Rarotonga would (before the introduction of Christianity) have made the leg of a sofa (turned by the missionaries) their chief god. — Balumbals seien Engel, erzählten die Australier, von weisser Farbe, auf einem fernen Berge im Nordwesten lebend, sich von Honig nährend und wie die Missionäre beschäftigt. — Die Zauberer auf den Philippinen behaupten, einen Geist, ein undurchdringliches Feuer zu ihrem Dienste zu haben, den sie senden können, wohin es ihnen beliebt, um zu zerstören, und manchmal bedienen sie sich raschwirkender Gifte, um die Unfehlbarkeit ihrer Drohungen zu bestätigen. — Im Jahre 1682 wurde eine Cabale von Schäfern bei Brie entdeckt und verurtheilt, die durch das Ausgeben von zusammengebrauten Talismanen Krankheiten über Heerden und Menschen gebracht hatten. — In Schlesien curirte vor einiger Zeit ein berühmter Schäfer alle Krankheiten mit altbackener Semmel, die die im Magen angesammelte Lusche (Pfütze) auftrocknen sollte, und mancher herrschaftliche Reisewagen hielt vor seiner Thür. (*Wuttke.*) — Der Schäfer Frasch aus Deiningen (im Filsthal) verschaffte sich reiche Geldmittel als Wunderdoctor, Geisterbanner, Seelenerlöser und Goldmacher. — Die weissen Knüttelbrüder, die unter Führung eines welschen Pfaffen aus Holland nach Preussen kamen (16. Jahrhundert), genossen weder Fleisch, noch Fisch, noch Bier. In Litthauen wurden sie ausgerottet. — Die Mönche (die sogenannten Schweinspfaffen) des St. Antonius-Klosters (gestiftet durch Bischof Lucas von Weissebrod) in Frauenburg gaben vor, dass ihr Patron Antonius im Himmel ein Herr des Feuers wäre und sie keine Mönche, sondern Herrn des Ordens des St. Antonius seien. Wenn Jemand dem heiligen Antonius ein Schwein oder sonst ein Almosen geben würde, der sollte niemals Schaden an seinem Vieh vermerken, und wer dieser Herren Schweinen, die zum Unterschiede ein Glöcklein in den Ohren hatten, Getreide geben würde, der sollte für jeglichen Scheffel fünf Jahre Ablass erhalten. Durch Bischof Fabianus wurden sie aus Ermeland vertrieben. — Die Coucoulampon auf Madagascar (eine Art Unter-Engel) besassen Eber in den Wäldern, denen sie die Ohren beschnitten, damit die Neger, sie daran erkennend, sie nicht belästigten. (*Flacourt.*) Ebenso drückten die Priester (wie die Areois in Tahiti) in Hawaii den geschenkten

Schweinen das Zeichen ihres Gottes auf, wodurch sie ebenso ungehindert in den Plantagen umherlaufen konnten, wie der heilige Ochse zu Benares. Auf Cypern waren die Schweine der Aphrodite heilig und wurden mit Feigen gefüttert, durften aber keinen Koth fressen, während man solchen zu Zeiten den Ochsen (das heilige Thier der Egypter) einzwängte. — Janggalitota in dem Gebiete von Gaur ist der Hauptsitz der Sakhibaav-Vaischnavs (gegründet durch Sita Thakurani, die Frau Adwaita's), welche sich wie Mädchen kleiden, Frauen-Namen annehmen, zu Ehren des Gottes tanzen und als religiöse Führer für mehrere unreine Stämme agiren. — Celui, qui fait le fromage et le beurre dans le Jura, est le docteur du canton. On l'appelle le fruitier. Il est sorcier comme de juste. La richesse publique est dans ses mains. Il peut à volonté faire avorter les fromages et en accuser les éléments. Son autorité suffit pour ouvrir ou fermer en ce pays les sources du Pactole; on sent quelle considération ce pouvoir doit lui donner et quels ménagements on a pour lui. Si vous ajoutez à cela, qu'il est nourri dans l'abondance et qu'une moitié du jour il n'a rien à faire, qu'à songer aux moyens d'accaparer encore plus de confiance, qu'il voit tour en tour les personnes de chaque maison, qui viennent faire le beurre à la fruiterie, qu'il passe avec elles une matinée tout entière, qu'il peut les faire jaser sans peine et par elles apprendre, sans même qu'elles en doutent, les plus intimes secrets de leurs familles ou de leurs voisins, si vous pesez bien toutes ces circonstances, vous ne serez point étonné d'apprendre qu'il est presque toujours sorcier, au moins devin, qu'il est consulté, quand on a perdu quelque chose, qu'il prédit l'avenir, qu'il jouit enfin dans le canton d'un crédit très-grand et que c'est l'homme, qu'on appréhende le plus d'offenser. (*Lequinio.*) — Wie beim Fortschreiten der Staatseinrichtungen die gefährlichen Kunststücke der Zauberer als schwarze Magie verpönt werden, so suchen dieselben bei festerer Kräftigung der Gesetze auch alle geheimen und deshalb leicht missbrauchten Gewalten auszuscheiden, deren Einführung Zeiten unruhiger Zerrüttungen nothwendig gemacht haben mochten. Die märkischen Städte verbanden sich 1436, den Vorladungen der Freigrafen nicht zu folgen, die Hansa beschliesst 1447, dass kein Bürger Freischöffe werden dürfe (obwohl sich nach Donandt noch 1453 Wissende unter den Bremer Bürgern finden) und 1468 wurden zwei Augsburger geköpft, weil sie ihre Mitbürger in Westphalen belangt hatten. So nothwendig die Regulatoren in Kentucky und die Vigilance committee in Californien waren, so gerne hat man doch immer wieder von ihnen dispensirt, wenn diese exceptionelle Dictatur nicht mehr durch eine unbedingte Nothwendigkeit gefordert wurde. Das mittelalterliche Recht schuf sogar ein crimen exceptum in den Hexentheorien.

DAS TRADITIONELLE SYMBOL.

Schritt vom Erhabenen zum Lächerlichen.

Ehe sich der Mensch zu einer organischen Weltanschauung aufgeschwungen hat, die zu ihrer sicheren Begründung die Kenntniss der Naturgesetze verlangt, kann sein Mikrokosmos nur ein zerstückelter sein. Für jede Verrichtung, für jeden Gegenstand stellt der Fetischismus neue Beziehungen des Geheimnissvollen auf, bis sich die subjectiven Associationen in bestimmte Göttergestalten verkörpern. Die von dem philosophischen Geiste angestrebte Einheit wird immer im Volke verloren gehen, da dasselbe durch die Geschäfte des gewöhnlichen Lebens nur an einen kurzen und directen Causalzusammenhang in seiner Denkthätigkeit gewohnt, sich stets seine vielfachen Fragen lange vorher beantwortet hat, ehe der Ideengang bis zu den letzten Ursachen vorgedrungen ist. Aus den factisch gebotenen Materialien wählten die Gesetzgeber die für die Begründung der Staatseinrichtungen geeigneten aus, und suchten sie dann in ein die Anforderungen des geselligen Zusammenlebens unterstützendes System zu bringen. — Wie sich jede kleinste Verrichtung des menschlichen Lebens in das Bild einer Gottheit einkleidete, so mussten auch die Lehren der Wissenschaften diese Umhüllung annehmen, und zunächst also diejenigen, die wegen ihrer praktischen Bedeutung am meisten betrieben wurden, wie Meteorologie, Astronomie, Hydromantie, Medicin u. s. w., in deren fortschreitender Entwickelung zugleich jedes hinzugewonnene wissenschaftliche Problem, so lange es nicht in seinem nothwendigen Zusammenhange gelöst werden konnte, durch die gläubige Annahme eines nach den Anforderungen geschaffenen göttlichen Eingreifens beruhigt wurde, ehe man die Einheit in dem fortwährend unmittelbaren Beistand (Concursus) erkannte. Diese bunte Göttermischung*) wurde von den Dichtern vorgefunden und von ihnen um so lieber benutzt, als die Kunst stets nach plastischer Gestaltung in ihren Beschreibungen strebt und sich nur aus Noth mit den gehaltlosen Schatten allegorischer Figuren statt praller Menschengötter begnügt. Da im Zusammenhange des Makrokosmos die in der Relativität individueller Wechselwirkungen gebrochenen Moralprincipien verschwinden, so konnte es nicht fehlen, dass, als jene durch den Glanz der Poesie verklärten Götterschöpfungen auf den Maasstab des gewöhnlichen Lebens zurückgeführt wurden, sie in den vielfachsten und schroffsten Conflict mit den unabweisbarsten Maximen der Sittenordnung kamen, und deshalb von Gelehrten und Staatsmännern rasch abandonirt und ungestraft den Possen der Komiker überlassen wurden, wie auch im Mittelalter die neugeschaffene Mythologie der Volksunterhaltung, wenn sie sich mit dem von der Kirche im unbestimmt verflüchtigten Christenthum aufgebauten Heiligenstaat zu vereinbaren suchte, durch ihre Absurdität immer rasch der Burleske anheimfiel. — Der Mensch wird sich die Räthsel seiner Existenz zunächst in den Verhältnissen seiner Umgebung zu lösen suchen, sich in den vielfachen Formen des Fetischismus befriedigend. Haben sich durch den fortgesetzten Austausch gesellschaftlicher Anregungen gewisse geistige Begriffe als vererbtes Gut im Laufe der Generationen festgesetzt, so werden auch diese ihre complementirende Befriedigung verlangen und sie finden, wenn ein vorragend begabter Denker die in der Luft schwebenden Ideen in eine allgemeine Anschauung zusammenzufassen versteht, die sich des stets angestrebten Princips der Einheit wegen immer mehr oder weniger einem Monotheismus annähern muss. Das Volk wird daneben an seinen Fetischgestalten festhalten und auch für die gelehrteren Schichten der Gesellschaft wird jene willkürlich unbewusste Offenbarung die unmittelbare Befriedigung, die sie im ersten Augenblicke zu gewähren vermochte, bald verlieren, da das geistige Capital der Bildung in einem stets fortschreitenden Umsetzungsprocess begriffen ist, und also eine gleichmässig schritthaltende Erweiterung jener Antwort verlangen würde. So wird sich das anachronistisch veraltete

*) Varro stellt im Staate drei Arten von Götterverehrung, die mythische, physische und bürgerliche auf

System aus dem lebendigen Treiben der Gegenwart bald in die Mysterien einer Kaste zurückziehen und dort in eigenthümlicher Weise ausgebildet werden, oft mit grossem Aufwand philosophischer Kräfte, aber stets, als einzelner Ausdruck einer Partei, bis zu beschränkter Einseitigkeit, als dass die Resultate den Besprechungen der verschiedenen Staatsschichten blossgestellt werden dürften. Sein Einfluss auf dieselben hört aber deshalb nicht auf, sondern durch traditionelle Symbole an die gegebenen Erscheinungen der Mythologien anknüpfend, erweitert es die Fetischgötzen zu den poetischeren Gefühlsformen eines göttlichen Heroendienstes, und auf einen der Erinnerung noch als heilig vorschwebenden Ideenkreis gestützt, führt es das Volk zu einer um so gläubigern Hingebung an die Religion, je unmöglicher es dem Verehrer wird in die wissenschaftlich verwickelten Einzelheiten des tieferen Sinnes einzudringen, den es sich aber dennoch (oder vielmehr, den es sich gerade deshalb) alle darin Aufgewachsenen zur Pietät rechnen, möglichst unverbrüchlich zu erhalten. So bildet sich rasch ein sonderbares Lügengewebe, in welchem die handgreiflichen Absurditäten der positiven Dogmen durch die bedeutungsvolle Erklärung, die sie in einem dahinter liegenden Ideenkreise (dessen allegorischer Abdruck sie nur seien) finden, entschuldigt werden, während die Hüter und Bewahrer dieses ihrerseits allzu sehr ausserhalb des praktischen Lebens der Wirklichkeit stehen, um immer (auch das redlichste Streben vorausgesetzt) sich bewusst zu sein, dass die von ihnen gebotene Speise von dem Volke nur deshalb angenommen wird, weil es sie für die Bürgen ihrer Unverfälschtheit hält, wogegen wieder sie selbst, da sie das Volk dieselbe geniessen und, weil es keine andere hat, sich davon nähren sehen, darin den (wenn auch ihnen im Warum unverständlichen) Beweis ihrer der Natur entsprechenden Genügung zu finden meinen. — Der in Systeme zerschnittene, in Kasten gezwängte Gedanke verkrüppelt und stirbt ab. Seine freie Entwickelung ist gehemmt und aus dem schöpferischen Flusse fällt als Niederschlag das todte*) Symbol, das Dogma zu Boden, dem die Priester dann mit ihren Phantasmagorien sich bemühen einen neuen Odem einzublasen. Aber die Truggebilde ihrer an Fäden gezogenen Marionetten verlangen ein mystisches Halbdunkel, um dem Volke den Schein selbstständiger Bewegung vorzugaukeln.

Palladien. Die geheimnissvollen Heiligthümer im untersten Tempelgemache zu Lavinium scheinen nichts als eherne und eiserne Heroldsstäbe gewesen zu sein und Diodor macht seinem Aerger Luft über die indiscreten Ausplauderer, die nicht lieber den Mund hielten. Die mysteriösen Penaten Roms standen in einem dunkeln Gewölbe, wo man sie gern allein liess, und die Brahmanen pflegen ihre kleinen Götterpuppen des Kapellenschreines so sehr mit allerlei Firlefanz zu behängen, dass von den in ehrerbietiger Entfernung gehaltenen Andächtigen Jeder sich dabei denken kann, was er will. — In der Tempelhöhle von Lobwa fand Pallas (ausser vielen Opferknochen) kleine Bilder, kupferne Ringe mit eingeschnittenen Figuren u. dgl. m., welche die Wogulen von den Russen kaufen und in der Stille als Götzen verehren. — Im unterirdischen Adyton des Tempels der Athene zu Pellene stand das verborgen gehaltene und unberührte Bild (βρέτας), bei dessen Hervortragen durch die Priesterin Alle ein Schauder ergriff, so dass sie die

---

*) Die erste Siegeshandlung des Geistes über die Materie ist die Verwerfung der Embleme, die bis dahin den unendlichen Gott verhüllt haben, und der erste Schritt zur Wahrheit ist ihn ohne Bild zu erkennen, nachdem wir ihn so lange nach unserem eigenen geformt haben. (*De Bretonne.*)

Blicke abwenden mussten, während Bäume und Landfrüchte verdorrten. — Die eingehüllten Gottheiten (Tlaquimelol) der Quechuas durften nie von dem Volke berührt oder nur betrachtet werden. Sie enthielten meist ein Stück Holz nebst einem kleinen Götzen, aus einem grünen Stein, mit einer Schlangen- oder Tigerhaut umhüllt, und mit Leinwandstreifen umwickelt. — Die grosse Medicin, eingewickelt wie ein Alraun, darf bei den religiösen Ceremonien der Mandanen von Niemandem berührt werden. — Il arrivait en quelques endroits (sagt Brasseur de Bourbourg von den Mayas), qu'au lieu de tenir les images des dieux, exposées dans le sanctuaire à la vénération des peuples, on les gardait loin de tous les yeux, cachés au fond d'un temple souterrain ou d'une grotte obscure, dans les gorges profondes, qui s'entreouvrent dans ces contrées. Les uns en agissaient ainsi, dit-on, par respect pour la divinité, afin qu'en les voyant moins souvent on ne s'accoutumât pas à se familiariser avec elle, les autres, par ce qu'il arrivait parfois que les villes et les villages se dérobaient mutuellement leurs idoles. Als Abuncal im Hause der alten Priesterin die vergrabenen Palladien (die silberne Tunkul und die Zoot-Glocke) fand, erfüllte sich nach der Prophezeiung das Geschick von Uxmal. — Pignora sanctorum, qui urbem muniunt, vertreten bei Gregor von Tours die Stelle der Städtegottheiten bei den Heiden. — Der heilige Name Roms wurde verschwiegen und die Sammlung sibyllinischer Bücher unzugänglich gehalten. Ἄνθουσα (Flora) war die priesterliche Bezeichnung. — Als Numerius Suffucius (Bürger in Präneste) auf das Gebot wiederholter Träume den Kieselfels spaltete, fand er mehrere Orakelstäbe mit alten Buchstaben bezeichnet. Man hegte den Ort ein und bildete daselbst den nach der Brust verlangenden Jupiter mit Juno im Schoosse der Fortuna Primigenia ab (von den Matronen verehrt). Der Tempel der Fortuna war an der Stelle gebaut, wo aus einem Oelbaum Honig geflossen war. Aus dem Holze des Baumes zimmerte man eine Kiste und legte darin die Orakelstäbe nieder, die beim höchsten Feste des Jupiter und der Fortuna Primigenia (bei dem das Orakel zugänglich war) von der Hand eines Knaben nach dem Gebote der Göttin gemischt und gezogen wurden. — Die Duoviri (später zehn, dann fünfzehn) sacris faciundis, als Orakelbewahrer, hatten die Orakel der cumäischen Sibylle auszulegen. — Die Urbs aeterna zählte als Unterpfänder: den konischen Stein, den thönernen Jupiterwagen von Veji, die Asche des Orestes, das nimmer alternde Scepter des Priamus, den Schleier der Helena oder Iliona, die Ancilien und das Palladium. — Bei der Gründung Laviniums ereignete sich das durch das Erzbild auf dem Markte dargestellte Wunder. Es entzündete sich auf dem Platze der Stadt ein Feuer, das ein Wolf durch Zutragen von Holz mehrt, ein Adler mit den Flügeln anfacht, wogegen ein Fuchs (der aber weichen muss) durch Einsprengen von Wasser es zu löschen sucht. In Folge dessen wird Lavinium von den Lateinern als Metropolis betrachtet. (*Dionys.*) — Die Aeneaden begruben am Grabe des Pallas das Palladium auf dem Berge Pallatium. — The Sultan of Johore recommended (1703) the Malay Juara (who had avenged an insult by killing the seductor of one of his wifes) to the dutch government, who made him Panghulu of Naning and bestowed on him, as a mark of royal favour, two slaves, a sword (Ularkenyang or the satiated serpent), a silk baju or vest and a tract of the Gominchi territory. The title Sri Rajah Merah, the sword, Baju and a genealogical book, which (called Silsilah) is generally preserved in the families of Malayan princes and noblemen, have descended to Juara's successors as Kabesaran or regalia. When Abdul Seyed (who succeeded 1801 his uncle Anjak) had control in Naning, the Kabesaran of his ancestors was kept in a houseshaped chest and was only publicly produced once a-year. Its contents were perfumed with the smoke arising from a censer of odoriferous gums and washed with water and rice-flour by the sacred hands of the Panghûlu himself. At an exhibition of them the superstitious natives not even daring to look upon these miraculous relics fell prostrate (with their foreheads) pressed to the earth, exclaiming: „dowlet, dowlet.“ (*Newbold.*) The properties ascribed to the sword are those generally known by Malays under the term Betuah, which (among other meanings) has that of anything imparting invulnerableness and irresistibility to the wearer. Secret enemies are detected by their involuntarily trembling in the august presence of the weapon. The silk bajn (it is believed) will fit none but the Panghûlu or the person destined to become his successor. The elder brother of Abdul Seyed (it is said) was rejected from the Panghûluship solely on account of his inability to get his head through the neck of the vest, which is represented to be so small, as scarcely to admit the insertion of two fingers. — Dem Patriarchen von Jerusalem lag ob, in der Schlacht das heilige Kreuzesholz zu tragen, einem andern Prälaten die heilige Lanze, einem andern die Büchse mit der Milch der Jungfrau. Die umherziehenden Gallen bürdeten im Alterthum alle solche Dinge einem Esel auf, dem asinus sacra portans. — Mantel, Bart und Fahne des Propheten werden als Heiligthümer aufbewahrt und sorgsam vor profanen Blicken gehütet. Alljährlich am Ramadan bezeugt der Sultan diesen Reliquien seine Ehrfurcht; bei grosser Kriegsnoth wird die heilige Fahne öffentlich ausgehängt. — Der Medicinbeutel des Indianers wird unter geheimnissvollen Ceremonien aus dem Felle seines heiligen Thieres bereitet. (*Catlin.*) — Bischof Heribert von Mailand führte den über dem Heiland die Fahnen der Gemeinde tragenden Carroccio ein, der mit einem goldenen Apfel geschmückt und als das Allerheiligste in der Schlacht zu beschützen war. — Orosius wurde mit den Knochen des heiligen Stephanus nach Spanien geschickt, um die Gothen und Vandalen zu vertreiben, zog aber vor, von Minorca nach Hause zurückzukehren. — „Ihr truget die Hütte eures Königs und den Kijun (den unheilvollen Planet Saturn von Arabila, als sidus triste bei den Römern), euer Götzenbild, den Stern eures Gottes, den ihr euch gemacht hattet“, sagt Amos von den in der Wüste wandernden Hebräern, wie die Azteken dem Teoikpalli oder Stuhl Gottes mit den Gebeinen Huitzilopochtli's folgten. — Die tapfersten Krieger umgeben in der Schlacht das schönste Mädchen des Stammes, das auf einem weissen Kameele sitzend, die Kämpfenden durch seine Reden anfeuert (bei den Beduinen-Arabern). — An der Spitze des Heeres, das den König von Choa begleitete, wurde von einem kleinen Pferde ein Korb getragen, der mit einem rothen Tuche bedeckt, die heiligen Bücher der drei Kirchen von Angobar, die Evangelien der Kirchen Senemarium (St. Maria), Senemagnose (St. Marcus) und Senemikael (St. Michael) enthielt. — Seinem Traum entsprechend schickte Pranmaraya einen Brahmanen auf einem Elephanten, um in einem nicht anzublickenden Beutel das Amulet des Bhagavat zu holen, der bei Ankunft der Mohamedaner sich in den Teich zurückgezogen. — Von Hulda belehrt hat Josias (nach Abarbanel) die Lade und den Krug mit dem Manna und den Stab Aaron's und das Salböl versteckt, damit es bei der Zerstörung des Tempels nicht verloren ginge. — Viele Ostjäken (sagt Pallas) vergöttern kleine unbehauene Baumstücke oder Stöcke, oder ein keilförmig zugehauenes Klötzchen, selbst Kästchen und andere Sachen, die sie von den Russen erkauft haben. Solche Dinge zieren sie dann mit Ringen und Klapperwerk und allerlei Bändern und Lappen so gut auf, als sie können, und verehren sie, wie andere eine Holzpuppe. — The

Koles seem scarcely to have any religious belief, but hold in high veneration four things, the Sahajna-tree or Hyperanthera Merunga, paddy, oil expressed from the mustard-seed and the dog. (*Stirling.*) — In neither of the temples of the Cohatàrs (in the Nilagari-hills) is there any symbol, but on a post supporting the roof are nailed two plates of silver, a sort of palladium, marking the dwelling of the deus loci. (*Hough.*) — Der eigentliche Lar des Hauses war einer der ältesten, ausgezeichneten Besitzer desselben, dessen Bild auf dem Herde im Mittelpunkt des Hauses zur Verehrung aufgestellt wurde. Ausser diesem einen Schutzgott (Lar familiaris) des Hauses (auf dem Herde) war aber im Hause noch ein Lararium, in vornehmen Häusern eine kleine Kapelle, in andern eine verschliessbare Nische hinter dem Herde oder ein Schrank, in welchem die Bilder der Vorfahren standen, die man als Laren verehrte (als die aus Wachs verfertigten imagines majorum). — Das Schulterblatt des Pelops wurde, als das Palladium Pisa's, gehütet. — Die Urschrift der Assisen von Jerusalem wurde in der heiligen Grabeskirche verwahrt, und bei Eröffnung der Kiste, um vorkommenden Falles nachzusehen, mussten neun Personen gegenwärtig sein. — Ausser dem Krönungsstein (Liag-Fail oder Stein des Geschickes), der bei der Thronbesteigung einen Klang von sich gab, besassen die Tuath de danan (die jenen von Irland nach Schottland brachten) noch andere werthvolle Dinge von abergläubischem Werthe, wie das Schwert und den Speer des Königs Looce mit der langen Hand, den Kessel von Daghdae (der gute Mann) u. s. w. — An ihrem Jahresfeste stellten die Manichäer einen leeren Thronsessel (Bema) in die Mitte der Versammlung. — Der nach Galizien gebrachte Thron der alten Grossfürsten von Kiew (nebst dem Titel des russischen Königthums) gilt für das erbliche Recht der Familie Rurick's, und der Piasten von Masovien. — Die Fantees kämpften um ihren heiligen Thron, wie in Neuseeland Hinetnahongo und Ngahue um den Besitz des Steins Poutini. — Abaris, der, von einem Pfeil geleitet, als Gesandter der Hyperboräer zu dem Opfer der προηροσία (das die Athener bei einer Hungersnoth und Pest für alle Griechen brachten) kam, schrieb (im Dienste des Apollo) die unter seinem Namen bekannten Orakel und verkaufte das (nach scythischer Sitte aus Menschenknochen verfertigte) Palladium den Trojanern. — Die Pfeile, die die Johanniter während des Gottesdienstes in die Grabeskirche schossen, bei ihrem Streit mit der Gerichtsbarkeit des Patriarchen (während dessen Excommunication sie die Sacramente austheilten, sein Interdict nicht achtend), sah Wilh. von Tyrus an der Schädelstätte aufgehängt. — Der persische König Chosroes verlangte das auf den Ziegeln (worauf der Diener des Abgarus das Schweisstuch Jesu auf seiner Reise gelegt hatte) abgedrückte Bild, um seine besessene Tochter zu heilen, von Edessa, deren Bewohner ihn mit einem künstlichen Nachbilde täuschten. Die Schilde der Salier waren verfertigt, damit man das vom Himmel gefallene nicht stehlen könne, und Wiland der Schmied arbeitete eine Menge Ringe in Nachahmung des der ihm angetrauten Schwanenjungfrau gehörigen, damit sie den ihrigen nicht wiederfinden solle. — Das, das Firmament darstellende, Schild, im Tempel des Lichtgottes Jarowit aufgehängt, durfte von Niemanden berührt und nur in der Kriegszeit bewegt werden. — Der König von Nakle liess die Reliquien von Buddha's Schädelknochen durch acht seiner Vornehmsten mit ihnen deshalb gegebenen Siegeln versiegeln, damit sie nicht gestohlen würden. — Zwei Tonnen standen im Heiligthum, eine offen und leer, eine versiegelt mit heiligem Inhalt. Als Heliogabalus die letztere zerbrach, fand er sie gleichfalls leer, da die Vestalinnen eine falsche untergeschoben. — In mystischer Cyste darf ein Schlangenpaar vorausgesetzt werden, wie (nach Plutarch) Olympias es, als Bacchantin, hegte. (*Gerhard.*) — Antiochus Epiphanes fand in dem Heiligsten des Tempels zu Jerusalem das steinerne Bild eines Mannes mit langem Bart (des Moses), der, auf einem Esel reitend, ein Buch in der Hand hielt. Als Pompejus in das Allerheiligste des Jerusalemer Tempels trat, bemerkte er mit Erstaunen nullam intus deûm effigiem, vacuam sedem et inania arcana. (*Tacitus.*) — Während man dem Volke den mit dem Chiton (dessen Kappe in nagelähnliche Spitze ausläuft) bekleideten Telesphoros bei öffentlichen Ceremonien zeigte, konnte bei den Mysterien des innern Tempels der bekleidete Oberkörper fortgenommen werden, worauf ein Phallos auf zwei Beinen erschien, wie in der Kunstdarstellung des Tychon. — Sed superinjectis quis latet iste togis? Servius est. (*Ovid.*) Togam undulatam in sede Fortunae, qua Servius Tullius (Tylos oder Phallus) fuerat usus. (*Plinius.*) — Das vom Philosophen und Telest Asios dem Könige Tros gegebene Palladium (dessen Anblick, nach Andern, Ilos erblinden gemacht), leitet Pherekydes, als vom Himmel gefallen oder durch Athene herabgeworfen, von *πάλλειν* oder *βάλλειν* ab. Es wurde von Demophon, dem es Odysseus und Diomedes in Verwahrung gegeben, nach Athen gebracht und dort von den Buzygen bedient, als ein Schnitzbild, das in der rechten Hand einen Speer, in der linken einen Rocken trug. Aber auch in Argos, Siris, in Oenotrien, Lavinium, Luceria und Rom glaubte man es geborgen. Denn „unersetzliche Heiligthümer von der Art des Palladium (sagt Niebuhr), wenn sie zu Grunde gehen, kommen angeblich anderswo wieder an das Licht, wo dann oft für mehrere der Anspruch gemacht wird, das ächte zu sein.“ (*Schneidewin.*) — Aus der Form des einfachen Stockes, der sich länger als Säule erhielt, ging später als Kreuz die Nachahmung der menschlichen Figur, dann erst das angeschnitzte Bild und später die Bildsäule hervor. — In der Völkerwanderung bewirkten die Einfälle roher Stämme ein Zurückfallen der Cultur, deren Werke in Griechenland wie in Italien in Trümmern liegen, während sich erst nach der Blüthen-Epoche der für Darstellung der christlichen Gefühlsempfindungen geeigneten Malerei ein industrielles Leben in den europäischen Staaten entwickelt hat, wie östlich im chinesischen Reich.

Unnahbare Tempel. Der Zutritt in den Tempel der Athene Soteira zu Pellene, sowie in den der Here in Aegeum war nur Priestern gestattet. — Die Libethrier hatten ein Orakel des Dionysius in Thracien erhalten, dass ihre Stadt zu Grunde gehen würde, wenn die Sonne des göttlichen Sängers (Orpheus) Gebeine erblickte, und als Hirten beim Umstürzen der Säule die Urne zerbrachen, kam eine Wasserfluth über das Land. — In den Tempel des Pachacamac durften die Priester nicht anders eintreten, als über die Schultern blickend, und ohne die Augen zu dem Symbol der höchsten Macht zu erheben. — Der Rath zu Luzern verbot das Besteigen des Pilatusberges, um den Geist, der das Wetter macht, nicht zu stören. — Abgelegene Stellen im Walde, besonders kleine Erhöhungen, sind bei den Timmanees den Grigris geweiht und wer es wagen sollte sich ihnen zu nähern, würde von dem Purrah bestraft werden. — Ausser ihren Hausgöttern verehren die Ostjäken von ihren Zauberern geweihte Götzen, denen sie bei grössern Unglücksfällen opfern. Zu Pallas Zeit fand sich das von den obischen Ostjäken, sowie von vielen Samojeden verehrte Heiligthum bei den woksarkischen Jurten (in der Nähe von Obdorsk) in einem waldigen Thal, dessen Zugang gegen alle Fremde bewacht wurde. Es waren zwei Götzenbilder, ein (von den Frauen verehrtes) weibliches und ein (von den Männern verehrtes) männliches neben einem mit Blech beschlagenen Baume, auf dem eine Glocke hing. Alle

Gegenden, deren Umfang einem Götzen geweiht ist (innerhalb genau nach Bächen, Flüssen und andern Wahrzeichen bestimmter Grenzen), werden von den Ostjäken in solcher Weise geschont, dass sie dort weder jagen, noch Gras oder Holz sammeln, ja selbst nicht einmal einen Trunk Wasser nehmen, sondern sich bei der Durchreise mit Getränk vorher versorgen. Alle Gegenden, wo auch sonst Götzendienst gehalten worden, sind den Nachkommen noch ziemlich genau bekannt und die Auswahl neuer Orte hängt von der Wahl der Zauberer ab. Eine Gegend, wo einmal besonders gute Jagd gewesen, kann zu der Ehre kommen, einem Götzen geweiht zu werden, und ein Baum, wo ein Adler einige Jahre nach einander genistet, wird alsbald für heilig gehalten und der Vogel zugleich sorgfältig geschont. Früher hatten die Ostjäken viele Bäume im Walde, die sie mit Pelzwerk beschenkten, aber seitdem die Kosaken gewohnt wurden, sich dasselbe anzueignen, haben sie angefangen, aus solchen Bäumen grosse Klötze oder Stammstücke zu hauen, dieselben aufzuzieren, mit den Opfern zu behängen und an einem sichern Orte zu verwahren. Nur bei grösseren Opfern, wenn den Götzen einzelne Rennthiere geschlachtet werden, ist ein Schamane gegenwärtig, während kleinere Gaben jeder Ostjäke im Vorbeigehen selbst darbringt. — Der Oberpriester Cajus Metellus, der das Palladium beim Brande des Vesta-Tempels rettete, erblindete. Tawahi's Sklave stirbt in dem verbotenen Anschauen der Priesterfestung Tontamehas auf Neuseeland. — Wer das von Orestes gegründete Heiligthum der Eumeniden betrat, wurde wahnsinnig. — Die Gefährten des Diomedes, in Vögel verwandelt auf den diomedischen Inseln lebend, spülten den Tempel (mit dem Grab des Diomedes) täglich mit Wasser (dieses im Kropf und in den Schwanzfedern herbeitragend) aus. Griechen werden freundlich von ihnen begrüsst, wenn aber Einheimische von den benachbarten Küsten kommen, so fliegen sie auf, stossen auf dieselben nieder und durchbohren sie mit ihren grossen und harten Schnäbeln. — Nach der lex Julia peculatus sollte die Strafe der Blendung erleiden, wer aus dem Heiligthum ein Stück des Tempelgutes entwendete. — Den kühnen Tempelräubern an der Dwina zeigt ihr Genosse Thorer, wo der Schatz sich befinde, „aber im Innern steht des Biarmeland-Volkes Gott Jumala, den Keiner zu berauben sich erkühne.“ Und als sie nachher, seinem eigenen Beispiele folgend, es thaten, erweckte der Metallklang die Wächter, so dass sie nur mit Mühe ihr Schiff erreichten. — Der Altar des delphischen Apollo wurde durch das eherne Standbild eines Löwen bewacht, dessen lebendes Prototyp einst einen Tempelräuber in Stücke zerrissen. — „Wir müssen des Todes sterben,“ sagt Manoah zu seinem Weibe, „denn wir haben Elohim gesehen.“ — Lucan schildert den heiligen Hain der Druiden bei Massilia, wo ein unförmlicher Stamm, mit falbem Moos bedeckt, das Bild der Gottheit vorstellte. „Staunen und Traurigkeit herrsche hier, und es gehe die Sage, dass die Bäume zuweilen von selber erzittern, dass klagende und drohende Stimmen aus dem Boden herauftönen,“ wie in dem Hain des Braffou-Fetisch. — Leo Africanus erwähnt der goldenen Aepfel auf den drei Hauptthürmen von Marocco, die durch Bezauberungen so wohl gehütet wären, dass der Kaiser, trotz aller seiner Bemühungen, sich ihrer nie hätte bemächtigen können. — Als Villault den Fetisch von Akkrah zerstörte, erwarteten die Priester ihn todt niederfallen zu sehen, besannen sich aber dann, dass ihm Nichts geschähe, weil er nicht daran glaube. Sie dürften aber nicht ungläubig sein, aus Furcht vor dem Fetische. — Indem der Rajah im Verstecke zusah, als die Göttin nackend vor dem Oberpriester der Mailbibs-Brahmanen (dessen Augen verbunden waren und der auf einer Trommel spielte) Nachts im

Tempel tanzte, wurde er bedroht, beim Wiederholungsfalle, dass er augenblicklich sterben würde. — Dem olympischen Jupiter liess Dionysius ein schweres goldenes Obergewand abziehen, womit ihn der Herrscher Gelo aus der Beute der Karthager geschmückt hatte. Er warf dem Bilde einen wollenen Mantel über und behauptete, ein goldenes Oberkleid sei im Sommer lästig, im Winter zu kühl, ein wollenes dagegen leiste in beiden Jahreszeiten die angemessenen Dienste. Dem Aeskulap zu Epidaurus liess er seinen goldenen Bart abnehmen, indem er bemerkte, es sei nicht schicklich, dass er mit einem Barte erscheine, während sein Vater Apollo keinen habe. — Als einer der römischen Krieger die *ἀρρητα* oder secreta Chaldaeorum im Tempel des Baal-Chon zu Seleucia zu eröffnen wagte, ergriff die Pest das ganze Lager des L. Verus und verbreitete sich sofort von Persiens Grenzen bis Gallien. Nata fertur pestilentia in Babylonia, ubi de templo Apollinis ex arca aurea spiritus pestiferens evasit. Auf die Plünderung des Tempels der Anaitis durch einen Legionär des Pompejus wurde ebenfalls eine Pest zurückgeführt. — Augustus speiste einst bei einem seiner Veteranen in Italien und erkundigte sich bei ihm, in wiefern das im Volke gehende Gerücht begründet sei, dass ein Krieger, der aus dem Schatze des babylonischen Tempels sich Beute angeeignet, zugleich todt niedergefallen sei, erfuhr aber, dass er diesen Tempelräuber vor sich sehe und so eben auf Kosten des heiligen Schatzes gespeist habe. — Bei Carthago's Eroberung durch die Römer ward Melkarth seines goldenen Gewandes beraubt, worauf er die Dinge so fügte, dass die abgehauenen Hände des Tempelräubers unter den Stücken des Gewandes gefunden wurden. — Oderic erzählt von Tönen der Leier in dem chinesischen Grabmale, wo das Gesicht eines Mannes, wie ein Stein emporstarrend, Fremdlinge tödtete. — Als man Sulla, der um die Schätze in Delphi geschickt, mittheilte, dass sich die Leier Apollo's in dem Kellergewölbe vernehmen lasse, meinte er, dass dies nicht ein Zeichen der Trauer, sondern der Freude sei, da der Gott ihm seine Schätze zugedacht habe. — Wenn Picoll, der den Preussen in drohender Gestalt erschien, zufrieden war, hörte man ihn in seinem Tempel lachen. — Das von der Kriegsbeute in Gallien nicht geopferte Vieh wurde in Heerden an heiligen Orten gehalten, und wer davon für eigenen Gebrauch verhehlte, wurde mit harten Martern gestraft. — Als die Athener dem Dionysos nicht gehörige Achtung bewiesen, wurden sie von ihm mit einer Krankheit an den Pudenda geschlagen. — Die Skythen, die auf ihrem Zuge nach Egypten das Heiligthum der Urania in Askalon beraubt hatten, wurden nebst ihren Nachkommen von einer weiblichen Krankheit befallen. — Kein Fremder darf sich der Hauskapelle eines Kimbunda-Mannes nähern, um die dort (im Lararium) aufgestellten Idole nicht zu beleidigen. — Der Mensch soll geheiligte Orte meiden, welche weder die Sonne Zis noch der Mond Nana bescheint, wie die Grotte von Caripe unter den Caraiben in Chiritichi. — Durch den Cherem (Bann oder Gelübde) wurden Personen oder Sachen dem Jehovah als unwiderrufliches, unlösliches Eigenthum geweiht, wie es Samuel von den besiegten Amalekitern forderte, die (als gebannt) sterben mussten, indem sie geopfert wurden. — Wenn Jemand in der altrussischen Kirche zu Boden fiel, musste die Gemeinde Gott weinend um Verzeihung bitten, dass es geschehen. — Unter der Thürschwelle des Palastes des Königs von Dahomey ist ein Zauber verborgen, der den Weibern desselben, wenn sie einen Fehltritt begehen, Krankheit in den Eingeweiden verursacht, daher sie sich oft zum freiwilligen Geständniss ihrer Schuld genöthigt finden. (*Forbes.*) — Vasco de Gama erzählt von einem Tempel bei Calicut, in den Niemand am Mittwoch nach Mittage einzutreten wagte, weil er augenblicklich todt niedergefallen sein würde. — Den mit Schätzen gefüllten Grabmälern der mongolischen Fürsten ist es bei den schwersten Strafen verboten, sich nur zu nähern. — Während im Alterthume die heiligen Orakelstätten die Depositbanken bildeten, bedurfte es im unruhigen Mittelalter kräftigeren Schutzes, so dass die Könige am liebsten ihre Schätze in den Häusern der Tempelritter niederlegten. — Alles, was auf dem kalmückischen Burchanentische steht, ist heilig und darf nicht berührt werden, besonders an Festtagen, wo das heilkräftige Zuckerwasser nur tropfenweise vertheilt wird. — Neben dem Tempel von Prayaga wohnte ein menschenfressender Dämon, wie die umhergestreuten Knochen bewiesen, weshalb Niemand ohne Opfer sich nahete. (*Hiouen-thsang.*) — Hamilkar wurde für die Plünderung des Aphroditetempels in Eryx bestraft, und Aelian bezieht darauf selbst die Zerstörung Carthago's. — Die Buddhisten schlossen ihre Heiligthümer in die Dagops ein, die Niemandem geöffnet wurden, oder nur in solchen Fällen, wie von dem Ruanwelly-Dagop auf Ceylon erzählt wird. Ein König hörte, als er den Dagop zu verehren gekommen war, Priester in dem Innern desselben predigen. Begierig das Innere zu sehen, betete er mit solcher Inbrunst zu Indra, dass er den Gott herabzusteigen und den Priestern zu befehlen zwang, den König einzulassen, der dann alle inwendig aufgestellten Reliquien und Bildwerke mit Musse besah. — Bei der von Kama bei Kaya (Hauptstadt oder Mittelpunkt des Stammes) errichteten Hütte ist alles Eigenthum sicher und Todte werden zum Begraben dorthin (als bessere Ruhe findend) gebracht (bei den Wanika). — Nach den arabischen Sagen steht in der Nähe von Tripolis ein Zauberhaus mit Schätzen von Gold und Edelsteinen gefüllt. Jeder kann dort ungehindert ein- und ausgehen, wer aber seine Taschen füllt, findet sie beim Herauskommen wieder geleert und bleibt Zeitlebens wahnsinnig. — Den Opferplatz des Kipumäki (Qualhügel) am Flusse Quemi, in dessen hohlen Stein die Qualen und Schmerzen verbannt waren, wagte kein Finne zu besteigen, da Keiner gesund zurückgekommen. — Das Tempelhaus des Hades wurde nur einmal im Jahre geöffnet und dann durfte es Niemand ausser den Priestern betreten. — Asterius wurde vom Blitze erschlagen, weil er mit ungewaschenen Händen dem Altare des Zeus genaht. (*Timarchides.*) — Dem Sarge des Propheten in Medina nahe zu treten, ist (nach Burton) Jedermann auf das strengste untersagt und zur Erneuerung des Vorhanges, die bei Nacht geschieht, werden nur die strengsten Gläubigen genommen, die das Grab nicht einmal anzublicken wagen würden. — Wie der Jude Demetrius dem Ptolemäus Philadelphus mittheilt, hatte kein Dichter oder Geschichtschreiber der mosaischen Gesetze erwähnt, da Einige, die es sich unterfangen, wunderbarlich von Gott bestraft worden seien, wie Theopompus, der deshalb den Verstand, und Theodektes, der das Gesicht verlor. Josephus bemerkt, dass die Juden nicht an der Meeresküste wohnten, noch Handel zu treiben liebten, um nicht dadurch mit Fremden in Berührung zu kommen, und Lactantius sieht darin einen Rathschluss der göttlichen Vorsehung, damit die wahre Religion nicht durch die Heiden entheiligt würde. (*Vico.*) — Zur Beschwichtigung des Zornes der Götter, als in der Hitze des Kampfes der Häuptling Palawali seinen Feind an den Grenzen einer heiligen Freistätte getödtet hatte, musste (wie Mariner erzählt) ein Kind erdrosselt werden. — In dem geheimen Zimmer Tsekoung (vom Wasser umgeben), wo nur der Opfernde eintreten durfte, verweilte der Kaiser von China in gesammelter Andacht und war die Stunde des Opfers gekommen, so schmückte er sein Haupt mit der Mütze Pipien. — Als nach dem Aitareya Aranyaka (welcher Upanishad des Rigveda von Mahidasa, einer Incarnation des Narayana, zuerst verkündet war) die Gottheit Narayana plötzlich bei einer heiligen Feier erschien, verlor die ganze Versammlung der Götter und Priester die Besinnung. Durch Brahma's Vermittelung wurden sie wieder belebt, und nachdem sie ihre Verehrung bezeigt hatten, wurden sie in der heiligen Wissenschaft unterrichtet. Diese Avatara wurde Mahidasa genannt, weil die ehrwürdigen Männer (Mahin) sich als seine Sklaven (dasa) erklärten. (*Colebrooke.*) — Die Chinesen von Hing-tschu-sen erwarten in der Neujahrsnacht festlich gekleidet die Götter und werfen sich alle nieder, wenn ihre Annäherung von dem Hausvater, der sie allein sieht, verkündigt wird. — Wer, ohne es zu wissen, über den Fetischweg geht, sieht die Fetische.

Tempelspuk. Die Priester wussten das Volk vielfach durch redende Statuen, durch schwebende Magnete, durch Lichteffecte und Phantasmagorien zu unterhalten oder in Furcht zu halten, und es war gefährlich, darin etwa den Zweifler spielen zu wollen. Als während einer Dürre ein Mönch in Lissabon dem Volke ein Crucifix zeigte, das durch eine kleine Oeffnung einige Lichtstrahlen warf, und solches für ein göttliches Zeichen baldiger Hülfe erklärte, rief ein unbesonnener Onkel, der lachend das Wunder für eine Betrügerei erklärte, da er ein brennendes Licht in der Höhlung des Crucifixes bemerkte, eine drei Tage und drei Nächte dauernde Niedermetzelung der Juden und Neuchristen hervor (1506). — Am Thyriafeste trugen die Priester zu Elis drei Weinkrüge in das nachher versiegelte Gemach des Tempels, wo man sie am folgenden Tage durch den in Person dorthin kommenden Gott mit Wein gefüllt fand. Auch in Andros strömte der Wein von selbst aus dem Tempel am Dionysosfeste hervor. — Tudela erzählt von dem Tempel in Cholam, dass das Bild der Sonne sich jeden Morgen mit grossem Geräusch herumdrehe. Trat ein Frommer an das Grab der beiden Talmudisten (Hillel und Shamai), so füllte sich der hohle Stein am Eingang mit Wasser, blieb aber im anderen Falle trocken. — Der vom König Pho-sse-no zum Andenken an Buddha verfertigte Ochse ging diesem, als er vom Himmel Tao-li zurückkehrte, brüllend zum freudigen Empfange aus dem Tempel entgegen. Hiouen-thsang sah einen täglich von Elephanten gereinigten und geschmückten Tempel. — Die Felsenthür, hinter der Ulrich Zosyma von Rosenberg und seine Ritter (die auf der Burg Litiz sich bei Ziska's Belagerung unter ihren Trümmern begraben liessen) verschwanden, (bis die Zeit der Rettung kommt) wird nur von Priesteraugen gesehen, und bleibt den ketzerischen Laien unsichtbar. — Nur St. Theresa sah die Edelsteine in dem geschenkten Kreuz. — Die Wahrsager der Taosecte lassen die Figuren ihrer Lehrer und Götter in der Luft erscheinen, lassen einen Bleistift von selbst schreiben (wohl durch ein Medium, wie sibirische Schamanen durch fliegende Tische zur Entdeckung eines Diebes geführt werden), ohne dass man ihn berührt, und was derselbe auf das Papier oder den Sand zeichnet, enthält die Antwort des Gefragten. Sie lassen sämmtliche Personen des Hauses in einem Kessel voll Wasser erscheinen, zeigen die bevorstehenden Veränderungen im Reiche und die hohen Stellen, die für ihre Anhänger reservirt sind, stossen mysteriöse Worte aus, die Niemand versteht und werfen das Loos über Personen und Häuser. Die Missionäre, die diese Mittheilungen machen, fügen hinzu, dass sie mit Hülfe des Satans vielfach in überraschender Genauigkeit hunderterlei Sachen prophezeiten, que le démon peut sçavoir naturellement, mais qui surprennent étrangement des esprits foibles et credules, tels qu'est souvent le peuple Chinois. — Barthema de Vertoman erzählt, dass der Capitain seines Schiffes sich vergebens bemühte, das wunderbare Licht zu sehen, welches aus dem Grabestempel Mohamed's in Medinah hervorschien, dass man aber den Grund sehr natürlich in seiner Kleingläubigkeit fand, denn das Volk der Gläubigen lief aufgeregt durch die Strassen, Mohamed's Lob ausrufend. Er wusste sich indess zu entschuldigen, indem er das den Priestern versprochene Geld zurückbehielt. — Die Götterchen (Kabirenbilder oder Teraphim) wurden auf eine Sänfte oder Bahre gelegt, von der sie aufstanden, um Orakel zu ertheilen, bei den Egyptern und Carthagern (*Servius*), sowie in Tyrus (*Plinius*). — Um ein Orakel zu ertheilen, bewegt sich der Apollo zuerst auf seinem Sitze, dann heben ihn die Priester sogleich in die Höhe; wenn sie ihn erhoben, so bewegt er sich halb in die Höhe. Wenn sie ihn dann auf den Schultern tragen, treibt er sie im Kreise umher und springt von einem zum andern. Zuletzt stellt sich ihm der Hohepriester gegenüber und befragt ihn über Alles. Wenn er nicht will, dass Etwas gethan werden soll, so geht er rückwärts, wenn er Etwas billigt, treibt er die Tragenden vorwärts. Einst als die Priester ihn auf den Schultern trugen, liess er sie auf der Erde stehen, und schwebte frei in der Luft. (*Lucian.*) — Claudian giebt die Darstellung eines Tempeldienstes, bei welchem die durch einen magnetischen Stein abgebildete Venus ein eisernes Bild des Mars in der Luft emporhielt, und wie in Syrien gab es in Griechenland Apollobilder aus der dädalischen Zeit, die von den Priestern zum Orakelgeben bei ihren Ceremonien benutzt wurden. Nach Cassiodorus hing in einem Tempel der Diana ein eiserner Cupido, ohne von einem Bande gehalten zu werden. — Von der Kirche Stephan's zu der Michael's (in der syrischen Metropole) war unsichtbar eine eiserne Kette gezogen, auf der sich die Heiligen beider besuchten. — Im Tempel Johannes des Täufers zu Damaskus standen astrologische Thürme in Folge fortdauernden Sabäer-Cultus, wie auch in Palmyra und Heliopolis der Astralcultus seine Stelle gefunden hatte. Auch in der späteren Moschee berichtet Benjamin von Tudela von einem auf eine Uhr durchfallenden Sonnenlicht und nennt sie den Palast Ben Hadad's. Beunruhigt, das Heiligthum des Sonnengottes in Palmyra zerstört zu haben, errichtete Aurelian ihm Tempel auf dem Capitol zu Rom und liess den in Emesa wieder aufbauen. — Nach Conde liess Abdelmumen in der Moschee Sevilla's durch den Künstler Albas Yahix una maksura ó estancia movible, que se mudaba de una parte á otra con ruedos verfertigen, aus deren Thüren beim Gottesdienst die Priester hervortraten. — Der Architect Dinochares begann einen Tempel (der Arsinoë in Alexandrien), dessen aus Magnetstein gefertigte Kuppel ihr Bild schwebend halten sollte. (*Plinius.*) — Nach Rufin fiel der schwebende Eisenwagen im Serapistempel beim Zerbrechen der Magnetsteine herab. Der Kopf des Serapisbildes war von Eisen (mit Erz überzogen) und wurde durch einen Magnet an die Decke aufgezogen, so dass er zwischen Himmel und Erde schwebte. — Durch unzählige Processe (sagt Bodin) ist es dargethan, dass die Priester Zauberer sind oder mit ihnen in Gemeinschaft stehen, indem sie sich durch Geld oder Gunst bewegen lassen, Messen zu lesen, den Leuten geweihte Hostien zu geben, Jungfern-Pergament zu weihen, Ringe, gezeichnete Tafeln, Metalle auf oder unter das Altartuch zu legen, Kröten zu taufen, wächserne Bilder zu taufen und unter das Altartuch zu legen. — Während einer Hungersnoth in Rostow (1071) behaupteten zwei Betrüger von Jaroslaw, dass die Frauen das Getreide unter ihrer Haut hätten verschwinden lassen und indem sie den vorgeführten die Haut einritzten, schüttelten sie die in ihren Aermeln verborgenen Getreidekörner aus. — Pausanias erklärt die Höllenfahrt des Orpheus als eine Reise nach Thesprotis, wo man nekromantische Ceremonien übte, und für einen Augenblick durch eine Phantasmagorie getäuscht, zog sich später der trauernde Gatte auf die thracischen Berge zurück. — Cagliostro liess dieselben Künstler erscheinen, die sich in America nur durch das Gehör mittheilen. — Im Königreiche Naki wurde ausser der Zehe und dem Schädel Buddha's auch sein Schatten gezeigt, der aber beim Näherkommen verschwindet und noch nie hat gezeichnet werden können (nach Fabian). — Hanno liess Vögel fliegen, denen er gelehrt hatte, zu sagen: „Hanno ist ein Gott.“ — Bei dem Komiker Antiphanes wird ein König von Paphos beim Mahle von Tauben umfächelt, die durch den Geruch einer syrischen Salbe herangelockt und wieder fortgescheucht wurden. (*Athenäus.*) — Eine Lampe mit einem Dochte aus Asbest, die täglich mit Oel versehen wurde, brannte in dem Heiligthum der Athene auf der Akropolis. — Die Bewohner von Gnathia behaupteten, dass der Weihrauch in der Vorhalle ihres Tempels ohne Feuer brenne. — Ein Altar im Tempel der Juno in Crotona besitzt die besondere Eigenschaft, dass die Asche auf demselben liegen bleibt, was auch für ein Wind gehen möge. In Macedonien findet sich ein Wasser, das die Eigenschaft des Weines hat, und die Leute berauscht. (*Valerius Maximus.*) — Während man sich in Europa lange mit den Sagen von dem schwebenden Sarge Mohamed's trug, sagt El Harawi: „Simon Kephas liegt in der grossen Stadt Rom in der grössten seiner Kirchen in seiner silbernen Lade, die an Ketten vom Dache herabhängt.“ — Die Tlascalaner bewahrten unter dem Bilde des Camaxtli in dem Teocaxitl genannten Gefässe den Tropfen Milch, der aus der stärksten Brust einer verschiedenbrüstigen Jungfrau ausgedrückt war, um ihre Beschwörungen bei wichtigen Gelegenheiten darüber zu sprechen, wobei das Vertrocknen ein böses, das Aufschäumen der Milch ein gutes Zeichen war. — Im heiligen Walde der Fantees nahmen in den Bäumen versteckte Priester die dargebrachte Speise mit unsichtbaren Händen fort. — Die Schüler des Abdal Ata (des Hauptes einer Derwischsecte in Natolien) erschreckten Tamerlan bei seinem Besuche, indem sie die Stimmen und Gesten verschiedener Tierarten nachahmten. — Die samojedischen Zauberer verstehen (nach Gmelin) sich Messer in den Leib zu stossen, den Kopf mit einem Stricke abschnellen zu lassen und dann wieder aufzusetzen. — Die drei Ohrfeigen, die (verschiedene Male) Herr von Aubigny (1580) bei dem Worte Versuchung empfing (während er das Vater-Unser betete), sollen von zahlreichen Ohrenzeugen beglaubigt sein. — Die heilige Hendia, die die Nonnen in den Maroniten-Klöstern der Ausstattung wegen tödtete, hatte Löcher unter ihrem Bette für die Wohlgerüche, mit denen sie sich in den Augenblicken der Verzückung (beim Herabsteigen der Mutter Gottes) bedampfte (1783). — Ein tartarischer Zaubergaukler befiehlt den seine Goldmacherei für schweres Geld Erwartenden, die schon eine seiner complicirten Bestimmungen (nicht in 30 Tagen, d. h. am 31., zu kommen) gebrochen haben, während drei Tagen nicht an einen Affen zu denken, da jede Vorstellung dieses unreinen Thieres die Operationen für immer unmöglich machen würde. — Garzoni beschreibt die Gaukeleien des Theriakkrämers, der sich in der Apotheke Arsenik holen lässt, in ein Büchslein legt und dann mit einem anderen verwechselt, „worin so viele Stücklein Teig von Zucker, Mehl, Safran gemacht sind, dass sie den vorigen ähnlich sehen.“ Die durch Festbinden erzeugte Geschwulst heilt er dann durch Auflegen seines Theriak, worauf dann die Bauern den Riemen ziehen, und Gott „danken, dass sie einen solchen theuren Mann und solch köstliche Waare für ein geringes Geld in ihr Dorf bekommen.“ — Aus dem Tempel, der der mit dem

Schatten bedeckte hiess (in Oude), weil Abends der Schatten des nebenstehenden Buddha-Tempels hinauf fiel, während der seinige jenen Morgens nicht erreichte, verschwanden allmälig die Lampen und als die Brahmanen wachten, sahen sie, dass die Götter selbst, als Genien, sie herabnahmen und nach dem des Fo trugen, den sie durch dreimaligen Umgang verehrten. — Die Bildsäule des Serapis war so zu den Fenstern gestellt, jeden Morgen durch den ersten Sonnenstrahl geküsst zu werden, und die des Memnon vereinigte damit einen wunderbaren Ton. Als Agrippa sich im vollen Schmuck beim Aufgange der Sonne zeigte, fiel das durch das Glitzern der Edelsteine geblendete Volk nieder, um ihn als Gott anzubeten. — Als Juan Santos Athahualpa den Aufstand der Antis gegen die Spanier organisirte (1742), hatte er auf der Brust einen Spiegel befestigt, in dem er, sein Oberkleid lüftend, die Wilden ihr Gesicht schauen liess. Nach den Annalen des Klosters in Ocopa wird dieser Zerstörer der Missionen (der nach Andern ein unabhängiges Indianer-Reich stiftete) in Folge des göttlichen Zornes von Würmern gefressen, wie einst Herodes. — Der Dämon zeigte dem Könige von Utlatlan die zukünftigen Dinge in einem Spiegel und Dschemschid sah sie in seinem Becher, wie Zeus das Schicksal des Zagreus. — Aelian erzählt, als Augenzeuge, die Bereitung des Augensteins, mit dem ein Zauberarzt die ausgestochenen Augen einer Eidechse, die unter neun Siegeln verschlossen gehalten wurde, wieder herstellte, so dass er, unbekannt mit der amphibischen Reproductionskraft, nicht daran zweifeln durfte. — Noch Edrisi und Abulfeda (sowie früher Makin) berichteten von den Wetterfahnen beweglicher Bronzestatuen in Folge des Astralcultus in Emesa, sowie von den in Stein gehauenen Scorpionen, die als Talismane dienten. — Lucrez nennt die eisernen Magnet-Ringe samothracische, von den dortigen Mysterien herrührend. — Ptah setzte die Bilder der Sonne und des Mondes in Bewegung, als Cambyses in den Tempel von Memphis eintrat. — In dem Inquisitionspalast zu Lima sass der Richter vor einem Crucifixe, und bei zweifelhaften Fällen fragte er den Herrn um seine Ansicht, der dann mittelst eines Strickes, welcher durch die Wand eingelassen war, mit dem Kopfe nickte. — Wandelt die Abiponer eine heftige Begierde an, das Zukünftige zu wissen, oder sind sie von augenscheinlicher Gefahr bedroht, so wird einem Zauberer der Auftrag gegeben, den Schatten eines Verstorbenen in's Leben zu bannen und von ihm das bevorstehende Schicksal zu erfahren. Nachdem der hinter eine Ochsenhaut versteckte Zauberer verschiedene Verse theils in weinerlichem, theils mit einem gebieterischen Tone hergebrummt hat, versichert er, dass die Seele des Verstorbenen, welche das Volk herbeizubeschwören wünscht, zugegen sei. Diese fragt er nun über die künftigen Ereignisse zu verschiedenen Malen und antwortet sich selbst mit veränderter Stimme, was ihm zur Sache zu taugen scheint. Keiner von den Anwesenden zweifelt an der Gegenwart des Schattens oder der Wahrheit dessen, was sie hören. — Die gerichtlichen Verhöre in Cap Coast Castle zwangen die Fetiseros oftmals zu dem Geständniss, dass sie sich in den Orakeln des Braffoo-Fetisches des Bauchredens bedient hätten. — Im Mittelalter war der Glaube allgemein verbreitet, dass in der Weihnachtsnacht die Thiere die Gabe der Sprache und Weissagung erhielten, aber Keiner wagte es zu untersuchen, denn dem Bauer, der einmal in der Pferdekrippe zum Lauschen geschlafen, war sein Tod binnen Jahresfrist prophezeit worden. Alles Wasser verwandelte sich um Mitternacht in Wein, aber wer war unbesonnen genug, dieses Wunder schauen zu wollen, seitdem die neugierige Frau ihre beiden Augen („alles Wasser ist Wein, deine Augen sind mein") eingebüsst hatte? (*Rafn.*) —

Auf den Gesellschafts-Inseln liess sich oftmals Nachts ein quiekendes Geräusch hören, als eine Stimme aus der umgebenden Geisterwelt, die auf Befragen den göttlichen Zorn verkündete, wegen vernachlässigter Ceremonien. — Zum Orakeln schüttelt der Kimbande oder Priester der Mundombe (bei Benguela) eine mit Holzfiguren beschnitzte Calabasse, während sein in der Nähe versteckter Gefährte mit leiser Stimme antwortet (nach Magyar). — Als Manipotiki sich in dem Garten des Hinemmiepe auf einen Hügel setzte, die Flöte blasend, sagte der Alte zu den Sklaven: „Wenn ihr einen Mann auf seinen Füssen wandeln seht, so fangt ihn, das ist ein Dieb, kommt er auf allen Vieren, Gesicht und Bauch nach Oben, so lasst ihn in Ruhe ziehen, das ist ein Atua.“ Und Manipotiki weiss geschickt genug die Kniffe des Priesters nachzuahmen, um sich vor den Sklaven unbemerkt in's Haus zu schleichen, und nach Gelüste voll zu essen. — Wenn der Lappe sein Moosbett für Storjunkare bereitete, war es ein gutes Zeichen, wenn er sich leicht heben liess. — Floss das Blut bei der Geisselung spartanischer Knaben am Altare der Artemis Orthyia nicht in Strömen, so ward das kleine Bild der Göttin, das die Priesterin unterdess halten musste, schwer und gewichtig. Wird die Statue des Heiligen zu St. Leonhard bei Aichach gehoben, so wiegt sie schwer dem, welcher viele Sünden hat. — Die Schamanen der Kirghisen gehen mit nackten Füssen auf glühendem Eisen, stehen auf einer Degenspitze, verschlucken Messer und geben sie zurück, schneiden sich ihren Kopf ab, legen ihn an den Boden, und nachdem sie ihre Beschwörungen fortgesetzt haben, stellen sie ihn wieder auf den Hals. — Bei einem Process in Mans (fünfzehnten Jahrh.) gewann der Advocat des Angeklagten seine Sache, da er sich erbot, sich, wenn schuldig, dem Teufel zu verschreiben, und als die Gegenpartei dasselbe zu thun bereit war, sie durch die Erscheinung seines als Teufel verkleideten Dieners so erschreckte, dass sie geständig wurde. — Der Anachoret Macarius brachte Todte zum Reden, liess sich von einem Hirnschädel, den er in der Wüste mit seinem Stabe berührte, seine Leidensgeschichte erzählen und stellte eine durch Zauberei in ein Pferd verwandelte Frau wieder her. — Strabo sah die verschnittenen Gallen des Tempels unbeschadet in die Plutonium genannte Dunsthöhle hineingehen, ohne andere Affectionen, als opprimirtes Gesicht zu zeigen, während sonst Lebendes sogleich starb. — Die Zauberer liessen Geister und Phantasmagorien erscheinen, wie auch Cagliostro, oder zeigten sie den Fragenden in glänzenden Gegenständen, im Wasser, im Rauch oder in einem in die Hand gemalten Farbenklecks. Auch der Hund mag durch die concav-convexe Reflexion Erscheinungen in einem leeren Glase *) sehen, da er sich bekanntlich durch das Vorhalten eines solchen stets vertreiben lässt. Als Johann von Salisbury nicht die von seinem Lehrer gewünschten Gegenstände in einer Wassercaraffe sehen konnte, wurde er von dem Meister entlassen, während sein Mitschüler ein ebenso gelehriger Adept wurde, wie Lane und seine von ihm angesteckten Patrioten bei dem Magier Cairo's. — Al Aswad, der die Menge durch magische Gaukeleien in Furcht setzte, trat nach dem Tode des persischen Budahnen als Prophet in Sanaa auf und wurde von Mohamed als Statthalter bestätigt. — Nach einer Erzählung der Gräfin Lichtenau wurde Friedrich Wilhelm II. durch eine mit der plumpsten Taschenspielerei veranstaltete Geistercitation, wobei man ihn Marc Aurel,

*) Salomon durfte sich nur durchsichtiger Krystallgefässe bedienen, um die Schaaren der Geister, die er zu beherrschen hatte, keinen Moment aus dem Gesicht zu verlieren, und Dschemschid's Becher spiegelte, gleich dem mystischen des Zagreus, entfernte Dinge.

Leibnitz und den grossen Kurfürsten sehen liess, in die höchste Todesangst versetzt. — Die Zauberer auf Tahiti bedienten sich der Muscheln (murex ramosus), die an das Ohr gehalten, einen singenden Ton (Tritonmuschel) hören lassen, der von dem darin lebenden Dämon verursacht sei. — Die Bohitos oder Priester ertheilten die Orakel mit einem durch Laub hinter dem Cemes verborgenen Sprachrohr, und der von Columbus ertappte Cazike bat ihn, sein Geheimniss nicht zu enthüllen, da er sonst seine Unterthanen nicht im Zaume halten könne. — Beim Orakelgeben (auf Hawaii) stand der Priester in einem obeliskenartigen Flechtwerk in der Mitte des Tempels von Kawaihae (dem Kriegsgott Kaili durch Kamehameha I. geweiht), um seine zweideutigen Antworten zu geben. — In dem Tempel des Ahhulneb in Cozumel trat der Priester in die irdene Riesenstatue, die hohl an der Wand anlehnte, um zu orakeln. (*Brasseur*.) — Tohil erschien den Quiches dann und wann unter der Gestalt schöner Jünglinge, um die Opfergaben in Empfang zu nehmen. — Als der von den Armeniern gesandte Bischof zwei Tauben sich in einem Lichtstrahl auf den die Eucharistie in der Peterskirche feiernden Papst Eugenius III niedersenken sah, erkannte er es als ein göttliches Mahnzeichen zum Uebertritt. — Zlota Baba (die goldene Altmutter) gab Orakel durch die aus ihrer Statue hervorschallenden Trompetentöne. Ausser ihrem Enkel Swatowit (der Sonne) trug sie ein Kind (die Personification des Firmamentes) auf dem Arm. — Adalbert war dem äussern Glanze so sehr ergeben, dass er die kirchlichen Mysterien schon nicht mehr nach lateinischer Weise verwalten wollte, sondern sich auf einen Brauch der Griechen oder Römer stützend, befahl er während der Messen, denen er beiwohnte, zwölf Litaneien abzusingen. Die Specerien, das Blitzen der Lichter, das Donnern der Stimmen richtete er nach der Herrlichkeit des Herrn auf dem Berge Sinai ein. — Beim Anblick der mysteriösen Bezauberungen Caynok's und Caybals (erzählt die Chronik) wurden alle Quiches mit Staunen erfüllt. Der Glanz, den sie verbreiteten, dauerte die ganze Nacht, überall glänzte es wie Feuer, wohin sie gingen, und zitterte der Boden wie im Erdbeben. — Wenn Jamblichus betete, sah man ihn über den Boden erhoben und von Strahlenglanz umflossen. — In samojedischen Heldenliedern werden lebendige Götter erwähnt, die man in Krankheiten anrufe, und die von Vajetite Hapt entführte Jungfrau giebt ihren versteckten Bruder für einen solchen aus, als sie gefragt wird, was im mittlern Schlitten keiche. — Die Schamanen der Tschuktschen nehmen, wenn sie sich durch die Trommel in den orakelnden Zustand geschlagen haben, Taschenspielerkunststücke vor, indem sie einen Stein verschwinden und am Ellbogengelenk wieder hervorkommen lassen, oder sich scheinbar die Zunge blutig schneiden. — Michael Sicidites liess (nach Nicetas Choniata) in einem mit Töpfen beladenen Nachen eine ungeheure Schlange erscheinen, so dass der Eigenthümer erschreckt Alles zerschlug. — Den Graal sah Niemand, als die Auserwählten. — Am Fusse des Berges Kenga Matayah wird jährlich ein magisches Fest gefeiert, während dessen Dauer sich ein Tempel aus der Erde erhebt und die Saaten denselben Tag aufsprossen, wo sie gesäet sind. — Der Lügenprophet Moseileme brachte, um Wunder zu thun, ein in Essig geweichtes Ei durch den Hals einer Flasche, wodurch die Beni Honeife schon bereit waren, sich täuschen zu lassen. — Alexander, der Paphlagonier, verschaffte sich, nebst seinem Gefährten Cocconas, gezähmte Schlangen (Glykon, als verjüngter Aesculap nach Lucian) von macedonischen Familien, die solche Künste verstanden, und vergrub Kupferplatten*)

---

*) In dem von Moroni (nach Spalding's Roman) geschriebenen Buche wird vorher-

in einem verfallenen Tempel des Apollo, mit der Prophezeiung, dass Aesculap und sein Vater bald in Abonotika erscheinen würden. Nachdem diese vom Volk gefunden, zeigte er sich demselben, eine Sichel in der Hand haltend (wie Perseus) und eine Wurzel kauend, wodurch ihm Schaum vor den Mund trat, wie in Ekstase. Er verkündete, dass der Gott der Stadt erscheinen würde und führte das Volk nach einer Tempelruine, in der er ein Gänseei, das eine kleine Schlange einschloss, vergraben hatte. „Volk, sieh deinen Gott!“ rief er beim Finden aus und liess sich die Schlange um seinen Finger wickeln. Fortan gab er Antworten auf versiegelte Briefe, die er, ohne sie zu öffnen, zu lesen wusste, und zeigte sich im mystischen Halbdunkel umwickelt von der rasch erwachsenen Schlange, deren Kopf er in seiner Achselhöhle verbarg, während auf dem Schwanz ein automatischer Menschenkopf angebracht war. Mitunter wurde das Orakel vom Gotte selbst ertheilt, indem ein versteckter Mann durch Röhren aus einem Drachenbilde sprach. Marc Aurelius liess ihn (174) nach Rom kommen, als Ertheiler der Unsterblichkeit und warf zwei Löwen in die Donau, die, nach seinen Aussagen, Sieg bringen sollten, obwohl, wie der Erfolg lehrte, den Barbaren und nicht den Römern. Nach seinem Tode, obwohl derselbe nicht (der Prophezeiung gemäss) durch einen Blitzstrahl, sondern durch ein Geschwür erfolgt war, errichtete man ihm, als einem Halbgott, Tempel und Opferceremonien. — Manu's Gesetze enthielten Drohungen gegen Brahmanen, die Idole zeigen. — Bei einer grossen Seuche, die in Gammwege bei Gewardsbergen (in Belgien) unter Menschen und Vieh ausbrach, erschien am Tage der Bekehrung St. Pauli ein Mann im weissen Obergewand zu Ross in Gammwege und ritt, kleine weisse Kügelchen vertheilend, durch die Strassen und die ganze Umgegend umher, indem er die Leute anwies, dieselben dem Vieh zu geben. Sie thaten es und die Seuche verschwand. Ein frommer Hirt belehrte die Bauern, dass es St. Paulus, des Dorfes Patron gewesen, der habe ihn gelehrt die Kügelchen zu machen, und jedes Jahr müsse zum Andenken an seine Erscheinung ein Mann gleich dem Heiligen weiss gekleidet herumreiten und diese Kügelchen vertheilen. Dies geschah, und der Mann warf sie dem Volke zu, mit den Worten: „Salz, ich werfe dich mit der Hand, die Gott mir gegeben hat.“ Dieser Paulsritt dauerte bis 1794. — Gregor von Tours berichtet, dass, als die Franken Saragossa belagerten, die Einwohner, im Bewusstsein, dass menschliche Hülfe sie nicht hätte retten können, nichts gethan, als zu beten und fasten und den Rock des St. Vincentius in Procession umhertragen, worauf die Franken durch dieses Schauspiel zum Abziehen bewogen wurden.

Bezauberte Statuen. Als man einmal bei schlechtem Wetter die Ernteprocession in Hackeldover (bei Tirlemont) unterliess, ging sie das Muttergottesbild allein für sich, so dass man es am andern Morgen bis an die Knie mit Koth beschmutzt fand. — Hiouen-thsang erzählt von der Statue eines Heiligen in Sinhala, die, als ein Dieb ihr Geiz vorwarf, weil sie einen Diamantring am Finger trug, sich neigte, um ihn selbst zu überreichen. — In Granada sieht man ein Christusbild mit losgelöstem Fuss, womit es einst einen Räuber zurückstiess, der ihm seinen Schmuck nehmen wollte, und eine Madonna mit geneigtem Kopf, wodurch sie eine spanische Kugel vermied, zu Neapel. — St. Dunstan liess das Christusbild durch Bauchreden sprechen

---

gesagt, dass Joe Smith, dessen Begräbniss (nachdem er 1833 zu Carthago erschossen wurde) kein Nicht-Mormone kennt, die von seinem Vater Mormon (dem Führer der Nephi) im Kampfe mit den Lamaniten vergrabenen Tafeln finden werde.

(während er mit gesenktem Kopfe dasass), um die Verhandlungen in der Bischofsversammlung zu entscheiden. — Die russische Jungfrau mit der blutigen Wange war von einem Priester geohrfeigt, dessen Hand, als das Blut herausspritzte, mit dem Messer auf dem Bilde haften blieb. — Als das Christenthum in Helgoland eingeführt wurde, taufte man ein altes, kleines Götzenbild zum heiligen Tynthies oder Tyntens um, weil es immer der Fischerei günstig war. Eines Jahres aber, da die Häringe ausblieben, beschloss man das Bild dreimal um die Insel zu tragen. Bei dieser Gelegenheit unterstanden sich einige Muthwillige es zu prügeln und seit der Zeit ist niemals wieder ein Häring nach der Insel gekommen. (*Möllenhoff.*) — St. Girts (heisst es im Jahre 1699) auf Helgoland ist ein kleiner Gott, welcher die Fischerei hat gesegnen müssen und wenn er auf seine heilige Stätte (den Girtsberg) geführt wurde, beschloss man die Verehrung mit Drohungen, falls er seinen Segen nicht verspürbar machen sollte. — Die fränkischen Winzer stellten (nach Boemus) am Urbanstage das Bild des Heiligen auf einen Tisch auf offenem Marktplatz, wo es bei schönem Wetter mit Blumen bekränzt und mit Wein begossen, bei regnerischem mit Koth beworfen und schmutzigem Wasser besudelt wurde. — Wenn die Mutter auf den Hervey-Inseln den Neugeborenen mit Dankopfern in den Tempel brachte, fing der Priester den Gott in einer aus Menschenhaaren gemachten Schlinge und sprach ein Gebet, dass er zu Ehren seiner Familie und Nutzen des Volkes aufwachsen möge, seine Vorfahren noch an Ruhm übertreffend. — In Leipzig war es bis zum Jahre 1786 Sitte, bei dem neben der Johanniskirche gelegenen Hospitale ein kleines Holzmännchen (das Johannismännchen) schön geputzt aufzustellen, neben dem eine Vase mit Blumen stand, als das Palladium der Stadt, welches Seuchen, Feuerschaden, Blitz und andere Unfälle abzuhalten im Stande sei. — In Utrecht pflegte man am Tage Pauli-Bekehrung eine aus Stroh gemachte Puppe, die (als Paulus) in einem Winkel des Herdes aufgestellt war, mit dem frischgebackenen Butterkuchen gleichsam zu ohrfeigen (quasi colaphizant), wenn nämlich der Tag heiter und regenlos war. War aber der Tag regnerisch, so nahmen sie die Strohpuppe heraus nach dem Wasser und warfen sie hinein. — Wenn es während der Procession am Urbanstage (die 1625 abgeschafft wurde) in Nürnberg regnete, wurde der Heilige in den Trog geworfen, wie auch in Freiburg. — Kaiser Theophilus befahl die Bilder aus den Kirchen zu vertilgen und kein Bild in irgend einer Kirche zu lassen. Er hatte nämlich erfahren, dass ein Kirchenvorsteher in einem Marienbilde die Brust nachgebildet hatte, aus welcher Milch kam, die an ihrem Festtage tropfte. Er untersuchte dies und fand es künstlich gemacht, um Geld zu bekommen. Deshalb liess er ihm den Kopf abschlagen und die Bilder aus den Kirchen fortschaffen. Der Patriarch Commas schickte zu ihm und suchte seinen Sinn zu ändern, bis er zur Wiedereinführung der Bilder einwilligte. — Als der für die unbefleckte Empfängniss streitende Scotus einst vor dem Bilde der heiligen Jungfrau (über einer Capelle) stehen blieb, neigte dasselbe zum Zeichen des Beifalls das Haupt und blieb nachher in dieser Stellung. — Leo, Bischof von Chalcedon (11. Jahrhundert), erklärte, da in den Bildern von Christus und den Heiligen eine gewisse Art inhärenter Heiligkeit residire, dass sie ein geeigneter Gegenstand religiöser Verehrung seien, und dass es deshalb die Pflicht der Christen wäre, ihre Anbetung nicht auf die Personen, die in den Bildern dargestellt werden, zu beschränken, sondern auf die Bilder selbst auszudehnen. — Admete entfloh von Argos als Priesterin der Here mit der Göttin nach Samos. Als die Argiver dieselbe durch Seeräuber wieder entführen lassen wollten, blieb das Schiff mit dem Bilde unbeweglich stehen, so dass es ans Ufer zurückgebracht werden musste, wo es die Samier, damit die Göttin nicht wieder zu entfliehen suche, an einen Baum banden. Admete aber band es los und brachte es in den Tempel zurück. — Im Jahre 1204 bekleidete sich ein Marienbild in Damascus wunderbarer Weise mit Fleisch und Blut und spritzte Milch aus den Brüsten, die gegen gute Vergütung von den Templern nach Acre gebracht und den Pilgern verkauft wurde, um diesen selbst die gefährliche Reise zu ersparen. — Wie alte Kosaken Pallas erzählten, war der Götze im Tempel zu Ablackit mit Schnüren auf solche Art befestigt, dass er, wenn die Thür geöffnet wurde, den Bogen zu spannen schien. — Durch ein Gottesgericht zu Mons (1326) wurde ein bekehrter Jude überwiesen, die Jungfrau der Abtei von Cambron so verwundet zu haben, dass Blut hervorspritzte. — Nach Saxo Grammaticus belebt Odin seine von Frigga bestohlene Bildsäule, aber diese lässt sie zerstören durch ihren Buhlen. — Eukrates erzählt (bei Lucian) von einer Statue, die Nachts das Haus umwandele, zu Zeiten sich bade und oftmals singe. Als Pompejus von Dyrrhachium auszog, wandten die Statuen in den Tempeln sich um, berichtet Valerius. Von wandelnden Statuen und pythischen Dreifüssen erzählt Philostratus, von tanzenden Körben am Feste der colossischen Diana Strabo. — Der Pilger Arnulf erzählt von St. Georg, der ein in der Noth gelobtes Pferd unbeweglich festbannte, bis es ihm wirklich auch überliefert wurde, sich ebenso rar und kostbar machend, wie Martin von Tours. — Als das wunderthätige Bild der Nuestra Señora de Cabeçon auf seiner jährlichen Reise von der Hacienda nach dem Pueblo (um dort neun Tage ausgestellt zu bleiben) eine Verletzung beim Hinfallen erlitt, wurde ein ähnliches Bild (das durch den Namen la Pelegrina von dem Original unterschieden wurde) verfertigt, aber nur während der neun Reisetage fortgelassen, bis die Indianer seine Zurückhaltung erzwangen, worauf es bald ebenso zahlreiche Processionen anzog, als das alte. — Die Statue der Stute in Argos erregte die Rosstollheit, indem alle Hengste sie zu bespringen suchten. — Das Tempelbild der Aphrodite zu Paträ war mit Fischernetzen aus dem Meere gezogen. — Die Einkünfte, die die Mönche des Klosters Birklingen aus ihrem wunderthätigen Marienbilde zogen, erregten den Neid der Bürger von Iphofen und im Jahre 1501 fand man eines Morgens auf der Iphofer Markung ein Marienbild sitzen, das bald wie ihre Schwester zu Birklingen Wunder that. Die Bürger bauten ein Bretterdach darüber, und der Zulauf nach dem neuen verminderte den nach dem alten Marienbild, weshalb auf Betrieb der Mönche der Bischof jenes für unecht erklärte, das, als man nicht darauf achtete, gewaltsam weggenommen wurde. — Augustin spottet über das Waschen der Himmelsgöttin zu Carthago. — Nocte vehiculum et vestes et si credere velis, numen ipsum secreto lacu lultur, sagt Tacitus von der Nerthus. — In dem frühern Cyriacs-Hospital zu Halle mussten die Hospitaljungfrauen am Weihnachtsabend, nachdem sie das bunt lackirte Jesuskind gebadet hatten, sein weisses Hemdchen waschen, es trocknen, sauber glätten und dem Bilde wieder anlegen. — Stieg das Bild der berekynthischen Göttermutter beim Baden nicht zur gewünschten Zeit wieder empor, so wurde es durch die Gesänge der Priester aufgezogen. — Karai-Pahoa, das scheusslichste der Idole in Hawaii, war von so giftigem Holze gemacht, dass das Wasser, worin es stand, tödtlich wurde. — Medea verfertigte ein hohles Bild der Artemis, in welchem sie allerlei Zaubermittel verbarg. Ihre Haare bestrich sie mit einer Salbe, welche die Wirkung hatte, dass das Haar grau, das Gesicht aber und der ganze Körper voll Runzeln wurde, so dass sie völlig wie ein altes Weib ansah. Hierauf schmückte sie das Bild der Göttin mit Allem, was bei dem abergläubischen Volke Eindruck machen konnte und trug es mit Tagesanbruch in die Stadt hinein. Voll Begeisterung forderte sie die auf den Strassen zusammenlaufende Menge auf, die Göttin mit Ehrfurcht zu empfangen. Sie komme von den Hyperboräern und bringe Segen der ganzen Stadt und dem Könige. Jedermann betete an und brachte Opfer der Göttin zu Ehren. Der ganzen Stadt theilte sich die Begeisterung mit. Medea trat in die Königsburg und wusste das fromme Zutrauen des Pelias zu gewinnen. Seine Töchter aber wurden durch ihre Wunderkünste so bezaubert, dass sie glaubten, die Göttin sei wirklich da, um das Haus des Königs zu beglücken, denn Medea versicherte, Artemis sei auf einem mit Drachen bespannten Wagen über einen grossen Theil der Erde durch die Luft geflogen und habe sich das Land des Frömmsten unter allen Königen zum Wohnsitz ausersehen, wo sie ewig verehrt sein wolle, und auch habe sie ihr aufgetragen, dem Pelias die Jugendkraft zurückzugeben. (*Diodor.*) — Als die Leichen der Märtyrer Boris und Gleb gehoben waren und in die von Iziaslaw erbaute Kirche gebracht werden sollten, blieben die Bahren an der Thüre stehen und konnten nicht eher bewegt werden, bis das Volk in allgemeines Gebet ausgebrochen war. (*Nestor.*)— In dem sabäischen Buche Hattal Eznabot wurde, wie Maimonides erwähnt, über Götzenbilder gehandelt, welche reden. — Als Wladimir sich bekehrt hatte, liess er das Bild des Perun durch die Strassen peitschen und in den Fluss werfen. — Bei ihrem Aufstande gegen Konrad II. verhöhnten die überelbischen Slawen das hölzerne Bild des Gekreuzigten, spieen es an, gaben ihm Maulschellen, rissen ihm die Augen aus und hieben ihm Hände und Füsse ab. — Als Ascanius die troischen Götterbilder des Aeneas von Lavinium nach Alba brachte, kehrten sie zweimal in ihr altes Heiligthum zurück. Alexander Newski wurde von ähnlichen Wanderungen durch die Drohungen Peter des Grossen abgehalten, in Folge deren er sich bequemte, in Petersburg zu verbleiben. — Die vom Papst Innocenz II. den Albern verkauften Gebeine des Sixtus wurden durch den Esel nach der Kirche von Alatri getragen. — Der heilige Nicolas in Greifswald hielt einen Dieb mit den Armen fest. — Das in Sîris (die von den dahin geflüchteten Trojanern gegründete Colonie) verehrte Palladium hatte die Augen zugedrückt, um nicht den Frevel der die Trojaner an ihren Altären mordenden Ionier zu sehen. — Als Odysseus und Diomedes das Palladium aus Troja ins griechische Lager brachten, war es in Schweiss gebadet und sprang dreimal klirrend mit sprühenden Augen empor. — Strabo kannte Augen verdrehende und sich bewegende Götterbilder in Sicilien. — Das Apollobild zu Hierapolis vereinigte die Eigenschaften des Schwitzens und Selbstbewegens. (*Lucian.*) — Vor der Schlacht bei Philippi schwitzte (nach Dio Cassius) das Standbild des Jupiter auf dem Albanerberge am Latinerfest an der rechten Schulter und der rechten Hand Blut. — Das Bild der weiblichen Fortuna am lateinischen Wege redete nicht ein-, sondern zweimal (nach Valer. Maximus). — „Ebenso bereitwillig zog Juno in unsere Stadt ein. Nach des Furius Camillus Einnahme von Veji erhielten die Soldaten vom Feldherrn Befehl, ein Bild der Juno Moneta, das an diesem Orte einer eifrigen Verehrung genoss, nach Rom zu schaffen. Während sie beschäftigt waren, dasselbe von der Stelle zu bringen, richtete einer im Scherze an die Göttin die Frage, ob sie wohl gerne nach Rom wandere? worauf sie antwortete: mit Vergnügen." (*Val. Maximus.*) — Polycharmos aus Naukratis, welcher ein Buch *περὶ Ἀφροδίτης* geschrieben, erzählt bei Athenäus: „In der 23. Olympiade ging der Handelsmann Herostratus aus Naukratis in Egypten zu Schiff, und nachdem er schon weit umhergesegelt, landete er auch zu Paphos auf Kypros, kaufte sich hier ein kleines Bildniss der Aphrodite (ἀγαλμάτιον Ἀφροδίτης σπιθαμιαῖον, ἀρχαῖον τῇ τέχνῃ) und segelte damit ab nach Egypten. Da das Schiff schon nahe am Lande war, überfiel dasselbe ein plötzlicher Sturm und man wusste bald nicht mehr, wo man war. In dieser Noth wandten sich alle auf dem Schiffe zu dem Bildniss der Aphrodite, um Hülfe flehend. Da erfüllte augenblicklich die Göttin Alles um sich her mit grünender Myrthe und das ganze Schiff mit dem lieblichsten Geruche, welcher die durch den Sturm hin und her geschleuderten ermatteten Schiffer stärkte, bis sie Land erblickten und nach Naukratis gelangten, wo ihr Herostratos opferte, eine Statue aufstellte und ein Festmahl veranstaltete." — Nuñez de la Peña sagt de las imágenes, que han aparecido en la isla de Tenerife: „En este tiempo llegó à Barcelona una nao Veneciana muy rica y entre otras riquezas y joyas de estima que traia, la mayor y mejor eran ciertas imágenes de crucifijo que el mercader y señor de la nao habia comprado à otro mercader, que del Cairo y Tierra Santa habia venido à Venecia y habiendo en su tierra vendido la hechura de uno le quedaron dos, que trajo à Barcelona y como los sacase à tierra hubo muchos pretendientes y deseosos de comprarlos, tan devotos eran. Llegóse à la sazon el dicho Juan Benites y viendo los retratos del crucifijo tan devotos, trató de comprar uno y dijole al Adelantado, el cual como estaba alcanzado, no dió entonces buena respuesta, porque no le habia emprestado aquel hombre no conocido, lo que despues le prestó, pero como todo fuese en un tiempo, el dicho Juan Benites tomó algunos de aquellos dineros sin contarlos é yendose à casa del mercader, trató de la venta de la hechura de Christo, y pidiendole cien ducados por ella, al fin concertaron en setenta y echando mano à la bolsa el dicho Juan Benitez por darle señal é ir por el resto à su casa, fué sacando dineros, hasta que al justo le pagó los setenta ducados, sin faltar cosa, ni quedarle cosa alguna, de que no poco admirado quedó el y el Adelantado cuando lo supo. De allí lo enviaron en un nao, que venia à Cádiz y de Cádiz en otra para esta isla y lo pusieron en el convento del glorioso padre S. Francisco de la ciudad de la Laguna, donde hasta hoy ha estado reverenciado de los fieles. — Um sein in einer Krankheit gemachtes Gelübde zu erfüllen, reiste ein reicher Campechaner nach Havana, um einen Christus am Kreuze anfertigen zu lassen. Dort war kein Künstler zu finden, aber ein Jüngling stellte sich ihm vor, der es in kürzester Zeit bildete und bald darauf spurlos verschwand, so dass er ein Engel gewesen sein musste. Da kein Schiff den Christus, der seinen eignen Raum occupiren sollte, aufnehmen wollte, wurde er in einem kleinen Fahrzeuge versandt, das die schnellste Reise seit Menschengedenken machte, und das Bild des Nuestro Señor de San Roman (ein pappenes Crucifix) wird als der Patron der Spanier verehrt und als das grösste Volksfest Yucatan's in San Roman (einer Vorstadt Campeche's) gefeiert. (*Heller.*) — Aphrodite kommt zur See, wie Ino und Melikertes und an ihren Dienst knüpfen sich Landungssagen in vielfacher Form, wie in Kypros bei Tremithus, dem Terebintherdorfe, dessen Namen von dem Erzittern der Einwohner beim ersten Erscheinen der Göttin hergeleitet wurde. Ihr Dienst verbreitete sich von den zahlreichen Strandorten allmählich in das Binnenland. (*Curtius.*)

Heilige Bücher. Als die Lieder der Marcier auf den Schutz des Apoll hinwiesen, wird nach Befragung der sibyllinischen Bücher ein feierliches Opfer mit griechischen Gebräuchen von Apoll und Latona zusammen beschlossen. Die sibyllinischen Bücher, die gleich den Orakelsammlungen des Musäus, Bakis u. A. m. unter den Pisistratiden geordnet und in Athen auf der Akropolis niedergelegt waren, wurden von den Athenern während der Perserkriege befragt und (von Hippias an den persischen Hof gebracht) selbst von Xerxes gehört. — Da nach den Kabbalisten nur die Priester das Gesetz zu lesen berechtigt waren, aus dem sie nicht anders als an dem vierthalbjährigen Turnus einige Paraschen in der Synagoge dem Volke vortrugen, so ging später das Gesetzbuch ganz verloren, bis es Josias im Tempel wieder auffand. — Die von Philo von Byblos auf Tempelsäulen gefundenen Schriften des Sanchuniathon, von denen er selbst nur eine griechische Uebersetzung gab, hatten noch fernere Schicksale in den Händen deutscher Götterschöpfer zu bestehen. — Im sechsten Jahrhundert wurde ein in die Basilika St. Petri vom Himmel niedergefallener Brief veröffentlicht, der den Gläubigen verbot, am Sonntage zu reisen, Essen zu kochen, und zu arbeiten. Im achten Jahrhundert wurde in einem zu Jerusalem niedergefallenen Brief empfohlen, die Zehnten zu zahlen und reichliche Gaben der Kirche zu bringen. Der Eremit Peter zog mit einem andern, während der Kreuzzüge, umher. Der von Xavier veröffentlichte Brief des Pilatus musste später von seinem Orden selbst als falsch anerkannt werden. — Der Meister von Ungarn, der (von den Geistlichen als ein vom egyptischen Sultan gesandter Magier dargestellt) an der Spitze der Hirtenbewegung in der Picardie stand, beglaubigte seine Sendung durch einen ihm von der Jungfrau mitgetheilten Brief. — Der heilige Gregentius (oder Gregorius) legte die Gesetzbücher des Königs Abramius betend auf einen Altar, worauf ein Wind sie erfasste und Jedem der Bezirksvorsteher eins derselben zutrug. Sie ordnen eine strenge Sonntagsfeier an und verbieten Thiere zu misshandeln, da auch solche Schmerz fühlen, obwohl sie nicht sprechen oder sich beklagen können. Ebenso soll es harten Herren nicht erlaubt sein, Sklaven zu kaufen, denn es steht geschrieben: In Jesu Christo ist kein Knecht noch Freier, denn ihr seid allzumal Einer in ihm. — Kaiser Tschuitsong empfing feierlich mit seinem Hofstaate das vom Himmel gefallene Buch, das die magischen Lehren der Taosecte enthielt. — Die heiligen Bücher der Griechen (*κρυπτα, διαθηκαι*) wurden in den Mysterien verborgen. — Graf Zinzendorf schrieb Liebesbriefe an den Heiland und warf sie zum Fenster hinaus, in der Hoffnung, dass sie der Heiland durch die Himmelspost, durch welche die göttlichen Briefe zur Erde gelangen, erhalten würde. — Das apokryphische Evangelium Matthäi wurde (unter Kaiser Zeno) in Cypern nebst dem Körper des heiligen Barnabas gefunden, auf dessen Brust liegend. — Pantänus, der das von Bartholomäus nach Indien gebrachte Evangelium des Matthäus nach Alexandrien schaffte, war (nach Eusebius) in der stoischen Lehre erzogen. — Acrostische Anordnung war (nach Varro) Kennzeichen für Ausscheidung der unächten Sprüche. Für die Bibel wünscht man die Buchstaben gezählt. — Nach Hussain Vaez besassen die Sabäer oder Mendai Ichia (Schüler Johannes des Täufers) die Psalmen (Zeboor) David's, und ein in fremden (chaldäischen) Schriftzügen geschriebenes Buch. — Nomina haec numinum (der Semnonen des Ackerbaues) in Indigitamentis inveniuntur, id est in libris pontificalibus, qui et nomina deorum et rationem ipsorum numinum continent. (*Servius.*) — Diejenigen der Priester, die gerettet waren, nahmen die heiligen Bücher und Gefässe des Jupiter Enyalius und zogen damit nach Shinear. (*Hermippus.*) — Wie Numa den Picus und Faunus, berückte Salomo den Djin-Sachr, und wie später bei jenes Grabe gefundene Schriften von dem Senate als gefährlich verbrannt wurden, so sollten die magischen Bücher, die in Salomo's Throne verborgen lagen, dort von den bösen Dämonen versteckt sein. Itzcohuatl (König von Mexico) liess (mit Zustimmung der Grossen) die geheimen Schriften des Reiches verbrennen, para que no viniesen á manos del vulgo y fuesen menos apreciados. (*Sahagun*.) — Ein Charlatan in Guyenne, der die Entzauberung von Charles VI. übernahm, führte ein Grimoire bei sich (Simagorad genannt), von dem er behauptete, dass Gott es Adam gegeben, um ihn über den Tod Abel's zu trösten, und dass es sich bis auf ihn vererbt habe. — Die magischen Bücher, die Twardowski (von Lublin) verfasst hatte, wurden in Krakau an Ketten gelegt, um sie unschädlich zu machen. — Die geistlichen Bücher, die die wundervollen Thaten der furchtbaren Burchanen enthalten, darf man nur im Frühjahr oder Sommer lesen, denn nach der Meinung der Mongolen erfolgt Wirbelwind, Sturm und Schnee, wenn man sie zu einer anderen Zeit liest. Die Geschichte des Gesser Chan weckt den Zorn dieses Burchanen und erzeugt Kälte und schreckliche Witterung. — Um das Positive historischer Kenntnisse ihrem relativen Werthe nach abzuschätzen, ist es belehrend, nahe liegende Erscheinungen, wie z. B. Macpherson's Ossian zu studiren. Wenn es mehr als fünfzigjähriger Erörterungen in einem durch den Eifer seiner Bewohner und die Leichtigkeit der Mittel zu gründlichen Forschungen am geeignetsten Lande (und zwar während Lebzeiten des Verfassers selbst, wie der angezogenen Gewährsmänner) bedurfte, um trotz einer bändereichen Polemik, trotz wiederholter Reisen und Untersuchungen aufrichtiger und gelehrter Sachkenner, trotz Communicationen wissenschaftlicher Institute, trotz des Zusammenwirkens von Dilettanten, Ansässigen und Fremden, schliesslich die Reporters (1805) nur zu befähigen, auszusprechen, dass sich die Aechtheit weder unbedingt bejahen noch verneinen liesse, und wenn heute die Kritik sich noch immer genöthigt sieht, wieder von vorne zu beginnen, so lässt sich etwa urtheilen, wie weit tausendjährigen Berichten zu trauen ist, zufällig oder gelegentlich, meist von flüchtigen mit der Sprache nicht vertrauten Reisenden in fremden Ländern gesammelt. Ebenso kühn wie man auf der einen Seite beweist, dass die epischen Gesänge der Griechen an den Namen Homer's zu knüpfen seien, glaubt man auf der andern die Person Shakespeare's in einen dramatischen Mythus auflösen zu dürfen. Obgleich während Joe Smith's Wirken eine Menge Leute in Neu-Salem (in Ohio) lebten, die behaupteten vielfach den Geistlichen Spaulding (der 1812 eine Geschichte der erloschenen Stämme schrieb) Erzählungen vorlesen gehört zu haben, die mit dem vorgeblichen Buche Mormon identisch gewesen, obwohl man auch den Setzer Sidney Rigdons kannte, von dem das zum Druck mitgetheilte Manuscript unterschlagen sein sollte, so hatte doch damals Niemand besonderes Interesse an eindringenden Untersuchungen, die Autorschaft zu bestimmen oder den Ort, wo die Tafeln gefunden sein sollten, und in hundert Jahren wird die Geschichte dieser Secte in dem raschwachsenden America, wo das junge San Francisco schon jetzt auf seine Gründung als einen fernen Mythus zurückblickt, mit dem undurchdringlichsten Dunkel für die kommenden Generationen am Salzsee umzogen sein. — Les prévisions d'un solitaire de l'Abbaye d'Orval wurden mehrere Jahre hindurch für wunderbare Prophezeiungen aus dem sechzehnten Jahrhundert gehalten, bis es endlich den nicht nachlassenden Bemühungen des Bischofs von Verdun gelang, den Erfinder zum Eingeständniss zu bringen.

Opfer-Agenten. Vor der Ceremonie der Guanli (Mützen-Verleihung) sprengten früher die Chinesen einen aus der duftenden Pflanze Jo-tahan destillirten Wein auf die Erde, damit die Geister, den Weinduft verspürend, zum Opfer herniederstiegen. Die Verdunstung der spirituösen Flüssigkeiten konnte zur Unterstützung der Ansicht dienen, dass die von den Göttern zu sich genommenen Speisen verschwänden, wie auch die Slawen und Litthauer ein Füllhorn mit Meth zum Prophezeien verwendeten. Am Gaboon lassen die Priester die Opfer von den Schalthieren fressen. Die Slawen freuten sich (nach Ibn Foslan), wenn sie von den Hunden verzehrt waren. — Das mit Büffelblut gefüllte Gefäss, das der Indier Nachts vor die Statue des Ganga Gramma setzt, wird Morgens leer gefunden. — Wer die der Hekate an die Kreuzwege gelegten Eier, Zwiebeln, jungen Hunde (von Armen verspeist) ass, wurde für unrein und unglücklich gehalten ([illegible]), da es Todtenopfer für die Abgestorbenen waren. — Die hauptsächlichste Spende, die der Ostjäke seinem Götzen bringt, ist ein Horn mit Schnupftabak, neben welches er auch nicht vergisst einen geschabten Weidenbast zu legen, damit er sich nachher (nach Landessitte) die Nasenlöcher verstopfen könne. Pallas erzählt von dem Erstaunen desselben, wenn er zuweilen Morgens das ganze Horn ausgeleert findet von einem von ihm beherbergten Russen, und glaubt, dass der Götze auf der Jagd gewesen sei, weil er so viel geschnupft habe.

Ordalien. Wenn in der Inga-Saga Bardarsonar Erling Steinweg in Gegenwart des dänischen Königs sich zur Feuerprobe erbietet, um für einen Sohn des Magnus (Erling's Sohn) angesehen zu werden, sagt zu ihm Bischof Nicolas: „Obschon ich weiss, wer dein Vater gewesen ist, so kann ich doch die Sache hinwenden, wohin ich will,“ ein Beweis, dass dem Verfasser die Kunstgriffe der Geistlichkeit genugsam bekannt waren. (*Wachter.*) — Peter der Feurige zog (1067) zwischen zwei Scheiterhaufen hindurch, um das Volk von der simonischen Ketzerei zu bekehren. Das Concilium zu Lillebonne genehmigte die Probe des Feuers. — Die thebischen Wächter erbieten sich ein glühendes Eisen zu tragen, bei Sophokles. — Eine Tafel mit dem Namen des Angeklagten wurde in die Quelle bei Palike geworfen, und schwamm im Falle der Unschuld. — Als sich bei der Belagerung von Archis Zweifel über die Aechtheit der vom Grafen von Toulouse in Antiochia gefundenen Lanze erhoben, ging zur Feuerprobe der Kleriker Peter Bartholomäi zwischen zwei brennenden Scheiterhaufen mit der Lanze hindurch, scheinbar unverletzt, aber da er nach einigen Tagen starb, hielten ihn Einige für einen Betrüger, während er nach Andern durch das Drücken und Pressen des zu seiner Besichtigung herandrängenden Volkes verletzt war. (*Wilhelm von Tyrus.*) — Vor der Feuerprobe musste der Inculpat eidlich versichern, sich keines der vielen Mittel gegen Brandwunden bedient zu haben. — Die Santiguadores oder Ensalmadores in Spanien, die sich Verwandte der heiligen Katharina nennen, und ein rothes Mal tragen, verschlingen siedendes Oel und gehen über glühende Kohlen, ohne Schaden zu nehmen, wie die Hirpiner in Italien. — Nach Virgil gingen die Priester des Apollo in Soracte über glühende Kohlen. — Nach Regnault kannte der englische Chemiker Richard Mittel, um glühende Kohlen zu kauen und Schwefel auf der Zunge schmelzen zu lassen, flüssiges Wachs oder Glas zu verschlingen, glühendes Eisen zu handhaben. Aehnliche Dinge unternahm (1774) ein Arbeiter in der Schmiede von Lannes und sind in deutschen Schmelzöfen vielfach wiederholt, indem die Massen in einem weissglühenden Zustande sein müssen, um nicht zu brennen. — Sementini (Professor in Neapel) stellte vielfach Experimente an, in Folge deren er seinen Körper durch Waschen mit Schwefel und Alaun unempfindlich gegen Verbrennung machen konnte. — In Granada rief man in dem Streite zwischen der mozarabischen und katholischen Liturgie das Feuer zur Entscheidung an, die zu Gunsten der ersteren ausfiel, da die letztere verzehrt wurde. — Die Leichtigkeit, mit der der Gläubige zwischen zwei Pfeilern (zuweilen durch einen innern Mechanismus beweglich) durchgezogen werden konnte, entschied über seine Gottwohlgefälligkeit in Stonehenge, wie in Syrien. In der Höhle des Trophonius fand ein ähnliches Verfahren statt, und eine alte Frau erzählte eine gleiche Legende von zwei näher stehenden Säulen in der verfallenen Moschee der 1001 Säulen bei Kairo. — Der Stein in Quetzalcoatl's Höhle Mictlancalco mochte durch einen kleinen Finger, aber nicht durch den stärksten Mann bewegt werden, wie auch in Europa die Schaukelsteine vielfach zu Ordalien dienten, besonders beim Ehebruch. — Von den Feen verwechselte Kinder fliegen schreiend aus dem Feuer in die Höhe, statt heraus zu rollen. — Ein glühendes Beil wird unter die Hand des Wanika zum Ordal geführt, oder eine glühende Nadel durch die Zunge gesteckt, oder Steine aus heissem Wasser genommen, oder vergiftetes Brot zu essen gegeben. — Sollte beim Ordal des Cosned (unter den Angelsachsen) der Schuldige das Stück geweihten Gerstenbrotes essen, so musste er zittern und erblassen. — Indem man schon früher übelberüchtigte Personen statt einem Gottesurtheile der Folter unterwarf, so bildete sich die scheussliche Marterkunst, die mit dem im sechszehnten Jahrhundert bewerkstelligten Uebergang des Anklageprocesses in den inquisitorischen Schritt vor Schritt zum Empörendsten fortging. (*Scherr.*) — Als im Nibelungenliede Hagen der Probe des Bahrrechtes unterworfen ward, bluteten die Wunden Sigfried's. — Das Ordal des heissen Wassers, wodurch (nach der Methnevi) am jüngsten Gerichte die Menschen gezwungen werden, ihre geheimsten Gedanken zu offenbaren, wird der Erfindung Locman's zugeschrieben, der einst mit andern Sklaven auf das Feld geschickt, um Früchte zu sammeln, seinem Herrn rieth, Alle solches trinken zu lassen, um aus dem Erbrechen zu sehen, wer davon gegessen. — Zum Ordale gaben die Jemmaboes von Khumano in Japan dem Angeschuldigten Wasser zu trinken, in dem ein mit Vögelcharakteren beschriebenes Papier (Goo) eingeweicht ist, das ihn so lange im Leibe quält, bis er gesteht.

Alterthümliche Bilder. Aehnlich dem archaistischen Stil des alten Hellas waren die dickköpfigen Patäken und Kabiren nach vorgeschriebenen Formen gearbeitete Symbole, bei denen am menschlichen Kopf vorgeschriebene Anordnungen des Haupthaares, Auges u. s. w. die Verschiedenheiten des Typus ausdrücken mussten, was die Egypter durch aufgesetzte Thierköpfe zu erreichen suchten. Anfangs wurde das hieroglyphische Symbol nur auf eine viereckige Unterlage gestellt, oder einem bedeutungslosen Körper angefügt. Die erste Veränderung, die an einem rohen Fetischklotze vorgenommen zu werden pflegt, ist seinen obern Theil als Gesicht auszuschneiden, wie beim Ganga Enquizi (der Hermes Strophäos in Congo). Von Lysippus heisst es, dass er, *συμμετρια* anstrebend, die Köpfe kleiner, die Körper schlanker machte und die vierkantigen Statuen der Alten nach der Natur veränderte. Eumaros unterschied zuerst männliche und weibliche Figuren, der Kleonäer Kimon erfand die Katagrapha (das Profilbild), indem er es verstand das Gesicht sowohl rück- als auch abwärts blickend zu malen, und begann Gelenke, Adern, Faltenwurf zu unterscheiden. Der Thasier Polygnotus öffnete den Mund, zeigte die Zähne und milderte durch Abwechselung die Strenge der Gesichtszüge. Parrhasios liess die Umrisse mit dem Hintergrund verschwinden. — In dem von Orestes gegründeten Heiligthum der Eumeniden waren die Göttinnen als kleine Holzbilder dargestellt, während marmorne Statuen früherer Priesterinnen vor der Thür sassen, so dass der mit den Geheimnissen Unbekannte leicht die Verzierungen für den eigentlichen Gegenstand der Verehrung nehmen konnte, wie es bei vielen

Tempeln Indiens geschieht. — Here in Thespiä wurde als ein Baumast, zu Samos (wie die Dioscuren) in einem Bret, Athene zu Lindos, Artemis zu Ikaria und Demeter zu Pharos in einem ungeschnitzten Holzstück verehrt, dem der Opferer das Vliess des geschlachteten Thieres überzog; Jupiter Tigillus als glatter Balken (*ξοανον*), die assyrische Aschera als Baumstamm, Pallas in Attica und Ceres Pharia wurden rudi palo et informi ligno (*Tertullian*) dargestellt. — Die Asen oder Ansen, als Balken oder Stützen, werden in Beziehung zu den Himmelsträgern gleich der Irmensul gesetzt. — Bärtige Statuen des Berggeistes (aus Eisen, Composition oder Knochen), die sich auf dem ganzen Harze finden, werden von den Bergleuten (seit alter Zeit) in Wernigerode als Laren oder dergleichen benutzt, denen sie Anbetung zollen. Sind sie nicht mehr vorhanden, so haben einige Bergleute (Eingeweihte) das Recht neue Exemplare zu verfertigen, die aber, was den Typus betrifft, so vollständig den alten Vorbildern gleichen, dass sie nicht zu unterscheiden sind. — Als das mystische Schnitzbild der Hecate in archaistischem Stil (bei den Phigaleern) verbrannte, erschien die Gottheit im Traume dem Onatas, um ganz in derselben Weise wieder gearbeitet zu werden, und eine ähnliche Erzählung haben die Indier von einem Bilde der Durga. — Unbehauene Steine waren als Material des Altares lange gebräuchlich, auch in cultivirteren Zeiten, wohin sie durch archaistische Tradition hinübergenommen wurden. — Die alten Bilder sind nicht wie die neuern, im weltlichen occidentalischen Stile gemalten (welche es ketzerisch ist, nach den Starowerzen, in die Kirchen einzuführen), Erfindungen der Maler, sondern gelten vielmehr als wirkliche Portraits der Heiligen oder vom Himmel geschenkte oder gefallene miraculöse Bilder. — Als König Attalus einen hohen Preis für ein Gemälde des Liber bot, nahm Aristides den Kauf zurück und stellte es, eine geheime Kraft vermuthend, in dem Tempel der Ceres auf. Die Gesandten der Teutonen wollten dagegen den „alten Hirten", den ein Kunstkenner als unschätzbares Meisterstück anbot, nicht einmal lebendig haben. — In Samos zeigte man am Flusse Imbrasos einen alten Agnusstamm (oder das Keuschlamm) als die Geburtsstätte der Here. Daneben stand ihr uraltes Bild (*Pausanias*), das nur einen Kopf darstellte, unter einem korbartigen Weidengeflechte, wie auch das Lygodesma oder Bild der Diana Orthyia zu Sparta unter einem Busche von Weiden gefunden wurde, die es aufrecht hielten. — Die dem bösen Gotte (Tüs) von den katschinzischen Tartaren neben dem Gezelte aufgerichteten Hausgötzen, denen mit dem Kraute Iwen geräuchert wird, beschreibt Pallas in folgender Weise: In einem wie eine Gabel gespaltenen Stocke, der aus einem langen Baumzwiesel geschnitten ist, sind an einem quer übergeknüpften Riemen zwei, wie Vögel grob ausgeschnitzte Hölzlein angereiht, in deren jedes eine Birkhuhnfeder eingesteckt ist, so dass gleichsam ein zweileibiger Vogel mit ausgespreizten Flügeln herauskommt. Zwischen den beiden Hölzchen hängt ein Stückchen Fuchs- oder Hermelinfell und ein langer Schweif von zerspaltenen Sehnen, oft mit eingemischten Pferdehaaren, wozu oft noch ein Reifen, worin ein Schlägel befestigt ist, gefügt wird. Neben dem Zwieselstock sind noch zwei Stöcke zwischen die das Filzzelt zusammenhaltenden Stöcke eingesteckt, an deren einem ein rothes, an dem andern ein weisses Fetzchen hängt, sowie manchmal noch ein blaues. — Nach dem Tractat Bava mezia sind die Steine des Markolis (Markilis) oder Mercur in dem Dienst Jesus („der sich vor einem gehackenen Stein gebückt") so: „dass einer über zwei seitlichen liegt." und wer an den Markolis einen Stein wirft, begeht (nach dem Tractat Sanhedrin) eine

Abgötterei, da ihm auf solche Weise gedient wird. — Aus dem Samen der Edomiter, die mit dem Marmorstein in Rom Unzucht treiben, wird Gott ein Kind bilden, damit bei seiner Spaltung der Armillus, der Widersacher des Messias, daraus hervorgehe. (Afkath rochel.) — Im bonthainschen Gebiete auf Celebes wird ein grosser Stein verehrt, als der nächtliche Ruhesitz des Königs Krain Loe, und wer sich auf denselben setzt, wird von Krankheiten befallen, auch Europäer: da, wenn sie nicht krank werden, man sie krank werden lässt. — Die Gottheiten (Impos) der Alfuren bestehen aus zwei grossen Steinen männlichen (Tambarukan) und weiblichen (Parong seraija) Geschlechts, nebst den kleineren, die in der Mitte des Dorfes stehen. Die Lappen umstellen ihren Hauptgott mit einer Familie kleiner Steine. — Die heiligen Orte der Chananiter an ihren Bätylen (beth-el) wurden auch von den Abrahmiden im patriarchischen Zeitalter angenommen. — Als Ahriman die Drukhs anreizt, den reinen Zarathustra zu tödten, tritt dieser unter die Daevas, Steine in der Hand haltend von der Grösse eines Kata, die er vom Schöpfer Ahuramasda erhalten hatte, nach der Zendavesta (wie solche Steine das abyssinische Heer vor Mekka vertilgen und auch zur Steinigung des Teufels in Mina gebraucht werden).

Kreuz. Das Kreuz ist der erste rohe Versuch dem naturwüchsigen Fetische eine Art menschlicher Form zu geben, wie man es vielfach unter Wilden und auch auf unseren Feldern an den Vogelscheuchen sehen kann. In Steinen war es leichter die Menschenähnlichkeit durch Eingrabung eines Nabels anzudeuten, wie in den paphischen Bätylen, und somit war der geschlechtliche Gegensatz von vornherein eingeleitet. Aus dem Steine (*Κασιος*) war die Schöpfung hervorgegangen oder aus dem Feigenholze, das zu priapeischen Gartenbeschützern verarbeitet wurde. *Οὐ γαρ ἀπο δρυος ἐσσι, οὐδ' ἀπο πετρης.* Die dem Gotte dargebrachten Opfer, die später besonders Verbrecher waren, wurden an das Kreuz, zur Marter und orgischer Schändung, geheftet, wie sie die Verehrer des Moloch in die glühenden Arme desselben warfen. Der am Kreuze vor der Sonne aufgehangene und vor ihrem Untergange abgenommene Mensch soll (wie im Cultus der Mondgöttin bei den Menschenopfern der scythischen Albanier nach Strabo) mit der Lanze in die Seite gestochen, dann abgenommen und roh verzehrt sein. Die Schlachtthiere mussten immer, wie auch noch jetzt in einer Art Kreuzesform aufgerichtet werden und Justin Martyr erwähnt ausdrücklich von dem Paschalamm, dass man ihm nicht nur einen Bratspiess von unten durch den Leib nach dem Kopf, sondern auch einen andern durch die Brust über die Quere steckte, um die Vorderfüsse daran zu befestigen, so dass diese beiden Spiesse die Gestalt eines Kreuzes bildeten. In späteren Culturzuständen wurde das Kreuz ein Gegenstand des Abscheues, wie Cicero sagt: Nomen ipsum crucis absit non modo a corpore civium Romanorum, sed etiam a cogitatione, oculis, viribus. In den Mysterien hatte die Gestalt des Phallus auf ein kreuzähnliches Symbol seiner eigenen Erscheinung nach geführt, wobei man indess die Aehnlichkeit mit dem Marterwerkzeuge selten in Betracht zog (zumal das Zeugungsglied meistens als Tau Lucian's ein abgestumpftes Kreuz vorstellte, ähnlich dem Hammer des Thor), ausser wenn sie durch Zufälligkeiten hervorgerufen wurde, wie bei der Kreuzigung der Psyche durch Eros. Aus der Vereinigung beider Geschlechter entstand das egyptische Henkelkreuz des Serapis, das auch von den Sectirern Siwa's getragen wird, als das eigentliche Zeichen der Verjüngung. Plato hielt den

Schlüssel, der Niemandem öffnet (*Pausanias*) und Janus den doppelten als Clusius und Patulcius. Als Fascinum wurde es allgemein in Rom um böse Geister abzuhalten in Haus und Feld aufgestellt, und auch die Kinder hatten es in der Bulla am Halse hängen, um gegen den bösen Blick geschützt zu sein. Lingamica instrumenta, qualibus instructi gentiles in urbe Surate in Indis certo anni tempore per compita currere solent et obvias quasque feminas tangere, ut institutionis hujus linganici cultus a Shivo factae meminerint. Haec eadem ex brachio et collo portant appensa viri feminaeque Indicae sectae Pandargiadae dictae et in Tibeto et vulgus omne, sagt Paulin. Die als Gegenzauber in den Gärten dienenden oscilla (*προσωπεῖα*) stellten Masken vor, an deren Rumpf der Phallus befestigt war. Horto et foco contra invidentium effascinationem dicari videmus in remedia satyrica signa. — Die italienischen Frauen tragen das Malocchio gegen das böse Auge und Verzauberung, wie die Spanier die Higa machen. Ithyphallen (womit der Name der palästinischen Thephillim oder Phylacterien zusammenhängt) sah man nach Arnobius in allen Städten und Dörfern Griechenlands. Bei der frühzeitigen Beziehung, in welche das Christenthum zu den Mysteriendiensten trat, wurde auch dieses Symbol von ihm angenommen und indem seine Apostel die esoterischen Lehren der Mysterien populärer machten, so gewann das Kreuzschlagen die ihm von Tertullian für jeden Lebensact angewiesene Bedeutung, wie es solche noch jetzt bei den Russen besitzt, den vorgeschriebenen Gebeten der Perser, Mohamedaner, Brahmanen oder dem beständigen Murmeln der mystischen Formel bei den Buddhisten entsprechend. Da indess das Christenthum in den ausserrömischen Ländern eine von den Mysterien unabhängige Entwickelung genommen hatte und man theils, wie so häufig bei Theocrasien, die eigentliche Bedeutung des überkommenen Symboles vergass, theils absichtlich wegen des entscheidender hervortretenden Gegensatzes zum Heidenthume nicht anerkennen wollte, so wurde es durch dieselbe willkürliche Supposition, die unzählige Male bei den Attributen der Heiligen wiederkehrt, mit dem im Evangelium nur als Mittel zum Zweck erwähnten Leidenskreuz des Messias zusammengeworfen, zumal die Christen schon lange gerade des Spottes wegen, den sie über die Todesart ihres Gottes hatten ertragen müssen, anfingen auf dieses den Heiden verächtliche Instrument stolz zu sein und deshalb, sobald sie sich irgend mächtig fühlten, es als ihr eigentliches Panier erhoben, wobei es denn auch nicht an weiteren Rechtfertigungen fehlen konnte, ähnlich den von Tertullian angewandten, um den römischen Legionen zu beweisen, dass auch sie längst das Kreuz verehrt hätten, oder nach dem heiligen Ambrosius: Arbor quaedam in navi est, crux in ecclesia. Das Kreuz erschien im Pfluge, und in der Gestalt jedes Menschen zur Unterscheidung von den Thieren. (*Justin. Mart.*) — Erst in späteren Jahrhunderten kamen dann die Crucifixe auf, die sich aus dem finsteren Hintergrunde des Mittelalters hervorhebend, bald zu jenen Abscheu erregenden Darstellungen blutiger, gemarterter, abgemergelter Heilande führten, wohl die widrigsten Productionen, die sich eine verzerrte Phantasie von ihrem Gotte geschaffen hat. — Cupido cruci affixus. (*Ausonius.*) Krishna stirbt am Baumstamme und Buddha (der in einer früheren Incarnation, als Karna's Sohn, an den Pfahl gehängt war) hiess Salivahana (cruciger). Unter der Pinie entmannte sich Attes (der ligno suspensus starb), weshalb (nach Firmicus) in sacris Phrygiis, quae Matris deum dicuntur, per annos singulos arbor pinea caeditur et in media arbore simulacrum juvenis subligatum. Odin hängt (im Runenliede) neun lange Nächte vom Speere verwundet am windigen Baume, als Hagantyr oder der Gehängte. — Die Incas verehrten ein heiliges Kreuz (Quichoa) im Palast, als Huaco, und bei den Abiponen fanden die Missionäre Kreuze in ihre Kleider eingewirkt, wie sie die Sage Quetzalcoatl zuschreibt. Die von Chosroes nach Constantinopel geschickten Türken behaupteten (nach Nicephorus) von den Christen gelernt zu haben, sich das Zeichen des Kreuzes auf die Stirne einzubrennen, wie es die Jacobiten thaten, die sich später den Namen Christus aufstempelten. Chilam-Calam (Grosspriester von Mani) prophezeite unter Mochan-Xiu in Mayapan die Ankunft der weissen Nation, die das Kreuz nach Yucatan tragen würde. Als astrologisches Zeichen der Tolteken bezeichnet es den Durchgang der Sonne durch den Zenith der Stadt Mexico, den Aequator und den Wendekreis. — Als Basrelief auf mexicanischen Sculpturen findet sich das Kreuz in Palenque neben einer ein Kind tragenden Frau, und diente zum Symbol des Regens und wurde als Cé-Acatl oder Schilfrohr verehrt. — Der Inyanga bei den Kaffern macht den Krieger unverwundbar durch ein schwarzes Kreuz, das er ihm auf die Stirne malt mit schwarzen Streifen auf den Backen, so dass er unsichtbar, der Feind aber panisch erschreckt wird. (*Döhne*.) — Liegendes Kreuz als schützender Talisman gegen beängstigende Erscheinungen (auf der Landzunge Araya). — Kupferner Kreuzesschmuck wurde in den Tumuli zu Chillicothe gefunden; wie in den Kammelgräbern (Scandinavien, Frankreich, Spanien, Portugal), auf Urnen und Steinen als tröstendes Bild der Wiedergeburt, wie Dionysos den Phallus an die Pforten des Hades pflanzte. Squier fand an der Schädelstätte von Pentanqueshire die Geschenke für die Todten in Kreuzesform geordnet. — Das abgestumpfte Kreuz, das auch den spätern Ophiten als Symbol galt, wurde in den Isisprocessionen getragen. Das Venuszeichen ♀ bezeichnet die Verbindung des Männlichen und Weiblichen + ⊙, gleich dem egyptischen Henkelkreuz. Der Stab der syrischen Astarte endete in ein +, wie es auch auf der Stirne des Ehegottes Pollear in Indien getragen wurde. Die römische Ziffer (X) bezeichnet Vervielfältigung, wie plus (+). — Vor der Ankunft Sakya's waren die Doctoren der Vernunft oder die Anhänger des mystischen Kreuzes (Swastica) über China und Tibet verbreitet. — Grundform des Henkelkreuzes ist das Zeichen des Kindes, das die Liebe (Planet Venus) bedeutet, ähnlich dem des Morgens (tsao) oder der Sonne über dem Panzerkleide. In der Ehe steht die Sonne über dem Unteren. Das umgekehrte Henkelkreuz bedeutet das Kind in der Stellung, in welcher es geboren wird. Ein mit einem tüchtigen Kreuzkopf (ausgeprägten Nähten) geborenes Kind hält das Volk noch jetzt für grosse Dinge bestimmt. Als die Ehe des Kronprinzen von Madagascar nicht mit Kindern gesegnet wurde, gab ein in der Hauptstadt Antananarivo anwesender katholischer Priester während Mr. Ellis Anwesenheit (nach den Vorschriften des Lingam- und Yonidienstes) der Prinzessin ein Kreuz, woran Jesus hing, dem Prinzen eine Medaille der „Marie, conçue sans péché", mit der Versicherung, dass beim Tragen dieser Amulete im festen Vertrauen auf die Jungfrau das ersehnte Ereigniss nicht auf sich warten lassen würde. — Die Spartaner verbinden den Balken (*δοκανα*) der Dioscuren mit dem Querholz in Kreuzesform, um die innige Verbindung der Bruderliebe darzustellen (*Plutarch*) und Hermes (*Θυφαλλιος*) wurde mit ausgebreiteten Armen gebildet. — Die Griechen des Mittelalters bedienten sich des Kreuzes als Siegel. — Serapis umfasste als Schlangenfürst mit ausgestreckten Armen gleichsam gekreuzigt die Welt im Kleinen. — Die „Christen bewegen die Hände mit dem Kreuz und dem Durchschlag, nach Art Esau's, bei Ungewittern, aber die Juden begnügen sich mit dem Gebet."

heisst es im Talmud. — Thor's Hammer, der Baldr's Scheiterhaufen weihte, erweckte Todte und ward den Wöchnerinnen zu leichter Geburt in das Bett gelegt. Sein Zeichen wurde beim Trinken über den Meth-Becher gemacht. — Die Auguren kreuzigten die Welt durch ihre Theilungslinien. — Als Olaf seinen Trunk mit dem Kreuze segnet, glauben einige der Heiden, dass er das Thors-Zeichen des Hammers mache. — Wie der Berg Meru, auf der mütterlichen Erde, stand das Kreuz auf Golgatha oder Golgol, quae et Galgal (*Hieronymus*), und Golgol heissen die phallischen Kegel (γολγοι), die Cultusstätten der paphischen Göttin nach dem Vorbilde des Aphroditetempels zu Ascalon, wie auch Urania auf Cyprus γολγων ἄνασσα genannt wurde. Auf Golgatha (Calvaria) lag der Schädel Adam's begraben, der ersten Incarnation des als Seir in Egypten (wo Joseph Psontomphanech oder salvator mundi hiess) bei der Welterneuerung erwarteten Seth, als Mashiah oder Messias, der Menschensohn (Meschiah oder Mensch). Christiano gebraucht der Italiener für Mensch, wie Chrestian der Graubündner und der Russe im verächtlichen Sinne: Krestiano. — Als Adam's Tod herannahte, erhielt Seth von dem Paradieses-Engel drei Samenkörner (des Baums der Versuchung), aus denen der Kreuzesbaum erwuchs. Salomo wollte ihn bei seinem Bau des Hauses auf Libanon verwenden, aber er erwies sich bald zu kurz, bald zu lang und als die Königin von Saba in ihm das Holz erkannte, an dem der Zerstörer der Juden sterben würde, so versenkte man ihn in den Teich von Bethesda. Dort trieb er später auf die Oberfläche und wurde zur Kreuzigung des Messias auf Golgatha aufgerichtet. — „O du gespanntes Holz, an dem Gott ausgestreckt war, dich wird die Erde nicht besitzen, sondern du wirst die himmlischen Wohnungen schauen, wenn das neue, lichtglänzende Auge Gottes erscheinen wird.“ — Die Chichimeken von Quauhtitlan schossen jährlich ein Opfer, das in Kreuzesform ausgespannt war, zu Tode, wie auf solche Weise auch die Prinzessin Ehuatmycne wegen ihrer Verachtung der einheimischen Götter bestraft wurde. — Die Parauanas am Rio Branco tragen auf der Stirn ein tättowirtes Kreuz und hakenförmige Striche auf den Wangen, sowie einen Strich vom Auge zum Ohr. (*Martius.*) — Antiochus Soter gewann eine Schlacht, indem er auf Rath des ihm im Traume erscheinenden Alexander M. das Sechseck [umgewandelt aus dem fünfeckigen Alpfuss der Pythagoreer] des (als Schuhverzierung getragenen) Druidenfusses auf die Kleider seiner Krieger setzte. Auch bei den Brahmanen galt der Druidenfuss auf der achtblättrigen Lotusblume als heiliges Zeichen und im Mittelalter als Glückszeichen der Wirthshäuser, während er in der Walpurgisnacht als Schirm gegen Zaubereien, wie das Tau in Tours gegen die Pest, vom Volke an die Hausthüren gesetzt wurde. — Unter dem Consulate des Tiberius wurden die menschenopfernden Priester Carthago's an ihre Votivkreuze geschlagen, ohne dass indess dadurch der geheime Cultus ausgerottet wurde.

Das Meinen und das Scheinen.

Gedanken werden nicht in Substanz, als solche, mitgetheilt, sondern ausgesäet als Samen, und wenn wir ihre Verbreitung und Mittheilung an andere Völker verfolgen wollen, werden wir sie oft aufgeschossen finden in exotischen Gewächsen, wo die Varietät eine neue Species geworden zu sein scheint. Gedankenreihen entspringen nur aus Differenzirungen, und zwischen den scheinbar ähnlichsten Verwandtschaften, wo die Abweichung im ersten Augenblicke kaum bemerkbar sein möchte, kann sich bei näherer Betrachtung der Gegensatz in's Ungeheuere vergrössern, und jene unübersteiglichen Verschiedenheiten begründen, über die sich demselben Stamme entsprossene Secten weit heftiger mit einander entzweien, als je mit ihren offenbarsten Feinden. Das absurdeste Schlagwort mag unter solchen Fällen die Lösung für geschichtlich mächtige Bewegungen werden, und wenn wir die läppischen Streitigkeiten zwischen den Secten rechter und linker Hand im Dekkhan durch den ganzen Orient zurück und bis auf Dschemsid verfolgen können, so bietet sich ein näheres Beispiel in den erbitterten Spaltungen über die Osterfeier in den ersten Jahrhunderten des Christenthums. Das Streben nach dem Absoluten ist ein natürliches Bedürfniss des menschlichen Geistes, der mit der unbestimmten Anschauung dieses allgemeinen Ausdrucks seinen Horizont begrenzt, so lange die Psychologie noch nicht ausgebildet ist, um denselben in die ganze Gliederung der ihn erfüllenden Einzelheiten aufzulösen, und diese optische Täuschung ebenso in fortgehende Lichtstrahlen zu zerlegen, wie die Philosophie den subjectiven Ursprung der Religionen begreifen lässt, indem sie ihre Götter aus Denkatomen reconstruirt.

Die heiligen Palladien wurden so vielfach nachgeahmt, um etwaige Liebhaber zu täuschen, dass schliesslich der Eigenthümer selbst nicht mehr wusste, welches das rechte sei. Auch das Anketten half nicht mehr, seit die Römer erfunden hatten, die Götter schon vor den Thoren herauszulocken, und die athenische Nike flog ohne Flügel davon. Die Kiste der eleusinischen Mädchen enthielt niedliche Nippsachen, von denen sich einige in den Gräbern ehrwürdiger Bischöfe wiedergefunden haben. Den von dem egyptischen Henkelkreuze stammenden Schlüssel trugen die Hierophanten schon damals und noch zu Gregor von Tours Zeit kannte das Volk den prophetischen Tauschreiber. Der samothracische Korb enthielt den besten Theil des Camillus, während man über den Inhalt der Bundeslade soviel gestritten hat, um schliesslich zu der Ansicht zu kommen, dass Nichts darin gewesen oder höchstens eiserne Ruthen. — Ein osmanischer Fürst errichtet eine Regimentstruppe aus gewaltsam bekehrten Christensklaven und theils aus Spott gegen die früher Ungläubigen, theils um sie desto sicherer zu fesseln, legt er ihren Officieren den Titel von Küchenbeamten bei und giebt ihnen den Fleischkessel*) zum Panier. Das Reich vergrössert sich und erwächst zum mächtigen Sultanat; der Kriegsruhm der Janitscharen macht Europa zittern und der Fleischkessel wird zum hochverehrten Heiligthum, das, hätten diese Prätorianer, wie es sonst vielfach geschehen ist, ihren eigenen Fürsten auf den Thron erhoben, auch in weiteren Kreisen Anbetung gefunden haben würde. In den von einer Religion zur anderen verschleppten Symbolen geht bald ihre eigentliche Bedeutung, die auf dem fremden Boden keine Erklärungen findet, verloren, obwohl man keine Schwierigkeit haben wird, neue Auslegungen dafür zu erfinden. Die Bedeutung der mystischen Linnenbekleidung der Täuflinge war schon dem Sozomenus nicht mehr bekannt. In vielen Formen des Sonnencultus figurirt das Spielzeug des Dionysos Zagreus, als das Symbol des von Helios gewälzten Feuerballes, gleich der fruchtbaren Mistkugel des egyptischen Sonnenkäfers oder dem Höcker des indischen Buckelochsen. Aus dem ceremoniellen Gebrauche dieses Sym-

*) In dem Kirgisenzelte hat der Hausvater seinen Sitz hinter dem Fleischkessel, den die cimbrischen Wahrsagerinnen für ihre Opfer mit sich führten, in dem Medea den Aeson verjüngte und Ceridwen's Diener die Zukunft brauten.

holes entwickelte sich das Ballspiel, das noch jetzt eine weite Verbreitung findet und in Armenien fortfährt am Feste der Sonnenwende gefeiert zu werden. — In Sparta wurden Neuerungen in den genau fixirten Regeln des Ballspieles hart bestraft. — War man gewohnt gewesen den Sonnenball in der Winterwende über die Grenzen des Landes zu werfen, um seine Entfernung anzudeuten, so musste sich bald, wenn sich die Grenzen schon mit denen eines Nachbarn berührten, ein Wettstreit bilden, um nicht den zugeworfenen Ball zu behalten, während umgekehrt in den oft tödtlich endenden Kämpfen um die Saule in Morbihan es zum Ehrenpunkt gemacht wird, die Kupferscheibe fortzutragen. Apollo tödtet den jugendlichen Hyacinthus mit dem Discus, den auch Vischnu in seiner Hand hält. — Der der kostbaren *σάκκος* Constantin's zum Vorbilde dienende Gral (graal), in dem Joseph von Arimathia die Speisen gradatim auftragen liess, wurde durch Titurel nach Montsalvage geführt, als idealistisches Ziel für Arthur's Ritterschaft. Thut es der Poesie Eintrag, wenn sie aus niederen und gemeinen Stoffen entsprungen ist? Im Gegentheil, unsere Bewunderung ist um so grösser, je mächtiger der Baum, je lieblicher die Blume sich entfaltet, aus dem unscheinbaren Samenkorn heraus, das auch das Moos und den Halm gebiert. — Von dem Spielball des Zagreus (als Bild des Weltalls in den Mysterien) stammt der in den Reichskleinodien aufbewahrte Reichsapfel, indem der in Creta geborene Zeus (auf cretensischen Münzen) auf einer Kugel sitzend dargestellt wird und dieses Bild später eine römische Hofallegorie bei der Geburt eines kaiserlichen Prinzen wurde. — In der von König James autorisirten Uebersetzung der Bibel finden sich die zwölf Apostel in symbolischer Beziehung zu den zwölf Monaten des Jahres. — Das Schütteln der Shaker ist begründet auf die Prophezeiungen des Ezechiel und Jesaiah, wo die Ankunft des Messias mit den shaking of nations begleitet wird. — Damianus verlangte den Herrn mit Pauken zu loben, indem man die trockene Haut geisselte, die eine Pauke sei. — Der Aschenkegel des von der Demeter Agathe in Catania beruhigten Aetna wird zum Kohlenbecken der St. Agatha, der vor den Strahlen des pestsendenden Apollo schützende St. Sebastian wird mit Pfeilen erschossen, der dem Sirius geopferte Hund ernährt den heiligen Rochus in der Wüste, Georg von Cappadocien erhielt bald den Schimmel des Swantowit, bald den des Odin, bald spielt er in den Mythen des Perseus. Der Teufel hinkt, weil Vulcan, wie Lucifer vom Himmel gefallen ist. Der heilige Matthäus hat das Winkelmass eines egyptischen Feldgottes in der Hand. Der zur Zeitmessung dienende Wasserkrug wurde (als neue Erfindungen diese Bedeutung vergessen gemacht hatten) in Egypten als Ebenbild der Gottheit, in Indien als Almosentopf Buddha's weithin verehrt. — „Von Westen her betrat man den Tempel durch die Vorhalle, welche durch die in der Regel dort angebrachten Bilder von Adam und Eva an das Paradies und den Sündenfall erinnerte. Den aus dem Paradies Herausgetretenen nahm das Schiff der Kirche auf, welches Säulenreihen von den Nebenschiffen trennten, die wiederum in Altarnischen und kleine Kapellen ausbogen. Am östlichen Ende erhob sich, vermittelst Stufen über das Schiff erhöht, der Hochaltar, der Hauptschauplatz der Mysterien des Messopfers, umgeben von dem Halbkreis für den Chorraum, welcher an das Himmelsgewölbe erinnern sollte, und so den ganzen Bau bedeutsam abschloss." — Die Darstellung der indischen Welt als umgekehrtes Schalenschiff (die Schale des Meru tragend) auf dem Deckel der Schildkröte, kehrt in den übereinander aufsteigenden Kuppeldächern der Tempel wieder. Auch die Chaldäer stellten die Welt als Schiff dar und die Scandinavier ihre

Grabhügel in Form eines umgekehrten Bootes, ähnlich den Feenhügeln bei Inverness, denen entsprechende Formationen sich auch um Drontheim finden. Die Mithra, deren Gebrauch Bacchus (nach Arrian) einführte, zeigt ebenfalls die drei Schalen übereinander. — In der altchristlichen Symbolik bedeutet das Schiff die Kirche, das Kreuz den Opfertod, die Leier den Gottesdienst, der Weinstock das Lamm, der Fisch den Erlöser, der Palmzweig den siegenden Heiland. — Als Symbole des Himmelsrundes dienten die runde Frucht der Demeter, als Kalathos oder Modius, die runde thurmähnliche Krone und das runde (der Erdscheibe ähnliche) Tympanum der idäischen und pessinuntischen Göttin: verschiedene rundliche Waffen (der Helm, der Schild Athene's, Here's und Aphrodite's, bei welcher letzteren Göttin derselbe auch zum metallnen Spiegel oder zur verschlossenen Schildkröte wird), Apfel und Mohn, die als Sphära und Ball hauptsächlich in den Fortunenbildern vorkommen. — Wasserschildkröten sind göttlich (schinquei) in China. Die Rückenschale der Schildkröte ist das Symbol des Himmels, die Bauchschale der Erde. — Die Nuss (worin sich die Tugendhaften nach slawischer Sage bei der Sündfluth retteten) war das Symbol der Wiederschöpfung. Den Umkreis der Gestirne versinnlichten Rundtänze (Kolos) im Lichtdienst der Böhmen. — Ein Schiffvordertheil befindet sich auf Münzen des Janus, quod navi exul venit. (*Servius.*) — Die Trommel der Cybele, mit der die Gaukler in Syrien das Volk versammelten, ward in Rom zum Symbol der Welt und die zum Fortscheuchen der Vögel bei den Opfern dienende Stange zum geistlichen Hirtenstab. Die Kufe wurde statt des Weingottes in den Tempel gesetzt und in dem zur Unterhaltung des heiligen Feuers dienenden Dreifuss das Geheimniss der Trinität gesucht. Oel wurde als das Symbol des Lichtes, Salz als Antidotum gegen geistigen Tod, Milch als der Trank der Unsterblichkeit, Honig als das Himmelsbrot erklärt. Die Bienen als Symbole der Seelen entstanden aus dem verwesenden Leichnam des Ochsen, und Ochsendieb, gegen den die Brahmanen ihre Mantras murmelten, war (nach Porphyrius) Mithras, als die verborgene Schöpferkraft der Sonne, die die Erzeugung heimlich fördert, gleich einem Diebe. Der Stab des Ochsenhirten (βουκόλος) bedeutete in der heiligen Formel der Eingeweihten, als Triebstachel (κέντρον) die bacchische Ruthe (νάρθηξ) nach Clemens Alex., oder den Hirtenstab (λαγωβόλον oder pedum). Gold heisst Wurm bei den Dichtern des Mittelalters, als von Drachen bewacht. — Weil Neith das Weberschiff (als Symbol ihres Namens) auf dem Kopf trägt, ist Athene für die Griechen die Göttin der künstlichen Arbeit und des Webestuhls. — Schon Telauges, der Sohn des Pythagoras, bildete die zahlensymbolischen Gedanken seines Vaters zu einer förmlichen Zahlentheologie und Zahlensymbolik aus, und mehr noch die spätern Pythagoräer in nutzlosen Spielereien. — Da die Almosenschalen und Bettlerkleider bei den chinesischen Buddhisten gegenwärtig oft in gleicher Art ein unnützer Anhang sind, wie anderswo die Maurerwerkzeuge, aber als ein durch das Alterthum geheiligter Gebrauch nicht abgeschafft werden dürfen, so sucht man nach ebenso geschraubten Beziehungen, um sie allegorisch zu erklären, z. B. als polirtes Bild der Reinheit der Seele oder indem man auf ihre Verfertigung zurückgeht. — Der früher als Nahrung für die Todten auf das Grab gestellte Wasserkrug wird im Islam zu einer Erfrischung für die Reisenden, wie später in Griechenland die der Hekate an den Kreuzwegen hingesetzte Speise. — Das Zeitmass der Sternkundigen Egyptens wurde mittelst eherner Wassertöpfe bestimmt, um durch das von einem zum andern geflossene Wasser (von dem nächtlichen Aufgang eines Sternes bis zu seiner Wiederkehr in der nächsten

Nacht) den Umlauf des gestirnten Himmels zu berechnen. Canopus war ein Gefäss, um das Maass der Bewegung aus den Wassertöpfen zu bestimmen. — Der *λουτροφόρος* fungirte als Krugträger bei Hochzeiten der Griechen, wie sich der Wasserkrug in den Händen des römischen Camillus (als Bild des Ehesegens) fand, und der *κάλπις* (Wasserkrug) war das Auszeichnende des Camillus (ministrator deorum), des bei den Ceremonien dienenden Knaben in den samothracischen Mysterien (als Hermes). — Die immer gefüllten Krüge der Danaiden symbolisirten die stets erneute Zeit. — Täglich wurde einer der dreihundertsechzig Milchkrüge auf Osiris' Grab ausgegossen. — Das Steigen des Nils wurde (nach Horapollo) durch zwei Wasserkrüge oder einen Löwen bezeichnet. — Anubis (Begleiter der Isis) trug den Canopus (mysteriösen Krug) mit Hundes- oder Wolfskopf (als Deckel). — Der früher von den Römern zur gewöhnlichen Speise verwendete Mehlbrei (puls) wurde in späteren Traditionen fast ausschliesslich zur Todtenspeise gebraucht und so ein mystisches Symbol. — Die Priester des Jupiter in Rom durften Bohnen nicht einmal nennen und kein gesäuertes Brot essen. — Zur Präservation gegen die innere Aufzehrung durch die Strigen, die die männliche Kraft versiegen machen, genoss der Römer Speck und Bohnenbrei an den Calenden des Junius. So wurden Bohnen zur dämonischen Speise, die dann wieder umgekehrt Pythagoras seinen Anhängern verbieten musste; die allegorischen Erklärungen waren leicht gefunden, und bald aus der Gestalt der Bohne, bald aus ihrer Triebkraft entnommen. — Um prophetische Träume zu haben, durften keine Bohnen gegessen werden; die prophetische Biene (Deborah) setzt sich nicht auf Bohnen, als Priesterin der Ceres. — Um die gespenstigen Manen am Lemurenfeste zu verscheuchen, warf der Hausvater um Mitternacht Bohnen hinter sich. Die Bohnen sollten mit den Menschen zugleich aus dem Urschlamme hervorgekommen sein. — Die Bohne war zu gleicher Zeit mit den Menschen gebildet und aus derselben Form, weil eine reife Bohne, die in einem verschlossenen Gefässe in die Erde gegraben wurde, nach einigen Tagen in Fleisch und Blut verwandelt sei, weshalb Pythagoras sie mit Menschenfleisch identificirte, und ihren Genuss verbot. — Professor Erbsmann, welcher von der lateinischen Schule zu Naumburg nach Jena berufen wurde, trug (als gravitätischer Pedant) selbst im Sommer einen mit Fuchspelz verbrämten Mantel, weshalb ihn die Studenten einen Schulfuchs nannten; ein Epitheton, das nachher auf jeden von der Schule kommenden Neustudenten überging und an die Stelle von Pennal, wie Jungbursch an die von Schorist trat. — Die Dominicaner machten sich zu Domini canes auf Abbildungen als die Heerde gegen die Wölfe der Ungläubigen schützend, gleich dem hundsköpfigen Anubis, dem Seelsorger auf persischen, römischen und egyptischen Gräbern. — Wie die von den Alten *πῖλος* (pileus) genannte Hutform zur Versinnlichung des *δόλος* in der griechischen Kunst, bei Kronos (*ἀγκυλομήτης*) und Dädalos-Hephästos sowohl, als in der heroischen Mythologie bei Odysseus und Orestes angewandt wird, so eignet sie sich besonders für Hermes Dolios, gleichsam die charakteristische Tracht der fremden Schiffsleute darstellend, die sich dieser Bedeckung gegen den Sonnenbrand bedienten. So wurde sie zum Symbol der an diesen bewunderten und gefürchteten Schlauheit, wie das Volk meistens ein in die Augen springendes Attribut zur Personificirung des Ganzen herausgreift und z. B. auf den rohen Holzbildern der Congo-Neger, die Europäer darstellen sollen, immer den steifen Halskragen, als typisch, wiederholt. Da die behuteten Supercargos des Alterthums hutlose Sklaven verkauften, so ergab sich später leicht, dass man diesen bei der Freilassung den ihren Herrn auszeichnenden

Hut aufsetzte. Auch diente er, um spöttisch bei den Sklaven (Davus, Geta bei Menander wie bei Plautus und Terenz) die Sitte der Barbaren nachzuahmen, da die Vornehmen der Geten einen Hut zur Auszeichnung tragen. Die Kobolde tragen gewöhnlich einen kleinen spitzen Hut, woher ihre Namen: Hütchen, Hopfenhütel, Eisenhütel kommen. — Jeder der beiden Dioscuren behält sein halbes Ei als Kopfbedeckung, die Glückshaube, die auch Odin trägt. — Wie Tertullian von den römischen Legionen erwähnt, dass sie ihr Feldzeichen verehrten, so lag es den verschworenen Bauern des Bundschuhs stets vor Allem daran eine Fahne zu haben, von der sie magische Wirkungen erwarteten, und Joss Fritz unternahm die gefährlichsten Sendungen, um einen Maler zu finden, der eine solche verfertigen wollte, trotz vielfachen Missglückens. — Der Zauberstab hat sich aus dem Schlangenstecken der Magier (zu Zerstörung des Ungeziefers) erhalten und wurde dann später an seinem Ende mit den wirksamen Worten beschrieben. — Die von Aeneas eingeführte Verhüllung des Haupts beim Opfer kommt als ritus Sabinus dem Numa zu. — Bei Städtegründungen ziehen die Tusker die heilige Furche mit eherner Pflugschar. Von Erz müssen die Scheermesser der sabinischen und römischen Priester sein, wenigstens des Flamen Dialis, dessen Wohnung und Leib durch und durch religiös und geheiligt sein soll, weshalb es nur ein freier Mann sein darf, der ihm die Haare schneidet. Wie der Prätor ihn zu keinem Eidschwur zwingen darf, soll seine Glieder nichts Kettendes und Verwickelndes berühren, kein Knoten an seinem Gewande, kein mit einem Stein verzierter Ring. Das Erz aber gilt für das Metall, das diese Heiligkeit nicht beeinträchtigt, weshalb die Schnalle am Gewande des Flamen nur von Erz sein darf, sowie das Suffibulum der Vesta. — Mit eherner Nadel ward im Dienste der Larenmutter Tacita der Kopf des Fisches Maena durchbohrt. — Die aus Grusien nach dem Kaukasus gewanderten Pschawen und Chewsurier nennen sich noch Christen, verehren das Kreuz, die Apostel Peter und Paul, den Erzengel Michael, beten aber zugleich zu dem Gott des Ostens, Gott des Westens, Gott der Seelen, sowie zu dem Gott Christus, ausser dem Gott der Erde, den Geistern der Eichen, Berge u. s. w., das Andenken an die grusische Königin Tamara als göttliche Beschützerin der Menschen bewahrend. Wie die Armenier essen sie keinen Hasen, wie die Mohamedaner keine Schweine, feiern wie die Juden den Sonnabend; der heilige Elias, der auf den Gewittern fährt, wird um Regen gebeten. In den Tempeln, wo Bier gebraut wird, steckt man eine mit Silberkugeln verzierte Fahne (droscha) als Gegenstand der Verehrung auf. Der aus den Gemeindegliedern gewählte Dasturi lebt ein ganzes Jahr in dem Tempel, um das bierbrauende Opfer zu überwachen und darf mit Niemand, als dem Priester reden, um sich nicht zu verunreinigen. (*Eristow.*) — Der Mistkäfer, den Donnerschröter Thor repräsentirend, vergiebt (nach dem schwedischen Volksglauben) sieben Sünden dem, der ihn, wenn er auf dem Rücken liegt, umdrehen sollte. In dem etruskischen Glauben dient er als Symbol des Wiederauflebens. — Als eine Schlange mit Stier- und Löwenköpfen wurde die nie alternde Zeit (*χρόνος ἀγήρατος*) aus den Wassern geboren. (*Hellanicus.*) Phanes (als Mannweib) war dem Chaos der uralten Zeit in Drachengestalt entsprungen. — Den Pfau (der Juno) entlehnten die Christen (als ein Emblem der Unsterblichkeit nach Art der Heiden, die ihn von dem Scheiterhaufen einer Kaiserin aufsteigen liessen), wie die Jeziden Salomo's Auerhahn. — Die Blindmaus war dem Horus heilig, dem Herrn der verschlossenen Gegend, der Vernichtung, denn die Dunkelheit ist älter als das Licht. — Die weissleuchtenden Walkyrien erscheinen wie Schwäne, auch in Taubengestalt wegen ihrer Liebeleien, und zwar in ersterer Form besonders als Gans, die auch neben Brahma steht. — Ellis sagt vom Bau der ersten Kirche auf Tahiti: „The chiefs procured most of the materials and when it was nearly finished, Pomare sent a fish as an offering to Jesus Christ, requesting that it might be hung up in the head chapel" als *ἰχθύς*, dem Monogramm von *θεός, υἱός, σωτήρ*. — Jesus, sagt St. Ambrosius, ist der gute Scarabäus (der eingeborene Sohn Gottes), der den vorher gehaltlosen Lehm des Körpers aufrollte. — Den Fourieristen ist der Kohl (dessen musikalische Gegenstimme der Blumenkohl ist) das Zeichen geheimnissvoller Liebe. — Der Käfer (der Gott von Hierapolis) war der Isis und dem Thaut heilig, weil er (nach Horapollo) ohne weibliches Zuthun aus einer Kugel des Ochsenmistes gebildet wurde. (*Porphyr.*) Er findet sich auch auf den Opfermessern des Sonnengottes Swantowit, und als Symbol der Lebensquelle und Wiedergeburt auf Mumienkasten, wie die platonische Seele als Schmetterling. — Die Egypter verehrten den Käfer oder Scarabäus, weil sie, wie Apion bei Plinius sagt, eine gewisse Beziehung zwischen seinen Bewegungen und denen der Sonne annahmen. — Die Redensart sub rosa stammt aus der römischen Sitte, die Tafel mit Blumen zu bestreuen und solche (besonders Rosen) über dem Speisetische aufzuhängen. Später wurde sie zum Symbol geheimer Berathungen würdevoller Stadtherrn. — Die Pythagoräer setzten ein Pentagon (wie die Christen ein Kreuz) an den Anfang ihrer Briefe, was *ὑγίεια* oder Gesundheit bedeutete, wie das Vale der Lateiner. Die Druiden zeichneten diese Figur auf ihre Schuhe, die Juden zeichneten ein Hexagon, als das Schild David's, womit sie Feuersbrünste löschten. Beausobre erklärt den höchsten Gott, Abrasas oder Abraxas der Basilidianer, als den majestätischen Helfer von *ἁβρός* (majestätisch, gut, weich) und *σάω*, was sich oft im Homer unter der Bedeutung helfen und heilen findet. Abracadabra war ein Heilmittel gegen Fieber. Der barbarische Name Iao war von den Griechen in *ἴησις* verändert von *ἰάσθαι* oder heilen. — The octagon of the font expresses the saviour's resurrection on the eighth day, the first of the spiritual recreation after accomplishing the six days of the material creation and resting the seventh. — Sowohl dem männlichen als weiblichen Princip des Schaffens gehört das Dreieck an, als Flamme des Schiwa oder abfliessendes Wasser des Vischnu, während den Hellenen das Delta als Thierzeichen immer nur als Insignie weiblicher Gottheiten diente, dem Apollo aber der Dreifuss. Nach Plutarch verstanden die Pythagoräer unter dem Dreieck den Hades, und unter dem gleichseitigen Dreieck die Minerva, während sie die Natur die Fünfzahl nannten. Xenokrates verglich das Göttliche mit dem gleichseitigen, das Sterbliche mit dem ungleichseitigen, das Dämonische mit dem gleichschenkeligen Dreieck. Die Egypter dachten sich die Natur des Weltalls unter dem Bilde des rechtwinkeligen Dreiecks. Im sechzehnten Jahrhundert gossen die Sideristen, die in der astronomischen Kunst erfahren waren, festmachende Schaupfennige von Silber und feinem Gold (nach himmlischer Influenz), welche am Halse zu tragenden Amulete durch Thurneisser unter die Soldaten der Mark verbreitet wurden. Im dreissigjährigen Kriege brachte ein Zufall die Mansfelder St. Georgenthaler in Aufnahme, besonders die von 1611 und 1613, mit der Inschrift: Bei Gott ist Rath und That. — Keppler construirte seine ersten Planetenbahnen nach polyedrischen Körpern (Dodecaëder entsprechend der Mars-, Tetraëder der Jupiter-, Kubus der Saturn-, Ikosaëder der Venus- und Octaëder der Mercursbahn, während die Erde einen Kreis beschreibt), als den einzig regulären Körpern, und fand erst darauf später unter Verbesserung seiner Irrthümer, das Gesetz der Umlaufszeiten weiter bestätigt, nebst den andern durch seine mystisch-magischen Träumereien über die Verhältnisse zwischen den Bewegungen, Distanzen und Excentricitäten der Planeten mit den musikalischen Accorden ableiteten. — Die Atome des Feuers waren (nach Plato) Tetraëder oder Pyramiden, als spitzig und aufwärtsstrebend, die der Erde sind Würfel, als beständig und den Raum vollständig erfüllend, die der Luft Octaëder, als denen des Feuers am ähnlichsten, die des Wassers Ikosaëder, als der Kugel am nächsten. Das Dodecaëder ist die Gestalt der Atome des Himmels, die sich auch in andern Dingen, wie den Zeichen des Thierkreises zeigt. — In Pucara in der Montaña von Viloc wurde dem jedesmaligen Alcalde eine Klystierspritze (Jeringa) feierlichst übergeben, um sie als Heiligthum in seiner Wohnung aufzubewahren, und zum Gebrauch verlangt, wurde sie nur in Begleitung des Regidor verabfolgt. Bei etwaiger Verletzung geschieht die Ausbesserung auf Gemeinde-Unkosten in Tarma. (*Tschudi.*) — Nach dem Namen des Dorfnarren in Remsthal Conrad (Kunn-Rath) bildete sich die stille Gemeinde des armen Conrad, in welcher sich unter der Maske lustiger Schwänke und Possen (bei der Aufnahme Güter im Monde vertheilend) die Tendenzen der frühern Bauernverbindungen forterhielten und dem öffentlichen Auge entzogen. Als das Aufstecken des Bundschuhs fehlgeschlagen hatte, sagten bei Annäherung der fremden Truppen die Rebellen: „Wir wollen den armen Conz auf den Capellenberg tragen, und ihn da wieder begraben. Die von Beutelspach haben den armen Conzen zehn Jahre gehalt, so ist er auch zu Beutelspach aufgestanden, so wollen wir ihn da wieder begraben und nachher heimziehen.“ (*Zimmermann.*) — Die polnischen Truppen brachten der Constitution, als der Schwester Constantin's (des Grossfürsten) ein Vivat. — Ein über drei Jahr alter Hahn kann in Russland ein längliches Ei legen, das am Busen gewärmt, nach sechs Wochen eine feurige Schlange auskriechen lässt, die Reichthümer bringt, aber, wenn gereizt, das Haus in Brand steckt. — In China legen die Schlangen befruchtete Hühnereier, aus denen, vom Blitze getroffen, ein Drache (Kiao) entsteht, der in die Luft emporfliegt. — Das Druidenei (der Seeapfel der Küsten, der im Binnenlande wunderbar erschien) konnte nur mit Lebensgefahr aus den sich umwindenden Schlangen geraubt werden. — Wo die Enden des Regenbogens aufstehen, fällt ein goldenes Schüsselchen nieder in Sternschossen (Sperma Solis aut Iridis), als celtische oder phönizische Goldmünzen. — Dem ὠμοφόριον genannten Wollengewand, das, an das verirrte Schaf (das der Hirte auf den Schultern trug) zu erinnern, von den griechischen Bischöfen auf der Schulter getragen wurde, entnahmen die Päpste ihr anfangs nur als Ehrenzeichen verliehenes Pallium, dessen Annahme sie später zur Pflicht machten, nachdem schon Ansgarius (Bischof von Bremen und Hamburg) bei seinem Empfange eine eidliche Verpflichtung hatte eingehen müssen. Die hohen Palliengelder machten den Ablass nöthig, der Unfug des Ablass regte den Protestantismus an, und so „hat sich das Spiel gemacht, um einen hänfenen Faden,“ schreibt Luther. — Als Symbol der aufstrebenden Flamme war die Tiara gewunden. — Von dem Bauverein zu York (926) verbreiteten sich die Bauvereine über England und den Continent. Als Grossmeister der deutschen Bauhütten wurde der der Strassburger Hütte anerkannt. In England wurden (mit dem siebzehnten Jahrhundert) Vereine von „nicht bauenden, sondern angenommenen Maurern“ mit denselben Symbolen gestiftet. Seit Errichtung der ersten Grossloge (1717) verbreitete sich die Freimaurerei besonders über das protestantische Europa. Von jesuitisch-mystischen Zuthaten reinigte sich die deutsche Maurerei auf dem Convent zu Wilhelmsbad bei Hanau (1782) und nahm das

System des Eklecticismus an. (*Scherr.*) — Die mittelalterlichen Bauhütten bewahrten die symbolische Steinbehauung des egyptischen Demiurgos, die bei dem von Hermas geschauten Thurme Eulesis festgehalten war, nach Schlägel, Meisel, Zirkel und Winkelmass. In der Bundesfarbe bezeichnet Schwarz die vorchristliche Zeit, Roth den erwarteten Untergang der römischen Weltherrschaft durch Feuer und Schwert, Gold die auserwählte Schaar der im Lichte wandelnden Bundeschristen, Weiss das kommende Unschuldsleben. — Bei jedem Stück des Maro, der dem Oata, dem seit seiner Geburt als König (Ari-rahi) fungirenden Kronprinzen, bei der feierlichen Thronbesteigung angelegt wurde, musste zur Weihe ein Mensch geopfert werden. — In den Klöstern bestanden Verbrüderungen, um die Gesetze der Architectur zu bewahren, deren Ausführung später Laien-Gesellschaften in den Bauhütten überlassen wurde. — Gleich den die Argilleen-Kammern bewohnenden Cimmeriern führten die buddhistischen Mönchsgemeinden, wie die russischen der Lawra, Höhlenbauwerke aus, wo jede den ihr eigenthümlichen Vorstellungskreis vorwaltend verkörperte und an Beziehungen zur Aussenwelt zu knüpfen suchte, wie es sich am directesten in dem schaffenden Aufrichten, in Nachahmung der Werke Kneph's und Visvamitra's, erfüllte. Die Städte des Mittelalters errichteten erst die Altarzelle und begannen dann in den folgenden Generationen an den Kathedralen weiter zu bauen, als ein Nationaldenkmal des Bürgerthums, wie die königlichen Pyramiden eines unumschränkten Despotismus. An dem Münster zu Ulm wurde von 1377 bis in's sechzehnte Jahrhundert unter Leitung der Architectenfamilie Ensinger gebaut. Die Phönizier und Carthaginienser woben mehrere Geschlechter hindurch an dem Peplos der Himmelsgöttin, unvollendbar wie der Penelope Arbeit, und der Namo (der Federkriegsmantel Kamehameha's) hatte neun Könige in seiner Fabrication beschäftigt und war bei Hinzufügung jeder neuen Schnur mit dem Blute eines Menschenopfers getränkt. — Das gesellige Zusammenleben der Curialgenossen wurde durch ihr gemeinschaftliches Mahl an den Festen, besonders den Fornacalien beim Herde in jedem der dreissig Curiengebäude dargestellt, wobei die Einfachheit der Speisen, der Brei, das Schrot, der Kuchen, die Erstlinge von Obst, die hölzernen Tische, die Curiengöttin Juno, die alterthümliche Häuslichkeit vergegenwärtigen sollten, gleichwie durch das gemeinschaftliche Mahl aller Hausgenossen am Fest der Vacuna die alte Sitte der Vereinigung jeder Familie um einen Tisch dargestellt wurde. — Die mystische Gesellschaft der Rosenkreuzer („weil man ohne das innerliche und mystische Kreuz Christum nicht nachfolgen könne, welch so mit dem rosenfarbenen Blute Christi besprengt sei"), obwohl eine ironische Erfindung des Dr. Andreae (1610), gewann vielfache Anhänger (wie der Orden der Brüder von Malta in New-York), um an der bevorstehenden Weltreform mitzuarbeiten und wurde bald durch die Sage als eine weitverbreitete Gesellschaft auf den Stifter Christian Rosenkreuz zurückgeführt (*Heinroth*), dessen Name schon manchen in das Irrenhaus geschreckt hat, wie die Furcht vor Illuminaten und Freimaurern. — „Wie süss war uns das Andenken an den erhabenen Mönch und an den, der so willig von ihm lernte," schreibt Jacobi an Gleim über Sterne's „empfindsame" Reise. „Viel zu süss, um nicht durch etwas Sinnliches unterhalten zu werden. Wir alle kauften uns eine Schnupftabaksdose von Horn, worauf mit goldenen Buchstaben auswendig der Name Lorenzo, inwendig der Yorik's steht, wir alle thaten das Gelübde, des heiligen Lorenzo wegen jedem Franciscaner etwas zu geben, der uns um eine Gabe ansprechen sollte." Und die Lorenzodose ward zum mystischen Symbol (auch auf dem Nachttische der Damen), zur wunderthätigen Reliquie, die alle Leidenschaften besänftigte, durch kaufmännische Speculation bis Livland und Dänemark verbreitet. Zu den Regeln des von Hofmann gestifteten Ordens der Sanftmuth und Versöhnung gehörte es, jährlich am Laurentiustage Gaben an die Franciscaner auszutheilen. In Italien und Sicilien verschwisterte sich der Lorenzo-Orden mit theosophischer Schwärmerei. — Nach Kämpfer leitete sich die Blindengesellschaft der Ferkisados in Japan von dem General Kakekigo ab, der (von Joritomo überwunden, aber mit Wohlthaten überhäuft) sich die Augen ausriss und sie Jenem zum Geschenk anbot, da er sich so unfähig machen wollte, auf's Neue die Waffen gegen ihn zu ergreifen, obwohl der einmal seinem alten Herrn geschworene Eid ihn hindere, sein Unterthan zu werden. Die vornehmsten Personen drängten sich zur Aufnahme in die gestiftete Blindengesellschaft, deren erstes Haupt Kakekigo wurde, so wie in die von dem Prinzen Sennimar gestiftete der Bussotz Sado. Wie die Peruaner sich aus Nachahmung ihres bestraften Häuptlinges die Zähne ausrissen, so die Japanesen die Augen, da die Blendung überall bei orientalischen Fürsten in Brauch ist, um ihre Feinde unschädlich zu machen, und in diesem Falle ebenso ein künstlicher Enthusiasmus der Loyalität angeregt wurde, wie bei der Verschneidung der Eunuchen in solchen Staaten, wo der Fürst oder der Priester eine möglichst freie Disposition über Frauen und Kinder wünschte. Was Virey von den Negern sagt: „Selon l'ordre de la nature, les anciens frères des singes" gilt auch anderswo, wie die Modeherrschaft der Reifröcke, Schönheitspflästerchen und Perrücken genugsam zeigt. In Aethiopien ist es Sitte, die Freunde des Königs (der bis zur Zeit des Ergamenes sich auf etwaigen Befehl der Priester tödten musste), wenn derselbe ein Glied verlieren sollte, ebenso zu verstümmeln, weshalb dort nicht leicht eine Revolution entsteht. (*Diodor. Sicul.*) — Wenn es den Gerbern nicht zusagte, einen geschundenen Heiligen auf dem Bilde vor sich hertragen zu lassen, so liessen sie ihn malen hoch zu Ross, mit einer wallenden Fahne auf den Schultern. Es blieb doch immer das Symbol desselben St. Bartholomäus. — Die osmanischen Zünfte, die sich noch aus der Zeit des Chalifats herschreiben, haben jede einen Propheten oder Heiligen, und das Schurzfell (von der weissseidenen Schärpe hergeleitet, die Gabriel dem Propheten in der nächtlichen Reise verehrte) ist ihnen ein ebenso heiliges Symbol des Vereins, als der Brüderschaft des religiösen Ordens der Teppich und der Gürtel. — Wie die Maler den heiligen Hieronymus (oder heiligen Gerasimus) mit einem Löwen, den heiligen Ambrosius durch eine Honigscheibe, den heiligen Augustin durch ein kleines Kind, den heiligen Gregorius durch eine weisse Taube darstellen, so Luther durch ein volles Weinglas (sagt Gerasse). — Der Spartaner-König Agis siegelte mit einem Adler, der eine Schlange in den Klauen hielt, Seleucus mit einem Anker, Polycrates mit einer Leier, Pompejus mit einem schwertführenden Löwen. — Auf dem Banner der Waffenschmiede in den Amkare (Arbeiterassociationen) in Tiflis ist der Patriarch Abraham mit einem Messer dargestellt, auf dem der Maler der Apostel Thaddäus mit dem wunderbaren Christusbilde, auf dem der Obsthändler der Erzengel Michael mit Schwert und Wagschale, auf dem der andern meistens der Prophet Elias. — Aus Mars wurde Martinus, dessen Mantel (der alte Wunschmantel des Odin), seit er Chlodwig den Sieg bei Tolbiak verschaffte, von den fränkischen Königen als Heerzeichen (capella) im Felde geführt wurde. Most in Wein verwandelnd hatte er schon im vierzehnten Jahrhundert Salzburger Mönche zu Trinkliedern begeistert, gleich seinem späteren Namensvetter in Wittenberg, der durch den Martinstrunk gefeiert wurde. — Die Scythen verehrten das

Schwert, dessen sie zum Kriege bedurften, als Heiligthum der Nation, bis es später, als blosses Symbol in der Hand eines vergötterten Heros, der zum Mars wurde, verschwinden mochte. Ob ihm eine fortgeschrittene Religionsstufe dann überhaupt noch Bedeutung beilegte, konnte nur von den Umständen abhängen. — Während bei den Slawen Schwarz eine böse Bedeutung im Gegensatz zu Weiss hat, gewann bei den Türken Kara eine glückbringende Bedeutung, seitdem der siegreiche Osman diesen Namen geführt. — Die Wachabiten affectiren den Gebrauch möglichst kleiner Schrift, um einen Gegensatz zu den Türken darzustellen, die in grossen Zügen schreiben. — Das Fest der Kreuzerhöhung wurde noch immer fortgefeiert, nachdem das von Heraclius auf Golgatha erhöhte Kreuz längst und vielfach wieder herabgeworfen war. — Im Gegensatz zum Mittelfinger, worauf man Schimpf und Schande häuft, sucht die Volkssage den Ringfinger (in besonderer Beziehung zum Blut des Herzens stehend) als den würdigsten und edelsten hervorzuheben, indem er ein wohlthätiger Zauberer ist, die Krankheiten heilt und in Liebe vereinigt. Aus dieser höheren Natur heisst er auch der „Ungenannte", woraus die Aachener Mundart Johann gemacht hat. Schon im Sanscrit heisst er namenlos oder Anaman, ebenso bei den Chinesen, Tibetern, Mongolen, ferner bei den Ossetcn und Litthauern, sowie den Finnen und den americanischen Indianern. (*Grimm.*) — Die offene Hand dient als Schutz gegen bösen Blick in America und Asien. — In der indischen Schöpfungsgeschichte ist das Durchdringen oder die Schwängerung der Materie durch den Geist im Lingam symbolisirt. — In seinem Mausoleum bei Izamal wurde der Prophet Zamna unter dem Namen Kab-ul (die heilkräftige Hand) verehrt und von den kranken Pilgern berührt, wie dieses Bild der Hand sich überall fand, als Talisman gegen jede Art von Uebeln betrachtet. Eine schiitische Secte des Dekkhan trug sie, als das Symbol Allah's, auf ihren Fahnen, aus einer Wolke herausgreifend, zwischen Sonne und Mond. — Rothe Hände wurden von Grey in einer Höhle am Schwanenfluss (Australien) gefunden, ähnlich denen in Neu-Mexico und Sibirien. — Die bronzenen Hände unter den egyptischen Alterthümern, die für Votivbilder erklärt werden, sollen bei Anwendung der magnetisirenden Heilkraft gedient haben. Andere dagegen folgen dem Apulejus, der bei Beschreibung einer Procession sagt: „Ein Vierter, in Leinwand gekleidet, trug das Symbol der Billigkeit oder Gerechtigkeit, nämlich eine linke Hand an dem Ende eines Palmzweiges. Diese linke Hand scheint nur wegen ihrer natürlichen Faulheit und Ungeschicklichkeit mehr das Symbol der unpartelischen Gerechtigkeit zu sein, als die rechte." Andere setzen die Isishände in Verbindung mit jenen Händen, die die Könige bei ihrer Salbung trugen, als Hände der Justiz. Sie findet sich als königliche Hand auf dem Siegel Hugo Caput's. Auch auf den Medaillen griechischer Kaiser sieht man Hände. In der Abbildung Carl's des Grossen, als Patricier auf einem Lehnstuhl, kommt eine Hand aus den Wolken mit drei ausgestreckten Fingern. (*Ennemoser.*) Die rothe Hand der americanischen und asiatischen Tartaren hat meist die fünf Finger gespreizt, ebenso wie die offene Hand, die die indischen Rajahs als Bürgschaft ihres Schutzes schickten und womit die Osmanen unterzeichneten.

Launen der Mode.

Die Verehrer der Reifröcke möchten nicht dürre wie eine Spindel aussehen, müssen aber vielleicht später selbst ihre Mode aufgeben, um nicht einer Tonne zu gleichen. Der Student freut sich seiner Löwenmähne oder rasirt sich seinen Knebelbart ab, um nicht an einen Ziegenbock zu erinnern. Solche Ideencombinationen, die in unserer Zeit regsamer Thätigkeit als Witzworte belächelt und bald vergessen werden, genügten in dem schwerfälligen Geistesleben, in welchem die Kindheit der Völker verlief, auf Jahrhunderte hinaus durch Traditionen heilige Gebräuche festzustellen. Africanische Völkerschaften brechen sich die Vorderzähne aus, um nicht wie Ochsen, asiatische färben sie sich schwarz, um nicht wie Hunde auszusehen. Die Mongolen banden den Kopf ihrer Kinder kegelförmig nach dem Vorbilde der Tiara, die Tahiter drückten die Nase ein, die Abiponen rupften sich die Haare aus nach einer Reibung mit heisser Asche. Die von dem Inca seinem aufrührerischen Casiken auferlegte Verstümmelung wurde von allen Unterthanen desselben angenommen, wie in Aethiopien und die Blendung in Japan. Die von der französischen Königin empfohlenen Schönheitspflästerchen konnten sich nicht lange erhalten, aber die Chinesinnen humpeln noch heute in Nachahmung der verkrüppelten Füsse ihrer prädiluvianischen Kaiserin. Chinesische Moralisten führen diese Sitte auf einen eifersüchtigen Ehemann zurück, der dadurch seiner Frau das Ausgehen verleiden wollte. In deutscher Sage lässt König Nidung dem Schmiede Wiland die Fussehnen durchschneiden, damit er nicht von der ihm aufgetragenen Arbeit entfliehen könne, ohne doch durch Fesseln belästigt zu sein. Auch Vulkan war hinkend und Dädalus flog mit wächsernen Flügeln davon, wie Wiland später mit ehernen. Amalivaca, der Urvater und erste Gesetzgeber der Tamanaken am Orinoco, musste seinen Töchtern die Füsse zerbrechen, um ihre Lust am Reisen zu hindern und sie zur stillen Bevölkerung des Landes zu nöthigen. Die mohamedanischen Sheriffs bewahren die grüne Farbe Mohamed's. Die Mädchen der Caraiben legen jung angezogene Halbstiefeln nie wieder ab, um die Waden hervortreten zu lassen, wie die Tscherkessinnen ihre Lederfutterale bewahren. Die seltsamsten und schmerzlichsten Entstellungen *) haben sich zum Gesetz erhoben und vielfach in der orientalischen Geschichte fortgepflanzt. — Die Nachahmung (die, wie das Gähnen, oft unbewusst ist) führt (besonders wenn hervorragende Männer als Muster genommen werden) leicht dazu, gewisse Eigenthümlichkeiten stereotyp zu machen, die später in den Gebräuchen (weil unverstanden, als wunderbar) bewahrt werden mögen. Von Amyrald, der (begünstigt von dem französischen Hof) auf dem Wege war, der Stifter einer neuen Religionssecte (in seiner Lehre von der allgemeinen Gnade) zu werden, wird erzählt, dass er von solcher Ehrfurcht gegen seinen Meister Cameron eingenommen war, dass er ihn in dem Ton der Stimme und gewissen Bewegungen mit dem Kopfe nachgeahmt, und dass peregrini aliquid in ejus pronuntiatione bemerkt wurde. Die macedonischen Feldherrn ahmten Alexander den Grossen in seiner linken Kopfneigung nach. — Als Nostradamus, Leibarzt Carl's IX., diesem vorausgesagt, dass er so viele Jahre leben werde, als er sich, auf der Ferse seines Fusses stehend, in einer Stunde umdrehen könne, so übte sich der König jeden Morgen in diesem Manöver ein und bald wurde die Bewegung Jedermann für so zuträglich gehalten, dass sich alle Hofleute darin übten, um es ihrem Herrn nachzuthun und sich langes

*) „Die Mode ist das künstliche Reizmittel, das ein unnatürliches Bedürfniss weckt, wo das natürliche nicht vorhanden ist, was aber nicht aus einem wirklichen Bedürfnisse hervorgeht, ist willkürlich, unbedingt, tyrannisch. Die Mode ist deshalb die unerhörteste, wahnsinnigste Tyrannei, die je aus der Verkehrtheit des menschlichen Wesens hervorgegangen ist," sagt Wagner.

Leben zu sichern. (*Littrow.*) — Die nach dem grossen Sterben (1350) in Mode gekommenen Schuhschnäbel wurden von den Magistraten verboten, da die von der Tanzwuth Ergriffenen Verwünschungen dagegen ausstiessen und ebenso die diesen verhasste rothe Farbe. — Die Scheluken und Dinkas schlagen ihren Kindern vier Zähne (nach dem ersten Wechsel) der untern Kinnlade aus, damit sie nicht den Hunden gleichen. — Das Schwarzfärben der Zähne herrscht in Java. — Wer bei den weissen Miaotse sich verheirathen will, lässt sich zwei Zähne mit einem Hammer ausschlagen, um dadurch die Leiden, die seine Ehe bedrohen möchten, von sich abzuwenden. — Die Savo auf Timor feilen die vordersten Zähne gänzlich weg, viele Negerstämme spitzen sie zu. — Die Batokas schlagen in der Pubertät die oberen Vorderzähne aus, um wie Ochsen auszusehen, da sie sonst den Zebras gleichen würden. — Uweiss, der mystische Scheich (der den ältesten Derwischorden stiftete), liess sich alle Zähne ausreissen, zum Andenken an den Propheten, der deren zwei in der Schlacht bei Obed verlor. — In Ardandan (Chenci) trugen die Eingeborenen Goldzähne (nach Marco Polo), indem sie die obere und untere Reihe mit diesem Metall bedeckten. — Als man (1591) in Schlesien hörte, dass einem Kinde ein Goldzahn mit seinen übrigen Zähnen ausgefallen sei, glaubte man darin ein vom Himmel gesandtes Unterpfand, das Schutz gegen die Türken versprach, zu sehen, obwohl Zahnärzte erkannten, dass nur künstlich ein Goldblättchen an dem natürlichen Zahne befestigt sei. — Die Beobachtung, dass sich der Ohrknorpel ausdehnen lässt, rief die Mode der Orejones in Paraguay und auf Madagascar hervor, und die Incas hatten für jede Provinz eine besondere Art des Ohrgehänges. Den Athenern und Persern war ein durchbohrtes Ohrgehänge das Zeichen des Adels. — Die Könige von Sennaar tragen schwere Ohrringe zum Ausziehen, als Zeichen ihrer Herrscherwürde. Auch die Bussos verlängern den Ohrknorpel durch Gewichte, und ebenso die Wanikoro und Tahiter. — Die Veränderung der Kleidermode unter den Laien erhob die von den Priestern beibehaltenen Kleidungsstücke allmälig zum alterthümlichen Ornate. Als die Gesandten des Congresses am Hofe zu Versailles in ihrem schlichten Anzuge erschienen, adoptirten die Franzosen die quäkerhaft monotone Färbung und den republikanischen simplen Schnitt von Franklin's Rock. Die Kniehose wich den langen Pantalons wegen der grösseren Bequemlichkeit in dem französischen Heere, die sich dann zu den türkischen Pumphosen erweiterten. — Die von Natur eleganten Tahiter wussten ihre togaartige Kleidung in dieselben modischen Falten zu legen, worin die Spanier und Römer ihre Gewänder tragen. Später aber sah Ellis viele mit Hosen, die als Röcke, und mit Röcken, die als Hosen angezogen waren (seit Einführung der europäischen Moden), umherwandern, die sich auf diese Weise ebenso und noch mehr geschmückt glaubten, indem der Schönheitssinn in diesem Falle, jeden Regeln der Aesthetik entgegen, wegen des ungeeigneten Materiales sich nur in den barocksten Verirrungen zeigen konnte. — Die Bewohner von Kangigan tättowirten sich (nach Marco Polo) den ganzen Körper mit Figuren, Blumen und Thieren. — Berthold tadelt (13. Jahrhundert) die Mode, die Thierwappen des Geschlechts auf die Kleider zu sticken, so dass Männer und Frauen gleich einer wandelnden Heraldik einhergingen, was die tättowirten Polynesier einfacher auf ihrer Haut erreicht haben würden, wenn symbolische Hieroglyphen-Verschlingungen sich bei ihnen schon bis zur Darstellung bestimmter Naturproducte (die im Thierreiche meistens fehlen) erhoben hätten. — Nach einer aus Amhara stammenden Mode tättowiren sich die Frauen von Tigre und einige Männer in der Hauptstadt, fast am ganzen Körper mit ringförmigen und gezackten hübschen Figuren. — Die Libyer bezeichneten sich (nach Herodot) ihren Körper als von den Trojanern stammend, und durch ihre Stirnzeichen, die auch sonst im Oriente getragen werden, unterscheiden sich die Secten in Indien. — Die Nubier zeigen vielfach Brandwunden an ihrem Körper von Moxas herrührend, die zur Heilung von Krankheiten gesetzt worden. Die Scythen brannten sich (nach Hippokrates) in Schultern, Armen, Handwurzeln, Brust, Hüften und Unterleib, um bei ihrer schwammigen Constitution den Bogen führen zu können. — Die Grönländerinnen nähen einen mit Russ geschwärzten Faden an Kinn, Backen, Händen und Füssen durch. — In der Bai von Biafra werden Elfenbeinpflöcke in den Lippen getragen, wie bei den Eskimos, und die Barakas stecken Stücke rohes Fleisch als Schmuck in die Ohrläppchen. — Die Botocudos tättowirten die Haut und öffneten sich das Fleisch der Backen und Unterlippe, um Stücke von Knochen und bunte Steine als Putz hineinzufügen. — Bei den Abiponen wurden die mannbaren Mädchen im Gesichte gezeichnet, wie (nach Herodot) die vornehmen Frauen der Thracier, und auch auf Neuseeland wird das erst mit dem Tode geendete Tättowiren mit jedem wichtigen Lebensereignisse verknüpft. Die Parther durchlöcherten ihren Leib, um sich kostbare Steine einzufügen. — Die Magindanaer lassen sich den linken Daumennagel lang wachsen, damit sie sich Mittags den Bambu zum Essinstrument formen können, die Manilleser die Zehe des Fusses zum Spielen ihres Instrumentes, die Neuseeländer zum Weben. — In dem Teatea-mataSpiele erweiterten die Kinder (auf Tahiti) ihre Augenlider durch einen eingefügten Strohhalm, so dass sie in schrecklicher Weise aus einander standen, wie es die Jagas und Neuseeländer beim Kriegstanz übten. — Um sich durch Befiederung zu bedecken, bestrichen sich die Tupinambas in Brasilien den Körper mit Gummi und streuten rothe Flaumfedern darauf. Die Flachkopf-Indianer pressen die Stirn zurück. Die platte Nase der Hottentotten rührt (nach Kolbe) davon her, dass dem Kinde bei der Geburt das Nasenbein zerdrückt wird. — Die Conibos am Apurimac pressen den Kopf ihrer Kinder zwischen zwei Bretter, um ihm die Form des Mondes zu geben, während der Kopf der Weissen einem Affen gleicht. (*Castelnau.*) — Bei den Caraiben sollte die Abplattung des Kopfes dazu dienen, dass sie im Stande seien, auf dem Boden liegend über die Stirne wegzusehen. — Bei den arabischen Stämmen in Africa, besonders den auf ihre edle Abkunft eifersüchtigen Familien beginnt die Mutter frühzeitig den Kopf des Kindes durch leichtes Massiren abzuändern (wie es zu Abou-Zeyd's Zeit auch in Arabien geschah), damit der Kopf seinen ursprünglichen Typus bewahre und keine Verwechselung mit der verachteten Berber-Raçe stattfinden könne. — Hippocrates spricht von einer Compression bei den Macrocephalen des schwarzen Meeres. — Bei den Tschinuk dürfen nur die Köpfe der Freien, nicht die von Sklavenkindern platt gedrückt werden. — In der mexicanischen Schreibweise wird der höhere Rang einer Person durch eine lange Nase ausgedrückt. — Persische Eunuchen suchten dem zur Herrschaft bestimmten Fürsten eine Adlernase zu bilden. (*Olympiodor.*) — Nach Xenophon mästeten die Vornehmen der Mosynöken (Holzthürmer) ihre Kinder mit Kastanien und gesalzenen Delphinen bis zu einer unförmlichen Dicke und tättowirten sie dann am ganzen Leibe. In Senegambien suchen die Mütter ihre Töchter durch Füttern mit Couscous heirathsgerecht zu machen. — Das Scheeren des Kopfhaares vicarirte häufig für das Beschneiden des Gliedes; die den Neugeborenen abgeschnittenen Haare bildeten durch die zeitlebens erhaltene Kahlheit der Stirne das Nationalzeichen der Abipone. — Dion, von einem edlen Geschlecht der Geten (aus welchem Könige und Priester erwählt wurden) berichtend, erwähnt, dass diese Edlen anfangs Tarabostesi, hernach Pileati (die Cassius Dio auch unter den Dakern von den Comati unterscheidet) hiessen, im Gegensatz zu den übrigen Freien, die Capillati genannt wurden.[1] Auch Odin heisst Sid-höttr (der mit dem breiten, tiefen Hute) und bis auf die jüngste Sage hinab erscheint er in solchem Hute, der die heidnische Heiligkeit andeutet, wie bei den Römern den Flamen Dialis sein galerus und apex auszeichnet. (*Grimm*.) — Die Friesen schwuren bei ihrem Haar wie die Araber bei ihrem Barte. Alarich der Westgothe fasste Chlodwig beim Schwure an seinem Bart. Die Novellen verbieten den Eid per capillos. Die Franken setzten reges criniferos über sich. Die Sueven trugen einen aufgebundenen Haarschopf. Den Abbadies dient ihr Haarwulst als Helm. Peleus gelobte das Haar des Achilleus dem Sperchiusflusse, wenn er glücklich aus dem Kriege heimkehren würde. — Die streitsüchtigen Deutschen schnitten nach Plutarch sich die Haare ab, um nicht beim Vorderkopf gefasst werden zu können, doch war die Frisur der verschiedenen Stämme sehr mannichfaltig, und die Streitigkeiten, ob einer nach longobardischer oder römischer Mode geschnitten werden solle, gehörten zu den Beschwerden des Papstes bei dem Franken-Könige. — „Haare und Bart waren Zeichen und Tracht des Standes Mündiger und Freier. Abschneiden des Haupthaares, bei Erwachsenen des Bartes, war Gothen, Franken und Longobarden Symbol der Annahme an Kindesstatt (Alarich, König der Gothen, adoptirte so Chlodwig, König der Franken). Wer sich Haar und Bart abschneiden liess, unterwarf sich dadurch gleichsam der Gewalt des Abschneidenden. Ein Freier konnte sich durch Uebergabe des abgeschnittenen Haupthaares in Knechtschaft eines Anderen geben." — Beim Verluste von Thyrea schwuren die Argiver, bis sie es wieder erobert, sich das Haar zu scheeren, während umgekehrt die siegreichen Lacedämonier es sich wachsen liessen. — Bei den Neugriechen wirft der Priester die dem Kinde abgeschnittenen Haare ins Feuer, wie früher die der Opferthiere. Nach dem jüdischen Volksglauben wohnt ein verführerischer Dämon in den Haaren der Frauen. — Astyages trug (nach Xenophon) künstliches Haar in der Art des assyrischen Hauptschmucks. — Die Tonsur der christlichen Priester wird von den Rabbinen aus der Nachahmung erklärt, weil der Leiche Jesu, als sie an ein Pferd gebunden, vor den König geschleppt sei, die Haare ausrissen; nach einer andern Version, weil Jesus seinen Anhängern mit dem Wasser Baaleth den Kopf gewaschen, wie es ihm selbst geschehen sei, um als Unehelicher gezeichnet zu werden. — Radama hob das Verbot des Schweinefleisches auf, sorgte für die Reinlichkeit der Strassen von Tananarivo und selbst für die der Bewohner, indem er ihnen untersagte, das Haar lang zu tragen (Madagascar). — Die Mönche rasirten das Haupthaar, den Sklaven ähnlich zu erscheinen (gleich den Buddhisten). Im fünften Jahrhundert ahmte dies der römische Clerus insoweit nach, dass er sich eine Platte auf dem Scheitel scheeren liess (Tonsur des Petrus). Die britische Kirche blieb bei der ohnehin landesüblichen Abscheerung des Vorderhauptes (Tonsur à la Paulus). — Die Abanten auf Euböa, die nach der Ilias nur am Hinterhaupte langes Haar trugen, ahmten ihrer Gottheit nach, indem sie sich völlig kahl schoren, wie die Araber im Dienste des Orotal. — Aus Trauer über Adonis schoren die Eroten ihr Haar, wie die Priester. — Der alte Dionysos Bacchus trug das Haar geschoren, der jüngere (Jacchus) in vollen Locken. — Rundgeschoren waren die phönizischen Solymer im Dienste des

Saturn. — Der Schnitt der Stirnhaare (Θησηΐς) wird auf Theseus zurückgeführt. — Als die Römer zur Strafe den Herzog Adelger beschoren, beschor sich sein Gefolge und fortan das ganze bairische Volk, um Alles zu dulden, wie es ihrem Herren widerfahren. — Dionysius Areopagita schreibt die Einführung der ecclesiastischen Tonsur (viertes Jahrhundert) der Bescheidenheit zu, Hieronymus dagegen der Nothwendigkeit, weil Leute, die keine Sorge auf den Kopf verwenden könnten, Ungeziefer bekommen möchten. Moris est in Aegyptiorum et Syriae monasteriis, ut tam virgo, quam vidua, quae se deo voverint, crinem matribus monasteriorum offerant desecandum. (*Hieronymus.*) — „Alle die Priester in Mexico kleiden sich schwarz und schneiden nie das Haar, noch kämmen sie es von dem Augenblicke ihres Eintretens in das Kloster, bis zum Austreten," berichtet Cortez. — Indianern, die auf langes Haar hielten, erliess die Kirche das Abschneiden vor der Taufe. — Am längsten Tage wurde der Sonnengott als voll behaart betrachtet, während in der Frühlings-Tag- und Nachtgleiche die Priester in ihrer Tonsur sich halb (hinten) beschoren. Am kürzesten Tage hatte der neugeborene Horus nur ein einzelnes Haar. — Die Cureten schoren sich (nach Strabo) ihr Vorderhaupt, weil sie einst von ihren Feinden am Kopfhaare zu Boden gezogen wurden, und Aehnliches erzählt Tacitus von den Germanen, während sich die Indianer zum Scalpiren einen Schopf stehen lassen, wie die Araber, damit ihr kopfabschneidender Feind den Bart verschone. — Beim Rückfall der Ungarn in das Heidenthum weihte sich Vatha den Dämonen, indem er, drei Locken ausgenommen, das Haar schor. — Die Beduinen Syriens und der arabischen Halbinsel scheeren sich das Kopfhaar, das sie unter dem Turban oder Kufiah verbergen, nicht ab, trotz der Wünsche des Propheten. — Der Chalif El Mamun liess den durch besondere Tracht und langes Haar ausgezeichneten Theil der Bewohner Harran's, die weder Christen, Juden noch Magier waren (zu keinem der schutzverwandten Völker gehörend und weder ein geoffenbartes Buch besitzend, noch an einen Propheten glaubend), wissen, dass sie entweder den Islam oder sonst irgend eine der vom Koran tolerirten Religionen annehmen müssten, sonst würde er sie Alle durch Hinrichtung ausrotten (830 p. C.). Viele gingen zum Christenthum über, Andere nahmen den Islam an, aber dem Theil, der bei der alten Religion verharrte, rieth ein mohamedanischer Gesetzkundiger sich bei dem Chalifen für Ssabäer auszugeben, als der Name der Anhänger einer Religion, deren Gott im Koran gedenkt. (*Abu Jussuf.*) — Als äusseres Abzeichen der Angirasiden (brahmanischen Xatriyas) wird das Tragen der Haare in fünf Büscheln erwähnt. — Künstliche Bärte mit Zähnen (um den Mund zu verdoppeln) wurden auf den Inseln der Lord-Howes-Gruppe gesehen. — Die Hierodulinnen zu Tyrus waren wie die Priester geschoren. (*Pausanias.*) — Die Polen weihten das Haar der Kinder den Göttern. — Mönche und Nonnen (wie Buddhapriester) unterwerfen sich (als Diener der Gottheit) wie Sklaven, der Scheerung. — Leucipp liess dem Flussgott Alpheus zu Ehren das Haar wachsen (*Pausanias*). Osiris zu Ehren der Götter (*Diodor*). Gegen wendische Sitte trug der Hohepriester des Swantowit zu Arcona langes Haar. Die Nazarener blieben ungeschoren. — Die Assiniboins tragen langes Haar, indem sie mit Leim falsches ankleben. — Die Bücher der Ewall schreiben die Erfindung des Kopfbundes dem Abraham zu, und besonders desjenigen, den die Derwische Krone heissen. — Plinius sagt von den Ringen redend: „Die Ringe dienten, als sie erst gewöhnlich wurden, ebenso zum Unterscheidungszeichen des zweiten Standes (den sie als einen neuen zwischen Senat und Volk einschoben) von dem Volke, wie die breitsäumige Tunica den Senat von denen, welche Ringe trugen, während früher der Name der Ritter von dem Streitross hergeleitet wurde. Auch in Rom erfüllten die Ringe eine Zeitlang den Zweck des Geldes und Schmuckes gleichzeitig, wie die Manilla-Halbringe, die Perl- und Caurischnüre, die Rupien und die Reichsthaler. — Nach Saadi unterschied Djamschid seine Unterthanen nach der Art ihrer Frisuren und gab der linken Hand das ehrenvolle Vorrecht, das sie seitdem im Oriente bewahrt, während in Dekkhan die Secten rechter Hand höher stehen. — Die Chonchos bedienen sich der Schweinsborsten als Barthaare, die Somaulis geben durch eine aufgelegte Lehmschicht ihren Haaren den auch bei den römischen Damen beliebten Goldglanz. — Nach Censorinus brachte man, um die übrigen Theile des Körpers gesund zu erhalten, das Oberste derselben (die Haupthaare) zur Sühne dar und in den Vorhöfen indischer Tempel sieht man oft Schöpfe aufgehängt. — Die Egypter gelobten bei Krankheiten der Kinder das Gewicht des abzuschneidenden Haupthaares in Gold, wie es in Peru in Silber von dem Compadre bezahlt wird. Die Slawen schoren das Kind beim Namengeben. Wie Kadlubek erzählt, wurde bei den alten Polen derjenige, der zuerst das Haupt eines Kindes schor, zu seinem Adoptiv-Vater, um gleichsam durch Veränderung der Familie den bösen Nachsteller zu täuschen. — Nach Lucian liess sich jeder Reisende, der zum ersten Male nach Hierapolis kam, Haupthaar und Augenbrauen scheeren.

DIE MAGIE.

Die Magie in der Geschichte.

Die Harmonie des Kosmos ist der vollendetere Ausdruck der Gegenwart, für die von jeher durch die Magie (in den jedesmaligen Naturphilosophien) angestrebte Einheit der Weltanschauung. Je weniger der Mensch die umgebende Natur kennt, desto mehr bleibt er auf seinen eigenen Microcosmos angewiesen, um durch geistige Operationen die Mängel zu verdecken, destomehr wird er rein subjectiv*) denken, während mit der fortschreitenden Erkenntniss sich allmählig die Nothwendigkeit des objectiven Schliessens fühlbar macht. Der

*) El ciego soñaba que veia y soñaba lo que creia, sagt das spanische Sprüchwort. „Mit dem Gedanken immer fort beschäftigt, sehen und sehen zu wollen (sagt Gerold), tritt die Imagination bei manchen Amaurotischen, besonders wo das Grundübel ein schleichendes Leiden der Netzhaut war, so lebendig hervor, dass sich die Seele gleichsam überredet, Alles noch nach wie vor zu erkennen und wahrzunehmen; durch die Verwechselung also des reellen und subjectiven Sehens in der Imagination, die aus dem ewigen Meditiren, gut sehen zu wollen, entspringt, erklären sich die Träume solcher Kranken, die von heller Beleuchtung, schöner Gegend, Farbe, Statuen u. dergl. mehr beinhaltet sind.“ Ueber die daraus folgende Gedächtnissstärke theilt Jacobi manche interessante Einzelheiten über den blinden Dichter Pfeffel mit.

Neger erhält von seinem Feticero den wirksamen Juju, mit dem sich diesem im Augenblicke der Ekstase die Idee seiner Wirksamkeit associirte; der Magier ertheilte sein Amulet, das aus einem bestimmten Metalle mit dem Zeichen eines bestimmten Planeten gefertigt war, wie es nach den ihm überlieferten Formeln für die entsprechende Constitution des Applicanten in jedem besonderen Falle wirksam sein müsste. Ist es ein Kranker, der Hülfe sucht, so würde jetzt der Arzt eine experimentell als heilsam erkannte Medicin verschreiben; ist es ein Landbauer, wird der Chemiker ihm die aus vergleichenden Analysen als die brauchbarste erkannte Düngercomposition verkaufen, aber im letzten Grunde ist beiden das Warum ihres Handelns ebenso wenig bekannt als dem Magier *) oder dem Feticero. Der Unterschied, wodurch die eine Verfahrungsart empfehlungswerther wird als die andere, liegt nur in einem Mehr oder Minder **). Der Feticero, dem nichts weiter von Naturgesetzen bekannt ist, denkt sich in dem speciellen Fall, dass wohl gerade d i e s e r Stein d i e s e s Uebel heilen möchte, denn warum sollte dieser nicht so gut wie jeder andere? und nachdem er sich diesen Gedanken einmal gedacht, nachdem er einmal die Association zwischen diesem speciellen Steine und speciellen Uebel gebildet hat, so stehen sie für ihn auch fortan in einem genaueren Causalnexus ***), als irgend ein anderer Stein gerade zu diesem Uebel

*) Wie jede Naturwissenschaft durch Experimente zu beweisen und prüfen ist, so würden sich bald aus solchen die Lehren der Magier widerlegt haben, wenn es nicht bei ihren confusen Vorschriften, bei den umständlich zu erlangenden Hülfsmitteln, die sie zur Bedingung stellten, und bei den Schrecken erregenden Operationen, die erforderlich sein sollten, schwierig gewesen wäre, zu klarer Einsicht zu kommen. Nur Nero, dem die Macht zu Gebote stand, sich alles Nöthige zu verschaffen und der bei seiner Grausamkeit auch vor den schändlichsten Opfern nicht zurückbebte, konnte die verlangten Ceremonien im vollsten Masse anstellen und er kam denn auch, wie Plinius erwähnt, zu negativen Resultaten, so dass er später diese Kunst ganz aufgab.

**) „Wo von keinem Wissen die Rede ist, wo Alle nur meinen, da ist die eine Meinung so viel werth, als die andere," sagt Girtanner, von der „egyptischen Finsterniss" redend, in der die Aerzte umhertappen. Der Fortschritt der naturwissenschaftlichen Weltanschauung über die früheren misst sich nach dem Grade, als sie analysirend in die Masse der factischen Einzelnheiten zu relativer Erkenntniss der Proportionen vordringt.

***) Zeiten politischer Bewegung sind reich an Omen und Prophezeiungen, weil solche dann nur erkannt und verstanden werden. Hundert Dinge, die im gewöhnlichen Leben spurlos vorübergegangen sein würden, werden dann von der aufgeregten Stimmung in Associationen zu den sie beschäftigenden Ideenreihen gesetzt und wenn sie der Zufall als ursächlichen Zusammenhanges beweisen sollte, auch darin festgehalten. Der Glaube, Purganzen genommen zu haben, hat schon vielfach treffliche Abführung bewirkt, die hartnäckigsten Krankheiten sind durch Mica panis geheilt und den Meisten

stehen würde. Der Magier hat ein complicirtes System *) von seinem Vater überliefert erhalten, eine Sammlung von Erfahrungen über die relativen Verhältnisse, in denen die verschiedenen Naturgegenstände zu einander stehen. A priori würde weiter kein Grund einzusehen sein, warum, wenn überhaupt eine Beziehung vorhanden sein sollte, das Kupfer nicht eben so gut dem Jupiter als dem Mars verwandt sein könnte. Aber der Magier erkennt in beiden die rothe Farbe und da im Uebrigen die Wahrscheinlichkeit dieselbe ist, da weiter kein directes Verbieten vorliegt, so genügt dies eine Moment, das Kupfer fortan in genauerer

---

werden Beispiele bekannt sein, wo vor der Thüre des Zahnarztes das Corpus delicti zu schmerzen aufhörte. Hypochondrische können oft beliebig in jedem Gliede Schmerzen erzeugen. Boerhave erzählt von seinem Schüler, der alle Symptome der ihm erklärten Krankheiten durchmachte; französische Aerzte berichten von Frauen, die an ihrem Körper Spuren derjenigen Verletzungen zeigten, die sie andere empfangen sahen, und dass Furcht am leichtesten zu Ansteckung befähigt, beweist jede Epidemie auf's neue. Ausser den Mittheilungen der Augenkrankheiten durch das Sehen zeigen die Stigmatisirten Beispiele, inwieweit wirkliche Körperveränderungen durch die darauf gerichtete Aufmerksamkeit hervorgerufen werden können, was sich bei dem Versehen der Schwangeren noch auf eine weitere Sphäre überträgt. Das diagnostische Krankheitsbild der Wasserscheu ist bis zu einem gewissen Maasse ein eben so künstlich in der Medicin hervorgerufenes, als das System der Hexentheorien in der Geschichte des Mittelalters, wie auch in den tertiären Formen der Syphilis sich die Arzneikrankheit schon seit länger mit den Symptomen des primären Leidens mischt. Vomunt humiditatem quasi araneae telam et ventris emollitionem similiter, sagt Constantin von Africa über die von der Tarantel Gebissenen. Dr. Noble erzählt von einem Patienten, der auf Pillen von Calomel und Coloquinthen trefflich schlief (ohne zu purgiren), weil er sie für Schlafpillen gehalten hatte, Dr. Briquet von dem hemiplegischen Weib eines Arbeiters, das während der Pariser Strassenkämpfe (1848) ihren Mann überallhin begleitete, dann aber wieder gelähmt niederfiel. Eine Dame, die fürchtete, dass ein Knabe vor ihren Augen von einer Eisenthür am Fusse beschädigt werden möchte, hatte den Knöchel geschwollen (*Bucknel*), eine andere, deren Tochter sich in ihrem Beisein die Hand zerschmetterte, erlitt selbst eine Verletzung an derselben. (*Carter.*)

*) Wenn günstiger Erfolg erwiesen hat, dass eine andächtig empfundene Handlung oder Rede dieser Willensrichtung gemäss war, so wird sie mit strenger Sorgfalt festgehalten, niedergeschrieben, bei jeder Erneuerung des Falles mit derselben Haltung wiederholt und sie dient als Norm für ähnliche Verhältnisse. Es war das Geschäft der Pontifices, jeden gottesdienstlichen Fall in Einklang mit andern zu bringen, die in irgend einer Hinsicht analog waren. Sie hatten die religiösen Bedürfnisse des Volkes zu beachten als gläubige Priester, und in solcher Stimmung das Gebet, den Gebrauch, den einzelnen Gottesdienst nicht zu erfinden, sondern aus dem Herkommen heraus in Verbindung mit dem sich neu ergebenden Fall zu entwickeln, zu umgrenzen, festzuhalten, wenn dadurch jenem Bedürfnisse am besten entsprochen werde. (*Klausen.*)

Beziehung zu Mars, wie das Zinn zur Venus, das Gold zur Sonne, das Silber zum Mond u. s. w. zu betrachten. Hieraus ergeben sich leicht weitere Folgerungen. War das Kupfer dem Mars durch das Gemeinsame der rothen Farbe verbunden, so musste ihm auch mit rothem Sandarac geopfert, musste ihm ein rother Stier oder typhonischer Mensch dargebracht werden, dann hatte er Macht über das Feuer, über das hitzige Temperament, und es liessen sich nun bald eine Menge theoretische Regeln ableiten, wie man in Verwendung der diesem wilden Gotte oder der dem weisen Mercur, dem mächtigen Jupiter, der milden Venus heiligen Symbole zu operiren hatte, um entsprechende Krankheiten zu heilen oder sich in den verschiedenen Lebensverhältnissen die Hülfe gerade desjenigen zu verschaffen, die unter den gegebenen Umständen am wünschenswerthesten sein würde. Die Schlingpflanze wächst in sich ebenso organisch empor, wie der Fruchtbaum und wenn einmal eingeleitet, verläuft das magische Denken nach durchaus logischen Gesetzen. Nihil operari imagines, nisi vivificentur, wussten ausser Agrippa, die Egypter, Chaldäer, Griechen, Römer, Phönizier, Mexicaner, wissen noch heute die Indier und Aethiopier. Wie Ulysses die Todten nur temporär durch das ihnen eingetränkte Blut beleben konnte, so welken (im Volksmährchen) die durch Rübezahl's Zauberstab geschaffenen Mädchen hin, als der Saft in der Rübe sich erschöpft. Die dem Atzmanne versetzten Stiche empfindet der zu Strafende in denselben Gliedern seines Körpers. Die Warze verschwindet in gleichem Verhältniss, wie der besprochene Faden in der Erde verwest. Das Haar fällt aus oder wächst, je nachdem es unter zu- oder abnehmendem Monde*) geschnitten ist. Das Kind, das mit dem Finger nach dem Himmel weist, sticht die Sterne todt, oder den Engeln die Augen aus. Die Mandanen fürchteten sich von Catlin malen zu lassen, um nicht einen Theil ihres Selbst zu verlieren, und als die Büffelheerden ausblieben, fanden sie es daraus erklärt, weil der weisse Künstler so viele derselben in seiner Mappe fortgetragen habe**). Plotin wollte kein Bild von sich ver-

*) Nach Elisäus von Amathunik (einem armenischen Patriarchen des 5. Jahrhunderts) hängen einige Arten der Besessenheit mit dem Wachsen und Abnehmen des Mondes zusammen, indem das Gehirn entsprechend vergrössert oder verkleinert wird.

**) Wie die alten Frauen die Augen bewegenden Bilder sahen, liefen sie schreiend durch das Dorf und verlangten die Vertreibung der gefährlichen Medicin, die lebende Wesen durch blosses Anblicken machen, also auch vernichten könnte. Als das Gesicht des Sioux-Häuptlings (Matohschigah) abgeschossen war, weil es auf dem Bilde weggelassen worden, argumentirten die Indianer, dass es weggelassen worden sei, weil es abgeschossen werden sollte. Auch Ellis theilten einige Madagesen mit, dass sie nach

fertigen lassen, da es schon allzu schwer sei, die körperliche Gestalt zu ertragen, um gar ein Bild vom Bilde noch für länger fortbestehen zu lassen.

Sobald der Magier seine Associationsreihen zwischen bestimmten Planeten, Metallen, Farben, Gerüchen, Thieren, Pflanzen, Menschen u. s. w. gebildet hatte, mussten sich dieselben, je mehr er seine Denkfunctionen übte, auch um so leichter und ungezwungener in ihm reproduciren und nichts war natürlicher, als dass er sich bald im Stande fühlte, sie in angenehmen Variationen von unten nach oben, von hinten nach vorne, oder von jedem beliebigen Punkte der Mitte aus zu denken. Hatte Mars sich einmal das Kupfer, die rothe Farbe, den rothen Stier zu seinen Attributen gewählt, so musste er bei dem zwischen ihnen bestehenden Zusammenhange auch umgekehrt von ihnen influencirt werden, und die Priester verstanden es überall durch die kluge Verwendung der Zaubermittel sich die mächtigsten Götter dienstbar zu machen. Die Facta, auf denen sie fussten, waren Erfahrungen, die sie mit demselben Rechte für sich anführen konnten, wie der medicinische Systematiker, der die Wirksamkeit der ihm gelehrten Arzneien auch täglich und jährlich durch deutliche Erfolge bestätigt sehen wird, bis eine physiologische Reform ihn zwingen mag einen verschiedenen Standpunkt einzunehmen, wo dann das gepriesene Modemittel ebenso rasch in Verruf zu gerathen pflegt. Die Anfangs noch dem rohen Feticismus verwandten Zauberkünste der Magier mussten eine spirituellere Form annehmen, nach Ausbildung der Schreibekunst. Das Mysteriöse derselben frappirte überall den Naturmenschen und hatte er sich schon früher allzuleicht verleiten lassen, den Namen für die Sache zu nehmen, so lag um so grössere Verführung dazu vor, wenn man sich neben dem Laute des Wortes noch seine bildliche Gestalt zu vergegenwärtigen vermochte. Die magische Kraft des schöpferischen Honover*) wurde in der Kabbala

dem Porträtiren zu sterben fürchteten, wenn er das Bild, das dem Geiste gleiche, mit sich fortnehme. Der König von Bornu wollte aus Furcht vor magischen Anschlägen nicht erlauben, dass die vom König von Portugal gesandten Bilder in seiner Wohnung aufgestellt würden. — Ein Muselmann, dem Bruce das Bild eines Fisches zeigte, fragte ihn, was er sagen würde, wenn am Tage des Gerichtes sich dieser Fisch gegen ihn erheben und anklagen würde, ihm einen Körper, aber keine Seele gegeben zu haben. — Tertullian tadelte den africanischen Philosophen Hermogenes, weil er ein ebenso guter Zeichner wäre, wie der Ketzer Manes.

*) In der Entstehung des Gottmenschen Bure durch die Zunge der Kuh findet sich nur ein im Nordischen vergröberter Ausdruck der Schöpfung durch das Wort, wie auch dem egyptischen Agathodämon Kneph das Weltei aus dem Munde fällt. Ueber der Schöpfung durch das Wort steht noch das

zur magischen Kraft der Buchstaben *), und da man es in ihnen mit leicht beweglichen Elementen zu thun hatte, verfehlten die Rabbinen auch nicht bald die ganze Welt aus dem heiligen Namen **) Gottes zu construiren. Nach Valentinus waren die Aeonen als Gedanken des unerforschlichen βυθος die Namen des nach den Grenzen seiner Voll-

---

ausgesprochene Wort, der Geist oder Logos. (*v. d. Hagen.*) „In das Wort hat Gott die ganze Welt gelegt.“ (*Arndt.*)

*) Dasselbe Princip mechanischer Verflachung liess Rabbi Abarbanel die Befragung des Brustschildes (gleich der egyptischen ἀληθεια des ἀρχιδικαστης) aus dem Hervortreten bestimmter Buchstaben erklären, während gewöhnlich die magische Kraft der Edelsteine in die prophetischen Träume gelegt wurde, womit sie ihren Besitzer begabten.

**) Nach Elias von Creta setzte Marcion den Schöpfer aus 24 Buchstaben des griechischen Alphabets zusammen, indem Alpha und Omega den Kopf, Betha und Phi den Hals, Gamma und Chi die Schultern u. s. w. bildeten, bis My und Ny die Füsse ausmachten. — „So wie ich euch durch tiefe Betrachtung (tapas) schuf, so sucht auch ihr durch Andachtsgluth das Mittel, die Geschöpfe zu vervielfältigen,“ spricht der Herr der Schöpfung (in der schwarzen Yajurveda) zu den Göttern. — Sarasvati (Göttin der Harmonie und Wissenschaft), aus Brahma's Seite hervorkommend, tanzte und sang das erste Lied, ihm bei dem Schöpfungsact administrirend, wie die weltschaffende Sophia vor dem Angesicht Jehovah's spielte. Mit der Entstehung des Weltalls, sagt Lucian, ist zugleich der Tanz hervorgegangen. Ehe Gott die Welt erschuf, hatte er nach Philo, der ihn Makum (Ort), als alle Dinge enthaltend, nennt, in seinem Geiste die Vorstellung oder das Bild dessen, was er erschaffen wollte, als den λογος θεος. — Nach dem Midrasch Jalkut waren sieben Dinge vor der Erschaffung der Welt vorhanden: die Thora (das Gesetz), die Busse, das Paradies, die Hölle, der Thron Gottes, der Name des Messias und der heilige Tempel, während nach Andern nur die Thora und der Thron wirklich vorhanden, die andern fünf aber in dem Gedanken Gottes, als er die Welt schuf, waren. Die Seele Mohamed's umschwebte viele tausend Jahre vor der Erschaffung der Welt schon den heiligen Thron. — Im finnischen Epos Kalewala wird die Schöpfung durch das Saitenspiel Wäinämöinen's beseelt, wie in der düstern Natur Scandinaviens durch den magischen Gesang der Runen. — Bei Menu heisst es: „Dunkel war, ununterschieden und ununterscheidbar, als ob Alles in tiefen Schlaf versunken sei. Da strahlte die durch sich selbst seiende Macht, an sich selbst nicht geschieden, aber scheidend die Fülle des Lebens nach den fünf Grundkräften und den andern Wesenheiten, in lichtverklärtem Glanze, verscheuchend die Finsterniss. Er, dessen Wesen nur im Geiste zu begreifen ist, aber den Sinnen nicht erscheint, der keine sichtbaren Theile hat, der von Ewigkeit her ist, die Seele aller Wesen, den kein Geschöpf erkennen kann, trat hervor. Er, der aus seiner eigenen göttlichen Wesenheit mannigfaltige Wesen in's Dasein rufen wollte, schuf durch den Gedanken zuerst die Gewässer, und begabte dieselben mit dem zeugenden Lebenskeim.“ — Nach den mystischen Doctoren sind die drei Welten (die intelligente, die himmlische und die sublunarische) aus dem mohamedanischen Lichte emanirt. Gott hat vor der Schöpfung der Welt die Idee Mohamed's gehabt, als einer geistigen Substanz, die aus ihrem Lichte drei Strahlen warf.

kommenheit Unnennbaren (*μορφαι του θεου ὀνοματι του ἀνονομαστου*). Die Urlaute der sieben Vocale, die in Egypten der Priester statt eines Lobliedes den Göttern sang (Demetrius Phal.), hatte Hermes aus dem Unendlichen abgesondert und erfinderisch seiner Leier einverleibt. Orpheus bezeichnete das All mit dem Wohllaute seiner Leier (*Manilius*), die Pythagoräer nannten die Sieben die Stimmen, weil sich das ganze Tonsystem innerhalb sieben Töne vollendete. Verbindungen zwischen Tonkunst und Sternkunde finden sich auch bei den Chinesen. Die indische Schöpfungskraft hatte die Welt hervorgerufen, indem sie sich in dem trügerischen Spiegel der Maya sah, worin auch Zeus das Bild des zerrissenen Zagreus erblickte. Ormuzd, nachdem er die Feruer, die reinsten Abdrücke aller künftigen Wesen gedacht hatte, sprach den schaffenden Logos*), aber in der Kabbala waren es die Gestalten der aus dem Lichte geformten Buchstaben, die sich in der Welt der Materie abdrückten. Die traditionelle Modulation der Worte, in denen Accente und Punkte mitzuspielen begannen, erhielt jetzt bei den Masoreten dieselbe Heiligkeit wie die genauen Vorschriften Menu's über das Lesen der Vedas. Auch Proclus lehrt, wie durch bestimmte Trennung und Verbindung der Laute das innerste Wesen der Gottheit offenbar werde. Viel kam dabei auf die Willenskraft selbst an, „aber bei Adel der Seele, starker Phantasie und einem nicht widerstrebenden Gegenstande vermag die Macht der Einbildungskraft (nach Avicenna) nicht allein viel über den Körper, sondern selbst äussere Materien zu verändern und ohne Mittelkörper zu bewegen.“ Die Brahmanen bedienten sich dazu überlieferter Formeln, um durch ihre Mantras die Götter zu beschwören. Natürlich musste die Magie, da sie ihre Ausbildung vielfach ausserhalb der Tempel nahm (besonders bei fortgeschrittenen Civilisationsverhältnissen, wo die Staatsreligionen die gefährlichen Zauberkünste ausschieden), in Collisionen mit den anerkannten Mythologien kommen. Sie operirte mit den relativen Verhältnissen der Naturgegenstände, die (wenn überhaupt aus Ursachen Wirkungen folgen sollten) immer durch eine innere Nothwendigkeit beherrscht werden mussten, in der Harmonie des Kosmos, die

*) Durch seinen Willen schuf Brahma aus seinem Geist das Wasser (Nara), als Narayana sich bewegend auf dem Wasser, dem ersten Platze der Bewegung. Nach Campanella († 1568) existirte die Welt zuerst in Gott als Idealwelt, angefüllt mit Engeln oder Tugenden, die die Ideen denken. Nach Bruno († 1600) muss das Sein Gottes als That betrachtet werden und Böhme bezeichnet Gottes Denken als Schaffen. „Ueber die Natur philosophiren, heisst so viel, als die Natur schaffen,“ sagt Schelling, der in der Naturphilosophie die Darstellung der Natur in der Ideenwelt liefern will. Nach Hegel besteht das ganze Leben des Universums in der Selbstentwicklung der absoluten Idee.

richtig geahnt, aber falsch erklärt wurde. Die von der Erde zum Himmel emporgewachsenen Göttergestalten hatten sich dem Priester schon lange als unzulänglich bewiesen, den ganzen mächtigen Bogen desselben, trotz der astronomischen Erweiterungen, die sie dort annehmen konnten, auszufüllen und selbst die kolossale Figur Jupiter's, selbst Phidias' Zeus, den des Tempels Dach nicht fasste, vermochte es nicht zu verdecken, dass sich hinter ihm noch das unerbittliche Fatum wölbte (wenn er nicht selbst als Zeus Möregetes aufgefasst wurde) oder dass mächtiger wie er die uralte Themis blind die Geschicke*) wog. Der Magier wurde durch die natürliche Anschauung dahin geführt, den unendlichen Sternenhimmel, an den sich seine Zaubernetze hefteten, die im ewigen Gleichklang wandelnden Sphären selbst (der tausendäugige Indra der Mythologen, der Jupiter multioculus, der Pfauenschweif der glänzenden Here) als die letzte Ursache der Nothwendigkeit anzusehen, und die unentfliehbare**) Adra-

---

*) Der Gnostiker Bardesanes knüpfte das Fatum an das Walten der Astralgeister, die von den paarweisen Syzygien der Aeonen zu Regenten gesetzt waren, an, indem der allmächtige Gott sich nicht in die sublunarische Welt einmische. Wolf (der Unchrist) wurde aus Halle vertrieben, da man dem preussischen Könige vorgestellt hatte, dass er ein „Fatum" lehre, welches die „langen Kerle" zum Laufen zwinge.

**) Pareatur necessitati, quam ne Dii quidem superant. (*Livius.*) Während die Sunniten, als strenge Fatalisten, das Dogma der Vorherbestimmung mit allen seinen Folgen bekennen, statuiren die Schiiten den freien Willen und nehmen an (um das Vorherwissen Gottes nicht zu läugnen), dass die Handlungen der Menschen von Uranfang in das Buch der Geschicke eingetragen seien. Nicht Gott, meint Grotius, war durch die Sünde beleidigt, aber es bedurfte des Satisfactions-Opfers Christi, um das verletzte Gesetz der sittlichen Weltordnung wieder herzustellen. Als Gott bei Disputationen widersprach, sagte Rabbi Jeremias: „Das Gesetz ist uns von dir, o Gott, schon auf dem Sinai gegeben, wir fragen nichts nach einer Stimme vom Himmel." Um eine Frage, in der die Schule des Firmamentes anderer Ansicht war als Gott zu entscheiden (den Aussatz betreffend), wurde der Rabbi Bar Nachmani von der Erde durch den Todesengel abgeholt, als ein Geräusch im Moose ihn für einen Augenblick im Beten unterbrach. Die Stoiker, die die *εἱμαρμένη* Zeus nannten, suchten noch für die Nothwendigkeit, die sie lehrten, eine Bestätigung in der allgemeinen Mantik. „Der alte Bel (der Schöpfer und Welterhalter) hat das Gesetz der Natur auf die sieben Himmelstafeln mit dem alten Ophion oder Surmubel in phönizischen Schriftzügen geschrieben und der Harmonia anvertraut, die fortan über die Vollstreckung derselben Obsorge trägt. Darum ist er mit unzerbrechlichen Banden gefesselt, er und die Himmelskönigin Beltis sind zu ohnmächtig, den unabänderlichen Rathschluss der Moiren abzuwenden, als sie Stadt und Reich des Bel in die Gewalt des Cyrus zu übergeben unwiderruflich beschlossen hatten, und selbst die babylonischen Götter müssen gegen ihren Willen den Persern zum Siege helfen, wie der sterbende Nebucadnezar (Abydenus) geweissagt hatte. Daher galt auch der Planet Saturn bei den Babyloniern als der bedeutsamste Stern

sien, die Amme des Zeus, web für ihn, als Asträa mit demantenem Weberblatte*) (gleich Aesa) das Schicksal, wogegen den Egyptern die Planeten nur den Götterrath der *θεοι βουλαιοι* (ebenso nützliche Nothhelfer, als die *θεοι ἀλεξικακοι* oder dii averrunci auf der Erde) bildeten. Dem zugetheilten Verhängniss ist selbst einem Gotte zu entfliehen unmöglich**), sagt die Pythia dem lydischen König. Im Minokhered ist Bakht das, was vom Anfange an zugetheilt ist, gleich dem unabänderlichen Schicksal (vintana) der Madagesen. „Mit der Nothwendigkeit kämpfen Götter selbst vergebens." (*Pittacus.*) Indem dem Magier Kräfte, die die Götter selbst zu beherrschen vermochten, zu Gebote standen, ergab sich als natürliche Folge, dass er, wenn es ihm beliebte, auch den Olymp zertrümmern und die Herrscher eben so sicher von ihren Thronen werfen konnte, wie es bei längerer Uebung die Rischis durch ihre Bussübungen zu thun vermochten. War schon vorher das Fatum als mitwirkend zugelassen, so mochte weiter geschlossen werden, dass „derjenige, der die Geheimnisse der Sympathien und Antipathien in der unendlichen Mannigfaltigkeit der Kräfte gehörig kannte, nicht nur die gemeine Ordnung der Dinge durch theurgische Kraft beherrschen, sondern die Gewalt des Schicksals selbst (d. h. des Schicksals, wie es sich seine Vorstellung aus der Religion gebildet hatte) beherrschen kann." Hieraus liess sich dann aber wieder (wenn diese einseitig beschränkte Weltanschauung als nothwendige Reaction die höhere Gottesidee des Monotheismus geschaffen hatte) umgekehrt argumentiren, dass „der Einfluss der Gestirne keine zwingende Kraft über den Willen besitzt, und dass durch frommes Gebet zu Gott der Mensch sich aus dem durch die Constellationen drohenden Bösen befreien kann." Die bösen Geister***), die in

---

und war als Schicksalsmacht der Nemesis bei den Egyptern heilig. Alle übrigen Gottheiten aber stehen unter der Oberhoheit des Saturn."

*) „Ich bin der Weber des erhabenen Geschlechts der Götter, der Kinder der Himmelsgöttin Typhe," sagt Osiris von sich in dem Todtenbuche (nach Uhlemann's Uebersetzung).

**) Die ersten Ahnungen der metaphysischen Bedeutung des Fatum (der *εἱμαρμενη*) erscheinen, wenn selbst die homerischen Götter eine *αἰσα* anerkennen, die sie verschieben, aber nicht aufheben können. (*Trendelenburg.*) — Fatum autem id appello, quod Graeci *εἱμαρμενην*, id est ordinem seriemque causarum, cum causa causae nexa rem ex se gignit. (*Cicero.*) — *Ἡ ἀναγκη την οὐσιαν συνδει* nach der herakliteischen Stelle bei Plato. — Die Dienerinnen der Dike (die Erinnyen oder *γλωσσαι*) halten die Sonne in ihrem Gleise. (*Heraclit.*) — Die zwölf Bilder des Zodiacus theilen, als gute Götter, alles Gute aus, was die Welt empfängt, während Agrya-mainyus durch die sieben Planeten das Böse in der Welt verbreiten lässt. In den Yeshts werden die Fravashis als das Schicksal lenkende Gestirne aufgefasst.

***) In Sternschnuppen sieht der Russe böse Geister, die durch Engel

den Zodiacus steigen konnten, um die erforschten Geheimnisse des Himmels den Zauberern mitzutheilen, wurden durch Mohamed vertrieben. Augustin überhäuft die römischen Astrologen*) mit beissendem Spott und lässt sich des weiteren über das Trügerische ihrer Nativitätsstellungen**) in der Stunde der Empfängniss und der Geburt aus. Als einheitliche Weltanschauung konnte die Magie nur unter besonders begünstigten Verhältnissen festgehalten werden. Nach den Neuplatonikern, denen die sichtbare Welt nur ein niedriger Abdruck der höheren (κοσμος νοητος) war, stand Alles in magischer Verbindung, so dass wie „das Innen und Oben, nach Aussen und Unten, so dieses auf jenes bedingend zurückwirken könnte." Nach dem Dabistan „hat das höchste Wesen die Himmelskörper auf solche Art erschaffen, dass ihre Bewegungen auf niedere Wesen Einfluss haben, und hingen die Begebenheiten der unteren Welt von den Umwälzungen der Gestirne ab, indem jeder Planet einen nothwendigen Einfluss auf jeden besonderen Vorgang hat." Der astrologische Theil der Magie trat meistens präponderirend hervor und führte leicht zu einem Sabäismus, „wo der Cultus das magische Band, das durch die Allgegenwart Gottes geschlungen ist, anregt" und dafür auch die Kraft des Gebetes wohl zu benutzen versteht. Diese letztere musste um so mehr hervortreten, je geläuterter die Vorstellung von der Gottheit war, wie R. Bechai sagt: „Magna vis est precum etiam ad immutandam naturam, ad liberandum ex periculis, ad irritum reddendum decretum divinum." „Non sunt carmina, non sunt characteres, qui talia possunt, sed vis animi confidentis." (*Ferrerius.*) Der von den vielgestaltigen Götzenbildern des Polytheismus umgebene Magier

---

vom Himmel gestürzt werden; während sie den Moslemin die gegen jene geschleuderten Pfeile Allah's sind.

*) Einer dieser Wahrsager, dem die Kirchenväter die Frage stellten, wie die Constellationen bei der Geburt einen Einfluss ausüben könnten, da unter der Menge der in dem gleichen Augenblick auf dem Erdball geborenen Menschen doch die grösste Mannigfaltigkeit der Constitutionen herrsche, suchte solche Verschiedenheit mit dem Experiment einer drehenden Töpferscheibe zu erklären, wo zwei scheinbar zusammenfallende Puncte doch durch weite Distanzen geschieden sein könnten. Eine Differenz von nur zehn Raum-Minuten in astronomischen Beobachtungen verglich Copernicus noch mit der Gewissheit des pythagoräischen Lehrsatzes, und erst Brahe's genaue Beobachtungen machten einen Fehler von acht Minuten unmöglich.

**) Aus dem gleichzeitigen Erkranken zweier Brüder schloss Hippocrates, dass sie Zwillinge seien, der Stoiker Posidonius, dass sie unter derselben Constellation geboren worden. — Nach der Sage flehte der Astrolog Simeon Polozkii zu Gott, dass er die Geburtswehen der Zarin Natalia Kirilowna noch verlängern möchte, damit der Neugeborene (Peter der Grosse) eines längern Lebens theilhaft würde.

musste dagegen bald die Wunderkräfte der Theurgie lernen, um den von Künstlern gefertigten Bildnissen ein göttliches Leben*) einzuhauchen, womit begabt sie eben so geschickt in der Heidenzeit Blut zu schwitzen, die Augen zu verdrehen oder mit dem Kopfe zu nicken verstanden, als unter den Christen, nachdem sie auf dem constantinopolitanischen Concil belebt waren. Der Höker eines religiösen Kleinhandels, der sich nicht so prächtige Statuen, wie die autorisirten Priester verschaffen konnte, begnügte sich mit Lehm- und Strohpuppen und trieb besonders Contrebande mit den Alraunchen und ähnlichen Wachspräparaten, die nicht in die Hände der Polizei kommen durften.

Je mehr der dualistische Gegensatz in einem Religionssysteme hervortritt (d. h. je mehr die zornigen Manifestationen der Gottheiten zu bösen geworden waren), desto mehr muss sich dieser Charakter auch in der mit ihm verbundenen Magie ausdrücken, die sich dann vielfach in eine schwarze und weisse, in eine Anrufung der Engel und Beschwörung der Teufel, in eine geistige und elementare, in eine erlaubte und verbotene, in eine legitime und illegitime, in eine Theurgie und eine Goëtie scheiden, und die demgemäss alle Naturproducte eintheilen wird, mit dem Widrigen und Hässlichen das Reich der Finsterniss, mit dem Schönen und Angenehmen das des Lichtes beherrschend.

Leicht war in jedem Sternendienst, je tiefer und mystischer der Rapport der Himmelskörper zum Menschen aufgefasst wurde, eine specielle Beziehung zur Seele hingestellt. Nach den egyptischen Lehren durchwandert sie den Thierkreis, auf die Erde hinabzukommen und zieht aus den verschiedenen Constellationen diejenigen Eigenschaften an sich, die sie fortan durch das Leben begleiten werden. Bei der Geburt ist der Sterneneinfluss am stärksten, und über die kommenden Jahre walten diejenigen Constellationen, unter denen das Kind den ersten Athemzug thut. Dann singt ihm Carmenta sein Schicksal, dann treten die Nornen an die Wiege, um die Begebenheiten des Lebens vorherzusagen, oder Feen, die Segen oder Unheil künden. Bei der Geburt des Kindes erscheinen in Albanien drei

*) In den rabbinischen Schulen wurde gewissermassen der Mensch selbst begeistigt, indem erst durch das Handauflegen seines Lehrers der Schüler das Recht erhielt, seinen eigenen Namen zu führen und selbstständig Aussprüche zu thun. Später erhielt dann der Doctorand noch eine Schreibtafel und einen Schlüssel, um den Ungelehrten die Schätze der Wissenschaft zu erschliessen. Rabbi Elia Balschem in Worms und Hoch R. Löw in Prag vermochten auch im Mittelalter aus Thon geformte Menschengestalten (Golem) durch kabbalistische Blätter, die ihnen in den Mund gelegt wurden, zu beleben.

unsichtbare Frauen (Phatite) an dem Lager des Kindes*). Nach den Litthauern beginnt Werpeja (die Spinnerin) den Faden des neugeborenen Kindes am Himmel zu spinnen und jeder Faden endet in einen Stern, der dann erscheint**). Naht der Tod des Menschen, so reisst sein Faden und sein Stern fällt erbleichend nieder. Für die Verehrer der Semmes-Mati dagegen begannen die unsterblichen Jungfrauen (Swetos Maitas) auf Erden unvollendbare Arbeiten zu wirken, die das Fortleben im Jenseits verbürgten. Die Rabbinen nahmen eine gleiche Zahl von Sternen wie von Seelen an, während dem Indier in dem Götterwege (der Milchstrasse) die Seelen der Tugenden glänzen, die erst, wenn ihr Verdienst erschöpft ist, als Sternschnuppen wieder auf die Erde fallen, um auf's Neue in Körper gebannt zu werden. Auch Aristophanes weiss, dass die Seele ein leuchtender Stern***) wird und der Neuseeländer sieht im Sternenheere die rechten Augen seiner verstorbenen Häuptlinge glänzen. Der Edda waren die Sterne Feuerfunken aus Muspelheim, während die Manichäer die Seelen als zerstreute Lichtfunken betrachteten. Die astronomischen Speculationen sind in neuerer Zeit vor den grossen Entdeckungen der Astronomie zurückgetreten, während die medicinische Therapie sich noch kaum Principien rühmen kann, die an Sicherheit†) die Wahrscheinlichkeitsberechnungen der Magier viel überträfen. Die Citationen Verstorbener, um die Zukunft zu enthüllen, spielten stets eine grosse Rolle in der Magie und konnten schon mit kräftiger Einwirkung auf den Habal-Garmin (Hauch der Knochen) oder durch Beräucherung des Schädels geübt werden, wenn „die Elementarseele sich vom Tage der Zeugung an, nicht mehr von dem Menschen trennt, und nach dem Tode

*) Angebrannte Kirschbaumzweige werden bis zum Mannbarwerden aufbewahrt, und würden beim weiteren Verbrennen den Tod herbeiführen, wie bei dem griechischen Heros Meleager.

**) Stand ein Stern über dem Monde, so weissagte der Lappe die Geburt eines Knaben, wenn darunter, die eines Mädchens, wenn vorne, die eines kräftigen, wenn dahinter, die eines schwächlichen Kindes.

***) Ein auf dem Vorhange angebrachter Rosenkranz von Perlen mit einem Stern (das Juwel unter den Juwelen des Paradieses) bezeichnet in Medinah das Grab des Propheten. Im Faustbuche fällt der Teufel (gleich Lucifer) vom Himmel, als Stern, worin er beschworen wird.

†) Besprechungsformeln, deren sich Machaon (wie noch jetzt Fetisch- und Medicinmänner) bediente, sind kaum verschwunden, und weshalb man Salpetersäure (wie Vallon will) bei Albuminurie geben sollte, wird durch geheimnissvolle Hindeutung auf chemische Beziehungen zum Eiweiss nicht viel klarer als die Empfehlung eines paracelsischen Nephriticum à la Rademacher. Das Taubenexperiment bei Keuchhusten hat noch in den funfziger Jahren (den funfziger Jahren des 19. Jahrhunderts) in wissenschaftlichen Zeitschriften der Medicin umgehen dürfen.

in der Nähe des Grabes bis zur Auferstehung bleibt," wahrscheinlich als Od friairt. Im Alterthume zauberten die Thessalier eben so geschickt mit Todtenknochen als später die Tahiter. Die Spartaner befragten vor der Schlacht ein Knochenorakel und wie Saul, liess sich Pompejus den Ausgang der bevorstehenden Schlacht vorhersagen. Wurden solche Künste nicht länger gern gesehen, so musste man auch die zur Incubation auf den Kirchhöfen Schlafenden missfällig betrachten. Nach der Zendavesta waren es die Diws (in Tahiti der böse Orometuah), die dort umgingen und deren Stimme also in den Besessenen sprach. Aus dieser Anschauung folgte dann wieder umgekehrt, dass Furchtsame, in der Kirche, die allein gegen solche Gespenster schützen konnte, begraben zu sein wünschten, und es mit frommen Gaben auch erlangten, während früher die Päpste (die Nachfolger des römischen Priesters, den schon das Hören der Trauerflöte verunreinigte) strenge Verbote hatten ergehen lassen, Kirchen zu erbauen an Plätzen, wo Leichen begraben seien. Bald im Gegentheil wurde es zum Grundsatz, dass jeder Altar auf Reliquien (wie auch die buddhistischen Dagops) begründet sein müsse, und als die Kirchen zum Begräbnisse zu eng wurden, liessen sich Friedhöfe weihen. Bei dem allgemeinen Zusammenhange, worin alle Naturgegenstände zu einander treten, sind auch die Körperbewegungen selbst bei Ausübung der Magie bedeutsam, und das Falten der Hände*) auf dem Bauche, das Einschlagen der Daumen wurde als besonders bindend erkannt. Der oculus obliquus ist überall gefürchtet. Der Polynesier setzte vielfach in das linke Auge die Seele (die bei den Neuseeländern später in einen Stern verwandelt wurde) und dem Menschenopfer (Taata-tabu oder der dem Tode geweihte Mensch) wurde deshalb in Tahiti vor seiner Vergrabung das linke Auge ausgerissen, dem der König den offenen Mund entgegenstrecken musste, um es wenigstens symbolisch zu verschlingen. Hatte man sich einmal durch Uebung in magischen Anschauungen an willkürliche Associationen incongruenter Gegenstände gewöhnt, so konnten diese auch auf ein reines Gebiet des Denkens (woselbst jeder ungefähre Zusammenhang einer gemeinsamen Beziehung ausser der Gleichheit der Operationen fehlte) übertragen werden. Um den Feind des Königs zu vernichten, wünscht (im Rigveda) der Hofbrahmane, „wenn er den Blitz verschwinden sieht, dass jener verschwinde wie dieser; wenn er den Regen verdunsten sieht, dass jener verdunste wie dieser; wenn der

*) Numa setzte ein Indigitamentum für Fides ein: Manu ad digitos usque involuta rem divinam facere, significantes fidem tutandam sedemque ejus etiam in dextris sacratam esse. Im deutschen Recht ist das Halten der Finger symbolisch.

Mond sich verfinstert, dass sich jener verfinstere wie dieser; wenn die Sonne untergeht, dass jener untergehe wie diese; wenn er das Feuer erlöschen sieht, dass jener erlösche wie dieses." Formeln zum Vermehren oder Vermindern müssen bei ab- oder zunehmendem Monde gesprochen werden. Nach dem Volksglauben erfüllt sich der Wunsch, der in dem Augenblicke gethan wird, wenn man eine Sternschnuppe erblickt, wenn der Himmel sich schnäuzt und die Erdgallerte (Tremella Nostoch) nach Gewittern zurücklässt. Die Juden springen beim Eintreten des ersten Viertels dreimal aufhüpfend an den Mond unter dem Gebete: „So wie ich zu dir aufspringe und dich nicht erreichen kann, so soll auch mich kein Feind erreichen können." Je stärker in solchen Wünschen die Projection des Willens ist, desto mehr gleicht man den Mangel materiellen Erfolges aus und gelangt auch ohne diesen zu subjectiver Befriedigung. Ein ursächlicher Zusammenhang zwischen tief empfundenen Vorstellungen, und den mit ihnen associirten Thatsachen liegt in der Natur des Denkens selbst begründet, so dass er sich noch immer unwillkürlich aufdrängt und den edelsten wie den gewöhnlichsten Regungen unterliegen mag. Die Moralideen schwingen auf dem Resonanzboden rhythmischer Harmonien. Ueber das Eintreten eines möglichen Unglücks zu lächeln oder gar zu spotten, wird überall von böser Vorbedeutung gehalten und Jeder wird beim Empfange einer traurigen Nachricht, auch wenn ihre Folgen ihn nicht unmittelbar berühren, sich trübe gestimmt fühlen, so sehr auch in abstracto die Stoa lehren mag, dass der Weise Alles mit Gleichmuth aufnehmen müsse, und für einen verstorbenen Freund sich einen neuen anschaffen möge, wie man auf dem Markt (nach Epictet) den Ersatz eines zerbrochenen Topfes kaufe. Da die Zauberer, um die Seele zu spannen und dadurch eindrucksfähiger zu machen, stets als Vorbereitung zu ihren Ceremonien allgemeines Stillschweigen auferlegten, befahl Pythagoras aus Opposition laut zu beten. Die Runen wurden halblaut gemurmelt, wie die Tantras der Brahmanen. Am wirksamsten mussten Segnungen und Flüche in der Todesstunde sein. Facilius evenit appropinquante morte, ut animi futura augurentur, sagt Cicero. Die Todten liessen einen Fluch gegen den Entweiher ihres Grabes auf den Sarcophag setzen, trotz welches Eschmunazzar (der sidonische König) in seiner Ruhe gestört wurde. Die Copisten des Mittelalters fügten eine Verwünschung*)

*) In der Vorrede zum zweiten Bande von „Albertus Magnus bewährte und approbirte sympathetische und natürliche egyptische Geheimnisse für Menschen und Vieh" (1839—1840) wird demjenigen, der das Buch nachdruckt, der ewige Fluch und die Verdammniss angekündigt, „weil dasselbige dem Schutze Gottes empfohlen und der heiligen Dreifaltigkeit übergeben

gegen jeden ihr Buch verfälschenden Abschreiber bei, und wer lesen konnte, mochte solche Zusätze für einen ebenso gefährlichen Fetisch halten, als der Neger in der dünnen Schnur sieht, die für ihn die Thür unantastbar verschliesst. War einmal die Wirksamkeit der Flüche zugegeben, so liess leicht begreiflich der Staat sie bei der Verbindung, in die er zur Religion trat, nicht ausser Acht. Die römischen Gesetze sprachen einen Fluch gegen jeden ihnen Zuwiderhandelnden aus, bedurften aber dennoch stets einer wachsamen Polizei. Der den Rainstein Ausackernde wurde nebst seinen Ochsen verflucht. In der Rathssitzung zu Athen sprach der Herold den Fluch gegen Alle aus, die wider besseres Wissen das Volk täuschen wollten. Ein Decret der Kirchenversammlung zu Elvira untersagte es den Gutsbesitzern, ihre jüdischen Pächter über den Ertrag der Felder den Segen sprechen zu lassen, weil dadurch der christliche Segen unwirksam gemacht würde. Solon legt einen Fluch auf das Ausführen von Landesproducten und Aristides in den persischen Kriegen auf das von allen Vorräthen. Die Niederlage des Crassus wurde dem Fluche des Volkstribunen Atejus Capito zugeschrieben und die Vestalinnen besassen die Kraft, durch Gebete flüchtige Sklaven innerhalb der Stadtmauern zu fesseln*), so lange dieselben die Grenzen nicht überschritten hatten. Vor fester Constituirung eines Gesetzbuches suchte die Priesterschaft der Buzygen (auf welche die Einführung des Ackerbaues in Attica zurückbezogen wurde) den Wünschen des Publicums dadurch einen Ausdruck zu geben, dass sie jeden mit dem Fluche belegte, der dem Andern Wasser oder Feuer verweigerte (das „aqua et igne interdicere" stand später dem Staate zu), wer Verirrten nicht den Weg zeigte, Todtgefundene nicht zur Erde bestattete, Schädliches Andern nicht widerrieth. An das mit dem Stein erschlagene Schwein band der Fetiale den Fluch für Meineid. Der egyptische Oberpriester rief, wie der battaische, die Flüche, die etwa das Volk treffen sollten, auf den in den Fluss geworfenen Kopf des Opferthieres

---

ist, dass dieselbe darüber wache und den Engel Michael zum Hüter und Wächter aufstelle;" dann folgt ein neuer Fluch über den Räuber, der dem rechtmässigen Verleger das Brot raubt: „er wird weder Rast noch Ruhe haben Tag und Nacht, weder hier noch dort; dazu verhelfe ihm Gott Vater, Sohn und heiliger Geist."

*) Eine sehr alte Art des Zaubers war das Festbannen der Feinde durch geheimnissvolle Sprüche, die im Augenblicke der Noth recitirt wurden. Der Wissende vermochte ganze Haufen, Reiter und Fussvolk, zu stellen, d. h. unbeweglich zu machen, ebenso durch andern Spruch diesen Zauber wieder aufzulösen, und dieser Aberglaube hat in dem Romanusbüchlein noch in unserm Jahrhundert seine abgeschmackten Formeln in die katholischen Heere gebracht. (*Freytag.*)

herab, während die Juden den Sündenbock Asasel lebendig in die Wüste jagten. *'Αρα* war sowohl Gebet wie Fluch und Apulejus unterscheidet in der devotio die fausta precatio und diva imprecatio. Nach dem irischen Volksglauben muss jeder ausgesprochene Fluch auf Etwas niederfallen. Sieben Jahre schwebt er in der Luft und kann jeden Augenblick den treffen, gegen den er gerichtet war; verlässt diesen sein Schutzengel, so verkörpert er sich alsbald als Fluch, und Unglück, Krankheit oder Versuchung stürzt auf den Verfluchten ein. „Die Serben fluchen, dass du um deine Seele kämst."

Der Uebergang von einem Propheten zum Magier ist ebenso allmählig, wie der Unterschied zwischen Zauberer und Priester nur ein relativer. Die römischen Marsier wurden (gleich den Dakis) von der den Höhlengewässern einwohnenden Kraft erleuchtet, ihnen ihre Stimme ablauschend, und würden ohne die besondere Beziehung, in die sie zu den sibyllinischen Büchern traten, leicht zu den Operationen der Hydromantie gelangt sein, wie solche auch den Fetischmännern, die mit Calabassen zaubern, wohlbekannt sind. Die symbolischen Handlungen, welche die jüdischen Propheten zuweilen ihren Weissagungen beizufügen für gut fanden, tragen vielfach den Charakter eines magischen Bindens. Jeremias liess seine Prophezeiungen in den Euphrat versenken, da Babel also untergehen würde, wie Elias dreimal die Erde mit Josia's Pfeilen schlug, um die Niederlage der Syrer zu versinnlichen, oder Zedekias, um die Syrer aus dem Lande zu stossen, sich Hörner anband, die Zuchelli an dem Obersten der Zauberer („vom Teufel abortirt") des Königs von Angoy sah. Den tapferen Häuptlingen setzen die Indianer Hörner auf, wie dem Dhulkarnaim die Orientalen, bei denen früher Hörner die Bilder des Mondes, Strahlen (als Heiligenschein) die der Sonne bezeichneten. Die Amabondas, das gehörnte Volk, sind den übrigen Kaffernstämmen auf dem Zuge nach Süden vorangegangen. Als der Geist der Propheten verstummt war, sprach die Stimme in Bathkol, wie auch die Shawanen bei ihren Versammlungen die Gottheit flüstern hörten, und erst, nachdem ihnen diese Mittheilung geworden, ihren Entschluss fassten. Als Vogel sprach der Gott zum Propheten der Azteken, um sie zum Auszug zu ermahnen. Eine himmlische Stimme sandte die Gefährten des Xisuthrus nach der Sonnenstadt der Sipparier, um die Pfeile des Seth zu finden, die Stimme aus dem Walde verkündete den Sieg der Römer, an der Küste Akarnaniens den Tod des grossen Pan. — Hostanes (Osthanes) war der Erste, der durch seine Reden und seine Handlungen dem wahren Gotte die höchste Ehre erwies, die ihm schuldig ist, welcher anerkannte, dass die Engel, d. h. seine Diener und Gesandten ohne Aufhören in seiner Gegenwart sind, wo sie ihm Huldigungen bringen, wo sie seine Befehle erwarten, wo sie vor seinen Blicken erzittern. Er ist es auch, der diese irdischen und umherschweifenden Dämonen hat kennen lernen lassen, diese Feinde des Menschengeschlechts. (*Minutius Felix.*) Nach Plinius verfasste Hermippus von Samos, der (in der zweiten Hälfte des 3. Jahrhunderts a. C.) nach den Schriften des Zoroaster in Iran forschte, viele Bücher über die Magier und führt viele von ihm vorgeschriebene Gebräuche an, was von Diogenes Laertius bestätigt wird. Nach St. Hieronymus machte er zuerst die Schriften der Indier dem Westen bekannt. Wie Plinius sagt, wurde den Griechen durch Osthanes, der im Gefolge des Xerxes nach Westen kam, nicht nur eine heftige Begierde, sondern ein wahrer Heisshunger nach der Magie eingepflanzt, und aus seinem Werke de umbrarum inferorumque colloquiis habe Democritus die Materialien seiner Schriften entlehnt. Ein zweiter Osthanes verpflanzte die Magie nach Italien, Gallien, Britannien. Der Westen wurde damals zuerst mit den orientalischen Ideenkreisen bekannt, und Missionäre der in Persien neu gestifteten oder vielmehr reformirten Religion verbreiteten sie dahin, die (ebenso wie die Buddhisten den asiatischen Nomaden) wegen ihrer überwiegenden Cultur den damals noch roheren Völkern des Nordwestens als Zauberer erscheinen mussten. Dadurch erhielt der Name der Magie seine eigenthümliche Bedeutung, die in ihrer geschichtlichen Auffassung vielfache Verwirrung gestiftet hat. Jedes Volk betrachtet die priesterliche Wissenschaft eines Fremden, wegen ihrer geheimnissvollen Unverständlichkeit, als Zauberei, und da sich bei uns gegenwärtig Wissenschaft und Religion scharf geschieden haben, werden wir jetzt um so eher an Zauberei denken, je wilder der Stamm ist, den wir kennen lernen, während im Alterthume gerade umgekehrt eine civilisirtere Nation durch ihre Künste dominiren musste. So wurde bei den Griechen, wie überall auf der Erde, einheimische Zauberei geübt, aber bei ihrer ersten Bekanntschaft mit den Magiern fassten sie weniger die von diesen mitgetheilten Religionsideen in's Auge, als die von diesen zur Stütze ihres Ansehens geübten Gaukeleien, und da der orientalische Ideenkreis, wegen des entwickelten Nationalhasses, keinen festen Fuss fassen konnte, sondern nur, als durch die angeregte Blüthezeit hellenischer Bildung assimilirt, fortbestand, so wurde der Name weiterhin als charakteristisch für die Zauberceremonien beibehalten. In ähnlicher Weise erkämpfte die orientalische Religionsanschauung bei ihrem zweiten Eindringen, besonders durch die mit ihr verknüpften Wunder, ihr Ansehen. Christus selbst wird als Zauberer dargestellt von Celsus (bei Origenes), wie es Arnobius bestätigt, und dass den Aposteln Zauberei beigemessen wurde, ergiebt sich aus Irenäus, wie auch aus den jüdischen Vorwürfen bei Justin Martyr. In diesem letztern Falle war es aber umgekehrt die Religion selbst, die sich behauptete, und nachdem sie eine hierarchische Geltung im Staate erlangt hatte, schied sie alle gefährlichen Elemente von sich aus, die dann wieder unter dem noch aus früherer Zeit herrührenden Namen der Magie begriffen wurden. Dann wurde Chus, der Sohn Cham's, der Erfinder der schwarzen Kunst. Christliche Kleriker traten in ihren Missionen vielfach mit Wundermitteln auf, und am Hofe des persischen Königs Jezdedgerd ist es gerade den Magiern gegenüber der Bischof Maruthas, der den von diesen aufgegebenen Kranken mit Gebet und Sprüchen heilt. Im Mittelalter war es die auf den spanischen Universitäten erlernte Wissenschaft, die von den unwissenden Mönchen als magisch verdächtigt wurde, und ihre astrologischen und alchymistischen Entstellungen, durch welche sie noch jetzt mit diesem Namen gestempelt wird, erhielt sie meistens erst in ihrer neuen Heimath. Irenäus beruft sich im Gegensatz zu den Zaubereien der Ketzer auf die Wunder der wahren Christen, die Dämonen austrieben, Kranke durch Handauflegen heilten, Zukünftiges weissagten und Todte erweckten. Jam autem, quemadmodum diximus, et mortui resurrexerunt et perseveraverunt nobiscum annis multis. Noch Helmont sagte: Operatio sanandi fuit in ecclesia per verba, ritus, exorcismos, aquam, salem, herbas, idque nedum contra diabolos et effectus magicos, sed et morbos omnes. Wie χρηστοι mit [illegible], wird der von den Juden als Gesalbter erklärte Messias, von dem persischen Mashiah (Mensch) kommend, mit masca (die longobardische larva) in Beziehung gesetzt. — Gross ist der Stamm der Magier, die man auch Pyräther nennt, heisst es bei Strabo. „Der Magier, der dich gesandt hat, der sich selbst nicht vor dem Kreuze schützen konnte," sagt Simon Magus zu Petrus (nach den Recognitionen des Clemens). In der jüdischen Geschichte Jeschu's des Nazareners (der nach Andern Jesus Genada sein sollte) nennt sich derselbe der Goël, von dem die Propheten geweissagt hätten. Wie Pausanias weiss, dass in Palästina, wo Athenäus die Reben in den Tempel des Bacchus stellte, ein Silen begraben liege („der Keltertreter, der mit röthlichen Kleidern von Basra kömmt, roth wie Edom"), so heisst es: „Da begegneten ihm Männer von Kiriathaim, von welchen Jesus Brot forderte. Einer von ihnen aber antwortete: Wenn du vor mir tanzest, will ich dir meinen Esel mit diesem Brote und diesem jungen Huhne geben. Da tanzte Jesus, (wie Gott Vater, nach dem Tractat Berachoth, auf der Hochzeit Eva's) und nahm von dem Manne den Esel und das Brot und das junge Huhn und sprach u. s. w." — Durch den Bad Messieh (den Hauch des Messias) belebte Christus nach den Persern die Todten und heilte Kranke. Um die Dämonen zu vertreiben, die den Schatz eines Thurmes an den Grenzen Persiens und Indiens hüteten, wandte sich Cavades (König von Persien) an die persischen Magier, und, als diese Nichts vermochten, an die jüdischen Magier, endlich, als auch die Versuche dieser fehlschlugen, an die Katholiken, die mit dem Zeichen des Kreuzes sogleich alle Dämonen vertrieben und dem Könige den Besitz des gewünschten Schatzes gaben. Als St. Simon den Eunuchen Usthazad, Günstling des Sapor II. bekehrte, meinte der König, dass magische Künste angewandt sein müssten. Die Schwestern des St. Simon wurden angeklagt, die kranke Königin behext zu haben. Pseudo-Abdias lässt den indischen König zu seiner Frau Treptia sagen, von dem Apostel Thomas redend: „dieser Magier hat dich noch nicht ganz in seiner Gewalt, denn ich habe sagen hören, dass er in seine Mysterien einweiht durch Oel, durch Brot und durch ein magisches Wasser." Als es keinem der heidnischen Magier gelungen war, Arthemia (Tochter des Kaisers Diocletian) zu exorcisiren, vollführte es St. Cyriacus. Der der Magie ergebene St. Cyprian bekehrte sich zum Christenthum, weil er sah, dass die von ihm angerufenen Dämonen ohnmächtig seien gegen das Zeichen des Kreuzes. Nach Simon ben Schetach war Judäa zur Zeit der Apostel der Magier voll. Domitilla wurde vom Kaiser Domitian, als des Atheismus und jüdischer Gebräuche angeklagt, nach einer Insel an der Küste Capua's verbannt. (*Dion.*) Schon 139 a. Ch. fand durch den Prätor Cornelius Hispalus eine Vertreibung der Chaldäer und Diener des Sabazius aus Rom statt. (*Livius.*) Lucian nennt die Christen Magier und Sophisten. Sueton bezeichnet die Christiani als ein genus hominum superstitionis novae ac maleficae. „Der Urheber der wegen ihrer Abscheulichkeiten dem Volke verhassten Christianer war Christus, der unter Tiberius Regierung von Pontius Pilatus hingerichtet worden war." (*Tacitus.*) Die Klage der Fulvia ging gegen einen jüdischen Sectirer. Der Tarikh Montekheb (dem zufolge Daniel den König Lohrasp vom Magismus zum Judenthum bekehrte) nennt Zoroaster (der nach Abu Mohamed Mustafa das Buch David's von Osair oder Esra erhielt) einen Schüler des Elias, Elisa und anderer Rechabiten, von denen er die Geheimnisse des jüdischen Prophetenthums erhalten. Unter den Gnostikern behaupteten die Anhänger des Prodicus seine Offenbarungen zu besitzen. Nach Salomon von Bassora hatte Zoroaster das Geheimniss von der Geburt des Erlösers nur seinem Schüler Gusnasaph mitgetheilt, sowie zwei persischen Magiern (Jasanes und Mahalnades), denen er befahl, ihre Nachkommen mit der Beobachtung des dann erscheinenden Sterns zu beauftragen. Chrysostomus erzählt von einer Nation östlich vom Ocean, wo zwölf der Weisesten nach dem Buche des Seth schweigend Tag und Nacht durch viele Generationen hindurch den Himmel beobachtet hatten, bis der glückliche Stern erschien, das Kreuzeszeichen tragend. Die Nachkommen des Seth lebten als fromme Einsiedler auf dem Berge Hermon, ehe sie sich mit den Töchtern der Menschen mischten. Post Xisuthri in Armeniam navigationem Zerovanus, Titan et Japetus principatum terrae tenuere, heisst es bei Berosus. Nach dem Kitab Giamasb Alhakim wurde die Lehre Zoroaster's, der unter der grossen Constellation der Planeten erschienen, durch den Propheten Giamasb unter Kischtab festgestellt. Nach Plato erwachte der Pamphylier Zoroaster (Sohn des Armenius) wieder zum Leben, nachdem er zwölf Tage auf dem Scheiterhaufen gelegen. Marco Polo erzählt, dass die zum Aufsuchen des Christuskindes ausgezogenen Magier von diesem einen sorgfältig in einem Kasten verschlossenen Stein erhalten hatten, der in einen Brunnen geworfen, Feuer daraus hervorgehen liess, und dass sie, dieses Feuer in ihre Heimath mitnehmend, dort den Cultus desselben einführten. Quinctilian nennt Moses den Gesetzgeber einer Räuberbande, Plinius den Stifter einer magischen Secte, Diodor erzählt von seinen äthiopischen Feldzügen, Apion von den egyptischen Studien, die Onias später in On fortsetzte. Der Feuercultus wird auch an den Propheten Heber geknüpft, oder an Zerduscht (den Freund des Feuers) als Beiname Abraham's (Zoroaster). Nach dem Tarikh Samari trennten sich die Samaritaner, die Samuel für einen Magier hielten, unter dem Pontificat des Eli (nach dem Tode Simson's) von den Juden, worauf sich die Gnade Gottes (Ridhat oder Red houan) zurückzog. Isa, der mythische Stammvater der jüdischen Essäer, vereinigte sich mit dem gesalbten Hohenpriester der kronentragenden Nasiräer in der socialen Secte der Ebioniten, die dem Anhang des Galiläer Judas die Person des erwarteten Messias lieferte. — Nach der Darstellung des Dionysius Areopagita, des grossen Theurgen, der in den spätern Legenden mit seinem abgeschnittenen Kopf*) in der Hand umherspaziert, begriff derjenige Mysteriendienst, mit dem die Christen schon zur Johanneischen Zeit in Berührung kamen und wie er später durch Clemens' Hermas im Westen bekannt wurde, besonders dem persischen Mithraismus, der sich schon zu Pompejus Zeit über Kleinasien verbreitet hatte, entnommene Formen, in denen dem bösen Princip abgeschworen und der auf Erden niedergestiegene Gott gepredigt wurde. Während Simon Magus sich mit dem das Urbild des Adam Kadmon ausstrahlenden En-Soph der Kabbalisten in Beziehung setzt, erklärt Cerinthus Jesus für einen ausgezeichneten Theurgen, der sich mit dem höchsten Gotte in directe Communication setzt, trotz der langen Aeonenreihe, die Jenen vom Weltenschöpfer trennt. Wer die Lehre der Basilidianer wohl begriffen hat, wird zum Himmel aufsteigen, ohne von den Engeln bemerkt zu werden, quemadmodum Caulacau fecisse (nach der Prakriti-Lehre Kapila's von Kapilawastu). Bardesanes knüpft an die Klagen der Sophia-Achamoth ihre hochzeitliche Vereinigung mit Christus. Marcion, der das Christenthum in einem höheren Gegensatze zum Judenthume (dessen Messias noch erscheinen würde) auffasst, beginnt die Verkörperung des höchsten Gottes mit Jesu Erscheinung in der Synagoge von Kapernaum. Die rabbinische Spruchweisheit im Panareton knüpft an die Essäer, und die Missionäre des Epiphanes errichteten die Säule des Asokas.

*) Bei Asbortinskoi fand man das Grab eines tartarischen Heiligen, der seinen Kopf in den Armen trug und unter demselben lag deutlich geschrieben die Bescheinigung, dass der Inhaber ein Heiliger sei.

der seine Apostel an vier Könige des Westens aussandte. „Der König der Javana und weiter die Könige Turamaja, Antigona und Maga (Antiochus, Ptolemäus, Antigonus und Magas) befolgen überall die Gesetzesvorschrift des göttergeliebten (Pijadasi) Königs.“ Ehe die Christen zu Antiochien (dem Sitze des Adonis-Cultus) den Namen Christianer annahmen, nannten sie sich (nach Epiphanius) Jessäer, während sie im Oriente noch jetzt Nazarener von dem Galiläa der Grenzen heissen. Die Rechabiten hatten sich unter den Ithuräern ausgebreitet. Mit der Thronbesteigung des Idumäer Herodes mischten sich mehr und mehr die fremdartigsten Elemente auf den Pilger aus allen Theilen der Welt zusammenführenden Festen Jerusalems. Die Bathkol entschied zwischen den Lehren Hillel's und seines Schülers Schammai, aber in Rom klagten die Juden drei Nächte am Scheiterhaufen Cäsar's, in dem viele den Messias sahen, den bald darauf Virgil in Pollio's Sohne besang. Die himmlische Stimme, die den Untergang Jerusalems verkündete, redete (nach dem Talmud) chaldäisch. Indische Fürsten siedelten unter Walarschak I. in Armenien, wo sie Wischap erbauten. Schon im Jahre 292 a. C. soll sich ein buddhistischer Thurm im Lande der kleinen Juetchi gefunden haben, Hou-khiu-ping brachte (121 a. C.) eine Bildsäule des Fo aus seinem Feldzuge gegen die Hiongnu zurück und zwei Jahre vor Christi Geburt schickten die Juetchi buddhistische Schriften nach China, wo der Cultus (65 p. C.) officiell autorisirt wurde. Ma-tuan-lin erwähnt buddhistischer Tempel und Pyramiden bei den Posse (Persern), die die Fusstapfen des Perseus bewahrten, während die Griechen Jason's Monumente überall wiederfanden und Strabo Semiramis zur Medea macht. In Samarkand, das ein himjaritischer Tobai (nach Al Bergendi und Abulfeda) gegründet hatte, mischten sich Samnoi, Sramanas und Schamanen, nachdem die philhellenischen Partherkönige und die Soter-Dynastie des griechisch-baktrischen Reichs, in der schon der später in Syrien wiederkehrende Titel Εὐεργέτης vielfach erscheint, vorgearbeitet hatten. Der Todtencultus der Parther war mit ihren Streifzügen in Samaria eingedrungen. In Kappadocien und Phrygien, wo die Jünger Johannis des Täufers unter den Baaliden die Bahn geebnet hatten, gewann die neue Lehre mit dem Uebertritt der königlichen Priesterfamilien ihren politischen Halt und unter dem zahlreichen Klerus der Klosterstädte ihre weitere Ausbildung.

Magisches Element in den Religionen.

Magischer Elementardienst. Da den Magiern Alles in der Welt in Wechselbeziehung stand, da ihnen, wie auch der swedenborgischen Mystik, die Schatten der Ereignisse noch an den Wänden der Gebäude, wo sie sich ereignet hatten, klebten, so floss aus ihren Lehren die Warnung, keinen Theil des Körpers, keine Nägel, Haare oder andere Auswurfsstoffe in fremde Hände gelangen zu lassen, da ein böser Zauberer sie als Mittel hätte benutzen können, um auf ihren früheren Eigenthümer nach seinem Belieben zurückzuwirken. Durch den allgemein durchdringenden Umwandlungsprocess der Putrification wurde in der Magia divina die Kraft der Mumie entwickelt. Auf der Erde lebt sich das künftige Geschehen der kommenden Geschicke, die für andere Welten noch in den Farbenbrechungen der durch den Raum fortgepflanzten Lichtstrahlen spielen. — Der magische Microcosmos des Paracelsus ist das siderische Wesen des Menschen, das mit den Sternen, woher er stammt, in Verbindung steht. In seiner Archidoxis magica werden alle Operationen der Natur in ihrem ganzen Zusammenhange für magnetisch erklärt. — Das Wasser (nach der Schöpfung der Valentinianer) ging aus den Thränen der Enthymese, die vom Himmel verbannt war, hervor, das Licht aus dem Lächeln und der Freude, die Elemente des Körpers aus Traurigkeit, Erstaunen, Bestürzung. — Tenzel Wirdig, dem die ganze Natur beseelt ist, dehnte Keppler's Lehre, der die Erde als ein grosses Thier ansah, noch weiter aus. — Nach Robert Fludd ist die Seele ein Theil des Urwesens (principium universale catholicum), von dem alle Dinge nur als Modificationen herkommen. — „Wer den besonderen Geist durch den allgemeinen Lebensgeist verstärken kann, könnte (sagt Maxwell) sein Leben bis in Ewigkeit verlängern, wenn nicht die Sterne dawider stritten.“ — Synesius, der Patriarch von Ptolemais, erklärte die allgemeine Sympathie aus dem Mitgefühl, das bei den Leiden Anderer empfunden würde, obwohl nur die Geister der sublunarischen Welt beschworen werden könnten, denn die über dieselbe erhabenen seien ἀπράγμονες, unbekümmert wie die Götter Epicur's. — Sowie in der Urwelt Alles in Allem ist, so ist in der körperlichen Welt Alles Eins, und Eins in Allem, sagt Agrippa von Nettesheim. — Aus jedem Körper gehen untheilbare Substanzen hervor, und vertheilen sich im unendlichen Raume. Deshalb können Körper auf Andere in der grössten Entfernung wirken, und man ist so im Stande, einem Menschen aus der Entfernung seine Gedanken mitzutheilen. — Kircher, nach welchem Alles magnetisch ist, versteht unter Magnetismus ein Ganzes, dessen Theile durch eine anziehende und abstossende Kraft mit einander verbunden und geleitet werden. — Der heilige Schutzgeist kommt von Gott, der Genius von der Stellung der Gestirne bei der Zeugung, der Dämon der Lebensart von der Stellung der Gestirne bei der Geburt (nach Agrippa). — Wer die Planeten sieben Jahre verehrte, wurde Habir genannt, wer neun und vierzig Jahre, Cathir. Dieser sass neben dem egyptischen Könige und befragte bei der Versammlung der Priester jeden Einzelnen, wo sein Herr (der Planet) augenblicklich sei, worauf er je nach der Stellung der Gestirne dem Könige jede einzelne Handlung für den Tag auf das kleinlichste vorschrieb. Die Künstler wurden gemeinsam in dem Kunsthause beschäftigt. — Nach Maimonides verheiratheten die Chaldäer die Constellationen, die sie in männliche und weibliche theilten, damit aus diesen Vereinigungen ihrer Kräfte gewisse Productionen hervorgingen. — Nach dem Dabistan ward Saturn als schwarzer Stein, Jupiter als Geier verehrt, wurden dem Mars verdammte Verbrecher geschlachtet, durften dem Venustempel die Männer nur beim Besuche des Königs nahen, hielt Mercur Feder und Dintenfass, sass die Sonne, als zweiköpfiger Mann, zu Pferde und der Deus lunus auf einer Kuh. — Ueber die herrlichen Schöpfungen durch gegenbildende Arome (aromes contremoulés) in der Begattung der bekannten und noch zu entdeckenden Planeten ist Fourier's traité d'association nachzusehen. — Nach der trasimenischen Schlacht wird (auf Rath der Decemvirn) Venus mit Mars verbunden, um diesen Gott, der wegen eines unrichtig vollzogenen Gelübdes zürnte, und deshalb die Niederlage herbeigeführt hatte, durch ihre Liebkosungen zu besänftigen. — Der Priesterorden der Septemviri epulonum ordnete die Lectisternia, als den Göttern bei wichtigen Vorfällen anzustellende Festlichkeiten. — Nach Bardesanes vereinigt sich (sagt Abulpharagius) die Sonne (als der Vater des Lebens) und der Mond (als die Mutter des Lebens) im Anfange jeden Monats, um durch ihren Beischlaf das menschliche Geschlecht zu erhalten. — Macrobius sagt von den astrologischen Ansichten der Priscillianisten, sie setzten in Saturni pondere ratiocinationem et intelligentiam, quod λογικον θεωρητικον vocant. In Jovis vim agendi, quod πρακτικον dicitur. In Martis animositatis ardorem, quod θυμικον nuncupatur. In Solis sentiendi opinandique naturam, quod αισθητικον et φανταστικον appellant. Desiderii vero motum, quod ἐπιθυμητικον vocatur, in Veneris, pronunciandi et interpretandi, quae sentiat, quod ἑρμηνευτικον dicitur, in Lunae, in orbe Mercurii φυτικον vero et naturam plantandi et augendi. — Im Jedscht-Raschne-rast heissen die Sterne des Wassers Keime, der Erde und der Flamme Keime. — Im Jahre 1524 ereignete sich eine Vereinigung der drei oberen Planeten im Zeichen der Fische. Auch die übrigen Planeten waren im wässerigen Zeichen, und überhaupt trugen sich über zwanzig Conjunctionen von Planeten zu. Hieraus schlossen nun die Sterndeuter in allen europäischen Reichen, und besonders Johann Stöffler, dass die Erde in einer ungeheuren Wasserfluth untergehen werde. Carl V., alle übrigen Könige und deren Räthe geriethen in das grösste Schrecken. Viele Menschen verloren, vor Furcht der Dinge, die kommen würden, den Verstand. Andere, und unter diesen selbst berühmte Gelehrte, liessen sich Schiffe bauen, auf welchen sie sich zu retten hofften. — Wenn der Herr der Ernten, aufgeregt durch die Erscheinung der Lichtjungfrau, die Wurzeln der Menschen abschneidet, so brechen (nach den Manichäern) Krankheiten auf der Erde aus, wenn er aber auch die stärkeren Wurzeln und den Homophorus selbst erschüttert, so entstehen Erdbeben. — Keppler bezieht die astrologische Einwirkung auf die Constellationen der Gestirne, indem das Harmonische oder Unharmonische derselben von dem Erdgeiste, der dadurch zu seinen Aeusserungen aufgeregt wird, empfunden würde. — Die Hepatoskopie beruht auf dem Grundsatze, dass die Thierseele ein Theil der Weltseele, also der Gottheit selbst sei, oder (da das Opferthier immer der Gottheit, der es dargebracht wurde, entsprach) gewissermassen ihr Gegenbild, und unter allen Eingeweiden zuerst die Leber (wo als Sitz des Lebens alle Blutgefässe entspringen) untersucht werden müsse, als der Dreifuss aller Wahrsagekünste (nach Philostratus). Nach Theocrit verwundet Amor die Leber mit seinen Pfeilen. Jede Leber hat (nach Hesychius) einen Gott (θεος) in sich, weshalb der Scholiast sagt: Fuit quoddam in extis signum, quod θεος appellabatur. Die Galle war dem Neptun heilig. Caput rerum meint Aufhebung des gegenwärtigen Zustandes, pulmo laciens: Verzug. Mangel des rechten Leberlappens: Untergang, Verdoppelung des rechten Leberlappens: Entzweiung. — Die Seelen der Alfuren ziehen in Schweine ein, die deshalb nicht gegessen werden, während man aus der Bewegung von Schweineherzen weissagt. Vor dem Ausziehen einer Caravane bei den Kimbundas weissagt der Kimbanda aus den Eingeweiden eines geschlachteten Rindes über den glücklichen Erfolg. — Zuerst verehrte man Gott und die Engel in verschiedenen Bilderformen und Gestalten. Die Weisen aber lehrten, dass die Himmelssphären und die Gestirne die Gott am nächsten stehenden Körper wären und dass Alles durch sie entstünde und geleitet würde. Man verehrte sie daher und brachte ihnen Opfer dar. Als man aber einsah, dass die Sterne bei Tage und auch sonst bei Nacht manchmal unsichtbar wären, verordneten die Weisen, einem jeden Gestirn die Gestalt eines demselben entsprechenden Statuenbildes zu errichten und demselben solche Opfer darzubringen, welche auf das verehrte Gestirn Bezug hätten. Das zum Bilde der einen Gestirnsform verfertigte konnte nicht bei dem eines andern gebraucht werden, so wenig als die Opfer. Für diese Bilder errichtete man Tempel mit den Namen der Planeten, denen sie geweiht waren. Nachher verehrte man die Götzenbilder selbst, als Vermittler zwischen Gott und den Menschen, und glaubte, dass man durch sie ihm sich nähern könne. So entstand der Sternendienst, bis Budasp erschien, der mit einer neuen Lehre in Bezug auf die Enthaltsamkeit und die Seele auftrat, die Anbetung der Götzenbilder und die Verehrung derselben bei dem Menschen erneuernd. (*Masudi.*) Die Harranischen Saabäer, die die Priesterschaften nach den neun Sphären eintheilten, errichteten den intellectuellen Mächten und den Planeten Tempel. — Im Elementardienste kleidete sich der Oberpriester blau, wenn er das Firmament, roth, wenn er die Sonne, weiss, wenn er den Mond, gelb, wenn er die Erde anbetete. Der Altar des Himmels ist rund, der Erde viereckig (in China). — Nach dem Buch des Thomtom hat ein Mann ein buntes Frauenkleid anzulegen, wenn er vor dem Planeten Venus stehe, eine Frau aber Panzer und Waffen zu tragen vor dem Planeten Mars. (*Maimonides.*) — Die Tage unterscheidet man (auf Madagascar) in glückliche und unglückliche (fali); an den letzteren darf nicht ausgegangen und kein Geschäft verrichtet werden; ein Kind, das an einem solchen Tage zur Welt kommt, wird ertränkt, ausgesetzt oder lebendig begraben. — Ein Jedes der zwölf himmlischen Zeichen hatte drei Dechanten (Decani) zu Hütern und Beherrschern, also sechsunddreissig Luftgötter (in Egypten). Wie unter diese der Himmel ausgetheilt war, hatte auch jeder dieser Geister sein eigenes Gebiet im Menschen, dessen Leib in eben so viele Theile zergliedert war. Um gesund zu bleiben, wurde den Dechanten geopfert. Die Priester, die die Luftgötter zu besänftigen wussten, verkauften den Andächtigen Gemälde, kleine Münzen, Steine, worin die Namen der Dechanten und ihre Sinnbilder gegeben waren. — Die Saabäer, welche besondere Metalle und Klimate den Sternen anwiesen, glaubten, dass die Kräfte der Planeten sich über ihre Bildsäulen in den Tempeln ergössen und den Menschen mitgetheilt würden. Wenn ein Baum in dem Namen eines Himmelskörpers gepflanzt wird, so ergiesst sich dessen geistige Kraft auf den Menschen und redet zu ihm im Schlafe. (*Maimonides*). — Jacob Böhme nennt die Sterne eine quinta essentia oder fünfte Gestalt der Elemente und gleichsam deren Leben. — Die neunzehn Götter im egyptischen Todtenbuche, denen die Glieder des menschlichen Körpers (Haare, Gesicht, Augen, Ohren, Nase, Lippen, Zähne, Nacken, Arme, Ellenbogen, Knie, Rückgrat, Rücken, Zeugungsglied, Schenkel, Beine, Füsse, Hacken, Finger und Zehen) zum Schutze empfohlen werden (*Lepsius*), sind die sieben Planetengottheiten und die zwölf grossen Zodiakalgötter, wie auch der Jornbaner Theile seines eigenen Körpers verehrt. — Ist der Mond in dem Zeichen der Zwillinge, so ist es gefährlich, die Arme, welche diesem Zeichen angehören, mit dem Eisen, oder einem jeden anderen äusseren Mittel zu berühren, indem sie dadurch entkräftet oder getödtet werden, welches nicht geschehen würde, wenn der Mond in einem andern Zeichen stünde. Der Arzt Hally giebt den Grund davon an, dass nämlich der Stand des Mondes in dem angegebenen Zeichen die Säfte zu sehr gegen die demselben angewiesenen Gliedmassen hintreibe, und dadurch gefährliche Verletzungen hervorbringe. Zu derselben Zeit verordnete ein berühmter Arzt seinem eigenen Bruder ein chirurgisches Mittel für ein krankes Bein. Ein erfahrener Astronom, der dieses hörte, widerrieth es, weil der Mond im Wassermann war, welches Zeichen den Beinen entspricht. Der Arzt verlachte diesen Rath und die Folge davon war, dass der Beinschaden tödtlich wurde. (Siehe *Meiners.*) — Die Egypter unterschieden ein dreifaches heiliges Räucherwerk: das Harz, um der aufgehenden, die Myrrhe, um der mittägigen, den Cyphi, um der untergehenden Sonne zu räuchern. — Dem Saturn diente Storax, dem Jupiter Lorbeer, dem Mars

Gummi, der Sonne Aloe, der Venus Safran, dem Mercur Mastix, dem Monde Weihrauch zum Räuchern. — Die Saabäer suchten sich dem höchsten Wesen zu nähern durch Kleidung, Räucherung, Anrufung und Beschwörung, als den offenbaren Weg zu dem klaren Gesetze. (*Scharistani.*) — Nebo, der Planet Mercur bei den Babyloniern und Moabitern, prophezeite (als Mercur oder Thaut). — Die Araber opferten in der Morgendämmerung Ambra, des Morgens Kampher, des Vormittags Storax, Mittags Weihrauch, Nachmittags Aloe, Abends Laudanum, Nachts Moschus. — Die Indianer in den Philippinen stellen ihre Gottheiten in verschiedenen Stellungen dar, vorzüglich aber mit dem Kopfe in beiden Händen und die Ellenbogen auf die Kniee gestützt, um die glückselige Ruhe des Nichtsthuns darzustellen. — Unter den Constellationen beherrscht der Widder den Kopf, der Stier den Hals, die Zwillinge Arme und Schulter, der Krebs Brust und Herz, der Löwe den Magen, die Jungfrau den Bauch, die Wage die Nieren, der Scorpion die Geschlechtstheile, der Schütze die Schenkel, der Steinbock das Knie, der Wassermann die Beine, die Fische die Füsse. — Die Sonne steht dem rechten, der Mond dem linken Auge vor, Jupiter dem linken, Saturn dem rechten Ohr, Mars dem rechten, Venus dem linken Nasenloch, Mercur dem Mund. Nach Abnephi theilten die Egypter jedem Bilde im Zodiacus einen Edelstein zu. — Die Saabäer beteten zum Saturn am Sonnabend, zum Jupiter am Sonntag, zum Mars am Montag, zur Sonne am Dienstag, zur Venus am Mittwoch, zum Mercur am Donnerstag, zum Monde am Freitag. — Nach Pseudo-Kallisthenes bezeichnete der Krystall die Sonne, der Diamant den Mond, der Beryll den Jupiter, der Ophit den Saturn, der Saphir die Venus, der Smaragd den Mercur. — Von den Geschmäcken wurden die fetten und süssen auf Venus, die sauren auf Mars, die scharfen auf den Mond, die bitteren auf die Sonne, die salzigen auf Jupiter, die herben auf Saturn, die strengen auf Mercur zurückgeführt. — Im chaldäischen Gestirndienst mussten die Bilder für jeden Sterngeist aus denjenigen Stoffen verfertigt werden, die in den Kreisen des Erdenlebens demselben zugeeignet waren, und dies musste zu gewissen Zeiten geschehen, wenn der Stern im Aufsteigen und in einer glücklichen Stellung zu andern Gestirnen sich befand. — Bei den Saabäern waren die mit Sternen geschmückten Tempel (sacellum causae primae) der ersten Ursache (des Geistes, der Vorsehung, der Nothwendigkeit und der Seele) rund, die Tempel des Saturn hexagonal, des Jupiter dreieckig, des Mars rechteckig, der Sonne viereckig und des Mondes achteckig. — Die zwölf Götter, welche die Chaldäer (nach Diodorus Sicul.) als die höchsten betrachteten, nach der Zahl der Zeichen des Zodiacus, finden sich in den Dii consentes der Römer. — Fourier stellt die Milchstrasse als das Analogon der Ehrbegierde (die Hyperbole), das Planetensystem als das der Liebe (Ellipse), die Trabanten als das der Paternité (Parabole), die Sonnensysteme als das der Freundschaft (Zirkel) dar. — Der Magnet heisst bei den Egyptern des Horus Knochen und das Eisen Knochen des Typhon. (*Plutarch.*) — „Ich habe eine Drohung gesehen in den Strahlen der Sonne und einen schweren Zorn in dem Glanz des Mondes. Die Gestirne haben mit Schmerzen einen Kampf verursacht, Gott aber hat ihn zugelassen. Gegen die Sonne haben sich nämlich ihre eigenen Strahlen empört und der Morgenstern hatte Streit, da er in den Rücken des Löwen trat und die Stellung des doppelgehörnten Mondes wechselte. Der Steinbock stiess an den Hals des jungen Stieres, aber der Stier nahm den wiederkehrenden Tag des Steinbocks weg und Orion räumte die Wage weg, da sie nicht mehr sein sollte. Die Jungfrau hat ihre Stellung gewechselt in dem Widder und in den Zwillingen, und die Plejaden erscheinen nicht mehr, denn der Drache hat seinen Kreis verlassen und die Fische sind in den Kreis des Löwen eingedrungen, und der Krebs ist nicht darinnen geblieben, denn er zitterte vor dem Orion. Der Scorpion ist durch den Schwanz des grausamen Löwen gedrungen, der Hund ist gefallen durch die Gluthen der Sonne und hat die lichthelle Kraft des Wassermanns angezündet. Wahrlich, der Himmel selbst wurde bewegt, bis dass er die Kämpfenden schlug und im Grimme sie zu Boden warf. Darum sind sie mit einem Male in die Fluthen des Meeres geworfen worden, so dass der Himmel ohne Sterne ist." — Nach dem von Firmicus erklärten Horoscop der egyptischen Astrologen (Petosiris und Necepsa) erhielt Saturn zuerst die Zeitenherrschaft über die noch roh aus des Schöpfers Hand hervorgehende Erde, dann Jupiter, die Sitten mildernd, dann Mars, die Verfertigung von Instrumenten und Waffen lehrend, dann Venus, die Schützerin der weisen Beredsamkeit, und zuletzt wird Mercur zur Herrschaft gelangen, unter welcher (nach Erfindung aller Künste und Wissenschaften) zuletzt, dem Vorbilde des regierenden Gottes gemäss, auch Bosheit, Gewinnsucht, Verschmitztheit und andere Laster zur Geltung kommen werden, quia nobile ingenium in homine unum vitae cursum servare non potest und nach Erreichung der höchsten Vollendung wieder ausarten muss.

Götterschöpfungen. Die Götterhymnen der Inder, Egypter und Perser im Alterthume bestehen in Anrufungen, Zusammenhäufung von Epitheta und Aneinanderreihung der Attribute, mit Wünschen, Klagen oder Dankausbrüchen abwechselnd. Ein jeder Wilde wird, wenn zufällig angeregt, einen im Vergleich zu der nüchternen Weltanschauung des gewöhnlichen Lebens ebenso poetischen Ausdruck seiner augenblicklichen Stimmung finden, und ihn je nach der Ausbildung seiner Mythologie in der ausschmückenden Gestaltung von Gottheiten oder Naturkräften wiedergeben. Da ihm aber die Kenntniss der Schrift und (seinem politischen Leben nach) die Veranlassung fehlt, solche Lichtblitze aufzuzeichnen, bleiben sie ohne weiteren Einfluss auf die geistige Dunkelheit, in der er lebt. Die Niederlegung derselben in heiligen Schriften ist der erste Beginn der Cultur, aber der eigentliche Fortschritt beginnt erst, wenn sich ein abstracteres Begriffsleben aus dem Banne sinnlicher Anschauungen loslöst und im geordneten Gedankengange die Ideen durch freie Gestaltung zu neuen und immer höheren Folgerungen führt. Jene ersten und unmittelbaren Ausbrüche des religiösen Gefühls, die, wie jede Bildung, das Gesetz eines harmonischen Rhythmus in sich tragen müssen, repräsentiren gleichsam die Mystik des Fetischismus, indem sich jede Wallung dunkeler Empfindungen, jede leidenschaftliche Erregung der Freude oder des Schmerzes mit einem Naturgegenstande (zur Verehrung desselben) verknüpft. — In magischer Wechselwirkung mag dann aber der äusserlich zum Herrn hingestellte Gott durch subjective Willkür wiedererzeugt werden, selbst wenn die ihn eigentlich bedingende Färbung der Stimmung fehlt. Der geweihte Priester besitzt die Kraft der Götterschöpfung. Nur er vermag den Menschen mit dem Jenseits zu vermitteln, und der Gallier durfte (nach Diodor) so wenig ohne einen Druiden opfern, als der Perser ohne einen Magier, der ihm (wie Herodot erzählt) eine Götterschöpfung sang. Und solcher Götterschöpfungen sind die Vedas und Avestas voll. Um das Opfer zu empfangen, musste der Gott erst durch magischen Rapport herbeigezogen werden, und dazu bedurfte es der weihekräftigen Mantras, während der bösgesinnte Zauberer die geheimen Tantras verwandte. Der durch die Macht des Priesters in die Erscheinung gebannte Gott konnte dann nach dem Willen desselben zum Strafen oder Belohnen gezwungen werden, und musste selbst diejenige Form annehmen, die der geistigen Anschauung entsprach. Auf Ardschuna's Bitte enthüllte sich ihm Vischnu (im Mahabharata) in seiner wahren Gestalt, in der ihn noch Niemand gesehen hat, als Personification der Weltseele, zum Himmel emporragend, ohne Anfang, Mitte und Ende, mit vielen Köpfen, Augen und Armen, tausend von Gestalten in sich vereinigend, alle Weisen, alle Thiere, alle Schlangen, alle Götter zeigend, auch Brahma im Lotuskelche in seinem Leibe. Suchte dann der Prophet das im Moment der Ekstase geschaute Bild durch eine graphische Darstellung festzuhalten, so füllten sich die Tempel der Indier mit den ungeheuerlichen Monstrositäten einer ungezügelten Phantasie, während Phidias den Hellenen das Ideal des Olympiers aufstellte. — Die persischen Lydier haben zwei Tempel, einen in Hierocäsarea und den andern in Hypapa. In jedem dieser beiden Tempel ist ein Gemach mit einem Altare, worauf besonders gefärbte Asche liegt. In dieses Gemach kommt ein Zauberer und legt trocknes Holz auf den Altar, setzt sich dann eine Tiara auf's Haupt und sagt aus einem Buche unter Anrufung des Namens irgend eines Gottes eine barbarische und für die Hellenen unverständliche Beschwörung her, worauf das Holz in volle Flamme ausschlägt. (*Strabo.*) — Erst in der dritten Wandersage erscheinen die Volksgötter, denn die ersten Kähne, die von Hawaiki nach Neuseeland gesegelt waren, hatten keine Götter für Menschenwesen mitgeführt, sondern trugen nur die Götter der süssen Patatos und Fische, die Götter der Sterblichen aber liessen sie zurück, und nahmen statt ihrer Gebete mit, Incantationen und die Kunde der Bezauberung, geheim im Gedächtniss überliefert. — Nach Pausanias sangen die Delphier die Hymnen Olen's, des Lyciers zu Ehren Apollo's. — Nach Arrian durfte kein Indier ein Opfer bringen ohne den Beistand eines Sophisten. — Um ihre Götzen (von Fellen oder Stricken) zu machen, versammeln (nach Plano Carpino) die Tartaren die vornehmsten Frauen, die nach Beendigung ihres Werkes ein Schaf schlachten, verzehren und seine Knochen verbrennen. Bei Krankheit eines Kindes wird ein kleines Bild verfertigt und an seinem Bette befestigt. — Die Bildsäule des Kurcho in Heiligenbeil (dem man eine Unke mit Milch fütterte), wurde alljährlich zerschlagen und neu gemacht. — Die Mongolen hatten eine Verehrung für die südliche Gegend, als die Heimath des Gottes Fo. Manes setzt sein Reich der Finsterniss in den Süden wie die Scandinavier den Weltverbrenner Surtur, und nach Maximus von Tyrus kommen die Uebel (wie die Pest) von Aethiopien, nach den Juden vom Norden, während sie die göttliche Majestät (nach dem Pirke Elies) in den Westen setzen. Die Gelehrten des Heidenthums wiesen (nach Porphyrius) den Dämonen die westlichen, den Göttern die östlichen Gegenden an. — Nachdem der Schamane beim Opfer des burätischen Hausvaters die Schutzherrn angerufen, besingt er die Herkunft, den Charakter und die Macht des Geistes, dem er das Opfer bringt, ferner ruft er dessen Verwandte und Genossen an, Theil zu nehmen an der Ehre. Wenn er die Schale in das Feuer ausgiesst, spricht er: „Kahler Himmelsvater, Juren, Himmelsmutter, jüngster Sohn des haarlosen Himmels, Greis Sagadai und Sachala, sein Weib, Ongon Bului Chan und sein Weib Goli, o ihr, die ihr den Schafpelz tragt und zum Opfer nicht weniger begehrt, als einen jährigen Widder, die ihr Morgens vom Berge herabkommt und Abends wieder zum Berge heraufwachset, macht, dass der Hausherr reich sei an Vieh, dass er eine zahlreiche Familie und Glück auf der Jagd habe." Um Branntwein als Opfer darzubringen, pflanzt man vor die Thür der Jurte eine Birke (Scheri), stellt Kessel mit Branntwein dahinter und eine Birkenruthe zwischen die Kessel, welcher so gebildete Platz Turgi heisst und von dem Schamanen mit dem Schodo (gespaltene Birkenruthe) umwandelt wird. (*Schtschukin.*) — Die Zauberrunen (Lugut oder Lesungen) der Finnen bestehen aus drei Theilen und beziehen sich auf schädliche Dinge, die durch Zauberei abgewendet werden sollen. Die Geburt des Gegenstandes (Synty) erzählt dessen Entstehung. Der zweite Theil (Kiwut) begreift die bösen Einflüsse, worauf das Woitnensanat (der Spruch über die Salbe) folgt, dem die Beschwörung oder Loisto angehängt ist. Der Vortrag geschieht mit Stampfen auf die Erde, Verdrehung der Glieder, Blasen mit dem Munde und Ausspeien, Murmeln oder Lautreden, welche Geberden zusammen Haltiosa heissen. Als abwehrende oder verstärkende Mittel heissen die Runen auch Sanat (kräftige Worte) und werden nach den verschiedenen Gegenständen benannt. Die kundigsten Beschwörer sind die Viehverschneider, deren Sprüche Kuoharin Sanat heissen. Sie brauchen zu ihrem Geschäfte zuerst die Puun Sanat oder Holzworte, wenn das Feuer angezündet wird, dann Tulen Synty (den Spruch über des Feuers Geburt), dann Rauwan Synty (Ursprung des Eisens), ferner Mulkun Pektit, wenn die Hoden des Thieres in die Klemme gebracht werden. Pukon Sanat sind dann die Worte des Messers und mit Naon Synty (Entstehung der Schlange) schliesst die Handlung. — Die Balonda und Barotse üben Wahrsagekunst mittelst aus Holz und Lehm gefertigter Götzen, indem sie sich des Besitzes von Medicin rühmen, wodurch das an sich taube Holz die Kraft zu hören und zu antworten empfange. — Die Korjäken haben kleine Holzgötzen in ihren Hütten, Ingol genannt, denen sie Thiere opfern und die Haut aufhängen. Wenn sie umziehen, lassen sie sie in der Hütte zurück. Ziehen sie zu einer gefährlichen Reise aus, so nehmen sie den Götzen mit sich und pflegen ihn, im Falle eines Sturmes, in's Meer zu werfen, um dasselbe zu beruhigen. — Nach Comte de Passeran hatten die Santons von Taurasia, um eine Pest zu vertreiben, was sie mit ihren kleinen Fetischen nicht konnten, ein säugendes Frauenbild mit dem Charakter der Diva consolatrix der Heiden bekleidet. — „Hoch im Lande Obdora am Eismeere in der Nähe des Ausflusses des Ob ist auf einem hohen Berge die goldene Statue einer sitzenden alten Frau (Starababa) aufgerichtet, für alle sibirische Völker ein heiliges Denkmal, die in ihrem Schoosse ihren Sohn liegen hat, und in dem Schoosse dieses ein kleineres Kind, ihren Enkel. Aus ihrem Innern tönt es beständig mit Trompeten- und Posaunenklang.“ — Zur Bezeichnung der Mittagsseite, wohin sie sich beim Gebete wenden, hängen die Tscheremissen an den Anapu genannten Bäumen die Ischta auf, als ein aus Tannen-, Linden-, Erdbeeren-, Berberitzen- und andern Aestchen zusammengesetztes Bündel, zwischen denen die Bulna (ein zinnernes Schellchen) eingefügt ist. Diese Ischta wird jährlich mit einer neuen vertauscht, und beim Giessen der zinnernen Bulna ist die Form zu beachten, die der Guss annimmt. Stellt er einen Kopf vor oder etwas Aehnliches, so ist die Ischta dem Juma lieb, wird aber ein Schwanz gegossen, so wird der Guss wiederholt. — Vulcan entdeckte das Eisen, erfand seine Bearbeitung, beschäftigte sich mit Zaubersprüchen, Magie und Wahrsagerei, verfertigte zuerst Fischergeräthe, schiffte zuerst auf einem Floss und wurde (nach Sanchuniathon) vergöttert. — „Die zum Behufe der Jagdmedicin angestimmten Gesänge (damit das gewünschte Wild im Traume offenbart werde) haben unter den Odschibwaes allemal religiöse Beziehungen und werden meistens an Menabusho gerichtet (den man um seine Vermittelung beim höchsten Wesen bittet) oder an Mezukkummikokri (die Erde, als Urmutter Aller).

in den Gesängen wird erzählt, wie Menabosho die Erde erschaffen hat, um den Befehlen des grossen Geistes zu gehorchen und wie alle den Vettern und Muhmen Menabosho's (den Männern und Frauen) nothwendige Dinge jener Urmutter anvertraut sind." — Die finnischen Runen erzählen von der Geburt des Feuers, des Eisens, des Seehundes, des Bären, der Salben, der Kolik u. s. w. — Weller, dessen Sache das Vehmgericht gegen die Städte Görlitz und Breslau aufrechterhielt (1490), hatte die Armknochen eines ungetauften Kindes ausgegraben und mit Wachs und einer Osterkerze gefüllt, um damit in einer Scheune zu zaubern. — Gelingt es einem Siamesen sich eines Kinderleichnams, der im Leibe seiner schwangern Mutter begraben war, zu bemächtigen und seinen abgehauenen Händen, Füssen und Kopf einen Lehmrumpf anzusetzen, so ist er dadurch Herr der Vergangenheit, Gegenwart und Zukunft. — Um die Theraphim zu verfertigen, tödtete man (nach Rabbi Aben Esra) den Erstgebornen des Hauses und fügte seine Zunge in Goldplatten der Figur ein. — Eukrates erzählt (bei Lucian) von einem Schriftgelehrten aus Memphis, der, in eine Herberge kommend, den Schliessbengel der Thür oder einen Besen, oder eine hölzerne Stampfkeule nahm, sie mit Kleidern behängte und durch Aussprechen einer Zauberformel in einen Menschen verwandelte, der Wasser herbeitrug und Lebensmittel für die Küche kaufte, bis er mit einem andern Spruche wieder zum Besen oder Keule wurde. — Alle Jahre musste der Lappe das Bild des Tiermes neu machen, und bei dem Einweihungsopfer beschmierte er es mit dem Herzblut des Thiers und mit Fett. — Die Tahiter glaubten, dass die Götter zu gewissen Jahreszeiten in die Tii (die Bilder der Geister) oder die Toos (die Bilder der Familien und der Nationalgötter) eingingen, und dass diese dann besonders mächtig wären, wogegen in Abwesenheit des göttlichen Geistes sie zwar heilig gehalten wurden, aber ohne dann aussergewöhnliche Macht zu besitzen. Ein Idolverfertiger erklärte Ellis, dass die Macht der Götter nicht von den Veränderungen abhinge, die seine Werkzeuge an dem rohen Klotze hervorgerufen hätten oder von den Kostbarkeiten, mit denen sie geschmückt seien, sondern davon, dass sie nach dem Tempel gebracht und dort mit dem Atua gefüllt seien. — Von den Telesmata stellt das Drachenbild (ein mit Schuppen bedeckter Fisch) den Drachen im Mondkreise dar, der nach einer bestimmten Form und zu einer bestimmten Stunde zu verfertigen ist. Wenn ein wohlthätiges Gestirn in eine glückliche Conjunction getreten ist, macht man ein Bild nach einer bestimmten Form, wodurch ein bestimmter Nutzen erreicht wird. Ebenso verfertigt man ein Bild nach einer bestimmten Form, wenn ein schädliches Gestirn in eine ungünstige Constellation getreten ist, um entgegenzuwirken. Die Verfertiger der Bilder behaupten (sagt Maimonides), wenn die Sonne in irgend einen Grad der Sternbilder getreten ist, so muss man ein diesem Grade entsprechendes Bild (Thalsim) verfertigen und dass aus einem solchen Bilde (welches zu der Zeit, wenn die Sonne in eben diesen Grad getreten ist, durch Räuchern und Beten verehrt werden muss) die ihm zugeschriebenen Kräfte hervorgehen werden. — Welchen Wunsch ein wissender Sänger haben mag, den kann er für sich oder den Opfernden erringen. (Yajurveda.) — Gleich wie der Herr und Vater, oder (was Alles in sich fasst) Gott, der Schöpfer der himmlischen Götter ist, also ist der Mensch der Bildner jener Götter, die sich in den Tempeln damit begnügen, dass sie den Menschen nahe sind. Also fährt die Menschheit, ihrer Natur und ihres Ursprungs immerdar eingedenk, in der Nachahmung der Gottheit fort (Hermes Trismegistus). Die Bilder aus Stein sind es, die durch innerliches Sein belebt und voll des Geistes so grosse und mächtige Dinge wirken, die Zukunft vorherwissen und in vielen Fällen weissagen, was vielleicht alle Wahrsager zusammen nicht wissen können, die die Menschen mit Krankheiten heimsuchen, sie heilen und ihnen (nach Verdienst) Freude oder Traurigkeit senden. Egypten ist das Bild des Himmels oder eigentlich die Uebersetzung und Herablassung Alles dessen, was im Himmel regiert und geübt wird, es ist im eigentlichen Sinne der Tempel der ganzen Welt. Aber es naht eine Zeit, wo es fruchtlos bedünken wird, dass die Egypter die Gottheit so fromm und so lange Zeit verehrten und wo alle heilige Verehrung derselben verspottet und abgeschafft werden wird. Bewundert man auch viel Wunderbares im Menschen, so ist dennoch das Wunderbarste aus Allem, dass der Mensch eine göttliche Natur erfinden und derselben Dasein geben könne. Unsere Voreltern, die hinsichtlich der Götter in grossem Irrthum schwebten und ungläubig waren, auch des Gottesdienstes und der göttlichen Religion nicht achteten, erfanden die Kunst, Götter zu machen. Mit dieser neu erfundenen Kunst aber vereinten sie eine Kraft, die der Natur der Welt angemessen war. Da sie jedoch keine Seelen erschaffen konnten, riefen sie die Seelen der Dämonen oder Engel durch Beschwörungen herbei und ergossen sie in die heiligen Gebilde und in die göttlichen Geheimnisse, damit die Idole die Gewalt erlangten, Gutes und Böses zu thun (Hermes Trismegistus). Einst wird Egypten, der heilige Wohnsitz so vieler Göttergebilde, Altäre und Tempel, ganz mit Grabstätten und Todten erfüllt sein. — Wenn über den gemischten Kelch und über das zubereitete Brot das Wort Gottes gesprochen wird, so wird die Eucharistie der Leib Christi, wodurch das Wesen unseres Fleisches genährt und gestärkt wird. (*St. Irenaeus.*) — In der Liturgie von Jerusalem wird Gott gebeten, seinen heiligen Geist zu senden, dass er komme und aus diesem Brote den Leib mache, der das Leben spendet. — Auf einer Synode (im Jahre 1099) verbietet Papst Urban, dass irgend ein Geistlicher in ein Dienstverhältniss zu einem Laien träte, weil es schändlich wäre, dass hochheilige Priesterhände, welche (was nicht einmal einem Engel vergönnt wäre) den allmächtigen Gott selbst fabricirten, unsaubern Laienhänden dienstbar wären. — Nach Bourdaloue gebühre den Priestern grössere Ehre, als der Jungfrau Maria, weil Jesus Christus, unser Gott, im Leibe der Jungfrau Maria nur einmal Fleisch geworden, während er dagegen in den Händen der Priester tagtäglich, so oft sie Messe lesen, Fleisch werde. — Nach der Kiewschen Schule (sowie nach den kleinrussischen, weissrussischen und litthanischen Bischöfen) geschieht (wie in der römischen Kirche) die Wandlung in der Messe in dem Augenblick, wo der Priester die Worte ausspricht, nach der Moskauer Schule Nikon's (wie in Constantinopel), wenn die Hostie erhoben wird. Wenn dieser Actus vor sich geht, fällt das Kirchengeläute ein. — Wenn die heidnischen Tschuwaschen einen Gott nennen, nennen sie zugleich dessen Mutter. Thor Amisch, die zugleich die Sonne vorstellt und eine Mutter der Sonne, ist die Gemahlin von Thora. Ausser dem Sohne Gottes und andern Göttern haben sie auch vergötterte Menschen (Irisin). Der Opferplatz (Irsan oder Keremeth) einer Gottheit ist im Walde in der Nähe einer Quelle, viereckig umzäunt, mit drei Eingängen nach Osten, Norden und Westen. Das Opfer eines weissen Pferdes ist das höchste an dem Fest der Sonnenwende (Junon Bayron). Die Jomsys (Priester, Zauberer und Aerzte) in der heiligen Vierzahl zaubern mit Kukuksthränen, Wachs, Salz und Brot, Geld und Wasser. Bei einem Unglück wird ein Füllen für den Schaitan unter Martern verbrannt, die Leber dient als Arznei. Das Heiligthum oder Jerich (ein Bündel von fünfzehn Zweigen des Rosenstrauchs) im Winkel der Stube darf von Niemand berührt werden, bis man es im Herbst in fliessendes Wasser wirft und durch ein neues ersetzt. Zum Gottesurtheil muss der Schwörende unter Verwünschungen ein Gericht von Mehlklössen versuchen. Das Jahr beginnt im November mit dem Opfermonat Tschukolch, wo den Göttern von der neuen Ernte die ersten Opfer gebracht werden. Die Woche beginnt mit dem Ruhetage (Freitage). Weiber dürfen bei keinem Opfer zugegen sein. — Die Römer begannen jede Anrufung mit Janus dem Oeffner, des gesegneten Anfanges wegen, und begrüssten, nachdem die Bitte der entsprechenden Gottheit vorgetragen war, dann noch sämmtliche übrige mit der Formel dii deaeque omnes oder ceteri dei deaeque, um keinen zu vergessen. — Die Sibirier wie die Tscheremissen nennen vor allen Göttern erst ihre Mutter, wie überall in der Götterschöpfung die Genealogien entwickelt wurden. Es ist stets durch die Gottheit, dass sich der Mensch seine zerrissene Weltanschauung complementirt, und während der Indianer beständig die unbekannte Grösse Manitou hinzufügt, hat man es später für bequemer gefunden, eine conventionelle Formel auszusprechen, ein Allah akbar, Gott sei Dank, Om, u. s. w. wodurch alles Fehlende in's Gleis gesetzt wird. Weiter den Pfählen der Kirche entfernt stehende Profane begnügen sich mit Schwüren und polemisirende Atheisten, die trotz Abschüttelung der äusseren Form sich des magischen Elementes nicht begeben konnten, wenden lieber indifferente Ausdrücke an, vom Willen des Himmels oder einem Mögen und Wünschen sprechend. — „Alle, welche den Anfang nach dem Anfang der einfachen Zahl nicht wissen, richten Nichts aus, denn ob sie gleich alle Bücher hätten, die in der Magie geschrieben sind, den Lauf der Gestirne, die Tugend, Macht und Wirkung der Ringe, Spiegel, Charaktere und alle ihre heimlichen Kräfte oder die der Kunst zugehörigen Instrumente auf's beste kennten, können sie doch keinen Fortgang erlangen, ohne die Erkenntniss dieses Anfangs vom Anfange im Anfange," sagt Tritheim in der prima materia von der Goldmacherkunst. — Des guten Anfangs wegen verkauft ein Amboiner nie den ersten Fisch, den er fängt, sondern verspeist ihn selbst. Wer nach dem Volksglauben am Montage den Kauf schuldig bleibt, kommt die ganze Woche nicht aus dem Borgen heraus. Man darf am Montage nichts verkehrt anziehen, weil sonst Alles verkehrt gehen wird. Wie den Römern Janus, ist den Mohamedanern die Fetwa des Koran der Eröffner. — Der erste Tag jedes Monats war bei den Griechen den oberen Göttern, der zweite den Heroen geweiht. (*Plutarch.*)

Magische Ceremonien. Nach der Ansicht der Fantees hat das höchste Wesen aus Mitleid mit der menschlichen Raçe auf eine Mannigfaltigkeit von belebten und unbelebten Gegenständen die Attribute der Gottheit verbreitet und lenkt jedes Individuum, wenn es den Gegenstand seiner Verehrung zu wählen hat. Sobald die Wahl einmal gemacht ist, so wird der Gegenstand sein Sosman oder Götze, sei es ein Holzstück, Stein, Baum, Fluss, See, Berg, Schlange, Alligator, Lumpenbündel oder irgend etwas Anderes. Von dem Augenblick seiner Wahl an, wird er sich jetzt in allen Lebensangelegenheiten an seinen Gott wenden. Er bringt ihm Libationen von Rum und Palmenwein, bringt ihm Oel und Korn dar, opfert ihm Geflügel, Ziegen und Schafe, beschmiert ihn mit Blut, und während er diese Ceremonien ausführt, bittet er um seine Gunst und die Bewilligung seiner Wünsche. Diese Ceremonien sind nur an den Götzen gerichtet, ohne irgend welche Beziehung zu dem höchsten Wesen. Während ihrer Ausführung wird der Götzendiener zuweilen in einen hohen Grad von Aufregung gesetzt und meint dann, dass der Götze sich mit ihm in Communication gesetzt habe, die Gewährung seiner Bitten versprechend. So wird er dann geführt, gewisse Ceremonien vorzunehmen, von deren Ausführung er die Erlangung des gewünschten Gegenstandes abhängig macht. Zu dem Gegenstand selbst haben diese Ceremonien durchaus keine weitere Beziehung. Um Gesundheit einem kranken Kinde zu schaffen, einen von Gefahr (bei seinen Unternehmungen) umgebenen Freund zu schützen, oder Vernichtung auf das Haupt des Feindes zu ziehen, wird vielleicht das Haus mit zusammengeflochtenen Zweigen umgeben, oder mögen einige Lumpen an die Zweige eines Baumes gehängt werden, oder ist ein Huhn auf die Erde zu nageln, indem ein Stock durch seinen Körper gestossen wird. (*Cruikshank.*) — An dem grossen Feste Paealua, wo alle Götzen, ihrer Umhüllungen entkleidet, in die Sonne gesetzt wurden, brachten die Tahiter den Priestern rothe Federn, um dieselben in die Höhlung der Statuen zu legen oder daran zu binden, wo sie bis zum Jahreswechsel liegen gelassen wurden, um die übernatürliche Kraft derselben zu absorbiren. Sie wurden dann sorgfältig mit feinen Fasern umwunden. Durch eine Zauberformel (Ubu) beschworen die Priester den Gott, in diesem neuen Götzen mit seiner ganzen Kraft zu wohnen. Die nach Hause gebrachten Federn wurden dort in kleinen Bambukasten verwahrt, aus denen man sie nur während der Zeit des Gebetes herausnahm. Hatte ihr Besitzer Glück, so schrieb er dieses ihrer Unterstützung zu, und meistens wurden sie dann mit einem Bilde (too) geehrt, in das sie hineingearbeitet wurden. Später mochte auch ein Altar und kleiner Tempel hinzugefügt werden. Vor einer solchen Verknüpfung mit einer Bildsäule mussten sie aber nach dem Haupttempel gebracht werden, damit die höchsten Gottheiten eine solche Uebertragung ihrer Kraft sanctionirten. (*Ellis.*) — Branchus von Milet bediente sich mystischer Formeln zur Sühne. — „Von Alters her," sagt der König der gottverwandten Phäaken, „erscheinen ja sichtbare Götter uns, wenn wir sie ehren mit Festhecatomben." — Durch die Soma wurden die Götter gespeist und genährt, wie sie durch die Lieder der Priester wachsen sollten. — Ueber die Sanga (Wallfahrt) nach Isje sagt Kämpfer: „Nach verrichteter Andacht reicht der Canusj jedem Pilger einen Ablass oder Ofarrai, ein viereckiges Schächtelchen (inwendig mit dünnen Holzstückchen, die mit Papier umwunden sind, ausgefüllt), auf dessen Vorderseite ein Papier angeklebt ist mit dem Namen des Tempels Dai Singu (grossen Gottes Tempel) und des dort fungirenden Canusj. Nach Hause zurückgekehrt, verwahren die Pilger dieses Heiligthum mit grosser Ehrerbietung, und obwohl nach Verlauf eines Jahres seine Wunderkraft sehr verraucht, so wird ihm doch allemal in einem saubern Zimmer ein besonderer Platz angewiesen. Die Ofarrais pflegen gemeiniglich an einem Leisten nach der Reihe der Jahre aufgehangen zu werden. In einigen Städten giebt man ihnen die Vorderseite des Hauses unter dem Vordach. Arme Leute, die keine geräumigen Wohnungen haben, logiren sie in einem hohlen Baume ihres Hinterhauses. Ebenso pflegt man es auch mit den Ofarrais der Verstorbenen zu halten und wenn man auf der Landstrasse verlorene Ofarrais findet, so stellt man sie in den nächsten Baum. Um auch solche, die nicht nach Isje pilgern können, mit dieser heiligen Waare zu versorgen, werden jährlich grosse Packen und Kisten in alle Länder, Städte und Dörfer Japans versandt, wo sie durch eigene Emissäre (besonders am Neujahrsfeste) verkauft werden." — Die Tahiter glaubten, dass der Gott in der Gestalt eines Vogels auf den Morai herabkomme, um in sein Bild einzugehen, wie Purusha in sein Geschöpf. — Die Grossen in Madagascar tragen (nach Flacourt) kleine

Schachteln (Aulis), Holzspäne, Glas oder Crocodilenzähne enthaltend, auch wohl in menschlicher Gestalt geschnitzt, wohinein sie gepulverte Wurzel, Honig oder Salben legen. Morgens und Abends stellen sie die Aulis auf einen Stock, reden mit ihnen und fragen sie um Rath. Geht etwas verkehrt, so überhäufen sie sie mit Schimpfreden, drohen sie auch wohl wegzuwerfen und sprechen während mehrerer Tage kein Wort mit ihnen, dann aber pflegen sie sich wieder mit ihnen zu versöhnen und sie zu verehren. Sie bitten sie um Regen oder irgend sonst Etwas. Mitunter ernähren sie sie, indem sie sie mit Fett einreiben oder mit Honig beschmieren, was sie lieben. Wenn sie mit ihren Aulis reden, bleiben sie oft während zwei Stunden im Rapport, und unmerkbar beginnen sie sich zu erhitzen und aufzuregen, als ob sie in Verzückung geriethen, und wenn sie dann in Schlaf fallen, so meinen sie, dass Alles, was ihnen im Traume kommt, von den Aulis geschickt sei. Flacourt führt dann eine lange Reihe der verschiedenen Fetischgötter mit ihren langen Namen an. Er wurde selbst einmal ersucht, einen regenmachenden Auli zu verfertigen. — Indem der Schamane über die Onggod oder hölzernen Kästchen, die mit Bälgen von Wieseln und Hermelinen bekleidet sind, seinen Segen spricht, weiht er sie zum Laren der Jurte bei den Mongolen. — Die Mönche von Cambala waren (nach Oderich) übernatürlich begabt, um Teufel auszutreiben und, nach einigen fehlgeschlagenen Versuchen, exorcisirten sie sogar die Götzen selbst, welche auf das Besprengen mit Weihwasser vom Feuer verzehrt wurden, während der Teufel in schwarzem Rauche fortflog, schreiend: „Wehe, fortgetrieben aus meiner Wohnung.“ Auch am Apurimac wurde er verbrannt. — Die Neger behängen nicht nur sich selbst, sondern auch ihre Götter mit Schambos (Fetische) nach Oldendorp. — Der Grossfakir von Damer herrscht durch seine magische Kunst über die Beduinen der Wüste. — Die Wirksamkeit der Samaveda besteht vornehmlich in Zerstörung der Sünde, die Atharvaveda enthält viele Arten von Verwünschungen zur Vernichtung der Feinde, die Rigveda Formeln, um Regen herbeizuziehen, das Vieh und Haus zu schützen, die Yajurveda gegen Diebstahl, zu Opfern u. s. w. — Als David den Todesengel sich nähern fühlte, setzte er sich nieder und studirte das Gesetz, das ihn schützte. — Nach den apostolischen Constitutionen soll der Bischof das Wasser segnen und das Oel, um ihnen durch Christum die Kraft zu geben, Gesundheit wieder zu schaffen, Krankheiten zu heilen, Teufel auszutreiben. — Odin erfand die Runen als Zauberlieder und Beschwörungsformeln, die tödten und erwecken, Geister bannen, Diebe binden, Fesseln sprengen, die Elemente bändigen, Krankheiten abwehren oder bewirken, Kreisende entbinden oder verschliessen, Schätze aufthun, Feuer löschen, Frauengunst gewinnen, Waffen fest machen, Knoten schürzen, Saaten verderben. — Der mit einer kupfernen Platte verschlossene Fuss der Burchanenbilder, die von den Kalmücken gekauft werden, enthält aus heiligen Reliquien verfertigte Aschencylinder, die mit tibetischen Schriftstreifen umwickelt sind. — Die Neger denken sich die Götter zeitweise und mit Geräusch in die Bilder und Tempel einziehend (nach Römer). Der grosse Geist der Schekani und Bakele wohnt in der Erde, aber bisweilen kommt er herauf in ein grosses Haus, das man ihm gebaut hat, wo er dann furchtbar brüllt, zum Schrecken der Weiber und Kinder, die man dadurch in Furcht hält. (*Wilson.*) — Die Theurgen wirken auf die Götter durch Binden und Auflösen von Knoten. (*Porphyrius.*) — Aehnlich dem Diagramme der Ophiten und den Abraxasgemmen der Basilidianer, dem himmlischen Wagen der Kabbalisten, finden sich talismanische Metallplatten und Ringe mit dem Monogramme Jesus oder Maria's im Mittelalter, worunter besonders Wallenstein's Horoskop, die Münchner Medaille der unbefleckten Empfängniss oder neuerlich die Roch-Medaille bekannt sind, sowie die vor Kurzem in allen Klöstern der Schweiz ausgetheilten Amulete auf Leinwand, Wachstuch, Pappe und Blei. Die Araber tragen einen mit den Siebenschläfern gravirten Achat als wirksamen Talisman an ihren Waffen, gleichsam die Auferstehung garantirend. — In der Operation Tanish, die, ohne gleichzeitig gesprochenes Gebet, auch als Spiel dient, wird (auf Tonga) eine Cocosnuss gedreht, um nach der Himmelsgegend, wohin sie zeigt, den Ausgang der Krankheit zu bestimmen. — Da man das Erdbeben (σεισμος) von Poseidon Gäarchos ableitete, pflegte man demselben in Sparta bei solchen Gelegenheiten ein Päan zu singen. (*Xenophon.*) — Nach dem Buche Henoch lehrte Amasarak die Zauberei und Wurzeln zu theilen, Armers, den Zauber zu lösen, Barkajal, die Sterne zu beobachten, Akibeel die Zeichen, Tamiel den Sonnenlauf, Asaradel die Bewegung des Mondes. — Durch die Gewinnung des Omens würde der tuskische Seher Olenus Calenus allen Vortheil, der dem römischen Staat durch die Auffindung des Menschenkopfs beim Capitolbau beschieden war, seinem Vaterlande zugewandt haben, wenn ihm nicht von den römischen Gesandten mit bestimmtem Widerspruch entgegnet wäre. — Vor den Geboten der römischen Magistrate wurde dem Volke favete linguis geboten. — Lenksam sind selbst die Götter. Diese vermag durch Räuchern und demuthsvolle Gelübde, Durch Weinguss und Gedüft ein Sterblicher umzulenken, Bittend mit Flehn, wenn Einer gesündigt oder gefehlet, heisst es in der Ilias. — Jedes Gebiet, Dorf und Haus hatte Cemes (gehörnte oder geschwänzte Puppen) aus Stein, Thon, Gold oder Baumwolle, von denen man Regen, heitern Himmel, Sieg, schmerzlose Geburt erflehte und ihren Zorn in der Natur fürchtete. Man stahl fremde Cemes, um sich deren übernatürliche Kräfte anzueignen (in den Antillen). — „Auf dem Capitolium hinterbringt Einer dem Jupiter die Huldigung der Götter, ein Anderer kündet ihm an, wieviel Zeit es sei, dieser dient ihm als Häscher, jener als Salber, mit seinen Armen und Händen die leeren Geberden eines Menschen, der salbt, nachahmend. Es giebt auch aus dem weiblichen Geschlechte, die der Juno und Minerva die Haare kräuseln, nicht ihrem wirklichen Gebilde (da sie von dem Tempel und diesem entfernt sind), sondern von weitem, indem sie mit den Fingern thun, als ob sie einem Weibe das Haupt schmückten, oder einen Spiegel vorhalten. Andere wieder nehmen den Beistand der Götter für ihre Processe in Anspruch, überreichen ihnen Bittschriften und setzen ihre Rechtsansprüche auseinander. Ein gelehrter Geberdenspieler (von hohem Alter) kam lange Zeit täglich auf's Capitol und gaukelte den Göttern Mimenspiele vor, als ob die Götter ihr Vergnügen daran hätten, ihn zu sehen, den die Menschen nicht mehr sehen wollten. Alle Arten Handwerker und Künstler arbeiten dort für die unsterblichen Götter. Gewisse Weiblein sitzen im Capitol, die den Wahn hegen, Jupiter sei in sie verliebt, und halten sich daselbst auf, ohne den Zorn der Juno zu fürchten." — Polybius erzählt, dass Oenanthe durch Flehen, Knieen und Zauberkünste im Tempel der Demeter die Gottheit zu gewinnen suchte. — Durch das Stieropfer des Gottes Myiodes bei den olympischen Spielen wurden die Fliegen in Wolken verjagt, wie man im Mittelalter Feldmäuse und Heuschrecken exorcisirte, unter Rücksichtnahme auf Alte und Kranke. — Um Salz gegen Krankheit wirksam zu machen, wurde es von kurischen Zauberern unter kräftigen Worten angeblasen. — Wie Pausanias erzählt, wurde am Fest der Dädalien jedesmal ein neues Herebild (Dädalon genannt) von einer durch ein Vogelzeichen erlesenen Eiche im Haine bei Alalkomenä in Böotien geschnitten. Vierzehn derartige Bilder kommen so durch Procession der gottesdienstlich verbundenen Städte alle sieben Jahre zusammen. Bei der Begehung der grossen Dädalien aber wurden die sämmtlichen Figuren nebst den Opfern verbrannt und so der Cyclus der alten Zeit mit dem Weihebilde regelmässig zu Grabe getragen. — Zu jedem Zauberwerke macht sich der Schamane einen neuen Zauberstab (Jodo), der ein Räucherwerk einschliesst. — Die egyptischen Priester machten die Talismane und Geheimmittel, brachten redende Figuren hervor, malten bewegliche Bilder, führten hohe Bauwerke auf, gruben ihre Wissenschaft in die Steine ein und hielten die Feinde durch Zauberei zurück. — Der mit Zauberschnüren behängte König von Kasan konnte starken Wind (der nur am Orte, wo er stand, gefühlt wurde) machen und eine Flamme unter Orgelklang aus der Erde erwecken (als Antwort auf seine Beschwörung). — Der russische Bauer leiht aus Gutherzigkeit wohl seinem Nachbar den Heiligen, der ihm Glück gebracht hat, sollte er desselben aber selbst bedürfen, so verklagt er jeden gerichtlich, der es wagen sollte, ihn, wie er, in der Kirche zu verehren. — Als sicheres Mittel, vor dem Fegefeuer bewahrt zu bleiben, rieth ein Geistlicher des zwölften Jahrhunderts: „si quotidie scriberent in frontibus et circa locum cordis digito: Jesus Nazarenus rex Judaeorum.“ (*Meiners.*) — Nach Spangenberg hielt man die unkräftige Taufe unzüchtiger Priester für die Ursache der epidemischen Tanzwuth, „darüber das gemeine Volk bald ein Aufstehen gemacht und alle Pfaffen zu Tode geschlagen hätte.“ — Während der spanischen Mission auf den Marianen, wo massive Steinfundamente der Häuser von früherer Cultur zeugen, wurde ein Chinese, Choco, hinverschlagen, der die Einwohner überredete, dass die Taufe eine Art magischen Gebrauchs sei, den Eingeweihten durch eine Krankheit zu verderben, und so zur Ermordung der Missionäre anreizte. (*Freycinet.*) — Zur Taufe wird in Nubien (wie in Abyssinien) das Kreuz mit heissem Eisen eingebrannt. — In Schweden wurde ein Kind gegen Elfenvertauschung vor der Taufe durch Stückchen Eisen, Nagel, Nadel, Scheere, Messerchen (in die Wiege gelegt) gesichert. — In ihrem wasserarmen Lande erscheint den Betschuana-Kaffern der Regen als der Geber alles Guten, so dass sie jede feierliche Rede mit dem Worte Puhla (Regen) beginnen und beschliessen. Auch die Missionäre erschienen mit ihren Gebeten zuerst nur als eine andere Art von Regenmachern (Puhlagatu). — Die peruanischen Indianer legen Talismane (Hufeisen, Weiberhaare, Lappen u. s. w.) unter die Heiligenbilder in Ocopa, um gestohlenes Gut wieder zu erhalten. — Den neugeborenen Judenkindern wird ein Amulet mit den Namen der drei Engel (Sensi, Sansenai und Samangaloph) umgehängt, um sie gegen die Säuglinge fressende Lilith zu schützen. — Alle alten Liturgien bezeugen, dass die ausdrückliche Anerkennung der realen Gegenwart von den Communicirenden in den ersten Jahrhunderten der Kirche gefordert wurde. Auch St. Augustin lehrt, dass dieses der Sinn des Wortes Amen war, welchen man demselben zu seiner Zeit beilegte: Habet magnam vocem Christi sanguis, in terra cum eo accepto ab omnibus gentibus respondetur amen. (*Moore.*) — Der Gottesdienst der Secte des verherrlichten Erlösers concentrirt sich in der mysteriösen Anschauung des geheimnissvollen Christusbildes. Die Secte der Sabatniki oder Sabbathverehrer (gegründet durch den Juden Zacharias in Nowgorod) hoffen auf einen irdischen Messias und glauben nicht an die Auferstehung, treiben aber viele kabbalistische Künste als Wahrsager und Zauberer (1470). — Nach vergeblichen Unterhandlungen hielt Bernhard von Clairvaux dem wegen seiner Excommunication bei der Messe vor der Thür der Kirche harrenden Grafen (Wilhelm IX. von Aquitanien und Poitou) die Hostie vor und beschwor ihn bei dem gegenwärtigen Christus, indem er ihn so bändigte. — Wenn ein Weiser einen talmudischen Satz (Halacha) einem Todten nachsagt, so bewegen sich (nach R. Johannan) dessen Lippen im Grabe, während der Brief Nikon's den heiligen Philippus sich ganz erheben machte, wie auch die Fetischmänner in Bamba es vermögen. — „Es war vernünftig" (sagten die Jesuiten), „dass Gott in dem Gnadengesetz des neuen Bundes die schwere und verdriessliche Nothwendigkeit des alten Gesetzes aufhob, vollkommne Busse zu thun, um gerechtfertigt zu werden, und dass er die Sacramente einsetzte, um den Mangel der Busse zu ergänzen. Sonst würden in der That die Christen, welche Kinder sind, die Gnade Gottes nicht leichter erhalten können, als die Juden, welche doch Sklaven waren." — Die magische Kraft im Menschen ist (nach van Helmont) durch die Sünde in ihm schlafen gegangen und muss wieder geweckt werden, sei es durch die Erleuchtung des heiligen Geistes, sei es durch die Kunst der Kabbala. — In der christlichen Kirche (heisst es im Chisuk emuna) finden sich die silbernen und goldenen Götzen und hölzernen und steinernen Bilder, besonders aber die Pesile hallechem oder Brotgötzen, vor welchen sie niederfallen, der Lehre Jesu zuwider. — Wenn die Christen Menschen taufen (heisst es im Talmud), so taufen sie die Seele, denn vorher nennen sie den Leib ein leeres Gefäss. So taufen sie auch Kelche, Glocken und Gefässe. — Der Jesuit Eder erzählt Fälle von Judenkindern, die, weil man in der Jugend das Zeichen des Kreuzes über sie gemacht hatte, eine unwiderstehliche Neigung zum Christenthum fühlten. — Die Synode von Tibur (895) verbot den Gebrauch hölzerner Abendmahlskelche, damit das Holz nicht fürder Christi Blut einsauge. — Nach den (in viele Unterabtheilungen, wie Filipponen, Feodosiani, Ahakuni u. s. w., nach ihren Führern zerfallenden) Pomorane (am Meere Wohnenden) oder Bespopowtschina (Priesterlosen) kann man entweder (da sie ohne ihre Schuld der rechtmässigen Priester entbehren) durch völlige Hingebung, Gebet und Frömmigkeit geistiger Weise der Segnungen der Sacramente theilhaftig werden, bis alle Russen ihre Irrlehren abschwören werden, oder man muss (als verirrte Schafe herumirrend) die vom Antichrist (in dessen Macht man immer lebt) erlösende Zukunft erwarten. — Die Sacramente der Altrussen konnten nur in einer Kirche Polens, die dadurch zum Mittelpunkt wurde, geweiht werden und mussten dann verschickt werden. — In Marienwerder müssen Personen, bei deren Taufe ein Versehen begangen ist, nach ihrem Tode mit grosser Schnelligkeit (als Tonnenreifen) bei Nacht geradeaus laufen. — In der Geisteskrankheit des Herzogs Johann Wilhelm von Cleve nähte man ihm (auf den Rath eines Priesters und einer Nonne) das Evangelium St. Johannis in sein Wamms und gab ihm geweihte Hostien mit Austern und andern Speisen, doch ohne Erfolg. — Der Unitarier Parker in den Vereinigten Staaten (nach welchem das Menschengeschlecht nicht mehr nöthig hat, eine wundersame Offenbarung von Dingen zu erhalten, die sich auf Religion beziehen, wohl aber von Dingen, die auf Haushalt, Ackerbau und Manufactur gehen) lehrt, dass der Körper gerade so ist, wie Gott will, ohne etwas Ueberflüssiges zu haben, was sacramentalisch wegzuschneiden, noch in irgend einer Hinsicht etwas ermangelnd, was sacramentalisch hinzuzufügen wäre, dass der Menschengeist genau ein solcher ist, wie Gott ihn zu schaffen beabsichtigt, an nichts überflüssig, an nichts mangelhaft, weder sacramentalische Ablösung (Amputation) einer alten, noch sacramentalische Imputation einer neuen Neigung von einem andern Stamme erfordernd. — Tous nos pères enseignent d'un commun accord, que c'est un erreur de dire, que la contrition soit nécessaire et que l'attrition toute seule et même conçue par le seul motif des peines de l'enfer, qui exclut la volonté d'offenser, ne suffit pas avec le sacrement, war Ansicht der Jesuiten. (*P. Bauni.*) — Bei den Protestanten genügte die Magik des Gebets im Glauben, da nach Amsdorf gute Werke nicht nur (wie auch Luther meinte) überflüssig, sondern der Heiligung geradezu schädlich seien. — In den heiligen Büchern der Buddhisten heisst Tho-lo-ni (Dharani) die magische Formel, die, wenn man nicht die Sutras beobachten oder verstehen kann, dazu dient, die begangenen Sünden zu reguliren und zu vermindern, früher oder später die Befreiung zu verschaffen und den beschränkten ebensowohl als den aufgeklärten Menschen zum Nirvana zu führen. Eine jede sacramentale Religion ist eine magische Complementirung des philosophischen Denkens. — Principio docet sanctus synodus in almo sanctae eucharistiae sacramento post panis et vini consecrationem dominum nostrum Jesum Christum, verum deum atque hominem, vere, realiter ac substantialiter sub specie illarum rerum sensibilium contineri. Hieraus folgte nothwendig der Nachdruck, den die katholische Kirche auf die Asservation der (der Adoration würdigen) Elemente legt, da sonst ein Stück Gottessubstanz in die Hände böser Zauberer fallen konnte, und diese Möglichkeit hat von den Juden schwer gebüsst werden müssen. Die lutherische Kirche macht aus dem sacramentum altaris, in dem zwei Substanzen gleichzeitig mit und neben einander vorhanden sind, eine Art impanatio (localis inclusio corporis in panem) oder consubstantiatio, und die reformirte Kirche setzt eine manducatio spiritualis an die Stelle der manducatio oralis. — Das Concil von Carthago setzte fest, dass die Milch und der Honig, die bei der infantatio den getauften Kindern als Sacrament gereicht wurden, bei der Weihung wohl von dem Sacramente des Blutes und Leibes Christi zu unterscheiden seien. — Zum Festmachen (im dreissigjährigen Kriege) liess man das Evangelium St. Johannis subtil und geschmeidig auf zartes Papier schreiben, brachte es heimlich unter die Altardecke einer katholischen Kirche, wartete, bis ein Priester drei Messen darüber gelesen hatte, steckte es in einen Federkiel oder eine ausgehöhlte Haselnuss, verkittete die Oeffnung mit spanischem Lack oder Wachs, oder liess solche Kapseln in Gold und Silber fassen und hing sie an den Hals. Andere empfingen beim Abendmahl die Hostie unter stiller Anrufung des Teufels, nahmen die Oblate wieder aus dem Mund, lösten an einer Stelle des Leibes die Haut vom Fleische, steckten die Oblate hinein und liessen sie so verheilen (wie man in Australien Kieselsteine, in Birma Goldblättchen unter die Haut fügt). — In den Büchern der Zaubereien (sagt R. Bechai) wird gemeldet, dass bei dem Werk des wahrsagenden Geistes eine Frau bei dem Grabe am Haupte des Todten und ein Mann zu dessen Füssen stehe und in der Mitte ein Knabe mit den Schellen in der Hand und damit schelle. Von diesem Brauch sind die Glocken in das edomitische Reich (bei den Christen) eingeführt. — Bardesanes erwähnt 175 p. C., dass die Samanäer bei dem Ton eines *zadur* (ghana) zu beten pflegten, während sich erst im achten Jahrhundert Glocken in Frankreich finden. Die Spartaner leiteten ihre Könige mit Glockenklang zu Grabe und nach Apollodor wurde für Sterbende Erz zusammengeschlagen. — In Faust's Höllenzwang ist Jesus Christus und sein erlösendes Kreuz als Beschwörungsmittel angegeben. Der teuflische Hofstaat setzt sich zusammen, aus seinem König: Lucifer. Viceroi: Belial. Gubernatores: Satan, Beelzebub, Astaroth, Pluto. Grossfürsten: Aziel, Mephistopheles, Marbuel, Ariel, Aniguel, Anasel, Barfael. Grandministers: Abbadon, Chamius, Milea, Lapasis, Merapis. Spiritus familiares: Chimcham, Pimpam, Massa, Lissa, Dromdrom, Lomba, Palasa, Haufa, Linia, Pora, Saya, Wunsalag. Pfalzgraf: Carniello (Diener des Asiel). — In den Ahnensaal tretend, erforschte Confucius den göttlichen Willen aus einer in's Feuer gelegten Schildkrötenschale, da die Bilder und Namentafeln der Ahnen keine Stimme haben. — Quetzalcoatl, sagt die Chronik, stiess grosse Schreie aus gegen die Götter, er wusste, dass Ommeyocan, der Aufenthalt der neun Grade, im Himmel ist. Er wusste, dass dort die von ihm Angerufenen wohnen, die er durch seine Beschwörungen bannte, die er demüthig und klagend anrief. — Die Einweihung eines Haines beschreibt Cato: Lucum colluscare Romano more sic oportet. Porco piaculo facito. Sic verba concipito. Si deus, si dea, cujus illud sacrum est, uti tibi jus siet porco piaculo facere illiusce sacri coërcendi ergo. Harumque rerum ergo sive ego, sive quis jussu meo fecerit, ut id recte factum siet. Ejus rei ergo te hoc porco piaculo immolando bonas preces precor, uti sies volens, propitius mihi, domo familiaeque meae liberisque meis. Harumce rerum ergo macte hoc porco piaculo immolando esto. — Eine jede Wahrsagung, sagt Porphyrius, kommt entweder aus Entzückung oder aus krankhafter Geistesverwirrung, oder von zu vielem und langem Wachen, oder von einer aufgeregten Einbildungskraft in Krankheiten, oder endlich von magischen Künsten. Die ganze Natur und alle Theile des Weltalls haben eine wechselsweise Uebereinstimmung, sie ist gleichsam nur ein einziges Thier, und so theilen sich daher auch Vorbedeutungen mit. — Wegen der magischen Kraft (Dämone anzuziehen und abzuwehren) der Edelsteine und Metalle, heissen die letztern φαρμακα σωτηρια, wie die Glocken, Abraxassteine und Zauberringe (δακτυλιοι φαρμακιται bei Hesychius). Wegen der Vorstellung einer dem Erz inwohnenden geistigen Macht, gleichsam der im Tone desselben sprechenden Gottheit, wurden beim Neubau des Capitol rohe Metallmassen in die Fundamente eingelassen und solche dienen am Calabar bei den Egbo-Ceremonien. — Durch Zusammenschlagen von Becken und Kesseln kam man in Rom dem angefochtenen Mond zu Hülfe. — Bei Totalfinsternissen glauben die Koloschen, dass der Mond sich verirrt habe, und stimmen deshalb Lieder an, ihn wieder auf die richtige Bahn zu leiten. — Die Hofnarren trugen an ihrer Narrenkappe Schellen, wie solche auch Thieren als Amulete zur Verscheuchung der Dämonen angehängt wurden. Omnino ad rem divinam pleraque aenea adhiberi solita, multa indicio sunt et in his maxime sacris, quibus delinere aliquos, aut devovere aut denique exigere morbos volebant. (*Macrobius.*) — Aeris sono malos genios depelli atque hanc esse causam, quare in defectu lunae aera moveantur adeoque tinnitu isto aër lustrabatur et a malis geniis purgabatur. Sicut etiam in sacris magicis ad praesentiam lunae aes pulsabatur. (*Psellos.*) — Bei römischen Opfern lärmten die Tibicines und Tubicines, ne quid mali ominis inter sacrificandum audiretur. (*Plinius.*) — Der Schellenklang (an Aaron's Rock) sollte dem Gott das Nahen des Hohenpriesters anzeigen, damit nicht die Majestät des unbenachrichtigten Adonai den Priester tödte. Die Buddhisten rufen durch Glockengeklingel die Götzen in die Bilder nieder und zur Aufmerksamkeit auf die vorzunehmenden Ceremonien. Ovid kennt den geheimnissvollen Einfluss der Schellen auf die Manen. Im Haine der Demeter zu Dodona dienten sie (nach Theophrast) zur Sühne und Reinigung. — Im Dienste der Hecate, sowie in den Tempeln der syrischen Göttinnen fanden sie sich am Kleide des Priesters. — Man glaubte, dass durch die Blutopfer die Kraft dessen vermehrt werde, dem man die Blutopfer brächte. So z. B. nennt Einar (der heidnische Scalde) in Beziehung darauf, dass der Jarl

Hakon den Opferdienst wieder hergestellt, die rögn (Götter) ramonaukir, an Stärke vermehrt, und sagt, dass die stärker vermehrten die Macht Hakon's am kräftigsten mehrten. (*Wachter.*) — Die Noaiden (Blutmänner oder Priester) der Lappen bestrichen die aus Birkenstämmen gefertigten Götzenbilder mit dem Blute der geschlachteten Thiere. — Um die Götter günstig zu stimmen und einen Theil ihrer Macht auf den heiligen Gürtel, mit dem der König bei der Krönung auf Tahiti bekleidet wurde, zu übertragen, wurde ein Menschenopfer gebracht, sobald die Anfertigung jenes begonnen hatte. Neue Opfer wurden mit jedem neuen Stücke hinzugefügt und mit einem letzten die Arbeit beschlossen. — Nihil operari imagines nisi vivificentur. (*Agrippina.*) — Nec intelligunt homines ineptissimi, quod si sentire simulacra et moveri possent, adoratura hominem fuissent, a quo sunt expolita. — Um Orakel zu erhalten, bestrichen die Quiches (in Guatemala) ihre Götzen, die beim Aufgang der ersten Sonne in Steinbilder verwandelt worden, mit Blut am Munde. — Wenn der indianische Jäger (unter den Odschibwaes) seinen Schutzgeist anruft, schnitzt er Bildnisse der Thiere, die er zu erlangen wünscht, in Holz oder lässt sie von den Metas (Zauberpriester) auf Täfelchen zeichnen, um sie durch diese Medicin in seinen Pfad zu ziehen. — Die Madagesen tragen Crocodilzähne, als den Aufenthaltsort ihres Ody (Fetisches) und achten das Fady. — Dem Kriegsgotte Huitzilopochtli wurden die Herzen der Geschlachteten (der Sitz des menschlichen Lebens) als die allein angenehmen Hostien dargebracht. — Die Juden essen kein Blut, um nicht den unreinen Dämon desselben mit zu verzehren. — Ueber dem schlagenden Herzen des Dionysos, das Athene aus den Händen seiner Mörder rettete, formte Vater Zeus ein Gypsbild und bestellte den Silenus zum Priester des Gottes. — Die Weihe der Bilder wurde meist symbolisch durch die bei der Salbung ausgesprochene Formel vorgenommen, während Krischna sich in dem seinigen zu Juggernauth selbst verkörperte. Bei der periodischen Erneuerung musste ein an den Augen verbundenes Kind das seine Reste enthaltende Kästchen (das nach Orissa geschwommen war) aus der alten Statue (die in's Meer geworfen wurde) in die neue versetzen. — Die Blutopfer verliehen den im scandinavischen Blothus oder Opferhaus verehrten Steinen Sprache und Gabe des Orakels. — Als die Söhne Ragnar's nach Heklingen fuhren, errichteten sie auf der Insel Sansoe eine hölzerne Bildsäule (Thriemamr oder der Baummann) an dem Ufer des Meeres, die menschliche Stimme besass und alle Theile des Leibes ausgedrückt hatte. — Bei den Doriern und Böotiern war der Dienst der Todten Blutdienst ([illegible]). — Der Scheidekünstler La Pierre, dem, während er mit Blut operirte, der Geist des während der Fäulniss und der auflösenden Destillation Verstorbenen erschien und unter einem Schrei wieder verschwand, sah auf dem in der zerschlagenen Retorte zurückbleibenden Blutreste einen Menschenkopf mit Gesicht und Haaren. — Indem Rata von den Priestern von Panatu die Bezauberung Titikura abgehört hatte, konnte er dadurch die Knochen seines Vaters wieder bewegen. — Die Veddas bringen den Schatten abgeschiedener Vorfahren Opfer, sowie Figuren, die für den Augenblick verfertigt sind, um den beherrschenden Geist irgend eines Planeten darzustellen, der über ihr Geschick Einfluss hatte. — Vetal, der Gott des vorbrahmanischen Dienstes, steht in einer Umzäunung von Steinen, seltener in einem Tempel als ein Stein, seltener als ein Bild nach Osten blickend. In Krankheitsfällen wird er mit dem Blute eines Hahnes besprengt, und in Fällen von Bezauberungen durch eine kundige Person mit Mantras angerufen. — Als die Statue des Gottes Kinebahau erzürnt über den Uebermuth Ahcunal's, Königs von Uxmal, bei

Nacht aus seinem Tempel verschwunden war, versprach der König seinen Edeln durch seine magischen Künste ihn durch einen mächtigeren Gott zu ersetzen. Von den geschicktesten Künstlern liess er eine Statue aus Holz verfertigen und in die Flammen eines Holzstosses stellen, von denen sie indess rasch verzehrt wurde. Dann liess er eine andere aus Stein bauen, aber im Feuer verwandelte sie sich in eine Masse von Kalk. Dann liess er eine thönerne verfertigen und sie, statt im Ofen zu verschwinden, verhärtete sich im Gegentheil, und je mehr man das Feuer nährte, desto mehr Festigkeit gewann sie. So blieb sie mehrere Nächte inmitten der Flammen, und zu der vom Könige angezeigten Zeit, als es ihm gelungen war, den Dämon hineinzubannen, belebte sie sich, worauf das Volk zur Erde fiel, um anzubeten. Er wurde, da er auch die übrigen Götterstatuen, welche zu verschwinden begannen, durch thönerne ersetzte, von seinen Nachbarn Kuml-Katob oder Verehrer des Thones genannt. (*Brasseur.*) — Den Griechen galt der Erfinder der Töpferscheibe für einen heiligen Halbgott, und von den Pfeilern des Seth war der eine von Thon, der andere von Stein, um im Feuer sowohl als im Wasser beim Weltuntergange unvergänglich zu sein.

Macht der Magier. Der Wilde setzt seinen Wunsch in eine Association mit dem gefundenen Fetisch und meint dann später aus diesem jenen erfüllen zu können in relatirter Polarität. Wenn sich der Wunsch allmählig zu einem bestimmten Entschlusse complicirt, so wird er entsprechende Operationen mit seinem Fetische vornehmen und auch darin noch eine sich gegenseitig bedingende Beziehung zu finden glauben. So entwickeln sich Begriffe durch Gedankenreihen zu Ideen, aber da diese selbst ebenfalls nur aus Gedankenreihen bestehen, können die zur Erziehung eines complicirteren Entschlusses angestellten Operationen nachher auch wieder zur Erreichung eines einfachen Wunsches dienen. Die Hand folgt denselben Muskelerweiterungen und Verkürzungen, ob sie nach einem Stück Brot greift, oder sich in Bewunderung der Allmacht zum Himmel erhebt. Wie der Begriff die Formel findet für das zwischen den Sinneseindrücken bestehende Verhältniss, so entspringt die mit den Fetischen gewirkte Magik aus dem Verhältnisse zwischen den einzelnen Gemüthszuständen, welche als solche sich nur mit dem Fetische selbst associiren. Hatten die Götter sich einmal an regelmässige Speisung gewöhnt, so konnte man durch Entziehung derselben auch strafen, ja man legte die Statuen, die die in das Ohr geflüsterten Wünsche nicht hören wollten, in Ketten, gab ihnen Geisselhiebe oder warf sie fort, wie der Neger einen werthlosen Fetisch. Augustus verbot, nachdem er zweimal Schiffbruch erlitten, dem Neptun Processionen abzuhalten. Im Mittelalter belohnte man die artigen Heiligen mit Flittertand und seidenen Kleidern, die aber bei schlechtem Betragen wieder entzogen werden konnten. Der Heilige des jähzornigen Lazzaroni muss manche Ohrfeige dulden, lässt sich aber meistens durch Streicheln und Küssen später wieder versöhnen. Mit dem guten Antonius von Padua gingen die Matrosen oft roh genug um und selbst die eindringendsten Fürbitten der Geistlichkeit sollen den heiligen Petrus, wenn er zu nachlässig im Regenmachen war, nicht immer vor einer Wassertaufe in Navarra gerettet haben. Die Zauberer drohten der ihren Citationen nicht gehorsamen Persephone ihre Geheimnisse zu verrathen oder vermassen sich auch wohl, nach Augustinus, den Himmel zu zertrümmern und Jupiter selbst vom Thron zu stürzen. Durch gute Mahle waren die Götter bald gewonnen. In schlechten Zeiten gaben die Argiver einst von ihrem Götterchore vier an die Aegäer, damit sie von ihnen gefüttert würden. Da diese aber die Feste gemeinsam feierten, sparten sie keine Kosten und liessen so viel drauf gehen, dass die Argiver später die Zehrung zu zahlen verweigerten und so ihre Götter in Pfand lassen mussten. — Erfüllen die Onggod's, die Hausgötter der Jurten, nicht die Wünsche ihrer Besitzer, so erhalten sie Peitschenhiebe. — Wenn ein Finne einen gewissen Schwamm (mucor unctuosus flavus) mit Theer, Salz und Schwefel kochte und mit Ruthen peitschte, so erschien die Hexe und bat für ihren Kobold. — Der Kabbalist macht sich den Todten dienstbar, indem er um Mitternacht sein zum Tanze abgelegtes Grabgewand stiehlt, wie der Fetischmann durch die Aufbewahrung seiner Asche. — In Faust's dreifachem Höllenzwang wird der lebendige Gott durch die Kraft seiner ewigen Gottheit beschworen, der allmächtige Gott in sich selbst bezwungen und Jehovah, die ewige und ewig unendliche Dreifaltigkeit durch das Blut Jesu beschworen und bezwungen. — Da der Seher Nävius günstige Vorzeichen für das beabsichtigte Vorhaben des Tarquinius gesehen hatte, so musste dieser nun auch umgekehrt den Wetzstein mit einem Scheermesser zerschneiden. — Als William Hacquet, der (als der wahre Messias) Propheten ordinirte (1693), in London hingerichtet werden sollte, verlangte er von Gott ein errettendes Wunder. „Thust du es aber nicht, so werde ich, sobald ich in den Himmel komme, dich von deinem Throne stürzen, und mit meinen eigenen Händen in Stücke zerreissen.“ (*Bayle.*) — Rua verwandelte bei seinen Incantationen, um Wind zu erzeugen, den Morgen- in den Abendstern (auf Neuseeland). — Eine Mutter in Heisterbach entriss der Jungfrau ihr Christuskind und gab es nicht zurück, bis sie ihren von einem Wolfe geraubten Säugling zurück erhalten hatte. — Nachdem der Schamane bei der Ceremonie Kyryk sein Stäbchen in die Eingeweide des für einen Kranken geschlachteten Opferthieres getaucht hat, hält er es in die Höhe und ruft: „Sei für sein Leben eine Bezahlung, für seinen Körper eine Gabe, lass sein Glück hier, und nimm sein Unglück fort. Ist die Vorladung unrecht, so sei der Schamane schuldig, sind es die Zurichtungen, so sei es der Zurichter, ist Alles wie es sein soll, weigern sich die Geister, so seien die Geister schuldig. Hebe dich weg, fliehe leichter als die Feder, rascher als die Pfeile fliegen.“ — Bayle erwähnt aus katholischen Geschichten, wie Maria, von einer Frau um die Bestrafung des Kebsweibs (mit dem ihr Mann buhlte) gebeten, zwar die schlechten Handlungen derselben tadelte, aber erklären musste, dass durch die Zuneigung, welche sie ihr täglich bewiese, ihr die Hände gebunden seien, etwas gegen sie zu thun. — Bei Lucan droht der Todtenbeschwörer, das Geheimniss der Persephone kund zu geben, den gelösten Titan zu senden, Hecate zu binden in bleicher Gestalt, Tisiphone und Megära mit wahren Namen zu beschwören, den stygischen Hund an die Kette zu legen, den Damogorgon (bei dessen Erscheinen die Erde erbebt) anzurufen. — Hört der Syrer Nachts einen Hund bellen und sieht er, dass derselbe die Schnauze zur Erde gerichtet hat, so erschiesst er ihn, um das todverkündende Omen abzuwenden. Richtet dagegen der Hund die Schnauze nach oben, so hat er vor einem drohenden Unglücke gewarnt und wird am nächsten Tage gut gefüttert. — Um den heiligen Elias zu beschwören, wird mit Todtenseife (womit ein Leichnam gewaschen ist) oder mit Fichtenzweigen, die rasch in Fäulniss zerfallen, ein Kreis um die abgesteckte Stelle des Gebetes beschrieben. — Der kirchliche Brahmanismus kannte kein Radicalmittel gegen den ewigen Kreislauf der Seelenwanderung. Veda-Lesen, Opfern, Beten, Fasten, fromme Spenden, Bussübungen, Werke der Liebe und Gerechtigkeit führen hinauf bis in Indra's Paradies oder Brahma's Himmel, aber nach Verlauf einer bestimmten Zeit kehren die Seelen, und wenn sie auch Gottheiten geworden sind, zu neuer Prüfungsexistenz zurück und die Laufbahn beginnt von Neuem. Der Einsiedler von Shakya dagegen hat das Mittel gefunden, sich aus dem Meere der Sansara heraus in den Hafen der Ruhe zu retten. Durch die Busse, als vollendete Erkenntniss und vollkommene Entsagung, erfolgt die Erlösung, der Rückzug aus der Täuschung, die Rettung von dem Weltübel, die Befreiung. Wer aber zur buddhistischen Weisheit und Heiligkeit vorgedrungen ist, hat sich nicht nur von der Materie und ihren täuschenden Verwandlungen befreit, sondern er beherrscht sie zugleich nach Willkür. Die Natur und ihre Gesetze, die er durch Busse im Bewusstsein und in der Gesinnung überwunden hat, müssen ihm gehorchen, ihm dienen. Er hat die Kraft erlangt Wunder zu thun, und besitzt, wie die Mongolen sagen, die Macht des Kiti Chubilghan. Die letzte und absolute Befreiung erfolgt endlich im Tode, durch das Eingehen in's Nirvana, die Auflösung in die Leere (Sunya) unter Erlösung des individuellen Selbstbewusstseins. (*Köppen.*) — Ein aedes tempestatis wurde von M. Agrippa errichtet wegen Rettung aus Sturm bei Corsika. Vespasian baute nach Beendigung des jüdischen Krieges das templum pacis. Den Tempel des Jupiter tonans erbaute Augustus, weil er im cantabrischen Kriege einer grossen Gefahr entgangen war, als auf nächtlicher Reise ein Blitz seine Sänfte gestreift und nur einen Sklaven getödtet. Der Censor Bubulcus errichtete im samnitischen Kriege seinem Gelübde gemäss das templum salutis. — Aus der Idee der Macht ergab sich dem König Dasarath von Ayodhia der Wille, den austrocknenden Planeten Sani mit Waffengewalt zu vertreiben. — Auf die Frage, weshalb der Planet Jupiter glücklich wäre, antwortete Ben Dokin: „weil ihn die Astrologen so gemacht hätten.“ — Nach dem Buche Henoch besass Ham die Kunst, durch Beschwörung Funken aus den Sternen zu ziehen, um sich die dämonische Gewalt derselben unterthänig zu machen. — Die neun Sternenmächte (Bali) werden in Ceylon für so einflussreich gehalten, dass keiner der Götter (glaubt man) im Stande sei, das von feindseligen Gestirnen Bestimmte abzuwenden. Im Falle der Befragung werden ihnen so viele Bilder von Thon verfertigt, als wie jene Sterne durch ihren Stand Unheil verkünden.

Magik des Gebetes. Bussgebete und Almosen vermögen nach einer liturgischen Formel der Juden das vorher bestimmte Uebel abzuwenden. Das Gebet ist Proclus ein Mittel zur Vereinigung mit Gott und Johann a Cruce nennt es ein Athemholen des Geistes, eine magische Verbindung mit Gott. Indem aber Enthusiasten ihm später wieder eine übermenschliche Kraft zuschrieben, brachten sie sich ihrerseits in ein neues Dilemma, gleich den Gläubigen, die umsonst Berge zu versetzen suchen. Die Lacedämonier flehten dagegen *τα καλα ἐπι τοις ἀγαθοις* und *ταις εὐχαις προστιθεσθαι το μη ἀδικεισθαι δυνασθαι.* Roga bonam mentem, valetudinem animi, deinde corporis, sagt Seneca, und Juvenal tadelt Gebete um materielle Wünsche. Nur wenn Chanina ben Dosa's Gebet leicht hervorfloss, war er von seiner Wirksamkeit überzeugt. — Scherira erzählt: „Wir haben es gehört von den Vorfahren und aus ihren Gedenkbüchern erfahren, dass Mar und Sama gebetet und ein Drache den König Jezdegerd auf seinem Lager verschlungen (460 p. C.), so dass die Verfolgung aufgehört.“ Sama ist derselbe, den ein Dämon lehrte, dass über Eingewickeltes, Versiegeltes und Abgewogenes Dämonen keine Gewalt haben. — Der ascetische Sofi, Malek Bendinar (zu Bassora), der im Traume das Paradies und die Hölle durchzogen hatte, verwandelte mittelst seines Gebetes das Mädchen, mit dem ein Weib schon seit vier Monaten schwanger war, in einen Knaben. — Der Stamm Manala's betete unaufhörlich zu seinen Göttern, ihnen Ngatoro und die Seinen todt herbeizuschaffen. — Die Schutzgötter wurden durch Gebete hervorgelockt (nach Macrobius), flüchtige Sklaven durch das der Vestalinnen gebannt. Gebet ist ein gewaltiger Schirm und Zuflucht, heisst es im Samaveda. Wesley bekehrte Viele durch die Kraft seines Gebetes. — Um in Zeiten grosser Dürre den Zorn des Himmels zu besänftigen, stellten die Römer feierliche Ceremonien an (Aquilicia), in denen das Volk barfuss in Processionen sich vereinigte, der Chor der Mädchen und Knaben Hymnen sang und den Lapis Manalis von dem Tempel des Mars aus (bei der Porta Capena) durch die Strassen rollte. — Viele Curen, heisst es in der Zendavesta, geschehen durch Kräuter und Bäume, andere durch Wasser und noch andere durch Worte, denn durch das göttliche Wort werden die Kranken am sichersten geheilt. — „Alle Wunder (sagt Pomponaz, der das Mittel geheim zu halten empfiehlt), die man der Magie oder dem Teufel zuschreibt, sind entweder Betrug oder natürlich. Es giebt Menschen, die durch ihre Willenskraft die wunderbarsten Erscheinungen und Heilungen hervorbringen (besonders an Kindern). Um dieses aber zu vollbringen, muss man Glauben und Liebe haben und dringendes Verlangen, dem Kranken zu helfen, weshalb auch nicht Jeder dazu geschickt ist. Auch die Kranken müssen glauben.“ — In der „göttlichen Metaphysik“ Pordage's (der durch den Anhauch eines feurigen Drachen zuweilen in Ohnmachtszustände versetzt wurde) wird gesagt, dass, wer sich des rechten Wortes zu bemächtigen und zu bedienen wisse und dabei die rechte Intention habe, magische Wirkungen hervorbringen könne, denn durch das innere Schauen erhalte der Mensch Kunde von entfernten und künftigen Dingen. — Bei dem Gebete der Bitte öffnet (nach dem sofischen Commentar) der Betende die beiden Hände und erhebt dieselben bis zur Höhe der Schultern. Bei dem Gebet um Abwendung von Landplagen hält er die Hände mit den offenen Ballen gegen aussen vor das Gesicht. Bei dem Gebete der Demuth bringt er Ringfinger und kleinen Finger nieder, streckt den Zeigefinger aus und schliesst mit Mittelfinger und Daumen einen Kreis. Das stille Gebet hat keine äusseren Zeichen. — Als die Drachentochter von Lan-pho-lon ihre Gestalt beklagte, forderte Chytschoung sie auf, sich ihm einen Augenblick ganz willenlos hinzugeben und sprach dann (indem er in seinem Herzen einen Eid ablas): „Möge Alles, was ich an Kraft, Glück und Tugend besitze, wirken, diese Drachentochter ihre menschliche Form wieder annehmen zu lassen,“ und so geschah es auf der Stelle. — Zoroaster stellte durch sein Gebet die eingezogenen Beine des königlichen Pferdes wieder her. — „Mein Zauber lag in der Macht, die starke Seelen über die schwachen besitzen,“ sagte die Marschallin d'Ancre, die 1617 wegen Behexung der Königin hingerichtet wurde. — Trotz seines nüchternen Rationalismus wurde Democritus (wie Plutarch bemerkt) zum Glauben an zauberische Willenseinflüsse geführt. — Der fromme Aeacus bewirkte (gleich der legio tonans) durch sein Gebet Regen, wie die Priester des Zeus Λυκαῖος, und der Wohlstand Aegina's war auf das Gebet der Aeaciden begründet. — Der Perser durfte nur für das Beste des Ganzen beten, die Pythagoräer nicht für sich selbst, da Niemand sein eigenes Beste kennt. Eine Bitte an das absolute Wesen würde nur als magische Kraft einen Sinn haben, als Gebet im Sinne der mystischen Einheit des Menschen mit der Gottheit, um diese durch den Willen zu beeinflussen. Aber die stärkende Kraft des Gebetes liegt darin, dass der Mensch in solchen Stunden alle seine Gedanken ruhig zusammenordnet und, indem er alle Missklänge in die höchste und letzte Einheit der Unendlichkeit sich auflösen lässt, in der Harmonie seine Befriedigung findet, wenn er nicht psychologisch genug denkt, sie sich aus sich selbst zu schaffen. — „Behandle mich nach deinem Wohlgefallen," lehrt Epictet, als das einzige Gebet zu Gott. — Maximus von Tyrus lehrt: „Wie Socrates, dessen ganzes Leben ein fortwährendes Gebet gewesen, so solle Keiner von den Göttern etwas Anderes erbitten, als Tugend der Seele, ein ruhiges Gemüth, tadelloses Leben und einen Tod voll seliger Hoffnungen." — Die kabbalistische Theurgie lehrt nicht nur, wie mittelst Aussprechung gewisser Namen (deren Zauberkraft auch den Magiern bekannt war), sondern auch durch das blosse Denken darüber, verschiedene Wirkungen von den himmlischen Regionen herniedergebracht und auf die sublunarische Welt einflussbar gemacht werden können. — Der Jansenismus bestritt durch Pascal (gegen die Jesuiten) die Verdienstlichkeit der Werke und erhob die sittliche Wiedergeburt durch den Glauben und die Heilsanstalten der Kirche zur Bedingung der Rechtfertigung vor Gott. — Nach dem Jesuiten Suarez war es früh genug, Gott vor der Stunde des Todes zu lieben, nach Vasquez noch in der Stunde des Todes selbst, nach Hurtado de Mendoza musste es jährlich geschehen, nach Conninck wenigstens alle drei Jahre einmal, nach Henriquez alle fünf Jahre, nach Scotus alle Sonntage. (*Meiners.*) — Nach dem Mahabharata gelangten die Söhne Brahma's (Ekata, Dwita und Trita) nebst den sieben Rischi's, die nach der nördlichen Gegend Meru's zogen, um (wie sie von einer unsichtbaren Stimme aufgefordert worden) Vischnu anzuschauen, nach Çveta dwipa, der weissen, in Licht gehüllten Insel (wie die heilige Leuce an der Mündung des Ister). Ihre Bewohner besassen keine Sinne, waren bewegungslos und lebten ohne Nahrung, die Quelle der wahren Erkenntniss floss aus der Devajaga (Versenkung in die Anschauung Gottes). Sie verehrten nur einen Gott, einzig und unsichtbar, als Narayana, waren mit vorzüglichem Glauben (Bhakti) begabt, murmelten leise Gebete im Geist. Im ersten Weltalter würde der Gott unsichtbar bleiben, erst im zweiten würden die heiligen Männer zur Vollendung der Werke Gottes mitwirken. — Das unvergängliche Leben wird nicht erlangt durch Opfer, durch Reue, durch abstracte Meditation, durch heilige Erkenntniss, sondern nur durch ein beständiges Denken an Vischnu, den Zerstörer Mathu's. Er ist nicht erlangt durch Begabung, durch Pilgerfahrten, sondern durch die Einigung, die durch ununterbrochene Contemplation bewirkt wird. Durch tiefe Versenkung betritt der Brahmane den Stand Vischnu's. (Padma-Purana.) — „Das ganze göttliche Wesen, sagt Jacob Böhme, steht in steter und ewiger Geburt, gleich dem Gemüthe des Menschen, nur aber unwandelbarer. Gleichwie aus dem menschlichen Gemüthe neue Gedanken geboren werden und aus dem Gedanken der Wille und die Begierlichkeit und aus dem Willen und der Begierlichkeit das Wort, wobei die Hände zugreifen, dass es in Substanz selbst gedeihe, ebenso verhält es sich auch mit der ewigen Geburt." — Marco Polo erzählt, dass der Chalife Baudac (in Bagdad) alle Christen (1275) versammelte, um durch ihr Gebet einen Berg zu versetzen, da sich unter ihnen Allen doch ein Senfkorn des Glaubens finden müsste. Ein einäugiger Schuster (der sich das beim Anmessen eines Frauenschuhes nach der zierlichen Wade schielende Auge ausgerissen) kam damit wirklich zu Stande, so dass der Chalife heimlich Christ geworden sein soll. — Die Versammlung evangelischer Christen aus allen Ländern (Paris im August 1855) erlässt „Aufforderung zum Gebete für die Kirche und für die Welt, gerichtet an alle Christen in der Welt, jeden Montag-Morgen." In den Busstagen wird die magische Kraft des Gebetes durch Theilnahme des ganzen Volkes verstärkt.

— In der Kirche zum heiligen Dionys hatte Dagobert auch einen Chor zum Singen der Psalmen (durch Nachlässigkeit des Abts Aigulf bald wieder aufhörend) einrichten lassen nach dem Muster des Klosters Agaunum (St. Maurice im Kanton Wallis), nach welcher Regel Tag und Nacht ununterbrochen von einander ablösenden Mönchen die Psalmen gesungen wurden (ἀκοίμητοι oder die nicht Schlafenden bei den Griechen). — Die Kraft des Segens ist grösser, als die der Natur, weil durch den Segen auch die Natur selbst verwandelt wird, sagt St. Ambrosius über das Sacrament. — Für das Schönste und Beste, was ein tugendhafter Mann thun könne und was die Glückseligkeit seines Lebens am meisten fördert, erklärt Plato, dass er die Götter mit Opfern verehre und durch Gebete und Gelübde fortwährende Gemeinschaft mit ihnen unterhalte. — Die Bikschous, die die von Kakrouchtschanda Buddha überlieferten Formeln beständig recitiren und beobachten, werden von ihrem sichtbaren Körper alle Krankheiten und Uebel entfernen. — Baal Schem (Herr des Namens) oder Bescht (Stifter der Chassidim 1750 in Podolien), der mittelst des kabbalistischen Namens Gottes Wunder wirkte, heilte Kranke, machte unfruchtbare Weiber fruchtbar, erweckte Todte, befreite die Seelen der Verdammten aus der Hölle, gab den Blinden das Gesicht und erhielt von Gott Zutritt zum himmlischen Rath, so dass er durch seine Fürsprache Einfluss auf die Entscheidungen dieses Gerichts über die menschlichen Angelegenheiten erlangte. [In dem Kriege, den die Russen unter der Kaiserin Anna mit den Türken führten, war durch den himmlischen Rath der Erfolg den letzteren vorausbestimmt und wenn dennoch der Sieg dem russischen Heere blieb, so verdankten sie das, wie Bescht behauptete, seiner Fürsprache.] — Die Gebete der Parsen suchen meistens ihre Kraft und Wirkung in einer gewissen Systematik und Vollständigkeit, alle Eigenschaften des gepriesenen Gottes hervorhebend und ihn unter allen seinen Namen anrufend. „Erkenntniss Gottes ist Gebet.“ (*Lenau.*) — „Die Wunschgelübde (Wünsche, die an das Begehen einer verdienstlichen Handlung geknüpft werden) sind niemals Gebete an eine Gottheit oder einen Buddha, gehen aber dennoch in Erfüllung. Wie die Natur leistet, was ein Genius verspricht, so muss sich erfüllen, was der Edle wünscht, auch ohne das Zuthun einer mächtigen oder allmächtigen Persönlichkeit. Wird ein solcher Wunsch im Beisein buddhistischer Intelligenzen ausgesprochen, so erhöht ihre Gegenwart nur das Feierliche. Alle Opfer und Kasteiungen sind lange nicht so verdienstlich, als Anrufungen Buddha's, besonders Amitabha Buddha's.“ — Die Martinischen Philosophen des vorigen Jahrhunderts nahmen eine unsichtbare Welt an, in welcher verschiedene Geisteswesen sind, mit denen der Mensch in Gemeinschaft steht und die er durch Frömmigkeit und andere Tugenden sehr verstärken kann. — Als Nicolaus Flamel in der Alchymie nicht zum Ziele kommen konnte, erlangte er durch seine Gebete die Verwandlung des Quecksilbers in Silber und des Kupfers in Gold. — So wie in der Urwelt Alles in Allem ist, so ist in der körperlichen Welt Alles Eins und Eins in Allem, sagt Agrippa von Nettesheim. Aus jedem Körper gehen Bilder, untheilbare Substanzen aus und vertheilen sich im unendlichen Raum. Deshalb können Körper auf andere in der grössten Entfernung wirken und man ist so im Stande, einem Menschen aus der Entfernung seine Gedanken mitzutheilen. — Als bei langer Dürre im Reiche Malel ein Muselmann Regen versprach, wenn der König den Islam annehmen wollte, folgte die Bekehrung, als jener auf das Gebet eintrat. — „Durch den Glauben und die Imagination vermag der Mensch, sagt Paracelsus, das Unglaubliche, sogar die Kräfte und Influenzen der Gestirne herabzuziehen, und ist das Gebet mit dem Glauben verbunden, so hat der magisch-göttliche Geist in uns einen überirdischen Wirkungskreis, der sich so weit erstreckt, als unsere Gedanken, unsere Imagination und unser Glaube sich erstrecken." — Nach Poiret geschieht die göttliche Mittheilung einer Offenbarung durch unmittelbare Einstrahlung in die menschliche Seele, indem Gott dem Menschen gegenwärtig wird. Diese Offenbarung fehlt bei der Seele, die nicht Gottes Ebenbild, die nicht göttlicher Art ist. Der Mensch besitzt aber auch eine selbsteigene Kraft (obwohl von unedlerer und geringerer Art) in der Vernunft und Imagination. Uranfänglich vermochte der Mensch durch Geberden und Worte, in Kraft seiner Imagination und seines Willens, die gesammte Körperwelt zu beherrschen. Auch nach Franz von Baader kann der Mensch zwar nicht plastisch schaffen, aber das Geschaffene dominiren und auf dasselbe imaginiren. — Die Bekehrten hiessen in Tahiti die Bure Atua (das Volk der Beter zu Gott), und Ellis erzählt den Fall eines Kranken, dem man vergeblich die Götzen herbeigebracht, um Heilung zu bezwecken, welche aber auf das Gebet eines Christen erfolgte. Die einheimischen Priester adoptirten die Anrufung Satan's (Satani), um den Missionären entgegenzuwirken. — Die Gebete der Insulaner von Rook sind Besprechungen oder Formeln, mittelst welcher eine dem Hauche gewisser Individuen einwohnende Kraft (gute oder böse) auf die Gegenstände wirkt. (*Reinar.*) — Alles ist mir recht, was dir wohlgefällt, Regierer der Welt! Nichts ist mir zu früh, nichts zu spät, was dir zeitig ist. Alles ist für mich Frucht, was deine Stunden tragen. (*Antonin.*)

Kraft der Namen. Der von den Samojeden als Gott anerkannte Num (Non, Nap) wird von den nördlichen so sehr gefürchtet, dass sie nur mit sichtbarer Scheu seinen rechten Namen nennen, sagt Castrén, und sich lieber des Epitheton Jilum baertze (Wächter des Viehs) bedienen, während die tomskischen Stämme ihn Ildscha oder Ildja (Greis oder Allvater) nennen. — Als Jeremias die Einwohner Jerusalems bei Herannahen der Belagerung zur Busse aufforderte, rühmten sie sich die Engel beschwören zu können zu ihrem Schutze, worauf Gott die Namen der Engel veränderte und den, der über das Wasser gesetzt war, über das Feuer setzte, und den des Feuers über das Eisen. (Jalkut Schimoni.) — Der Samojede giebt seinem Sohne, der bis dahin den Kindernamen geführt hat, erst im fünfzehnten Jahre seinen rechten Namen, der aber nicht mit dem eines Verwandten übereinstimmen darf, ohne vorher die Einwilligung eingeholt zu haben, da es sonst blutige Händel setzt. — Von einem Verstorbenen darf bei den Samojeden nur durch Umschweife geredet werden, aber nach geraumer Zeit pflegt sein Name Kindern, die in der zweiten oder dritten Generation geboren sind, wieder beigelegt zu werden. — Die von Chaitanya gestiftete Secte der Bhakti in Bengalen (16. Jahrh.) sucht zur Vereinigung mit der Gottheit zu gelangen durch die stetige Erinnerung an Krischna, die in dem ewig sich wiederholenden Aussprechen seines Namens festgehalten wird. — Es ist eine grosse Beleidigung, die ein Masai nie ungerächt lässt (sagt Krapf), wenn Jemand in seiner Gegenwart den Namen eines verstorbenen Freundes ausspricht. So heisst z. B. ein Vater, der noch lebt, Baba oder Menie, ist er gestorben, so nennt man ihn Orlotu. Eine Mutter, die noch lebt, heisst Egnodon, ist sie gestorben, nennt man sie Emin. — Bei den Griechen herrscht die Sitte, schwere Träume, der aufgehenden Sonne zugekehrt, laut auszusprechen, um dadurch die Last los zu werden. — Die Griechen pflegten ihren Kindern den Namen des Grossvaters zu geben. — In Tahiti wurde es mit dem Tode bestraft, einen Hund nach dem Könige zu nennen. — Die von Hexen fortgeführten Kinder mussten später immer folgen, wenn sie bei dem neuen Namen gerufen waren, der ihnen von dem Teufel gegeben wurde. Die Romen wagen den Heiden keinen christlichen Namen zu geben, da es vor der Taufe sündhaft sein würde. — Der Name Heinrich sollte den Königen von Frankreich gefährlich sein und es hiess, dass man sich sorgfältig hüten müsse, diesen Namen den Thronerben zu geben, damit sie nicht ein ähnliches Schicksal wie die drei letzten Heinriche haben möchten. — Wie im Lande Ngu führen auch bei anderen Stämmen König und Thronerbe (immer das erste Kind, das jenem nach seinem Eingange in die Hauptstadt geboren wird) in regelmässiger Abwechselung die Namen Kmeri und Chebuke, die zu stereotypen Titeln werden, wie bei Caesar, Flavius, Karol. Basileus, Battus, Ptolemäus u. s. w. — Die Neugriechen nennen die Blattern, als eine Kinder schreckende Frau, euphemistisch die Schonende (*συγχωρουμενη*), wie die Furien Eumeniden hiessen. — Die magische Kraft der Namen fürchtend, durfte der auf dem Meere befindliche Philippinose nie den Namen der Erde aussprechen oder der zu Lande Reisende vom Wasser reden. — War bei den heidnischen Javanesen ein Kind gerade am Sonnenauf- oder Untergang geboren, so setzte man es (beim Namengeben) auf ein Grasbündel während einiger Minuten, worauf es einer der Aeltesten in seine Arme nahm und nach einer Anrufung der Gottheit sagte: Hebe dich fort, Gott Kala, denn ich kenne deine Natur, ich kenne deine Abkömmlinge von Sang Yang Suba und Batara durga. (*Raffles.*) Um einen Namen zu geben, zündeten die Christen Kerzen an, denen sie Namen gegeben, und wählten den der am längsten brennenden (*Chrysostomus.*) — Den Kindern geben gemeine Kalmücken zum Namen das erste denkwürdige Wort, das sie hören, oder die Benennung des ersten Menschen oder Thiers, das dem Vater nach der Geburt zuerst begegnet. Bei Vornehmen studiren die Geiling aus gewissen heiligen Büchern einen Namen hervor, der aber unter Umständen wieder verändert werden kann. (*Pallas.*) — Um dem Neugeborenen bei den Koreken einen Namen zu geben, hängen die Wahrsagefrauen einen in Hammelfleisch gewickelten Stein an zwei Stäbe, vor denen sie die Namen der verschiedenen Verwandten aussprechen, und denjenigen wählen, bei dessen Nennung sich der Stein bewegt. — Durch das continuirliche Aussprechen des Wortes (Hoveon) wird die Schöpfung erhalten und das Böse vernichtet. „Willst du, o *Zoroaster*, kränken und schmettern Dew's Menschen und Magiker, Peris, Diws, die ohnmächtig, blind und taub machen, zweifüssige Schlangen, so sprich meinen Namen in seiner vollen Weite, Tage wie Nächte," sagt Ormuzd. — Das Geheimniss des Shem Hamphorash (Shima der Samaritaner) oder der erklärte Name (die Buchstaben des Wortes Jehovah in ihrer vollen Erklärung) befähigte (nach Tudela) David El Roy zu seiner wunderbaren Reise nach Amaria, wie durch dasselbe der Talmud die Wunder Jesus („dieses Mannes") zu erklären sucht. — Als Numa durch Bezauberung der beiden Landesgottheiten (Faunus und Picus) von ihnen die Offenbarung des Geheimnisses erzwungen, wie die Himmlischen auf die Erde herabzuziehen seien, veranstaltet er auf dem Aventin ein Opfer, bannt den Jupiter in den Kreis und befragt ihn wegen der Art der Sühnung. Dieser spricht: „Du wirst die vom Blitz getroffene Stelle entsühnen mit dem Kopfe —" „einer Zwiebel," fiel Numa ein. Jupiter versetzte: „mit einem menschlichen —" „Haare," entgegnete der Opfernde. „Mit dem Leben," erklärte der Gott — „eines Fisches," setzt Numa schleunigst hinzu, und Jupiter giebt sich zufrieden. (Siehe *Sepp.*) — Als der Lauschende beim Bannen eines Schatzes, der nur durch hundert Menschenköpfe zu heben sein sollte, hundert Hühnerköpfe sagte (Russland), fiel er ihm durch solche zu. — Jeremias wollte nicht aus dem Leibe seiner Mutter hervorgehen, bis man ihm seinen Namen sagte, der dann von Elias ausgesprochen wurde. — Mischoscha's (des Besitzers des windschnellen Zaubernachens) Zauberspruch (unter den americanischen Indianern) besteht in einem Buchstaben, der sich in keiner Sprache findet und keine erklärbare Bedeutung hat. — Wäinämöinen erfährt auf der Fahrt nach Pohjola aus dem Munde des im Todesschlafe liegenden Riesen das zur Vollendung seines Bootes nothwendige Zauberwort. — Nach der Sitte der Joloffs ist es bei der Begrüssung herkömmlich, Fragen nach dem Wohlergehen der ganzen Familie immer zu bejahen, selbst von Kranken, da nach ihrer Ansicht eine Blasphemie gegen Gott, der das Leben schenkt, darin liegen würde, sie jemals zu verneinen. (*Boilat.*) — „In Plato's Dialog Kratylos wird Socrates zum Schiedsrichter gewählt zwischen Kratylos, der (nach der Meinung Heraclit's) behauptet, dass die Namen aller Dinge von Natur sind, und Hermogenes, nach dem sie alle von Gewohnheit und willkürlicher Einsetzung wären, schliesst aber skeptisch mit der Lehre von den Ideen, aus denen allein die Namen durch die Dinge zu lernen seien. Jedoch die späteren Philosophen, wie Proclus, behaupteten, es sei die Meinung des Plato, dass die Namen der Dinge von Natur sind, und stritten darüber mit den Nachfolgern des Aristoteles, der entscheidend sagt, dass die Namen der Dinge (durch Uebereinkommen oder Einverständniss gegeben) blosse Symbole und keine natürlichen Zeichen seien. Ammonius Saccas suchte beide Lehren zu vereinigen, aber in späterer Zeit, nach dem Tode des Proclus, zerfielen die beiden Schulen sehr und noch zur Zeit der Einnahme Constantinopels durch die Türken stritten Gemistius Pletho und Georgius Trapezuntius mit einander, der Eine für Plato gegen Aristoteles, der Andere für Aristoteles gegen Plato." — Der Name musste bei den Brahmanen hülfreichen Gruss, bei den Katriyas Macht, bei den Vaisas Reichthum, bei den Sudras Unterwürfigkeit andeuten. — Tetragrammaton figurirt als Name Jehovah's in Faust's Beschwörungsformeln. — Selbst auf der Tortur lässt sich der Jesidi nicht bewegen, den Namen des Teufels (den bestraften, aber deshalb um so weniger zu beschimpfenden Engel Gottes, der gegen ihn des Menschen Hülfe nicht bedarf) auszusprechen, und darf ihn nicht verwünschen hören. — Der rohe Papua scheut sich den Namen eines Verstorbenen auszusprechen, um ihn nicht herbeizurufen, schon die mystische Kraft der Namen ahnend, die Origenes in denen der Erzväter fand, während die mittelalterlichen Schwarzkünstler mit ihrem Höllenzwang nicht viel anzufangen wussten, da unmöglich die Churfürsten und Grafen des Teufelreichs solch' syrisch-egyptisch-griechische Titel führen konnten. Schon Plinius zweifelt, ob die barbarischen Namen in der Magie wirksam seien. — Aus ihrer Sammlung von Gottesnamen (1001) pflegen die Moslemin 33, 66 oder 99 an ihren Gebetkugeln herzuleiern. — Wenn ein neugeborenes Kind schmächtig aussieht, so lassen es die Russen durch den Popen messen und dann ein Bild des Heiligen, dessen Namen es trägt, und seiner beiden Schutzengel malen. Dieses Bild (Oprass) wird, als von heilsamer Kraft, das ganze Leben aufbewahrt. — In der Sephiroth der Kabbalisten entsprechen sich in jeder einzelnen Sephira die congruenten Gottesnamen, Engelorden, Himmelsgestirne, Körpertheile und Gebote. — Vier Dinge, sagt R. Isaak, sind wirksam genug, um das böse Verhängniss des Menschen, welches nach göttlichem Rathschluss erfolgen sollte, nicht in Erfüllung gehen zu lassen, und diese sind Almosen, Gebet, moralische Besserung und Veränderung des Namens. — Alle anderen Namen Jehovah's bezeichnen nur die Eigenschaften seines Wesens, das Tetragrammaton offenbart aber das eigenthümliche Wesen Gottes selbst (nach den Rabbinen). — Die Anagoge der Seelen durch den heiligen Namen geschah durch Meditation über seinen Sinn (wie in Indien über den des Aum). — Der Name Sabaoth wurde bei Beschwörungen gebraucht (Origenes), verkehrt gelesen, als Abraxas, Sbarba (die grosse Sieben). — Wer des Propheten Namen trägt, wird von den Türken nicht Mohamed, sondern Mehmed genannt. — Wenn in der Synagoge der Chazan über die richtige Lesung des Gesetzes, in der christlichen Kirche der Episkopos über die richtige Verkündigung des Wortes Gottes wachte, so wurde von heidnischen Priestern das Gebet nach einem geschriebenen Formular vorgelesen und man bestellte noch einen dritten, Acht zu haben, ob die Betenden Wort für Wort nachgesprochen haben, damit nicht ein ominöser Spruch sich einmenge. Die Griechen und Römer erhoben ihre Hände zu den oberen, senkten sie zu den unteren Göttern, während zu Poseidon, gegen das Meer gewendet, gebetet wurde. — Der Bauer sieht noch heute den gleichnamigen Namensvetter nicht als einen ganz Fremden an, wenn ihm derselbe auch noch so fern stehen sollte. (*Riehl.*) — Die Mayas geben dem Erstgeborenen den Namen der Gottheit, die über diesen Tag im Kalender präsidirte, vermieden aber stets den des Vaters oder der Mutter. — Verlangt man von einem brasilischen Indianer den Namen seines Stammes, so nennt er dazu oft auch unbefragt, den Namen seines erklärten Stammfeindes, mit dem er vogelfrei ist. (*Fallati.*) — Die arabischen Knaben sind gelehrt, nie ihren rechten Namen zu sagen, um etwaige Blutrache-Beziehungen nicht bei den Fremden aufzuregen. — Bei den Watje-Negern beobachtete Oldendorp ein Besprengen mit Wasser zur Taufe und Benennung nach dem Wochentage. — Bei den unablässigen Verfolgungen im dreizehnten Jahrhundert, begann die Sitte der Juden, statt ihres Familiennamens, den Namen des Geburtsorts zu gebrauchen. — Wird auf den Südsee-Inseln Jemanden etwas gestohlen, z. B. ein Schwein, und hat er Verdacht auf Jemand, so legt er ein Tabu auf die Schweine und Besitzungen des vermeintlichen Thäters, giebt dessen Schweinen und Bäumen seinen eigenen oder eines andern Menschen Namen, wodurch sie behext und in die Gewalt des Dämon gegeben werden. Solche Schweine, die mateta (begeistet) sind, dürfen nicht geschlachtet werden. — Gekaufte Hühner bewahrt man (in der Mark) vor dem Verlaufen, indem man ihnen in's Ohr sagt: „Putcke, komm wieder," oder sie in einen Spiegel sehen lässt. — Nach den Rabbinen band Adam die ganze Natur magisch, indem er allen Geschöpfen Namen gab, wie die americanischen Indianer durch den Metal. — Die Kaffern lassen oft ihren Namen ändern und sich einen neuen geben, dessen Bedeutung nur der Erfinder kennt. — Beim Namengeben schüttelt bei den Tscheremissen der Tinlegurd das Kind, bis es weint, und spricht dann verschiedene Namen, von welchen derjenige gewählt wird, bei welchem es zu schreien aufhört. — Nach Origenes liegt eine gewisse Kraft in den Worten, deren sich die Weisen der Egypter, sowie die Aufgeklärten unter den Magiern und Persern bedienten, wie auch beim Namen Jesus die Dämonen flohen und die Heiden vielfach mit den Gottesnamen der Patriarchen Wunder wirkten. — Zur Zeit Augustin's wachte Curma, der Gärtner, als man ihn begraben wollte, zum Leben wieder auf, da man sich in dem Namen getäuscht und ihn mit Curma, dem Stallmeister, verwechselt hatte, der in demselben Augenblicke starb. — Josuah ben Levi, der den Teufel gebeten, ihm das Paradies zu zeigen, warf sich (nach den Rabbinen) plötzlich hinein und schwur bei dem Höchsten, nicht herausgehen zu wollen, worauf Gott ihm zu bleiben gestattete, damit er nicht meineidig würde. — Nach Theodoret gaben die Christen ihren Kindern den Namen der Märtyrer, um sie unter deren Schutz zu stellen. — „Aendert niemals die barbarischen Namen (heisst es in den Orakeln des Zoroaster), es sind Namen, die die Gottheit den Menschen lehrte, und die eine unvertilgbare Macht in den Geheimnissen besitzen.“ Auch die Pelasger fragten deshalb bei den Orakeln an. — Bei der Verkörperung des Namens Gottes im Menschen, stellen die Buchstaben (nach den Sofis) die Glieder der ewigen Wahrheit dar.

Talismane und Zaubereien. Nach dem sympathetischen Aberglauben erlahmt das Pferd, in dessen frischen Fusstritt man einen Nagel schlägt. Alte Weiber schneiden oft einen fusslangen Rasen aus, den vorher ihr Feind betreten, und hängen ihn in den Schornstein, worauf dieser abzehrt. Wer Fieberfrost hat, gehe stillschweigend (und über kein Wasser) zu einer hohlen Weide, hauche dreimal seinen Athem hinein, keile das Loch schnell zu und gehe, aber ungesehen und stillschweigend, heim, so bleibt das Fieber aus. — Nimmt ein Kind ab, so bindet man ihm einen Faden rothe Seide um den Hals, fängt eine Maus, zieht ihr den Faden mit einer Nadel durch die Haut über das Rückgrat und lässt sie laufen. Die Maus verdorrt, das Kind nimmt wieder zu. Die Gicht wird auf Frau Fichte übertragen. — Beschwörungsformeln von Krankheiten beginnt man unter den Worten: „Zweig, ich biege dich, Fieber, breche dich.“ — Zu Johannes Damascenus Zeit wurden die Kinder selbst im Mutterleibe bezaubert, bei der Geburt getödtet, oder hatten die Leber im Leibe weggefressen. — Rasen und Thau, die von den Gräbern der Heiligen gesammelt sind, wirken heilkräftig. — In den Niederlanden knüpft man drei Knoten an den Ast eines Weidenbaumes, als heilend. — Die Congo-Neger lassen sich Fetische auf die Haut malen. — Die Marabuten (Beschurinen) nähen die geschriebenen Ferei oder Girregi in Ledersäcke. — Im Mittelalter wurden Zähne, Nägel und Haare unter dem heiligen Hollunder vergraben, damit sie nicht in die Hand einer Hexe fallen möchten, die damit Schaden zaubern könnte. — Der vollkommenste Talisman (nach dem Divan Ali's) besteht aus dem Siegel Salomo's, wobei die sechs Seiten der beiden Dreiecke die sechs Seiten der Welt darstellen, die drei geraden Striche die drei Einheiten (das Mim der Moslim in versteckter Bedeutung), die vier Finger das hebräische Tetragrammaton und das doppelte Hu, als Jehovah. — Den Römern diente ein Schlangenpaar als talismanisches Zeichen. Pinge duos angues, pueri sacer est locus, extra meijite. (*Persius.*) — Ein Talisman gegen Krankheit in Lincolnshire bestand in einem Bündel, das aufgerollte Papierstücke, Stricke und Fetzen beschriebenen Papiers mit den Zeichen des Zodiacus enthielt, sowie Bruchzahlen, Abracadabra und Anrufung Peter's und Paul's. — In Frankreich wurden (im achtzehnten Jahrhundert) Medaillen à la Cagliostro (des Göttlichen), den der Cardinal Rohan selbst für einen Magier erklärt, auf der Brust getragen und ihre Wunderkraft überall in Anspruch genommen. — In Bethlehem verkauft man kleine Mergelkügelchen (als condensirte Milch der Mutter Maria) gegen Unfruchtbarkeit der Frauen. — Ringe aus dem Electron des Paracelsus wurden wegen ihrer magischen Kraft als Talismane verkauft. — Nach Albertus Magnus heilen zerstampfte Würmer, auf Wunden gelegt, zerschnittene Nerven. — Die Griechen pflegten den Rhombus (eine Art Kreisel) nach der einen oder anderen Seite zu drehen, um einen Zauber zu schliessen oder aufzuheben. — Die finnischen Zauberer tragen als Sackmänner (Kukaromies) in den Taschen ihre Werkzeuge mit sich herum, als Menschenknochen, Kirchhofserde, Schlangenköpfe u. s. w., und besuchten vielfach die Kirchhöfe. Ein Donnerkeil schützte das Haus, ein Menschenknochen den

Schilden, Serpentinstein, Porcellanschnecken, Froschschenkelknochen sind kräftige Mittel, Processe zu gewinnen. Lunona hiess die Kunst, sich gegen Hieb und Stich, Schlangenbiss und Zauberei fest zu machen. — Die *Ἐφέσια γράμματα* wurden als Talismane auf dem blossen Leib getragen. — Nach Plinius wird dem Electron (als Amulet gegen Wahnsinn) durch den Finger Lebenswärme mitgetheilt, während die Somnambuliker die Nervenkraft elektrisch nennen. — Das Widerstreben und Zusammenstimmen der Dinge, was die Griechen mit den Worten Sympatheia und Antipatheia bezeichnen, lernt man bei keinem anderen Gegenstande so deutlich kennen, als beim Diamant, dessen, dem Eisen und Feuer widerstehende Natur in Bocksblut gebrochen wird. (*Plinius.*) — Seit Adloald, König der Longobarden, von Eusebius (Gesandten des Mauritius) im Bade mit gewissen Salben gesalbt war, musste er Alles thun, was ihm Eusebius rieth. (*Fredegar.*) — Nachdem das heilige Ross bei seiner Rückkehr geopfert ist, nimmt der Brahmane mit den Knochen die Ceremonie der mystischen Wiederbelebung vor. — Wirft man Metall auf Geräth oder Kleidungsstücke der Elfen, so müssen sie diese im Stiche lassen. — In Thürlitz (in der Altmark) wird am Abend vor Weihnachten Eisen und Stahl in den Häckerling und die Krippe der Kühe gesteckt, damit das ganze Jahr hindurch dem Vieh kein Schaden geschehen kann und wer den Häckerling stiehlt, keinen Nutzen hat. — Manes besass ein feingewebtes Gewand, wodurch er sich unsichtbar machen konnte. — In der Coskinomancie dreht sich das zwischen Zangen gehaltene Sieb nach der Gegend, wohin der Dieb geflohen ist. — In der Crommyomancie zeigte die von den auf den Altar gelegten, um Weihnachten zuerst keimende Zwiebel an, dass die Person, deren Namen ihr schriftlich beigelegt war, einer guten Gesundheit geniessen würde. — Nach Albertus Magnus erscheinen alle Anwesende mit Kameelsköpfen, wenn man eine durch Kameelblut gespeiste Lampe anzündet. — Als Charles VI. durch den Herzog von Orleans bezaubert wurde, fielen ihm schon bei dem ersten Versuche, der bei Beauvais gemacht wurde, alle Nägel und Haare aus. Die Mönche, die ihn vergebens zu heilen suchten, wurden gehangen. — Um den Bäumen durch Nestelknüpfen figürlich etwas anzuhängen, werden sie im Oriente mit Bändern und Zwirnfäden behangen, besonders der Dornstrauch. — Nach Tibull musste man dreimal in den Busen spucken, um einen Zauber zu brechen. — Um Urinverhaltung anzuzaubern (im Chevillement), stecken die Schäfer einen hölzernen oder eisernen Pflock, unter dem Murmeln entsprechender Formeln, in eine Mauer. — In der Cledonismancie wurden aus dem Hören der Namen Vorhersagungen gezogen, besonders in Smyrna, wie von Leotychides erzählt wird, dass er, zum Kriege gegen die Perser gedrängt durch einen Samier, dessen Namen fragte, und ihn als gutes Omen annahm, da er Hegesistratos (Heerführer) lautete. Das Omen war nur bindend, wenn der Name die Einbildung des Hörenden getroffen hatte und von ihm acceptirt worden war, wogegen dieser im ungünstigen Falle ihn unbeachtet lassen konnte. — Desbordes, der als Zauberer verbrannte Kammerdiener Carl's IV. von Frankreich, liess die Gestalten seiner Tapete hervortreten und im Zimmer umhertanzen. — Die Zauberfrau legt dem Kranken Kuhmistkugeln auf den Unterleib bei den Kaffern. — Nach Hector von Boetius trug Erich (König von Schweden) eine geweihte Mütze, die er nach derjenigen Seite hinwandte, von wo er wollte, dass die Dämonen den Wind sendeten. — Um die Nothhemden (Sieges- oder St. Georgshemden) für die Landsknechte zu machen, sollten in der Christnacht unzweifelhafte Jungfrauen das leinene Garn im Namen des Teufels spinnen, weben, nähen.

Auf die Brust wurden zwei Häupter gestickt, das rechte bärtig, das linke wie König Beelzebub's Kopf mit einer Krone. Nach späterem Brauch musste das Nothhemd von Mädchen unter sieben Jahren gesponnen sein, es wurde mit besonderen Kreuznähten genäht und musste verstohlen auf den Altar gebracht werden, bis drei Messen darüber gelesen waren. Die Hottentotten tragen als Amulet ein angebranntes Hölzchen (Soye) am Halse. — „Die Pflanzen haben zwar eine grosse Kraft, aber eine noch grössere die Steine," heisst es bei Orph ns. — Wer Sehnen und Flügel von den Schenkeln eines Kranichs bei sich hat, ermüdet in keiner Arbeit (nach Plinius). — Ein einziger Teufel wird mit zehntausend bösen Bauern und Junkern fertig, aber gegen den durch die Taufe Gezeichneten und durch das Evangelium Gesonderten kämpfen wohl tausend Teufel zugleich. (*Luther*.) — Das geachtetste von allen Hegab (Zaubermitteln) ist ein Mushaf (Copie des Koran), das von den Türken in einem Lederfutteral an einer seidenen Schnur über der linken Schulter getragen wird, an der rechten Seite herabhängend. — Gegen die Chorea imaginativa empfiehlt Paracelsus dem Kranken, ein Bildniss anzufertigen von Wachs oder Harz, in Gedanken alle seine Schwüre und Versündungen in dasselbe zu versenken und es dann zu verbrennen. — Der Taljataf sucht seinem Feinde Haare von dem Wirbel des Kopfes abzuschneiden und führt sie bei sich, sie in's Wasser tauchend und an Bäumen reibend, um jenem dadurch Schmerzen zu verschaffen. Die Familie versammelt sich Nachts um dieselben, um den bösen Geist anzurufen. — Die Jesuiten Schott und David empfehlen gegen Bezauberungen Heiligenbein, Weihwasser und Agnus dei. Papst Sixtus IV. erklärte durch eine Bulle (1471) das Verfertigen und Vergeben der Gotteslämmer für ein ausschliessliches Recht des Papstes. — In der Reisetasche eines mit Kreuzen, Flaschen geweihten Oeles und spanischen Reliquien umherziehenden Abenteurers fanden sich (zu Gregor's von Tours Zeit) Kräuterwurzeln, Maulwurfszähne, Mäuseknochen, Klauen und Fett von Bären, was Alles als Zauberapparat in die Seine geworfen wurde. — Wer einen aus Sehnen oder Gras geflochtenen und in mystische Knoten geschürzten Gürtel bei sich trug, hielt sich für sicher überall den Sieg zu erringen und unverwundbar zu sein, wie der Congo-Neger, wenn er einen Matebbo-Strick trägt. — Der Talisman des Steines (tschimkich genannt), der nur zuweilen von der See an's Ufer gespült wurde, hatte die Eigenschaft, alle Thiere anzulocken. — Die mexicanischen Kaufleute weihten vor ihrem Auszuge vor dem Bilde des Jyacacoliuhqui bemalte Papierschnitzel, die sie dann an ihren Wanderstab, der als specielle Gottheit während des Marsches verehrt wurde, knüpften. Während ihrer Abwesenheit beobachtete die Familie strenge Fasten. Starb einer auf der Reise, so setzten ihn seine Gefährten auf einem hohen Berge aus, wo er direct in die Gesellschaft der Krieger und Edlen einging, während die später benachrichtigte Familie einer ausgestopften Puppe ein Leichenbegängniss feierte. — Gaufrid's auf dem Sabbath erfundener (1613) Zauber (wofür ihm der Teufel den Titel: Fürst der Hexen verlieh) war zusammengemacht (nach den Aussagen von Marie de Sains) aus Bockspulver, menschlichen Gebeinen, Kinderschädeln, Haaren, Nägeln, dem Fleische und dem Samen eines Zauberers, mit Stücken von Leber, Milz und Gehirn, worauf Lucifer noch eine besondere Kraft hinzufügte, um die Nonnen zu verderben. (*Lenormand*.) — Zeugfetzen an die Zweige der Eichen (an den Ragwells) zu hängen und sie anzuspucken, gilt dem Iren als Präservativ gegen Geasa-draoideacht (Zauberei der Druiden). — M. Park sah mehrfach Töpfergeschirr umherliegen, dem man aus Ehrfurcht vor dem unsichtbaren Eigenthümer häufig Grünes hinwarf, da man nicht wusste, woher die Sachen kämen und da sie niemals zurückgefordert wurden. — In Manilla dienen Fischsteine, Löwen- und Crocodilenzähne zu Amuleten. Um die Entbindung zu erleichtern, bindet der spanische Priester der Kreisenden die Pierra cuadrada über das Knie fest. Der Salagramstein Vischnu's zeigt die gewundene Ammonitenform, die in der Nähe des Jupitertempels vielfach in der Wüste vorkommt, und an der Westküste meist durch Schneckenhäuser ersetzt wird; doch gehören auch dort Widderhörner und Antilopenhufe unter die wirksamsten Materialien des Fetischmannes. Von den Aleuten wurde besonders ein zu Zeiten von der See ausgeworfener Stein heilig geachtet. — Im Mittelalter diente Heliotrop zu Wetterzauberei. Wer den Stein Selenites unter die Zunge legte, schaute die Zukunft, wer einen Gundelrebenkranz auf dem Kopfe trug, erkannte die Hexen. Der Scharfrichter war ein gefürchteter Mann, denn wenn ein Dieb in seine Stube trat, erzitterte das Richtschwert, wenn ein Mörder, so klang es dumpf. Nahte sich der Letztere dem Erschlagenen, begannen die Wunden aufs Neue zu bluten. Bei den Zulus fühlen sich die Träger von der Bahre nach dem Hause des Thäters geleitet, von welchem die Leiche nicht fortzubewegen ist. — Die Chinesen kaufen mit magischen Zeichen beschriebene Billete; als Universalmittel gegen alle Uebel, von dem in Kiangsi residirenden Haupte der Taosecte, in dessen Familie sich der unter der Tangdynastie ertheilte Titel Tiensse (himmlischer Doctor) forterbt. — Die Lamas in der Tartarei verkaufen pulverisirten Koth des Dalai-Lama, in Beutel eingenäht, als Amulete. — Die Zauberei (oder Keebet) bei den Abiponen wird erworben, indem man sich auf eine in einen See hinausragende Weide setzt und einige Tage aller Speise enthält. — Machi entzaubert bei den Pehuenchen in Zuckungen durch den Rauch des heiligen Drymisholzes und Harzarten. — Die Beschreibung einer Hexenküche lautet bei Saxo Grammaticus: „Aedo introspecta animadvertit matrem informi cacabo coctilia pulmenta versantem. Suspexit praeterea tres colubras superne tenui reste depensas et quarum ore profusa tabes guttatim humorem epulo ministrabat; duae quippe colore piceae erant, tertia squamis albida videbatur, reliquis modico eminentius pensa haec nexum in cauda gestabat, quum ceterae immisso ventri funiculo haererentur." — Als der Zauberer Lexilis in Paris hingerichtet werden sollte, verschwand er, als der Henker das Rad emporhob, das auf ein Weinfass fiel und den ganzen Markt mit dem Inhalt übergoss. — Nach Julian dem Philosophen (Vater des Theurgen) bedienten sich die Chaldäer des Wohlgeruches Kyphi, Myron und Chrema in ihrer Magie, zum Schutz gegen die Dämonen und um die Seele mit überirdischer Kraft zu durchdringen. — Der als Amulet gebrauchte Amazonenstein, aus Thon unter Wasser geformt, wird in Brasilien sehr hoch gehalten, ebenso das kräftige Amulet des Muraque-ita, ein aus dem Rücken einer grossen Flussmuschel geschnittener Halsschmuck. Gegen Rheumatismus wurde von Europäern die Einheilung kleiner Stücke Jadesteins unter den Musculus deltoideus empfohlen (*Spix* und *Martius*), wie Aehnliches von Australiern und Birmesen practicirt wird. — Der Segen des Ritters von Flandern, als festmachend, kam in Aufnahme, seit er bei einer Hinrichtung geschützt haben sollte. — Die Zauberin Canidia (Gratidia), mit verwirrtem Haar und mit Schlangen umwunden, befiehlt ihren Gefährtinnen magisches Feuer von Colchis anzufachen und dort zu verbrennen wilde Feigenbäume, die auf Gräbern gewachsen und Trauerweiden und mit dem Blute von Kröten beschmierte Eier, sammt den Federn einer Nachteule und giftigen Kräutern von Jolcos und Iberia, indem sie einige Knochen hineinthat, die sie einer hungrigen Hündin aus dem Maule gerissen und dann, nachdem sie höllisches Wasser von dem See Avernus umhergesprengt, das Loch zu graben begann, wo das bis an den Nacken eingegrabene Ferkel zu Tode gemartert werden sollte, indem man drei Mal vor seinen Augen Fleisch und Speise hinstellte und wieder wegnahm, bis trocknes Mark und eingeschrumpfte Leber geeignet war den Liebestrank zu verfertigen. — Die Zauberinnen gruben zuerst ein Loch auf dem esquilinischen Hügel mit ihren Nägeln und nachdem sie mit ihren Zähnen ein schwarzes Lamm zerrissen und das Blut in die Grube gegossen, riefen sie die Manen, diese höllischen Geister an, die auf ihre Fragen Antwort geben sollten, zwei Bilder gebrauchend, von denen das eine, das grössere, das andere, das aus Wachs war, quälte. Die eine der Zauberinnen rief Hecate an, die andere Tisiphone. Der Platz füllte sich mit Schlangen, die die Ankunft der Tisiphone anzeigten, und mit Höllenhunden, das Nahen der Hecate verkündend. Die Geister der Zauberinnen antworteten abwechselnd, in dumpfem, gellendem Tone. Nachdem heimlich der Bart eines Wolfes, der Zahn einer gesprenkelten Viper in der Erde verborgen war, erschien das wächserne Bildniss allplötzlich in Flammen auflodernd. — Die Finnlappen verkauften den Schiffern drei Windknoten, von denen die Lösung des ersten mässigen, des zweiten günstigen Wind, des dritten Sturm gab. Hielten sie Schiffe im Meere fest, so konnte nur das monatliche Blut einer Jungfrau den Zauber lösen — Im dreissigjährigen Kriege bat ein Feigling seinen Kameraden um einen Passauer Zettel. Dieser schrieb auf einen Streifen Papier dreimal: „Wehr dich, Hundsfott!“ wickelte das Papier zusammen und liess es dem Furchtsamen in seine Kleider nähen. Seit dem Tage bildete sich jener ein, er sei fest, und ging bei allen Occasionen wie ein hörnerner Siegfried unter den Waffen. Ist auch stets unverwundet davongekommen. (*Grimmelshausen.*) — Nach Besiegung der Griechen fanden die Hasmonäer durch Antiochus Epiphanes alles Oel im Tiegel verunreinigt, ausser einer mit dem Siegel des Hohenpriesters versehenen Flasche, die durch ein Wunder sich nicht erschöpfte, wie das heilige Krönungsöl zu Rheims. — Apulejus, der sich in die verschiedensten Mysterien hatte einweihen lassen und dessen Wunder die Heiden über die Christi setzten, wurde von seinen Feinden beschuldigt, einen geheimen Zauber in seinem Schnupftuche zu bewahren. — Das Beschreien oder Berufen paralysirt die schädlichen Folgen des Lobes durch den Gegensatz. — Eine Hexe in Schleswig, die in einen Wehrwolf verwandelt war, wurde durch Erbsilber getödtet. — Zum Schutz des Hauses hängt man in Schlesien eine „Unruhe“ (einen an einem Faden befestigten Distelkopf) an die Decke. Die stete Bewegung vertreibt die Hexe und steht er still, so ist es ein Beweis, dass die letztere zugegen ist. — Die Tibeter und Mongolen übersetzen die Dharani, Zaubersprüche oder Bannformeln, aus dem Sanscrit. Die der Gioernungavedur kundigen Isländer bedienen sich Thor's Namen, um Stürme zu erregen. Der dänische Magier Holler pflegte auf einem Knochen das Meer zu durchschiffen. (*Chassanion*.) — Die Nahoas und ihre Abkömmlinge, die Tolteken, trieben alle Arten Zauberkünste, indem sie Häuser verbrannten und wieder herstellten, Quellen mit Fischen erscheinen liessen, Menschen tödteten, zerstückelten und wieder belebten. Hunahpu und Xbalanqué wandten dies letztere Mittel an, um sich (nach Art der Medea) an ihren Feinden Hunquame und Wacubquame zu rächen. Indem sie durch ihre unter Verkleidung aufgeführten Productionen den Wunsch in diesen erregten, selbst die Procedur der Wiedergeburt durchzumachen, und dann die zerschnittenen Körper todt liegen liessen. — Der sibirische Russe beschwört „am blauen Meere des weissen Alabasters" die „sieben drei Beklemmungen," sich in das Herz der zu gewinnenden Jungfrau zu setzen. „Meine Worte seien fester als Stahl und Stein, ihr Schlüssel sei in der Himmelshöhe, ihr Schloss in der Meerestiefe, im Bauche des Wallfisches und keiner fange den Wallfisch und öffne das Schloss, ausser ich allein, und wer diesen Fisch fängt und mein Schloss öffnet, der sei wie ein Baum, den der Blitz verbrennt." — Josephus erzählt von dem Kraut Baaras, das man wegen der bösen Geister nur durch einen Hund heimlich ausreissen liess, dass es die Dämonen bei der Berührung aus den Besessenen vertreibe. — Der Salamander entsteht aus dem Feuer und der, welcher sich mit seinem Blute beschmiert (heisst es im Talmud), ist gegen Feuer geschützt. (*Lewysohn*.) Die Wallachen tragen um Pfingsten ein Stückchen Lindenholz in ihrem Gürtel, um sich gegen die Sina (dina, diana) zu schützen. Die Scythen weissagten aus Fingerumwickelung mit Lindenbast.

Magische Hülfe im Privatleben. Statt der Zaubertrommel des Schamanen dienen dem Feticero der betäubende Schall des Tam-tam, Einathmung narcotischer Dämpfe und convulsivische Tanzbewegungen, um sich in den für die Auswahl des Fetisches nöthigen Zustand der Ekstase zu versetzen. Den geoffenbarten Gegenstand setzt er dann in mystischen Rapport mit den dienstbaren Mächten und übergiebt ihn dem Applicanten als wirksames Schutzmittel in dem speciellen Falle, für welchen eine Hülfe nachgesucht wurde. Die römische Kirche dagegen bedient sich traditioneller Formeln, denen z. B. bei der Kerzenweihe folgendes Gebet hinzugefügt wird: „Herr Jesu, wir bitten dich, heilige dies, dein Geschöpf, das Wachs, und verleihe demselben deinen himmlischen Segen durch die Kraft deines heiligen Kreuzes, damit, gleichwie es dem menschlichen Geschlecht geschenkt worden, die Finsterniss zu vertreiben, es jetzt durch das Zeichen des heiligen Kreuzes die Kraft erlange, dass der böse Geist, wo es nur angezündet und hingestellt wird, zittere und dergestalt erschrecke, dass er mit den Seinigen aus derselben Wohnung fliehe und diejenigen nicht künftig weiter plage, die dir anhängen," worauf die Beschwörung folgt, als: „Ich beschwöre dich, du Creatur des Wachses, im Namen unseres Herrn und der heiligen Dreieinigkeit, dass du seiest eine Vertreibung und Ausrottung des Teufels und seiner Schreckgestalten." — Die Exorcisten sprechen ihre Bannflüche meistens in der lateinischen Sprache, als dem Teufel verständlicher, doch kommen sie auch im Volksdialecte vor. So beginnt eine Besprechung der Raupen (1519): „Du unvernünftige, unvollkommne Creatur, die Inger, deines Geschlechts ist nicht gesein in der Arch Noah, im Namen meines gnädigen Herrn und Bischofs von Lausanne, bei Kraft der hochgelobten Dreifaltigkeit, durch das Verdienen des Herrn Jesu Christi und bei Gehorsam der heiligen Kirche gebeut ich euch, aller und jeder, in den sechs nächsten Tagen zu weichen von allen Orten, an denen wachset und entspringet Nahrung für Mensch und Vieh." Die Raupen lud (1479) der Bischof von Lausanne vor sein bischöfliches Gericht, wo er ihnen einen Advocaten zu ihrer Vertheidigung gab, und nach Anhörung beider Parteien den Bann aussprach. Auch die Sache der Fliegen wurde gerichtlich verhandelt. Hinsichtlich der Heuschrecken war man (im 16. Jahrhundert) zweifelhaft, ob sie vor das weltliche oder geistliche Gericht gehörten. Als die Feldmäuse in Norwegen exorcisirt wurden, gestattete man den alten, schwachen und kranken eine Galgenfrist von vierzehn Tagen länger, als dem grossen Haufen. Der Kurfürst von Sachsen empfiehlt (1559) die beabsichtigte Verbannung der Sperlinge, ehe sie im Vollmond durch ihre leichtfertige Buhlwirthschaft auf öffentlichen Plätzen die keuschen Augen der Gemeinde beleidigten. Auch die Egypter vertrieben (nach Aelian) die nach dem Regen hervorkommenden Mäuse mit Gebeten. Gegen den Blutfluss helfen: Sanguis mane in venis, Sicut Christus pro te in poenis; Sanguis mane fixus, Sicut Christus fuit crucifixus. Gegen die fallende Sucht: Melchior, Balthasar portans haec nomina, Caspar, Solvitur a morbo domini pietate caduco, Perpetret et ternas defunctis psallere Missas, Barachum, Barachagim, destrue, Subalgat. Zur Probe des heissen Wassers beschwor der Priester mit dem Gebet: „Ich beschwöre dich in dem Sinne, dass, wenn dieser Mensch an dem Verbrechen, dessen er angeklagt, unschuldig ist, Gott sich seiner annehmen wolle. Sollte er aber schuldig und dennoch vermessen sein, seine Hand in deine Flüssigkeit zu tauchen, so bitte ich den Allmächtigen, sich gegen ihn zu erklären, damit er den Namen des Herrn fürchten lerne, der die Jünglinge aus dem feurigen Ofen befreite." Der Stenso wird beschworen mit seinen neun Jungen, aus Fleisch und Haut des sporlahmen Pferdes zu weichen. Die Wuth des Hundes sollte nach einer noch jetzt zum Theil adoptirten Ansicht von einem Wurm herrühren, der ihm unter der Zunge sitzt und ausgeschnitten werden müsse. — Nach der Bulle Sixtus IV. (1471) haben die Päpste das alleinige Recht, Gotteslämmer zu verfertigen und auszugeben, durch deren Erwerb man der Sünden ledig wird und die gegen Feuer- und Wassersnoth, Sturm, Ungewitter und Hagelschlag, gegen Krankheit und Zauberei schützen. So dienten die Schweisstüchleins, die Marienmedaillen, geweihte Bilder und Agnus Dei dem Volke als Ersatz für die theuern Reliquien der geweihten Rosen, die die Päpste nur an Fürsten sandten. Doch auch die niedere Geistlichkeit, obwohl unbefugt, solche Amulete auszugeben, half sich mit Verkauf von Conceptionszetteln („vor dem Gebrauch mit Heilige-Drei-Königswasser zu benetzen"), an die Thür des Hauses zu heften, oder in Krankheiten und Niederkünften (wo sie dann das Kindlein in der Hand, zwischen den Lefzen oder an der Stirn mit auf die Welt bringt, wie es in einem 1721 von den Karmelitern ausgegebenen heisst) zu verschlucken, oder das Vieh gegen Seuchen zu schützen, das Brauen zu fördern, das Mühlhaus vor Zauber zu bewahren. Alles trug im Mittelalter Amulete. Selbst der streitfertige Andreas Osiander legte seine goldene Kette gegen den Aussatz nicht ab und verwahrte sich gegen den Vorwurf des Hochmuths. Nach einer Hamburger Correspondenz aus der Krim standen die als freigeisterisch verschrieenen Franzosen mit den Beduinen, Türken und Russen auf ganz gleicher Stufe im Glauben an die Amulete. Canrobert wurde durch ein solches an der Alma das Leben gerettet, General Bosquet und General Forey trugen Splitter vom heiligen Kreuz, Prinz Napoleon ein gegen Hieb und Stich bewahrendes Amulet; bei manchen Todten fanden die französischen Aerzte oft christliche, türkische, ja selbst jüdische Amulete vor. Die africanisch-französischen Truppen und die Tunesen tragen eine Nachbildung des Talismans „El Herep" auf der Brust, die Türken und Egypter Koransprüche in den Händen. Die Russen tragen ausser Taufkreuzen und Heiligenbildern, geweihte Medaillen und vor den Amuleten des Fürsten Menzikoff und Oberst Galowin wichen die schwersten Bomben zur Seite. (*Schindler.*) — Der Papst weiht alle sieben Jahre am Gründonnerstage in der sixtinischen Kapelle die Agnus Dei, in welche Chrysam, Staub und Reliquien hineingebacken sind. — Die englischen Könige weihten am Charfreitage Ringe, die, als sicheres

Heilmittel gegen Epilepsie, überall in der Christenheit verkauft wurden. Ebenso heilten sie (gleich den Königen von Frankreich) durch Berührung die Scrophulösen, was auch von demjenigen geschehen konnte, der in gesetzlicher Ehe (ohne dass Töchter gezeugt waren) als der siebente Knabe geboren war. — Die Scandinavier hingen der kreisenden Frau ein in der Häutung abgefallenes Schlangenfell um, zu leichterer Geburt. — Bei Euripides findet sich eine *ἐπῳδὴ Ὀρφική*, durch welche ein Feuerbrand zum Laufen gebracht werden soll. — Das in Venedig gedruckte Romanusbüchlein lehrt „einen Stecken zu schneiden, dass man Einen damit prügeln kann, wie weit er auch entfernt ist.“ — Die Cholones am Huallaga erregen Stürme, indem sie den Samen des Grases Paspalus iridifolius in's Feuer werfen. (*Pöppig.*) — Das Wägen der Kinder schadet (nach dem Volksglauben) dem Gedeihen, wie das Messen das Wachsen hemmt und das Zählen die Pest herbeiführt. — Mit dem Leichentuche der heiligen Agathe, deren Fusstapfen sich im Stein des Gefängnisses abgedrückt fanden, wurden in Catania Brände gelöscht. — Durch die an die Thür geschriebenen Worte Arse verse sicherte der Römer sein Haus gegen Feuersgefahr. — Nach Kornmann können die Magier mit einer Nadel, die beim Nähen eines Leichentuchs gebraucht wurde, Ehen zusammennähen. — In England wurden heilige Steine (holy stones) gegen Behexung in den Stall gehängt. — Bis zur Taufe muss das Kind sorgsam bewacht und durch Zettel mit Zauberformeln vor dem Vertauschen geschützt werden. In der Lausitz darf eine noch stillende Mutter deshalb nicht bis zur Mittagsbetglocke auf dem Felde bleiben. (*Wuttke.*) — Die Chinesen schreiben an das russische Thor der Grenzstädte das Wort: Fou (Glück), um mögliche Verwünschung unschädlich zu machen, als schützenden Talisman. — Die Finnen schützten die Stallthüren mit Sicheln gegen das viehschädliche Hexenvolk, wie die congesischen Frauen scharfe Scherben auf die Felder streuen, damit die bösen Geister sie nicht zertreten können. — Pisistratus liess (nach Hesychius) an der Akropolis zu Athen ein grillenartiges Insect zum Schutze gegen Fascination anbringen. — Um die Fliegen aus Neapel zu vertreiben, setzte der Zauberer Virgilius eine grosse Fliege aus Erz über das Stadtthor. Im Dogenpalaste zu Venedig soll sich nie eine finden, aus Kraft eines unter der Schwelle vergrabenen Talismans, wie Bodin meint. Um gegen Crocodile geschützt zu sein, wurde ein solches an der Thür der egyptischen Tempel begraben. — Zu den artibus magicis rechnete man im Mittelalter auch die Erzeugung von Ungeziefer, Würmern, Engerlingen. Zu Troyes (15. Jahrhundert) wurde bei der Kraft der heiligen Kirche gemeinschädlichen Thieren, welche die Garten- und Feldfrüchte verzehrten, beim Glockenschlag Eins nach einer anderen Gegend zu ziehen geboten, widrigenfalls sie mit dem Bannfluch vertrieben werden würden. — Die mit den Gebeinen der heiligen drei Könige zu Cöln bestrichenen Zettel heilen die Gicht bei festem Glauben. Für unmündige Kinder muss der Vater glauben. — Ein Bischof von Lausanne bannte zum Gedeihen der Salmen die Blutegel, sowie ein Bischof von Chur die gefrässigen Maikäfer. — Der Leutpriester Schmidt beschwört die Inger oder Raupen in der Person Johannis Perrodet's (ihres Beschirmers) zu Lausanne — Lucian berichtet von einem Chaldäer, der unter Schwefeldampf alles schädliche Gewürm aus einer Feldmark vertrieb, indem er aus einem Buche sieben heilige Namen las. — Im Samaveda heisst es: „Für grossen Preis selbst, Blitzschleuderer, möchte ich nimmer verkaufen dich, für tausend nicht, zehntausend nicht, o Donnerer, für hundert, Hundertreicher, nicht.“ Benfey erinnert an den Hymnus des Vamadeva, der, nachdem er Indra besungen hat, fortfährt:

„Wer kauft diesen Indra für zehn Kühe von mir? Wenn er die Feinde ihm erschlug, gebe er ihn mir wieder.“ — Die Samanaa-Götzen (Erdklumpen, Früchte, Bast, Knochen, Eierschalen, mit rother Erde oder Blut beschmiert) werden in einem Korbe (Sesja) bei jeder Familie im Gumes aufbewahrt. — Die Tscheou (1134 a. C.) fügten dem Ceremoniel der Alten noch Einiges bei und stifteten das Opfer, welches dem höchsten Wesen in der Zeit des Frühlings dargebracht wird, um demselben für die Wohlthaten zu danken, die es den Menschen durch den Erdboden zukommen lässt und es um Abwendung der Insecten von den Feldfrüchten zu bitten. Diese beiden Opfer kann nur der Sohn des Himmels darbringen und zwar im Kiao (ummauertes Gebäude mit der Erhöhung des Tan im Umfange), für das Wintersonnstillstands-Opfer wird ein junger röthlicher Stier mit kaum keimenden Hörnern dargebracht. — Die egyptischen Priester pflegten die Asche des verbrannten Opfers in die Luft zu streuen, um Fruchtbarkeit über das Land zu verbreiten, und Moses warf mit dem Russ des Ofens die Plagen über Egypten. Columbus liess sich von einer Landung an einer westindischen Insel verhindern, da er die Priester Sand seinen Schiffen entgegenwerfen sah, und darin einen bösen Zauber fürchtete. Aehnliche Proceduren beobachtete Grey bei den Eingeborenen Australiens und Mohamed errang den Sieg von Bedr, indem er seinen Feinden Staub in die Augen schleuderte. — Die Nabathäer glaubten, dass, wenn der unter Zaubereien zubereitete faule Stoff bei der Pflanzung eines fruchttragenden Baumes auf der Stelle verstreut würde, sich dieser früher entwickeln würde. — Wenn die Araber weite Reisen unternahmen, so vollzogen sie das Retm, indem sie die Zweige eines nur ihnen bekannten Baumes heimlich in gewisser Weise bogen, und wenn sie dieselben bei ihrer Rückkehr verändert fanden, daraus die Untreue ihres Weibes schlossen. — Ein Leipziger Bürger schickte (1575) seinem Bruder in Riga ein „Erdmännlein,“ das er vom Scharfrichter gekauft und ihm täglich zu baden empfiehlt, um in seinem Hause Ruhe zu haben. — Zwei Besen kreuzweis vor die Thürschwelle gelegt, machen Hexen und andern bösen Geistern den Eintritt unmöglich. Kreuzweis gestellte Pantoffeln schützen gegen den Alp. — Die Strohseile, die (in Mitteldeutschland) in Knoten an die Obstbäume geknüpft werden, sollen die „Alpen“ und bösen Zauber abhalten. — Die Ermittelung von Dieben geschieht durch Zauberer, Lebaschi, in Abyssinien, oder der unbekannte Dieb wird durch den Priester excommunicirt und giebt dann, aus Furcht vor dem Unglück, von dem er sich in Folge hiervon bedroht glaubt, das Gestohlene zurück. — Der auf Java Bestohlene begiebt sich nach dem Platz, wo der Diebstahl stattgefunden hat und hält dort Ansprache an Satan (Sebeitan), damit er den Missethäter nicht länger verleiten, sondern zum Guten zurückführen solle. Bei dieser Anrufung (Sembor) streut er zerhackte Zwiebeln auf den Platz, wodurch der Dieb meist so erschreckt wird, dass er das Gestohlene zurückbringt, da der Geruch Satan incommodiren und gegen ihn aufregen möge. — Die Hexenzauberer der Makuas beräuchern (um einen Diebstahl zu entdecken) einen Stab, der dann seinen Träger mit Gewalt auf den Thäter stösst. — Zur Entdeckung gestohlener Sachen werden die sibirischen Schamanen durch fliegende Tische geleitet, die sie magnetisiren. — Fredegar erzählt von einer Leibeigenen in Verdun, die durch ihre Wahrsagereien Diebe ausfindig machte und sich damit ein grosses Vermögen erwarb. — Um einen Sklaven oder Gefangenen bei den Kirgisen zu bezaubern, stellen ihn die Dschaadugar, nachdem sie ihm einige Haare ausgerupft, auf den mit Asche bestreuten Feuerplatz des Zeltes, lassen ihn dreimal zurücktreten und spucken jedesmal auf seine Fusstapfen, wobei sie aus dem Zelte hinausspringen, und streuen schliesslich etwas von der Asche auf dessen Zunge. Wie die Kosaken in Jaik glauben, wirkt dieser Bann, um Entlaufen zu verhindern, unfehlbar sicher, wenn der Gefangene seinen wahren Namen sagt. — Um Verbrecher zu entdecken, lassen ihnen die Jemmaboes in Japan Pillen (Goo genannt) verschlucken, die mit magischen Characteren beschrieben, versiegelt und den Schuldigen tödten werden. — Um einen Dieb zu entdecken, verbrennen die Kamtschadalen öffentlich die Sehnen eines Bockes und glauben, dass, wie diese sich zusammenziehen, der Dieb den Gebrauch seiner Glieder verlieren wird. — Um einen Dieb ausfindig zu machen, lehrt die Axinomancie, um eine in die Erde gesteckte Axt umhertanzen, deren Griff sich dann nach der bei der Flucht genommenen Richtung neigt. — Das „Gericht der Serérer" besteht darin, dass einem Schmiede eine Eidechse gegeben wird, um sie zu hämmern, um einen unbekannten Dieb durch die Furcht vor dem Unglücke (das daraus entstehen und ihn selbst treffen würde, wenn der Hammer die Eidechse bearbeitete) dahin zu bringen, dass er das Gestohlene zurückgiebt. Die zweite Art des Gerichtes ist die des „Cauari" (Vase, oder Geist der Bäume), wobei die Seele des Schuldigen in einen grossen Bombax, einen heiligen Baobab oder anderen Baum eingeschlossen wird, und man glaubt, dass sie den Tod erleiden muss, wenn ihr Eigenthümer sie nicht durch Geschenke an den Priester von dem auf sie gelegten Zauber loskauft. (*Boilat.*) — An die Hütte eines entlaufenen Sklaven heften die Türken einen Talisman, der ihn sicher zurückbringt. Die Vestalinnen bannten ihn durch ihr Gebet, so lange er Rom nicht verlassen hatte. — Das schon dem Ulysses bekannte Besprechen des Blutes wird noch in neuerer Zeit verschiedentlich versucht. Wie die Passauer Zettel wurden in den früheren Landsknechts-Zeiten gebraucht: Papst Leonis Segen, der Segen des Ritters von Flandern, der Benedicten-Segen. Das Besprechen wilder Pferde war schon vor Rawley in der Picardie wohl bekannt, wie die Lappländer den Rennthieren in die Ohren zu zischen pflegen. Die Comanches zähmen ein wildes Füllen, indem sie ihm in die Nase blasen, um es momentan der Erstickung nahe zu bringen, wie Aehnliches auch mit Kälbern geschieht. Gleich den Scandinaviern saugen die Abiponer ihre Heilrunen. — Der Segensspruch der alten Weiber für den Wurm im Finger heisst: Gott Vater führt in den Acker, Gott Sohn der ackert fein wacker, der heilige Geist daneben. Sie ackern die Würmer heraus, Pustus, Pustus, Pustus, sie ackern die Würmer heraus, Pustus, Pustus, Pustus, der eine ist weiss, der andere schwarz, der dritte roth. Hier liegen alle die Würmer todt, Pustus, Pustus, Pustus. Im Namen † † †, wobei der Finger zu drücken und dreimal zu pusten ist. — „Ebenso gut, als man einen kann gefroren machen, kann man seinen Wundsegen öffnen." (1619.) — Um einem Hause Glück zu bringen, musste in Irland ein Hufeisen über die Thür genagelt werden. — Bei Hochzeiten schlägt der Peiopsis (Bräutigamsknabe) mit dem Schwerte drei Kreuze an die Thür (bei den Esthen), damit die bösen Geister nicht eintreten können. — Der feurige Drache, der durch die Luft zieht und mit stinkendem Schmutz herabwirft, trägt Geld und Getreide (es von einem Hause stehlend und dem andern bringend), kann aber gezwungen werden seine Last fallen zu lassen (in Norddeutschland), wenn man ihm den blossen Hintern zeigt (*Wuttke*), wie beim Teufelsfelsen in Senegambien. — Eine aufbewahrte Hostie bringt (in Norddeutschland) beständig Glück und wird (in Mecklenburg) wohl auch zu Heilung von Krankheiten des

Viehes (das damit berührt wird) verwandt. (*Wuttke.*) — In Esthland lässt man einen Tropfen vom Abendmahlswein in's Schnupftuch fallen und gebraucht dieses gegen vielerlei Krankheiten. — In einer dänischen Zauberformel heilt Jesus das gebrochene Bein seines Fohlens, wie Wodan das Baldur's. — Agamede in der Ilias ist so vieler Pharmaka kundig, als die weite Erde trägt, aber Homer gilt Circe als Zauberin, die mit ihrem Stabe Alles in Thiere verwandelt, wogegen nur Mercur das Kraut Moly als Gegenzauber kennt. — Antiphanes spricht von der Heilung eines paralytischen Greises durch geweihtes Oel. — Ein Zaubergesang (ἐπαοιδή), um das Blut frischer Wunden zu stillen, findet sich bei Homer. Einem Päan des Sophocles schrieb man nach Philostratus die Kraft zu, Stürme zu bannen und das Meer zu beschwichtigen. — Gegen die Faunorum ludibria (woher die wollüstigen Traumerscheinungen kommen) dienten Drachenzungen, -augen, -krallen, oder musste die Gichtrose bei Nacht ausgegraben werden, ohne dass es der picus Martius sah, der sonst die Augen aushackte. — Um leicht zu gebären, essen die Kamtschadalinnen Spinnen oder die Nabelschnur des früheren Kindes. — Nach dem Volksaberglauben vertreiben Stocher aus einem Splitter Holz, worin der Donner geschlagen hat, geschnitten, das Zahnweh. Wer eine Schnur bei sich trägt, mit der der Bruchschneider einen geschnittenen Bruch verbunden hat, hebt die schwersten Lasten ohne Gefahr. — Um den Schnupfen zu verkaufen, wickelt man Etwas von seiner Absonderung mit einem Pfennig in Papier und wirft es auf die Strasse. — Den Russen wird das von den Heiligenbildern abgewaschene Wasser zum Trinken gereicht als Medicin, befördert sie aber oft durch den Grünspan noch rascher. — Wurde die Formel (kalt ist die Hand, kalt ist das Wasser, kalt ist der Sand, kalt ist der Brand, das walte Gott Vater) von dem rechten Manne ausgesprochen, so soll sie eben so wirksam einer Feuersbrunst Einhalt thun, wie sie den Brand aus der Wunde augenblicklich auszieht. — Um das Fieber (in Oldenburg) zu vertreiben, sieht der Begabte dem Kranken starr in's Gesicht, indem er, die Worte: „dein Fieber kommt nicht wieder" murmelnd, ihm zutrinkt. (*Goldschmidt.*) — Ehe der Rath der Edlen bei den Mayas einen Beschluss fasste, liess er von den Ahgib oder Astrologen magische Zirkel ziehen. — Mazarin, als päpstlicher Vicelegat, verwies durch einfache Androhung weltlicher Strafen die Teufel und ihre Beschwörer zur Ruhe, als man in Avignon ein Mädchen exorcisiren wollte, das von vier Dämonen (Beelzebub, Barrabas, Carmin und Gilman) besessen war. — In der Bai von Biafra werden die Kranken, den Stadien der Krankheit entsprechend, regelmässig bemalt, und die neuseeländischen Tättowirärzte suchen Lebensereignisse durch magischen Rapport in den ihnen gemäss gezogenen Arabeskenfiguren zu binden. — In Ostpreussen herrscht vielfach die Sitte, das Abendmahl nüchtern zu geniessen, um dadurch vor Krankheiten bewahrt zu bleiben. (*Wuttke.*) — Theophrastus überlieferte einen Spruch gegen Hüftweh, M. Varro gegen Podagra. Zur Heilung der Verrenkung lässt Cato einen gespaltenen Schuh an die Hüfte halten, Eisen darauf werfen und singen: In alio motas vacta daries, dardaries, astataries dissunapiter, oder täglich sprechen: Huat, huat ista sis tar sis ardanabon dunnaustra. — Die Tara-Ceremonie, um den Gegnern einen bösen Tii zu senden, nahmen die tahitischen Zauberer mit den Tuba (Abfällen von Nägeln, Haaren oder Speichel) vor, weshalb die Sandwich-Insulaner stets kleine Spucknäpfe trugen, und jene verbrannten. Als Gegenmittel wurde das Faatoe angewandt, wo dann der Sieg dem Mächtigsten zufiel. — Die Araber hängen ihren Kameelen gegen das böse Auge Halbmöndchen an. —

Die Mayas warfen den Nabelstrang des Kindes in eine heilige Quelle. — Der Teufel im Mittelalter fügte das einer Hexe ausgerissene Haar in den Regenstein ein, um Sturm zu erregen. — Auf den Marquesas-Inseln verfertigt der Zauberer sein Kacha aus Dingen, die von dem Speichel oder Urin desjenigen berührt waren, dem er schaden will. — Die Natikahas (eine Classe der Tahaunas) in Nukahiva schliessen, um den Kaha auf ihre Feinde zu schleudern, den Speichel, die Haare und Excremente eines Menschen in ein Blatt ein, umgeben es rings mit Knotenschnüren und begraben es unter geheimen Ceremonien, worauf die Person innerhalb 20 Tagen, wenn sie den Sack nicht zu finden vermag, stirbt. — War der König von Tahiti gezwungen das Haus eines seiner Unterthanen zu betreten, so musste dieser nachher es mit Allem, was sich darin befand, den Flammen überliefern, da seine Gegenwart alle Gegenstände in gewisser Art hatte imprägniren können, so dass sie später zu seinem Schaden verwendbar gewesen wären. — Der mysteriöse Knochen (Marokan) wird ohne Schmerzgefühl in die Hüfte von drei Priesterärzten in Australien eingefügt, worauf diese auf dem Grabe einer kürzlich beerdigten Person schlafen und sich dort still verhalten, bis sie irgend ein Uebel auszuführen beabsichtigen, in welchem Falle sie dann den Feind, auf den es abgesehen ist, aus der Entfernung zu tödten vermögen. — Die Zauberer am Hofe Cublai Khans mussten von dem Blute eines Verbrechers geniessen, um sich mit der Kraft, Böses zu thun, zu imprägniren. — Der Samanäer Lisang, von dem Kaiser von China in's Gefängniss gesetzt (217 a. C.), wurde durch die Erscheinung eines goldfarbenen Jünglings befreit. — Gerbert's metallener Kopf beantwortete vorgelegte Fragen. Der Erzzauberer Pases gab magische Gastmahle (nach Suidas), wie die egyptischen Zauberer bei Origenes und Albertus Magnus. — In der Omphalomancie weissagt die Hebamme aus den Knoten des Nabelstranges, wie viel Kinder nachfolgen werden. (*Bulenger.*) — „So du besorgst eine fraw hab dir Liebe zu ewen geben, nimm ein Quintlein Perlin, ein Quintlein Ipericon, alles gestossen und getrunken mit Melissen-Wasser, und häng einen Magneten an den Hals," heisst es in dem „Spiegel der Arznei." (1532.) — Wer mehrere Wochen lang täglich den 109. Psalm vollständig abbetet und dabei seinen Feind in Gedanken hat, kann ihn zu Tode beten, muss aber bei einem Fehler selbst sterben. — Die Lungen eines Fuchses dienten als Specificum gegen Asthma, weil dieses Thier eine besonders kräftige Respiration besass. (*Paris.*) — Die Gelbwurz (Curcuma) heilte durch ihre gelbe Farbe die Gelbsucht, die Mohnköpfe Kopfkrankheiten, Saxifraga granulata die Steinkrankheiten, der Blutstein (Heliotropium) das Nasenbluten, der Nesselthee die Nesselsucht. (*Paris.*) — Die Blumenblätter der rothen Rose besassen von den Zeichen (Signaturen) des menschlichen Körpers, die des Blutes, die Safranblüthen die der Galle. (*Paris.*) — Die Neger, die die Koralle als Amulet tragen, behaupten (nach Paris), dass ihre Farbe immer von dem Gesundheitszustand des Trägers abhängt, indem sie bei Krankheiten blässer wird. — Valens liess eine alte Frau hinrichten, die er zur Heilung seiner Tochter hatte rufen lassen, und die das Wechselfieber durch Hersagung von Sprüchen curirte. — Um Krankheiten auf den Nachbar zu übertragen, knetete der Römer seine Nagelabfälle mit Wachs und klebte sie an Jenes Thür. Räucherung mit der Galle eines schwarzen Hundes oder Vergrabung seiner Geschlechtstheile unter die Schwelle, diente zum Schutz des Hauses bei den Römern, Speichel gegen das böse Auge, der Strick eines Gehängten gegen Kopfweh, vom Blitz getroffenes Holz gegen Zahnweh, Jaspis gegen Trunkenheit, das äthiopische Kraut, um

Schlösser zu öffnen, Fledermausblut, um zu concipiren. Schmilzt man das Bild seiner Geliebten, so wird sie zur Gegenliebe gezwungen. Zur Tödtung eines Feindes wird die mit seinem Namen beschriebene Metallplatte mit einer Nadel durchbohrt. — „Die Arzneiverkäufer und Rhizotomen verlangen, dass man beim Einsammeln einiger Pflanzen seinen Körper salben und vor dem Winde stehen solle, andere bei Tage, andere bei Nacht, andere vor Sonnenaufgang pflücken. So weit mag etwas in ihren Vorschriften noch liegen. Es ist vielleicht nicht absurd, beim Abschneiden von Pflanzen ein Gebet herzusagen, aber phantastisch, wenn gesagt wird, dass um die Wolfskirsche ein Schwert geschwungen werden müsse unter Tanzen und obscönen Liedern, oder beim Aussäen von Kümmel Schmähreden auszustossen seien. Wer um den Helleborus zum Ausreissen eine Schnur legt, muss beachten, dass kein Adler rechts oder links erscheine, da er sonst noch in demselben Jahre zu sterben hat." (*Theophrast.*) — Der Phallus zum Schutz der Häuser und Gärten oder in der Bulla der Kinder und am Wagen des Triumphator, sollte, indem er das Auge des Böswilligen auf sich ziehe, und ihn durch Anregung des mächtigsten Gefühles (das der Geschlechtsempfindung) beschäftige, diejenige Concentration der Gedanken verhindern, die nöthig sein würde, damit (in magischer Sammlung) der böse Blick seine Wirkung ausübe. Auch lunulae (μηνισκοι) wurden gegen den ὀφθαλμὸς βάσκανος angehängt. — „Da die Tartaren (sagt Pallas) glauben, dass es Leute gebe, deren böser Blick den Bienenstöcken schade, so hängen sie an denselben einen Pferdekopf, einen Fuss oder anderen Knochen auf, damit das Auge zuerst auf diese Dinge falle, wodurch ihrer Ansicht nach der schädliche Einfluss des zauberischen Anblickens abgelenkt wird." — Priapus wird als Säule im Gurkenfelde zur Bewachung aufgestellt. — „Gegen das viertägige Fieber empfehlen die Magier Katzenkoth mit einer Uhukralle anzubinden, und, damit es nicht wiederkehre, vor der siebenten Periode nicht wieder loszubinden. Nun bitte ich, wer konnte auf so was kommen? Oder was für eine Zusammenstellung ist dies? Und warum ist gerade die Kralle eines Uhu ausgewählt? Minder Anmassende geben die Vorschrift, die Leber einer bei abnehmendem Monde getödteten Katze, welche in Salz alt geworden sei, vor Eintritt des viertägigen Fiebers in Wein zu trinken." (*Plinius.*) — Als Jemand die Kraft einer gewissen Pflanze zur Heilung des Kopfwehes rühmte, gab Plato ihre Wirksamkeit zu, aber (sagte er) man muss Bezauberungen hinzufügen, denn ohne diese wird das Blatt unnütz sein. Die Bezauberungen sind die Heilmittel der Seele, aber sie bestehen in Vernunftgründen, die den Geist überreden, und die Mässigkeit zu Wege bringen. Und, indem man sich diese Tugend verschafft, sichert man die Gesundheit des Körpers und der Seele. — Die blosse Berührung des der Eyvigé (Hexe) in Savoyen von dem Teufel (pate-bête) geschenkten Stockes tödtete (nach Daneau). — Die Sibirier meinen, dass der Mensch in Folge einer Behexung durch das böse Auge (surokow) selbst sterben könne. — Von dem Traumausleger Mohamed Ben Sirin († 728) hiess es, dass, sobald Jemand vom Tode sprach, alle seine Glieder erstarrten und er seine Farbe veränderte, sobald ihn Jemand fragte, was erlaubt und was verboten sei. — Da ein wenig abgeschnittenes Haar, abgelassenes Blut oder Aehnliches hinreichen würde, um (bei den Kaffern) als Zaubermittel gegen den Menschen gebraucht zu werden, von dem es genommen ist, so stellt man dergleichen Dinge einem Jeden wieder zu, sein eigenes Ungeziefer nicht ausgeschlossen, damit er sie heimlich vernichte und begrabe. (*Steedman.*) Neuerdings haben die Häuptlinge das Volk von der Nichtigkeit der Zauberei zu überzeugen gesucht und Bleek theilt die Proclamation des Basutohäuptlings Moschesch mit, Jeden mit dem Tode bedrohend, der einem der Hexerei Beschuldigten das Leben nähme. — Der Araber trägt ein in Leder eingenähtes Amulet oder einen in Silber gefassten Stein bei sich, die Weiber aber goldene Schlangen in den Haaren. — Die Esthen tragen einen Eber als Amulet. — Nach tartarischer Gewohnheit pflegt man irgend welche Gegenstände (Steinchen, Kugeln, Pfeile, Pulver, Münzen u. s. w.) in den Bethäusern niederzulegen und in dem von Uin Tahusak fand Pallas (neben aufgehängten Zeugfetzen) ausgerupfte Haarschöpfe aus Pferdemähnen und Schwänzen an Birkenstangen befestigt, indem die Kirgisen es ihren Pferden zuträglich glaubten, etwas Haar aus dem Schwanze an einem heiligen Orte zurückzulassen; dadurch wird es gleichsam vor bösen Zauberern geschützt, die grossen Schaden stiften würden, wenn sie sich solcher Abfälle bemächtigen könnten. — Nach Rabbi Samuel darf Speichel eines Nüchternen nicht am Sabbath die Augenbraunen feuchten, weil er als Arznei gebraucht wird. — In's Gesicht spucken dient gegen den bösen Blick in Griechenland. Schlangenbiss wird durch Speichel geheilt in Sicilien. Speichel wird zum Regenzaubern in Congo verwandt. Das Anspeien des Täuflings geschah zum Exorcismus. Am dies lustricus befeuchteten die Römer, ehe sie dem Kinde einen Namen gaben, lustralibus salivis Stirn und Lippen. Apollo raubte der Cassandra den Glauben, indem er ihr auf die Lippen spie. Nec ministranti apud Persas famulo tussire vel loqui licet, vel spuere. Der Speichel dient vielfach zur Heiligung und zur Cur von Krankheiten, sowie zu Regenzaubereien, während die Yezidis (wie die Neger am Gaboon) ihn nicht auf die Erde fallen lassen und die Peruaner wieder jedesmal ausspuckten, wenn ihnen der Name des bösen Cupai in den Mund gekommen war. — In Toba (auf Sumatra) schnitzt der Priester während neuntägiger Fasten in der Einsamkeit einen Zauberstab (der mit Menschen- und Thierbildern geziert wird) aus dem Pfahl, woran ein Verbrecher lebendig gefressen wurde. — Die Sagaischen Zauberer (von denen Pallas einen sah, dem die Geister schon an einem Fusse unbrauchbar gemacht hatten) bedienen sich zum Weissagen eines an beiden Enden angebrannten Stäbchens. (*Sägge.*) — Der mohamedanisch-christliche Häretiker Hallage, der unter dem Khalifen Mostader hingerichtet wurde, liess Sommerfrüchte im Winter und die des Winters im Sommer vor den Augen seiner Anhänger erscheinen und streute mit dem Namen Gottes geprägte Geldstücke aus. — Jamblichus liess aus einer Quelle bei Gadara (in Syrien) den reizenden Eros und den weniger schönen Anti-Eros aufsteigen, zur Bewunderung des Volkes. — Der Hexenschuss erfolgt, wenn die Hexe ein spitzes Instrument, aus welcher Entfernung immer, gegen ihren Feind richtet. — Nähert man einen mit Wasser benetzten Amethysten dem Magneten, so wird er Fragen mit einer schwachen Kinderstimme beantworten. — Das digitis gestare deos (in Ringen, als Amulet) war den Pythagoräern verboten. — Leloyer erzählt von der main de gloire (der Hand eines Gehängten), dass sie von den Dieben benutzt würde, um Alle in dem eingebrochenen Hause unbeweglich zu machen. — Wenn die Zauberer einen Bann abnehmen, so sind sie verpflichtet, ihn wieder auf etwas Angeseheneres zu werfen, als die Person oder das Ding ist, welche davon befreit wurde. — Die Buja (Hexe) auf den Philippinen besitzt in ihrem Hause einen muñeco, und jeder diesem beigebrachte Stich wird von dem Kranken, den sie verderben will, gefühlt. — Frösche und Kröten sollen Insecten durch ihren starren Blick bezaubern, wie es bei Schlangen von Vögeln erzählt wird. Lichtenstein sah eine Erdmaus, die in ihre Nähe kam, betäubt hinsinken, und Johnson, Castelnau, Neale,

Gillimen, Daradels Eichhörnchen in ihrem Rachen taumeln. — Der Alraun entsteht aus dem Samen eines Gehenkten, und in Java glaubte man, nach Ibn Batuta, dass ein Verbrecher am Stamm des Baumes hingerichtet werden müsse, um den Kampher zu erzeugen. — Durch das vierblätterige Kleeblatt, dass sie im Munde hält, sieht die Hausmagd, dass der Balken, durch den zaubernde Zigeuner die Leute verblendet, nur ein Strohhalm ist. — Der französische Feldherr Messire Jacques de Puysegur musste (1622) in den französischen Bürgerkriegen, einen Gegner, qui avait un caractère, weil er ihn mit den Waffen nicht tödten konnte, durch Nackenschläge mit einem Hebebaume umbringen lassen. — Die Weissen und Schwarzen auf Madagascar tragen am Halse, in ihrem Gürtel oder in Ringe eingenäht, in Stricken und Ketten, auf Silberplatten gravirt, die ihnen von den Matatanes gegen den Donner, Winde, Regen, Wunden, Verrath, Gift, feindlichen Ueberfall, verkauften Talismane oder Hiridzi (die mit arabischen Zeichen beschrieben sind), um im Kampfe muthig zu sein, ihre Feinde zu besiegen, viele Beute zu gewinnen, ihre Gegner feige zu machen oder in die Flucht zu schlagen, sich bei Frauen oder Männern beliebt zu machen, ihre Nebenbuhler impotent zu machen, ihre Felder fruchtbar, ihre Häuser glücklich zu machen und die Zeit der bösen Constellation, unter welcher sie geboren sind, zu kräftigen oder zu schwächen. (*Flacourt.*) — Die Hexen-Patres, deren es (15. Jahrh.) in jedem bairischen Dorfe gewöhnlich einen gab, verkauften Zettel, die, an die Häuser geheftet, Satan den Eingang verbieten würden. — Zahnperlen (verschiedener Farben), die um den Hals getragen, das Zahnen erleichtern sollen, werden, in den öffentlichen Blättern angekündigt, für theures Geld aus Paris und Berlin verschrieben, wie Goldschmidt bemerkt. — Der schwäbische Mercur bringt fast aus jedem Schwurgerichte Hexenprocesse und Gespenstergeschichten aus Würtemberg. — Münchner Zauberzettel und Buchstabensegen gegen Cholera wurden 1854 vielfach gekauft.

Magik im Kriege. Vor dem Beginn des Krieges brachten die Tahiter ein Menschenopfer (mataa) dem Gotte Oro, um ihn dem nuou (dem Schlachthaufen) günstig zu stimmen. Das Bildniss des Gottes wurde aus dem Marai hervorgetragen und die Priester lösten mit vieler Feierlichkeit eine rothe Feder seines Schmuckes los, die sie dem Opfernden als Unterpfand seines Schutzes überreichten. Waren die Gebete wohlwollend aufgenommen, so lag darin der Beweis, dass die Götter die Reihen ihrer Feinde verlassen hatten, und zur Belohnung ihrer Anstrengungen wurden die Priester von den Häuptlingen beschenkt. Der öffentlichen Kriegserklärung folgte ein anderes Menschenopfer (Maoui faatere), und durch die haamii genannte Ceremonie suchte man die Götter, die die Feinde schon verlassen hatten, zu bewegen, sie auch noch zu bekämpfen. An einem Tage strengen Fastens wurde das Manahahaus aufgerichtet für die himmlischen Geister, die (wie die Dioscuren in den Reihen der Römer und San Jago in denen der Spanier) am Kampfe Theil zu nehmen geneigt sein würden. Dort beteten die Priester, wenn die Tii (Götzen) nicht bei der Hand waren, um hineingestellt zu werden. Die rothe Feder, die Oro und die Götter repräsentirte, durfte aber nie fehlen. Sie hiessen manou tahi no Tane oder der einzige Vogel Tane, in Bezug auf eine Art Mittelwesen zwischen den Menschen und den die fare papa (Grundfesten der Erde) bewohnenden Göttern. Diese Mittelwesen waren die Boten der Götter und hielten sich um die menschlichen Wohnungen auf, in Gestalt von Vögeln *) (die auch den römischen Auguren vom Himmel ge-

*) Das Etrusker-Collegium unterschied zwischen alites, praepetes und oscines. In

schickt waren) oder Haien. Wenn die tahitischen Priester die Gegenwart einer Gottheit anflehten, übernahmen es diese Vögelboten ihre Wünsche vorzutragen (wie die Ferner bei den Persern, die Schutzheiligen bei den Russen), indem sie sagten: „Komm zur Welt, zum Aufenthalt des Lichtes, denn der Krieg ist auf der Erde.“ Durch diese Anrufung wurden die Götter ihrem Aufenthalte entrissen und in das Schlachtgetümmel geführt *). Wenn Oro, der mächtige Gott der Schlachten, an den Opfern und Gelübden der Armee Wohlgefallen gefunden hatte, begeisterte er einen der (gleichfalls Oro genannten) Propheten, der, durch die Vorhersagung des Sieges, das Herz der Krieger mit Vertrauen füllte. Der erste Gefangene wurde, um den guten Ausgang der Schlacht zu versichern, sogleich den Göttern geopfert, wie auch die africanischen Jagas erst dann muthig in die Schlacht eilten, wenn schon einer der Gegner, um die Sünden des Heeres zu sühnen, gefallen war. Nach dem Siege hiess die über den Opfern der gefangenen Feinde ausgesprochene Gebetsformel: „Dass der grosse Gott des Krieges in die Welt der Nacht zurückkehren und dass der grosse Roo (der Gott des Friedens) wieder über die Welt des Lichtes herrschen möge.“ — Bei der Belagerung der Festung Bethar, wo der letzte Widerstand der Juden unter Bar Cochba gebrochen wurde, suchte Rabbi Elieser Hamodai durch unablässiges Beten den Schutz des Himmels zu bannen, wie einst Moses durch das Emporhalten seiner Hände, und so lange der Tempel stand, geschah es durch das tägliche Opfer (das selbst nicht unterbrochen wurde, als schon des Pompejus Krieger raubend und mordend eindrangen). — Die indianischen Häuptlinge müssen unausgesetzt fortrauchen (den Tabak mit den narcotischen Kräutern des Knickknack und Büffelfett vermischend), um die Operationen ihres Medicinmannes zu unterstützen. Die Unterbrechung des Zaubergesanges unterbricht den Zauber selbst, wie bei dem Katzenopfer der Druidinnen hunderte dieser Thiere eins nach dem andern am Feuer gebraten werden mussten, damit während drei Tagen und drei Nächten kein Augenblick des Stillschweigens in ihrem Gewinsel und Geplärr eintrâte. — Beim Erlöschen des heiligen Feuers wurde die Vestalin mit Ruthen gezüchtigt, der slavische Priester getödtet, da sein ununterbrochenes Fortbrennen das Heil des Staates verbürgte. Als Tensquahtawâ, der prophetische Bruder Tecumseh's, die indianischen Stämme durchzog und sie bei der von dem künstlichen Leichnam getragenen Wampumschnur (aus Perlen) den heiligen Kampf gegen die Weissen schwören liess, ermahnte er sie feierlichst, nie in ihren Wigwams das Feuer ausgehen zu lassen, indem ihnen dieses Unglück bringen würde. — Die Perser schlachteten beim Zuge nach Griechenland den ersten hellenischen Gefangenen im Gebiete von Trözene, der zugleich der schönste Mann des Landes war und Themistocles die Neffen des Xerxes vor der Schlacht bei Salamis. — Als der von Decius Mus (340 a. C.) befehligte Flügel zurückwich und die Opfer sich ungünstig erwiesen, forderte er den Pontifex auf, ihm die Formel vorzusagen,

den Zendbüchern heisst der Vogel Karshipt der Dolmetscher des Himmels. Nach den Kabbalisten erhalten die Vögel Abdrücke von den oberen Astralgeistern, die mit den Planeten in näherer Verbindung stehen, wodurch sie die Zukunft erfahren und verkünden. „Einem jeden Menschen ist sein Vogel an den Hals gebunden,“ sagt Mohamed. Nach Socrates geben die Vögel der Götter Willen kund, und nach Seneca sind sie von der Gottheit begeistert.

*) Trafen zwei Häuptlinge im Einzelkampfe auf einander, so zählten sie erst ihre Stammbäume und vollführten Thaten auf (gleich den trojanischen Helden), um sich gegenseitig an Ruhmredigkeit zu überbieten. Gewöhnlich liessen sich die Häuptlinge durch einen Aito, einen durch seine Tapferkeit bekannten Krieger, begleiten, um gemeinsam mit ihm zu kämpfen, da sie keinen Wagenlenkers bedurften.

wodurch er sich, anstatt der Legionen, der Unterwelt weihen möge. Der Pontifex hiess ihn die toga praetexta erfassen und mit verhülltem Haupte die Hand unter der Toga vorstreckend, auf einem Wurfgeschosse stehend, also sprechen: „Janus, Jupiter, Vater Mars, Bellona, Laren, Novensilengötter, einheimische Götter des Landes, Götter, die ihr Macht über uns habt, wie über die Feinde, und Götter Manen, euch bitte ich flehend und heische Gunst, dass ihr dem römischen Volke der Quiriten Kraft und Sieg verleihet und die Feinde des römischen Volkes der Quiriten mit Schrecken, Furcht und Tod heimsucht. Sowie ich mit Worten gesprochen, weihe ich für den Staat der Quiriten, für das Heer, für die Legionen, für die Hülfsvölker des römischen Volkes die Legionen und Hülfsvölker der Feinde mit mir den Göttern Manen und der Erde," dann stürzte er sich in die Feinde den Sieg versichernd. — Das edelste Opfer für den scandinavischen Kriegsgott war der erste Gefangene, dem die Thuliten gewöhnlich den blutigen Aar schnitten. — Mit den Worten: „Sparta wird nicht immerdar siegen," stürzt sich der Messenier Theokles in die Reihen der Feinde, um den Tod zu suchen. — Tacitus berichtet, dass die Thüren des Heiligthums in Jerusalem aufgesprungen seien und man eine Stimme gehört habe: „die Götter zögen aus." — Die Neger hören (nach Römer) die Götter oft mit grossem Geräusch in ihre Tempel einziehen. — Am Fusse des Berges Kenga Mataga wird alljährlich ein Sommerfest gefeiert, in einem den Tempel repräsentirenden Strohhaus, mit einer Urne auf seinem Dache, die bei Annäherung eines Feindes in Folge übernatürlicher Kräfte sich herabsenkt und bei der Rückkehr jenes wieder aufsteigt. — Luther zürnt (1527) über den Aberglauben der Kriegsleute: „Da sich Einer St. Georgen, der Andere St. Christophel befiehlt, Einer diesem, der Andere jenem Heiligen. Etliche können Ross und Reiter segnen, Etliche tragen das St. Johannesevangelium oder sonst etwas bei sich, darauf sie sich verlassen." — Die geheimnissvolle Heilwurz, das kräftigste der Hexenkräuter, fand sich nur auf der Wahlstatt grosser Männerschlachten und war (nach Zimmermann) um der verstorbenen Seelen willen geheiligt. Die feuerfarbige Blume (die Eldamanila der Kabbalisten) schützte nicht allein den Mann, der sie trug, vor Schuss, Hieb und Feuer, sondern wenn sie bei der ersten feindlichen Kugel in belagerter Stadt über die Mauer gehängt wurde, so bannt sie auch das feindliche Geschütz, wenigstens auf einen Monat. — Um Nothschwerter zu verfertigen, wurde die Schärfe des Stahls mit Roggenbrot, welches in der Osternacht gesäuert und gebacken war, kreuzweise überstrichen. Auf das Rohr der Nothbüchsen wurden Zeichen geätzt. — Kirgisische Wahrsager stemmen zwei Pfeile einander gegenüber in die Erde, die unter ihren Gebetsformeln sich zu heben beginnen und den Sieg des überschwebenden andeuten. — In Bornu schickt man der feindlichen Armee einen Mann mit einer Calabasse entgegen, die er gegen sie ausschüttet. (*Kölle.*) — Gelingt es den Griots nicht durch ihre Lieder die aus der Schlacht Fliehenden zu sammeln, so werden sie mit dem Tode bestraft. — Die Tuatha de danann, die in Athen Necromancie gelernt hatten, eroberten Irland durch magische Zauber und Beschwörungen. (*Keating.*) — Während Alarich's Belagerung liess sich Pompejanus, der Präfect von Rom, durch tuscische Wahrsager bereden, durch Zauberformeln und Opfer könne man den Blitz von den Wolken ziehen, und mit solchen Waffen, die auf das gothische Lager zu schleudern seien, müssten die Feinde besiegt werden. Papst Innocenz gab, wie Zosimus erzählt, Erlaubniss, zu thun, was sie wussten, aber es fand sich Niemand bereit, die öffentlichen Opfer darzubringen, aus Furcht vor dem späteren Zorn des Kaisers. — Die Propheten und

Prophetinnen der Fanatiker in den Cevennen glaubten mit der blossen Kraft ihrer Worte oder ihres Athems eine Armee (der sie blasend entgegengingen) in die Flucht schlagen zu können. — Gewährten Nothhemden nicht den versprochenen Schutz, so war ein ungeweihter Faden in das Gewebe gekommen. — Bei einem Palaver mit den Engländern stellte der König von Orango einige Lehmfiguren auf, mit Perlen als Augen, die in eine messingene Pfanne gesteckt und mit rothen Lappen überhängt waren, um die englische Uniform nachzuahmen. Daneben standen die formlosen Lehmklumpen seiner eigenen Götzen. — Im Mittelalter wurde das Zauberkunststück geübt „Reiter in's Feld zu machen,“ d. h. zur Rettung in eigener Gefahr den täuschenden Schein hervorzubringen, als ob in der Entfernung Kriegsvolk heranziehe, wie es die Ianuinames verstanden und es in der Schlacht zwischen Hunnen und Franken mitspielte. — Schwaben führten ihre Götter auf einem Kriegswagen. — Wie die Fetialen das feindliche Heer dem Untergange weihten, so reitet vor dem Beginn der Schlacht der Schwarzkünstler der Abiponen in die Reihen der Krieger, fuchtelt mit einem Palmzweige in der Hand herum und verwünscht die Feinde mit drohenden Augen, wilden Mienen und allerlei pantomimischen Geberden, gleich dem Todtencapitain der Congesen. Mohamed warf den Feinden eine Handvoll Staub entgegen bei der Schlacht bei Bedr, wodurch auch Columbus sich von einer Landung in den Antillen abhalten liess, und wie es noch jetzt von den Zauberern an der australischen Westküste geschieht. — Moses betete während des Kampfes mit aufgehobenen Händen, während Bileam zum Fluchen herbeigeholt wurde. War eine feindliche Stadt mit dem Cherem (Acht) belegt, so musste sie unwiderruflich zerstört werden. — So lange ihre Ehemänner auf Kriegszügen abwesend sind, fahren die Frauen (an der Goldküste) fort ununterbrochen zu tanzen, um ihnen Kraft zu geben. — Der Kuh Sibylja oder Sebelja (die fürchterlich Brüllende), die sich zu den Zeiten des Königs Eistein in Upsala fand, wurde vor dem Beginn einer Schlacht so stark geblutet (d. h. geopfert), dass sie wie verzaubert war und Fremde durch ihr Brüllen in Verwirrung brachte. Vor dem Gebrüll der Zauberkühe zu Holtabö hielt kein Feind Stand und in Trandheim wurde der Ochse Brandkrossi (Brandkreuziger) heilig verehrt. — Die weisen Minotse hielten stets in jedem Bezirke einen wohlgebildeten Stier in heiliger Verehrung, um ihn bei wichtigen Fällen opfern zu können, und sich der Gunst der Ahnen zu versichern. — Die Hexenweiber (Cibuatete huitl) von Tlatlolco bedienten sich Zauberbesen, die mit (dem aus Zunge und Ohren gezogenen) Blute (an den Spitzen der Reiser) befeuchtet, verbrannt wurden (nachdem sie zum Auskehren gedient), um Verderben auf das Heer der Mexicaner herabzuwünschen oder es zu vertreiben. — Da die in Jerusalem Belagerten nichts gegen die Maschinen der Kreuzfahrer ausrichten konnten, stellten sie ein paar Hexen (die aber bald getödtet wurden) auf die Mauer, um sie zu bezaubern. (*Wilhelm von Tyrus.*) — Die Culhuas ersuchten durch Abgesandte den König von Tlaxcalla, den Tepaneken kein Böses durch seine Bezauberungen anzuthun. — Bei ihren Kriegszügen in die Gallaländer bedienten sich die Tauta (das Volk Gottes, das den Himmel stützt) der Zaubereien, indem die Priesterin Kose unter Gebeten und Ceremonien Kräuter und Spezereien in die Erde grub und mit ihrem Stabe Feuer darüber anzündete, worauf ein Gewitter die Feinde zerstreute. — Die Indier glaubten, dass der Sieg in der Schlacht von Indra abhänge, dass es darauf ankäme, wessen Soma-Opfer der Gott tränke; die Götter mussten recht gerufen werden, und ihnen angenehme Opfer gebracht werden, damit sie den Sieg gäben. So wurde der Priester (Brahmana oder Vorbeter) den Kriegern wichtig, als zauberkräftig. (*Duncker.*) — Am Vorabends drohender Feindseligkeiten feiern die Battas ein religiöses Fest, an dessen Ende der Datu (Zorn der Götter und Vorfahren) auf die Feinde herabgerufen wird. — Vor dem Beginn der Feindseligkeiten schicken die Madagessen Läufer ab, um die Aoli und Moussawe (mit arabischen Buchstaben geschriebene Fluchschriften) in das Gebiet des Feindes zu werfen. — Die Römer vergruben Talismane an der marcomannischen Grenze, damit sie vor Einfällen sicher seien. — Als das römische Reich sich so erweitert hatte, dass es schwer gewesen wäre, den Fetialen bis an die Grenze der Feinde zu schicken, schaffte man sich im Kriege mit Pyrrhus ein feindliches Gebiet in der Nähe von Rom dadurch, dass ein gefangener Epirot ein Stück Land in der Nähe des Tempels der Bellona kaufen musste, welches man als terra hostilis betrachtete und später eine Säule auf demselben errichtete, worauf dort (als auf der Grenze der Feinde) die Ceremonien der Kriegsankündigung vorgenommen wurden. — Zonaras erzählt, dass, als sich drei Statthalter gegen Kaiser Theophilus erhoben, Johann (Patriarch von Constantinopel) in dem Circus eine Bronzestatue mit drei Köpfen verfertigt habe, wovon zwei ab-, einer nur seitlich geschlagen wurden. In der gelieferten Schlacht fielen zwei von den Rebellen, während der dritte nur verwundet ward. — Das carmen evocationis, welches der römische Feldherr bei der Belagerung Carthago's sprach, lautete: „Wenn ein Gott oder eine Göttin ist, welche Carthago's Land und Leute beschirmt und die Stadt und Volk besonders unter ihren Schutz genommen, — euch bitte und flehe ich an und heische Gunst, dass ihr der Carthager Land und Leute nun aufgebt, Sitze, Tempel, Heiligthümer und Stadt derselben verlasset, von ihnen abzieht, und dass ihr dafür über Land und Leute Schrecken, Entsetzen und Vergessenheit verhängt. Auswandernd aber kommt zu uns nach Rom, auf dass unsere Sitze, Tempel, Heiligthümer und Stadt euch genehmer und lieber sei, und ihr uns dem römischen Volke und seinen Kriegern vorstehet. Wenn also, dass wir es wissen und erkennen, dass ihr dieses gethan, so gelobe ich euch Tempel und Spiele," dann folgte der Bannstrahl und das carmen devotionis.

Magik in Verträgen. Bei Abschluss eines Friedens essen die Madagessen von der Leber eines Ochsens, der sie im Falle des Meineids tödten möge. Ebenso lässt der Sieger davon seine Vasallen essen, wie es auch bei den Fantees geschieht. — Der Grossvezir liess das Heer auf den Koran den feierlichsten Schwur ablegen, beim Brot, Salz und Säbel, den Geber der beiden ersten durch den letztern zu vertheidigen (bei dem Aufstand 1703). — Haben die Fürsten in Macassar einen Krieg entschieden, so tanzen die Häuptlinge (Krains) um ihr mit Blut besprengtes Banner, indem sie die in Wasser getauchten Kris in zitternden Schwingungen umherschwenken und den Zorn der Gottheit auf den Meineidigen herabrufen. — Ward ein Friede geschlossen unter den Slawen, so warfen die Anführer beider Parteien einen Stein in's Meer, als symbolische Handlung des Vergessens der Feindschaft. — Wenn die arabischen Scheiks Frieden machen, begraben sie ihre Streitigkeiten bei der Hasnat genannten Ceremonie, indem sie sieben Steine in dem Namen Gottes in ein Loch werfen und die Erde mit den Füssen antreten, während die Frauen ein lautes Geschrei unterhalten. — Die Bundesglieder der geheimen Gesellschaft Thian-ti-hoei (Vereinigung von Himmel und Erde) oder San-ho-hoei (Gesellschaft der drei Vereinigten) tranken Blut in Arac gemischt. Eine Bande Verschworener auf einem Kuli-Schiff schnitten im Zustand der Ekstase ihrem Leiter die Zunge ein, um daraus Blut zur Unterschrift zu entziehen. — Beim Bundschliessen tranken die Scythen gegenseitig ihr Blut, leckten sich die

Lider und geritzten Arme ab und bestrichen die Araber sieben heilige Steine. — Die ungarischen Herzöge mischten ihr Blut, dem Almus Treue schwörend. Die Stallbrüder in Island liessen Blut zusammen auf die frische Erde fliessen. — Bei Verträgen entzieht der Godoman (Priester) unter den Negern in Surinam beiden Parteien Blut, das getrunken wird, nachdem ein Theil auf die Erde geflossen ist. — Bei einer Friedensunterhandlung lagern sich die Oberhäupter um ein grosses Feuer. Ein Krieger füllt die heilige Pfeife mit Tabak, zündet sie mit einer Kohle an, legt sie wagerecht in die Hand und hält sie zuerst gegen den Himmel, um sie dem grossen Geist zur Erflehung seines Beistandes anzubieten, dann neigt er sich gegen die Erde, um die bösen Geister abzutreiben, worauf er sie rund um sich herumdreht, um dadurch den Schutz der in der Luft, auf dem Lande und in dem Wasser wohnenden Geister zu erbitten; sie nachher den verschiedenen Oberhäuptern reichend, Einem nach dem Andern in der Richtung von Osten nach Westen, von welchen Jeder einige Züge daraus thut, den Rauch zuerst gegen den Himmel und dann rund um sich herum gegen die Erde blasend. Wenn die Pfeife ausgeraucht ist, nimmt sie der Krieger, der sie gefüllt hat, wieder, schwingt sie einige Male um seinen Kopf und bringt sie an ihren Ort, worauf die Unterhandlungen ihren Anfang nehmen. — Nachdem der römische Fetiale den pater patratus der Latiner mit dem Kraut des Hügels (verbena) geweiht, rief er die Götter an, die Stadt zu schlagen, wie er das Schwein mit dem Kiesel, wenn sie zuerst den Vertrag brechen würde. — Catilina und seine Genossen mischten beim Schwur Menschenblut mit Wein und assen die Eingeweide eines Knaben. — Die Chaldäer zogen beim Bündniss zwischen die Hälften eines Opferthiers hindurch, damit sie beim Bruche ebenso zertheilt würden. — Zur Gedächtnissfeier des von Ziani (1177) erfochtenen Sieges warf der auf dem Schiff Bucentaur ausgefahrene Doge von Venedig, um sich die Adria unterthänig zu machen, unter dem Gebet der Klerisei am Himmelfahrtstage einen goldenen Ring, in dessen (aus Onyx, Lapis Lazuli und Malachit zusammengesetztem) Schilde das offene Evangelienbuch des heiligen Marcus gravirt war, in's Meer. Eine ähnliche Procedur wird in Whydah vorgenommen. — Die Shoshonees verstärken das Rauchen der Friedenspfeife durch Ausziehen der Mokassins, gleichsam um anzudeuten, dass sie beim Wortbruch ewig (in ihren dornigen Ebenen) barfuss bleiben müssten. (*Lewis.*) — Die Miranhas in Brasilien, die Caraiben und Floridaner werfen Pfeile und Wurfspiesse auf das fremde Gebiet oder stecken Speere an der Grenze auf, um die Feindseligkeiten anzukündigen. — Ehe ein Häuptling der Kaffern auf Eroberungen auszieht, schickt er einen Löwen- oder Tigerschwanz, als symbolische Kriegserklärung. (*Alberti.*) — Will der Araber den Dakheil (wonach selbst jedem Feinde Schutz gewährt werden muss, wenn er einen zugehörigen Gegenstand berührt hat) nicht gern gewähren, so stellt er sich so, dass der Andere nicht beikommen kann, um die Ceremonie der Bitte vorzunehmen oder man lässt ihn dem Dakheil entsagen. — Das von zwei sich versöhnenden Feinden im Munde getragene Eisen wird vergraben bei den Bari-Negern.

Magik des Schwurs. Attica besass in der Heroenzeit seine Fluchstätte (*ἀρατήριον*) zu Gergettus, Rom seinen Ager hostilis und Moses befahl auf dem unfruchtbaren, dürren Ebal zu fluchen, den (wie die Samaritaner klagten) die Juden vielfach an die Stelle des lieblichen Garizim setzten. — Als Alcibiades die Hermen verstümmelt zu haben beschuldigt wurde, ward er durch einen feierlichen Fluch der Eumolpiden geächtet und konnte erst nach Aufhebung desselben zurückkehren. — Verständige Propheten weigerten sich einen

Feind zu verfluchen, von dem sie wussten, dass er siegen würde, und die Geschichte Bileam's findet sich mehrfach in den russischen und asiatischen Historien. Noch im Jahre 1528 liess sich der französische Hof einen Zauberer aus Deutschland kommen, um mit dem Kaiser zu kämpfen, wie Jannes und Mambre mit Moses, schreibt Agrippa in einem Briefe. — Um Jemand zu verfluchen, selbst auf grosse Entfernungen hin, gebrauchen die Dayakhs einen Zauberstab, den sie unter Aussprechung von Verwünschungen nach der Gegend seiner Wohnung hinbewegen. — Beim Aussprechen von Verwünschungen schwangen die thracischen Priester und Priesterinnen, gegen den Untergang gewendet, blutrothe Gewänder durch die Luft. — Sacer bedeutet sowohl heilig als verflucht, d. h. den strafenden Göttern, oder dem Verderben und dem Tode geweiht. Daher hiess der Eid sacramentum, weil ein Jeder sein Haupt den Göttern verpfändete, wenn er einen Eid schwur, der Meineidige verflucht, verbannt war und ungestraft getödtet werden konnte. (*Hartung.*) — Die Christen in Jerusalem schwuren ihren Eid bei leerem Magen, weshalb die Botschaft Saladin's (1192) um einen Tag hingehalten wurde, da sie schon gegessen hatten. — Als das Volk verlangte, dass der abwesende Alcibiades von sämmtlichen Priestern und Priesterinnen mit dem Bann belegt werden sollte, weigerte sich Theano, des Menon Tochter von Agraulos, sprechend: „Ich bin Priesterin zum Segnen, nicht zum Fluchen.“ — Onias weigerte sich in Hyrkan's Lager den Aristobulos mit seinem Anhange zu verfluchen. Die Spartaner tödteten den Epimenides, da er ihnen nichts Günstiges weissagen wollte. — Nach kyptschakischen Sagen war Timur (dem der Heilige des Khan von Bolar deshalb nicht fluchen wollte, sondern Ergebung anrieth) von dem heiligen Elias begleitet und wurde durch diesen von dem Angriffe auf Russland abgehalten, da darüber keine göttliche Verheissung gekommen war. — Als Pomare (1808) gegen die Uebermacht seines Sohnes zu Felde lag, verliess ihn der Hauptpriester von den Göttern getrieben, so dass Niemand ihn zurückhalten konnte. — Juno bittet den Jupiter, die Minerva zu senden und die Trojaner zum Bruch der Eide zu verführen, indem sie zuerst die Achäer angriffen. (*Homer.*) — In der scandinavischen Sage steht Egill auf dem Berge und spricht: „Hier stecke ich meinen Zauberstab (Nidstong) gegen den Erich und die Gunuhild. Ich werfe diese Verwünschung (Nid) auf die Landgeister (Landvättir), dass sie nicht ruhen, bis Erich aus dem Lande gejagt ist.“ Dann steckt er den Haselstock in die Erde und legt einen Rosskopf hinzu. — In Attica strafften die Busygen durch Flüche. — Wenn der Zauberer eine Verwünschung abnimmt, so muss er sie auf einen Andern werfen. — Der Zauberstab ist an der Spitze mit geheimnissvollen Worten eingeschnitten, unter der bedeckenden Rinde. — Damit Flüche auf Tonga wirksam sein sollen, muss ihre Reihe (Wangi) in einem Zuge, fest und mit wahrer Bosheit von einem an Rang Höheren ausgesprochen werden. — Wollen die Neger Jemanden Böses anthun, so verfluchen sie ihn bei Kalliampenda oder wie sonst sie den Bösen nennen. (*Oldendorp.*) — Jana Gallaea, erzählt Remigius (auf Grund gerichtlicher Aussagen), sola imprecatione Catharinam Symonetam valetudine tentavit. Jacobus Piscator et Coleta ejus uxor atque alii complures pro certo asseruerunt, intabescere fere omnes, quibus diras sunt imprecati. — Die in der Hölle gehärteten Steine (Sigill), durch welche das ungläubige Volk des Hauran erschlagen wurde, waren jeder mit dem Namen dessen bezeichnet, den sie treffen sollten, wie die von den Vögeln gegen das abyssinische Heer herbeigetragenen. — Beim Schwören haut der Ostjäke dem Götzenbilde mit einem Beil die Nase ab, und sagt: „Wenn ich nicht die

Wahrheit sage, so mag auf eben diese Weise meine Nase verloren gehen, so mag mich das Beil zerstücken, ein Bär im Walde zerreissen und alles Unglück auf mich kommen." Die Araber schwören (ausser bei der Kraft der Lende) meistens bei ihren Frauen, obwohl dabei die Bindigkeit des Eides, wie überall, von der individuellen Ansicht abhängt. So heisst es von dem Dichter Ali Ebun Nahum, dass ihm vor Gericht der Schwur bei der Scheidung von seinen zwei Weibern aufgetragen wurde, und er ohne Bedenken einen Meineid ablegte, denn: „Angeekelt hat mich Beider Angesicht, Jene grau zur Hälfte, diese kupfericht" (nach Hammer's Uebersetzung). — Die Battas schwören, eine Flintenkugel und Reis in den Mund nehmend. — Die Damaras schwören „bei den Thränen ihrer Mutter." — Der Indier nimmt beim Schwur ein Blatt des Papayabaumes, auf dem die Götter wohnen, in die Hand. Die Litthauer legten die rechte Hand auf das Haupt dessen, dem sie schwuren und berührten mit der linken die heilige Eiche. Die Preussen legten die rechte Hand an ihren eigenen Nacken, die linke an die heilige Eiche, schwörend: „Möge Perkun mich verderben" oder „Möge die Erde mich verschlingen." — Beim Schwur wurde Wein aus Mischkrügen gegossen, damit so Zeus das Gehirn des Meineidigen verspritze. — Bei dem Einfall in Italien (101 a. C.) liessen die Cimbrer die römische Besatzung eines genommenen Brückenkopfes auf ein ehernes Stierbild schwören, nicht wieder gegen sie zu dienen. — Zum Schwur schlachten die Battäer eine Kuh, von der der älteste Radja das Herz emporhebt, sagend, dass wenn er jemals seinen Schwur brechen sollte, er dann geschlachtet sein wolle, wie das blutende Thier, das vor ihm liege, und verschlungen, wie das Herz, das er gegenwärtig verzehre. Seinem Beispiele folgen die Uebrigen mit andern Stücken des dann vertheilten Thieres. Bricht in der Folge der Radja seinen Schwur, so wird er, im Falle die Andern seiner habhaft werden, gebunden, geschlachtet und verzehrt. — Wie die Mongolen beim Fleisch und Blut ihrer Herrscher schwören, so war der feierlichste Schwur der Scythen bei der Tabiti des Khan, und bei Krankheit desselben mussten die Wahrsager den Meineidigen ausfindig machen, wurden aber durch andere controllirt, um im Falle falscher Aussagen auf einem Ochsenwagen verbrannt zu werden. — Auf den Tonga-Inseln zweifelte man nie an der Wahrheit eines Schwurs, weil der Meineid, wie jedes Verbrechen, sich schon auf Erden bestrafe. Die göttliche Strafe des Meineides wird beseitigt, wenn man beim Schwören einen bestimmten Finger in einer gewissen Weise einbiegt (Ostpreussen), oder man legt in gleicher Absicht während des Schwörens die linke Hand in die Seite (Preussen), oder man trägt einen Knochen von einem eignen verstorbenen Kinde auf blosser Haut. (*Wuttke.*) — Vom Eide (sagt die delphische Priesterin) entspringt ein Sohn, ohne Namen, ohne Hände und ohne Füsse. Aber mit rasendem Fluge stürzt er auf den, der sich verschwört, ihn zu zerstören, sein Haus und sein ganzes Geschlecht, wogegen man die Nachkommen dessen, der fromm seine Worte hält, im Glücke leben sieht. — Im Mittelalter legten die Zeugen in den Gerichten ihre Mütze vor dem Inquirenten nieder und sagten: „Wie ich meine Mütze vor dich hinlege, bin ich bereit mein Haupt hinzulegen, zur Bekräftigung der Wahrheit meines Zeugnisses." — „Der Fluch des von seinen Söhnen beleidigten Vaters ruft durch die Verletzung des alten Naturgesetzes die Erinnyen aus der gemeinschaftlichen Muttererde hervor, worin (nach Aeschylus) die Seele ihres Grolles lebt." — Wenn die Menschen einen Eid beim Stein Ebn Schatja (durch dessen aufgedrücktes Siegel Gott die Wasser des Abgrundes verschloss) schwören (heisst es im Sohar), so steigt dieser Stein herauf und empfängt den Eid und tritt dann wieder in den Abgrund zurück, die Welt erhaltend. Wenn aber ein Meineid geschworen wird, so steigt der Stein gleichfalls herauf, um diesen zu empfangen und tritt damit zurück in den Abgrund, aber dann giessen sich die Wasser aus und laufen über den Stein und zerstreuen die heiligen Buchstaben und beginnen die Welt zu überschwemmen, bis Gott den Engel Jasariel mit den siebenzig Schlüsseln schickt, um den Namen zu erneuen. — Der Rabba (Enkel des Channa) hörte Gott auf Sinai beklagen, „dass er geschworen habe, den Tempel Jerusalems zu zerstören," und wurde von den Aeltesten getadelt, dass er ihn nicht des Schwurs *) entbunden habe. Nach Pesichas Echarabbasi wandert er weinend auf den Ruinen des Tempels einher, küsst und umarmt die Säulen, ihren Verfall beklagend. Auch spielt er seitdem mit dem Leviathan. Nach dem Sepher Hacavanoth war die göttliche Majestät mit Israel durch eine böse Zauberei in Egypten gefangen gehalten. — Diodor tadelt den übereilten Schwur der Griechen auf Platää, nicht mit den Persern Frieden zu machen, so lange die Flüsse in's Meer fliessen und das Menschengeschlecht daure, sowie den der Epidamnier, die bei einer Zwistigkeit ein heisses Eisen in's Meer versenkten, um sich nicht zu versöhnen, bis es ebenso heiss wieder herauskomme, obwohl sie es früher thun mussten. Als die Albaner Gesandte nach Rom schickten, um Ursache zum Kriege zu suchen, hielten die Römer sie zurück, bis ihre Gesandten in Alba eine Antwort bekamen, in Folge deren sie selbst Krieg erklären konnten, um so das Recht auf ihrer Seite zu haben. — Die Cappadocier gewöhnten sich (nach dem Scholiasten des Persius) von Jugend auf, den Martern zu widerstehen, sich einander selbst folternd, um gegen die Schmerzen abgehärtet zu sein, welchen ihre Meineide sie aussetzen möchten, da sie als falsche Zeugen ihren hauptsächlichsten Unterhalt suchten, eine nützliche Vorbereitung zur Standhaftigkeit der Märtyrer. — Im Apocryphicum der Reisen des heiligen Philipp betet dieser Apostel (trotz der Abmahnung des heiligen Johannes) zu Gott, die Stadt Hierapolis, deren Bewohner sich nicht bekehren wollten, in die Hölle zu verschlingen durch eine Oeffnung der Erde. So geschah es, aber gleich darauf erschien ihm der Herr, ihn wegen seines rachsüchtigen Sinnes zu tadeln und ihm zu verkünden, dass ihn zwar Engel in den Himmel heben würden, aber vierzig Tage die Thore des Paradieses durch einen Feuerball verschlossen bleiben würden. — Nach Sextus Empiricus begann Diagoras die Götter zu läugnen, als er gesehen, dass ein Meineidiger unbestraft blieb. — „Wir sind der dunkeln Nacht Kinder; Flüche (ἀραί) aber heissen wir in den unterirdischen Wohnungen," sagen die Eumeniden bei Aeschylus. — Beim Eidopfer schleuderte der Fetiale einen aus dem capitolinischen Tempel genommenen Kieselstein auf den Ager hostilis (wo der Tempel der Bellona stand) von sich, damit Jupiter ihn im Falle des Meineids in gleicher Weise aus dem Vaterlande stossen möge. — In den egyptischen Geheimnissen des Albertus Magnus (Braband, 1839—1840) wird der ewige Fluch und die Verdammniss dem angekündigt, der sie nachschreiben sollte. — Das aus den unter kaiserlichem Bann tagenden Commissionen hervorgehende Vehmgericht, das jeden Meineidigen sogleich tödten lassen konnte, sollte den rohen Völkern neu bekehrter Heiden (seit Carl dem Grossen) die göttliche Strafe versinnlichen. Sonst war das Eintreten derselben erst in das Jenseits gesetzt, während am

*) Dem Verkaufe Joseph's konnte sich Gott nicht widersetzen, da seine Brüder ihn mit in ihren Bann gezogen hatten.

Gaboon, wenn der Fetisch die angesuchte Bestrafung des Uebelthäters nicht sogleich ausübt, die später zuerst sterbende Person als solcher angesehen und ihr Geschick als abschreckendes Beispiel aufgestellt wird. — Als Loeghaire (Neill's Sohn) seinen Eid bei Sonne und Wind (dass er nicht weiter einen Tribut an Kühen von Leinster verlangen würde) verletzte (457), wurde er in der Folge von Sonne und Wind getödtet. — Um einen Eid zu leisten, mischen die Timoreer Pulver und Erde in ein Weinglas voll Flüssigkeit (in das auch eine Gewehrkugel gethan wird) und trinken es aus. — Bei Eidesleistungen zerschneidet der Dorfälteste der Tscheremissen ein Stück Brot und lässt es den Schwörenden mit Salz geniessen. — Beim Eide setzen sich die Kalmücken die Oeffnung ihres Feuergewehres auf den Mund und berühren die Stirn mit einem Pfeil. — The oath administered to the Khonds is: „O father, I swear and if I swear falsely, may I become shrivelled and dry like a blood-sucker and die. May I be killed and eaten by a tiger, may I crumble away like the dust of this dust-hill, may I be blown away like this feather, may I be extinguished like this lamp. (*Maxwell.*) — In Sicilien wurde der Schwörende an den den Paliken geweihten Krater geführt, der Meineidige verschlang. — Ludwig XI. hat nie gewagt in einer falschen Sache bei dem Kreuze des heiligen Laudus (Leodus oder Leutes) zu Angers zu schwören, weil nach der Volkssage diejenigen, die bei diesem Kreuze falsch schwüren, innerhalb des Jahres elendiglich stürben. (*Matthieu.*) — Jeder Beamte in Siam ist bei schwerer Strafe verpflichtet, zweimal jährlich den Eidestrunk zu trinken. — Beim Glück des Königs und bei dem Men des Pharnaces heisst der königliche Schwur in Ameria. (*Strabo.*) — Bei dem Regierungsantritte Caligula's trug es sich zu, dass der Kaiser nicht allein für seine Person, sondern auch für seine noch lebenden mütterlichen Ascendenten und für seine Schwester, die Ablegung feierlicher Gelübde, sowie den Eid der Treue von den Behörden verlangte, in der Art, dass dieselben sich verpflichteten, die Förderung des Wohles des kaiserlichen Hauses sich angelegen sein zu lassen, selbst auf Gefahr des eigenen Lebens gleichwie jenes der ihrigen. — Der Königssohn von Risaland erzählt dem Thorstein (in der Saga), dass er den Erbtrunk dem Herrscher der Jötnar (Riesen) trinken müsse. — Der Asage fand oder wies (bei den Friesen) das Urtheil, indem der Graf oder der ihn stellvertretende Schulze (skeltata oder skelta) den Asage in jedem einzelnen Falle bannte, d. h. dem Asage bei Strafe gebot, zu urtheilen (dela) und den Eid zu staben, damit er den Spruch (dom) exequirte. — Im Tempel des Dius Fidius bewahrten die Römer einen Schild, der mit der Haut eines beim Bündniss zwischen ihnen und den Gabinern geopferten Stiers bespannt war. (*Dionys. Halicarn.*) — Die Römer schwuren in späterer Zeit bei Osiris (obwohl derselbe als grausam angesehen wurde und mit schweren Strafen drohend), dem Gott der Vagabunden, da er selbst die Erde umkreist hatte. — Bei dem Vertrage, wodurch ein Kimbunda-Kaufmann sich einer Caravane anschliesst, wird ein Lappen mit dem Blute des geopferten Thieres befeuchtet und von den Verwandten aufbewahrt, um im Falle seines Umkommens, zum Erhalten des Blutgeldes producirt zu werden. (*Magyar.*)

Die Seele.

FORTDAUER UND VERNICHTUNG.

In den Darstellungen mythologischer Verhältnisse bei den Naturvölkern herrscht vielfach, auch wenn sie nicht absichtlich durch die Brille parteiischer Vorurtheile gefärbt sind, eine schwer entwirrbare Confusion incongruenter Begriffe, da man jene exotischen Gedankenproducte in die für die unseren geschaffenen und nur für diese brauchbaren Terminologien zu zwängen sucht, auch wohl, wenn sie nicht passen wollen, keinen Anstand nimmt, sie passend zuzuschneiden. Bald wird in Missionsberichten nachdrücklich hervorgehoben, dass kein Volk an dem Fortleben zweifle, bald heisst es, dass zwar ein jedes die Gottheit verehre, aber mit dem Unsterblichkeitsglauben nur durch die ersehnten Apostel beglückt werden könne, während gerade das „werthvolle Geschenk" desselben die noch nicht zu seinem vollen Verständniss erzogenen Neophyten zu unlöslichen Zweifeln und damit zu hoffnungslosem Versinken in ewige Vernichtung führen mag. Was den Gott betrifft, den jedes Volk auf dem Erdenrund verehrt, so kennt ihn jedes unter seinem nationellen Namen, der ihm zu lassen ist, und so wenig die Theologen nähere Beziehungen zwischen dem Fetisch des Wilden und ihrem Gottesbegriffe suchen werden, ebenso wenig sollte es ihnen von vorne herein in den Sinn kommen können, die Vorstellung jenes über ein Fortleben mit dem von ihnen gelehrten Unsterblichkeitsglauben irgendwie vergleichend zusammenzustellen. Es ist beschämend genug, dass sie keine grössern Verschiedenheiten dazwischen finden. Im letzten Grunde kann man freilich Alles vergleichen und auch einen Ochsen in Proportion zu einem Kometen stellen, da beide einen Schweif haben; dem gesunden Menschenverstand aber wird der Komet ein Komet sein, und der Ochse doch immer ein Ochse bleiben. Das Factum, dass sich die Idee des Fortbestehens überall findet, ist indess richtig, sie wird bei allen Stämmen angetroffen und gerade um so fester und sicherer, je roher sie sind, da sie sich dann am wenigsten zu der Abstraction einer Vernichtung erheben können. Diese konnte erst solchen Gedankenkünstlern kommen, die sich mit einem Purzelbaum selbst in's Gesicht zu springen suchen, und es zeugt von einem völligen Verkennen der psychologischen Gesetze und ihres Wirkens in der Geschichte, wenn gar behauptet wird, und zwar vielfach, fast allgemein behauptet wird, dass der Buddhismus, die weitverbreitetste der Religionen, eine Vernichtung lehre. Der Buddhismus hat einen so trefflich eingerichteten Himmel und Hölle, dass ihn manche Religion darum beneiden dürfte, und bei jedem chinesischen Bilderhändler kann man die wohnlich eingerichteten Apartements jenes und die etwas ungemüthlichen dieser in Augenschein nehmen. Dass sich hinter diesen Himmeln und Höllen noch ein Nirvana dehnt, ist dem gemeinen Mann in Tibet ebenso gleichgültig, als in Nepal, Birma und Ceylon, und was die Gelehrten und Gebildeten aus jenem Nirvana machen wollen, muss der Idiosynkrasie jedes Einzelnen überlassen bleiben. Im Buddhismus giebt es dieselbe Sammlung von Secten, wie in jeder anderen Religion, theistische, atheistische, pantheistische, rationalistische, mystische, pietistische und so viele man sonst noch hinzufügen will. Wenn unseren Philosophen das Nirvana meistens als die trostlose Leere des Nichts erscheint, so folgt das nur aus der Ungeübtheit ihres Auges, die zügellos-grandiosen Gestaltungen der indischen Phantasie mit einem Blicke zu umfassen, weshalb sie in den formlos unproportionirten Theilstücken nur die Masse eines in sich versinkenden Chaos sehen.

Dass ein jedes Volk an dem Fortleben der Seele nach dem Tode festhält, ist ein natürliches Product des Denkprocesses und muss Jedem so erscheinen, der sich auf den natürlichen Standpunkt stellt. Schon die Schöpfung aus dem Nichts*) war es unmöglich zu denken, wieviel mehr die Vernichtung, und erst spätere Speculationen haben den Uebergang ermöglicht, solche Vorstellung zu bilden. „Kein Philosoph hat je geglaubt (sagt Cicero), dass eine Substanz aus dem Nichts hervorgegangen, noch dass sie darin zurückkehren könne." Nach den orphischen Lehren, denen Hesiod folgte, existirte das Chaos, als

*) „Wenn die wahre Erkenntniss kommt, so musst du die Welt als anfangslos setzen," sagt der Sautantrika (*Graul*), und wenn der buddhistische Katechismus lehrt: „Die Wesen und Welten sind vom Nicht-Anfang an in der Umwälzung des Entstehens und Vergehens begriffen," so folgt das aus seiner Weltanschauung der Mitte, denn „für denjenigen, der die Verkettung der Ursachen und Wirkungen kennt, giebt es weder Sein noch Nichts."

das Erste, ewig, unendlich, unerschaffen und waren alle Dinge aus dem Chaos gemacht. „Nichts entsteht, Nichts vergeht, ausser dem, was vorher existirte, aber die Menschen glauben, dass die Sachen entstehen, wenn sie aus dem Hades oder dem Unsichtbaren hervorgehen, um an's Licht zu kommen und sichtbar zu werden. Ebenso glauben sie, dass die Sachen vergehen, wenn sie vom Lichte in den Hades übergehen.“ (*Hippocrates.*) Die Kirchenväter dagegen (Tertullian, Minucius Felix, Methodius u. s. w.) bestehen mit der grössten Entschiedenheit darauf, dass Gott die Welt aus dem Nichts*) gemacht habe, im Sinne jener aufopfernden Selbstverachtung, mit der stets der semitische Monotheist sich dem von seinem eigenen Geiste geschaffenen Götzen unterordnete, und es thun mochte, so lange dieser die grösste That seiner Denkkraft war. Als nothwendige Folge der Schöpfung aus dem Nichts, musste die Unsterblichkeit als ein Geschenk aus der Hand des launigen Schöpfers zurückempfangen werden, aber in der Gegenwart sollte das stolze Wort des Britten zum Durchbruche kommen: „Right, no favour.“ Es würde der nationalen Entwicklung nirgends schaden. Ein jedes Wesen, da es ist, hat damit das Recht seiner Existenz.

Die ganze Abstraction der Vernichtung**), die in unseren Systemen so lange gespukt hat, ist ein aus halb- oder missverstandenen Wahrheiten hervorgegangenes Kunstproduct. Der Wilde mag einen Baum oder eine Blume an einer Stelle des Waldes gesehen haben, wo er vorüberging. Das nächste Mal, als ihn der Weg dorthin führt, ist sie verschwunden, d. h. sie wird von dem Auge nicht mehr gesehen. War sie ihm von vorne herein nicht aufgefallen, so kann kein weiterer Gedanke dadurch angeregt werden. Hatte der Baum vielleicht durch eine ungewöhnliche Erscheinung frappirt, war er vielleicht schon Gegenstand der Verehrung, so wird der Wilde einfach das Resultat daraus gewinnen, dass er ihn einmal sah, einmal nicht sah. Der Baum als solcher existirt nichts destoweniger fort, als Erinnerungsbild, denn lebt er überhaupt weiter nicht in der Erinnerung, so regt er auch keine Gedanken an. Ueber diese Vergleichung zwischen dem directen Gesichtsbilde, das der Baum das erste Mal erweckte, und

*) Um die mosaische Schöpfungsgeschichte vor dem Spotte der heidnischen Philosophen zu bewahren, suchte Augustin (nach Aquino) durch spitzfindige Erklärungen der Tage zu beweisen, dass die Welt in einem Augenblicke geschaffen sei, während die geologischen Theorien dagegen jeden Augenblick jener Tage zu Jahrtausenden erweitern.

**) In La Mettrie's Materialismus ist die Posse des Lebens mit dem Tode ausgespielt, wenn die Seele, der denkende Theil des Körpers, mit dem Gehirne verwest.

seinem Erinnerungsbild, das sich das zweite Mal reproducirt, wird der Wilde zunächst nicht hinauskommen. Sein Denken verläuft in den engstumschriebenen Grenzen. Vorgestern ist schon eine weit entlegene Vergangenheit, was übermorgen geschehen wird, kümmert ihn nicht. Er schwingt seine Gedankenreihen nicht weiter, als er zu zählen gewohnt ist, bis drei, bis fünf, und die Unendlichkeit ist für ihn ebenso unverständlich, wie die unendlichen Reihen der Differential- und Integralrechnung. In wie weit er sich überhaupt die Abstraction (denn ein Begriff kann es auch für uns nicht werden) der Vernichtung machen sollte, ist durchaus nicht vorstellbar. Hatte der Baum früher in seinem täglichen Geistesleben eine bedeutsame Rolle gespielt, sei es seiner Nützlichkeit, sei es seiner Schönheit, oder der an ihn geknüpften Sagen halber, so wird er später die Stelle, wo er gestanden hatte, mit einer gewissen Scheu passiren, er fühlt einen gewissen unerklärlichen Zwiespalt zwischen dem, was er früher sah, und dem, was er jetzt nur denkt, aber ehe er sich desselben weiter deutlich geworden ist, wird schon die ganze Erinnerung verblasst und der Baum vergessen sein. So ist derselbe allerdings subjectiv für ihn vernichtet, ohne dass er jedoch sich dieses Vorganges objectiv bewusst worden ist. Bei fortgeschrittenen Culturzuständen wird weiter speculirt werden, aber vorläufig bedarf es noch nicht, wie es in unserer Zeit nöthig wurde, der umständlichen Deductionen des Kreislaufs des Lebens, um wissenschaftlich zu beweisen, dass nichts vergehe. Die Natur selbst führt darauf, oder vielmehr ohne eine abnorme Verschrobenheit wird sich der gemeine Mann überhaupt kein Vergehen denken. Der Baum ist vermodert, aber sein Stumpf steht noch, dass sein Same fortlebt, ist bekannt; das Thier ist todt, aber als das letzte Mal sein Cadaver gesehen wurde, lagen noch die Knochen da; das Holz verbrennt, die Asche ist übrig. Was weiter aus dieser Asche wird, in welcher Beziehung sie überhaupt zu dem früheren Holzscheite stand, diese und hundert andere Fragen sind nicht löslich, sie werden indess auch gar nicht gestellt, sie gehören dem Menschen in das ungeheure Gebiet des Nichtwissens, und sobald eine Frage dessen Grenzen berührt, wird sie damit abgeschnitten und nicht weiter verfolgt. Das Erkennen scheidet überall seinen Gegensatz als barbarisch, als fremd, als unbekannt von sich aus. Das Individuum des Thieres ist allerdings nach seinem Tode nicht mehr vorhanden. Aber was weiter? Sollte ein Neugieriger durchaus eine Antwort haben wollen, so wird sie gefunden werden. Auch von der Sonne meinten einige Stämme, dass jeden Morgen eine neue aufginge; ob eine neu gemachte oder eine Junge der Alten, wird nach Belieben beantwortet, aber trotz etwaiger Speculationen seiner Gelehrten, ist die Sonne dem weniger speculativen Kopfe des Wilden doch immer dieselbe Sonne. Weitere Consequenzen werden eben nicht gezogen; Verallgemeinerungen sind schon wegen mangelnder Uebung der Gehirnfunction, wegen fehlender Sprachausdrücke unmöglich. Die Neugierde nimmt freilich zu und zu ihrem eigenen Schaden werden die Neugierigen bald schlaue Köpfe finden, die eine Antwort auf jede ihrer Fragen besitzen, die ihnen vielleicht beweisen, dass die nach dem Verbrennen ihres eigenen Leibes zurückbleibende Asche auf sorgsame Weise (wie nur die Erklärer es verstünden) gehütet werden müsse, dass, wenn sie in die Luft zerstreut oder in das Wasser geworfen würde, nach dem Tode nichts übrig bleibe, dass der Gestorbene dann vergehen würde, welcher Zustand des Vergehens allerdings nur als Gegensatz deutlich gemacht werden kann, indem man den glücklichen derjenigen beschreibt, die gewisse Gebote erfüllt hätten. Die Abstraction der Vernichtung selbst, ergab sich dann später aus philosophischen Speculationen als Negation zu den in ihrer Unhaltbarkeit nachgewiesenen Versprechungen und Ausmalungen der hierarchischen Collegien, wurde aber dann oft wieder von diesen selbst als mächtiger Hebel für ihre Zwecke herangezogen und in ihren Maschinerien benutzt. Die in der Auffassung der Naturwissenschaften allzu einseitige Richtung unserer Gegenwart hat sie wieder dadurch eine Zeit lang gestützt, dass sie in dem von ihr bis in die ersten Elemente durchforschten Kreislauf der Kräfte für den Geist keine Stelle fand, vollständig übersehend, dass das Bestehen (und also das Fortbestehen) der Monade in der Gedankenwelt, in der Wesenheit des Bestehens selbst ebenso nothwendig begründet liegt, wie im Sein überhaupt und dass gerade dadurch, weil er in einer über den Kreislauf der Materie erhabenen Region lebt, sich der Gedanke seiner ewigen Unendlichkeit um so sicherer bewusst ist. Nach dem die Natur durchwaltenden Gesetze der Trägheit besteht fort, was besteht, so lange keine mächtigere Ursache hindernd oder zerstörend eingreift, und diejenigen ausserweltlichen Wunder, die man bisher mit solcher Macht begabt, in unser Leben hereinragen glaubte, hat die psychologische Analyse anthropomorphistisch zersetzt.

Weit entfernt im Tode eine Vernichtung zu sehen, lebt dem Wilden Alles, weil ihm das Leben als der bekanntere, der natürliche Begriff ist, wogegen die Vorstellung des Vergehens eine Speculation erfordern würde, zu der er auf den untern Stufen des Geisteslebens am wenigsten fähig ist. Ihm lebt jede Bewegung, Leben rauscht im Wasser, Leben säuselt in den Zweigen, Leben brüllt im Donner, Leben deutet im Magnete nach des Reisenden Heimath. Die alten Baiern liessen den bei dem Begräbniss gebackenen Kuchen über dem

Leichnam aufgehen, indem sie das fermentum*) als die Seele des Brotes betrachteten. Der Indianer tödtet lebende Bienen, die er in einer Honigwabe findet, ausserhalb des Hauses, da er sonst nie wieder eine andere finden würde. Ein Schuldner ist (in Congo) durch den Tod noch nicht seiner Verpflichtungen ledig, sondern die Leiche wird seinem Gläubiger übermacht, der sie zwischen Bäumen aufhängt und dort täglich besucht, sie spöttisch zur Wiederkehr in's Leben auffordernd, da vor der Bezahlung ihr keine Ruhe vergönnt werden würde. Die Abiponer glauben, dass sie alle unsterblich seien, und dass keiner von ihnen auf irgend eine Art umkommen könnte, wenn es in America weder Spanier noch Schwarzkünstler gäbe, indem jeder Tod entweder der Muskete jener oder den Zaubereien dieser zugeschrieben wird. „Es sterbe Jemand," sagt Dobrizhoffer, „mit Wunden überhäuft und zerquetschten Knochen oder vom Alter ausgezehrt, nie wird ein Abiponer eingestehen, dass die Wunden oder Erschöpfung der Leibeskräfte an seinem Tode Schuld waren, sondern sich vielmehr bemühen den Schwarzkünstler und die Ursache ausfindig zu machen, weshalb er ihm vom Leben geholfen hat." Ebenso unter den Negern, wo jeder Todesfall dem Wirken feindlicher Fetische zugeschrieben wird, ausgedehnte Untersuchungen nach sich zieht, und wenn er einen reichen Mann betroffen hat, gewöhnlich die Hinrichtung vieler Angeklagter zur Folge hat. Es würde ein Fehlgriff sein in der Mannichfaltigkeit der Beschwörungen, Ordalien und Leichenceremonien bei den Naturvölkern das System eines complicirten Aberglaubens zu sehen, da eben umgekehrt nur der völlige Mangel jedes Systemes vorliegt. Unfähig sich zu der Stufe eines systematischen und logischen Denkens zu erheben, um in der tagtäglich wiederkehrenden Erscheinung des Sterbens das Walten eines Naturgesetzes zu erkennen, wird ihr thierisches Geistesleben nur in jedem speciellen Falle aus seinem stumpfsinnigen Dahinbrüten aufgerüttelt. Es sieht die Leiche, fragt nach der Ursache und findet sie am leichtesten in der Annahme eines Feindes, dieser wird bestraft, der Körper begraben und ist, wie aus den Augen, dann auch aus den Gedanken, die rasch in ihre gewöhnliche Gleichgiltigkeit zurückfallen, verschwunden. Gäbe es keine gefährlichen**) Zauberer, keine bösen Feinde, so würde auch der Tod

*) So verwarf der Ketzer Apollinaris den Gebrauch des gesäuerten Brotes beim Abendmahl, weil Christus den menschlichen Leib ohne die menschliche Seele angenommen habe.

**) Bei den mittelalterlichen Seuchen wurden die Juden als Brunnenvergifter verfolgt, und wie Dlugoss berichtet, sollten sie selbst die Luft verpestet haben. In Basel wurden (1348) sämmtliche Juden in ein Holzgebäude gesperrt und mit demselben verbrannt, in Esslingen in der Synagoge.

nicht bekannt sein. Nach indianischen Vorstellungen starben *) die ersten Menschen erst dann, wenn ihre Fusssohlen durch das Gehen, ihr Schlund durch das Schlucken so abgenutzt **) waren, dass der Körper von selbst sich auflöste. Kaliak (der erste Mensch) machte in Grönland aus seinem Daumen das erste Weib, welches den Tod in die Welt brachte, sprechend: „lasst die Alten sterben, damit Platz werde für die Jungen.“ Und so assen die Kallianten (wie nach Diodor und Strabo die alten Iren) ihre alternden Verwandten, wenn sie ihnen nicht rasch genug Platz machten; die Kaffern führen den Sterbenden in die Wüste, um die Reinigungen zu vermeiden, die Hottentotten schütteln ihn kräftig, fragend, weshalb er sie verlassen, die Krus setzen der schon steif gewordenen Leiche auseinander, dass sie nichts bei der Pflege versäumt, und bitten für etwaige Beleidigungen um Entschuldigung. Da den Maori der Begriff der Ewigkeit fehlte, so mussten ihn die Missionäre erst schaffen, indem sie das Wort Orangatonutanga (fortdauerndes Leben) bildeten. Toivi, was früher in annähernder Weise gebraucht wurde, schliesst nur eine Beziehung auf die Knochen (Ivi) in sich, bis zu welchen, als dem letzten Rest des Sichtbaren, der über Leben und Tod speculirende Indianer überhaupt allein seine Gedankenreihen streckt, oder vielmehr über welche hinaus er weiter keine besitzt. Der Lappländer kennt jedes seiner Rennthiere, der Eskimo sieht auf den ersten Blick, wenn unter den Hunderten seiner Hunde einer fehlen sollte, obwohl er kaum zu zählen vermag. Auch zählt er nicht, sondern die Gesichtsbilder der einzelnen Hunde liegen in seiner Erinnerung noch geometrisch nebeneinander, ohne dass er aus ihrem Nebeneinander ein arithmetisches Gesetz zu entwickeln vermöchte, was durchaus nothwendig wäre, um sich in den verwickelten Operationen eines vielseitiger angeregten Geisteslebens zurechtzufinden. Abstracte Begriffe, sagt Dobrizhoffer, sind die Abiponer unfähig zu bilden, so dass sie bei Fragen über die Seelenkräfte und Tugenden sprachlos dastehen oder räthselhafte Antworten geben, wogegen sie über Pferde, Tiger und Waffen mit vollster Klarheit und Sachkenntniss reden. Sie zählen ***) bis drei und suchen

*) In der Odyssee erscheint Nestor (der dreialterige, aber noch rüstige Greis) dem Telemach als ein Unsterblicher, denn an ein solches Alter schliesst sich die Vorstellung von besonderem Göttersegen an. (*Friedreich.*)

**) Eos hatte für ihren Gemahl Tithonos, den sie wegen seiner Schönheit entführt, von Zeus Unsterblichkeit erbeten, aber vergessen die Bitte um ewige Jugend hinzuzufügen. So lange nun seine Kraft und Jugend blühte, wohnte er mit der Göttin am Strome Okeanos, als er aber zu altern begann, da pflegte sie seiner, bis seine Stimme dahinschwand und seine Glieder vertrockneten, und verwandelte ihn dann in eine Cicade.

***) Einer Mäusemutter nahm man ihre neun Jungen weg und gab sie ihr

sich nachher vielleicht mit der sichtbarlichen Anschauung der fünf oder zehn Finger zu helfen, nennen aber gewöhnlich zehn schon Pop (viele) oder unzählige. Sie fragen nicht, wie viel Pferde hat einer nach Hause gebracht, sondern welchen Raum nehmen die mitgebrachten Pferde ein, wie der Westphale den Weg nach der Zahl der ausgerauchten Pfeifen Tabak bestimmt, der Kaffer die Zeit nach dem Abstande der Sonne vom Horizonte misst. Die Australier zählen das Alter des Kindes nach den Knoten des bei seiner Geburt gepflanzten Baumes, wie der Römer Nägel auf dem Capitol einschlug. Die Slawen werfen weisse und schwarze Steine in einen Kasten, um nachher die Menge der glücklichen und unglücklichen Tage zusammenzurechnen.

Die Orientalen leben inmitten ihrer Todten, die sie an anmuthigen Plätzen in der Nähe ihrer Wohnungen begraben, wo ihnen die Erinnerung stets vor Augen ist. In Europa sucht man sich das Bild des Sterbens baldmöglichst aus dem Sehkreis zu schaffen und wandert nur etwa in wehmüthigen Stunden zu ihrer Ruhestätte hinaus. In der orientalischen Weltanschauung liegt eine erhabene Grossartigkeit, die über die Nichtigkeit des irdischen Lebens in das Jenseits hinüberblickt. Der Europäer dagegen, der für die vielfachen Interessen des Augenblicks seiner ganzen Kraft und Thätigkeit bedarf, stösst deshalb die todte Vergangenheit *) möglichst rasch von sich aus, um sich desto ungehinderter in der Gegenwart bewegen zu können. Sein Horizont mag ein beschränkterer sein, aber er ist der der menschlichen Eigenthümlichkeit allein adäquate, und sollte es ihm gelingen, innerhalb desselben die ersehnte Harmonie zu verstehen, so wird er sich dadurch am vollkommensten in den Kosmos einfügen.

Für den dämonischen Fetischdienst des polytheistischen Alterthums an den Gestaden des mittelländischen Meeres stellt das Christenthum die höchste Vollendung dar. Die Gewissheit des persönlichen Fortlebens wurde in weit erhabenerer Weise in der Lehre von dem Auferstandenen geboten, als in den Vorstellungen von den die Schattenwelt durchschwebenden Seelen, und führte zu bestimmten und festen Begriffen in den göttlichen Anschauungen. Da sich solche indess durch die Einwirkungen der mittelasiatischen Bildungskreise schon in der grie-

---

eins bei eins zurück. Jedes Mal, nachdem sie eins derselben in ihr Loch getragen, sprang sie eifrigst zurück, um das nächste zu holen, kam aber, nachdem sie das neunte und letzte erhalten, nicht wieder. Die Elster, heisst es, könne nicht über vier zählen, da, wenn sich vier Jäger vor ihren Augen verbergen und drei nach einander fortgingen, sie noch verborgen bleibe; verbergen sich aber fünf und vier gehen nach und nach fort, so kommt sie leicht zum Schuss.

*) Eine Leiche ist schleuniger zu entfernen, als Unflath. (*Heraclit.*)

chischen Philosophie entwickelt und über die handgreiflichen Heroengestalten der Volksmythologien erhoben hatten, so sah sich das Christenthum, seinen philosophischen Neophyten gegenüber, zu mehrfachen Concessionen gezwungen, und von den meisten Secten wurde die Wiederbelebung des verwesten Fleisches in eine geistige Verklärung der Materie bei der Auferstehung metamorphosirt. Auch konnte dies innerhalb naturgemäss erlaubter Grenzen geschehen, ohne dadurch die Grundbegriffe der Religion selbst zu erschüttern. Die Christen hatten in dem Vorbilde ihres Erlösers die Zusicherung eines ewiglich nach seinem Tode persönlich fortlebenden Menschen, sie wussten (nach Origenes), dass sie in das Reich der Lebendigen, das sich jenseits der Kuppel des Himmels wölbte, eingehen würden, und der in seinem scharf umschriebenen Horizonte auf Erden erfüllte Geist löste sich dadurch im Himmel in eine Speculation auf, deren Allgemeinheit die Beantwortung aller zweifelhaften Einzelheiten zu versprechen schien oder wenigstens gläubig ahnen liess. Wie aber, als im Mittelalter der Horizont in das unendliche All zerfloss, als sich in dem Weltsystem kein Raum für die Himmelskuppel fand, und der Mensch sich plötzlich auf einen verschwindenden Punkt im Kosmos reducirt sah? Jetzt traten die Forderungen der allein ewigen Denkthätigkeit in ihr volles und unabweisbares Recht ein, jetzt konnte jene körperlich-persönliche Fortdauer (zur Lüge werdend) keine Befriedigung mehr gewähren, und konnte es eine solche überhaupt nicht geben, wenn es nicht gelang, sie neu in einem rein geistigen Gebiete zu schaffen. Die indischen und persischen Systeme hatten wegen der früh bei ihnen entwickelten Speculation diese Nothwendigkeit einer höheren Ausgleichung schon lange gefühlt, hatten sie auf vielfache Weise zu lösen gesucht, mussten aber, wie auch ihre spätern Nachahmer im Westen, beständig scheitern, da sie durch die einseitige Ausbildung der geistigen Natur gewöhnlich im Körperlichen eine Negation sahen, das leibliche Substrat nur als zu vernichtenden Gegensatz auffassten und dadurch den Menschen mit sich selbst unwahr machten, also nie dahin gelangten, seine innere Sehnsucht des Gemüthes, das eben Geist und Körper verknüpft, zu befriedigen. (Der praktische Sinn der Chinesen wies sie deshalb auch ganz und gar ab.) Das Räthsel des Lebens ist weder durch die Verklärung des Körperlichen, noch durch die Läugnung*) desselben zu lösen, sondern nur indem der Mensch klar und bestimmt als organisches Naturproduct aufgefasst wird. Dazu ist

*) Berkeley schrieb nur denkenden Wesen eine wirkliche Existenz zu, während er alle körperlichen Dinge für wesenlose, durch Gott gewirkte Vorstellungen hielt.

erst jetzt Gelegenheit gegeben, wo die Gesetze der Schöpfung nicht mehr willkürlich gedacht, sondern mit Sicherheit in ihren relativen Werthen erkannt zu werden beginnen. Der Körper wird dem unaufhörlichen Wechsel der Elemente verfallen, aber die Psychologie hat den aus seiner Anordnung organisch entwickelten Funken des Geistes in statu nascenti zu ergreifen, und an ihm (der aus der körperlichen Gestaltung des Menschen erwachsen ist) hat sie eine sich in die Ewigkeit und Unendlichkeit des Alles nothwendig einordnende Potenz, an der zugleich die auf rein subjectivem Wege gewonnenen Productionen geprüft werden mögen, die aber am untrüglbarsten in sich selbst den geistigen Keim der ewigen Unendlichkeit trägt.

Mit welch praktischer Entschiedenheit und vortheilhaft abstechend gegen die farblosen Faseleien der rationalistischen Doketen sich die Orthodoxie die persönliche Fortdauer vorstellte, lässt sich in der von dem infalliblen Papst Gelasius zwar als unecht verworfenen, von dem infalliblen Papst Leo (847—855) aber in den Festkalender aufgenommenen Legende des transitus Mariae nachlesen, wo Christus, nachdem die Engel die Seele seiner Mutter bereits in den Himmel geführt haben, nach weiterer Berathung mit den auf Wolken zusammengeführten Aposteln nachträglich es für gerathener findet, den schon im Thale Josaphat begrabenen Leib gleichfalls auch noch wieder zu erwecken und seiner vorangegangenen Seele nachspazieren zu lassen. Philo (der johannisirende Jude) giebt den nützlichen Wink für solche, die die Himmelfahrt nachzuahmen wünschen sollten, dass Moses bei der seinigen einen Anlauf genommen habe, um den Schwung nach oben zu richten. Nach den Rabbinen kehrt die Seele in den im Grabe liegenden Leib zurück, um ihn aufzurichten, wenn die Klopfgeister zu seiner Abprügelung kommen, die bei den Mohamedanern durch Munkir und Nekir vorgenommen wird. Was Augustin, der trotz seiner Verwahrung vielfach die Auferstehung des Fleisches mit dem platonischen Seelenleibe verwechselt, über die Ausgleichung am jüngsten Gerichtstage beibringt, über die Verjüngung der Greise, das Aufwachsen der Kinder, die Restauration der Missgeburten, ist (bei aller Achtung vor seinem patristischen Scharfsinn) durchaus unklar und seiner sonst so fasslichen Darstellung unwürdig, besonders wenn er auszuklügeln sucht, wie Menschenfresser sich mit ihren gebratenen Gefangenen zu beiderseitiger Zufriedenheit abzufinden haben würden*). Er schreckt selbst davor zu-

*) Hören wir, wie ein neuerer Theologe sich über ähnliche Verhältnisse ausspricht, Ellis, ein glänzender Pfeiler der Missionen Englands. Die Tahiter (meint er) hatten manche nicht unvernünftige Ideen über das Fort-

rück, auszumalen, welche Sensation die selig gewordenen Struwwelpeter, wenn wirklich kein Haar verloren gehen sollte, bei ihrer Erscheinung auf den Strassen des himmlischen Jerusalems hervorrufen müssten.

---

leben nach dem Tode gehabt, aber das christliche Dogma, das auch die athenienslschen Philosophen erleuchtete, the reanimation of the „mouldering bodies of the dead" never seems, even in their wildest flights of imagination, to have occurred to them. Es war erst den hochcivilisirten Europäern vorbehalten, sie mit dieser erhabenen Lehre bekannt zu machen und sie auf den rechten Weg zu führen, wenn their queries, from native simplicity and entire ignorance, were sometimes both puerile and amusing. Die Missionäre erörterten dagegen mit ihnen „inquiries exceedingly interesting" über die Gestalt und Form der Kinder oder Verkrüppelten am Tage der Auferstehung und liessen sich dann in jene spitzfindigen Erörterungen ein, die den Scharfsinn der Kirchenväter auf eine so harte Probe gestellt hatten. There were other points of inquiry peculiarly affecting to themselves. Many of their relatives or countrymen had been devoured by sharks, a limb, a large portion of the fleshy part of the body of others had been destroyed by these savage fish. The sharks, that had eaten men, were perhaps afterwards caught and become food for the natives, who might themselves be devoured by other sharks. Some of their own countrymen might have been eaten by the islanders among whom they have, from stress of weather, been cast. The men, who had eaten their fellowmen, might and perhaps often were eaten by sharks, which would sometimes be caught and eaten by the inhabitants of distant islands. Wenn sie an ihres Witzes Ende waren, um diese verwickelten Fragen zu lösen, the truth of the doctrine of the resurrection was exhibited, as demonstrated by the resurrection of Lazarus and of Christ, the identity of our Lord's body, by his subsequent intercourse with the disciples, especially with Thomas, and the certainty of the general resurrection presented, as deduced from the numerous and explicit declarations of scripture and the reasoning of the inspired writers. The identity of the body was stated as being consistent with the character and moral government of God, which appeared to require that the same body which had suffered for or in his cause on earth should be glorified in heaven, and the same body which in union with the soul had been employed in rebellion and vice should suffer the just consequences in a future state. The declarations of scripture on this momentous point, always appeared to be satisfactory, und von dem Aberglauben curirt, dass sie nach dem Tode von den Göttern gegessen würden, assen die Tahiter fortan ihren Gott, nicht ungeweiht, wie Münzer seine „Herrgötter," sondern in tiefer Zerknirschung, wie die Mexicaner am Feste des Teoqualo (das Kauen des Gottes). — Die Auferstehung der von wilden Thieren gefressenen Menschen erklärt sich nach Rabbi Saadias daraus, dass die Luft diejenigen Theile, die von den drei Elementen sind, austrocknet aus dem Leibe desjenigen, das ihn gefressen hat, während der staubige Theil bleibt und hinuntersteigt. — Krüppel, Lahme und Kranke werden am jüngsten Gerichte (wie es im Othioth Rabbi Akiwa heisst) von Gott, als Arzt, geheilt. — Nach Rabbi Bechai werden die Kinder der künftigen Welt ihre Leiber haben, in welchen die leiblichen Kräfte aufhören werden, indem der Glanz Gottes sie unterhält. — In nicht geringe Verlegenheit hinsichtlich der Auferstehung geriethen die Theologen noch

Kaum ist es recht, über diese traurigen Verirrungen zu spotten, denn sie sind alle mit den Schmerzen und Thränen so mancher gequälten Menschenbrust durchwebt. Es ist die tiefe Klage nach harmonischer Befriedigung, die aus ihnen allen spricht und die sich nur zu oft mit den angepriesenen Panaceen nichtswürdiger Quacksalber hat abfinden lassen müssen oder mitleidig von mitleidenden Schwärmern gehört wurde, die sie durch die Wahngebilde ihres eigenen kranken Verstandes zu trösten suchten. Ob das ewige Fortbestehen des Denkatomes in persönlicher Fortdauer gesucht oder die letztere, als solche, abgetrennt ist, hängt im Grunde nur von der jedesmaligen Gesundheit im Denken ab. Der Wilde, der, in einem beschränkten Horizonte lebend, alles Umgebende sich unterwürfig sieht, mag sich als den Herrn der Schöpfung ansehen und ihr zu gebieten suchen. Sollte ihn später sein Geschick als Sklaven unter das Strassengewühl der Städte des grossen Westreichs werfen, so wird man ihm nur wohlmeinend rathen können, seine Herrschaftsideen baldmöglichst aufzugeben.

---

im vorigen Jahrhundert, als Johann Bernoulli ihnen in seinen Untersuchungen de nutritione die Abnutzung und die vierundzwanzigmalige Erneuerung des Körpers beweisen wollte. — Ueber die handfeste Natur der christlichen Seelen liegen Beispiele genug in den Traditionen vor. Man weiss von mehr wie einem Ketzer, der blutig gegeisselt wurde, und ein Bischof erhielt einst von dem ihm begegnenden Petrus einen solchen Stoss vor die Stirne, dass er besinnungslos niederfiel. St. Hieronymus, vor den Richterstuhl Gottes berufen und beschuldigt (wegen seines classischen Lateins) ein Ciceronianer und kein Christ zu sein, wurde von Engeln ausgepeitscht, was, wie er mit einem Eide betheuerte, sein wunder Körper bezeuge, kein Traum, sondern Wirklichkeit gewesen zu sein. Der heilige Tetricus erschien dem ungerechten Bischof Pappolus von Langres (579) und schlug ihn mit einer Ruthe auf die Brust, so dass er am nächsten Morgen durch einen Blutsturz verschied. Die maurischen Märtyrer bedeckten den Körper des Erzbischofs Hanno von Cöln (1069), der ihre Kirche wiederherzustellen unterlassen hatte, mit dicken Striemen in nicht gelinderer Weise, als Michael und seine Engel ihrer Zeit den Häretiker Natalis behandelten. St. Augustin hat von zuverlässigen Leuten gehört, dass der Apostel Johannes in seinem Grabe bei Ephesus mehr schlafend als todt liege, wofür zum Beweise diene, dass man dort die Erde regelmässig mit seinen Athemzügen aufquellen und niedersinken sehe. Als ein vornehmer Herr, der die Christen in Malabar grausam behandelte, die Logirhäuser neben der Grabeskirche des heiligen Thomas zum Aufspeichern seines Reisvorrathes benutzen wollte, erschien derselbe noch im Jahre 1288 p. C. mit einer Gabel in der Hand, die er dem Bösewicht auf die Gurgel setzte, sprechend: „Nun höre, Geselle, wenn du nicht augenblicklich mein Haus leeren lässest, so ist es mit dir vorbei!" und so sagend, drückte er ihm die Gurgel in einer Weise, dass der Sünder sein letztes Stündlein gekommen glaubte. Dann entfernte sich der Heilige nebst seiner Gabel, und mit dem ersten Tagesgrauen war zum Jubel der Christen (wie Marco Polo berichtet) der Befehl zum Ausräumen gegeben.

Der Mensch, der an die Scholle gebunden sein Leben von der Wiege bis zum Grabe ruhig dahinrinnen sieht, der sich klar und deutlich jedes Ereignisses, das ihm auf seinen Wellen zugetragen wurde, noch in den spätesten Jahren erinnert, wird sich das Bild einer Persönlichkeit schaffen können, in der dasselbe Ich sich ihm als Knabe, Mann und Greis wiederspiegelt und mit dem bekleidet, er keine Schwierigkeit zu haben meint, aus diesem Jammerthal in ein für seinen Empfang schon vorbereitetes Quartier hinüberzusteigen. Hat er aber einmal zu erkennen begonnen, dass der graue Nebel, der die Sphäre seiner deutlichen Sehweite umzieht, doch vielleicht für seine Augen nicht ganz undurchdringlich wäre, hat er angefangen, in ihm Gestalten, gigantische Figuren, ferne, ferne Fernsichten zu unterscheiden, dann ist es um seine Ruhe gethan. Und hat er sich einmal erkannt, als den verschwindenden Tropfen in dem grenzenlosen Ocean einer ewigen Unendlichkeit, hat er schwindelnd hinauf- und hinabgeblickt in die unermesslichen Räume des Alls, hat er sich fortgerissen, fortgewirbelt gefühlt in dem gewaltigen Strome der Weltgeschichte, der von dunkeln Vorzeiten herabrauschend sich unaufhaltsam zu einem unbekannten Meere wälzt, dann wird er nicht länger den kindischen Versuch machen, das bretterne Gehäuse seiner Persönlichkeit gegen ein Zusammenbrechen zu bewahren, da es das Plätschern der ersten Welle in Stücken schlagen muss; dann mag er vielleicht trost- und hoffnungslos in der Verzweiflung düsterer Nächte zu versinken wähnen, dann mag vielleicht im Augenblicke des letzten krampfhaften Ringens ihm eine Bewegung das Schwimmen zeigen, wird er sich getragen fühlen, wird er lernen, dass er von selbst schwimmen wird, wenn er nur Vertrauen zu sich selber hat. Ja, dass er schwimmt, dass, fortgetragen von dem grossen Strom, er selbst einen Theil desselben bildet, das wird auch bald dem Schwimmer Lust und Muth geben, sich dessen mächtigen Gewoges zu freuen, sich in seinen Wellen fortzutummeln und seine Glieder in ihrem Spiele zu stählen. Er wird sich nicht mit unnützen Werkzeugen und Balken beladen, um aus ihnen später eine Hütte bauen zu können. Was weiss er, wohin der Strom ihn führen mag? Er hat ihn aus unbekannten Fernen zu diesem lieblichen Tage erwärmenden und belebenden Sonnenscheins hingespült, warum nicht fest daran glauben und ihm vertrauen, dass er ihn einst zu noch schönern Auen führen wird? Was immer diese Zukunft sein mag, jedenfalls ist sie nicht das vermoderte Abbild des irdischen Lebens. Kein Faden, kein Gedanke verknüpft die individuelle Gegenwart mit ihrer präexistirenden Vergangenheit, kein Gedanke kann die Zukunft verständlich machen. Aber eben weil die Gedanken zu arm und jämmerlich sind sie zu begreifen*), weil sie dieselbe nur zu ahnen vermögen in ihrer unendlichen Grösse und Erhabenheit, eben deshalb durchdringt den Menschen die Majestät seiner Bestimmung. Umhergeschwungen in dem verschwindend kleinen Planetensystem, wo finden wir den Mittelpunkt einer kosmischen Betrachtung, wo die Heimath ruhiger Seligkeit, die sich das sehnsüchtige Gemüth so gerne ausmalt? Alle nach Raum- und Zeitbegriffen aufgebaute Jenseitsgebilde krümeln in Staub zusammen, aber was der Mensch aus diesem Zusammensturze der Ruinen rettet, es ist die Monade seines eigenen Ichs, es ist der Gedanke, der gedachte Gedanke, der denkt und im Denken lebt. Der Gedanke besteht fort, denn sein Bestehen ist nicht eine räumliche Begrenzung, die entsteht und vergeht, sein Bestehen ist die Bewegung, in ihr findet er seine eigene Erfüllung, und in den schaffenden Kräften des ewigen Alles schafft auch der Gedanke, lebt er, und indem er lebt, sich zu höheren Wesenheiten entwickelnd. Es liegt in der Natur menschlicher Verhältnisse, dass abstracten Deductionen stets ein concretes Bild wird vorgezogen werden, und Hallucinationen können leicht auch Phantasiegebilden den Schein eines solchen geben. Aber welche schönere und sichrere Befriedigung kann dem Menschen werden, als zu wissen, dass er in jedem Moment seines Denkens sich zur Ewigkeit entwickelt, dass der Gedanke selbst schon im Jenseits lebt, dort, wo alle während der verrinnenden Spanne des Lebens harmonisch gedachte Productionen sich wieder zu der höhern Einheit eines idealistischen Ganzen werden zusammenfügen müssen, als die im Kosmos erfüllte Persönlichkeit.

---

*) Manche der Kirchenväter heben mit Nachdruck hervor, dass sie das Unglaubliche glaubten, eben weil es unglaublich sei. So lange sie überhaupt glauben, ist ihr ganzes System ein subjectives Machwerk, das künstlicher Negationen bedarf, um künstliche Gegensätze zu gewinnen, und wird im Entwickelungsprocess der Zeiten stets entstellender Reparaturen bedürfen, bis schliesslich das ganze Flickwerk nicht mehr zusammenhält. Wenn aber der natürlich psychologische Process des Denkens in seinen letzten Abstractionen über die Gebiete hinausgeführt wird, wo er klar begreift und relativ weiss, dann wird er die ewige Unendlichkeit seiner Wesenheit nicht ahnen, weil er will, sondern weil er muss, sich aber um so mehr hüten, auch hier noch mystische Productionen zu schaffen, da, je schärfer und bestimmter er die Begriffsphären seiner Operationen auf früheren Entwickelungsstufen umgrenzt und beschrieben hat, desto deutlicher er ihre Unzulänglichkeit für weiteres Schaffen erkennen, aber desto mächtiger er sich auch seines organischen Zusammenhanges mit der Harmonie des höchsten und letzten Abschlusses bewusst werden wird.

TOD UND DIE ZUKUNFT.

Nach dem Tode bleibt die Seele als Gespenst zurück, bald helfend und nützlich unter den Lebenden weilend, bald schreckhaft zurückkehrend. Die Hinterbliebenen setzen den Abgeschiedenen Speise auf die Gräber, es ist verboten von ihrem Eigenthume zu berühren, man wagt nicht ihre alten Häuser zu bewohnen oder selbst nicht ihre Namen auszusprechen. Man sieht die Seelen am hellen Tage umhergehen oder während des Traumes fortwandern. Zu ihrem Ausgang aus dem Körper wählt die Seele verschiedene Wege, doch ist es wichtig ihr auch sogleich einen Durchgang in der Hütte zu öffnen. Nahe liegt es dann, dafür einen aussergewöhnlichen zu wählen und den Weg des Leichenzugs zu verwischen, so dass das sich zurücksehnende Gespenst ihn später nicht zu finden vermag. Vielleicht lässt es sich überreden, sich in einem ihm angewiesenen Winkel einzulogiren und mag dann noch später bei Beschwörungen nützlich verwendet werden. Bei allzu bösartiger Natur sucht man es gewaltsam im Grabe zu fesseln. Diesen Zustand der Unbehaglichkeit, in dem die Luft voll von Gespenstern ist, erleichtern die Priester, die durch ihre Ceremonien den Uebergang in's Jenseits vermitteln und den Verwandten diejenigen Gebräuche lehren, wodurch sie die Seele auf ihre Weise unterstützen können. Dann pflegt der Verkehr mit den Seelen einmal jährlich abgemacht zu werden, wo sie aus den Gräbern zurückkommen, und das bisherige Trauerfest verwandelt sich oft in ein freudiges. Aristocratische Bevorzugung dauert auch im Jenseits fort und die Priester geben manche beruhigende Kunde, kennen aber auch die drohenden Strafen. Die vielfachste Mannichfaltigkeit in den Begräbnissceremonien greift Platz in nothwendiger Wechselbeziehung mit den Vorstellungen über das Jenseits, die Natur der Seelen, Tod und Unsterblichkeit. Die sinnlichen Vorstellungen allegorisiren sich allmälig zu symbolischer Auffassung. Die Trennungsart der Seele vom Körper wird dann von dem herrschenden Ideengang über die Natur beider abhängen. Bei besonderen Gelegenheiten unternehmen die kühnen Priester Reisen durch Himmel und Hölle, um die dort gehabten Offenbarungen auf Erden zu verkünden.

Träumende Seele. Die lebhaft träumenden Grönländer meinen, dass die Seele bei Nacht den Leib verlasse und auf die Jagd, Tanz oder zum Besuch fahre. Sie bedürfen vielfach der Angekoks, zum Ausbessern der Seelen, um eine verlorene zurückzubringen, oder eine kranke mit einer gesunden und frischen von einem Hasen, Rennthier, Vogel oder kleinen Kinde auszuwechseln. — „Nichts (sagt Cyrus bei Xenophon) ist dem Tode ähnlicher als der Schlaf, die menschliche Seele zeigt sich aber da gerade am göttlichsten und sieht dann Zukünftiges voraus. Denn dann wird sie, wie es scheint, am meisten frei." — Bei Sehern oder Schlafenden übt die losgebundene Seele ihre natürliche Weissagungsgabe aus (nach Cicero). Nach der Vedantalehre trennt sich die Seele im tiefen Schlafe vom Körper und kehrt zum höchsten Gott oder zur allgemeinen Weltseele aus dem Herzen (wo die Seele ihren Sitz in der Höhle des Brahma hat) durch die sushumna genannte Arterie zurück und verweilt dort während des tiefen Schlafs. — Nach Mohamed ben Isaac erzählte Manes, seinen göttlichen Auftrag im tiefen Schlafe erhalten zu haben. — Aus dem Munde Guntram's, eines Soldaten Heinrich's (des Erzbischofs von Rheims), geht die Seele (wie aus dem des fränkischen Königs) in Gestalt eines Schlängeleins. Sie überschreitet den Bach auf dem Schwerte, das sein Diener über denselben legt, während er träumt, über eine eiserne Brücke gegangen zu sein (nach Helinant). In einer andern Sage geht die Seele als Eidechse aus dem Munde des Schlafenden hervor, überschreitet den Bach auf dem darüber gelegten Schwert und kann nicht zurück, als dieses weggenommen ist. — Schindler erwähnt eines Volksmährchens, worin die Seele, in Gestalt einer rothen Maus, aus dem Munde einer Magd herausläuft. — Die Odschibwaes nehmen zwei Seelen im Körper an, von denen die eine immer bei ihm bleibt, während die andere im Traume weite Strecken durchwandern kann. — Krishna sah eine grosse Schlange aus dem Munde seines Bruders Bala-Rama sich entfernen, und Aeneas eine Schlange aus dem Grabmal seines Vaters hervorkriechen, als die zum Genius loci gewordene Seele desselben. — In Manilla sah ein Indianer beim Erwachen nur die Hälfte seines Gefährten neben sich liegen, da die andere (vom Nabel aufwärts) als Tigbalang fortgeflogen war, und als er die zurückgebliebene mit Asche bedeckte, richtete der wiederkommende Theil die heftigsten Drohungen an ihn, da er selbst die Asche nicht entfernen konnte, um sich wieder zu vereinigen. Wegen des Fortschwebens der Seele im Schlafe haben die Indianer eine grosse Abneigung Jemand zu wecken, und thun es (im Nothfalle) nur mit höchster Behutsamkeit.

Umherwandelnde Seele. Die finnischen Zauberer (Sackmänner, von dem ihre Geheimnisse enthaltenden Beutel so genannt) verstehen sich in eine Art Betäubung oder Enthusiasmus zu werfen, aus dem sie selbst nicht durch die Application des Feuers zu erwecken sind, während ihre Seele umherschweift und verborgene Dinge aufspürt, die sie bei der Rückkehr enthüllt. — Die Jakutischen Schamanen fallen ohnmächtig nieder, während ihre Seele auf Bären, Schweinen, Adlern oder andern Gethier nach den Wohnungen der Geister reist, um sie zu befragen. — Nach Plinius pflegte die Seele des Hermotimos aus Clazomenä den Körper zu verlassen, Beweisstücke aus ihren Irrfahrten zurückbringend. Seine Feinde verbrannten den Körper, damit sie nicht zurückkehren könnte. — Hat sich die Seele von der Befleckung und der Gesellschaft des Körpers getrennt, sagt Cicero, so erinnert sie sich der Vergangenheit, erfasst die Gegenwart und sieht die Zukunft vorher, denn der Körper eines Schlafenden ist dem eines Todten gleich, der Geist dagegen ist lebendig und thätig. Quod multo magis faciet post mortem, cum omnino corpore excesserit. — Der lispelnde, zwitschernde, dem Lufthauche ähnliche Ton ist nach Ovid die Sprache der Geister. Die Nachts mit traurigem Gezische*) umherflatternden Eulen (Kuilii) werden von den Abiponen für die Seelen der Verstorbenen (Mehe lenkachie) gehalten, die sie als Lokal (Schatten des Wiederhalles) in dem Echo reden zu hören glauben. — In dem Geschrei der Vögel in der Höhle von Guacharo hören die Indianer von Cumana die Seelen der Verstorbenen. — Eine chorinzische Zauberin, die Pallas beobachtete, fuhr im Zustande der Ekstase mit ihren Krücken wiederholentlich zum Rauchloch hinaus, als ob sie die Luftgeister mit Haken in die Jurte ziehen wollte. Die Hexen fahren durch den Schornstein hinaus. — Die Schlacht ist geschlagen. Erschlagene decken in Menge das Feld und viele Seelen fliegen von Baum zu Baum, und es fürchten sie die Vögel und die furchtsamen Thiere, nur die Eulen fürchten

*) Ein neubekehrter Abipone fragte einst den Missionär, ob alle Christen, wenn sie aus dem Leben schieden, sogleich in den Himmel kämen und fühlte sich befriedigt durch die Antwort, dass nur die Frommen dieser Glückseligkeit theilhaft würden, da er einen kürzlich verstorbenen Spanier jede Nacht mit kläglichem Gezische auf seinem Grabe umherreiten höre. Die Jesuiten vermochten selten sich ein Gehör für ihre Lehre zu verschaffen, als sie nicht die Knochen der Verstorbenen, die beständig mit herumgeführt wurden, verbrannt hatten.

sie nicht (nach dem russischen Heldengedicht). — In der Nacht, besonders nach grossen Schlachten, hören die Anwohner des Nordcap (in Neuseeland) den Flug der Geister durch die Luft. — In den Feldern von Marathon hörte man (nach Pausanias) jede Nacht Gewieher von Pferden und sah kämpfende Männer. — Das Gefolge des Helljägers (in Thüringen) besteht aus den Seelen derer, die eines gewaltsamen Todes gestorben sind.

Gefangene Seele. War Jemand auf den Marianen dem Verscheiden nahe, so stellten seine Verwandten einen Topf neben seinen Kopf, damit die abscheidende Seele sich denselben zum künftigen Wohnort wählen oder sich wenigstens nur in ihm aufhalten möchte, so oft sie Lust verspüren sollte, auf die Erde zurückzukommen — eine dem Göttinger Seelenfänger empfehlenswerthe Procedur. — Die Samojeden stürzen über den Kopf des Verstorbenen, dessen Geist (um die Verwandten nicht ferner zu beunruhigen) vom Tadyb besänftigt ist, einen leeren Kessel, damit die Seele (auch nach der Zerstörung des Kopfes) noch darin wohne. — Fällt ein Madagese in Wahnsinn, so ist der Geist von einem abgeschiedenen Verwandten gestohlen und ein Freund geht, um die Rückgabe zu bitten, nach dem Grabe, an dem darin gelassenen Loche lauschend. Wenn er die Seele hervorkommen hört, klappt er seine Mütze rasch zusammen, läuft damit nach Haus und setzt sie dem Irren auf, der damit seinen Geist zurückerhält. (*Flacourt.*) — Bei mehreren der mystischen Secten des Dekkhan wird der heilige Geist, der im Oberhaupte lebt, in der Ordination dadurch übertragen, dass er seine Mütze auf das Haupt seines Nachfolgers setzt. — Die Mongolen legten die Leiche eines Vornehmen auf seinen Lieblingsdiener, bis derselbe dem Ersticken nahe war. — Die Myalisten in Westindien greifen nach dem Schattengeist derer, die ihr Leben durch Blitz oder einen sonstigen Zufall verloren haben, und indem sie ihn in einer kleinen Büchse aufkorken, wissen sie ihn zu sühnen. — In Aschaffenburg wurde (1074) eine Frau von der Stadtmauer gestürzt, weil sie in dem Rufe stand, durch Zauberkünste den Menschen den Verstand zu nehmen. — Die Burätten erkennen 90 südwestliche Könige, 9 Greise und den Uncha Noïn, als Schützer des burätischen Volkes an*). Diese Wesen wohnen in Bergen, weit im Süden. Es giebt aber auch Geister, die die Burätten nicht lieben und diese, die dem Satan unterworfen sind, wohnen in den nördlichen unzugänglichen Strichen. Sie entreissen dem Menschen die Seele und führen sie in den Wohnsitz ihres Gebieters, schlagen sie in Fesseln, sperren sie in's Gefängniss und lassen sie so lange nicht los, bis die Geister durch Opfer und Beschwörungen beschwichtigt werden. Im entgegengesetzten Falle stirbt der Mensch, dem sie die Seele entrissen haben. (*Schtschukin.*) — Der Sitz der Götter wurde auf den polynesischen Inseln nach Westen gesetzt, woher das schlechte Wetter kam. — The Salish (tribe of the Tslhailli) in Oregon regard the spirit of a man as distinct from the living principle and hold, that it may be separated for a short time from the body without causing death and without the individual being conscious of the loss. It is necessary however in order to avoid fatal consequences, that the lost spirit should be found and restored as quickly as possible. The conjurer or medicine-man learns in a dream the name of the person, who has suffered this loss (generally more, than one). He then informs the unhappy individuals, who immediately employ him, to recover their wandering souls. During the next night they go about the village from one lodge to another singing and dancing. Towards morning

*) Ihrer Anrufung durch die Schamanen geht die des Himmels vorher.

they enter a separate lodge, which is closed up, so as to be perfectly dark. A small hole is then made in the roof, through which the conjurer, with a bunch of feathers, brushes in the spirits in the shape of small bits of stone and similar substances, which are received on a piece of matting. A fire is then lighted and the conjurer proceeds to select out from the spirits such as belong to persons already deceased of which there are usually several and should one of them be assigned by mistake to a living person, he would instantly die. He next selects the particular spirit, belonging to each person and causing all the men to sit down before him, he takes the spirit of one (as the splinter of bone, shell or wood representing it) and placing it on the owner's head, pats it with many contortions and invocations till it descends into the heart and resumes its proper place. When all are thus restored, the whole party contributes food for the feast, the remainder of which goes to the conjurer.

Gesehene Seele. Die Priester der Pommern überredeten das Volk, dass sie mit eigenen Augen die Seele eines entschlafenen Menschen in's andere Leben des Himmels überwallen sähen. — In der Visio Turpini ziehen Teufel aus, um die Seele Carl's des Grossen zu holen, werden aber von Michael und seinen Engeln zurückgetrieben. — Nach der Schlacht gegen die Araber sahen zwei Anachoreten die Seele Roderich's durch Teufel zur Hölle geschleppt, wie Sanctius erzählt. — Nach dem Tode Dagobert's I. (Königs von Frankreich) sah der Eremit Johannes (638), der auf einer sicilischen Insel lebte, wie seine Seele (in ein Boot gekettet) von Teufeln nach dem Krater des Aetna geführt, aber durch die Erscheinung des heiligen Dionysius, Mauritius und Martin gerettet wurde. — Die Seele des tyrannischen Ebroin, die das Kloster St. Gallen verlassen hatte, um in die Welt zurückzukehren, wurde gesehen, wie Dämonen sie über den Fluss führten. — Die in Felle gehüllten Heiligen im Lande Zendj werden von den Eingeborenen besucht und lehren ihnen das Loos derjenigen ihres Stammes, die gestorben sind. (*Masoudi.*) — Triwe oder Kriwe (der oberste Priester der Litthauer) hatte Kenntniss aller Dinge, so dass selbst die Verwandten eines Verstorbenen (da jede Seele durch das Haus des Kriwe wandern musste) ihn befragten, ob zu solcher Stunde ein solcher Mensch durch sein Haus geschritten. Der Kriwe bestimmte dann sogleich die Gestalt, Kleidung, Familie und die Gewohnheiten des Verstorbenen, indem er zugleich die Spur (znak) vorwies, welche die Seele, als sie bei seinem Haus vorüberging, mit der Lanze oder sonst verbrannten Waffe gemacht und zurückgelassen habe. — Die Lingoschen bei den Preussen behaupteten, dass sie die Seele des Verstorbenen in glänzender Rüstung mit drei Sternen in der Hand auf einer Wolke zum Himmel fahren sähen. — Nach Romulus Verschwinden schwur Proculus, dass er ihn in seiner Rüstung zum Himmel habe auffahren gesehen und eine Stimme vernommen: „Ihr sollt mich Quirinus heissen." — Der Senator Livius Geminius betheuerte eidlich, dass er Drusilla (Caligula's Schwester) in den Himmel habe steigen und in die Gemeinschaft der Götter eintreten sehen. (*Dio Cassius.*) — Die Seele des Abtes Robert wurde am Todestage sichtbarlich von Engeln in den Himmel getragen, die Seele Norbert's (1134) in Gestalt einer Lilie, während sein Leib, Wohlgerüche ausduftend, zurückblieb. — Die Seele des Baiernherzogs Arnulf wurde vor den Augen der Zuschauer in den Teufelssee bei Scheyern gestürzt. — Simon Magus erklärte seine Helena oder Selena von Tyrus als die sichtbarlich herumgeführte Weltseele, die anfangs rein erschaffen, aber später durch ihren Fall in die Materie versunken sei. — In englischen Legenden bringen

Fischer einem Bischofe eine in einen Klumpen Eis für ihre Sünden gequälte Seele, die nicht zu erlösen sein würde, wenn nicht 30 Messen täglich während 30 aufeinanderfolgender Tage gesprochen würden. Die Teufel wussten die gute Absicht des Geistlichen durch ihre störenden Einmischungen zu verhindern. (*Wright.*) — Ein Rabbine sah die Seele seines Freundes als Schatten über seinem Haupte sich lagern und erkannte daraus seinen bevorstehenden Tod, wie es auch Jung-Stilling einmal möglich war. — William von Newbury (1163—1198) erzählt von einem Elfseer in Ketel (Yorkshire), dass er Hobgoblins eine Karren-Ladung von sündigen Seelen nach dem Orte ihrer Bestrafung ziehen sah; bei Aussprechen des Namens Jesus verschwanden sie. — Peregrinus Proteus wurde (bei Lucian) nach dem Tode in der Halle zu Olympia lustwandeln gesehen. Plinius kennt Beispiele von Leuten, die nach ihrem Begräbniss wieder erblickt wurden, und Herodot besonders das des Dichters Aristeas.

Ausgang der Seele aus dem Körper. Von Tschestmir erschlagen konnte Wlaslaw nicht mehr sich erheben, denn die Morena trieb ihn in schwarze Nacht. Das Blut sprudelte aus seiner Wunde, es floss auf den grünen Rasen, drang in die feuchte Erde ein und die Seele entfloh dem stöhnenden Munde, flog auf einen Baum und flatterte dann auf den Bäumen hierhin und dorthin, bis der Leib des Wlaslaw verbrannt war. — Homer's Seelen flattern ruhelos bis zur Bestattung des Körpers. — Bei den Tschuwaschen nimmt der Esret (der Tod) die Seele aus dem Hinterkopfe des Sterbenden. — In der Sage vom Heereszuge Igor's heisst es: Er trieb die edle Seele durch das goldene Halsband aus dem Körper. Nach den Chippewaes muss die Seele durch eine der Oeffnungen des Körpers ihren Ausgang nehmen. — Wenn in Macassar ein Kranker im Todeskampfe liegt, reibt ihm der Priester den Mittelfinger, um den Ausgang der Seele, der stets dort Statt hat, zu erleichtern. — Moses edle Seele zog (nach arabischen Legenden) durch die Nase gen Himmel, als er an einem Apfel des Paradieses roch, da der Todesengel sie nicht aus den andern Oeffnungen, ihrer Heiligkeit wegen, ausziehen konnte. Die spätern Teufelsbeschwörer der Juden trieben die Dämonen durch die Nase aus. Nach dem Talmud starb ein berühmter Kabbalist in Prag an einer Rose riechend, da der Todesengel ihm nur durch diese List hatte beikommen können. — In Hessen reisst man dem Kranken das Kopfkissen plötzlich unter dem Haupte weg, um ihn leichter sterben zu lassen. — „Mit solchen Worten Jama reisst | Heraus den daumengrossen Geist | Mit Macht, den strickgebundenen | Aus Satjavan," heisst es in der Episode Savitri. (Mahabharata.) — Nur bei den Heiligen reisst sich (nach der sungischen Philosophie) das Khi ohne Qualen des Körpers im Tode los. — Ljudek fiel von Sabol geworfen. Es flog der Hammer, der Schild war zerschmettert und hinter dem Schilde die Brust des Ljudek. Und der schwere Hammer schlug die Seele aus dem Körper. — Das Hängen ist den Nasairiern die fürchterlichste Strafe und die Verwandten eines Verurtheilten bezahlen den Türken hohe Summen, um ihn statt dessen spiessen zu lassen, denn da die Seele durch den Mund zu entweichen pflegt, so muss sie beim Erdrosseln den Weg durch den After nehmen. — Stirbt ein Tugendhafter, so geht die Seele als ein weisses Wölkchen aus seinem Munde, nach dem Tiroler Volksglauben. — In den Mund des Frommen lässt der Todesengel einen Tropfen Galle fallen und dann fährt seine Seele schmerzlos aus, wie man einen Faden aus der Milch zieht, die des Gottlosen aber geht aus seinem Leib, wie man Dornen aus der Wolle zieht. (Nischmath Chajim.)

Ausgang der Seele aus der Hütte. Die Hottentotten öffnen (gleich den

Grönländern) stets einen besonderen Ausgang in ihrer Hütte für die Leiche, damit dieselbe nicht zu der im Leben gebrauchten Thüre hinausgetragen wird, und so gleichsam den Rückweg vergesse. In Rom waren besondere Thore für das Austragen der Leichen bestimmt und es war die Ehre eines Heros, die der Senat dem Augustus zuerkannte, dass sein Leichenzug die porta triumphalis passirte. Früher verliessen die Hottentotten jedesmal ihren Kraal, wenn Jemand dort gestorben war, indem die Hütten für die Seelen stehen blieben. Am Alt-Calabar lässt der Sohn die Hütte seines Vaters verfallen, und wagt sie erst nach dem Verlaufe von zwei Jahren wieder aufzubauen, da seine Seele sich dann entfernt haben wird. Am Congo durfte das Haus eines Verstorbenen während Jahresfrist nicht gefegt werden, damit der Staub nicht den feinen Seelenleib beschädige. Aehnliches fürchtete man in Rom und verwandte zu diesem Geschäft die priesterlich geweihten Everricatores, die gegen gute Bezahlung das Risico, den Geist zu beleidigen, übernahmen. Der Tempel Apollo's durfte nur durch den Gott Hermes selbst ausgefegt werden, und zwar mit Besen aus heiligen Lorbeerzweigen. In Neu-Georgien hatte auch der Schatten des Häuptlings seine Empfindung und wer es versah, darauf zu treten, wurde mit dem Tode bestraft. In Benin galt der Passador für die Seele. — Die Odschibwaes schneiden ein Loch in das Giebeldach, damit die Seele zur Hütte hinauskönne. — Die Slawen öffneten im Augenblick des Verscheidens ein Fenster, damit die Seele entflöge. — Die Boobies verlassen stets nach einem Todesfall das Dorf, um anderswo sich niederzulassen, ebenso die Balondas.

Disposition in der Todesstunde. Nach ihrem Zustande im Augenblick des Abscheidens war die Seele auch für ihre weitere Existenz gestimmt. Kleine Kinder leisteten gern, als Heimchen, unter der Königin Perchtha ihre Dienste, wenn sie freundlich aufgenommen wurden, wogegen die Willys (die Seelen dahingeschiedener Bräute) keine Ruhe erlangen konnten, bis sie einen Jüngling todt geküsst hatten. — Damit seine Seele um so leichter und ungehinderter aus dem Körper entschwebe, sammelt Krishna, als er seine Todesstunde herannahen weiss, seine schönsten Gedanken auf der Spitze des Scheitels und streckt seinen Fuss von sich, um an dem äussersten Ende der Ferse vom Pfeile des Jägers verwundet zu werden. — Die Irrlichter (Dickepoten, Tückbolde, Lüchtemännekens genannt) sind die Seelen der ungetauft gestorbenen Kinder (in der Mark). — Ein vorzeitig geborenes Kind wurde, wenn nicht mit besonderen Incantationen begraben, ein boshafter Geist auf Neuseeland aus Hass gegen das Menschengeschlecht. In Grönland wurden Missgeburten zu Ungethümen, die die Luft durchschwärmten und von den Angekoks gejagt wurden. — Bhagavat (Buddha) reisst sich durch Concentrirung seiner Gedanken von dem Körper los, indem er rings die Elemente im Erdbeben bewegt. — Die Seelen böser Menschen werden (bei den Chippewaes) von den Phantomen der Personen oder Dinge, denen sie Böses zugefügt haben, gepeinigt. — Jomasarnan, in der Contemplation Vischnu's begriffen, stirbt, während er einen Angriff der Daityas (der Götterfeinde) fürchtet und ist in Folge davon, als ein Glied dieser Race, die seine letzten Gedanken occupirte, wiedergeboren als der Sohn des Hiranyakasipu. Nachdem er durch Vischnu's Discus in dem Kriege zwischen den Göttern und Dämonen getödtet, wird er als Prahlada wiedergeboren, durch Vischnu, als Nrisinha, zu dem Range Indra's für sein Leben erhoben und schliesslich mit Vischnu vereinigt. — Sobald Jemand gestorben ist, müssen alle Schlafenden im Hause geweckt werden, weil es sonst ein Todesschlaf wird (in Schlesien); und wenn der Hausvater stirbt, muss auch alles Vieh im Stalle angerührt und aufgeweckt werden (in Lauenburg). Auch müssen die Fenster aufgemacht werden, damit die Seele hinausfliegen kann (in der Wetteran). — Um einen Freund, der sich erstochen hatte, zu erlösen, wurde Gichtel ein ganzes Jahr lang jede Nacht aus seinem Leibe entnommen und in die alleräusserste Finsterniss geführt, wo die zu erlösende Seele sich ganz in seinen brüderlichen Willen einfassen und mit eben der Zorneskraft, womit sie aus dem Leibe entrückt war, sich aus dem Gefängniss losreissen musste, bis es ihm durch sein Gebet gelang, dass die Liebe über den Zorn siegte, und die erlöste Seele strahlend in's Paradies einging. (*Heinroth.*) — Stirbt eine Wöchnerin, so kommt sie sechs Wochen lang in jeder Mitternacht wieder, um das Kind zu stillen, und man findet auch wohl ihr Bett eingedrückt (Ostpreussen). Heirathet ein Wittwer, und ist dies der gestorbenen Frau recht, so erscheint sie bei der Hochzeit und tanzt mit (Usedom).

Verschiedene Todesarten. Die gewaltsam Getödteten müssen in der nächsten Welt (nach dem Glauben der Dayaks) als Sklaven dienen, weshalb jeder erbeutete Kopf mit Jubel im Dorfe empfangen wird und dort auf einer Stange ausgesteckt bleibt. — Die Muviri an der africanischen Westküste fürchteten durch den Zauber der Gobi in's Innere entführt zu werden, wo sie ihnen für immer als Sklaven zu dienen hätten. Die westindischen Sklaven ermordeten sich häufig, um in's Vaterland zurückzugelangen. — Opferung der Sklaven, um im andern Leben ihre Dienste fortzusetzen, findet sich in ganz Africa, wie früher bei den Mongolen und Normannen. — Die Seelen der Leibeigenen, die, wenn der Bauer und seine Söhne (in Norwegen) auf Wikingerfahrten ausgezogen waren, alle Feld- und Hausarbeiten besorgen mussten, setzten dies Geschäft auch nach dem Tode fort. — Um den Missionären entgegen zu arbeiten, behaupteten die chinesischen Bonzen, dass sie über die Seelen ihrer Bekehrten eine magische Gewalt gewönnen, um sie nach dem Tode nach Europa zu transportiren, wo ein grosser Mangel an Recruten bei den häufigen Kriegen sei. — Die gewaltsam Gestorbenen gehen auf den Marianen in die Hölle (Zazarraguan oder Sassalogahan), während die Seligen die Früchte des Paradieses essen. — „Wenn Einer vor dem Feind ist und nicht bleibt, so ist es Gottes Wille. Wird er getroffen, so führen ihnen die Engel in den Himmel, die Bezauberten (Pilsiskind, Bilwizkind, Teufelskind) holt der schwarze Kasper.“ (1619.) — In der Ansicht, dass die Seelen der eines gewaltsamen Todes Sterbenden dem Teufel entschlüpfen würden, erdrosselten die Christen zuweilen junge Kinder. (*Chrysostomus.*) — Der Zahn eines im Kriege oder sonst gewaltsam Getödteten heilt (in Schlesien und Mecklenburg) Zahnschmerzen. (*Wuttke.*) — Die Seelen der in der Schlacht sterbenden Männer und der in Geburtswehen erliegenden Weiber gingen in Mexico zum Tempel der Sonne ein. — Im Zelte des Grafen von Bouchain (Anselm von Ribaumont) erscheint in den Kreuzzügen der bei der Belagerung von Marah gefallene Angelram, von einem Heiligenglanz umschwebt, „da Alle, die für Christus kämpfen, nicht sterben“ (um Jenem seinen Hintritt anzukündigen). — „Ihr wisst“ (sagt Titus den römischen Soldaten), „dass die Seelen der tapferen Krieger zu den Sternen aufsteigen, während die im Bette Sterbenden unter die Erde in Finsterniss und Vergessenheit versenkt werden.“ (*Josephus.*) In den Sternen blicken auf die Neuseeländer die linken Augen ihrer Häuptlinge herab. Die Krieger werden von Indra in seinen Himmel aufgenommen, die Sünder in Jama's Hölle gestossen, während die Brahmanen sich sogleich mit dem höchsten Brahma vereinigen. Nach dem Sintoo geht die Seele des Frommen sogleich in den höchsten der Himmel ein. — „Heut sind dem Tapferen," ruft Bhisma den Kurus (im Mahabharata) zu, „die Pforten des Himmels aufgethan, den Weg, den eure Väter und Ahnen gewandelt, den wandelt auch ihr ruhmvoll fallend, zum Himmel empor. Wollt ihr lieber ärmlich auf dem Bette der Krankheit das Leben beschliessen? Nur im Felde ziemt dem Xatriya das Leben zu beschliessen." — Ermordete müssen noch so lange auf Erden wandeln, als sie noch hätten leben können (Ostpreussen); dasselbe gilt von allen, die durch ein Unglück vorzeitig um's Leben kommen (Kärnthen). — Das Ertrinken im Ganges reinigt von allen Sünden. — Das Wassergespenst Mur trinkt die Seelen der Ertränkten in Tomale. — Drohte, wie aus der Geschichte der Thüringer bekannt ist, ein Mensch an Krankheit zu sterben, so hieb man dem Sterbenden das Haupt ab. Olaf'n wird dagegen das Haupt nicht abgehauen, um ihn an den Hügel zu fesseln, damit er nicht nach Walhöll gelangen und dann auf der Erde wiedergeboren werden könne. In der Sage von Mithothin (Mid-Othin, Mittelothin) starben plötzlich die, welche sich seinem Grabe näherten. Die Umwohner nahmen ihn daher heraus, beraubten ihn des Hauptes und stiessen in seine Brust einen Pfahl, was half. (*Wachter.*) — Die Priester vermehren das ihnen zu Gebote stehende Heer, womit sie das Teufelsreich bekämpfen, durch die Seelen der Verstorbenen, entweder hervorragender Männer oder auf besondere Weise Abgeschiedener. Der durch eine Krankheit, durch einen Begu Sterbende vergeht bei den Battäern, aber die gewaltsam Umgekommenen, deren Seelen (Dondi) als Samangat auf den Spitzen der Berge leben, haben eben, weil sie der Gewalt des Begu entgangen, jetzt die Macht zurückzukommen und diese zu bekämpfen. — In Hyrkanien hielten die Vornehmen eine vorzüglichere Classe von Hunden, als das Volk, um nach dem Tode von ihnen gefressen zu werden. — Der von einem Leoparden Zerrissene wird (nach den Dahomeern) besonders glücklich im andern Leben sein. (*Forbes.*) — Nach den Natches und Apalachiten gehen die Seelen der Sachems oder Tapfern in die Sonne ein, während die der Gemeinen in Thierleiber fahren. — Nach Mohamed Pir Ali (sechzehntes Jahrhundert) werden die Auferstandenen am Tage des Gerichts unbekleidet sein, aber den Propheten und Heiligen schickt man Flügelrosse (Boraks) entgegen und kostbare Stoffe aus dem Paradies. — Im Islam leben die Märtyrer als grüne Vögel an den Quellen des Paradieses, von den dortigen Früchten essend. Ein Märtyrer ist jeder unbesoldete Krieger, der im heiligen Kampf für den Glauben fällt, jeder, der unverschuldet Jemanden getödtet, jeder, der an der Pest gestorben, wenn er nicht davor geflohen, jeder Ertrunkene und durch den Einsturz eines Gebäudes Erschlagene. — Der Held Stärkodder erkaufte sich einen Mann, um sich den Kopf abschlagen zu lassen, da nur ein in voller Kraft in der Schlacht Fallender (nicht durch Krankheit geschwächt), der Gottheit ein Opfer, in Walhalla einginge. So zeichnete man sich mit den Speerstichen Odin's zum Blutigätzen.

Das Geschick des Verstorbenen. Die Permanor streuen Asche um die Leiche des Verstorbenen (dem sie Säckchen mit Samen anhängen), schliessen die Thüre und beobachten am nächsten Morgen die Fusstritte der Thiere, welche darauf erscheinen. Die von Hühnern zeigen Verdammniss, die von Lamas günstige Aufnahme an. — Die Priester der Parsen achteten darauf, ob die Raben an der ausgestellten Leiche das rechte oder das linke Auge zuerst frässen, um danach über das Geschick des Verstorbenen zu urtheilen. In den Dörfern von Finisterre urtheilt man aus dem Rauche über das Schicksal der Seele, die sich mit dem leicht emporsteigenden zum Himmel erhebt, mit dem dicken und schweren zur Unterwelt niedersinkt. — Die Lampongs (auf Sumatra) glauben an die Fortdauer der Seele, wenn sie bei der Leiche ein gewisses Sausen hören. — Wer den Teufel sehen will (heisst es im Herachoth), streue Asche vor sein Bett und er wird am nächsten Morgen etwas sehen, wie Hahnentritte. — Zu Mörnach gab es, nach der Sage, Erdweibchen (Herdwible), die öfter in's Dorf kamen und durch ihr liebliches Singen ergötzten. Als man, die Form ihrer durch lange Röcke verdeckten Füsse zu kennen, Asche streute, drückten sich dieselben als Gänsefüsse ab, aber seitdem kamen jene nicht wieder. (*Wolf.*) In der Stadt Grimmen fährt in der Walpurgisnacht ein rasselnder Wagen mit vier Mäusen bespannt durch die Strassen, auf dessen Bocke ein Kutscher mit einem Hahnenfusse sitzt. Gänse, die sich auf Grabmonumenten finden (*Böttiger*), wurden als erotische Vögel der Unterweltsgöttin geopfert. — Die der Ruhe beraubten Seelen tanzen auf Kreuzwegen beim Mondenschein wilde Tänze, in schwarze, graue oder weissgefleckte Hemden gekleidet; je heller das Hemd, um so näher sind sie der Erlösung (Oberpfalz). — Bei den Begräbnissen wurde der Todte von den Preussen gefragt, weshalb er so viele herrliche Sachen verlassen hätte auf der Erde, und erhielt dann von den Weibern Nadeln und Zwirn (um auf dem Wege etwa Zerrissenes ausbessern zu können), von den Männern einige Pfennige, um das Nöthige zu kaufen. — Die Kruneger entschuldigen sich bei dem Todten, ihr Möglichstes zu seiner Pflege gethan zu haben. — Die Abiponer geben Herz und Zunge des Verstorbenen einem Hunde zu fressen, um dadurch den Zauberer zu tödten, wie es auch durch das convulsivische Tanzen alter Weiber geschehen kann. — Wenn es geschieht, dass der Geist stumm ist und kein Zeichen giebt, so wird gefragt, ob einige Sovahmo (Giftzauberer) seine Sinne so entstellt und betäubt, dass es nicht möglich ist ein Zeichen zu geben und den Sovahmo zu offenbaren. Wenn der Geist hierauf ein Zeichen giebt, wird die Leiche begraben und nicht weiter gefragt. Später aber wendet man sich an einen Jakehmo (Wahrsager), ein herumziehendes Volk, die mit Horntöpfchen und Trommeln lärmen und tanzen, um den Sovahmo ausfindig zu machen, und wenn der Jakehmo den Schuldigen angewiesen, so wird Kapyong zum Ordale applicirt (bei den Quojern). — Wirft ein Maulwurf in einer Stube, so stirbt die Grossmutter, wirft er in der Waschkammer, die Hausfrau, findet sich sein Haufen beim Krautabschneiden im Herbst, der Hausherr, wühlt er die Erde an einem Grabe auf, so folgt bald einer aus der Familie (nach deutschem Volksglauben). Aus dem Nagen einer Maus lässt sich auf baldigen Tod eines Hausbewohners schliessen, wie aus dem Schlagen der Todtenuhr (der Pochkäfer). — Der Todtenkopf, der Prophet des Todes, der, allein von den sonst stummen Schmetterlingen, zuweilen einen kläglichen Ton hören lässt, beweint das von ihm gebrachte Unglück. — Nach italienischem Volksglauben ist der Anblick eines Wolfes Vorbedeutung des Todes. — Nach den Finnen ging die deshalb mit Bogen und Pfeil im Grabe versehene Seele in's Toonela (Todtenreich) ein, wenn sie aber auf die Schulter des grossen Bären steigen durfte, so betrat sie den höchsten Himmel der Seligen. — So oft ein Luftfeuer am Himmel gesehen wird und dort verknallt, glauben die Abiponer, dass einer ihrer Zauberer verstorben und in den Himmel eingegangen sei, wo man ihn festlich empfängt. Die gemeinen Seelen werden in Vögel verwandelt. — Wenn Einer in Loango am dritten Tage nach seinem Tode wieder erscheint, so ist das ein Beweis, dass er nicht zu Gott gekommen ist. (*Oldendorp.*) — Meldet sich Jemand vor dem Tode an, so wird er selig, aber übel geht es der Seele, die sich nach dem Tode anmeldet, heisst es in Tirol. — Besucht ein Beichtvater des Kranken, so achtet der Esthe, wenn er sich nähert, auf die Haltung des Pferdes. Geht es mit gesenktem Kopf, so zweifelt man an der Genesung des Kranken. — In Quoja werden Kleidungsstücke, Nägel und Haare des Verstorbenen mit gekautem Mamoni oder geschabtem Bonduholz zusammengebunden und an einer Stange befestigt, deren Enden auf die Häupter zweier Männer gelegt werden. Dann schlägt ein Anderer mit einem Beil an den Stock und fragt den Todten, warum er gestorben und ob Gott ihn weggenommen. Wenn dies der Fall war, müssen die Stockträger die Kniee beugen, wenn aber nicht, das Haupt schütteln. Dann wird nach dem Thäter gefragt (um die Allwissenheit des Geistes zu prüfen, verstecken sie etwas, und heissen ihn das Gestohlene finden). Wenn der Geist verneint, dass Gott ihn weggerückt, und bejaht, dass er durch ein Bolli getödtet, dann wird gefragt, was es für ein Bolli sei (jede Art Arznei, während Gifte Sovach genannt werden). Scheint es, dass er nur durch eine allzugrosse Dosis (Medicin) aus Versehen getödtet sei, so wird nicht weiter nachgefragt. War es aber durch ein Sovach, so wird der Giftmischer gesucht und muss Kapyong (Bastwasser) trinken. — In andern Theilen Africa's wird aus den Bewegungen der Leichenzüge prophezeit, die durch die Bahre des Todten magnetisirt werden, wie einst die Priester des Apollo zu Mabug durch die Bahre des Gottes, und noch jetzt die taumelnden Leichenträger in Hamburg. — Vor dem Sarge trägt man ein Kreuz von Hollunderholz und setzt ein solches auf das Grab; wenn es wieder ausschlägt, so ist der Gestorbene selig (Tirol). — Wenn die Raben (böse Dämonen) sich weigern das Korn zu essen, das ihnen hingeworfen wird, nachdem der Scheiterhaufen angezündet ist, so ist die Seele nach Yamalokam gegangen, dem Platz der Qualen bei den Hindus. — Die Gallas pflanzten Balun auf die Gräber und wenn die Pflanze sprosst, so glauben sie, dass der Verstorbene zugelassen ist in den Gärten des Wak oder Schöpfers. — Die guten Seelen gingen in den Körper einer Schlangenart (Inhamazarumbo), die bösen dagegen in die Candue (canis adustus) oder in den Körper von (Tica oder Quizumba) Hyaena crocuta. Die bei Unglücksfällen von den Ganga als Hexen oder Hexenmeister (Fite oder Muroi) bezeichneten Personen müssen (nach Ablegung der Beichte) Muave trinken. War die Beichte nicht vollständig, so schnürt sich die Kehle zu, und sie mögen das Ordal wiederholen (bei den Zimbas).

Trauer. Nach dem Tode ihres Gatten hielt die Frau, wenn sie säugte, während der vier Trauertage ihre Milch zurück, ohne dem Säugling zu geben, bis der Priester ihr ankündete, dass der Verstorbene mit den Göttern sei und begraben werden könne. Ausser der Leichenklage wird noch alle Jahre an einem gewissen Tage die Feierlichkeit zum Andenken an die Todten lärmend wiederholt bei den Alipoonern. — Die Australier kratzen und schneiden sich bei der Trauer die Nasenspitze, um durch den Reiz Thränen zu erregen, mit denen die Römer ihre Lacrimatorien füllten. — In Corsica werden (wie in Irland) Frauen gemiethet, um, als Voceratrices, die Klagegesänge um die Leiche anzustimmen, was bei den Indianern den Verwandten, bei den Normannen den Barden oblag. — An den Gestorbenen stellen die Klageweiber die Frage: warum er die Seinigen verlassen habe, und schelten ihn darüber aus (Abyssinien). — War dein Gesicht nicht noch frisch und roth? Warum musstest du sterben? Alarira! Ward dir nicht Pflege und Nahrung in Ueberfluss? Warum musstest du sterben? Alarira! singen die tscherkessischen Klageweiber. (*Bodenstedt.*) — Die Römer schlossen die Augen des Todten im Hause, damit er nicht den Schmerz der Familie sehe, und öffneten sie beim Hinaustragen zum Grabe, um den schönen

Himmel zu betrachten, seine künftige Wohnung. — Die Tochter des egyptischen Königs Mycerinus, der sie in einer goldenen Kuh begraben liess, bat ihren Vater, sie jährlich einmal in's Freie führen zu lassen, damit sie die goldene Sonne sehen könne. Ebenso liess ein Hova-Häuptling auf Madagascar (wie Ellis erzählt) die Verordnung bei seinem Tode zurück, zuweilen den Stein von seinem Grabe aufzuheben, damit die Sonne hineinscheinen könne. — Im Mährchen bringt das gestorbene Kind seiner Mutter das vollgeweinte Thränenkrügelchen und bittet, es nicht überlaufen zu lassen, da es dann nimmer Ruhe finden würde. — „Wer stirbt, sagt der Sofi Bekr Ben Abdallah El Moseri († 726 p. C.), dessen Seele ist in den Händen des Todesengels. Der Todte sieht, wie man den Körper wäscht und mit dem Leichentuche bekleidet und wie dessen Familie weint. Wenn die Seele sprechen könnte, würde sie dieses Heulen verbieten. Sie eilt zum Grabe in der Hoffnung, dort frohe Botschaft zu finden." — Im spanischen Mexico und Peru wird der Tod eines noch ungetauften Kindes als Freudenfest gefeiert, da ein solches direct in den Himmel, ohne das Purgatorium zu passiren, eingeht. Auf den Philippinen werden dieselben in dem cimenterio de los angeles begraben. Stirbt ein Kind vor der Taufe, so bleibt es nach Ansicht der Kopten für immer im Jenseits blind. — Für Kinder brachten die Römer kein Todtenopfer, da sie, noch unbefleckt von der Gemeinschaft mit irdischen Dingen, keiner Sühne bedurften. — Allmers erzählt von einem jovialen Pfarrer in Oldenburg, der die dort gebräuchlichen Leichenschmäuse damit rechtfertigte, dass es ja auch dem Verstorbenen jetzt wohl sein werde. — Elysius von Tarent schlief in dem Todtentempel nach dem gewöhnlichen Opfer ein, um den Schatten seines Sohnes Euthynus zu befragen. Dieser gab ihm Täfelchen und erklärte ihm, dass die Götter ihm das angenehmste Geschick nach dem Tode verschafft hätten, weshalb er ihn nicht beweinen solle. — Beim Tode des Königs von Bambarra war es verboten zu weinen, bis nach der Beerdigung, wo drei Ochsen geschlachtet wurden. — Die Caraiben fasten in der Trauerzeit, bis der Leichnam verwest ist. — Leidtragende in Tahiti warfen blutbefleckte Lappen auf das Grab. — Die mexicanischen Priester trösteten die abscheidende Seele, die den warmen Sonnenaugenblick des Lebens verliess, dass sie bald Alle ihr nachfolgen würden, nach dem dunklen Aufenthalt der Todten. — Beim Tode des Königs schnitten die Skythen das Ohrläppchen ab und durchbohrten die Hand mit Pfeilen, wie Herodot erzählt. — Beim Tode des grossen Mongolen-Khans der goldenen Horde sollte überall das Zeichen der Trauer hervortreten, so dass selbst die Schafe geschoren wurden. — Nach dem Tode des Königs von Congo blieben während des Trauermonats auch die Felder unbebaut. — Stirbt ein Häuptling bei den Mauhe's, so wird ein monatliches Fasten verhängt, indem sie nur Guarana, Wasser und Ameisen geniessen. Auf Reisen Sterbenden wird der Körper in zwei Hälften geschnitten und gedörrt in die Heimath zurückgebracht. (*Martius*.) — Um nicht unbeklagt zu sterben, liess Herodes die vornehmsten Israeliten in der Rennbahn von Jericho versammeln, und befahl seiner Gattin sie im Augenblicke seines Abscheidens zu tödten. — Bei den Krähen-Indianern scheeren sich die Frauen beim Tode ihres Ehemannes den Kopf und lassen mit der Trauer allmählig nach, wie das Haar zu wachsen beginnt.

Leichenzug. Nach der Beerdigung nahmen die Böhmen Larven vor's Gesicht, zierten sich sonderbar unter Hüpfen und Springen und auf dem Heimwege lasen sie Holz, Steine, Laub, Gras u. dergl. m. auf, indem sie es, ohne umzusehen, zurückwarfen. Auf Scheidewegen bauten sie Hütten, worin sich die Seelen der Vorfahren und Freunde aufhielten und die Todesgötter wohnten. — Bei dem Leichenzuge darf (nach sächsischem Volksglauben) keiner der Begleitenden sich umsehen, sonst stirbt bald wieder Jemand von ihnen. Aus gleichem Grunde darf der Leichenwagen unterwegs nirgends stehen bleiben. (*Wuttke.*) — Starb auf den Freundschaftsinseln eine vornehme Person, so ging der in Matten und Federn vermummte Verwandte in weitem Umweg von dem Hause des Verstorbenen, begleitet von den Nineva (Tolle), nach dem Moral, wo die Leiche ausgestellt ist. Er führte eine Klapper, so dass Jeder bei dem Geräusch fliehen konnte, denn sollte er Jemanden begegnen, so würde er ihn mit den Haifischzähnen seines Stabes verwunden. Die Procession wird fünf Monate lang zu gewissen Zeiten wiederholt. Nachdem das Fleisch verwest ist, schabt man die Knochen ab, und begräbt sie im Moral (wenn die eines Erieh), ausserhalb (wenn die eines gemeinen Mannes). Der Schädel eines Erieh wird in Zeug gewickelt, in einem langen Kasten bestattet, und wünscht man zu ihm zu beten, so steckt der Priester rothe Federn oder einen Pisangstamm auf. Der Leichenzug eines Kimbundafürsten tödtet jeden Begegnenden. (*Magyar.*) — Der Leichenzug des Königs von Congo darf nicht von der geraden Linie abweichen, und in dem Wege stehende Häuser werden niedergerissen. Wer immer dem Leichenzuge eines mongolischen Fürsten (zur Zeit der päpstlichen Gesandten) begegnete, wurde von den Begleitern niedergemacht, um in der andern Welt als Sklave zu dienen. Das kaiserliche Mausoleum lag bei Burcan-caldin. — Der Weg, den die Leiche (der das Herz ausgeschnitten wurde) geführt ist, wird von alten Weibern (bei den Araucanern) mit Asche bestreut, damit die Seele ihn nicht wiederfinden kann. — Die Leiche der Grönländer wird nicht zur Thür, sondern durch ein Fenster, oder im Zelte durch eine Rückwand hinausgetragen und eine Frau schwenkt einen angezündeten Span dahinterher, sprechend: „Hier ist nichts mehr zu bekommen.“ — Wenn die Leiche aus dem Hause getragen wird, so giesst man ihr einen Eimer Wasser aus der Thür nach, dann kann der Todte nicht umgehen (in der Mark). — Die Leiche wird stets auf der grossen Landstrasse, und wäre dies auch noch ein so grosser Umweg, und wäre selbst die Hauptstrasse durch Schnee verschüttet, zum Kirchhofe hingefahren (in Tirol), damit der Todte, wenn er aus Liebe zu den Seinigen sich von dem Wohlergehen derselben überzeugen will, den Weg leicht zurückfinde. (*Wuttke.*) — Wenn ein Todter die Treppe aufwärts getragen wird, so fürchtet man, dass er zurückkomme, um Jemand nachzuholen, ebenso wenn er in einer dem Kirchhof entgegengesetzten Strasse entlang geführt ist.

Bestattung. In Bactrien wurden (wie nach Herodot bei den Persern) die Todten auf einem hohen Gerüste auf den Dakhmes oder Todtenfeldern den Raubvögeln ausgesetzt, weil nach Zoroaster jeder todte Körper, der noch im Zustande der Fäulniss ist, im Besitz der bösen Geister bleibt. Deshalb eilen die Juden mit dem Begräbniss des Todten, um die Qual seiner Leiden abzukürzen und mancher zieht vor, ohne Sarg begraben zu werden. Die Ruhestätte des Rabbinen muss so tief gemacht werden, dass das Wasser hervorquillt, um die Auflösung zu beschleunigen, und die Steinart bei Assus in Mysien war sehr zu Sarcophagen gesucht, da sie (nach Plinius) die Leichen innerhalb vierzig Tagen (Zähne ausgenommen) zersetzte. Die Strafe, unbeerdigt zu bleiben, wurde vom Staat auf schwere Verbrechen gesetzt, wie der Kaiser von China seine Mandarinen auch im jenseitigen Leben degradiren kann. Beim Antreffen einer unbeerdigten Leiche machte man sie in Rom durch dreimaligen Aufwerfen lockerer Erde symbolisch (nach Horaz) begraben. Der vom Blitz Getroffene, den sich Zeus zum Opfer wählte, durfte aber nicht begraben werden. Die Tibetaner und Kalmücken setzen die Leiche den Raubthieren aus. Nach Herodot gossen die Babylonier Wachs, nach Lucian die Indier eine Glasur über ihre Todten, und in Birma werden die Mumien reicher Priester mit Flittergold überzogen. In Congo wird der König geräuchert und stopfte man früher die Leiche mit Stroh aus. Da omnia ex igne constant, debere idcirco corpora in ignem resolvi (*Servius*), verbrannten die Griechen, ausser den begrabenen Armen, ihre Leichen, während früher bei den Athenern die Beerdigung allgemein gewesen und auch bei den Römern. Den Christen wurde das Verbrennen bei Strafe der Zauberei verboten. — In Neugeorgien wurden reiche Männer auf einem Gerüste über einer tiefen Grube aufgestellt, um sorgfältig und vollständig durch Luft, Sonne und Regen zersetzt zu sein, ehe man die Knochen des Schädels und die Gebeine in dem allgemeinen Begräbniss beisetzte. — Die Tungusen hängen ihre Leichname an Bäumen auf. — Numa war beerdigt nach seinem ausdrücklichen Befehle. Auch auf die verbrannten Gebeine wurde nach dem Pontificalrecht eine Erdscholle geworfen, damit sie als bestattet gelten. — Als Simonides von Tarent nach Sicilien schiffen will, erscheint ihm die Gestalt des Todten, dem er, da er ihn vernachlässigt liegen fand, eine fromme Bestattung gegeben, und warnt ihn vor dem Untergang der Barke. — Die Römer führten (nach Plinius) das Verbrennen der Todten ein, als man in den langwierigen Kriegen zu fürchten hatte, dass die Leichen aufgegraben werden würden. Doch blieb das Haus der Cornelier bei dem Begraben, bis Sulla (die Entweihung seines Leichnams fürchtend) ihn zu verbrennen befahl. Gleich den alten Italern suchten sich auch die Tahiter in ihren Kriegen die Leichen zu stehlen. — Odin setzte das Verbrennen der Todten bei den Gothen ein, aber König Frejerus stellte das Begraben wieder her, obwohl es später Jedem frei stand die eine oder andere Art zu wählen (nach Loccenius). — Plinius spricht es als allgemeinen Brauch aus: hominem prius quam genito dente cremari mos gentium non est, des Kindes Knochen sind noch unfest und dem Feuer Widerstand zu leisten unfähig. Ipsum cremare apud Romanos non fuit veteris instituti, terra condebantur. — Alte Leute baten in Serendyk (nach den arabischen Reisenden) ihre Verwandten, sie zu verbrennen, da die Indier glaubten, dass sie dann in's Leben zurückkehren würden. — „Snorri meldet, das erste Zeitalter habe Bruna-öld geheissen, wo man alle todte Menschen brannte und über ihnen Bautasteine aufwarf; als aber Freyr unverbrannt im Hügel, dem man drei Fenster offen liess, nachher auch der dänische König Danr sammt Waffen, Rüstung, Pferd und Sattelzeug gleichfalls im Hügel beigesetzt worden sei, habe dieser Brauch zumal in Dänemark um sich gegriffen und ein Haugs-öld begonnen, in Schweden aber und Norwegen das Brennen länger angehalten. In der Ynglingasaga findet sich indess die Angabe, dass erst Odinn das Brennen der Leichen auf dem Scheiterhaufen verordnet und jedem Verbrannten Aufnahme in Valhöll zugesichert habe.“ — Bei den Antaymours (auf Madagascar) wird der Häuptling meist erst ein Jahr nach seinem Tode beerdigt. — In Toloman (Birma) wurden (nach Marco Polo) die Knochen der verbrannten Leichname in unzugänglichen Höhlen ausgesetzt. — Die Guanchos brachten ihre Todten auf die höchsten Bergspitzen, wo sie der austrocknenden Luft ausgesetzt waren. — Die Betschuanen geben dem Todten eine zusammengebogene kauernde Stellung und richten im Grabe sein Gesicht nach Norden. — Die Catal an der Küste von

Malayala verbrennen die Leichen guter Menschen, wogegen schlechte Menschen begraben werden, um ihren Geist eingeschlossen zu halten, da er beim Entkommen Unruhe stiften würde. — Die Todten werden von den Wakamba nicht begraben, sondern nur in's Gebüsch geworfen. — Die Begräbnissplätze der Dayaks finden sich in der Nähe von Flüssen, da der Geist seine Reise in das Jenseits zu Wasser antritt. — Der königliche Körper wird im Escorial fliessendem Wasser ausgesetzt, bis er genug gereinigt ist, um in dem Porphyrsarge beigesetzt werden zu können. — Die bei den Miaotse in Ping-scha huang Gestorbenen werden in einem Sarge bestattet, der zwölf Monate später geöffnet wird, um die Gebeine herauszunehmen und durch Waschen und Schaben zu reinigen; dann hüllt man sie in ein Tuch und beerdigt sie zum zweitenmal für ein oder zwei Jahre, ein Verfahren, was siebenmal wiederholt wird; dann gelten die Knochen für Amulete und Schutzmittel gegen Krankheiten, und wenn ein Hausherr erkrankt, wird es den nicht rein gehaltenen Gebeinen zugeschrieben. — Auf der Landzunge Araya wurden nach der Zersetzung der weichen Theile die Knochen ausgegraben, um verbrannt zu werden. Die Leichen der Häuptlinge wurden am Feuer zu Mumien gedörrt. — Die Aturi (am Orinoco) setzten die Gebeine auf dem Gebirge am Wasserfalle Mapara in Wasserbehältern bei. — Die Indianer von Panama und Darien wickelten die Leiche in Tücher (mantas), hingen sie über das Feuer, sammelten das austräufelnde Fett in irdenen Gefässen und scharrten die Mumie in die Erde ein oder bewahrten sie über derselben. — Die Mugs bewahren die Leichen der Verstorbenen bis zu dem jährlichen Grabesfest auf, wo sie alle gemeinsam verbrennen. — Stirbt ein Gäwell bei den Yoloffs, so wird seine Leiche in das Wasser geworfen oder wenn keines in der Nähe sein sollte, in dem hohlen Stamme eines Affenbrotbaumes beigesetzt, da nach dem Volksglauben nichts dort wachsen wird, wo ein Gäwell begraben liegt. — Die Greots in Senegambien werden in gespaltenen Bäumen begraben, in denen sie aufrecht stehen, wie Eulenspiegel in seinem Grab. — Die Negritos begraben in der rohgeahmten Form eines Ochsen oder Ebers. — Die Indianer am Columbiaflusse bestatteten in Canoes, worin die Leiche zwischen den Bäumen aufgehängt wurde (als Tannhäuser). — Die Ostjäken begraben in einem Kahne, wie die Scandinavier in ihren umgestülpten Schiffen. — Ammon wurde in dem Schiff seiner Arche umhergetragen. (*Curtius.*) — Die Körper der an Masern oder Blattern Verstorbenen werden von den Ainos an der offenen Luft ausgesetzt. — Begraben werden bei den Kaffern nur die Begüterten. Die Gemeinen setzt man aus und überlässt sie den Hyänen, die deshalb als heilig gelten oder wenigstens nicht getödtet werden. — In der friesischen Legende klagt ein Kind um seinen gestorbenen Vater, der es nun nicht mehr gegen Hunger und Kälte schützen könne, da er begraben sei, quod ille tam profunde et tam obscure cum illis quatuor clavis est sub querco et pulvere conclusus et coopertus. — Die Tscheremissen legen den Kopf des Kranken nach Westen (wo der um Mittag gefährliche Schaitan wohnt), ebenso die Tschuwaschen, statt, wie früher, nach Norden. — Die Todten werden in Californien nach Zerbrechung des Rückgrates geknebelt in's Grab gelegt. In einem aus Menschenhaaren gewebten Mantel unterhalten sie sich in einer Höhle mit den Geistern. — Im Koran erscheint der Rabe als Todtengräber und nach der jüdischen Sage lernte Adam bei Abel's Tod von einem Raben, der seine Jungen beerdigte. — Wenn in Hildesheim Jemand stirbt, so geht der Todtengräber schweigend zum Hollunderbusch *) und schneidet davon eine Stange, um das Maass der Leiche zu nehmen, und der die Leiche zu Grabe führende Knecht hat eine Peitsche von Hollunderholz. — Bei den Battern werden die Leichen der priesterlichen und fürstlichen Classe, nachdem sie längere Zeit durch Einreibung von Pfeffer und Salz präservirt sind (wie durch Campher auf Sumatra), auf einer Bambupyramide hinausgetragen und verbrannt, die der Mittelclasse begraben, die der Gemeinen den Raubthieren hingeworfen. — Nach Yakout wurde eine Sklavin, während des Trinkens von Cider, an der Leiche des russischen Herren geschlachtet, wenn man diesen verbrannte. „Ihr Araber (sagte ein Russe zu Ibn Foslan) seid Narren. Ihr grabt den geliebtesten Verwandten in die Erde ein, wo er eine Beute der Würmer wird. Wir dagegen verbrennen ihn in einem Augenblick, damit er um so rascher in's Paradies eingehe.“ — Erst mit der Beendigung der Verwesung hört (nach Reichenbach) die Od-Entwickelung auf, ist der Todte gesühnt. — Die Issedoner pflegten, wenn einem Mann sein Vater starb, das Fleisch des Leichnams mit dem der geopferten Schafe zu mengen und beides zu schmausen. — Die Mhayas bringen die Knochen von den in der Fremde Sterbenden (nachdem das Fleisch abgefallen ist) nach dem Grabe der Verwandten. — Der den Blattern 1780 in Peking erliegende Tescho Lama, den Gützlaff eines „schmählichen“ Todes („als durch die Hand des Allmächtigen geschlagen“) gestorben nennt, wurde vom Kaiser in einem Reliquienbehälter, mit untergeschlagenen Beinen sitzend, bestattet und nach b Kra schis Lhun po zurückgesandt, wo in seiner Pyramide auf einem Altare das tägliche Opfer an Weihrauch (nach Turner) dargebracht wird. — Die Körper der Grosslamen werden in Tibet einbalsamirt und in pyramidenförmigen Grabmonumenten (g Dung r Ten) beigesetzt. Geistliche Personen, die durch Frömmigkeit ausgezeichnet waren, werden verbrannt, worauf man ihre Asche entweder als Reliquien vertheilt oder in Götzenbildern, sowie in kleinen Metallkegeln aufbewahrt. Die gebräuchlichste Weise der Bestattung (in Tibet und in der Mongolei) ist „die in der Luft,“ indem die Leichname in freier Luft auf offenem Felde, in der Steppe, auf Berghöhen, in einsamen Thalschluchten oder dafür ummauerten Plätzen den Geiern und andern Aasvögeln (deren Stelle in den Städten die Hunde vertreten) ausgesetzt werden. In einigen Klöstern werden heilige Hunde gehalten, von denen es besonders segenbringend ist, gefressen zu sein. Ehrenvoll ist auch die Bestattung durch die Leichenzerstückler, welche den Cadaver an einen Pfahl hängen, das Fleisch stückweis von den Knochen abschneiden und den Bestien vorwerfen, worauf die Knochen in grossen Mörsern zerstampft, ihr Staub mit Mehl vermischt und daraus geballte Kugeln den Hunden und Vögeln zur Speise gegeben werden. Die Bestattung im Wasser gilt für ein Unglück und nur arme Leute entschliessen sich wohl ihre Todten in Teiche oder Flüsse zu werfen. Nur die südlichen Mongolen üben in Nachahmung der Chinesen die Beerdigung.

Eigenthum des Todten. Um die Todten günstig zu stimmen, giebt man ihnen gleich alles Nothwendige in das Grab mit und setzt ihnen Speisen hin zur Ernährung, wie auch die Griechen grössere Calamitäten dem Zorne

*) Nach Hanusch opferten die Litthauer unter Furcht und Zittern ihrem unterirdischen Gotte Puschkeit (Parstuk der Preussen) durch Gaben, die sie unter den Hollunder legten, und verfertigten die Slowaken ein kleines Männchen aus Hollundermark, das durch seine mittelst unten befestigten Bleies hervorgebrachten Sprünge den Kindern als Spielzeug dient. Der Judenfriedhof zu Prag ist mit Hollunderbäumen besetzt.

hungriger Dämonen zuschrieben, die sich nicht vom Opferrauche hätten mästen können. Werden ihnen Diebereien Schuld gegeben, so sucht man auch die Mittel dagegen, wie in Irland die Milch der Kuh gegen das stille Volk geschützt wird, indem man diese über das Feuer am Bealtein hängt. — Eukrates erzählt (bei Lucian) von der Wiederkehr seiner verstorbenen Frau, weil ein hinter den Schrank gefallener Pantoffel nicht mit ihrem Eigenthum verbrannt sei. — Periander von Korinth befragte den Schatten seiner Frau Melissa, der fror, weil die Kleider nicht verbrannt waren. — Der Kamm, mit welchem die Leiche gekämmt, das Tuch, mit welchem sie abgewischt worden, das Rasirmesser u. dergl., muss (nach deutschem Volksglauben) ihr mit in den Sarg gelegt werden, sonst beunruhigt der Todte die Zurückgebliebenen. (*Wuttke.*) — Die Apayaos bewahren die Hauptwaffen des Verstorbenen auf und fürchten sich, davon wegzugeben, da der Anito sie dafür strafen oder selbst tödten würde. — Nach dem Tode eines Vornehmen (in Gallien) versammelten sich seine Verwandten, um die Ursache des Todes zu erforschen. Ist irgend ein Verdacht gegen die Frau, so wurde sie wie ein Sklave auf die Folter gebracht und im Falle der Schuld verbrannt, oder sonst zu Tode gemartert. — Der sich tödtende Herr nahm seinen Knecht zum Lohn treuen Dienstes mit in den Tod, weil Odin nur den Diener einlässt, der im Gefolge des Herrn kommt. — Die Zulu ziehen bei einem Todesfall einen Zauberer zu Rathe, der den bösen Feind ausfindig machen muss, der Ursache jenes war. — Früher tödteten die Chiquitos das Weib eines Kranken, als Ursache von dessen Leiden, und die Idee, von Vergiftungen oder Bezauberungen abzuschrecken, lag den Wittwenverbrennungen in Indien zu Grunde, sowie dem Gebrauch der Jagas, die Frauen lebendig mit ihren verstorbenen Gatten zu begraben. Die Könige von Ashantee, um sich gegen Meuchelmord zu schützen und der Treue ihrer Beamten zu versichern, hielten das Gesetz aufrecht, dass sich alle Angestellte an ihrem Todestage das Leben nehmen mussten. — Als im Jahre 1835 der König der englischen Zigeuner starb, verlangte sein Weib lebendig mit ihm eingescharrt zu werden. — Ibn Batuta sagt von den Rajputen: „dass eine Frau sich mit ihrem Gatten verbrenne, ist freilich nicht als durchaus nothwendig angesehen, aber es wird ermuthigt, weil, wenn es geschieht, ihre Familie als geadelt betrachtet und für zuverlässig gehalten wird.“ — Bei den Rabines (Nordamerica) wird die Frau auf den Leichnam des Mannes gelegt und darf erst aufstehen, nachdem das Feuer schon angezündet ist. Die Asche wird gesammelt und muss von ihr drei Jahre lang auf dem Rücken getragen werden, am Ende welcher Zeit sie um dieselbe herumtanzt und dann erst von den Sklavendiensten, die sie bisher den Verwandten thun musste, befreit wird. — Die Russen verbrennen mit ihren Todten ein Mädchen aus freiem Antriebe, wie es auch in Ghana und Caughala (Nigritien) und in den Gegenden des Landes Hind, in Kanaudsch (Kinnaudsch) und sonst geschieht. (*Ibn Haukal.*) — Die Huilichen (in Chile) balsamiren das beste Pferd des Todten ein, trocknen es im Rauche und begraben es dann. Die Moluchen lassen das Pferd am Grabe Hungers sterben, die Todten werden mit den Füssen voran aus der Hütte geschafft, weil sonst das irrende Gespenst dorthin zurückkehren könnte. — Wenn die Frau dem Manne in den Tod folgte, so würden ihm die schweren Thore der Unterwelt nicht auf die Fersen fallen, wie Brunhild sagt, als sie mit dem Hunnengebieter Sigurd verbrannt sein will. Im Turiner Todtenbuche steht die Frau hinter dem Verstorbenen. — Bei den Natches wurde die Dienerschaft des Caziken in einem durch Tabakessen erzeugten Rausche an seinem

Grabe getödtet. Nach den römischen Gesetzen wurden bei Ermordung des Herren sämmtliche Sklaven an seinem Grabe getödtet, und in Africa früher bei jedem Todesfall, da immer eine Ermordung durch Zauberei vorliegen sollte. — Alles dem Verstorbenen Werthvolle wurde mit ihm begraben, selbst lebendige Geschöpfe nicht ausgenommen, bei den Celten. — Das Stroh von dem Wagen, auf welchem die Leiche gefahren wurde, lässt man (in Westpreussen) an der Kirchhofsthüre liegen, weil es dem Todten gehört. Nimmt man es wieder mit nach Hause, so hat der Geist keine Ruhe, sondern kommt des Nachts immer wieder auf die Hofstätte zurück, um sein ihm entzogenes Eigenthum zu suchen. — Die Tschuwaschen legen Lebensmittel und Kleidungsstücke auf das Grab, damit die Todten nicht zurückkommen. — Das unter das Volk zu vertheilende Opferfleisch am Grabe des Tuitonga auf Tonga wird dort gelassen, bis es stinkend ist, da die Hinwegnahme Sünde sein würde, so lange es noch nicht ganz verdorben ist. — Nach dem Volksglauben kommt der Todte Nachts zu dem, der Etwas von seinem Grabe nimmt. In der lex Bajuvar. heisst der Todtenraub Wala-Raub, d. h. Raub am Eigenthum einer auf der Wanderung begriffenen Seele. (Siehe *Mone.*) — Sobald auf den Jonischen Inseln der Leichnam dem Geistlichen übergeben ist, wirft man Töpfe und andere irdene Gefässe aus dem Hause auf die Strasse und schüttet auch Wasser, gleichsam zur Erfrischung der Seele des Leichnams, auf denselben. — Das Geschirr, welches ein Verstorbener gebraucht hat, wird zerschlagen an einen Kreuzweg gesetzt, sonst kehrt der Todte wieder, glaubt man an der Bergstrasse. — Die vom Rabbi Posim gesehene Seele, die aus dem Paradies zurückgekehrt war, um den zerrissenen Aermel ihres Todtenhemdes flicken zu lassen, trug einen Kranz heilkräftiger Kräuter aus dem Paradies auf dem Haupte, damit ihr der Wind der Welt nichts thue. — Die Esthen legen die Güter des Verstorbenen auf eine meilenlange Strecke aus, so dass der grösste Haufe am fernsten, der kleinste am nächsten dem Hause des Todten liegt. Hierauf sammeln sich Alle, die im Lande die schnellsten Pferde besitzen, wenigstens fünf oder sechs Meilen von dem ausgelegten Gute und reiten nun zusammen um die Wette darnach. Wer das schnellste Pferd hat, erlangt den grössten Haufen und so jeder nach dem andern, bis Alles weggenommen ist. Der geringste fällt dem zu, welcher dem Hause zunächst bleiben musste. — Wenn die Hausfrau stirbt, so bekommt jedes Stück Vieh im Stalle einen andern Stand, weil sonst das ganze Vieh hinstirbt (in Altenburg). — Die Stämme der Antis, die die Todten als Menschen fortleben lassen, beerdigen sie mit ihren Ackerbau- und Jagdgeräthschaften, während die andern, bei denen sie sich in Thiere verwandeln, ihre rächende Wiederkehr fürchten. — In Abbeokouta begräbt man den Jäger ausserhalb der Stadt auf der Landstrasse und legt seine Geräthschaften auf das Grab. — Die Beltinen gaben die dreisaitige Laute (Kollys) oder das Hackbret (Jüttagan) mit in den Sarg, der auf Bäume hingestellt wurde. — Nach dem Welm genannten Brauch binden die Araber das Kameel des Verstorbenen an sein Grab, damit es der Geist reiten könne bis zum Niederfallen. — Der in seinen engen Fächerhäusern aufgewachsene Chinese denkt nur daran, sich in der nächsten Welt Alles ebenso abgezirkelt und vorsorgend einzurichten. „Während des von dem Grossbonzen geleiteten Jahresfestes (sagen die Missionäre) ist die Hauptsorge, die Schätze für die andere Welt zu weihen. Dazu baut man ein Logis aus gemaltem und vergoldetem Papier auf, sehr niedlich gemacht und worin nicht die kleinste Sache mangelt, deren man im gewöhnlichen Leben bedarf. Man füllt diesen kleinen Palast mit aller Art Schachteln von gemalter und gefirnisster Pappe und in diesen Schachteln werden die Gold- und Silberbarren verwahrt, d. h. papierne aus Gold- und Silberpapier. Es bedarf deren einiger hunderte, um sich von den schrecklichen Foltern des schrecklichen Yen-vang, des Königs der Hölle, loszukaufen, da er Jeden, der ihn nicht gut bezahlt, auf das entsetzlichste leiden lässt. Ungefähr zwanzig andere werden bei Seite gelegt für die Beisitzer des Königs der Schatten, da es auch mit ihnen rathsam ist, in gutem Einvernehmen zu bleiben. Der Rest, sowie das Haus selbst, ist bestimmt zum Wohnen, davon zu leben und etwaige Bedürfnisse bestreiten zu können. Man verschliesst alle diese kleinen Schachteln mit papiernen Schlössern, dann schliesst man das Haus selbst zu und hebt die Schlüssel sorgfältig auf. Wenn die Person, die sich alle diese Kisten gemacht hat, verschieden ist, wird dieses Haus unter feierlichen Ceremonien verbrannt, mit seinen Schachteln und seinem Gelde, sowie auch mit den Schlüsseln, damit jene von ihrem Eigenthümer im Jenseits geöffnet werden können, um die Barren herauszunehmen, die, als Papier auf Erden verbrannt, im Himmel als vollwichtiges Gold und Silber ausbezahlt werden." — Mit Wiederherstellung der lamaischen Kirche unter den Mongolen (1577) hörte der Brauch auf, beim Tode eines Menschen (je nach der Grösse seines Vermögens) Kameele und Pferde zu schlachten und mit ihm zu begraben, indem statt dessen das Vieh in gleichem Verhältnisse an die Geistlichkeit gegeben wurde. — Nach den Fantees existirt im Menschen ein Geist, der den Körper überlebt. Dieser Geist soll nahe dem Orte bleiben, wo der Körper begraben wurde. Sie schreiben ihm Bewusstsein dessen zu, was auf der Erde vor sich geht, und dass er Macht habe, Einfluss auf ihre Bestimmung auszuüben. So verehren sie die Geister ihrer abgestorbenen Freunde und Verwandten und stellen Wallfahrten nach ihren Gräbern an, um Opfer darzubringen. Da sie nach dem Tode in ein anderes Leben einzutreten glauben, das dem irdischen in vieler Hinsicht gleich sei, begraben sie mit dem Todten einen Theil seiner werthvollen Gegenstände und geben ihm eine Branntweinflasche, Pfeife und Tabak in die Hand. Grosse Verbrecher, heisst es, sterben im Jenseits einen zweiten Tod. Beleidigte rächen sich dort an ihren Feinden. Nach Plato bekämpfen im Jenseits die Seelen der Ermordeten ihre Mörder. — Eschmunazar (König von Sidon) flucht in seiner Grabschrift denen, die seine Ruhe stören würden, dass sie kein Leichenbett für sich unter den Rephaim (Schatten) finden sollten, rettete sich aber dadurch nicht vor den Händen der Alterthumsforscher. — Nach Ktesias bewachten die Magier das Grabmal des Königs von Persien. — Die Ungläubigen, die in dem von der Herrschaft der Foulahs wieder unabhängigen Noofee an Zahl die Mohamedaner überwiegen, kreuzen dem Todten die Arme über der Brust und setzen ihn in ein Grab, wo sich Einer seiner Freunde neben ihn legt, während ein Anderer am Eingange sitzt. Sie haben eine weite und grosse Höhle, in der die Gebeine gesammelt werden, und die Wächter dieser Höhle, die eine Art Priesterschaft constituiren, schicken oft Boten an den Verwandten des Todten, indem sie ihnen im Namen desselben befehlen, das Beste ihres Besitzthums herbeizubringen. Kommen sie dann zu der Höhle, so werden sie überfallen, sämmtlicher Habe beraubt und, wenn Frauen, entehrt. Stirbt der König, so nehmen sie sein Haus in Besitz und bewohnen es. (*Denham* und *Clapperton*.)

Libationen und Todtenmahle. Am Bonny hat jedes Haus seinen Penatenstand, unter dem die Vorfahren begraben sind. Eine trichterartige Oeffnung führt zu der Leiche hinab, und der Neger verlässt nie sein Haus, ohne dort eine Libation hinabgegossen zu haben. — Die Turkestaner stechen, wenn sie die Gräber ihrer Verwandten besuchen, am Halse zwischen dem Adamsapfel und der Haut mit dem Messer ein Loch durch und stieben ein Bündel Zwirn hinein, um das Opfer (Oschür) zu bringen. — Bei der Beerdigung in den Tenggergebirgen (auf Java) wird ein hohler Bambusstab in's Grab gesteckt, um Wasser und Lebensmittel hineinzuschütten. — Die Esthen werfen das erste Stück der Speise unter den Tisch und giessen etwas Bier dahin, für ihre Todten. — Die Omahas und Otos hängen die Todten an Bäume, mit einem Napf zum Wasserschöpfen daneben. — Die Knochenhäuser, in denen die Gebeine der Könige und der Häuptlinge bei den Timmanees niedergelegt sind, werden niemals geöffnet, aber durch kleine Oeffnungen, die sich in ihnen finden, werden Speisen und Getränke hineingesetzt, um von den abgeschiedenen Geistern verzehrt zu werden. — Am Tage des Allerheiligenfestes setzten schon die heidnischen Schweden den Elfen Speisen und Getränke hin, die Esthen Nachts den Verstorbenen. Die Finnen feierten das Fest des Kauri (des isländischen Gottes der Winde), die Slawen ein jährliches Todtenmahl, ausser dem Jahrestage der Bestattung. Bei der Chautoras (Todtengabe) warfen die Litthauer, wenn sie die persönlich zugegenen Seelen (um sich vom Duft und Dampf der Speisen zu nähren) rauschen hörten, schweigend kleine Stücke Nahrung unter den Tisch, sprechend: „Vergebet, Seelen der Verstorbenen, erhaltet uns Lebenden den Segen und die Ruhe diesem Hause. Gehet, wohin euch das Schicksal ruft, aber richtet beim Fliegen über unsere Schwellen, Hausfluren, Wiesen und Felder keinen Schaden an.“ In England wurde am Allerheiligenabend der für die Geister gebackene Kuchen den Armen vertheilt, wie in Athen die an den Kreuzwegen der Hecate ausgesetzten Opfer. In Lackendar legte man um das angebrannte Feuer Steine nach der Zahl der Familienglieder und der, dessen Stein am nächsten Morgen verrückt war, hatte im Lauf des Jahres zu sterben. Das Fest aller Seelen wurde (998) von Odilo (Abt von Clugny) eingeführt, um die abgeschiedenen Seelen, die er jämmerlich im Aetna hatte schreien hören, aus dem Fegefeuer zu erlösen; da indess diese Anstalt den Klöstern der Cluniacenser durch reiche Vermächtnisse ungemein viel einbrachte, bestimmten die eifersüchtigen Bischöfe Johann XIX., es (1006) zu einem allgemeinen Festtag zu erheben. In Neapel wird auf dem Campo santo zur Erleichterung der Seelen gezecht und geschmaust und Todtenköpfe, sowie Gerippe aus Zucker den Kindern verkauft, wie in Rom aus Mandelteig verfertigte Todtenknochen und Bohnen. — Trinken die Aneas das erste Johannisbrotwasser, so schütten sie davon klagend auf die Gräber ihrer Angehörigen, die nicht mittrinken können. — Wenn in der Nacht die Löffel klirren, so sagt man, die armen Seelen haben Hunger (in Tirol). — Die Scythen führten die Leiche eines Verstorbenen vierzig Tage lang bei allen seinen Freunden umher, um sie dort feiren zu lassen. — In der Bretagne wird um Mitternacht, wenn die Leiche noch im Hause steht, das Fest der Seelen gehalten. — Die Indier setzen den Farfadets (Bali genannt) Reis hin, den sie Nachts zu essen kommen. — Acht Tage nach dem Abscheiden des Verstorbenen hielt man das Sacrificium novendiale oder coena novendialis und die ludi novendiales. Auch wurde ein öffentliches Fest der Manen gefeiert, das Feralia oder Parentalia hiess, in welchem den Manen Opfer von einem Schwein oder Schöps gebracht wurden, zu Ehren der Ceres, die die Gebeine der Geschiedenen in ihrem Schoosse barg. Unter Libationen wurden die Gräber bekränzt. — Am Jubnich-Feste öffneten die Tschuwaschen jährlich ein Loch am Kopfende des Grabes und legten Speise und Trank für den Abgeschiedenen hinein, worauf sie es mit einer hölzernen Säule wieder schlossen. — Die Russen feiern jährlich zwei Festmahle auf den Gräbern, wo auch die Chinesen einmal essen. In der Nacht des Allerseelentages zeigen sich auf dem Gutberge bei Schönau in der Lausitz grosse Feuergestalten von konischer Form; die Ringeltänze halten und, über die Kirchhofsmauer schlüpfend, verschwinden. — Nach den Azteken halten sich die Seelen verstorbener Menschen und die umgekommenen Strausse unter der Erde in denselben Gezelten auf. Die Patagonier nannten die Verstorbenen Soychubet, als Menschen, die bei Gott (Soyohu) sind. Die Zauberer (Jomsy) der Tschuwaschen beten zu Tora für die abgeschiedenen Seelen, damit sie ruhig bleiben, sich nicht in den Gräbern zanken, die Zurückgebliebenen nicht belästigen und nicht zurückkommen. Die Speisen werden dann auf die Gräber ausgegossen und Handtücher hingelegt, mit den Worten: „Stehet in der Nacht auf und esst euch satt; da habt ihr auch Handtücher, um euch den Mund zu wischen." Hässlichen Leuten, von denen man besonders fürchtet, dass sie wiederkommen möchten, werden die Füsse in dem Sarg festgenagelt und dieser dicht zugeschlagen. — Bei den Juden besteht nach dem Begräbnisse eines Todten die erste Mahlzeit aus harten Eiern und Linsen, die, als Hülsenfrüchte, die Materienumhüllung der Seele symbolisiren. Wie Bohnen wurden Erbsen auf die Gräber gelegt. Im Heere des Crassus galt es für schlimme Vorbedeutung, als einst, wegen Mangels anderer Nahrung, Linsen vertheilt wurden. — Sibylla nahm Honigkuchen mit in die Unterwelt, die man auch den Todten zur Besänftigung des Cerberus mitgab. — Am dritten Tage nach dem Abscheiden feiern die Tschuwaschen ein Gedächtnissfest. Bei der alljährlichen Gedächtnissfeier wurden so viele Lichter angezündet, als Verstorbene in der Familie waren. Der älteste Sohn bietet den Todten Brot (dass sie nicht zurückkommen) und giebt den Rest den Hofhunden, damit sie auch der Todten gedenken sollen. Sie bekreuzigen sich am Anfang und Ende der Tänze. — Die Tscheremissen legten Speise und Trank auf das Grab mit den Worten: „Das ist für euch, ihr Todten, hier habt ihr Speise und Trank." Am Feste des Brotbackens wurde davon auf das Grab gelegt. — Beim winterlichen Gastmahl des Sausruk, des ersten der Halbgötter bei den Tscherkessen, wurden Speisen und Getränke in das Zimmer gesetzt und ein zufällig kommender Gast vertrat die Stelle des Heiligen. — Die am Ostersonntage von den Russen auf den Kirchhöfen gegessenen Speisen sind vorher von den Priestern geweiht. — Die Römer nannten die Seele das Salz des Leibes, weil er ohne sie sich auflöst und verfault, weshalb man es den Todten vorsetzte und bei Leichenmahlen gebrauchte. (*Pitiscus.*) — Die Litthauer speisten am Todtenfeste Velli ihre Abgeschiedenen vierzig Tage lang. — Dreissig Tage jammerte bei den alten Preussen die Wittwe am Grabe ihres Gatten beim Auf- und Untergang der Sonne. Die Verwandten hielten am 3., 6., 9. und 30. nach der Bestattung Gastmähler, wozu sie die Seelen der Verstorbenen durch ein Gebet einluden und wobei sie stumm zu Tische sassen, aber zugleich von jedem Gerichte etwas zur Weide der Seelen unter den Tisch warfen, sowie vom Getränk ausgossen. Nach der Mahlzeit stand der Opferpriester auf, fegte das Haus mit dem Besen und vertrieb die Seelen mit den Worten: „Ihr habt gegessen und getrunken, geliebte Seelen, macht euch fort." — In Dahomey nennt man das jährliche Gedächtnissfest der Vorfahren des Königs das des Tischdeckens für die Vorfahren, deren Gräber dabei gewaschen werden und zwar mit Menschenblut, das von den Geistern der Ahnen genossen wird. (*Forbes.*) — Im Wintersolstitium feierten die Esthen das Trauer- und Todtenfest der ingeda seg (Seelenzeit, während der

Zeit, in welcher die Geister der Verstorbenen auf Urlaub heimkehrten) unter allgemeiner Stille und Schweigen. — Die Isländer liessen in der Neujahrsnacht, wenn sie schlafen gingen, die Thüren ihrer Stuben und Häuser offen und baten die dann umgehenden Alfen zum gedeckten Tisch. — Bei den Johannisfeuern wurden noch im 17. Jahrhundert leere Sessel hingestellt, damit die Seelen der verstorbenen Verwandten daran Theil nehmen könnten. — Am Feste der Verstorbenen arbeiteten die Liwen von der Abenddämmerung an nicht mehr in den Häusern und gingen früh schlafen, um die umgehenden Geister nicht zu stören. Am letzten Tage werden dürre Späne auf's Grab gelegt, damit der Todte sich Licht machen könne. — Nach Eustathius pflanzte man Asphodelos (die Japaner den Asphodelus asiaticus Hawkins) auf die Gräber, damit seine Stärkemehl enthaltenden Wurzeln den Todten zur Nahrung dienten, die dann (nachdem jene Pflanze zum chthonischen Symbole geworden) über die Asphodeloswiese in die Unterwelt hinabstiegen. Ebenso wurde Lattich, womit Venus den todten Adonis bedeckte, als Todtenkraut auf die Gräber gelegt (s. *Friedreich*). — Die katschinzischen Tartaren stellen auf den Gräbern eine Trinkschale auf, um welche die Verwandten (nach Verlauf eines Jahres) erst ein Klage- und dann ein Freudenfest feiern. — Die Polen legten Kuchen auf die vier Ecken des Grabes. — Die Indianer von St. Domingo enthielten sich des Mammeybaums, als einer Speise der Todten, die Nachts aus den nahegelegenen Gebirgen in die Ebene hinabkämen, um von seinen Früchten zu essen und Morgens wieder in jene zurückkehrten. — Die alten Preussen luden den Gott Eszagulis ein, um an dem Wurstfest zu Ehren der Verstorbenen Theil zu nehmen. — Sechs Wochen nach der Bestattung eines Tscheremissen begeben sich dessen Verwandte auf seinen Grabhügel und laden ihn ein, unsichtbar in ihr Haus zu kommen und dem Todtenfeste beizuwohnen, während welches ihm Speisen hingesetzt werden und die Tinkegarden, mit ihren Festkleidern behangen, umhertanzen. — Am Chawturel-Fest backen die Letten einen Pfannkuchen für den Todten. — Die Camacans in Brasilien legen frisches Fleisch auf das Grab ihrer Verstorbenen, und wenn dasselbe von einem Thiere gefressen werden sollte, so wird solches für heilig gehalten und darf für einige Zeit nicht gegessen werden. (*Martius.*) — Wenn die Leichenbegleiter nach dem Begräbniss im Sterbehause bewirthet werden, so ist gewöhnlich der „Geist" schon da und verweilt hinter einem breiten Handtuch, welches man zu diesem Behuf an der Thüre aufhängt, oder er setzt sich ungesehen auch mit zu Tische. Man sucht die Gäste so lange als möglich beisammen zu halten, denn sobald sie auseinandergehen, nimmt auch der Verstorbene für immer Abschied von dem Hause (in Ostpreussen): — In Tangut (Tibet) wurde der Todte (nach Marco Polo) mit Speisen versehen, bis der von dem Wahrsager zur Beerdigung bestimmte Tag gekommen sei. — Die Sitte (wie bei den Barabras in Nubien), Speise und Trank auf die Gräber für die Verstorbenen zu setzen, hat sich durch den Islam im Oriente dahin geändert, dass dort stets ein Näpfchen mit Wasser zur Erfrischung der Reisenden gehalten wird. — Das Todtenfest (bei den Römern) wurde als von Pluto angeordnet betrachtet. — Bei dem polnischen Todtenfeste (Dziady) ruft ein Beschwörer die Todten in die Volksversammlung, damit sie nehmen, was zu ihrer Erleichterung diene. Nur die Seelen der Unterdrücker der Armen, der Verräther des Vaterlandes werden von diesem Mahle fortgescheucht. (*Kozmian.*)

Todtengericht. Das Todtengericht bei den Egyptern wurde drei Tage nach dem Tode gehalten, vor den dazu bestellten Richtern und in Gegenwart der Verwandten des Verstorbenen. — An den Ufern des Mörissees hielten die zweiundvierzig Todtenrichter das Todtengericht ab, ehe der Leichnam dem Charon übergeben wurde. — Würde Apollo, sagt Plutarch, wenn die Seelen mit dem Leibe untergingen und wie Nebel und Rauch zerflössen, so viele Seelenopfer (*Ιλασμους*) für die Abgeschiedenen anordnen und Ehre und Auszeichnung für die Todten verlangen? — Stirbt ein Mohamedaner, so wird für die Seele und für die Erleichterung der körperlichen Schmerzen bei der Prüfung durch die Engel Ankir und Munkir gebetet. — Wenn die Todten (sagt Plato) an den Ort gekommen sind, wohin der Schutzgeist eines Jeden ihn begleitet hat, so fängt man zuerst damit an, dass man das Urtheil über die fällt, welche den Vorschriften der Rechtschaffenheit, der Frömmigkeit und der Gerechtigkeit gemäss gelebt haben, dann über die, welche ganz davon abgewichen sind und zuletzt über die, welche zwischen beiden in einer Art Mitte stehen. — Schutz- und Quälgeister (beide geflügelt) finden sich zusammengestellt am Lager eines Sterbenden auf einem Grabrelief zu Volterra, ähnlich den schwarzen und weissen Dämonen an tarquinischen Wandgemälden. Quintus Smyrnäus erzählt von den *Κηρες* genannten Schicksalsgöttinnen, von denen sich im Todeskampfe die weisse dem Achill, die schwarze dem Memnon zuwandte. (*Gerhard.*) — In katholischen Bildern steht der Teufel mit seinem Gefolge auf der einen, das Engelheer auf der andern Seite des Sterbenden. — Nach den Rabbinen kommt der Mensch dreimal in's Gericht, alljährlich am Neujahrs- oder Posaunentage, gleich nach der Beerdigung und am jüngsten Tage. — Das Gericht des Schlagens (mit der Kette des Todesengels) beim Anklopfen (Chibut hakeber) am Grabe ist (nach R. Meir) härter, als das Gericht der Hölle. — Als Kaiser Hadrian meinte, dass am jüngsten Gericht Leib und Seele die Schuld gegenseitig auf einander schieben möchten, erklärte ihm der Rabbi (heisst es im Tractat Sanhedrin), wie beide zusammen gerichtet werden würden. — Nachdem die Leichen-Ceremonien für den verstorbenen Tuitonga beendigt waren, hatte jeder Häuptling die Pflicht das Grab desselben beim Einbruch der Dunkelheit zu verunreinigen und die vornehmsten Frauen der Insel hatten den Koth mit ihren Händen wegzutragen. (*Mariner.*) — Die Juden nehmen an, Gott habe drei Bücher, die er öffnet, um die Menschen zu richten, das Buch des Lebens für die Gerechten, das Buch des Todes für die Gottlosen, und das Buch der Menschen für die, welche mitten innen stehen. — Wenn der König von Serendyb stirbt (erzählen die Araber des neunten Jahrhunderts), wird er auf einem Karren durch die Stadt geschleift und eine dahinter gehende Frauenfigur fegt ihm den Staub über das Gesicht, ausrufend: „Kommt und seht, dieser Mensch war gestern noch euer König, er beherrschte euch und seine Befehle wurden durch euch ausgeführt. Seht, was aus ihm geworden ist. Er ist von der Welt geschieden und seine Seele ist in den Händen des Todesengels. So lasst euch nicht durch die Vergnügungen des Lebens verführen.“ — In Egypten wurde ein Todtengericht am Grabe des Königs gehalten, während am Gaboon und in Senegambien der König schon bei seiner Thronbesteigung vom Volke gerichtet wird.

Passage zum Jenseits. Die heidnischen Polen beteten zum Gott Nija, dass er die Seelen nach dem Tode in bessere Orte der Unterwelt führen möge. — Nach den Ibos wird jede Seele von zwei Geistern, einem guten und einem bösen, geleitet, und (wenn fromm) unbeschädigt an einer gefährlichen Wand vorbeigeführt, hinter der sich der schmale Weg der Heiligen und der breite der Verdammten theilen. (*Oldendorp.*) — Auf dem vierzigtägigen Wege zur Pforte des Himmels treten der von ihren zwei Schutzengeln geleiteten Seele (in der griechischen Kirche) die Erinnerung ihrer Sünden und aller Art Versuchungen entgegen. Auf dem Florentiner Concil wollten die Griechen das Fegefeuer nicht gelten lassen, wohl aber das Purgatorium. — Auf Zoroaster's Frage, wo die Seele des Menschen, wenn er stirbt, die erste Nacht bleibt, antwortet Ormuzd: „Neben dem Haupte des Leichnams. Sie steigt in den Gah Oschtnet, sie spricht mit Reinheit: Ich, die ich rein bin und jeder, der rein ist, dem Wünsche, o Ormuzd, lass in Erfüllung gehen. Selbst diese Nacht geniesst die Seele das Glück alles Guten, was der Mensch während des Lebens auf der Welt gethan. Die zweite Nacht bleibt sie in der Nähe des Hauptes, die dritte Nacht ist sie in den wohlriechenden Bäumen, und wenn sie den Duft einzieht, steigt mit Glanz ihr lebendes und eigenes Gesetz auf, wie mit einem jungfräulichen Leibe, rein, ganz lichtglänzend, beflügelt wie Forosch, gross, vortrefflich, erhaben, den Hals emportragend, sehr rein, gross, ein glänzender Keim, jugendlich stark, wie der Leib eines Jünglings, rein, wie das Reinere dieser Welt." „Sie (die jungfräuliche Schöne der Unsterblichkeit) spricht zu der Seele des Gerechten: „Ich bin dein eigenes Gesetz, ich bin, was du Reines gesucht hast, dein reiner Gedanke, dein reines Wort, dein reines Wirken, dein reines Gesetz, wie du selbst, der du einem reinen Gesetze folgtest, so lange du am Leben warst." Die Seele des Gerechten thut dann einen Schritt und setzt sich an den Ort des reinen Gedankens, einen zweiten und setzt sich an den Ort des reinen Worts, einen dritten und setzt sich an den Ort der reinen That, die Seele des Gerechten thut einen vierten Schritt und geht in das heilige Urlicht ein," wo die Gerechten der Todten sie empfangen und Ormuzd sie vom Balsam Mediocerem trinken lässt. Wenn der Darvand stirbt, wo wird seine Seele sein die erste Nacht? fragt Zoroaster. Ormuzd antwortet: „Sie nagt an dem Gürtel des Leichnams. Sie fühlt schon das Uebel, das der Mensch thut, so lange er in der Welt lebte." So auch in der zweiten und dritten Nacht. „In der dritten Nacht ist sie noch in der Welt, sie brennt in Fäulniss, wie ihr Leichnam, sie haucht den bösen, den faulen, den faulsten Wind aus. Mit dem vierten Schritt findet sie sich in der Urfinsterniss, wo die todten Darvands ihr entgegenkommen, wo Ahriman ihr Fäulniss zu essen giebt, im Ueberfluss." — Vierzig Tage lang nach dem Tode, wie Christus nach der Auferstehung, muss jeder Gestorbene (nach dem Volksglauben in Ostpreussen) noch auf Erden wandeln und manche Leute können diese Seelen als nebelartige Gestalten sehen, wie die Od-Sensibeln. — In der dritten Nacht gelangt (nach Zoroaster) die abgeschiedene Seele auf die Brücke Tschinewat zum Gericht, bis zu dessen Entscheidung die Priester die ersten drei Nächte in steten Gebeten an der Leiche verbringen. — Nach den Swedenborgianern geht die Umwandlung der Leiche in den Seelenleib am dritten Tage nach der Beerdigung vor sich. — Die Tschokthas müssen nach dem Tode auf einem schlüpferigen Tannenbaum einen stinkenden Strom passiren, in den die Bösen hineinstürzen, während die Guten in schöne Jagdgefilde gelangen. — Die Seelen (im samogitischen Litthauen) müssen zuerst im Hause des obersten Priesters Kriwe Kriweito erscheinen, dann den Felsenberg Anafielas erklimmen und Klauen und Krallen (die die Polen in's Grab legten für den Glasberg) werden mitbegraben oder verbrannt, in deren Gebrauch der Reiche schwerfälliger ist. Der Sünder wird geschunden vom Drachen Wisunas und dann von den Winden fortgetragen. Die göttliche Wesenheit auf dem Gipfel des Berges richtet die Todten und bestimmt den Aufenthalt. Die Guten wohnen frei und fröhlich (mit hundert Sinnen, deren jeder die Quelle von hundert Vergnügungen ist) am mittäglichen Ende der

Milchstrasse, die Bösen werden gemartert in der Unterwelt Pragaras. — Die Grönländer legten einen Hund auf das Grab eines unmündigen Kindes, damit der Hund, der überall zu Hause sei, ihm den Weg in das Jenseits zeigte. — Eine Indianerin freut sich, dass ihr Mann bald nach ihrem Säugling gestorben sei, da jetzt jener diesen leiten könne, wenn er sich auf dem Wege verirrt haben sollte. — Runenartige Zeichen wurden auf dem Todtenschuh für die lange Wanderung in Schwaben eingewirkt. — Bei den Eskimo's müssen die Verdammten an einem Felsen niederrutschen, der schon ganz von Blut klebt. — Die die Todten nach Britannien überfahrenden Kaufleute zahlten (nach Procopius) den Galliern keinen Tribut. — Seine Lieblingswaffe ist mit dem Shangallas begraben, damit er beim Auferstehen seinen Feind bekämpfen könne. — Die Tscheremissen geben dem Todten einen Stock in die Hände und einen Büschel Rosenzweige zum Schutz gegen die bösen Geister, stellen ein brennendes Licht auf das Grab (mit den Worten: „Lebet in Frieden") und verzehren einen Pfannkuchen, von dem Jeder die Stücke auf das Grab wirft, sprechend: „Wohl bekomme es dir!" — Die Armenier rieben die Leiche mit Oel ein, damit sie besser mit dem bösen Geiste, beim Uebergang in das Jenseits, zu ringen vermöchte. — Auf den Magen der Mumie gelegt, galt der Scarabäus den Egyptern für einen sicheren Talisman, die Seele gegen den schrecklichen Dämon Amenthis zu schützen. — Die Juden geben dem Todten ein Messer in die Hand, um sich damit gegen die Angriffe der Vampyre vertheidigen zu können. — Als die Seele Joseph's beim Todeskampfe schon in seinem Schlunde ist, legt Jesus (nach dem Apocryphicum) ihm die Hände auf die Brust, um die hässlichen Gestalten fortzujagen. — Die irinatischen und koräkischen Schamanen suchen die Kobolde, die (unter der Erde herrschend) dem Todten viel Unheil zufügen könnten, bei der Beerdigung durch Formeln zu bannen und durch Lufthiebe mit einer Hacke abzuhalten. — Nach Theocrit hatte das Kupfer die Kraft, Gespenster zu verjagen, weshalb die Spartaner beim Tode ihrer Könige auf einen Kessel schlugen. — Wenn die Samogitier die Leiche zum Grabe geleiteten, so führten sie Schwerthiebe in die Luft, um die bösen Geister vor Annäherung zu hindern. — Während die Patagonier die Skelete ihrer Todten, die von einer alten Frau jährlich einmal in ihren Gräbern geschmückt werden, zubereiten, unterhalten die Männer ein ununterbrochenes Stampfen, um die Valichus des Atis kanna kanaih zu vertreiben. — Ehe sie einen Todten begraben, werfen die Priester der Amina dem bösen Geiste (Didi) einige kostbare Sachen auf einen dazu gereinigten Weg hin und geben ihm zu verstehen, dass diese schönen Sachen für ihn wären, weshalb er den Todten nicht beunruhigen solle. (*Oldendorp.*) — Bei den Begräbnissen der Preussen, während die Leiche zum Grabe geführt wurde, liefen die jungen Männer voraus, mit den Waffen in der Luft fechtend, indem sie schrieen: Begaythe Pekolle (Lauft, ihr Teufel, zur Hölle)!

Priesterliche Ceremonien. Die Priester der Jeziden stellen die Leiche gerade in die Höhe, berühren sie leicht an Hals und Schulter und sagen, sie mit der flachen Hand schlagend: „Gehe in's Paradies." Am sichersten ist es aber ein altes Hemd des jedesmaligen Scheichs (des Religionsoberhauptes) als Todtenhemd zu gebrauchen. — In Mexico werden die Seelen in der Lotterie ausgespielt, indem die Gemeinden das Recht haben, für die Erlösung ihrer Verwandten aus dem Fegefeuer Messen zum Betrage des gewonnenen Goldes lesen zu lassen. — Die Lappländer am Flusse Kola legten Kienholz für Fackeln zum Todten, sowie Lebensmittel und einen vom Priester versiegelten Geleitsbrief an den heiligen Peter, dass er des

Himmels würdig sei. Dann gingen sie schreiend um die Leiche herum, und fragten, ob Weib oder Kind an seinem Ableben Schuld sei. — Die Mokko glauben gegen die Ansprüche der bösen Geister sicher zu sein, indem sie durch die Zeichen auf ihrem Körper beweisen, dass sie zu Gott gehören. (*Oldendorp.*) — Am Calabar werden runde Brandwunden auf dem Körper getragen, die die Priester gegen entsprechende Bezahlung aufdrücken, um damit den Eingangszoll in das Jenseits zu bezahlen. Der russische Pope giebt dem Verstorbenen einen Pass für den heiligen Petrus mit in's Grab. — Bei der Begräbnissfeier des Tuitonga beobachtete man die Lafa genannte Ceremonie (auf Tonga-tabu), wobei der Arm an verschiedenen Stellen in der Form eng verbundener Cirkel eingebrannt wurde. — Wer mit dem Scapularium der Carmeliter angethan stirbt, dem können die bösen Geister nichts anhaben. — Der Chinese lässt sich mit dem vom Bonzen versiegelten Pass (Louin), gültig für den Himmel, begraben. — Ein im Frühling oder Sommer verstorbener Perser wurde, wenn die Blätter abfielen, ein im Herbst oder Winter Gestorbener, wenn die Bäume wieder ausschlugen, begraben. So viele Feinde getödtet waren, wurden Steine auf das Grab gelegt, unter der Herrschaft der orientalischen Türken (523 — 744 p. C.). — Bei den Begräbnissen der Kalmücken ist ein Priester gegenwärtig, der, unter Ceremonien und Gebeten die Leiche mit verschiedenen Zeichen einsegnet, damit die Seele nicht, zur Strafe für ein ungesühntes Verbrechen, nach dem Tode mit dem Körper vereint bleiben möge. Zuweilen wird auch die Haut der Leiche aufgeritzt, um der Seele den Ausgang zu erleichtern. Wenn man sich überzeugt hat, dass die Seele den Körper verlassen hat, wird derselbe mit Hülfe von einem der fünf mongolischen Elemente (Holz, Feuer, Erde, Eisen oder Wasser) zur Ruhe gebracht, und entweder in die Erde vergraben, verbrannt, ins Wasser gesenkt oder mit Steinen bedeckt, je nach dem in dem Geburtsjahre des Verstorbenen regierenden Elemente, wie es durch seine Stellung in dem Cyclus bedingt wird (s. *Kiesewetter*). — In dem Augenblicke, wo ein Kalmücke stirbt, muss solches dem Gelung angezeigt werden, der sodann (nach der Todesstunde) aus den heiligen Büchern bestimmt, in welcher Weise mit dem Leichnam verfahren werden und nach welcher Himmelsgegend er hinausgetragen werden solle. Von sechserlei Begräbnissarten findet die Verbrennung nur bei den Geistlichen (Lamas) oder Fürsten (Noyans) statt, deren Seele wiedergeboren werden wird, indem man die parfümirte Asche an den Dalai-Lama nach Tibet schickt. — Bei den Caledoniern, wo die Aeolsklänge der Harfen einen Todesfall vorhersagten, stimmten die Barden einen Gesang an, ohne den kein Krieger in dem Wolkenpalaste zugelassen wurde. — Durch das dreifache Opfer Jul bei der Beerdigung wird der ungewisse Zustand der Seele beruhigt, bis nach der Beendigung der Wehklage im dritten Jahre der Abgeschiedene durch Vorstellung der neuen Tafel im Ahnentempel in die Reihe der Geister gesetzt wird (in China). — So Einer in Todtsnöten liegt, kumpt der Priester mit dem Sacrament, schwetzet es dem Kranken als nöthig ein, als dass er nit mög' gerathen noch ohn dieses selig werden. (*Sebastian Frank.*) — Der Fromme kann oft den Amita und sein Reich in Visionen schauen. Vermag der Verbrecher, dem im Todeskampf das Schreckbild der Hölle erscheint, mit Reue zu beten, so verwandelt sich das Bild des Grauens in einen erquickenden Lotos und Amita selbst schwebt mit seinen beiden Pusas über seinem Scheitel und entrückt ihn zu den seligen Buddhas, vom Pfauenschweif der Aureola umgeben. — In Wales erklärte früher der Sineater, die Sünden des Todten auf sich nehmen zu wollen, gegen entsprechende Vergütigung. — Nach dem Tode eines Verwandten kauft der Russe ein bekreuztes Brot, woraus der Priester ein Dreieck ausschneidet, es in dem später zum Abendmahl dienenden Kelch durch den Wein auflöst und es dann der Gemeinde durch Löffel austheilt. Das Brot ist fortan heilig, darf nur bei nüchternem Magen (das erste Mal nach dem Abendmahl) genossen werden und wird so stückweise verzehrt. — Als unser Lehrmeister Moses in das Paradies einging, sagte er zu Josua: „Wenn dir über einen Gegenstand ein Zweifel aufstösst, so frage mich, wie du dich zu verhalten hast.“ — Zu einem Kranken in Tibet wird der Lama gerufen, um durch weltliche oder geistliche Arzneien zu helfen. Ist der Tod erfolgt, so fasst der Geistliche die Kopfhaut des Verstorbenen fest mit den Fingern zusammen, drückt und zieht und rückt sie so lange, bis sie eine Art von Knall oder sonst hörbarem Ton von sich giebt, macht auch wohl einen Einschnitt, um den Ausgang der Seele zu erleichtern. Die Bestattungsart wird nach den astrologischen Büchern bestimmt und dann folgen die Seelenmessen (g Schid Tschhos), um den Höllenrichter Jama zur Milde zu stimmen. — Die Kaffern führen den dem Sterben Nahen in die Wüste, um dem lästigen Reinigungsgesetz zu entgehen, die Boobies lassen ihn in einer separaten Hütte umkommen, die Patagonier begruben ihn, ehe er ganz todt war, die Indier setzen ihn an den Ganges. So fand man später vortheilhafter die Seele schon während des Lebens durch priesterliche Tugendlehren reinigen zu lassen, damit nachher der Leib unbedenklich die Pflege der Trauernden erhalten konnte. — Die vornehmsten Häuptlinge der Freundschaftsinseln liessen sich in den Gräbern ihrer Vorfahren auf Tonga Tabu (das heilige Tonga) begraben. — Nach dem Talmud sollen die Knochen abgeschabt werden, um die Seele zu reinigen. — Das Chadaktuch (das allgemeine Ehrengeschenk in der Mongolei), das auf die Gräber der Verwandten gesteckt wird, muss erst von einem Lama durch Lesung von Gebeten geweiht sein. — Die Lamas bestimmen die Art des Begräbnisses nach ihren astrologischen Büchern, und auch wenn sie den Leichnam den wilden Thieren aussetzen lassen, kommt ihnen die Entscheidung zu, nach welcher Weltgegend der Leichnam mit dem Kopfe liegen soll, was durch Aufstecken einer Windfahne erforscht wird. Doch sind einige unabänderliche Bestimmungen, wie dass ein Selbsterhängter nicht der Erde übergeben wird, ein an Geschwulst Erstickter nicht verbrannt werden darf, ein in Ueberschwemmung Umgekommener, vom Blitz Erschlagener und bei einer Feuersbrunst Verbrannter nicht in's Wasser geworfen wird, ein an ansteckender Krankheit Gestorbener nicht auf einem Berge beerdigt wird. — Die Waideloten mussten ehelos bleiben und unter sie nahm man Krüppel, Lahme, Blinde, Blödsinnige und anderes untaugliches Volk auf, da sie auf Geheiss des Kriwe Kriwaito einen aus ihrer Mitte liefern mussten, um sich beim Leichenbegängniss eines vornehmen Herrn mit ihm zu verbrennen. — Der Parse muss in der Sterbestunde den tröstenden Hund ansehen, der Indier einen Kuhschwanz in der Hand halten, um in's Paradies gezogen zu werden. — Fortune wohnte der Beerdigung eines Boddhapriesters in China bei, wo während des Gottesdienstes, als Raketen aufgestiegen waren, Buddha erschien, aber nur dem Oberpriester sichtbar. — In den acherontischen Büchern der Etrusker war (nach Arnobius) die Lehre enthalten, wie man durch das Blut gewisser Thiere die Seelen göttlich mache. — Nach dem Tode eines Häuptlings auf Neuseeland wird der Körper mit frischem Flachs geschlagen, um das über ihm schwebende Uebel abzuwehren (bis der Geist des Todten in die höhern Reiche übergegangen ist). Nach Beendigung des Festes bekümmert sich Niemand um die auf einen Baumstamm gestellte Leiche bis zum Jahresfest Hahunga, wo die verschiedenen Stämme ihre Todten zum Begräbnissplatze bringen. Die Häuptlinge berühren die Todtenkiste mit einem kleinen Stabe, mehrere Male einige Zauberworte sprechend und legen den Inhalt auf ein Tuch, dessen Bürde einem geschmückten Träger auf den Rücken gelegt wird, um sie zum Begräbnissplatze zu tragen. Dort schabt man die Knochen vollends rein, schmückt sie mit Federn, wickelt sie in Tücher und legt sie in das Grab. Früher wurden auch Sklaven erschlagen und erhängten sich seine Weiber freiwillig. — Stirbt ein Oberhaupt der Russen, so wird das Mädchen, welches sich bereit erklärt mit ihm zu sterben, festlich bedient unter Singen und Trinken. Am zehnten Tage wird der (durch die Kälte schwarze) Todte aus seinem Grab (in das Nabis, Früchte und eine Laute gelegt sind) genommen, und festlich gekleidet in das auf dem Schiff errichtete Gezelt (mit Nabis, Brot, Zwiebeln, Fleisch, Früchten) gelegt, wohinein sie die Stücke der geopferten Hunde, in Schweiss gejagte Pferde, Ochsen und einen Hahn werfen. Das Mädchen wird dreimal emporgehoben, das erste Mal ihre Eltern, das zweite ihre verstorbenen Anverwandten, das dritte ihren Herrn (der im schönen Paradiese sitzend, sie ruft) sehend, schneidet einer Henne den Kopf ab und wird dann (nach Vertheilung ihres Schmuckes) auf das Schiff gesetzt. Nach Beendigung des Liedes, das sie nach dem unter Singen geleerten Becher Nabis anstimmt, wohnen ihr sechs Männer bei, worauf (unter Getöse der Schilder) der Todesengel (ein finsteres altes Weib) ihr das Messer zwischen die Rippen stösst. Nachdem der nächste Anverwandte, der nackend rückwärts zum Schiffe geht, dasselbe mit einem brennenden Stück Holz angezündet hat, werfen alle Anwesenden brennende Scheite darauf. Dann wird über dem Orte, wo das aus dem Fluss gezogene Schiff gestanden, ein runder Hügel aufgeführt und in dessen Mitte ein grosser Holzstoss errichtet, worauf der Name des Verstorbenen nebst dem des Königs der Russen geschrieben ist. (*Ibn Foslan.*) — Nach Lucian öffneten die Magier durch gewisse Zaubersprüche und geheime Gebräuche die Pforten der Unterwelt, um sicher dorthin zu führen. — Der zuletzt Gestorbene muss so lange an der Kirchhofthür Wache stehen, bis eine neue Leiche ankommt (Franken), und der auf einem neuen Kirchhof zuerst Begrabene kommt nie zur Ruhe, sondern muss immer wandern (Hessen). — Auf den Molukken wurden die Kirchhöfe bewacht, damit nicht die Zauberer (Iwangis) sich von den todten Körpern nährten, bis diese verwest sind. — Wenn die Seele den Körper verliess, unubi te varua e te atua (der durch den Gott ausgezogene Geist), so glaubten die Tahiter, dass der Gott nach ihr gesandt habe. Die Oromatuas oder Dämonen lauerten in der Nähe des Körpers, um die Seele zu ergreifen, sobald sie durch den Kopf ausgezogen war. Oft sahen die Sterbenden die Varuas der Geister, die auf ihre Seele warteten. Nachdem die Seele vom Körper sich getrennt hatte, wurde sie durch andere Geister nach dem Orte der Finsterniss (Po) geführt, wo sie von den Vorfahren mit Muscheln geschabt und während eines bestimmten Zeitraums stückweise von den Göttern gegessen wurde. Ein Geist, der dreimal durch einen Gott hindurchgegangen war, als Speise, bekam ein vergöttlichtes Wesen und unzerstörbar, mit der Fähigkeit, die Erde zu besuchen und Andere zu begeistern. Um die Ursache des Todes zu entdecken, ruderte bald nach dem Abscheiden der Priester in die See hinaus, wo die Seele passiren musste, die dann mit Zeichen desjenigen, der den Tod veranlasst hatte, neben ihm vorbeiflog, worauf er die erlangte Kunde an's Land den Verwandten zurückbrachte. Die Körper der Vornehmen wurden durch Austrocknen an der Sonne und durch Einölung mumificirt. Ehe diese Procedur vorgenommen wurde, grub der Tahua-bure-tiapapau (der Leichenprediger) ein Loch in die Erde unter der Todtenbahre und betete zu dem Gott (von dem man glaubte, dass er die Seele verlangt habe), alle Sünden des Verstorbenen und besonders diejenigen, deretwegen er in die Finsterniss (nach Po) gerufen, dort niederzulegen, damit sie in keiner Weise den Ueberlebenden ankleben und der Zorn des Gottes versöhnt sein möge. Der Priester wandte sich dann an den Leichnam, sprechend: „Lass die Schuld mit dir jetzt verharren," und einen Pfeiler (als Personification des Verstorbenen) in das Loch steckend, liess er dasselbe mit Erde füllen, um die Sünden darin zu begraben. Dann steckte er kleine Stücke eines Platanenblattes unter die Achselhöhlen und auf die Brust des Leichnams, sagend: „Da ist deine Familie, da ist deine Frau, da ist dein Kind, da ist dein Vater und Mutter. Sei zufrieden im Jenseits. Blicke nicht auf die zurück, die du in der Welt gelassen." Nach Beendigung der Leichenceremonie eilten alle in's Meer (besonders die, welche durch die Berührung des Leichnams einen Theil der Sünde, für die er gestorben war, angenommen hatten), um sich von der Befleckung (mahuruhuru) zu reinigen und kehrten mit einigen vom Boden des Meeres aufgenommenen Korallenstücken zurück, die sie in das Sündenloch warfen, sagend: „Mit dir sei alle Befleckung." War die Familie reich genug, um die Einführung des Verstorbenen in das tahitische Paradies (Rohutu noanoa) bezahlen zu können, so wurden kostbare Opfer dem Romatanepriester gebracht, der Urutaetae, den Führer nach jenem Platze der Seligkeit, zu bewegen wusste, die abgestorbene Seele dorthin zu leiten. Während der Zeit, wo der mumificirte Körper zusammenhielt und auf der Bahre ausgelegt war, brachte man ihm täglich Speise und Getränke, da es ausser der materiellen, auch eine geistige Seite der Nahrung, die riechbar sei, gäbe, und der Duft dem Geist des Verstorbenen, wenn er zurückkehren sollte, angenehm sein würde. Fing der Körper an sich zu zersetzen, so wurden die Knochen beerdigt, der Schädel dagegen meistens im Hause der Verwandten aufbewahrt. Gelang es im Kriege sich feindlicher Knochen zu bemächtigen, so wurden diese zu niedrigen Arbeiten verwandt, in Meissel für die Schiffsbauer oder in Fischhaken verwandelt. Mehrere Wochen nach dem Tode eines angesehenen Häuptlings, zu dessen Ehren die Dichter Balladen sangen, wurde von den Verwandten meistens die Heva genannte Ceremonie vorgenommen, indem ein maskirter Mann, auf der Brust mit einem Panzer aus Perlmutterschalen geschmückt, in Begleitung verkleideter Jünglinge den District durchlief und Begegnende mit seiner Paeho (einer Keulensäge) schlug, indem er in einem Zustande der Aufregung handelte, als wie von dem Geiste des Verstorbenen inspirirt, und um Unbilden, die derselbe im Leben empfangen, zu rächen.

Reflex der Erde im Himmel. Die Grönländer, die ihre Nahrung aus dem Meere erhielten, verlegten auf den Grund desselben das Elysium Torngarsuk's, während nur faule Leute in den Himmel kämen. Doch setzte eine Secte den Aufenthalt der Todten in den letztern, während eine andere von den stillen Wohnungen der Seelen sprach. Während der Zeit, wo die Seele einen steilen Felsen hinabrutscht, müssen die Hinterbliebenen fasten. — Nach den Patagoniern leben die guten Götter in der unterirdischen Höhle des Guayara-Kunny (der Herr der Todten) und wenn einer von ihnen stirbt, so geht seine Seele zu der Gottheit, die seiner Familie vorsteht. — Die Caraiben glauben nach dem Tode an einen Ort zu gehen, der ihrem Wohnsitz auf Erden gleicht, nur dass sie sich alle Lebensbedürfnisse dort leichter verschaffen können. (*Oldendorp.*) — Die Seelen der Abgeschiedenen gingen in Hawai nach Po oder dem Platze der Nacht. Andere Ruheplätze waren die Gegenden von Akea Milu (frühere Könige von Hawai), welche nach dem Tode ihre dunkeln Königreiche in der Unterwelt gründeten). Zuweilen wurden von dort die Seelen der Abgeschiedenen zurückgesandt mit Botschaften, die von den Priestern als göttliche Befehle den Lebenden erklärt wurden. — Nach Othioth R. Akiba „sitzt der hochgelobte Gott im Paradiese in der Auslegung des Gesetzes begriffen, die Gerechten sitzen vor ihm und alle, die vom obersten Hausgesinde (die heiligen Engel) sind, stehen umher.“ Berachoth: „Die Gerechten sitzen mit Kronen auf ihren Häuptern und erhalten ihre Nahrung aus dem Glanz der Schechina.“ In Brahma's Himmel versenken sich die Heiligen in sein Anschauen, während die Beschreibungen des Kailasa und früher von Indra's Himmel ziemlich mit denen des moslemitischen Paradieses der Houris übereinstimmen. Unsere Vorfahren vergnügten sich in Walhalla mit Raufen und Zechen. Dagegen sind die neuern Angaben über den Saal Gimli etwas unklar geworden und das stete Hallelujahsingen der Mönche möchte das Volk nur wenig befriedigen. — Die Filipponen, denen Branntwein und Bier verboten, Wein nur erlaubt ist, wenn er durch Glaubensgenossen (Starowerzen) gekeltert ist, fasten jeden Mittwoch (weil Christus da verrathen wurde) und jeden Freitag (wegen der Kreuzigung). Nachdem die erschaffene Erde sich mit dem Himmel fest vereinte, setzte Gott der Vater Jesu Christ, seinen Sohn, darauf und liess ihn von der Mutter Gottes geboren werden, um die Menschen zu erlösen und zu bekehren. Bis zum Weltgericht (wo die Bösen, die in der Hölle durch stinkendes Feuer gemartert werden, mit ihren Leibern, die Guten, die sich im Paradiese durch Wohlgerüche laben werden, aber körperlos erscheinen) sind die Seelen in einem gleichgültigen Zustande. — Nach den Kamtschadalen werden in der künftigen Welt die Armen reich, die Reichen arm sein. — Die Gallas glauben, dass ein guter Mensch nach dem Tode zu Wake geht, ein böser zu dem Setanat. — Auf Hayti lebten die Seelen der Abgestorbenen in dem fruchtbaren Thal von Xaragua. — Nach Luther hat Gott, um seinen Auserwählten ein Vergnügen zu machen, nach dem jüngsten Gerichte beschlossen, kleine Katzen und Pudelhündchen zu schaffen, quorum cutis erit aurea et pili de lapidibus pretiosis. Und weiter: Ibi formicae, cimices et omnia foetida et male olentia animalia merae deliciae erunt et optimo odore spirabunt. — Die Rabbinen hoffen auf das Gastmahl des Behemoth und Leviathan. — Nach dem Hymnus des frommen Damiani († 1072) glänzen den Seligen goldene Tische in Häusern aus Edelstein, während ein ewiger Frühling blüht. — Nach Epiphanius essen und trinken die Seligen im Himmel, obwohl er gesteht, die Art der Speisen nicht zu kennen. (*Beausobre.*) — Die seligen Genüsse der aromal-ätherischen Körper der Abgeschiedenen lassen sich (nach Fourier) vergleichen mit der Bewegung eines in Federn hängenden Wagens oder mit dem Schweben auf Schlittschuhen oder mit dem Schaukeln (wovon indess Viele seekrank werden). — In den bildlichen Darstellungen des Königs Ramses V. pflücken die seligen Seelen (die nicht durch das Todtengericht zurückgesandt wurden) auf schönen Auen Blumen und Früchte, schneiden Korn, lustwandeln in schattigen Hainen und baden im klaren Teiche. (*Champollion.*) — Ach Mutter, was ist Himmelreich, | Ach Mutter, was ist Hölle, | Denn nur mit ihm ist Himmelreich, | Und ohne Wilhelm Hölle. Den Odschis gilt der Himmel als der Aufenthaltsort der Guten, nach dem Tode steigen sie zu ihm auf dem „Geisterwege,“ der Milchstrasse, hinauf, wogegen die Bösen im andern Leben zu leiden haben. — Like the Pre-Celtae of ancient Europe, the Indian is still buried with his stone-headed arrows, his rude amulets, his dog etc., equipped all ready for Elysian hunting fields, at the same time, that many a white man imagines a heaven, where he shall have nothing to do, but sing Dr. Watt's hymns round the Eternal throne. (*Nott.*) — Beim Abscheiden gelangt die Seele der Karaiten, wenn sie nicht wegen ihrer Sünden in die Hölle fällt, in die geistige Welt (Olomchabo oder Eden), wo sie der Betrachtung übersinnlicher Wahrheiten lebt. — Karnohiokala oder das Auge der Sonne führte die Geister der Häuptlinge zu ihrem Ruheplatze im Himmel, von wo sie zuweilen zurückkehrten, um über die Wohlfahrt der Ueberlebenden zu wachen (in Hawai). — Nach dem Sohar ist das Gewand, das die Seele im künftigen Leben anzieht, aus den Lichtstrahlen gewebt, die vom Throne der Herrlichkeit ausfliessen. — Ifurin, die Hölle der Gallier, war mit dichten Dämpfen gefüllt, in denen die Seelen durch Kälte gequält wurden. — Nach den Drusen wird in der Hölle bittere Galle gegessen und eine Mütze aus Schweinefell getragen. — Wenn die Menschen in der Finsterniss durch Schwefeldunst umgekommen, wird Gott ein reines Gemüth der Menschen schaffen, die das in Gestalt von Thau vom Himmel fallende Manna geniessen werden (die Speise der Seligen im Paradiese), wie die Sibylle verkündet. — Die Todten von Lakemba gehen nach Ramnkaliwu in die See, wo sie zum zweiten Male sterben und dann erst Mbuln erreichen. — Die Seelen von Vanua Levu fahren auf Kähnen, die sie bei der Landspitze dimba dimba besteigen, in das Reich Ndengei (des Erderschütterers), der Lasterhafte den bösen Geistern zur Speise giebt.

Vorstellung der Seelen-Natur. Das Volk unterscheidet nur unbestimmt zwischen Körper und Geist, der schützende Genius, der den Menschen unsichtbar begleitet, kann sich auch in der Glückshaube befinden, mit der das Kind geboren wird. Die Römer schwuren beim Genius des Kaisers (wie der Sklave bei dem seines Herrn), später beim Kaiser selbst. Beim Streite der Helden in Island kämpfen auch die Fylgior, wie die auf den assyrischen Sculpturen abgebildeten Ferner, ähnlich der Tina's Haupt umschwebenden Minerva. Als die Schutzgeister (Fylgior) seiner Unfreunde in der Nähe schweifen, sticht König Swerrir (in der Unterredung mit Olafr Jarlsmagr) mit einem Messer vor sich her. — Im Schamanenthum hat jeder Mensch seinen Daajagatsch, als genius tutelaris oder spiritus familiaris. Am Gaboon bauen die Weiber Hütten für die ausgetriebenen Dämonen, die sie dort verehren. In Weissrussland wird jedem Menschen seine eigene Sorka zugeschrieben, die mit ihm geboren wird und ihm unzertrennlich zur Seite bleibt. — Die Seele des Menschen (Kla oder Kra, die, wenn sie stirbt, zum Sisa wird) ist in Akra 1) das Leben des Menschen, 2) als männlich gedacht, die Stimme, die ihn zum Bösen treibt, als weiblich die, welche ihn davon abmahnt, 3) der persönliche Schutzgeist eines Jeden, der durch gewisse Zaubereien citirt werden kann und auf Dankopfer Anspruch macht für den Schutz, den er gewährt. Sisa kann wieder geboren werden, aber es werden auch stets neue Seelen vom höchsten Gotte auf die Erde herabgesendet. Aehnlich sind die Vorstellungen der Ewers. — Nach Origenes ist jeder Geist in der einfachen und eigentlichen Meinung dieses Ausdruckes ein Körper (*παν πνευμα, ει απλουστερον εκλαμβανομενον το πνευμα, σωμα τυγχανον*). Ergo spiritum animam esse dicentes, corpus esse animam plane fatentur. (*Chalcidius.*) — Eine materialistische Secte der Grönländer statuirt zwei Seelen, nämlich den Schatten und den Odem des Menschen, und glaubt, dass in der Nacht die

Seele den Leib verlasse, auf die Jagd, zum Tanz oder Besuch fahrend. Andere geben eine von dem Leibe verschiedene Seele zu, die ab- oder zunähme, zertheilt werden und stückweis verloren gehen und reparirt werden kann oder sich auch auf eine Zeitlang aus dem Leibe verlieren mag, so dass schon Mancher, wenn er auf eine weite Reise gegangen ist, seine Seele zu Hause gelassen hat und doch immer frisch und gesund geblieben ist. Die Angekoks (Zauberer) bessern eine beschädigte Seele aus, bringen eine verlorene zurück und können eine kranke mit einer frischen, gesunden Seele von einem Hasen, Rennthier, Vogel oder jungen Kinde verwechseln. Die hülflosen Wittwen erregen die Mildthätigkeit, indem sie den Eltern weismachen können, dass die Seele ihres verstorbenen Kindes in des Mannes Sohn oder seines verstorbenen Kindes in eins von ihren eigenen Kindern gefahren ist, indem dann ein solcher Mann der vermeinten Seele des Kindes Gutes zu thun beflissen ist oder mit der Wittwe gar nahe verwandt zu sein meint. Andere Grönländer behaupten, dass die Seele ein von Leib und aller Materie ganz verschiedenes Wesen sei, das keiner materiellen Nahrung bedarf und weil der Leib in der Erde verfault, nach dem Tode noch leben und eine andere, als leibliche Nahrung haben muss (die sie aber nicht kennen). Die Angekoks, die öfter in's Reich der Seelen zu reisen vorgeben, sagen, sie seien bleich und weich, und wenn man sie angreifen wolle, so fühle man nichts, weil sie kein Fleisch und Bein und Sehnen haben. In der Tiefe des Meeres (während die faulen Seelen in den Himmel kommen, wo nichts zu essen ist) wohnt Torngarsuk und seine Mutter (an den hinanführenden Felslöchern) in ewigem Schlamm. Aber um dahin zu kommen, muss die Seele fünf Tage lang einen blutigen Felsen hinabrutschen. Daher müssen die Hinterlassenen sich (besonders im stürmischen Winter) fünf Tage lang gewisser Speisen, auch der geräuschvollen Arbeit (ausser dem nöthigen Fischfange) enthalten, damit die Seele auf ihrer gefährlichen Reise nicht beunruhigt werde, oder gar verunglücke. Andere setzen den Ort der Glücklichen in den Regenbogen, wohin die Seele (nachdem sie beim Monde ausgeruht) am nächsten Tag gelangt, um mit den andern Ball zu spielen (im Nordlicht). Die Seelen wohnen um einen See, durch dessen Ueberlaufen Ueberschwemmungen entstehen würden. Andere wieder sagen, dass die Seelen der Guten in eine Gesellschaft kämen, wo Seehundsköpfe verzehrt würden, während die der Hexen (durch Raben in den Haaren geplagt) in den Himmel getrieben würden, wo sie durch die stete Umdrehung bald ganz entkräftet und schwach würden. Die rationalistischen Grönländer sagen, dass die Seelen, nachdem sie sich eine Zeitlang im Himmel substantiell von der Jagd genährt hätten, in die stillen Wohnungen kämen, während die dunkle Hölle sich unter der Erde befände. — Nach den Odschibwaes, die Gott als Gezha Monedo (den gnädigen Geist) verehren, wohnen in jedem Menschen zwei Seelen, von denen die geistige beim Tode unmittelbar in das Land der Geister eingeht zur künftigen Seligkeit, während die fleischliche, bei dem Körper verweilend, um den Begräbnissplatz schwebt. — Die Eingeborenen der Gesellschafts-Inseln glauben im Allgemeinen, dass jeder Mann ein besonderes Wesen in sich hat, Tee genannt, das in Folge der sinnlichen Eindrücke wirkt und Vorstellungen zu Gedanken verbindet, die bei ihnen parau no te obou (words in the belly) heissen. Dieser Geist hat Fortdauer nach der Auflösung des Körpers, indem der Mensch dann sich von Brotfrüchten und Schweinefleisch nährt, das keiner Vorbereitung durch das Feuer bedarf. — Pythagoras liess das verständige Wesen der Seele mit einem sehr feinen Körper, den er den Magen der Seele nennt, begabt sein, als dem Vermittler beider Naturen (der geistigen und körperlichen). — Die

Huronen nennen die Körper längst Verstorbener Eskenn (Plural von Seelen), denn die eine Seele trennt sich bei dem Tode vom Körper, bleibt aber bis zum Todtenfest am Grabe, worauf sie in eine Turteltaube verwandelt wird oder sich in die Heimath der Christen begiebt, die zweite Seele ist dem Körper gleichsam anhaftend und bleibt im Grabe, bis irgend Jemand sie als Kind reproducirt, wie man aus der Aehnlichkeit später sieht. — Nach dem Jalkut chaldasch sind in dem Menschen drei Arten von Seelen, die verständige, die redende und die thierische. — Nach den Griechen hatte der Mensch eine sinnliche (anima bruta) und eine vernünftige Seele (divina). Homer unterscheidet *νους* oder *φρην* (da der Sitz der Seele in der Magengegend und Herzgrube sei), als die vernünftige Seele, von *θυμος* (die sinnliche). Nach Diogenes Laertius gaben Pythagoras und Plato der Seele zwei Theile, einen vernünftigen (*λογον*) und einen unvernünftigen oder *ἀλογον* (*θυμικον* und *ἐπιθυμικον*). Wie Empedocles in jedem Thier und Menschen zwei Seelen annahm, so unterscheidet Aristoteles die vernünftige Seele (*νους*) von der sinnlichen (*ψυχη*). Die Stoiker hielten die Seelen für abgerissene Theile Gottes, des reinsten Aethers. Epikur lehrte, dass die Seele ein zarter Körper sei, der aus den feinsten, glattesten und rundesten Theilchen entstanden sei. Die alten Kirchenväter (Irenäus, Tertullian, Arnobius, Methodius u. s. w.) hielten gleichfalls dafür, dass die Seele etwas Körperliches von sehr feiner Art sei, wie der Aether. Nach den alexandrinischen Platonikern wirkt die Seele (im ganzen Körper thätig) besonders im Gehirn. Parmenides, Lucrez und Epikur setzten die Seele in die Brust, Empedocles in das Blut. Strato zwischen die Augenbraunen. Anaxagoras spricht von einem verständigen Wesen, das der Materie Ordnung und Bewegung gäbe. Pythagoras versinnlicht die Seele als Zahl. — Homer sagt bei der Verwundung der Venus durch Diomedes, dass das herausströmende Blut das der Götter gewesen, die, als kein Fleisch essend und keinen Wein trinkend, nicht eigentlich Blut hätten und unsterblich seien. — Dem Apostel Thaddäus wurde der Ausspruch zugeschrieben (*Augustin*), dass er an die Auferstehung des Fleisches glaube, und zwar des Fleisches, in dem wir leben, non sexum, sed fragilitatem mutantes. So war nach Origenes die Meinung der Masse der Christen, während er die Seele mit ätherischem Gewande (*αὐγοειδες*) bekleidete. — Aristoteles unterscheidet eine vegetative Seele, die den Pflanzen, eine sensitive, die den Thieren, und eine vernünftige, die den Menschen eigen ist. — Nach Occam kann die vernünftige Seele nicht aus dem Act der Zeugung stammen. — „Der von Gift und sadducäischen Irrlehren angesteckte Priester (gegen die Auferstehung der Todten sprechend) glaubte, dass Gregor darin besonders fehlte, dass er behaupte, auch wer von wilden Thieren zerrissen oder im Wasser umgekommen, und in dem Rachen der Fische verschlungen und zu Koth geworden und durch Ausleerung des Körpers ausgeworfen, oder wer in Flüssen oder in der Erde verwest sei, werde zur Auferstehung gelangen. Aber Johannes sagt, dass das Meer die Todten gab, indem, was von dem Körper eines Menschen ein Fisch verschluckt, ein Vogel zerrissen oder ein wildes Thier verschlungen hat, von dem Herrn bei der Auferstehung ersetzt und hergestellt werden wird, denn ihm, der aus Nichts das Unerschaffene gemacht, ist es leicht, das Verlorene wieder zu geben.“ (*Gregor von Tours.*) — Nach der Erscheinung Oshedar-bami's, Oshedar-mah's und Sosioch's lässt Ormuzd aus der göttlichen Erde die Knochen wieder erstehen, aus dem Wasser das Blut, aus dem Feuer die Lebenskraft (wie bei der ursprünglichen Schöpfung), worauf bei dem die Sonne vermehrenden Lichte die Seelen ihre Körper wieder erkennen. — Nach dem Jalkut chaldasch sind die fünf Gestalten der Seele: die Nephesch, die in den Werktagen zwischen dem Fest und dem Neumond dem Menschen zukommt, der Ruach oder Geist des Festtages, die Neschama oder Seele des Versöhnungstages, die Chaja oder die Lebendige, die, als überflüssige Seele, am Sabbath sich mit dem Menschen vereinigt (weshalb die Juden dann Leckerbissen essen, um sie zu erfreuen) und die Jechida oder die Einsame, deren er im künftigen Leben würdig wird. — „Als der erste Mensch erschaffen wurde (heisst es im Jalkut chadasch), war eine herrliche Seele in ihm, die unter dem Thron der Herrlichkeit hergenommen war. Nachdem er aber gesündigt hatte, floh sie von ihm weg und kam eine Seele von den Kelifoth (Teufeln) in ihn. Als nun Enoch geboren wurde, kam dieselbe herrliche Seele, die aus Adam geflogen war, in ihn, und deshalb ward über ihn bestimmt, dass er nicht sterben solle.“ — „Der Thamar Seele (heisst es im Jalkut Rubeni) war eine männliche Seele und in dem Juda waren Funken einer weiblichen Seele und deshalb hat sie von ihm geboren.“ — Das Vornehmste der Neschama oder Seele Kain's fuhr (nach dem Jalkut Rubeni) in den Jethro, sein Ruach oder Geist in den Korah und seine Nephesch in den Egypter, den Moses deshalb erschlug. — Nach dem Nischmath chajim sind die durch die Ibbur in den Leib gelangten Seelen das Hauptwesen desselben, während die durch die Gilgul dahin gelangten nur einen Zusatz bilden. So kam die reine Seele Seth's durch die Ibbur in Moses um Israels halber und die Seelen Moses und Aaron's in Samuel. Die Seelen, welche aus dem Geheimniss der Ibbur stammen, können wegfliegen, wogegen die Seelen der Gilgul von der Bildung des Menschen an bis zum Tage des Todes bei ihm bleiben müssen. — So wie die Körper in der Erde verwesen (sagt Marc Antonin), wandeln auch die in die Luft entwichenen Seelen, nachdem sie eine gewisse Zeit ausgedauert, sich um, und werden flüssig und entzünden sich, wenn in den (den Samen vor Allem bildenden) Logos aufgenommen. —. Indem Buddha, der seine Lehre von den Ursachen gegen den Zufall der Skeptiker zu vertheidigen hatte, die Existenz einer selbstständigen und unabhängigen Seele in dem Menschen verwarf, kam er in vielfache Streitigkeiten mit den Nigranta, die eine unveränderliche Seele (das Tschiwa oder das Lebendige) annahmen. — Nach den Chinesen hat der Mensch eine doppelte Seele, eine natürliche (Huen), die mit dem Leibe vergeht, und eine geistige, Ling, die entweder (als Sien) zu unmittelbarer Einheit mit dem Pian erhoben wird, oder (wenn sie im Leben nicht in der Mitte gestanden und der Naturwelt unterworfen war) als Luftgeist (Schen) in Bekämpfung der bösen Geister (Kwei) helfen muss. — Des ganzen Körpers Seele ist sein Blut (nach Moses). Nach der Pythagoräischen Lehre war die wesentlichste Function des Blutes, die Seele zu ernähren. Auch Tertullian setzt die Seele als unzertrennbar mit dem Blute verbunden. Nach Diogenes Laërtius waren die Blutgefässe die Bande der Seele oder die Media, durch welche die Seele an den Körper gebunden war, denn da nach ihm die Seele sich im Blute findet, so müssen auch die das Blut einschliessenden Gefässe die Haltfeste der Seele sein. Empedokles nahm eine belebende Elementarwärme des Körpers an, welche ihren Hauptsitz im Blute habe und daher behauptete er auch, dass das Blut der hauptsächlichste Theil der Seele sei, dass die Seele ihren vorzüglichsten Sitz im Blute habe, und aus dieser Idee von der Beseeltheit des Blutes ist es auch erklärlich, warum Empedokles das Blut, und zwar besonders jenes in der Gegend des Herzens, das Princip oder Organ der Denkfähigkeit nennt. Kritias (Schüler des Socrates) lehrte, dass das Blut die Seele sei. Harvey: habet sanguis profecto in se animam primo et principaliter non vegetativam, sed et sensitivam etiam et motivam, permanet quoquoversum et ubique praesens est, eodemque ablato, anima quoque ipsa statim tollitur, adeo ut sanguis ab anima nihil discrepare videatur, vel saltem substantia cujus actus sit, anima aestimari debeat. Serveto sagt von den Blutgefässen, sie enthielten ipsissimam mentem (s. *Friedreich*). — Nach den drei Welten hat Gott in dem Menschen drei Formen der Seele geschaffen, nämlich die Nephesch oder die körperliche Seele, den Ruach (Geist) oder die redende Seele und die Neschama (welche nach ihren Werken einer höheren Herrlichkeit würdig wird) oder die verständige Seele (im Zeror Hammor). — Nach dem Emek hammelech werden die Völker der Welt nicht Menschen genannt, weil sie nicht eine Seele (Neschama) von dem höchsten Menschen (Adam haelion) haben, sondern eine Nephesch von dem Adam belial oder (nach dem Schevatal) von den Kräften der Kelifoth (Schalen der Teufel). — Philo unterscheidet das *πνευμα* (Ausstrahlung Gottes) von der *ψυχη ζωτικη*, die auch das Thier besitzt. — Nach den Chinesen fährt die Seele, die aus den feinsten Theilchen des Thi-kie (Materie) bestehe, aus den höchsten Theilchen der Luft, wohin sie gegangen, wieder in die Gemälde der Todten hinab. — Nach Epikur geht die Seele mit dem Körper unter, indem die erdigen Theile des Körpers der Materie zurückgegeben werden, während die feinen Theilchen, woraus die Seele besteht, ausdünsten und ausduften, wenn der Mensch stirbt und nach und nach in der Luft verfliegen. — Die Caraiben glauben, dass sie so viele Seelen haben, als sie Adern schlagen fühlen. Die vornehmste dieser Seelen hat im Herzen ihren Sitz und geht nach dem Tode in den Himmel mit ihrem Icheiri oder Chemin (Gott), welcher sie in die Gesellschaft der andern Götter bringt und hier lebt sie nach der Art, wie sie auf Erden gewohnt war. Die andern Seelen, die ihren Sitz nicht im Herzen haben, begeben sich nach dem Tode an die Seeseite (als Oumcka) und sind Ursache, dass die Schiffe umstürzen, theils gehen sie in die Wälder (als Maboyas), die Tapfersten kommen auf selige Inseln, wo die Arrowaken als Sklaven dienen müssen. — „Der Ausdruck sjandana (spandana, Zittern oder Pulsiren), dessen sich Gaudapada bedient, um die Thätigkeiten der prana zu bezeichnen, bedeutet: Bewegung, Circulation. Die Thätigkeiten, die den prana beigelegt werden, haben einen deutlichen Zusammenhang mit den Vorstellungen von Circulation oder Pulsiren. So ist prâna: Athmen, apâra: Blähungen, samana: Circulation, die zur Verdauung nöthig ist, udana: Pulsiren der Arterien des Halses, Kopfs, Schläfe, ujana: Pulsiren in den übrigen Arterien und gelegentliche Schwülstigkeit, wodurch Luft in der Haut angezeigt wird.“ (*Lassen.*) — Wie *πνευμα* (als der göttliche Hauch) von *ψυχη* (anima animans) unterschieden wird, halten die indischen Philosophen die Seele (*φρην*) für die Emanation oder den göttlichen Funken, der den Menschen und seine Gedanken zu der den Thieren, mit denen er nur den Geist (*θυμος*) gemein hat, unzugänglichen Aetherregion erhebt. (*Björnstjern.*) — Seele (saivala) wird von Klopstock abgeleitet von saivan, sehen, von Adelung von sahl, starke unartikulirte Bewegung, von Clodius von sal, Wohnung, von Grimm von saiva, mare, fluctus, saivs. — Von den Aethiopiern berichtet Ludolf, dass sie die sterbliche Seele, die im Blute wohne, von der unsterblichen unterschieden. — Der Pythagoräer Alkmäon versetzte die vernünftige Seele in das Gehirn, lässt aber daneben die unvernünftige im Blute fortbestehen. — Aristoteles definirt die Seele als *ἐντελέχεια*.

Seele der Dichter. Die Caraiben stellten sich die Seele als Schatten vor, die Pelew-Insulaner als das Flattern der Finger, die Freundschafts-Insulaner gleich dem Dufte einer Blume. Nach Pythagoras war die Luft mit Seelen erfüllt. (*Diogenes Laërt.*) — Die Seelen (sagt Porphyrius) sind luftig und man glaubt, dass sie ihre Nahrung aus der Luft ziehen. — Nach Tyrbon glaubte Manes, dass die Luft die Seele der Menschen und Thiere sei. — In der Luft weilt der heilige Chor unkörperlicher Seelen, sagt Philo. — In Benin gilt der Passador oder Schatten für die Seele des Menschen, wogegen die Heiligen der Perser keinen Schatten werfen sollen. — Den Koistinoern sind die die Moräste bedeckenden Nebel die Seelen ihrer Vorfahren. — Nach den Tschuwaschen gab Tschon-sjoradan-tora (der Seelen erzeugende Gott) als Vasall des höchsten Gottes (Suldi-tora) den jungen Kindern die Seelen ein, die während ihrer Präexistenz in einer paradiesischen Gegend lebten. — Die Horaforas glauben nach dem Tode mit den Wolken vereinigt zu werden, woher sie stammen. — In einem böhmischen Liede heisst es, dass aus dem Grabe des verstorbenen Jünglings eine Eiche hervorspross, dass die heiligen Sperber auf den Zweigen sitzen, seinen Tod verkündend, dass der Jüngling selbst als Hirsch bei diesem Baume sich aufhalte und sein Mädchen um ihn weine. — Die Gallas fühlen sich um das Schicksal eines Verstorbenen beruhigt, wenn sie eine Blume aus seinem Grabe hervorsprossen sehen. — Die Brasilianerinnen schmücken sich mit den Blumen, die auf den Gräbern ihrer Verwandten wachsen. — Nach griechischer Sage sprossen Blumen aus heroischen Gräbern, des Hyakinthos, des Ajax, der Freier der Hippodamia durch die Wunderkraft der theilnehmenden Erdmutter. — Aus dem Munde des heiligen Ludwig's (Neffen Ludwig XI.), des Bischofs, erwuchs eine Rose. — Nach dem schwedischen Volksglauben wurde ein Dorn aufs Grab gepflanzt und heilig gehalten. — Im Volksmährchen wächst ein Machandelbaum aus den Gebeinen des ermordeten Bruders, den seine Schwester begraben hat. — Aus der Leiche des Mönchs zu Doel wuchs eine mit Psalmen beschriebene Rose auf. — Axolohua und Cohnatzontli fanden den Fels, wohin den Quetzalcoatl die mexicanischen Priester gelockt hatten, um ihn zu verderben. An der Quelle, wohinein sie sein Herz geworfen, war ein Nopal emporgewachsen, auf dem ein Adler mit einer Schlange in den Krallen sass, als Wahrzeichen ihrer Niederlassung für die Mexicaner. — In der sagenberühmten Schlacht Carl's des Grossen mit den Heiden, als der Gefallenen Leichen unerkennbar untereinander lagen, geschah ein Wunder: man fand bei anbrechendem Tag durch jeden Heiden einen Hagedorn, bei jedes Christen Haupt eine weisse Blume gewachsen. — Als Faust die Blume durchschnitt, die aus einem Gefässe mit destillirtem Wasser als Wurzel des Lebens emporwuchs, wenn die vier Zauberer auf der Frankfurter Messe sich die Köpfe abhieben, um sie nachher wieder aufzusetzen, entkräftete er den Zauber. — Die Rose und die Rebe auf Tristan's und Isolde's Grab wurzelten (nach Heinrich von Freiberg) in deren Herzen. — Ausser dem indischen Baume Gogard, der verjüngt, wächst auf dem Berge Madaram der Baum Sudam, dessen Früchte beim Genuss Unsterblichkeit gewähren, wie die vom Baum Kalpavrkscham bereitete Speise und der aus dem Haoma gezogene Saft. In den Sprüchen Bhartrihari findet ein armer Brahmane eine Unsterblichkeit verleihende Baumfrucht, die aber, um nicht sein Elend zu verlängern, von ihm verschenkt, Tod statt Leben bringt. — Der Feigenbaum war, wie das Symbol der Fruchtbarkeit in seiner sich stets erneuenden Lebenskraft, das Sinnbild der Unsterblichkeit, Seelenwanderung und Wiederbelebung. — Die Vögel, welche aus der Asche des äthiopischen Königs Memnon (Sohn der Eos) entstanden sind und jährlich an dessen Grabe mit einander kämpfen, ihm zu Ehren Leichenspiele feiernd, sind die Symbole des jährlich erneuten Andenkens an die Unsterblichkeit. (*Friedreich.*) — Der Fluch findet sich in den egyptischen Gräbern als Symbol der Fortpflanzung und des ewigen Lebens. (*Schwenck.*) — Die Grabmäler, auf denen ein Hase (der, als mit offenen Augen, nur mit leichter Haut bedeckt, schlafend, zum Sinnbild des leichten Erwachens dient) Obst aus einem umgestürzten Korbe frisst, bedeuten (nach Schwenck) die Fortdauer des Lebens, über das der Tod nicht ganz obsiegen kann. — Nach Bayle trieb die von Carl V. gepflanzte Lilienzwiebel im Momente seines Abscheidens eine schöne Blume hervor, die abgeschnitten und auf dem Hochaltare niedergelegt wurde. — Die Römer bewahrten die Asche ihrer Todten in den von ihrer Form so genannten Columbarien auf. — Wenn einer im Kriege oder sonstwo umgekommen war, so setzten seine Blutsverwandten (nach longobardischer Sitte) auf die Grabstätte eine Stange, auf deren Spitze sie eine hölzerne Taube befestigten, die nach der Gegend hingewandt war, wo der Geliebte gestorben war. — Nach Ansicht der Tlascalaner gingen die Seelen tapferer Männer in die Körper schöner Vögel und edler Vierfüsser oder glänzender Steine über, die niederer Personen aber wurden zu Wieseln, Käfern und geringen Thieren. — Nach Rabbi Eliezer werden die gemeinen Leute (die Ungläubigen) nicht wieder lebendig. — Nach dem Glauben der Araber fliegt im Augenblicke des Hinscheidens ein Vogel (Manah) aus dem Hirne hervor und schreit, bis er durch die Blutrache gesättigt ist. — Als die heilige Eulalia in Spanien gemartert wurde, entschlüpfte die Seele in Gestalt einer weissen Taube aus ihrem Munde. — Als Leila, die Achjeliscbe, das Grab ihres Sängers (Tewbet) begrüsste, flog aus demselben ein Nachtvogel hervor, ihre Sänfte umkreisend, in der sie plötzlich verschied. — Als Comizahual auf der Terrasse ihres Hauses unter Donner und Blitz verschwindet, erscheint ein glänzender Vogel. (*Brasseur.*) — In der die Gräber umkreisenden Eule ruft (nach den Arabern) die Seele des Verstorbenen um einen Trunk. — Gabriel haucht der abgestorbenen Seele der Gläubigen einen grünen Vogel ein, der bis zum Tage des Gerichtes auf den Bäumen des Paradieses lebt. — Die slawische Todtenstadt hiess Gnosen (Nest), weil die Abgeschiedenen als junge Vögel in die andere Welt kamen. — Der Caracara (ein Habicht, der grösseren Säugethieren folgt, um deren Insecten abzufressen) soll (nach den Brasilianern) die Seelen der Abgeschiedenen gleichsam anderen Thieren einimpfen. — Nach den Tahitern wurden die Geister der Verstorbenen von den Göttern gegessen, als der geistige Theil der Opfer, indem sich der Gott in Gestalt eines Raubvogels ihnen in dem Tempel nahte, um davon zu zehren. — Auf Tonga gingen die Adligen nach dem Tode zu Bolotu, während die Seelen der Gemeinen von dem Vogel Lota gefressen wurden. — Der Ziegenmelker und die klagenden Geierarten sind dem Paje Boten Verstorbener und darum hochgeehrt. — Nach den Vorstellungen der Neger auf Haiti umflattert die Seele als Nachtfalter die Lippen der im Leben am meisten geliebten Person. — Als der Räuber Madej (nach slawischer Sage) unter einem Apfelbaume beichtete und seiner Sünden entbunden wurde, flog ein Apfel nach dem andern in weisser Taubengestalt in die Luft, als die Seelen der von ihm Ermordeten. (*Grimm.*) — Als die Hexe Sidonia von Bork verbrannt wurde, flog eine Elster aus dem Scheiterhaufen in die Luft, die man noch lange nachher in der Abenddämmerung umherflattern sah. (*Temme.*) — In litthauischen Mythen heisst die Milchstrasse die Strasse der Vögel, weil die Slawen sich die Seelen in Vogelgestalt umherflattern dachten. (*Hanusch.*) — Während des Concils zu Basel gingen einige von den Doctoren in den Wald spazieren und, eine Nachtigall wunderbar singen hörend, erfuhren sie auf ihre Fragen, dass sie eine verdammte Seele sei, die bis zum jüngsten Gericht im Walde wohnen müssen. (*Wolf.*) — Auf den den Gräbern der Serben aufgesteckten Holzkreuzen finden sich so viele Kukuke (worin sich die Seelen der Verstorbenen verwandeln) abgebildet, als Angehörige um den Todten trauern. — Die Verbindung der Seele mit dem Herzen in der egyptischen Benennung des Adlers (Baieth) bezeichnet die Idee der Alten, die das Gehirn für den Sitz der Seele und das Herz für den Sitz des Muthes und der Vernunft hielten. (*Nasse.*) — Als Symbol der Auferstehung wurden Reliquien in goldene Tauben oder solche in die Gräber der Märtyrer gelegt. „Die Lampen, die Gläser, die Grabsteine, die Gemälde der Grüfte und die Felder der Sarcophage sind mit diesem symbolischen Vogel bedeckt," sagt Ganme von den Katacomben. — Nach einem podolischen Volksliede spriesst auf dem Grabhügel eines Frommen ein Eichbäumchen, auf welchem eine weisse Taube sitzt, und auf dem Grabsteine des Boleslaus Chobry in Posen stand: Hic jacet in tomba princeps gloriosa columba. — Aus dem Herzen des verbrannten Polycarpus (Bischof von Smyrna) stieg eine Taube empor. — „Der Schmetterling ward von den Griechen wie die Seele ψυχη genannt, deren Sinnbild er wurde, als man beobachtete, dass er aus der Hülle der Raupe hervorgehe." (*Nork.*) — Geflügelte Seelen dienten als Symbol der Befreiung. (*Hirt.*) — In der Oberpfalz müssen die armen Seelen, als kleine schwarze Fische, in dunkeln Gewässern leben. Sie kommen nur bei Mondlicht an die Oberfläche und können nicht gefangen werden. Wenn nur noch drei Jahre zu ihrer Erlösung fehlen, dürfen sie in jeder Christ- und Walpurgisnacht in menschlicher Gestalt auf dem Wasserspiegel tanzen; ihre Kleidung wird mit jedem Jahr heller und wenn die Stunde der Erlösung da ist, ist sie weiss. (*Wuttke.*) — Die Sterne (Fetia oder Fetu), die Kinder der Sonne und des Mondes, sind (nach den Tahitern) von den Seelen der Abgeschiedenen bewohnt. — Von den Alten und Vorfahren ist es uns in mythischem Gewande überliefert, dass die Sterne Gottheiten gewesen, sagt Aristoteles. — Als in der Nacht, wo das Blut des gefallenen Harald des Jüngeren fliesst, ein helles Licht gesehen wird, wird er für heilig gehalten (in der Orkneyinga Saga).

Pantheistische Seele. Bei den Fidschis erstreckt sich die Lehre der Unsterblichkeit über die ganze Natur und sie zeigten einen Brunnen, auf dessen Grunde man deutlich die Seelen von Männern, Weibern, Thieren und Pflanzen, Stöcken und Steinen, Kähnen und Häusern und allen zerbrochenen Werkzeugen dieser gebrechlichen Welt bunt durch einander in dem rieselnden Wasserstrom dahinschwimmen und sprudeln sähe. (*Mariner.*) — In dem Paradies der Patagonier leben unter der Erde die Strausse mit den Menschen. — Die Hunde, welche Achmet I. zu tödten befahl, da sie die Pest verbreiteten, wurden durch den Fetwa des Mufti gerettet, worin jedem Hunde eine Seele zugesprochen wurde. — Nach Parmenides, Empedocles, Democrit und Anaxagoras waren alle Thiere mit Verstand begabt. Nach Plato waren ihre Seelen unsterblich. Philo, wie Galenus erklären die Thiere für vernünftig, während Lactantius den Unterschied zwischen ihnen und den Menschen nur in der Religion findet. Xenokrates von Carthago meint dagegen, dass auch den Thieren (wie Plinius besonders von den Elephanten behauptet) die Gottesverehrung bekannt sei, und Arnobius findet fast gar keinen Unterschied zwischen der Seele der Menschen und der Thiere, indem er behauptet, dass die Vorzüge jener über diese nur wenig zu bedeuten hätten. — Der Mensch hat einen doppelten Nisus (innern Trieb), einen natürlichen und einen willkürlichen, in welchen beiden der Grund aller seiner Bewegungen zu suchen ist. Im gesunden Zustande folgt der natürliche Blas jenem der Gestirne, welcher vorausgeht, in Krankheiten dagegen eilt der Blas des Menschen jenem der Gestirne auch wohl voran. (*Helmont.*) — Die Tahiter glaubten nicht nur an das Fortleben der Schweine, deren Seelen sich mit dem Tode nach Ofetuna begaben, sondern schrieben auch Blumen und Pflanzen Seelen zu. — Nach dem Apocryphiker Lucius würden die Thiere ebensowohl, wie die Menschen wieder auferstehen. — Die Luft, sagt Philo, enthält und empfängt die Seelen, die der Schöpfer dort durch seine grosse Gnade verbreitet hat. — Die Kamtschadalen schleppen ihre Todten aus der Hütte, damit der böse Geist sein Werk sähe, und lassen sie von den Hunden fressen, „indem sie dann mit den schönen Hunden der andern Welt den Schlitten ziehen werden." Sie berühren nichts von den. dem Verstorbenen gehörigen Sachen, um nicht von ihm verfolgt zu werden. Auch das kleinste Insect, glauben sie, lebt unter der Erde wieder auf. — Nach Servius entlehnen alle Thiere ihr Fleisch von der Erde, ihre Säfte vom Wasser, den Athem von der Luft, und ihren Instinct von dem Hauche der Gottheit. — Die Chippewaes glauben, dass im Menschen ein Wesen existire, das ganz verschieden vom Körper ist. Sie nennen es Oebeehag und schreiben ihm die Eigenschaften einer Seele zu. Nach dem Tode begiebt es sich nach Cheke Chekchekane, wo es eine Schlangenbrücke passiren muss. Wird den Seelen der Uebergang verweigert, so kehren sie zu ihren Leibern zurück, um sie wieder zu beleben. Auch Thiere sollen Seelen haben und selbst anorganische Dinge, wie Kessel u. dergl. m. ein ähnliches Wesen in sich tragen. In dem Lande der Seelen werden alle nach ihren Verdiensten behandelt. (*Keating.*) — Nach den Samojeden lebt das Mammoth oder Jengorabenst (Wirth oder Herr der Erde) noch unter der Erde (wo auch die Urbewohner des Landes, die Tschuden, ein an Metallen reiches Geschlecht, wohnen) in den zu seiner Nahrung gegrabenen Gängen, Jeden, der seine Knochen aufgrabe, zu sich hinabziehend, wenn er es nicht durch Opfer abwende. — Wenn ein Heiliger oder Weiser stirbt, so verlässt ihn (nach der sungischen Philosophie) das Khi (die Grundlage im Materiellen) unmerklich, ohne dass er den geringsten Schmerz empfindet. Nach dem Tode eines Heiligen verweilt sein Geist noch einige Tage im Hause und fliegt dann erst zum Himmel auf. Menschen gewöhnlicher Art erleiden im Augenblicke des Todes Qualen, weil ihr Khi sich gewaltsam losreisst, aber ihre Hoen (aura vitalis) steigt augenblicklich zum Himmel auf. Wenn Söhne und Enkel ihren verstorbenen Voreltern richtige Opfer bringen und dabei ihre Herabkunft erflehen, so fliegen die reineren Theile des Pho (die stofflichen Seiten des Verstorbenen), das sich in der Erde zerstreut hat, in das emporsteigende Hoen aus allen Winkeln zusammen, vereinigen sich und sind während des Opfers unsichtbar anwesend. Da der Geist solchergestalt vom Nichtsein zum Sein übergeht und umgekehrt in diesem Wechsel der Zustände immer fortdauert, so heisst er herumschweifend oder irrend. — Dieselbe Art Seele (sagt Marc Aurel) ist allen vernunftlosen Thieren gegeben worden und ein verständiger Geist allen vernünftigen. Sowie alle irdischen Körper von einer und derselben Erde gebildet sind, sowie Alles, was lebt und athmet, nur ein und dasselbe Licht sieht, nur ein und dieselbe Luft empfängt, ob sie sich gleich in eine unendliche Menge von Körpern vertheilt, so giebt es nur eine Intelligenz, ob sie sich gleich zu vertheilen scheint. So ist das Licht der Sonne Eins, ob man es gleich auf Mauern, Bergen und tausend verschiedenen Gegenständen zerstreut sieht.

Unsterblichkeit. Nach Herodot haben die Egypter zuerst gelehrt, dass die menschliche Seele unsterblich sei, nach Diodor die Chaldäer, nach

Pausanias die indischen Magier. Nach Cicero hat Pherecydes zuerst unter den Griechen die Unsterblichkeit der Seele gelehrt. (*Lactantius.*) — Nach den Caraiben, Warauen und Arowaken war Kururuman der Schöpfer der Männer, Kulimina der der Weiber. Als der Erstere, auf die Erde steigend, die Menschen böse fand, nahm er ihnen das fortdauernde Leben und gab es den häutenden Thieren, wie den Schlangen. — Der chinesische Philosoph Tschin sagt: „Wenn der Weise stirbt, werden seine schönen Eigenschaften, seine Vollkommenheiten, seine Lehren, die Bewunderung und die Regel der zukünftigen Jahrhunderte. Sie bestehen also fort, ihre Dauer gleicht der des Himmels und der Erde. Der Körper des Weisen geht allerdings zu Grunde, aber sein Li, das, was ihn eigentlich ausmacht, sein edlerer Theil, vereinigt sich mit dem Himmel und der Erde, wie es früher gewesen war.“ Auch die Griechen knüpften durch den Ruhm das Fortleben des Individuums durch seine Liebe an die Geschichte der Menschheit, während der Buddhist dasselbe zum integrirenden Theil des Weltganzen macht. — Was wir Tod nennen, ist keine Vernichtung, sagt Virgil, sondern eine Trennung der beiden Gattungen des Stoffes, von denen die eine hier unten bleibt und die andere sich mit dem heiligen Feuer der Gestirne vermischt, sobald die Materie der Seele alle Einfachheit und Reinheit der feinen Materie, aus welcher sie ausgeflossen, wieder erlangt hat, aurai simplicis ignem; denn Nichts (sagt Servius) geht in dem grossen Ganzen und jenem einfachen Feuer verloren, welches die Substanz der Seele bildet. Es ist ewig, wie Gott, oder es ist vielmehr die Gottheit selbst und die Seele, die aus demselben fliesst, ist seiner Ewigkeit beigesellt, weil der Theil der Natur des Ganzen folgt. Virgil sagt von den Seelen: Igneus est ollis vigor et coelestis origo, sie seien aus jenem thätigen Feuer gebildet, welches im Himmel glänzt, und sie kehren nach ihrer Trennung vom Körper wieder dahin zurück. Man findet eben diese Lehre in dem Traume des Scipio. (*Dupuis.*) — Quand le moment où l'âme se sépare du corps est enfin arrivé et que la nature a cessé d'agir, parceque le but est atteint, l'esprit alors obtient une libération qui est tout ensemble et définitive et absolue, lehrt die Sankhya. (*Barthélemy St. Hilaire.*) — Warum solltest du nach dem Grabe des Sohnes laufen, o Marcia? schreibt Seneca in seiner Trostschrift; dort liegt das Schlechteste und Schwerste von ihm, Gebein und Asche, was eben so wenig ein Theil von ihm ist, als Kleider und andere Körperbedeckung. Ungetheilt und Nichts auf Erden zurücklassend ist er entschwebt und ganz von hinnen geschieden. Nachdem er noch ein wenig über uns geweilt haben wird, bis er geläutert ist und die anhängenden Gebrechen des sterblichen Lebens ganz ablegt, erhebt er sich dann in die Höhe und wandelt unter seligen Geistern, wo ihn die Gesellschaft der Scipionen und Catone empfangen und sein Vater in die Geheimnisse der Natur einweihen wird, bis (wann etwa die Gottheit beschliesst, in die Zerstörung der Zeit auch die ewigen Geister zu begreifen) sie sich wieder in ihre Urbestandtheile auflösen. — Die Slawen verehrten den als Gerippe dargestellten Todesgott (Flins), der auf einem Feuerstein stand und up der luchteren schulderen hadde he einen upgerichten lauwe, de se vorwecken scholde, wan se storven (sagt die Sassenchronik). — Quetzalcoatl's Seele (sagt die mexicanische Chronik) wusste, wo der Himmel war, und flog vom Scheiterhaufen dorthin. — Synesius bittet Gott, seine Seele mit dem Zeichen des Vaters zu siegeln, die Dämonen zurückzuhalten und seinen Dienern zu befehlen, ihr die Thore des Lichtes zu öffnen. — Dem Asclepios (Erfinder der Arzneikunst) wird ein Tempel auf einem Berge Libyens (am Fluss Krokodile) geweiht, wo sein irdischer Mensch (d. h. sein Leib) begraben liegt, denn sein eigentlicher Mensch kehrte zum Himmel zurück, besser denn zuvor, wo er den Kranken durch seine Gottheit, die früher durch seine Kunst geleistete Hülfe gewähren kann. (Hermes Trismeg.) — Die Seele des Menschen nimmt nicht den alten Körper wieder an, der in Fäulniss zerfallen ist, sondern einen andern, diesem ähnlichen. (*Averroes.*) — Die Neger in Ardrah verwahrten die abgeschnittenen Nägel und Haare sorgfältig in der Wand ihres Hauses, damit die Seelen, die beim Hervorgehen aus den Gräbern sich mit ihren früheren Körpern zu vereinigen haben, nicht zu lange zu suchen brauchten. — In Scandinavien war es Sünde die abgeschnittenen Nägel fortzuwerfen, da daraus die Feinde der Götter das Schiff Naglfari verfertigten. — Wie der Hahn (die Stimme Gottes bei den Arabern), das Symbol des Hermes κυνοκέφαλος, die in Walhalla eingegangenen Einheriar zum Tage erweckt, als Gullinkambi, so opferten ihn die Griechen bei Genesung aus schweren Krankheiten. Sein Ruf verscheucht die Unholde der Nacht. Der Schatten des Achilleus (von Apollonius befragt) verschwindet bei seinem Krähen. (*Philostratus.*) — Der Adler, der, wenn er alt geworden, sich nach dem Baden in einer Quelle der Sonnenwärme aussetzt und so wieder verjüngt, wurde zum Symbol der Unsterblichkeit. (*Friedreich.*) — Aus dem verwesenden Thierleib geht die Biene hervor, d. h. aus der irdischen Materie, deren Bild der Stierleib ist. Aber ihr Flug und ihr Naturell erhebt sie über die Materie, sie kehrt zur Gottheit zurück, deren Theil sie war, der Seele nach, und also soll der Mensch, dem Leibe nach auch von irdischem Stoff genommen, durch immaterielles Leben sich denselben Rückweg gewinnen. (*Creuzer.*) — Unter den Devisen des Mittelalters findet sich eine Schlange, die sich in den Schwanz beisst (a quo et ad quem), als Sinnbild der Ewigkeit. (*Radowitz.*) — Die Milch, die von der Göttermutter dem Herakles dargereicht, ihm ewiges Leben gab, wurde zum Symbol der Wiedergeburt, wogegen in der persischen Mythe der Genuss der Ziegenmilch das erste Menschenpaar sterblich machte. — Die Mumien finden sich mit Lotosblumen am Halse geziert, die dem Egypter das alljährliche Wiederaufleben der Natur verkündeten. „Deine Blume soll sich wieder aufrichten.“ tröstet Osiris auf der phönizischen Grabschrift einer Frau. (*Nork.*) — Auf einer tarsischen Münze erscheint der Adler über dem Scheiterhaufen des Hercules, der jährlich zu seinen Ehren angezündet wurde, als Symbol der sich aufschwingenden Seele (*Schwenck*), und die Römer liessen ihn bei der Apotheose der Kaiser fliegen. — Umkulunkulu (Gott der Zulus) schickte das Chamäleon dem Menschen, ihm zu sagen, dass er nicht sterben solle, und dann die Eidechse mit der Nachricht, dass er sterben müsse. Nach Champollion war die Eidechse in den egyptischen Hieroglyphen das Symbol für pluralité. Den Negern am Senegal gilt die Eidechse für die Seele verstorbener Verwandten, die kommen, um mit ihnen Folga zu feiern; die Kamtschadalen halten sie für einen Boten des Todesgottes und suchen sie deshalb in Stücken zu hauen, damit sie ihm keine Nachrichten bringe. Auf Tonga wurde sie verehrt, wie das Iguana in Bonny. Auf einem die heilige Familie darstellenden Bilde giebt Rafael die Eidechse der heiligen Jungfrau bei (Madonna della lacertola). In Sicilien, wo sich das Wahrsagergeschlecht der Galeoten auf Apollo zurückführte, legte man der Eidechse prophetische Kraft bei. U-Tlox, der Mann im Monde, trug einst dem Hasen auf, den Menschen die Botschaft zu bringen, dass sie, wie er selbst, wieder in's Leben zurückkehren würden, der Bote aber beging den Irrthum ihnen statt dessen zu sagen, dass sie wie der Mond*) sterben würden; des-

*) In der Nacht, wo sich der Vollmond erneut, nehmen die Menschen keinen leben-

halb heisst es, sterben die Menschen. Alte Namaqua aber essen das Fleisch des Hasen als Götterboten nicht. (*Alexander.*) — In Nicolai Reusneri Emblematum liber singularis findet sich ein Holzschnitt, einen Frosch darstellend, mit der Ueberschrift: spes alterae vitae und der Unterschrift: vere novo remeat sub brumam rana sepulta, mortuus in vitam sic redit alter homo. — Auf einem Chalcedon zu Florenz wird ein Aschenkrug von einem Delphin getragen; auf einer etruskischen Glasplatte ziehen Delphine das Schiff der Psyche und auch auf christlichen Grabmälern (*Piper*) findet sich das Symbol des Delphins. — Der Amarant (ἀμάραντος) diente (wegen der langen Dauer seiner Blumen) als Sinnbild der Unsterblichkeit noch in dem von der Königin Christine gestifteten Amarantenorden mit der Umschrift: Semper idem. — Allfadr schuf Himmel und Erde und das Grösste aber ist, dass er den Menschen schuf und ihm einen Geist (Odem) gab, der nie vergehen soll, wenn auch der Leib zu Asche verbrennt, sagt die Edda. — Strebe nicht, liebe Seele, nach unsterblichem Leben, sondern erschöpfe das Werkzeug des Thunlichen (singt Pindar). — Marheinecke suchte die Vorstellung von einem seligen Leben im Jenseits, in die eines seligen Lebens im Diesseits aufzulösen. — Nach des Cong-Tu-dsö Lehre geht die Seele zum Himmel, während sich der Körper mit der Erde verbindet. — Nach den Sintoisten wurde die Seele des Frommen nach dem Tode unmittelbar in den höchsten der dreiunddreissig Himmel versetzt. — Das Christophskraut (Christophoriana) schützt, mit einem Gebete an den Heiligen verbunden, gegen schnellen Tod. Christophori sancti specimen quicunque tuetur, ista nempe die non morte male morietur. — Der Todesgott, der durch den stechenden Schlafdorn Odin's tödtet, kommt auch als Högni oder Hagen (Dorn) vor, der Siegfried tödtet. — „Auf Rosmarin gebettet, von Rosmarin erschlagen, liegt der Knabe," heisst es im slawischen Volksliede, und wenn man nach deutschem Aberglauben von einem Rosmarinstock etwas grünen Rosmarin einem Verstorbenen mit in's Grab giebt, so verdirbt der Stock, sobald der Rosmarin im Grabe verfault. — Die durch ihren Geruch betäubende Narcisse bekrönte den Herrscher des Hades. — Die Nymphen pflanzten die trauernde Ulme auf das Grab des Aëtion und unter ihren dem Morpheus heiligen Blättern haben die Träume ihren Sitz, umhergaukelnd, wie die vom Winde gejagten Flügelsamen. (*Friedreich.*) — In der Unterwelt des Todesgottes Vidharr befand sich nur ein Weidengebüsch, wie solches die Griechen in die Nähe der Unterwelt setzten. Ihre Schattengänge waren mit Eibenbäumen besetzt. (*Wittstein.*) Die Trauerweiden werden auf Gräber gepflanzt. — Das sich mit seinem Gatten verbrennende Weib in Indien trägt eine Citrone, die wegen des Erquickenden ihres Aroma's das Leben symbolisirt, als Schutz gegen Lebensfeindliches. — In der ersten Zeit des Christenthums wurden die Todten auf immergrüne Lorbeerblätter gelegt und in Rom liessen sich (*Hartung*) die von einer Leichenfeier Heimkehrenden durch Lorbeerwedel mit Wasser besprengen. — Democrit versprach Wiederauflebung der Leiche, wenn in Honig begraben. — Polyidos erweckte den in einem Honigfass erstickten Glaukos (Sohn des Minos) durch das von der Schlange gebrachte Kraut. — Die Myrthe, mit der sich Aeneas bei der Leichenfeier seines Vaters bekränzt, findet sich auf Gräbern, als Symbol der Liebe. — Die Myrrhe, die zur Conservation der Mumien diente, wird von dem Vogel Phönix zu seinem Wiederauflebungsneste verwandt. — Der immergrünende Buchs dient in manchen Gegenden Deutschlands zum Schmücken der Kindersärge. —

den Wesen das Leben, selbst nicht einer Eidechse, aus Achtung vor jener Gottheit (Çatapatha-Brahmana des weissen Yajurveda).

In den Katacomben findet sich der Oelzweig im Schnabel von Tauben auf dem Grabe eines Kindes. (*Aringhi.*) — Zum Zeichen, dass eine Leiche im Hause sei, stellten die Römer eine Fichte vor dasselbe, und die Russen bestreuen den Weg bis zum Kirchhof mit Fichtenzweigen. Den Scheiterhaufen bedeckten die Römer mit Cypressenzweigen. Da die Pinie das Sinnbild des Todes ist, so sollen aus ihrem Holze verfertigte Pfeile besonders tödtliche Wunden verursachen. — Wenn der Kranke nicht mehr isst, um Leib und Seele zusammenzuhalten, so glaubt der Bauer, dass es mit ihm vorbei ist, in Europa wie in China. — Auf Artabhaga Garatkarava's Frage, ob, wenn der Mensch stirbt, die Pranas (Lebensgeister) nicht aus ihm herausschreiten, antwortet Yagnyavalkya: Nein, o nein. Dort im höchsten Brahma vereinigen sie sich. Der Körper aber schwillt an und wird aufgeblasen vom Winde und wenn er aufgeblasen ist, so ist er todt und fällt zur Erde. Wenn der Mensch stirbt, was ihn dann nicht verlässt, ist der Name. Denn unendlich ist der Name, unendlich sind alle Götter, durch das Unendliche besiegt man die Welt. (Yajorveda). — Vor der Lehre der Generatianer (nach welcher vermöge einer der Menschennatur eingepflanzten Schöpfungskraft aus der Vereinigung der Elternseelen bei der Zeugung das Seelenwesen des Kindes entsteht) wurde nach der Ansicht der Präexistentianer das Seelenwesen aus seinem vorirdischen Dasein in der jenseitigen Geisterwelt zur Strafe für begangene Schuld in den irdischen Leib gebannt, nach den Creatianern die Seele jedesmal bei Entstehung eines Leibes neu von Gott geschaffen, nach den Traducianern die bereits in Adam's Seele mitgesetzten Seelenkeime aller künftigen Menschen auf dem Wege der natürlichen Fortpflanzung in jeden neuen Leib hinübergeleitet. — Nach dem Sharestani gaben die Ssabier unter den Wesen den Geistern den ersten Rang, als den Engeln oder den bewegenden Intelligenzen des Weltalls, die Muselmänner dagegen den Körpern und der Materie, d. h. den Menschen (Patriarchen und Propheten). — Mortem nihil ad nos pertinere. Quod enim dissolutum sit, id esse sine sensu, quod autem sine sensu sit, id nihil omnino ad nos pertinere, giebt Cicero als Epikur's Ansicht über den Tod. — Von Ungefähr sind wir geboren und nachher werden wir sein, als wären wir nicht gewesen; denn Hauch ist der Lebenshauch unserer Nase und der Gedanke ist ein Funke in der Bewegung unseres Herzens: ist dieser erloschen, so wird der Leib in Asche zerfallen und der Geist wie dünne Luft sich zerstreuen. Auch unser Name wird mit der Zeit vergessen und Keiner gedenkt unserer Werke; unser Leben fährt dahin, wie die Spur einer Wolke und wie Nebel, vom Glanze der Sonne verscheucht und von ihrer Hitze niedergedrückt. Es giebt keinen Aufschub unseres Endes, denn es ist versiegelt, und Keiner kehrt zurück, sprechen die abtrünnig Gottlosen im Buche der Weisheit. — Die Kamtschadalen kommen nach dem Tode in die Unterwelt, worin Haetsch lebt (einer der ältesten Söhne des Kutka und der erste Mensch, der auf Erden verstorben war) mit seinen beiden Töchtern, die nach ihrem Tode gleichfalls wieder bei ihm auflebten. Er ging einst in seine frühere Wohnung zurück und stand im Rauchloch, erschreckte aber die Insassen so sehr, dass die Meisten starben, seit welcher Zeit nach dem Tode stets eine neue Hütte gebaut wird. Seine Töchter kamen erzürnt und schlugen ihn todt, so dass er zweimal sterben musste. Haetsch empfängt die Verstorbenen in seiner Welt, wo sie so leben, wie zu Kutka's Zeit. Von Zeit zu Zeit verschlechtert sich die Welt; die Menschen werden lasterhafter und weniger an Zahl, die Nahrung vermindert sich, weil die Thiere mit den Menschen nach der Unterwelt eilen, die Bären mit den Bärenschützen, die Rennthiere mit den Rennthierschützen. In der Unterwelt erhält Jeder seine Weiber wieder, deshalb fürchten sich die Itälmenen nicht vor dem Tode und tödten sich oft selbst. — Wenn der auf dem Grunde des Mohriner-Sees gefesselte Riesenkrebs an's Land kommt, so geht die Stadt zu Grunde und Alles rückwärts. Der Ochs wird wieder ein Kalb, das Brot Mehl, das Mehl Korn, das Hemd Flachs, der Flachs Lein, der Rector Schüler und Jeder wird wieder dumm, klein und schwach, wie in der Kindheit. (*Kuhn.*) — Die brasilischen Indianer zerstiessen die Knochen der Verstorbenen, um sie durch Trinken zu assimiliren. — Die Battas essen den ganzen Körper und die Kallanter meinten, dass solches Begräbniss das ehrenvollste sei. — Wenn der von Gabriel (in Palästina) oder von Samael geschickte Engel die Seele des Menschen weggenommen und der Hand seines Vorgesetzten überliefert hat, so vergeht er von der Welt, weil er nur für diesen Zweck war erschaffen worden (heisst es im Tuf haares). — Moses bat Gott, ihn als Vogel oder Vieh leben zu lassen, und wollte, als dies verweigert war, seine Seele nicht dem Todesengel übergeben. Auch seine Seele wollte, als Gott sie rief und ihr einen Platz neben dem Throne versprach, nicht seinen reinen Körper verlassen, bis Gott sie durch einen Kuss nahm und weinte (devarim rabba). Achilles wollte lieber ein Sklave auf Erden, als Fürst unter den Schatten sein. — Auf Bitten der Rabbinen wird die Stimme, wenn die Seele aus dem Leibe fährt, nicht mehr gehört. (Tractat Joma.) — Nach dem Sepher Joreh chataim wird die Seele ohne Ruhe auf der Welt umhergetrieben, bis die Tage ihrer Strafe zu Ende sind. — So lange der Leib nicht begraben ist, schmerzt es die Seele, denn der unreine Geist ist geneigt, sich darüber aufzuhalten und ihn zu verunreinigen. (Parascha Emor.) — Wenn ein Mensch stirbt und seine Seele verlässt in dem Augenblicke und auf dem Platze den Körper, so lässt sich der Daroj Nasush augenblicklich auf die Leiche nieder, indem er in der Form einer Aasfliege aus dem Norden herbeikommt und neben Knieen und After sich setzt (bei den Parsen). — Die Neger befestigen Trommeln an den aufbewahrten Schädelknochen ihrer Feinde, um durch den Ton derselben die Seele zu quälen. (*Römer.*) — Im schauerlichen Glockenspiel hämmert Pape döne auf den hohlen Schädeln seiner Ermordeten und lässt sie tanzen, ihr verschiedenartiges Getön belauschend. — Da nicht nur die Seele, sondern auch der Leib in Peru fortlebte, so wurden die Leichen der Incas mumificirt (in Egypten für 3000 Jahre in den Pyramiden), während man sich beim Volk begnügte, Haare und Nägel aufzubewahren. — Die Neger von Kordofan erzählen von einem Baume, der so viele Blätter hat, als Menschen leben. Auf jedem Blatte steht ein Name und wird ein Kind geboren, so wächst ein neues. Wird der Mensch krank, so welkt sein Blatt und soll er sterben, so bricht es der Todesengel ab. (*Lepsius.*)

Präexistenz. Im Becher Guf unter dem Throne Jehovah's finden sich (nach den Rabbinen) alle schon vom Anfang der Welt durch Gott erschaffene Seelen, bis sie in irdische Leiber einzugehen berufen werden. — In dem Glam (Becher des Dschemschid) wurden alle künftigen Generationen durch Spiegelung erblickt. — Nach dem Sepher Gilgulim waren alle Seelen in Adam mit enthalten, als er erschaffen wurde, was Augustin, um die Zurechnung des Sündenfalles für alle Menschen möglichst fasslich zu erklären, dahin auffasst, dass alle Menschenseelen als Keime schon in den Lenden Adam's vorhanden gewesen. So lässt sich Nichts gegen den voltairistischen Satyriker sagen, der einer jungen Dame vorwirft, ihren leichtfertigen Lebenswandel schon in utero begonnen zu haben. — Die Averroisten warfen ihren Gegnern vor, dass, wenn Gott beständig neue Seelen schaffe, die Welt damit überfüllt werden müsse. — Nach den Kabbalisten können die Seelen, als Zertheilungen des göttlichen Ausflusses, sich unendlich vermehren, da die Gottheit unendlich ist. — Origenes, Pierius, Philastrius, Synesius und die meisten Väter des Orients, als platonisirend, vertheidigen die Präexistenz der Seelen; die Pelagianer und Thomisten die jedesmalige Schöpfung; Tertullian, Arnobius, Tatian, Apollinarius und die meisten Väter des Westens die Fortpflanzung in der Zeugung. — Die meisten Neger glauben, dass die Seele eines Verstorbenen im zunächst geborenen Kinde wieder auflebt, nur die Seelen von Verbrechern ausgenommen, die der böse Abarre verhindert. (*Oldendorp.*) — Die Indianer sprechen von einem Heraufkommen, da sie schon früher lebten. Der Schatten (atahchuk) wird nie sterben. Er vermag überall durchzudringen, muss aber, um den Körper zu verlassen, eine der Oeffnungen wählen.

SEELEN UND GESPENSTER.

Zurückkehrende Seelen. In Hoseploz (einem schlesischen Dorfe) sollten die Menschen nach ihrem Tode sehr oft zu den Ihrigen zurückkommen, mit ihnen essen, trinken, ja selbst mit ihren hinterlassenen Weibern sich fleischlich vermischen. Und wenn reisende Leute zu der Stunde des Nachts, wo sie aus ihren Gräbern hervorgingen, durch das Dorf marschirten, so liefen sie ihnen nach und hockten auf ihrem Rücken (*Leubuscher.*) — Der Sarg darf nicht mit dem Kopfende zuerst aus dem Hause getragen werden, sonst kehrt der Todte wieder (in Pommern), weil dann die Leiche das Gesicht nach dem Hause gerichtet hat. — In den letzten fünf Tagen des Jahres, der jährlichen Schaltzeit (während deren Dauer Ormuzd von Ahriman's Plagen erlöst), kommen die Geister der Lasterhaften aus dem Duzakh (Hölle), während an den fünf vorhergehenden die Heiligen ihre Freunde besuchen. — Die Feste, an denen die Manen aus der Unterwelt steigen (die Larentalien, Feralien, Parentalien, Lemuralien), waren unreine Tage, an denen man Trankopfer (silicernia) auf den Gräbern darbrachte, aber keine Opfer in den Tempeln, da sonst der Schatten sie verzehrt hätte. — Um Mitternacht vom Allerheiligen- zum Allerseelentage versammeln sich (Ostpreussen) alle Gestorbenen aus der Gemeinde in der Kirche und halten einen ordentlichen Gottesdienst, wobei der verstorbene Pfarrer predigt. — Während der wilde Papua sich scheut, den Namen eines Verstorbenen auszusprechen, um ihn nicht etwa herbeizurufen, baut der gesittete Grieche die Gräber an den Strassen und ermahnt den Wanderer zum Gedächtniss. Dieser Verschiedenheit (statt als Gegensatz aufgefasst zu werden) liegt dasselbe psychologische Element zu Grunde in verschiedenen Stadien der Gedankenentwicklung. — Man darf den Namen des Todten nicht dreimal nach einander rufen, sonst erscheint er und verliert seine Grabesruhe (in Ostpreussen). — Beim Todtenfest (am Jahresanfang) richtet man in Tunkin die Häuser für den Besuch der Seelen ein und nach Mitternacht wagt Niemand mehr die Thüre zuzumachen, aus Furcht die Seelen auszuschliessen, die drei Tage dort verweilen, während welcher Zeit Nichts angerührt werden darf. — An den letzten Tagen des Gathafestes sind nicht nur die Seelen der Frommen im Hause ihrer Verwandten gegenwärtig, sondern auch die der Fravashis des Gesetzes (der um das Gesetz wohlverdienten Männer) und selbst den Seelen der Verdammten wurde gestattet, ihre Verwandten zu besuchen (bei den Parsen). — Die Mixteken bereiteten jährlich ein Fest für die besuchenden Seelen, die an dem Duft der Speisen sich labten, indem sie die ganze Nacht knieend um den Tisch verbrachten, ohne die Geister durch Ansehen zu beleidigen und sich am nächsten Morgen Glück wünschten, dass es ihnen gelungen sei, ohne den Zorn jener zu erregen. — Die Tolteken legten in der Nacht des Todtenfestes Speisen auf die Gräber berühmter Verstorbenen und verbrannten sie in der folgenden. — Bei dem jährlichen Seelenopfer auf dem Schlachtfelde von Platää trank der Archon den Männern zu, die für Griechenlands Freiheit ihr Leben gelassen. — Die Liwen legten beim Todtenfest Speise, Trank, ein Beil und etwas Geld auf das Grab, sagend: „Armer, gehe von diesem Zustande in eine bessere Welt. Dort herrschen die Deutschen nicht mehr über dich, sondern du über sie, da hast du Waffen, Speise und Zehrgeld.“ Die unterdrückten Juden trösten sich, dass am jüngsten Tage tausend der Unreinen sich an die Franzen eines Juden hängen werden, um mit ihm gerettet zu sein. — Die Indier assen das Todtenmahl schweigend, damit die Geister ungestört Theil nähmen. — In Tirol werden vom Mittagsläuten am Allerheiligentage bis zum Festläuten des folgenden Tages die armen Seelen aus dem Fegefeuer freigelassen; im Alpachthal wird daher am Abend des ersten Tages ein „Seelenlichtlein“ auf dem Herde angezündet und es kommen nun die armen Seelen und bestreichen ihre Brandwunden mit dem geschmolzenen Fett; in anderen Gegenden lässt man am Allerheiligenabend besondere Kuchen für die armen Seelen auf dem Tische die Nacht über stehen und heizt die Stube, damit sie sich wärmen können. (*Wuttke.*) — In dem Hause eines verstorbenen Hindu werden Wassergefässe von der Decke herabgehängt an einem dünnen Faden, um als Leiter für die Prana oder Geister des Körpers zu dienen, woran sie, wenn durstig, auf- und absteigen können. — Der bei Verheirathung von Wittwen übliche Polterabend bezog sich auf die Unzufriedenheit der abgeschiedenen Seele und in Matiambo mussten Wittwen, die bei angestellter Probe auf dem Wasser schwimmen, erst durch den Fetischpriester von der ihre Brust beengenden Seele ihres früheren Ehemanns befreit werden, ehe sie eine neue Ehe eingehen durften. Die ertränkte Seele kehrt nicht zurück. — Wenn der Leichenzug über die Dorfgrenze geht, so wird auf dieselbe ein Haufen Stroh gelegt, damit der Todte, wenn er in seine frühere Wohnung heimkehrt, auf demselben sich ausruhen könne (in Ostpreussen). — Die Seelen der Guten in Loango gehen zu Sambean Pungo (Gott), während die der Bösen wieder erscheinen und in den Blättern der Büsche rasseln. (*Oldendorp.*) — Wenn das Feuer brummt, so winseln die armen Seelen; man soll ihnen dann Salz in das Feuer werfen (in Niederösterreich). — Die Ostjäken scheuen sich, den Namen eines Verstorbenen auszusprechen und erwähnen seiner (nöthigenfalls) immer nur durch Umschweife. — Auf Huahine wurde dem Todten zugerufen: du gehest in das Po, pflanze dort Brodfrüchte, werde Speise für die Götter, aber uns zu erdrosseln kehre nicht zurück. — Wenn die Leiche sehr starr und steif ist, so muss man sie dreimal beim Vornamen rufen, dann wird sie wieder weich (in Schlesien). — Nach einem Todesfalle zieht der ganze Kraal der Hottentotten fort und lässt das Haus des Verstorbenen stehen, da derselbe sonst folgen würde. — Die Yumas (am Colorado) verbrennen alle Habe des Todten, als unheilbringend, obwohl sie dadurch immer mehr verarmen, seitdem die Oppositionspartei, die die Todten begrub, wegen der steten Streitigkeiten auswanderte. — Ist ein Alfure gestorben, so melden dies seine Verwandten durch einige Flintenschüsse den

Göttern (Impong) und legen Menschenköpfe, die ein Fremder gegen Bezahlung abgeschlagen haben muss, auf die Leiche, zwei auf jeden Fuss und Hand, zwei auf den Kopf, zwei auf die Brust, damit er mit Sklaven versehen ist. — Am Kotiflusse (Borneo) wird die Leiche in die Aeste eines Baumes gehängt, damit der Geist sich leichter zum Himmel aufschwingen kann. — Der Leichenwäsche wird das Buchstabenzeichen ausgeschnitten (Hundsrück), weil sonst Andere aus der Familie nachsterben; es wird damit die sympathetische Verbindung des Gestorbenen mit der noch lebenden Familie durchschnitten. (*Wuttke.*) — Wenn ein Häuptling in Hawaii starb, war das Land verunreinigt und die Erben mussten in einer anderen Gegend sich niederlassen, bis der Körper aufgeschnitten und das Gebein in ein Bündel zusammengebunden war, worauf die Zeit der Verunreinigung endete. War der Verstorbene ein gemeiner Mann, so war nur das Haus verunreinigt, das nach dem Begräbniss des Körpers wieder gereinigt war. — Wenn der Sarg aus dem Hause getragen wird, so setzt man ihn dreimal auf der Thürschwelle nieder, damit der Todte nicht wieder komme (in der Lausitz). — Unmittelbar nach dem Begräbnisse eines Mauren am Senegal wird das Lager aufgehoben und die Zelte nach weiterer Entfernung versetzt. — In Pommern wird bei der Rückkehr des Leichenwagens vom Kirchhof alles Stroh von demselben auf die Grenze geworfen, damit die Seele bei ihrer Wanderungslust hier aufgehalten werde, und nicht bis nach Hause gelangen könne. Die Pommern lieben dergleichen Gäste im Hause nicht. (*Wuttke.*) — Nach der älteren Ueberlieferung wurde der Todte im eigenen Hause begraben, wie es die megarische Frau mit der Asche des Phocion machte. Auch in Egypten findet sich beides, Zurückhalten der Mumie im Familienhause und das Aussondern der Leichen jenseits des Flusses. In Griechenland zeugen für den älteren Brauch die Marktgräber der königlichen Gründer. (*Curtius.*) — Ueber Sonntag darf kein Grab offen bleiben, sonst stirbt in derselben Woche noch Jemand in der Gemeinde (in Tirol). — Die Smerenkows (unter den Ainos) stellen auf die Gräber der Verstorbenen, deren Körper einbalsamirt werden, Pfeiler aus dem Holze der Hütte auf, die stets niedergerissen wird. (*Siebold.*) — Aus Furcht vor Hausgeistern bewohnen die Russen nicht gerne die Häuser verstorbener Anverwandten. — Die Abiponer reissen das Haus des Verstorbenen sogleich nieder. — Bei der Beerdigung müssen die Stühle oder Bänke, auf denen der Sarg gestanden, umgekehrt, und die Hausthüre sofort hinter dem Sarge verschlossen werden, damit der Verstorbene nicht wieder erscheine, oder damit nicht noch Jemand aus dem Hause ihm nachsterbe (in Schlesien).

Helfende Gespenster. Sobald einmal die Gegenwart der Abgeschiedenen im Hause erkannt ist, wird man auch Erklärungen für eine Menge von Erscheinungen finden, die sonst im Dunkel geblieben wären, weshalb die Milch nicht gekäst, weshalb das Korn so rasch gemahlen sei, sowie überhaupt für Alles, was später den Kobolden, Gnomen, Efrits, Fetischen und andern Hausgeistern mehr übertragen wird, wenn (nachdem man sich einmal an diese Sorte von Hülfsleistungen oder Schabernack gewöhnt hat) es nöthig wird, ein selbstständiges System auszubilden, um sie auch für Häuser zu erklären, wo vielleicht noch kein Todesfall stattgefunden hatte. — Die Magier der Odschibwaes heissen Jossakeeds (Murmler), da sie, am Boden liegend, Töne in die Erde gleichsam hineinmurmeln. — Der König von Ale berieth sich vor einem Kriegszuge mit seinen Ministern in einem im Walde gegrabenen Loche, das nachher sorgfältig zugeworfen wurde, um das Geheimniss nicht zu verrathen. — Die Maudanen unterhalten sich häufig mit ihren noch unter der

Erde lebenden Landsleuten, die ihnen nicht zur Oberwelt folgen konnten, als die aufgesprosste Rebe *) unter der Last einer dicken Frau brach. — Der Tempel der Tellus oder der Erde in Rom diente oft zu den Versammlungen des Senats. — On all souls' day, it seems that the dead are as often prayed to, as for, sagt das Westminster Review (1859) in „Realities of the life in Paris." Man zündet den Todten Kerzen auf den Gräbern an, aus Furcht, sie durch Unterlassung dieser Aufmerksamkeit zu beleidigen und Böses von ihnen gewärtig sein zu müssen. Andere dagegen, die die Priester von dem glücklichen Loos ihrer dahingeschiedenen Verwandten überzeugt haben, glauben Wohlthaten von ihnen zu empfangen und der Verfasser kannte eine alte Dame, die fest überzeugt war, dass sie die Heilung eines geschwollenen Armes ihrem Sohne zu verdanken habe, der mit einer Strahlenkrone geschmückt, im Himmel sitze. — Lebrun sagt von der magischen Palingenesie, indem man die Asche von Pflanzen oder Menschen bewahrt, um sie daraus wieder entstehen zu lassen: Quelle consolation, que de passer en revue son père et ses aïeux sans le secours du démon, par une nécromancie très-permise. — Die Neger in Zenega glauben, dass ihre verstorbenen Eltern und Freunde in Schlangen verändert würden, weshalb bei Todtschlag derselben ein Anderer sterben muss. Ein von den Schlangen Gebissener lässt sich vom Schlangenbeschwörer heilen und tritt, wenn derselbe nicht zu Hause ist, auf ein stets vor seiner Thür liegendes Stück Holz. In Tonga liess der Oberpriester beim Ausgehen eine Schale zurück, um Tabuirten zur Reinigung zu dienen, indem sie sie berührten. — Wie Brittan (Redacteur des Spiritual Telegraph in Newyork) bemerkt (1852), haben „Geliebte, Eltern und Freunde, die bisher oft über den Verlust der ihrigen trostlos waren, Grund zu Tröstung gefunden, seitdem sich ein Medium **) inmitten der Familie fände." — „Kaum findet man eine Stadt oder Pfarrgemeinde, die nicht ihre Mediums oder Arbeiter auf dem Felde des mystisch Unbekannten zählte. Allenthalben empfangen die Neugierigen und Leichtgläubigen Nachrichten von ihren verstorbenen Oheimen, Tanten, Grossmüttern und andern Vorfahren. Gläubige Seelen frohlocken über neue Winke, Zeichen, Händedrücke, Klapse auf die Wangen, die ihnen von der oberen Welt herablassend zugetheilt werden, und aus derselben Quelle sind ihnen grössere Offenbarungen versprochen, aber noch nicht zu Theil geworden," heisst es im Newyork Herald 1852. — Die Kaffern glauben, dass die Seelen ihrer Abgeschiedenen (Inkoses inkulu) mit ihnen in den Krieg gehen, um die Feinde zu bezaubern, weshalb sie sie anrufen und beschwören. — Auf den aleutischen Inseln wandeln die Seelen oder Schatten der Verstorbenen unsichtbar unter ihren Kindern, sie auf ihren Fahrten zu Wasser und zu Land begleitend, und um Beistand angerufen, da sie Gutes und Böses zufügen können. — „Die Wallkrone war dem aufbehalten, der in's Lager zuerst eingedrungen sei: allein der Jüngling fand sich nicht ein, um diesen Ehrensold anzusprechen. Nun kam man auf Spuren, welche volle Ueberzeugung gewährten, Vater Mars habe an diesem Tage seinem Volke beigestanden. Unter andern augenscheinlichen Anzeichen hiervon lieferte insbesondere ein mit zwei Federn geschmückter Helm, womit das Haupt des Gottes bedeckt gewesen war, den Beweis. Zu Folge

---

*) In Neuseeland suchen Karihi und Tawhaki an den Schlingpflanzen, die ihre Ahnfrau Matakerepo in der Hand hält, in den Himmel zu klettern, was nur dem Letzteren gelingt.

**) Nach Anderen rühren die Mittheilungen indess von falsen spirits oder dem Teufel selbst her, obwohl auch dann, wie die Gegner meinen, derselbe ein sehr verdienstliches Geschäft unternommen habe, und Wahrheit Wahrheit bleiben müsse.

eines Befehls von Fabricius wurde dem Mars ein Opferfest bestellt“ (im Kriege um Thurii, bei der Eroberung des Lagers der Bruttier und Lukanier), nach Valerius Maximus. — Als Arnulf (Herzog von Spoletum), der noch ein Heide war, bei Camerinum die Römer besiegte, sah er sich von einem unbekannten Mann geschützt, den später auf seine Fragen Niemand gesehen hatte. Als er nach Spoletum zur Kirche des heiligen Märtyrer (Bischof Sabinus) kam, hörte er, dass dort der Märtyrer Sabinus begraben liege, den die Christen (in's Feld ziehend) zu ihrem Beistand anzurufen pflegten, und fragte: „Ist es denn möglich, dass ein verstorbener Mensch einem noch Lebenden irgend Hülfe bringt?“ Als er aber später das Gemälde des heiligen Sabinus sah, betheuerte er mit einem Schwure, dass dies die Gestalt und Kleidung des Mannes gewesen sei, der ihn in der Schlacht beschützt habe. Als die Longobarden das Kloster Casinum plünderten, konnten sie keinen der Mönche ergreifen (589). — Die beim Sturm auf Jerusalem ermattelen Kreuzfahrer wurden durch die Erscheinung eines glänzenden Kriegers auf dem Oelberge ermuthigt. — Da sah man Castor und Pollux als Vertheidiger auf Seite der Römer, und alsbald hatten letztere die Truppen des Feindes völlig zerstreut. (*Valerius Maximus.*) — St. Jago kämpfte in mancher Schlacht der portugiesischen und spanischen Ritter, auch in Africa und America. — In America besorgt ein Postmeister die Correspondenz mit dem Geisterreich. Ein Geistlicher liess sich einer Geisterbraut antrauen. „Die Psychographen machen noch heute gute Geschäfte,“ schreibt Wuttke (1859).

Böse Gespenster. Die Dayaks befestigen die Leiche mittelst hölzerner Riegel auf dem Boden, damit der Bankit (der Geist des Verstorbenen) nicht auf den Einfall käme, in den Körper zurückzukehren und Schaden anzurichten. — In Ungarn schlägt man der Leiche eines Vampyr einen Pfahl durch das Herz (worauf Blut herausquillt). Die Mastication der Leichen im Grabe wurde auch in Deutschland durch unter das Kinn gelegte Holzpflöcke oder in den Mund gesteckte Goldmünzen und Steine verhindert. Wie Rollenhagen meint, sollten sie ihr Gebiss daran verderben. Das Kauen beginnt mit dem Hinunterwürgen des eigenen Leichentuchs. Ranfft schrieb noch im siebenzehnten Jahrhundert einen tractatus de masticatione mortuorum in tumulis. — Die von Apollonius entlarvte Empusa in Korinth gestand, den Menippos mit Wollust zu nähren, um ihn aufzuzehren. — Man schützt sich vor Spukgeistern mit einer aufgeschlagenen Bibel oder einem Vaterunser, oder auch dadurch, dass man mit Stahl und Stein Funken schlägt, das können sie nicht vertragen (Mark), oder dass man mit Pfannen, Sensen u. dergl. Lärm macht (Oberpfalz). — Um böse Menschen, die böse Geister werden, zu verhindern die Lebenden zu plagen, treiben ihnen die Tscheremissen Nägel durch die Fusssohlen und das Herz und beschlagen den Sarg mit Eisen. — Ein Katakhanes (Vampyr) in Kalikrati (auf Candia) ging 1837 um, nicht nur die Kinder, sondern auch die Erwachsenen tödtend, und selbst die benachbarten Dörfer heimsuchend. (*Pashley.*) — Peucer erzählt von einem Zauberer in Bologna, der eine Harfenspielerin durch einen in die Armhöhle gelegten Talisman wieder lebendig machte, so dass sie ihre Kunst weiter ausüben konnte, bis ein anderer Hexenmeister in ihr nur ein Todtenskelet erkannte. — In dem böhmischen Dorfe Blow tödtete ein Vampyr viele Bewohner und spottete derselben, als sie ihm einen Pfahl durch's Herz schlugen, bis er vom Henker verbrannt wurde. — Nach den Griechen sind die Brukolaken genannten Vampyre besonders die Seelen Excommunicirter, deren Körper entweder verbrannt oder vom Priester absolvirt werden müssen, um zu Ruhe zu kommen. Dans tout Archipel, sagt Tournefort, on est bien persuadé qu'il n'y a que des Grecs du rit grec, dont le diable ranime les cadavres. Les habitans de l'île de Santorin appréhendaient fort ces sortes de spectres; ceux de Myconc après que leurs visions furent dissipées, craignaient également les poursuites des Turcs et celles de l'évêque de Tine. Er beschreibt weitläufig die Ceremonien, die in Mycone vorgenommen werden mussten, um 1701 den Geist eines verderblichen Brukalakas zu legen, den die Priester verkehrter Weise exorcisirt hatten, ehe ihm das Herz ausgerissen war, und der nun, jeder Bekämpfung spottend, die Einwohner verschiedener Dörfer zur Flucht zwang, bis er endlich mit dem Verbrennen des Körpers verschwand, worauf das Volk seinen geschlagenen Feind in Spottliedern verhöhnte. — Nach Allatius geben die Bewohner von Chios nur auf zweimaliges Rufen eine Antwort, da die Brukalaken nur einmal rufen können. — Die Seelen der Bösen und feindlichen Zauberer waren auch noch nach dem Tode zu fürchten und zu bekämpfen. — Am Gaboon müssen die besessenen Weiber für ihre ausgetriebenen Geister Hütten bauen, um sie dort auf Befehl der Priester zu verehren. — Der Engel Raphael verbannt Asmodeus, der die junge Sarah besessen hat, an die äussersten Grenzen Egyptens. — Aus Nicolaus Aubry wurde (1566) Astorath ausgetrieben unter der Figur eines Schweins, Cerberus eines Hundes, Beelzebub eines Stiers durch Exorcismus. (*Boulèse.*) — Der in ein Wolfsfell gekleidete Dämon Lycas bei Themesius wurde vom Heros Euthymius vertrieben. — Als die Vasallenfürsten die Verehrung der Geister der des Himmels hinzufügen wollten und sich in Empörung erhoben, vernichtete Kaiser Chaohao die Rage der neun Zauberprinzen, die das Volk mit ihren magischen Spukereien in steter Aufregung erhielten, wie die Inculnamen die Tolteken. — Wenn ein Mann seine Frau begräbt, die bei ihren Lebzeiten Kinder gefressen hat, und der Mund offen steht, so soll man ihn voll Erde füllen, dass sie keinen weitern Schaden machen kann, sagt Rabbi Jehuda. — Gello (Gillo bei den Neugriechen) war bei den Lesbiern eine frühverstorbene Jungfrau, die nach dem Tode umging und Kinder tödtete. — Bei Johannes von Damascus kommen die Gelluden durch die Luft geflogen, dringen durch Schloss und Riegel und fressen die Leber des Knaben. — In Folge des Vampyrs Plogojowitz, der jede Nacht umging und Einwohnern den Hals umdrehte, sollte das Dorf Kisolova (da man seine Ausleerung und Verbrennung nicht erlauben wollte) verlassen werden, bis der österreichische Befehlshaber mit dem Pfarrer von Gradiska das Grab öffnen und der Leiche, der Haare und Nägel gewachsen waren, einen spitzen Pfahl durch die Brust stossen liess. — Das Haus, in dem Caligula ermordet war, wurde von Gespenstern beunruhigt, bis seine Schwestern den Leichnam verbrannten und begruben. (*Sueton.*) — Ein in Egmannschütz (Mähren) begrabener Bürger stand allnächtlich auf, Einige zu tödten, wobei er seinen Sterbekittel auf dem Grabe liess und denselben durch Drohungen von den Nachtwächtern, die ihn einmal weggenommen hatten, zurückerhielt. Als seine Leiche von dem Henker zerhauen war, hörte das Uebel auf. — Geizhälse, Menschenplager und Hexen müssen nach ihrem Tode des Nachts als schwarze oder feurige Hunde spuken (Holstein), auch als feurig leuchtende Schweine (Ostfriesland). Auf den Gräbern untreuer Geistlichen zeigt sich ein schwarzer Pudel (Franken); und auf dem Kirchhof und um das Pfarrhaus und in demselben gehört das Spuken früherer Pfarrer zu einer der gewöhnlichsten Erscheinungen in dem Volksaberglauben durch ganz Deutschland. (*Wuttke.*) — Wenn ein Kranker Visionen irgend welcher Art in Ungarn hatte und bald nachher starb, so wurde sogleich das Gerücht im Volke lebendig, dass ihn ein Vampyr getödtet habe. Die Leiche eines in Gallizien Verstorbenen, der seinem Sohne essend erschienen war, wurde (1796) ausgegraben und verbrannt. — Um die bösen Geister von den Dörfern abzuhalten, wurden von den Tschuwaschen finnischen Stammes an den Opferplätzen Stangen aufgerichtet, woran die Felle der geopferten Thiere gehängt waren, wie von den Buräten auf den Weideplätzen zum Schutz der Heerden gegen wilde Thiere. Um den umherirrenden Geistern den Eingang in die Jurte zu verwehren, errichten die Buräten an jeder Seite des nach Osten geöffneten Einganges ihrer Hütte einen Birkenbaum und verbinden beide durch einen Querstrick, woran allerlei Bänder und einige Felle von Hermelinen und Wieseln hängen. Vor diesem Zeichen bückt sich jeder Buräte Morgens und Abends zwei- oder dreimal mit Anlegung zweier Finger auf die Stirne. — Nach Salisbury glaubte das Volk, dass bei den Versammlungen der Herodias die Lamien Säuglinge zerrissen und verschlängen. — Priccolitsch, der böse Geist der Walachen, geht Nachts in Gestalt eines Hundes um und tödtet Thiere durch sein Anstreifen, ihre Lebenssäfte in sich ziehend, weshalb er immer blühend aussieht. (*Schott.*) — Die Dämonen, die (ohne eigentliche Zeugungsglieder) sich in beide Geschlechter verwandeln können, suchen (nach Psellus) gern Lebenswärme in den Badestuben im menschlichen und thierischen Körper. Auch bei Finnen und Russen gelten die Badestuben für besonders gespensterisch. — Die Zihim und Ohim schweben in wüsten Plätzen (*Jesaias*), wie Gespenster in Ruinen. — Temporibus illis opinio invaluerat, daemones in desertis habitare, loqui et apparere (sagt Maimonides). — Elfdans (Elfentans) nennen die Einwohner (heisst es bei Olaus Magnus) die Kurzweil der nächtigen Geister, die bisweilen so tief in das Erdreich hineinspringen, toben, tanzen, dass es, worauf sie treten, zuweilen wegen der grossen Hitze plötzlich einfällt und kein Gras mehr darauf wächst. — Die Nissen, die das Kastenmeister- oder Kirchenbaumeisteramt versahen, hiessen in Scandinavien Kirkegrimm. — Die Bergleute (Gnomen oder Pygmäen) sind ein zufriedenes neckisches Völkchen, die wenig von der Bösartigkeit der Zwerge und Trollen bewahrt haben. Die Ingi leiten sich von Engi (Wiese) ab, wie Inghen und Raupen, unter Dwalin's Elfen. — Nach Rabbi Levi gleichen die Araber den bösen Geistern, die sich in den Kloaken aufhalten. — Die Gul waren die männlichen, die Salat die weiblichen Wüstendämonen und Vampyre der Araber. — Nach den Kalmücken, denen die Luft stets mit den bösen Abgesandten des Höllengottes erfüllt ist, erhebt sich jedes Frühjahr der im Winter im Wasser lebende Drache Lun Chan in die Luft unter Donner und Blitzen, dessen auf die Erde herabgeworfenen Unrath die drei Burchanen Massuschiri, Sakyamuni und Maidarin (um die Vergiftung der Erde zu hindern) verschlangen, wodurch Sakyamuni, der den Rest trank, blau im Gesicht wurde. — Bamba erscheint in den cingalesischen Sagen als ein böser Geist oder Erdwurm. — Die bösen Geister, die an den Gräbern der Horaforas leben, zerfleischen Jeden, der sich ihnen bei Nacht naht, wenn sie nicht durch Zauber überwunden werden, Heilmittel gegen Krankheiten mitzutheilen. — Hat sich Einer in Khandy (nach Tudela) an dem beständig unterhaltenen Feuer für seine Gottheit (Elahuta) verbrannt, so lassen ihn die Priester am dritten Tage nachher, als Gespenst, wiedererscheinen, um seine Schulden zu bezahlen, und sein Testament (zu Gunsten der Kirche) zu machen. — Die Feuermänner, die Grenzsteine verrückt haben, erscheinen entweder als ganz feurig leuchtend oder nur als feuerspeiend, oder aus dem Rücken Feuer ausstrahlend, und ziehen einen Feuerstreifen hinter sich her. — Wurde in Lothringen ein Vampyr begraben, so brach in dem Dorfe eine Pest aus, bis die Leiche das ganze Grabtuch verschlungen haben würde. — Die Loulouvocarts waren in Madagascar nach dem Tode auf den Kirchhöfen umgebende Geister mit Augen, die wie Kohlen leuchteten. — Die Todten erscheinen meist in menschlicher Gestalt, schattenhaft, oft als kleine graue oder schwarze Männchen (in Tirol ohne Kopf), und nur die, die viel Böses gethan, erscheinen feurig oder in unheimlicher Thiergestalt als schwarze oder feurige Hunde, feurige Schweine, als schnaubende und tobende Pferde, Stiere, Kröten u. dergl. m. — Der Pythagoräer Arignotos reinigte das Haus des Eubatides in Korinth von einem Gespenst, indem er dasselbe durch Lesen aus einem egyptischen Buche bannte und dann sein Todtengerippe aufgraben liess. (*Lucian.*) — Nach Neubrige kam es im zwölften Jahrhundert in England häufig vor, dass Todte in der Nacht aus ihren Gräbern aufstanden und ihre Nachbarn erschreckten. — Ein in Berwick begrabener Privatmann kam alle Nächte wieder, bis sein Körper in Stücke geschnitten und verbrannt wurde. — Ein Verstorbener, der im Buckinghamschen Territorium alle Nächte erschien, wurde durch Lärm verscheucht und auf dem vom Bischof von Lincoln zusammenberufenen Concil wurde, als das beste Gegenmittel, die Verbrennung des Körpers erkannt. (*Calmet.*) — Die Oupirs oder Vampyrs erscheinen in Polen und Russland um Mittag oder Mitternacht, um Blut zu saugen. (*Calmet.*) — Die Gespenster, die den nordischen Völkern erscheinen, war es allgemeine Sitte dort, mit Gewalt anzugreifen. So schnitt man einem Gespenste, Namens Gretter, den Kopf ab. Andern rannte man einen Pfahl durch den Leib und nagelte sie an der Erde fest oder verbrannte den aus dem Grab genommenen Körper, wie den eines Gradus. Ein Irländer (Hordos genannt) sah (wie Bartholin erzählt) mit seinen körperlichen Augen Gespenster und schlug sich mit ihnen herum.

Todtenbeschwörung. Der scandinavische Beschwörer stand am Grabe, schaute nordwärts und sang das Todtenlied (Valgaldor), dann legte er den Zauberbuchstaben auf das Grab, sprach die Formel (Fraethi) und forderte den Todten zur Weissagung auf, wie Ulysses die mit Blut gefüllten Seelen. Die Zauberin bei Lucan lässt nicht die abgeschiedene Seele Blut trinken, sondern füllt den Körper selbst damit. — Titus oder Onkelos beschwur (nach dem Maggon Abraham) Jesus (um ihn über die Beschaffenheit Israel's zu fragen) aus der Hölle herauf, wo er mit siedendem Koth gepeinigt wurde, weil die Priester ihn in Kuchen backten und assen. — Die Priester des Todtentempels am Tänarum hatten das Amt die Schatten aufzurufen und zu beschwören. (*Plutarch.*) — Le peuple supposait, que Tschernobog effrayait les hommes (en Russie) par d'horribles visions et d'epouvantables fantômes et que sa colère ne pouvait être apaisée que par des sorciers ou devins, toujours odieux au peuple, mais respectés en raison de leur science imaginaire. — Die preussischen Priester liessen den Geist des Pikul im Hause desjenigen erscheinen, der ihnen nicht die Begräbnissgebühren entrichtete. — Liessen die litthauischen Priester den Gott Pekol in einem Hause erscheinen, so war dieses ein Vorzeichen schrecklichen Unglücks und musste häufig durch Menschenopfer gesühnt werden. — Um den Spukereien des Pugah (Gespenst) zu entgehen, dessen Körper nicht beerdigt worden ist, wird bei den Dayaks die Stelle, wo der Körper liegt, umzäunt. Das Gespenst eines natürlich Verstorbenen erscheint im Dorfe, wenn die Beerdigungsceremonien nicht richtig vorgenommen sind. — Nach Snorre Sturleson pflegte Othinus (horrendus Friggae maritus nach Saxo Grammaticus) die Geister der Verstorbenen zu erwecken und unter ihren Gräbern zu sitzen, weshalb er Drouge drotte (Herr der verstorbenen Seelen) oder Hauge drotte (Herr der Gräber) hiess. Nach Scheffer pflegte er in den Häusern der Reichen und Vornehmen zu erscheinen, sobald Jemand dort verschieden war. — Der hyperboräische Zauberer, nachdem er Hecate herauf- und den Mond in steten Verwandlungen herabgezogen, liess durch einen aus Lehm geformten Cupido die verstorbene Chrysis für ihren Liebhaber Glaukias herbeiholen. (*Lucian.*) — Bei der jährlichen Procession des Königs von Quiteve nach Zimbaoe, um die Gräber seiner Vorfahren zu sühnen, ergreift der Geist einen der Gesellschaft, aus dem er, als die Seele des zuletzt Verstorbenen spricht. (*Dos Santos.*) — Die Lacedämonier suchten Psychagogen oder Seelenpriester in Italien, um den Schatten des Pausanias zu sühnen. — Im Evangelium des Nicodemus ist von Auferstandenen und Auferweckten die Rede, die keinen Laut von sich geben, aber durch magische Beschwörungsformeln gezwungen werden zu sprechen. — Im Jahre 1830 wurde vor dem Stadtgericht München der Seelenerlösungs- und Geisterbeschwörungsprocess Lechl und Hackl verhandelt. Zur nämlichen Zeit spielte vor dem tübinger Gerichtshof der Process gegen Jakob Kitterer und Genossen wegen „gewerbmässigen Betriebs der Geisterbeschwörung.“ Im Jahre 1852 stand vor dem Schwurgericht in Esslingen ein Teufelsbanner, der einen Bauer behufs Hebung eines Schatzes um sechshundert Gulden geprellt und in seiner Rechnung auch einen Posten von zweiundneunzig Gulden für „die Salbe, womit der Herr Christus gesalbt worden,“ aufgeführt hatte. — Die meist nur von den weisen Leuten (Würtemberg) geübte Todtenbeschwörung dient grösstentheils zum Zweck der Wahrsagung, sowohl in Beziehung auf die Zukunft, als auch zur Anzeige von Schätzen. Der Kundige geht des Nachts auf den Kirchhof, ruft den Jüngstbeerdigten Todten, und legt ihm Fragen vor, meist über geschehene Diebstähle und dergleichen; die Anwesenden hören auch wirklich eine antwortende Stimme. (*Wuttke.*) — Die Jänambuzes in Japan, die die Todten auf den Kirchhöfen zum Leben wiedererwecken und sich am Ende ihrer Heiligung freiwillig ertränken, beschwören den Dämon, wenn um gestohlene Sachen gefragt, in einen Knaben niederzusteigen und Antwort zu geben. — Nach den Parsen begatten sich die Daevas auf dem Begräbnissplatze, so dass das Verdienst dessen, der ihn ebnet, ihn von aller Sünde befreit und sich die himmlischen Mächte seinetwegen nicht streiten werden. — Die australischen Zauberer schlafen dagegen auf den Kirchhöfen. — Der Kaiser Vouti wurde ein eifriger Anhänger der Taosecte, nachdem die Priester derselben seine gestorbene Frau citirt hatten. — Als ein bajichinscher Samojede in Phantasien starb, die als Folge einer Besessenheit angesehen wurden, und sein Sohn später ein ähnliches Uebel bekam, beschlossen die Verwandten, den Teufel, damit er nicht erblich in der Familie würde, zu tödten, was wegen seines tiefen Sitzes mit spitzen Pfählen geschah, womit man den Schlafenden durchbohrte. (*Castrén.*) — Semiramis behauptete Ara (den Schönen) wieder belebt zu haben, indem sie die Götter vermocht hätte, seine Wunden zu lecken und ihn aus der Unterwelt heraufzubannen. (*Maribas.*) — Um den Zauberspiegel, worin Verstorbene erscheinen sollen, zu weihen, hält man ihn in Würtemberg erst einer Leiche vor's Gesicht. — In Tonkin werden die Verstorbenen durch die trommelnden Bacati befragt.

Reise durch Himmel und Hölle. Peter (Abt von Cluny) erzählt die Reise eines Geistlichen durch die Hölle, der von St. Nicolaus geführt wurde. — Enarchus, der die andere Welt besucht hatte, erzählte Plutarch das Nähere über Aeacus, Minos, Pluto und die Parzen. — Viraf, in Himmel und Hölle entrückt mit seiner Seele, indem er in der Unterhaltung mit weisen Persern einschlief, erzählte bei der Rückkehr das Gesehene, wie in der Ascensio Jesaiae. — Der thracische Zamolxis verweilte drei Jahre in der Unterwelt, um die Seinen der Unsterblichkeit zu versichern. — In englischen Volkssagen gestatten die Teufel dem heiligen Dominus nicht, einen Landsmann mitzubringen, um ihren Spielen zuzusehen, for he will certainly go home and publish all our secrets. — Eukrates sah in dem Abgrunde, worin der Mittagsdrache verschwunden, die ganze Unterwelt und unter den Todten seinen Vater. Kleodemos besuchte sie während eines Fieberanfalles. (*Lucian.*) — Mohamed machte seine Reise durch die Himmel auf dem Wunderrosse Al Borak (der Blitz). — Ein Soldat, der auf den Wunsch Ludwig's (Landgrafen von Thüringen) die Hölle besucht hatte, um den Zustand der Seele seines Vaters zu erkunden, berichtete, dass sie nur aus den Qualen erlöst werden würde, nachdem die Kirchengüter zurückerstattet seien. — Das Westminster Review erzählt (1860) von einer Nonne zu Paris, die durch Riechen einer ihr von einem Priester gegebenen Rose in Besessenheit verfiel, da sie von diesem bezaubert war, und von einem andern exorcisirt werden musste, welch Letzterer die Gelegenheit benutzte, sich von dem Teufel, ehe er ausfuhr, Nachricht über das Schicksal Voltaire's geben zu lassen und erfuhr, dass er auf einem glühenden Stuhle in der Hölle sitze, mit einer glühenden Feder auf glühende Tafeln schreibend. — Der französische Mönch Barontus wurde (726) durch vier Paradiese geführt, mit einer Fernsicht auf die Hölle, einen mit Nebel erfüllten Ort, wo die Sünder um einen grossen Hof trübselig auf bleiernen Stühlen neben einander sassen. — Williams (1143—1247) sah, wie im Fegefeuer Erwachsene gesotten wurden, bis sie als kleine Kinder erschienen, dann nahmen sie ihre vorige Form wieder an, und die Operation wiederholte sich ohne Unterlass. (*Wright.*) — Beim Tode Carl's des Kahlen wurde die Seele des Berthold (Bürger von Rheims) im Zustande der Ekstase durch das Fegefeuer geführt, wo er den Kaiser und viele Bischöfe qualvolle Martern erdulden sah und beauftragt wurde, den Erzbischof Hincmar zu ersuchen, für ihre Erlösung zu beten. — Hymera, die, zum Himmel aufsteigend, das böse Geschick Siciliens dort unter Jupiter's Throne gefesselt gesehen hatte, erkannte es später in dem Tyrannen Dionysios, der sie deshalb hinrichten liess. — Im Dionysius Carthusianus wird die visio Tondali beschrieben, eines Soldaten, der in die Hölle geführt, vom Acheron verschlungen wurde und dort die Qualen der Verdammten litt. — Thespesius von Cilicien änderte seinen lasterhaften Lebenswandel, als er durch die Sternenchöre der Seligen und die Qualen der in der Hölle Verdammten geführt worden war. — Thomas von Erceldoune verlebte lange Zeit in dem Lustschlosse von Elfland. — Thomas Reid, der in der Schlacht bei Pinkie (1547) gefallen war, führte die durch seinen Unterricht zaubernde Bessie oftmals mit sich nach Elfland. (*Scott.*) — Rupo, indem er seinen Weg durch die Himmel erzwang, fand in dem sechsten Himmel Rehoa, seinen grossen Vorfahren, der dem dumpfen Geräusche der Stimmen lauschte, die von der untern Welt zu ihm heraufdrangen. — Eine weisse Taube führte den noch jungen Alberich, dessen Visionen Dante zu seiner göttlichen Comödie begeisterten, zu St. Peter, der ihn von zwei Engeln durch die sieben Himmel führen liess, und dann zu einer hohen Mauer, über welche er hinüberblicken durfte, aber mit der Weisung, Nichts von dem Gesehenen zu enthüllen. — In altmärkischen Sagen finden sich deutliche Spuren, dass man sich den sumpfigen Drömling an der Ohre als Aufenthalt der Seelen dachte, und den Ort Neu-Ferchau (-Seelenau) an dessen Rande, als den Eingang in dieses Seelenland. (*Wuttke.*) — Furseus, ein Irländer, wurde (633 p. C.) in seiner Krankheit durch vier Hände und vier weisse

Flügel nach vier Feuern geführt, die die Welt verbrennen würden und dann zu den Heiligen Beanus und Meldanus, wie Beda erzählt. Diese Autorität spricht von dem Northumbrier Drihthelm, der, durch das Fegefeuer geschleppt, dort ein brennendes und ein frostiges Thal sah, von denen er bei seiner Rückkehr den Gläubigen erzählte. — Nach Plutarch brachte der drei Tage scheintodte Thespesios merkwürdige Offenbarungen aus dem Jenseits mit, wie (nach Valer. Maximus) der Pamphylier Eris. Dionysiodorus schrieb (nach Plinius) einen Brief aus der Unterwelt und Herodot erzählt von dem Besuch des Königs Rhampsinit, der dort mit Demeter Würfel spielte. — Die Tonga-Männer, die nach Bolotu verschlagen wurden, gingen durch Häuser und Wände ohne Widerstand hindurch, und wenn sie nach Früchten griffen, zerflossen diese in der Luft. — Die Whitimänner wurden durch die heisse Luft von der Insel der unsterblichen Weiber zurückgetrieben, das Paradies sieht man in Whiti auf dem Grunde eines Sees. — Der Bauer Thurcill (aus Essex) wurde von St. Julian, dem Hospitator, nach dem Osten geführt (1196) zu einer Halle, aus der die Seelen, nach dem Verlassen des Körpers, fortgesandt wurden, entweder zum Himmel, durch Michael, zum Fegefeuer, durch St. Peter und Paul, oder zur Hölle, durch den Teufel. — Hans Engelbrecht, der (1622) in seiner Seelenangst wie ein Todter niederfiel, wurde wie ein Pfeil vom Bogen durch die Hölle geführt und von dem heiligen Geiste durch den Himmel, worauf sein Verstand erleuchtet ward, die ganze Bibel zu verstehen. — Votan, dessen Schatz in seiner Familie bis 1691 gehütet wurde (zu Hue Huetan), kroch von dem durch die Menschen erbauten Thurme, als Schlangensohn, bis zu den Wurzeln des Himmels und der Erde, von wo er auf demselben Wege zurückkehrte. Maui auf Neuseeland besuchte seine Urahninnen in den Himmeln. — In der Saemunds-Edda erzählt die abgeschiedene Seele des Vaters dem Sohne, wie sie durch sieben Erdgürtel passiren musste, bis sie den Eingang des Abgrundes erreichte, in dem die Seelen als schwarze Vögel umherfliegen. — Die Priester von Yucatan liessen die Menschenopfer an Stricken in die Dunsthöhle von Chichen-Itza hinab, mit Aufträgen an die Götter und zogen sie nicht eher wieder heraus, bis sie gänzlich erstickt waren. (*Brasseur*.) — Die Priester liessen häufig aus dem Jenseits zurückkommen, von den Herrlichkeiten des Paradieses zu erzählen. — In die Höhle des Trophonius wurden die vorher in einer Capelle geweihten Pilger an den Beinen hinabgezogen. Beim Herauskommen erhielten die Pilger den Gedächtnisstrank, nach dem eine trübe Schwermuth für das ganze Leben zurückbleiben sollte. — Mandeville erzählt, dass sich in einem schwer zugänglichen Thale, im Lande des Priesters Johannes der Eingang in die Unterwelt finde. — Mit dem Zauberer Virgilius wurde unter den Dichtern der bucklige Erzbischof von Salzburg (zur Zeit Pipin's) zusammengeworfen, der aus seiner Heimath Irland die Lehre von den Antipoden mitgebracht hatte. — Niemals beschien die Sonne die tiefe Höhle des Kakus, beständig von frischem Morde war laulicht der Grund, an die grause Pforte geheftet schwebten Männergesichter gebleicht in kläglicher Verwirrung. (*Virgil.*) — Herakles stieg durch die acherusische Schlucht bei Heraklea in die Unterwelt hinab. — Der Berg des Thales Helgafell, wo die Seelen der Todten des Cantones wohnen, darf in Island nur betrachtet werden, nachdem man sich das Gesicht gewaschen hat. — In Haiti lebten die nabellosen Todten in einem Thale der Insel von der Magney-Frucht. — Der Kaiser Tsin-chi-hwang-ti liess unter Anleitung der Anhänger der Tao-Secte den Unsterblichkeitstrank (Tschang-seng-yo) auf verschiedenen Inseln suchen, wie die Spanier ihn später in Florida zu finden glaubten. — Nach der Sage von Gorm und Thorkill sendet jener diesen in die Nordgegenden nach Odainsakur (im Lande Glaesis-vellir), um zu erforschen, zu welchem Sitze er, nachdem ihn der Geist verlassen, gelangen werde. (*Wachter.*) — Auf den Vorschlag des Theophilus zogen drei Mönche in Mesopotamien auf eine Reise nach dem Paradiese aus. Nachdem sie den Tigris passirt und viele wunderbare Länder durchzogen hatten, kamen sie zu einer Höhle, wo der heilige Macarius wohnte und ihnen mittheilte, dass sie nur noch 20 Meilen von dem Ende der Erde entfernt seien, aber nicht weiter gehen dürften. (*Wright.*) — Die Swedenborgianer schickten Abgeordnete aus, um das neue Jerusalem in Inner-Africa zu suchen. — Auf dem vom Frankenkönig ausgesandten Glückschiffe mit zwölf Johannessen musste jedes Jahr Einer in die Fluth zum Opfer geworfen werden, bis der Teufel den letzten auf dem Petersberge bei Erfurt fallen liess. — Nach Marco Polo hatte das Haupt der Mulehetiben (Assassinen) in Persien einen Paradiesgarten in einem abgeschlossenen Thale, dessen Annehmlichkeit er seine Anhänger geniessen liess, zur Aufmunterung, und dasselbe erzählen die Siret-al-Hakem von den syrischen, die durch Haschis narcotisirt wurden. Nach Abdor Rahman liess Sinan scheinbar Enthauptete von der im Paradiese gebotenen Annehmlichkeit erzählen, die er dann alle später wirklich zu enthaupten pflegte. Malcolm erzählt von einem Wachabiten, der in Bagdad ergriffen wurde, im Begriff einen arabischen Scheich zu ermorden und der eine Verschreibung auf einen Smaragd-Palast und eine Menge schöner Sklavinnen, von dem Haupt der Secte ausgestellt, bei sich trug. — Sartor, der Prophet von Amsterdam (1535), hatte Himmel und Hölle besucht und den Schöpfer im Glanze seines Ruhmes angeschaut. Elisabeth Barton (die Heilige von Kent, die von Heinrich VIII. hingerichtet wurde) wurde in den Anfällen ihrer Verzückungen in den Himmel gerückt. — Der Fakone-See in Japan dient als Fegefeuer für die im Alter unter sieben Jahren verstorbenen Kinder, für deren Erlösung die Bonzen den Vorübergehenden Ablasszettel verkaufen, die auf das Wasser geworfen werden. — Die Syracusaner opferten jährlich der Cyane einen Stier, um den Erdspalt zu füllen, wo Pluto Proserpina geraubt hatte. — Die Slowaken bezeichnen die Abgründe des Berges Sitna als den Eingang zur Hölle (Pekla) und auch die Kärnthner kennen Oeffnungen, die dorthin führen. Die Mariandyner zeigten in ihrer Landschaft einen Schlund des Orkus mit der Strasse zum Hades, wo Kühne hineinsteigen mochten. — Einzelne Magnetiseure haben behauptet, dass sich die Seele im Somnambulismus loslöse, dass sie über den Körper und die Sinnenwelt hinweggehoben würde. (*Calmeil.*) — Tanner sah unter den Odschibwaes, wie einst ein Indianer (Aiskwalns) die Häuptlinge zusammenrief und ihnen mittheilte, dass er von dem grossen Geiste mit einer neuen Offenbarung begnadigt sei, als Beweis für welche er eine irdene rothbemalte Kugel vorwies, welche ihm gegeben sei, um die Welt darnach umzuformen. Viele Indianer glaubten an den Propheten, obwohl Andere erkannten, dass er nur den Betrug ersonnen, um auf Kosten Anderer zu leben. — Eine Frau aus dem Stamme der Menomies, die, aus der Heimath der Geister zurückkehrend, ihren Körper wieder beseelte, wurde seitdem für grosse Medicin gehalten. — Wie Pausanias erzählt, wurde dem Aeschylus (dem ersten tragischen Dichter) von Bacchus geboten, Tragödien (nach Horatius von Thespis erfunden) zu schreiben, worauf er den Chor von Satyrn (in dem Dithyrambus des Amphion) in menschliche Masken umgestaltete. (*Vico.*) — Dschingis-Khan liess sich von dem „Ebenbild Gottes" genannten Schamanen, der oft auf seinem grauen Apfelschimmel zum Himmel ritt, auf dem Kuraltai (1206) zum Grosskhan erklären. — Wenn Mangel an Fischthieren auf der See ist, muss der Angekok gegen gute Bezahlung zu der Tochter des Angekok von Disko fahren, die in einem Hause unter dem Meere lebt. In Begleitung seines Torngak muss er sie rasch ergreifen und ihr die Talismane abreissen, ehe sie Zeit hat, die Flügel eines Seevogels anzuzünden, um ihn durch den Gestank zu tödten. Wenn in dem Hause, wo Torngarsuk beschworen wird, Jemand einen Wind lässt, so stirbt derselbe, obwohl unsterblich. — Aus den von Jesus wegen ihrer Bosheit nicht getauften Söhnen der Pohjolan Emendae entstanden die Plagen und aus dem jüngsten die Kolik. — Um in den Himmel oder die Hölle zu fahren, trommelt der Angekok sich unter Contorsionen in einen Zustand der Schwäche, worauf seine Schüler ihm den Kopf zwischen die Beine und die Hände auf den Rücken binden. Dann werden alle Lampen ausgelöscht, und während die Gesellschaft seinen Gesang begleitet, fängt er mit grossen Bewegungen und Rasseln an zu seufzen, zu schnauben und zu schäumen, und fordert seinen Geist auf zu erscheinen. Will er nicht so kommen, so fährt seine Seele (während sein Leib bewegungslos liegen bleibt) aus, ihn zu holen und kommt dann unter Freudengeschrei zurück, wobei sich ein Sausen in der Luft hören lässt. Kommt der Torngak von selbst, so bleibt er draussen am Eingang der Hütte. Mit demselben (seinem Dämon) bespricht sich der Angekok über das Gefragte. Man hört zwei verschiedene Stimmen, eine draussen und eine drinnen, die Antwort ist allezeit dunkel und verwirrt, die Zuhörer erklären einander die Meinung, und wo sie nicht darüber einig sind, bitten sie den Torngak, dass er dem Angekok deutliche Antworten gebe. Hat dieser einen weitern Auftrag, so fährt er mit seinem Torngak an einem langen Riemen in das Reich der Seelen, wo er einer kurzen Conferenz der Angekut Poglit (der dicken oder berühmten Wahrsager) beiwohnt, des Kranken Schicksal erfährt oder ihm eine neue Seele mitbringt. Auch Mohamed brachte von seinem Besuche im Paradiese manche interessante und nützliche Kenntniss zurück. So sah er dort einst einen mit Datteln beladenen Palmenast und wunderte sich zu hören, dass er für den Ebu Dschehl (den Vater der Unwissenheit) bestimmt sei, da dieser doch nicht in's Paradies gehöre. Als er aber später mit Ikrimet, dem Sohne Ebu Dschehl's, bekannt wurde, sah er die richtige Erklärung, die nicht ohne Einfluss auf jenes Bekehrung war. — Als Matjuschkin von dem Schamanen, der ihm orakelt hatte, nach seiner Rückkehr in's gewöhnliche Leben Erläuterungen über einige dunkele Sprüche fragte, sah er ihn erstaunt und mit einem fragenden Blicke an, indem er verneinend mit dem Kopfe schüttelte, als ob er nie davon gehört habe. — Der egyptische Priester, der Plotin's Genius zu einer sichtbaren Deuteroskopie im Isistempel zwang, pries ihn selig, dass er keinen gemeinen Dämon, sondern einen Gott erhalten habe, obwohl derselbe, trotz der Seligkeit, die Plotin bei seiner Anwesenheit empfand, sich sehr unruhig und unzufrieden zeigte, weil ein Anwesender zwei Vögel in seiner Hand zerdrückt hatte. — Zoroaster als Gottes Prophet brachte den Asar-Burjin-Meher vom Himmel. — Die Perser verehrten Zoroaster als Heiligen und Freund Gottes, da ihm ein Blitz zum Wagen diente, um zum Himmel zu fahren. (*Huetius.*) — Nach Clemens Alex. ist Zoroaster nicht von Er (dem Sohn des Arminius) verschieden, der (bei Plato) zwölf Tage nach dem Tode wieder auferstebt und die Sachen aus der andern Welt erzählt. — Nach den Persern pflanzte Zoroaster zwei aus dem Paradies mitgebrachte Cypressen, die eine zu Kishmar (die vom Chalifen Motawakkel umgehauen wurde), die andere zu Termed. — Um die abergläubischen Vorstellungen seiner Unterthanen, die nach St. Patrick's Predigten zurückgeblieben waren, auszurotten, besuchte Arthur die nach diesem Heiligen genannte Höhle und versuchte, trotz der aufsteigenden Schwefeldämpfe in sie einzudringen. Bald wurde er aber durch den Lärm rauschender Wasser und klagender Stimmen so erschreckt, dass er auf Gawain's Rath zurückkehrte und sich an den Zauberer Merlin um Aufschluss wandte. Dieser verschluckte das Herz eines frischgetödteten Maulwurfs und fühlte sich dann erleuchtet, um zu erklären, dass die Höhle zuerst durch Ulysses gegraben sei, der im Laufe seiner Wanderungen Irland besucht habe. (*Wright.*) — Um St. Patrick's Purgatory (in Lough derg) zu besuchen, mussten sich die Pilger an den Bischof der Diöcese wenden und erklären, dass sie freiwillig dies Gelübde übernommen. Dieser hatte ihnen abzurathen und die Gefahren des Unternehmens vorzustellen. Blieben sie aber fest in ihrem Entschlusse, so erhielten sie ein Schreiben an den auf der Insel lebenden Prior und wurden in die Kirche geführt, wo sie 15 Tage unter Fasten und Beten zubringen mussten. Dann wurde ein feierliches Hochamt gehalten, der Wallfahrer mit heiligem Wasser besprengt und in der Procession kreuztragender Mönche und unter dem Singen von Litaneien an dem Eingang der Höhle geführt, wo man einen neuen Versuch machte, ihn von seinem Vorhaben abzumahnen. War Alles umsonst, so liess ihn der Prior hinabsteigen und schloss die Thüre hinter ihm zu, die erst am nächsten Morgen geöffnet wurde. Fand man den Büsser dort, so wurde er mit grosser Freude in die Kirche zurückgebracht, wo man ihn 15 Tage beobachtete, in steter Umgebung singender und betender Mönche. Vor seiner Entlassung wurde sein Bericht zu Papier genommen und unter die Votivtafeln des Klosters gehängt. War der Wagehals am Morgen beim Oeffnen der Thür nicht zu finden, so musste er in seiner gefährlichen Höllenfahrt umgekommen*) sein und von seinem Verschwinden wurde nie weiter gesprochen. Der glücklich Entkommende dagegen war (wie Giraldus erzählt) für die Qualen, welche er in jener Schreckensnacht litt, für immer von den Höllenstrafen befreit. Nach Gilbert meinten Einige, dass die das Fegefeuer des St. Patrick Betretenden in eine Verzückung fielen und Erscheinungen im Geiste sähen, als Visionen, aber Sir Owain (ein Ritter im Dienste König Stephan's), der die ausführlichsten Berichte darüber mitbrachte, behauptete mit Bestimmtheit, dass Alles körperlich gesehen und empfunden würde. „Wer irgend Zweifel über das Fegefeuer hat, der gehe nach Schottland (Irland) und besuche St. Patrick's Purgatory," schreibt Heisterbach (13. Jahrhundert). Eduard III. stellte (1358) zwei ungarischen Edelleuten Documente aus, dass sie die Pilgerfahrt dahin unter allen nöthigen Formalitäten vollzogen hätten. Einem Ritter von Rhodus (Raymund) wurde (1397) sicheres Geleit von König Richard II. gestattet. Im Jahre 1409 wurde William Staunton mit den gewöhnlichen Ceremonien in die Höhle eingelassen. Am Ende desselben Jahrhunderts kam ein frommer Mönch aus Eymstadt dorthin, der nicht die Summe Geldes besass, welche als Pförtnerlohn gefordert wurde. Da er nicht abliess, dem Bischof mit seinen Bitten um Einlass anzuliegen, gab dieser endlich mürrisch und ärgerlich seine Erlaubniss, um ihn loszuwerden. Er brachte eine Nacht in der Höhle zu, sah und empfand aber Nichts und beklagte sich später bei dem Papste

*) Ueber die Bacchanalien sagte die freigelassene Hispala Fecenia vor dem Consul Postumius aus: Die Götter hätten sie entrückt, hiesse es von Menschen, die man verschwinden lasse, indem man sie auf eine Maschine binde und in verborgene Höhlen fortreisse. Und zwar seien das solche, die sich geweigert hätten, den Eid zu leisten oder an den Unthaten Theil zu nehmen oder sich entehren zu lassen. (*Livius.*)

Alexander VI., auf dessen Befehl St. Patrick's Purgatory 1497 zerstört wurde. Im Jahre 1727 wurde der Eingang desselben indess auf's Neue entdeckt, indem Ludovicus Pyrrhus, der Nachgrabungen anstellte, plötzlich auf ein Kellerfenster stiess und kaum noch Zeit hatte, nach Weihwasser zu rufen, da die bösen Geister durchzubrechen suchten. Seitdem strömten die Pilger in solchen Massen herbei, dass man das Purgatory nach einem andern Theil der Insel verlegen und die Brücke abbrechen musste, wodurch zugleich noch in dem Fährgelde eine neue Einnahme geschaffen wurde. Zwei Doctoren der Theologie von der Pariser Facultät unterzeichneten im Jahre 1742 eine Erklärung, dass sie das Buch Bouillon's (Histoire de la vie et du purgatoire de St. Patrick) durchgelesen und darin Nichts gefunden hätten, was der Rechtgläubigkeit und der Moral entgegen sei. Papst Benedict XIV. liess (1745) eine von ihm gehaltene Predigt zu Gunsten von St. Patrick's Fegefeuer veröffentlichen. Als die Wallfahrten erneuert wurden, erfanden die Katholiken verschiedene Geschichten. Einige sagten, dass die wunderbaren Visionen aufgehört hätten, weil das Volk Irlands so tugendhaft und rechtgläubig gewesen, um keiner aussergewöhnlichen Hülfe weiter zu bedürfen, um vom Laster abgeschreckt zu werden, dass aber bei Zunahme der Ketzer das Wunder erneuert worden, um die Ungläubigen zu bekehren. Einige meinten, dass der Papst nur einen Theil des Fegefeuers hätte zerstören lassen, Andere sagten, dass er die Schliessung befohlen habe, weil das damalige nicht das rechte gewesen, wie man zufällig entdeckt habe. (*Wright.*)

BILDER-VEREHRUNG.

Unter Alinge-Chan (heisst es) verloren die Türken die Erkenntniss des wahren Gottes und blieben bei der Verehrung der nächsten Gegenstände stehen, indem sich der Sohn aus dem Bilde seines Vaters, der Mann aus dem seiner Frau einen Gott machte. Der Vater opferte dem Sohn, die Frau dem Mann. — „Die Gestirnanbeter bauten anfangs nur kleine Tempel, um darin einen Theil ihrer Wirksamkeit aufzunehmen und zu verwahren, während man erst später die Bilder verstorbener Menschen (anfangs als einfache Säulen) verfertigte und zunächst in ihren Palästen und Häusern zur Verehrung aufstellte, woraus dann Tempel wurden." — Zur Zeit der Caftorim (Ben Coptim) brachte Iblis die zur Zeit der Sündfluth versenkten Götzenbilder wieder an's Licht und wusste den Copten ihre Verehrung annehmlich zu machen. — El Badesehir (Ben Caftorim) war der Erste, der Magie trieb und Menausch Ben Menkaus der Erste unter den Egyptern, der den Stier verehrte. — Mit der Zeit befestigte sich die gottlose Sitte (der Bilderverehrung) und wurde für Recht gehalten und auf der Tyrannen Geheiss wurden Bilder verehrt. Und wenn man sie, weil sie zu ferne wohnten, nicht unter den Augen ehren konnte, so liess man aus der Ferne das Angesicht derselben abbilden und machte ein deutliches Bild des zu ehrenden Königs, damit man dem Abwesenden gerade so schmeicheln konnte, als ob er gegenwärtig wäre. Und solchen Gottesdienst recht weit zu treiben, stachelte der Ehrgeiz die Künstler an (heisst es im „Buch der Weisheit"). — Die Könige Frankreichs wurden (bis zu Ludwig's XIV. Zeit) nach ihrem Tode noch vierzig Tage wie im Leben bedient, und dasselbe geschieht in Congo, wo man während der Mumificirung der Leiche eine Holzfigur, um sie zu repräsentiren, im Palaste aufstellt. — Der schwarze Prinz in England liess täglich vor der Streitaxt eines berühmten Ritters eine Schüssel mit Fleisch auftragen. — Während des Todtenfestes verfertigen die Dayaks eine Figur des Verstorbenen, die so lange aufgestellt bleibt, bis ein Menschenopfer dargebracht oder ein Kopf erbeutet ist. Hermes oder Edris gilt im Oriente für die erste zufällige Ursache des Götzendienstes, weil sein Schüler Asclepiades ihm eine Statue errichtete und, sich beständig neben derselben aufhaltend, sie zu verehren schien, was abergläubisch von Anderen nachgeahmt wurde. — Dharma Radscha (der incarnirte Heilige von Butan) ging von Lhassa nach Punakha, wo er durch das Blasen auf einer Trompete, die aus der Markröhre eines Menschen gemacht war, den bisherigen Gewalthaber des Landes vor Schreck in die Erde jagte; dann nahm er die verlassene Königsburg in Besitz, hob das Kastenwesen unter seinen Unterthanen auf und verbreitete seine Religion. Nachdem er aus Lhassa einen Tibetaner zum weltlichen Verwalter (as De pa Radscha) hatte kommen lassen, wurde er vom Volke von Butan als geistlicher Führer anerkannt. Kurz vor seinem Ableben befahl er, dass die Verwaltung, wie früher, fortgehen, dass man aber seinen Leichnam nicht verbrennen, sondern in Oel sieden, in einem Sarg verschliessen und mit Nahrung versehen solle, bis er selbst in Lhassa wiedergeboren sein würde. Einige Zeit nach seiner Auflösung hörte man ein dreijähriges Kind in Lhassa sagen: „Ich bin der Dharma Radscha, mein Land ist Lolumbho, mein Haus und Eigenthum ist dort." Gegen reiche Geschenke wurde der Knabe dem as De pa Radscha überlassen, und da er die Prüfung überstand, als wiedergeborener Dharma Radscha inthronisirt. Als ein späterer Dharma Radscha dem Tode nahe war, sagte der as De pa Radscha im Beisein der Staatsräthe: „Ihr seid bisher stets in Lhassa wiedergeboren worden; euer Herschaffen macht stets unnütze Kosten." Darauf entgegnete Jener: „Ich werde im Schateh-Stamme zu Tongso wiedergeboren werden." Und so geschah es. — Die Inschrift Brama Wijeya's auf Java sagt: „Wenn Einer eurer Voreltern stirbt und zum Himmel einzieht, so lasst sogleich ein Gemälde machen, denselben abzubilden, und schmückt und versieht es mit allen Arten von Esswaaren und ehret es als euren Vorfahren, der zu euch herabgestiegen ist und alle eure Bedürfnisse befriedigen will. Denn dies wird der Fall mit demjenigen sein, der seinen Voreltern Ehrfurcht zollt." Bei Nacht brennt Weihrauch und viele Lampen. — Als Xerxes die Statuen von Babel fortschaffen liess, war die Verehrung des Bel-Mythra (Lichtgottes und Feuerwesens) bildlich nicht gestattet, aber später verehrten auch die Perser die Götter in menschlicher Gestalt und Artaxerxes liess ein Decret ergehen, dass ein Bild der Nationalgöttin Tanais im ganzen Umfange des Reichs in den Hauptstädten aufgestellt werden solle. — Nach Varro waren die Tempel der Römer längere Zeit ohne Statuen. — Die Sitte, menschlich gestaltete Bilder zu verehren, wurde bei den Persern erst durch Artaxerxes (den Sohn des Ochus) eingeführt (nach Berosus). — Von angesehenen Verstorbenen machen die Ostjäken hölzerne Bilder und setzen ihnen an dem für sie gehaltenen Gedächtnissmahle ihren Antheil vor. Frauen, die ihren verstorbenen Mann besonders geliebt haben, legen diese Puppen zu sich in's Bett, putzen sie auf und vergessen sie bei der Mahlzeit nie zu speisen. In Peru sah ich junge Indianer-Frauen, die ihren Säugling verloren hatten, statt desselben eine Holzpuppe auf dem Rücken umhertragen. — Die guten Schutzgeister der Niasser (die die bösen, als Bechu, fürchten) bestehen aus den Seelen der Vorväter, die in hölzernen Idolen dargestellt werden. — Die australischen Mütter pflegen die Knochen ihrer verstorbenen Kinder nach Beendigung der Verwesung wieder ausgegraben und in ein Bündel gepackt, mehrere Wochen auf dem Rücken umhergetragen. — Ueber dem Grabe eines Stammhäuptlings errichten die Khyens (in Hinterindien) ein Haus und stellen dort eine Wache auf, um das Herannahen böser Geister zu verhindern, weshalb sie auch einen roh bearbeiteten Baumstamm, als das Bild des Verstorbenen, dorthin legen. — Die sich in den verschiedenen Ejandas getrennter Abstammung rühmenden Damaras verehren zugleich einen heiligen Baum (von dem Menschen und Thiere stammen), indem sie ausserdem den durch Stöcke repräsentirten Ahnen Opfer bringen. — Aus der Asche des Königs formen die Siamesen Bilder, die verehrt werden. — In Frankreich wurde früher ein verstorbener Adliger beim Leichenbegängniss auf dem Paradebette durch einen in seine Kleidung gehüllten Miethling repräsentirt. — Defunctorum cadavera vestibus induuntur et erecta super sellam locantur, quibus assidentes propinqui perpotant ac helluantur, sagt Lasicz von den Samogitiern. — Die Freundschafts-Insulaner errichteten zu Ehren der todten Häuptlinge Blöcke von Holz und Stein, die verehrt wurden. — Am weissen Nil schnitzen die Eltern Menschenbilder zur Erinnerung an ihre Kinder. — Bei den Samojeden füttern die Frauen ein hölzernes Abbild des Verstorbenen. — Nach dem Apocryphiker Lucius tadelte der Apostel Johannes den Christen Lycomedes, der von ihm ein Bildniss gemacht hatte, um (wiewohl er nur einen Gott anerkenne) doch diejenigen Männer zugleich nach ihm als Götter zu ehren, die die Wohlthäter der Menschen gewesen. Die Bischöfe von Nicäa verdammten diesen Verfasser, als Ketzer, setzten indess die Beschränkung, dass die Bilder der Heiligen keine Kronen tragen dürften, um nicht denen der Heiden zu gleichen. Nachdem Salomo den König von Sidon getödtet hatte, heirathete er dessen Tochter Tereda und erlaubte ihr, um ihren Schmerz zu besänftigen, ein Bildniss ihres Vaters zu verfertigen, das dann aber von dem ganzen Harem angebetet wurde, so dass der König, der es zu spät erfuhr, sich seinen harten Bussen unterziehen musste. — Nach den Rabbinen befahl Adam seinen Körper in dem Centrum der Erde zu begraben, damit ihn seine Nachkommen nicht verehren könnten. — In Antiochien wurde (zur Zeit des Chrysostomus) die Figur Alexander d. G. als Amulet getragen, wie in der römischen Familie der Macrier. — Die Taotse führten (besonders unter dem sie begünstigenden Kaiser Wuti) die Dämonologie durch den Verkauf kleiner Götzen (Siengin oder Unsterbliche) ein, indem sie auch bald die Seelen verstorbener Kaiser zu Gegenständen der Verehrung erhoben. Der Kaiser Hoei-tsang ertheilte selbst den Häuptern dieser Secte den Titel Shangti und der bald erfolgende Fall der Song-Dynastie wurde dieser Gottlosigkeit von den Colaos zugeschrieben. — Nach dem Skeletiren der Todten stellen die Tehuelhet und Chechehet die Gerippe zusammen unter Hütten und Zelten, die Moluchen und andere Puelchen in Gewölben unter Aufsicht von Matronen, die die Erneuerung der Bekleidung und Schmückung besorgen. Die Gerippe der Patagonier werden jährlich von einer alten Frau geschmückt. — Gruppen der abgeschiedenen Häuptlinge werden mit ihren Familien, in Lehmfiguren geformt, unter den Baum des Dorfes gestellt, bei den Negern. — Wie Buddha (Vischnu's Verkörperung) dem in seinem Einsiedlerleben büssenden Amaradeva (einer der neun Edelsteine am Hofe Vicramaditya's) mittheilte, war die Erscheinung der Gottheit in dem verderbten Zeitalter unmöglich und deshalb durch die Verehrung eines Bildes zu ersetzen. — Am Tode des Häuptlings verfertigen die Bheels ein messingenes Bild eines Pferdes oder eines Ochsen, das die Bhaut (Priester) um das Dorf tragen, den Ruhm des Verstorbenen singend. — Die Siah-pôsh verehren die Todten in hölzernen und steinernen Bildern. — Zur Apotheose wurde der römische Kaiser als Wachsbild nachgeformt, und so mehrere Tage von Aerzten besucht (bis diese ihn für gestorben erklärten), und dann von Spectra (welche Masken berühmter Männer der Vergangenheit trugen) verbrannt, um gleichsam schon auf der Erde in die Versammlung der Götter aufgenommen zu werden.

[GRABHÜGEL.] Steinhaufen aufzuthürmen findet man oft als eine Art Verehrung für die Götzen, bei wilden Völkern, indem bei Mangel etwas Anderen man wenigstens einen Stein zu schenken sucht. Mohamed fand diese Steinhaufen vor, und bei der Schwierigkeit, das Volk von gewohnten Gebräuchen abzubringen, veränderte er nur ihre Bedeutung und aus dem aufsteigenden Tempel wurde das Grab des gesteinigten Teufels, das noch immer in Mina verehrt wird. Bei dem, zum Theil unter Steingerölle vergrabenen Mausoleum des Absalon weiss noch jetzt Mancher von denen, die jeder beim Besuch einen Stein hinschleudern, nicht, ob er es aus Hass oder aus Achtung thut. Aber es geschieht. Namen und Worte bleiben immer nur an der Oberfläche der Gefühlsbegriffe und sind für das Wesen dieser durchaus gleichgültig. — Nach Cook warfen die Neu-Caledonier Hügel über ihren begrabenen Todten auf, gleich den australischen Wilden und die tumuli wurden vielfach in den verschiedenen Welttheilen mit Steinen belastet, damit die Seele Schwierigkeiten finde, sie fortzuwälzen. Einem als besonders böswillig Gefürchteten pflegte jeder Vorübergehende (im Oriente) einen neuen Stein aufzuwerfen. — Nach Tacitus pflegte man das Grab vornehmer Germanen, die mit einer besonderen Art Holz verbrannt wurden, nur mit Rasen zu bedecken, um den Leichnam nicht zu beschweren. Sit tibi levis terra. — Die Lappen warfen ihre erschlagenen Feinde (Tschude) in's Wasser oder versenkten sie in einen Sumpf, weil man glaubte, dass ein so Begrabener sich nach der Auferstehung nicht rächen könne. Nach der pommerschen Sage lagen die Seelen der Ertrunkenen unter Töpfen im Hause des Nix. — Nach dem deutschen Volksglauben gehen die Seelen Ersäufter nicht um. — Die Negerinnen von Matlamba werfen die Leichen ihrer Gatten in's Wasser, um mit den Leibern die Seelen zu ersäufen, von denen sie sonst beunruhigt werden würden. Ist diese Operation versäumt, so werfen sie sich selbst in's Wasser, wenn sie sich besessen fühlen. — Alle Seelen können zurückkehren, ausser denen der Ertrunkenen, da (nach Servius) die feurige Natur der Seele im Wasser erlischt. — Bei den Anthesterien wurden Opfer (πανσπερμια) den in der deukalionischen Fluth Umgekommenen in Töpfen (χυτροις) dargebracht. — Antar's Mutter rieth, einen mächtigen Steinhügel auf sein Grab zu häufen, damit seine mächtige Seele nicht durchbreche. — Die Indier errichteten den Todten (nach Strabo) keine Grabhügel, da die Erinnerung an die Tugenden des Mannes, sowie die ihn feiernden Lieder genügten, sein Andenken zu erhalten. — Nach der Ynglingasaga wurde an Freyr's Grabhügel eine Oeffnung gelassen mit drei Fenstern. Im Hügel bewahrte man den Leichnam drei Jahre, in die drei Fenster legte man den Schatz an old, Silber und Erz. Da blieb Fruchtbarkeit und Friede im Lande. Es war ein heiliges Grab, ein Palladium der Nordländer. — Die Caraiben von Caramairi (Cartagena) beerdigten die Häuptlinge in wohlverwahrten Hütten. Sonst sammelten sie die Gebeine der Abgeschiedenen, nachdem die Verwesung alle weicheren Stoffe zerstört hatte, in eigenen Geschirren. — Die Guaranier begraben in ausgepichten Krügen. — Die Fürsten der Battas behalten ihre Leichen in verpichten Särgen lange im

Hause. — Die Blancos-Indianer an der Ostküste von Costarica stellen die Leiche drei Jahr hindurch in einem besonderen Todtenhause auf Palmgeflecht aus, wo sie jährlich am Sterbetage neu verhüllt, und erst, wenn hart geworden, begraben wird. (*Scherzer.*) — Die Gräber der Somali liegen einzeln und bestehen aus Haufen von Steinen, die mit den Trophäen des Verstorbenen geschmückt und mit einer Dornenhecke umzäunt werden; anderwärts werden sie auf einem Kiesplatz aus weissen Kalksteinen erbaut und mit einem Ring von einzelnen Steinen umgeben. Die alten Gräber im Lande der Mijjerthaine und in der Gegend von Berbera, welche von den Gallas herrühren sollen, bestehen aus hohen und breiten Steinhaufen, die inwendig hohl sind. Aehnliche Pyramiden als Gräber finden sich auch bei den Dankali.

Die Gottmenschen.

DAS PATRIARCHENTHUM.

In dem mit seinen Heerden einsam durch die Steppen wandernden Nomadenstamm concentriren sich alle Interessen, Ideen und Anschauungen in dem Familienhaupte als dem natürlichen Mittelpunkt. Sein Zelt ist zuerst aufgerichtet, und ragt über die andern hervor, sein Befehl gilt ohne Widerrede, sein Wort genügt, um Streitigkeiten zu schlichten, um Ehen zu schliessen, sein Auge sah die Kinder geboren werden, sah sie heranwachsen, seine Hand weihte sie zum Manne, indem er ihnen die Waffen überreichte. Gedanken und Gespräche drehen sich um ihn, verstohlen wird geflüstert, was er in seinem Zelte treiben möchte, hoffend richten sich dorthin die Blicke der Fröhlichen, Furchtsamen und ängstlich die der Schuldigen. Nur demüthig naht man sich ihm, um seine Hand zu küssen, sein Gewand zu berühren; wenn er erscheint, hält Jeder ehrfurchtsvoll in seinen Beschäftigungen an, bis er vorübergeschritten ist. Und wenn nun dieser Mann plötzlich aus dem täglichen Leben des Stammes verschwindet, wenn seine Gestalt nicht mehr vor Augen gesehen wird, ist es zu verwundern, dass sie bald die gigantischen Nebelformen eines verehrten Patriarchen annimmt, und als solcher noch länger *) auf die Geschicke und Ereignisse der nächsten Generationen einwirkt? Hat er sich durch grosse Eigenschaften, durch glänzende Thaten vor seines Gleichen ausgezeichnet, so wird sein Andenken noch lange durch Lieder und Gesänge auf Kinder und Kindeskinder

*) Die Wohlthaten des Häuptlings bei den Kaffern überdauern selbst sein Leben, denn sein Grab wird als Freistätte geehrt. (*Döhne.*) Bei den Bienen soll die Anhänglichkeit an ihre befruchtete Königin auch noch nach ihrem Tode in einer Art von Verehrung fortdauern.

vererbt werden, und je weiter es in die graue Vorzeit zurücktritt, desto kolossalere Dimensionen werden die Umrisse der Glieder gewinnen. An seinem Grabmal werden sich die Fürsten zur Berathung versammeln, oder, waren seine Gebeine bewahrt, so wird sie der Stamm in einer heiligen Lade mit sich umhertragen, und sich seines fortwirkenden Schutzes sicher glauben, so lange er dieselben unter sich gehütet hat. Wie leicht auf diese Weise euhemeristische Götter geschaffen werden mögen, ist nicht schwer einzusehen, besonders wenn ein fremder Stamm den Schutzpatron eines siegreichen Nachbarn, um dieselben Gunstbezeugungen zu erhalten, gleichfalls zu verehren sich entschliesst, wo bei der übernommenen Figur, die jetzt durch den Mangel geschichtlicher Traditionen schon von ihrem körperlichen Substrat abgelöst ist, bald alle Controle fehlt, um zwischen ihrer Persönlichkeit als menschlich oder göttlich zu unterscheiden. Aus den Stammbäumen in epischen Gesängen verehrter Patriarchen, edomitischer Alhufen (Gefährten, wie Asyr), als Repräsentationen der Stämme, mag sich bei einem mit ihrer Herkunft unbekannten Volke ein Götterhimmel aufbauen, den sich bald eine Priesterschaft geschäftig finden wird im Einzelnen auszuschmücken, indem sie die nützlichsten Amtsverrichtungen unter die verschiedenen Charaktere vertheilt. Die nationalen Heroen werden damit in Beziehung gesetzt und je nach Umständen direct in den Olymp aufgenommen, oder nur in die höheren Luft- und Dunstregionen*) einquartiert werden. Eine ungestörtere Durchbildung erhielt diese mit dem Reliquiencultus eng verknüpfte Vergötterung der Persönlichkeit in den hochasiatischen Religionen, und als sie später, durch das Medium des Christenthums, auch den Westen zu influenziren begann, klagte Julian über die zunehmende Menge der Martyrer, die das römische Reich mit Gräbern füllten, und prophezeite Hermes Trismegistus, dass Egypten, das mit Tempeln geschmückte Stück des Götterhimmels, bald in einen Kirchhof verwandelt sein würde.

---

*) Die Personification der Here, als die (im Gegensatz zu Jupiter) untere Luft, wo sich die Heroen vereinigen, leitet im Mittelalter, als Herodias, die auf Besen reitenden Hexen. Von dem verschwundenen oder zum Himmel aufgestiegenen Patriarchen war der Eindruck seines Fusses (das Letzte, was noch geblieben), was deshalb am meisten verehrt wurde, als die Stelle, wo Buddha, Perseus, Herkules, Jesus gewandelt. Im Mittelalter ward ein Sohlenmaass der heiligen Jungfrau verkauft, mit Ablassversprechen für den, der es küsse. Der Fusstritt Christi ist (ausser auf dem Oelberge) am Remsthal abgedrückt, St. Martin's bei Ilorion, Otto's in Stettin, die Kralle des Teufels auf einem Stein bei Cöln und bei Usedom, der Huf eines Pferdes an der Rosstrappe. Der Fuss des Propheten Jonas findet sich bei Nazareth, der des Elias auf Karmel. Moses liess die Umrisse seines Rückens und seiner Arme in einer Höhle.

Doch schon in den Zeiten des alten Hellenenthums, wo die Fürsten (die Söhne der Anakes) sich alle göttlicher Abkunft rühmten (Beni Elohim), kannte man die Gräber*) der Götter, obwohl die meisten derselben als einem fremden Cultus entlehnt, leer waren und nur gleich dem des Zeus in Creta die Aufschrift trugen. Die Athener wurden von dem Orakel angewiesen, die Gebeine des Theseus (aus Skyros) in ihre Heimath zu führen, um seiner Hülfe gegen Samos gewiss zu sein, wie die Lacedämonier die des Orestes einholten. Durch Einmischung philosophischer Begriffe war in den schönen Zeiten der griechischen Civilisation der terrestrische Ursprung bei den meisten vergessen, aber als jene durch inneren Zwiespalt zusammengebrochen war, haschte das Volk wieder nach dem Nächstliegenden und Greifbarsten, indem es zur Zeit des römischen Kaiserreiches überall an den Gräbern seiner Heroen, besonders der aus der Ilias und Odyssee bekannten, opferte. Damit war auch der Anknüpfungspunkt gegeben zur Apotheose der Imperatoren selbst, die als der idealistische Ausdruck ihrer entarteten und verweichlichten Gegenwart die entsprechende Analogie der einst wegen ihrer Körperkraft vergötterten Helden bildeten. Cicero wundert sich, wie es möglich gewesen, den Romulus zu vergöttern, eine so bestimmt geschichtliche Persönlichkeit, aber zu Philostratus Zeit fand sich schon Heroencultus überall. Deutlicher wie zwischen Rhadagieus und Rhadagast lässt sich die Entwicklung des weitgewanderten Heerführers Odin in seiner Erhebung zum Präsidenten des Asenhimmels verfolgen, für den in der Aufnahme des Localgottes Thor ein wichtiges Element gewonnen war, während sich die feindliche Gestalt der zu bekämpfenden Eingeborenen (die nicht wie die Wanen, durch Bündniss, sondern durch Kampf gewon-

*) Im ganzen Lande der Namaqua finden sich von Steinen aufgethürmte Grabhügel, angeblich für einen Mann errichtet, der an vielen Orten gestorben, begraben und wieder auferstanden sein soll. Lichtenstein hat sie als Hottentotten-Gräber bezeichnet. Dieser Mann ist Heitsi Eibib, der Mond, der von Osten kommt und blutige Opfer an Pfeilspitzen, Zweigen, Steinen erhält und um gute Jagd und reiche Viehheerden von den Hottentotten geboten wird. In einer Legende tritt Hadschi-Aybib als Urgrossvater der Ghon-Damop auf, die vom Pavian stammen sollen. Selbst Omakuru, die höchste Gottheit der Damaras der Ebenen (Owaherero), soll unter kegelförmigen Steinhügeln an verschiedenen Orten begraben sein (*Galton*), und eben solche Gräber, auf die jeder Vorübergehende einen Stein oder Zweig als Opfer wirft, finden sich, wie im Damara-Lande, so auch bei den Matebele im Osten des Ngami. Diese Gräber und diese Sitte erstrecken sich vom Camtus- und Grossen Fisch-Fluss durch das ganze Kafferland (s. *Waitz*). — Nach Ben Schohrah verehren die Ssabäer oder Syrier die Pyramiden, wo Sabi (Sohn des Edris oder Enoch) begraben liege.

nen werden sollten) in der Gestalt des doppelzüngigen Loki personificirte.

Aus der einem grossen Mann gezollten Verehrung hat sich schon lange vor der priesterlichen Weihe der Gottesgnaden-Begriff entwickelt, indem man seinen Geist in der Familie fortwirken sah. Die Cherusker holten Italicus aus Rom, trotz seines Abfalles von dem nationalen Sinne, um ihn zu ihrem Fürsten zu machen, und der Beduine glaubt nur unter einem Spross der Agydfamilie siegen zu können, sollte er selbst ein Säugling sein. Die scandinavische Geschichte ist voll von Revolutionen, die auf das Erscheinen eines ehelichen oder unehelichen Abkömmlings (welch letztere bei den französischen Normannen die allein berechtigten waren) berühmter Könige ausbrachen und in Russland wurde der Fanatismus für die falschen Demetriusse erst gebildet, nachdem der wahre zum Wunderthäter erhoben war. Um den von den Krähen-Indianern geraubten Enkel ihres Häuptlings wieder zu erhalten, führten die Schwarzfüsse drei blutige Kriege. Aus der Secte der Babis, deren Prophet Bab (das Thor) in Tebris (1850) erschossen wurde, bildete sich die Verschwörung gegen die Kadscharen, um einen Nachfolger Ali's, als ächten persischen Schiiten, auf den Thron zu setzen, wie die chinesischen Geheimbünde das Panier der Ming-Dynastie gegen die Mandschus zu erheben arbeiten.

Der Wilde, der sich mit allen Arten schmutziger Steine, Pflanzen- oder Thierproducte behängt, dem schon die barocke Form eines Knollens genügt, um ihn als mächtigen Fetisch zu verehren, musste natürlich vor Allem mit geheimnissvoller Scheu die Knochen der Menschen, die übrig gebliebenen Reste eines ihm gleichen Wesens, verehren. Ihr Besitz wurde indess überall frühzeitig durch die Priester usurpirt, die durch die damit vorgenommenen Operationen dann bald Andere von ihrer Berührung abschreckten. Ueberall in Polynesien hatten die Atuapriester ihre Knochensäcke für religiöse Ceremonien und die Jagas mussten bei den Opferfesten die Knochen stets an den Ganga abliefern. Die Knochen der dem Moloch geopferten Kinder, aus deren Zuckungen und sardonischen Mundverziehungen man schon geweissagt hatte, wurden zu magischen Zwecken in seiner Lade aufbewahrt, und als später die fortschreitende Civilisation die Menschenopfer (wie in Carthago auf Befehl des Darius) beseitigt hatte, wandelten sich die Knochen, die man (als jetzt unverstandenes Symbol) traditionell überkommen hatte, aus Mitteln zur Zauberei zu Gegenständen der Verehrung um. Der Mongole verknüpft mit dem Reliquiendienst oft noch die unschuldigen Operationen des Weissagens, indem er aus den Rissen der in's Feuer geworfenen Schulterblätter der Menschen oder Schafe seine Verhaltungsregel ableitet. Nach Diodor vererbten die Gallier in Kasten aufbewahrte Menschenköpfe.

Die Heiligkeit der Person wirkt schon im Leben, beim Pyrrhus durch die Fusszehe, bei den kropfheilenden Königen durch die Hand, bei Vespasian und Hadrian durch die Finger. Der König der Tongainseln bereitete wirksames Ordalwasser durch Waschen der Hände, der Graf von Sonho durch Waschen der Füsse Im Apocryphicum wird der Aussatz durch das Wasser, womit Maria das Jesuskind gewaschen, geheilt. Leichter aber strömte die Heiligkeit über, wenn aus den Fürsten der Völker ein Gesandter der Götter geworden war, und blieb dann auch an die Knochen gebunden. Das Wunderbare und Erklärliche der Wirkung läuft beständig in einander über. Die Römer schabten die Wände der Uebungsschulen ab (weil der Schmutz erwärmende Kraft besitze, um Drüsengeschwülste zu zertheilen) in unbestimmten Vorstellungen von schweissigen Lebensgeistern, die sich dort durch die Ausdünstung verdichten mochten, während beim Trinken des Scheuerwassers vom Grabe des St. Martinus man sich jede Denkoperation durch die Idee der Heiligkeit ersparte. Das Universalmittel eines köstlichen Balsams destillirt aus dem Leibe der heiligen Theresa zu Alba. Auch das Wasser, womit der Leichnam der heiligen Hedwig gewaschen war, heilte viele Krankheiten. Das Volk wird leicht den heiligen Mann mit der Gottheit verwechseln, in deren Namen er den Fetisch*) empfängt, besonders wenn dieselbe sich noch nicht in einer bestimmten Gestalt verkörpert hat. So geben die sich die Prädicate der Gottheit vindicirenden Priester Congo's Orakel durch den Mund ihrer Propheten. *Περσης* als Priester des Mithras, repräsentirt diesen selbst. Der Apollopriester Chryses wird auf ein Prädicat des Apollo, und Iphigenia auf ein der Diana zukommendes zurückgeführt. Die Priester**) Wodan's oder Gode hiessen Goda.

*) Dobrizhoffer erzählt von alten Indianern bei den Abiponern, die sich von gewissen Weibspersonen gottesdienstliche Ehre erweisen liessen, bald als Arzt, bald als Wahrsager, und erwähnt als Schwarzkünstler des Hanetrain, Nahabalgin, Nillicheranl, Oalkin, Kaepetis, Kachin, Pazanoirin, Kaachi, Kepakalnkin, Laamanin, und besonders Pariekaikin. Wie in Congo (zu Cawazzi's Zeit) der Chitome durch den Mund des Nghombo sprach, der Neone durch den Mund des Nnazi, schützte der Amaluanda das gesäete Korn, der Ganga Mnene das Korn in den Hülsen, der Ganga Ammalco gegen Donner. Im Brahmanen verehrten die Indier eine selbst die Götter beherrschende Macht.

**) Das auf Java in dem Sinne von „alt" vormals vorkommende buda, budha bedeutet (nach W. von Humboldt) soviel als buddhistisch, gleichsam vor-islamitisch oder heidnisch. Das Hindu gebraucht buda nicht nur für vetus oder antiquus, sondern auch für senex (als budha oder ein alter Mann.

Wie die Thiermasken tragenden Priester Brasiliens, zeigte sich der des Ammon mit einem Widderkopf und der göttliche Repräsentant von Mexico mit der Haut des menschlichen Opfers. Auf diese Weise erklärt sich leicht, wie die Gottheit, die nicht durch äussere Symbole, sondern in dem Innern des verzückten Schamanen redet, bei abstracterer Auffassung ihrer Ceremonien allmälig im Nirvana des Geistes verschwinden mag. Dieser Weg ist neben dem, den die in den Avataren vergötterten Helden zum Himmel nehmen, bei euhemeristischen Untersuchungen festzuhalten. Ein natürlicher Weiterschluss, sobald der Mensch wegen seiner grösseren Vollkommenheit als das wohlgefälligste Opfer angesehen wurde, war es, zu dem Opfer der Gottheit selbst fortzuschreiten, wie in dem Meriaopfer der Khands, den Tetzkatlipoka vorstellenden Jünglingen der Azteken und überhaupt bei den meisten symbolischen Thieropfern in den Mysterien der Egypter und Griechen. Dieselbe Vorstellungsweise wurde dann in die philosophischen Systeme hineingetragen, wenn Visvakarma (der Weltenbaumeister) alle Wesen und dann sich selbst beim Sarvamedha opfert oder Belus sein Blut hingiebt, um die neugeschaffene Erde zu befruchten. Bure's Söhne bildeten die Erde aus Ymir's Körper, wie die Amschaspans aus dem Urstier. Herakles opferte sich auf dem Berge Oeta, und solchem Vorbilde folgten die buddhistischen Patriarchen und die Griwe der Preussen, die sich für die Sünden des Volks verbrannten. Durch die Seelenwanderung*) war leicht die

---

buddhya oder eine alte Frau), während Buddha sich von budh (cognoscere) herleitet (*Pott*), wie in senatus, *γέροντες*, die Weisen und die Greise, den grönländischen Zauberern und mittelalterlichen Hexen oder weisen Frauen, beide Bedeutungen zusammenlaufen. Butas sind die kundigen Schmiede an der africanischen Ostküste.

*) Die Oken'sche Lehre von dem als Infusorium, Weichthier, Fisch, Amphibium und Säugethier nach einander im Uterus sich umwandelnden Fötus als Präexistenz der Seele aufzufassen, ist nicht besser, als wenn man aus der Histologie gewonnene Gesetze unmittelbar für die vergleichende Anatomie verwerthen wollte. Das ganze Lamarkische System ist in seinen einzelnen Ausführungen ein Wust der crassesten Denkfehler. Die neuerdings wieder angeregte Lehre vom Genius, um die Psychologie mit der Geschichte zu verknüpfen, findet sich in dem gnostischen System des Bardesanes vorgebildet, nach dem die göttlichen Lichtstrahlen der Seele nicht nur die verschiedenen Stufen des animalischen Daseins, wie bei den Theosophen Indiens und Egyptens, durchwandert, sondern auch die verschiedenen Bildungsstufen der Völker. Einzelnen Menschen und Völkern vorgesetzte Schutzengel (gleich Daniel's Nationalgenien) leiten dieses stufenweise Aufsteigen zur Vollkommenheit unter der Aufsicht des Herrn der unsichtbaren Welt. Nach Saturninus beseelte das höchste Wesen den von den ausgeschiedenen Engeln geschaffenen Wurm mit dem Strahl göttlichen

neue Belebung des Körpers durch einen der am lebhaftesten erinnerten Ahnen (wie es die Scandinavier durch Namengebung zu unterstützen suchten, die Buddhisten in ein bestimmtes System brachten) angebahnt, auch wenn es, wie bei den Rabbinen, nur als Schwängerung, d. h. als Verbindung der Seele mit einer schon vorher im Körper existirenden, aufgefasst wurde. Vor Einführung der Tabletten wurde in China der Geist des Stammahnen auf das ihn als Kungschi repräsentirende Kind durch Instrumentalmusik herabgezogen und der verstorbene Jaga von Cassenge begeisterte den Vertreter des Tendallageschlechtes, um den Nachfolger auszuwählen, wie schon nach Diodor der König der Aethiopier von der Gottheit erkoren wurde. Im fallenden Sterne kehren die Seelen der Helden zurück. Die vom Eatua Besessenen in Tahiti wollten sich beim Erwachen aus der Ekstase nichts mehr von dem Gesagten erinnern. In Tibet laufen jetzt verschiedene Manifestationen der Buddha-Incarnationen neben einander und wegen des politischen Verbandes, in den der Dalai-Lama zu China getreten ist, haben auf Befehl der russischen Regierung ihre mongolischen Unterthanen eine eigene Repräsentation der Gottheit. Die Kaiser China's werden von den Tibetern und Mongolen als die Verkörperung Mandschusri's verehrt. Auf Rabbi Jehuda Hakkadosch (der Heilige) oder Hanasi (der Fürst), der am Todestage des Rabbi Akiba in Sepphoris geboren wurde, wird der Vers angewandt: „Die Sonne geht auf und geht unter. „Le roi est mort, vive le roi!

Wunderbare Geburt. Den über das Volk erhabenen Männern wird leicht eine überirdische Herkunft zugeschrieben, wie die griechischen und tahitischen Fürsten sich von Göttergeschlechtern ableiteten, und Alexander, nach seinen Eroberungen, Zeus, statt Philipp, zum Vater annahm. Die Stammmutter des Prinzen von Fuyu (später König von Korea) war durch die Sonnenstrahlen geschwängert. Fohi wurde von einer Nymphe durch Essen des Lotus empfangen. Huitzilopochtli war von einem Weibe geboren, das einen vom Himmel herabsteigenden Federball in seinem Busen aufnahm. Hina wird in Tahiti durch den Schatten des Brotfruchtbaumes, den Taaroa über sie hinwegziehen lässt, befruchtet, eine Jungfrau der Apachen durch den Regen, die Mutter des ersten Mandanenhäuptlings durch das Fett einer todten Bisonkuh. Die meisten Mongolenfürsten waren übernatürlich gezeugt. Die allein aus der Sündfluth erhaltene Jungfrau Kwaptobw gebar, von dem sie rettenden Vogel befruchtet, Zwillinge am Ufer des Missouri. Nanna wurde durch den Genuss des Granatapfels schwanger (und Mutter des Attes). In den jüdischen Büchern vom falschen Messias wird erzählt: „Im Jahre Christi 1222 wohnte zu Worms ein Jude, dessen schöne Tochter von einem jungen Christlichen schwanger war und auf dessen Rath ihren

Lichtes zur Menschenwandelung, was sich die neueste Schule der Magnetiseure ad notam nehmen mag.

Eltern durch eine List die Meinung beibrachte, als ob aus dem jungfräulichen Leibe des Mädchens der Messias geboren würde, bis zuletzt durch die Geburt eines Mädchens die Täuschung an den Tag kam.“ Josephus berichtet einen ähnlichen Vorfall von einer römischen Dame. Ein Jüngling verkündet (im Apocryph.) dem Priester Joachim, dass sein bisher unfruchtbares Weib Anna, die von ihm getröstet sei, jetzt eines Kindes genesen werde, und nach der dort gegebenen Beschreibung, die den Kinderlosen in Judäa traf, konnten solche Tröster nur willkommen sein. In Rom wurden bei jedem grossen und allgemeinen Landesunglücke Lectisternien angeordnet (*Livius*), zum Anzeichen, dass man der Herabkunft des himmlischen Retters mit Sehnsucht entgegensähe. Der Proserpina wurde (nach Clemens Alex.) in den grossen Eleusinien das *ἱερὸν λέχος* aufgeschlagen. — Juno, erzürnt über Minerva's mutterlose Entstehung, liess sich von Flora (dem reichen Freudenmädchen, wie die egyptische Rhodopis) den Körper mit einer Blume berühren, um Mars zu gebären. — Alankava, Enkelin des Boldus und Gattin des Donjoun (Königs der Mongolen), erwachte in ihrer Schlafkammer während der Nacht und sah ein helles Licht sie plötzlich umgeben, ihr durch den Mund in den Körper treten, in die Eingeweide hinabsteigen und durch die Genitalwege hinausgehen. Sich schwanger fühlend machte sie die Weisen des Hofes zu Augenzeugen dessen, was sich alle Nächte wiederholte. Sie gebar drei Kinder nach neun Monaten: den Bouknon Cataki (Ahnherrn der Catakin und Kapgiak), den Bous-kin Salegi (Ahnherrn der Seldschuken) und Bouzangir (Vorfahren des Dschingis-Khan). Khondemir fügt dieser Erzählung Mirkond's hinzu, dass das Wunder bei Alankava's Schwangerschaft ein ähnliches sei, wie dasjenige, was mit der Miriam (Mutter Isa's) geschah. — Ledige Weibspersonen, die von Sonne und Mond (d. h. von einem Vogel im Fluge) beschmissen sind, müssen sich eine Zeitlang der Speise und Arbeit (bei den Grönländern) enthalten, da sie sonst um Ehre und Leben kommen können. (*Crantz.*) — Der Erbauer Constantinopels war (nach serbischen Mythen) aus dem Staub eines heiligen Schädels empfangen. — Die von Apollo geschwängerte Tochter des Phlegyas gebar auf dem Berge Tiltheion den Knaben Asklepios, der durch seinen Goldglanz von den Hirten als Gott verehrt, alle Krankheiten heilte. — Aischin Goro (Stammvater der Mandschu-Dynastie) wurde von einer himmlischen Jungfrau empfangen, indem sie beim Baden eine rothe Frucht isst, die ihr eine Elster in den Schooss wirft. — „Die Egypter behaupten, es sei nicht unmöglich, dass dem Weibe der Geist eines Gottes nahe und Lebenskeime in ihm erzeuge,“ sagt Plutarch. — Eine ungeheure Schlange erschien am Bette der bisher unfruchtbaren Gattin des P. Scipio, die Haruspices verhiessen Fruchtbarkeit und im zehnten Monat war der grosse Scipio geboren. Alexander's Mutter war von einer Schlange befruchtet und gleich ihm galt Scipio für einen Sohn des Jupiter, wie Octavian und Nero. Vejovis war von dem Jovialvater Faunus in Schlangengestalt gezeugt. — Apollonius wurde von seiner Mutter als Proteus geboren. — Laokiun lag achtzig Jahre auf der Seite im Uterus seiner Mutter, bis er, ihren Tod verursachend, geboren wurde, mit dem Gesicht eines Greises, dessen Weisheit der aus der Erde steigende Tages besass, wie der vom Allvater als alter Mann geschaffene Wannemuine. Moses fand am nördlichen Meere den Propheten Chidr als einen Jüngling mit weissem Bart. — Der ruhelose Geist, der den Schatz auf dem Schlosse Raueneck bewacht, wird seine Erlösung finden, wenn aus dem von einem Vogel fortgetragenen Kerne des auf den Mauern wachsenden Kirschbäumchens ein neuer Stamm erwachsen, aus diesem eine Wiege gezimmert und darin ein Sonntagskind geschaukelt ist, dass sich dem jungfräulichen Stande weiht und bis zur Mannheit treu bleibt. — Im Tempel auf Tauris hatte die jungfräuliche Priesterin allezeit die Stunden der Nacht im Tempel zuzubringen. Der Tempeldiener, der im Würfelspiel *) mit Herakles verloren hatte, schloss bei ihm Acca Laurentia ein, die sich nachher mit dem Tuscer Carucius vermählte. — Die indischen Priesterjungfrauen wurden dem Gott des Tempels angetraut, wie die Vestalinnen dem Phallus und jede römische Braut musste den häuslichen Herd besteigen. — In der Nacht Kadr, in der der Koran vom Himmel gesendet wurde, begleiten die höchsten Staats- und Hofbeamten den Sultan auf seinem Rückwege aus der Aja Sophia nach dem Serail mit vielfarbigen Hochzeitslaternen, um dadurch die Nachtfeier der Brautnacht zu begehen, die der Sultan mit einer Sklavin-Jungfrau zubringt, in der Hoffnung, dass, wie in dieser Nacht der Koran vom Himmel stieg, auch dem Hause Osman ein Thronerbe vom Himmel gesendet werden würde. — Auf der Höhe des Belthurmes zu Babel, sagt Herodot, stehe ein grosser Tempel und darin ein weites Lagerpolster wohlgebettet nebst einem Tische aus Gold. Daselbst übernachte immer eine Frau, die sich der Gott aus allen Eingeborenen erwähle, wie die Chaldäer (die Priester dieses Gottes) versichern. Auch behaupten dieselben, der Gott besuche diesen Tempel und ruhe auf dem Lagerpolster aus, was nach der Aussage der Egypter auch im egyptischen Theben der Fall ist; denn dort schläft ebenfalls eine Frau im Tempel des thebäischen Zeus, und von diesen beiden heisst es, dass sie sich nie in einen Umgang mit einem Manne einlassen. Ganz dasselbe gilt von der Weissagepriesterin des Gottes zu Patara in Lycien, welche allemal über Nacht mit in dem Tempel eingeschlossen wird, als die göttliche Braut. — Diodor erwähnt der Gräber der Kebsfrauen des Zeus Ammon in der Nähe des Grabmals des Osymandyas. — Nach Strabo waren es Töchter und Frauen der Könige, die dem Gott Ammon verlobt wurden. — In Argos wurde die Jungfrau, die am Feste der Athene administrirte, aus dem alten Geschlechte der Akestoriden genommen, und ebenso wurden aus den Geschlechtern der Hesychiden und Polmaniden gewisse Priesterinnen der Ceres erlesen. — Beim geheimen Opfer in den Lenäen wurde die Festkönigin dem Dionysos förmlich angetraut, um die Vermählung des Liber mit der Libera darzustellen. — Beim Feste des Jagannath wurde (wie Bernier erzählt) ein junges Mädchen als seine Gemahlin in dem Tempel eingeschlossen, um dort einen Besuch von dem durch die Priester repräsentirten Gotte zu empfangen und dadurch die Fruchtbarkeit des kommenden Jahres zu versichern. — Aus dem Touchita ersah sich der zum Ekavitchika gelangte Bodhisatva die Tochter des Keoulichaal zu seiner Mutter, und ging, nachdem sie sich dem König Petsing vermählt, auf einem weissen Elephanten (den sie im Traume unter heller Lichterscheinung und vielstimmigem Concerte über sich wegziehen sah) in ihre Brust ein. Die Zeichenkundigen deuteten das Gesicht auf die Geburt des heiligen Geisterwesens und die Nachbarkönige eilten herbei, Geschenke zu bringen, während die Götter die Schwangere mit dem Dufte feiner Speisen nährten, bis sie unter einem Baume niederkam, indem ein glänzender Stern erschien. — Mithras war von einer Jungfrau (Mihr) geboren, und ebenso Shakyamuni

*) Das Würfelspiel, wodurch in egyptischen und indischen Mythen die Todesgötter um die Schalttage betrogen werden, findet sich in der buddhistischen Posse, in der durch dasselbe der den Dalai-Lama repräsentirende Priester den ihm beim Kloster bLabrang begegnenden Geisterkönig von der Wahrheit seiner Lehre von der Täuschung überzeugt.

bei den Mongolen. — Dschingis-Khan rühmte sich im siebenten Geschlecht der unbefleckten Empfängniss von einer Jungfrau zu stammen. — Das höchste Wesen auf Haiti war von einer Jungfrau geboren. — Als Jungfrau hielt Dewaki den Krishna, Athene das Himmelskind auf dem Schooss. — Demeter hiess ἁγνὴ παρθένος. — Gabriel hauchte Marien zum Empfängniss (nach arabischer Legende) auf den Busen, während sie nach Andern durch das Ohr concipirte. — Eine wunderbare Empfängniss erzählt Esquirol. — Funpao, durch einen Donnerschlag geschwängert, gebar Hoangti, den Erfinder des magnetischen Wagens. — Als die unfruchtbare Kaiserin Yuenkiang bei einem Opfer um Nachkommenschaft zum Himmel flehte, fühlte sie sich im gleichen Augenblicke geschwängert und gebar den Heoutsie, den Stifter der folgenden Dynastie. — Die Götter des Paradieses Touchita pflanzen sich durch einfache Berührung mit den Händen fort. Die Götter des sechsten Himmels begatten sich durch Anblicken. — Buddha stand bei seiner Geburt sogleich aufrecht und mit der einen Hand zum Himmel, der andern zur Erde deutend, sagte er: „Der alleinige Gegenstand der Verehrung im Himmel und auf Erden bin ich." Zoroaster kam lachend zur Welt. — Nach dem Bundehesch werden am Ende der Tage drei badende Jungfrauen den Sosiosch und die beiden Propheten (Oschederbami und Oschedermah) empfangen. — Nach japanesischen Mythen bringt die Gattin des göttlichen Geistes Amatsu-fiko ihre drei Söhne im Feuer zur Welt, um dadurch ihre Reinheit zu erhärten. — Die Jungfrau Kawe gebar, von einem Oststurm befruchtet, die Brüder Wäinämöinen und Ilmarinen. — Timur wurde aus dem Leibe seiner todt gekneteten Mutter lahm geboren. — Die Tochter des Flussgottes Hoangho gebar, durch den Wiederschein der Sonne geschwängert, ein Ei, aus welchem Tschu-Mong, der Stammvater der Kaokuli hervorging. — Xquiq, von dem Speichel des in eine Baumfrucht verwandelten Kopfes Hunhunahpu's befruchtet, gebärt Hunahpuh und Exbalanque. — Als Sotoktais (der Apostel der Japanesen) geboren werden sollte, sah seine Mutter im Traume ein helles Licht und hörte die Worte: „Ich der heilige Gusobosatz muss wiedergeboren werden, die Welt zu lehren, und deshalb komme ich herab in deinen Leib. (*Kämpfer*.) — Als Confucius geboren ward, hörte man eine Musik im Himmel und kamen die Sterne näher zu der Erde, und als das Kind gewaschen wurde, eilten zwei Drachen zu seiner Begrüssung herbei. — Nach der jüdischen Geschichte Jeschu's des Nazareners behauptete dieser (der im Ehebruch von dem Soldaten Joseph Pandera gezeugt worden), durch den obersten Wirbel ihres Hauptes in den Leib seiner Mutter eingegangen oder, nach einer andern Version, aus ihrer Stirn geboren zu sein. — Noch eingreifender als die unbefleckte Empfängniss Maria's, hatte die seit ihrer nächtlichen Reise mit dem Sohne Saafwan's (auf dem Feldzuge wider die Beni Mostalak) verdächtige Reinheit Aischa's zu den verderblichsten Spaltungen unter den Muselmännern (seit sie in der Schlacht des Kameels bei Basara die Feinde des ihr seit seinen Zweifeln verhassten Ali's aus der Sänfte selbst angefeuert) Anlass gegeben, und noch im persischen Frieden von 1590 bedingten die Türken, dass künftig keine böse Nachrede ausgesprochen werde „wider die Mutter der Rechtgläubigen, die Geliebte des Herrn der Apostel, wider Aischa, die Keusche, die von Gott belobt und deren Keuschheit durch himmlisches Diplom erprobt." — Als Pramasari, die Gemahlin Isvara's, einst Affen mit einander spielen sah, wurde sie lüstern und bat Isvara, sich in einen Affen zu verwandeln und mit ihr zu spielen, worauf sie unter einem Bambusbaume mit dem Affen Hanumann schwanger ward. — Die Mutter des h Tsong Khapa (des Stifters der Gelbmützen in Opposition zu den Rothmützen) wurde schwanger, indem sie, von Schwindel ergriffen, beim Wasserschöpfen auf einen Stein fiel, auf den Charaktere zu Ehren des Buddha Sakyamuni eingegraben waren. — Als Zerduscht's Vater auf Befehl des ihm gesandten Engels ein Glas Wein trank, empfing bald nachher seine Frau ihren Sohn, den der König vergebens zu tödten suchte. — Frauen werden auf Macassar mitunter beim Baden von Crocodilen geschwängert, besonders wenn sie in einem verwandtschaftlichen Verhältnisse zu denselben stehen, das dadurch entsteht, wenn von Zwillingen einer stirbt und zum Crocodil wird. Solche verwandte Crocodile werden nicht gefürchtet und beim Tode in Leinwand gewickelt begraben. — Die Manjacicaer in Paraguay hielten die Sonne für einen verwandelten Jüngling, der ohne Zuthun eines Mannes von einer Jungfrau gezeugt worden war. — Sie (der Stammvater der Schang-Dynastie) wurde von seiner Mutter empfangen, als sie ein bei dem Opfermahle ihr zugefallenes Schwalbenei verzehrte.

Wunderbares Verschwinden. Ein wunderbares Verschwinden musste um so leichter verehrungsvolle Scheu mit dem Andenken eines berühmten oder geliebten Mannes verknüpfen, selbst wenn man aus wieder ausgeworfenen Schuhen Verdacht haben konnte, dass der Sprung in den Aetna absichtlich gewesen. Kleomedes in Astypaläa verschwand aus der Kiste im Athenetempel vor dem, wegen seiner Beschädigung der Ringschule erzürnten Volke, und wurde auf Befehl der Pythia als Unsterblicher verehrt. Epimenides, der nach siebenundfunfzigjährigem Schlafe aus seiner Höhle hervorgegangen, wurde nach Athen berufen, um der Pest zu wehren. Pythagoras verschwand für eine andere Wiedergeburt. — Popiheikia (der grosse Meister der Sastras) lebt (nach Hiouen-thsang) eingeschlossen (die Ankunft des Maitreya erwartend) in der mit giftigen Schlangen gefüllten Höhle des mit diamantener Keule bewaffneten Dämons (im Königreiche Dhanakatcheka), in die er vor einer Versammlung der Heiligen einging. — Als Apollo den Leichnam des Attys, der bis auf den kleinsten Finger beweglich und unverändert blieb, zu bestatten befahl, vermochten die Phrygier ihn nicht mehr zu finden und ahmten ihn bildlich nach, der Cybele Tempel und Dienst zu Pessinus errichtend. — Hel zog nach dem Abendlande und verschwand, wie Quetzalcoatl in Mexico nach Osten. — Auf dem Taygetus wurde Dionysos gesucht, ohne gefunden zu werden. — Hippolyt, durch Aesculap wieder erweckt, wandert nach Aricia, wo er als König Virbius herrscht. — Der Schwefelgeruch beim Berg Egmont rührt von der Verwesung eines Atua her, der dort ertrunken ist. — Die Seekers, welche den heiligen Apostel Johannes auf der Erde wieder erwarteten, sprengten später aus, dass er wirklich gekommen sei und in der Grafschaft Suffolk verborgen lebe. — Die Lamaiten richten ihre Formel (Om ma ny bat me khom) an Ergeton khomchin botisato (Awalokit Isvara), der als göttliche Incarnation am Ende der gegenwärtigen Kalpa, als Weltrichter erscheinen wird. — Nach einer chinesischen Tradition sollte ein glänzender Held erscheinen, der allen Menschen das wahre Glück verkünden und die Freude der ganzen Welt bilden würde. (*Ramsai.*) — Nach dem apocryphischen Buch Esra befahl Gott dem Esra mit fünf Männern auf das Feld an einen verborgenen Ort zu gehen, und dort die Geheimnisse aufzuschreiben, die er ihm eingeben würde. — Die Schiah erwarten die Wiederkunft des Imam Mohamed Ibn Askari, der (seitdem die kleine Verborgenheit in die grosse überging) unsichtbar wurde. — Scheich Jalal Oddin Mawlanah wurde nach dem Genuss ihm verkaufter Süssigkeiten während einer Vorlesung geistesverwirrt und verschwand bald darauf, als er aber zurückkehrte in einem Zustande, wo er nichts wie persische Verse murmelte, wurde er ein berühmter Lehrer der Mystik (Ibn Batuta). — Othin lebt nach der Volkssage auf den Hebriden. — König Dan sitzt im Hügel bei Tönningen, um schliesslich die Welt wieder in Ordnung zu bringen. — Scheich Abd el Kader ist der Beschützer der Kameele in der nubischen Wüste. — Als der Greis, der den Sohn der (von einer Beere geschwängerten) Jungfrau Marjatta getauft hat, seine Tödtung nicht erlauben will, zieht Wäinämöinen in seinem Kupferboote fort, prophezeiend, dass man ihn noch einmal bitten werde, ein neues Sampo dem Volke zu schicken. — Oweis el-Kareni (der Gefährte des Propheten), auf den die Werke der Mystik ihren Ursprung zurückleiten (während die Sofi die Kette der Derwische bis auf Ebu Horeiret, Ebu Derda und Musa el-Eschari zurückführen), verschwand plötzlich, ohne dass Jemand wusste, wohin er gekommen. — Keisan stellte den Ibnol-Hanefije (Sohn Ali's) als den wahren Mehdi auf, der auf dem Berge Radhwa (zwischen einem Löwen und einem Leoparden) an einer Quelle Wassers und Honigs lebe. — Nach Mogiret el-Idschli war nach Mohamed (dem Sohn Ali's) das Imamat auf Mohamed Ibn Abdallah übergegangen, der nicht gestorben sei, sondern lebe. — Nach dem Glauben der Peruaner war der Bruder Atahualpa's nach Osten in die Wälder von Vilcabamba geflüchtet, von wo er einst nach Cusco zurückkehren würde. Andere setzen die Incas in's Land der Moxos. — Das Verschwinden des auf Anstiften seiner Schwester ermordeten Hakim galt seinen Anhängern (Drusen) als Himmelfahrt. — Omeacatl (König von Otompan) verschwand in dem Ofen einer Schwitzstube, und aus einem Backofen lassen die arabischen Legenden die Gewässer hervorbrechen, aus denen sich Noah (nach dem Buche Henoch) in einem schwimmenden Gewölbe rettete. — Huemac verschwand in der Schlacht gegen Nauhyotl. — Als Aristäus, der den Siciliern die Oelbereitung gelehrt, auf dem Berge Hämus verschwunden war, wurde ihm (als Jupiter Aristäus) die Ehre der Unsterblichen zu Theil. (*Diodor.*) — Boabdil sitzt in der Alhambra, von wo er sich jede Johannisnacht erhebt, Karl V. im Gudenberg in Hessen, Friedrich im Unterberg, Otto der Grosse im Kyffhäuser, Carolus Magnus im Deusenberg bei Paderborn, König Holger in den Ardennen, Siegfried im Geroldseck, Kaiser Joseph ist in Steiermark verborgen, Wittekind in Babylonie bei Mehnen, Dom Sebastian in Africa, Arthur in Catania. Wie auf das Erscheinen des letzten Imam, als Messias oder Paraclet, wurde auf das Quetzalcoatl's, Vicramaditya's, Elias', Peter's III., Hakim's gehofft. Barbarossa hängt bei der Wiederkehr seinen Schild an einem dürren Baume auf, der ausschlagen wird, und dasselbe geschieht, wenn Ali nach gewonnener Schlacht sein Pferd an die Zweige bindet. — Romulus verschwand im Gewitter, als die Senatoren seine zerstückten Glieder unter ihren Gewändern forttrugen. Gleich ihm wurde der Fürst von Pazcuaro göttlich verehrt. Auch Tullus Hostilius, Agathokles, Amphiaraos, wurden vom Blitze erschlagen, und bei dem Berichte über den Tod des Physikers Richmann (1753) erinnert die Petersburger Academie an die Geschicke des Orpheus, Aesculap und Zoroaster. — Die von Ibn Tumrul (11. Jahrhundert) zum Aufstande gerufenen Gebirgsbewohner von Marokko nannten ihn Mehdi, als den von Gott bestellten Herrscher (El Kaim biemrillah). Nach dem Volksglauben des Mittelalters war Agrippa Trismegistos ebenso wenig gestorben, wie Nicolaus Flamel, sondern erhielt sich durch seine magischen Künste in einem Winkel der Erde. — Aus dem noch von den Raben umflogenen Kyffhäuser standen unter Rudolf von Habsburg die Pseudo-Friedriche auf, die ihren Anhang fanden, wie die falschen Demetrius, Sebastian, Smerdis, Richard. Nach einigen der Rabbinen ist der Messias schon geboren und bleibt in Rom verborgen, bis Elias kommt, ihn zu krönen. — Der Kralj Matjas (König Mathias oder Matyas Király) sitzt mit der schwarzen Legion (Crna volska) unter einem Lindenbaume in einer Grotte Ungarns. — Der böhmische Bauer glaubt seinen Wohlthäter Joseph II. noch am Leben und nur auf einer Rundreise in entfernte Provinzen begriffen, die er in einem altmodischen Wagenkasten incognito durchreist. — Als Huitzilopochtli den Nachstellungen seiner Feinde erlegen war, erklärten die Priester dem über sein Verschwinden aufgeregten Volke, dass die Götter ihn in ihren Kreis aufgenommen hätten. Seine Knochen wurden in einer heiligen Lade eingeschlossen, von vier Teomamas getragen, welche ihnen bei jedem Lagerplatze eine Laubhütte errichteten, während sie, nach fester Ansiedlung, durch eine Statue ersetzt wurden. — Huemac Atecpanecatl, der sich in der Höhle von Chapultepec beim Untergang des Toltekenreiches erhing, wurde vom Volke als dort noch lebend gedacht und beim Einfall der Spanier von Montezuma besucht, um von ihm die Zukunft zu erfahren. — Plutarch berichtet bei den britannischen Inseln, dass auf einer derselben Kronos eingekerkert wäre und schlafend, von Briareus bewacht, denn der Schlaf wäre das Band, das für ihn ausgedacht wäre, und er hätte viele Dämonen, als Diener und Begleiter. — „Als Ebu Dschafer den Ebu Müslem zu tödten beabsichtigte, verwandelte sich Ebu Müslem in einen weissen Vogel und flog davon. Jetzt ist er in irgend einem Schlosse in Gesellschaft des Mehdi und hat mich geschickt, damit ich dem Imam der letzten Zeit die Welt von Bösewichtern säubere," sagt der aufständische Magier Sembad in Taberistan. (*Mordtmann.*) — Aristeas (aus vornehmer Familie zu Proconnesus) starb plötzlich in der Werkstatt eines Walkers, der es den Verwandten anzeigte. Aber gleichzeitig behauptete ein aus Artace Kommender, dem Aristeas auf dem Wege nach Cyzicus begegnet zu sein. Als man das verschlossene Haus öffnete, um die Leiche zu suchen, fand sie sich nicht vor. Sieben Jahre später erschien er wieder in seiner Geburtsstadt und verfertigte die von den Griechen Arimaspeen genannten Verse, worauf er auf's Neue verschwand. Etwa dreihundert und vierzig Jahre nach dem Absterben des Aristeas erschien derselbe den Metapuntiern (in Italien) und befahl, dass man Apollo einen Altar bauen und daneben eine Säule dem Aristeas von Proconnesus aufrichten solle. Sie wären unter allen Italienern das einzige Volk, das Apollo mit seiner Gegenwart beehrt habe, und dass er, der jetzt Aristeas sei, damals den Gott als Rabe begleitet. Nach diesen Worten ward er unsichtbar. Als die Bürger zur Befragung nach Delphi schickten, antwortete die Pythia, dass es ihnen wohlgehen würde, wenn sie dem Rathe des Gespenstes folgen sollten, Säulen unter Lorbeerbäumen neben dem Altar des Aristeas auf dem Marktplatz zu pflanzen. — Den mächtigen Bündnissen seiner Feinde unterliegend verschwand Cordoy mit seinem Heere in denselben Felsen, aus denen er hervorgegangen, wo er nach dem Glauben der Zapoteken über ein mächtiges Reich herrscht.

Knochenverehrung. Die Magier verbrannten die Knochen, und dass die römischen Prätoren dasselbe thaten, um die Christen an ihrer abergläubischen Verehrung zu hindern, ist nicht zu verwundern, wenn man die Beschreibung des Chrysostomus liest über den Triumphzug der Knochen des St. Ignatius von Rom nach Antiochien, auf welcher Translation sie in Procession in einem Kasten von Dorf zu Dorf getragen wurden. Gegen Ende des vierten Jahrhunderts, wo die Translationen im Oriente immer häufiger wurden, begannen die Märtyrer, wie St. Ambrosius bemerkt, aus ihrer unthätigen Ruhe aufzuerstehen. Sie manifestirten sich in Träumen durch Enthüllungen, durch Erscheinungen und verlangten aus der Dunkelheit gezogen zu werden, in der sie die Nachlässigkeit der ersten Christen vergessen hatte. Bald füllte sich mit ihnen die Tempel und jeder Altar bedurfte solch heiliger Grundlage. Früher hatten die Kirchenväter es gerade den Römern gegenüber geltend gemacht, dass die meisten ihrer falschen Gottheiten nur Verstorbene wären, auf deren Gräbern sie Tempel (wie den von Delphi auf den Reliquien des Apollo) errichtet hätten. Sciant ergo Romani (sagt Lactantius), Capitolium suum, id est summum caput religionum publicarum, nihil aliud esse, quam inane monumentum. Später dagegen beschuldigte Julian gerade umgekehrt die Christen, das römische Reich mit Grabstätten zu füllen. Als der Priester Lucian, nachdem die ihm gewordenen Offenbarungen durch die eines Mönches näher erklärt waren, die Knochen des Doctor Gamaliel, Abibas, St. Stephan und Nicodemus nach Jerusalem brachte, folgte ein Regenguss nach langer Dürre. Orosus bekehrte durch die Knochen des St. Stephan fünfhundertvierzig Juden in Minorca, unterliess aber, seinem Auftrage gemäss, damit die Gothen und Vandalen aus Spanien zu vertreiben. Als Evodus (Bischof von Usale) die Knochen des Stephan nach einer donatistischen Kirche bringen wollte, erschien ihm der Heilige in dem Gewande eines jungen Diaconus, um ihn davor zu warnen, und setzte später seine Besuche fort, um ihm dargereichte Blumen mit wunderbarer Kraft (für Heilung von Krankheiten) zu durchdringen. „Die Tempel der Heidengötter sind zerstört. Ihre Materialien dienten, um die Tempel der Märtyrer zu errichten, denn der Herr hat seine Todten an die Stelle eurer Götter gesetzt," sagt Theodoret. — Faustus wirft den Christen vor, dass sie nach Art der Heiden, die Schatten (den ätherischen Seelenwagen des Orientes) der Todten durch Wein und Fleischspeisen zu besänftigen suchten. (*Beausobre.*) — Mantel und Sandalen des heiligen Thomas wurden aus dem Vulcan bei Arequiba gezogen. — Als Constantine (Gemahlin des Kaisers Mauritius) den Papst Gregor den Grossen um das Haupt des heiligen Paulus bat, um über demselben eine Kirche zu erbauen, antwortete er ihr, dass die Körper der Heiligen mit solchen Wundern glänzten, dass ihnen Niemand zu nahen wagte. Sein Vorgänger (Pelagius II.) wäre durch schreckliche Zeichen abgeschreckt, Geld von dem Altare (auf dem Grabe des heiligen Petrus) zu nehmen. Als man bei Verbesserungen am Monumente des heiligen Paulus zu tief gegraben und der Werkmeister die Knochen habe anderswo hinlegen wollen, sei er sogleich gestorben, ebenso die Arbeiter am Grabe des heiligen Laurentius, als sie dessen Sarg angeblickt. Die Römer wagten nie die heiligen Körper anzugreifen, sondern berührten, um Reliquien zu erhalten, dieselben mit einem Kasten, der mit Zeug gefüllt sei, worauf dieses Zeug alle die wunderbaren Kräfte annähme und, wenn man es zerschneide, Blut auströpfeln lasse. Die Griechen, die Reliquien umherzutragen behaupteten und damit Handel trieben, bedienten sich falscher Nachahmungen. Er wolle versuchen, ob es möglich sei, der Kaiserin ein Glied von der Kette des heiligen Paulus zu senden, doch könne er es nicht für gewiss versprechen, da zuweilen, wenn der Priester die Feile ansetze, sich ein Glied von selbst löse, zuweilen mit keiner Gewalt loszureissen sei. — Zwei deutsche Bischöfe entwandten durch nächtlichen Einbruch die Gebeine des heiligen Epiphanius von Pavia aus dem Grabe und schafften sie glücklich über die Alpen nach Hildesheim (964), da solch frommer Diebstahl erlaubt war. — Als Saint-Mesmin, Prevost von Orleans, seine lutherische Frau in der katholischen Kirche hatte begraben lassen, liess sich dort ein Geist hören, der Fragen durch Klopfen beantwortete und die Entfernung der Leiche verlangte, sich aber später als ein Betrug der deshalb bestraften Franciscaner erwies (1534). — Um die Kette, womit St. Bernhard den Teufel in einem Berge des Klosters St. Clairvaux anschmiedete, stets fest zu halten, geben die Schmiede, ehe sie ihre Arbeit beginnen, immer drei Schläge auf den Amboss. — Nachdem St. Thomas den Märtyrertod erlitten, liess der König, um seine von Teufeln besessene Tochter durch die Knochen zu heilen, das Grab öffnen, fand es aber leer, da die Jünger den Leichnam nach Edessa transportirt hatten. — Palladius erzählt von St. Macarius, dass er einen Schädel befragt und von ihm das ganze Geheimniss der Todten erfahren habe. — „Statt die Götter der Gedanken, brachten die Mönche die Menschen dahin, Sklaven der elendesten Art anzubeten. Sie sammeln und präserviren die Knochen und Schädel verurtheilter Uebelthäter, sie tragen sie umher, zeigen sie als Gottheiten auf und knieen vor diesen Reliquien, vor staubigen Gräbern nieder. Das sind die neuen Götter der Erde." (*Eunapius.*) — Einhard schickte seinen Schreiber Ratlick nach Rom, um die Leichname des heiligen Petrus und Marcellinus an sich und nach Michlenstadt zu bringen (826), und als auf dem Wege nach Mulinheim (wohin er sie in Folge einer einem Gläubigen gemachten Offenbarung schaffen liess) ein Theil der heiligen Leiber entwendet war, erhielt er sie vom Abt von Soissons zurück (827) und gründete die Benedictinerabtei (Seligenstadt). Einem aus Aquitanien stammenden Blinden (Albrich), dem während der zwei Jahre (die er im Kloster zubrachte) jede Nacht ein Heiliger im Traum erschien, wurden ganz besondere Offenbarungen durch den Erzengel Gabriel gemacht, die auf seinen Befehl aufgeschrieben und durch Einhard dem Kaiser überreicht worden (828). Da Ludwig die Schrift zwar durchlas, aber nur wenig des Geheissenen ausführte, sah Einhard (830) die Erfüllung der unglücklichen Weissagung. Noch vierunddreissig Jahre nach seinem Tode hatte der fromme Kaiser diese Unterlassungssünde in den Qualen des Fegefeuers zu büssen und erschien deshalb (nach den Fuldaer Jahrbüchern) klagend seinem Sohne Ludwig im Traum. — In einer chinesischen Historie heisst es bei Gelegenheit der Ankunft M. Ricci's (1583): Der Tribut, den er brachte, bestand in einer Abbildung des Herrn des Himmels, der Mutter des Herrn des Himmels u. dergl. Gegenstände, die sich durchaus nicht geziemten und dessenungeachtet angenommen wurden. Dann brachte er auch Knochen von Geistern und Unsterblichen und andere Sachen dieser Art, als ob die Geister und Unsterblichen ihre Knochen zurücklassen und nichtsdestoweniger von dannen schweben können. Zu den Zeiten der Tang-Dynastie erklärte Hanju dergleichen für ein böses Zeichen und sagte, es wäre unpassend, Knochen an den Hof zu bringen. Die Sittenbehörde bat deshalb, dass man Ricci beschenken und in sein Land zurücksenden möge. — Wenn man keine Reliquien erhalten konnte (um eine Kirche einzuweihen), wurde auf dem Concil von Calcuith (816) bestimmt, dass das Altarsacrament consecrirt und in der Kirche sorgsam aufbewahrt werden sollte: quia corpus et sanguis est domini nostri Jesu Christi. — Als Gundovald von dem Könige im Morgenlande hörte, der durch den Daumen des heiligen Sergius immer siegreich gewesen, liess er die Reliquien des Syriers Euphronius (in Bordeaux) suchen. Mummolus konnte den Knochen kaum spalten, als er aber in drei Stücke zersprang (was dem Märtyrer kein Liebesdienst war), verschwanden diese, bis sie auf das Gebet wieder erschienen. (*Gregor von Tours.*) — Das Concilium von Constantinopel in Trullo befahl alle Altäre zu zerstören, unter denen sich nicht Reliquien von Märtyrern fänden. — Oderic († 1331), der als Wunderthäter im Leben im achtzehnten Jahrhundert canonisirt wurde, sammelte die Knochen des Mönches Thomas (der in Thana von den Saracenen, da das Feuer ihn nicht verletzte, bei Nacht getödtet wurde) und wurde durch dieselben beschützt, als sein Haus in Indien brannte. Mit denselben beruhigte er die Wogen während eines Sturmes an der Malabarküste, und den heidnischen Matrosen, die alle Knochen todten Gebeins über Bord werfen wollten, ehe sie den Hafen beträten, blieben die Reliquien unsichtbar. Die Asche der Knochen mit Wasser gemischt, war ein Universalmittel gegen alle Arten von Krankheiten. — Die menschlichen Mumien, die durch die Juden in Alexandrien mit Asphalt zubereitet wurden, wurden in Frankreich während des Mittelalters als kräftige Medicin verführt, besonders um Blut zu stillen, bis der egyptische Pascha den Handel untersagte. — Die Knaben-Mumie des letzten Dmitri, der (als durch Boris' Agenten gesucht) aus dem Grabe auferstand und dem Volke erschien, wird in der Kirche Arkhangelski Sabor zu Moskau verehrt. — Augustin erzählt von blutigen Gebeinen, deren Begräbnissstelle im Traume gesehen wurde. — Die Gnade des heiligen Geistes ruht immer auf den Ueberbleibseln der Heiligen und wirkt durch dieselben Wunder. (*St. Ephraim.*) — Als ein Beispiel, wie sehr das Andenken vorzüglicher Menschen nach ihrem Tode noch den Lebenden nütze, führt Chrysostomus die Stelle an, wo Jehovah die Stadt gegen die Assyrer schützt, „um meinetwillen und um David's, meines Knechtes willen." — Ehe die Hunnen nach Metz (wo ein Bethaus des heiligen Stephanus stand) kamen, hatte ein gläubiger Mann ein Gesicht erblickt, wie der heilige Diacon Stephanus die heiligen Apostel Petrus und Paulus anging: „Ich bitte euch, die ihr meine Gebieter seid, lasst es durch eure Verwendung nicht geschehen, dass die Stadt Metz von den Feinden verheert werde, denn es ist ein Ort in dieser Stadt, wo Reliquien meines niederen Leibes ruhen, sondern lasst dies Volk es lieber inne werden, dass ich bei dem Herrn etwas gelte. Wenn aber die Sünden des Volkes so hoch gestiegen sind, dass die Stadt dem Feuer überliefert werden muss, so lasst wenigstens mein Bethaus von den Flammen verschont bleiben." Da sprachen Jene: „Gehe in Frieden, geliebter Bruder, dein Bethaus wird von den Flammen nicht ergriffen werden. Für die Stadt aber werden wir nichts erwirken, weil das Gebot des göttlichen Willens schon ergangen ist. Denn es ist gross geworden die Sünde des Volkes und der Ruf seiner Bosheit ist heraufgekommen vor den Herrn, deshalb wird diese Stadt durch Feuer zerstört werden." So blieb das Bethaus bei der Zerstörung verschont. — Als Simeon (Sohn Jacob's) nach zweiwöchentlichen Martern gestand, dass der Rock Christi in der Stadt Zafed (Joppe) im Marmorbehälter läge, fasteten die Bischöfe Gregor von Antiochia, Thomas von Jerusalem und Johannes von Constantinopel, um ihn (590) nach Jerusalem zu bringen. (*Fredegar.*) — In einem Schreiben (1809) fordert Uljan-al Dahibi (der Heerführer der Wachabiten) im Namen des Jmam Sa'ud bin 'Abd-al-'Aziz den Pascha von Damascus und die sunnitischen Moslemin auf: „Kein Wesen ausser Gott anzubeten, das Wallfahrtsopfer nur Gott darzubringen, ihr Vertrauen nicht auf Heilige, Propheten, Märtyrer, fromme Leute, Büsser, Pole, Fakire und Derwische, als ein Mittel Fürsprache und Vermittlung dieser Personen bei Gott zu erlangen, zu setzen, was nur Vielgötterei sei." In einem früheren Briefe ward gewarnt, zu keinem Todten zu beten. — Die Türken öffneten das Grab Skanderbeg's in Lissos, um Stücke seines Leichnams als Talismane der Tapferkeit zu tragen. — Nach der abendländischen Eroberung Constantinopels trieben die Venetianer einen einträglichen Handel mit eingepökelten Köpfen, die dort erbeutet waren. — Nach Tudela wurde die blühende Verfassung des jüdischen Stadttheils in Shusan den

Knochen Daniel's zugeschrieben, die halbjährlich umhergetragen wurden, von einer Seite des Flusses zur andern, bis Sanjar Shah ben Shah sie in der Mitte der Brücke aufhängen liess. — Der Leichnam des h Tsong kha pa (des tibetischen Reformers), der während eines Fackelzuges des tibetanischen Volkes sichtbar zum Himmel fuhr (an welchem Andenken die lamaische Kirche das Lampenfest feiert), wird im Kloster d Ga' ldan (frisch und unverweslich) erhalten, frei in der Luft schwebend, mit den Abdrücken seiner Hände und Füsse in Butter. — Die Bewohner der Marianen verehrten die Gebeine ihrer Voreltern in ihren Häusern, indem sie sie mit Cocosnussöl salbten, nach den Vorschriften der Makahnas (Priester). — Die Skelete der Häuptlinge und vorzüglichsten Könige sind in Holzkasten (die mit Fellen bedeckt werden) eingeschlossen und in Höhlen niedergelegt, wo ihnen die Jagas eine Art Gottesdienst bezeugten, indem sie vor Beginn eines Krieges dort opferten. — Cook's Knochen wurden in einem Korbe (Rippen und Brustbein) auf Hawaii verwahrt, mit rothen Federn geschmückt und in dem Tempel des Lono (dessen Wiederkunft erwartet wurde) niedergelegt. Jährlich zur Erntezeit trug man sie in Procession durch die Insel, um Unterhalt für die Priester des Lono zu sammeln. Der Kopf Macarthey's dient bei den Festen der Ashantees, während der eines der Negerhäuptlinge im Familienbegräbniss in Schottland begraben liegt. — Die Götzenbilder der Kalmücken sind ausgehöhlt und werden mit den Knochen und der Asche nach ihrem Tode verbrannter Priester gefüllt, als Ostensarien. — Im Nillande wurden die Gebeine eines Gottes in einer Pyramide verschlossen, in Verehrung gehalten, wie Clemens Alexandrinus erwähnt. Die Pyramiden sollten einen Gottmenschen ohne Seelenwanderung erhalten. Die Tyrier führten die Gebeine der dem Moloch verbrannten Kinder auf ihren Seefahrten mit sich, wie die Quaranier die Knochen ihrer Zauberer in Kapseln umhertragen. Die Mantineer erhielten vom Orakel den Auftrag, des Aeacus Gebeine zu holen und sie zu verehren. Die Dumatier opferten jährlich einen Knaben in ihrem heiligen Kasten und vergruben ihn dann unter dem Herde, um durch Seelenernährung die Knochen stets neu zu beleben, wie es in Dahomey geschieht. — Nach der Anzahl der Sarira (Scharit oder Schell) oder wunderthätigen Reliquien, die als harte Körner in runder oder eckiger Form aus den verbrannten Gebeinen herausgesucht werden, bestimmt sich die Heiligkeit des Verstorbenen bei den Buddhisten. — Die im Cassan-Rohre gefundenen Verhärtungen (Knochen) in Indien werden den aufgeschnittenen Armen der Kinder eingeheilt, um sie siegreich im Kampfe zu machen (nach Oderich). — Dass der Mensch aus dem in seinem Rückgrat befindlichen Beinchen (Luz genannt oder Tarvad rakaf) wiedergeboren werden solle, bewiesen die Rabbinen dem Kaiser Hadrian, der die Auferstehung in jener Welt zu bezweifeln wagte, dadurch, dass man ein solches Beinchen herbeischaffte und in's Wasser legte, wo es nicht erweicht ward, in's Feuer warf, wo es nicht verbrannte, es durch keine Mühle zermalmen konnte, und auf dem Amboss gelegt, diesen zerschlug, während der Knochen ebenso wenig Schaden litt, wie Buddha's Zahn in den portugiesischen Mörsern. — Die Frauen der Mandanen setzen sich täglich auf die Schädelstätten, vor die auf Salbei gelegten Schädel ihrer verstorbenen Kinder und unterhalten sich zärtlich mit ihnen, wie im Leben, indem sie dieselben in den Armen halten. — Die Wirbelsäule (aus der die Sage vielfach Schlangen hervorkriechen lässt) wurde so hoch gehalten, dass ein über sie ausgesprochener Fluch nur durch Blut oder hohes Utu (Lösegeld) getilgt werden konnte. Der Mongole bittet den Dsajagatschi (Schicksalsgott), seinem Feind die Augen auszubohren und ihm das Rückgrat zu zerschlagen. — Zoroaster befahl den Persern (nach Cedrenus), wenn er vom Donner erschlagen sei, seine Gebeine zu sammeln und zu bewahren, da an ihre Hut sich die Erhaltung der Monarchie knüpfen würde. — Sakyamuni (nach dem Altan gerel), über die Sariras (körperliche Reliquien) befragt, die nach den Sutras ein in das Nirvana eingehender Buddha in der Welt (für die Verehrung der Götter und Menschen) zurückliesse, antwortete, dass diese Lehre nur vorläufig und gleichsam exoterisch für die grosse Menge gälte, da die zur letzten Erfüllung gelangten Buddha's unzweifelhaft und vollständig im Nirvana verschwänden. — Widerstand in Vera-Paz (Guatemala) das Leiden des Kranken den Bemühungen der Priester, so legten sie ihm, im Augenblicke des Aushauchens, einen kostbaren Stein auf die Lippen, der seine Seele empfing und fortan als Heiligthum im Hause bewahrt wurde. Vornehmen wurden Altäre auf ihren Gräbern gebaut, wo die Verwandten und Freunde Sklaven opferten und Weihrauch verbrannten. — Ein Theil der Knochen wurde von den Verehrern Pule's in den Krater auf Hawai geworfen, damit sie in der Gesellschaft der vulkanischen Gottheiten verbleiben, dieselben überreden möchten, ihre Verwandten vor Ausbrüchen zu schützen. — Die Indianer von Hochelaga vergruben die Todten, nach Aufschneidung der Muskeln, in die Erde, um das coagulirende Adipocire später als Schmuck zu tragen. — Als Alexander des Grossen Leiche vergessen liegen blieb, verkündete Aristander von Telmessus, dass sie dem Lande Glück bringen würde, wo sie begraben sein sollte, und in Folge dessen gelang es Ptolemäus sie (trotz den Verfolgungen des Perdiccas) nach Egypten zu entführen. (*Aelian.*) — Acht Städte theilten sich in die Reliquien Buddha's, um über diesen heiligen Erinnerungen Kaitjas zu bauen. — Die Asche des Menandros, des griechisch-bactrischen Königs im Punjab (120 a. C.), wurde unter seine Städte vertheilt. — Das Wohl der Thebaner hatte von dem Besitz der Knochen Hector's abgehangen. — Die Juden trugen die Gebeine Joseph's aus dem Flachlande Egypten. — Pelops' Knochen waren das Mittel zur Eroberung Troja's. — Die Abiponer brachten die Knochen ihrer Zauberer, die auf fernem Schlachtfelde gefallen waren, stets (wie die Spartaner die ihrer Könige) in ihre Heimat zurück, während der auf weite Kriegszüge ausziehende Kosake eine Hand voll Erde in einem Beutel mitnimmt, um auch nach dem Tode, mit dem Staube seiner Heimat bedeckt, in Beziehung zu derselben zu bleiben. — Des Leonidas Gebeine wurden von den Thermopylen nach dem Vaterlande zurückgebracht, wie die Napoleon's von St. Helena. Nestor brachte Machaon's Gebeine von Ilion nach der Heimat. — In dem Suwarna prabhasa wird zwar die Lehre, dass die Buddha's der Welt ihre Körper (sarira) hinterliessen, nur ein zweckmässig und künstlich aufgestelltes Mittel genannt, aber doch auch schon den Verehrern derselben grosse Belohnungen versprochen. In Nepal ist die compacte Halbkugel der wesentlichste Theil eines Chaitya (Göttertempel) und schon nach Clemens Alexandrinus verehrten die Ehrwürdigen (*οἱ σεμνοὶ* oder Arhat) eine Pyramide, unter der die Gebeine eines Gottes ruhten. Im Mahavansi heisst es, dass, nachdem die Reliquien vor den Augen des Volkes in die Dagops hineingelegt worden, dieselben durch einen künstlich eingefügten Stein geschlossen seien. Aehnliches erwähnt Josephus von dem Grabe David's, woran die in Hauran gefundenen Steinthüren erinnern. — Die Verbindung der Pyramiden mit der Koppel, die mitunter von dem Tee (Schirmdache) überragt ist, erinnert an die Form von Porsenna's Grabmal bei Alba. An dem achteckigen Tempel bei Rangun, worin die ächten Haare Buddha's begraben liegen, haben verschiedene Könige weitergebaut, wie an den egyptischen Pyramiden, und

Generationen an den Kathedralen*). Im Rajaratnaçari lässt der König einen Dagop über dem Scheiterhaufen seines Vaters und Vorgängers erbauen. Gewöhnlich war die Dauer der Dagops auf einen Zeitraum von fünftausend Jahren (der von Gaudama für das Fortbestehen seiner Lehre bestimmt war) berechnet, wie die egyptischen Pyramiden für die dreitausend Jahre, nach welchen die Seele zurückkehren würde. In Ceylon werden als Dhatu (Ueberbleibsel) nicht nur die Körpertheile Buddha's, sondern auch Sachen, die er besessen hat, verehrt, wie die Katholiken in Italien den Pfeilern der Glockenthürme oft Reliquien einmauern, um gegen den Blitzschlag zu schützen. Die Tempelpyramiden zu Siam zeigen an der Spitze Metallcompositionen, besonders aus Zinn. Ehe die Reliquien Buddha's oder die Knochen des Herrn (wie es in der Inschrift zu Islamabad heisst) niedergelegt werden, steigen dieselben zum Himmel empor, dort wunderbare Phänomene, oft die Erscheinung Buddha's selbst bewirkend, und kehren dann zu demjenigen zurück, der sie in den Händen hielt. Der Heilige von Ceylon, den der König von Ava (1426) auf Eingebung der Nats (Untergötter) einlud, brachte Reliquien von so wundervoller Kraft, dass die Erde bei ihrer Ankunft erbebte und die Mauern einstürzten, worauf der Bau des goldnen Tempels beschlossen ward.

Reliquien. Als Reliquien wurden in Sparta ein Ei der Leda, in Tegea die Haut nebst Zähnen des kalydonischen Ebers, in Egypten der Schuh des Perseus, in Creta das Gigantengerippe des Orion, in Milet die Riesenknochen des Asterios verehrt. In Rhodus wird das Skelet eines Haies, als das des von dem Johanniter erschlagenen Drachen gezeigt, in Venedig der Zahn eines Mastodon, als Backenzahn des heiligen Christophorus, in anderen Kirchen Italiens Kreidesteine, als Muttergottesmilch aus der Milchgrotte von Bethlehem. Der linke Augenzahn Buddha's, der von Kalinga nach Lanka gebracht worden, wurde von den Portugiesen verschiedentlich im Mörser zerstampft, erschien aber immer wieder, und wird jetzt von den englischen Beamten in der Dharmakakra in Verschluss gehalten. — Die Australier graben ihre Todten nach einiger Zeit wieder aus, damit sie ihre Knochen mit sich führen können. — Ahmet-Schah von Afghanistan bekämpfte den Chan von Badagschan um den seidenen Rock Mohamed's. — Die Windeln (τα σπαργανα) des kleinen Zeus wurden in Creta gezeigt, sowie die Blutspuren der Rhea. — Als der Abt Herbert der fortransportirten Leiche der heiligen Genovefa einen Zahn ausriss, wurde er bis zur Rückgabe desselben krank. — Fast bei allen Todten und Gefangenen der brandenburgischen Hülfstruppen, welche 1587 durch Burggraf Fabian von Dohna den Hugenotten zugeführt waren, fanden die Franzosen Talismane und magische Zettel um den Hals gebunden. (*Delrio.*) — Charpie aus dem Hemde des 1847 erschossenen Jesuitenbeschützers Leu aus Luzern wurde als heilkräftige Reliquie verwandt. — Als der Teescho Lama (Dschebtsan paldang), den Kaiser Khian Lung (um von ihm in einige Geheimnisse der buddhistischen Religion eingeweiht zu werden) nach China einlud, sich dahin begab, wurde er überall auf dem Wege um Reliquien angegangen und liess Abdrücke seiner Hände zurück, indem er seine Hand mit Safran bestrich und auf weisses Papier abdrückte. Das gemeine Volk segnete er in Peking mit einem hölzernen Scepter, die Grossen, indem er die Finger mit Seidenzeug umwickelte († 1780). — Das Fingerglied eines Hingerichteten in einem

*) „Ich ruhe in diesem Sarge und in diesem Grabe, an der Stätte, die ich selbst gebaut habe, mit dem ganzen Königthum." heisst es in Eschmunazar's Grabschrift.

Geldbeutel getragen, hält diesen beständig gefüllt. In Franken wird oft „Armensünderfett“ in den Apotheken verlangt. Als vor mehreren Jahren in Breslau der alte Rabenstein abgebrochen wurde, trieben die Arbeiter einen sehr einträglichen Handel mit den bei der Ausgrabung gefundenen Knochen, schreibt Wuttke (1859). — Die chinesische Prinzessin Wen-tsching brachte bei ihrer Vermählung mit Srong b Tsan sa Gampo ein hochgefeiertes Buddhabild und heilige Bücher nach Lhassa mit (641 p. C.), ebenso wie Dara Eke, die nepalesische Prinzessin, und die Tibetaner verehrten sie als zwei der von Gold oder Sandelholz nach dem Originale angefertigten Musterbilder (Dschuh) des Religionsstifters. — Christophoros spottet (650 p. C.) über den Mönch Andreas, dass derselbe bereits 10 Hände des Märtyrer Procopius, 15 Kinnbacken des heiligen Theodoros, 8 Füsse des heiligen Nestor, 4 Köpfe des heiligen Georg und 5 Brüste der heiligen Barbara (die er so zur Hündin mache) habe und verspricht ihm noch den Daumen des dreimal seligen Henoch und das Gesäss des Elias. — Die Schüssel, aus der Christus zuletzt mit den Jüngern gegessen, wurde von Balduin den Genuesern geschenkt. — Das Evangelienbuch, worauf in Rheims die französischen Könige den Krönungseid ablegten, ward von Peter dem Grossen als ein altslavonisches Manuscript mit glagolitischer Schrift erkannt. Eine Litanei aus Ludwig's Zeit in Corvey (mit unbekannten Schriftzügen) trägt altrussische Noten. — Die Chasidim in Polen enthielten sich aller Fleischspeisen und durch das Auftreten Israel Baalschem in Fusti (1740) als ersten Zadik (oder Gerechten) wurden sie zum Mysticismus, zur kabbalistischen Theurgie und zum Reliquiendienst, der selbst die Verehrung der Kleidungsstücke des Propheten und seiner Familie in sich begreift, geführt. — Das Urbild des Vadschra (Indra's Donnerkeil), nach dessen Muster die von den Lamas geführten gearbeitet sind, wird im Kloster Seera (bei Lhassa) aufbewahrt und soll (zuerst von Sakyamuni selbst gehandhabt) durch die Luft von Indien dorthin geflogen sein, von wo es an einem jährlichen Feste in feierlicher Procession der anbetenden Pilger nach Potala zum Dalai-Lama geführt wird, der sich vor demselben verbeugt. — Zur Vergleichung des in Ava aufbewahrten Zahnes Buddha's schickte der König von Birmah eine Gesandtschaft nach Ceylon, um die echte Reliquie zu besichtigen, wie es mit Erlaubniss des englischen Gouverneurs geschah. — Unter König Lha Tho tho ri g Njan b Tsan senkten sich eines Tages vier Gegenstände (das Bildniss zweier Hände in betender Stellung, ein goldener Pyramidentempel, ein Kästchen mit einer Tschintamani-Gemme und das Lehrbuch Ssamadok) vom Himmel auf den Palast und wurden auf Befehl des Königs, der ihren Sinn nicht verstand, nach der Schatzkammer getragen. Da sie dort auf der Erde lagen, kamen Plagen über das Land und Unglück über den König, bis dieser sie an die Fahnenspitzen befestigen und auf alle Weise verehren liess, nach der Warnung von fünf fremden Männern, die ihm erschienen und plötzlich wieder verschwanden, worauf eine Stimme vom Himmel verkündete, dass sein fünfter Nachfolger (Srong b Tsan sa Gam po, der 629 p. C. die heiligen Bücher des Buddhismus von Indien in Tibet einführte) ihren Gebrauch erkennen werde. — In einer Stadt Afghanistans (in der Nähe von Dschellalabad) wurde früher (wie jetzt in einem Kloster bei Fu-tscheu-fu) die Kopferhöhung (Uçnischa) Buddha's als Reliquie verehrt. — Das heilige Blut zu Weingarten (am Bodensee), durch den Römer Longinus (der den Heiland in die Seite stach, aber sich bekehrte) dorthin gebracht, wird zum Schutz um die Felder herumgetragen. (*Meier.*) — Tavernier versichert von glaubwürdigen

Zeugen erfahren zu haben, dass der Unflath des Königs von Bhutan (Dalai-Lama) als Pulver geschnupft und auf Speisen gestreut würde. Die Verehrung des Gegen Chutuktu geht soweit bei den Mongolen, dass auch sein Unrath, sein Harn, seine abgeschnittenen Haare, Stücken seiner durchschwitzten Hemden als Heiligthümer und Reliquien gehalten werden. (*Pallas.*) — In den Sepulcralzellen der Topen finden sich meistens steinerne, thönerne oder metallene Gefässe mit Asche, Knochenstücken, Perlen, Edelsteinen. — Aechtes Präputium Christi wurde durch den Kaplan Arnold Heerbrand (dem es Gottfried von Bouillon's Kaplan übergeben) nach Antwerpen geschickt. — Nach den Juden ist die Vorhaut der Inbegriff alles Unreinen und kann nur nach ihrer Wegnahme Gemeinschaft mit Gott eintreten. Enoch, Moses, Aaron, Elias (als heilige Männer) wurden ohne Vorhaut geboren. Nach der Kabbala ist das Präputium dem Menschen nicht anerschaffen, sondern erzeugt, indem die sündhafte Begier das heilige Organ difformirte. — Als der Bischof von Cambrai bei der Messe in Antwerpen (1410) die heilige Vorhaut vor sich hinlegte, fielen drei Blutstropfen auf das Messtuch (als ein die Aechtheit beweisendes Wunder). Zu demselben wurden Processionen unfruchtbarer Frauen angestellt. — Im Traume offenbart Maria der heiligen Brigitte, dass die immer von ihr bewahrte und dann dem Johannes übergebene Vorhaut ihres Sohnes in Rom (wegen der Gottlosigkeit der Zeit) vergraben sei. Die heilige Vorhaut in Antwerpen heilte (nach den Canonici) einen Besessenen und die Königin von Cecilien (s. *Scheible*). Päpste gestanden der 1427 gebildeten Brüderschaft der heiligen Vorhaut das Recht zu, unbeschränkten Ablass zu ertheilen. Eine Priapsfigur findet sich in der Stadtmauer von Antwerpen ausgemeisselt. — H. Etienne erzählt die Geschichte eines Mönchs, der seinen Zuhörern eine Feder aus den Flügeln des Engels Gabriel zeigen wollte, und sich mit mönchischer List fasste, als er sah, dass man ihm die Feder gestohlen, und den Reliquienkasten mit Kohlen gefüllt hatte, welche er für Kohlen ausgab, womit der heilige Laurentius wäre gebraten worden. Indem er die Zuhörer auf seine Reliquien vorbereitete, sagte er ihnen unter Andern, was der Patriarch von Jerusalem ihm alles gezeigt habe: Un peu du doigt du saint Esprit aussi sain et aussi entier, qu'il avoit jamais esté, et le museau du Seraphim, qui apparut à St. François, et un des ongles du Cherubim, et une des costes du verbum caro, et des habillemens de la sainte foy catholique, et quelques rayons de l'estoile, qui apparut aux trois rois en Orient, et une phiole de la sueur de saint Michel, quand il combattit le diable. — Bei stürmischem Wetter verbrennen die chinesischen Matrosen stinkende Federn, um den das Meer aufregenden Dämon zu verscheuchen, während Ricci, ihr Missionär, statt dessen vom Papst geweihte Agnus Dei opferte. — Während der Ausstellung des heiligen Rockes in Trier, gegen den Ronge protestirte, wurde (1844) Paris mit Amuleten überschwemmt, so dass der Constitutionnel einen Leitartikel dagegen bringen musste. „Junge hübsche Mädchen, welche lieblich zu sprechen wüssten, verhandelten die Medaillen, Tuchschnitzel, kleine Stöckchen, Handstückchen und viele andere Sachen, mit denen der heilige Rock berührt worden und verschafften sich Eingang in Paläste und Hütten; die Geistlichkeit in Trier habe zehn Meilen in der Runde alles Zeug, alle Bänder aufgekauft, um sie zu solchen Amuleten zu weihen." — In der occidentalischen Kirche wird das auf dem Tuch der den Schweiss abwischenden Jüdin abgeprägte Bild (mit der Dornenkrone) oder Verum icon (worauf die Bollandisten im 15. Jahrhundert die heilige Veronica tauften) verehrt, in der orientalischen das auf dem Betttuch des edessaitischen oder armenischen

Fürsten, der Christus zu sehen betete, abgedrückte (mit dem Heiligenschein) oder das (nach der lateinischen Kirche) von St. Lucas gemalte. — Der Diaconus Jean Mignon unterstützte selbst die Kostgängerinnen in dem Geisterspuk, wodurch sie die Nonnen zu London (1625) erschreckten und benutzte später die Besessenheit zum Verderben Grandier's. — Ein Arm des St. Vitus findet sich in Siena. Ein anderer Arm wurde an Corvey von Heinrich I. übergeben (erbeten durch den heiligen Wenceslaus von Böhmen 931 oder 935). Ein silberner Arm des St. Vitus findet sich in der Domkirche von Bamberg. St. Veit ist vorzugsweise Heiliger des Volkes in Dalmatien. — Der Körper des unter Diocletian in Lycien gemarterten Knaben wurde vom Kaiser Wenzel aus Pavia nach Prag gebracht und in der Domkirche vor dem grossen Altar beigesetzt (1358 unter Carl IV.). — Als die in St. Gallen eingefallenen Ungarn den goldenen Hahn von dem Kirchthurme herabzustossen suchten, erschien ihnen derselbe, als die Gottheit des Ortes, so dass sie erschreckt aus dem Kloster wichen. Goldene Hähne auf den Kirchthürmen in Deutschland (10. Jahrhundert) wurden später als Windfahnen benutzt. Ein Hahnbaum bei Lüchow wird (1720) erwähnt. Der von den Wenden im Drawan auf die Kreuzbäume gesetzte Eisenhahn (17. Jahrhundert) war unbeweglich. Ein Hahn und eine Henne wurden durch die Bauern am St. Veitstage in der Karthause zu Regensburg geopfert (14. Jahrhundert). Kaiser Lothar schenkte die überwundenen Slaven dem heiligen Veit. Die zum Erbtheil des heiligen Veit gehörenden Rugianer fielen wegen der Härte und des Geizes der Verwalter ab. — Als Peter von der Provence den christlichen Fürsten die Erscheinung des heiligen Petrus in Antiochien mittheilte, hatte seine Furcht nur durch die Drohungen der Vision überwunden werden können, wie bei dem römischen Bürger, der bei Livius mit einem Auftrage aus dem Jenseits an den Senat beehrt wird. Was mit dem Funde der Lanze beabsichtigt war, ist nicht recht einzusehen, da die göttliche Hülfe schon beschlossen sein sollte, und jene ihren Träger höchstens am freien Kämpfen hindern musste. Doch erwies es sich als eine gute Speculation, da, wie Wilhelm von Tyrus erzählt, das Volk sich herbeidrängte, um sich mit reichen Gaben für den kostbaren Fund dankbar zu erweisen. Freilich ging der Credit rasch verloren, trotz des seinethalben angestellten Gottesurtheiles. Im Uebrigen war nur dem begeisterten Revival, das folgte, die Rettung des damals auf's Aeusserste reducirten Heeres zuzuschreiben. — Nach Dio stritten sich zwei Städte unter ihren Reliquien um das wahre Messer der Iphigenie. — Die gewöhnlichen Beweise der Aechtheit der Reliquien waren Wunder, wie in Folge solcher Heinrich II. und Urban, der Papst, ihre Zweifel aufgaben, dass St. Benedict in Casino begraben sei. (*Meiners.*) — Das von ihrer Gemeinde deputirte Mädchen aus Vallerie holte zwei Finger des Täufers aus Egypten. — Die bei der Eroberung Sidons mitwirkenden Normannen erhielten vom König Balduin ein Stück des wahren Kreuzes, das am Grabe des heiligen Olaf zu Drontheim niedergelegt wurde. — „Im Jahre 1518 kauften die Predigermönche zu Bern durch Bestechung etwas von dem Leibe der heiligen Anna und der Custos der St. Anna-Capelle musste es stehlen. Der aber gab ihnen Scherblein von einer Hirnschale in Baumwolle und in ein seiden Tüchlein gewickelt. Junker Albrecht zu Stein führte es als einen himmlischen Schatz nach Lausanne, da empfing's der Bischof. Dieser brachte es selbst nach Bern und mit grosser Procession geistlichen und weltlichen Standes wird es am Thore herrlich empfangen und zum St. Annen-Altar festlich geleitet. Der Abt zu Lyon erklärte, es sei ein Betrug, der Mönch habe ihnen aus dem gemeinen Beinhause ein Hirnschalen-Scherblein verkauft, der französische Botschafter bestätigte es. Die geistlichen Väter aber sagten, der Abt gebe es nur darum falsch, damit es ihm keinen Nachtheil bringe, und gläubig opferte das Volk Wachswerk und Gold.“ (*Anshelm.*)

TODTEN-CULTUS.

Die Sorge, die Begräbnisse zu verhehlen, damit die Ruhe nicht gestört werde, schuf, wie die Pyramiden, die Labyrinthe, die sich auch in den Mausoleen der chinesischen Kaiser finden. Durch die Gemächer der Königsgräber bei den Chasaren (das Paradies genannt) wurde ein Fluss geleitet, und jeder bei der Bestattung Behülfliche (wie bei der Alarich's) getödtet. Auch die Mongolen begruben in abgeleiteten Flussbetten. — Ihre heiligsten Eide (sagt Flacourt) legen die Madagassen auf die Seelen ihrer Ahnen ab. Fallen sie in Krankheit oder in Wahnsinn, so begeben sich die Verwandten unverzüglich zu dem Ombiasse und bitten ihn, den Geist auf dem Kirchhof zu befragen. — In der letzten Hälfte des dritten Jahrhunderts p. C. begann durch den Einfluss der Taosecte auf die Lehre des Confucius die chinesische Geisterverehrung, indem man anfing Schutzgeister der Wohnorte zu verehren und gewöhnlich als solche verstorbene Menschen anerkannte, die ihrer Verdienste wegen dazu würdig gehalten wurden. Manchmal indess erhob man auch Menschen dazu, die durch ihre Ruchlosigkeit berühmt geworden waren. Ja selbst Thiergeister oder die Geister unbelebter Sachen, je nachdem sich irgend eine Begebenheit zugetragen haben mochte, die dem erwähnten Gegenstande der Verehrung irgend eine Bedeutung gab. Man verehrt manchmal den Geist eines Tigers, als Schutzgeist, und weil den Tiger nach Menschenfleisch gelüstet, werden auch wohl Kinder geopfert. Andere verehren den Geist eines Hundes oder sonstigen Thieres. Diese Art der Geister haben einen dreifachen Rang, der ihnen, nach einem unter gewissen Feierlichkeiten unternommenen Examen über ihre Würdigkeit, vom Kaiser durch ein ausgefertigtes Diplom ertheilt wird. Diejenigen Geister, die auf solche Weise vom Kaiser in ihrer Würde bestätigt sind, bleiben nicht nur Gegenstände der häuslichen Andacht, sondern geniessen öffentliche Verehrung in einem ihnen geweihten Tempel, wo ein jährliches Opfer gebracht werden muss (s. *Stuhr*). — In Ceylon wurden die Geister der Todten als Dayautas verehrt, und jeder Einzelne aus dem Volke erbaute ihnen eigene Tempel (wie die Mias in Japan, ähnlich den Fetischhäusern in Africa), wo er selbst als Priester fungirte. — Guagnini berichtet von den Slawen und Sarmaten, sowie Munster von den Samogeten, dass sie die Todtenhäuser an Kreuzwegen errichteten. — Mahants, der Lieblingsschüler des mohamedanischen Schneiders Dariya Dasor Panth (Pfad), an dessen Grab Opfer dargebracht wurden, blieb in seinem früheren Hause (Tukht oder der Thron) wohnen. — An den Kreuzwegen (compita) hatte Servius Tullius (Sohn des Lar familiaris) von den Bewohnern der Regionen, die an diese Wege stiessen, kleine Capellen zum Dienste der Laren errichten lassen, wie an dem Feste der Lares compitales von jedem Hause ein Opferkuchen dargebracht werden musste. Diese Sacella der Laren waren Heiligthümer der Regionen und der dieselben bewohnenden Tribus nach Analogie der Curien und ihrer Laren. — Die Erstlinge aller Producte müssen den Muzimbos geopfert werden.

Auf dem Begräbnissplatz darf kein Baum gefällt und kein Thier getödtet werden, da sich in Allem ein Muzime (Seele eines Verstorbenen) befindet (bei den Zimbos). — Waidons waren die Geister der Verstorbenen auf Neuseeland (Atua oder Götter). — Die vergötterten Geister (Bhut Devatas) werden in kleinen Tempeln oder als ein Stück Lehm unter einem Baume verehrt, durch einen Chaitya oder Bakat, den die Piyaris der niederen Kasten oder die Brahmanen der Dörfer um Orakel angehen. — Der ganze Glaube der Khoglu-Stämme, obwohl sie äusserlich zum Mohamedanismus gehören, besteht in einigen abergläubischen Gebräuchen an dem Schreine ihrer Piris oder heiligen Männer, zu denen sie wallfahrten. — Die Kinder der Medea lagen im Tempel der Here *ἀκραία* begraben und wurden auf Weisung der Pythia (nach Diodor) als Heroen verehrt. — In Zeiten der Gefahr, in Hungersnoth und Krieg, wenn alle menschlichen Mittel erschöpft sind, ist es ein Schutzgeist, der nach dem Glauben der Kaffern ihnen aus der Noth hilft. (*Döhne.*) — Die Geister der verstorbenen Häuptlinge werden bei vielen Gelegenheiten angerufen, man dankt ihnen und bringt ihnen Opfer (bei den Kaffern). — Ehre mich Niemand mit Thränen und traurigem Leichengepränge. | Weil ich die Zeiten durchflieg', lebende Geister erfüll'. (*Ennius.*) — Waren die Ueberreste der im Auslande gestorbenen Verwandten unerreichbar, so errichtete man wenigstens symbolische Gräber in der Heimath (Kenotaphien) und rief, wie Eustathius bezeugt, die Seelen der Verstorbenen in das Vaterland zurück, das ihre Namen nicht vergessen sollte. (*Curtius.*) — Gotar (und besonders Gotnar) wird in den Eddaliedern und den Scaldenliedern dichterisch für angesehene Männer und dann für Männer überhaupt gebraucht. — Es wurde der Bau eines goldenen Tempels beschlossen, um die heilige Periode von fünftausend Jahren zu gründen, während welcher Gautama's Lehre bestehen würde. Humboldt vermuthet, dass die Meinung herrschte, man könne durch Niederlegung von Reliquien oder Pflanzung des heiligen Baumes einen solchen Zeitraum beginnen lassen. — Ausser Umkulumkulu, der ihren socialen Codex bestimmte, verehren die Zulus besonders die Mahlosi oder Geister verstorbener Familienhäupter, die in der Gestalt einer unschuldigen Art von Hausschlangen (inyoka) erscheinen. Ein religiöser Zulu richtet bei jedem Niessen ein Gebet an den Ihlozi. (*Bleek.*) — Alle Unternehmungen werden von den Zauberern (Gagas) eingeleitet. Zwar herrscht der Glaube an ein höchstes unsichtbares Wesen, aber die abgeschiedenen Seelen (Muzimos), von denen man alles Gute wie alles Unglück ableitet, sind der Hauptgegenstand der Verehrung; diesen werden insbesondere die ersten Früchte beim Erntefest dargebracht. Die Seelen der guten Menschen gehen nach dem Tode in gewisse Schlangen über, die der bösen in Schakale. Der Eintritt des neuen Mondes wird gefeiert. Die Weiber, welche nur nach ihrer Fruchtbarkeit geschätzt und schon vor der Ehe aus Gewinnsucht von dem Vater prostituirt werden, ohne dass dies Anstoss giebt, gehen als Eigenthumsstück auf den Erben über. Den Häuptlingen pflegten früher ihre Weiber in's Grab zu folgen, wie dies noch jetzt bei den Chevas, den nordwestlichen Nachbarn der Maravis, gebräuchlich ist, welche sich vor diesen durch Mässigkeit und besonders durch grösseren Fleiss im Landbau auszeichnen. Die Familie ist bei den Maravis so streng patriarchalisch geordnet, dass das Haupt derselben alle Verantwortung für seine Untergebenen allein trägt: es hat sie überall zu vertheidigen und alle Kosten, die entstehen, für sie zu bezahlen, aber es darf sie auch nach eigenem Willen verheirathen, verkaufen und selbst tödten. — Die kasanischen Tartaren wallfahrten zu den Gräbern der mohamedanischen Heiligen in den Ruinen von Bulghara. — Xenophon lässt den sterbenden Cyrus bei den vaterländischen Göttern seine Freunde auffordern, sich einander zu ehren, wenn ihnen daran liege, ihm Freude zu machen. „Denn ihr wisset es noch nicht gewiss, dass ich Nichts mehr bin, wenn ich das menschliche Leben geendet habe. Sahet ihr ja auch bisher meine Seele nicht, sondern erkanntet ihr Dasein nur aus dem, was sie wirkte. Habt ihr aber noch nie bemerkt, welche Schrecken die Seelen derer, die Unrecht gelitten haben, den Mördern einflössen, welche Rachegeister sie über die Frevler senden? Glaubt ihr, die Ehrenbezeugungen gegen die Verstorbenen würden sich so lange erhalten haben, wenn ihre Seelen gar keinen Genuss davon hätten? Wenn der Mensch aufgelöst wird, so geht natürlich Alles zu den Verwandten über, nur die Seele nicht. Diese allein kann man nicht sehen, weder wenn sie da ist, noch wenn sie verschwunden ist." — Die Mundombe unterscheiden die Kilulu-Sande (gute Geister) und die Kilulu-yangolo-apesmere (böse Geister). Sie glauben zwar an die Unsterblichkeit der Seele, die in der andern Welt (Kalunga) fortlebt, aber diese unterirdische Welt ist bloss ein Abbild der irdischen, und sie hoffen dort bloss sinnliche Genüsse. Sie glauben nämlich, dass sie dort hinreichend Speise und Getränke haben, ihre Zeit ohne Sorgen und Mühen nur mit Jagden und Tanzunterhaltungen ausfüllen, und zur Bedienung auch genug Weiber haben werden. Wenn es hier Nacht ist, dann ist es, ihrer Meinung zufolge, in jener Welt Tag, und umgekehrt. Für die in dieser Welt geübten guten oder bösen Handlungen erwarten sie in jener Welt weder Belohnung noch Strafe und glauben, dass es nur von der Willkür der Kilulu abhänge, ob ihr Schicksal nach dem Tode besser oder schlimmer sein würde. Wenn nach dem Tode die Seele in die Kalunga kömmt, so wird sie je nach den Umständen, die sie im irdischen Leben erfahren hat, entweder ein Freund oder ein Feind der Lebenden, und gesellt sich dem zufolge entweder zu den Sande- oder zu den Yangolo-Kilulu und wirkt mit ihnen zusammen, entweder an der Beförderung des Glücks oder des Elends der Menschen. Weil nun aber die Anzahl der Yangolo-apesmere-Kilulu viel grösser ist, als die der wohlthätigen Sande-Kilulu, so können jene die das Glück der Menschen bezweckenden Absichten der letztern sehr leicht vereiteln und schütten unzählige Leiden über die Menschen aus. Das menschliche Elend wäre ganz unerträglich, wenn nicht von Zeit zu Zeit der Suku-Vanange sich über die Bosheiten der bösen Geister empören, sie mit dem Dyilemila (Donner) erschrecken und die Hartnäckigeren mit dem Omberakerum (Donnerkeil) züchtigen würde. Dann aber begiebt er sich wieder zur Ruhe und lässt die Kilulu walten. (*Magyar.*) — Bei den Betschuanen werden die Barimos durch aufgehängte Geschenke verehrt und auch geradezu als die Geister der Vorfahren bezeichnet. — Seoseres (Gott der Wasser und der Winde) war ein durch Weisheit ausgezeichneter Reisende bei den Osseten.

Der Mongole Gesur Khan (Kouan-yu), der sich unter den Kaisern Licoupel und Thsao-tsao als Feldherr auszeichnete, wurde von den Chinesen, als nicht gestorben, unter die Halbgötter versetzt und von den Mandschu als der Schutzgeist ihrer Dynastie betrachtet und verehrt. — Die Seelen der Verstorbenen schützten auf den Marianen gegen den Angriff der bösen Geister, und waren die der Helden stärker und mächtiger, als die unberühmter oder unedler Männer. (*Le Gobien.*) — Die Helden des Gruthunger-Stammes, Amaler (himmlische oder makellose) genannt, wurden als Ansen (Halbgötter) unter den Ostgothen geehrt. — Jam proceres suos non puros homines, sed semideos, id est anses, vocavere, sagt Jornandes von den Gothen. — Nach Moffat erscheint Uhlanga (der höchste Gott der Kaffern) nur als ein

Heros, indem er als grosser Krieger gedacht wird, der Schmerz und Tod sendet. — Nach der im Kratylos gegebenen Erklärung seien die Heroen daraus entstanden, dass Eros entweder einen Gott einer Sterblichen, oder einen Sterblichen einer Göttin zugeführt habe. — Die im Kampfe Gefallenen waren nicht Schatten der Unterwelt, wie die Masse der Verstorbenen, nichtige wesenlose Schatten, vor denen deshalb der in frischer Lebenskraft stehende Staat sich scheu zurückzieht, sondern es sind in Folge ihres Opfertodes für den Staat auch in der Unterwelt Macht besitzende Dämonen, denen deshalb auch heroische Ehren gebühren. Diodor erwähnt die jährlichen Festspiele zu ihren Ehren, wie sie auch Plato für seine Helden verlangt. (*Curtius.*) — Wenn die Kaffern in die Schlacht ziehen, wandeln zwischen ihren Reihen die helfenden Gespenster der Vorfahren. — Die Indier verehren die Geister der Vorfahren (Pitris) als Götter der Vorzeit, die die Waffen bei Seite gelegt hätten. — Der Häuptling (Inkosi) ist den Kaffern im wahren Sinne der Vater des Volkes, er gilt ihnen als die Quelle alles Guten, alle Wohlthaten kommen von ihm, selbst für Leben und Gesundheit seines Stammes hat er zu sorgen: „er ist die Brust, an der das Land trinkt und sich nährt." Wer Gutes thut oder wen man darum bittet, wird daher als Inkosi angeredet. (*Döhne.*) — Die Spartaner brachten die Gebeine ihres Königs Agesilaus in Wachs nach der Heimath zurück. — Die Lares publici waren vergötterte Helden der mythischen Periode des römischen Volkes, deren Gräber man noch nachweisen konnte, bei denen man sich ihren Sitz dachte und von welchen ihre schützende Wirksamkeit ausging. Die Lares privati waren berühmte ausgezeichnete Vorfahren einer Familie, die diese als Lares familiares verehrte. Deshalb wurden in älteren Zeiten die Verstorbenen in dem Hause ihrer Familie beerdigt, wie auch später die Kinder, die vor dem vierzigsten Tage starben, deren Begräbniss (suggrundarium) das überstehende Dach des Hauses war. Davon hiessen die Lares grundules (die unter dem Vorsprung des Daches ihren Platz hatten), denen schon Romulus unter den dreissig Curien einen Cultus angeordnet. — „Nimmer mag dem der Nachruhm sterben, der sich guten gewann," heisst es im Havamal. — Heldengeschlechtern wurden glanzvoll leuchtende Blicke der Augen zugeschrieben, durchbohrend (micatus oculorum). — Die göttliche Abkunft der von den Asen stammenden Edlen, aus denen sie sich ihre Fürsten setzten, erkannten die Scandinavier aus ihren glänzenden Augen. (*Leo.*) — In der chinesischen Version der mongolischen Geschichte heisst es bei Hyacinth: Wol-Gui (der Vezier), der sich vorgenommen hatte, Li-huanli (einen berühmten General und Schwiegersohn des Khans) zu verderben, unterwies einen Hunnen beim Wahrsagen, bei Gelegenheit einer Krankheit der Mutter des Khans zu sagen, dass zu ihrer Genesung erforderlich wäre, dem Heerführer Li-huanli ein Opfer darzubringen. Weshalb dieser letzte getödtet und der Anbetung gewürdigt wurde. — Als Romulus nach seinem Verschwinden dem Proculus auf der Strasse erschien, trug er ihm auf, dem Senat zu verkünden, dass er (unter dem Namen Quirinus) den Römern ein mächtiger Schutzgott sein wolle. Seine Mörder änderten den Namen, um nicht ihren Feind anzurufen und sich vielleicht selbst zu bestrafen. — Die Bewohner des sächsischen Erzgebirges preisen, als Helden, August den Starken, worauf alle Thaten zurückgeführt werden, wie in Spanien auf Carl V., in Russland auf Peter d. Gr., in Mexico auf Montezuma, im Orient auf Nimrod. — Nach der Beendigung des spanischen Krieges liess der Senat dem Cäsar zu Ehren einen Tempel der Freiheit erbauen und stellte Statuen von ihm in dem capitolinischen und dem Quirinustempel auf dem Quirinal auf. Nach dem Tode wurde ihm eine Säule als Parens patriae errichtet. Agrippina hatte dem göttlichen Claudius (Divus Claudius) einen Tempel errichten lassen, der von Nero abgebrochen, von Vespasian aber erneuert wurde.

Die Seelen der patagonischen Zauberer gehören nach dem Tode zu den Vallichu genannten Dämonen, die alles Uebel verursachen. — Die Scandinavier liessen sich beim Tode den Kopf abschlagen, um ein Tröll zu werden, und als solcher Verehrung zu erlangen, da sie sonst dem Lande schaden würden. — Die Zulus, von denen manche an ein gutes und ein böses Princip der Welt und an ein zweites Leben in einer Schattenwelt glauben, leiten alles Unglück von ihrem „todten Bruder" ab, welcher bisweilen als boa python erscheint und durch ein Stieropfer versöhnt werden muss. — Die Tschuwaschen erhängten sich früher an der Thüre ihres Beleidigers, um ihm ein Böses anzuthun, wie es auch in Indien und China geschieht. — Uwarowskji erzählt von einer alten Russin (Namens Arippina), die an den Felsen oberhalb Jigansk wohnte und als grosse Zauberin gefürchtet war, weshalb die Leute nur zitternd dort vorbeigingen, und sie, ohne sie anzusprechen und Geschenke zu bringen, denn im Unterlassungsfalle brachte sie die Reisenden in grosses Unglück, verfolgte sie (in einen schwarzen Raben verwandelt) mit heftigen Wirbelwinden, liess ihre Sachen in's Wasser fallen oder beraubte sie des Verstandes. Auch nach ihrem Tode erhielt sich die Sitte, dass jeder Vorübergehende dort Geschenke niederlegte. — Als Einer der Metragyrten (Bettelpriester des phrygischen Dienstes) bei der Einweihung eine Frau zum Dienste der Göttermutter in den Erdschlund (*βάραθρον*) stürzte, verheerte eine Pest die Stadt, bis der Tod auf Befehl des delphischen Orakels durch Erbauung des Metroon (das später zum Staatsarchiv diente) gesühnt wurde. (*Photius.*) — Die Yatus (oder die Wandernden) sind (bei den Parsen) Zauberer oder Menschen, in welche sich Dämonen verkörpert haben. — Unter den zum Buddha-Glauben bekehrten Mongolen herrscht noch die Meinung, dass die Seele eines verstorbenen Schamanen in Gestalt eines bösen Geistes umherwandele, den Menschen Schaden zufügend, um sie zu zwingen, ihm Ehre zu erweisen und Opfer zu bringen. Den Leichnam der Schamanen legt man gewöhnlich, ihrem Wunsche gemäss, auf erhabene Oerter oder an einen Kreuzweg, damit sie den Vorübergehenden desto leichter Schaden zufügen können und so von ihnen Sühnen erlangen. Zuweilen haben die Schamanen ihren Feinden vorhergesagt, ihr Schatten werde von ihnen ein Opfer fordern, das wegen seiner Seltenheit viel Sorge verursachen würde, worin sie selbst die Garantie eines glänzenden Fortlebens sehen, wie Individuen anderer Nationen im Ruhme*).

Avatara wurde in Indien als Titel für fromme und tugendhafte Personen gebraucht, wie in Griechenland heroische Abstammung den Titel *ἥρως* gab. — Menschen, welche die einem Jeden von Natur zukommenden Eigenschaften des Guten in höchster Vollkommenheit besitzen, sind von Geburt an keiner moralischen Fehltritte fähig, als Heilige oder Urweise, deren es zwölf giebt. Der Heilige empfängt bei seiner Entstehung die reinsten Elemente der waltenden Principien. Darum bewahrt er in Bewegung und Ruhe das Gesetz des Thaiki (das höchste Gesetz, das die einzige Ursache der harmonischen Einrichtung des Universums ausmacht) vollkommen und keine Leidenschaft vermag Etwas über ihn. — Auf die Frage des Kaisers, warum die Menschen

*) If I must fall in the field, raise high my grave, Vinvela. Grey stones and heaped-up earth, shall mark me to future times. When the hunter shall sit by the mound and produce his food at noon: „Some warrior rests here" he will say and my fame shall live in his praise. (*Ossian.*)

ihn einen Gott nennten, antwortete Apollonius von Thyana: „weil jeder Mensch, der für gut gehalten wird, mit dem Namen eines Gottes geehrt wird." — Selbstmörder treten in Japan nach dem Tode in die Klasse der Heroen, als welche sie verehrt und Knaben als Beispiel aufgestellt werden. — Die Seelen der verstorbenen tugendhaften Menschen werden unter die Schin und Kuei (gute Geister jeder Art und Ordnung, die auch den verschiedenen Naturgegenständen vorstehen) erhoben, worunter aufgenommen zu werden die Familie des Confutse ein erbliches Recht hat. — Wenn ein Guter stirbt, wird er (nach Hesiod) grossen Glückes und Ehre theilhaftig und zum Dämon, weil er dann, wie Socrates erklärt, in seiner Heimath lebe.

Beim Anrücken der Engländer liess ein König von Gambia einen Sklaven unter der Schwelle des Thores vergraben, um dieses zu vertheidigen, wie es König Vortiger beabsichtigte. Ein Menschenhaupt lag unter dem Capitol, wie das Adam's auf Golgatha in Jerusalem. In Serbien, Copenhagen und Magdeburg kennt man eingemauerte Kinder. Die Carthager vergruben die Philänen an der Grenze und die Griechen Herolde, als Wächter. — Simon Stylites wurde in Antiochien begraben, um die der Mauern entbehrende Stadt zu schützen. — Die Ueberreste des Aetolos (Sohnes des Oxylos) befahl das Orakel weder innerhalb, noch ausserhalb der Stadt Elis zu begraben, und wies ihm dadurch, als einem schützenden Stadthorte, seinen Platz unter der Schwelle des Thores an. — Wenn die Athener ihren Herold Anthemokritos unmittelbar vor dem Dipylon bestatteten, so erkannten sie dadurch nicht nur dem im Staatsdienste gefallenen Gesandten die höchste Ehre zu, sondern sie gewannen auch in seinen Gebeinen ein Palladium des Thores und rechneten im Falle eines Angriffs auf die zürnenden Manen des wider Völkerrecht Erschlagenen. (*Curtius.*) — Der Tohana auf Tahiti gab dem Menschenopfer seine Aufträge, wie die Scythen dem Gesandten an Zamolxis. — Die Pfosten des heiligen Hauses in Maeva waren auf die Leichen von Menschenopfern gegründet. — Die Catalonier wollten Romuald (Stifter des Camaldulenserordens) bei seiner beabsichtigten Abreise vom Michaelkloster nach Cusan tödten, um wenigstens die Reliquien des heiligen Mannes zu bewahren, glaubten aber, als sie ihn hastig essen sahen, dass er ein Narr sei, und liessen ihn ziehen (1012). — In Franken bittet man die zum Tode Verurtheilten um ihre Fürsprache im Himmel, als die wirksamste. (*Wuttke.*) — Der Bushreen (mohamedanischer Schreiber), den Kemmingtan für einen den Krieg von seinem Lande entfernenden Greegree consultirte, setzte die Füsse eines jungen Mädchens in zwei Erdlöcher in der Nähe der Festung und liess einen Lehmwall um den Körper aufwerfen — Bei Erbauung eines neuen Stadtthores opfern die Thai drei Menschen, denen der König vorher aufgetragen hat, gut bei Ankunft von Fremden zu wachen und Nachricht zu geben. (*Pallegoix.*) — Vor ihrer Unterwerfung durch die tartarischen Kaiser mordeten die Leute von Korasan jeden Fremden, der sie an Talent überragte, damit sein Geist in der Familie bleiben möchte. — Unter dem Hauptpfahl des Hauses begraben die Alfuren einen Menschenkopf. — Trois-Rieux verpflichtete sich (1574) durch Blutunterschrift dem Arzte Macrador in Bordeaux, dass seine Seele nach dem Tode als helfender Dämon dienen solle. — Als Igor's Gesandte den Byzantinern schworen, dass sie ihren Eid nicht brechen würden, setzten sie den Fluch hinzu, dass der Meineidige im ganzen künftigen Leben ein Sklave werden solle. — Die Eidahaner glauben, dass alle im Leben Getödteten ihnen im Jenseits dienen werden. — Die Dayaks hauen bei ihren Kriegszügen alle Feinde nieder, da sie ihnen dann im Jenseits als Sklaven dienen werden, und jeder in das Dorf gebrachte Kopf wird mit Jubel als neuer Diener begrüsst. — Wenn er seinen Vorfahren eine Botschaft zu senden hat, lässt der König der Ashantees einen Menschen tödten.

Die Tengri sind im Schamanenthume ewige Geister, die unsichtbar in der Luft, dem Wasser und den Bergeshöhen wohnen. Einige Völker nehmen gute und böse Tengri an, bei andern werden sie nach Umständen gute oder böse. Es giebt ihrer unzählige und sie vermehren sich noch immer durch das Hinzukommen der Seelen abgestorbener Schamanen und berühmter Menschen. Der vornehmste unter ihnen ist der Genius der Tapferkeit (Bagatur Tengri) und die Vermittlung zwischen Schamanenthum und buddhistischem Samanäismus wurde so durch die natürliche Anschauung selbst gebildet, indem die Fagettirungen der des abstracten Denkens ungewohnten Völker Mittelasiens den zum Nirvana sich erhebenden Geist der indischen Philosophen in eine bunte Mannichfaltigkeit umherschwebender Seelen zerstückten. — Die Propheten der Kaffern sind durch die Seelen abgeschiedener Häuptlinge begeistert, wie die Kurfürsten der Jagas und die Wahrsager von Zimbaohe. — Die Mramans, die von den Birmesen verehrten Ahnen, residiren im Lande Rupah. — Noch heute, wenn die Phrygier von ausgezeichneten und berühmten Erfolgen sprechen wollen, bezeichnen sie dieselben als Manica, im Hinblick auf einen ihrer alten Könige, Manes genannt, der ein mächtiger und trefflicher Fürst war, und von einigen Masdes genannt wird. (*Plutarch.*) — Nach dem Tode, glauben die Mundombe, werden sie wieder auferstehen und in der andern Welt (Kalunga) nicht bloss ihre irdische Lebensweise fortsetzen, sondern auch an dem Schicksal ihrer noch auf der Erde am Leben gebliebenen Verwandten Theil nehmen; ferner glauben sie, dass die zurückgebliebenen Verwandten die Verstorbenen in der andern Welt in dem Maasse beseligen, als sie ihnen grössere oder geringere Opfer darbringen; hingegen, wenn sie ihrer aus Undankbarkeit vergessen und ihnen nicht von Zeit zu Zeit opfern, dann ziehen sie sich die Rache der Verstorbenen zu, die ihnen allerlei Böses anthun, ja sogar sie durch den Tod von dannen führen können. Deshalb bestehen die religiösen Gebräuche der Mundombe fast nur aus den jeweiligen Todtenopfern (Inbambe). Die Kindambe (Wahrsager) wissen recht gut den Aberglauben des Volkes zu ihrem Vortheil auszubeuten. (*Magyar.*) — Aller-Heiligen- und Aller-Seelen-Tag wird vom Volke in Paris, heisst es im Westminster Review (1860), in einen langen Tag von Mahlzeiten (repas de corps) zusammengezogen, wo die Seelen und die Heiligen zusammenspeisen. Die schon an sich miserable Kost der Waisenknaben in St. Nicholas wird an diesem Tage auf das Aeusserste reducirt, um zum Besten ihrer verstorbenen Commilitonen einige Speise hinsetzen zu können. — Die Wanika verehren die Geister der Todten, die bisweilen in den Neugeborenen wieder erscheinen sollen. — Die Namen der Viçvedas, denen (in den Vedas) zweimal täglich geopfert wird, gehören zum Theil den Stammvätern und den Vorfahren an, zum Theil bezeichnen sie Begriffe von Tugenden, ähnlich den schützenden Genien der Vasu, welche Götter des Lichtes und der Luft, die Geister der Vorfahren und Beschützer der Kühe sind. — Ueber den am Hofe der Mandschu-Kaiser fortgepflanzten Cultus ihrer tungusischen Vorahnen (der sich unter den Völkern Nordasiens mündlich als Schamanenthum vererbt) erschien 1747 in Peking eine Agende. Der Schamanencultus, der im Palast der Kaiserin (durch weibliche Schamaninnen) und im Tempel der Tartarenstadt vollzogen wird, besteht aus Opfern und Gebeten an den Himmel und die Ongots oder die Seelen gewisser Menschen, die bei ihren Lebzeiten viel Gutes gethan haben und auch nach ihrem Tode der Menschheit Glück und Segen bringen. Morgens verehrt man die drei Ongots Sakyamuni, Bodisatva und Kuanti (ein vergötterter Krieger Chinas im Zeitalter der Dynastie Han), von denen zwei aus Indien stammen, der dritte aus China. Der Nachmittagscultus ist aber zehn andern Ongots gewidmet, die sämmtlich Tunguser sind. Bei dem Jahresopfer, der Aufrichtung der heiligen Fahnenstange, wird eine von den Eunuchen gefällte Tanne vor dem Palaste aufgerichtet, wie die Fichte des Attes in Phrygien und die Palme in Phönizien. — Die Ghonds beten dreimal im Jahre in ihren Häusern (unter Verbrennung von Ghee und Zucker) zum höchsten Wesen (Bhagawan, wie die Hindus), von dem sie keine Figuren machen, und verehren gemeinschaftlich unter ihrem heiligen Baume, wo sie einen Erdhaufen bauen, zu bestimmten Perioden des Jahres. Die fürsprechenden Mittelgötter werden durch einen in die Erde gesteckten Pfeil versinnbildlicht. Die Saatdeowallah stehen höher als die Tschedeowallah und Chaardeowallah. Unter den Manen der Verstorbenen wird besonders denen der Pucharries (Priester) geopfert, die den Mund der Tiger schliessen und Orakel geben können. — „Verehrte man todte Menschen (heisst es in den nordischen Sagas), welche, so lange sie lebten, Nutzen zu bringen schienen, nach ihrem Tode durch Opfer, d. h. als Götter, und der erwartete Vortheil trat nicht ein, so erklärte man sie für Tröll oder böse Zauberwesen, d. h. entgötterte die Vergötterten wieder. Wie König Olaf-Geirstadalf (als er nach seinem prophetischen Traume behügelt zu werden verlangt) bemerkt, scheinen dieselben illar vaettir (bösen Wesen) zuweilen Nutzen (gagn) zu machen, zuweilen Schaden (mein).“

Herodot nennt die Geten ἀθανατίζοντες (die sich für unsterblich halten). Bei Plato, Lucian und Diodor heissen sie ἀπαθανατίζοντες (die Vergötternden). Pomponius Mela berichtet, dass die Geten ad mortem paratissimi seien, denn: id varia opinio perficit, alii redituras putant animas obeuntium, alii etsi non redeant, non extingui tamen, sed ad beatiora transire, alii emori quidem, sed id melius esse, quam vivere. — Nach Plinius wurde der Faustkämpfer Euthymos, der stets in Olympia Sieger gewesen, auf Befehl des Orakels vergöttert. — Nach den acherontischen Büchern der Etrusker lehrte Labeo (in seiner Schrift de diis animalibus), wie durch gewisse Ceremonien die geschiedenen Menschenseelen zu Göttern würden, die man (von anima ableitend) animales nannte. Alle Gebräuche der Religion werden in den verschiedenen Geschichtsstadien, bald sinnlich, bald magisch, bald speculativ vollzogen und man mag die Reinigung oder das ewige Leben erlangen, durch den Unsterblichkeitstrank, durch Zauberceremonien oder durch geistige Tugend. — Die verstorbenen Könige wurden als Heilige im Reiche Monomotapa angerufen, Musuko, der höchste Gott, als böses Wesen. — Lasa (Schicksalsgöttin) als Frauengenius oder Juno entsprach in Etrurien dem vom Jovisgeist ausgeflossenen Genius männlicher Individuen. — Lar, als fürstlicher Titel in Etrurien, war in den heroischen Laren vergöttlicht. Die Dioscuren treten als Laran auf. — Lachesis giebt bei Plato allen sich verkörpernden Seelen einen Dämon, um sie zu schützen und bewachen. — In Madagascar waren auf den Spitzen der Berge Altäre errichtet, als die Wohnungen der Vazimbas (der fabelhaften Ur-Einwohner der Insel). — Wenn immer ein Taua (Häuptling oder Priester) auf den Washington-Inseln stirbt, so wird er ein Gott. — Nach Pausanias wurde Lycurg in Sparta als Gott verehrt, nach Livius ein ehemaliger Wahrsager in Oropus, nach Diodor Pythagoras in Kroton. — Die Tibeter suchten berühmte Fremde bei sich zu tödten, um sich des Schutzes ihres Genius zu versichern; die Peruaner verehrten den Feind, der ohne Klagen seinen Geist aufgebend, seine göttliche Natur bewies, noch nach dem Tode; die tahitischen Stämme suchten sich die Todten gegenseitig aus den Gräbern zu rauben, wie einst die alten Italer. — Argea loca Romae appellantur, quod in his sepulti essent quidam Argivorum illustres viri. (*Festus.*) — Die Jain-Brahmanen folgen ihren Gurus (Sannyasis, die der Welt entsagt und sich dem beschaulichen Leben hingegeben haben), als deren Oberhaupt derjenige anerkannt wird, der in Sravana Belgula in der Nähe von Seringapatam lebt. In jedem Matam oder Kloster findet sich nur ein Sannyasi, der bei seinem Tode die heilige Upadesa seinem Nachfolger überliefert. Dieses Amt ist nicht auf die Brahmanen beschränkt und mit Ausnahme der Sudras ist Niemand von den höchsten Stellen ausgeschlossen. Alle Sannyasis werden nach ihrem Tode Siddhas und verehren deshalb nicht die Devatas, die weit unter ihnen stehen. Die verheiratheten Brahmanen fungiren als Puyarcs für die Götter und als Purohitas für die untergeordneten Kasten, die sie sich selbst erwählen, um bei dem Empfange des Dhana bei Hochzeiten und Leichenbegängnissen die heiligen Mantras zu lesen. — Die Seelen der abgeschiedenen Häuptlinge auf Tonga wurden in Bolotu Götter niederen Ranges. — Nach Diodor waren aus den fünf Nilgöttern der Egypter später irdische Götter entstanden, Sterbliche, die aber wegen der den Menschen erzeigten Wohlthaten Unsterblichkeit erlangt hatten. — Die Ophiten unterschieden den Urmenschen Adam nach seiner dreifachen Natur als *νοερον, ψυχικον* und *χοϊκον* (geistig, seelisch und irdisch). — Die unterste Ordnung der Götter bei den Ostjäken besteht aus den abgeschiedenen Verwandten, deren Bilder während drei Jahren gefüttert und dann begraben werden, während verstorbene Schamanen eine permanente Vergötterung und kleine Tempel aufgebaut erhalten. — Die Samojeden opfern Rennthiere zu den Bildern der Tadebzie (Mittler mit Num) auf der Chadoyeya-Insel am Waigatz. — Eusebius erwähnt von den egyptischen Göttern, dass später sterbliche Menschen ihre Namen getragen hätten. — Neben den Atuas oder Akuas (Göttern) wurden auf Tahiti die Oromatuas tiis (die Seelen abgestorbener Verwandten) verehrt, die in der Welt der Finsterniss (Po) residirten und nur von Zauberern angerufen wurden, um ihren Feinden Schaden zuzufügen. In den Inseln unter dem Winde waren die hauptsächlichsten Oromatuas die Geister gefallener Krieger, die sich im Leben durch ihre Wildheit gefürchtet gemacht hatten. Jeder berühmte Tii wurde mit einem Bilde geehrt, durch welches er, wie man glaubte, einzuwirken vermöge. Die Geister der regierenden Häuptlinge wurden mit dieser Klasse vereinigt und die Schädel abgeschiedener Herrscher desselben Dienstes gewürdigt. (*Ellis.*) — Mulak Bayo, der mohamedanische Eroberer, wird als Gramdevata verehrt. — Die Bedeutung des Wortes Manes scheint mild und gut zu sein, wie der Gegensatz immanis andeutet, sowie das von Plutarch angeführte Gebet bei dem Opfer der Mana Genita: „es möge Niemand von den Gliedern des Hauses zu den Manen abgerufen werden,“ welches ausgedrückt wurde durch: „Niemand möge *χρηστος* werden,“ welches aus einer Stelle des Aristoteles über einen Vertrag zwischen den Lacedämoniern und Arkadiern über die Tegeaten durch „tödten“ erklärt wird. *δια τι τῃ καλουμενῃ Γενειτῃ Μανῃ κυνα θυουσι και κατευχονται μηδενα χρηστον αποβηναι των οικογενων, ἠ δια το χρηστους κομψως λεγεσθαι τους τελευτωντας, αινιττομενοι δια της ευχης, αιτουνται μηδενα των συνοικων αποθανειν; ου δει δε τουτο θαυμαζειν; και γαρ Ἀριστοτελης εν τοις Ἀρκαδων προς*

Λακεδαιμονιους συνθηκαις γεγραφθαι φησι, μηδενα χρηστον ποιειν βοηθειας χαριν τοις λακωνιζουσι των Τεγεατων· ὁπερ ειναι, μηδενα αποκτιννυναι. (*Plutarch.* quaest. Rom.) — In Bezug auf hervorragende Männer, so glauben wir (sagt Plato), dass ihre Seelen zu heiligen Dämonen der Erde werden, zu grossmüthigen Wohlthätern, die die Sterblichen vor den Uebeln bewahren, die sie bedrohen, ihre Bewahrer und Erhalter sind. — Wie an den Aritis auf den Ladronen, wurde in Tahiti zu den Tiis (dii) als den Seelen verstorbener Häuptlinge gebetet, aber nach einigen Gelehrten des Landes war Taaroa (der höchste und unerschaffene Gott), der (aus dem Pò hervortretend) die Welt geschaffen, selbst nur ein nach seinem Tode deificirter Mensch. — Das erste Beispiel von einer Vergötterung der Menschen in den Vedas ist die Aufnahme der Ribhu (Abkömmlinge des Angiras) unter die Devas. Sie wurden als Menschen geboren, errangen durch ihre Werke eine Stelle unter den Göttern und erhielten einen Antheil an den diesen dargebrachten Opfern, dann wurden sie den Naturgöttern beigesellt, und als Sonnenstrahlen gefasst. Ausser für ihre Frömmigkeit, werden die Ribhu besonders wegen ihrer Kunstfertigkeit gerühmt, indem sie dem Indra seine zwei falben Rosse erschufen, den Açvin ihren schnellen Wagen mit drei Rädern und den Göttern ihre Panzer. (*Nève.*) — Als seinen Gebieter, antwortete Idanthyrsus (Sohn des Jancyrus), auf dem Feldzug gegen die Scythen, dem Darius, kenne er allein Zeus, seine Vorfahren und Histia, die Königin der Scythen. — Die gothische Königsfamilie der Amalunger nannte sich nach ihrer Abstammung (amal oder Himmel in der westgothischen Sprache nach Strahlenberg) die Himmlischen (amala oder rein, fleckenlos im Sanscrit nach Schlegel). — Nach den Isländern war Jedem ein weiblicher Genius (fylgja) beigegeben. — Thuthmes I. (der Amenophis der Denkmäler) war der erste König, dem göttliche Ehren erwiesen wurden. — Nach den auf der Säule des Zeus Triphylios in der von Kretern colonisirten Insel Panchäa oder Phank (Makaria des Ptolemäus) gefundenen Inschriften, erzählte Euhemerus, dass Zeus von Kronos (Sohn des Uranos) die Herrschaft übernommen habe und von Babylon (wo ihn Belus bewirthet) nach Panchäa gekommen sei, wo er dem Uranos einen Altar errichtet. Dann sei er durch Syrien zu dem Dynasten Kasios und von da nach Kilikien an dem Herrscher Kilix gekommen, den er im Kriege besiegt habe. Ferner sei er zu vielen andern Völkern gereist und von allen geehrt und für einen Gott gehalten und als solcher bezeichnet worden. Solches und Aehnliches (fügt Diodor hinzu) wird in der *ἱερα ἀναγραφη* über die Götter, wie über sterbliche Menschen berichtet. — Nachdem der feierlich eingesetzte Indra durch seine Alleinherrschaft und höchste Macht alle Wünsche in der himmlischen Welt erlangt hatte, wurde er unsterblich (wie es im Rigveda heisst). Suidas spricht von Brachmann, König der Brachmannen, der ihnen Gesetze gab, und Burnetus von dem Propheten Brama, der die heiligen Bücher Hindostans abgefasst.

MENSCHENVEREHRUNG.

Der geistliche Erbkaiser (von Tensjo-dai-sin abstammend) darf nicht mit den Füssen auf die Erde treten, sondern muss getragen werden, sich nicht mit blossem Haupt der Luft aussetzen, da selbst die Sonne nicht würdig ist, sein heiliges Haupt zu bescheinen. Nägel und Haare werden im Schlafe geschnitten und die gebrauchten Geräthschaften dann sogleich zerbrochen, da jedem Laien, der sie berühren sollte, sogleich die Kehle anschwellen würde. Jeder Mikaddo, der den Thron besteigt, wird sogleich für einen grossen und lebendigen Götzen gehalten, während verdienstvolle Generäle und Minister erst nach ihrem Tode dazu befördert werden. (*Kämpfer.*) — Der weltliche Kaiser Taiko, der zuerst die getheilten Fürstenthümer Japans unter einer Gewalt vereinigte, wurde (der Landesgewohnheit zufolge) unter die Götter gerechnet und wie der Dairi mit dem göttlichen Titel Tajokuni Daimiosin beehrt (im 16. Jahrhundert). Die priesterliche Herrschaft wurde in Japan, wie in Rom und im Khalifat im Laufe der Geschichte durch die Erhebung der Kriegerkönige zurückgedrängt, wie sich Aehnliches bei den africanischen und polynesischen Staaten beobachten lässt. — Rudes initio homines deos appellarunt, sive ob miraculum virtutis (hoc vere putabant rudes adhuc et simplices) sive, ut fieri solet, in admirationem praesentis potentiae, sive ob beneficia, quibus erant ad humanitatem compositi. (*Lactantius.*) — Der geistliche Kaiser von Yopna wurde von den Wiyannas wie ein Gott verehrt und stets getragen, um nicht die Erde zu berühren. An dem Jahresfeste wurde er berauscht und dann führte man ihm eins der heiligen Mädchen zu, deren Kind, wenn ein männliches, dann später sorgfältig gleich einem königlichen Prinzen auferzogen wurde. [Die Zapotecas bildeten die Statue des mit einem Kreuze in der Hand von Tehuantepec (wo die Wahl von Peru gelandet waren) heraufkommenden Wixipecocha als vor einer knieenden Frau befindlich ab und zeigten die Eindrücke seines Fusses auf dem Felsen, wo er vor seinen Verfolgern verschwunden war.] — Der Mensch, der nicht stirbt, oder der Herr des Lebens, Ehsicka Wahiddisch (der erste Mensch), der in dem Felsengebirge wohnt, schickte den Giganten-Vogel, um Land aus dem Wasser heraufzubringen. Die alte Grossmutter (Makoh), die auf der Erde umherzieht, erschuf dann die Sandratte, Gecko und die Kröte. Sie schenkte den Mönnitarris ein paar Töpfe, die als Heiligthum sie zur Zauberei aufbewahrten, mit Wasser füllend und tanzend, zur Erinnerung der Zeit, wo Alles aus dem Wasser hervorging. — Der in Balkh residirende Archimagus wurde als das Haupt der Kirche verehrt und Zoroaster's Nachfolger. — Unter den Sassaniden hatten die Parsi einen allerobersten Priester, den Schahschan (Schahi Scheban oder König der Könige) oder Sasan (woher die Dynastie ihren Titel ableitete), von demselben Namen wie der König, der unter ihm stand und sich seinen Gesandten nannte. (*Petermann.*) — Si le Patriarche (bei der Messe der Kopten) est présent et qu'il n'officie point, il s'assied dans un throne élevé au dessus des Prestres, ayant à la main une croix de cuivre et après que chacun a fait la reverence ordinaire devant le Sanctuaire, il la fait encore devant le Patriarche et baise la terre proche de lui et après s'être levé il baise la croix et la main du mesme Patriarche. (*Simon.*) — Die Mattacas (in La Plata) haben einen Menschen zum Gott und wählen dazu stets den ältesten Greis des Stammes, der zurückgezogen lebt und nur zu Zeiten den ihn mit Festlichkeiten empfangenden Stamm besucht. Kommt er bei einer der periodischen Erscheinungen nicht wieder, so wird er als todt betrachtet und der Aelteste nach ihm nimmt seinen Platz ein. (*King.*) — Ein Usambaraner sagte zu Krapf: „Wir sind alle Sklaven des Zumbe (des Königs), der unser Mulungu (Gott) ist.“ — Nur Gott im Himmel ist etwas grösser als Opokku, König der Ashanties (1740). — Die macedonischen Könige in Syrien und Egypten führten den Beinamen „Gott.“ — Kaiser Domitian begann seine Edicte mit: „Wir als Herr und Gott verordnen.“ — Princeps legibus solutus est, heisst es bei Ulpian, und dem Götzendienst, der mit den lebenden Kaisern getrieben wurde, fehlte selbst (wie Dirksen bemerkt) die Stütze des Sacralrechtes in den Apotheosirungen. — In Guatemala wurden (wie Las Casas mittheilt) in den antidiluvianischen Zeiten der Grossvater und die Grossmutter im Himmel verehrt, bis eine grosses Ansehen besitzende Frau dem Volke eine andere Art der Gottesverehrung zeigte. — In Guatemala wurde die berühmte Königin Atit (Urahnin) in dem Vulcan von Atitlan verehrt. — Yebis (Ibis) und Omba, die alten Stammeltern der Ainos, die zu Jesaxi Häriuge (Nesin) aus dem Schaum des Meeres rührten, werden als Götter verehrt, wie auch von den Neuseeländern ihre Vorfahren. — According to the fable of the Pimos, their first parent was caught up to heaven and from that time God lost sight of them and they wandered to the West. (*Johnston.*) — Umkulunkulu (der Weltschöpfer der Kaffern) gilt den ersten Menschen als Umvelingange (der zuerst Herausgekommene). — Mehrere Stämme der Rothhäute verehren als Schöpfer den ersten Menschen (Numank-Machana), der, in den Himmel gehoben, dort donnert. — Als auf Sultan Ibrahim's Frage, wie es käme, dass er immer Recht behielte, selbst wenn er etwas Ungereimtes gesagt oder befohlen zu haben glaube, der Grosswezir Mohamed ihm antwortete: „Mein Padischah, ihr seid der Khalife, Gottes Schatten auf Erden, und was euch immer in den Sinn kommt, ist göttliche Offenbarung, denn was auch noch so ungereimt erscheinen mag, hat geheimen Sinn, den dein Sklave verehrt, wenn er ihn auch nicht versteht," so ward in Ibrahim die Ueberzeugung fest, dass jeder Ausbruch seiner Despotenlaune und Wüstlingsbegier nur göttliche Eingebung sei, wie er es selbst bei Vorstellungen zur Entschuldigung äusserte (s. *Hammer*). — Der König von Benin ist nicht nur der Stellvertreter Gottes auf Erden, sondern Gott selbst, und wird in beiden Naturen von seinen Unterthanen verehrt, sagt Adams. — Gleichwie diejenigen (sagte Caligula), welche Schafe und Ochsen zu hüten haben, weder Schafe noch Ochsen sind, sondern eine weit höhere Natur haben, so sind auch die als Hirten über die Menschen gesetzten Herrscher nicht Menschen, wie die andern, sondern Götter. — Nach Eunap wurde Sosipatra (die spätere Gemahlin des Eustathius) durch zwei gelehrte Männer, die herabgekommene Götter schienen, in solch tiefe Weisheit der Chaldäer eingeweiht, dass ihr Vater sie anbetend als eine Gottheit verehrte. — Prince, der Stifter des Agapomenon (Aufenthalt der Liebe, als ein epicuräischer Communismus) in Wales, wurde von seinen Anhängern bei der gerichtlichen Verhandlung (1849) über eine Heirath, die nach dem „Willen Gottes" geschlossen war, für die „Offenbarung Gottes," „das fleischliche Tabernakel, in dem Gott wohnt," erklärt, während andere Princiten den ehrwürdigen Mr. Prince für den „allmächtigen Gott" hielten. — Der König von Ashantie spricht von den Thaten seiner Vorfahren in der ersten Person, als ob er sie selbst verrichtet habe. — Die Khaianian-Dynastie wird durch Herbelot von Khy (Riese oder grosser König im Pehlvi) abgeleitet. The ancient Hindu kings have sometimes the affix Bir or hero, as Bir Vikramaditiya, bemerkt Abbott. — Der von den Römern eingeholte Exarch Romanus begab sich (verabredetermassen) zur Anbetung des in der Lateran-Kirche sitzenden Papstes, wie Sigonius erzählt. — Im Cultus der tauropolischen Diana in Comane übte der aus der königlichen Familie genommene Hohepriester die höchste Gewalt aus. — Ausser den untergeordneten Göttern (Atuas) auf den Marquesas-Inseln wurden einige Männer dort, die in geheimnissvoller Zurückgezogenheit lebten und für wunderkräftig galten, ebenfalls als Atuas verehrt und mit Opfern beschenkt; unter ihrer Aufsicht standen drei verschiedene Classen von Priestern, die Tahous, die mit den unsichtbaren Mächten communicirten und Krankheiten heilten, die Taahous (Chirurgen), die in den Morais dienten, und die Ouhous. — Unter den Mongolen ward nach Dschingis-Khan's Zeit, als Vorsteherin der fürstlichen Ehen, besonders die Urmutter der Herrscherinnen verehrt. Wie am Grabe Dschingis-Khan's acht weisse Häuser als Ort der Anrufung und Verehrung erbaut wurden, so war schon (seit der auf Verehrung der Ahnen gegründete Todtendienst der Parther in Armenien eingedrungen war) von Tigranes (in der Mitte des zweiten Jahrhunderts p. C.) über dem Grabe seines Bruders, der zu Ani das Priesterthum des Aramasd verwaltet hatte, ein Altar erbaut, damit die Vorübergehenden dort an den Opfern Theil nehmen und drei Tage hindurch als Gastfreunde verweilen möchten. Sein Sohn Walarsches stiftete an diesem Orte später ein Neujahrsfest. — Ich bin das Ebenbild Gottes, sagte der König von Iddah zu den ihn besuchenden Engländern, und Gott hat mich nach seinem Bilde gemacht. — Von den Consolaten (Eingeweihten) der Catharer wurde behauptet, dass sie ihre Bischöfe anbeteten, vor denen sie zum Empfang des Segens niederknieten. — Die mohamedanischen Seeleute haben überall die Gewohnheit, einem alten Scheich ein Opfer zu bringen. In Mocha verehren sie den Scheich Schadeli und in Aden den Scheich Aidoros. Aden war siebenmal durch ein Erdbeben zerstört, bis der Scheich Aidoros von Hadramaut kam und die Stadt schützte. Die Einwohner von Aden als Juden liessen ihn nicht ein, bis er ein Wunder verrichtete (in einem Milchregen), worauf sie sich bekehrten. Er lebt verborgen in Aden und Cap. Haynes setzte (1839) seiner Familie eine Pension aus. — „Die arischen Völker, welche von Osten nach Mesopotamien kamen, stifteten eine arische Dynastie (die acht medischen Tyrannen) zu Chaldäa. Die Eroberungen des assyrischen Reichs führten den Cultus des Gottes (Königs von Mausil oder Niniveh) Tammuz (Damuzu, Demarus, Tamyras) und die Verehrung der Targata (der Stammfrau der assyrischen Könige) in Harran ein. Die verdrängten Stämme der Joctaniden, sowie die Ad, Thamud, Thasim, Gadis warfen sich auf Arabien und trieben die Amaliq nach Egypten, wo sie die erste Hyksos-Dynastie gründeten." — Als der durch sein Glück übermüthige Dschemsid sich als Gott verehren lassen wollte, wurde er, nach Firdusi, durch Zohak zur Strafe besiegt. — Nach der Legende hatte Mohamed zwischen den Schultern zwei Augen, womit er durch die Kleider sah, hinten und vorn. Sein Speichel konnte das Seewasser versüssen, seine Schweisstropfen wurden als Aroma-Perlen gebraucht. — Die Schafe beugten sich beim Vorübergehen vor Mohamed und der Mond neigte sich vor ihm nieder. Mahmud (der Löbliche) hiess der Elephant Abraha's al Aschram, der aus heiliger Scheu sich weigerte, gegen Mekka's Thore vorzugehen. — Nach Aristoteles hielten die Krotoniaten den Pythagoras für einen göttergleichen Mann, ja für Apollo selbst, der sich in menschlicher Gestalt in ihrer Mitte niedergelassen. — Die Saludadores und Ensalmadores in Spanien heilen durch Gebete, Handauflegen und Anhauchen fast alle Krankheiten. — In Flandern glaubte man, dass die am Freitage Geborenen durch die Berührung das Fieber zu heilen vermöchten. — Die Priester der Jeziden heilen die Kranken, indem sie ihnen die Hände auf Hals und Schultern legen. Vespasian heilte Nervenlähmung durch Handauflegen (*Sueton*), Hadrian Wassersucht durch Berührung mit dem Finger, König Olaf den kranken Eigill durch Aufsummen, die Könige von Frankreich (seit Philipp I.) und England (seit Eduard dem Bekenner) Kröpfe, der Graf von Habsburg Stammler durch einen Kuss, Pyrrhus von Epirus Kolikschmerzen durch Aufsetzen der grossen Zehe. Bei Kräftigung der politischen Macht gingen solche Prärogative der Priester auf die Fürsten über, selbst in Indien. Obwohl dort alle Wesen ihre Zuflucht zu Brahma nehmen, heisst es doch im Yajurveda, dass Nichts höher ist, als der Xatriya (König). Deshalb steht der Brahmane bei Ragasuya unter dem Xatriya und verehrt ihn, dem Xatriya giebt er den Ruhm des Opfers, indem er zu ihm sagt: „Du bist Brahma.“ Aber erhaben über Alle ist das heilige Gesetz, Dharma, geschaffen. — In den Vedas wird der Rischi oder Heilige eines Mantra (mantr oder leise sprechen) als derjenige bezeichnet, von welchem der Mantra gesprochen worden ist, unter preisender Anrufung der Gottheit, die ihn enthüllte. — Mit dem Prädicat der Göttermütterlichkeit werden in der lamaischen Hagiologie die beiden Dolma (Erlöserinnen), Britsan (die Prinzessin aus Nepal) und Wen tsching (die Prinzessin von China), die Gemahlinnen Srong's h Tsan sa Gam po, als weisse (Tsaghan) und grüne (Noghon) Dara (die Herrliche) Eke (Mutter) verehrt, in zorniger und gütiger Wandlung. — Wie der Brahmane von seinem Schüler die unbedingteste Verehrung und die niedrigsten Dienste verlangt, so prägten die Rabbinen zu Tiberias ihren Schülern den Grundsatz ein: „Die Furcht vor dem Lehrer sei so gross, als die Furcht vor Gott,“ oder: „So wie Jeder schuldig ist, seinen Vater zu ehren und zu fürchten, so ist er verpflichtet, seinen Rabbi mehr als seinen Vater*) zu ehren, zu fürchten. Denn dieser gab ihm nur das Leben dieser Welt, jener aber, der ihn die Weisheit lehrt, giebt ihm das Leben der künftigen Welt“ (Hilchoth Talmud). — Der Schah von Persien war in seinem weissen Palaste zu Ctesiphon durch siebenfache Vorhänge den Augen des Volkes entzogen, wie der Sultan von Bornu. Von dem Khalifen Bagdads, der beim Ausgehen sich mit einem schwarzen Schleier verhüllte, sagte Benjamin von Tudela (12. Jahrhundert) bei seinem Besuche: Die Pilger, die von weitentlegenen Gegenden dorthin kommen (auf ihrem Wege nach Mekka) und ihm vorgestellt zu sein wünschen, richten folgende Worte an den Palast: „Unser Herr, Licht der Mohamedaner und Glanz unserer Religion, zeige uns das Leuchten deines Angesichts,“ aber er nimmt keine Rücksicht darauf. Dann nahen sich seine Diener und Beamten und beten: „O, Herr, offenbare deine Gnade diesen Leuten, die von entfernten Ländern kommen und im Schatten deines Ruhmes sich zu schützen wünschen,“ und nach diesem Flehen erhebt er sich und steckt das Ende seines Kleides aus dem Fenster, das Alle eifrig küssen. Dann redet sie einer der Beamten an: „Gehet in Frieden, denn unser Herr, das Licht der Mohamedaner, ist euch geneigt und giebt euch seinen Segen.“ — In Urga verehren die Mongolen den aus aufgethürmten Kissen gebildeten Ruheplatz des gegenwärtigen Kutuchtu, der sich zwischen den Bildsäulen des Tempels findet. — Hassan (der Sohn Keah Mohamed's), der das Fest seiner Wiedergeburt, seiner Manifestation als Imam, mit Gastmählern feierte (Roodhbar 1163), gab sich später für den wirklichen Imam selbst (statt seiner Repräsentation) aus, als Repräsentant der Gottheit auf Erden. Die Secte der Nesari, die seine angebliche Abstammung von den Fatimiden anerkannte, nannte ihn den Herrn der Auferstehung (Kaim-al-Kiamet). — Raschred-ed-deen Sinan (Sohn Suleiman's von Basra), der sich (obwohl lahm) für eine Incarnation der Gottheit ausgab (als Haupt der syrischen Assassinen), erhob sich 1172 bei

*) Nach der chinesischen Moral haben die Kinder grössere Verpflichtung gegen ihren Vater, als gegen ihre Mutter, da die Zärtlichkeit dieser, obwohl fühlbarer und erinnerlicher, sich nur auf die Sorgen des Körpers beschränkt, während die Liebe des Vaters weiter gehe und den Geist bilde.

Amalrich zum Christenthum überzugehen, gegen Aufhebung des an die Templer gezahlten Tributes, die aber seine Gesandten ermordeten. (Nach Wilhelm von Tyrus gingen die Assassinen wirklich zum Christenthum über.) — Die Heiligkeit der Chodschah's, der Nachkommen der Jünger (Ashab) Mohamed's, wurzelt so fest unter den türkischen Stämmen, dass jeder Mohamedaner es für das höchste Glück im Leben achtet, die Hand eines derselben zu küssen, um durch diese Weihung ungehindert zum Genusse des Paradieses und Anschauen Mohamed's zu gelangen. Der Weachi auf Tonga war, wie der Tuitonga ein geistliches Oberhaupt, und obwohl in seiner göttlichen Abstammung nicht so erhaben wie jener, stand er doch im Rang über dem König.

INCARNATIONEN.

Des ersten Göttergeschlechts erster Geist, sagen die Japanen (nach Kämpfer), sei in der ersten Bewegung und Gährung des Chaos aus dessen allersubtilster Kraft am ersten hervorgekommen. Hernach aber sei aus dem vorhergehenden Geiste allemal der nachfolgende auf eine verborgene Weise oder durch die Bewegung und Kraft der himmlischen und unterhimmlischen Elemente hervorgebracht und erzeugt worden, bis die beiden letzten Ideen endlich gleichsam in ein leibliches Wesen verwickelt worden und den Anfang einer fleischlichen Zeugung gemacht hätten. Hieraus entstand das zweite Geschlecht der Wesen, die halb Götter, halb Menschen waren; diesen waren indess die ihnen mitgetheilten göttlichen Kräfte so nützlich, dass ihr Leben das Ziel des jetzigen menschlichen weit überschritt, bis endlich der fünfte und letzte dieser Halbgötter ein drittes Geschlecht der jetzigen japanischen Menschen hervorbrachte. Der Erstgeburt aus diesem Geschlechte, welche aus Awasedsun entsprossen ist, in absteigender Linie, und in deren Abgange dem nächsten Erben, ist ein übermenschliches Ansehen und die Herrschaft über alle Menschen verliehen. Die aus diesem Geschlechte (Oo dai) Abstammenden heissen nicht mehr (wie in den Götterdynastien) Mikotto, sondern im Diminutivum Mikaddo oder Ten Oo (Himmelsfürst) oder Tensin (Himmelskind) und führen auch wohl den Namen des ganzen kaiserlichen Hofes: Dairi. Wie der Dadsino Mikotto unter den himmlischen Göttern, wie der Ten sio dai dsin (Tendsjo daiosjn) unter den irdischen Göttern, so ist in der japanischen kleinen Welt (Atarasy Koku) der erste Monarch Dsin Mu Ten Oo unter den Menschen der erste und grösste. In seiner Familie ist daher auch das Recht der kaiserlichen Gewalt (obwol die Ausübung mit der Lostrennung der weltlichen Macht unter Jorimo 1154 p. C. verloren ging), und ein anbetungswürdiges Ansehen erblich geblieben, indem das Geschlecht der geistlichen Erbkaiser seine Rechte auf eine in gerader Linie von Ten sio dai dsin (des Isanagi, der zuerst mit Isanami, von dem Vogel Sekire belehrt, geschlechtlich zeugte, ältestem Sohn und Erben) herrührende Abstammung gründete. — Nach Pallas war der auf Charbain (Schützenberg) verehrte Gesser-Khan (die mongolische Benennung des unter die Götter versetzten Heerführers Huangjundschan) eine Person, in die einst der Burchan Araclsin oder Luga-schiri, der jetzt in dem Körper des Dalai-Lama wohnt, sich verwandelt habe und der göttliche Geist, der auf dem mongolischen Kutuchta (in Urga) ruht, begleitete jenen Burchanen auf allen seinen Wanderungen und diente einst in Gestalt eines Pferdes des Gesser-Khans, wogegen er in anderen Verwandlungen bald sein Diener oder Schildträger, bald sein Mitgehülfe war. In dem Brata Yuddha ist es Sitte, die Weisen und Heiligen des feindlichen Heeres vor der Schlacht ehrend zu begrüssen, wie es von Arjuna geschieht, und als der feindliche Guru dangyang drona getödtet wird, beklagen ihn die Pandawas (wie den sterbenden Bhisma) und bitten um Verzeihung der begangenen That. — Die Gottesgelehrten (heisst es im Nischmathchaajim) haben gesagt, dass die Buchstaben des Wortes Adam die Anfangsbuchstaben (אדם) der Wörter Adam, David und Messias seien, weil die Seele Adam's nach seinem Falle in David fuhr und die dieses, weil er an dem Urias sündigte, in den Messias kommen wird. — „Wisse, dass die Sara (heisst es im Jalkut Rubeni), die Hanna, die Sunamitin und die Wittwe von Zarpath alle miteinander der Eva Gilgul waren. — Die Seele Japhet's ist (nach dem Jalkut Rubeni) in den starken Simson gefahren, die Seele Therach's in den Hiob. — Die menschliche Seele, die nach Verlassung des Körpers Hotuah genannt wird, während sie früher Lotah heisst, soll in Gestalt des Körpers fortleben. — Als der erste Mensch erschaffen wurde, fuhr er in der Gestalt der Oberen (der Engel) herab und mit ihm kamen zwei Geister hernieder, zu seiner Rechten die heilige Neschama und zu seiner Linken die lebendige Nephesch (Jalkut chadasch). — Mohamed ben Ismael lehrte die Incarnation Gottes in dem Khalifen Hakem Bamreh, wie es durch Hamza ben Ahmed in Egypten und Syrien, nach der Ermordung jenes, verbreitet wurde. — Nach Schütz hiess Kyrwaito in der altpersischen Sprache der Mund Gottes (Hartknoch übersetzt Kriwe kriwaito als den Priester der Priester). — Ein Mann, der seine Frau befruchtet, wird dadurch in der Form eines Foetus wiedergeboren und die Frau heisst nun Diaya, weil ihr Mann in ihr wiedergeboren ist. (*Menu.*) — In einer Brahmanenfamilie zu Gingwer (bei Patna) war eine Avatar des Ganesa vom Vater auf den Sohn erblich. Im Jahre 1641 erwarb sich Murahs Ghossayn ein solches Verdienst (durch Heiligkeit und Busse), dass ihm Ganpati (Ganesa) in einem Nachtgesicht erschien, ihm befehlend, aufzustehen, zu baden, indem er, was bei dieser Handlung zuerst mit der Hand ergriffen würde, festhalten und der Gottheit heiligen solle. Der Brahmane gehorchte und der Gott versprach ihm, dass ein Theil seines Geistes ihn durchdringen, sich in ihm verkörpern solle, und dass diese Avatar durch sieben Geschlechtsfolgen dauern würde. Jeder der folgenden Söhne solle das heilige Messer, einen Stein (als das mystische Symbol des Gottes) erben. Die siebente lebte noch 1801 p. C. — In Nukahiva sind die Taouas eine Klasse, die nach ihrem Tode Gottheiten werden, und während des Lebens die erbliche Fähigkeit besitzen, durch die Götter oder schon gestorbene Taouas inspirirt werden zu können. Zuweilen erreichen sie den Rang der Gottheit schon während des Lebens, als Atuas, von denen als lebenden Gottheiten (ähnlich den in den Stand der Boddhisattva übergehenden Buddhas) auf jeder Insel früher zwei oder drei lebten, die durch Menschenopfer verehrt wurden. Die Atuas konnten reiche Ernten oder Unfruchtbarkeit verursachen, oder nach ihrem Belieben tödtliche Krankheiten senden, eine Macht, die in besser geordneten Staatsverhältnissen bald aus den Händen der Priester genommen, und als den bösen Zauberern zukommend, von den Gesetzen bestraft ward. — Die mystischen Scheiche des Islam, an deren Gräbern überall die Pilger beteten, wurden, wenn besondere Heiligkeit ihre Person umstrahlte, von Sultanen und Schahs besucht, und ihre maurischen Ordenszeichen verliehen manche Vortheile. Als Sultan Tumanbai den zu Boden geworfenen Ghasell mit der Lanze durchbohren wollte, rief dieser um Gnade „beim Geheimnisse des Scheich Ebusaud Al Daharihi" und Tumanbal, es hörend, wandte sein Ross und liess ihn entfliehen. — Nach den carmathischen Lehrsätzen ging die Seele des Stifters in seinen Nachfolger über und bildete das jedesmalige Haupt eine Personification desselben. — Der in Folge der Naturzeichen herbeigeflogene Eremit Tapasvi mouni erkannte aus den Zeichen des Säuglings, dass er bestimmt sei, Buddha zu werden, und als man das Kindlein auf seine Arme legte, zitterten die Knochen des Mannes, der „die Kraft von zehn Athleten besass.“ — Horaz erblickte in Octavian den Gott der Gegenwart, „von dessen huldvoller Ueberraschung des erfreuten Erdkreises es abhänge, dass selbst Jupiter im Olymp glücklich regiere.“ — Der Kriwe in Romowe lebte sehr zurückgezogen, und wenn ihn ein Preusse einmal in seinem Leben sah, so wurde dies für eine Seligkeit gehalten. — Die Waldenser oder Xabatenses erwiesen ihren Zusammenhang mit den Zeiten des historisch gegebenen Urchristenthums aus der Fortpflanzung des Apostelpneumas in einer ununterbrochenen Reihe wahrer Gläubigen in der Diaspora. — Die von Quetzalcoatl in Tollan gestiftete Dynastie lief als seine Verkörperung in den Priestern fort, woher die Verwirrung der verschiedenen Personen seines Namens rührte; der historisch bei Panuco Landende verdankte einen grossen Theil seines Erfolges, weil er von dem Volke für den verschwundenen Prinzen Ceacatl (Sohn des Camaxtli) gehalten wurde, wie Cook in Owaii für eine Incarnation des zurückkehrenden Lono. Zur Befestigung dieser Ansicht erbaute er seinem Vater einen Tempel bei Cholula, indem er mit einem Bündel Pfeile dargestellt war, wie Abraham, der Patriarch der Araber in Mekka. — Auf die von den Göttern stammenden Familien des Tuitonga und Weachi folgt in Tonga die des How oder Königs, welche zusammen mit den Verwandten ihrer Häuptlinge die Klassen der Egis oder Edlen (durch Berührung deren Fusssohlen Tabuirte, in der Ceremonie Moë-moë, sich reinigen konnten) bildete, dann folgten die Matabulen oder die Diener der Häuptlinge, die den verschiedenen Ceremonien, Künsten und Gebräuchen vorstanden und die Sagen des Volkes bewahrten, dann die Muahs oder Handwerker und dann die Tuahs (Bauern oder Köche), welche der allgemeinen Ansicht nach keine Seele oder eine mit dem Körper sterbende besitzen, während sich Manche von ihnen (wie Mariner erwähnt) einer ebenso unsterblichen, als die Häuptlinge rühmten; die Matabulen kommen nach ihrem Tode zwar nach Bolotuh, können aber nicht ihrerseits wieder Priester begeistern. Der Rang der Priester wird nach dem Rang der Götter bestimmt, die ihren Sitz in ihnen zu nehmen pflegen, und in dem Augenblick, wo dieses in einer Versammlung geschieht, hört jeder Ständeunterschied ihnen gegenüber auf, indem bei der Gegenwart des Gottes der König und der Tuitonga selbst in die Reihe des Volks zurücktreten. Indess wurde dem Priester nur während dieses Zustandes der Inspiration besondere Achtung gezollt, während er sonst von Jedem wie seines Gleichen behandelt wurde. Viele der Hotuahs oder Götter in Bolotuh hatten ihre Häuser auf den Tonga-Inseln und zwei oder drei Priester, in denen sie sich habituell zu verkörpern pflegten. Der König selbst wurde zuweilen von dem Kriegsgotte Tali y Tubo begeistert, der keinen anderen Priester hatte. Den Seelen der Egis oder Edlen, die ebenfalls die Macht hatten, Priester zu begeistern, waren keine besonderen Häuser geweiht, sondern man pflegte sie auf den Gräbern zu befragen. Die begeisterungsfähigen Priester wurden Fahe gehe genannt oder Abgesonderte, um eine von der gewöhnlichen Menschenart verschiedene Seele zu bezeichnen, die die Götter zum Niedersteigen zu bewegen vermöchte. Der Tuitongas und Weachi sollten von hohen Göttern stammen, die in früheren Zeiten einst die Tonga-Inseln besuchten, doch werden sie nicht begeistert, (wie überhaupt selten Männer von höherem Range) gleich den Matabulen. — Der Vater der Heiligen (Ata Eylia), den Ibn Batuta an den Grenzen Indiens besuchte, nannte sich Haja Aba Rahim Hatan, der in Multan begraben liege, und behauptete dreihundert und fünfzig Jahre alt zu sein, indem er sich alle hundert Jahre durch ein neues Wachsthum der Haare und Nägel verjünge. — Die Atuas in Polynesien starben nicht, sondern gingen nur in andere Körper über. — In dem Fetischhause zu Cromantine lebt (wie Duncan von den Negern hörte) ein Kind, das den Anfang der Welt gesehen hatte. — Nach Origenes war bei den Juden als Geheimlehre der Glaube an eine Seeleneinwohnung herrschend. Nach dem jerusalemitischen Targum soll Laban dieselbe Seele mit Bileam, Melchisedek mit Sem gehabt haben und die Seele des Pinehas in Elias übergegangen sein, der ewig leben solle, um die Erlösung anzukünden. In den sibyllinischen Orakeln wird Jesus als mit Josuah identisch betrachtet. Isaak und Jacob erscheinen als fleischgewordene, auf die Erde herabgestiegene Engel bei den Juden und nach dem Buche Henoch soll sich in den Kindern Noah's ein Fremdling aus der oberen Welt niedergelassen haben. Herodes vermuthete von Jesus, worin die Juden Elias, Jeremias und andere Propheten sahen, den wiedererstandenen Täufer, der selbst die Verkörperung des Elias war. — When a corpse of the Tahkali or Carriers (of the Athabaskas or Chippewejan Indians) is burned, the priest (with many gesticulations and contortions) pretends to receive in his closed hands something (the life of the deceased), which he communicates to some living person (throwing his hands towards him and at the same time blowing upon him). This person then takes the rank of the deceased and assumes his name in addition to his own. The wife of the deceased has to lie on the corpse (being burned) till the heat becomes beyond endurance and carries the ashes (collected in a little basket) always about with her, becoming the servant of the relations of their late husband (treated with every indignity). After two or three years a feast is made of all the kindred and the ashes placed on a post (painted with figures of men and animals) in a box, which there remains till the post decays. After this ceremony the widow is released from her state of servitude and allowed to marry again. — Beim Begräbniss eines Jaga wurde einer aus dem Tendallageschlecht begeistert, um den Nachfolger zu erkennen, der dann auf den Thron gehoben wurde. — Nach dem Tode eines Jambocas (bei den Feloops), dessen Würde (gleich der des Königs) vom Onkel auf den Neffen erbt, erklärt sein Neffe plötzlich, dass der Spiritus familiaris während der Trauer sich in ihm niedergelassen habe. — Auf Neuseeland wird mancher Häuptling bei Lebzeiten Atua genannt. Hongi, den Viele als Gott verehrten, erklärte, dass in ihm der Gott des Meeres lebe, und Tara sagte, in seiner Stirne sitze der Donnergott. — Antonius und Cleopatra wurden als Mars und Venus verehrt, wie Paulus und Barnabas als Apollo und Hermes. — Sextus Pompejus (der Sohn des Pompejus Magnus) nannte sich einen Sohn Neptun's und trug zu Ehren seines Vaters einen meergrünen Mantel, wie Alexander d. Gr. den des Jupiter Ammon. — Die Statue des Hercules Solanus wurde von Sulla bei seiner Rückkehr aus Griechenland errichtet. — Ali ben Abu Taleb, Fürst der Gläubigen, hat die Nossairier erschaffen. — Der Herr hat sich sieben Mal umgewandelt, um sich unter menschlicher Gestalt zu offenbaren: in der Person Adam's unter dem Namen Abel; Noah's unter Seth; Jacob's unter Joseph; Mosis unter Josuah; Salomo's unter Asaf; Jesu's unter Petrus; Mohamed's unter Ali. Wie er sich so verbergen und offenbaren konnte, ist das Geheimniss der Umwandelung, das nur Gott kennt. — Mar Schimeon war erblicher Titel des nestorianischen Patriarchen (Patriarch des Morgenlandes). — Sa Singah Maha Radscha (der grosse Löwenkönig), das geistige Erboberhaupt der Battas (in der Landschaft Toba), der, mit übernatürlichen Kräften begabt, fest vorgeschriebene Gesetze im Essen und Trinken beobachten muss, leitet seine Abstammung in ununterbrochener Folge von dem Könige von Menangkabu her. — Nach Cäsar stammte die Raçe der Julier durch Aeneas Martius von Venus. — Noet von Smyrna rühmte sich (nach Epiphanius), Moses zu sein, wie sein Bruder Aaron. — Si quamlibet modicum emolumentum probaveritis, ego ille sim Carinondas vel Damigeron vel Moses vel Jannes vel Apollonius vel ipse Dardanus vel quicunque alius post Zoroastrem et Hostanem inter Magos celebratus est. (*Apulejus.*) — Als Papst Leo den Geist des heiligen Petrus in sich fühlte, erhob er den römischen Stuhl zum Haupt der Messiaskirche. — Von Rossi oder Altkind (Laotse der Chinesen) sagten die Japaner, dass Kasabot's (eines Schülers des Sjaka) Seele in ihn gefahren sei, obwohl Beider Lehre ganz verschieden war. (*Kämpfer.*) — Nach den Juden war Jesus, in dem die Seele Esau's lebte, dem Bellerophonteus morbus (eine die Einsamkeit suchende Hypochondrie nach Rutilius) unterworfen. (*Beausobre.*) — Nach Abarbanel war Esau's Seele (des von der Schlange gezeugten Kain's) in Jesus gefahren, wie (nach dem Jalkut Rubeni) Noah's Gilgul (Seele) in Moses. Hiouen-thsang nennt den Verfasser des Jogasastra eine Incarnation des Boddhisattva Maitreya. — Erzürnt, dass seine Verehrung auf Erden vernachlässigt würde, befahl Isvara seinem Reitstiere (Baswa) menschliche Form anzunehmen, und er wurde, um die Menschen zum wahren Glauben zurückzurufen, in der Familie eines Brahmanen geboren, als Baswana in Kindesgestalt. Nachdem er verschiedene Wunder gewirkt, begab er sich (775 p. C.) mit seiner Schwester nach Kalyan-pura, der Residenz des Jainfürsten Bejala Raja, dem er einen aus dem Himmel Kailadasa gefallenen Brief vorlas, der den Platz anzeigte, wo ein Schatz vergraben liege. Nachdem dieser gefunden worden, wurde Baswana zum Minister gemacht, und nachdem er vielfach die Rückkehr zum wahren Glauben, dem Dienste Isvara's oder Siva's gepredigt, ging er, als die ihm auf Erden bestimmte Zeit zu Ende lief, nach Kapila zum dortigen Bilde Siva's, das aus einander schlug, um ihn aufzunehmen. Auf seinen Wunsch indess (weil Niemand glauben würde, dass er in einen Stein eingegangen sei), nahm der Gott die Gestalt eines Sangama an und verschwand mit ihm, ihn in seine Arme schliessend. Chinna Baswana, der aus dem Rücken von Baswana's Schwester (die von Siva befruchtet worden) entsprungen war, folgte seinem Onkel als Minister und liess Bejala Raja ermorden; da der Nachfolger desselben (Vira Vasaunta) indess gleichfalls am Jainglauben festhielt, so beschränkte sich die Wirksamkeit der Incarnation darauf, einige der Sangamas (von der Sivabhactar-Secte) als Sannyases zu ordiniren. — Bei den Geten (die keine Thiere tödteten und einen ehelosen Priesterstand besassen) war Zamolxis (Gebeleizin bei Herodot), Sklave des Pythagoras, der die Zukunft verkünden zu können behauptete, bei seiner Rückkehr erst als Priester des höchsten Gottes und nachher selbst als Gott (nachdem er sich in die Höhle zurückgezogen) verehrt worden. Diese Gewohnheit, fährt Strabo fort, dauert fort bis auf den heutigen Tag, indem sich immer einer von der Eigenschaft fand, der dem Könige Rath ertheilte und von den Geten für Gott gehalten wurde. — In der Mongolei giebt es etwa zehn Kutuchtas, deren Oberpriester Gehen Kutuchta heisst. Der Hof zu Peking bestimmt (wie früher der Dalai-Lama) die Kinder, in welche die Seele des Kutuchta einwandern soll oder schon eingewandert ist, und die Lamas suchen sich durch Vorzeigung der dem Verstorbenen angehörigen Sachen von der Identität des neu Erschienenen, wenn sie seinen Wohnsitz ausfindig gemacht haben, zu versichern. Während Timkowski's Durchreise hatte gerade eine neue Erscheinung stattgefunden, und er fand die Strassen mit dorthin wandernden oder schon heimkehrenden Pilgern bedeckt. Wie die Chalchassen behaupteten, hatte ihr Kutuchta schon sechzehn Menschengeschlechter gesehen und sollte sich sein Aeusseres mit jedem Umlaufe des Mondes erneuern. Im Neumond hat der Kutuchta das Ansehen eines Jünglings, im Vollmond eines Mannes in den mittleren Jahren, und wenn der Mond im letzten Abnehmen ist, so kehrt das graubaarige Alter in ihn zurück. Dem Kutuchta zu Urga wurde beim Ausgehen ein Götzenbild und Rauchfass vorgetragen. Der Chubilghan ist dem Range nach niedriger unter den Wiedergebornen als der Kutuchta, der geistliche Personen, die sich durch Frömmigkeit auszeichnen, dazu ernennt. — Para levantar à uno por Rey se juntaban los ancianos y nobles en un lugar cerca del Palacio Real à donde hacian las consultas y consejo. A este lugar llamaban Tagoror y convocados alli todos, y los demas vasallos sacaban un hueso de uno de los antiguos Reyes, que tenian guardado y embuelto en unas pieles, un anciano llegaba à donde el nuevo Rey estaba sentado y dabale à besar el hueso y despues de haberle besado, lo ponia el Rey sobre su cabesa y los ancianos y hidalgos lo ponian sobre sus hombres y en altas voces decian: „Ogoñe, yacoron Inatzahana Chaconamet,“ que en su lengua quiere decir: „Juro por el hueso de aquel dia, en que le hiciste grande;“ y con esta ceremonia quedaba el Rey coronado, sagt Nuñez de la Peña von den Guanchos. — Bei der Krönung des russischen Czar salbte der Patriarch denselben an Stirn, Ohren, Lippen, Finger, Hals, Armen und Schulter, jedes Mal sprechend: „Dies ist das Siegel und die Gabe des heiligen Geistes,“ und wischte dann das Chrisma mit Fransen ab, die verbrannt wurden. Während sieben Tagen durfte der Prinz die gesalbten Stellen nicht waschen. — Der Sonnengott (Ra) heisst Scha-mise (der Erstgeborene) als Erster der sichtbaren Götter. — Nach Diodor ehrten die Egypter ihre Könige (Söhne des Ra) und fielen vor ihnen nieder, als Göttern. — Die Khaovajehs, eine ismaelitische Secte in Persien, setzen die Reihe der Imamen bis in die Gegenwart fort (in der Nähe von Korassan). — Nachdem Kapustin die Malakanen durch seine Lehre gespalten hatte, schloss er sich mit seinem Anhange den auswandernden Duchoborzen an, denen er (als Prophetenkönig herrschend) die Seelenwanderung lehrte, aber dass, obwohl jede von Gott durchdrungen sei, doch (da die Seele auf Erden stets Individuum bleibe) Gott, als er zuerst in die Individualität des Jesus als Christus niedergestiegen sei, sich den vollkommensten Menschen ausgesucht und seitdem stets beim Menschengeschlecht geblieben sei. Er lebe und offenbare sich zwar in jedem Gläubigen, aber die individuelle Seele Jesu's habe von Geschlecht zu Geschlecht stets einen neuen Körper belebt, und zwar im Bewusstsein ihrer früheren Zustände, so dass Jeder, den sie belebt, weiss, dass die Seele Jesu in ihm ist. Anfangs wurde der jedesmal wiedergeborne Jesus Papst genannt, aber als sich falsche Päpste seines Thrones bemächtigten, zog sich der wahre Jesus mit dem kleinen Haufen der Gläubigen (Duchoborzen) zurück, unter denen die Seele Jesu zuletzt von Sylvan Kolesnikow in Nikolsk zuletzt auf Kapustin (der deshalb anzubeten war) übergegangen sei (in der Colonie der Malotschnaga wody), in der er Gütergemeinschaft einführte. — Çankara Acharya (der grosse Commentator der dunkelsten Theile der Vedas) wird im Vrihad Dharma Purana als eine Incarnation Vischnu's gefeiert und der Commentator Gandapada im Çankara vigaya als ein Schüler des Çuka (Sohn Vyasa's) beschrieben. (*Colebrooke.*) — Der Weise wird nicht geboren, noch stirbt er. Er kommt nicht irgend woher, noch ist er irgend ein Anderer. Ungeboren, beständig, ewig, ist er der Uralte, der nicht getödtet wird, wenn der Leib getödtet ist (heisst es im Kathaka Upanishad des Yajurveda). — Die Chinesen nennen die buddhistischen Incarnationen: Ho Fo (lebendige Buddhas). Die tibetanische Bezeichnung für Incarnation ist ss Prul pa, die mongolische Chubilghan, eine Uebersetzung des sanscritischen Nirmâna oder magische Verwandlung. (*Köppen.*) — Der Jude Abdallah Ibn Saba, der zuerst die Verkörperung der Gottheit in Ali lehrte, begründete die Lehre des Tewakkuf, dass das Imamat (die rechtmässige Folge im Islam) an gewisse Personen gebunden sei, und aus der die Secten Keisanije, Dschaferije, Sebiije, Bakerije hervorgingen. — Im grossen periodischen Jahre der Stoiker wiederholen sich derselbe Leib und dieselbe Seele in ihrem früheren Kreislauf der Existenz. — Rabbi Luria (der von Einigen für den Messias oder seinen Vorläufer gehalten wurde) behauptete, dass die Seele R. Simon Ben Jochai's in ihn übergegangen sei und ebenso die Seelen von sechs Schülern Simon's an sechs seiner Schüler, als die göttlichen Väter. — Mr. L. Way galt für den heiligen Elias incognito. — Ibn Batuta findet überall in Asien und Africa Oddins (Eddin oder Glauben), wie Soalosch zugleich mit Oderbischan und Odermah auftritt. — Nach den Arabern war Moses der Prophet der Juden, Bosi oder Beor (Vater des Balaam), Sohn des Hiob, der der Syrer. — Die Juden zählten sieben alte Propheten der Heiden, als: Hiob, Eliphas, Baldad, Sophar, Elia, Balaam und Beor, und nach Einigen hatte Balaam ein Buch der Prophezeiungen geschrieben, das zum Theil von Moses übersetzt war. — Bei den Leptschas in West-Nepal und bei den Kiratas in Ost-Nepal findet sich eine Zwölfzahl wiedergeborener Lamas, als lebendiger Buddhas. — Nach Pallas verehren die Mongolen in ihrem Primas ihren ersten Apostel Maschi Ketterka garraksan Arantschiba, dessen Seele im Chutuktu von Urga sich verkörpert. — Nach dem Tode des Kriwe Kriweito (Richter der Richter), dessen Aussprüche, als die eines Gottbegeisterten, unwiderruflich waren, wählten die Waidelotten auf geheimnissvolle Weise einen neuen und verkündeten dem Volke, dass er der von der Gottheit bezeichnete sei. — Die Tuinians oder Schamanisten brachten, wie Rubruquis erzählt, eine Person nach Karacorum, die nach der Grösse ihres Körpers kaum drei Jahre alt schien, aber dennoch fähig war logisch zu reden, fliessend zu schreiben verstand und bestimmt versicherte, dass sie durch drei verschiedene Körper passirt wäre. — Obwohl Bruteno, der sich dem Dienste Gottes gewidmet, die Königswürde ausschlug und dann seinen Bruder Widewuto empfahl, so erkannten die Ulmigerier ihn doch als Oberherrn an, indem sie ihn Kriwe Kriwaito nannten, d. h. unser Herr nächst Gott, und ohne seinen Willen nichts zu thun, sondern ihn wie Gott zu hören versprachen. (*Grimm.*) — Während die Römer ihre apotheosirten Kaiser anbeteten, verehren die Lamas, statt die menschliche Seele im Dämonendienst, die allgemeine Weltseele, die sich im Menschen selbst einen würdigen Tempel sucht, und die leblosen Statuen, in denen sich die heidnischen Gottheiten niederliessen. — Die Kaffern glauben, dass die Propheten Wesen sind, in deren Körper die Geister ihrer grossen abgeschiedenen Häuptlinge eingekehrt sind, und dass sie zurückkehren, um die Zukunft vorherzusagen. — Carpino erzählt von den Tartaren, dass sie beim Tode eines Häuptlinges seinen Lieblingssklaven unter die Leiche legten, und ihn erst hervorzogen, bis er schon am Puncte sei, zu ersticken. Diese Operation wurde dreimal wiederholt und endete gewöhnlich tödtlich. Kam der Sklave aber mit dem Leben davon, so erhielt er seine Freiheit und wurde fortan als einer der Vornehmsten in der Horde geehrt, indem er gleichsam die Seele seines Herrn in sich incorporirt hatte. — Die Thooliat, die nur einen Imam annehmen, legten die Eigenschaft der Göttlichkeit dem Ali bei. Nach Einigen waren zwei Naturen (die göttliche und menschliche) in ihm, nach Andern nur die letztere. Nach Andern wieder sollte die vollkommene Natur Ali's mittelst Transmigration durch seinen Nachfolger herabsteigen und werde es thun bis zum jüngsten Tage, nach Andern dagegen die Seelenwanderung mit Mohamed Bakir (dem Sohne Zein al Abadeen's) aufgehört haben, der noch auf Erden fortlebe, aber unsichtbar wie Khizr (der Hüter des Lebensquells). Andere behaupten, dass der göttliche Ali in den Wolken throne, wo der Donner seine Stimme sei und der Blitz die Geissel, mit der er die Schlechten strafe. Die Keisaniten glaubten, dass Ali's Rechte nicht auf Hassan oder Hussein (nach der Ansicht der Schiiten), sondern auf deren Bruder Mohamed ben Hanfee übergegangen seien. Die Whakfiyah behaupteten, dass das Imamat in der Person Mohamed's beruhe, der nie gestorben wäre, sondern von Zeit zu Zeit unter verschiedenen Namen auf Erden erschienen sei. Nach den Hashemiten war das Imamat von Mohamed ben Hanfee zu seinem Sohn Aboo Hashem fortgepflanzt, der es auf Mohamed (aus der Familie Abbas) übertrug, worauf es auf Saffah (Gründer der Abbassiden-Dynastie) überging. — Nach den Zeiditen war das Imamat durch Hassan-Hussein zu Zein-al-Abadeen (dem Sohne des letztern) herabgestiegen und dann auf Zeid (Sohn des Zein) übergegangen, während die meisten andern Secten der Schiiten Mohamed Bakir (den Bruder Zeid's) als den gesetzlichen Imam betrachteten. — Die Sebiis oder Ismaeliten schlossen die Reihe der sichtbaren Imame mit Ismael (Enkel des Mohamed Bakir) als dem siebenten Imam von Ali. Die Imamiten (oder Esnaashreen) führten die Kette fort durch Moosa Casim (Ismael's Bruder) bis zu Askeree (dem zwölften Imam), der, in einer Höhle bei Hilla verschwunden, dort unsichtbar verweilen würde bis zum jüngsten Tage, wo er als Mehdee (Führer) die Gläubigen zur Wahrheit leiten würde. — Der Hottentotte, auf den sich der heilige Käfer niederliess, wurde von den Andern als gottbegünstigt verehrt. (*Kolbe.*) — The successor of the Nomun-ben (the Regent, when the Grand Lama is a minor and all other times the alter et idem of his holiness), as head of his Goompa, must (as in the case of a Grand Lama) be an awatar, i. e. he must re-appear in the flesh as a child and be raised to that position. (*Campbell.*) — The office of the Lama Yeunglin (the private guru or the high priest of the Grand Lama) is to teach and train the Grand Lama in childhood and youth and lead him, if he can, afterwards. — Unter den verschiedenen Prophetenreihen im Oriente finden sich: Seth, Noah, Moses, Messias; Elohim, Bel, Elias, Elias, Allah, Ali; Jonna, Jesus: Moses, Elias, Messias; dann: 7 Munis, 7 Rischis, 4 Osthanes, 7 Oannes, 3 Buddhas, 3 Odins, 18 Heracles. Enfantin stellt eine Reihe von Rettern auf, in Moses, Orpheus, Numa, Jesus Christus und St. Simon. Die Karpokratianer stellten Pythagoras, Platon, Epiphanes, Jesus Christus als Reihe auf. Aus der Kette der 124,000 Propheten und Apostel von Adam bis Mohamed lässt der Islam besonders Adam, Noah, Abraham, Moses, Jesus, Mohamed hervortreten. Die arabisch-jüdische Secte der Ali-Ilahis glauben an eine Reihe nacheinanderfolgender Incarnationen der Gottheit, die sich im Ganzen auf 1001 belaufen. Benjamin, Moses,

Elias, David, Jesus Christus. Ali und sein Vormund Salman, in gemeinsamer Verbindung, der Imam Hussein und der Haft-tan (die sieben Pirs, von denen besonders Baba Yadgar in seinem Grabe zu Zardah verehrt wird) werden als die hauptsächlichsten dieser Menschwerdungen angesehen. Andere Reihen des Orientes sind: die Salomone, die Hermesse, die Thauts, die Ramas u. s. w. — Pythagoras behauptete, zuerst der Herold der Argonauten, dann Euphorbos (dessen Schild er in Argos erkannte), dann Hermotimos, dann der delische Fischer Pyrrhos gewesen und zum fünften Male als Pythagoras wiedergeboren zu sein. — Adam wurde aus dem rothen Thon des ager Damascenus bei Hebron erschaffen. (*Brocardus.*) — Als Buddha mit seinen Schülern das Königreich Suhoto durchreiste, erinnerte er sich der Stelle, wo er einst als Indra sich in einen Sperber und eine Taube verwandelnd, sein Fleisch zerriss, um die Taube zu befreien. — Maitreya Buddha (Mi le Phou sa), der Sakyamuni als irdischer Buddha zu folgen hat, befand sich als Ayi-to unter dessen Schülern und lebt in der Zwischenzeit im Himmel Touchita. — Der Gross-Lama in Lhassa, der nach P. Gerbillon das oberste Stockwerk der Pagode von Postala bewohnte, vertheilte unter den Lamas verschiedene Grade der Würde und Macht, deren geehrtester der Titel Hou touctou (Ho fo) oder lebender Fo ist. Ein solcher bildete die Gottheit der Kalkas, die bei Galdan's Eroberungen (1688) sich unter den Schutz des chinesischen Kaisers flüchtete und sich eine Zeit lang mächtig genug glaubte, dem Gesandten des Dalai-Lama bei den damals stattfindenden Friedensverhandlungen den Vortritt zu disputiren. Bei der Begrüssung warfen die chinesischen Gesandten, die Gerbillon begleitete, zunächst ihre Mütze auf die Erde und dann sich selbst, mit der Stirn aufschlagend, worauf sie niederknieten, damit er seine Hände auf ihr Haupt lege, und dann sich auf die seitlich stehenden Divans setzten, um Thee und das Fleischmahl zu geniessen. In einem der Zimmer der Pagode fand er ein Kind, das ganz wie der „lebende Götze" gekleidet und wahrscheinlich zu seinem Nachfolger bestimmt war. In ungewissen Fällen wendet man sich an den Dalai-Lama, um denjenigen bezeichnet zu erhalten, in dem sich die Seele auf's Neue verkörpert habe. — Nach dem rabbinischen Glaubensatz stirbt kein Frommer, bis sein Platz in dieser Welt durch die Geburt eines andern ausgefüllt wird. So bemerkt Rabbi Meir: „Als Rabbi Akiba gestorben war, wurde Rabbi Juda geboren. Auf dessen Hinscheiden folgte die Geburt Rabia's und diesen löste Rabbi Isai wieder ab." — Der Philosoph Artephius (12. Jahrhundert) wurde (nach Franciscus Pic) für Apollonius von Thyana gehalten, der sich auf magische Weise in einer Höhle genährt habe. — Tsongkapa, der (nach Ssanang Ssetsen) Sakyamuni's Schüler Subuthi gewesen, gilt in der lamaischen Kirche für eine Incarnation Amitabha's, oder Mandschusri's und Vadschrapani's, auch Mahakala's. Er soll zwei seiner bedeutendsten Schüler (wie Buddha die Lehre unter seine zwei Musterschüler rechter und linker Hand vertheilte) zu seinen Nachfolgern eingesetzt haben, ihnen befehlend, auf übernatürliche Art stets von Neuem geboren zu werden. — Die Tschui-tschun (Wahrsager oder Erforscher) wählten den Wiedergeborenen, indem sie (nach dem Tode des Dalai-Lama, dessen Seele nicht das Selbstbewusstsein verlor) die Stätte für die Wiedergeburt der Chubilghane (die später durch das Loos gewählt wurden) in gebrauchte Sachen erkennende Knaben verlegten. — Der Dalai-Lama hinterlässt ein versiegeltes Testament, worin den Kuthuktus die Familie seines Nachfolgers bezeichnet wird. Nach einem Briefe an Gouverneur Hastings hatte er eine besondere Vorliebe für Bengalen, als das einzige

Land, wo er bei seinen früheren Erscheinungen auf Erden zweimal geboren sei. (*Turner*.) — Die Habititen, die Anhänger Achmed's, des Sohnes von Habit, die zwei Götter zuliessen, den einen ewig, den andern geschaffen, nahmen das Dogma der Metempsychose an und behaupteten die fortgehende Incarnation des Gottesgeistes in dem Imam nach den Mamneniten. — Nach Pallas incarnirt sich der Tschöitsching Burchan (zu den acht schrecklichen Gottheiten der Mongolen gehörig), dem bei den Kalmücken eine Anzahl von Leibeigenen geweiht seien, fortwährend in Tibet beim Dalai-Lama. — Den vollendeten Heiligen oder Wiedergeborenen in Tibet wird durch dreimaliges Niederwerfen Anbetung gezollt und ihr Segen mit zurückgehaltenem Athem erfleht. — Baron Schilling wurde (wegen seiner Kenntniss der tibetischen Sprache) von den burätischen Priestern als die Incarnation eines Chubilghan betrachtet und erwarb sich hohes Verdienst um die geistige Erlösung des Volkes, indem er die 100 Millionen Mal zu wiederholende Formel des Gebetrades in Petersburg drucken liess, und zwar mit rothen Buchstaben, was ihre Wirksamkeit noch 108 Mal vermehrte. — Padmapani, der himmlische Sohn des göttlichen Buddha der gegenwärtigen Welt, ist in dieser Eigenschaft seit dem Tode des irdischen Buddha Sakyamuni, in Erscheinung getreten (als sein Stellvertreter und Schützer des Gesetzes) und erfährt in der Person des Dalai-Lama eine ununterbrochene Reihe von Geburten bis zur Ankunft des künftigen Buddha Maitreya. — Sobald ein Tathagata zur Vollkommenheit als Buddha gelangt, schafft er sich augenblicklich in der Welt der Erscheinungen einen Abglanz in einem reflectirenden Buddha (Buddha Dhyani), und von diesem entsteht ein Boddhisattva, wie es Avalokiteswara (der in Nachdenken versunkene Meister) war, als Kouan-chi-in (vox contemplans saeculum, nach der Uebersetzung Anderer). — Der Imam der persischen Ismaeliten lebt in Khekh, wo er, als eine Incarnation der Gottheit, von Wallfahrern besucht wird. — Als Krishna, sagt Vischnu von sich selbst, dass er, wenn die Kraft der Tugend dahin schwände, und das Laster überhand nähme, von Zeitalter zu Zeitalter in die Sichtbarkeit eintrete und zum Heile der Gerechten unter den Menschen auf Erden erscheine, um die Bosheit zu bestrafen und Ordnung und Gerechtigkeit aufrecht zu halten. — Als der fünfzehnjährige Nachfolger (Losang rintschen tsang schang dschamtso) des 1682 gestorbenen, aber vom Regenten noch bis dahin fortlebend fingirten Dalai-Lama nach seiner Weihe durch den Pan tschen Rin po tsche lasterhafte Anlagen zeigte und man zugleich an seiner Echtheit zweifelte (weil er aus einer Familie des rothen Gesetzes stamme), wurde auf Betrieb Kang his, sowie kalmückischer und mongolischer Fürsten ein Concil der Lamas und Wahrsager (Tschos sa kjong) zusammenberufen zur Entscheidung der Frage, ob er ein wirklicher Chubilghan sei oder nicht. Der Ausspruch der Versammlung ging dahin, dass der Geist des Boddhisattva von ihm gewichen, aber die creatürliche, sündhafte Seele zurückgeblieben sei. Da er vom Regenten gestützt wurde, wagten sie indess nicht seine Absetzung zu erklären, Latsan-chan aber (der Beherrscher der Choschoten in Dam), der von vornherein gegen die Echtheit des jungen Dalai-Lama protestirt hatte und jetzt selbst den rechten gefunden zu haben behauptete, überfiel plötzlich die Hauptstadt, tödtete den Regenten und führte seinen Schützling gefangen fort, der aber auf dem Wege durch die Mönche des Klosters Prebung befreit und vertheidigt wurde, als ihr Ober-Wahrsager mit einem Eide bekräftigt hatte, dass er ein wahrhaftiger Chubilghan sei. Latsan-chan liess indess das Kloster stürmen und der Stellvertreter des Buddha nach seiner Residenz Dam führen, wo er enthauptet wurde oder, nach Andern, auf dem Wege nach China an der Wassersucht starb. Briefe desselben, die durch Tauben nach Lhassa gebracht wurden, sowie die bestellten Wahrsager verkündigten, dass sich sein Geist auf einen Lama von Scha pori niedergelassen habe, und dieser wurde, auf den Stuhl des Buddha gesetzt, vom chinesischen Hofe als Dalai-Lama bestätigt (1707), indem die amtlichen Wahrsager (um die Schwierigkeit, dass ein eben Verstorbener alsbald nicht als Kind, sondern in einem schon Erwachsenen, einem geweihten Priester, wiedergeboren sei, zu umgehen) ihren Ausspruch dahin formulirten, dass nicht die Seele, sondern der Geist des vorigen Vice-Buddha in den jetzigen übergegangen wäre. Seine Gegner verbreiteten bald das Gerücht, dass die Seele des Dalai-Lama schon im Jahre 1706 in einem Kinde wieder erschienen sei (dem Sohne eines ehemaligen Lama, der, aus dem Kloster 'Brass sa Pungss gestossen, sich in Lithang niedergelassen hatte), und dieser junge Heilige fand bald weltliche und geistliche Anhänger, flüchtete aber vor den Nachstellungen Latsan-chan's zu den Fürsten des blauen Sees, auf deren Bitte ihn der Kaiser von China im Kloster Si ning fu bewachen liess. Nachdem die Dsungaren Latsan-chan besiegt (seinen Dalai-Lama in's Kloster geschickt und den Obelisk des fünften Dalai-Lama umgestürzt), wurde er von Kanghi, der auf Hülferuf der Lamas ein chinesisches Heer schickte, als sechster Dalai-Lama proclamirt (in der weltlichen Macht durch einen Beamtenrath beschränkt). Nach einer missglückten Empörung aber wurde er von den Chinesen gefangen genommen und in ein Kloster der Provinz Ssu tschuan eingeschlossen, während ein Pro-Lama zur Leitung der geistlichen Angelegenheiten bestellt wurde, bis er nach dessen Tode (1734) Erlaubniss erhielt, nach Lhassa zurückzukehren, in dessen Nähe die chinesischen Casernen von Djaschi erbaut wurden. Nach Unterdrückung eines beim Tode Pholonai's (der zum König von Tibet ernannt war) ausgebrochenen Aufstandes (1746) wurde indess die weltliche Macht in ihrem vollen Umfange dem Dalai-Lama zurückgegeben, der sie durch vier Minister (b Kha' b Lon) ausüben solle, aber unter Aufsicht von zwei kaiserlichen Commissaren (s. *Köppen*). — Nach dem Tode des Tescho-Lama in Peking, dessen Seele sich ($1^1/_2$ Jahre nach ihrem Heimgange) in dem Kinde eines vornehmen aus Lhassa geflüchteten Tibetaners im Thale Painom verkörperte, sandte Warren Hastings (1783) seine zweite Gesandtschaft unter Lieutenant Turner, der von der 18 Monate alten Incarnation sagt: „Ungeachtet der Kleine nicht sprechen konnte, gab er doch die ausdrucksvollsten Zeichen und betrug sich mit bewundernswürdigem Anstande. Er war von dunkler Gesichtsfarbe, aber nicht ohne Röthe. Seine Gesichtszüge waren gut. Er hatte kleine schwarze Augen und einen lebhaften Ausdruck in den Mienen." — Wenn der Dalai-Lama, oder vielmehr dessen Seele, die Hülle des Körpers abgestreift hat, so müssen die Namen sämmtlicher um die Zeit seines Todes in Tibet geborenen männlichen Kinder in das Tempelkloster h La brang zu Lhassa eingesandt werden, und haben namentlich diejenigen Eltern, die glauben, in ihrer Familie eine Incarnation zu besitzen, darüber specielle Mittheilungen zu machen. Es kann nicht eher zum eigentlichen Wahlgeschäft geschritten werden, als bis unter den bezeichneten Kindern drei wirkliche, wahrhaftige, unzweifelhafte Chubilghane aufgefunden worden. Nur die Namen dieser drei Kinder werden, auf goldene Loosszeichen geschrieben, in die goldene Urne des Kaisers Khian lung gelegt. Dann tritt das Collegium der Chutukten zum Conclave zusammen. Sechs Tage verbleibt es in geistlicher Zurückgezogenheit unter Fasten und Gebeten, am siebenten zieht der Decan das Loos und der Säugling oder Knabe, dessen Name aus der Urne hervorgeht, wird als Dalai-Lama verkündet, die übrigen Beiden erhalten Schmerzensgeld. Der Pan tschhen Rin po tschhe und die Repräsentanten China's müssen bei der Ziehung zugegen sein. Die Entscheidung über die Wiedergeburt der mongolischen Kirchenfürsten wird in Peking vorgenommen, indem die Namen der betreffenden Kinder an das Ministerium der auswärtigen Angelegenheiten einzuschicken sind. Ehe ein junger Heiliger installirt wird, stellt man eine Prüfung seiner Identität (meistens im 4. oder 5. Lebensjahre) an, indem man ihn im Beisein vieler Zeugen nach Ereignissen aus seinem letzten Erdenwallen fragt, ihm Kleider, Bücher, heilige und weltliche Geräthschaften, untermischt mit Aehnlichem, zum Wiedererkennen vorlegt und ihn aus einer Anzahl von Gebetglöcklein das herausziehen lässt, dessen er sich vor seinem Tode bediente (s. *Köppen*). — „Als der Kaiser (im Kriege gegen die Oelot) in Kuku Khotan verweilte und ein Militär-Mandarin den Hierarchen, der sich in Gegenwart des Himmelssohnes nicht erhoben, niederhieb, entstand ein solcher Aufruhr in der Stadt, dass fast das ganze Gefolge massacrirt wurde. Bald aber hiess es, dass der so gewaltsam zur Seelenwanderung gezwungene Heilige im fernen Norden bei den Kalchas wiedererstanden sei und Khang hi erlaubte den Lamas, dass er fortan in Urgu (im Lande der Kalchas) seinen dauernden Aufenthalt nehmen durfte, und seitdem in Kuku Khotan durch einen Chubilghan vertreten wird." — Die Chutuktus, die die zweite Klasse der lamaischen Hierarchie bilden, gelten sämmtlich, gleich den obersten Incarnationen, als Wiedergeborene. Auch giebt es weibliche Bischöfe (Chutuktinnen). In der Mongolei rühmen sich zahlreiche Klöster eines incarnirten Abtes, als lebenden Buddha. Die Inhaber auswärtiger Bischofssitze müssen indess meistens in Tibet wiedergeboren werden. — Der Vorsteher des Klosters am Gusinoe Osero (m Khan po Pandita) ist oberster Seelenhirte der Burätten und zugleich ein Wiedergeborener, dessen Seele aber in seinem eigenen Sohne von zwanzig Jahren bei dem Tode wiedererstand. — Während Galdan's Eroberungen behauptete Ssang ss r Gjass, der Sohn des dann gestorbenen Dalai-Lama, dass sein Vater sich nur zu tiefer Beschauung in die oberen Gemächer des Palastes zurückgezogen habe und dort nur aus der Ferne, in Flor und Räucherwerk verhüllt, den verehrenden Lamas gezeigt wurde, bis er dem Kaiser Kang hi, der ihn während der Verwaltung zum König von Tibet ernannt hatte, den Betrug gestand, da der Dalai-Lama befohlen habe, seinen Tod 16 Jahre geheim zu halten und bis dahin seinen Nachfolger zu erziehen. Der Todestag der dann gefeierten Bestattung wird noch jährlich am Fusse der die Asche einschliessenden Pyramide gefeiert. — Da der Kaiser Khia Khing, der ein Kind aus der Provinz Ssu tschhu wünschte, sich mit den Gross-Lamen über den Nachfolger des im Jahre 1816 gestorbenen Dalai-Lama nicht einigen konnte, hörten die russischen Missionäre (1821), dass man noch immer vergebens der Wiederkunft des grossen Heiligen harre. Der bis zum Jahre 1844 für den unmündigen Stellvertreter des Buddha in Lhassa die Regierung führende Gesetzeskönig (Nomunchan) soll drei Dalai-Lama's nach einander im jugendlichen Alter gewaltsam haben wandern, d. h. umbringen lassen, bis das Collegium der Chutukten den 1837 geborenen d Ge d Mn rc r Gja m Tsho erhob. (*Koppen.*) — Der Dalai-Lama Lungtog Dschamtso wurde nicht nach dem von Khiang lung eingerichteten Wahlmodus durch das Loos gewählt, sondern gab so unzweifelhafte Proben seiner chubilghanischen Herkunft, dass er von dem Volke für den eingefleischten Avalokitesvara erkannt und vom Kaiser als solcher bestätigt wurde. — Von den Häuptern der Gelbmützen gilt der Pan tschhen Rin po tschhe auf b Kra schiss Lhun po in letzter Instanz meistens für eine Verkörperung des Dhyâni-Buddha der gegenwärtigen Weltperiode, Amitâbha (Od d Pag med), aber auch der Boddhisattvas Mandschuçri (Dscham d Pal) und Vadschrapâni (Phjag na r Do r Dsche oder Lag na r Do r Dsche), endlich für die übernatürliche Wiedergeburt des Reformators und Stifters der Gelbmützen, b Tsong kha pa; der Dalai-Lama von Lhassa dagegen immer für die Incarnation des Boddhisattva Avalôkitêçvara oder Padmapâni. (*Köppen.*) Der Dalai-Lama der ersten Wiedergeburt war Gedun Dubpa (Neffe des Reformators). Nach Cunningham gründete Navang Lo zang Gyatsho (der fünfte Abt von Ta schi Lhun po) die Hierarchie der Dalai-Lama in Lhassa*) (1640), als der erste Dalai-Lama. — Nach den Abbildungen ist der Dalai-Lama (durch die Kerze repräsentirt) der Jünger der rechten, der Pan tschhen-Lama (durch das Buch repräsentirt) der Jünger der linken Hand. Das Lehramt kommt vorzugsweise dem Pan tschhen, das königliche Amt dem Dalai-Lama zu. — Die wiedergeborne Chutuktusin des Nonnenklosters auf der Insel des Palti-Sees, die von dem Maale eines Rüssels im Nacken den Titel r Do r Dsche Phag mo (Diamant-Sau) führt, wird von den Chinesen für eine Incarnation des grossen Bären, den Tibetanern für einen weiblichen Boddhisattva, den Nepalesen für die eingefleischte Bhavani gehalten. Nec domo, nec lecto egreditur, neque vero iter facit unquam in urbem Lhassa nisi pompa praeeat, totaque via thuribula duo semper incensa atque fumantia praeferantur. Tum venit Dea sub umbrella advecta throno. (*Georgi.*) — Nach der Schule der grossen Ueberfahrt (Maha-yana) hat jeder Buddha drei Körper (als Trikaya), den Körper des Gesetzes (Dharmakaya), den Körper der höchsten Herrlichkeit und Vollkommenheit (Sambhogakaya) und den Körper der Verwandlungen (Nirmanakaya, vermöge welches er in den menschlichen Leib eingeht, sich aber auch nach Willkür mit jeder andern Gestalt umkleiden kann). Die vorübergegangenen, allerherrlichst vollendeten Buddhas (Tathagatas), die ihre früheren Geburten (Djatakas) vollendet haben, entschwinden im Nirvana. Die Buddhas der Zukunft dagegen, als die Boddhisattvas, die in Erwartung der Buddha-Würde im Himmel der Freude (Tuschita) wohnen, machen von ihrer Kraft der Verwandlungen Gebrauch, um zur Förderung des Heils der athmenden Wesen in Menschengestalt geboren zu werden und zwar so, dass zugleich ihr Selbst unveränderlich in den höheren Regionen verharrt. Auch die Dhyani-Buddhas sind befähigt, nicht nur durch ihre emanirten Söhne (die Dhyani-Boddhisattvas), sondern unmittelbar durch Ausstrahlung sich in den menschlichen Körper hinabzusenken und mit ihm zu vereinen. (*Köppen.*) — Der in der gespaltenen Lotosblume ruhende Knabe, in dem sich der dem Herzen des vollendeten Burchan (Buddha Sakyamuni) entstiegene Strahl aus dem Herzen des Abida in eine Ling-chua (Blume des Meeres) senkte, war der zur Erlösung aller Bewohner des Schneereichs verkörperte Buddha-Sohn. — Zu Anfang des 15. Jahrhunderts p. C. wohnte der Buddha Amitabha in dem damaligen Oberhaupte eines grossen Theils des tibetischen Clerus (dem Tson-kawa) und fuhr seitdem fort, sich auch den Nachfolgern desselben für alle Zukunft einzukörpern. Hundert Jahre später liess Chonchim-Boddhisattva mit Gendun-Dschamtso eine zweite Reihe geistlicher Oberhäupter, seine eigenen Verkörperungen, beginnen. Auch von den übrigen geistlichen Würden erhielt seitdem jede einen in ihren verschiedenen Trägern immer fortlebenden Chubilghan.

*) Wie Cheboo Lama Campbell erklärte, meint Lha: God, Sa: abode or resting place. Huc erklärt Lhassa, als Geisterland.

Aus dem gesegneten Geschlecht des Elxäus (dessen Secte den Ruach oder Geist, als weiblich, setzte, um den Widerspruch von zwei Vätern bei Christus zu vermeiden) finden sich noch unter der Regierung des Valens zwei Schwestern in einer solchen Verehrung stehend, dass das Volk nicht nur den Staub von ihren Füssen, sondern auch den Speichel von ihrem Munde mit Begeisterung in Büchsen sammelte und als Mittel gegen alles Böse aufbewahrte. — Proclus (Nachfolger des Jamblichus), der die orphischen Gedichte und chaldäischen Orakel als göttliche Offenbarungen betrachtete, hielt sich selbst für das letzte Glied der hermetischen Kette. Der egyptische Gott Proteus erklärte der Mutter des Apollonius von Thyana, dass sie ihn selbst in menschlicher Gestalt gebären würde. — Nach seiner Befreiung aus dem Gefängnisse (wegen Proselytenmacherei) 1814 verschwand Kapustin (die Behörde fand in seinem Grabe einen Mann mit langem rothen Bart, statt seines brünetten und geschorenen) und brachte seine letzten Tage in der Höhle und Insel (nahe bei Terpenie) zu. Die Christus-Würde ging auf seinen Sohn Larion Kalmykow, dessen Mutter Kapustin nach Abhaltung ihrer Schwangerschaft (um dem Soldatenstande zu entgehen) heirathete und ihm das angeblich uneheliche Kind Kalmykow's mitbrachte, über (da die Seele Jesu die Macht habe, sich mit jedem beliebigen Körper zu vereinen). Die Duchoborzen legten ihm schon im 16. Jahre sechs Mädchen zu, nach einander, um so bald als möglich Nachkommenschaft zu erhalten. Er hinterliess nach seinem (durch Trunkenheit herbeigeführten) Tode (1841) zwei unmündige Knaben, von denen die Duchoborzen hofften, dass einer sich im dreissigsten Jahre als Christus offenbaren werde. Der von Kapustin versammelte Rath von dreissig Alten (von denen zwölf als Apostel fungirten) leitete unter seinem Sohne, da wegen zu zahlreicher Einweihung in die Mysterien Entdeckungen gefürchtet wurden, das Inquisitionsgericht der Rai-i-muka (Ort des Paradieses und der Qual) auf der Insel am Ausflusse der Malotschna. Nach der Entdeckung der dort begangenen Executionen wurden die Duchoborzen, wenn sie nicht zur russischen Kirche übertraten, in die kaukasischen Provinzen übergesiedelt. — Die Welt der Menschen erlangt man durch die Geburt eines Sohnes und durch kein anderes Werk; die Welt der Manen durch fromme Werke und Opfer; durch die Wissenschaft die Welt der Götter, die beste der Welten. Deshalb findet beim Sterben das Vermächtniss des Vaters an seinen Sohn (als Brahma, als das Opfer, als die Welt) statt, indem er Alles, was ihm noch obliegt, Alles, was er gethan und nicht gethan, gelernt und nicht gelernt, auf seinen Sohn überträgt, der dem Vater den Genuss desselben erwirbt, so dass der Vater durch einen unterrichteten Sohn die Welt erwirbt. Wenn ein Vater, der dies weiss, die Welt verlässt, so geht er von Neuem durch jene Pranas (Sprache, Geist und Lebenshauch) in den Sohn (putra oder Lücken ausfüllend) ein, der Alles vollzieht, was jener im Leben unterlassen hat. (Çatapatha-Brahmana des weissen Yajurveda.) — Als Adam geschaffen war (sagt Rabbi Schem Tof), war er nicht nach der gewöhnlichen Gestalt und Anordnung geschaffen, sondern ursprünglich eine sehr feine und reine Schöpfung, ganz und gar der geistigen Schöpfung ähnlich. — Der Aitareya A'-Ranya spricht von einer dreifachen Geburt der Wesen. — Nach sieben Generationen kehrt die beständig mit Brahmanen gekreuzte Nachkommenschaft eines Sudra-Bastardes zum Range des Brahmanen zurück (Manava-Dharma-Sastra). — Nach den Mesangismoniten war (nach Augustin) der Sohn im Vater enthalten, wie ein kleines Gefäss in einem grösseren. — „Willst du, dass das Weib einen edlen Sohn gebäre, so bringe sie bei der Beiwohnung in Zorn," rathen die Araber.

und die Mutter Ta'abbata S'arran's erzählte, dass sie ihn empfangen habe, rein von aller weiblichen Unreinigkeit in dunkler Nacht, während ihr Gürtel ungelöst, sein Vater im Panzer gewesen sei und ihr zum Kopfkissen ein Sattel gedient habe. (*G. Baur.*) — Nach den Mormonen sind Leute, in denen man bekannte Gesichter antrifft, in der frühern Welt durch Gott den Vater mit geistigen Müttern gezeugt. — Durch die Ibbur oder Schwängerung kommen (nach den Rabbinen) die Seelen der Eltern in ihre Kinder. — In dem von einem tollen Hund gebissenen Jüngling von Tarsos, der durch das Lecken desselben curirt wurde, erklärte Apollonios die Seele des Telephos zu sehen. — Aus dem Heulen eines geschlagenen Hundes erkannte Pythagoras die Stimme eines Freundes und bat einzuhalten. — The mother is only the receptacle, it is the father, by whom a son is begotten, heisst es im Vischnu Purana. (*Wilson.*) — Auf Tahiti wurde das Kind bald nach seiner Geburt mit dem Namen und dem Range des Vaters bekleidet, der dann fortan als ihm untergeordnet betrachtet wurde. Die zur Zerstörung ihrer Nachkommenschaft verpflichteten Areois mussten die Ermordung während oder schon vor der Geburt vornehmen, da ein Säugling, der nur einige Minuten gelebt hatte, auch aufgezogen wurde. — Die Seele der Drusen wird in einem kleinen Kinde wiedergeboren, aber bei einem Lasterhaften in einem Thiere*). — Die Rin po tschhe, die Aebte des Klosters Sa ss kja und Oberpriester der von Padma Sambhava gestifteten Secte U r Gjan pa, pflanzen sich nicht auf chubilghanische, sondern auf natürliche Weise fort, indem der Bischofsstuhl in ihrer Familie erblich ist. Der Gross-Lama von Sechia (Ssa ss kja), erzählen die Kapuziner, verheirathet sich. Erhält er einen Sohn, so setzt er den Neugeborenen im Tempel aus und lässt ihn dort vierundzwanzig Stunden ohne Nahrung. Bleibt er am Leben, so erkennt er ihn als rechtmässigen Erben der lamaischen Würde, entlässt ihn aber sammt der Mutter und lebt unbeweibt. Stirbt er bei der Aussetzung, so sucht er einen neuen Sohn zu zeugen, auch wohl mit einer andern Frau. — Zur Wiedergeburt war (nach den Sagas) gewaltsamer Tod nöthig. Olafr Geirstadaalfr hatte diesen nicht erlitten, und lebte durch Blutopfer verehrt in seinem Grabhügel fort. Vor Olafr des Heiligen Geburt aber lässt er sich das Haupt abhauen, stirbt also gewaltsamen Tod und macht sich zur Wiedergeburt fähig, und lässt durch seinen Gürtel bewirken, dass das Kind geboren werden kann, und diesem Kinde seinen Namen und seine Kostbarkeiten geben. Olafr der Heilige ist also der wiedergeborene Olafr Geirstadaalfr. — Ein König von China (erzählt Ibn Vahab), der sich durch die Blattern entstellt sah, liess sich seinen Khandjar bringen, um sich den Kopf abzuschlagen und befahl seinem Nachfolger in der Zwischenzeit den Thron zu besteigen, bis er in einem andern Körper wiedergeboren sei. — Ein durch den Todesengel in Krankheit benachrichtigter Gallier bezahlte (weil ihn Familiengeschäfte im Leben zurückhielten) einen Freund, der sich nach einem Feste niederlegte und mit dem heiligen Messer die Sehnen zerschneiden liess, um für ihn zu sterben. (*Posidonius.*) — Die äthiopischen Könige am weissen Nil werden, wenn sie das Annähern des Todes fühlen, von ihren Ministern erdrosselt, damit sie nicht auf die gewöhnliche Weise sterben. — Die Ucumunas geben dem Kinde, sobald es sitzen kann, den Namen eines seiner Vorfahren. Die Griechen gaben den Namen des Grossvaters. — Die Wanika verehren die

*) The ghost of every animal slain by a Kookie in the chase or slaughtered at home for the purposes of hospitality, become in this state attached to him and are his property, so likewise every enemy, slain in the field by his own hands, becomes his slave. (*Stewart.*)

Geister der Todten, die bisweilen in den Neugeborenen wiedererscheinen. — Ausser dem Gott, der bei einem Besuche von der Insel Oatamanus sie ohne Cocosnussbäume traf und solche dann in einem Steincanoe herbeiholte, hatten die Teas und Taples der Washington-Inseln einige ähnliche Traditionen von den Göttern anderer Inseln, die sie ebenfalls Atuas nannten, wie auch die ersten Besucher von America und Europa, so wie überhaupt alle Fremde. — Um Mildthätigkeit zu erregen, suchen hilflose Wittwen den Eltern weiss zu machen (in Grönland), dass die Seele ihres gestorbenen Mannes in einen neugeborenen Knaben oder verstorbener Kinder Seele in eines ihrer eigenen Kinder gefahren sei. — Missionäre erzählen von ein paar chinesischen Bonzen, die in zwei Enten die Seelen ihrer Grossväter wieder erkannten, und sie sich weinend zur Pflege ausbaten (um sie zu braten). — Pierre le Comte, eines Tages (während seines Apostelamtes in China) zu einem Sterbenden gerufen, fand ihn von Bonzen umgeben, die ihm die Pflichten seines nächsten Lebens auseinandersetzten, in welchem er als Postpferd des Kaisers wiedergeboren werden würde, da er während des abgelaufenen eine Pension von demselben bezogen hatte. Sie schärften ihm ein, sich in seinem nützlichen Berufe fortan gesittet und ordentlich, soweit man solches von einem Pferde verlangen könnte, zu betragen; aber der gute Mann vermochte sich nicht an den Gedanken des Geschirrs und Zaumes zu gewöhnen und bat den Missionär ihn zu taufen, denn quoiqu'il m'en coute, j'aime mieux être chrétien, que de devenir bête.

Der Knotenpunkt des Oben und Unten.

PANTHEISTISCHE WELTANSCHAUUNG.

Bewegung dient zur Herstellung der Ruhe. Das allgemeine Gleichgewicht des Tellurismus wird erhalten durch das Gesetz der Gravitation, während innerhalb desselben die einzelnen Theile nach ihren Affinitäten auf einander wirken. Ist die gährungsfähige Masse der Mutterlauge zur Entwicklung gereift, so treten die Molecule der Elemente nach ihren Verwandtschaftskräften aneinander, sie bewegen sich im Momente des Anschiessens und bleiben dann in einer mathematischen Figur erstarrt. Der Krystall, als Ganzes, sucht wieder sein Gleichgewicht mit der allgemeinen Gravitation zu vermitteln, indem er auf seinem Schwerpunkte ruhend verharrt. Auch ohne neues Eintreten einer chemischen Auflösung vermögen Temperaturveränderungen oder Electricitätsspannungen die Verhältnisse seiner Atome in einer Weise zu modificiren, dass sie je nach Umständen auseinanderfallen, wo dann aber jedes Theilchen seine Beziehung zur allgemeinen Schwere nicht weiter ändert. Der Unterschied zwischen chemischer und localer Bewegung, zwischen stehenden und fortschreitenden Oscillationen ist ein gradueller, ein allmähliger Uebergang, der aber, wie alle Lebensprocesse, seine kritischen Knotenpunkte durchläuft. Das Bedingende der letztern giebt stets das Hervortreten eines neuen Typus in einem höheren Ganzen, das, als solches, in Wechselwirkung zu seiner Umgebung tretend, die directe Beziehung dieser zu seinen constituirenden Theilen annullirt. Der Typus, nach dem die sämmtlichen Naturgegenstände zu einander ihr Gleichgewicht innerhalb der Schwere herstellen, liegt in ihrem jedesmaligen Aggregatzustande, und vor den Aeusserungen dieses verschwindet immer das verwandtschaftliche Spiel der elementaren Theile. Ein auf andere gleichwerthige

Krystalle gelagerter Krystall verharrt im Zustande der Ruhe, ein in der Luft unterstützungslos suspendirter fällt zur Erde, da in den Verhältnissen der Aggregatzustände zu einander, der feste des Krystalls in seinem normalen Schwerpunkt eine stärkere Verwandtschaft zur Ausgleichung mit dem Centrum der Erde zeigt, als zu seiner gasförmigen Umgebung, oder als diese zu jenem. Eine eigentliche actio in distans findet nirgends statt, denn um den in der Luft hängenden Krystall anzuziehen, muss die Schwerkraft der Erde die zwischenliegenden Luftschichten durchsetzen, und das sogenannte Vacuum, der luftleere Raum, enthält zwar nicht mehr die vier gewöhnlichen Gasarten, mag aber immer noch später durch Reactionen auf feinere Instrumente sein Dasein documentiren, denn dieses, wegen der Unmöglichkeit einer erklärenden Nachweisung, leugnen zu wollen, würde nur den Fehler der alten Philosophen wiederholen heissen, die in der Luft Nichts vorhanden glaubten, weil sie in ihr Nichts sahen. Ob directe Berührung nöthig ist, oder schon eine gewisse Fernwirkung genügt, d. h. eine den Zwischenraum überwindende Berührung, hängt von der Spannung der verwandtschaftlichen Kräfte ab, die in der chemischen Endosmose und Exosmose, in der electrischen Polarität und der magnetischen Anziehung bereits den Uebergang zu d e m zeigen, was in der Schwere die constante Erscheinung bildet. So lange die Affinitäten in ihren kleinsten Theilchen auf einander wirken, bleiben sie exemt von der Schwere, da sie eben noch keinen, weder einen flüssigen noch festen, Aggregatzustand constituirt haben; sie gehen dann in stehenden Oscillationen vor sich, wie die Manifestationen der Imponderabilien, wie das Licht, der Schall, die alle gleichfalls von den Eingriffen der Schwere ausgenommen bleiben. Sobald aber der Typus des Aggregatzustandes seine Ausbildung erlangt, tritt dieser als Ganzes in Beziehung zur Gravitation, und dann reduciren sich die Bewegungen seiner Elemente auf Zero, der äussern Erscheinung gegenüber.

Legen wir einen elastischen Faden aufgerollt nieder, so sehen wir ihn nach einiger Zeit sich wurmartig zu bewegen beginnen, und diejenige Stellung annehmen, die für das ruhende Gleichgewicht seiner Spiralwindungen die natürlichste ist. In den Spiralwindungen der Pflanze kreist der Bildungssaft einer in den Affinitäten ihrer Elemente auseinander gezogenen Krystallisation, die statt im Moment der Geburt zu sterben, ihr Leben in einem organischen Kreislauf erfüllt. Auch mit der allgemeinen Schwere ist sie in einen organischen Causalnexus getreten, der, unmittelbar an die Ernährungsprocesse angeknüpft, in organischer Gesetzlichkeit dauernd fortbesteht. Im Innern der Pflanze, aber ohne auf das Verhältniss derselben zu ihrer äussern

Umgebung zu influenziren, geht das verwandtschaftliche Spiel der Elemente während ihrer ganzen Existenzdauer vor sich. Im Uebergangsstadium der stehenden zu fortschreitenden Schwingungen, in der rückläufigen Kreisbewegung der Capillar-Attraction. Aus der Loslösung der Zelle (der in statu nascenti beständig unterbrochenen Krystallisation), aus der Loslösung des Zellorganismus, von seiner directen Verknüpfung mit der allgemeinen Gravitation folgt die freie Bewegung des Thieres, das sich eben in jedem Augenblicke seiner Existenz selbstständig seinen Schwerpunkt finden muss, folgt der freie Wille des Menschen, der, von der Wiege bis zum Grabe durch die Welt dahinstolpernd, beständig in künstlichen Associationen die Herstellung des Gleichgewichts zu suchen hat, das er mit jedem Zucken seiner Muskeln in der Mechanik des Weltalls verrückt. Auch hier liegt nur ein gradueller Unterschied zwischen Krystall, zwischen Pflanzenzelle und zwischen Thiergewebe vor. Der Krystall strebt seinen natürlichen Schwerpunkt an, oder wird, in normalen Verhältnissen, schon mit der Unterstützung desselben geboren, um nach dem Absterben seiner inneren Bildungsthätigkeit dauernd darin zu verharren. Bei der Pflanze identificirt sich die Dauer ihrer Bildungsthätigkeit mit der ihres Lebens selbst, und dieses steht in einem nothwendig bedingten Causalnexus der Wechselwirkung mit der Schwere, so dass, diesen aufhebend, es sich selbst zerstören würde. Das Thier balancirt beständig auf elastischen Membranen, um sich aus eigenem Mittelpunkte das Gleichgewicht zu schaffen. Mit jeder willkürlichen Bewegung, obwohl ihr Impetus immer nur secundär aus Gegenseitigkeiten abgeleitet ist, verrückt es die Statik des Weltgebäudes, und greift mit seinen geistigen Productionen regulirend in die Mechanik desselben ein, die, als harmonisch, nur durch gesetzlich compensirenden Einklang harmonisch hergestellt werden kann. In all dem Getriebe complicirter Bewegungen den primus motor suchen zu wollen, würde den Menschen über die Grenzen seines Horizontes hinausführen. In den relativen Verhältnissen, in denen er lebt, ist jeder Anstoss selbst schon ein Product, und aus Producten erzeugen sich neue. Es ist leicht den negativen Beweis zu führen, dass alle jene phantastischen Idealgebilde in letzter Ursache Missverständnisse einer unvollkommenen Weltanschauung waren, aber das Verständniss der Einheit kann sich dem integrirenden Theile des Ganzen nur in dem gesetzlichen Ahnen harmonischer Vollendung erfüllen, in dem Zusammenwirken des harmonischen Gewebes, das von seinem Auge aus die Unendlichkeit des Alls weiter und weiter durchspinnt. Im planetarischen Tellurismus bildet sich ein secundäres Gleichgewicht in dem Gegensatze der nach der Peripherie der Atmosphäre strebenden Wärme und der zum Centrum ziehenden Schwere; aber mit dem der cosmischen Sonne aufgeschlagenen Auge erwacht die schöpferische That des Geistes, der in der Diagonale des ewigen Gedankens aus den Schranken von Zeit und Raum hinausgeht.

Ein nicht durch gefasste Vorurtheile oder durch künstliche Systeme zu Theorien abgeleiteter Sinn wird sich von selbst im allseitigen Einklange mit der Natur fühlen, die ihn umgiebt, in einer steten Wechselwirkung mit allen Erscheinungen derselben, mag er diese feindlich oder freundlich auffassen *). Weil eben jeder Naturgegenstand zu dem Wilden in Beziehung tritt, ist jeder für ihn ein Fetisch. Der unbekannte Grund der Beziehung wird als das Unbekannte, als Manitou bezeichnet. Schreitet das Volk graduell und gesetzlich in seiner Entwickelung fort, hat seine Geschichte Zeit sich die Welt aus allen nacheinander erkannten Einzelnheiten zusammenzutragen, und (ohne vorher schon durch gewaltsam eingreifende Religionsbestrebungen im richtigen Gleichgewicht verrückt zu sein) erst dann die Einheit des Abschlusses zu erfassen, wenn sich die Mannichfaltigkeit des Raumes von selbst einheitlich mit dem Horizont des Himmelsgewölbes abschliesst, — in diesem Falle eines organischen Fortschreitens seiner Bildung, wird der Mensch die lebendige Wechselbeziehung mit seiner Umgebung, wie sie auf der untersten überall stattfindet, auch auf jeder höheren Stufe bewahren, er wird als Bürger des von dem Sohne des Himmels beherrschten Reiches der Mitte („der würdigste Platz" auch im System des Aristoteles) sich nur in seiner relativen Stellung eines höheren Ganzen fühlen, das nach oben zu den Geisterregionen, nach unten zu den Steinen weiterschreitet **). Aehnliche Anschauungen, wenn ein Osthanes die weitere Auffassung des contemplativen Orientes nach dem Westen überträgt, werden die activen Völker dieses anregen, aus der bestehenden Wechselwirkung auch praktischen Nutzen ziehen zu wollen. Sie werden, wie das Aeussere auf das Innere reagirt, von innen nach aussen zurückzureagiren suchen, da die Sterne die Metalle influenziren, durch diese jene ihrerseits zu influenziren streben; sie werden die harmonischen Linien des Cosmos in verschlungenen Arabesken einer phantastischen Magik auseinander-

*) Die Harmonie ist das Grundgesetz der Natur. „Ueberall strebt der Mensch (sagt Bentham), selbst unbewusst, nach angenehmen Empfindungen und Vorstellungen und sucht die unangenehmen oder das Uebel zu vermeiden."

**) Auf Tahiti gehörte der Mensch zu der fünften Classe intelligibler Wesen, die von Taarao und Hina geschaffen waren, als Rauha tanta I te ao la Tii (die Ordnung der Welt durch die Tii).

zerren, um eine subjective Verbindung der getrennten Punkte herzustellen.

Ich sah empor und sah in allen Räumen Eines,
Hinab in's Meer und sah in allen Weltenschäumen Eines.
Ich sah in's Herz, es war ein Meer, im Raum der Welten,
Voll tausend Träum'; ich sah in allen Träumen Eines.
Du bist das Erste, Letzte, Aeussere, Innere, Ganze;
Es strahlt dein Licht in allen Farbensäumen Eines.
Du schaust von Ostens Grenze bis zur Grenz' im Westen.
Dir blüht das Laub an allen grünen Bäumen Eines.
Vier widerspenstige Thiere ziehn den Weltenwagen:
Du zügelst sie, sie sind an deinen Zäumen Eines.
Luft, Feuer, Erd' und Wasser sind in Eins geschmolzen
In deiner Furcht, dass dir nicht wagt zu bäumen Eines.
Der Herzen alles Lebens zwischen Erd' und Himmel
Anbetung dir zu schlagen, soll nicht säumen Eines. (*Rumi.*)

Paracelsus nimmt eine Ausdünstung der Planeten in die Weltluft an, womit er die Epidemien in Beziehung setzt. — Als ein Beweis der Sympathie unter allen Dingen gilt dem van Helmont die Erscheinung, dass der Wein in den Fässern zur Zeit des Frühlings, wenn der Weinstock zu blühen beginnt, gährt und von selbst in unruhige Bewegung kommt. Athanasius Kircher besass aus dem Nil genommene Erde, die jedes Jahr am 17. Juni schwerer wurde, als an dem Tage, wenn das Steigen des Flusses beginnt. Die unendliche Kraft des Willens in dem Schöpfer (sagt van Helmont, dem der Wille oder blas humanum die erste aller Kräfte ist) ist auch in den erschaffenen Wesen festgesetzt und kann durch Hindernisse mehr oder weniger beschränkt werden. — „Meine echte Religion ist auch eine echte Magie," sagt Lavater. Böhme erkannte, dass die ganze Natur magisch (oder mystisch) sei, weil das wahre Wesen des Dinges nicht das äusserlich Erscheinende wäre (was geboren wird, wächst und stirbt), sondern das Verborgene, wogegen der Körper nur die Hülle ist. Jedes Ding hat also eine doppelte Natur, eine leibliche und eine geistige. Nach dem Tode geht es wieder in die geistige Welt ein. (*Ewald.*) — Wenn einer auf der Erde zu Buddha betet, entsteht in dem Paradies des Westens, im See der sieben Kleinode, sofort ein Lotos (durch Spiegelung). — Amita (unermesslich in der Sprache des Fan oder Sanscrit), der Buddha des verklärten Landes, hat einst feierlich gelobt, die Menschen zu erlösen. — Amita Buddha überdauerte ein Asengki (Unzahl) von Weltaltern eines Boddhisattva und ertrug mit Geduld unzählige Leiden.

Der passive Charakter der Orientalen steht solch' kühnen Versuchen, wenn er ihnen auch nicht ganz fremd bleibt, doch ferner. Er giebt sich mit ruhiger Beschaulichkeit dem Zusammenhange des Ganzen hin, dem Ineinanderwirken aller Theile, dem er sich selbst nicht entziehen kann. Das Factum zugebend, giebt er auch die Folgen bis in die letzten Consequenzen zu und wie dem Indianer das Thier entflieht oder stehen bleibt, je nach den Worten des angestimmten Gesanges, wie der Magier durch ein rothes Opfer die Kraft des Mars herniederzieht, durch den gezeichneten Stier die Kraft der Sonne bindet, so wird der Einfluss der tugendhaften Handlungen des Chinesen wohlthätig durch alle Classen der existirenden Wesen gefühlt.

Der Himmel, heisst es im Schuking, bestimmt die eigenthümliche Wesenheit jedes Besonderen. Aus dem, was derselben entspricht und damit übereinstimmt, ergiebt sich das Gesetz und aus der Feststellung des Gesetzes die Lehre. Das Gesetz führt zur Weisheit und wer diese gewonnen hat, harrt standhaft aus in der Mitte. Der Zustand, in welchem sich die Seele, ehe die Leidenschaften erwacht sind, befindet, ist der der Mitte; nachdem sie aber erwacht sind, tritt das Gleichgewicht ein, wenn sie das rechte Maass gewonnen haben. Die Mitte bildet im Weltall den Halt, das Gleichgewicht ist die Bahn für Alle. Wenn die Mitte und das Gleichgewicht sich in ihrer Vollkommenheit darstellen, befinden sich Himmel und Erde in Ruhe und reifen alle Dinge ihrer Vollkommenheit entgegen. Aufrecht erhalten im Leben der Menschen, wie im Leben des Weltalls wird das Gleichgewicht durch die sittliche Kraft des Menschen, der als Weiser oder Heiliger in seiner selbsterrungenen Vollkommenheit ausharrt in dem Festhalten der rechten Mitte und so als werkthätig ordnendes Glied in Gemeinschaft mit Himmel und Erde Theil nimmt am Schaffen der Dinge, sie in ihrem Dasein erhält und beschützt, wie auch die Erreichung des Zustandes der Vollkommenheit überall auch ausser sich hinwirkt. Gestört aber wird das Gleichgewicht im Leben des Weltalls durch die Sünde des Menschen und durch sein Abweichen von der rechten Mitte. Himmel und Erde sind der Vater und die Mutter aller Dinge, sagt Confutse, und Verstand zu ihrer Unterscheidung hat unter allen Wesen nur der Mensch. — Jeder Mensch hat sein Thai-ki (die Idee der Weltordnung oder des höchsten Gesetzes, das die Ursache der harmonischen Einrichtung des Universums ausmacht), die Natur des Menschen ist Thai-ki. Da aber Thai-ki nichts enthalten kann, was nicht gut wäre, so ist auch die menschliche Natur ursprünglich gut und vollkommen. Bei der Geburt sind alle Menschen gleich, aber bald fängt die äussere Welt an, auf die Menschen zu wirken. In Folge dieser Einwirkung kommt die Natur des Kindes in heftige Bewegung und ihre Vollkommenheit geht verloren. Ehe die Seele (die dem Yan-Yang gleicht) sich manifestirt, ist sie der Natur gleich, weil sie ursprünglich eben so vollkommen ist, wie diese. Das Denken ist eine Manifestation der Seele. Wer von diesem keinen angestrengten Gebrauch macht, der kann seine sittliche Natur nicht vervollkommnen. Wer viel nachdenkt, der bleibt auf dem Wege der Ausbesserung seiner schadhaft gewordenen Natur niemals stehen, sondern bemüht sich immer mehr die ursprüngliche Vollkommenheit wieder herzustellen. Jeder Mensch bringt den Keim zu den guten Eigenschaften mit auf die Welt. Sie bilden zusammen das Sittengesetz und sind nichts anderes, als die menschliche Natur selbst. Das Gesetz, nach welchem der Mensch diesen Eigenschaften gemäss handelt, heisst Tao (Weg). Wer diesen Weg eingeschlagen hat, der folgt der Natur selber und kann seine uranfängliche Vollkommenheit bewahren (s. *Sommer*). — Swedenborg nennt den Menschen die „Schlusslinie der göttlichen Ordnung" und weil er Schlusslinie ist, so ist er auch Grundlage und Grundfeste, und da es nichts Verbandloses giebt, so folgt, dass ein solcher Verband des Himmels mit dem Menschengeschlechte besteht, dass das eine durch das andere sich bedingt, und dass das Menschengeschlecht ohne den Himmel eine Kette ohne Haken, der Himmel aber ohne das Menschengeschlecht ein Haus ohne Grundfeste wäre. Der Mensch ist's, auf welchen die gesammte göttliche Ordnung hingetragen ist, von der Schöpfung her ist er die göttliche Ordnung und Ausgestaltung. — Das Band der Tugend umschlingt die ganze empfindende Schöpfung. (*Bentham.*) — „Sobald der Mensch durch Christus zur Einheit mit Gott gelangt (sagt Jacob Böhme), so gewinnt er auch von Christus eine wahrhafte, wesentliche Erkenntniss Gottes von der Welt, soweit Gott Jedem für zuträglich hält." — Wenn sich das Menschengeschlecht zur Sündenlosigkeit verbände, so würde es sich, wie die Bienen, ohne Beischlaf fortpflanzen, nach den Mystikern von Turin (1030). — Der Zweck der stoischen Ethik ist Glück, das im innern Frieden und in der Ruhe des Geistes (ἀταραξία) allein sicher zu finden ist, und zwar nur durch Tugend, als das höchste Gut. — Sollte die Maxime der Verneinung des Willens zum Leben allgemeiner werden, so würde (nach Schopenhauer) nicht nur das Menschengeschlecht aussterben, sondern auch die übrige Welt in nichts verschwinden. — „Wenn ein fruchtbarer Baum abgehauen wird, wenn die Schlange ihre Haut abzieht, wenn eine Frau von ihrem Manne geschieden wird, wenn ein Mann die Frau zuerst berührt, wenn ein Kind aus seiner Mutter Leib kömmt, und wenn die Seele aus dem Körper fährt, so geht eine Stimme von einem Ende der Welt zum andern und wird nicht gehört" (nach Rabbi Elieser). — Die in der heiligen Schrift enthaltenen Vorschriften sollen zwar den Willen leiten, sagen die Kabbalisten, und zu frommen Handlungen antreiben, aber die Ausübung dieser Handlungen hat nicht nur Einfluss auf die materielle Welt, sondern sie wirkt hauptsächlich auf die höheren spirituellen Welten, bis an die höchsten Regionen der Geister und bringt dort Harmonie und Vereinigungen der heterogensten Wesen hervor, in dem Geheimniss der Begattung des Vaters und der Mutter. Selbst der Mensch, als die Welt im Kleinen mit allen seinen festen und flüssigen Theilen nebst seinen Ausdünstungen, die eine Atmosphäre um ihn bilden, wie auch alle in ihm vorgehenden chemischen Processe, dieses alles ist Prototyp der oberen Welten (s. *Nork*). — Durch die Sünde verursacht der Mensch nicht nur ein Leiden in der Gottheit, nach der Kabbala, sondern auch in dem Gesammtuniversum, besonders in dieser irdischen Welt (Asiah), wo die Natur voller Dissonanzen ist und alle Wesen unter dem Fluche der Sünde des ersten Menschen seufzen. „Wisse (heisst es im Sephir Gilgulim), dass alle vier Welten viel höher standen, ehe Adam sündigte." — Im Jahre 1852 erklärte Dr. Richer zu Berlin in einem „wissenschaftlichen" Vortrage, dass die Erkaltung der Erdrinde unzweifelhaft von der Ueberhandnahme der Sünde herrühre. — „Wenn man einem Unbeschnittenen (heisst es im Sohar) nur ein Jota von dem Gesetze mittheilt, ist es, als ob man die Welt zerstört habe."

So wird die Moral zur Lehre der Mechanik des Weltgebäudes, zur Lehre vom cosmischen Gleichgewicht. Dann wird die Sünde abgebüsst, indem die Seele tiefer hinabsinkt in untere und niedere Thierkörper, sie mag zur Pflanze, mag zum Steine werden. Tugenden werden belohnt durch ihr Aufsteigen zu den Kasten des Geisterreichs. Der himmlische Kaiser, der Sohn des Schangti, hat auf Erden über die Erhaltung der Ordnung zu wachen, und da die Wirkungen der auf Erden begangenen Handlungen über die Grenzen derselben hinausgreifen, so ist er auch in seinen Belohnungen und Bestrafungen nicht auf diese beschränkt. Auch in dem Geisterreiche vermag er Würden zu ertheilen, oder zu degradiren, und wegen des allgemeinen

Zusammenhanges wirkt jede Beförderung oder Erniedrigung eines Lebenden auf die ganze Reihe seiner schon dahingegangenen Ahnen zurück, sowie vorwärts auf seine zu erwartende Nachkommenschaft*). Der chinesische Kaiser mag verstorbene Mandarinen wünschenswerthen Falls anstellen als Schutzgeist bestimmter Provinzen, über welche sie dann zu wachen haben, und so weit directeren Nutzen aus ihnen ziehen, als der Papst aus den canonisirten Heiligen, deren Menge noch ausserdem durch den thesaurus meritorum abundantium beschränkt ist. Am verständigsten verwandte ihn Alexander VIII., als er (1690) während der gefährlichen Türkenkriege den tapfern Capistrano, den Befreier Ungarns, heilig sprach. Billiger als sanctus (heilig) ist der Titel beatus (selig). Als Bernhardin Samson von Mailand, der Ablass-Commissarius, in Frankfurt seine drei unerhörten Gnaden (aus dem Schatze des Verdienstes Christi) verkündete, schwur der Tenner, sagend: Han die Päpste selligen Gewalt, so sinds gross unbarmherzig Bösewicht, dass sie die armen Seelen also lassen leiden, und was sollen der Landsknecht Seelen entgelten. (*Anshelm.*)

In dem dem Papst Honorius zugeschriebenen Grimoire wird der Höllenkönig Baymon ermahnt, treulich die ihm auferlegten Pflichten zu erfüllen, oder er würde unter doppelten Qualen brennen müssen. — Unter der Regierung des Belasch (Vater des Firons) wurden Juden, die den Sabbath nicht beachtet hatten, in Affen verwandelt. — In Akkrah gelten Affen (Diener der Fetische) für Menschen, die bei der Schöpfung verunglückt sind, bei den Serrakolets, wie auf Madagascar für Menschen, die wegen ihrer Sünden eine Verwandlung erlitten haben. — Die früheren Bewohner der Ruinen von Saharri waren von Gott wegen ihrer Sünden, sowie die Kräuter, Thiere und Saamen in Steine verwandelt. (*Ibn Batuta.*) — Nach den Tlascalteken waren die der Fluth entronnenen Menschen in Affen verwandelt, dann aber stufenweise wieder zum Gebrauche der Vernunft und Sprache gelangt. — Die Jangamas, als Gurus, wohnen den Malapockschas (den jährlichen Erinnerungsfesten der Verstorbenen, der Geburten und der Leichenbegängnisse) bei, um unter den Panschams-Cumbharu (einem eingeborenen Stamme des Dekkhan) Almosen zu empfangen, obwohl sie bei solchen Ge-

*) Wie die Juden und Japanesen, strafen die Chinesen die Vergehen der Väter an ihren Kindern und nach den preussischen Gesetzen hätte Aehnliches für die Familie Tschech's Geltung gehabt. Auch die Brahmanen, als dominirende Kaste, bestrafen Verbrecher schon auf Erden und belegen Verläumder mit einem stinkenden Athem, während eine schwächere Hierarchie sich mit der vergeltenden Hölle des Jenseits zu beruhigen pflegt. Geister werden selbst umgekehrt auf Erden bestraft. Im 9. Jahrhundert sahen die Bürger von Narni eine grosse Menge weissgekleideter Personen bei ihrer Stadt vorbeiziehen und erfuhren, dass es büssende Seelen seien, die das Grab des heiligen Martin besucht hätten und nach Nôtre-Dame von Farfe wallfahrteten. Später bildeten sich die Calandsbrüder, um für arme Leute nach ihrem Tode Vigilien und Seelenmessen lesen zu lassen.

legenheiten weder lesen noch beten. — Kaiser Theodosius setzte (auf Anregung des Ambrosius) mittelst förmlichen Beschlusses den Göttervater Jupiter und die Seinen ab, worauf die Zerstörung der heidnischen Tempel begann. — Mit „*Ἀνάθεμα ἔστω*" excommunicirte die Synode von Nicäa die von der Heiligen Gemeinschaft Ausgeschlossenen, sie des ewigen Lebens und der Vergebung der Sünden beraubend. — Die lex Salica bestimmte für den Fall, dass eine Strix einen Menschen aufgefressen, ein Wehrgeld, wie für den Todtschlag (200 Solidi). — Die Haube des flamen dialis durfte bei Verlust des Amtes nicht vom Kopfe fallen, wie die des Königs von Loango, bei dem der Unfall durch Steuerzahlungen des Volkes zu sühnen war, und schüttelte der Kaiser von Japan, der Dairi, der sich von Ten-sio-dai-sin (der herrliche Geist des lichten Glanzes der Sonne) ableitete, auf seinem Throne sitzend den Kopf, so würde die Welt aus ihren Fugen gerückt sein. — Trotz ihrer vielen Genüsse sind auch die „im Jenseits Lebenden" auf ihre Art unglücklich, sagt Fourier, weil sie unendlich viele Güter entbehren müssen, die sie augenblicklich geniessen würden, sobald die societäre Harmonie auf unserm Erdball eingerichtet wäre. Dann würden sie auch nicht dem Tode zu erliegen brauchen, um in das irdische Leben zurückzukehren. — Als aus Verzweiflung über die drückenden Arbeiten an den Canälen des unterwölbten Capitoliums viele Römer sich selbst das Leben nahmen, hielt Tarquinius sie davon ab, indem er ihre Leichen an das Kreuz schlagen liess. — Ludwig XI. übergab das Recht und Titel des Lehns und die Huldigung der Grafschaft Boulogne, wovon die Grafschaft zu Pol abhängt, an die Jungfrau Maria zu Boulogne, um vor dem Bilde der besagten Jungfrau von seinen Nachfolgern geleistet zu werden. (*St. Real.*) — Pius V. liess die geschichtliche Erzählung des Georg von Cappadocien (des Drachentödters) aus dem Brevier weg. — Offiziere werden auch nach dem Tode noch decorirt. — König Kanut, der (1086) in der St. Albanskirche zu Odensee erschlagen worden, wurde nach der päpstlichen Heiligsprechung (1100) als Protomartyr von Dänemark und Patron des ganzen Reichs verehrt. — Als das Gedicht des Zodiacus vitae nach dem Tode (im 16. Jahrhundert) des Dichters (Palingenius) von den Protestanten sehr gerühmt wurde, wurde es nachträglich auf den päpstlichen Index gesetzt, der Leichnam ausgegraben und verbrannt, wie Giraldi erzählt. — Rabulas, Tyrann-Bischof von Edessa, begnügte sich nicht an den Lebenden Rache zu nehmen, sondern auch an den Dahingegangenen (klagt Ibas), so an dem seligen Theodoros, der doch im Leben die Häretiker so tapfer gebrfeigt und der von ihm öffentlich mit dem Anathema belegt wurde. — Die mit dem Titel erster Klasse (dai Seo dai Sin) beehrte Person kommt, wie die Japaner glauben, nach ihrem Ableben sogleich zu einem Gotte oder Kame, weshalb der Mikaddo diesen Titel meist für sich selbst nimmt und ihn selten einem Andern überlässt. — Der im Jahre 1532 erscheinende Comet wurde vom Papst excommunicirt, wie häufig Ungeziefer und Mäuse von den kleinen Duodez-Päpstlein. — Zur Zeit Pombal's standen alle portugiesischen Regimenter unter dem Schutze eines besonderen Heiligen und ein Offizier erzählte Jennings, dass das seinige damals den heiligen Antonius als Schutzpatron wählte, der später bis zu dem Range eines Obersten stieg und seine Gage regelmässig empfing. In der österreichischen Armee ist die heilige Jungfrau Generalissimus, bei deren Bilde es vor einem Kriegsrathe rathsam bleibt in stiller Consultation zu beten. — Ereignete sich bei den Mongolen, dass ein Knabe und ein junges Mädchen ungefähr zu gleicher Zeit starben, so pflegten die Eltern sie (wie Marco Polo erzählt) zu vermählen, indem sie ihnen die Hochzeitsgeschenke, in Papier ausgeschnitten, verbrannten. — Von den vier Ehecontracten ist in China einer verbrannt vor Himmel und Erde, als ein Testimonium für gute und böse Geister. — Geleitet von der Beobachtung, dass Kinder, die unter dem Eindrucke von Verbrechen und Gemälden von Verbrechern empfangen werden, später für dasselbe Verbrechen auf dem Schaffote sterben, hebt Da Gama Machado die Gefahr hervor, Frauen an gerichtlichen Debatten Theil nehmen zu lassen, worin ihm Giron de Buzareingues beistimmt. — Auf Krösos Klage über das ihm gewordene Orakel, erhielt er die Antwort, dass die Schuld seines Stammvaters an ihm zu rächen gewesen und dass Loxias (Apollo, der Zweideutige) die Verhängnissmächte nicht hätte bewegen können, die Strafe auf seine Kinder zu übertragen, doch hätte er den Fall von Sardes um drei Jahre verzögert. (*Herodot.*) — Nach den schottischen Chroniken liess der (deshalb von Cölestin IV. belobte) König Alexander II. die Mörder des Bischofs Adam entmannen (und ihre Glieder auf dem testiculorum collis zusammenhäufen), damit die Verbrecher keine Erben zeugen können. — Der japanische Erbkaiser hat das Recht, Andere zu canonisiren und zu Göttern zu erheben, wenn er durch Erscheinungen nach dem Tode oder andere Wunder dazu veranlasst wird. Er giebt ihnen alsdann grosses Lob und legt ihnen auch einen hohen Namen bei, und er selbst oder Jemand sonst erbaut dem Gotte eine Mia. Befinden sich nun dessen Anbeter gut bei seinem Dienste, oder werden Wunder ruchbar, so werden auch in anderen Provinzen Tempel für diesen Gott erbaut. Und so nimmt also die Zahl der Götter und ihre Tempel immer von einem Jahrhundert zum andern zu. Auch kann der Kaiser die entleibten Götter, die ihn jährlich einmal, während eines ganzen Monats (wo die Japaner keine Feste feiern) besuchen, zur Aufsicht und besonderen Sorge für bestimmte Orte anstellen. (*Kämpfer.*) — Die Japaner besitzen manche Reliquien noch aus dem silbernen Zeitalter, die hoch verehrt werden. — Im sechszehnten Jahrhundert herrschte bei protestantischen Eltern die Sitte, das Kind im Mutterleibe durch einen feierlichen Act Christo zuzutragen. (*Riehl.*) — Makareus, Priester des Dionysos in Mitylene, büsste seine Verbrechen mit dem Leiden seiner Gattin und seiner Kinder, nach Aelian, wie auch Homer die Strafe in der nachfolgenden Generation kennt, wenn auch nicht bis zum dritten Gliede. — Der Parse kann bis zum siebenten Jahre kein Uebles thun, da so lange seine Eltern für ihn verantwortlich sind. — Wenn der Mensch für sich selbst sündigte (heisst es im Jalkut Chadasch), so wäre die Sünde gering, aber der Mensch sündigt mit seinen Vätern, die durch das Geheimniss der Ibbur in ihm sind, und deshalb ist die Sünde schwer. — Um Menschen mit ausgezeichneten Eigenschaften zur Welt zu bringen, muss (nach Tschen-schi-tsao) die Erziehung schon vor der Geburt beginnen durch die Vorsicht der Schwangeren, denn die guten oder bösen Eindrücke, die sie in einem solchen Zustande aufnehmen, hätten mächtigen Einfluss auf das werdende Kind. — Plato erzählt von Männern, die vor den Thüren der Reichen umherzogen und behaupteten, die Kraft zu haben, durch Opfer oder Besprechungen die Sünden der Menschen, ja selbst der Vorfahren zu sühnen, durch Bannflüche und Beschwörungen über Götter und Dämonen zu herrschen. — Bei einer grossen Geldnoth erlaubte (wie in der altrussischen Geschichte) König Asychis (in Egypten) den einbalsamirten Leichnam des Vaters zu verpfänden, doch wurde der zahlungsunfähige Schuldner dann, wenn der Gläubiger es verlangte, selbst des Begräbnisses verlustig. — Wenn das Kind in einem bösen Monate, Tage oder Stunde geboren ist, oder wenigstens der Ambiasse (auf Madagascar) es so erklärt, wird es von seinen Eltern getödtet, da es sonst ein Vatermörder. Dich und der schändlichste Verbrecher werden würde, weshalb seine Ermordung ebenso verdienstvoll ist, als die Tödtung eines Scorpions oder einer Schlange, wenigstens wenn es nicht möglich bleibt, durch Opfer (falls) den Bann der feindlichen Constellation zu brechen. — Da der Gottmensch, als persona infinita, eintrat für endliche Wesen, so hat sein Leiden und Tod ungleich mehr geleistet, als zur Sühne der endlichen Sündenschuld der Menschen nöthig war, woraus sich (nach der von Thomas von Aquino erweiterten Satisfactionslehre Anselm's) ein meritum superabundans (ein überschüssiges Verdienst) ergiebt, über das die Kirche zum Besten ihrer Glieder disponiren kann. Durch Beobachtung der evangelischen Rathschläge (Consilia evangelica), die am leichtesten im Klosterleben erfüllt werden, kann sich Jeder eine höhere Stufe der Heiligkeit erwerben und der Ueberschuss seiner überverdienstlichen Werke (opera supererogationis) fliesst dann, wie der aller Apostel, Heiligen und Märtyrer, in den thesaurus meritorum abundantium, der im zehnten Jahrhundert so angeschwollen war, dass der Papst noch Canonisationen der Heiligen unternehmen konnte, ausser den schon immer für die Erlösung der im Fegefeuer zurückgehaltenen Seelen abgehaltenen Messen. Diese beständige Communication mit dem Jenseits, wie sie auch der Kaiser von China in seinen Mandarinenabtheilungen unterhält, wird erleichtert dadurch, dass man ausser der Gott allein zukommenden *λατρεία* (adoratio) der Gottesmutter eine *ὑπερδουλεία* und den Heiligen eine *δουλεία* zukommen lassen kann. — Non solum pro fidelium vivorum peccatis, poenis, satisfactionibus et aliis necessitatibus, sed et pro defunctis in Christo nondum ad plenum purgatis rite juxta apostolorum traditionem wird das Messopfer dargebracht. Unum et idem sacrificium esse fatemur et haberi debet, quod in missa peragitur, et quod in cruce oblatum est. — In den Pesikta Rabbathi übernimmt der Messias willig alle Leiden, die über ihn verhängt sind, „wenn nur dadurch bewirkt wird, dass Gott die Leiber einst wieder auferweckt, die durch die Sünde Adam's die Beute des Grabes wurden, und nicht nur die allein, die eines natürlichen Todes starben, sondern auch Jene, die von wilden Thieren zerrissen wurden oder in den Fluthen umgekommen sind. Auch die unzeitigen Geburten sollen nicht ausgenommen sein, auch nicht die noch zu erschaffenden Generationen. Alle diese sollen durch ihn des Heils theilhaftig werden.“ — Die Brüderschaft von den 11000 Jungfrauen (St. Ursula's Schifflein) hatte (nach den Statuten des Vereins) an geistlichen Schätzen, die den Brüdern zur Seligkeit helfen sollten, aufgesammelt: 6455 Messen, 3550 ganze Psalmen, 200000 Rosenkränze, 200000 Te deum laudamus, 1600 Gloria in excelsis deo, ferner: 11000 Gebete für die Patronin St. Ursula und 630 mal 11000 Paternoster und Ave Maria. Ferner den 10000 Rittern 30 mal 10000 Paternoster und Ave Maria u. s. w. Und die ganze erlösende Kraft dieses Schatzes kam der Brüderschaft zu Gute. Ein Laie verdiente die Brüderschaft, wenn er in seinem Leben einmal 11000 Vaterunser und Ave Maria betete; betete er täglich 32, so erwarb er sie in einem Jahre, mit 16 in zwei, mit 8 in vier Jahren. Bei Abhaltung genügte das Lesen von 11 Messen. (*Freytag.*)

Während in China dieses Weltbewusstsein eines allgemeinen Zusammenhanges in der Lehre vom Tugendstaat seine practische Ausbildung erhielt, führte es unter den indischen Philosophen, die, da ihnen das politische Leben zum Gegenstande fehlte, über ein Nichts speculirten, zu den barockesten Auswüchsen. Bald war es

Sünde, der umgebenden Natur, in der sie überall Leben und abortive Menschenseelen, wie Lamark, sahen, die Bedürfnisse des täglichen Verbrauchs zu entnehmen, bald war es umgekehrt die hohe und heilige Pflicht des Menschen, der auf dem Gipfel der Stufenleiter stand, alle übrigen Wesen *) in sich zu assimiliren, um sie baldmöglichst ihrer letzten Vollendung und Erlösung entgegenzuführen **). Bald schied sich die Welt in die Reiche des Lichtes und der Finsterniss, in den Gegensatz freundlicher und feindlicher Einwirkung, und dann hatte der Götterfunke der Seele die Aufgabe, die umhergesprühten Strahlen des ersteren wieder aus dem letztern zu sammeln. Von Brahma aus steigt in zusammenhängender Verkettung die Stufen-

---

*) Die Insecten, die sich in der Haut eines Heiligen nähren, der schon auf Erden zum Besten seiner Mitmenschen seinen Körper hingab, werden sogleich in einem Jenseits zum seligen Paradiese der Buddhisten wiedergeboren. — Macarius setzte sich freiwillig den Stichen der Mücken aus, als er eine unabsichtlich getödtet. Eine Kuh bot ihm nach Fasten das volle Euter (400 p. C.). In Piacenza wurde er begraben und verscheucht Gewitter, wenn er angerufen wird.

**) Nach den Manichäern waren die Seelen schuldig, da sie, als Gott sie sandte die Materie zu bezähmen, sich, durch ihre Reize verführt, damit vereinigten und so in allen Gegenständen umherirrten. Von den Menschen werden sie gegessen, und dann bei der Zeugung mit den Kindern vereinigt. Dann aber findet sich ein Ausspruch des Manes, dass durch die Kraft des heiligen Geistes, durch seine geistigen Ausflüsse die Erde den leidensfähigen Jesus (Jesus patibilis bei Augustin) empfängt und erzeugt, der das Leben und Heil aller Menschen ist und an allen Bäumen hängt. Indem dann diese geistigen Substanzen genossen würden, so diene die Speise zur Reinigung der Seele, die neue Lichttheile damit aufnähme. Eine andere Anschauung konnte dagegen umgekehrt zum ascetischen Leben führen, sich der Nahrung zu enthalten, um nicht in ihrem Essen dem Gott Schmerzen zu verursachen, während wieder die Idee, dass gefallene Seelen in die Materie eingeschlossen seien, die Indier verhindern mochte, sie in sich aufzunehmen, um sich nicht dadurch zu verunreinigen, oder den Buddhisten eine möglichst bedeutende Absorption von Speisen, wie es in den dickbäuchigen Bildern ausgedrückt ist, zur Pflicht machte, um dieselben mittelst des höher organisirten Menschen möglichst rasch sämmtlich aus ihrem niedern Zustande zu dem der Reinigung zurückzuführen. Die Seelen der Gemeindeglieder (unter den Manichäern), die das Land bebauten, sich verheiratheten und handelten, im Uebrigen aber gute Menschen seien, gingen (als noch nicht rein genug, um in den Himmel aufgenommen zu werden) in Melonen und Gurken über, um in diesen Früchten von den Auserwählten, die, als unverheirathet, weniger dem Fleisch unterworfen seien, gegessen zu werden und so ihre Reinigung zu vollenden. Nach Bar-Hebräus ging die allmählig aller guten Substanz beraubte Materie dann zuletzt ganz zu Grunde. Nach den Valentinianern bestand der Mensch aus dem Materiellen, dem Thierischen und dem Geistigen, wovon das erstere schliesslich vernichtet werden würde.

leiter der Wesen hinab bis zu den Thieren und Pflanzen. Auch den Pflanzen schreibt Manu inneres Bewusstsein und das Gefühl der Freude und des Schmerzes zu, indem ihre Seelen gleich denen der Thiere in Folge sündvoller Handlungen eines früheren Lebens von Dunkelheit umhüllt wären. In dieser überall von Brahma durchdrungenen Welt steigt die Seele auf und nieder, durch ihre Verdienste erhoben, durch ihre Sünden herabgezogen nach unabänderlichen Gesetzen. Den Weg zur Befreiung von der Wiedergeburt, den Hafen der Ruhe aus dem Meere der Sansara, fand Buddha, indem er in tiefster Meditation bei der Stadt der Malla Kuçinagara sich das ganze Gewebe der Wiedergeburten vergegenwärtigte und so zur Auslöschung der Individualität und der Erlösung geführt wurde. „Ich bin derjenige (sagt Buddha bei seiner Geburt), der alle lebenden Wesen von der Geburt, dem Alter, der Krankheit und dem Tode errettet."

„Der Geist, sagt Porphyrius, denkt nicht auf dieselbe Weise in allen Dingen, aber in einer diesen Dingen entsprechenden Weise. Im Verständniss denkt er auf rein intellectuelle Weise, in der Seele vernünftig, in den Pflanzen als Samen (σπερματικως), in dem Körper als Einbildung, in der Substanz, die über allen Substanzen ist, in einer unbegreiflichen, unendlich erhabenen Weise." Nach Ibn-el-Arabi loben auch die Steine Gott, wie ein Prophet, der einen solchen in seiner Hand hielt, hörte. Das von Ssalih zur Bekehrung der Thamuditen aus einem Stein geschaffene Kameel bekannte: „Es giebt keinen Gott ausser Gott und Ssalih ist sein Prophet." Moses klagt nach den arabischen Legenden, dass auch die Engel sterben müssten. „Was jedem Wesen seinen Vorzug und seine Qualität giebt, das ist die Weltseele in ihm," lehrt die Sakhya-Schule.

„Ich bin nicht ein Aeon, sondern ein Mensch, ich bin ein Theil des Universums, wie eine Stunde ein Theil des Tages ist. Ich muss kommen und vorübergehen, wie diese Stunde," sagt Epictet (bei Arrian). — Zu seiner cosmischen Bedeutung wurde der historische Glaube des Buddhismus, der sich an die Persönlichkeit seines Stifters knüpfte, durch die transcendentale Erkenntniss der Pradschna paramita (den Sutras des grossen Fuhrwerks durch ihren metaphysischen Inhalt verwandt) geführt, indem die Scene von der Erde weg, in die Unendlichkeiten phantastischer Buddha-Welten gelegt wurde. — Zur ersten Abstufung der Weltseele gehören: die Steine (Gebeine und Nägel Gottes), zur zweiten: Sonne, Mond und Sterne (die Sinne, durch welche Gott empfindet), während der Aether sein Gemüth ist, dessen Kraft, wenn sie die Sterne durchdringt, sie zu Göttern macht, wenn sie aber die Erde durchbebt, dieselbe zur Göttin Tellus macht, wenn sie durch die Meere geht, den Ocean zum Gott Neptun macht. (*Varro.*) — Nach Clemens Alexandrinus gab es mehrere Welten vor Adam. — Die Weltseele, wenn sie den oberen Theil der Erde durchströmt, macht den Vater Dis zum Gotte, wenn sie den unteren durchströmt, die Proserpina zur Göttin. Pluto, Proserpina und Tellus, obwohl eine Gottheit, wurden jede in einem besonderen Tempel mit besonderen Opfern und Geheimnissen verehrt. — Wong ist (an der Goldküste) 1) das Meer und Alles was darin ist; 2) Flüsse, Seen, Quellen; 3) besonders eingezäunte Stücken Landes und namentlich alle Termitenhaufen; 4) die Otutu, die über einem Opfer errichteten kleinen Erdhaufen, und die Trommel eines gewissen Stadttheiles; 5) gewisse Bäume; 6) gewisse Thiere: Krokodil, Affe, Schlange u. s. f., während andere Thiere nur den Wongs heilig sind; 7) die vom Fetischmann geschnitzten und geweihten Bilder; 8) zusammengesetzte Sachen aus Schnüren, Haaren, Knöchelchen u. s. f., die als Mysterien behandelt werden, obwohl sie verkäuflich sind (s. *Waitz*). — Schleiermacher machte den Gedanken der Immanenz Gottes (das Innewohnen des göttlichen Wesens in der Welt) theologisch wirksam und setzte die Religion in die Bestimmtheit des Gefühls, alle Begebenheiten als Handlungen Gottes vorzustellen und Gott als lebendige Einheit des Alles, sich selbst aber von ihm gänzlich abhängig zu fühlen. — „Gott hat ihn getödtet, er ist zu den Göttern gegangen, wie wunderbar hat Gott das gemacht!" sind gewöhnliche Ausdrücke der Betschuanen. (*Livingstone.*) — Die Analogie (als das innere Harmoniren des Seins aller Dinge mit dem Sein jedes Einzelnen) ist das Denkgesetz Fourier's, und Nichts ist für sich wahr, indem es nur durch die Analogie seines Seins mit dem All Wahrheit ist. — Carrière sucht Natur und Geschichte in Gott, Gott in Natur und Geschichte zu begreifen. — Während Fichte das Ich zum absoluten Werden machte, fasste Schelling das absolute Werden als das Ich im unendlichen Sinne. — Nach Leibnitz ist die Gottheit ebenfalls Monade, aber diejenige, deren schöpferischer Wille alle übrigen Monaden durch Ausstrahlung (Efulguration) schafft. Je nachdem eine Monade der göttlichen Vollkommenheit in höherem oder geringerem Grade theilhaft ist, besitzt sie eine hellere oder trübere Vorstellung vom ganzen Universum. — Lessing betrachtet die Offenbarung nicht als eine seit einer bestimmten Zeit abgeschlossene, sondern fortwährende, stufenweise Erziehung des Menschengeschlechts durch Gottes Geist. — Bei Hegel erscheint die Weltgeschichte (die Geschichte der Staaten in ihrer Wechselwirkung) als der Entwicklungsprocess des menschlichen Geistes: „die Weltgeschichte ist das Weltgericht." — Vico, der das Universum als die Offenbarung der ewigen Ideen Gottes betrachtet, sieht den Begriff des Menschen nicht im blossen Individuum, sondern in der Gesammtheit der Menschen und deren Schicksalen verwirklicht. —

> Ich bin das Sonnenstäubchen, ich bin der Sonnenball,
> Zum Stäubchen sag' ich: bleibe, und zu der Sonn: entwall'.
> Ich bin der Morgenschimmer, ich bin der Abendhauch,
> Ich bin des Haines Säuseln, ich bin der Wogenschall.
> — — — — — — — — — — — — —
> Ich bin der Wesen Kette, ich bin der Welten Ring,
> Der Schöpfung Stufenleiter, das Steigen und der Fall;
> Ich bin, was ist und nicht ist. Ich bin, o der du's weisst,
> Dschelaleddin, o sag' es: Ich bin die Seel' im All. *(Rumi.)*

L'humanité est un être collectif, qui se développe. Cet être a grandi obéissant à une loi, qui est sa loi physiologique, et cette loi a été celle d'un développement progressif (im St. Simonismus.) — Auch in der Laus sei Gott, wie im Menschen, sagten (nach Johannes Vitoduranus) die thurgauer Bedgharden (bedgan: beten). — Das Weltall führt bei den Buddhisten den Namen Loga d. h. Zerstörung und Wiederherstellung, indem von Ewigkeit her eine Welt auf die andere nach unabänderlichem Naturgesetz (damnada) gefolgt, wie im Kreislauf eines Rades. (Sangermano.) — Da sich immer gleich zu bleiben nur der göttlichsten Natur zukommt, so bewegt sich das Weltall nach entgegengesetzten Richtungen im Kreise und zwar, wenn es rückläufig wird (wie der Gott zur Zeit des Atreus ein Zeichen gab), so verjüngt sich das Alter zu Kindern, die immer kleiner werdend, verschwinden und erheben sich die Todten aus der Erde (als erdgeborenes Geschlecht), bis, sobald der Gott (das drehende Steuer loslassend) in seine Warte zurücktritt, Alles, nach anfänglicher Verwirrung, in das alte Gleis zurückkehrt. (*Plato.*)

In der steten Wechselwirkung aller Theile verschwindet jede Trennung wenigstens für die heilige Seele, als den letzten und feinsten Extract. Denn wer schon vorher alle Stufen durchlaufen hat, also den Weg kennt, wird ihn auch später stets mit grösserer Leichtigkeit wiederfinden.

Nach Lucretius werden (durch die vis abdita quaedam) dieselben Stäubchen, woraus ein Mensch zusammengesetzt ist und die sich nach dem Tode zerstreuen, mit der Zeit dieselbe Lage wiederbekommen und einen neuen schaffen. Die Rabbinen besuchen die Synagoge des Himmels, um über Spitzfindigkeiten zu consultiren, die sie auf Erden nicht lösen können, und in den Disputationen mit Tipo (Deva) flogen die um Antwort verlegenen Arhat in den Himmel der Touchitas, um Tscheschi (Maitreya) um Rath zu fragen. (*Hiouen-thsang.*) Als der Gymnosophist Thespion einem Baume befahl, den Apollonius von Thyana zu begrüssen, neigte er sich vor ihm und redete ihn mit weiblicher Stimme an. Nach St. Hieronymus kamen Abgesandte der Satyrn zu St. Antonius in der Wüste, ihn um seine Fürbitte bei Christus ersuchend, dessen Niederkunft zur Erde ihnen bekannt geworden war. Als Mohamed den Koran las, lauschten die Peri, um gleichfalls erlöst zu werden. Nach Philaster redeten in den Schriften der Manichäer die Seelen der Thiere, um zu zeigen, dass sie mit denen der Menschen von einerlei Art seien. Der Drachen bezwingende Jesus der Apocryphen, der (wie Orpheus von Löwen und Tigern) von Ochsen und Eseln begleitet umherwandelte, liess durch Engel einen Zweig der Palme, die sich geneigt *) hatte, um seine Mutter zu laben, in's Paradies setzen. Wie der Sabbathion im Lande des Pap Jans (nach Rabbi Menasse ben Israel) am Sabbath keinen Stein auswirft, so spricht Josephus von einem am Sabbathe ruhenden Flusse bei Raphanä und Plinius von dem am siebenten Tage austrocknenden Sabbathfluss in Judäa. Das Korn (der Hirse) von dem von des Kaisers Händen bearbeiteten Feld (in China) soll an Güte ungleich das der Fürsten übertreffen. Von Hillel heisst es (im Sopherim), dass

*) Vor dem Marienbilde zu Rastoburg kniete das Vieh und neigten die Bäume ihre Wipfel. Der heilige Antonius bekehrte einen Ketzer, indem er ihm einen Maulesel zeigte, der den Hafer stehen lässt, um die Hostie anzubeten.

er auch das Gespräch der Berge und Hügel, Bäume und Kräuter, des Viehs und der Thiere, sowie das der Teufel gelernt habe. Indem das Ich die Materie construirt, construirt es sich selbst (nach Schelling's System des transcendentalen Idealismus). „Die Materie ist nichts Anderes, als der Geist im Gleichgewicht seiner Thätigkeiten angeschaut. Die Materie ist der erloschene Geist, der Geist die Materie nur im Werden erblickt.“

Foe bekehrt den Drachenkönig in Oodyana. — Thiere eilten auf Orpheus' Leierklang herbei. — Steine sprachen Amen, als St. Antonius predigte. — Das auf Calvaria vergossene Blut ist nicht nur den Menschen, sondern auch den Engeln, den Gestirnen und allen erschaffenen Wesen heilsam gewesen (*Origenes*), weshalb auch die himmlischen Dinge (nach Paulus) nicht mit dem Blut von Thieren gesühnt werden konnten. — Crux salvatoris non solum ea, quae in terra, sed etiam quae in coelis erant, pacasse perhibetur. (*Hieronymus.*) — Wir opfern für das Wohl der Erde, des Meeres und des ganzen Weltalls, erklärt Chrysostomus, und die Engel Gottes eilen überall herbei, wo das wahre Blut des wahren Opfers fliesst. — Ist das Verdienst der Buddhas, das sie aus den Predigten der Buddhisten gezogen haben, erschöpft, so beginnt während eines Chiliocosmos ihr Gesicht zuerst sich zu schwächen, dann zerfallen ihre Kleider und schliesslich zerfliesst ihr Körper. — Dass er von einem Brahmanen-Mädchen (das in Folge seiner falschen Anklage lebendig in die Hölle fiel) des unzüchtigen Umganges beschuldigt wurde, gehörte zu den acht Leiden, welchen Sakyamuni sich ausgesetzt sah, selbst nachdem er den Rang eines Buddha erreicht hatte, um in früheren Existenzen begangene Fehler zu sühnen, derentwegen er, trotz der Myriaden von Milliarden von Jahrhunderten verlängerten Büssungen, noch immer straffällig blieb. Ueber den Untergang seiner Race durch den Fürsten von Kosala, sagte Buddha: In einer längst vergangenen Vergangenheit gab es ein Fischerdorf neben der Stadt Loyone. Einst trat eine Hungersnoth ein, und da es in der Nähe des Dorfes einen mit Fischen gefüllten Teich gab, zogen die Leute der Stadt dorthin, um davon zu essen. Unter den Fischen waren es zwei, einer Fou (Käseball), der andere Tochi (Verleumder) genannt, die sich erzürnten. Zur selben Zeit nahm ein kleiner Knabe, der sich ergötzte, die Fische auf der Oberfläche spielen zu sehen, einen Stock und schlug sie auf den Kopf. Jetzt sind die Stadtbewohner die Kinder Shakya's, der Fisch Fou ist der König Lieou-li, der Fisch Tochi ist der Brahmatchari Hao (der Minister des Königs) und der kleine Knabe bin ich selbst. Aus diesem Grunde muss das Haus Shakya durch den König Lieou-li untergehen. — Als ein zum Geschenk geschickter Löwe starb, liess ihm der Kaiser von China ein prächtiges Monument setzen, gleich einem hochgestellten Mandarin. — Ein Wassermann mit einer Bischofsmütze wurde (1433) im baltischen Meere gefangen und an den polnischen Hof gebracht, wo er sich sogleich zu den Bischöfen hielt und nur von diesen anrühren liess. Später sprang er, ein Kreuz machend, in's Wasser zurück. — Die Hunde wurden für schlechte Bewachung des Capitols bestraft, indem jährlich einer angenagelt wurde an einem Hollunder zwischen dem Tempel der Juventas und Summanus. — Bei den Slawen kündigt der Bienenvater dem Stocke stets in Festkleidung einen Todesfall oder eine Hochzeit, die sich im Hause ereignet hat, an. — Omoums, der (1677) vom Kaiser von China (Kanghy) nach dem weissen Berge (Tschang pe chan) geschickt war, um von demselben eine geographische Beschreibung zu liefern, fand bei seiner Ankunft ein treffliches Mittagsmahl in einem Rudel Hirsche, die vor seinen Augen von einem Felsen stürzten, und in Anbetracht dessen befahl bei seiner Rückkehr Kanghy dem Tribunal der Ceremonien, die Schutzgeister des weissen Berges, die seinen Gesandten so höflich empfangen hätten, um einen Ehrentitel höher hinaufzurücken. — Als einmal die römischen Priester wegen Verlegung des Demeterfestes Waffengeklirr und dumpfes Gestöhn auf den Floren der Stadt vernommen, wurden Fasten, öffentliche Gebete und Umgänge angeordnet. — Wie Pallas von Jährig hörte, las ein saugarischer Lama seinem getödteten Hunde Seelenmessen. — Die Bewohner des Städtchens Corbie (bei Amiens) rechneten es sich einmal zum grossen Verdienst an, ihre Hunde zum regelmässigen Brauche des christlichen Gottesdienstes anzuhalten. (*Hormayr.*) — Jedem Stück Vieh muss der Todesfall des Hausvaters einzeln angezeigt werden, und der Tod des Bienenvaters jedem einzelnen Bienenstock mit den Worten: „Der Herr ist todt;" dies muss durch den dem Gestorbenen am nächsten Stehenden, also durch die Hausfrau oder den ältesten Sohn geschehen. Dem Getreide wird der Tod angesagt, indem die Säcke angerührt werden (in Schlesien) und (in der Wetterau) muss Alles überhaupt im Hause gerüttelt werden. (*Wuttke.*) — Die Bestrafung des Flusses Gyndes durch Cyrus (der ihn für das Ertrinken eines heiligen Pferdes durch Canäle austrocknete), die des Hellespontes durch Xerxes (weil er seine Brücke im Sturm zerstört) ging aus der Ansicht hervor, dass etwas Empfindendes im Wasser sei, wie bei der virodhi bhakti (der rächenden Verehrung des Gegensatzes) der Hindus, die ihren Gott gleichfalls quälen und herausfordern. (*Wilson.*)

Die lasterhafte That des Menschen stört den Einklang der Natur. Misswachs, Dürre, Unfruchtbarkeit sind die Folgen der Sünden des Volkes, die durch Büssungen gesühnt werden müssen. Für das allgemeine Wohl unterzogen sich fromme Schwärmer vielfach Peinigungen und Gebetbussen, besonders in geistesträgen Zeiten, wo selbstpeinigende Heilige mit der Isisklapper durch die Strassen zogen, sich die Arme zerfleischten und heulend niederknieten. Um etwas abzubüssen, kroch man über die Strassen und Fluren und stiess sich den Kopf an die Tempelpfosten, wie Tibull erzählt. Unter Kniebeugungen wird zum Himmel gebetet, um etwas zu erreichen, wie es die Russen unter Kow-tows und Prosternationen thun. Bei Misswachs pflegten die alten Preussen ihre Sünden zu verwünschen, wodurch sie den Zorn der Götter auf sich herabgezogen, um Besserung zu geloben. Beim Glück preisen die christlichen Jakuten Gott, Unglück halten sie für die Folge ihrer Sünde. Der blosse Blick eines der Unzucht ergebenen Menschen übt (nach dem Glauben der Parsen) einen nachtheiligen Einfluss auf die Natur aus, indem Wasser und Bäume durch denselben abnehmen. Die Bewohner des Reikthales kamen in einem strengen Winter bei ihrem Tempelherrn (hofgode) zusammen, um Gelübde für milderes Wetter zu thun. Diese waren nach dem Vorschlage des Hofgode Geld für die Tempel, Kinder auszusetzen, Greise zu tödten. Ein anderer Häuptling wollte mit diesem Gelde Kinder und Greise ernährt haben, was auch angenommen wurde.

Bei den Indiern galt Kinderlosigkeit für die Strafe begangener Sünden, weshalb Kinderlose verachtet wurden, wie bei den Juden. — Unterlässt der Brahmane einen Sohn *) zu zeugen, so erlöscht das Tugendverdienst zu früh und er muss früher wiedergeboren werden. — Sonnenlos sind jene Welten, von tiefer Finsterniss bedeckt, wohin nach dem Tode diejenigen gelangen, die durch ihre Unwissenheit Tödter ihres Selbst und Geistes geworden sind. Das höchste Brahma ist Eins, unbeweglich, schneller, als der Gedanke. Wer alle Wesen in sich vereinigt und sich in allen Wesen erblickt, der hat kein Verlangen irgend ein Geschöpf zu verachten. Wenn der Mensch erkannt hat, dass der Geist alle Wesen ist, welche Bethörung, welcher Kummer kann dann noch sein für den, der dieses Eins-Sein versteht? (Sanhita des weissen Yajurveda.)

Durch gute Handlungen erwirbt man, zum Besten aller Naturgegenstände, hohes Verdienst, vielleicht noch überschüssiges, so dass es die Kirche in ihrem Thesaurus niederlegen kann. Nach den arabischen Reisenden (des 9. Jahrhunderts) glaubten die Indier sich grosses Verdienst bei Gott zu erwerben, wenn sie Khans, wie noch jetzt Mangrochaine für die Reisenden anlegten, ihnen Verkäufer mit Gemüse (wie noch jetzt Wasserträger) an den Weg stellten oder Fonds stifteten, um Freudenmädchen für sie zu unterhalten. Nach Kaiser Siuenking waren alle die weisen Minister, die (seit Anfang der Monarchie) dem Staate so nützlich gewesen, ebenso viele kostbare Geschenke, durch den Tien zugestanden, in Folge prinzlicher Tugenden und nach den Bedürfnissen des Volks. Nach den Siamesen gewinnen die Seelen der Guten Kraft und Stärke, um nach dem Tode noch überall die Schlechten zu verfolgen und bestrafen. Wie im chinesischen Himmelreich Sünde und Tugend sich unmittelbar in den Naturerscheinungen reflectiren, so bleibt auch in Leibnitzens Staat Gottes durch die Harmonie zwischen dem Reiche der Natur und dem Reiche der Gnaden keine gute Handlung ohne Belohnung, keine böse ohne Strafen durch den Naturlauf selbst. Nach Shaftesbury kann nur der Tugendhafte die Güte, Ordnung und Schönheit im Weltall fühlen. „Als Confucius geboren wurde, erzählen chinesische Schriftsteller, liess sich Musik im Himmel hören und kamen die Sterne näher zur Erde herunter, und als man das Kind wusch, eilten zwei Drachen herbei, es zu begrüssen. Wohin Buddha ging, schmückte sich (nach der Legende) die Natur, schlugen die Bäume aus und entflohen giftige Thiere. Als er in das Nirvana einging, weinten alle Dinge,

*) Der litthauischen Braut setzen die Frauen einen Kranz auf, den sie bis zur Geburt eines Sohnes tragen muss, indem sie sagen: „Die Mägdlein, die du trägst, sind von deinem Fleisch, bringst du aber ein Knäblein zur Welt, so ist es mit deiner Jungfrauschaft aus."

Sonne und Mond verloren ihr Licht und Boddhisattva Vadjapani (der Held mit dem goldenen Scepter) sagte: „In dem weiten Meere der Leiden und des Todes, wer wird unser Schiff und Steuer sein, in der Dunkelheit einer langen Nacht, wer unsere Lampe und Fackel!“ Als Quetzalcoatl von Tula abzog nach Cholula, wohin ihn alle Singvögel begleiteten, verwandelten sich die Fruchtbäume des Weges trauernd in dürre Stauden. Der Tod des Methusalech wurde (nach dem Midrasch) ausser von den Menschen, auch von den Thieren beweint, wie Balldr von der ganzen Natur und in dem Tempel desselben an der Sognebucht in Norwegen, der eine Asylstätte bildete, durften weder Thiere noch Menschen beleidigt werden und die Männer nicht mit ihren Frauen umgehen.

So lange noch der Kaiser der verantwortliche Vertreter des Volkes beim Himmel ist, hat er bei unglücklichen Naturereignissen auch die vicarirende Busse für dieses zu übernehmen. Bei einer anhaltenden Dürre bat Kaiser Gintsong den Himmel, ihn seine Fehler erkennen zu lassen, damit er sich bessern könne. Ein Anderer bot sich als freiwilliges Opfer dar. Während eines Gewittersturmes zogen sie sich stets in ihre Sündenkammer zurück und bei einer Heuschreckenplage ass der Sohn des Himmels eines dieser Thiere, damit sein Eingeweide, statt die des Landes verwüstet würden. Während einer anhaltenden Dürre fanden die von einer Reise zurückkehrenden Missionäre den Kaiser von China mager und abgehärmt, da er, wie er ihnen mittheilte, an den Leiden seines Volkes Theil nehmen müsse. Aber solche Theorien waren gefährlich. Das Volk mochte dann den Fürsten und dessen Sünden als Ursache seines Unglücks beschuldigen, es mochte auch wider seinen Willen sein Opfer fordern, es mochte ihn verbrennen, wie die Schweden ihren König Donald nach dreijährigem Misswachs.

Der Wakliman oder Oberkönig der Zindsche wurde zum Tode verurtheilt, wenn durch die allgemeine Stimme des Volkes erklärt war, dass er sich der Gesetze der Gerechtigkeit entschlagen habe und aufhöre, ein Sohn des Herrn des Himmels und der Erde zu sein. In China ist der Kaiser für das Volk verantwortlich, wogegen nach Manu dem indischen Könige nur der sechste Theil der Strafen für ihre Sünden angerechnet wird, aber auch der sechste Theil des Verdienstes für ihre Tugenden. Bei den Antaimours (auf Madagascar) wird der König fast göttlich verehrt, ist aber auch für das Gedeihen der Früchte und für alles Unglück verantwortlich, von dem das Volk getroffen werden mag. — Der Sohn des Himmels repräsentirt, indem er dem höchsten Wesen opfert, den Körper der ganzen Nation und richtet seine Gebete im Namen und für das Bedürfniss der ganzen Nation an das höchste Wesen. Die andern Fürsten repräsentiren jeder die besondere Abtheilung der Nation, deren Pflege ihnen anvertraut ist, und bitten den Schangti um den Schutz und das Wohlergehen dieser Abtheilung. Das höchste Wesen ist unter dem allgemeinen Sinnbild des sichtbaren Himmels dargestellt, doch stellt man dasselbe auch unter den besonderen Sinnbildern der Sonne, Mond und Erde dar, weil sich durch deren Wirkungen die Menschen der Wohlthaten des Himmels für ihren Nutzen, Unterhalt und Annehmlichkeiten des Lebens erfreuen. — Um ihre Dankbarkeit gegen das höchste Wesen an den Tag zu legen, haben die Alten das Opfer am Tage des Wintersonnenstillstandes eingerichtet, weil die Sonne dann ihren wohlthätigen Lauf erneuert. — Die Familie ist bei den Maravis so streng patriarchalisch geordnet, dass das Haupt derselben alle Verantwortlichkeit für seine Untergebenen allein trägt, sie überall zu vertheidigen und die von ihnen gemachten Kosten zu bezahlen hat, aber sie auch nach Belieben verheirathen und verkaufen kann. — Die zunehmende Dürre ihres Landes wird von den Nuba den Tyrannen der Egypter zugeschrieben, indem die Verbrechen und Sünden dieser habsüchtigen Herrscher den Fluch des Himmels auf das Land herabzogen. — Während einer allgemeinen Unfruchtbarkeit schloss der Kaiser Yong tsching sein Edict, worin er den Mandarinen möglichste Linderung des Elends anempfahl, mit den Worten: „Zwischen dem Tien (Himmel) und den Menschen besteht eine Wechselwirkung von Fehlern und Strafen, von Gebeten und Wohlthaten. Erfüllt eure Pflichten, vermeidet die Fehler, denn es ist die Folge unserer Sünden, wenn der Tien uns straft. Schickt derselbe eine Plage, so müssen wir aufmerksam werden auf uns selbst, reuig uns bekehren, uns bessern und beten, denn durch Gebet und durch Besserung werden wir den Himmel günstig stimmen. Ich gebe diesen Befehl nicht in dem Glauben, als ob ich fähig sei, auf den Himmel Einfluss üben zu können, aber ich wünsche euch zu überzeugen, dass, wie oben gesagt wurde, zwischen dem Himmel und den Menschen eine Wechselwirkung von Fehlern und Strafen, von Gebeten und Wohlthaten besteht."

Bald fand man es vortheilhafter die Sündenschuld auf das Volk zu wälzen und hatte jetzt das Recht, erst recht zu strafen, wenn es unglücklich war. So konnte die Staatskasse ihre Einnahmen stets auf gleichem Niveau erhalten. Denn wenn bei schlechten Ernten der Zehnten zu gering ausfiel, so wurde das Deficit durch den Unterthanen auferlegte Busszahlungen ersetzt, weil sie so schlecht gewesen waren, schlechte Ernten zu bewirken.

In einer von Timkowsky mitgetheilten Proclamation des Kaisers heisst es über einen plötzlich entstandenen Staubwirbel: „Diese Erscheinung war sehr ungewöhnlich. In der Tiefe des Herzens Furcht empfindend, konnte ich mich die ganze Nacht hindurch nicht der Ruhe überlassen, indem ich über die Ursachen der himmlischen Belehrung nachdachte. Nach der Auslegung der Kennzeichen der Schuld, die in dem Buche von dem grossen Vorbilde enthalten sind, verkündet ein anhaltender Wind Blindheit. Gewiss ist dieses daher entstanden, dass ich ohne Scharfsinn die Angelegenheiten des Reichs verwaltete und unwürdige Beamte einsetzte. Es kann sein, dass wegen meiner Unaufmerksamkeit auf die Gefühle des Volkes diese nicht zum Throne gelangten und daher bleiben die Mängel und Gebrechen der Regierung nothwendiger Weise unverbessert." Gegen Ende wird gesagt: „Alles dieses ist hinlänglich, um uns den Zorn des Himmels zuzuziehen. Aber der Wind wehte von Südost. Man muss denken, dass der Südost versteckter Weise dahin geflüchtete Aufrührer nähre, welche die Vorgesetzten in den Oertern nicht entdecken können und dadurch ist auch die Erschütterung in der Harmonie des Himmels entstanden. Voll von Besorgniss und Furcht denke ich vor Allem darauf, mich zu prüfen und zu bessern, und in Einfalt des Herzens frage ich nach Allem u. s. w." — Die chinesischen Geschichtschreiber leiten die Landplagen unter den Juan von dem Zorn des Himmels her, über die in Schaaren mit kaiserlichen Patenten umherziehenden Lamas, die das Volk aussaugten und verderbten. — Nach Chrysipp leben die Menschen alsdann der Natur gemäss, wenn sie nicht nur in allem Thun und Lassen mit ihrer eigenthümlichen Menschennatur, sondern auch mit der Natur des Ganzen (d. h. mit der von der Gottheit eingerichteten Weltordnung und dem in dieser Weltordnung sich offenbarenden Willen) übereinstimmten. — Die Weisheit ist beweglicher als alle Bewegung, ein Hauch der Gottesmacht. Denn sie ist ein Abglanz des ewigen Lichtes, ein fleckenloser Spiegel der Wirksamkeit Gottes und ein Bild seiner Gütigkeit. Sie ist nur Eine und vermag doch Alles, sie tritt nicht aus sich selbst heraus und doch erneut sie die Schöpfung. Von Geschlecht zu Geschlecht in heilige Seelen niedersteigend, bildet sie Freunde Gottes und Propheten, denn Gott liebt nur diejenigen, so die Weisheit erkoren (heisst es in Salomo's Buch der Weisheit).

Aus dem steten Wechsel der Wiedergeburten bieten die heiligen Männer die Hoffnung der Erlösung. Vor Allem bedarf es der Aufopferung, der selbstvernichtenden Hingebung, denn je öfter die Existenzen aufhören, um so eher wird ihr Kreislauf zu Ende sein. So oft sein Körper zerstört ist, empfängt Buddha einen andern. Ein Vorbild bietet Sakyamuni, der sich einem hungernden Reisenden in einen Hasen verwandelte, um von ihm verspeist werden zu können, oder sich auf der Stufenleiter seines Lebens als Tiger ruhig und ohne Widerstand tödten lässt, ein leuchtendes Vorbild für alle andern Tiger, wenn auch sie auf eine einstige Erlösung als Buddha hoffen. „Ich fürchte Nichts als Gott," sagte Scheiban, und der ihm begegnende Löwe entfloh. Nach dem Verluste seines Königreichs und seines Ranges begegnete Joulai auf der Flucht einem armen Brahmanen, der ihn um ein Almosen ansprach und da er Nichts weiter zu geben hatte, so liess er sich von ihm binden und in die Hände seiner Feinde liefern, um ihm den auf seinen Kopf gesetzten Preis zu verschaffen. So konnte dem Manne geholfen werden. Hiouen-thsang fand in Kaschmir 500 Weise in einem Kloster zusammenlebend, die sich als Fledermäuse in einem hohlen Baume, wo das Gesetz gelesen wurde, verbrennen liessen, und wegen ihrer Verdienste zu jener Würde erhoben worden waren. Nach dem System der jüngern Mimansa (die ältere war von Jaimani gegründet) oder Vedanta des Vyasa verlässt die Seele (die von dem Geist Gottes ausging, wie der Funke von der Flamme) bei dem Tode den Körper und fährt in die Höhe, kleidet sich in eine wasserschwere Hülle, fällt als Regen auf die Erde hinab, wird von einer Pflanze eingesogen und bildet ein neues Wesen, in das sie als Nahrung übergeht, bis sie nach ihren Wanderungen zur Freiheit in die Vereinigung mit Brahma zurückkehrt. Die Wesenheit Gottes ist der Himmel und die Erde, alle trockenen und feuchten Körper, dem Fleisch und Samen beigemischt und alles Leblose, Feuer, Wasser, Luft, Pflanze sind belebt nach Manes, der Eine Seele (wie Epiphanius bemerkt) in Allem annimmt. Wer (nach den Vedas) die Formel Tatoumes (dieses bist du) mit klarer Erkenntniss und fester inniger Ueberzeugung über jedes Wesen, mit dem er in Berührung kommt, zu sich selber auszusprechen vermag, der ist eben damit aller Tugend und Seligkeit gewiss und auf dem geraden Wege zur Erlösung.

Jeder Brahmane wird angewiesen, mit unverrückter Aufmerksamkeit die ganze Natur, sowohl die sichtbare als unsichtbare, zu betrachten, als im göttlichen Geiste bestehend, denn wenn er das grenzenlose All, als darin ruhend verstehe, so könne er sein Herz nicht zu Ungerechtigkeiten hinneigen. Der göttliche Geist sei allein die Gesammtheit aller Götter, und alle Welten ruhten im göttlichen Geiste, der vermittelst eingekörperter Seelen nach einer nothwendigen Verkettung von Ursache und Wirkung die zusammenhängende Reihe der Schöpfungen erwirke.

Bedenkliche Scrupel folgen aus der die ganze Natur durchdringenden Göttlichkeit. Man bedarf ihrer Erzeugnisse, um das Leben zu erhalten. Aber ist es recht sie zu gebrauchen? Vielleicht ist es selbst eine Wohlthat für sie, wenn sie von einem manichäischen Electen gegessen werden, oder wenigstens ist es rathsam, dem buddhistischen Bettelmönch zu folgen, der nur den dritten Theil seiner Speise verzehrt, indem er einen andern an Arme vertheilt, einen andern für Thiere und Vögel auf Steine hinsetzt. So ist etwaige Blutschuld wenigstens möglichst vertheilt, oder wenn auch die Nothdurft des Leibes mit Pflanzen gestillt werden mag, so sind doch Fleischspeisen zu vermeiden, um kein Thier zu tödten, oder wenigstens nicht das edelste derselben, den Stier.

Kaiser Fitaizu von Japan erliess (578 p. C.) ein Edict, dass an sechs unterschiedlichen Tagen eines jeglichen Monats alle lebendigen Creaturen, in welchem Zustande sie auch sein möchten, in Freiheit gesetzt werden sollten und dass diejenigen Personen, die kein Lebendiges hätten, wohl thäten, wenn sie deshalb solches kauften, damit sie Gelegenheit hätten, Proben ihrer Dankbarkeit gegen diese Creaturen abzulegen. (*Kämpfer.*) — Nach Marco Polo verbrannten die Abraiamanen (Brahmanen), die sich alles Lebendigen enthielten, ihre Todten, damit nicht etwa die sich von dem Leichnam nährenden Würmer später (aus Schuld des Todten) sterben sollten, wenn Alles aufgezehrt sei. — Eine Secte der Jainas filtriren alles Wasser und athmen nur durch ein Netz. Als man Einem die microscopische Zusammensetzung jenes zeigte, liess er sich Hungers sterben. In ihren Hospitälern für Ungeziefer geben sie sich den Bissen derselben hin. — Die Mystiker zu Goslar, die Kaiser Heinrich III. ausrottete, enthielten sich aller thierischen Speise, gleich den Vegetariern.

Wenn die von der Göttlichkeit durchdrungene Welt aber in den Dualismus des Guten und Bösen zerfällt, wenn sie ein Werk nicht nur des weissen, sondern auch des schwarzen Gottes ist, so folgen traurige Beschränkungen für den Heiligen, der sich rein zu halten strebt. Ahriman in Fliegengestalt hat die ganze Welt durchdrungen, Alles ist von seinem pestilentialischen Hauche befleckt. „Wo Ormuzd (heisst es im Vendidad) Stätte des Segens erschaffen, schuf stets dem entgegen der todschwangere Ahriman das Verderben,“ baute sein Wirthshaus neben die Kirche. Nach Rabbi Samuel waren alle Dinge vollkommen erschaffen, aber verdorben worden, seit Adam sündigte. Zur Zeit des Messias (heisst es im Paraschа Nizzavim) wird nach Vernichtung der Jezer hara (der bösen Art) die Erwählung des Guten natürlich sein und das Herz nur das Geziemende verlangen.

Im Çatapatha-Brahmana des weissen Yajurveda wird beschrieben, wie die Götter (die jüngeren Söhne des Pragapati) im Kampfe mit den Asuras (den älteren) zuerst versuchten, dieselben beim Opfer durch den Udgitha (das Singen der Opfergebete) zu besiegen. Sie sagten zur Sprache: „Singe du für uns beim Opfer die Gebete.“ „So sei es,“ erwiederte diese. Für sie sang die Sprache die Gebete. Der Genuss, der in der Sprache ist, den verkündete sie den Göttern. Was sie Angenehmes redet, das nahmen sie für sich. Die Asuras erkannten: „Durch diesen Sänger (Udgatri, oder der Sänger der Gebete des Samaveda) werden uns die Götter besiegen.“ Sie liefen auf ihn zu und durchdrangen ihn mit der Sünde. Das ist nämlich die Sünde, was die Sprache Unangemessenes redet. Dasselbe findet statt beim Geruch, beim Auge, beim Gehör, beim Herzen. Als aber die Götter den obersten Prana, der im Antlitz steht, zu singen gebeten hatten und die Asuras gleichfalls auf ihn losliefen, fielen sie von allen Seiten auseinander, wie ein Erdenkloss auf einen Stein stürzend, und gingen zu Grunde. Diese Gottheit (Dur oder Ferne, denn der Tod bleibt ferne von ihr) führte, nachdem sie die Sünde in die öden Gegenden verbannt hatte, zuerst das Wort hinüber über den Tod, worauf es zum Feuer wurde; dann den Geruch als Wind, das Auge als Sonne, das Gehör als die Weltgegenden, das Herz als den Mond. Dann ersang er sich das Speisewesen und welche Speise Jemand durch den höchsten Prana geniesst, dadurch werde die Gottheit erfreut. — Theodoret erzählt von einem marcionitischen Priester, der sich mit seinem Speichel das Gesicht wusch, um nicht des (das böse Prinzip des Judenthums repräsentirenden) Schöpfers zu bedürfen, oder des Wassers, das der Schöpfer geschaffen, obwohl er ass und trank, weil er ohne das nicht leben könne und die Mysterien feiern. Nach Clemens wollten die Marcioniten nicht heirathen, um nicht sich der Werke des Schöpfers zu bedienen. — Nach Plutarch kommt der Erzeugte von der Substanz des erzeugenden Wesens, so dass er von ihm etwas enthält, was mit voller Gerechtigkeit für ihn, als desselben Wesens seiend, belohnt oder bestraft werden mag.

Die monotheistische Anschauung dagegen, die das Böse in eine untergeordnete Stellung zurückdrängt, vereinigt im Pantheismus das Angenehme mit dem Nützlichen, wenn sie der Kaste ihrer wohlgenährten Heiligen den Auftrag giebt, die untergeordnete Materie durch Verzehrung zu erlösen. Die Götterbilder der Bonzen pflegen ebenso fett zu sein, wie diese Schweine liebenden Priester selbst. Nach Rabbi Nathan werden auch die Hunde und Wölfe am jüngsten Tage Rechenschaft zu geben haben, sowie die unfruchtbaren Bäume nach Rabbi Acha. Auch sie bedürfen also eines Erlösers. „Die Awlia (Heiligen) begannen ihre Laufbahn von Anbeginn der Zeit und wirken für die Ewigkeit," heisst es im Kaschf-al-asrar. Die wunderthätige Nonne Emmerich trug als Kind nur ihr bekannte Heilkräuter aus dem Felde herbei und vertilgte im Gegentheil weit umher die Giftpflanzen. „Dem ersten Menschen (sagt Jacob Böhme) ist Alles leicht erfunden worden." Die Mysterien der Natur sind ihm nicht so hart verborgen gewesen, wie uns, indem der Sünder noch nicht so viele auf Erden gingen. Nach Baader ist nicht nur der Mensch der Verklärung zu göttlicher Natur fähig, sondern durch den verklärten Menschen mag sogar auch die niedere Region im Verhältnisse zu ihm, zu ihrer ursprünglichen Vollkommenheit einigermaassen zurückgeführt werden.

Ehrerbietung und Achtung gegen die Eltern eröffnet den Khyens in Hinterindien eine erfreuliche Aussicht auf das glückliche Leben nach dem Tode (den sie als eine freudige Begebenheit mit Gastmählern feiern), besonders wenn noch starke Fresserei und übermässiger Genuss geistiger Getränke hinzugekommen sind. Wer sich nicht fähig erweist den sinnlichen Genuss kraftvoll auf's Aeusserste zu treiben und das Liebliche, was die Erde bietet, völlig auszukosten, der wird einer zukünftigen Belohnung für unwürdig erachtet und wird verachtet.

Je nach den vorwaltenden Theorien werden aber daraus eine Menge Bestimmungen über Einzelnheiten folgen, die der Gastronomie ihre Gesetze vorschreiben und den Küchenzettel auf das vielfältigste variiren, so in den Mokissos des Negers, wie im Tabu der Polynesier. Nach Augustin assen die Manichäer hauptsächlich Melonen, da dieselben voll von Lichtpartikelchen seien, und Tertullian erwähnt dasselbe von Marcion, den er frägt, weshalb er, da er das Meer verwürfe, Fische esse, und diese selbst als gesunde Nahrung betrachte. Von den egyptischen Manichäern, die ebenfalls besonders sich von Fischen nährten (nach Eutychius), bemerkt Epiphanius, dass sie nichts Belebtes assen, aus Furcht Seelen zu verzehren.

Die Tage fordern im Volksglauben des Mittelalters besondere Speisen. Wer am Fastnachttage Suppe isst, dem tropft das ganze Jahr die Nase, wogegen Milchhirse zu essen, Geld bringt und Bratwurst am Aschermittwoch den Flachs gerathen macht. Um nicht das Fieber zu bekommen, isst man Eier und Brezel am Gründonnerstag. Gänse werden am Martinstag gegessen und am Michelsfest. (*Schindler.*) — Zu Ehren der Kirche thun ganze Dörfer in Swanetien Gelübde, wie sich in Jezeri ein Dorf findet, dessen Bewohner nur schwarz und weiss gekleidet gehen, da die Götter keine anderen Farben dulden. — Die Abraiamanen enthielten sich (nach Marco Polo) nicht nur thierischer Nahrung, sondern assen selbst Pflanzen nicht eher, als bis der Saft in ihnen vertrocknet war. — Die Sabäer enthielten sich der Bohnen und der Milch (nach Abulpharagus). Einige auch der Rüben und Linsen. — Tabuirte Früchte und Blumen wurden auf Tonga meistens durch ein Stück weisse Tapa in Gestalt einer Eidechse oder eines Seehundes bezeichnet. Die Aufhebung des bei befürchtetem Mangel auferlegten Tabu geschah durch die Ceremonie Fuccalahi. Bei gewissen Feierlichkeiten durfte Niemand ausserhalb seiner Wohnung erscheinen, da der Tabu darauf stand. Alles nicht Tabuirte ist Gnofuah oder frei. Die Ceremonie Moë moë bestand darin, die Sohlen eines vornehmeren Häuptlings erst mit der flachen, dann mit der umgekehrten Hand zu berühren, oder wenn kein Wasser in der Nähe ist, müssen sie mit dem Stiele des Pisang- oder Bananenbaumes abgerieben werden, dessen Feuchtigkeit die Stelle des Wassers vertritt; dann kann er, ohne krank zu werden, wieder Speise zum Munde führen. Meint aber Jemand schon mit tabuirten Händen gegessen zu haben, so setzt er sich vor einem Häuptling nieder, nimmt den Fuss desselben und drückt ihn gegen seinen Unterleib, damit die darin enthaltene Speise ihm keinen Schaden thue. Diese Operation heisst Fota oder Pressen. Wird Jemand durch die Kleidung oder die Person des Tuitonga tabuirt, so kann ihn kein anderer Häuptling befreien, weil ihm keiner gleich ist, und um die aus einer zufälligen Abwesenheit entstehende Verlegenheit zu verhindern, wird eine geweihte Schale oder sonst etwas ihm Zugehöriges statt seiner Füsse berührt. Zu Mariner's Zeit liess der Tuitonga zu dieser Absicht immer eine zinnerne Schüssel in seiner Hütte zurück, ebenso der Weachi. Kawah, sowohl die Wurzel als das Getränk, wird nicht durch die Berührung eines Häuptlings tabuirt, so dass selbst ein gemeiner Tuah Kawah kauen kann, die der Tuitonga berührt hat. — Die Javaner (sagt Capellen) seufzen unter unzähligen Gelübden aller Art, die ihnen den Genuss mancher Fleischgattungen, Früchte, Gemüse oder Theilchen davon und den Gebrauch gewisser Werkzeuge, Kleidungsstücke, Waffen verbieten u. dergl. m. So that z. B. der ganze District Batu-wangie das Gelübde, keine Köpfe von jungen Hühnern zu essen. — Während den Männern verboten ist, Kaninchen zu essen und Schaf- oder Hasenmilch zu trinken, dürfen die Weiber (bei den Hottentotten) Nichts von purem Blut und keine Art von Maulwurf essen. (*Kolben.*)

DIE MYSTIK.

In dem Kreislauf des Lebens, in dem steten Wiederkehren der Seelenwanderungen sehnte man sich nach der Erlösung, nach der Ruhe einer ewigen Harmonie, und fand sie bald in dem Auslöschen des Nirvana, bald in einem pantheistischen Zerfliessen, bald in der ekstatischen Enthüllung der höchsten Gottheit. Durch die Betrachtung der vier Wahrheiten (des Schmerzes, der Verbindung, des Todes und der Lehre), sowie der zwölf Verkettungen werden die Menschen (in der allen Tschinge gemeinsamen Yana) aus den Grenzen der drei Welten und dem Kreislauf von Geburt und Sterben hinausgeführt. Nach Plato führt Zeus die Olympier, das höchste, unterhimmlische Gewölbe durchbrechend, auf dem Rücken des ουρανος an den ausserhimmlischen Ort (τοπος ὑπερουρανιος), wo sie die Zeit eines Umschwunges des ουρανος verweilen, um das ewig Wahre zu schauen, und dann nach Hause zurückkehren, während die des Anschauens unwürdigen Seelen auf die Erde fallen. Jenseits der neun Wolkenschichten des Lichtes setzten die Tahiter den Himmel der höchsten Götter, das te rai haamama no tane (das Oeffnen oder Entfalten zum Po oder ewige Nacht). Auf sieben Zerstörungen durch das Feuer folgt nach den Buddhisten eine Zerstörung durch das Wasser, die weit höher hinaufreicht in den Himmel der Beschaulichkeit, als die Zerstörung durch das Feuer, und auf sieben Zerstörungen durch das Wasser und siebenmal sieben Zerstörungen durch das Feuer folgt eine Zerstörung durch den Sturmwind, die noch höhere Himmel der Beschaulichkeit erreicht. Deshalb raste der Geist nimmer, höher und höher zu streben, bis er aus den Schranken von Raum und Zeit in die Unendlichkeit des Nirvana eingeht *), wenn ihm nicht durch halbweges Entgegenkommen eine rettende Offenbarung geworden, wie es im Midraschini heisst, dass der Israelite zwar von Natur aus noch unter der Macht der Gestirne steht, und gleich dem Heiden unter ihrem Einflusse geboren ist, aber durch das Gesetz auf Sinai die Mittel erhalten hat, frei zu werden von der Herrschaft der Natur. Auf die Frage des Propheten, wie er erkenne, dass der Garten des Glaubens in ihm aufgeblüht sei, antworte Saaid der Reine: „Tag und Nacht sind wie ein Blitz verschwunden. Ich umfasste zumal die Ewigkeit vor und nach der Welt, so dass in solchem Zustande hundert Jahre oder eine Stunde dasselbe sind.“

Jenseits der Schranken des Himmels weilen die Aeonen, keinen Krankheiten unterworfen, und in einer reinen, ewig gleichen Atmosphäre, eines ewigen Tages geniessend, sagt Tatian. — Die Essenz Gottes, sagt Hermes Trismegistus, ist das Gute und Schöne, die Glückseligkeit und Weisheit, die Essenz des Aeon ist es, immer dasselbe zu sein, die Essenz der Welt ist Ordnung, die Essenz der Zeit die Veränderung. Der Aeon kommt nicht dieser Welt zu, deren Theile stets Veränderung erleiden, sondern nur den geistigen Wesen, die in immer gleicher Weise, ohne Zunahme, Veränderung oder Verminderung bestehen. — Denn wo die Lieb' erwachet, stirbt |

*) Er muss durch die Grade der Andacht im Glauben an Vischnu, den Salogam oder den Frieden Gottes, den Sambam oder die Gegenwart Gottes, die Sampoam oder die Anschauung Gottes und die Sayutschiam oder das Versenken in Gott aufsteigen.

Das Ich, der dunkele Despot. | Du lass ihn sterben in der Nacht | Und athme frei im Morgenroth. (*Dschelaleddin.*) — Das Höchste kann in dieser Welt nicht verwirklicht werden, die wahre ὁμοιωσις τῳ θεῳ kann nur durch die Flucht des Geistes aus dieser Welt, durch die Betrachtung, vermöge welcher er sich zu dem κοσμος νοητος emporschwingt, erlangt werden (nach Plotinus). — Das Lifang befreit von der Sansara, aber die (Menschen durch die Erzeugung von Krankheiten bessernden) Sehin, worin boshafte Menschen (um sich zu rächen) wiedergeboren sein wollen, gehören zu den gefallenen Wesen der Sansara. — Die Urschrift des (geoffenbarten) Koran ist (nach der mohamedanischen Orthodoxie) von Urbeginn an im siebenten Himmel vorhanden gewesen.

Die Einswerdung mit Gott (El Tewhid) besteht (nach Ali Ben-Mohamed El-Mosin) darin, dass du in allen Dingen zu Gott wiederkehrst und dass Alles, was in deinem Herzen besteht, von Gott kommt.

Die Bhagawad-Gita lehrt, zum Unterschiede von dem Pantheismus der Vedas (deren höhere Erfüllung sie darstellt), dass in Krishna zwar alle Wesen bestehen, sein eigenes Selbst jedoch nicht auch zugleich in ihnen sei. Aus Krishna's göttlichem Wesen stammen die drei Wesenheiten (Satwa, Radscha, Tama) aller belebten Geschöpfe, doch sein eigenes Selbst bewegt sich im Gegensatze zu diesen drei Wesenheiten, und obwohl sie in ihm bestehen, so besteht er doch nicht in ihnen. Durch den Gegensatz dieser drei Wesenheiten würde das Bewusstsein aller Geschöpfe umschleiert gehalten, so dass sie ihn, den über denselben unvergänglich Erhabenen, nicht zu erkennen vermöchten. In allen geschaffenen Welten bis hinauf zu Brahma's höchste Welt wäre die Seele der Wanderung noch unterworfen und selbst auch diese Welten wären, nach Ablauf ihrer Zeiten, dem Verderben und Untergange geweiht, aus dem in neuer Bewegung neue Schöpfungen hervorgingen. Verschieden aber von der sichtbaren Welt bestehe unvergänglich und unsichtbar die Wohnung Krishna's. Wer in der Erkenntniss, dass die wirkenden Ursachen aller Handlungen in den drei Wesenheiten beruhen, zugleich erkannt hat, was über den Gegensatz derselben erhaben ist, der gelangt zur Gemeinschaft mit Krishna. Durch die Ueberwindung dieser drei Wesenheiten wird er von dem befreit, was vom Fleisch herstammt, von der Geburt, vom Tode, vom Alter und Elend, und gelangt zur Seligkeit. Als Natur bewegt sich Krishna in der Mannichfaltigkeit und umfasst das All der Geschöpfe, in der Einfachheit seines Wesens aber wohnt er in der Höhe. Ueber Einfachheit und Mannichfaltigkeit erhaben, durchdringt er die dreifach gestaltete Welt und erhält sie in ihrem Bestande. — Wem Gott vergönnt ein Wissender zu sein, | In dessen Herzen wohnt nur Gott allein, | singt der Sofi Ferideddin Attar († 1226). — „Des Menschen hohe Vollkommenheit in diesem Leben (sagt Bonaventura) ist in Gott also bleiben, dass die ganze Seele mit allen ihren Kräften und Vermögen in Gott versammelt und ein Geist mit ihm werde, also dass sie nichts denke, empfinde und verstehe als Gott und alle Affecte, in der freudigen Liebe gereinigt, in dem Genusse des Schöpfers süssiglich ruhen. Denn Gott ist die Form der Seele, welche ihr eingedrückt werden muss, als ein Siegel dem Wachs." — „Der Glaube (sagt Maximus) ist ein innerlich gegebenes Gut, eine wahrhafte Erkenntniss, eine Ueberzeugung von den verborgenen Gütern, eine vereinigende Kraft oder Fertigkeit, welche die übernatürliche, unmittelbare, vollkommene Vereinigung des Gläubigen mit

Gott zuwege bringt." „In Gott und durch ihn glauben ist soviel, als einig oder in das Eine gezogen, in ihm unzertrennlich vereinbart." sagt Clemens Alex. — „Liebe ist der Anfang deiner Bekehrung gewesen (sagt Catharina von Genua), Liebe ist das Mittel derselben und wird auch das Ende sein. Ohne Liebe kannst du nicht leben. Ja, Liebe ist deines Lebens Leben in dieser und jener Welt." — Religion (sagt Plato) ist keineswegs lehrbar, wie andere Lehren, sondern nachdem man sich lange diesen Bestrebungen hingegeben und unser Leben mit ihnen zusammengewachsen ist, fällt sie plötzlich wie ein zuckender Strahl in die Seele und leuchtet in ihr und nährt sich von selbst in ihr. — Nur ein Gut giebt es, nämlich das Unendliche und Ewige und dieses Ewige, Unendliche ist Gott. (*Thomas von Kempen.*) — Die zu göttlicher Liebe gewordene und in Gott sich selbst vernichtende Reflexion ist (nach Fichte) der Standpunkt der höchsten Wissenschaft. — Nach den Lehren Badarajana's vereinigen sich im tiefen Schlafe die individuellen Seelen mit dem höchsten, unendlichen Geiste, und verschwinden in der Vereinigung alle Unterschiede, im Zustande der tiefsten Contemplation. (Vedanta Sara.) — Wäre nicht das Taaruf (das Verständniss der Erkenntniss), so bestände nicht die Tassawwuf (Mystik), sagt El Bochari († 990 p. C.). — Die Mystik (Tassawwuf) ist die Geduld unter den Geboten und Verboten (Es-Solemi). — Wer die Wahrheit verschweigt, ist ein stummer Teufel, sagt En-Nisaburi, nach welchem das Vertrauen drei Stufen hat, als das Vertrauen (Tewwekkul), die Ergebung (Teslim) und die Uebertragung des Geschäfts an Gott (Tefwidh). — Nach dem Nefhatol-ins (Hauch der Menschheit) Dschami's, dem Terdschumetol-awarif (Dolmetschung der Erkennenden) und den zehn Regeln Seid Ali's von Hamadan ist der Zweck der Lehre der Mysterien oder der Sofis die Erreichung der Heiligkeit (Welajet) oder Annäherung (Weli: Nächster oder Heiliger) zu Gott durch äussere Uebung oder innere Beschauung. Der Heilige (Epopte) ist der in Gott sich verachtende und mit ihm fortdauernde Diener. Die Vernichtung (Fena) ist das Fortschreiten zu Gott. Die Fortdauer (Baka) ist das Fortschreiten in Gott. Von den vier Graden des Mysticismus ist Nasut (Grad der Menschheit) zur Beobachtung der positiven Gebote, Tarikat, Weg der Vollkommenheit in der Hand des Meisters, der dritte Grad Aarif (Erkenntniss) und der vierte Grad Hakikat (Gleichstellung des Sofi mit Engeln) sind Folgen der Vereinigung mit Gott.

Die spanischen Illuminaten (1575) trachteten dahin zu kommen (durch die stete Gemeinschaft im innerlich stillen Gebete mit Gott), dass sie weder Sacramente noch sonst äusserliche Dinge mehr bedürften, sondern in Allem genugsam Erleuchtung von Gott selbst erwarteten und genössen durch Vereinigung mit ihm. Nach den Saabäern war der höchste Gott so weit von den Menschen entfernt, dass sie nur durch Meditation über die vermittelnden Intelligenzen, als die niederen Götter zu ihm gelangen könnten. (*Abulpharagius.*) Die Anziehung und das Versinken in Gott (Dschefb), sagt dagegen En-Nasrabad, der Imam der Wissenschaft der Mystik (Tassawwuf), der letzten Erkenntniss, bringt schneller zum Ziel, als der beschauliche Weg (Soluk).

Wenn der Weise den Geist, durch welchen man Beides (Schlafen und Wachen) erblickt, als den grossen, Alles durchdringenden erkannt hat, so ist er frei von Kummer (Upanishad des Yajurveda). Erhaben über jeden Zustand auf irgend einer der neun Stufen des Weltlebens setzt Manu den Zustand der unmittelbaren Gemeinschaft der Seele mit Atma (der grossen Weltseele), den Zustand des völligen Aufgehens des Lebens der einzelnen Seelen in das urgöttliche Wesen, wohin Andacht und höchste Erkenntniss führt. Wer zu der wahren Wesenheit gelangt, der geht ganz in Gott auf, ist also Gott, sagt Bustami, der nach dem Glauben der Orientalen zum Himmel auffuhr. — „Gott (als die unendliche Einheit, ohne selbst Zahl zu sein) ist, als das schlechthin Kleinste, der Grund und Anfang aller Zahl, als das schlechthin Grösste, deren Ende und Grenze. In ihm, als dem Indifferentismus coincidiren alle Gegensätze." Nach Ishak, dem gemäss die Anschauung des Herzens Belehrung (Tarif), die der Begeisterung Bewahrheitung (Tahkik) ist, besteht der beschauliche Pfad (Tharik) in dem Gebrauche der Wissenschaft und in der fortgesetzten Erwähnung Gottes. — „Steige auf (ermahnt Synesius seine Seele), lasse der Erde was der Erde gehört, mit deinem Vater vereint wirst du in Gott sein und dich Gottes freuen." Das wahre Leben der Seele besteht in der Erkenntniss ihrer Identität mit Gott, die zu erlangen der Mensch sein besseres Theil für einige Zeit von den Banden des Körpers frei machen muss. Ein solch aprioristisches Schauen ist müheloser, als das Studium der Upanishads, das den Menschen von irdischen Dingen abzieht und ihn zu der Erkenntniss des höchsten Geistes, sowie zur Vereinigung mit demselben führend, von der Seelenwanderung befreit. — Daumengross steht der Purusha in der Mitte (Herzen) des Körpers, er der Herr des Vergangenen und Zukünftigen. Wer dies weiss, der fürchtet nicht mehr. Dies ist der Gegenstand der Frage, lehrt Mrityu den Nachiketas. — Die Sufis schauen Mohamed in ihrem Herzen, wie die Herrenhuter das Jesulein und die Mystiker den leidenden Heiland. — Die sich der Uebung Soquisin Soqubut (das Herz) befleissigenden Japanesen behaupten, dass es nur eine einzige Grundursache aller Dinge gäbe, dass diese Grundursache sich überall fände, dass das Herz des Menschen und das Innere der andern Wesen von dieser Grundursache nicht verschieden sei und dass alle Wesen zu dieser gemeinsamen Grundursache zurückkehren, wenn sie vernichtet werden. Es ist von aller Ewigkeit da, einzeln, klar und helle, es ist unvermögend zu wachsen oder abzunehmen, es hat keine Figur und keine Vernunft, es lebt in Musse und vollkommener Ruhe; die zum Grade der Erkenntniss Gelangten werden nicht wiedergeboren.

Kann der Mensch weder den einen noch den andern finden, so bieten sich ihm die Mittler, wenn er nicht vorher, um etwa die anstrengende Laufbahn der Büsser zu vermeiden, die Operationen der Theurgie versuchen will.

Ein die höchste Stufe erreichender Arhat konnte die leisesten Töne hören, alle Formen annehmen, überall hinsehen und jeden Gedanken wissen. — Nach den Neuplatonikern hatten die Jünger das Christenthum erst entstellt und in ein feindliches Verhältniss zum Heidenthum gesetzt. Jesus selbst dagegen ehrte die Götter nach heidnischer Sitte und verrichtete mit ihrer Hülfe auf theurgische Weise seine Wunder, über welche er auch Schriften hinterlassen. (*Baur.*) — Aussitôt que quelqu'un est malade, il appelle un Prêtre pour lui servir plutôt de Médecin que du Père spirituel, lequel ne parle point à son malade de confession, mais en feuilletant un livre avec beaucoup d'application, il fait semblant de chercher la veritable cause de sa maladie, qu'il attribue à la colère de quelqu'uns de leurs images, car ces peuples là sont dans cette croyance, que leurs images se mettent en colère contre eux, c'est pourquoi le Prêtre ordonne, que le malade fera son offrande, sagt P. Zampi von den Christen in Mingrelien. — Als Altan Khan, unter dem b Ssod nams r Gja m Tsho die lamaische Kirche unter den Mongolen wiederherstellte, in schwerer Krankheit in todtenähnlichen Zustand verfiel, zürnten die Fürsten, sprechend: „Wozu taugt die Religion, wenn sie das Leben des Chaghan nicht erhalten kann? Diese Lamas sind Betrüger und Lügner: wir müssen uns dieselben vom Halse schaffen.“ So sah Mandschusri Chutuktu ein Wunder nothwendig, rief durch Arznei und Beschwörung den Scheintodten in's Leben zurück, und liess die Seele noch für ein Jahr im Körper verweilen. — Von Benedicius IX. hiess es nach der Ansicht des Volkes, dass er zweimal mit Hülfe seiner magischen Künste den päpstlichen Thron bestiegen habe. — Les magiciens tartares (qui font parler les chevaux, les chameaux et les idoles de feutre) abusèrent Houlagou en l'assurant, qu'ils le rendraient immortel. Ce prince se réglait sur leurs paroles et faisait halte, se mettait en marche ou montait à cheval d'après leurs volontés, aux quelles il s'était abandonné sans réserve. Il s'inclinait et se prosternait plusieurs fois par jour devant leur chef. Il mangeait des mets consacrés dans le temple des idoles et traitait ses prêtres avec plus de considération, que personne. Aussi prodiguait-il des dons pour orner les temples, erzählt Guiragos. (*Dulaurier.*) — In Folge des erhaltenen Unterrichts in den inneren Geheimnissen der verborgenen Dharani konnte der Geistliche Oktangholn Dschiruken auf einem Sonnenstrahle reiten, Bogda Dschnana einen Pfahl in einen Felsen stecken, Ilaghuksan Degedu mit der Stimme des Wohllaut-tönenden Pferdes wiehern, Dalai-Ilag huksan-Beigebiligun-Dakini einen Todten zum Leben bringen, Sri Dschnana die Eke Dakinis (Mütter Hexen) zu Dienstleistungen zwingen, Tsoktu Arsalan die Tegris (Götter) und Jakschas (Luftdämonen) zu Sklavendiensten nöthigen, Dschnana Goscha am Himmel schweben, Sri Dewa wilde Thiere mit der Hand fangen, Dschnana Beige Biliktu fliegen wie die Vögel, Sri Nandi das Wasser klafterweis messen, Tsok-sall-dabchurlak die innern Gedanken Anderer kennen, Tokto Arsalan fliessendes Wasser zurückströmen lassen, Ilaghuksan Ojotu todte Leichname in Gold verwandeln, Tschitschong Lodsawa fliegende Vögel mit der Hand fangen, Durudschatu Oktanghol einen Stier der Wildniss reiten, Schimnussal-obdrktschi Wadschir gleich der Luft überall durchdringen, Nagandara wie ein Fisch im Meere untertauchen, Maharadna Ziegelsteine essen, Tsokto Wadschri über Berge und Felsen ohne Beschwerde laufen, Degedu Tsuchak Erdeni Blitzstrahlen wie Pfeile abschiessen, Dharma Rasmi erhielt ein von Vergesslichkeit freies Gedächtniss, Dschnana-Komara zeigte den grossen Rid-Chubilghan (die Fähigkeit magischer Verwandlungen), Kju-sra-Njengho ward vollkommen in Wissenschaft und Verstand, Weirotschana bekam erleuchtete Augen der erkennenden Weisheit, Ilaghuksan Boddhisattva sass am Himmel mit untergeschlagenen Beinen. (*Ssanang Ssetsen.*) — Die Abhidjnas, die ein Arhat auf der Stufe des vierten Dhyana gewinnt, sind: das Wissen der Verwandlung, das göttliche Auge, das göttliche Ohr, die Kenntniss der Gedanken aller Creaturen, die Erinnerung an die früheren Wohnungen. — Ein vollkommener Buddha besitzt: die Kraft der Wissenschaft, die Kenntniss der Vergeltung, die Kenntniss der Elemente, die Kenntniss der Folgen, die Kenntniss der Beschauungen, die Kenntniss der guten und schlechten Werkzeuge, die Kenntniss der früheren Wohnungen, die Kenntniss des Sinkens in der Existenz und der Geburten, die Kenntniss der Wege und Mittel, wie der

Sündenschmutz vertilgt werden kann. — Nach Pausanias verstand Musäos zu fliegen. Kleodomos berichtet bei Lucian, dass er einen Ausländer aus dem Hyperboräerlande bei hellem Tage sich in die Luft habe erheben sehen. — Antonius brachte durch die Kraft seines Glaubens und Gebetes Wasser in der Wüste hervor, trieb Teufel aus, verjagte wilde Thiere, machte Esel vernünftig, sah Seelen zum Himmel fahren und flog in seiner Entzückung selbst oft in die Luft auf. — Der chinesische Alchymist Hu Sum Kia, der den Philosophenstein zu verfertigen wusste, stieg auf einem von ihm besiegten Drachen zum Himmel auf. — Christina Mirabilis flog auf die Spitze einsamer Thürme, hinaufgezogen durch ihre Begeisterung. — Der Pater von Alcantara fliegt mit ausgebreiteten Armen auf einen Feigenbaum. — Wer seinen Vater, seine Mutter und alle die Seinigen verlässt, um sich nur mit der Kenntniss seiner selbst zu beschäftigen und die Religion der Vernichtung zu ergreifen, der ist ein Samanäer. Gelangt er durch Beobachtung der Gebote bis zum vierten Grade (Olohan), so hat er die Macht in den Lüften zu fliegen, Wunderwerke zu thun, das Leben zu verlängern oder verkürzen, Himmel und Erde in Bewegung zu setzen. — Von Buddha's Lieblingsjüngern (Brahmanensöhne, die beide vor ihm starben) war Sariputtra (der Jünger von der rechten Hand) „der Vorzüglichste der mit Weisheit Begabten," Maha Maudgaljajana (der Jünger von der linken Hand) „der Vorzüglichste der mit Wunderkraft Begabten." — Wenn im Gebete begriffen, sah man Jamblichus oft 10 Ellen über der Erde erhöht, von goldfarbenem Lichte umstrahlt. — Für die den gelben Lamen nicht erlaubten Zaubereien hat (um die Bedürfnisse der Menge zu befriedigen) jedes Kloster einen eigenen Vertreter in der Person des Tschhos sa kjong, der eine besondere Räumlichkeit des Klosters bewohnt, der rothen Secte angehört und sich verheirathen darf. — Bei den Kopten hat der heilige Antonius Macht über die Fruchtbarkeit der Menschen und Thiere, dem Engel Gabriel kommt die Nilwassererfüllung zu. Bei Krankheiten wiegt der Priester die vier Evangelien gegen ein Gefäss mit Wasser gefüllt, dessen Quantität getrunken werden muss. — Die Yasoois (Secte des Seid ben Yasa in Tanger), die Schlangen bezaubern und Scorpione anfassen, gerathen durch Körperwindungen und Ausheulen der Worte Jadaba Jagdoob in Convulsionen. — Der Sohn des Mannes, der Phylacterien an seinem Arm befestigt hatte und Phylacterien mit dem heiligen Zeichen seinem Arme eingedrückt hatte, wenn er, nachdem er die Fransen angelegt hat, bei dem Zeichen des heiligen Namens vorübergeht, wird in die Mitte genommen von vier heiligen Engeln, die ihn nach der Synagoge führen, indem sie vor ihm ausrufen: Huldigt dem Bilde des heiligen Königs, huldiget dem heiligen Sohn. — Nach den Neu-Platonikern war prophetisches Schauen (Mantik) und Zauberkraft (Magie) schon auf Erden mit der Gottinnigkeit unzertrennlich verbunden. — Die Zauberer weisen, wie man sich reinigen und aussöhnen, wie man durch Gesänge und Worte Krankheiten oder andere Uebel abwenden und vertreiben, wie man Bilder der Geister verfertigen, wie man Mittel gegen Gift und Hexerei in den Kleidern, Zahlen, Steinen, Pflanzen, Wurzeln und aller Arten Dingen finden könne. (Celsus bei Origenes.) — Durch Anlegung des Tallith parvum (von geringerer Kraft im Mysterium, als das Tallith magnum) wird des Trägers Körper zu einem Fuhrwerk für den Sh'chinah gemacht. — Die Juden suchen sich der Mühseligkeiten der Ekstase durch Anhängen von Amuleten ebenso zu entschlagen, wie die Scholastiker der Anstrengung des Denkens durch das Drehen lullischer Räder. — Der grosse Doctor Arya sangha oder Asanga Boddhisattva aus Purushapura (Pischawer) im Reiche Gandhara begründete in seinem Werke

Jogatscharya bhumi çastra das Tantrasystem, um durch Aussprechen der Tantras wundersame Kräfte (Siddhi) zu erlangen und diese durch Zaubersprüche (Dharani) und magische Kreise (Mandalas) u. s. w. auszuüben. — Homer's Götter wandeln auf Schwungsohlen durch die Luft. — Nach der Joga-Lehre hat derjenige Mensch, welcher durch die in ihr vorgeschriebenen ascetischen Uebungen die höchste Erkenntniss erreicht hat, dadurch auch den Besitz von Wunderkräften erlangt, zu welchen gehört, dass er sich überallhin versetzen kann, wie er will. Er vermag deshalb auch aus der Ferne auf andere Gegenstände und Wesen einzuwirken, ohne der Nähe und der Berührung zu bedürfen. Agrippa von Nettesheim verkündete seine natürliche und himmlische Magie, als die Vollendung der Philosophie und den Weg zur wahren Vereinigung mit Gott. — Als Petrus Nugel auf der Stelle der von Heinrich von Schniedekopf umgehauenen Eiche zu Romove (Roma nova), wo der Teufel seinen Spuk fortrieb, ein Kloster erbaut hatte, aber auch darin noch von ihm belästigt wurde, sah man sich genöthigt, einen Teufelsbanner aus Deutschland zu verschreiben, der ihn durch Vergrabung eines Crucifixes und eines Ringes vertrieb. — Nach Abammon (Jamblichus), dem Neuplatoniker, ist es den Menschen gegeben, sich auf mystische Weise mit allen höheren Wesen zu vereinigen, deren Dasein daher keines anderen Beweises bedarf, weil der Mensch durch diese unmittelbare Vereinigung mit ihnen sich davon überzeugen kann. Die Götter befinden sich nicht nur im Himmel, sondern sind überall gegenwärtig und belehren die Theurgen über ihr Wesen und die rechte Art sie zu verehren. Aus dieser höheren Mittheilung, welche Hermes den Priestern (und diese den griechischen Weisen) überlieferte, werden die Geheimnisse des Götterdienstes und dessen mystische Bedeutung abgeleitet. Die Vereinigung mit dem Göttlichen gründet sich auch darauf, dass die vom Körper abgetrennte Seele leidenlos ist. Auch wenn sie in einen Körper herabsteigt, leidet sie nicht, auch die Gedanken, welche Ideen sind. In ihnen findet eine innige Vereinigung mit den Göttern statt und keine menschlichen Gedanken stören die innige Gemeinschaft mit dem Göttlichen. Auf der höchsten Stufe schwinden alle Unterschiede. Der von heiligem Enthusiasmus erfüllte Mensch lebt kein thierisches, auch kein menschliches Leben mehr und wird unempfänglich gegen Feuer und Wind, sowie gegen Wunden jeder Art. Feuer und Wasser können seinem Wege kein Hinderniss entgegenstellen. — In dem Materiellen ist überall auch Immaterielles auf immaterielle Weise gegenwärtig, weshalb es eine reine und göttliche Materie hätte geben müssen, deren sich die Götter bedienten, um sich eine angemessene Wohnung zu bilden. — Virag (der Ausstrahler) wandelte nach den vier Weltgegenden und ihm folgten Pragapati (Herr der Geschöpfe) und Parameshthi (der am höchsten Stehende). — Svajambhu (der Selbstseiende), im Begriff die Welten zu erschaffen, strahlte aus der ursprünglichen das All einhüllenden Finsterniss hervor. — Wer in den für das Studium der Magie eingerichteten Klöstern (Ra mo tschhe und Mo ru) zu Lhassa zum Doctor creirt wird, erwirbt dadurch die Berechtigung, die geheimen Wissenschaften (Geisterbannerei, Wettermachen, sympathetisches Curiren u. s. w.) practisch zu betreiben, unter dem Titel Ngagrampa (Meister der Beschwörungen). — Nach Marco Polo waren die tibetanischen Bakschi, sowie die von Kaschmir unter allen Priestern und Gauklern am Hofe des Gross-Khans am erfahrensten in der höllischen Kunst, indem sie Regen und Ungewitter heraufbeschworen, die Trinkgeschirre, ohne sie zu berühren, füllten und durch die Luft herbeifliegen liessen, und Chubilai bekehrte sich nicht zum Christenthum, weil die Christenpriester nicht so ausserordentliche Wunderdinge zu verrichten vermochten, wie jene Helden. — Kämpfer sagt von den Jammaboes (sintoischen Eremiten) in Japan: „Sie geben vor, durch gewisse Ceremonien und kräftige Worte die Gewalt der einheimischen und ausländischen (Sintos und Budsdo) Götter gebrauchen, böse Geister beschwören und verjagen zu können, verborgene Dinge auszuforschen und übernatürliche auswirken zu können. Sie zeigen Diebe und gestohlene Sachen an, sagen die Zukunft vorher, legen Träume aus, heilen Krankheiten, weisen Verbrecher nach und entdecken die Schuld oder Unschuld der Beklagten. Bei Krankheiten muss der Patient zunächst eine volle Beschreibung seines Uebels dem Jammabo geben. Dieser beschreibt alsdann ein Stück Papier mit besonderen Characteren, die ein Verhältniss zum Zustande und der Constitution des Kranken haben und legt es vor den Götzen, dessen Kraft dann durch besondere Ceremonien in das Papier hineinzieht. Aus diesem Papier werden Pillen (Goof) gefertigt, die der Kranke Morgens niederschlucken muss, indem er sich nach der angegebenen Weltgegend richtet. Mit ähnlichen Papieren entdecken die Jammaboes den Thäter eines Verbrechens, behandeln glühendes Eisen und Kohlen, löschen Feuer aus, machen kaltes Wasser siedend und siedendes kalt, halten den Säbel in der Scheide, so dass Niemand ihn herausziehen kann, pariren Hiebe u. s. w. Ihre geheimnissvollste Beschwörung ist, wenn sie mit beiden Händen und zusammengeflochtenen Fingern die Si Tenno oder die vier kräftigsten und wunderbarsten Götter des dreiunddreissigsten oder letzten Himmels vorstellen. Bei dieser Figur sind die beiden Mittelfinger einer gegen den andern meist perpendiculär in die Höhe gerichtet. Die beiden Nebenfinger fassen sich durchkreuzend so einander an, dass sie gerade die vier Seiten der Welt und damit auch einen der vier Götter (Tammonden, Dsigakten, Sosjoden und Kamokten) bezeichnen. Die beiden gerade emporstehenden Mittelfinger dienen zugleich zu einem Perspectiv, durch welches die Jammaboes die Geister und Krankheiten untersuchen und den Kitz oder den Fuchs oder die Ma (die bösen Geister oder Teufel) im Leibe des Menschen sehen und unterscheiden können, um die Heilmittel auszuwählen. Die beiden Mittelfinger bezeichnen aber auch zugleich den Fudo Miowo, einen mächtigen Büsser oder Djosja, vor dessen Bild, das Macht über das Feuer giebt, sie Eidechsenöl in einer Lampe brennen."

Die theurgischen Operationen mögen unterhalten, sie bieten keine Befriedigung, vielleicht mögen diese die Büssungen gewähren. „Hat der Waldeinsiedler durch seine Büssungen die vollendete Herrschaft über den Körper errungen, so tritt er (nach Menu) in das letzte Stadium, das des Sannyasi, welcher es versucht, sich sinnend in die Weltseele zu versenken, bei lebendigem Leibe zu sterben, indem er die Rückkehr zu Brahma vollzieht, in steter Sammlung nur an Brahma denkend." Die Geister der Propheten (sagt Ed-Deineweri) sind versenkt in die Betrachtung und Enthüllung, die Geister der Heiligen in Annäherung und Einsicht.

Der Weg der Büssungen ist schwer*), er ist im Grund nur den

*) In dem Brahma Waiwerta Purana trägt Krishna in ewiger Jugendfülle in dem über alle Himmel erhabenen Goloka weilend, alle Lebenskeime in sich, als Param-Atma (grosse Weltseele). Ueber die zerstörten Welten

schon aristocratisch geborenen Kasten vorbehalten, das Volk bedarf eines Mittlers, und wird ihn eben in jenen finden. „Sprecht mit Gott, sagt Ebubekr Es-Saidelani, und könnt ihr dieses nicht, so sprecht mit denen, die mit Gott sprechen, damit ihr des Segens Gottes theilhaftig werdet." Jetzt folgt die Verehrung der Gurus, der Zadiks, der Imame. „Wir haben unsere Geheimnisse denen enthüllt, die sie zu verstehen fähig sind," heisst es im Asrar el Tanzil. „Die Erkenntniss zerreisst den Schleier zwischen Gott und den Menschen und er gelangt dann zum ewigen Leben (El-Mehmel)." Aber „Wenn Gott einem seiner Diener wohl will, sagt Chalid ben Madan, so öffnet er ihm die Augen des Herzens und schliesst sie im entgegengesetzten Falle." Deshalb ist eine Fürsprache, eine Vermittlung wünschenswerth. Nach Ansicht der Magier werden nur die von ihnen selbst ausgesprochenen Gebete erhört, wie Diogenes Laertius bemerkt. Wenn Einer alle Wissenschaft in sich vereinigt und mit allen Gattungen von Menschen umgeht, so gelangt er doch nicht zum Standpunkte der Männer, wenn er sich nicht unter Leitung eines Scheiches ascetischen Uebungen hingiebt. „Wenn der Mensch gestorben ist und seine Stimme in das Feuer, sein Hauch in die Winde, seine Augen in die Sonne, sein Herz in den Mond, sein Gehirn in die Weltgegenden, sein Körper in die Erde, sein Geist in den Aether, seine Körperhaare in die Gewächse, seine Kopfhaare in die Bäume, sein Blut und Samen in die Gewässer eingegangen ist, wo ist dann der Mensch?" fragt Artabhaga. Ihm erwiedert Yagnyavalkya: „Ergreif meine Hand und lass uns an einen einsamen Ort gehen, dort wollen wir diesen Punkt besprechen, denn das ist nicht möglich an diesem mit Menschen angefüllten Orte." Hierauf gingen Beide hinaus, sprachen leise mit einander und nach langer Untersuchung vereinigten sie sich und erklärten das Werk als dasjenige, was zu preisen sei. Dies priesen sie denn auch. Denn rein ist der Mensch durch das reine Werk, sündig durch das sündige Werk, der Mensch ist das, wozu er sich durch seine Werke macht. (Çatapatha-Brahmana des weissen Yajurveda.) „Der Glaube ist eine mit dem Willen er-

---

nachsinnend, liess er das mit den drei Gunas begabte Weib, Prakriti oder Maja, aus sich hervorgehen. Die Fülle des Daseins entwickelte sich in ihren fünf Grundformen und darauf gingen aus Krishna auch die Götter hervor. In den Satzungen dieses Glaubens, den Wallabha mit der Verehrung des Krishna, als Knaben oder Kindes, predigte, wird auch gelehrt, dass Entsagung keine Heiligkeit verleihe, sondern dass es die Pflicht der Lehrer und Schüler sei, ihrer Gottheit in prachtvollem Kleide und bei auserwähltem Mahle, (nicht in der Einsamkeit und durch Kasteiung, sondern) unter geselligen Freuden und Genüssen Verehrung zu zollen.

griffene, sichere Vorempfindung einer noch nicht ganz enthüllten Wahrheit und gründet sich auf die Autorität der Offenbarung, wogegen die innere Anschauung die gewisse und zugleich offenbare Erkenntniss des Unsichtbaren ist. Doch haben beide die Gewissheit gemein. Der Glaube ist des Menschen tägliche Nahrung, die Anschauung eine ungewöhnliche Erquickung," wie Bernhard von Clairveaux sagt, und da die grosse Menge keine Zeit für die Sammlung zur inneren Anschauung hat, muss sie sich in blindem Glauben hingeben.

Der heilige Mann, der Führer des Lernenden, wird zum Bab, zum Thore, durch das er zum Himmel eingeht, zum Mittler, zum vorleuchtenden Imam, zum Propheten der Gottheit. Bald wird der Imam die Gottheit selbst, und ein neuer Prophet tritt auf, um sie zu verkünden.

Die Dschainas, die vierundzwanzig grosse Heilige (Dschinas) als schutzherrliche Mächte eines jeden Zeitalters verehren, halten in der Verehrung dessen, der zuerst den Zustand Mokscha gewann (als den Erstgeborenen aller Dschinas), die Vorstellung der Einheit fest. Die Devatas Swarga (über dem Berge Meru) gelten (als Diener der Dschinas oder Siddhas) den Dschainas nur als die Geister Verstorbener, obwohl den brahmanischen Göttern entsprechend. — Ein Priester ist nach den Maroniten höher zu verehren, als ein Engel. Der Engel ist ein Bote und Diener Gottes, wogegen der Priester der Gottheit befehlen kann, vom Himmel herabzusteigen, wie es in der Messe geschieht. — „Die Mönche und Canoniker sind den Engeln ähnlich, weil sie die Befehle Gottes verkünden, aber die Mönche gleichen im Besonderen mehr noch den Seraphinen, deren sechs Flügel sie zeigen, zwei bei den Aermeln, zwei durch den Körper, zwei durch den Capuchon," nach dem Concil von Nimes (1096). — Die einsiedlerischen Asceten (Schimniks) der russischen Klöster werden schon im Leben als Heilige verehrt. — Obeidallah (ein Abkömmling des Deisan) legte sich selbst den Namen Mehdi's (des erst am Ende der Welt erwarteten Imam) bei und für ihn warb als Prophet Ebn Abdallah von Sanaa. — Die Kutuchtihas, die von den Mongolen als Stellvertreter oder Oberpriester Schigemuni's (des Dalai-Lama und des noch heiligeren Bogdo-Lama in Tibet) verehrt werden, sterben nie, sondern verlassen nach einigen in der Welt durchlebten Jahren die Erde, um ihre Seelen in der Gestalt auserwählter Jünglinge wiedererscheinen zu lassen. Ungeachtet ihrer Wiedergeburt sind die Kutuchtihas (wie alle Geistlichen) verpflichtet durch die Prüfungsstufen der vier Weihungen zu gehen und erst, wenn sie bis zum höchsten Grade nach einigen Wiedergeburten ihrer Seelen gereinigt sind, haben sie keine langdauernden Prüfungen fernerhin nöthig. — Am Feste des Okkas (Ewigen) reinigte sich der lithauische Priester von seinen Sünden und erfuhr die Zukunft. — Varro kennt vierzig Herculesse bei den verschiedenen Völkern, als die Mittler und Fürsprecher derselben bei seinem Vater, Zeus. — Augustin erklärt (in seiner Controverse gegen Faustus) es für dieselbe Ketzerei, ob Manes gesagt habe, dass er der Paraclet sei oder dass der Paraclet (der heilige Geist) in ihm sei, zum Beweise, dass zwischen der Inspiration durch die Gottheit und der Verkörperung der Gottheit im Menschen selbst nur ein gradueller Unterschied sein würde. Dass der Zustand der mystischen Ekstase in diesem Falle als Ketzerei dargestellt wurde, hing nur von der parteilichen Stellung Augustin's den Manichäern gegenüber ab, da die Orthodoxie auf die vielfältigste Weise und in ihren Grunddogmen selbst das Walten des heiligen Geistes im Menschen anerkannt hat. Simon, Abt von St. Mamas, behauptete selbst, dass ein Mensch nicht nur vollständig von allen lasterhaften Leidenschaften befreit werden, sondern auch den Paraclet ganz und vollkommen in sich aufnehmen und ihn besitzen könne. Ja, er stellte den Satz auf (wie Beausobre anführt), dass Kraft der Gnade der Mensch das Privilegium der göttlichen Natur erwirbt, nämlich in drei Hypostasen zu existiren, ein Gott zu sein, ein inniger Gott durch Adoption und in sich eine Dreieinigkeit zu vereinigen, aus dem Körper, der Seele und dem göttlichen Geist, den er empfangen hat, zusammengesetzt. — Der Mensch, um die wahre Erkenntniss zu erlangen, muss erst ein Vairagin werden, d. h. ein solcher, der allen weltlichen Bestrebungen und den Leidenschaften entsagt und sich der Joga oder dem beschaulichen Leben widmet. — Plato unterscheidet zwei Arten der Divination, eine der Besonnenen (oder vermittelst des Verstandes), die andere der Begeisterten (in Folge von Inspiration). Auch die Stoiker nahmen, nach Cicero, diese zwei Arten an: Unum genus, quod particeps esset artis, alterum, quod arte careret. — Da die prophetische Gabe der Seele (sagt Plutarch) angeboren und unvergänglich, aber im gewöhnlichen Zustande des Lebens nur latent ist, so kann sie von einer höheren Kraft aufgeregt werden, aber sie zeigt sich frei und offen, wenn das Uebergewicht des Körpers auf irgend eine Weise vermindert ist. — Jamblichus sagt: Potest enim animus humanus, praesertim simplex et purus, sacrorum quorundam avocamento ac delineamento separari et externari ad praesentium oblivionem, so dass ihm, nachdem das Gedächtniss entschwunden ist, sein ursprünglich göttliches Wesen wiedergegeben wird und er von dem göttlichen Lichte durchstrahlt ac furore divino afflatus, befähigt wird die Zukunft zu weissagen und zugleich den Einfluss verschiedener wunderbarer Kräfte zu empfinden. — Der Ekstatische (sagt Augustinus) bemerkt, selbst bei offenen Augen, die um ihn befindlichen Gegenstände nicht. Er hört keine Stimme, die Aufmerksamkeit seines Geistes ist in Folge einer Art von spiritueller oder intellectueller Vision auf die Bilder von Körpern gerichtet, in welchen er auch unkörperliche, nicht in einem substantiellen Bilde dargestellte Dinge concentrirt sieht. — Ibn Esch-Schelmagani (Ibn Ebul-Aazkir) stiftete eine besondere Secte der Gholah (der die Verehrung für Ali bis zum Glauben an die Seelenwanderung und an die Verkörperung der Gottheit in der Person Ali's Uebertreibenden) und bekannte sich zu derselben Lehre, wie Ebul Kasim El Hosein Ibn Ruh, welcher den Imam Bab (das Thor) nannte, eine Benennung, die sich in der Irrlehre der Drusen für den Stellvertreter des Imam fortgepflanzt hat. In Bagdad erklärte er sich für die verkörperte Gottheit, leugnete aber eine andere Lehre, als den Islam zu bekennen, als er vor den Khalifen Radhi-billah geführt wurde. Dieser befahl seinen Anhängern ihn zu schlagen, wie es Ibn Abdus auch that, wogegen Ibn Ebi Aun zu zittern begann, ihn umarmte und seinen Gott und Erhalter nannte. Gefragt, was das bedeuten solle, sagte Ibn Esch-Schelmagani, dass er für die Worte Ibn Ebi Aun's nicht verantwortlich sei, und Ibn Abdus fügte bestätigend hinzu, dass er sich nie für Gott, sondern nur für das Thor ausgegeben, das zum erwarteten Imam leite. Nach dem Erkenntniss der Gesetzesgelehrten ward er verbrannt. (*Hammer.*) — Wenn Vater La Combe treu und gläubig in seinem Streben nach Selbstvernichtung war, so fühlte Mad. Guyon sich in einem Zustande von Frieden und Erweiterung, wenn er ungetreu sich dem Nachdenken und Zögern hingab, so litt sie selbst noch, wenn ein solcher Zustand vorüber war. In ihren Zusammenkünften verstanden sie sich ohne Sprache. — Den Srawakas dient die einfache Auffassung der Lehre Buddha's und deren Verständniss zum Heil der Befreiung aus dem Umkreise der drei Welten. Die Pratyekas besitzen schon eine tiefere Erkenntniss von der Eigenschaft des Leeren, aber weder sie noch die Srawakas sind schon zu jenem hohen Zustande sittlicher Heiligung gelangt, in welchem nur für das Heil Anderer gewirkt wird, indem sie nur für sich selbst arbeiten. Den Boddhisattva dagegen leuchtet der Beruf vor, den athmenden Wesen das Heil zu bringen und sie der Leiden des Wechsels der Geburt und des Todes zu entheben. Die Buddhas sind die Vollendeten, die nicht wiederkehren, aber deren ein Jeder für seine Zeit einem eigenen Weltalter vorsteht. — Nach der von Meimum, Vater des Abdallah ben Meimum (der überall seine Anhänger versteckt zu haben und mit ihnen durch Vögel zu correspondiren behauptete), gestifteten Secte war Ali in Ebul-Chathtab Mohamed (Verfasser des Buches Misan) verkörpert. — Nach dem falschen Propheten El-Mokanna (der allnächtlich den Mond aus dem Brunnen Nadscheb's aufsteigen liess) hatte Gott sich erst in Adam verkörpert (weshalb er Iblis anzubeten befahl), dann in Noah und so durch alle Propheten bis auf Ebu Moslim (der Beni-Abbas) und schliesslich in ihm. Die Avataren-Reihe Vischnu's in Indien ist noch nicht vollendet. Nach dem Scheich Ibrahim el Mewahibi war der erste Pol des beschaulichen Lebens nach dem Propheten seine Tochter Fatime gewesen, nach deren Leben diese geistige Vorsteherschaft der Mystiker auf Ebubekr überging, dann auf Omar, dann auf Osman, dann auf Ali und dann auf Hassan. In der Lehre Kabir's, Schüler des Ramanand, der aus der Secte der Ramanandschas (die Vischnu, als Brahma, mit dem Weltall Eins machte) den Cultus des Rama hervorbildete, ist der Hohepriester der Gemeinde das lebendige Abbild der Gottheit, mit der er sich nach dem Tode vereinigt. — Diejenigen Götter, die Priester hatten, wurden (nach Mariner) auf den Tonga-Inseln in der Person des begeisterten Priesters angerufen, wer dieser auch sein mochte, wogegen bei denen, die keine Priester hatten, die Anrufung durch einen Matabulen im geweihten Hause geschah. Der begeisterte Priester antwortete auf Fragen stets in der ersten Person, als ob er der Gott selbst sei. Aehnliches in Congo und andern Theilen der africanischen Westküste. — „Nach mir ist nur noch der Untergang der Welt" („le déluge"), sagte die Prophetin Maximilla, und die Montanisten kannten den Ort, wo das neue Jerusalem herabkommen würde, und hatten schon seine vorbildliche Anschauung gehabt. — Der Scheich Charkani sagt im Schebeli: „Ich bin Gott," und das Mesnevi unterscheidet dieses mystische „Ich bin Gott," das nur das Aufgeben in Gott bedeutet, von dem „Ich bin Gott" des Pharao, dessen Hochmuth sich selbst vergöttert. — Der Scheich Ebu dschafr sagte, dass, wenn die Vernunft jemals in menschlicher Gestalt erschienen sei, sie sich in der Gestalt Dschoneid's den Menschen geoffenbart habe. — Ibas, Bischof von Edessa, behauptete, Christus nicht um seine Göttlichkeit zu beneiden, da darin nichts enthalten sei, was er nicht selbst besässe. — Der Mufti von Herat erklärte den Mohamed ben Musa als den Imam der Einswerdung mit Gott und den Grössten der Sofi. — Der Mystiker El-Halladsch, der in Bagdad an den Galgen gehängt (913), lebend abgenommen und in's Gefängniss zurückgeführt wurde, predigte, dass die Gottheit in ihm verkörpert und dass er selbst Gott der Allmächtige sei, wie Simon Magus. — Nach den Nischmath Adam ist die Seele ein Licht und ein Funke von dem grossen Namen Jehovah und kommt her von dessen Lichte und seinem heiligen Feuer. — Beim Eindringen des Buddhismus in Java wurde die Gottheit Batara (Tagala auf Luzon) in unmittelbare Beziehung zu seiner Lehre gesetzt, als das höchste Wesen Batara Guru, die Verehrung des Lehrers Guru ausbildend, worin die noch nicht vom Buddhismus abgetrennten Elemente des Brahmanenthums zur Geltung kamen.

Während der Prophet noch auf Erden weilt, steht er auf dem Uebergangsstadium zwischen Menschheit und Gottheit. Er ist Mensch im gewöhnlichen Leben, Gott, wenn durch den Geist inspirirt.

Wenn urubia (unter der Inspiration des Gottes), wurde der Priester stets als dem Gotte geheiligt angesehen und während dieser Zeit atua (Gott) genannt (auf Tahiti), während er sonst taura (Priester) hiess. (*Ellis.*) — Obwohl nach den Plymouth-Brüdern die Gabe der Wunder und die Begabung mit Zungen gegenwärtig in der Geschichte fehlt, so behaupten sie doch, dass das Wort der Weisheit und ein weniges von der Lehrgabe und der Prophezeiung noch von ihnen bewiesen sei. — Den alten mechanischen Inspirationsbegriff aufhebend, setzte Tholuck eine durch Gott gewirkte innere Erregung an seine Stelle. — Durch die auch nach dem Tode Christi bis zum Erscheinen des Paraclets fortwirkende Gnade Gottes (operante scilicet et proficiente usque in finem gratia dei) löst Tertullian die Unbeweglichkeit der herrschenden Kirche in eine beständig lebendige Offenbarung auf. — Bei Gelegenheit der Himmelsstürmungen wird Vischnu durch Narada, der Guru's Befehle ausführt, auf die Erde verwiesen, doch mit der Erlaubniss (um sich nicht zu schämen, als Gott die Erde zu bewohnen), menschliche Gestalt anzunehmen (in Java), worauf er durch seine Avataren (die in Indien Ausfluss der Gottheit selbst sind) an die Heldenzeit anknüpft. — Nach Marcellus wurde der Mensch Jesus Christus der Sohn Gottes durch die Mittheilung des Wortes (*Eusebius*), wogegen die Noetier den Orthodoxen vorwarfen, eine fremde und neue Sprache eingeführt zu haben, indem sie das Wort den Sohn Gottes nannten. — In der Jogatschara (Tantrasystem) hat jeder Manuschi-Buddha seinen Dhyana-Buddha, als sein verklärtes Selbst, im Himmel. — Daemones (von *δαήμων* oder wissend) standen inter homines et deos nach Apulejus (*δαμάω*: Gebändigte, wie später die Diwe). — Hesiod besingt die frommen Dämonen der oberen Erde. — Im Gegensatz zu dem pantheistisch sich göttlich repräsentirenden Christus (mit blossem Anhange der Menschlichkeit) lehren Theodotus von Artemon (unter den Monarchianern) einen Christus *κάτωθεν* (der von Unten kommt), als vergöttlichten Menschen. (*Baur.*) — Von den beiden ursprünglichen Secten der Sofis, die sich von Hermaneah (der seine Lehre von den Ssabäern oder Sabeteah erborgte) herschreiben, lehren die Haloolah (Inspirirte), dass der göttliche Geist in sie und in jeden Frommen niedersteigt, die Shahedeah (Unitarier) dagegen, dass Gott Eins ist mit jedem erleuchteten Wesen. — Nach Cerinthus und Carpocrates stieg Christus nach der Taufe auf Jesus herab, nach den Manichäern dagegen vereinigte sich die Gottheit, als Christus, mit Jesus, als er im Alter von sieben Jahren und im vollen Gebrauche seiner geistigen Kräfte stand. — Gabriel befiehlt Mohamed, El Ummi (der Volksthümliche oder Idiot) genannt, zu lesen und die erste Sure in der himmlischen Offenbarung geht dann sogleich auf die Feder und das Wissen über, auf die Feder, wodurch Gott den Menschen gelehrt, was sie nicht gewusst haben. (*Hammer-*

Purgstall.) — Dem Mönch Cyrillus in der vom heiligen Euthymius (fünftes Jahrhundert) gestifteten palästinensischen Lawra oder Zellengallerie (östlich von Jerusalem in der Wüste) erschienen die Mar Saba und Mar Euthymius, damit er ihre Geschichte schreibe. Da Mar Euthymius sagte, dass sein Mund noch nicht durch die Gnade geöffnet sei, antwortete Mar Saba, dass er ihm die Gnade gäbe. Mar Euthymius steckte sodann eine Sonde in eine silberne Büchse und dreimal in den Mund des Cyrillus, der einen süssen Geschmack verspürte. — Bei den Methodisten ist, nachdem der Mensch durch die Predigt des Gesetzes zum erschütternden und niederschmetternden Bewusstsein seines Sündenelendes gebracht ist, ein sichtlicher (oft von ekstatischen und convulsivischen Bewegungen begleiteter) Busskampf unerlässlich in der Stunde, in der die Gnade zum Durchbruch kommt, für Jeden fühlbar, so dass der Termin, von dem an sich der Gnadenstand datirt, nachweisbar ist, was besonders die Neger und Hottentotten in den Missionen trefflich verstehen. Es zeugt von psychologischem Beobachtungsvermögen, dass der nächtliche Gottesdienst der Weihnächte besonders zur Zeit des Vollmondes abgehalten wird. — Die Quäker, bei denen ebenfalls für Jeden einmal der Tag der Heimsuchung durch den Glauben gekommen sein muss, halten statt des Gottesdienstes nur sonntägliche Versammlungen, in denen sie mit gesenktem Haupte andächtig und in sich gekehrt auf das Herabkommen des heiligen Geistes harrend dasitzen und dessen entweder stilles Walten in dem Innern eines Jeden oder lautes Sichkundgeben durch Begeisterung Einzelner zu lauter Predigt erwarten. Die Shakers unterstützen die Inspiration durch Tanzen und Singen. — „Wisse, sagt Rabbi Menachem, dass die Prophezeiung von den Kronen hergezogen und in drei Theile getheilt sei. Der erste Theil wird Nefua (d. h. Prophezeiung) genannt und haben die Propheten, auf welchen Friede sei, solche erlangt. Der zweite Theil heisst Ruach hakkodesch (der heilige Geist) und ist derselbe von David, Salomo, Daniel und den übrigen Frommen erlangt worden, und ist derselbe etwas geringer, als die Prophezeiung. Der dritte Theil wird Bathkol (Tochter der Stimme) genannt, etwas geringer als der heilige Geist, und sind dessen die Weisen Israels, nachdem die Prophezeiung aufgehört, theilhaftig geworden und hat sie Niemand gehört, als diejenigen, die mit Weisheit und Frömmigkeit gekrönt waren, so dass sie auch verborgene Dinge gesehen haben." — Nach Athenagoras weissagten die alten Propheten (Moses, Jesaias, Jeremias und die übrigen) im Zustande der Verzückung, indem ihnen der heilige Geist einblies, wie ein Flötenspieler seinem Instrumente. — Derjenige lebt mit den Göttern (sagt Marc Antonin), welcher beständig in seiner Seele mit dem ihr Bestimmten sich befriedigt zeigt, nur dasjenige vollbringend, was der Dämon will, welchen Zeus, als einen abgerissenen Theil seiner selbst (*ἀπόσπασμα ἑαυτοῦ*), einem Jeden zum Vorsteher und Leiter gab, als seine Erkenntniss und Vernunft. — *Ὁ νοῦς γὰρ ἡμῶν ὁ θεός*. (*Menander.*) — Das vermittelnde Wesen des El ist der Engel Jahve's, als das Angesicht (sichtbare Erscheinung) Gottes. — Als *θεοῦ πρόσωπον* finden sich Berge in Peniel und an der phönizischen Küste. Der Protogenos der Phönizier tritt als Phanes (das Angesicht) auf. Der Sonnengott heisst vultus paternus bei Martian.

Der mitgetheilte Geist lässt sich dann übertragen, sei es erblich durch die Zeugung in den bevorzugten Kasten, sei es durch das Handauflegen in der Ordination.

In den Geistern findet Ausbreitung, keine Abtrennung statt, sagt Tatian, wie nach Porphyrius den Geistern der Ausfluss und nur den Körpern die Zeugung zukömmt. Gott (sagt Philo) nahm den Geist des Moses, um ihn unter die 70 Aeltesten zu vertheilen, nicht auf dem Wege der Abtrennung, sondern dem der Ausbreitung, wie eine Fackel eine andere Fackel entzündet, oder wie ein Lehrer dem Schüler seine Wissenschaft mittheilt. — Die Asciten pflegten nahe bei ihrem Altar einen wohl aufgeblasenen Schlauch hinzulegen und um ihn herum zu tanzen, indem sie diesen Schlauch als ein Sinnbild der geistigen Einblasung ansahen, deren sie selbst vom heiligen Geiste wären gewürdigt worden. — Die Schwärmerin Guyon hatte oft einen solchen Ueberfluss an Gnade gewonnen, dass sie, um nicht zu zerplatzen, aufgeschnürt werden musste. — Muhamta von Karimandir in Patna setzte bei seinem Tode seine Mütze dem Haupte seines Nachfolgers auf. — Nach den Abyssiniern wurde Christus mit dem heiligen Geiste im Mutterleibe gesalbt, um König, Prophet und Priester zu werden, aber diese Würde ward erst mit der Taufe offenbar. — Simon wirft den französischen Reformirten vor, die hinlänglich sichere Wahrheit der Bücher im Neuen Testamente noch durch einen besonderen Geist bestätigen zu wollen, der eine Erfindung der (damaligen) jüngsten Zeit sei. — Die Presbyter oder Gemeindeältesten (die nach dem Beispiel der jüdischen Synagogenverfassung gewählt wurden) überliessen später einem aus ihnen den Vorsitz als Bischof, der anfangs von den Presbytern, später von andern Bischöfen durch Handauflegung geweiht, vorher aber von der Gemeinde gewählt wurde. — Proclus und Isidor (5. Jahrhundert) werden als die zwei letzten grossen Lehrer der athenienischen Schule gerühmt, aber die goldene Kette der Platoniker reichte auch nach ihrem Tode ununterbrochen fort bis zum Edict Justinian's I. (529), das der Schule zu Athen ewiges Stillschweigen auferlegte. Sieben Freunde, die letzten Lehrer, flüchteten nach Persien, kehrten aber, nachdem Chosroes ihnen Straflosigkeit ausbedungen, an die Grenzen zurück, wo sie mit Simplicius ausstarben. — Die zwei lamaischen Päpste der buddhistischen Religion in Tibet, von denen der eine, der Dalai-Lama (Oceanpriester) zu Lhassa, der andere, der Bogdo Gegen (der grosse Heilige) zu b Kra schiss Lhun po residirt, ordiniren und segnen sich gegenseitig. — Die Anhänger von Mathieu tragen den heiligen Geist auf ihre Genossen über, indem sie ihnen in den Mund hauchten und die Worte sprachen: „Nimm hin den heiligen Geist.“ (*de Remond.*) — Die Propheten der Theomanen in den Cevennen näherten sich nach Beendigung ihres Vortrages den Neophyten, die sie der Prophetengabe für würdig erachteten, und hauchten ihnen in den Mund mit den Worten: „Empfange den Hauch des heiligen Geistes.“ Sofort begann der Erwählte wie durch Inspiration zu reden, und wenn er mit seiner Prophezeiung zu Ende war, so hauchte er den Geist wieder einem Andern ein. (*Brueys.*) — Die schriftliche Ordination („da ich aber dir die Ordination in Person nicht geben und dich mit Auflegung meiner leiblichen Hände nicht einsegnen kann, in solchem Falle aber nicht allein apostolischen Herkommens ist, dass der Geist der Zeugen, wo die Stimme nicht wandeln kann, in die Gemeinde gehe, binde, löse, auch segne, sondern auch die Weise der evangelischen Religion demgemäss ist“) zum Taufen, Trauen, Confirmiren und Abendmahlertheilen, die Nitschmann (1737) dem Martin, herrnhutischen Missionär auf St. Thomas, gab, wurde von dem Pastor Horn angefochten. (*Oldendorp.*) — In den Jagdmedicinliedern singen die Odschibwaes, wie der grosse Geist einst den Bruder Nanabuscho's tödtete, worauf der letztere zornig ward und sich empörte und immer mächtiger werdend, fast über Gischt-e-Manito den Sieg davon getragen hätte. Da übermachte ihm dessen den Hekai (den Zauber), den der dadurch versöhnte Nemaljuscho auf die Erde herabbrachte und seine Vettern und Muhmen (die Menschen) mit dieser Kraft beschenkte, die sie jetzt in ihren Ceremonien zur Bezwingung der Thiere brauchen. — Nach den Chirothesien und Chirotonien der Griechen geschahen die ersten Erwählungen mittelst Auflegung der Hände auf das Haupt desjenigen, der zu einem Amte berufen worden. — Nach der durch wenigstens drei Hand auflegende Bischöfe vorzunehmenden Ordination des russischen Priesters, der, als einer esoterischen Secte angehörig, über dem Volke steht, ruft der Bischof dem Volke zu: Axios (er ist würdig), auf Griechisch, welches Wort auch den Göttern der samothracischen Geheimnisse vorgesetzt war. — Schweden wäre fast für immer der Segnungen des heiligen Geistes, den man bis dahin stets von Rom erhalten hatte, bei der Reformation verlustig gegangen, wenn er nicht noch eben vor Thorschluss durch einen schon dem Sterben nahen Bischof auf jüngere Schultern zu weiterer Fortpflanzung übertragen worden wäre. — Die Secte des Gabriel Matthäus in Frederiksthal (Grönland) liess sich von ihrem Propheten in den Mund blasen, um den heiligen Geist zu empfangen. — Seymour sah, wie bei dem Medicinmann der Winnabogos die von dem aufgeblasenen Medicinbeutel berührten Eingeweihten durch die Kraft desselben unter Zuckungen zu Boden stürzten. — Zum Wahrsagen nimmt der Cingalese einen in dem Tempel der Dayantas aufgehängten Gegenstand auf seine Schultern, wodurch er begeistert wird. — Die Kimbunda weissagen aus den Bewegungen der Leiche nach dem Hin- und Herschwanken der Träger über den Urheber des Todes. — Wird ein Mafouk (Beamter) in Ashantie abgesetzt, so hat er seinem Nachfolger seine Mütze zu übergeben. — In Schweden erhalten die Bischöfe besondere Weihe, tragen aber nur bei Amtsverrichtungen ein Pallium, sowie der Erzbischof zu Upsala bei feierlichen Gelegenheiten die Mitra und den Hirtenstab, als Insignien, hat. — Wer mir traut, isst meine Speise, sagt Nanuk; und als Lehna die zu dem Wege liegende Leiche berührte, fand er Nanuk an seinem Platze, der ihn umarmte und ihm versprach, dass sein Geist in ihm wohnen solle. — Die Mittheilung der Charismen (Geistesgaben) durch das Handauflegen der Apostel datirt auf die Ausgiessung des heiligen Geistes am Pfingstfest zurück. — Die Anwesenheit des Patriarchen von Antiochien (Joachim) in Moskau gab (1590) die erste Anregung zur Errichtung eines russischen Patriarchats. Unter Vorsitz des Patriarchen von Constantinopel Jeremias wählte die Kirchenversammlung drei Cardinäle, aus denen Feodor Hiob zum Patriarchen machte; die Feierlichkeit der Einweihung vollzog Jeremias, indem er über dem Erwählten die ganze Ceremonie der bischöflichen Würde wiederholte, denn für den höchsten Hirten der Kirche war ein doppelter Segen nöthig. — Die Wahrsagerin Tarifa liess die beiden Missgeburten (Satihh, der die Ankunft des Propheten vorhersagte, und Schikk) vor ihr Sterbebette bringen und theilte ihnen die Gabe der Prophezeiung mit, indem sie ihnen vor ihrem Abscheiden in's Gesicht spie. — Der Einfluss der Wätka auf polnischem Gebiete (wo sich viele Colonien der Altgläubigen und der popowschtschinischen Secte gesammelt hatten) war sehr mächtig, denn dort existirte die Kirche zum Schutz der heiligen Jungfrau, die einzige der Sectirer, und von dort aus wurden die vorhergeweihten Elemente des heiligen Abendmahls über ganz Russland (häufig nicht ohne Betrug) verbreitet. An einigen Orten rühmten sich die Leute, selbst noch Gaben, welche vor den Zeiten Nikon's geweiht worden seien, zu haben, und vermengten sie mit einem Teige, um das Abendmahl zu reichen. — Nach Irenäus war die Art und Weise, wie

Marcus, Schüler des Valentinus, seinen Schülerinnen die Gabe der Prophezeiung ertheilte, dass er ihnen sagte: Siehe, der Geist Gottes kommt auf dich, öffne deinen Mund und weissage, und wenn das Weib antwortete: ich habe noch nicht prophezeit und weiss nicht, wie ich prophezeien soll, so sprach Marcus gewisse Beschwörungsformeln aus, wodurch die Schwester in eine Art Betäubung versetzt wurde, dann sagte er ihr: Oeffne deinen Mund dreist und du wirst prophezeien. Dann hielt sich die Schwester für inspirirt und sprach wie im Delirium. — Bei den Kassenti ist das Priesterthum erblich und der Sohn folgt dem Vater. Ebenso bei den Kramanti, nur hat unter mehreren Söhnen des Udom derjenige den Vorzug, welcher das Herz hat, seinem verstorbenen Vater gewisse Körner, die ihm in den Mund gesteckt worden und darüber er mit vieler Stärke und grässlichem Geschreie halten soll, aus den Zähnen zu reissen und sie unmittelbar in seinen Mund zu stecken. (*Oldendorp.*)

Aber in der pantheistischen Weltanschauung ist schon jede Seele ein Theil der Gottheit, sind alle von ihren Funken durchsprüht, sind alle Menschen Götter, oder gehen sie doch mit dem Tode, zum Ursprung zurückkehrend, in die Gottheit wieder ein.

Nach sofischer Lehre erfährt der Mensch zuerst die Anziehung, damit er sein Gemüth dahin richte, wohin er gezogen wird, und mit Liebe an dem Gegenstande des Zuges (Gott) erfüllet werde. Auf diesen ersten Grad seiner Beziehung zu Gott folgt der zweite, der Weg (Reise), als ein doppelter, der Weg zu Gott und der Weg in Gott. Dann folgt als letzter Grad die Verzückung, das Aufsteigen in den Himmel, was auf der höchsten Stufe des Gebetes geschieht, indem der Angerufene das Gemüth des Betenden erfasst, dergestalt, dass dasselbe in die göttliche Wesenheit aufgenommen wird, so dass in dieser Verschmelzung des Betenden und Angebeteten kein Gebet mehr stattfinden kann. In diesem Zustande der Absorption fühlt der Mensch nichts mehr von seinem Leibe, überhaupt nichts Aeusseres, ja er nimmt nicht einmal sein Inneres wahr. An die Absorption nur denken, heisst aus der Absorption herausfallen. Anfangs blitzt der Moment der Absorption nur vorüberschwindend durch die Seele, bei längerer Uebung aber wird das Gemüth in die höhere Welt entrückt, wo in den Strom der reinsten Wesenheit eingetaucht und von ihm durchströmt, dasselbe mit der Form der geistigen Welt erfüllt wird, indem die Majestät Gottes sich entwickelt und offenbart. (*Tholuck.*) — Ich bin ein Meer ohne Grund, ohne Anfang und ohne Ende. Ich bin der Thron Gottes. Ich bin des Gesetzes Tafel. Ich bin der Griffel Gottes. Ich bin Abraham, Moses, Jesus. Ich bin der Engel Gabriel, Michael, Israfil. Denn wer zur wahren Wesenheit gelangt, der geht ganz in Gott auf, ist also Gott. Wenn die Menschen Gott anzubeten glauben, täuschen sie sich, denn Gott betet sich selbst an. Wie lange, mein Gott, soll ich zwischen der Ichheit und Duheit schweben? Nimm beide weg, damit ich Nichts werde. Wenn ich am jüngsten Tage gefragt werde: Warum hast du das nicht gethan? so ist mir dies lieber, als die Frage: Warum hast du dies gethan? denn, was ich thue, thut eine Ichheit. Die Ichheit aber ist Götzendienst und Götzendienst die grösste aller Sünden. (*Bustami.*) — Die Sofis unterscheiden acht Stufen der Weihe. Scheriat (Umgang um die Kaaba), Tarikat (Umgang um das Herz), Hakikat (Vertrauen), Marifat (Erkenntniss), Kurbat (Annäherung), Weslat (Ankunft), Tauhiat (Einigung) und Jekunat (Ruhe) oder das Einwohnen und Aufgehobensein im Absolut-Göttlichen durch Aneignung seiner Eigenschaften und gänzliche Verzichtleistung auf alle eigenthümliche Persönlichkeit. Andere Grade sind: Nacht, Sterne, Mond und Sonne oder practische Anfänger die (Almosen bittenden) Muktadien (die nach Sinneneinheit streben) und die Salikun (Mystiker), die sich selbst tödten. — Wahre Mystik hat zur Absicht, den Verstand durch Beschaulichkeit zu erleuchten und das Herz zur reinsten Liebe zu erwärmen. (*Zimmermann.*) — Die letzte und höchste Seligkeit des endlichen Wesens ist die Ruhe in Gott, denn wer in Gott verwandelt ist, der vergisst alles Aeusserliche und geht fortan nur mit dem um, der Alles sieht, und erlustigt sich an dem, was er nicht aussprechen kann. (*Zensi.*) — Moses, die Propheten und Apostel, ein Jeder von ihnen ist ein Magus, Kabbalist und Divinator gewesen, d. h. sie Alle erfreuten sich einer unmittelbaren Erkenntniss durch göttliche Erleuchtung. Nur diese schliesst alle Geheimnisse auf. (*Paracelsus.*) — Die Licht-Emanation des Patritius (1597) zerfällt in Panaugia (Welterleuchtung), Panarchia (Weltbeherrschung), Panpsychia (Weltbeseelung) und Pancosmia (Weltdurchdringung). — Das innerliche Auge der Seele bedarf keines äusseren Lichtes. Es hat sein eigenes Licht in sich selber. Und so ist ihm auch ein innerlicher Gegenstand gegeben (Gott), wie dem sinnlichen Auge das Weite (der Raum), nach Weigel. — In dem Glaubensbekenntniss der Mennoniten ist von einer geistigen Erkenntniss Christi die Rede, vermöge welcher er sich in uns offenbare, in uns wohne und uns belebe, die fleischlich verrichteten Wunder nach dem Geiste in uns vollende, uns mit himmlischer Speise und Trank nähre und uns seiner göttlichen Natur theilhaftig mache. — Niklas (der die Familie der Liebe in München stiftete) war gesalbt mit dem heiligen Geiste in dem völligen Alter des heiligen Verstandes Jesu Christi, vergöttert mit Gott im Geiste seiner Liebe. — Die Folge des unbedingten Hingebens unserer selbst an Gott ist vollkommene Erleuchtung des Verstandes bis zur unmittelbaren Anschauung des göttlichen Wesens und liebevolle Umfangung desselben bis zur Einswerdung unseres Willens mit dem göttlichen. (*Helmont.*) — Was jedem Dinge seinen Vorzug, seine Qualität giebt, das ist die Weltseele in ihm, lehrte die Sankhya-Schule. — Das nicht in die Welt eingehende, sondern für sich bleibende, unentfaltete Brahma ist der Geist der Sankhya, der in der Welt sich entfaltende Brahma die Prakriti. Nach der Joga (von Patandschali im 2. Jahrh. a. C. ausgebildet) soll sich der Mensch, insofern in ihm der Geist das Höhere ist, aus dem Natursein zurückziehen, um sich mit dem einen Geist (Isvara oder Herr) zu vereinen (durch die Ascese). Die Betrachtung des Weisen steigt, von der Wahrnehmung beginnend, immer höher, bis der Geist allein gesehen wird und die Befreiung von dem Stolze des getrennten Daseins (Ahankara) eintritt, worauf der Jogi körperlos wird. — Nach Porphyrius beherrscht das Unkörperliche das Körperliche und besitzt die Kraft überall gegenwärtig zu sein. Die Seele ist daher mit dem Vermögen ausgestattet, überallhin ihre Wirksamkeit auszudehnen. Sie besitzt eine unendliche Kraft und jeder Theil von ihr (der von der Materie frei ist) vermag Alles und ist überall gegenwärtig. Die Wirkung aus der Ferne ist allein die wesentliche. Nicht Alles, was aufeinander wirkt, thut dieses durch Annäherung und Berührung, sondern bedient sich nur nebenbei der Annäherung. Die Dämonen werden als Lichtwesen beschrieben, die gestaltlos und daher unsichtbar sind. Die guten Dämonen beherrschen die Luft, die bösen werden von der Luft beherrscht. Sie bedürfen der Nahrung und sind nicht ewig. Die Kraft der Vernunft vermag die Naturgewalt und die magischen Einwirkungen der Dämonen zu beherrschen. Das grösste Unheil der Menschen ist die Zulassung von irrigen Gedanken (doch weiss der Philosoph sich über derartige Leiden zu erheben). Die wahre Weisheit besteht darin, die Einwirkungen der äussern Welt zurückzuweisen und sich auch nicht in Gedanken mit den äussern Dingen zu beschäftigen. Von der Herrschaft der Sinnenwelt über die Seele soll sich der Mensch selbst mit dem Verluste seines ganzen Körpers zu erlösen streben. Wenigstens muss er den sinnlichen Begierden möglichst enge Schranken setzen, um Gott ähnlicher zu werden. Die Gemeinschaft mit dem höchsten Gott (das Hauptziel der Philosophie) soll der Philosoph durch die Vernunft erreichen und über sie hinausgehend durch ein heiliges Leben sich zur Anschauung Gottes erheben. Demselben darf nichts Materielles (also Unreines) geopfert werden, sondern er muss durch reine Worte und reine Gedanken oder auch durch Schweigen verehrt und in der von Leidenschaften gereinigten Seele angeschaut werden. — Nach den Sofis ist Gott, der aus der Welt emanirt, wie die Sonnenstrahlen aus der Sonne, immer der Eine, der aber, wenn man ihn zählt, als Vieles erscheint. Das All ist das Echo Gottes. Die Materie (das Besondere) ist nichts Positives. Alles Besondere ist eine blosse Verneinung Gottes. Die göttlichen Eigenschaften werden zu allgemeinen Naturkräften. — In Omar's Brust ergoss sich die göttliche Stimme, die die Wurzel ist aller Stimmen und alles Schalles und von deren Klange alle andern Töne, dem Menschen und der ganzen Natur vernehmlich, nur das Echo sind. Denn auch Holz und Stein vernimmt, beantwortet den göttlichen Ruf und wird von diesem Rufe angezogen. — Wenn du Allah sagst, so meinst du Gott, und wenn du schweigst, so denkst du Jallah, Jallah, und sagst du Hu, so versteht nur er dich, der Allgegenwärtige, der keinen Gefährten hat. (*Abul Hasan Moseni.*) — Man muss alle Tage von Gott reden, öfter, als essen, man muss öfter an Gott denken als athmen, sagt Epictet. — „Nur wenn du dich selbst recht erkennst (sagt Jacob Böhme), erkennst du auch Gott und die Natur recht, denn du bist Gottes Gleichniss, Bild, Wesen und Eigenthum. Wie du bist, ist auch die ewige Geburt in Gott. Der Mensch ist der Microcosmos, eine kleine Welt aus der grossen, und hat der ganzen Welt Eigenschaft in sich." — „In der ausgearteten Lehre der Buddhisten von Nepal, welche ein höchstes unendliches Wesen an den Anfang aller Schöpfung stellten (mit geschaffenen Buddhas), sind die Dhyanis (ursprünglich blosse Abspiegelungen der Vollendeten) Emanationen des Urwesens und aus ihnen emaniren wieder Boddhisattvas, die nach einander Weltschöpfer werden." — Die Weltseele der Sofis ist ein Hauch der Gottheit, die überall das sinnlich wahrnehmbare Leben erzeugt. — Den Glauben an einen welterschaffenden, von seiner Schöpfung getrennten Gott ersetzt die kabbalistische Lehre durch die Idee der allgemeinen Schöpfung, eine wahrhaft unendliche, ewig thätige, ewig denkende, ewig bestehende Ursache des Alls, die aber vom All nicht umschlossen wird und für welche Schaffen nichts anderes ist, als Denken, Sein und sich aus sich selbst Entwickeln. Statt der rein materiellen, von Gott verschiedenen Welt, erkannte sie das Dasein zahlloser Formen, unter denen sich die Substanz nach den unveränderlichen Gesetzen des Denkens entwickelt. (*Frank.*) — Wie Funken aus dem sprühenden Feuer, gehen die lebendigen Wesen (nach der Mimansa) aus der Weltseele hervor und in diese zurück. — „Ich trage einen Theil deines Samens in mir, ein Funken deines erhabenen Geistes ist in den Tropfen der Materie verborgen," preist Synesius von Gott. — Nach Methodius enthält die Seele einen Theil der göttlichen Schöpferkraft. — In Hegel's Philosophie stellt das Universum in allen seinen unendlichen Gegensätzen und Gebilden die Geburtsarbeit Gottes dar, durch die Natur hindurch sich zum

Geiste zu machen und dadurch endlich sein Selbstbewusstsein zu finden. — Nach Heraklit hat das Sinneswesen der Seele Antheil an dem *περιέχον* des Himmelsäthers. Wenn du den Körper verlassend, im freien Aether dich aufschwingst, wirst du ein unsterblicher Gott sein. (*Pythagoras.*) — Als Maitreya klagt, dass in jener Welt kein Einzelnbewusstsein ist, antwortet ihm Yagnyavalkya, dass, wo der Geist Alles ist, der Erkennende nicht erkannt werden kann. — Nach Ali Ben Soheil besteht die wahre Mystik (El-Assawwuf) in der Befreiung von Allem, was nicht Gottes Offenbarung ist. — Ten-sio-dai-sin (die Hauptgottheit der Japaner) ist, als Sinnbild der Sonne, das Licht, die Kraft, das Vermögen und das Wesen in der unterhimmlischen Welt und wohnt zugleich in dem Herzen jedes Menschen, dessen Seele von Gutem erfüllt ist.

In der Communication des Menschen mit der Gottheit, in der Ekstase, in der Inspiration, in dem Aufsteigen des Geistes, in dem Niedersinken der Offenbarung schlingt sich jetzt der mystische Knotenpunkt des ὁδὸς ἄνω καὶ κάτω in der nach Oben und Unten führenden Himmelsleiter. „Nach Oben führt er den Prana, nach Unten den Apana, ihn, den in der Mitte (des Herzens) sitzenden Zwerg verehren alle Götter.“ Menschen werden zu Göttern oder Götter werden zu Menschen, und die alten Atuas auf den polynesischen Inseln wurden bald als vermenschlichte Götter, bald als vergötterte Menschen beschrieben, ähnlich den Repräsentationen der Priestergötter in Africa. „Obgleich der grösste Theil der Burchanen (bei den Mongolen) von den Tengeri (Göttern) herkömmt, sagt Timkowsky, so können doch auch Menschen zu dem Grade eines Burchanen gelangen durch milde Gaben, Gebete, Lesen der Schrift. Die Burchanen steigen nicht selten zu der Erde hinab und selbst in die Unterwelt, um in der von ihnen angenommenen Gestalt von Chubilghanen (Wiedergeborene) Busse und Besserung zu predigen.

Der Knotenpunkt des Göttlichen und Menschlichen, in dem sich das Räthsel des Lebens schlingt, ist bisher von den Mythologen weit öfter zerhauen als gelöst worden. Die Ausdrücke der Incarnation, Emanation, Inspiration, Ordination sind ebensowenig in ihren gegenseitigen Beziehungen definirt, als man es vermochte, so lange die Hülfe der Psychologie fehlte, feste Grenzen auf den Gebieten der Begeisterung, der Ekstase, der Trunkenheit und des Wahnsinns zu ziehen, deren Sphären beständig in einander überspielen. Ausser im ganzen Umfange des Samanäismus ist die Maya göttlicher Verkörperungen und menschlicher Vergötterungen besonders in den buddhistischen Abstractionen der verschiedenen Schulen zu verfolgen, sowie in den schiitischen Secten und den reformirenden des Dekkhan. In Mexico kehren sie in den priesterköniglichen Dynastien wieder, und ihre bei den meisten Stämmen der Indianer anzutreffenden Elemente finden sich überall in Africa und in der europäischen Vorzeit bei Preussen und Litthauern, neben Scythen und Thraciern. Während im Allgemeinen die Schiiten in den Imamen nur eine fortlaufende Kette göttlicher Repräsentanten sehen, sieht die Secte der Gollat in der Person Ali's die volle Verkörperung der Gottheit, und andere Schwärmer führten seinen himmlischen Sitz mit allen nothwendigen Einzelheiten einer Mythologie weiter aus. Ibn Esch-Schelmagani wurde, wie sein vor dem Khalifen Radhi billah geführter Process beweist, von einigen seiner Anhänger für die Gottheit selbst, von andern nur für das Thor (Bab) gehalten, das zu ihr führt, und die Drusen beschränken diesen Ausdruck (Bab) wieder auf den Repräsentanten des Imam, als um eine Stufe niedriger. Der eigentliche Buddhismus führt den menschlichen Geist aus sich selbst zum Nirvana, während es in den lamaischen Secten die partiellen Kutuchthas sind, in denen sich dämonische Durchane oder Boddhisattvas in Tibet niedersteigend verkörpern, und in Indien finden sich sowohl die Incarnationen Vischnu's, als Narayana, wie untergeordnete Erscheinungen, besonders des Ganesa. Die Idee der Vermittlung mit der höchsten Gottheit schuf überall die untergeordneten Götter, denen sich die Menschen näher glaubten, als jener selbst, was man bald wieder nach der Art von Emanationen, bald in der eines ekstatischen Aufsteigens verstehen mochte. Bald war im Kinde der herabsteigende Gott geboren, bald sandten die Himmlischen ihre geflügelten Boten, wie den Mercur, um auf der zur Erde gewölbten Brücke die Verbindung zu unterhalten, und als Hermes Trismegistus den Egyptern die Wissenschaft des Logos zu enthüllen. Den durch Abstraction sich erhebenden Propheten kam auf halbem Wege das Honover des Ewigen entgegen und inspirirte sie zu ihren Offenbarungen, während nur die Buddhisten die Fäden der Speculation unzerrissen von ihrer Persönlichkeit aus durch den Weltraum fortspannen. Da der Begriff der Gottheit im Menschen liegt, so muss auch ein naturgemässes Denken nothwendig zu ihm führen und ihn dann in seiner wahren Bedeutung verstehen. Nimmt man ihn dagegen von vornherein als gegeben an, so kann man allerdings durch beliebige Substituirung dieser unbekannten Grösse, wo immer es wünschenswerth ist, alles Gesuchte mit Leichtigkeit erklären, wird aber nie ihren eigenen Werth finden, da sie von vornherein als absolut aufgefasst worden ist, und so nicht selbst wieder in relative Verhältnisse gesetzt werden kann. Nach der Parteidarstellung der im Alterthum siegreichen Priesterkasten wurde der Thurm, auf dem die Uebermüthigen zum Himmel steigen wollten, durch den Zorn der Götter zerstört, und um ihre Communication mit demselben zu erklären, erzählten sie von der (vom thracischen Könige wieder zum Hinaufklettern benutzten) Leiter, die diese auf die Erde herabgelassen hätten. So lange aber unsere Astronomen den Anknüpfungspunkt derselben am Firmamente nicht gefunden haben, bleibt unserer einmal auf Experimente, Beobachtungen und Erfahrungen gegründeten Wissenschaft noch immer nichts übrig, als auf der Basis der Natur zu versuchen, den Tempel des Kosmos allmälig zu construiren.

Gerson schlug, als einen neuen und sicheren Weg zur schauenden und beseligenden Gotteskunde, den der ruhenden Versenkung in den Abgrund des göttlichen Wesens vor, die mystische Theologie, doch nicht die begrifflos schwärmende, sondern die begreifend anschauende. Das Werkzeug der mystischen Anschauung ist die einfach geistige Sehe oder Sehkraft (intelligentia simplex), die unmittelbar von Gott ein gewisses natürliches Licht erhalten hat, in welchem und durch welches die ersten Principien der Erkenntniss als wahr und gewiss erkannt werden. Das höchste Ziel der Mystik ist die Entzückung nicht der Einbildungskraft oder der Denkkraft, sondern des Geistes selbst in Gott, so dass der Geist ganz in Gott, den er einzig liebt, ruhe und in innigster Vereinigung ihm anhängend, mit ihm nur ein Geist werde, durch die vollkommene Gleichförmigkeit des Willens. (*Schröckh.*)

Mancherlei Wege giebt es, zu dieser mystischen Einheit zu führen. In sich selbst versenkt redet dem Jogi die Gottheit in den klopfenden Pulsadern des Ohres, in sich selbst versenkt leuchtet dem Areopagiten aus undurchdringlichem Dunkel das unzugängliche Licht. Die Mystiker unterscheiden den thätigen und leidenden Weg, die via activa und passiva. Nach Bernhard von Clairveaux ist die Contemplation stille Sammlung des Gemüthes zur Ruhe der Betrachtung göttlicher Dinge, die Thätigkeit ist Wirksamkeit für heilige Zwecke.

Mewlana Dschelaleddin Rumi († 1233), Stifter der Mewlewi (des berühmtesten Ordens mystischer Derwische), hat in seinen lyrischen Gedichten das eigentliche Gesetzbuch und Ritual aller Mystiker gebildet, mit dem ewigen Wesen als ewig Anbetender und mit der unendlichen Liebe als unendlich Liebender zu Eins verschmelzend und mit seinem mystischen Lehrer und Meister Schems Tabrisi abschliessend. Das Mesnewi (das doppeltgereimte Gedicht) enthält die wichtigsten Gegenstände des beschaulichen Lebens rhapsodisch, mit stetem Absprung von Anschauungen und von Thatsachen zu Betrachtungen. — Nach dem Neuplatoniker Damaskios (im 6. Jahrhundert) war der Urgrund aller Dinge das Unaussprechbare, weil es weder die Ursache, noch das Erste, noch das Gute, noch der Anfang, noch der Zweck genannt werden könne. Das Unaussprechbare ist unerkennbar zu nennen, weil Alles, was über die Erkenntniss hinausgeht, erwähnenswerther ist, als das Erkennbare, und da nur das Eine das letzte Erkennbare ist, so ist das über das Eine Hinausgehende gar nicht zu nennen. Das Ende alles menschlichen Redens ist ein rathloses Schweigen. Die Menschen wissen von dem Unaussprechbaren gar Nichts. — Was in der Monas als Einheit noch verschlossen ist, muss aus ihr hervorgehen und offenbar werden: in welchem Sinne Sabellius von einem schweigenden und redenden oder einem unthätigen und thätigen Gott redet. (*Baur.*) — Nach den Valentinianern war der erste Vater Agennetos oder Bythos (die Tiefe) von Ewigkeit mit der Sige (Stillschweigen) vermählt, weil er sich nicht enthüllt hatte, bis er als einzigen Sohn das Verständniss (den reinen Geist oder Noos) als den Fürsten hervorgehen liess. — Die Worte des Apostel Johannes, dass das in die Finsterniss scheinende Licht von ihr nicht er- oder begriffen sei, anführend, sagt Manes, dass die unmaterielle Form (die göttliche Natur Christi) nicht sichtbar ist und durchaus nicht berührt werden kann, weil sie nichts mit der Materie gemein hat. — Himmel und Erde, die Moses in der Schöpfungsgeschichte erwähnt, als am Anfange gemacht, sind nicht, was wir Himmel und Erde nennen, sondern ein weit älterer Himmel und Erde, die sich durch den Geist begreifen, nicht durch die Sinne, sagt Chalcidius, und ähnlich dem unzugänglichen Lichte der Manichäer entnahm Plato seiner reinen Himmelserde die Antichthon, die Pythagoras der Erde entgegenstellt. — When the prince Siddharta (Çakjamuni) was under the tree at the festival of the plough, still under the influence of witarka and wichára (Urtheil) and having also priti (Freude) and sepa (Wohlbehagen), that arise from wiweka (Unterscheidung), he exercised the first dhyána. Then having overcome witarka and wichára and arrived at the tranquillity of mind and having the priti and sepa, that arise from samádhi (Nachdenken), he exercised the second dhyána. Then overcoming all regard of priti, he received upékshá (Gleichgültigkeit), smirti (Gedächtniss) and sampajána (Selbstbewusstsein) and with those endowments of the rahats (Arhats) he exercised the third dhyána. Last of all having become free from sepa, dukkha (Schmerz), sooramanasya, but retaining upéksbá, smirti and párisudhi (vollkommene Reinheit), he exercised the fourth dhyána. (*Hardy.*) — Die Gnostiker theilen die Wesen in drei Klassen ein (πνευματικοι, ψυχικοι und ὑλικοι), je nachdem eines dieser Grundprincipe in einem Menschen vorwaltet. Das pneumatische Princip ist das Wesentliche der Aeonen- oder Ideenwelt. Die Valentinianer lassen das psychische Leben aus dem leidenvollen Zustande entspringen, in welchem die Achamoth sich ausserhalb des Pleroma befand (in Sehnsucht nach dem Pleroma). Das Materielle leiten die Valentinianer aus den wechselnden Zuständen ab, in welche die Achamoth während ihres Leidens geräth, aus Demjenigen nämlich, was sich gleichsam als Negation ihres göttlichen Wesens ausserhalb des Pleroma absorbirt. Die vorher todte und ungeordnete Materie erhielt zuerst ihr Leben aus den aus dem Pleroma herabgekommenen Lichtfunken, war aber allmählig aus dem Geistigen durch mehrere Uebergangsstufen hervorgegangen. Sie entstand durch Verdichtung des Geistigen und in Folge dieses Verdichtungsprocesses bildeten sich auch Körper. Ihre Bildsamkeit befähigte sie zu allen möglichen Formen. — Die drei guna oder Eigenschaften, deren Theorie in der Sankhya-Philosophie ausgebildet ist, sind sattva (Wesenheit), ragas (Leidenschaft) und tamas (Finsterniss). In der Prakriti (schöpferischen Natur) sind diese drei Eigenschaften ungetrennt, scheiden sich aber von einander, sobald die Schöpfung ihren Anfang nimmt und durchdringen alle Schöpfungen, sowohl die intellectuellen, als die materiellen. Sie sind in allen Schöpfungen in ungleichem Verhältniss gemischt und deren Wesen wird durch das Vorwalten einer der drei Eigenschaften bestimmt. Herrscht die Wesenheit vor, so ersteigen die Geschöpfe eine höhere Stufe, wenn hingegen die Finsterniss, so sinken sie zu niedern herab. Die zwischen beiden stehende Leidenschaft ist das treibende Princip, durch welches der Weltenumtrieb bewirkt wird. — Während Philon die Selbstanschauung der Vernunft, Numenius die Vereinigung der Vernunft mit der Seele lehrte, erblickt ihr Nachfolger Plotinus in ihnen noch eine Bewegung, eine Verschiedenheit des Anschauens und des Angeschauten. Um das Eine, das Erste und das Gute zu erreichen, muss man der Mannigfaltigkeit der Gedanken ganz entsagen. Auch des Gebrauchs der Rede muss man sich entschlagen, da das Höchste über jede Rede, wie über jede Vernunft hinausgeht und nur durch unmittelbare Anschauung erkannt werden kann. Die Seele erhält nur zur Strafe einen Körper. — Nach der Lehre Patangali's ist Joga die Hemmung aller Bewegungen des Denkens, das dann die Gestalt eines Anschauens annimmt. Es verschwinden in diesem Zustande die übrigen Mittel der Erkenntniss (Wahrnehmung, Schlussfolgerungen und Ueberlieferung, sowie Missverständnisse, Einbildungen und Irrthum). Um diesen Zustand zu erreichen, muss man die Neigungen zu den sichtbaren Gegenständen sowohl, als zu denjenigen überwinden, die man durch Ueberlieferung oder Mittheilung kennen lernte, die Mannigfaltigkeit der Gedanken ist zu verachten. Wer durch die vorgeschriebenen Mittel die höchste Stufe der Erkenntniss erstiegen hat, gewinnt eine Herrschaft über alle Dinge und erlangt eine innige Vereinigung mit Gott und die Anschauung Gottes. — Plotinus behauptete, das Göttliche erschaut und mit ihm eine innige Vereinigung erlangt zu haben. — „Der philosophische Unterricht in der Schule des Synesius begann mit den mathematischen Wissenschaften. Aristoteles und Plato wurden gelesen, erklärt, und hierbei blieben die meisten Schüler stehen. Aber die eifrigsten wurden durch die Erklärung der Orphica und der Orakel bis zur Theurgie geführt. Wessen Seele durch Erkenntniss und Tugend gereinigt war, der empfing eine höhere Anweisung, auf welche Weise er der Anschauung Gottes gewürdigt werden könne. Die Götter erschienen in Träumen und Visionen den Frommen, ja die Auserwählten konnten, nach der Meinung der Schule, wie sie Marinus, der Lebensbeschreiber des Proklos ausspricht, wirklich Wunder thun." — Quemadmodum novem sint chori majestati divinae deservientes, quos in tres ordines distinguimus, ita et Ecclesia choros novem enumerat. Patriarchae enim et Metropolitae et Episcopi ordinem Cherubim et Seraphim et Thronorum supplent. Archidiaconi vero, Periodeutae et Presbyteri in ordine Virtutum et Potestatum et Dominationum consistunt. Diaconi autem et Hypodiaconi et Lectores in ordine Principatuum et Archangelorum atque Angelorum ministrant, sagt (den Nestorianischen Syrern gemäss) Ebed Jesu, nach dem die Ceremonienmeister des englischen Sectenthums ihre Rangordnungen verificiren könnten. — Die alte abendländische oder römisch-katholische Kirche nahm für ihren Clerus (wegen der gratia septiformis spiritus sancti) sieben Ordnungen an. — Die Episcopalkirche Englands hat dreifache Priesterklassen (Bishop, Priest, Diacon) und den König als obersten Regierer (supreme governor) der Kirche. — Der Kalender strebt dahin, aller Formen und Beobachtungen befreit und ledig zu sein; der Melameti entzieht seine Andachtsübungen den Beobachtungen Anderer, sowie Alles, was er tugendhaftes thut, während er nichts verbirgt, was schlecht und lasterhaft ist. Der Sofi, dessen Grad der höchste ist, erlaubt keinem geschaffenen Wesen auf seine Gefühle Einfluss auszuüben, und kennt weder Zu- noch Abneigung. — Nach dem Dichter Jami giebt es vier Grade des Sofismus, die All-Einheit im Glauben, die All-Einheit in der Ueberzeugung, die All-Einheit in der Wechselbeziehung und die All-Einheit im Göttlichen. — Michael Molinos, der hauptsächlichste Begründer des Quietismus, lehrte, dass man sich bemühen solle, das Gemüth in eine solche Ruhe zu bringen, dass dasselbe wie ein todter Körper oder Klotz ohne alle Thätigkeit sei, indem die Seele sich selbst vernichte. — Der Mandukja Upanishad sagt: die Sonne ist die Pforte des Himmels. Die Brahmanen, die ihre Sinne anhalten, gehen vom Herzen (manas) aus die Einigung (Joga) mit der Sonne ein, die zuerst von Brahma ausgegangen, in der Mitte wohnt. Die Sonne entzündet das Opfer, sie bestrahlt das Herz, das aus der unsterblichen Wesenheit entsprungen ist. Uebt einer vollkommene Busse, so wird die Sonne, welche die Vergeltung reiner Werke herbeiführt, ihn auf den Strahlenwegen ihres Lichtes zur Welt des Brahma führen. Das Licht wird ihm überall gegenwärtig sein, ja er wird selbst Licht. — Nach Porphyrius bestand bei den egyptischen Priestern eine geheime Sittenübung, wovon der niedere Grad θέασις (das äussere Schauen), der höhere aber θεωρία (innere Contemplation) hiess, und die zur höchsten Vollendung (perfectio) führte. — Nach der kirchlich-dogmatischen Lehre von der Heilsordnung (ordo salutis oder oeconomia salutis) werden fünf Heilsstufen (nach Reinhard) angenommen, von denen eine jede einerseits als ein Gnadenwerk Gottes, andererseits als ein Zustand im Menschen angesehen werden könnte. Auf die „Berufung" und Erleuchtung folgt die „Bekehrung" (als die Wiedergeburt in Reue und Glauben), dann die Heiligung (sanctificatio) oder Erneuerung (renovatio) und schliesslich die geheimnissvolle Einigung mit Gott (unio mystica) oder die geistige, aber wesenhafte Verbindung des Gerechtfertigten und Geheiligten mit dem dreieinigen Gott (als ein Werk des heiligen Geistes). Diese Vereinigung des Menschen mit Gott wurde genauer bestimmt, als eine besondere (specialis) gegen Katholiken und Socinianer, die nur eine allgemeine Gegenwart wollten, wie alle Menschen in Gott leben, weben und sind, und als eine wirkliche (substantialis), nicht essentialis (wie die Weigelianer sagten) oder gar corporalis, was auch in den Ausdrücken der Mystiker vorkam. Ferner ist jene Gegenwart nicht ein blosses Beistehen (sie ist nicht παραστατικη), sondern gegenseitiges Einwohnen herbeiführend (περιχωρητικη), endlich wirksam und gnadenreich für den Menschen. Sie hiess auch desponsatio, nach dem in der Bibel gebrauchten Bilde von der Ehe für die höchste religiöse Vereinigung, ein Bild, das in den kirchlichen Liedern der Brüdergemeinden und sonst vielfach missbraucht wurde. (*Dieterich.*) — Hugo von St. Victor unterscheidet ein dreifaches Auge, das des Fleisches zur Erkenntniss des Aeusseren (der Welt), das der Vernunft zur Erkenntniss des Innern (der eigenen Person) und das der Anschauung (contemplatio) zur Erkenntniss Gottes und göttlicher Dinge, welch' letzteres, durch die Sünde vernichtet, des göttlichen Beistandes durch die Offenbarung im Glauben bedarf. — Was wir durch die Vernunft von dem Göttlichen erkennen können, ist nur ein Bild davon, die Sache selbst kann uns nur durch göttliche Offenbarung vermittelst einer übernatürlichen Erkenntnisskraft offenbar werden, sagt Richard von St. Victor. — Die Weisheit endigt (nach Richard von St. Victor) zuletzt in der unmittelbaren Anschauung oder Contemplation, deren höchste Grade über die Vernunft erhaben sind und die Tugend erreicht zuletzt ihre höchste Vollkommenheit in einem Heraustreten der Seele aus sich selbst, so dass das ganze menschliche Gemüth in Sehnsucht, Liebe und Hingebung an Gott gleichsam über sich selbst hinaus und in Gott übergeht. — In der mystischen Lade bestimmt Richard von St. Victor die sechs Stufen der Contemplation, in deren letzter „der Geist, vom göttlichen Lichte überstrahlt, alle Geheimnisse Gottes erkennt.“ In drei Richtungen, sagt Richard von St. Victor, schreitet der Geist zur Anschauung vor, in der Erweiterung (dilatatio), in der Erhebung (elevatio) und in der Entrückung (alienatio), wobei Heinroth an die alienatio mentis im psychiatrischen Sinne erinnert. — Nach Bonaventura (Doctor seraphicus) giebt es drei Grade der Erleuchtung für den Menschen, eine äussere und niedere durch die Sinne, eine innere und höhere durch die Vernunft und eine letzte und höchste durch die Offenbarung, durch welche das göttliche Licht selbst angeschaut wird. — „Gott hat kein Bildniss oder Gleichniss seiner selbst. Du musst mit reinen Sinnen dich erschwingen über dich selbst und alle Creatur in die verborgene, stille Finsterniss, auf dass du kommest in eine Erkenntniss des unbekannten Gottes. Jene stille Finsterniss ist ein Licht, das keine erschaffene Verständniss zu erreichen und zu verstehen vermag, in ihr wird der Geist geführt über sich selbst hinaus und über all sein Begreifen und sein Verstehen. Im göttlichen Wesen verliert der Geist sich selbst, dass er ganz in Gott versinkt und in den ewigen Abgrund versunken Nichts weiter weiss, noch empfindet, noch schaut, als den inneren ewigen Gott.“ (*Tauler.*) — Das beschauliche Leben soll aus seiner Natur und Uebung, seinem Wesen und Ueberwesen bestehen. Und dies letzte soll ein sterbend Leben und lebend Sterben ausser unserm Wesen zu unserer überwesentlichen Seligkeit sein, welches alsdann geschieht, wenn wir durch Gottes Gnade und Beistand so sehr über uns selbst herrschen und unserer mächtig sind, dass wir uns, so oft es uns gefällt, von allen Bildern entblössen können, bis wir selbst in unser müssiges Wesen gelangen, wo wir mit Gott in dem unerschöpflichen Abgrunde seiner Liebe Eins sind, sagt Rusbroek, der, wenn er fühlte, dass er von dem Glanze der göttlichen Gnade erleuchtet wurde, sich tief in einem Wald begrub und aufschrieb, was er aus dem Geiste Gottes schöpfte. — Nach den Duchoborzen verkörpert sich die noch in der Welt weilende Seele Jesu von Zeit zu Zeit, wie in Sylvan Kolesnikoff und in dem angebeteten Unteroffizier Kapustin. — Empedocles verglich die Seelen der Menschen als göttlichen Ursprungs (Dämonen) in ihrem Herabkommen in die Körper mit einer Verbannung. — Wer sich (nach dem Bagawadam) in der Einsamkeit der Sammlung der Seele überlässt, wird im Stande sein, das Bild des Vischnu unter der Gestalt Lestarubam (Quelle der Bewegung) zu betrachten. Bei Betrachtung Vischnu's im Kleinen, indem man in seinem Herzen den Gott von der Grösse einer flachen Hand sich vorstellt und vom Fuss bis zum Scheitel anbetet, gelangt man zu einer innigen Vereinigung mit Brahma, das Bewusstsein seiner selbst verlierend. Verlässt die Seele den Leib, so reist sie durch den Scheitel aus demselben und geht sich mit dem göttlichen Wesen zu vereinigen. Ein solcher ist einer neuen Geburt in dieser Welt nicht mehr unterworfen. Wer sich dem Geheimniss der abstracten Betrachtung Vischnu's, die den Gott von allem Körperlichen isolirt, ergiebt, wird in den Schooss Brahma's eingehen und seine Substanz mit der Substanz Vischnu's vermischen. — „Ueberwesentliche, übergöttliche, übergute Dreieinigkeit, leite uns zu dem überunerkannten, überglänzenden, höchsten Gipfel der mystischen Aussprüche, wo die einfachen, absoluten, unveränderlichen Geheimnisse der Theologie im überlichten Dunkel des mystisch-heimlichen Schweigens enthüllt werden, welches Dunkel im Finstersten am überhellesten glänzet und in dem durchaus Unberührbaren und Unsichtbaren des überschönen Glanzes den augenlosen Geist überfüllt," ist das Gebet des Dionysius Areopagita. „Die göttliche Finsterniss ist das unzugängliche Licht, in dem (nach der Schrift) Gott wohnt. So ist Gott unsichtbar durch die Ueberfülle des Lichtes und unzugänglich durch die Ueberschwenglichkeit der überwesentlichen Lichtergiessung. Zu dieser Finsterniss gelangt Jeder, der Gott zu sehen und zu erkennen gewürdigt ist, eben durch das Nichtsehen und Nichterkennen, indem er sich in dem über Sehen und Erkennen erhabenen Zustande befindet, und eben das erkennt, dass nach allem sinnlich und geistig Erkennbaren der Gott kommt." — Nach Franciscus Picus kann alle wahre Wissenschaft und Vorahnung nur aus göttlicher Erleuchtung und Begeisterung erzeugt werden. — Freiheit von Gemüthsbewegungen, Ausrottung der menschlichen Natur, Ertödtung der sinnlichen Triebe, Aneignung reiner Geistigkeit, Verklärung und reine Wissenschaft, reines Handeln, stellt Dschuneid als Ziel des Sofismus auf. — „Die erste Abstufung der Seele ist die belebende, die alle Theile eines lebenden Körpers durchgeht, die zweite ist diejenige, der die Empfindung innewohnt, die dritte, die Gemüth (als Erkenntnissvermögen) genannt wird, besitzt (unter allen sterblichen Geschöpfen) der Mensch allein und wird in der Welt Gott, im Menschen Genius genannt." — Nachdem Jacob Böhme sich von dem Studium theologischer und chemischer Schriften wieder zum Gebete gewandt, fing er allmählich an, eine wunderbare Verknüpfung aller Dinge zu ahnen, eine Einheit in der Mannigfaltigkeit, eine Harmonie in den tausendfachen Lauten der Schöpfung. Er selbst spricht mit grossem Entzücken von dieser Erleuchtung, verschloss sie aber noch in sich, bis ihm nach und nach immer ein neuer Zusammenhang der Dinge klar wurde. Die letzte geschah im Jahr 1610. Nun konnte er das Angeschaute nicht mehr bei sich behalten und schrieb, was sein Gemüth bewegte, nieder in der Aurora. — Die Idee eines Mittelwesens zwischen Gott und den Menschen liegt tief (obwohl mehr oder weniger entwickelt) in dem religiösen Menschen, sagt Ewald. Fast alle Völker der Erde erwarteten eine vom Himmel herabsteigende Gottheit. Die Römer einen König, den die Sibyllen angekündigt hatten, die Perser den Ali am Ende der Tage, die Chinesen Phelo, die Japaner Purum und Cambadoxi. In den Orakeln von Delphi war eine alte und geheime Weissagung eines Sohnes des Apollo niedergelegt, der das Reich der Gerechtigkeit wieder auf Erden bringen solle. In Ovid's Fabel vom Jupiter und Semele ist die Wahrheit verhüllt, dass das Wesen der Gottheit sich uns nicht anders als in dem gemilderten Lichte der Menschheit offenbaren könne. Den christlichen Mystikern ist in Jesus die Gottheit aufgeschlossen und ihr Inneres und die ganze Welt. In ihm denken sie die Gottheit, verehren sie die Gottheit, lieben sie die Gottheit, indem sie sich selbst vergessen. — Der höchste Grad der Einweihung der Okkals oder Spiritualisten bei den Drusen, die sich im gewöhnlichen Leben Djalel oder Unwissende nennen, erfordert das Cölibat. — Nach Mandam's dem Alexander gegebener Antwort ist die beste Lehre diejenige, die Freude und Schmerz von der Seele entfernt. Die griechischen Weisen dachten vielleicht über Anderes vernünftig, fehlten aber darin, dass sie die Sitte über die Natur setzend sich schonten, nackend einherzugehen. — Verborgen in allen Wesen erscheint nicht der Geist, die aber dringen bis zum Feinsten, die ihn durch die auf einen Punkt gerichtete Erkenntniss (buddhi) erkennen, ein schwerer Weg. (Kathaka Upan.) — Der vierte Act des Enthusiasmus besteht darin, wenn Jemand beim Anblick der körperlichen Schönheit an die wahre intelligible Schönheit erinnert wird, nach Plato. — Nach den japanischen Büchern brachte Sjaka (der Prah Pudi dann der Siamesen) neunundvierzig Jahre unter Anleitung des Eremiten Arara Sennin in ununterbrochener Betrachtung auf dem Berge Dandokf zu. Er befand sich dabei beständig in derjenigen Lage des Körpers, die zu geistlichen Betrachtungen besonders vortheilhaft gehalten wird, wobei die Füsse übereinander liegen und gleichsam in einander geflochten sind, die Hände aber im Schoosse gefaltet ruhen, doch so, dass die Daumen aufgehoben mit den Spitzen gegeneinander stossen. Die Wirkung dieser Lage des Körpers soll so sein, dass die Gedanken allem Irdischen mit grösster Kraft entzogen werden und dass der Körper gleichsam sinnlos ist und durch keine äussern Gegenstände gerührt wird. Der tiefe Enthusiasmus (Safen), worin sich der Betrachtende befindet, befähigt den Sjaki durch die Offenbarung (Satori), die Lage und innere Beschaffenheit von Himmel und Hölle, den Zustand der entleibten Seelen, ihre metempsychosischen Verwandlungen, den Weg zur Seligkeit, die Regierung der Götter und eine Menge anderer übernatürlicher Dinge deutlich und genau auszuforschen (s. *Kämpfer*). — Nach der Bhagawad-Gita, wie sie Krishna dem Ardschun vor der Schlacht enthüllt, sei Begierdelosigkeit zu erstreben in Erhebung der Seele über die unmittelbare Werkthätigkeit der im Kampfe des Lebens waltenden Mächte, und Hoffen und Harren auf den Erfolg sei zu vermeiden. — „Der inmitten des Menschen stehende Geist ist der Kleine (Çiçum), der Körper ist das Haus, der Kopf oder Schädel *) die Decke, der Athem ist der Pfeiler, die

*) In der Mitte der Hirnhöhlen sollte (nach Cartesius) das unpaarige, bewegliche, kleine Gebilde des Seelenwesens in der Zirbeldrüse thronen, wie der Umriss einer Flamme, pyramidenförmig zugespitzt, als die Centralsonne des ganzen Lebens, bis sie Bontekoe, als anatomische Sectionen das Fortbestehen des Bewusstseins bei entarteter Zirbeldrüse nachgewiesen hatten, in den die Hälfte des Gehirns vereinigenden Balken versetzte, Andere in den gestreiften Körper, die durchsichtige Scheidewand, den Hirnknoten, die Varolsbrücke, die Vierhügel u. s. w. Nach Gall ist es das Hirn, das sich von seiner ersten Entstehung im Mutterleibe an bis in das späteste Alter den Schädel als

Speise ist das Heil," so wird der Mensch zum Tempel Gottes geweiht. — Hollaz vergleicht (1735) die neun Stufen des Heiles (in der ordo salutis der Dogmatik) den Stufen einer Leiter, ohne deren erste man nicht in die Höhe komme. — Bei den Griechen war die Vermittlung des Oben und Unten durch den zur Erde gesandten Himmelsboten Hermes, sowie durch den vergötterten Menschen-Erlöser Heracles vertreten. — Eine Secte der Jogis hat einen Weg, Vischnu en miniature anzuschauen, indem sie sich den Gott in ihrem Herzen einbilden, ungefähr von der Grösse einer offenen Hand, und ihn so vom Kopf zur Zehe verehren. — Der Abt Xerokerkos (im 11. Jahrhundert) schreibt den Hesychiasten (Mönchen auf dem Berge Athos) vor: „Wenn du allein in der Zelle bist, verschliesse die Thür und setze dich in eine Ecke. Erhebe deinen Geist von allen eitlen und zeitlichen Dingen, lass Bart und Kinn auf deiner Brust ruhen, wende Augen und Gedanken auf die Mitte des Leibes, die Gegend am Nabel. Verengere auch die Ausgänge der Luft, um nicht allzuschnell zu athmen, und suche den Platz des Herzens, den Sitz der Seele. Anfangs wird Alles dunkel und trostlos sein, wenn du aber anhältst und in diesem Thun Tage und Nächte fortfährst, wirst du eine unaussprechliche Wonne empfinden, denn sobald der Geist den Ort des Herzens gefunden hat, sieht er sich von einem geheimnissvollen ätherischen Lichte umstrahlt." Die Anachoreten glaubten, dass dieses Licht den Jüngern auf Berg Tabor offenbar geworden. Cantacuzen liess auf einer Synode das unerschaffene Licht vom Berge Tabor selbst als Glaubensartikel feststellen. — Der Upnekat sagt: „Man setze sich auf die Fersen und verschliesse die neun Pforten des Leibes, die untern beiden durch die Fersen, die Ohren durch die Daumen, die Augen durch die Zeigefinger, die Nase durch die mittleren, die Lippen durch die vier anderen Finger. Die Lampe im Gefäss des Körpers wird dann bewahrt vor Wind und Bewegung und das ganze Gefäss wird licht. Wie die Schildkröte muss der Mensch alle Sinne in sich hineinziehen und das Herz in der Mitte der Oeffnung hüten, dann wird Brahma in ihn eintreten als Blitz. In dem grossen Feuer in der Herzöffnung wird eine kleine Flamme aufwärts lodern und in ihrer Mitte Atma (Geist) sein. Und wie er alle weltliche Last in sich zerstreut, ist er wie ein Habicht durch die Fäden des Netzes gebrochen und mit dem Allwesen Eins geworden. Wie die Flüsse, nachdem sie einen grossen Raum durchlaufen, Eins werden mit dem ungebundenen Meere, so diese sich absondernden Menschen: sie werden selbst Atma, Brahma." Ferner: „In der Herzhöhle wohnt die unsterbliche Person, nicht grösser als ein Däumling, dort ist der Sitz des Geistes. Diese Person ist klar wie eine rauchlose Flamme. In dieser Höhle ist Brahma's Wohnung, sie gleicht der Lotosblume." — Die mohamedanischen Derwische wenden ihre Aufmerksamkeit successive verschiedenen Gliedern des Körpers zu, worauf sie sie längere oder kürzere Zeit fixiren, bis sie in den Zustand des Hellsehens gerathen, wie Burton von denen in Sind schreibt. — Die Absätze und Haltpunkte der Beschauung jenseits des vierten Dhyâna sind die vier Himmel der formlosen Welt. Ueber ihnen hat man bis zum Nirvana nur noch eine Hemmung, ein Hinderniss (Nirôdha) zu passiren. Nachdem Shâkyamuni nach einander in die vier Dhyâna getreten, ging er in die Betrachtung (Samadhi) der Geburtsausbreitung in den grenzenlosen Himmelsräumen (Akâçânantyâyatanam) über, dann in die der Geburtsausbreitung des grenzenlos vollständigen Wissens (Vidjnânânantyâyatanam), dann in die

seinen Felsentempel baut und die aufgeworfenen Erhabenheiten und Vertiefungen, die auch äusserlich sichtbar werden, bildet.

Geburtsregionen des Nichts (Akintschanyâyatanam), dann in die der Nicht-Idee und Nichtigkeit der Nicht-Idee (Nâivasandjnanâsandjnâyatanam), dann in die innere Betrachtung der Hinderung (Nirôdha) und nachdem er aus der inneren Betrachtung der Hinderung getreten war, ging er in's Nirvana über. — Haben die Sofis alle Uneinigkeit abgethan, Zweifel, Lüste, Begierden und sich selbst der Gedanken entschlagen, so wird der göttliche Anhauch über sie kommen, Gott wird ein geheimes Gespräch mit ihrer Seele halten und es wird kein Unterschied zwischen dem Erkennenden und dem Erkannten sein. Bernier erklärt le grand Mystère de la Cabale des Jauguis (comme il l'est des Soufys), dass sie (nach dem Fasten) in der Zurückgezogenheit die Augen nach Oben richten, sie dann langsam zurückführen und beide gleichmässig auf die Nasenspitze concentriren, wo sie aufmerksam und gefesselt bleiben müssen, bis das Licht erscheint. — Dasitzend schaue die Nasenspitze an und schliesse Hände und Füsse zusammen, den Geist vollständig sammelnd; dann sinne nach über das Aum und denke unverrückt daran, in's Herz schliessend den höchsten Herrn. (Jogaçiza Upan.)

Die Seele fühlt sich von der Gottheit ergriffen und durchdrungen, gewaltsam zu Orakeln fortgerissen, und machtlos, gleich der klagenden Sibylle, wider ihren eignen Trieb anstrebend, aber schliesslich verklärt im ewigen Lichte.

Sowie von dem sinnlich Schönen Keiner zu reden vermag, der es nicht geschaut hat und als Schönes erfasst, nicht wer von Geburt an blind war, so kann auch nicht von dem Glanze der Tugend reden, wer nicht geschaut, wie schön das Antlitz der *δικαιοσύνης* und *σωφροσύνης* ist und wie es weder im Osten noch Westen so etwas Schönes giebt. (*Plotin.*) — Nach den Nossairiern ist die Einhüllung Gottes in das Licht, das Auge der Sonne und seine Offenbarung in seinem Diener Abd-El-Nor (Diener des Lichtes) das Mysterium des Glaubens. — Die erste Bedingung für einen Sofi ist (nach Ghazzali), das Herz völlig von Allem, was nicht Gott ist, zu reinigen. Der Schlüssel des contemplativen Lebens besteht in demüthigen Gebeten, die der Andacht entströmen und in Gottesbetrachtungen, worin sich das Herz gänzlich vertieft. Das Ende des Sofismus ist das völlige Verschwinden in der Gottheit. Die Offenbarungen beginnen vom Anfang an auf eine so deutliche Weise, dass die Sofis, im wachen Zustande, Engel und Seelen sehen, ihre Stimmen vernehmen und ihre Gunstbezeigungen empfangen. Dann erhebt sich die Verzückung von der Auffassung der Formen und Gestalten zu einem Grade, den kein Ausdruck wiederzugeben vermag, und den kein Mensch zu beschreiben unternehmen darf, ohne dass seine Reden eine Todsünde einschlössen. Mit einem Worte, die Sachen kommen dahin, dass Einige sich in Gott aufgelöst glauben, Andere mit ihm identificirt, Andere mit ihm vereinigt, aber alle solche Darstellungen sind sündhaft. — Wenn die Sonne untergeht, heisst es im Upanishad, ziehen sich ihre Strahlen in ihren Mittelpunkt zurück und in gleicher Weise verschwimmen die verschiedenen körperlichen Sinne in der Manas oder dem grossen Gemeinsinn. Dann empfindet das Individuum nichts und wird absolut leidenschaftslos. Ein solches Individuum ist supta (schlafend). Aber in der Stadt Brahma's (d. h. in dem Körper des Schlafenden) sind die fünf Pranas lichtvoll und thätig. So lange die Thore des Körpers noch offen sind und das Herz an der äusseren Sinnenwelt umherstreift, so ist keine wesentliche Persönlichkeit da, denn die Sinne sind getheilt und jeder ist für sich thätig. Wenn sie aber von der Herzgegend entfernt werden, so schmelzen sie zusammen.

werden zu einem gemeinschaftlichen Sinne, das Individuum erlangt seine wahre Persönlichkeit in dem Lichte dieser Pranas, und während die Thore des Körpers geschlossen sind und er sich in einem Zustande von tiefem Schlafe und körperlicher Insensibilität befindet, wird er innerlich wach und geniesst die Früchte seiner Kenntniss des Brahma täglich, während der Dauer dieses gesegneten Schlafes. Er sieht alsdann Alles auf's Neue (aber mit verschiedenen Augen), was er in seinem gewöhnlichen wachenden Zustande thut, er sieht alle Dinge zusammen, sichtbare und unsichtbare, hörbare und unhörbare, bekannte oder unbekannte, und da Atma (der reine Geist) selbst der Urheber aller Thätigkeit ist, so verrichtet er gleichfalls in seinem Schlafe alle Handlungen und nimmt seine ursprüngliche Form wieder an. Um zu diesem Standpunkte zu gelangen, müssen die Sinne und Wünsche aufgeschlossen werden und im Innern des Körpers muss diese Kraft in die Pfortader eintreten und den Fluss (die Absonderung der Galle) verhindern, denn zu solchen Zeiten binden die Manas diese Ader, den Weg der körperlichen Leidenschaften zusammen und dann sieht der Schläfer keine Phantasmen mehr, sondern er wird ganz Geist (Atma), Licht und er sieht die Dinge nicht, wie sie ihm von den Sinnen dargestellt werden, sondern wie sie wirklich in sich selbst existiren. — „Bei der Annäherung einer göttlichen Wahrsagung, sagt Jamblichus, fängt das Haupt an, sich zu neigen und die Augen schliessen sich unwillkürlich, es ist gleichsam ein Mittelzustand zwischen Schlafen und Wachen. Das Leben der Seele ist doppelt. Ein Theil hängt dem Körper an, ein Theil kann sich davon trennen und ist göttlicher Natur (altera divina est separabilis). Wenn die Seele sich mit den Göttern zu vereinigen strebt, so erhält sie die Macht und Fähigkeit, Alles zu erkennen, was war und was sein wird, sie erleuchtet alle Zeiten und betrachtet alle sich ereignende Dinge, ordnet sie auch schon im Voraus, wie es sich geziemt, was zu ordnen, heilen und verbessern ist. Das Gebet führt zu aufrichtiger Vereinigung mit Gott." — Durch strenges Fasten, während er in tiefster Betrachtung lebte, gerieth Plotin vielfach in Ekstase, worin er jedes Menschen Sitte sofort erkannte und die verborgensten Dinge ausfand. Nach Porphyrius gelangte Plotin auch zu der unmittelbaren Anschauung Gottes (durch die abstracte Contemplation), der über alles Sein und Denken erhaben ist. In ihrer Hinneigung zu dem Göttlichen schwingt sich die Seele in die Region, wo kein Böses mehr, sondern nur Friede ist, und erhält da ihr wahres Leben in der stillen Berührung mit dem Ewigen, wodurch die Schönheit, Gerechtigkeit und Tugend erzeugt wird, und die wahre Kraft des geistigen Menschen; denn in der vollkommenen Vereinigung mit Gott schaut die Seele in sich, in Gott verklärt und erfüllt mit dem göttlichen Lichte, ohne alle irdische Schwere, die nur bei der Verdunkelung wieder ihre Macht zeigt. — In der höchsten Anschauung ist (nach Plotin) die Seele völlig ruhend, an Nichts mehr hinneigend, das Schöne übersteigend und über den Chor der Tugenden hinaus, sowie einer, der in das Allerheiligste eingegangen ist und die Bildsäulen des Tempels hinter sich gelassen hat, welche bei dem Wiederaustritt die ersten Anschauungen sind, die sich darstellen. Dieses sind der Ordnung nach die zweiten Anschauungen, die sich darstellen nach der ersten, innigsten Anschauung, deren Gegenstand kein Bild (Object) ist. Doch ist diese Anschauung vielleicht nicht einmal eine Anschauung, sondern eine andere Art des Sehens, ein Aussichherausstreten, eine Erhöhung und Vereinfachung seiner selbst, im Denken der Ruhe (s. *Ennemoser*). — In der Vision Jesaias', des Sehers, heisst es: „der Engel, der geschickt war, um das Gesicht zu zeigen, war nicht aus diesem Firmament und nicht einer von den glorreichen Engeln dieser Welt, sondern kam aus dem siebenten Himmel." Jesaias wird durch die anderen Himmel, in denen er herrliche Throne und Fürsten findet, zum siebenten geführt, wo die Heiligen von Abel an wohnen. Der Erde zunächst findet er Streit und Kampf mit Samael. — Sobald (auf den Tongainseln) sich (zur Befragung der Götter) Alle (Häuptlinge und Volk untermischt) um den Priester gesetzt haben, wird dieser als ein Begeisterter betrachtet, indem man glaubt, dass von diesem Augenblick an der Gott in ihm wohne. Er sitzt ziemlich lange in tiefem Schweigen, die gefalteten Hände vor sich hinhaltend. Während der Austheilung des Kawatrankes beginnen die Häuptlinge die Befragung. Spricht er (mit niedergeschlagenen Augen), so beginnt er gewöhnlich in einem tiefen und sehr veränderten Tone der Stimme, der allmälig bis zu seiner natürlichen Höhe steigt und zuweilen über diese. Alles, was er sagt, wird für Offenbarung des Gottes gehalten und der Priester redet deshalb in der ersten Person, als ob er der Gott wäre. Zuweilen aber bekommt seine Physiognomie etwas Wildes, sein Auge blitzt und sein Körper ist in Erschütterung beim Drange des inneren Gefühls. Ein Zittern geht ihm durch alle Glieder, der Schweiss bricht in dicken Tropfen an der Stirn hervor, seine Lippen werden schwarz und zucken convulsivisch. Endlich ergiesst sich ein Strom von Thränen aus seinen Augen, seine Brust wird vom stürmischen Drange gehoben und die Worte, die er sagen will, stammelt er. Hat ihn, mit allmäliger Abnahme der Symptome, die Exaltation verlassen, so ist er einige Zeit abgespannt und nimmt dann einen Streitkolben, der zu diesem Zweck neben ihm hingelegt ist, in die Hände, wendet ihn um und um und betrachtet ihn aufmerksam. Er wirft dann die Blicke sehr ernsthaft auf die Zuschauer zu beiden Seiten, und dann wieder auf den Streitkolben, hebt dann mit gleichem Ernste die Augen empor, schlägt sie abermals nieder und wiederholt einige Male das stiere Hinblicken bald auf die Keule, bald auf seine Umgebung. Endlich erhebt er auf einmal die Keule und nach der Pause fast nur eines Augenblicks schlägt er mit ihr den Erdboden oder die nächste Wand des Hauses mit grosser Heftigkeit. Mit diesem Schlage verlässt ihn der Gott sogleich ganz. Der Priester steht auf und geht aus dem Kreise in den Haufen der Zuschauer. — „In sich betrachtet (sagt Jacob Böhme) ist Gott die ewige Einheit, als das unmässlich ewige Gut, das nichts vor, noch hinter sich hat, ohne alle Nützlichkeiten und Eigenschaften, das ohne Ursprung der Zeit in sich selbst nur Eins ist, als eine eitle Lauterkeit ohne Berührung, welches nirgends keinen Ort noch Stelle hat, noch bedarf zu seiner Wohnung, sondern ist zugleich ausser der Welt und in der Welt und tiefer, als sich ein Gedanke schwingen mag. Es ist ein ewig Nichts, von dem man keinen Gedanken, noch Bild machen kann. Die allergeheimsten Gottesschauer in ihrer hohen und tiefen Erkenntniss haben endlich müssen bekennen, dass Gott in sich selbst nicht anders als per negativam möge erkannt werden, d. h. aus dem, was er eigentlich nicht ist." Jede Religion muss Mystik als einen wesentlichen Bestandtheil haben, sonst kann sie wohl ein philosophisches Wissen, aber keine Religion sein, sonst entspricht sie nicht der zweiten Function der Seele, dem Gemüthe oder Gefühle (s. *Ewald*). — „Die Mystik (sagt Eschenmeyer) hat ihr Gebiet und ihren Werth nur in der Religion. Der Mysticismus ist ein religiöses Schauen, ein Schauen in einem Helldunkel, in dem aus der unergründlichen Tiefe der Gottheit einzelne Strahlen hervorbrechen, welche (obgleich an sich unnennbar) doch das sterbliche Wort noch fassen will, sie aber nicht mehr fassen kann, als im lebendigen Bilde, im glühenden Gefühle, in der deutungsvollen Mythe und in den profanen Augen verschlossenen Symbolen. Die Mystik liest die goldenen Buchstaben der Inschriften, die an den Pforten des Himmels stehen, aber da sie die Sprache des Himmels noch nicht versteht, weil alle ihre Züge und Hieroglyphen verschlungen sind, so übersetzt sie dieselben in ihre Gefühls- und Dichtungssprache, nur verständlich dem, in welchem jenes Schauen lebendiger geworden ist, ganz unverständlich aber dem, der nicht über seine Begriffswelt hinaus kommt." — Tauler beschreibt die Seele als ein Licht Gottes, das nach dem Bilde des Wortes (Logos), als des ersten Meisters, geschaffen und mit Gottes Wesen und Siegel bestätigt ist, dessen Charakter das ewige Wort (Logos) ist (s. *Ewald*). — Die Methodistenprediger in Indiana (1853) nennen das bretterne Gerüst, von dem sie in den Camp-meetings reden, den Heaven, und Jeder, der diesen Himmel betritt, wird durch den heiligen Geist in Ekstase geworfen. — Jacobi suchte die Möglichkeit einer Erkenntniss des Uebersinnlichen durch Annahme der auf Nöthigung des Gefühls beruhenden Vernunftanschauung zu beweisen. — Nach den Chinesen gewährte der Planet Venus, den Foe (Xaca der Japanesen) einst vor Sonnenaufgang betrachtete, ihm eine vollkommene Erkenntniss des ersten Ursprungs und erfüllte ihn mit Erleuchtung. — Nach Tauler kommt die Seele durch Kreuzigung ihrer Leidenschaften und Laster, durch Uebung der Tugenden, durch Absonderung und Verleugnung ihrer selbst, ihrer Begierden, ihres Willens, ihrer Eigenliebe, aller Thätigkeiten und aller erschaffenen Dinge, wieder zu ihrem innersten Grunde, worin sie Gott sucht und endlich findet, der sich dort durch die Geburt seines göttlichen Wortes und durch die Eingebung seines heiligen Geistes offenbart, und erhält sich dann durch eine dauerhafte und immerwährende Einkehrung in diesem Stande der Innerlichkeit, in welchem Gott in ihr seinen Willen, seine Wunder und seine absonderlichen Führungen hervorbringt.

Bald ist es der Taumel des trunkenen Gottes, bald der Rausch des Tanzes und des Klanges, was das geistige Leben bewegt.

Die pseudo-clementinischen Homilien stellen der dämonisch täuschenden Ekstase das immanente Bewusstsein als ἔμφυτον καὶ ἀέναον πνεῦμα entgegen, das nicht nur die Propheten, sondern alle Frommen in sich tragen. — Die Tantra-Secte der Pasupatras schreibt in ihrem Ritual ihren Anhängern vor, sich wie Leute in grosser Entzückung und Ekstase zu betragen, also zu lachen, zu tanzen, wie ein Stier zu brüllen und zwischen allem diesem Gebete herzusagen; ferner zu thun, als schliefen sie, sich lahm zu stellen, unzusammenhängend zu reden und bei vollem Verstande die Wahnsinnigen zu spielen. — Wahrhafter Offenbarung Licht | Das wirst du nur im Rausch empfahn, | Denn dass der Unberauschte nicht | Ganz finster sei, das ist ein Wahn. (*Hafis.*) — Die Indianer in Minisink nannten den Branntwein Teufelsblut, weil der Teufel oder einer der ihm unterworfenen Geister bei der Verfertigung mitgewirkt haben müsse. (*Heckewelder.*) —

Schall, o Trommel, hall, o Flöte! Allah hu!
Wall im Tanze, Morgenröthe! Allah hu!
Lichtseel' im Planetenwirbel, Sonne vom
Herrn im Mittelpunkt erhöhte! Allah hu!
Herzen! Welten! Eure Tänze stockten, wenn
Lieb' im Centrum nicht geböte, Allah hu!
Unsers Liebereigens Leiter reicht hinauf,

Ueber Sonn' und Morgenröthe, Allah hu!
Rausche Meer, am Fels im Sturme, Gottes Preis,
Nachtigall um Rosen flöte, Allah hu!'
Seele, willst ein Stern dich schwingen, um dich selbst,
Wirf von dir des Lebens Nöthe, Allah hu!
Wer die Kraft des Reigens kennet, lebt in Gott,
Denn er weiss, wie Liebe tödte. Allah hu! *(Rumi.)*

Um das Nervensystem für die Wirkungen des Haschisch vorzubereiten, fastet der Haschasch, isst nur leichte Vegetabilien und keine Spirituosen, mehrere Tage, ehe er das Confect nimmt oder raucht. Im Yemen dient Kat (Celastrus edulis) zur Berauschung. — Die Mystiker des Siwa-Cultus, denen Na-ma-si-wa-ja (Preis dem Siwa) als mystische Formel gilt, lieben es, das Weben des Gottes in dem Herzen seiner Liebhaber unter dem Bilde eines Tanzes vorzustellen. — Nach Ibn Tofail gelangt man zu der mystischen Vereinigung (ittisal) durch das Drehen der Derwische, Schwindel erregend, sich in eine Höhle einschliessend, den Kopf gesenkt, die Augen geschlossen und jeder fühlbaren Idee entfremdet. — „Zu der intelligiblen Welt erhebt sich der menschliche Geist auf einem dreifachen Wege, auf dem der Musik, auf dem der Liebe und auf dem der Philosophie," erklärt Porphyrius in seinen Enneaden. Wir drehen uns (sagt Porphyrius) um Gott (die Himmelsseele), wie in einem Chor-Reigen, selbst wenn wir uns von ihm wenden, bewegen wir uns um ihn. Nicht immer wenden wir unser Auge zu ihm, aber wenn wir es thun, zieht sogleich Ruhe und Zufriedenheit in uns ein und eine unaussprechliche Harmonie, die dieser göttlichen Bewegung eigenthümlich ankömmt.

Im schwärmerischen Gebete, in der Gluth des hingebenden Glaubens, manifestirt sich die Kraft der Gottheit.

Bei den grossen Revivals unter den irländischen Protestanten (1859) manifestirte sich der heilige Geist in noch weit kräftigerer Weise, als in America durch das striking down der Brüder in Häusern und Strassen, besonders wenn sie Säufer und Raufbolde waren, worauf dann meistens eine wunderbare Bekehrung beim Erwachen eingetreten wäre. In einem Berichte wird die Kirche um einige Unterstützung gebeten, da viele der Helfer aus Ueberfüllung mit Geschäften schon den Verstand verloren hätten. — In Jaffa sammeln die Christenkinder während der Fastenzeit Almosen, um die Figur eines Juden zu verfertigen, der aus Rache für die Kreuzigung gemartert und verbrannt wird. — Das Frühlingsfest des Kupalo wurde durch das der heiligen Agrippina ersetzt, die von den Slawen Kupalnitza genannt wird. — Nachdem die Manichäer in Ekstase auf der Erde gelegen, fingen sie an zu prophezeien, als ob aus einer tiefen Höhle hervorkommend, wie es die Anabaptisten machten. (*de Remond.*) — Unter der Armen-Sünderschaft verstehen die Herrenhuter die gründliche Erkenntniss unseres tiefen Verderbens, wobei man gänzlich überzeugt sei, dass man nichts besser sei als der gottloseste Mensch unter der Sonne (gesetzt auch, dass man sich wenig oder keine bösen Thaten vorzuwerfen hätte), indem ohne eine gründliche Kenntniss seines eigenen Elends der Sünder den Heiland nicht recht lieb haben könnte. (*Oldendorp.*) — Siwa, im Anfange des Caliyuga verschwindend, um die Brahmanen zu belehren, trug im Himalaya das Joga-System seinen Schülern (Sveta, Svetasva, Svetasikha, Svetalohita) vor. — Während Whitfield's Aufenthalt in New-England heisst es in einem Briefe: „Man hört durch einander Singen, Schreien, Lachen, Beten. Andere Male fallen sie in Convulsionen, Visionen, Verzückungen. Wenn sie aus diesen erwachen, erzählen sie unsinnige Geschichten von Himmel und Hölle und wen und was sie dort gesehen. Während ihrer Verzückung hören, sehen und fühlen sie nicht, ganz, wie wenn sie todt wären. Manche Erscheinungen, die die Neubekehrten während ihrer Anfälle haben, schreiben sie dem Geiste Gottes zu, Andere halten sie für Werke des Teufels, die Vernünftigen aber erklären sie für Folgen einer Störung des Gehirns. In manchen Städten kamen Einzelne durch das Fasten, Nachtwachen u. s. w. zu einem solchen Grade der Verrücktheit, dass sie an Ketten gelegt werden mussten.“ — „Als ich das Alter von zweiundzwanzig Jahren und sieben Monaten erreicht hatte, erzählt die heilige Hildigard, drang ein feurig erglänzendes Licht aus dem geöffneten Himmel in mein ganzes Gehirn und entzündete mein Herz und meine Brust, einer Flamme gleich, welche nicht brennt, aber wärmt, oder wie die Sonne, welche den Gegenstand, auf den ihre Strahlen fallen, durchglüht. Und plötzlich kam die Gabe auf mich, die heilige Schrift zu verstehen und zu erklären, besonders den Psalter, die Evangelien und andere Bücher des alten und neuen Testaments.“ — Wie bei den Covenanters in Schottland kam den Trembleurs (Zitterern) der Cevennen die Gabe (oder Inspiration) meist an den ihren Verfolgern unbekannten Versammlungsörtern, wo sie, unter Singen von Psalmen und Auslegen der Bibel, plötzlich niederstürzten, und dann nach Eingebung des Geistes predigten. — Mesmer's Hauptzweck war stets in dem Nervensystem convulsivische Zustände, als Krisis, hervorzurufen, und erst mit Puysegur kamen die mildern Manipulationen, ohne directe Berührung, in Gebrauch. — Nach sechs Jahren seines Einsiedlerlebens verkündete Godam fünf seinen Schülern, dass er endlich alle irdischen Prüfungen besiegt habe. Um Mitternacht beschloss er seine Uebung der Frömmigkeit und der Betrachtungen und am Morgen verkündete er zum zweiten Male, dass er zur höchsten Stufe des vollkommenen und hochheiligen Lebens eines Gerechten gelangt und jetzt die Zeit gekommen sei zur Ausbreitung des wahren Glaubens und der Erkenntniss der Gottheit in der ganzen Welt. Der Ruf seiner Heiligkeit verbreitete sich unter dem Volke, das ihn (obwohl seine Neider behaupteten, dass der Sohn des Königs von Magad sich in einem Zustand der Verstandeszerrüttung befände) Burchan Bakschi oder Schigemuni (der Busse gethan hat im Geschlecht Schige) nannte. Dennoch wies er die Aufforderungen des mächtigen Esrowa Tenggeri und des Herrschers aus dem Geschlecht Macharansa, die Rettung unter dem Volke zu verbreiten, noch zurück, bis Churmusta Tenggeri, von seinen Geistern umgeben, zu seiner Anbetung herbeikam, ihn um Erlösung der Geschöpfe bittend. Diese Worte hörend, erstaunten seine Schüler und sie sprachen: „Wenn die Heiligkeit unseres Lehrers wahrhaft ist, so lasst uns vor ihm unsere Anbetung verrichten.“ Das war der Augenblick ihrer Prüfung. Sie wendeten unverrückt ihre Blicke auf sein Angesicht, um sich von der Wahrheit zu überzeugen. Dahanschi Goding besiegte zuerst durch seinen Glauben alle ihn beunruhigenden Zweifel, fiel zur Erde und erwies ihm göttliche Ehre, indem er neunmal um sein Zelt (seine Jurte) umherging. Seinem Beispiel folgten die übrigen vier Schüler und sprachen: „Wenn du der Gerechteste der Menschen bist, so lass es dir gefallen, dich auf dem Throne aller vorherigen Gerechten in Barnaschi niederzulassen und beginne die Belehrung alles Volkes.“ Sein Gesicht erglänzte von göttlicher Grösse, er ging nach Barnaschi, umkreiste dreimal die Stadt und liess sich auf dem Throne nieder, als Ortschilun-chektschi Burchan, Altano-tschidektschi und Gerill-sahiktschi, als Stifter und Gebieter der drei ältesten Epochen des

Glaubens. Dann wurde errichtet der heilige Ort des ältesten Throns aller Gerechten. (*Tonkowsky.*)

Der Grieche schmückte das Firmament mit dem glänzenden Olymp, der contemplative Orientale erhob jenseits desselben die Stufenfolge seiner Himmel, in denen er einst in passiver Ruhe zu verschwimmen hoffte. Für uns sind die Fäden zerrissen, die der Grieche an das Firmament knüpfte und seitdem dieses sich in blaue Lüfte auflöste, giebt es keinen festen Boden mehr, wohin wir die Götter stellen könnten. Aber auch die Ruhe des Nirvana ist uns versagt, denn in ewiger Bewegung wirken die Kräfte des unendlichen Kosmos zusammen zur ausgleichenden Harmonie, und nur in harmonisch allseitiger Erfüllung seiner Geisteskräfte kann der Mensch sich selbst genügen.

Das erste Erwachen des menschlichen Bewusstseins, der erste Schritt von dem sinnlichen Vegetiren des Thieres zur Menschlichkeit ist Mystik, die nothwendige Mystik der Natur. Jeder Fetischdienst ist mystisch, und um so dunkler und tiefer, je roher und unverständlicher er ist. Beginnt der Mensch allmählig die relativen Verhältnisse seiner Umgebung mehr und mehr zu verstehen und erkennen, so bildet er sich klar abgeschlossene Denkgebäude, die sich in den philosophischen Systemen fortbilden. Wessen Geist mit der Ausarbeitung in Anspruch genommen ist, wird darin genügende Beschäftigung finden, ohne nach Weiterem zu verlangen. Wer über das Einzelne hinweg auf das Allgemeine blickt, wird den Mangel eines befriedigenden Abschlusses im Ganzen, den ihm einseitig speculirende Metaphysik nicht geben kann, fühlen und sich mit der Sehnsucht nach einem Höheren durchdringen. Ihre Stillung wird er leichter aus der Mischung verschiedener Elemente, mit denen die historische Entwicklung die Religionen angefüllt hat, schöpfen zu können glauben, und der Philosophie gegenüber flüchtet sich die Mystik in die Religion, aber ihrer eigentlichen Wesenheit nach gehört sie der einen nicht mehr als der andern, sondern der Natur selbst an, den an sich gegebenen Verhältnissen des Menschen zu seiner Umgebung. Wahre Erfüllung der Mystik, in der Aufhebung des Gegensatzes von Glauben und Wissen, wird erst in unserer Zeit möglich werden, wo die Erkenntniss der Harmonie des Kosmos durch sich selbst zu jenem harmonischen Aufgehen in das All führt, das als Grundgedanke, als sehnsüchtiges Hoffen, alle Ergüsse der Mystiker durchzieht. Die Einheit der harmonischen Mystik, die Potenzirung des Individuums in der Gottheit, muss aber im erwachsenen Mannesalter organisch aus dem Geiste als das nothwendige Resultat des denkenden und forschenden Verstandes hervorwachsen, statt sich schon in der Uebergangsperiode der Geschlechtsentwicklung in jenen phantastischen Träumereien zu verlieren, die, wenn auch nicht mit Bewusstsein das Princip der sinnlichen Liebe proclamiren, doch aus ihr hervorgegangen und durch jeden Schwärmer wieder auf sie zurückgeführt werden können. In ihrer selbstbewussten Ueberwindung liegt das Geheimniss der Wiedergeburt und sie in ihrem organischen Wachsthum zu unterstützen, muss der Unterricht die Pfade der erst allmälig zu erwerbenden Erkenntniss lehren, wogegen die directe Mittheilung eines abgeschlossenen Horizontes in den gegebenen Religionsdogmen den Geist zu frühreifen Productionen zwingt, und ihn bald, erschöpft und ermattet, in unvollendeten Formen verknöchern lässt, abgestorben für jedes selbstständige Weiterschaffen.

Die mystische Erfüllung in dem letzten Urgrund kann in der Contemplation zwei Wege wählen, entweder den der subjectiven Versenkung in sich selbst, der zu der areopagitischen Finsterniss des göttlichen Lichtes führt, oder den des ungehinderten Ausströmens der Gedanken in die objective Umgebung, wodurch sie im buddhistischen Nirvana verfliegen, während sie sich im Sofismus pantheistisch an das Ganze der Natur heften in allen ihren Gestaltungen. Liegt schon vorher die religiöse Vorstellung der Gottheit in dem Gemüthe, so wird man dieses Ausströmen, ehe seine Ideen sich noch ganz aufgelöst haben, durch den Hintergrund jener beschränken (wie in den deistischen Secten Indiens, die auch im Buddhismus selbst oft die Spitze der Gottheit abtrennen) und diese neue Vereinigung dann, als Liebe, empfinden. Das in der Aussenwelt positiven Stoff der Erfahrungen einsaugende Verfahren der Buddhisten wird eine künstlerischere Entwicklung zulassen, als das der mystischen Theologen, das sich sogleich in die unverständlichen Dunkelheiten der somatischen Grundlage des psychischen Lebens verliert, aber die Bedeutung beider wird nur in der Psychologie erklärt und zeigt sich als ein abstrahirendes Denken, das das Individuum zum beseligenden Gefühle der absoluten Freiheit (das hervorbrechende Licht der Mystiker oder das Verschwinden im Nichts) führt, und zwar um so früher und vollständiger, je allgemeiner es sich (da kein bestimmter Gedanke festgehalten werden darf) von vornherein in seinen Speculationen gehalten hat, weshalb die kritisch grübelnden und genau alle Relativitäten erforschenden Philosophen nur selten diesen Standpunkt erreichen, obwohl sie ihn vielfach durch ihre Identitätslehren angestrebt haben. Das physiologische Gesetz, das zu Grunde liegt, ist die dem Nervensystem inhärirende Accumulation der Wirkungen zu selbstständiger Fortpflanzung, wie sie sich nicht nur in den von den sympathischen

Ganglien abhängigen Organen, sondern auch vielfach in den motorischen Muskeln beobachten lässt, und Jeder an sich selbst erfahren kann durch die grössere Elasticität seines Schrittes, wenn er längere Zeit in gleichmässigem Rhythmus fortgegangen ist. In derselben Weise gewinnen die Gehirnschwingungen der Gedankenreihen, wenn sie lange und wiederholt in denselben Hin- und Herbewegungen geübt wurden, schliesslich einen selbstständigen Impetus, durch den sie gleichsam aus dem Bereiche des Bewusstseins hinausfliegen und den Körper mit jenem ungewohnten Wonnegefühl zeitlicher und räumlicher Schrankenlosigkeit durchströmen, wie es immer von den Verzückten in demselben Sinne, wenn auch mit verschiedenen Worten beschrieben wird, als ein freilich nur vorübergehender Zustand, der, wie jede abnorme Aufregung, später pathologisch auf das Allgemeinbefinden des Körpers zurückwirken muss, und diesen deshalb stets aufs Neue zu seiner Wiederholung treibt, wie die nach dem Rausche zurückbleibende Depression den Trinker zu immer neuer Einschlürfung des Giftes verleitet. Ein reizbares Nervensystem, besonders hysterischer Frauen, wird dieser Excitation um so leichter fähig sein und oft schon durch die blosse Handauflegung darin übergeführt werden, ohne deshalb in allen Fällen jene gewaltsamen Rückwirkungen auf das Muskelsystem zu zeigen, wie sie meistens bei dem jedes fremden Eindrucks ungewohnten Geiste des Wilden durch die leichteste Manipulation eintreten mögen.

DIE KLASSE DER HEILIGEN.

Hat sich die Lehre vom Mittler, sei es mittelst eines herabgestiegenen Gottes, sei es mittelst eines deificirten Menschen, einmal zu bilden begonnen, kann man hoffen, durch eine Fürsprache der furchtbaren, der unzugänglichen, der unendlichen Gottheit näher zu kommen, so wird sie rasch eine weite Verbreitung, einen mächtigen Anklang im Volke finden. Schon das Gesetz der Trägheit führt dazu, denn die Gedanken brauchen jetzt nicht mehr den ganzen, sondern nur den halben Weg zum Himmel zu reisen, da ihnen dort die Gottheit entgegenkommt, oder sie besitzen wenigstens einen Führer, der sie sicher zu leiten verspricht, wenn sie sich ihm mit vollem Vertrauen hingeben. Mit vollstem Vertrauen, mit Schwärmerei, mit wildestem Fanatismus hängt das Volk an seinen Leitern, mit unbedingtester Inbrunst strömt der Glaube aus, in die göttliche Liebe, in fromme Andacht. Schon die egyptischen Könige priesen sich für die glücklichsten der Menschen, dass sie einem bestimmten Gesetze folgen konnten (νομων ἐπιταγαις), dem Gesetze der Priester, und so durch ein gesetzmässiges Leben sich der Seligkeit, in Harmonie mit dem göttlichen Willen, versichern. Dasselbe ermöglichen die Feticeros dem Könige von Loango, dem Könige von Ballum und andern schwarzen Potentaten. Wie aber, wenn diese unermesslichen Vortheile, diese bisher nur der Aristocratie bewahrten Schätze, jetzt auch den armen Schluckern, der gemeinen Canaille mitgetheilt werden? Ist es zu verwundern, wenn auch sie sich begeistert? ist nicht das Wenigste, was man verlangen kann, wenn sie sich freudig in den Märtyrer-Tod stürzt, fröhlich Qualen und Martern erleidet im kurzen Augenblick des Erdenlebens, um dadurch so unermesslichen Gewinn zu kaufen, dass sie ihr Blut hingiebt, da es an Gelde fehlt? „Ihr werdet die höchste Weisheit erreichen (heisst es im Buche Zagun Kurduru Undussun Tantarisa), wenn ihr einen Lama verherrlicht. Selbst die Sonne, die das undurchdringliche Dunkel erhellt, verdankt ihren Aufgang der Verherrlichung eines Lama, die allersündlichsten Leidenschaften werden durch Achtung des Arztes Lama geheilt.“ Und schon die natürliche Klugheit verlangt diese Verehrung der göttlichen Diener, der Minister und Vertrauten des höchsten Willens. Nach den Tartaren haben die Lamas die Macht, Regen und Sonnenschein oder Stürme zu verursachen. Wehe dem, der sie verachtet, wehe dem Lande, das ihre Lehre nicht annimmt. Als Hellas einst wegen der blutigen Frevel des Pelops mit Dürre und Misswachs heimgesucht war, that das Orakel den Ausspruch: „Wenn Aeakus, der Frömmste der Menschen, für das Land bete, werde es von den gegenwärtigen Uebeln befreit werden,“ und auf sein Gebet folgte Regen. Von den Awlia (Heiligen) heisst es bei Jami: „Der Herr, geoffenbart als der Gegenstand der Verehrung, machte den Beweis von Mohamed's Sendung permanent, und dazu wurde die Schule der Heiligen eingerichtet. Diese sind in den Schriften als Herren der Welt bestimmt, so dass sie ganz auf den Gottesdienst angewiesen bleiben und darauf, den Anforderungen der Seele nachzuleben. Um ihre Spuren zu segnen, fallen die Regen vom Himmel herab, um ihren Zustand zu reinigen, springen die Kräuter aus der Erde auf, und ihres Verdienstes wegen, erringen die Moslemin Siege über die Götzendiener. Diese, die die Macht zu lösen und zu binden haben, sind die Akhyar, die Abdal, die Abrar, die Awtad und die drei Nokaba unter dem Kotb oder Gauth.“

Wohl sind es herrliche und grosse Vortheile, die die Heiligen bieten können, und mit Recht wird sie das Volk verehren, oft freilich ohne leider zu wissen, dass es ihm unbekannten Zwecken dient.

Indess diese weisen Priester, wenn sie auch das Volk vielleicht täuschen, sie sind deshalb um nichts weniger heilige und göttliche

Männer. Vielleicht mag das Volk, wenn vermeintliche Betrügereien durchblecken, sich im wilden Rachegefühl erheben, vielleicht geführt von einem fanatischen Sectirer, von Abt Joachim oder Münzer, von dem Antichristen, sich mit dem geweihten Dinte beflecken. Die Armen und Verwirrten! Ihr trüber Blick vermochte freilich nicht den grossen Weltplan zu durchschauen, sie vermochten nicht zu verstehen, weshalb sie solches leiden mussten, nicht den hohen Zweck zu erkennen, der scheinbar verwerfliche Mittel heiligte. Die Klasse der Gottesmenschen, als auf der letzten Uebergangsstufe zur Gottheit stehend, oder auch diese schon beherrschend, muss sämmtliche Schöpfungen der Natur, aus allen Schichten derselben, schliesslich in sich einer letzten Reinigung und Heiligung entgegenführen; sie können nicht ihre Nebenmenschen, so wohlwollend sie auch für dieselben fühlen, unverhältnissmässig und allein bevorzugen. Auch die Insecten, auch das Ungeziefer, ist zu erretten und zu erlösen, es bedarf der Hospitäler, wie bei den Jainas, es bedarf der Sklaven, die es mit ihrem Leibe füttern; auch die Kräuter, die Gemüse, die Früchte sind zu erlösen, zu reinigen, zu destilliren, im Magen des Priesters, im Bauche des dickwanstigen Buddha, und das thörigte Volk, statt freudig sie dem Besseren hinzugeben, begeht vielleicht gar das Verbrechen, sie selbst zu essen und in seinen unreinen Leib hineinzuschlagen. Das thörigte Volk! Es kennt ja nicht die Geheimnisse der Mysterien, den tiefen Sinn der esoterischen Lehren, denn sein blödes Auge würde sie nicht zu verstehen vermögen, würde sie nur missverstehen und Schlimmes schlimmer machen. Denn man weiss ja: „Bei den Marcioniten (sagt Epiphanius) ist Alles voll von Lächerlichkeiten, denn sie machen keine Schwierigkeiten, die Mysterien in Gegenwart der Catechumenen zu feiern.“ Nach Mutian warnt Reuchlin: „In keiner Weise jedoch dürfen wir Geheimnisse ausplaudern, oder die Meinung der Menge erschüttern, ohne die weder der Kaiser, das Reich, noch Papst oder Kirche, noch wir selbst das Unsere in die Länge behaupten können, sondern Alles in das alte Chaos zurücksinken würde.“ In seinem erbitterten Streit mit Celsus hat Origenes doch vor Allem darauf Acht, die priesterlichen Geheimnisse vor dem profanen Auge der Menge zu bewahren.

Diesem Banne der Autoritäten, dem Spiele mit bedeutungslosen Symbolen gegenüber erhob sich dann stets die democratische Opposition des Mysticismus, wie in den Bettelmönchen, den deutschen Theologen des katholischen Mittelalters, so durch Münzer gegen den Papst des Protestantismus. „Man müsse auf den inwendigen Christus dringen, lehrte er, den Gott allen Menschen gebe, man müsse nur oft an Gott denken, der noch jetzt mit den Menschen ebensowohl durch

Offenbarungen handle, als vordem." Er eifert gegen die Lutheraner, „die das Zeugniss des Geistes ausschiesslich auf die hohe Schule bringen wollen." Dann kämpft auch Kraft gegen Kraft, die göttliche gegen die teuflische, der geweihte oder gefeite Mönch gegen den von Dämonen Besessenen.

Wenn die heiligen Männer dem Volke die lästigen Verpflichtungen tugendhaft zu sein abnehmen, wenn sie sich selbst den Damen zu ihrem Besten unterziehen, wenn sie sich blutig geisseln für die Sünden Anderer, gleich dem heiligen Damian, wer wollte so gottlos sein, ihnen die geforderte Verehrung zu verweigern, wer so verwegen? denn sie, die so kühn der augenscheinlichsten Gefahr trotzen, werden immer als Feinde zu fürchten sein. Schon ehe sie in das Nirvana eingehen, erlangen die Heiligen die Kraft des Riti Chubilghan, die Macht, Wunder zu thun. Kaum weiss die Menge, welch riskantes Spiel die Priester spielen, die heiligen, und ein so bedenklicheres, je heiliger sie sind. Die Götter zittern ob der frommen Büssungen, die sie in ihrer seligen Ruhe bedrohen. Sie zittern und ergrimmen. Sie steigen nieder in der Macht furchtbarer Majestät, die Eremiten mit brennendem Feuerauge zu bekämpfen. Schwer ist diesen der Kampf. Oft unterliegen sie und sinken zurück in das Nichts, doch lohnt es sich wohl des Ringens, denn ein herrlicher Kampfpreis winkt dem Sieger. In der Glorie der Verklärung steigt er auf, um selbst als Mahadeva über dem Weltenall zu walten.

Der im Einklang mit seinem Mokisso lebende Neger, der seine glücklichen Tage auf das Wohlgefallen desselben zurückführt, kommt bald zu dem Wunsche, sich noch mehrere dieser mächtigen Wesen, durch deren Hülfe er sich über seine Nachbarn emporgeschwungen hat, unterthänig zu machen. So nimmt er neue Gelübde auf sich, macht Contracte mit noch andern Mokissos*) und wird um so kühner, je weiter er fortschreitet. Sein Spiel wird freilich wegen der schwierigen Beobachtung so complicirter Vorschriften um so gefährlicher, ebenso wie die indischen Rischis, die durch immer härtere Büssungen, immer vollständigere Ertödtung des Körperlichen hohe Kräfte zu erlangen suchen, immer mächtigern Feinden begegnen, je heiliger sie werden, und endlich die erschreckten Götter selbst zu bekämpfen haben. — In Neuseeland kam das Kind tabu zur Welt und trat erst dann in die Menschengemeinschaft, wenn es nach dem vorgeschriebenen Ritus noa geworden war, wogegen sich das durch die heiligen Riten gewonnene Tabu vererbte in solchen, die Mittler zwischen dem Menschen und dem Atua geworden waren. So folgte die Verehrung der Stamm- und Familienhäupter daraus, dass man sie im Verkehr mit dem Atua tabuirt wusste. Als solche hiessen sie Ariki und der Vorzug wird für sie aufgewogen durch die grössere Gefahr, in der sie schweben, sobald das Tabu**) von ihnen gebrochen wird,

*) Bei religiösen Schwärmern, besonders im Uebergange zur Geisteskrankheit, findet sich oft die Idee, Offenbarungen von Gott zu erhalten, der ihnen die Erfüllung bestimmter Gelübde auferlegt (siehe einen Fall bei Pucalin).

**) Tabut heisst in den arabischen Legenden die jüdische Bundeslade.

denn die Atua stehen ihnen nicht nur mit ihrer Gunst näher, sondern bestrafen sie auch um so strenger bei Fehltritten. Da die erlösende Gnade hier durch die Menschen selbst geschaffen wird, so ist es nur der umgekehrte Ideengang Augustin's über die in der Sünde mächtiger waltende Heiligung. Sklaven sind dagegen von allem Tabu frei, als ausser allem Connex mit dem höheren Atua gedacht, obwohl ihnen eben deshalb auch verboten ist, geheiligte Dinge nur anzusehen. Die indischen Gymnosophisten wiederholen ihre jahrelangen Uebungen und Kasteiungen beständig, um auch Andern die Verdienste derselben zuwenden zu können. — Der Weg der Mama (Eva) ist leicht und bequem, um Buddha's Fussspur neben der Höhle des Kiar zu erreichen; der des Baba (Adam) steil und lebensgefährlich, aber die Pilger, sagt Ibn Batuta, wählen stets den letztern, denn eine auf dem erstern gemachte Reise wird für Nichts gezählt. Die Buddhisten haben die Scala der Tugenden und Laster genau für die zu erreichenden Belohnungen und Strafen auf den Werth der Formel, der nach Erfindung der Gebeträder nicht mehr nur in kleiner Münze bezahlt wird, reducirt. — „Das Weltall ist in der Gewalt der Götter (Devas), die Götter sind in der Gewalt der Gebete (Mantras), die Gebete sind in der Gewalt der Brahmanen, folglich sind die Brahmanen unsere Götter,“ heisst es in einem indischen Syllogismus (*Dubois*), und Brahma selbst sagt in den Puranas: „Meine Götter sind die Brahmanen; ich kenne kein Wesen, welches euch gleicht, o Brahmanen, durch deren Mund ich esse.“ — Nach den Stoikern ist der Weise der Gottheit gleich, die ihn nicht durch Seligkeit, sondern durch Ewigkeit übertrifft. „Ja, ruft Seneca aus, der Weise übertrifft auf eine gewisse Art die Gottheit, indem er nicht durch die Nothwendigkeit seiner Natur, sondern durch freie Wahl gut ist.“ — Wer bei den Manichäern (nach Tyrbon's Erklärung) den Electen, die allein die heiligen Namen kannten, nicht die nöthigen Nahrungsmittel geliefert hat, wird während mehrerer Generationen bestraft werden. Seine Seele wird von einem Katechumenen in den andern übergehen, bis er eine hinlängliche Zahl von Almosen gespendet hat. Deshalb geben die Manichäer den Electen Alles, was sie Bestes zu essen haben. Wenn die Electen essen wollen, so beginnen sie zu beten und sagen zum Brote: „Nicht ich war es, der das Getreide geerntet hat, aus dem du gemacht wurdest, nicht ich, der dich mahlen liess, der das Mehl stampfte, der es in den Ofen schob. Es war ein Anderer, der Alles dieses that und dich mir brachte, so dass ich dich unschuldig*) esse.“ Wenn er diese Worte für sich gesprochen hat, so sagt er dem, der ihm das Brot gebracht, dass er für ihn gebetet habe, und lässt ihn gehen. Nach den Lehren der Manichäer wird selbst abgemäht werden, wer gemähet hat, wer etwas hat mahlen lassen, wird gemahlen werden, wer etwas stampft, wird zerstampft, wer Brot gebacken hat, wird selbst gebacken werden. [Die buddhistischen Mongolen, denen es nicht erlaubt ist, Blut zu vergiessen, essen das von Anderen Geschlachtete, und der das Opferthier tödtete, wurde bei vielen Völkern, als der Blutschuld theilhaft, scheinbar verfolgt.] Die Seelen der Ackerbauer gehen in Kräuter über, in Getreide und Gemüse, damit sie ihrerseits gemäht und abgeschnitten werden. Die Brotbäcker werden zu Brot werden und selbst gegessen werden. Wer ein Huhn tödtet, wird selbst zum Huhn, wer eine Ratte tödtet, zur Ratte. Wer ein Haus baut, dessen Seele wird zerrissen werden.

*) Haben die Ostjaken einen Bären getödtet, so bitten sie um Entschuldigung, und stellen ihm vor, dass sie im Grunde nicht die Schuldigen wären, da nicht sie das ihn durchbohrende Eisen selbst geschmiedet hätten und die den Pfeil beflügelnde Feder einem fremden Vogel angehöre.

[Eine extreme Durchführung des Wiedervergeltungsrechts in der buddhistischen Hölle, die an Enthaltsamkeit von jeder Beschädigung der Natur noch die Jains übertrifft.] — Nach Augustin assen die Eingeweihten der Manichäer selbst menschlichen Samen, unter dem Vorwande, ihn zu reinigen. — Weil durch treffliche Tugenden ihrer Väter, Söhne selbst wilder Thiere, heilige Männer geworden sind, geehrt, bereichert, so zeigt es sich klar, dass die innerliche Kraft überwiegt (heisst es im Manava-dharma-Sastra). — „Sowohl für denjenigen, der gar Nichts weiss, als auch für den Weisen, der, Alles wissend, der Allherr ist, giebt es keinen Unterschied der Gebote und Verbote und ein solcher existirt nur für den Juste-milieu-Geist, der ein Bischen weiss und nicht weiss," wird in der Vedanta dem Schüler gelehrt. (*Graul.*) — Wenn die Seele des Gerechten und Weisen einmal den Stürmen und Kämpfen entronnen und zum Frieden gelangt ist, so steht sie ihrer Natur nach zwischen Gott und Menschen in der Mitte, ist weder Gott noch Mensch, weil geringer als Gott und besser als Mensch. (*Philon.*) — Es ist bekannt, dass schon ganze Städte, Länder und Völker wegen der Weisheit und Tugend eines einzigen Mannes grosses Glück erfahren haben, besonders wenn ein solcher Gerechter mit grosser Kraft von Gott ausgerüstet ist, denn in Wahrheit ist der Gerechte die Stütze des Menschengeschlechts, und durch ihn verleiht der überreiche Gott seine Gnadenströme, indem er die Bitten seines hülfeflehenden, göttlichen Wortes erhört. (*Philon.*) — Als schönes Beispiel der Meinungen der englischen Antinomianer brauche ich nur die Worte ihres grossen Vorkämpfers, des im Jahre 1642 verstorbenen D. Tobias Cripe, anzuführen: „Lasset mich frei zu euch sprechen und euch sagen, dass der Herr einem Auserwählten nicht anzurechnen hat, und wäre er auch auf dem Höhepunkte seiner Bosheit, in den grülsten Ausschweifungen, und beginge er alle erdenklichen Schändlichkeiten. Ich sage, dass Gott einem Auserwählten, selbst dann, wenn er auch ein solches Leben führte, so wenig, als einem, der den Glauben hat, zuzurechnen hat. Nein, Gott hat einem solchen ebensowenig, als in der Herrlichkeit triumphirenden Heiligen, anzurechnen." Die meisten fanatischen Secten Englands haben früher oder später während ihrer Laufbahn diese Lehre Luther's wieder aufgenommen. So war es ein Lieblingssatz Whitfield's, „dass wir durch einen blossen Act des Glaubens, ohne alle Rücksicht auf vergangene, gegenwärtige oder zukünftige Werke, gerechtfertigt werden." (*Moore.*) — Wenn ein Territorialherr auf den Antillen starb, so tödteten sich seine Weiber, sein Gefolge und seine Bedienten, um auf diese Art mit dem Caziken in den Himmel zu kommen, da sonst die Seelen sterben und sich in der Luft verflüchtigen würden. (*Oviedo.*) — Nur mittelst eines Rupak (eines Adligen, mit dem Knochenringe geschmückt) konnte ein Mann aus dem Volke mit dem Könige auf den Pelew-Inseln communiciren. — Dem über die Geschenke seiner Frauen erbitterten König erwiederte Ananda, „dass er zwar als Eigenthum nicht mehr als drei Kleidungsstücke besitzen dürfe, dass aber der Geistliche Alles annehmen möge, was ihm dargebracht wird, in der Absicht, dass der Geber dadurch Verdienst erwerbe. (*Hardy.*) — The Hindoo Pandit, if asked to describe the Maunoo (Mani or Mooni of the Buddhists), says: The Maunoo is neither God nor man. He appears from time to time and by him the universe is held together. (*Abbott.*) — Ist kein Priester vorhanden, so beichten die Armenier einem Laien, oder wenn in der Wüste, einem Baume oder Steine, indem sie statt des Abendmahles Erde in den Mund nehmen. — Nach Arrian durfte kein Indier ein Opfer bringen ohne den Beistand eines Sophisten, wie es Herodot von den Magiern erzählt. Hegesander berichtet von einem indischen Könige, der von einem Seleuciden einen Sophisten verlangte, aber zur Antwort erhielt, dass ein Philosoph sich nicht kaufen lasse. Nach Diogenes Laertius stammten die Gymnosophisten von den Magiern, die Juden nach Aristoteles von den Calainen Indiens. Der Philosoph Uranius (aus Syrien) begab sich nach Persien, wo er am Hofe der Samaniden sehr geehrt wurde und vielfache Erörterungen mit den Magiern hatte. (*Agathias.*) Nach Aelian waren die Gedichte Homer's von den Indiern zu ihren Gesängen übersetzt. Nuschirwan (der Bewunderer des Aristoteles und Plato) liess die Werke der berühmtesten Griechen in's Persische übersetzen. Die Magier bezeichneten den einreissenden Polytheismus als das Schwert des Aristoteles. Herbelot stellt das orientalische Sofi (Wolle) mit *σοφος* zusammen. — Nach Apulejus wurde ein Magus von dem Volke als ein besonders privilegirtes Individuum betrachtet, das directe Communication mit den Göttern unterhielte. — Plinius setzt Zoroaster mehrere tausend Jahre vor Moses (den Judäer), der eine andere Art der Magie begründet habe, die mystische Auslegung der Kabbala, ähnlich den Hieroglyphen Egyptens, wo der Meder Osthanes im Tempel zu Memphis die Weihen vollzog an Juden, Egyptern und Griechen. — Nach Ben Schohnah wurde Zoroaster, des Esdra Schüler, von diesem Propheten verflucht, weil er Meinungen behauptete, die dem jüdischen Gesetz entgegen gewesen und als er, wegen dieser Ursachen verjagt, nach Persien flüchtete, stiftete er dort eine neue Religion. — Als die Gegner Godam's ihn fragten, wessen Glaubens er sei und von wem er zum geistlichen Stande geweiht worden, antwortete er ihnen: „Ich bin selbst zu der Stufe eines Gerechten (Heiligen) gelangt. Was bedarf ich anderer Lehrer? Der Glaube hat mich durchdrungen. Wollt ihr mehr wissen, so wendet euch zu diesen meinen zwei Schülern, sie werden euch belehren.“ Als ihn verführerische Frauen nach den Zeugen seiner Heiligkeit fragten, schlug er im Zorn auf die Erde, worauf Oktin Tengeri (der Beschützer der Erde) erschien und bezeugte, dass er die Wahrheit rede. — Nur die Nachkommen Ali's sind den Schii echte Imame. Als den zwölften und letzten verehren sie den Mohamed Mehdi, welchen sie bei allen Versammlungen rechtgläubiger (d. h. schiitischer) Moslemin noch jetzt unsichtbar zugegen glauben. — Die Jungfrau Maria enthüllte der Nonne Maria d'Agreda ihre Prärogative, die aus der unbefleckten Empfängniss folgten, und berichtete, dass sie, nachdem der Embryo (17 Tage vor der gewöhnlichen Zeit) an einem Sonntag gebildet worden, (im 10. Monat) das Habit einer Nonne in der Farbe der Franciscaner von St. Anna erbeten habe. — Schon im 11. Jahrhundert betheuerten unverschämte Mönche, dass der heilige Benedict die Seelen auch der verruchtesten Menschen aus den Klauen des Satans rette, wenn sich die Sünder nur kurz vor ihrem Tode in seinen Orden begäben und sein Ordenskleid anzögen, und nach den Franciscanern würde das einzige Mittel den Teufel zu retten sein, wenn er das Ordenskleid des heiligen Franciscus anlege. — Etlichen reichen Burgern, Fürsten und Herren (sagt Seb. Frank) zeucht man nach ihrem Tode ein Mönchskutten an und will's darin gen Himmel schicken, beredt sy haben darinn Vergebung aller Sünden. — Auch eine verdammte Seele kann am Tage des Gerichts durch Fürbitte eines Heiligen bei Allah erlöst werden, vorausgesetzt, dass sie gläubig gestorben ist. Ein Atom des wahren Glaubens schützt vor der Ewigkeit der Höllenstrafen. — Pater Girard suchte den Geist seiner geliebten Cadiere in eine so hohe Andacht und Entzückung zu versetzen, dass sie ihrem Leibe nach sich ohne alle Empfindung und Regung ihrem Beichtvater überlassen musste. (*Gottsched.*) — Nur in Gemeinschaft mit dem Gottmenschen (der der Sohn Gottes ist, ohne deshalb aufzuhören der Sohn des Menschen zu sein) vermögen wir (nach Nicolaus von Cusa) zur Kindschaft Gottes zu gelangen, eingeführt in diese Gemeinschaft durch Glaube, Hoffnung und Liebe. — Die Derwische leben theils als wandernde Bettler (Fakirs), theils (unter Scheichs) in Chaagahs oder Tekies (Klöster). — Nach dem Sofi ist die erste Stufe die des Gesetzes oder des gewöhnlichen Menschen, von der nur unter Führung eines Pir oder Scheich (Alten) der Pfad zur zweiten führt und durch gläubige Heiligkeit zur dritten des Wissens, der der Engel des Lichts. — In Damaskus, wo das Haupt des Ibn Zekerija in der Omawi-Moschee begraben liegt, ist der Schwur bihajât sêjidnâ Jehjâ sehr häufig und während das gemeine Volk sich nicht scheut beim Leben Gottes eine Lüge zu sagen, würde es sich hüten, dieses beim Leben des Localheiligen Jehjâ (Johannes) zu thun. (*Wetzstein.*) Wer den Namen Johannes führt, dem kann (nach dem mittelalterlichen Volksglauben) der Teufel Nichts anhaben. — Die Sarbands und die zwölf Astanas (Familien erblicher Büsser) stammen (nach dem Tazkirat-ul muluk) von Afghan, dem Enkel Malik Tâlût's. (*Saul.*) — Als ein Blinder dem Sakhi Sarwar ein goldenes Auge gelobte, forderte es ein einäugiger Diener des Tempels, nach der Heilung jenes, ein und gefragt, weshalb der Heilige, wenn er die Macht habe, das Gesicht zurückzugeben, ihn nicht selbst mit solcher Wohlthat beglückte, antwortete er: Do you not know, o sinful man, that whatever the Saint grants to his votaries, he takes from his Majawiran and gives the latter some else in exchange? At the time of my birth, he took the sight of my eye and preserved it for the use of his votary and determined, that the golden eye should be mine. Therefore this man, who has received a human eye, should give me the golden one. (*Raverty.*) — Wenn den Brahmanen Siechthum ergreift, so schreite er nach Nord-Osten fort, sich nährend von Wasser und Luft, bis sein sterblicher Leib zusammenbricht und die Seele sich mit Brahma vereinigt. — Da keine Handlung aus uns kommt, so preisen die Sofis den Elenden glücklich, der selbst nicht wählt, sondern gezwungen wird, dem keine Wahl gelassen ist, sondern der immer von fremdem Willen abhängt. Weit entfernt, dass ihm ein Unrecht geschähe, widerfährt ihm vielmehr Gnade, denn der Wille, von welchem er abhängt, ist der göttliche, und so kann er gar nicht von Gott los, sondern bleibt ihm immer verbunden. Jene Nothwendigkeit unserer Handlungen ist also Gemeinschaft in Gott (*Tholuck*), woraus die unbedingte Hingabe der Sectirer im Oriente an die geistlichen Väter folgt, deren erhabene Seele als ein edler Theil der Gottheit directer mit dieser communicirt, um recht influencirt zu sein. Sapere aude, ruft Kant seinen Zeitgenossen zu, die mit einem Buche für ihren Verstand, mit einem Seelsorger für ihr Gewissen, mit einem Arzt für ihre Diät, aus Feigheit und Faulheit froh sind, sich um Nichts weiter bekümmern zu müssen. — Das Heil im künftigen Leben und die Wohlfahrt auf Erden glauben die Chassidim (durch Baal-Schem 1750 gestiftet) leichter, als durch die Beschauung der Gottheit, durch das entgegengesetzte Mittel eines blinden Glaubens an ihre Zadiks (Vorsteher und Stellvertreter Gottes auf Erden) zu erreichen, denen sie sich unbedingt hingeben, um in ungestörter Geistesruhe dahinzuleben. Der Zadik kann dem Chassid nicht nur die Sünde des Mordes verzeihen, sondern ihm auch den Mord anbefehlen, und der Chassid ist verpflichtet, unbedingt den Befehl zu erfüllen, wobei er vor seinem Gewissen völlig im Rechte bleibt. Gerathen verschiedene Zadiks, die gleichzeitig auftreten, in Streit, so gelten sie natürlich für schuldlos, denn man betrachtet ihre Uneinigkeit als Folge der Sünden des Volkes und schiebt sie dem Hasse des Satans zu. Bleiben die Gebete der Zadiks unwirksam, so hat sie Satan auf dem Wege zum Himmel aufgeschnappt. — Der Jesuit Bellarminus, der (nach Fuligatti) kein Ungeziefer (velut a deo traditas ad exercitium patiendi) an seinem Körper zu stören wagte, soll in der disputatio de potestate clavium (1674) den Satz ausgesprochen haben, dass ein bussfertiger und gläubiger Mensch, der begierig wäre, sich mit Gott zu versöhnen, bloss darum ewig verdammt würde, wenn er keinen Priester haben könnte, der ihn vor seinem Tode mit Gott aussöhne. — Ein Sudra, sagt Menu, thut am besten, wenn er einem Brahmanen dient (in welchem Falle er bei treuem Dienst bei einer künftigen Seelenwanderung in eine höhere Kaste kommen wird), demnächst einem Xatriya und demnächst einem Vaisya. Findet er keine Gelegenheit einem derselben zu dienen, so treibe er ein nützliches Handwerk. — „Die Götter essen nicht die Opferspeise eines Königs, der keinen Purohita (Vorangestellten) hat, darum stelle jeder König, der opfern will, einen Brahmanen voran,“ wie es in den Vedas heisst. — „Erfrischend kühl ist Batara Guru, kühler der Mond, aber keine Kühle zu vergleichen mit eines heiligen Mannes Stimme,“ heisst es im Niti Sastra (auf Java). — Der Gallier durfte nur in Begleitung eines Druiden den von Teutates bewohnten Wald betreten. — Nur der Begünstigte, der Prophet selbst, vermag es, sich aus innewohnender Fähigkeit zum Schauen zu erheben. „Die Siamesen glauben (sagt Tachard), dass Sommona Codom durch seine eigene Kraft als Gott geboren wurde, dass er sogleich nach seiner Geburt, ohne von einem Meister unterwiesen zu sein, durch seinen Verstand allein die vollkommene Erkenntniss der unergründlichen Geheimnisse der Natur erlangte, und sich alles dessen erinnerte, was er in seinen verschiedenen Leben gethan habe.“ „Ich habe Augenblicke eines Einsseins mit Gott, in denen mich weder ein Cherubim, noch ein Prophet begreift (sagt Mohamed), also wie viel weniger ein Mensch.“ „O Wesen der Wesen, der höchsten Wollust Gipfel! wir bezeugen, dass du verschiedene Gestalten annimmst und jetzt die des Mansuri angenommen hast, hilf uns, wir flehen dich an,“ schreiben die Schüler des Mansuri an ihren Meister. — Wenn auch eure guten Werke (heisst es bei Zoroaster) die Zahl der Blätter am Baume übertreffen mögen, die Tropfen des Regens oder die Sterne des Himmels, oder die Sandkörner des Strandes, so werden sie dennoch alle für euch nutzlos, wenn sie nicht durch den Destour (Priester) angenommen sind. Um dessen Wohlwollen zu erlangen, müsst ihr treulich den Zehnten zahlen von allem Besitz, euren Gütern, euren Ländereien und eurem Gelde. Ist der Destour befriedigt, so wird eure Seele den Höllenflammen entgehen, ihr werdet euch Ruhm in dieser Welt und Seligkeit in der nächsten verschaffen, denn die Destours sind die Lehrer der Religion, sie kennen alle Dinge und sie erlösen alle Menschen.

ESOTERISMUS UND EXOTERISMUS.

Wiedergeburt.

In den Mysterien, durch die Geheimnisse ihrer esoterischen Lehren, werden die Eingeweihten wiedergeboren. Aus dem Sarge, in dem der Candidat in Bamba begraben wird, ersteht er ein neuer Mensch. Jetzt ist er amortisirt, abgestorben für die Erde, er lebt im

Jenseits. In Indien sind alle Mitglieder der drei oberen Kasten, sobald sie die Schnur des Brahmanen empfangen, die Zweimalgeborenen. Die Sofis werden viermal neugeboren. Wie aus dem Samenkorn die Pflanze entsteht und zuletzt aus der Blüthe die Frucht, so war (nach Tertullian) zuerst die Justitia im Naturzustande, sodann durch Gesetz und Propheten zur Kindheit vorgerückt, hierauf durch das Evangelium zur Jugend aufgeblüht und dann durch den Paraclet zur Reife gebracht. Nach medicinischen Theorien, sollte alle sieben Jahre der Körper sich erneuern, der Mensch gleichsam neu geboren werden, und einmal wird auch Jeder factisch wiedergeboren, in den Jahren, wo er nach abgeschlossener Ausbildung des Geschlechtssystems in die Jahre voller Mannesreife übertritt, wo die bisher fortgehenden Wachsthumsprocesse des Körpers sich jetzt zu consolidiren beginnen, wo er, der bisher passiv aufnahm und lernte, selbstständig urtheilt und handelt, wo er sich seine Gedanken harmonisch zusammenordnen fühlt, wo er sich eine bestimmte Weltanschauung bildet. Dann ziehen in Africa die Knaben in den düstern Wald, um über ihr Lebensziel zu meditiren, die Offenbarung der ihnen geweihten Gottheit erwartend; dann besteigt der Indianer seinen einsamen Baum, sich seine künftige Medicin erträumend. Aber diese in der Natur selbst begründete Wiedergeburt, dieser bei Jedem verlaufende Process, wird bald zu natürlich, und deshalb zu gemein, als dass er der Aristocratie genügen könnte. Sie bedarf besonderer Ceremonien, neuer Weihen, um sich von dem Volke zu unterscheiden. Werden in kleinen Kreisen die Mysterien zur Staatsreligion, so fällt noch ihre politische und religiöse Bedeutung zusammen. Erst wenn zum Mann herangereift, wird der Knabe bei den Nossairiern in die Geheimlehren der Religion eingeweiht (teznir), wobei er Verschwiegenheit schwören muss. „Die Beschneidung ist eine grosse Sache, denn kein Beschnittener kömmt in die Hölle," sagt Rabbi Bechai. Ein Knäblein, das vor der Beschneidung stirbt, wird noch nach dem Tode beschnitten. Wer, wie die Ismaeliten beschneidet, und nicht den vorderen Theil des Gliedes entblösst, der ist gleich einem Unbeschnittenen. Beschnitten geboren sind Adam, Seth, Enoch, Noah, Sem, Tharah, Jacob, Joseph, Moses, Samuel, David, Jesaias und Jeremias.

In grösseren Gesellschaftskörpern werden sich die Vortheile der Wiedergeburt auf die Priesterkaste beschränken. Sie ziehen sich in dunkle Höhlen zurück, in die Heiligthümer der Tempel, dort üben sie ihre geheimnissvollen Ceremonien, die sie zum Bürger einer höhern Welt weihen. Als solche begraben sie sich dann, damit im Jenseits kein Irrthum stattfinden kann, mit den Zeichen des Ordens, die egyptischen Priester mit den Köpfen heiliger Thiere, die Epopten in

Eleusis mit dem Gewande der Einweihung, der Franciscaner und Dominicaner in seiner Kutte, die unter Umständen auch der Leiche des Laien *) (wie in Peru in dem Kloster Ocopa), wenn man ihre Gunst zu gewinnen weiss, umgelegt wird. Die Art der Wiedergeburt läuft bald in äussere Symbole aus, während sie ursprünglich in psychologischen Gesetzen wohlbegründet war. Immer bedeutungsloser werdend, müssen die geistlosen Formen zuletzt völlig vermodern und dann kehrt das sehnende Gemüth nach der Quelle zurück. Zum Unterschiede von der äusseren Offenbarung, die durch Wunder wirkt, ist die innere Offenbarung (nach Hugo von St. Victor) die tiefere, mystische Erkenntniss, die nicht allen Menschen, sondern nur den Auserwählten zu Theil wird.

In dem indischen Kastensystem war die Priesterlehre schon an und für sich esoterisch, ohne dass es besonderer Maassregeln bedurft hätte, sie dem Volke zu verhüllen. Die Brahmanen allein lasen die Vedas, weil sie eben allein zu lesen verstanden, und diese höhere Wissenschaft war sicherlich das Letzte, um welches die rohen Stämme der Eingebornen ihre eingewanderten Beherrscher **) beneidet haben würden. Als in dem engern Staate Egypten sich Reichthum und Wohlstand zu verbreiten begann, fand es die zahlreiche Priesterklasse vortheilhaft das Volk durch religiöse Schauspiele zu unterhalten, theils um durch das Geheimnissvolle oder Schreckhafte der auftretenden Gestalten ihre Macht fester zu begründen, theils um durch Anregung der Leidenschaften ihre Kassen zu füllen. Dieser alte und blühende Culturstaat musste mächtig die Neugierde und Betriebsamkeit der benachbarten Griechen reizen. Bald wurden sie durch heimgekehrte Kaufleute oder durch ausgesandte Missionäre mit den wunderbaren und prächtigen Ceremonien des Isis- und Osirisdienstes bekannt, auch sie hatten jetzt Gelegenheit die heiligen Darstellungen anzuschauen. Der rege Sinn der Griechen blieb aber dabei nicht stehen. Ihrem republicanischen Geiste konnte es nicht zusagen, eine aristocratische Priesterschaft über sich herrschen zu lassen, was sie sahen, wollten sie auch verstehen, und gleich den independent Americans (die in ihren Revivals entschlossen sind, etwas greifliches Faassbares aus den sonderbaren Sacramenten zu machen und den Kopf darauf gesetzt haben, damit zu Stande zu kommen, that way or the other) richteten sie die Zusammenkünfte der Mysterien ein, wo jeder Bürger sein gutes Recht hatte, die Aufnahme zu verlangen und für sein baares Geld selig zu werden. Was eigentlich ihre Theorien bedeuteten, war ihnen wohl um so weniger klar, als sie meistens den fremden Ceremonien nur die Namen, Formeln und Symbole abgelauscht hatten. Würde ihnen aber auch ein egyptischer Professor ein Collegium über den

*) In Portugal führt jeder den Titel Dom (Don in Spanien), wie die Mönche der Benedictiner, die eines jeden Namen Dom vorsetzen, dem ihres Abtes Domnus und Gott Dominus nennen.

**) Bei der jetzt politisch bedeutungslosen Stellung der Brahmanen kann es keinem Sudra einfallen, darnach zu geizen, da er sich dadurch nur zur Uebernahme einer Menge lästiger Ceremonien verpflichtete, ohne irgend neue Rechte dadurch zu gewinnen, als die im Jenseits versprochenen, welche eo ipso nur für die richtigen Stammbäume reservirt sind.

ganzen Cursus seiner wunderbar-geheimen Wissenschaft gelesen haben, so würden sie wahrscheinlich dadurch um Nichts klüger geworden sein, denn alle solche stabil gewordenen Kreise verlieren ihre Bedeutung für das gewöhnliche Leben und verknöchern in einem Schablonenwesen, das man um so ängstlicher vor jeder profanen Berührung hütet, je hohler und zerbrechlicher es ist. So wussten die Epopten auch das, was sie selbst nicht verstanden, in ebenso mysteriöses Dunkel zu hüllen, wie die Mitglieder der Egbos, Semos und Purros an der africanischen Westküste, in denen der gemeine Mann nicht weiss, ob er nur halbe oder schon ganze Götter zu erblicken hat. Indessen konnte das frische Geistesleben der Hellenen sich nicht lange mit vermoderten Knochen der Vergangenheit genügen: da es nicht wusste, was sie zu bedeuten hatten, so goss es ihnen selbst neues Leben ein und begann sie in poetischer oder philosophischer Weise bald so, bald so zu deuten und mit den einheimischen Göttergestalten zu verknüpfen. Mit sinkender Cultur mangelte es an Selbstschöpfern und begnügte man sich dann auch hier wieder mit dem Ueberlieferten, griff aber zugleich begierig alle in dem Zeitgeist schwebenden Ideen auf, in der Hoffnung, dass sie zur Verjüngung der veralteten Formen beitragen könnten. So entstanden bei der ersten Bekanntschaft mit den hochasiatischen Missionen die Mysterien*) des Mithras in Kleinasien, wobei man sowohl die persisch-indischen, als die assyrisch-arabischen Repräsentanten dieses Namens durcheinander warf, und eine Zeitlang war auch das Christenthum fast ganz in die enge Sphäre der Mysterien gezogen, obwohl es dieselbe, bei der Aussicht zu politischer Bedeutung zu gelangen, rasch durchbrach, bis es später wieder, nach Ausbildung einer Hierarchie, die Gemeinde, wie einst in Egypten, durch die Schauspiele privilegirter Messen unterhielt, gegen die dann, als nothwendige Reaction, der germanische Geist protestirte. — Nach Schleiermacher muss der Act der Wiedergeburt (der Vereinigung mit Christo) zum Behufe genauerer Betrachtung unterschieden werden von dem Zustande des fortwährenden Vereintseins (Heiligung). — Die Methodisten konnten sich mit den Herrnhutern in England nicht vereinigen, weil sie einen schmerzlich gewaltsamen Durchbruch der Gnade für nothwendig zur Seligkeit hielten. — Nach Böhme muss Christus (der mit Gott vollkommen geeinte Mensch) in uns geboren werden, damit wir eingehen in Gottes Willen unter Verzeihung der Sünden. — Die Wiedergeburt aus dem Fische, der die Genitalien des zu verjüngenden Osiris ausspie, findet sich, entsprechend der jüdischen Mythe, auch bei den Eskimos, wo der Zauberer, um wirksamer handeln zu können, vom Walfisch verschlungen und an's Land geworfen sein muss. — Bei dem schottischen Revival in Kelsyth (1839) fielen nach dem Gottesdienste eine Menge von Personen in den Kirchenstühlen und dem Schiffe der Kirche nieder, laut um Gnade rufend. Als man sie nach der Sacristei brachte, wurde ihre Sorge und Furcht durch den Herrn in Freude und Vertrauen verwandelt. Ein Geist der Ueberzeugung und des Gebetes verbreitete sich über die Stadt und zwei Tage lang war kein Geschäft gethan, waren alle Läden geschlossen, die Einwohner sammelten für Gebete in den Kirchen und Gehölzen. (*West.*) — Die Madagassen befestigen die Hoden geschlachteter Ochsen um das Grab, wie Dionysos den Phallus an die Pforten des Hades pflanzte. — Die als kunstreiche Schmiede ver-

*) Schon in Armenien wurde die Bildsäule des Mihr, des Sohnes des Aramazd, in der auf einheimischen Büchern unter Walarschak I. eingeführten Religionsform mit sieben Oeffnungen dargestellt.

ehrten Paliken (ἀπὸ τοῦ πάλιν ἱκέσθαι) wurden aus den Händen (als χειρογάστορες) ihrer Mutter, der Nymphe Aetna oder Thalia auf Sicilien geboren, indem sie aus der Erde, von welcher Jene (von Zeus geschwängert) verschlungen worden, wieder emporkamen. — Die Jogis, die nach Ktesias sich Jahre lang der Speise und des Trankes enthielten, begruben sich, wie Ibn Batuta erzählt, oft vier Monate in unterirdischen Häusern mit einem kleinen Luftloche, ohne zu essen und zu trinken. Englische Officiere suchten das Verfahren durch Aufdrücken ihrer Siegel neuerdings zu controlliren. — So lange die disciplina arcani in Kraft war, wurden die Katechumenen oder die Ungetauften vor dem Anfange der Feier solcher Mysterien, denen nur die Eingeweihten beiwohnen durften, aus der Kirche entlassen mit den Worten: Foris catechumeni, wie die Uneingeweihten von den heidnischen Geheimnissen entfernt wurden durch die Formel: Procul este profani. — Die Taufe wird in Tibet und der Mongolei meistens wenige Tage nach der Geburt, beim Namengeben, vollzogen. Nach einigen Jahren, nachdem das Kind gehen und sprechen gelernt, folgt die Einsegnung oder Firmelung, indem der Priester ihm etwas vom Kopfhaar abschneidet und ein mit indischen Zauberformeln (Dharani) gefülltes Säckchen, als Amulet, anhängt. — Nach den Calvinisten muss Jeder über seine Wiedergeburt eine bestimmte Zeit angeben können; aber, da christliche Zustände auch unbewusst vorhanden sein können, so sagt Schleiermacher: „Verlangen, dass der Wendepunkt auch im Bewusstsein so streng geschieden sein müsse, dass jeder Christ Zeit und Stunde desselben anzugeben vermöge, das heisst nur willkürlich Vorschriften ersinnen für die göttliche Gnade und kann keine andere Folge haben, als die Gemüther zu verwirren.“ Nach dem Evangelium wird nur der, der neu geboren ist, in das Himmelreich eingehen. — Mit dem sichtbaren Acte des Busskampfes ist die Wiedergeburt durch den heiligen Geist (bei den Methodisten) vollzogen, und der Wiedergeborne muss nun seine Heiligung beginnen, worin fortschreitend, er mehr und mehr die Freimachung von der Sünde, die selige Freude und den himmlischen Frieden der Versöhnung empfindet, bis er endlich im bewussten und bewahrten Stande der Gnade zu völlig sündenfreier Vollkommenheit gelangt, gleichsam die Stufe des Boddhisattva erreicht. Diese Wiedergeburt des mystischen Geheimdienstes knüpft sich an das physiologische Gesetz des Wachsthums an, indem mit dessen Vollendung der im Vollgefühle seiner Geisteskräfte denkende Mann sich durch die harmonische Anordnung derselben, die ihm eine freiere und klarere Weltanschauung gewährt, aus dem Meere dunkler Gefühlsphantasien errettet fühlt, in welchen er während seiner Jugendjahre umhergeworfen wurde. Hier liegen nothwendige Naturgesetze vor, die bei Jedem mehr oder weniger deutlich zum Durchbruch kommen werden, und bei denen die ihnen gegebene Bezeichnung gleichgültig ist. Da aber jeder Mensch nur einmal lebt, so kommt er leicht dazu, das Nacheinander der von ihm durchlaufenen Processe als eine reine Zufälligkeit aufzufassen und im höchsten Grade beklagenswerth wird es, wenn mit den psychologischen Processen Unbetraute schon im zarten Kindesalter künstliche Revolutionen hervorzurufen streben, deren Ausführung man den unentwickelten Geistesfunctionen ebenso wenig (ohne ihren regelmässigen Verlauf zu stören) zumuthen darf, als den noch schwachen Knochen Lasten zu heben, die der erwachsene Mann mit Leichtigkeit forttragen wird. — „Ich machte viele Versuche, sagt Nicolaus von Cusa, die Ideen über Gott und Welt, Christus und Kirche in einer Grundanschauung zu vereinigen, aber keine wollte mir genügen, bis sich endlich bei der Rückkehr aus Griechenland zur See, wie durch eine Erleuchtung von Oben, der Blick meines Geistes zu der Anschauung erhob, in der mir Gott als die höchste Einheit aller Gegensätze erschien." — Jung-Stilling datirt den Augenblick seiner Wiedergeburt von einem Spaziergang auf der Solinger-Gasse (1762), wo er sich durch das Vorüberziehen einer lichten Wolke vom heiligen Geist erweckt fühlte. — Die Marcioniten betrachteten die Seelen für todt, so lange sie in den Körpern und körperlichen Leidenschaften unterworfen seien, aber der Tod des Körpers sei ihre Auferstehung zum Leben. „Wer aus Gott geboren ist (sagt Madame Guyon), der sündigt nicht. Er kann nicht sündigen, denn er ist aus Gott wiedergeboren. Jede Sünde ekelt ihn an. Gutes zu thun, ist ihm so natürlich geworden, wie das Athmen." — Wer einen Heiden zum wahren Glauben bekehrt, hat nichts Geringeres bewirkt, als hätte er einem Menschen das Leben gegeben, denn er hat seine Seele neu geschaffen, sagt R. Elieser. Nach dem Jevamoth ist ein Heide, welcher den jüdischen Glauben annimmt, einem neugeborenen Knäblein zu vergleichen. — Das Eingeweihtwerden in die orphischen Mysterien hiess (wie bei Paulus die Taufe) ein Begrabenwerden mit Bacchus, um, wie dieser, geistig aufzuerstehen. — Heraclitus lässt mit dem vierzehnten Jahre die Vollendung eines Menschen anfangen, weil sich von da ab die Samenfeuchtigkeit im Körper absondere und das Verständniss des Guten und Bösen mit der Belehrung darüber entstehe. (*Lassalle.*) — Im vierzigsten Lebensjahre Mohamed's erschien ihm der Engel Gabriel, als Ueberbringer der göttlichen Offenbarung, und befahl ihm, sie als Prophet zu verkünden. Jesus trat sein Lehramt mit dreissig Jahren an. — In Franken giebt man dem Kinde im sechsten Jahre die Nabelschnur in einer Eierspeise zu essen, damit der Verstand aufgehe. — Weil der Ungeborene neun Monate im Mutterleibe verborgen lag, glaubten die Druiden nach der Geburt eine neunfache Lebensdauer durchzugehen. Heimdall, der Seelenführer, wurde von seiner Mutter neunmal wiedergeboren. — Der Idem Efik muss am Calabar dreimal gestorben sein, ehe er für seine Würde wieder auflebt. — Gewöhnlich giebt der indianische Vater seinem Kinde im fünften oder sechsten Jahre einen Namen (der nach seinem Vorgeben ihm durch einen Traum bekannt gemacht worden), und zwar unter Opfer und Gesang, was über das Kind beten heisst. Wenn die Mutter einen Namen giebt, so wählt sie ohne Umstände. (*Loskiel.*) — Die alten Christen nannten die Sterbetage der Märtyrer Geburtstage, weil dieselben durch den Märtyrertod zum ewigen Leben geboren werden. — Am Tage des Marsaba-(Teufel-) Festes auf der Insel Rook (in Neu-Guinea) ziehen mit fratzenhaften Masken vermummte Männer durch das Dorf, um die (durch einen Einschnitt in die obere Seite der Vorhaut beschnittenen) Knaben (die erst dann das dem Naheso geweihte Harem oder Versammlungshaus betreten dürfen), die von Marsaba noch nicht verspeist worden, zu fordern. Die vor Angst heulenden Jungen werden ausgeliefert und müssen den Männern zwischen den Beinen durchkriechen, worauf die gefressenen Knaben durch Opfer von Lebensmitteln wieder ausgelöst werden. (*Reina.*) — Bei der Beschneidung erhalten die Kinder in Mombas einen neuen Namen. — Um das Wagnaro (von Zeit zu Zeit) zu feiern (besonders wenn der Sohn eines Häuptlings mannbar wird), ziehen die jungen Leute (einer gewissen Altersstufe) der Wanika in den Wald, bestreichen sich mit weisser oder grauer Erde und verweilen (fast nackt) in den Wäldern, bis sie einen Menschen getödtet haben, worauf sie zurückkehren und Feste feiern (besonders das Wanigo). — Jeder Knabe wurde in bestimmten Jahren der Gottheit geweiht unter Gebeten zu Taskho und für ihn ein Thier geopfert (bei den Osseten). — Der Belli-Paato ist ein Tod, eine Wiedergeburt und Einverleibung in die Versammlung der Geister oder Seelen, mit denen die Gemeinde im Busche erscheint und das für die Geister bereitete Opfer essen hilft. Das Zeichen Belli-Paato (etliche Reihen Schnitte am Halse über die Schulterblätter) empfangen die Eingeweihten (die in den Versammlungen das Wort führen und die Quolga oder Ungezeichneten verachten) alle zwanzig oder fünfundzwanzig Jahre einmal, wobei sie getödtet, gebraten und ganz verändert werden, dem alten Leben und Wesen absterben und einen neuen Verstand und Wissenschaft bekommen. Die noch ungezeichnete Jugend wird nach dem vom König bestimmten Busche gewaltsam (weil sie sich vor dem Tode fürchten) gebracht, die Aeltern (Soggone) unterweisen sie in dem Killingtanz (mit Bewegung aller Glieder) und dem Bellidong (Belli Lobgesang). Dort leben sie mehrere Jahre (die Mütter bitten die Eingeweihten, dass die Veränderung bei ihren Kindern leicht vor sich gehen möge) in Jagd und Spiel ungesehen. Frauen, die beim Gehölz vorbeigehen, werden fortgeschleppt, angeblich von den Christen. Wenn sie aus dem Busch kommen, werden sie von den Alten im Häuschen gezeichnet und in den Sachen, welche die Rechte, den Krieg und die Herrschaft des Dorfes betreffen, unterwiesen. Sie stellen sich an, als ob sie erst in die Welt kämen und nicht einmal wüssten, wo ihre Eltern wohnten oder wie sie hiessen, was für Leute sie seien, wie sie sich waschen sollen oder mit Oel beschmieren, was Alles ihnen die Gezeichneten (Soggone) lehren müssen. Zuerst sind sie ganz mit Buschgewächsen und Vogelfedern bekleidet, aber später werden sie mit Kleidern, Korallen und Leopardenzähnen behangen; und versammeln sich zum Bellitanz vor der ganzen Gemeinde. Wer nun unter ihnen nicht so viel begriffen hat, um diesen Tanz tanzen zu können, darf sich nicht wieder unterstehen, ihn zu tanzen und wird für immer verachtet. Nach geendigtem Tanze wird Jeder bei seinem neuen Namen, den er im heiligen Busche empfing, durch die Alten aufgerufen und vor seine Eltern und Vormünder gestellt, indem sie sich wieder kennen lernen. Wenn der Wiederlebendiggewordene unter die Leute und in die Häuser gebracht ist, so mag er beim Belli-Paaro (dem göttlichen Rechte oder Gottes Rache) schwören. Will er Jemandem etwas aus offenbarer Macht gebieten oder verbieten, (dass Jemand nicht aus dem Dorfe ziehen mag, oder dass Jemand irgend einen Acker nicht schände oder etwas nicht wegtrage), dann setzt er einen Stock in die Erde mit einem Busche Binsen oder Schilfrohr in Gestalt eines Besen oben auf und beschwört ihn (durch den Mund zweier oder dreier Menschen) mit den Worten: Hucquoneno Hucquo, die den Belli eigentlich angehen und anders in der Sprache nicht üblich sind. Wer dieses Wort übertritt, wird in einen Korb voll Dornen gelegt, und geschleppt, bis er zerfetzt ist, mit Pfefferwasser übergossen. Wenn Jemand seine Frau beim Belli oder der Rache des Bundes des Ehebruchs anklagt, so wird sie vor den Rath gefordert und mit einer Binde geblendet (weil, wenn die Geister sie sähen, sie fortgetragen würde) und aufgefordert, das böse Leben zu lassen. Hierauf hört man einen Klang von (Geistern oder) hölzernen Puppen, der erklärt wird, worauf man die Frau mit Bedrohungen entlässt. Auch bei andern Verbrechen wird die That bei dem Belli beschworen und wer die Gebote des Königs übertritt, wird durch die Geister weggeholt, indem die Geister des Abends mit einem grossen Getümmel in das Dorf kommen und den Missethäter (jeden Ungezeichneten oder Frau, wenn nicht verborgen) in den Busch schleppen. Der König selbst, der doch des Belli Haupt ist, erklärt, unter ihm zu stehen. Niemand wird den Geistern übergeben, ehe seine Sache wohl untersucht ist durch das Bollimowasser (Wahrsagewasser), das der Bollimo aus dem Bast des Nellybaumes, dem Bast des Quongbaumes (womit die Pfeile vergiftet, und das Sovach des Beschuldigten geprüft wird), dem Blatte des Borrubaumes, Pfeffer, Mamnon und rothem Färbeholz (Bonda) in einem Topfe zusammenkocht. Der Arm oder das Bein des Verdächtigen wird rein gewaschen und dann mit dem Wahrsagestock, der in die kochende Brühe getunkt ist, betupft und, wenn dadurch versengt, jener zum Tode verurtheilt. Wenn eine Frau die Ehe bricht, lässt ihr der König das Belli eingeben, damit sie zu keinem Mannsbild kommen darf, und wenn sie nur ein Mannskleid berührte, fallen sie beide sogleich in Ohnmacht (bei den Quojern, nach Dapper).

Gelehrtenaristocratie.

Der überall in den Mysterien hervortretende Unterschied zwischen den nur den Eingeweihten zugänglichen Lehren und den der Gemeinde mitgetheilten Symbolen ist in der Natur der Sache selbst begründet, da, wie der Geist überhaupt in den Schichten der Gesellschaft zu verschiedenen Stufen der Entwicklung aufsteigen muss, er auch verschiedene Antworten auf die in ihm angeregten Fragen verlangen wird. Nur wird es bei einem aus incongruenten Elementen zusammengestoppelten Religionssystem, dem an sich eine organische Fortbildung unmöglich ist, die nothwendige Folge sein, dass die beiden getrennten Kreise der esoterischen und exoterischen Dogmen sich nach verschiedenen Richtungen hin ausbilden, und bald ein immer complicirteres Lügengewebe zu ihrer scheinbaren Ausgleichung erfordern werden. Ist dagegen der Mensch auf den psychologischen Standpunkt seiner wirklichen Existenz gestellt, so wird er freilich auch die daraus gewonnenen Resultate, je nach seiner Eigenthümlichkeit, mehr oder weniger vollkommen auffassen, aber ihm ist dann wenigstens der Schlüssel des gesetzmässigen Fortganges selbst gegeben, und er wird, sich schrittweise weiterbildend, sich Alles aneignen können, wozu ihn die auf seinen Verstand aufklärend einwirkende Cultur mehr und mehr befähigt, so dass jeder Tag seines Lebens eine geistige Errungenschaft wird. — Die Drusen haben gegenseitige Losungsworte und Erkennungszeichen, deren Kenntniss unter den Gliedern jeder Klasse verbreitet ist. Den Akals oder Eingeweihten werden die Speisen, die von dem Ertrage erlaubten Gewinnes bereitet sein müssen, von den Djaheiln (Unwissenden) geliefert. — Um in die Priesterschaft zu Griwhe an der africanischen Westküste aufgenommen zu werden, müssen die Frauen allen Vergnügungen der Welt entsagen. — Wer sich der Secte der Ilesslowestnigen (Stummen) anschliesst, giebt weiter keinen Laut von sich, nach Art der Trappisten. — Der Muridismus (ein politisch-religiöses Schisma) predigt die Einheit der Schiiten und Sunniten, um die Ungläubigen auszurotten. Mullah Mohamed von Jareg in Daghestan (Kadi im Khanat von Churil), nachdem er durch seinen Schüler Kazi Mohamed (aus der Bocharei) mit Effendi Hadschi-Ismael (später verschwindend als geheimer Agent Persiens), der ihn (nach Unterhaltungen über den tiefen Sinn des Koran) als Murschide (geistlichen Prediger) einsegnete, in Kurdamir bekannt gemacht worden war, predigte (1823) die Erhebung gegen die Ungläubigen (die Russen), und nachdem seine Schüler (Muriden) in den verschiedenen Dörfern das Volk aufgeregt hatten (trotz dem Verbote Aslan Khans von Kasikumik und Kury), segnete Chil-Schaban (Kazi-Mullah) von Avarien zum Kazi (Haupte des Kasouuct oder heiligen Krieges) ein. Sein

Nachfolger, Imam-el-Asem Gamzad-Beg, eroberte Chunsach, Hauptstadt von Avarien, dessen Khan seine Anträge verworfen hatte (1833). Nach seiner Ermordung fiel die heilige Führerschaft auf Imam Schamyl, den Lieblingsjünger Kasi-Mullah's, der verschiedene Male auf wunderbare Weise (wie aus der belagerten Festung Achulgo 1843) gerettet wurde und glückliche Streifzüge gegen die Russen (1841) unternahm. Sich in eine Höhle zurückziehend, verkündete er die ihm von Mohamed unter der Gestalt einer Taube gemachten Offenbarungen dem Volke. Die Murtosigatoren bilden die aus den Muriden (in Naibschaften getheilte) gewählte Leibwache Schamyl's. — Die Lehre über die Seelenliebe (in ihrer Verbindung mit den Lehren der Mysterien) hatte (nach Plato) in der esoterischen Theologie ihren Grund. — Welcher Weise diese vorzüglichste, von Mritju's Tode gesprochene Erzählung von Nakiketas hört und mittheilt, der wird in der Welt des Brahma verherrlicht. Wer dieses vorzüglichste Geheimniss mit reiner Gesinnung in der Brahmanen-Versammlung oder zur Zeit des Manenopfers verkündigt, der eignet sich für das Unendliche (nach den Upanishads). — Die Secte der Sakti wenden sich gewöhnlich an Kali und Durga, aber meistens privatim, nach den Gesetzen der Virbhav ohne öffentlichen Tempelgottesdienst; sie studiren besonders die Mantra-Mahodadhi und die Mantra-Mohiabali (Erklärungen der Tantras) gemäss den Lehren des Dirba-Paschu, welches die Gleichheit des Gläubigen mit Gott aufstellt, und denen Virachaot's. — Die Mitglieder der Bauhütten erkannten sich an gewissen Zeichen (Wortzeichen, Gruss und Handschlag), deren Profanation streng geahndet wurde. Die gesellschaftliche Verfassung wie die technischen Kenntnisse der Bauhütten wurden als Geheimlehre betrachtet und behandelt. Die Grundsätze derselben wurden Anfangs nur in geometrischen Symbolen angedeutet und durch mündliche Tradition fortgepflanzt. Erst später war man auf schriftliche Aufzeichnung der Kunstgeheimnisse und der Gesellschaftsstatuten bedacht. Auf Anregung von Jobst Dotzinger, welcher im Jahre 1452 Werkmeister am Strassburger Münsterbau war, wurde eine engere Verbindung aller deutschen Bauhütten zuwegegebracht, worauf 1459 die Statuten der deutschen Baubrüderschaft zu Regensburg schriftlich entworfen wurden. Diese Statuten wurden von mehreren Kaisern sanctionirt, so von Maximilian I. 1498 zu Strassburg. Im 16. Jahrhundert unterwarf man sie einer wiederholten Revision und auf den Versammlungen der Meister zu Basel und Strassburg (1463) wurde der Codex des Steinmetzbuchs (das Bruderbuch) festgestellt und gedruckt den verschiedenen Hütten übermacht. — Some diseases (erzählt Stewart von den Kookies in Nord-Kachar) in themselves indicate the power that has inflicted them, but these are few and it becomes very perplexing among such an extended theocracy to find out the angry god. For the purpose of fixing his identity and conducting all religious ceremonies, there is a class of priests, called Thempoo or Mithol, who are supposed to have undergone an initiatory education, before admission into the order, which possesses them with much occult knowledge and obtains for them the privilege of holding commerce with the gods and divining the cause of wrath and the means of propitiation. This order is held in more dread, than veneration by the people and much mischief is often ascribed to them from the abuse of the influence they possess with supernatural agents. The ranks of the priesthood are recruited from among the people, but such is the superstitious fear of the Kookies, that they exhibit the greatest disinclination to be initiated, and to prevent the order dying out altogether, the Rajahs have at times thought it necessary to coerce some of their subjects into becoming Thempoos. [They have a very knowing way of escaping the responsability of the ultimate results of sacrifices and the possibility of the death of their patient. For instance a poor man calling in a Thempoo may be told that the only effectual and sure means of recovery is by the sacrifice of a grey methin. The miserable invalid expressing his thorough inability to make such a valuable offering, asks the Thempoo to think again and say if there are no other means. The Thempoo declares that „he is very sorry, there cannot be the slightest doubt, but that the grey methin was the precise animal indicated to him, success might however follow the sacrifice of a black and white goat.“ Should the goat even be beyond the sick man's means, the Thempoo may mention a spotted fowl, as the next most likely thing and this will accordingly given. Should success fail to attend the sacrifice, the doctor is quite irresponsible and only demands fresh sacrifices, until the patient recovers or dies.] This feeling of dread is illustrated by a preliminary form of prayer, uttered by the novice, in which he beseeches Puthen, that if there should be any thing wrong in what he is going to learn, the fault may be visited not on him, but on his teachers. — Der Perser Abdallah von Ahwas, der an den Rechten der Abkömmlinge Mohamed's (Ismael's Sohn) festhielt, sandte seine Missionäre (Dais) durch alle Länder des Khalifats, um Proselyten zu gewinnen, indem er sein atheistisches System durch die mystische*) Zahl von sieben Stufen verhüllte, mittelst welcher seine Schüler zu der grossen Enthüllung gelangen sollten, dass alle Religionen eitel und alle Handlungen gleichgültig seien (9. Jahrhundert). Sein System erlitt mannigfache Veränderungen durch Karmath von Kufa, der behauptete, dass das unbestreitbare Recht zur irdischen Herrschaft seiner idealistischen Abstraction des Imam Massoom (der Fleckenlose) zukomme, und dass folglich alle Prinzen und Könige, wegen ihrer Laster und Fehler, Usurpatoren seien, die die Krieger des vollkommenen Fürsten von ihren Thronen stürzen müssten. Daraus entbrannte der erbitterte Krieg der Karmathen mit den Abbassiden, während welches Obeid-Allah (ein angeblicher Abkömmling der Fatime) von einem Dai (Missionär) jener, dem es gelungen war, ihn aus dem Gefängnisse zu retten, nach Africa geflüchtet und dort als der versprochene Mehdi (Führer) proclamirt wurde. Sein Urenkel Moez-Cadin-Allah dehnte seine Herrschaft über Egypten und Syrien aus und begründete die Fatimiden-Dynastie in Cairo. Da Obeid-Allah den siebenten Imam (Ismael) unter seine Vorfahren zählte, so mussten die in Asien zerstreuten Ismaeliten in dem Hause der Fatimiden ihre sicherste Stütze sehen, und sie gründeten in Cairo eine geheime Gesellschaft, als deren Haupt der Khalif selbst betrachtet wurde. Ihre Versammlungen, die Gesellschaften der Weisheit (Majalis-al-hicmet), denen der Dai-al-doat (das Haupt der Missionäre) präsidirte, erlangten den mächtigsten Einfluss unter dem Khalifen Hakem-bi-emr-illah, dem Erbauer des Hauses der Weisheit (Dar-al-hicmet), wo die Gelehrten sich täglich in ihrer Staatskleidung (Khalaa oder eine Art Kaftan, die genau den auf englischen Universitäten getragenen Roben entsprechen sollen) zusammenfanden, um zu disputiren und zu unterrichten. Der Cursus des Unterrichts begriff (nach Macrizi) neun Stufen. Auf der untersten wurde der Candidat zu blindem Ver-

*) Die Vorschriften und Anordnungen des Islam wurden figürlich verstanden und allegorisch erklärt. Gebet bezeichne den Gehorsam zum Imam Massoom, Almosen die Bezahlung des schuldigen Zehnten an die Fonds der Gesellschaft, Fasten das Geheimhalten der politischen Plane. Nicht der Tenseel oder das aussere Wort des Koran war zu beachten, sondern die Taweel oder Erklärung.

trauen in die Aussprüche seiner Lehrer angehalten und musste den Eid des Gehorsams leisten; in der zweiten wurde die Anerkennung der Imame als Quelle aller Wissenschaft verlangt; in der dritten ihre Zahl erklärt; in der vierten die abwechselnde Erscheinung der verkündenden Gesetzgeber (Adam, Noah, Abraham, Moses, Jesus, Mohamed, Ismael) und der stummen (samit) Helfer oder Soos (Seth, Sem, Ismael, Aaron, Simon, Ali und Mohamed ben Ismael) dargelegt; in der fünften das Verhältniss der zwölf Apostel zu jedem der sieben Propheten auseinandergesetzt. In der sechsten wurden die Systeme Plato's und Aristoteles gelehrt, da die Vorschriften der Religion*) denen der Philosophie untergeordnet seien. In der siebenten wurde der mystische Pantheismus, wie bei den sofischen Secten gelehrt, enthüllt. In der achten wurde der Indifferentismus aller Handlungen proclamirt, und in der neunten bewiesen, dass Nichts zu glauben und Alles erlaubt sei. Hassan Sabah (der Sohn Ali Bel's), Mitglied der geheimen Gesellschaft (1078) in Cairo, theilte, nachdem er sich des Schlosses Alamut bemächtigt, die Gesellschaft der durch Missionäre für ihn gewonnenen Proselyten, die (die Assassinen) ihn Seydna (unser Herr) nannten, in sieben Grade, deren erster (Ashinal-Rick oder Kenntniss der Wahrheit) Menschenkenntniss und Verständniss der Zeichen lehrte, der zweite (Teenis oder Gewinnung des Vertrauens) den Leidenschaften die Hoffnungen ausmalte, der dritte Zweifel und Unbefriedigung erregte durch Aufweisung der zweifelhaften Punkte im Koran, der vierte den Eid der Verschwiegenheit und unbedingte Beichte mit Austausch von Frage und Antwort verlangte, der fünfte den Einfluss und die Ausdehnung der Gesellschaft darlegte, der sechste (Temees oder Bestätigung) zur Prüfung des bisher Gelernten diente und der siebente (Teevil oder Unterricht in Allegorien) die allegorischen Erklärungen der im Koran gegebenen Gebote enthielt, worauf der Missionär zum Ausziehen fertig war.

Democratische Reaction.

Während die esoterischen Lehren der Mysterien geheim gehalten wurden, erhielt die Gemeinde nur die äusseren Zeichen mitgetheilt, wie noch in der katholischen Kirche eine fühlbare Scheidewand diese von der Geistlichkeit trennt. Philon unterscheidet eine doppelte Art der Verehrung, nämlich eine höhere für die Weisen, nach welcher der Mensch sich zu Gott erhebt und ihn im Geiste als einen über alles Irdische erhabenen Geist verehrt, und eine weltliche Art für gewöhnliche Menschen, die Gott zu sich herabziehen, und ihn nach ihren Begriffen verehren. Doch hält er nicht für rathsam, dass der Gebildete den rohen Haufen, der sich nie zur höheren Gottesverehrung erheben kann, von seiner Art und Weise abbringe, weil er sonst in noch gröbere Irrthümer verfallen könne. Den Katechumenen trugen die Manichäer ihre Lehre nur unter Symbolen und Allegorien vor. Aus solchen Unterschieden begründeten sich leicht die überall durch politische Einrichtungen angebahnten Kasteneintheilungen, und wie ein Brahmane schon durch die leiseste Berührung des Sudra verunreinigt werden würde, so verbot die Kirchenversammlung zu Elvira den Christen jede Gemeinschaft mit den Ju-

*) Nach de Sacy bezeichnet Tatil nur den Deismus, der die Gottheit als ein reines Erzeugniss der Speculation betrachtet und die moralischen Beziehungen zwischen ihr und den Menschen vernichtet, während Ibahat nicht mehr als eine Befreiung von den positiven Vorschriften des Gesetzes meint, ohne damit die moralischen Verpflichtungen aufzuheben.

den (bei Strafe des Bannes), und besonders mit ihnen zu sprechen. — Als Raba (der „Moses“ seiner Zeit) Betrachtungen über das Tetragramm und seine Mysterien vortragen wollte, wurde er abgehalten, da diese Lehre geheim gehalten werden müsse und nicht für den öffentlichen Vortrag passe. — Durch die fünf Vorschriften und die zehn Tugenden des kleinen Tsching (was Remusat mit Translation übersetzt) rettet man sich nur aus dem Zustande der Asuren, der Dämonen, der Thiere und der Hölle, bleibt aber im Kreislauf der Transmigrationen eingeschlossen. In dem mittleren Tsching kann man durch Hülfe der mündlichen Lehren Buddha's oder der Meditationen über die individuellen Wechsel und die Leere der Seele oder der zehn Erlösungsmittel aus den Grenzen der drei Welten heraustreten. In dem grossen Tsching lässt das Verständniss, an der Spitze absoluter Vollkommenheit gelangt, alle lebenden Wesen die Natur Buddha's erreichen. — In Egypten war der höchste Grad der Mysterien nur den Priestern und Königen reservirt, in die Eleusinien dagegen konnte Jeder (erst in die kleinen und fünf Jahre später in die grossen) aufgenommen werden, obwohl es die Meisten bei den untern Graden bewenden liessen. — Theo Smyrnäus unterscheidet fünf Grade der Eleusinien: 1) die Reinigung; 2) die Mittheilung der heiligen Lehren; 3) das Schauen (ἐποπτεύειν) der Mysten; 4) die Fackel-Uebergabe; 5) die volle Seligkeit der Epopten. — Auf die κάθαρσις (Reinigung) folgte im letzten Grade der φωτισμός (Illumination) und dann die τελείωσις (Vollendung) als Uebergang zur θέωσις. — Der Schamane, heisst es in den Büchern des Fo, muss sich zu vervollkommnen streben, bis zum vierten Grade; alsdann ist er im Stande, Wunder zu thun. Bringt er es nur bis zum dritten, so muss er nach seinem Tode die neun Himmelskreise durchlaufen. Erreicht er nur den zweiten, so muss er, wenn er schon zum Himmel gefahren ist, wieder auf die Erde herab. Der endlich, welcher im ersten Grade stirbt, stirbt siebenmal und wird siebenmal wiedergeboren. Er muss sich jeden Wunsch versagen und fühllos sein, wie ein Mensch ohne Glieder. — Der vollendete Büsser, der siebenmal gestorben und wiedergeboren ist, heisst bei den Birmanen Sotaban. Im Islam werden acht Secten Exoterischer bis zur Stufe der Esoterischen angenommen. — Die sieben Stufen der Mithriaken unterschieden sich als Leontica, Coracia, Patrica, Heliaca, Gryphia, Persica und Mithriaca, nach Hieronymus als corax, niphus, miles, leo, perses, helios, bromios, pater. — Bei den Gnostikern figurirt Michael als Löwe, Juriel als Stier, Raphael als Schlange, Gabriel als Adler, Thautabaol als Bär, Erataoth als Hund und Onoel oder Thartharoth als Esel. — Nach Pindar gehen erst nach dreimaligem Kreislauf die in der Prüfung erprobten Seelen in das Reich der Seligkeit und Vollendung, wo Chronos herrscht, ein. — Hesiod hat zuerst (nach Plutarch) vier Gattungen vernünftiger Wesen unterschieden, die Götter, die guten Dämonen, Heroen und Menschen. Andere nehmen an, dass, wie aus Erde Wasser, aus Wasser Luft, aus Luft Feuer entstehe (indem die materielle Substanz sich nach Oben erhebe), ebenso die besseren Seelen aus Menschen in Heroen, aus Heroen in Dämonen verwandelt würden. Aus Dämonen aber vermöchten nur Wenige, wenn sie längere Zeit durch Tugend sich gereinigt, vollkommen der göttlichen Natur theilhaftig werden, während Andere, die sich nicht auf der Höhe zu behaupten wüssten, wieder in die Dunkelheit und das Elend der menschlichen Substanz zurücksinken. — Bei Veröffentlichung seiner theosophischen Schriften gerieth Plato in den Verdacht, die Geheimnisse der Mysterien ausgeplaudert zu haben. — Durch die Hawajat (spitzfindige Disputationen) glaubte Raba, der die Schule von Machusa 337—357 leitete, erst die Nutzbarkeit des halachischen Studiums gefunden zu haben. „Wenn der Mensch, sagt er, in das grosse, göttliche Gericht gezogen wird, so werden unter anderen Fragen auch diese an ihn gerichtet: Hast du Zeiten für das Gesetzesstudium bestimmt? Hast du auf das Heil in den prophetischen Verheissungen gehofft? Hast du mit Weisheit disputirt und das Eine aus dem Andern entwickelt?“ — Das Om Lakshminarayanaya Namah (das Geheimniss der Geheimnisse oder das sichere Mittel des Heils), als die grösste aller Mantras, die von Brahma dem Vischnu überliefert wurde, mag allen Kasten und den Frauen mitgetheilt werden, wenn sie Glauben an Vischnu haben, aber die Ceremonie des Diksha oder die Einweihung muss vorhergehen, indem die Muschel und der Discus des Vischnu auf die Haut des Novizlaten gestempelt wird. — Gleich den Catondas der Jagas verlegten die Druiden (nach Pomponius Mela) den Unterricht des jungen Adels in düstere, unzugängliche Wälder. — Dion Chrysostomus rechnet Zoroaster zu den Magiern, die ihre Geheimnisse nicht jedem offenbarten. — Als Themistocles nach Asien ging und sich zum persischen Hofmann ausbildete, wurden ihm auf Befehl des Königs die Geheimnisse der Magier mitgetheilt. (*Plutarch.*) — Die niederen und vorbereitenden Wissenschaften (Grammatik, Musik, Geometrie, Rhetorik, Dialectik) werden von Philon mit Hagar (der Dienerin), die höheren, himmlischen Wissenschaften (die Philosophie) mit Sarah (der Herrin) verglichen. — Wer (nach Proclus) die sieben Ordnungen (*τάξεις*) des menschlichen Lebens nicht vollends durchläuft, muss wieder zurück, und das Dasein nochmals beginnen. — Die Sufis legen das Wort Mohamed's zu Grunde: „Ich war ein verborgener Schatz und habe gestattet, dass ich erkannt wurde,“ oder, „zum Menschen spricht Gott nicht anders, als durch Offenbarung und hinter einem Schleier.“ — Als der König der Tartarei China angriff, wurde er in der Stadt Quanginan durch den Talapiner (Papst) von Lechuna besucht. Als Belohnung für den ehrenvollen Empfang, der ihm wurde, gewährte derselbe den Bewohnern, dass sie alle Priester sein sollten und befähigte sie, Wechsel auf den Himmel Allen, die dafür zu zahlen willig wären, zu gewähren (nach Pinto). — Nach den Bundesmatrikeln der Burschenschaft zu Erlangen ist die Hauptidee des Festes: „Wir sind alle zu Priestern geweiht.“ — Das zweite Jahrhundert bietet mehrere Beispiele von der strengen Befolgung der Vorschrift der Geheimhaltung. So spricht der heilige Märtyrer Alexander, als er den Gefangenen predigt, weder von dem heiligen Geiste noch von dem Mysterium der heiligen Dreieinigkeit, und als Aurelius ihm gebietet, die Lehren seines Glaubens auseinanderzusetzen, giebt er zur Antwort, dass Christus nicht erlaube, die heiligen Dinge den Hunden vorzuwerfen. (*Moore.*) — „Wir erklären den Heiden nicht (sagt Cyrillus) die Geheimnisse in Ansehung des Vaters, des Sohnes und des heiligen Geistes, auch sprechen wir zu den Katechumenen nicht deutlich über diese Geheimnisse. Aber Manches drücken wir oft dunkel aus, dass die darum wissenden Eingeweihten es verstehen, die Andern aber, die es nicht verstehen, keinen Anstoss daran nehmen.“ — Origenes spricht geheimnissvoll und schwankend vom „Essen der geopferten Brode, welche durch Gebete in einen gewissen heiligen Leib verwandelt worden seien.“ — Epiphanius, vor uneingeweihten Zuhörern über die Einsetzung der Sacramente redend, sagt: „Wir sahen, dass unser Herr Etwas in seine Hände nahm, wie wir in dem Evangelium lesen, dass er von der Tafel aufstand, die Dinge wieder nahm und nachdem er gedankt hatte, sagte, dieses ist ein Etwas.“ — Arnobius, der nur als Katechumene für das Christenthum schrieb, war in solcher Unkenntniss hinsichtlich des Gebrauchs des Weins, dass er bei den heidnischen Trankopfern spöttisch frägt: Quid deo cum vino est? (Was hat denn Gott mit dem Wein zu schaffen?) — Die Freimaurer des Martinismus trugen durch ihre Mildthätigkeit viel zur Verbesserung des gemeinen Mannes in Russland bei und waren am Vorabende grosser Erfolge, als Katharina's Verfolgung ihre Wirksamkeit hemmte. Ein Gesetz des Marc Aurel verbannte Alle, die den erregbaren Sinn des Volkes mit abergläubischer Furcht vor der Gottheit schrecken sollten. — Die Organe, durch welche bisher das Göttliche dem Menschen nahegebracht worden sei, Priester und Lehrstand, werden aufhören, verkündete Abt Joachim (der Prophet des 12. Jahrhunderts), die Söhne des Geistes bedürfen einer solchen Vermittlung nicht mehr, der Geist werde ihr Lehrer sein, die innere Offenbarung die Stelle der äusseren Autorität vertreten, die Religion eine rein innerliche, eine unvermittelte Gottesanschauung sein, alle Mysterien ganz offenbar. — Das Geheimniss der Pädagogik besteht darin, sich herabzustimmen zu den Kleinen, um sie oben dadurch zu sich hinaufzuziehen, sagt Goethe. — Von der Ueberzeugung ausgehend, dass das Specifische des christlichen Glaubens in der wissenschaftlich gebildeten und denkenden Welt seinen Halt verloren und nur noch in dem zum Denken unfähigen Pöbel wurzele, suchte Altenstein einen Philosophen, welcher der denkenden Welt unter der Form des Christlichen eine philosophische Religion bieten könnte, die durch den Schein des Christlichen zugleich dem Volke unanstössig sei. Einen solchen fand er in Hegel (s. *Eilers*). — Mesmer beabsichtigte durch die gegründete Gesellschaft der Harmonie dem animalischen Magnetismus eine esoterische Abgeschlossenheit zu vindiciren, und Reichenbach's Sensitiven mussten schon an sich selbst, als allein für die Od-Erscheinungen empfänglich, eine abgeschlossene Kaste bilden. In dem von Aymar (Lyon 1692) erwähnten Fall, diente die Wünschelruthe nicht nur zur Aufspürung der Metalle, die schon Odin (va, wehen) unter der Erde sah, sondern auch zur Entdeckung von Räubern. — Pythagoras lehrte nur den Mathematikern unter seinen Schülern die Geheimnisse, nicht den Zuhörern. — Wie Strabo bemerkt, lernten Plato und Eudoxus trotz ihres langen Aufenthalts in Heliopolis doch nur einen Theil der Theoreme in der Astronomie, da die Priester (der Barbaren) den grössten Theil derselben vor ihnen verbargen. — Während Leibnitz sonst die Weltharmonie unter dem gebräuchlichen Religionsbegriff zu erläutern liebte, wird sie in der nicht veröffentlichten Schrift über den menschlichen Verstand, die seine esoterische Lehre enthält, aus der Natur oder dem natürlichen Stufengange der Dinge erklärt. — None but those of the happiest mould are capable of suiting, with exact justness their sentiments and behaviour to the smallest difference of situation and of acting upon all occasions with the most delicate and accurate propriety. The coarse clay of which the bulk of mankind are formed, cannot be wrought up to such perfection. (*A. Smith.*) — Nachdem Kant alle Phantasien vom Uebermenschlichen, die über das aprioristische Centrum des Menschen hinausgehen, für traditionelle Hirngespinnste erklärt hatte, statuirte er später, dem Bildungsgrade seiner Zeitgenossen Zugeständnisse machend, die von der reinen Vernunft negirten Begriffe (Gott und Unsterblichkeit) wieder, als Postulate der practischen Vernunft. — De summo autem bono, quia duo genera librorum sunt, unum populariter scriptum, quod *ἐξωτερικὸν* appellabant, alterum limatius, quod in commentariis reliquerunt, non semper idem dicere videntur, sagt Cicero von den Lehren der alten Academie. — Die Antiphone genannte Art des Gesanges, die St. Ignatius zuerst in die Kirche einführte, war (nach Casaubonus) die Weise, wie die Heiden (in zwei Chören abwechselnd) zu singen pflegten, besonders in den bacchischen Gebräuchen.

(*Moore.*) — Schoolcraft, der von den Medas (Priestern) als Mitglied der Wabeno-Gesellschaft aufgenommen wurde, wurde von ihnen in der Bedeutung der esoterischen Figuren auf den Holztafeln unterrichtet, von denen der Priester seinen Gesang gleichsam abliest. — Die musikalischen Körperschaften schlossen sich (im 17. und 18. Jahrhundert) sehr streng ab. So hatten die „gelernten Trompeter," die durch eine strenge, auf's subtilste normirte; technische Schulzucht gegangen waren und ihre Zungenstösse als ein heiliges Lehrgeheimniss bewahrten, ihre besonderen, bis auf Joseph II. erneuerten kaiserlichen Privilegien und liessen keinen „ungelernten" mit sich blasen, der nicht zur „Kameradschaft" gehörte. (*Riehl.*) — Als Aristoteles seine physischen Lectionen veröffentlichte, beklagte sich Alexander, dass jetzt seine Schüler nicht weiter die andern Menschen übertreffen würden, aber sein Lehrer tröstete ihn, dass diese Lectionen nur denjenigen verständlich sein würden, der sie früher von ihm selbst gehört habe. — Die eigentlichen Astronomen des Alterthums schrieben den Epicyklen des Hipparchos keine wirkliche und reelle Existenz zu, denn obwohl Laien und dogmatische Philosophen diese himmlischen Sphären für wirklich bestehende, solide Körper halten möchten, so spricht doch Ptolemäus von ihnen nur als von imaginären Dingen, als die Rechnungen fördernden Hypothesen. (*Whewell.*) — Aristoteles theilte seine Schüler in zwei Klassen, von denen die einen des Morgens in tieferen philosophischen Untersuchungen (die akroamatischen), die andern aber des Abends in vorbereitenden und allgemein fasslichen Vorträgen (exoterischen) geübt wurden. — In der auf Hermes zurückgeführten Alchymie hiessen die Inhaber der Wissenschaft Weise, die dem wahren Licht Nachstrebenden Philosophen, die Meister Adepten und die Schüler Alchemisten. — Die Mathematiker hielten im Mittelalter ihre Entdeckungen geheim, um durch unbekannte Auflösungen zu überraschen, und Cardanus war vielfachem Tadel ausgesetzt, als er trotz des abgelegten Schwures die mitgetheilte Formel bekannt machte. — Socrates lehrte seine Schüler in verschiedenen Klassen nach dem von ihnen bezahlten Preise. — In der von Hakim biemrillah zu Kairo gestifteten Universität (der ältesten der Welt nach Hammer) wurden von den Werbern der Werber (dail-ed-doat) den Eingeweihten die Grade ertheilt. — Die alten Geometer lehrten nur die Geometrie und behielten die Analysis, als Geheimniss, für sich, wie sie auch Plato nur auserlesenen Schülern mitgetheilt haben soll. — Theophrastus, das Haupt der peripatetischen Schule (als Nachfolger des Aristoteles), hielt (wie dieser) seine esoterischen Vorlesungen für Gebildete, seine exoterischen für Anfänger. — Nicodemus wunderte sich, wie ein Mensch wiedergeboren werden könne, und die Jünger verliessen Jesus zum Theil wegen der harten Rede, sein Fleisch zu essen, da die Mittheilung der esoterischen Lehren sie noch nicht vorbereitet fand. — Aehnlich der Lehre Luther's, dass Gott die Menschen durch heilsame Lügen täusche, stellt ein Rationalist (des 17. Jahrhunderts) seine Ansicht von Gott in Bezug auf Isaak auf und gründet darauf eine Theorie für die Lösung so geheimnissvoller Lehren, wie die Erbsünde, die Zurechnung, die Gerechtigkeit u. s. w. Alle diese Mysterien sind seiner Behauptung nach nur eine Art legaler Fictionen, welche Gott, der solche krumme und mystische Wege dem natürlichen und directen Verfahren mit den Menschen vorzieht, wählt, um seine Pläne zu realisiren: Noluit deus opus hoc perficere directo illo et naturali ordine, quo pleraeque res geruntur apud homines, sed per sinuosos mysteriorum anfractus etc. (s. *Moore*). — Die Mystiker von Orleans (1017) setzten die fleischlichen Menschen den von Gott oder dem heiligen Geist Erleuchteten entgegen und die in Worten geschriebene äussere Weisheit dem Lichte des inneren Menschen. — Die Mystiker zu Arras (1025) setzten mit Verachtung gegen das Aeussere, die Religion nur in eine innere Gemüthsstimmung. (*Schmid.*) — Christus sei von der Jungfrau geboren, heisst bei den Mystikern von Turin (1030) nichts anderes, als das menschliche Gemüth werde aus der heiligen Schrift wiedergeboren (s. *Heinroth*). — Die Auserwählten der Boni homines (Katharer, Paterener, Publicaner, Bulgarer, Passageres, Piphler, Tesseranten) gingen durch die Taufe oder Tröstung (consolamentum) aus den Gläubigen oder Hörern hervor. — Die Kabbalisten behaupten, dass Gott dem Rabbi Akiba Geheimnisse offenbart hätte, die er selbst vor Moses verborgen gehalten. — Die grosse Weltseele, von der die Seelen der Menschen und Thiere nur Theile ausmachen, bildet die gemeinsame Lehre der indischen Pandits, die Kabbala der Sofis und die Ansicht der persischen Gelehrten. (*Bernier.*) — Die von Asclepiades von Prusa in Rom (wohin die Griechen nach den Siegen des Lucullus und Pompejus strömten) gestiftete „methodische Schule" wurde zuerst als ein geheimnissvoller Orden betrachtet, aber in der Folge, wie Galenus berichtet, wurden auch Fremde in die Mysterien derselben aufgenommen. Das Geschlecht der Asclepiaden (aus dem auch Hippocrates stammte) wurde als die unmittelbaren Nachkommen des Asclepios und seiner Söhne (Podalirios und Machaon) betrachtet. Sie bildeten lange Zeit einen Priesterorden, der die Heilkunst in den Tempeln als Geheimniss trieb, verbunden mit Beschwörungen und andern mystischen Mitteln. Asclepiades von Prusa verpflanzte ihn aus Griechenland nach Rom. Als die Kunst aus dem Kreise der Familie der Asclepiaden heraustrat, wurden die bisher traditionellen und mit der Muttermilch aufgesogenen Mittheilungen (sagt Galen) über Anatomie immer mehr geschwächt, so dass es dann nöthig wurde, für die, welche sich damit beschäftigen wollten, Bücher zu schreiben. — Lysis tadelt brieflich den Hipparch, dass er (seit nach dem Abscheiden des Pythagoras die Versammlung der Schüler zerstreut worden) öffentlich und vor der grossen Menge (in Sicilien) die Philosophie lehre, was Pythagoras durchaus verboten habe, und ohne der langen Vorbereitungszeit zu gedenken, die sie bedurft hätten, die Flecken abzuwaschen. Pythagoras trieb keinen Handel mit seiner Lehre und befahl seiner Tochter Damo, als er ihr seine Schriften hinterliess, sie Keinem von denen ausserhalb der Schule mitzutheilen. Sie wollte sie für keine Summe verkaufen und hinterliess sie ihrer Tochter Vitelia mit demselben Auftrage.

Frommer Betrug.

On n'y pense pas (sagt Beausobre), mais les fraudes, qu' on ose nommer pieuses, ne sont propres qu' à ébranler la certitude de la Religion chrétienne. — Averroes tadelt den Plato, durch die Mythe von Er, den Armenier, versucht zu haben, den Zustand der Seelen im andern Leben der Einbildung vorzustellen. „Diese Fabeln dienen nur dazu, den Geist des Volkes und besonders der Kinder zu verfälschen, ohne irgend einen wirklichen Vortheil für ihre Besserung zu besitzen. Ich kenne völlig moralische Menschen, die alle solche Erdichtungen verwerfen, und im Punkte der Tugend Keinem von denen nachstehen, die sie annehmen." — Nach Averroes ist die Philosophie der erhabenste Zweck der menschlichen Natur, aber wenige Menschen können dahin gelangen. Die prophetische Offenbarung bildet die Ergänzung für das Volk. Die philosophischen Streitigkeiten sind nicht für das Volk gemacht, denn sie enden nur damit, seinen Glauben zu erschüttern. Gott verlangt die Erforschung der Wahrheit durch die Wissenschaft. — In Egypten, wie bei allen Nationen des Orientes, den Persern, Indiern und Syriern, sind die Mysterien unter heiligen Fabeln verhüllt, deren Sinn der Gebildete kennt, während das Volk nur das äussere Symbol und die Rinde kennt, erwähnt Origenes in seiner Controverse gegen Celsus, da dieser in die Geheimnisse des Christenthums ebenfalls nicht eingeweiht gewesen. — Als Theophilus in Alexandrien den Synesius zum Bischof machen wollte, weigerte er sich, da er nicht glauben könne, dass die Seele nach der Bildung des Körpers geschaffen, dass die Welt, oder andere Theile des Alles (gegen die Ansicht aller Philosophen) zerstört werden würde, und er hinsichtlich der Auferstehung nicht die christliche Ansicht adoptiren könne. Dennoch gedrängt, nahm er schliesslich das Episcopat an, mit der Bedingung, dass er nicht gezwungen sein solle, seine Ansichten aufzugeben, obwohl er sich verpflichtete, sie nicht dem Volke zu lehren. „Ein Geist, der Philosophie treibt, der die Wahrheit kennt und anschaut, kann sich in der Nothwendigkeit sehen, lügen zu müssen (sagt er). Die Wahrheit gleicht dem Lichte, das schwächern Augen schadet. Die Dunkelheit ist für diese geeigneter, als der helle Tag. Ebenso verhält es sich mit der Wahrheit. Man muss sie nicht dem Volke bekannt machen. Sie würde ihm schaden und die Lüge ist ihm nützlicher. Ich nehme das Episcopat an, wenn die Gesetze des Priesterstandes erlauben, dass man mir die vorgeschlagenen Bedingungen gestatte. Ich werde zu Hause Philosoph sein, öffentlich Fabeln erzählen. Wenn ich meine Ansichten nicht mittheile, werde ich sie wenigstens nie aufgeben und man wird mich ruhig in ihnen lassen.“ (*Beausobre.*) — Dass Manes in der Einrichtung der Welt nicht die vermuthete Weisheit fand, suchte er aus der Einmischung einer selbstwirkenden Materie zu erklären. — „Dies aber bekenne ich und gebe mich dessen schuldig, dass ich nicht Alles so ganz und vollkommen herausgesagt, wie ich es gewusst habe. Ich habe der Schwachen geschont, die ich mit Milch und nicht mit stärkerer Speise nähren musste,“ sagt Hubmaier (1524) in seiner Vertheidigungsschrift. Aehnlicher Vergleichungen bedienen sich die Kirchenväter. Dem alle Epochen der Geschichte durchdringenden Kampfe zwischen esoterischen und exoterischen Lehren liegt eine naturnothwendige Wahrheit zu Grunde, die sich durch keine Phrasen wegdisputiren lässt. So lange einmal ein verschiedener Grad der Bildung in den verschiedenen Schichten der Erkenntniss herrscht, so wird eben auch das Verständniss ein verschiedenes sein. Nur wer französisch versteht, wird den Sinn eines in dieser Sprache geschriebenen Buches fassen können, während der damit unbekannte Bauer ebenso sonderbare Dinge herauslesen möchte, als Böhme aus den hebräischen Namen der Bibel. Dasselbe gilt für abstracte Begriffe, die eine fremde und unverständliche Sprache für den sind, dem bei seiner Erziehung die Gelegenheit oder der Beruf gefehlt hat, sich in ihr System hineinzuarbeiten. Dass Kindern der Unterricht fasslicher vorgetragen werden muss, als Erwachsenen, weiss Jeder. Das Publikum verlangt oft einen gewissen Humbug, damit seine Aufmerksamkeit hinlänglich erregt werde. Ohne die prahlerischen Aufschneidereien Winsor's, um den Indifferentismus des grossen Haufens zu gewinnen, würde Europa noch für lange die Vortheile der Gasbeleuchtung entbehrt haben. Die Professoren der Universitäten werden und müssen gründlichere Kenntnisse in ihren Fächern besitzen, als der Geschäftsmann des gewöhnlichen Lebens und dieser auch ganz mit dem zufrieden sein, was ihm in populärer Form mitgetheilt wird. Die Frage bleibt dann aber, was und wieviel dem Volke zu geben sei, und so lange es willkürlich oder zufällig autorisirte Gedankengebäude sind, die die Welt regieren, so wird immer die höchste Gefahr vorliegen, dass sein Wohl und Wehe in der Willkür eigennützigen Parteihäupter bleibt, die ihm nach ihrem Interesse die überlieferten Traditionen auslegen und erklären werden. Die einzige Lösung dieser Schwierigkeit kann in einer naturwissenschaftlichen Erziehung gegeben werden. Alle Glieder des Staatskörpers müssen eben auf die breite Basis der Natur gestellt und ihnen ihre unerschütterlichen Gesetze gelehrt werden, und obwohl auch dann immer folgen wird, dass die verschiedenen Klassen der Gesellschaft, nach Anlagen und Gelegenheiten, verschieden tief in sie eindringen, so wird wenigstens Keiner etwas Falsches lernen, sondern Jeder die Wahrheit (ob viel oder wenig), wird vor Allem kein Missverstehen und Missleiten ferner möglich sein, sondern im Gegentheil stets die Benützung einer gegenseitigen Controle und damit ein organisches Fortschreiten in gleichem Schritte mit den neuen Anforderungen der Zeit sich bieten. — It is impossible to make people understand their ignorance (sagt Bischof Taylor), for it requires knowledge to perceive it and therefore he that can perceive it, hath it not. — Fresnel erklärt *Διονυσος* hebräisch als Du-Anosh (der Gott des Pöbels) oder als Enos. — Horum ergo scripta (Orphei et Hesiodi) in duas partes intelligentiae dividuntur, id est, in ea, quae secundum litteram sunt, ignobilis vulgi turba confluxit, ea vero, quae secundum allegoriam constant, omnis philosophorum et eruditorum loquacitas admirata est, sagt Clemens Alex. und wendet dasselbe auf die Genesis an. — Was die Geheimnisse anbetrifft, so sind die Räthsel der Egypter ähnlich denen der Hebräer. (*Clemens Alex.*) — Die Burleske verwendet nachher den von den Gebildeten verspotteten Aberglauben des Volkes, um die schlauen Betrügereien zu zeigen, denen es ausgesetzt ist, wie im Gil Blas oder in den indischen Dhaçakumara Caritam. — Die Fabeln der Avadanas fanden unter den zum Volke in Parabeln predigenden Buddhisten besonders ihre Ausbildung. — Im Mittelalter wurde die heilige Dreieinigkeit mit einem Paar Beinkleidern verglichen, oder mit einem Capuziner; denn wie ein Capuziner geschoren sei, wie ein Narr, fahl wie ein Wolf und am Halse umstrickt, wie ein Dieb und dennoch nur einen Menschen ausmache, so enthalte die heilige Dreieinigkeit zwar drei Personen, aber dennoch nur einen Gott. (*Henri Etienne.*) — Drei Dinge sind unglaublich und dennoch geschehen. Erstens, dass Gott Mensch geworden, zweitens, dass einige einfältige Fischer diese Kunde verbreitet, drittens, dass es die ganze Welt geglaubt hat. (*Augustin.*) — „Ulysses, welcher das Subject der Odyssee ist, werden alle Eigenschaften der heroischen Weisheit angeheftet, d. h. Alles, was verständige, duldsame, verschlagene, hinterhaltige, trügerische Sitten sind, bei denen immer die Eigentlichkeit der Worte neben der Gleichgültigkeit der Handlungen besteht," sagt Vico, und Weber fügt erläuternd hinzu: „Ulysses beruft sich, wie Eulenspiegel, immer nur auf den Sinn, den er mit den Worten verbunden hat, und hält sich dann von der Verantwortlichkeit der Handlungen entbunden." — Aehnlich den colores operum des Horaz (die poetischen Lügen des Aristoteles), spricht Plautus von „obtinere colorem" in dem Sinne von „eine Lüge sagen," welche in jedem Betracht das Ansehen der Wahrheit habe und wie die ächte Fabel beschaffen sein muss. (*Vico.*) — Nezahualcoyotl, König von Tezcuco, gab seinen Söhnen geheime Lehren, nicht an die Götzen zu glauben und sie äusserlich nur der Form nach zu verehren. — Wilhelm von Tyrus spricht (bei Gelegenheit der mohamedanischen Verspottungen) von den ehrwürdigen Heiligenbildern, welche das niedrige christliche Volk in seiner noch rohen, aber löblichen Frömmigkeit wie Bücher gebraucht, an denen es sich, weil es nicht lesen kann, zur Andacht ermuntert. — Welchen verständigen Mann, bitte ich, könnte man glauben machen (sagt Origenes), dass der erste, zweite und dritte Tag der Schöpfung, von denen Abend und Morgen erwähnt werden, ohne Sonne, Mond und Sterne bestehen konnte, wenn während des ersten es selbst nicht einmal ein Firmament gab? Wer wird so blödsinnig gefunden werden, anzulassen, dass Gott zum Ackerbauer wurde und Bäume in den Garten Edens pflanzte? einen des Lebens, einen des Wissens? Niemand, sollte ich meinen, kann sich bedenken, diese Dinge nur als Gleichnisse zu betrachten, unter denen Geheimnisse verborgen sind. — Wären wir gezwungen uns an den Buchstaben zu halten und das, was im Gesetz geschrieben ist, nach der Art der Juden oder des grossen Haufens zu verstehen, so würde ich vor Scham erröthen, offen zu sagen, dass es Gott sei, der uns solche Gesetze gegeben habe. Ich würde selbst mehr Grösse und Vernunft in menschlichen Gesetzgebungen finden, wie in denen der Athener, Römer und Lacedämonier. (*Origenes.*) — Major Noah übersetzt das Vae terrae cymbalo alarum (im Jesaias) der Vulgata, als Hail, land of the (American) eagle. — Lanci übersetzt im Buch Josuah: Den Augen Israels, o Sonne, in den Hügeln verberge dich, aber du, o Mond, leuchte im Thale. Und die Sonne ging unter, der Mond blieb, bis die Menge sich im Blute der Feinde gesättigt (so dass, indem das Stillstehen der Sonne sich nur als Uebersetzungsfehler ergebe, dem Galilei manche Leiden hätten erspart bleiben können). — „Wenn auch gewisse Grundsätze über eine vergeistigte Heiligenverehrung in den Schulen möchten vorgetragen werden, so sollten sie doch nicht dem rohen Volke, um es nicht dadurch zum Götzendienst zu verleiten, gepredigt werden,“ sagt Janow, der meint, dass man alle jene frommen Männer aus ihrer Verborgenheit herausziehen und unter die Gemeinden zerstreuen solle, als das anregende Salz, wie es später mit den protestantischen Pfarrern geschah. — Als der Prophet den Koran vorlas, sagte Nadhr, Sohn des Hareth, zu den Koreischiten: „Mohamed trägt auch da Nichts weiter vor, als die Träumereien, die von den Alten ersonnen wurden.“ — Die Brahmanen hielten die Frauen von der Kenntniss ihrer philosophischen Lehren ab, um sich ferner ihrer freuen zu können, damit jene nicht, den Unwerth aller irdischen Dinge erkennend, sie verlassen würden. Sie selbst waren natürlich über das Stadium jugendlichen Enthusiasmus hinaus. — On ne trouve chez les Apaches nulle trace de livres ni d'annales, on ne leur connait aucune espèce de sacrifice, de culte ou de religion, on ne sait même pas s'ils adorent un esprit supérieur aux choses de la terre, mais ils ont entre eux des traditions orales, des rites maçonniques et une société secrète, dont ils ne révèlent les mystères à aucun étranger. (*Brasseur.*) — „Item, ich hab auch gesehen, das ein Obersler von inen des morgens frü durch alle hütten gieng und kratzte die kind mit einem scharpffen fischzan in die bein, sie damit furchtsam zu machen, auff das, wann sie unleidlich werden, die ältern ihnen trawten, jener kompt, damit sie sie schweigen,“ erzählt Hans Staden von den Tuppin Imbas. — In Granada werden die Kinder geschreckt mit dem Bellado genannten Phantom, das die Strassen durchläuft, als kopfloses Pferd, von sechs heulenden Hunden gejagt. (*Irving.*) — Pomponius Mela meint, dass die Druiden den Unsterblichkeitsglauben für das Volk nur erfunden hätten, damit es desto tollkühner in den Kampf gehe. — Columbus packte in Westindien einen der kleinen Kaziken hinter einem Busche, aus dem er eben im Begriffe war, als Gott frident, mittelst einer Posaune zu dem im Anbetung versunkenen Volke zu sprechen, und verschwieg sein Geheimniss, als der Fürst ihm die Unmöglichkeit vorstellte, ohne dasselbe seine Unterthanen im Zaume zu halten. Die Neger-Aristokratie lacht über die dicken Brummkreisel, mit denen sie das Lumpenpack überall in Schrecken zu jagen weiss. Auch wusste man die auf Erden bestehenden Unterschiede im Jenseits zu bewahren. Wie in Thüringen die Adligen ihr eigenes Fegefeuer hatten, wo es, wenn auch bei etwas heisser Speise, hoch herging, so zogen nur die Eries auf den Freundschaftsinseln in Bolutu, die Wohnung Guleho's, ein, während die Seelen des gemeinen Volkes vom Vogel Lota gefressen werden. — Während die esoterischen Lehren, die Buddha erst am Ende seines Lebens seinen Schülern mitgetheilt, auf das Nichts des Anfangs und des Endes hinauslliefen, können die Missionäre nicht scharf genug die Bonzen geisseln, die das Volk mit den exoterischen Gaukeleien von Himmel und Hölle zu ihren Zwecken zu benutzen wüssten und ihnen besonders die Mildthätigkeit zur Pflicht machten, damit ihre verstorbenen Eltern die 18 Hüter der Hölle sich günstig stimmen könnten. — Als der atheistische Philosoph Vang-ngan-she des Kaisers (Chiusong) spottete, der durch Fasten und Bussen den Himmel bei einer Dürre versöhnen wollte, da Alles nur Zufall sei, wiesen ihn die übrigen Mandarinen zur Ruhe, mit den Worten: „Welche Lehre wagt ihr hier vorzutragen? Wenn ein Kaiser dahin gekommen wäre, nicht mehr den Himmel zu ehren und fürchten, welcher Verbrechen würde er nicht fähig sein?" — Die Offenbarungen des Himmels waren in China, wie überall, durchschnittlich etwas unbestimmt gehalten (dem Kaiser Kaotsong wurde indess das deutliche Portrait des gewünschten Mandarinen gezeigt), und so waren zu Empörungen gegen schlechte Kaiser aufgeforderte Vasallen stets in Gewissenszweifeln, ob es ihre Pflicht sei, die Gottesgnaden-Souveränetät zu erhalten, oder den Forderungen des Rechten und Tugendhaften zu folgen. Mencius erklärt sich in einem Falle für das erstere. — Wie dieselben Mährchentypen durch alle Länder des Orientes und selbst des Occidentes gehen, so finden auch die heiligen Wundererzählungen ihre Vorbilder in den heidnischen, oder haben selbst diesen als solche gedient. Die Verwandlung des Wassers in Wein (die jährlich für die Kinder der Halloren am Martinstage erneuert wird) kehrt häufig wieder, ebenso das aus dem Felsen sprudelnde Wasser, durch den Thyrsusstab des Dionysos zu Cyparissa und durch das Stampfen Ismael's zu Mekka. Den See bei Dodona auf einem Esel passirend, bindet Dionysos das Füllen an einen Weinstock und beschenkt das Thier mit Menschenstimme und der Gabe der Rede, worauf es sich mit Priapos in ein Wortgezänk einlässt. Trockenen Fusses durchzieht er mit seinem Gefolge das Schilfmeer, auf dem Wege nach Indien als Meerdurchwanderer und schlägt den Fluss Hydaspes mit seinem Stabe, um das Heer durchzuleiten, ohne sich zu benetzen. Der im Evangelium verfluchte Baum findet sich in Buddha's*) Geschichte und bei Ali, der daran sein Ross anbindet. Als die Petschenegen den Russen einen riesigen Krieger stellten, sandte ein alter Mann nach seinem jüngsten Sohn, der wegen seiner Jugend zu Haus geblieben war, aber herbeieilte und (gleich

*) Als Wirutschaka nach dem Siege über die Shakjas nach Kapilavastu zieht, sieht er Buddha unter einem dürren Baume sitzen, weil, „wer keine Verwandten habe, auch keines schattigen Baumes bedürfe." Buddha starb auf dem Teppich des Ananda (unter heftigem Durst) mit den Worten: „Nichts ist langwährend." Die Pueblos-Indianer nennen sich Christen, verehren aber den Montezuma, der einen bei Ankunft der Spanier verdorrenden Baum pflanzte, durch Gebet und Räuchern. Der vom Bischof St. Thomas am Congo verfluchte Baum steht fortan verdorrt.

David) den Riesen erschlug. (*Nestor.*) Netzahualcoyotl, König von Tezcuco, der (wie Abraschid) verkleidet seine Stadt durchwanderte, gab der Verlobten des Azcazochetl, worin er sich verliebt hatte, einen Uriasbrief, so dass er im Kriege fiel und weissagte in seinen Elegien (*Psalmen*) den Untergang des Reichs. Die griechische Fabel vom Esel und seinem Schatten findet sich im indischen Pantscha-tantra auf einen Ochsen übergetragen. — Chalchuihnenetl (Fürstin von Zacatallon) pflegte zu sich gelockte Jünglinge, nachdem sie (wie im tour des dames) ihrer Lust gedient, tödten zu lassen. — Oleg starb am Biss einer Schlange, die aus dem Schädel des ihm als verderblich prophezeiten Pferdes hervorkroch, nach Nestor, ähnlich der irländischen Sage, die Torfaeus von Orvar Odda erzählt. — Nach Aelian wurden von Themistokles Hahnenkämpfe bei den Panathenäen eingeführt (die in Manilla, Java, Spanien, England, Peru vorkommen). Siamardin wird von einem Geist angewiesen, sich aus Herbadilla zu entfernen, das verschlungen wird wie Veneta. — Der heilige Petrus, als Minstrel verkleidet, gewann einst im Würfelspiel, das auch in den egyptischen und indischen Mythen zu ähnlichem Zwecke vorkommt, eine Menge von Seelen, die dadurch aus der Hölle errettet wurden. Lucifer war zufällig abwesend gewesen und bei seiner Rückkehr verbot er, je wieder einen Minstrel zuzulassen, nach englischen Volkssagen. — „Seid klug (sagt Luther) und hütet euch und wenn die Frage von Moses ist, so schickt ihn zu allen Teufeln mit seinem ganzen Testamente und bekümmert euch nicht um seine Drohungen, um so viel weniger, da er ein erzboshafter Ketzer, ein Verbannter, eine verdammte Seele und überhaupt viel verfluchter gewesen, als der Papst und der Teufel.“ (*Garasse.*) — Ellis erwähnt der Schwierigkeit, den Tahitern, die keinen Ausdruck für Nerven in ihrer Sprache hatten, klar zu machen, dass das Gehirn der Sitz der intellectuellen Fähigkeiten sei. Er bemerkt: When speaking of mental or moral exercises, they invariably employ terms for which the English word „bowels“ is perhaps the best translation. Hence they say, „te manao o te obu“ or „i roto i te obu,“ the thought of the bowels or within the bowels, „te hinaro o te aau,“ the desire of the bowels, „te riri o te aau“, the anger of the bowels. In proof of the accuracy of their opinion, that the thoughts were in the body and not in the brain, they stated, that the bowels or the stomach were affected or agitated by desire, fear, joy, sorrow, surprise and all strong affections or exercises of the mind. — Wahrlich, beim Hunde, das dünkt mich gar keine schlechte Ahnung zu sein (sagt Socrates), dass die ganz Alten, welche die Benennungen bestimmt haben, gerade wie jetzt die Meisten unter den Weisen, weil sie sich so oft und vielfältig herumdrehen müssen, bei der Untersuchung, wie es sich mit den Dingen verhält, immer gar sehr schwindelig werden und ihnen dann scheint, als ob die Dinge sich herumdrehten und auf alle Weise in Bewegung wären. Sie suchen aber die Schuld von dieser Erscheinung nicht innerlich in dem, was ihnen selbst begegnet, sondern in den Dingen selbst, die ebenso geartet wären, dass Nichts fest und beständig bleibe, sondern Alles fliesse und sich rege und immer in voller Bewegung und Erzeugung sei. — Nanek (1469) verwarf den Bilderdienst, Pantheismus und Polytheismus, und suchte die Verehrer Allah's, Brahma's, Vischnu's und Schiwa's in der Verehrung eines unsichtbaren Gottes zu vereinigen. (Seine Lehre beseelte ein Geist der Theilnahme gegen alle Menschen und der Duldung gegen Andersdenkende, der Milde und der Liebe, aber dennoch wurden die Sikhs, nachdem aus den geistlichen Führern oder Gurus kriegerische Feldherrn geworden waren, eines der rohesten Kriegervölker.) — Die mahabadische Religion des Desatir, die an die Urgeschichte

Irans anknüpft, war durch den rationalen Deismus des Kaisers Akbar angeregt. Auf Veranlassung einiger Streitigkeiten, die 1575 unter den mohamedanischen Geistlichen in Indien in Folge verschiedener Ansichten über gewisse Punkte des Eherechts entstanden waren, gab der Kaiser seine Unzufriedenheit mit einem Gesetze zu erkennen, in dem solche Unsicherheit herrsche. Seitdem versammelte er häufig Gelehrte der verschiedensten Religionssysteme zu Unterhaltungen über die verschiedenen Glaubensformen, und das Resultat war, dass man zu der Unhaltbarkeit eines jeden besonders dastehenden Religionssystemes kam. So erliess der Kaiser (1578) eine von Theologen und Rechtsgelehrten unterzeichnete Verordnung, wonach er als oberster Richter in Glaubenssachen anerkannt wurde, und veränderte die Formel des Islam in: Es ist kein Gott ausser Gott und Akbar ist der Statthalter Gottes. Für das Volk ward ein Gestirndienst beibehalten, doch nach seinem Tode der Islam hergestellt. — Nach Hammer scheint der durch die Misshandlungen Hadschadsch's herbeigeführte Tod Ibrahim's ben Edhem (eines Prinzen aus balchischem Stamm, der sich auf Befehl des Himmels der Ascese widmete) mit der Sage des Adonis vermengt zu sein, indem der früher nach diesem genannte Fluss jetzt Ibrahim heisst. — Als mit Ausbreitung chinesischer Bildung (6. Jahrhundert) der Buddhismus in Japan einen festen Fuss fasste, so dass 552 p. C. sich der Dairi ken Mei selbst dazu bekannte, hielten bald nur wenige Altgläubige an den strengen Lehren des Sinto fest. Einige suchten (die Riobu-Secte) ihnen treu zu bleiben, indem sie durch Umdeutelungen eine Vereinigung beider Glauben herbeizuführen suchten, und behaupteten, dass Ten-sio-dai-sin der Kern des Lichts und der Sonne sei, den Amida bewohnt habe. Die von ihnen verehrten Götter, behaupteten sie ferner, wären die Beherrscher der Tenka genannten unterhimmlischen Welt, der höhere Himmel aber die Heimath der Seelen. Die meisten Anhänger des Sinto bekannten sich allmälig zu einer solchen Lehre, die aus der Vermischung buddhistischer und sintoischer Ansichten hervorging und der ganze Hof des Dairi (Mikado) ward einem ähnlichen Synkretismus zugethan. Selbst solche, die während des Lebens dem Sinto vertrauen, übergeben in der Stunde des Todes ihre Seele der Vorsorge der Buddhapriester und ihren Leichnam zum Begräbniss. Auch den entseelten Körper des Dairi empfangen die Buddhapriester zur Todtenbestattung. — Die älteste griechische Philosophie war fast ausschliesslich durch das Problem der Veränderung getrieben und auf deren Erklärung gerichtet. Gegenüber den entgegengesetzten Ueberzeugungen, die in dieser Hinsicht durchgeführt waren, dass es nur ein Sein gebe, Werden und Veränderung nur ein Klang bedeutungsloser Worte sei, oder dass es nur Werden und Veränderung gebe, jedes Sein und Bleiben nur Schein sei, macht Aristoteles den Ausspruch der Erfahrung geltend: „Wir sehen, dass Einiges in Bewegung und Veränderung begriffen ist, Anderes verharrt, oder dass dasselbe Ding bald in seinem Wesen verharrt, bald wieder Veränderungen anheimfällt. (*Bonitz.*) — Die Valentinianer versichern, dass sie selbst von Natur auf jeden Fall durchaus vollkommen selig werden, nicht wegen ihres Lebenswandels, sondern, weil sie von Natur geistig seien. (*Irenäus.*) — Unserer Lehre nach ist jene Speise, über welche das Dankgebet mit seinen eigenen Worten gesprochen wird und welche durch die Verwandlung unser Fleisch und Blut nährt, dieses menschgewordenen Jesu Fleisch und Blut. (*Justinus Martyr.*) — Das Abendmahl ist kein Typus des Leibes und des Blutes, wie einige am Verstande schwache Menschen geschwatzt haben, es ist vielmehr der Leib und das Blut. (*Presbyter Magnes.*) — Einige der Korinther, die den Leib des

Herrn nicht unterschieden, wurden (nach Paulus) mit Krankheiten und selbst dem Tode bestraft. (*Moore.*) — In der Eucharistie berühren wir den Leib Christi und trinken sein Blut, sagt St. Cyprianus. — Tillotson nennt das Hoc est corpus ein Hocus pocus. Graf Johann von Soissons (11. Jahrhundert) erklärte die Mysterien des Christenthums für „Fabeln und Wind." — Voltaire's Hass gegen das Christenthum (Ecrasez l'infame) führte sich weiter aus in Diderot's Vers: Et des boyaux du dernier prêtre | Serrer le cou du dernier roi. | Der Schleier der Natur, welcher Gott bedeckte, ist gelüftet worden durch mehrere Ungläubige, welche, wie Paulus sagt, einen unsichtbaren Gott durch die sichtbare Natur erkannt haben. Die ketzerischen Christen haben ihn durch seine Menschheit hindurch erkannt und beten Jesus Christus, als Gott und Mensch, an. Aber ihn so erkennen unter den Gestalten des Brotes ist allein den Katholiken eigen, nur uns erleuchtet Gott so weit. (*Pascal.*) — In einer Predigt des frommen Bischofs Ken heisst es: O menschgewordener Gott, wie du uns dein Fleisch zu essen und dein Blut zu trinken geben kannst, wie dein Fleisch eine wahre Speise ist, wie du, der du im Himmel bist, auf dem Altare gegenwärtig bist — das vermag ich im Mindesten nicht zu erklären; allein Alles das glaube ich festiglich, weil du es gesagt hast, und ich vertraue festiglich, dass deine Liebe und deine Allmacht dein Wort erfüllen werden, obgleich ich die Art und Weise, wie dies geschieht, nicht zu begreifen im Stande bin. (*Moore.*) — In der Pforzheimer Kirche befand sich ein Bild, worauf ein Wolf in einer Mönchskutte, aus deren Kapuze eine Gans den Hals hervorstreckte. Der Wolf steht predigend auf der Kanzel, die Gemeinde besteht aus Gänsen mit Rosenkränzen in den Schnäbeln und die Kanzel zeigt die Aufschrift: „Ich will euch wohl viel Fabeln sagen, bis ich füll' alle meine Kragen." — „Gleichwie der monstruse und sophistische Begriff von dem Abendmahle mit Gottes Hülfe so deutlich auseinandergesetzt worden ist, dass sogar die Kinder mit Recht darüber lachen und spotten und es nun augenscheinlich ist, dass das, was man früher als das göttlichste Geheimniss der christlichen Religion betrachtete, die gröbste Abgötterei ist, so hoffen wir ebenfalls, dass die unsinnigen Begriffe von unserm Gotte und seinem Gesalbten, welche man bis jetzt noch als heilig der tiefsten Verehrung würdig darstellt und als die vornehmsten Mysterien unserer Religion ansieht, mit Gottes Hülfe erklärt und mit solcher Verachtung werden behandelt werden, dass Jeder erröthen wird, sie anzunehmen oder ihnen auch nur die geringste Aufmerksamkeit zu widmen," sagt Socin. — Wer falsch schwört, sündigt nicht, wenn er den Eid des Mundes im Herzen vernichtet, sagt Rabbi Isaac Abukaf, während im Schylchan aruch gerathen wird, dem zu Beeidigenden möglichst Schrecken einzujagen über die Folgen. — Das Dogma von der Dreieinigkeit kann ohne Bedenken als eine neue Lehre, ohne Begründung und mit der Vernunft im Widerspruche, von dem Religionsunterrichte ausgeschlossen werden, allein es muss mit grosser Umsicht geschehen, damit schwache Christen daran kein Aergerniss nehmen oder keinen Vorwand darin finden, alle Religion zu verwerfen (sagt der lutherische Theologe Cannabich). — Eher lässt sich das Meer in ein Sieb schöpfen, als über die Dreieinigkeit nachdenken (wie Augustin erklärt). — Johnston sagt, indem er über die jetzt in der englischen Kirche herrschende Ansicht von dem Sacramente spricht: „Was die Christen aller früheren Jahrhunderte als zu gemein und niedrig für die ganze Nahrung frommer Seelen am Tische des Herrn bisher gehalten haben, — nämlich das gewöhnliche Brot und den gewöhnlichen Wein, entweder vom natürlichen oder geistigen Leibe und Blute getrennt, oder damit vereint, ohne dass der heilige Geist damit irgend eine göttliche Gnade oder Segen verbinde, — diese gewöhnlichen Elemente, die bloss zu einem frommen Gebrauche abgesondert werden, haben unsere Arminianer und Socinianer an die Stelle des Unsterblichkeitsmittels, der heiligmachenden Speise, der zugleich himmlischen und irdischen Sache, der geistlichen Nahrung, der göttlichen Substanz, des schrecklichen Geheimnisses der Alten gesetzt." — Nach Varro ist es schädlich, wenn das Volk wisse, dass Aesculap, Castor und Pollux, Hercules keine wirklichen Götter waren, sondern (nach den Gelehrten) Menschen, die starben. — Scävola, als Pontifex maximus, meint, dass es nöthig sei für das Volk, viele wahre Sachen nicht zu wissen und viele falsche zu glauben. — Als Cosingas (König der Thracier) von seinen aufrührerischen Unterthanen bedrängt wurde, band er mehrere Leitern zusammen, um (wie Nimrod auf Thurmterrassen) in den Himmel zu steigen und Juno über die Ursache des Ungehorsams zu erforschen, worüber sie so erschracken, dass sie sich seinem Willen fügten.

NIRVANA.

„Ist die Ruhe gekommen, so erlischt die Unwissenheit, nach ihrem Erlöschen die Handlung, dann die Kenntniss, dann der Name, dann die sechs Eingänge, dann das erneute Vergnügen, dann der Wunsch, dann die Liebe, dann die Fesselung, dann der Besitz, dann die Geburt, und dann haben das Alter und der Tod, die Traurigkeit, das Mitleid, der Schmerz, das Leiden, das Herzweh, die grossen Unglücksfälle ihr Ende genommen, dann ist die Lehre gefunden," heisst es im Buddhismus. — In der neueren Zeit besteht die Arbeit nicht so sehr darin, das Individuum aus der unmittelbaren sinnlichen zu reinigen und zu gedachter und denkender Substanz zu machen, als vielmehr in dem Entgegengesetzten, durch das Aufheben der festen, bestimmten Gedanken das Allgemeine zu verwirklichen und zu begeistern. (*Hegel.*) — Im allgemeinen Weltgeist hört, nach den Japanesern, die Individualität auf, wie das Wasser im Meere verschwindet. — Wenn (sagte der Oberpriester der Rahans) Jemand den Uebeln des Schmerzes, des Alters, der Krankheit und des Todes nicht länger unterworfen ist, so sagt man, dass er Nieban erlangt habe. Kein Ding, kein Ort kann uns von Nieban einen vollständigen Begriff geben, wir können weiter Nichts davon sagen, als dass die Befreiung von jenen Uebeln und die Erlangung der Seligkeit Nieban sei. Es ist gerade so, als wenn Jemand, der nach dem Gebrauche von Arzneien eine schwere Krankheit überstanden hat, sagt, er habe seine Gesundheit wieder erlangt, wenn aber Jemand zu wissen begehrt, wie und auf welche Weise dasselbe geschehen sei, so wissen wir weiter Nichts zu antworten, als wieder gesund werden sei weder mehr noch weniger, als von einer Krankheit genesen. So und nicht anders sprechen wir von Nieban und so hat es Godoma gelehrt. — Die Spitze des ganzen Weltalls (bei Aristoteles) ist der unbewegt bewegende Geist, der immateriell und leidlos immer nur sich selbst denkt. — Nach dem Stoicismus hat das Subject, dem Absoluten gegenüber, keine allgemeine Geltung, sondern eben diese Unmittelbarkeit ist das Aufzuhebende und zu Negirende. Die Freiheit des Stoicismus ist keine Freiheit des Willens, sondern eine Freiheit des Gedankens. (*Schaller.*) — Um das reine Denken herzustellen, wird es (bei Hegel) zunächst von allem Inhalte gereinigt und das Zufällige wird ausgelöscht, das Denken setzt nichts voraus, es hat nur sich, aber sich selbst in seiner Kraft. Indem nun das reine bildlose Denken sich zunächst über das reine Sein besinnt, das ihm nach der Ausleerung alles Inhalts übrig geblieben, findet es das reine Sein dem Nichts gleich und indem es diese Gleichheit des Entgegengesetzten (das reine Sein und das Nichts) streng erfasst, ist der eine Begriff, was der andere ist, was in dem Uebergang des Werdens erkannt wird. — Das Ich (sagt Herbart) sei voll der härtesten Widersprüche, etwas ganz Unsinniges, ein Unding, das man zerstören müsse. — Das orthodoxe Mimansa-System, dem die Welt nur Maya ist, lehrt die Versenkung in das ewige Brahma; die Sankhya-Lehre Kapila's die Selbstbefreiung der individuellen Seele in dem Körper durch das Erkennen und Begreifen im Fürsichsein; der Buddhismus die Loslösung des Bewusstseins in der Contemplation und die Vernichtung jedes Empfindens und Denkens, bis zu der des Nichtwissens, als des Grundes der Existenz, um in die Ruhe des Nirvana einzugehen. — Burnouf giebt unter andern Beispielen, wie in den Zeiten, wo in der Theologie nomina numina galten, übertragene Religionen durch die Sprache selbst ihren specifischen Character verlieren, das von Nirvana oder Auslöschung der Grundidee des ganzen Buddhismus, was die Thibetaner als mya-ngan-las-hdah-ba (Befreiung von Schmerz) übersetzen oder Ahavaniya (das heilige Feuer des häuslichen Herdes) bei Menu, was sie als Kun-tu-sbyin-pahl-os-su-gyur-ba (gewürdigt einer vollständigen Opferhandlung) erklären. — Ein Entsinken, Entwerden fordert Heinrich Suso (wie die teutsche Theologie), erklärt dieses aber nicht als ein Tödten der Natur, wobei alle Gebrechen leben bleiben, sondern als Reinigung und Ueberlassung an Gott (Gelassenheit); dann müsse folgen Schauen und Loben des Bildes Christi, Speculiren und Jubiliren und endlich (nach Ruysbroeck) Einkehr in Gott. — Democritus setzte das Wesen der *εὐεστώ* (stabilem animi sedem, ego tranquillitatem voco, sagt Seneca) nicht nur wie spätere Philosophen (nach der *ἡδονή* des Aristippus und Epikur) in unerschütterte Ruhe, möglichste Schmerzlosigkeit, Freiheit von allem Störenden in und ausser uns, sondern auch in die reinste Harmonie und Symmetrie der Seele, in die wahrste Freude und Glückseligkeit. Friede und Freude waren unzertrennlich vereint in dem stillen, glücklichen Behagen einer fest und harmonisch in sich geschlossenen Seele. Der Wohlgemuthe (*εὔθυμος*) freut sich Tag und Nacht, er ist fest in sich, völlig frei von Sorgen. (*Steinhardt.*) Dass eine solche Weltanschauung consequenter Weise zum Nirvana führt, ist klar. Das Specifische jeder Weltanschauung liegt in dem, wohin eine consequente Durchführung ihrer Principien leitet, und es ist gleichgültig, auf welchen Zwischenstufen sie zufällig stehen bleibt, sobald sie nur den Keim einer organischen Entwicklung in sich trägt. Jede Weltanschauung ist für ihre Zeit berechtigt, wenn sie letzter Consequenzen in ihren Principien fähig ist. Ob ihre letzten Consequenzen scheinbar befriedigen oder nicht, muss dabei ausser Betracht bleiben, denn da diese über die Schranken von Raum und Zeit hinausliegen, und also das irdische Leben negiren, so darf von vorn herein erwartet werden, dass sie auch alle aus diesem geschöpfte Vorstellungen, alle in diesem gewohnte Empfindungen in Aesthetik und Moral negiren muss, nicht durch ihre Umkehrung in das Gegentheil, so dass Gut zu Böse, Angenehm zu Unangenehm würde, aber durch Aufhebung ihres Gegensätzlichen in harmonischer Indifferenz. Sobald wir aus dem Gebiet der Sinne und losgelöst von der aus ihnen abzuleitenden Controle in die reine Abstraction hinausstreten, hört an sich alles individuell bestimmte Denken auf, und es macht keinen Unterschied, ob der Zustand nach dem Tode Seligkeit oder Auslöschung genannt würde, da sich im Grunde in einem Falle so wenig etwas denken lässt, wie im andern. Der Name der Sache verhallt in leerer Luft. Einzig darauf kommt es an, welcher Gedankengang sich in seiner Gegenwart am consequentesten entwickelt, und jeder consequent entwickelte Gedankengang darf schon deshalb Anerkennung fordern. Nur auf demjenigen ruht der Fluch der Sünde gegen den heiligen Geist, der einer offenbaren Lüge und Entstellung des Sinnes bedarf, um sich mit den wissenschaftlichen Ergebnissen seiner Epoche in gekünstelten und erzwungenen Einklang zu setzen, den Fortgang der Geschichte hemmend, wie es bei den Partei-Interessen traditioneller Systeme so häufig geschehen ist und noch immer geschieht. — Die höchste Weisheit ist die, wo der Mensch das Joch und die Herrschaft des Lebens abschüttelt, und sich frei in Gott versenkt, so dass er dessen ihm dargebotenes Wesen in sich aufnehmend, das Licht im Lichte des geistigen Auges erblickt. (*Philon.*) — Dich selbst gleichsam zu zerstören, als existirtest du nicht, dich selbst gar nicht zu fühlen, aus dir selbst herauszugehen und fast ganz in Nichts verwandelt zu werden, das ist das wahre himmlische Leben, sagt Bernhard von Clairveaux. — Besteht alle Materie ihrem Wesen nach im Wirken, so ist sie durch und durch wirkende Ursächlichkeit, so ist sie die unmittelbare Sichtbarkeit des in den Dingen erscheinenden Willens selbst, oder das Band der Welt, als Wille, mit der Welt als Vorstellung, sagt Schopenhauer. — Der Geschlechtstrieb ist (nach Schopenhauer) dem natürlichen Menschen das höchste Ziel seines Lebens, die Genitalien sind der eigentliche Brennpunkt des Lebens. Alles Streben entspringt aus Mangel, aus Unzufriedenheit mit seinem Zustande, ist also Leiden, so lange es nicht befriedigt ist, und da keine Befriedigung dauernd ist, so ist alles Leben wesentlich Leiden. Indem aber die ganze, durch Auffassung der ewigen Ideen erwachsene Erkenntniss des Wesens der den Willen spiegelnden Welt, anstatt als Motiv zu wirken, vielmehr zum Quietiv des Willens wird, welches alles Wollen beschwichtigt, so hebt, in die reine (von allem Leiden des Wollens und der Individualität befreite) Contemplation erhoben, der Wille frei sich selbst auf und giebt in solcher Resignation nicht bloss das Leben, sondern den ganzen Willen zum Leben auf. — Wenn der Brahmane eingesehen hat, dass die Welten durch die Werke gesammelt würden, gehe er zum Entwissen (Nirveda) oder Freisein von Begierde. — Nach Clemens Alex. ass Jesus nicht, um den Körper zu ernähren, der von einer heiligen Kraft erhalten wurde, sondern um zu verhindern, dass die mit ihm Redenden meinten, dass er nur den Schatten und Schein eines Körpers habe. Denn im Uebrigen war er durchaus leidenschaftslos, unberührt von jeder Empfindung, sei es der Freude, sei es des Schmerzes. — Erit deus omnia in omnibus, quando nihil erit nisi solus deus. (*Johannes Erigena.*) — Die Protestanten des vorigen Jahrhunderts beschränkten die geheimnissvolle Vereinigung mit Gott auf eine sittliche Gleichheit im Willen (conjunctio moralis). — Die Leerheit (Sunya), als das Höchste, ist den Buddhisten zugleich die eigentliche Fülle der Realität, des darum, weil es Alles ist, Nichts einzeln in sich unterscheidenden Seins. (*Schmidt.*) — Wie die Uebersetzungen des Nirvana beweisen: Mya ngan las hdah ba (der Zustand dessen, der vom Schmerze befreit ist) thibetisch oder Ghassalang etse noktschiksen (vom Jammer entwichen) mongolisch in den mystisch-pantheistischen Secten, ist das Nirvana die Rückkehr in die Allseele, Gottheit oder den Ur-Buddha. — Nach den Quietisten besteht die Vollkommenheit der Beschaulichkeit nicht darin, dass man Gott vollkommener als die Andern erkenne, sondern, dass man ihn gar nicht erkenne, indem die wahre Beschaulichkeit sich keinen Begriff von Gott bildet. (*De la Bruyère.*) —

Eigner bin ich meiner Gewalt und ich bin es dann, wenn ich mich als Einziger weiss. Im Einzigen kehrt selbst der Eigner in sein schöpferisches Nichts zurück, aus welchem er geboren ward. (*Stirner.*) — Nachdem das Ich des Menschen die Schranken der Persönlichkeit vergebens niederzuwerfen versucht hat, findet es seine wahre Fülle und Einheit keineswegs in einem energischen Handeln, sondern umgekehrt in der „gottähnlichen Kunst der Faulheit“, im Nichtsthun, lehrt Fr. Schlegel in der Lucinde (s. *Scherr*). — Unter den revolutionären Kräften erstrebten (nach Danton's Sturz) die Hebertisten den Nihilismus des Nirvana für den Staat. — Meines Lebens Schiff in Trümmern in dem Meergrund untersank: | Jetzt hab' ich das Meer durchbrochen, Aufgang ist mein Untergang! Heil. (*Sajib.*) — Die Gottheit ist das Eins und Alles. (*Xenophanes.*) — Die Maya ist der Reflex des Brahma, die Avidya der Reflex des Nichts. (*Köppen.*) —. Nach den Neuplatonikern ist die Seele des Menschen der Allseele weit untergeordnet und kann nur durch sittliche Anstrengung zu jener Freiheit und Herrschaft über den Leib gelangen, die jene höheren Seelen von Natur besitzen, in der *ἀπάθεια* ihnen ähnlich zu werden. — Die Götter der Epicuräer leben in den leeren Zwischenräumen, der (in ihrem Fall durch den Raum) Welten bildenden Atome ein seliges Nichtsthun und in ein Nichts löst sich die Existenz der Seele mit dem Tode auf, den der Weise nicht fühlt. — „Vorübergehen die Schmerzen und die Wonnen: | Geh' an der Welt vorüber, — es ist Nichts,“ heisst es in der Fabelsammlung der Anwari Soheili. — In dem Himmel der grossen Belohnungen, in dem es kein Nachdenken giebt, sind die Götter, während der ganzen Dauer ihres Lebens, von der Arbeit des Denkens, in der Formenwelt der Buddhisten befreit, eine Seligkeit, die dem Europäer schwer als solche erscheinen wird, wenn derselbe sich selbst über den Wilden der Tropen wundert, dass er sich nicht im Schweisse seines Angesichts erwerbe, was ihm die Natur von selbst bietet. Für uns bedarf es der Arbeit nothwendig, die allein uns Wohlbehagen zu verschaffen vermag. Je mehr wir arbeiten, desto mehr Bedürfnisse entstehen, und um so glücklicher fühlen wir uns, in der Herbeischaffung dessen, was zu ihrer Befriedigung dient, während das Utopia der Ruhe, dem sich das Gemüth entgegensehnt, beständig den darnach greifenden Händen entschwindet. Die bewegte Umgebung, in der wir leben und in welcher der Geist beständig angeregt ist, legt in ihn den Drang steten Denkens, um die unbestimmt in ihm wogenden Vorstellungen in klaren Anschauungen zu verkörpern. Es ist der Trieb des organischen Schaffens und Wachsens, der jedem Naturkörper als solchem einwohnt, und ohne dessen freie Erfüllung er verkrüppeln würde. Wir denken, nicht um zu denken, denn selbst die Begabtesten fühlen im Beginn immer eine gewisse Abneigung an eine Geistesarbeit zu gehen, da, wenn sie einmal begonnen ist, der innere Trieb nicht rasten wird, bis ein vollendender Abschluss der einen oder andern Art gegeben ist. So macht sich mitunter die Nothwendigkeit fühlbar, alle Gedanken auf die Seite zu werfen, um frei und ungehindert sich bewegen zu können, im gewaltsamen Vergessen, das freilich nur temporär für kurze Zeit eine Befriedigung gewähren kann. Bald werden wieder tausend Gährungsstoffe in uns hineinfallen, die die Gedankenreihen in Bewegung setzen, und wenn sie einmal im Gehirne wogen, kann der Zustand der Ruhe nicht durch ihre erzwungene Suppression, sondern nur durch harmonische Verarbeitung wieder herbeigeführt werden. Der Punkt der Ruhe im harmonischen Zusammenwirken mag geahnt werden in dem Gesetz zeitlicher Bewegung, aber ohne seine räumliche Erfüllung zu finden. — Ich werde versuchen, sagt Buddha, mein Nachdenken auf die Leere und das Nichts zu richten, und ausserdem werde ich zu seiner Quelle aufsteigen, zu seinem Anfange zurückkehren. Ich werde beginnen von der Wurzel auszugehen und so hoffe ich die grosse Ruhe zu erlangen. — Hundert Schlechte sind nicht einen Guten werth, 1000 Tugendhafte nicht einen Beobachter des Gesetzes, 10,000 dieser nicht einen Srotapanna, 1 Million dieser nicht einen Sakridagami, 10 Millionen dieser nicht einen Anagami, 100 Millionen dieser nicht einen Arhan, 1000 Millionen dieser nicht einen Pratyeka-Buddha, aber 10.000 Millionen von Pratyeka-Buddhas gelten nicht einen Buddha der drei Zeiten (Vergangenheit, Gegenwart und Zukunft) und 100.000 Millionen dieser Buddhas nicht einen, der frei von Gedanken, Ort, Handlung und Erscheinung ist. — Durch die fünf Klassen der Siu-tho-wan, Sse-tho-wan, A-na-han, A-lo-han und Py-tschi-foe gelangt die Seele dahin, die Früchte der Bodhi (Vernunft) zu pflücken. — Die ununterbrochene Folge der zwölf Nidanas (als individuelle Existenz) betrachtend, erkennen die Pratyeka-Buddhas ihre unendliche Verkettung, und somit die Unwirklichkeit dessen, was man Geburt und Tod nennt, zerstören die Irrthümer, die vom Sehen und Denken entstehen und steigen zurück auf den wahren Anfang der Sachen, zu dem Nichtsein. — Die Toukiao erscheinen in Epochen, wo es keine Buddhas giebt. Sie sind isolirt und sich selbst überlassen in der Betrachtung der Dinge und ihrer Wechselfälle, und es geschieht ohne Lehrer und durch eigenes Nachdenken, dass sie dahin gelangen die wirkliche Leere zu verstehen. Die bis zu dieser Stufe gekommenen Menschen können nur ihr persönliches Heil erwirken, es ist ihnen nicht gegeben, die grossen Bewegungen des Mitleids zu erlangen, die allen Wesen, ohne Ausnahme, zu Gute kommen und die das Eigenthümliche der Boddhisattvas ausmachen. — Um nach Art der Khoutoukton in das Nirvana der Ruhe einzugehen, setzte sich Saripoutra aufrecht, sammelte alle Fähigkeiten seiner Seele und richtete sie auf einen einzigen Punkt, in das erste Dhyana eingehend, dann trat er in das zweite, dann in das dritte, dann in das vierte. Vom vierten ging er über in das Samadhi der Geburten des grenzenlosen Himmelsraumes, dann in das Samadhi der Geburten des vollkommenen Nichtseins. Von diesem trat er in das des weder Denken noch Nicht-Denken, dann in das der Begrenzung, und schliesslich in das Nirvana. — Die Seelen aus apostolischem Stande, sagt Mad. Guyon (die in ihrem Quietismus das „selige Nichts“ preist), tragen in sich eine unermessliche, jedoch unfühlbare Freude, die daraus entspringt, dass sie Nichts fürchten, Nichts verlangen, Nichts wollen. Sie befinden sich in immerwährender Entzückung. — Die abgeschiedene Seele des Hellenen ersehnte in dem Trank der Lethe die Ruhe des Nirvana. — Die Sehnsucht nach der Lüftung des Schleiers (Hidschab), die Ruhe des Verstandes, die Betrachtung des Geheimnisses führt zu gänzlicher Vernichtung des Selbst. (*Ebu Said.*) — „Flieht und zieht euch in das Reich des Nichts zurück, dort werdet ihr die Ruhe finden,“ heisst es im Türkischen des Fozouli: „Wer die Welt (dunia) verachtet, hat die Ruhe gefunden,“ im Rabial abrar. — Sieben Stufen führen (nach den Sofis) den Menschen zum endlichen Ziele, das das Verschwinden des Verschwindens ist.

Abnormes Geistesleben.

GENIALITÄT UND WAHNSINN.

Der Irrthum hat an sich eine relative Bedeutung und folgt aus der unvollkommenen Kenntniss der Facta, während er für diese Unvollkommenheit selbst Wahrheit ist, wie alles Existirende. Werden die Facta besser bekannt und bildet sich aus den gewonnenen Resultaten das neue Zeitbewusstsein, so constituirt sich, ihm gegenüber, der Irrthum als positiver Irrthum. Alle Urtheile über Gleichartigkeit oder Gegensatz hängen von dem Standpunkte ab, den man einnimmt. Verglichen mit den Thieren stehen Palme und Eiche nebeneinander, wogegen sie innerhalb des Pflanzenreichs sich als Monocotyledonen und Dicotyledonen differenziren. Bis zu einem gewissen Grade können irrthümliche Meinungen in verschiedenen Kreisen der Gesellschaft fortbestehen, während diese sie noch (ungeachtet des Widerspruchs, in den sie zu ihrer vollkommneren Weltanschauung treten) als unschädlich tolerirt. Nimmt aber das Individuum diese vollkommnere Weltanschauung in sich auf und bewahrt dennoch hartnäckig eine Form des Irrthums, die durch in ihm liegende Ursachen habituell geworden ist, so wird die einseitige Zerrüttung der in ihrer Ganzheit nothwendig harmonischen Denkgesetze weitere Störungen zur Folge haben, allmählig auch alle übrigen Operationen, um ein neues Gleichgewicht, das stets angestrebt werden muss, herzustellen, nach ihrer neuen Tonart umstimmen und schliesslich als ein so schriller Missklang in das Concert des Staatslebens*) gellen, dass es nöthig wird, den

*) Die Psychiatrie befähigt allein den Historiker, die grossen Schwankungen der öffentlichen Meinung, der Volksstimmung zu übersehen, welche im Grossen das Bild der einzelnen Geisteskrankheiten wiederholen. — „Die Menschheit bedarf von Zeit zu Zeit starker Aderlässe, sonst wird ihr Zustand entzündlich und es bricht sogleich liberaler Wahnsinn aus.“ sagte Kaiser

Wahnsinnigen abzuschliessen. Temporär kann eine plötzliche Transponirung auf eine falsche Scala eintreten durch weitgreifende Unordnungen im Gehirnblutumlauf bedingende Krankheiten, wie in den Delirien des Fiebers, der Narcose und des Schmerzes; wird aber der Zustand der Gesundheit rechtzeitig hergestellt, noch ehe somatische Veränderungen eintreten konnten, so hört mit dem falschen Anstoss auch das falsche Abschwingen der Nervenreihen auf und sie kehren zum normalen Gedankengange zurück. Da unser ganzes Wissen ein relatives ist und die absolute Wahrheit nicht erreichen kann, so hängen die Verhältnisse, ob und wie sich jenes in den Missverständnissen des Irrthums bricht, von der Construction des subjectiv geistigen Sehorgans ab. Columbus wurde für einen Schwärmer *), selbst für einen Wahnsinnigen angesehen, weil sein Ideengang nicht im Einklange mit dem der Zeit stand. Ein Geisteskranker war er nicht, hätte aber leicht ein solcher werden können. Dass die Facta selbst, worauf er seine durch einen Zufall zum Ziele führenden Calculationen begründete, unrichtige **) waren, kommt nicht weiter in Betracht; denn der

---

Franz bei Gelegenheit der griechischen Rebellion, wo wohl „noch eine halbe Million Griechen über die Klinge springen mussten." — Börne verglich die Bewegung der Freiheitskriege (1813) mit der Drehkrankheit der Schafe, wie auch die von 1848 ihre psychiatrischen Bearbeiter fand. — Nicht ein Uebel schlechthin (sagt Socrates im Phädrus) sei der Wahnsinn, sondern durch ihn kämen die grössten Güter der Hellenen. Die *θεια μανια* hatte vier Hauptformen, die *μαντικη ἐπιπνοια*, die *τελεστικη*, die *ποιητικη* und *ἐρωτικη μανια*. Die Ansteckung der Ekstase wird durch das Gleichniss vom Magnet und den Ringen veranschaulicht. — Wir rücken dem Tollhaus Schritt für Schritt näher, so wie wir auf dem Wege unserer sittlichen und intellectuellen Cultur fortschreiten, sagt Reil.

*) Fast jeder geniale Erfinder, von Columbus an bis auf Stephenson, muss eine Zeit durchmachen, in der ihn die „soliden Leute" für einen Projectmacher halten. (*Roscher.*)

**) Columbus glaubte, dass die Verheissungen des Jesaias an ihm in Erfüllung gegangen seien, und versicherte, dass in 150 Jahren das Ende der Welt eintreten werde. Die Entdeckung America's wurde durch den grössten Irrthum des Ptolemäus, durch die Meinung von der grossen Ausbreitung Asiens gegen Osten und durch einen ebenso grossen Irrthum des Columbus von der Kleinheit der Erdkugel veranlasst. Das Phantom des Prete Jan oder Preste Jaõ hat zu den folgenreichsten Unternehmungen geführt. — Nach Aelian erzählte Silenus dem Midas, dass Europa, Asien und Africa Inseln wären, und dass es nur einen Continent gäbe, der jenseits des Meeres liege. „Der den Menschen unpassirbare Ocean und die jenseits liegenden Welten sind von demselben Gebot ihres grossen Meisters regiert," schreibt Clemens (Bischof von Rom) den Corinthern. (*Eusebius.*) — Aristoteles schreibt an Alexander, dass es ausser dem von uns bewohnten Theile der Erde grössere und kleinere Inseln gebe, alle unsichtbar für uns. — Die von Sebosus beschriebenen Hesperiden wurden (Plato's) Atlantis von Sertorius, die glücklichen Inseln von Plutarch, Purpuraria von Juba, Aprositos, Junonia, Autolola von

daraus folgende Irrthum besteht nur in Relation zu unserer Zeit, wo diese Facta besser bekannt sind. Seine Schwärmerei lag darin, dass er durch einseitig fortgesetzte und unablässig betriebene Studien der alten Geographen sich gewisse Vorstellungsgebäude aufgerichtet hatte, die für ihn die Bedeutung unerschütterlicher Gewissheit besassen und die er deshalb überall als feststehendes Motiv in seinen Gedankengang und seine Folgerungen eingehen liess. Der traditionell überkommene Ideenkreis der Zeit kannte diese Hypothesen gleichfalls, hatte sie aber nur vielen andern von gleicher Stärke ebenmässig nebengeordnet, und ermangelte so die subjective Ueberzeugung ihrer mächtigen Tragweite und ihrer unzweifelhaften Gewissheit, wie sich solche Columbus aus seiner langen Beschäftigung mit denselben aufgedrängt hatte. Indem sie dieser also in seinem Gedankengange als ein weit bedeutenderes Motiv mitwirken liess, indem er weit leichter alle etwa entgegenstehende Zweifel durch die Kenntniss ihrer innerlich gesetzmässigen Anordnung compensirte, schien er seinen Zeitgenossen fortwährend sonderbare Ideensprünge zu machen, deren bedingende Ursache das im Schlendrian des gewohnten Gedankenganges (in welchem diese selben Hypothesen nur eines kurzen Blickes gewürdigt wurden) fortgehende Publicum unbegreiflich finden und so den sonderbaren Mann als einen Schwärmer verlachen musste. Zur Vergleichung liessen sich die Gedankenoperationen des grossen Haufens etwa als eine Groschenrechnung vorstellen. Man addirte, subtrahirte, multiplicirte, dividirte, kannte das Einmaleins und die Regeldetri, aber nahm immer als selbstverständlich an, dass das Resultat wie der Werth aller Factoren in Groschen bestimmt sei. Für Columbus hatten gewisse Hypothesen, die seine Zeitgenossen kaum einen Groschen werth achteten, den Werth*) eines Thalers erhalten; aber ebenfalls gewohnt, nur in Groschen zu sprechen, reducirte er mechanisch das gewonnene Product wieder nach der herkömmlichen Groschenrechnung. Hatte er etwa die Zahl 6 mit 3 von diesen Thalern (1 Thlr. = 30 Ngr.) zu multipliciren, so erhielt er zur Verwunderung seiner Gegner als Product 540, während diese an den gesunden Menschenverstand appellirten, dass 3 mal 6 gleich 18 sei. Wie auch jetzt noch so häufig, stritten sich die Parteien, ohne über die verschiedenen Standpunkte, die sie einnahmen, einander klar zu

---

Ptolemäus genannt (Fortaventura und Lancerota bei Gosselin). — Nach Beatson sind die Inseln Ascension, St. Helena und Tristan d'Acunha Ueberbleibsel der Atlantis. Virgilius wurde wegen seiner Antipoden-Lehre excommunicirt.

*) Nempe valor non est aestimandus ex pretio rei, sed ex emolumento, quod unusquisque inde capessit. Pretium ex re ipsa aestimatur omnibusque idem est, emolumentum ex conditione personae. (*Bernoulli.*)

werden, und in diesem speciellen Falle würde es allerdings auch um so schwieriger gewesen sein, da für seine Zeitgenossen die fraglichen Hypothesen nur dann den subjectiven Werth eines Thalers würden haben erhalten können, wenn sie sich ebenso lange und angestrengt mit ihrer Untersuchung und Sichtung beschäftigt haben würden, als es von Columbus seit seiner Jugend geschehen war. Wäre sich nun dieser über den psychologischen Grund, weshalb seine Schlussfolgerungen mit denen seiner Zeitgenossen sich nicht decken wollten, nicht klar geworden, hätte er sich durch ein unabsichtliches Uebersehen allmählig an diese Thalerrechnung gewöhnt und sich ebenso wenig überzeugen lassen, dass 6 mal 90 nicht 540 giebt, als seine Zeitgenossen, dass 6 mal 3 etwas Anderes als 18 sei, so würde er durch den vielfachen Widerspruch, in den er mit anderen positiven Facten hätte kommen müssen, schliesslich gezwungen worden sein, um die jedem Individuum nothwendige Einheit der Anschauung nicht zu verlieren, alle seine Denkoperationen auf eine solche Art zu transponiren, dass sich trotz seiner Thalerrechnung die niedrigsten Groschenwerthe der Vorstellungen, wie sie durch die Sinnesempfindungen selbst schon verlangt wurden, finden liessen, und würde etwa verwickelte Subtractionen und Divisionen nöthig gehabt haben, um zu beweisen, dass der Hund bellt, wenn er geschlagen wird, was seinen Zeitgenossen so einfach gewesen sein würde, als dass 2 mal 2 gleich 4 ist. Dann, wenn ein relativ unlogisches Princip das Bewusstsein des Individuums abnorm umgestaltet, würde der Schwärmer zum Irren geworden sein. Die ihm gewährte Beschäftigung bewahrte Columbus vor dem Uebermaass späterer Speculationen. Häufig tritt nur eine specielle Wahnidee als für die Alienation des Geistes charakteristisch auf; aber da sie eben als beständig wiederkehrend habituell geworden ist, muss sie mit der Gesammtheit der Verstandesoperationen (obwohl alle übrigen derselben logisch vor sich zu gehen scheinen) innerlich verwachsen sein und zwar in einer fehlerhaften Verwendung bestimmter Rechnungsmethoden (während die einmal angelernten Werthe immer normal als solche auftreten), oder in bestimmten Rechnungswerthen (die sich als falsch nur bei ihrem Hervortreten beweisen, während sie vielfach unbeachtet verschwinden mögen) ihren Grund haben. Viele unserer Religionsanschauungen stehen im grellen Widerspruche mit den Resultaten der Wissenschaft; da sie sich aber in den Ideenkreis der grossen Masse einfügen, ja häufig für denselben als die normalen gelten, sind sie die relativ wahren, werden aber schon längst durch die Keime einer neuen Pflanzenwelt unterminirt, die ebenso sicher daraus aufschiessen wird, als der von Galilei gesäete Same nicht in der dumpfen Kerkerluft zu ersticken war.

Wer immer sich in ein System *) verrannt hat, wer vorurtheilsvoll denkt, denkt irre, als nicht allseitig richtig. Eine ausgesprochene Krankheit liegt indess nicht vor, so lange die falschen Associationen *) sich auf dem rein geistigen Gebiet gebildet haben, deshalb weniger schroff hervortreten und bei allzu lebhaftem Widerspruche noch immer eine gewisse Anschmiegungsfähigkeit und Nachgiebigkeit besitzen, während bei Verrückten die mit abnormen Körperzuständen abnorm associirten Vorstellungen nur mit jenen geheilt werden können.

In Zeiten politischer Aufregung werden durch die eindringende Fülle wechselnder Eindrücke, durch die Nothwendigkeit neuer Betrach-

---

*) „Systemlos denkt nur ein Verrückter," sagt Steinthal, aber Niemand klebt zäher an seinem System, als gerade der Verrückte. Harmonisch zu denken ist die Aufgabe. Mit der Verknöcherung des Systems stirbt die freie Forschung ab. Ist die Entwicklung zur Vollendung gereift, so ist das System da, auch ohne dass wir wollen, aber eine willkürlich frühzeitige Treibpflanze mangelt des lebenskräftigen Bestehens und welkt als Unkraut hin. Jeder von uns hat seinen Sparren und den dicksten gewöhnlich der, der es am wenigsten weiss.

*) Ein jeder nach Principien denkende Mensch denkt gleich dem Irren durch zufällige Associationen, die ein einseitiges Missverhältniss in sein Geistesleben werfen, aber so lange sie in vermittelbarem Einklang mit dem normalen Horizont bleiben, die höchste Blüthe desselben repräsentiren mögen, vielleicht aber auch nur eine trügerische Giftpflanze, und deshalb müssen alle Principien der psychologischen Analyse unterworfen werden. Sind sie zu bekämpfen, so ist Nichts damit gethan, sie zu negiren. Der Irre, dem man seine fixe Idee bestreitet, wird sich um so fester darin verrennen. Man muss auf den elementarsten Gedankenkern in der ganzen Vorstellungsreihe zurückgehen, die krankhafte Richtung in ihrer frühesten Quelle, in dem ersten Momente abnormer Ablenkung aufspüren und sie dort wieder in das richtige Gleis setzen, um damit auch alle Consequenzen in einem solchen Folgen zu sehen. Der Unterschied zwischen einem wirklich Geisteskranken und dem Genie besteht nur darin, dass sich bei dem Ersteren jener Ansatzpunkt abnormer Störung mit pathologischen Zuständen körperlicher Krankheiten associirt hat und so (wenn überhaupt) nur durch Umstimmung des ganzen Organismus zu heilen ist, während sich bei dem Andern die Associationen in abstracten Gebilden bewegen und so auch durch die Argumente der Sprache allein wieder aufgelöst oder verändert werden können. — Panchaud, den seine Bekannten wegen seiner ausgebreiteten Kenntnisse sehr schätzten, wurde von ihnen für geisteskrank gehalten, sobald er auf seine metaphysischen Speculationen kam. Ein halbes Jahrhundert später hätte er vielleicht damit Aufsehen gemacht und eine Schule um sich gesammelt, aber an dem nüchternen Sinne seiner Zeit gingen seine Lehren unbeachtet vorüber, sagt Escher, der als Beispiel anführt: Rien n'est moindre, que l'existence et ce qui est plus que l'existence, n'existe pas. Donc une chose a l'existence et n'a rien de plus. Donc ce qui n'est pas cette chose, n'a pas l'existence. Donc il n'y a qu'une seule chose. — „Ich zweifle nicht, sagt Lactantius, dass in frühern Zeiten die Lieder der Sibylle als Narrheit angesehen wurden, weil man sie nicht verstand."

tungsweisen und einer umzugestaltenden Weltanschauung manche seit der Kindheit mit dem Organismus verwachsene Ideenkreise aus ihrem Zusammenhange mit dem Allgemeingefühl von ihrer gewohnten Basis losgerissen und müssen durch diese Verwundung eine um so eindringendere Nachwirkung auf somatische Processe haben, als dieselben an und für sich bereits durch die Unruhe des unschlüssigen Geistes schädlich berührt sind. So mag im statu nascenti krankhafter Umbildung eine neue Verwachsung zwischen augenblicklich prädominirenden Ideen mit einer gerade eindrucksfähigen Sphäre des Allgemeingefühls eintreten und als solche verharren. Sollte der damalige Horizont später der normale des Publicums werden, so wird diese immerhin pathologische Adhäsion kaum bemerkbar werden und die specielle Idee zwar stets mit besonderer Kräftigkeit vor den Augen des Individuums schwingen, aber keine weitere Aufmerksamkeit in ihrer Umgebung wecken. Ist dagegen die öffentliche Meinung vielleicht zu einem weitern Zustande der Entwickelung fortgeschritten, in welchem die betreffende Idee eine entsprechende Modification erfahren hat, so wird der mit der bisherigen Zähigkeit an ihr festhaltende Sonderling schon als ein solcher betrachtet und gemieden werden. Ist diese Idee von weiter reichender Bedeutung und vielfacher Wiederkehr im gewöhnlichen Leben, oder das Nervensystem des fraglichen Individuums von leichter Erregbarkeit, so wird der Behaftete durch den vielfachen und ihm subjectiv unbegreiflichen Widerspruch, durch die Abstossung seiner (ihm nicht nur normalen, sondern selbst nothwendigen) Ansichten zu isolirter Beschäftigung mit sich und zum Grübeln über sich selbst getrieben werden. Diese in den Zusammenhang mit seinen körperlichen Organen eingegangene Idee steht zu klar und deutlich, zu unabweislich vor seinem Geiste, als dass er sie abwerfen könnte. Er wird zwar eine Vermittelung derselben mit den herrschenden Anschauungen versuchen, aber, wenn sie fest genug eingewurzelt ist, statt sie nach diesen, diese nach ihr umändern. Dann eben bildet sich durch das nothwendige Streben nach organisch abgeschlossener Einheit ein neuer Typus seiner Weltanschauung aus, der als solcher vollständig mit der Gesundheit seines Körpers bestehen könnte, der aber (da er in den Kreisen, worin er lebt, beständig mit Gegensätzen zusammenstösst, beständig zu Umänderungs-, zu Accommodationsversuchen an sich selbst geführt wird) schliesslich durch den lang unterhaltenen Unschlüssigkeitszustand eines in fortwährenden Zweifeln, Aerger und Missmuth umhergeworfenen Bewusstseins zerrüttend auf die natürliche Harmonie des Allgemeingefühls, sowie weiter auf das Wohlbefinden der körperlichen Processe zurückwirkt und dann mit dem vollkommenen Krankheitstypus eines socialen

Wahnsinns endet, wenn das Individuum (wie es bei jeder richtig als solcher zu bezeichnenden Geisteskrankheit stattfinden muss) an Körper und Seele zugleich leidet, in beider Gesundheit afficirt ist. Die Wahrheit oder Unwahrheit der die pathologische Verirrung bedingenden Idee selbst ist dabei nur von relativer Bedeutung, denn auch eine an sich richtige mag zur Geisteskrankheit führen, sobald sie eine fixe wird. Salomon De Caus, der Erfinder der Dampfmaschine*), starb im Bicêtre 1614; aber obwohl seine Schriften von gesundem Verstande zeugen, mag er nichts destoweniger geisteskrank gewesen sein, als man ihn einsperrte. Die Begeisterung, mit der seine grosse Erfindung ihn ergriff, die innerliche Ueberzeugung ihrer Wichtigkeit und unendlichen Tragweite übten einen solch prädominirenden Einfluss auf seinen ganzen Ideenkreis aus, dass sie sich fest und unauflöslich mit bestimmten Ansätzen des körperlichen Allgemeingefühls associirte und indem sie durch den steten Widerspruch und den Spott seiner Zeitgenossen in einem beständigen Zustand der Irritation erhalten wurde, zerrüttend auf das allgemeine Wohlbefinden des Körpers zurückwirken und seine ganze Weltanschauung nach einem specifisch krankhaften Typus umgestalten musste. Hätte er sich durch völlige Kenntniss der psychologischen Denkgesetze zu einer harmonischen Ruhe objectiver Selbstbetrachtung erheben können, so würde er nur um so fester an der Grösse und Wahrheit seiner neuen Idee festgehalten, aber auch zugleich verstanden haben, weshalb sie seiner Zeit unbegreiflich sei, indem er die durch sein specielles Studium auf seine Weltanschauung ausgeübten Modificationen entsprechend berücksichtigt haben würde. Die Nothwendigkeit, ihn aus der Gesellschaft zu entfernen, lag nicht darin, dass er (vielleicht barock erscheinenden) Plänen nachhing (um welche Niemand besonderes Interesse sich zu kümmern gehabt haben würde), sondern weil diese Ideen, die es schwer war, in den bestehenden organischen Bildungshorizont einzufügen, seine ganze Weltanschauung, in die sie nur als ein Theil hätten eintreten sollen, nach sich als dem bestimmenden Mittelpunkt ummodellirt hatten, und so dieselbe in beständige Collisionen mit den herrschenden Ansichten seiner Gegenwart brachten. Galilei war gleichfalls weiser, als seine Zeit, hatte die heftigsten Verfolgungen seiner Superiorität wegen zu erdulden; aber da er aus dem religiösen Charakter dieser Verfolgungen leicht ihr Warum erklären konnte, blieb er trotz des Zwiespalts mit seiner Umgebung in dem normalen Horizont derselben verharren. Der durch sein aufregbares Nervensystem selbsttäuschen-

*) Das erste Dampfboot in Nordamerica hiess lange Zeit die Fulton-folly.

den Visionen *) unterworfene Swedenborg wurde von dem drohenden Uebergang in ausgesprochenen Wahnsinn nur dadurch gerettet, dass seine lebendigen Vorträge entzündbaren Stoff in nächster Umgebung fanden und sich schon einen Kreis von Anhängern, in deren Horizonte sie fortan als normal galten, geschaffen hatten, ehe die ihre Excentricität erkennende Wissenschaft Zeit sie zu verdammen hatte und es später nur vergleichungsweise in Bezug auf eine ganze Secte hätte thun können, wo sie dann nicht in die religiösen Rechte einzugreifen wagte. Die so trefflich geschilderten Hallucinationen des edlen Ritters de la Mancha brauchten, da sie auf seiner Lecture als gegebener Basis fussten, sich nicht zu einem Krankheitsbilde des Wahnsinns zu entwickeln, so lange die Welt über seine harmlosen Excentricitäten lachte, statt sie zu bekämpfen. Jeder kann die Erfahrung an sich selbst machen, wie vielfach lange mit gleichgültigem Indifferentismus betrachtete Gedanken, wenn sie in einer angeregten Discussion zufällig für die Stütze der Vertheidigung angewendet wurden, plötzlich eine weiter greifende Bedeutung annehmen, und sollten sie sich mit einem schon krankhaft verstimmten Temperament associiren, so können sie leicht als die erste Ursache durch abnorme Operationen weiter verbreiteten Wahnsinns unerschütterlich einwurzeln. Caligula, der delirirende Absolutismus, repräsentirt die schrankenlos ihren Extravaganzen überlassenen Leidenschaften, die in jeder andern Stellung als der des römischen Kaisers zur mania superba geführt haben würden.

Bei jeder aus dem normalen Horizont seiner Gegenwart heraustretenden Denkoperation wird der Forscher leicht an die Schwelle des Wahnsinns **) geführt, da ihm bei den ausserhalb gebildeten Vorstellungen die prüfende Controle steter Vergleichung fehlt, um keiner derselben einen überwiegenden Werth im Abschätzen der eine Gedankenreihe zusammensetzenden Glieder beizulegen. Das gewöhnliche

*) Die Denkschwingungen des Gehirns können bei krankhaften Zuständen so mächtig das centrale Ende der Sinnesnerven anregen, dass diese, als solche, ebenso in den Hallucinationen zu reagiren beginnen, als ob sie durch den normalen Reiz der Aussenwelt (von der Peripherie aus) in Bewegung gesetzt) seien.

**) Es ist durch Erfahrungen aus Irrenanstalten (sagt Nasse) constatirt, dass die Theologen weniger an den scharf ausgeprägten Formen eines aus directer Krankheitsursache entspringenden Wahnsinns, sondern mehr an zerrüttenden Geistesverwirrungen leiden, da durch die geforderte Beschäftigung sich ihnen leicht bei ihren Betrachtungen die Grenze des Wahns und des Wahren verwischen kann. — In Beziehung auf den Beruf fällt unter den die Irrenhäuser bevölkernden Onanisten besonders der der Theologen auf. (*Ellinger.*)

Denken, das eben nur auf innerem Instincte, die relativen Verhältnisse mit praktischem Blicke gegenseitig abzumessen, beruht, reicht in dem noch unbekannten Gebiete nicht mehr aus, und um in demselben vor Verirrungen geschützt zu bleiben, muss man wohl versichert sein, die mathematischen Grundgesetze selbst, die als solche überall in gleicher Weise wiederkehren müssen, richtig erkannt und verstanden zu haben. Bischof Wilhelm von Utrecht, den, als Freund Heinrich's IV., der Papst in den Bann gethan hatte (1076), wurde von den Höllengeistern in den Wahnsinn gejagt, dessen religiöse Formen immer mit Leichtigkeit zu eigennützigen Zwecken werden angeregt werden können, so lange nicht der Mensch schon in der Schule in den Grundsätzen der Psychologie erzogen ist. Wie mancher Familie Glück oder Unglück hängt von den Phantasiegeburten der Wanderprediger in den Vereinigten Staaten ab! Die Jungfrau von Orleans hätte unter Umständen ebenso leicht in Wahnsinn fallen können, als Columbus, und um so leichter, da ihren rein psychischen Hallucinationen selbst die Möglichkeit der Erfüllung fehlte, die des grossen Entdeckers Hypothesen zufällig fanden. Bei dem religiösen Horizonte, in dem Johanna d'Arc lebte, erklären sich ihre Visionen ungehindert aus einem durch die politische Bedrängniss angeregten Irritationszustand des Nervensystems, wie er als solcher noch innerhalb des Gebiets voller Gesundheit bestehen kann. Hätte sie in ihrem Dorfe fortgelebt, beständigen Schmähungen und Misshandlungen seitens ihrer Umgebung ausgesetzt, so würde bald dieser, durch die beständige Unruhe des, als im Widerspruch mit der Aussenwelt stehend, zweifelnden Bewusstseins in Reizung gehaltene Irritationszustand in eine das gesammte Wohlbefinden des Organismus in Mitleidenschaft ziehende Wahnsinnskrankheit übergegangen sein. Dieses war um so mehr zu fürchten, da ihre rein subjectiven Vorstellungen ihre Naturheilung, die bei Unmöglichkeit eigener Umänderung nur darin liegt, den Ideenkreis der Zeitgenossen nach sich umzuändern, nie hätten finden können. Dass sie trotzdem von dem Wahnsinn verschont blieb, lag in den aussergewöhnlichen Verhältnissen, die sie als Begeisterte an die Spitze der Heere stellten. So erhielt ihre eigenthümliche Weltanschauung, die das Publicum nicht zu sich heraufziehen konnte, ihre nothwendige Compensation (um nicht durch beständiges Anstossen in Fieberactionen getrieben zu werden) dadurch, dass die Zeitgenossen, anstatt sie als krankhaft auszustossen, zu ihr als einer Gottheit aufschauten, und ihr so erlaubten, ihre Ideenkreise alle in ihnen liegende Entwicklungskeime voll und ungehindert hervortreiben zu lassen, während das daraus entstehende Idealgebilde trotz seiner Excentricität in der Gesellschaft eben deshalb bewahrt werden konnte, weil man es von vornherein auf einen exceptionellen Standpunkt gestellt hatte. Mit dieser vollen und ungehinderten Ausbildung ihrer Anschauungen war nun auch dem Uebergang zum Wahnsinn bei ihr vorgebeugt, denn sie vermochte sich so zu der von dem Organismus angestrebten Harmonie in klarstem Selbstbewusstsein zu entfalten, und blieb, obwohl der Welt ein angestauntes Wunder, eben deshalb sich selbst immer das im normalen Gesundheitsgefühl fortlebende Individuum. Nicht die absolute, sondern nur die relative Wahrheit der Ideen ist bei Betrachtung verursachter Störungen in's Auge zu fassen.

In geschichtlich tiefbewegten Epochen ist jedes erregbare Nervensystem durch die eintretende Umgestaltung traditioneller Ideen leicht Zerrüttungen ausgesetzt, aber auch in den ruhigen Zeiten des Friedens schweben in unserer Luft immer die Giftstoffe anachronistischer Dogmen, deren jedes, wenn es zufällig oder beliebig von einem Neugierigen zu näherer Betrachtung herausgegriffen wird, den Gläubigen bei aufrichtigem und consequentem Denken nothwendig zum Wahnsinn führen muss, da eine harmonische Vereinbarung (der Offenbarungslehren mit den Resultaten des wissenschaftlichen Denkens) a priori unmöglich ist. Die rasche epidemische Verbreitung über alle Länder Europas, die selbst ein so künstlicher Horizont, wie die Teufelslehre des nach dem System des Malleus maleficarum ausgemalten Hexenwesens finden konnte, giebt wichtige Fingerzeige für die Bedeutung des psychischen Contagiums in der Verbreitung specieller Religionen und Bildungskreise ab, wie ein solches jetzt wieder unter den Spirit rappers in America thätig und in der Hydrophobia *) nie erloschen ist. In ähnlicher Weise geben die gemeinsamen Gefängnisse selbst den Boden ab, auf dem sich die ausgedehnten Verbrecherassociationen und ihre geheimen Erkennungszeichen am ungestörtesten entwickeln konnten, als auf einer hohen Schule der Laster.

Durch eine Unordnung oder fortschreitende Lähmung der Nerven des Bauchgangliensystems muss eine allgemeine Verstimmung des Gemeingefühls folgen. Dieses selbst entsteht aus der Gesammtauffassung der dem Gehirn von den verschiedenen Körperprocessen des Organismus zugeströmten Empfindungen, weshalb bei zerrütteten Functionen vielfache Missklänge auftreten werden, die in den Klagen der Hypochonder sich Luft machen. Dauert eine solche Verstimmung hinlänglich lange fort, um constitutionelle Veränderungen hervorzurufen und dadurch habituell zu werden, so bildet sich die Melan-

*) Gerade in den Ländern, wo die grössten Heerden von Hunden gehalten werden (bei den Abiponen, Samojeden u. s. w.) fehlt sie mit der europäischen Civilisation.

cholia attonita aus, indem die auf einer kranken Basis schwingenden Gedankenreihen ihre Strömungen bis in die höchsten Regionen der Geistesthätigkeit deprimirend hineintragen müssen. Als ein Versuch zum Naturheilungsprocess tritt das Stadium maniacum (in der Chäromanie) auf, das indess nur selten seine letzten Extreme erreicht. Wie bei Unterbindung der Arterie sich aus der Nothwendigkeit, den Zusammenhang des Ganzen zu erhalten, ein supplementärer Kreislauf in den Capillarnetzen bildet, so streben die übrigen Nervenprocesse des Körpers, wenn ihnen ihre natürliche Basis, das Bauchgangliensystem, durch vorhandene Desorganisation gleichsam abgebunden ist, dahin, selbstständig ein neues Centrum für ihr Zusammenwirken zu finden. Das Blut beginnt fieberhaft zu kreisen, das Athmen beschleunigt sich, das motorische System wird von wilden Convulsionen ergriffen, die Ideen jagen und fliegen, frei, von jeder körperlichen Hülle gelöst, glauben sie schon im Meere der Unendlichkeit zu schwimmen. Aber die versuchte Heilung kann, statt zur Genesung, nur zu einer weiteren Zerrüttung führen, da es nie gelingen wird, die tiefeingreifenden und unmittelbar die Existenz selbst bedingenden Functionen der Unterleibsorgane durch supplementäre Processe bei ihrer Isolation zu ersetzen, wenn schon bei einer Unterbindung der Carotis, wo noch weit mehr die Hoffnung auf eine Ausgleichung berechtigt sein würde, es so selten der Natur gelingt, das Ergänzungsnetz mit hinlänglicher Stärke auszubilden, damit das Leben fortbestehen könne. Ehe die gesteigerte Haut- und Lungenthätigkeit dahin gelangen würde, supplementär den Verdauungsprocess zu ersetzen, wird der Körper längst als Leiche verwesen. — Im Traume, wo der in den Wallungen der Affinitäten angestrebte Krystall beständig in seiner Bildung sich wieder auflöst, tauchen die Vorstellungen aus dem dunklen Meere angeregter Schwingungen auf und versinken wieder, ohne, wie im wachen Zustande, zu der klar angeschauten Gliederkette des Bewusstseins in gesetzmässigen Associationen combinirt zu sein. So sind sie rasch vergessen, wenn nicht besonders lebhafte Erscheinungen auch später noch in der Erinnerung des Tages zuweilen wieder nachzittern und in den Chaoswellen emporgetrieben, momentan mit ihrer hellen Seite emporblinken. — Die (abgesehen von einer directen Verletzung des Schädels) besonders in einem durch Reconvalescenz aus Nervenfiebern geschwächten Gehirn (auch ohne bedingenden Einfluss des Alcohols, der Narcotica oder Geistesanstrengung) durch plötzliche Gemüthsbewegungen entstehenden Psychosen folgen, wenn der zerrüttende Stoss, den sie der harmonischen Thätigkeit des Bewusstseins mittheilen, durch materielle Veränderungen habituell wird. Auch auf unmerkliche Weise kann diese Form der

Geisteskrankheit auftreten. Durch eine einseitige, allzulange fortgesetzte Thätigkeit, durch eine beständig, wenn auch selbst nicht klar bewusst unterhaltene Missstimmung des Allgemeingefühls können sich die zerrüttenden Unordnungen allmählich in einer Weise accumuliren, dass sie, als neuen Mittelpunkt, um das gesteigerte Gleichgewicht noch ein wenig länger zu bewahren, die neue Formel ihres selbstständigen Systems suchen müssen und unter der Gestalt bestimmter Wahnideen habituell werden. Da das Bewusstsein den Abschluss des Organismus, die Ganzheit des Individuums sucht, so muss ein abnormer Functionsprocess der Denkthätigkeit mehr oder weniger störend auf die somatische Basis, auf der er schwingt, zurückwirken und anfänglich nur leichte Unordnungen derselben in dem zunächstliegenden Respirationssystem hervorrufen, aber bald durch Accumulation der Wirkungen den ganzen Organismus krankhaft modificiren, und so die mit pathologischen Processen des Körpers zu relativer Ausgleichung verbundene Krankheit des Geistes um so unheilbarer machen, als das Körper und Geist gleichmässig inficirende Leiden momentan zum Normalzustande des Individuums wird. Krankhafte Veränderungen des Körpers haben schon deshalb nicht eine unmittelbare Rückwirkung auf die Geistesthätigkeit zur Folge, weil sie wegen der vielen Compensationsprocesse sich längst gegenseitig abgeglichen haben, ehe sie diejenige Region des somatischen Allgemeingefühls erreichen, die direct auf die Anfänge der sich entwickelnden Gedankenreihen einwirkt. Weitergehende Desorganisationen des Körpers sind stets mit dem Schmerzgefühl der Compensation verbunden, durch dessen Barometeranzeichen das Bewusstsein den Schmerz localisirt, die krankhafte Störung des Allgemeingefühls wegen des mit ihr verbundenen Schmerzes eben als abnorm auffasst und deshalb nicht in seine normale Thätigkeit zulässt. Wo sich kein Schmerzgefühl findet, ist entweder der Sitz der Desorganisation ein solcher, dass die stumpfen Nervenstämme die Leitung bald verschwimmen lassen, oder es folgt bei fortgehender Zuströmung (wie in chronischen Unterleibskrankheiten) eine solche Accumulation der von dem Bewusstsein nicht schon in ihren leichten Anfängen zu erkennenden und redressirenden Wirkungen, dass sie, wie in der Melancholie, wirkliche Geisteskrankheit zur Folge haben. Eine sogleich den ganzen Körper ergreifende krankhafte Transformation prädisponirt in den Delirien des Fiebers (das in gewissen Formen der Intermittens larvata auch von vornherein unter der Form periodischer Geisteszerrüttung auftreten kann) zu momentanem Wahnsinn, der unter ungünstigen Verhältnissen, auch nach Aufhören der Störung, constitutionell werden und bleiben kann. In der Monomanie tritt die dominirende Wahnidee nur in einseitig schärferer Hervorhebung auf, aus partiellen Localbedingungen folgend, wie die Illusionen und Hallucinationen *) des Sehnerven unmittelbar an diesen, die des Acusticus an ihn geknüpft sind. Da aber in einem lebendigen Organismus stets eine allgemeine Gegensätzlichkeit der das Ganze constituirenden Theilchen Statt hat, ein jedes krankhafte Fremde entweder abzuscheiden, oder möglichst unschädlich zu assimiliren ist, so muss auch jede fehlerhafte Abnormität störend auf die Umgebung zurückwirken und mehr oder weniger deutlich das ganze Individuum mit der Krankheitsspecifität tingiren.

Tritt an einer Stelle der dem Gehirn in eindrucksfähigen Schwingungsmassen zuströmenden Körpernerven, die (selbst im beständigen Processe der Umwandlung begriffen) durch ihren Gesammteindruck, als Allgemeingefühl, die vermittelnde Basis bilden, aus der (zuerst durch den Eindruck der Sinne angeregt) das Geistesdenken organisch hervorwächst, eine partielle Lähmung ein, so muss dieselbe nicht nur die dadurch schon in ihren Anfängen gestörten Gedankenreihen mehr und mehr zerrütten, sondern die so herbeigeführte Unterbrechung (die den harmonischen Abschluss des Individuums, als Ganzes, verhindert) wird auch verwirrend auf sämmtliche Vorgänge im Organismus zurückwirken, so dass aus der Accumulation der schädlichen Unordnungen schliesslich der Wahnsinn als in einem speciellen Typus constituirtes Krankheitsbild erfolgt (als die neue, aber nicht eines gesunden Abschlusses fähige Einheit, die zur Compensation der Abnormitäten nöthig wird). Die Ursache dieser partiellen Lähmung kann an den verschiedensten Stellen der nutritiven, respiratorischen und motorischen Organe liegen. Durch eine Blutcongestion mag eine temporäre Paralyse eines zum Gehirn leitenden Nervenfadens eintreten, sich entweder im nächsten Augenblick wieder herstellen, oder (wenn die Stase lange genug gedauert hat, um Exosmose und Entzündung zu veranlassen) dauernd werden. Indem unter solchen Umständen die Ideen und Schlussfolgerungen des Kranken, wegen der Lähmung einzelner Nervenfäden, die zu ihrer Bildung mitwirken müssen, nicht den normalen Ausdruck, den eine organische Entstehung verlangen würde und der deshalb von dem Gesunden erwartet wird, tragen, sondern eine (unter gewöhnlichen Verhältnissen unbegreifliche) Abnormität zeigen, so werden sie eben als Wahn-

*) Den Denkgesetzen nach gliedern sich die Associationen leicht zu complicirten Vorstellungen, wie ein Arzt von sich erzählt, dass bei besonderer Steigerung seines Unterleibsübels, von dem er sich wie von einer Schlange umschnürt gefühlt hätte, dieselbe von ihm sogar erblickt und ihre rauhen Schuppen mit der Hand getastet seien.

vorstellungen aufgefasst, und müssen dann zugleich durch die Zerrüttung des in seiner Harmonie zum einheitlichen Abschluss des Individuums nöthigen Selbstbewusstseins störend auf die körperlichen Processe zurückwirken und eine allgemeine Krankheit constituiren. Die Abnormität der Wahnidee springt um so greller in die Augen, da ihre specielle Ursache nicht bekannt ist. Wäre das oberste Fingerglied des rechten Zeigers gelähmt, und würde er also beim Ergreifen eines Gegenstandes stets ausgestreckt gehalten, so würde die linke Hand, bei mangelnder Einsicht in die Verhältnisse der Flexoren, Extensoren und ihrer Paralyse, völlig berechtigt sein, von einem Wahnsinn der rechten zu sprechen. Eine fortgesetzte Bewegungslosigkeit dieses Gliedes würde auch eine mehr oder weniger ausgedehnte Atrophie des entsprechenden Muskels zur Folge haben, obwohl solche Störungen des motorischen Systems weniger rasch das Allgemeinbefinden influenziren können, als Lähmungen in den Centralenden der aus allen Seiten im Gehirn mit den empfindenden gemischten Nerven der ernährenden, athmenden und blutbewegenden Organe. Wie rasch aber wieder eine (hier durch partielle Lähmungen bedingte) Störung des Bewusstseins in seinem harmonischen Abschluss zerrüttend auf das Allgemeinbefinden des Körpers zurückwirken muss, zeigt sich schon in den krankhaften Folgen der Gemüthsbewegungen und Affecte, wo das in seiner organischen Entfaltung nicht (durch wirkliche Lähmung) gehinderte, sondern nur (durch regellose und ungleichmässige Zufuhr der das Allgemeingefühl unterhaltenden Nervenreihen) erschwerte Bewusstsein dennoch leicht krankhafte Reactionen auf den Körper selbst ausübt. Bei der allgemeinen Wechselwirkung der im lebendigen Zusammenhang stehenden Processe des Körpers muss man bei Unterscheidung des Primären und Secundären auch stets die spätere Umkehrung der Effecte in Betracht ziehen. Niedergeschlagene Stimmung kann sowohl in Stockungen im Unterleib ihren Grund haben, als in unangenehmen Nachrichten, die durch die Empfindungen der Unlust das Bewusstsein abhalten, sich in harmonischer Ruhe der Selbstzufriedenheit eigener Betrachtung hinzugeben. Aber die sich im letzten Falle in regelloser Hast und unruhig aus der Basis des Allgemeingefühls entwickelnden und dann wieder auflösenden Gedankenreihen hemmen den gesetzlichen Zufluss der in dieselben ausströmenden Nerven des nutritiven Systems und wirken so ihrerseits störend auf die Ernährungsorgane zurück, während wieder die bei schon vorhandenen Stockungen des Unterleibs in ihrer natürlichen Leitung erschütterten Centralenden der von dort auslaufenden Nerven es dem Bewusstsein unmöglich machen, sich in der incongruent durcheinandergewühlten Mutterlauge des Allgemeingefühls jedesmal den einen klaren Krystall seines individuellen Abschlusses zu bilden. Ein Hypochonder unterscheidet sich von einem melancholisch Wahnsinnigen nur insoweit, als der verdorbene Magen des Säufers sich zum vollkommenen Scirrhus ausbilden und schliesslich ganz unfähig für seine verdauenden Functionen werden mag. Ein Erkältungshusten wird erst dann als febris catarrhalis aufgefasst, wenn er die benachbarten Gewebe in hinlänglicher Ausdehnung in Mitleidenschaft gezogen hat, um die Naturheilkraft zu allgemeiner Reactionsäusserung zu zwingen, und so eine, unterstützende Medicinen zu ihrer Heilung verlangende, Krankheit darstellt, wie eine solche bei den Erscheinungen des Wahnsinns aus dem tiefen und stabil werdenden Eindruck einer heftigen Gemüthsbewegung folgen kann.

Das Gesetz der Accumulation der Wirkungen, der Combinationen hervorrufenden und sie in ihrer Thätigkeit erhaltenden Accumulation ist für die Aufgabe des motorischen Nervensystems gerade dasjenige, wodurch es dieselbe überhaupt erfüllen kann. Das Beugen und Strecken eines einzelnen Fingergliedes würde uns wenig nützen. Nur indem mit unendlicher Raschheit (und ohne dass es für jede Einzelnheit des Zutrittes des bewussten Willens bedarf) die Bewegung jenes sich mit den entsprechenden der Hand- und Armmuskeln combinirt, vermögen wir die beständig erforderlichen Handlungen des Greifens, Festhaltens, Tastens auszuführen. Insofern muss diese accumulirende Combinationsfähigkeit als einer der charakteristischen Processe des motorischen Nervensystems aufgefasst werden, und krankhafte Anregung wird sie zu Convulsionen steigern, wie die Secreta der Schleimhäute zum Durchfall, oder die Contractibilität der Lungenbläschen zum Asthma. In dem Auftreten der Convulsionen, in den Erscheinungen der heiligen Krankheit liegt eben so wenig etwas Abnormes und Wunderbares *), als wenn der Augenkranke meint, dass er Blut vor seinem Gesichte schwimmen sehe. Aus Analogien der normalen Farbenbilder versteht die Ophthalmologie hinlänglich, wie eine solch krankhafte Störung eintreten kann, und sollte sie auch keine Antwort auf die Frage zu geben vermögen, wie im Speciellen die Destruction des Sehnerven beschaffen wäre, wenn sie dem Auge Alles in Roth kleidet, so hält sie nichtsdestoweniger und mit Recht das Phänomen für vollkommen erklärt, da alle relativen Verhältnisse bekannt sind. Ebenso bei den Convulsionen. Die Localisirung des Bewegungscentrums mag trotz aller Experimente

*) Un miracle est un dérangement des lois de la nature. Les sens et la raison sont soumis à ces lois, donc on ne sait jamais, si le miracle est dans la tête de celui, qui croit l'avoir vu, ou dans les organes des sens ou dans l'objet extérieur. (*Panchaud.*)

noch immer schwanken, die genaue Erkenntniss möglicher Störungen noch immer nicht hinlänglich festgesetzt sein; nichtsdestoweniger giebt uns die physiologische Betrachtung der normalen Muskelbewegungen, die Vergleichung ihrer pathologischen Störungen alle Data an die Hand, Convulsionen, wo und wie immer sie auftreten, als eine durchaus natürliche Erscheinung, die vollständig im Bereiche des schon Erklärbaren liegt, zu betrachten. Von den Convulsionären *) zu Paris (1730) gestanden viele in den gerichtlichen Verhören, dass sie anfänglich zwar die Krämpfe simulirt **) hätten, später aber auch ohne ihren Willen dazu fortgerissen seien. Bei reizbar aufgeregten Naturen konnte die Erscheinung sogleich durch Nachahmung ohne das Bewusstsein ihres mitwirkenden Willens auftreten, und je mehr die Zahl der Ergriffenen zunahm, desto rascher musste sich das psychische Contagium verbreiten. Obwohl an sich nur als eine Art von ravissement cataleptiforme aufzufassen, können solche tief eindringende Störungen des Nervensystems leicht zu bestimmten Wahnsinnsformen führen, besonders wenn sie mit einem durch religiöse Grübeleien zerrütteten Ideenkreis zusammentreffen. Die ausgebildete Geisteskrankheit darf jedoch immer nur dann angenommen werden, wenn sie sich als typisch verlaufender Process charakteristisch dem ganzen Organismus aufgedrückt hat. Auch werden die aus dem Uebermaass von Convulsionen entstehenden Gehirnleiden immer mehr den Charakter des Blödsinnes als bestimmter Wahnideen tragen, da ihre Zerrüttung eben so mächtig und erschütternd ist, dass sie die Denkthätigkeit bald zum Lähmungszustande führen. Nur aus langsam und allmählig auf das Allgemeingefühl einwirkenden Störungen, die sich besonders aus Unordnungen des Unterleibes entwickeln und in dem sonst ungeschwächt fortbestehenden Denkprocesse eine umschriebene Stelle zur Wunde gereizt haben, entwickeln sich die feineren Formen der Monomanien, wie sie in den Irrenhäusern angetroffen werden. Dass neben den Lähmungen besonders Heilungen von Blind-

*) Begünstigend war die Lage mit niederhängendem Kopfe, die die Meisten, um ergriffen zu werden, annahmen und in welcher das Blut nach den Bewegungscentren des kleinen Gehirns gedrängt wird.

**) Als auf Rath eines Jesuiten Paul IV. die besessenen Judenmädchen, die von ihren Landsleuten behext zu sein behaupteten, der Behandlung mit der Ruthe unterwarf (statt sie feierlich zu exorcisiren), waren sie bald zu dem Geständniss gebracht, von einigen Hofleuten in Hoffnung auf Plünderung des Judenvermögens zu dieser Rolle beredet zu sein. „Ohne meinen guten Jesuiten," seufzte der Papst, der schon zu den härtesten Maassregeln entschlossen gewesen war, „würde mich ewige Verdammniss wegen der ungerecht verfolgten Juden betroffen haben."

heit*) (die bei der complicirten Zusammensetzung des Sehapparates Laien oft schon in den unschädlichsten Destructionen vermuthen) eine so grosse Rolle in der Wunder-Literatur spielen, erklärt sich aus der grossen Absorptionsfähigkeit der Augenorgane, wodurch, besonders wenn durch psychische Aufregungen unterstützt, vielfach Naturheilungen eintreten, die die Ophthalmologen in ihrer Praxis überraschen. Bei den so häufig wiederkehrenden Fällen, wo verkürzte und gekrümmte Glieder (besonders hysterischer Constitutionen) durch Convulsionen geheilt wurden, liegt (in Anbetracht der raschen Verbreitung der accumulirenden Thätigkeit auf die dem Combinationscentrum benachbarten Sphären des motorischen Nervensystems) die Anwendung derselben so nahe, dass sie bei weitern Fortschritten der Neuropathie noch vielleicht von wissenschaftlichen Aerzten in Anwendung gebracht werden mögen, um sie den Händen der Pfuscher und Quacksalber zu entziehen.

Wie ein gereiztes Auge in seinem eigenen Organe dem gesunden unsichtbare Dinge erblickt, ein krankes Gehör fremde Klänge vernimmt, so können auch im Zustande politischer und religiöser Aufregung die psychischen Nervenschwingungen in den Hallucinationen ihrer Visionen oft wahre mit Wahnideen verwechseln. Je nachdem der Geist sich angestrengt und dauernd mit einem bestimmten Ideenkreis beschäftigt, nur in ihm lebt, gewinnt derselbe eine einseitig hervorragende Bedeutung, wird für ihn individuell manche Verhältnisse erklären können, in Bezug auf welche Andere demselben keine Bedeutung beilegen; er mag so seine Anhänger zu Prätensionen veranlassen, die für diese einen normalen Causalnexus haben, fremden Zuhörern aber nur im Lichte des Wunder- und Sonderbaren erscheinen können. Der Laie hat keine grösseren Schwierigkeiten, das Fieber durch die Berührung einer Reliquie, als durch Verschlucken einer Tinctur geheilt vorzustellen, oder vielmehr, da er sich keines von beiden vorstellen kann, mag er sich den einen Causalnexus ebenso leicht bilden, als den anderen; eine zwingende Nothwendigkeit zur Annahme des einen oder Verwerfung des andern findet sich nicht. Im Allgemeinen wird indess wegen der ungefähren Kenntniss der Naturgesetze, die Jedem von uns durch die Erziehung eingeprägt werden, auch der Nichtarzt sich natürlicher eine Verbindung herstellen können zwischen der Heilung einer Krankheit mit dem, was

*) Der Speichel galt noch in späteren Zeiten den Juden als ein Augenmittel, wie von Rabbi Jehuda erzählt wird, dass er ein Augenübel vorgeschützt habe, um sich von einer ihm ergebenen Frau (deren Mann ihr nur unter solcher Bedingung den Besuch der Vorlesungen erlaubt hatte) in's Gesicht speien lassen zu können, ohne seiner Würde zu vergeben.

er in sich assimilirt, als mit dem, was er nur äusserlich berührt. Seine Gründe dieses Vorganges werden aber meistens auf so unsicherer und ihm selbst so unklarer Basis beruhen, dass es nur einer geringen Vermehrung in dem Gewichte der zweiten Gedankenreihe bedarf, um auch diese zur Geltung zu bringen. Hat er durch andächtige Versenkung in die heiligen Symbole, durch schwärmerische Gebete seine zu den religiösen Anschauungen zusammentretenden Gedankenverbindungen und Empfindungen zu einer besonderen Geübtheit der Combinationen oder selbst gar in eine Art entzündlichen Reizzustandes gebracht, so werden unter allen in seinem Gehirne schwingenden Nervenreihen sie stets die dominirenden und im höchsten Grade eindrucksfähig sein; so dass sie sich dann in jedem Augenblicke auch mit ihnen im gewöhnlichen Leben incongruenten Vorstellungen associiren können. Da das Individuum einmal an das Wunder glaubt, wird es dasselbe auch bald in der Aussenwelt bestätigt finden. Auf die positiven Thatsachen selbst kommt es dabei nicht weiter an. Bei der Unmöglichkeit, stets die ganze Masse der Facta zu überschauen, begehen oft selbst wissenschaftlich gebildete Aerzte die grössten Fehler, wenn sie allgemeine Regeln aus statistischen Tabellen ableiten wollen, und ein religiöser Schwärmer wird sicher nicht solche nachschlagen, um zu einer objectiven Kritik zu gelangen. Kennt er in seiner Strasse zwei (wie immer unrichtig verstandene) Fälle, deren Heilung ihm das Wunder zu bestätigen scheint, so wird er über die Meinung der übrigen Welt sehr unbekümmert sein, wenn er überhaupt weiss, dass es eine solche ausserhalb seiner Strasse giebt. Durch das unerschütterliche Vertrauen, womit er auftritt (sollte er selbst erst aus absichtlicher Simulation die erste Anregung erhalten haben), wird er bald gläubige Anhänger finden, das Excentrische der von ihm angeregten Ideen wird die Köpfe dieser gleichfalls in einen jedes Eindrucks fähigen Reizzustand versetzen, und indem man sich gegenseitig durch neue Erzählungen gemachter Erfahrungen übertrifft, schlägt der Aberglaube bald nur immer festere Wurzeln. Eine Selbsttäuschung ist hierbei um so leichter und darf bis zu einem gewissen Grade nicht einmal Täuschung genannt werden, weil allerdings eine Menge Krankheitserscheinungen, und gerade manche der besonders in die Augen fallenden, durch rein psychische Ursachen geheilt werden können. Ein jeder practische Arzt wird vielfache Erfahrungen gemacht haben, wie wohlthätig ein unbedingtes Zutrauen zu seiner Heilmethode auf den Zustand seiner Kranken gewirkt hat, auch bei solchen, die von hysterischer Verstimmung frei sind, während beim Vorhandensein dieser letzteren ein kalter Beobachter mit Leichtigkeit zum Wunderthäter durch Hervorrufung der Symptome, oder, wenn nicht in allen, doch in vielen Fällen, durch Beruhigung derselben werden kann. Die wichtigste Rolle in allen religiösen Epidemien spielen die Convulsionen der Besessenen, d. h. unwillkürliche oder krampfhafte Bewegung der Muskeln. Die diesen vorstehenden Nervencentren besitzen ihrer Eigenthümlichkeit nach an sich ein reges Combinationsvermögen. Dasselbe constituirt sich nicht in jenen einfachen Reactionen, wie sie durch die sympathischen Ganglien vermittelt werden, und die, sobald die Speise in den Magen eingeführt ist, denselben zu peristaltischen Bewegungen erwecken, bei einem fremden Körper im Larynx den ausstossenden Husten erzeugen mögen. Auch in diesen Reactionen findet schon eine Weiterverbreitung auf benachbarte Gewebe statt, wie die Bewegung des Magens sich auf die Därme, die der Luftröhre sich auf die Lungen fortsetzt; aber die Anregungssphäre bleibt hier auf ein gewisses Gebiet beschränkt, und innerhalb desselben kann sie nur in einem umschriebenen Complex von Erscheinungen auftreten. Nicht so im motorischen Nervensystem. Die Reaction folgt hier nicht immer unmittelbar auf den ersten Eindruck, meistens bedarf es erst der Accumulation ihrer Anregung, bis dieselbe in sich einen gesetzlichen Mittelpunkt gefunden hat und nun unter bestimmten Combinationen in die Erscheinung tritt. Fast jede durch den Willen bedingte Muskelbewegung verlangt die unmittelbare Association zwischen mehreren Combinationen. Die verschiedenen Möglichkeiten, unter welchen die Erscheinungscomplexe auftreten können, sind aber so mannigfaltig, dass ein Mensch sie während seines Lebens nie alle wird üben und so alle wird kennen können, weshalb auch noch immer der Ungebildete leicht durch die Verrenkungen eines Gauklers überrascht werden, und seine Kunststücke selbst übernatürlichen Einflüssen zuschreiben kann. Es sind vielfache pathologische Einflüsse bekannt, wo durch Störungen in den Centralorganen unwillkürliche Bewegungen der motorischen Muskeln auftreten mögen. Convulsionen begleiten als Symptom eine Menge von Krankheitserscheinungen, und selbst das gesunde Individuum verspürt häufig ein plötzliches Zucken einzelner Glieder, ohne sich in jedem einzelnen Falle bewusst zu sein oder sich die Mühe der Untersuchung zu nehmen, weshalb dieselben, durch verschobene Lage, Druck u. dgl. m. veranlasst, auftreten. Krämpfe nachzuahmen, steht natürlich in Jedes Willen, sie nachzuahmen veranlasst werden mag er ohne seinen Willen durch den Anblick derselben allein. Sollte er aber die absichtlich simulirten oder die unwillkürlich angeregten für einige Tage geübt haben, so wird es später nicht mehr von seinem Willen allein abhängen, sie hervorzurufen oder zu unterdrücken.

Unter gewöhnlichen Verhältnissen hat jede Handlung ein und

denselben Werth. Aufmachen der Hand ist eine Extension, Schliessen eine Flexion, und der Wilde wird sie auch selten für Anderes auffassen. In complicirten Lebensbedingungen treten aber vielfach Umstände ein, wodurch scheinbar dieselbe Handlung unter verschiedenen Verhältnissen sehr verschiedene Werthe besitzt, so dass dadurch ein dem Geiste nicht immer unmittelbar verständliches Missverhältniss zwischen Ursache und Wirkung eintritt. Wäscht eine Mutter ihr Kind über einem Brunnen, so wird der Gedanke, wie es sein würde, wenn sie jetzt ihre Hände öffnete, ein solches Entsetzen erwecken, um möglichst rasch unterdrückt zu werden. Oder ein Vernünftiger mag schaudern, wenn, am offenen Fenster einer Kunstsammlung vorübergehend, er eine unersetzliche Marmorstatue oder eine kostbare Vase ausgestellt sieht, die ein Ruck von ihm in den Hof schleudern, aber auch vielleicht sein Vermögen zum Ersatze erschöpfen oder ihn in's Gefängniss führen möchte. Wäre es ein Blumentopf, der am Fenster stände, so würde auf den Gedanken, ihn hinabzuwerfen, die ruhige Antwort, dass es zwecklos sei, folgen, und somit die Handlung unterbleiben. Indem aber auf eine unschuldige Anwandlung, wie deren täglich Tausend im Gehirne auftauchen und verschwinden, auf die einfache Neigung, den Arm seitlich auszustrecken, sich im Gehirn gleich die gewaltigsten Stürme, Gegenvorstellungen, Beschwörungen erheben, sie zu verhindern, so wird das Bewusstsein gerade dadurch eigenthümlich gespannt und kann um so rascher zu eben dieser That geführt werden. Wie man ein schwingendes Pendel durch leichtes Gegenwirken zum Stillstand bringen, dagegen es ungestüm zurückstossend, nur um so heftiger entgegenprallen lassen wird, so sind es auch bei diesen Denkverbindungen die Gesetze der Elasticität, die durch gegenseitige Reactionen die einmal in Thätigkeit gesetzten Vorstellungen, gerade des Abscheus wegen, den sie erregen, oft nur schneller zur Ausführung bringen. Ein solch unnatürlicher Zwiespalt des Geistes mit sich selbst wird besonders in Fällen eintreten, die, da sie den Tod, die unersetzliche Vernichtung einer lebenden Existenz zur Folge haben könnten, um so mächtiger und unerwarteter dem in langweiligem Gleichklang fortträumenden Menschen plötzlich das ganze Geheimniss seines räthselhaften Seins unmotivirt vor die Augen stellen und ihn dadurch im Innersten erschüttern und zerrütten. Hieraus entspringen jene dem Gerichtsarzt so schwierigen Untersuchungen*), die man sich durch die Schöpfung einer Mordmanie zu

*) Ein jeder Verbrecher ist insofern als krank zu betrachten, da er die natürliche Harmonie seiner Denkgesetze gestört und ein einzelnes Motiv eine einseitig überwiegendere Bedeutung hat gewinnen lassen, als es seiner relativen Stellung nach beanspruchen dürfte. Indem diese Störungen aber in

erleichtern gesucht hat. In den heissen Tropenländern kann sie zur Wuth führen, die sich dann im Amoklaufen der Malayen mit jedem neuen Opfer nur um so mehr steigert. Auch die Bugiesen begehen manchen Mord, nur um ihren Kris zu probiren, während er sich bei den Thugs zum ruhig überlegten Vorsatz gestaltet, der sich durch entsprechende Formirung eines religiösen Ideenkreises den bei normalen Gedankenreihen geforderten Causalnexus stellt und so zum Fanatismus, statt zur Geisteskrankheit, führt. Das Durchgehen der Pferde, wobei sie wie blind und rasend über Stock und Stein, jedes Hinderniss verachtend, dahinrennen, mag (wo es nicht eine angeborene oder angewöhnte Untugend ist) als temporäre Geisteszerrüttung aufgefasst werden, indem das durch unverständige Behandlung während längerer Zeit irritirte und aus dem Concept gebrachte Thier plötzlich

der Bewegungssphäre vor sich gehen, d. h. in demjenigen Gebiete der Gedanken, wo dieselben unmittelbar eine Reaction in Anregung motorischer Muskeln hervorrufen können, so schaffen sie sich dadurch gewissermassen immer ihre natürliche Ausgleichung und können so lange, oder selbst das ganze Leben, als abnormer Reiz im Organismus bestehen, ohne diesen in seiner Gesammtheit in Mitleidenschaft zu ziehen. Nur aber wenn dieses geschieht, wie besonders bei den unmerklich und allmählig vorgehenden Zerrüttungen der Empfindungssphäre (wo die Basis des Allgemeingefühls um so tiefer zersetzt, und als abnorm umgewandelt, auch schliesslich nur abnorme Productionen erzeugen kann), ist es gestattet, den Menschen als Wahnsinnigen, d. h. als Geisteskranken zu betrachten. Die epileptischen Muskelbewegungen und Convulsionen in der Manie sind nur secundäre Erscheinungen des krankhaft afficirten Organismus und haben Nichts mit den durch specifisch abnorme Gedankenreihen direct angeregten Handlungen des Verbrechers zu thun. Dieser darf deshalb auch nicht den Irrenhäusern überwiesen werden, wohin nur der auf somatischen Grundlagen fussende Wahnsinn, als durch Medicinen heilbar, gehört, sondern muss durch moralische Einwirkung gebessert und zugleich durch Abschluss im Gefängnisse unfähig gemacht werden, durch seine krankhafte Abnormität der Gesellschaft zu schaden. Nach dem preussischen Landrecht sollen Wahnsinnige und Blödsinnige für den unmittelbaren Schaden, den sie Jemand zufügen, mit ihrem Vermögen haften, und ebenso, nur das factische Verhältniss festhaltend, könnte der Richter jeden Verbrecher in's Krankenhaus schicken, wo dann der psychologische Arzt bald erkennen würde, ob er durch Einsperrung oder mit Medicinen zu behandeln sei. Es giebt Fälle genug, besonders in den von Mordmanie, Pyromanie, Mania transitoria u. A. m. sprechenden Gerichtsverhandlungen, wo der Anblick eines Messers sich mit der Idee des Blutes associirte und zum Morde führte, ein unwiderstehlicher Drang zum Hausanzünden fortriss u. s. w. Der Angeklagte, besonders wenn schon länger durch Leidenschaft beherrscht, wird sich nicht für schuldig halten, da er nicht Herr dieser unwillkürlichen Association gewesen, und der Moral ist es vielleicht schwierig, über seine Zurechnungsfähigkeit zu entscheiden, wogegen, wenn der Richter jeden Verbrecher nur als einen durch seine Strafe zu heilenden Kranken betrachtet, er auch jenen leicht in die ihm gebührende Classe einfügen wird, sobald er der causa facinoris gewiss ist.

alle Herrschaft über sich selbst verliert und von den Reflexbewegungen unwillkürlich, oft zu seinem eigenen Untergange fortgerissen wird.

Gleich den Lappen sind auch die Ostjäken sehr schreckhaft und fürchten sich (wie in der Phantophobia) vor den unbedeutendsten Kleinigkeiten. Auch unter den Tungusen und Kamtschadalen giebt es solch reizbare Leute, sowie unter den Burätten und jeniseischen Tartaren. Eine jede unvermuthete Berührung, ein Zurufen oder Pfeifen oder jede Ueberraschung bringt solche ausser sich und fast in eine Art von Wuth. Bei den Samojeden (wenn man sie nicht durch ein angezündetes Büschel Rennthierhaare, die unter die Nase gehalten werden, wieder zu sich bringt) geht diese Wuth so weit, dass sie (ohne zu wissen, was sie thun) das erste Beil, Messer oder andere Werkzeug ergreifen und damit die Umstehenden zu verwunden suchen. Pallas berichtet von einer Schamanin, die bei jedem Gesause des Windes aufschreckte, und von einem samojedischen Zauberer, der, als man ihm einen schwarzen Handschuh anzog, wie besessen umherlief, glaubend, dass seine Hand in eine Bärentatze verwandelt sei. Warburton erzählt während seines Aufenthaltes in Damascus, wie, aufgefordert, einen Neger zu magnetisiren, er seine Hand *) auf dessen Augen legte und ihn sogleich als leblose Masse zusammensinken sah **).

---

*) „Die Hand des Herrn kam auf ihn, und er prophezeite," heisst es nach orientalischer Redeweise.

**) Als er die Gegenstriche machte, fährt er fort: „With a fearful howl he started to his feet, flung with his arms, threw back his head and while his eyes rolled wildly in their sockets, he burst into a terrible shriek of laughter, he seized a large vase of water and dashed it all into fragments on the marble floor, he tore up the divan and smashed the lantern into a thousand bits, then, with his arms spread wide, he rushed about the court-yard, while the terrified Turks hid themselves or fled in every direction." Die Lappen unterscheiden bei ihren Zauberern solche, die es nur durch Unterricht geworden, und solche, die dazu geboren sind und schon von ihrer Kindheit an deutliche Anlagen dazu zeigten, indem die Letzteren eine weit bedeutendere Macht über die Geister erlangen. Auch Pallas sah in Karysch einen tartarischen Zauberer, der lange, ehe er das Handwerk angefangen hatte, närrisch gewesen war und die sonderbarsten Extravaganzen begangen hatte. Während seines dortigen Aufenthaltes war seit einiger Zeit bei den Katschinzern unter den jungen Mädchen eine Art von Wuth sehr gemein geworden, die hauptsächlich um die Zeit, wenn sich die Reinigung einstellen wollte, anhob und oft einige Jahre dauerte. „Sie laufen," sagt er, „wenn sie ihre Anfälle bekommen, oft aus den Jurten weg, schreien und stellen sich ungeberdig, raufen sich die Haare und wollen sich erhenken oder sonst das Leben nehmen. Die Anfälle dauern meist nur einige Stunden und stellen sich ohne gewisse Ordnung bald wöchentlich ein, bald bleiben sie einen ganzen Monat aus." Während meiner Praxis im Innern von Peru hatte ich interessante Gelegenheiten zur Beobachtung über hysterische Epidemien.

Die Nachahmung ist das natürliche Product der den Körper beherrschenden Associationsgesetze, indem das Gesichtsbild im Auge, wenn es auf den primären Eindruck eines erblickten Menschen den secundären der Handerhebung folgen sieht, um so leichter die gleichzeitige Muskelthätigkeit derselben Handlung in sich anregen wird, als das stationäre Bild nicht die Bewegung des Nacheinander wiedergeben kann. Im ersten Kindesalter sind die Eindrücke der Sinnesempfindungen zu unbestimmt und treten zu sehr gegen die überwiegenden des Allgemeingefühls zurück, um kräftig genug in jedem einzelnen Falle eine Association, die eine wirkliche Ausführung zur Folge hat, anregen zu können. In späteren Jahren ist dagegen der Geist beständig mit dem einen oder andern Gegenstande occupirt, und lässt deshalb die Sinnesempfindungen, so scharf sie selbst auch sein mögen, nur nach demjenigen Werthe an, den sie für den momentanen Gedankenabschluss des bewussten Willens haben, so dass meistens unwillkürliche Reflexbewegungen vermieden werden, die jedoch in einem Augenblick langweiliger Unbeschäftigung leicht eintreten, wie aus der Ansteckungskraft des Gähnens Jedem bekannt ist. Im Gehirn dagegen wirkt die directe Association oft auch, während der Mensch sich in geschäftlichen Lebensverrichtungen bewegt, zu denen er unbewusst ein Liedchen trillern mag, oder die er sich durch die rhythmische Auffassung der Musik selbst erleichtern kann, wie es bei den auf dem Marsche befindlichen Kameelen *) geschieht. In Zeiten zerrüttender Aufregung dagegen oder in einem besonders empfänglichen Gemüthszustande wird immer die epidemische Verbreitung des psychischen Contagiums mit grosser Schnelligkeit stattfinden und von höchster Bedeutung für die geschichtliche Entwickelung politischer Revolutionen sein. Auch im gewöhnlichen Leben wird der Richter oft darauf Rücksicht zu nehmen haben, und in medicinischer Hinsicht findet sich eine Fülle interessanter Beobachtungen **), die in Nonnenklöstern oder den hysterischen Krankensälen der Hospitäler gemacht wurden. Kühe folgen mechanisch den Bewegungen der Leitkuh, und ein in Schrecken gesetztes Schaf steckt die ganze Heerde an, so dass sie ihm nach in den Abgrund stürzen. Gutmüthige Pferde nehmen in Gesellschaft von widerspenstigen die Tücken dieser an, während ein scheues durch ein gut eingefahrenes von seinem Fehler geheilt werden kann. Der Hund artet nach den Menschen, unter denen er lebt, und durch kluge Benutzung der Umstände können noch immer neue Raçen gebildet werden.

Ein jeder Reiz wirkt, als fremd, feindlich auf den Organismus, und zerstört ihn, wenn er nicht seine natürliche Reaction angeregt findet, die bei körperlichen Empfindungen in der Bewegung der entsprechenden Muskeln, bei geistigen Combinationen in der Antwort auf die gesuchte Frage besteht. Auf der normalen Basis des Allgemeingefühls, die, als normal, nicht weiter zum Bewusstsein kommt, schwingen die zugeführten Eindrücke, um von den verschiedenen Apparaten des Nervensystems assimilirt zu werden. Die in den Magen eingeführte Speise wird dort absorbirt, nur bei einer Ueberfüllung wird der Sitz desselben empfunden, und dann kann eine habituell gewordene Verstimmung der Unterleibsganglien

---

*) Die Gewalt der rhythmischen Association ist stark genug, um den biegsamen Körper der Schlange willenlos nach den Klängen der Musik hin und her zu bewegen.

**) In der Irrencolonie von Gheel werden die Tollen durch Exorcisationen geheilt, als man aber den Besessenen in der Picardie (unter Heinrich III.) die Briefe Cicero's vorlas, krümmte sich ihr Teufel gleichfalls in schrecklichen Schmerzen.

den Eindruck eines fremden Körpers machen, wie an Schwäche der Gedärme leidende Hypochonder oft eine Schlange oder Kröte mit sich zu führen glauben. Der Zoster erzeugt die Gefühle eines umschlingenden Wurmes. Ein Kitzeln auf der Fusssohle wird die Bewegung ihrer Muskeln bedingen; wird es aber im gereizten Zustande der diese versehenden Nerven von selbst angeregt, dass das Bein zusammenzuckt, so wird der sich keines dahin tendirenden Willens bewusste Mensch eine fremde Anregung annehmen können, wie es in dem Namen des Hexenschusses sich für ähnliche Spasmen in den Rückenmuskeln zeigt. Die von den Nerven zugeleitete Spannung ist ihrer Natur nach in Nichts von der durch den Willen angeregten unterschieden, tritt aber nur in Wechselbeziehung mit dieser in einer normalen Assimilation durch den Organismus, wogegen die vereinzelten Fälle, wo sie sich isolirt zeigt, eben deshalb als fremdartig aufgefasst werden. So sind die Convulsionen Epileptischer, die Krämpfe Hysterischer von jeher als die Thätigkeitsäusserungen eines fremden Dämon, nicht nur von den Zuschauern, sondern von den Leidenden selbst, vielfach angesehen worden. Die Egypter hatten selbst einen Gott Pet, und die unwillkürliche Reflexbewegung im Niesen wurde bei den meisten Völkern, als durch göttlichen Einfluss bedingt, von guter oder böser Vorbedeutung gehalten, während die pathologischen Hallucinationen der Sinnesnerven zu den unheilbarsten Fällen von Irrsinn Anlass geben. Denker, die mit zu feurigem Eifer die Pfade der Abstraction betraten, fühlten sich durch die mächtige Entwickelung der Denkgesetze in ihren Speculationen häufig so überrascht, um ihre Gedanken einem Genius oder einer Offenbarung zuzuschreiben, da ihnen die psychologischen Erfahrungen fehlten, um sie durch das Verständniss ihres Entwicklungsganges in das Reich des Wissens zu bannen und dadurch sich selbst anzueignen; mystische Schwärmer fassten die aufsteigenden Vorstellungen in dem Lichte ihrer Versenkung auf, Berauschte glaubten einen Gott in ihrem Hirne umherstürmen zu fühlen, dem sie dann ihre Anbetung nicht versagten, und ebenso setzt der durch den Tanz oder die Zaubertrommel aufgeregte Schamane die veränderte Stimmung seines Innern auf Rechnung fremder Einwirkung, wie auch, ohne im somnambulischen Zustande zu sein, der hoffende Kranke gern seine Träume, wenn er sie in ihrer Entstehung mit den Vorstellungen des Wachens verglich, einem höheren Einflusse zuschrieb. Es ist das uncultivirte Nervensystem der Wilden, die geringere Geübtheit, ihre Gedanken psychologisch stets und sogleich im Bewusstsein zusammenzuordnen, was bei ihnen (die schon durch den Blick des Auges, schon durch eine plötzliche Berührung in Ekstase geworfen werden können) den Zustand der Besessenheit so leicht habituell macht, indem es die eine oder andere Sphäre des psychischen Lebens auf eine abnorme Octave transponirt, und so beständig, in Beziehung zum Ganzen, als ein fremdes Etwas von dem Individuum empfinden lässt. Bei dauernder Einwurzelung complicirt sich die Störung vielfach mit der ursprünglichen Doppelheit des körperlichen Organismus, wo dann halbseitige Lähmungen oder wirbelnde Drehungen nichts Ungewöhnliches sind; oder das Bedingende ihres Einflusses auf das Bewusstsein findet sich schon in dem von ihr erzeugten Gegensatz des Ganzen oder eines Theils in dem rein psychischen Gebiete, das, obwohl gleichfalls mit Differenzirungen operirend, doch auf der Einheit der Vorstellung (und erst diese wieder zerbrechend zu weiteren Folgerungen) des körperlich Doppelten steht, und deshalb nicht direct mit diesem zu communiciren vermag. Treten Fälle ein, dass die eine Körperhälfte abnorme Eindrücke zuführt, so können dadurch allerdings einzelne Glieder derselben pathologisch als fremde aufgefasst werden, wie es bei vielen Irren statt hat; aber dieses würde an sich nicht die Vorstellung eines Doppelseins im Bewusstsein hervorrufen, wie sich solche bei den Besessenen findet. Ein Baum kann doppelt oder in jeder andern Vervielfältigung gesehen werden, aus Ursachen, die in einem oder in beiden Augen liegen mögen; aber eine Vorstellung, als Vorstellung, kann immer nur als das einfache Resultat aus den von beiden Hälften ausströmenden Einflüssen gezogen werden: die Vorstellung bedarf stets einer Zweiheit, um sich zu bilden, aber indem sie sich bildet, ist sie als solche einfach. Sieht nur das eine Auge, so differenzirt sich seine Schwingung mit der Unthätigkeit des andern. Ist der eine Sehnerv, der das Bild des Baumes trägt, pathologisch zerrüttet, so wird aus der Combination desselben mit der normalen des andern ein zwar de Facto unrichtiges Mittel gezogen werden, aber immer das aus den gegebenen Verhältnissen nothwendige Mittel, und zwar als einfaches. Die pathologische Zerrüttung des Sehnerven kann der Art sein, dass er das Bild des Baumes, statt einmal, zwei oder drei Mal aufführt; aber immer wird die daraus hervorgehende Vorstellung des Baumes, als Vorstellung, einfach sein, obwohl sie sich mehrere Male nach einander bilden mag. Treten aber ähnliche pathologische Verhältnisse in die rein psychischen Nerven ein, die die Vorstellungen zu Gedankenreihen verbinden, geschieht es auch bei ihnen, dass die eine Sphäre abnorme Eindrücke mittheilt, die sich mit den entsprechenden nicht zu harmonischer Einheit ausgleichen können, dann tritt im Bewusstsein selbst das Gefühl der getheilten Individualität auf, das entweder, wie bei den Besessenen, neben dem normalen Zustande herläuft und sich während desselben bewahrt, ähnlich, wie der sonst vernünftige Irre vielleicht von seinen gläsernen Beinen spricht, oder, wie bei den Ausbrüchen der Ekstase, erst nach Wiederkehr des normalen Bewusstseins als fremdartig erinnert wird, welche rein psychische Erscheinung sich aus somatischen Ursachen in den periodischen Anfällen der Maniaci wiederholt, während die narcotische Berauschung als zwischen beiden stehend angesehen werden kann. Erkennt der in Meditationen über sich selbst versunkene Träumer, dass nicht sein freier Wille das Denken beherrscht, so kann er leicht versucht sein, wenn ihm die psychologischen Kenntnisse abgehen, das Es (Tad), das in ihm denkt, aus sich hinaus zu versetzen, und aus Empfindungen hat sich die ganze Götterwelt projicirt.

Die aus den Störungen des Nervensystems hervorgehenden Krankheiten sind vor allen diejenigen, die ihre dämonische Rolle auf den aneinander grenzenden Gebieten der Begeisterung, des Wahnsinns und des Aberglaubens spielen. Sie sind längst in diesem Charakter bekannt, obwohl man sich stets mit einer allgemeinen Auffassung begnügt hat und ein specielleres Eingehen auf Ursache und Wirkung selten versucht ist, auch nicht versucht werden kann, so lange das erst seit Kurzem betretene Feld naturwissenschaftlicher Untersuchungen über das Nervensystem nur die ersten Anfänge weitaussehender Forschungen zu bieten vermag. Unsere Wissenschaft begnügt sich nicht mehr mit hohlen Hypothesen, die, je geistreicher, um so gefährlicher sind, stösst sie gegentheils lieber ganz aus, um nicht durch willkürliche Annahmen den nüchternen Einblick in das factische Sachverhältniss zu verwirren. Ist sie deshalb trotzdem genöthigt, ihr Votum über Erscheinungen abzugeben, die, als mächtig in die wichtigsten Interessen des Lebens eingreifend, wenigstens vor falschen Ausdeutungen gehütet werden müssen, so bleibt Nichts übrig, als in allgemeinen Umrissen die Grenzen zu beschreiben, wohin möglichst genau angestellten Wahrscheinlichkeitsrechnungen nach die bis jetzt gewonnenen Resultate streng wissenschaftlicher Experimente führen mögen, also immer im Grunde nur ein hypothetisches System aufzustellen, aber in solcher Verwebung mit den als gewiss herausgerechneten Producten, dass es von selbst wird fallen müssen, wenn die weiter zu erwartenden Folgerungen dieser nicht mit den seinigen übereinstimmen, und demnach nie, in anachronistisch verknöchertem Fortbestehen neben der organischen Entwickelung, hemmend auf diese zurückwirken kann. Als Thatsache ist zunächst festzuhalten, dass die abnormen Störungen des Organismus durch die stets mehr oder weniger mit Geschlechtsunordnungen zusammenhängenden Nervenkrankheiten, als Epilepsie, Katalepsie, Hypochondrie, Hysterie u. s. w., in ihrer vollen Ausbildung sich nur bei dem Menschen finden, und also mit derjenigen Eigenthümlichkeit des letztern in nächster Beziehung (ob positiver oder negativer) stehen müssen, wodurch er sich specifisch von den Thieren unterscheidet, d. h. mit dem Bewusstsein. So ist vor Allem zu bestimmen, welcher Art diese Beziehung ist. Die Zeit ist noch nicht sehr fern, wo das Bestreben der Naturforscher, ungeduldig den harmonischen Abschluss ihrer Weltanschauung zu finden (wohin stets das Streben aller Philosophen gegangen ist und gehen wird), den aufgefundenen Ausdruck des Gegensatzes überall hineintrug und ihre berüchtigten Polaritätstheorien bildete. Mit Recht haben ihre Nachfolger in der Wissenschaft die meisten Behauptungen jener umgestossen und sich von jeder Herrschaft einer Hypothese emancipirt. Die Polaritätstheorien hatten keine Berechtigung, fortzuexistiren, da ihre Gründer in allzu enthusiastischem Eifer die aus denselben gezogenen Folgerungen zur Anschauung specieller Facta zu verwenden suchten, da sie ganz das Wesen der Hypothese verkannten, die von den Ergebnissen der practischen Resultate getragen sein muss und nicht verlangen darf, dass diese umgekehrt nach ihren Lehren entscheiden. In allgemeinen Umrissen gehalten kann dagegen der polarischen Hypothese eine durch die augenblickliche Wissenschaft beglaubigte Evidenz nicht abgesprochen werden. Sämmtliche Wirkungen der physicalischen Imponderabilien beruhen auf dem Gleichgewicht aus polarischen Gegensätzen, jede Sinnesauffassung, unser ganzer Organismus bildet aus der Zweiheit die Einheit. Wir kennen keinen Anfangs- und keinen Endpunkt mehr in unserem unendlichen Weltgebäude; aber immer sicherer erkennen wir die Mitte, das aus der Durchkreuzung der Gegensätze im Gleichgewicht gehaltene Centrum der Ruhe. Die polaren Achsenverhältnisse der Krystalle, der polare Gegensatz zwischen Wurzel und Stamm in der Pflanze (bei der die das organische von dem anorganischen Leben charakterisirende Störung des Gleichgewichts beider Gegensätze zu Gunsten des kosmischen zuerst hervortritt), dürfen von der Wissenschaft einmal nicht übersehen werden und mögen innerhalb vernünftiger Grenzen ihre Forschungen wesentlich fördern. Auch in dem Ueberblick der verschiedenen Thierclassen, in der embryonalen Entwicklung und dem ganzen Lebensprocesse des thierischen Organismus ist ein polares Verhalten nicht zu verkennen, was sich mit der Abschnürung des Embryo an die Falten des Kopf- und Schwanztheiles anknüpft, nach den electiven Affinitäten der organischen Elemente, wie Geoffroy St. Hilaire sagt. Es würde unnütz sein, die Phantasien der Naturphilosophie zu wiederholen, „dass in der Polarität des menschlichen Organismus das sensitive System und die Kopfhöhle den Ausdruck des positiven, solaren Poles bilde, das vegetative System und die Bauchhöhle den negativen, tellurischen, dass im sensitiven Systeme dann wieder das Cerebralsystem den positiven, das Gangliensystem den negativen Pol bilde," mit solch allgemeinen Phrasen ist Nichts genützt, und wenn der ganzen Anschauung das dunkle Ahnen eines Richtigen zu Grunde lag, so muss eben dieses die Controle specieller Prüfungen bestehen können. Zuzugeben ist, dass nach den ersten Achsenanlagen des Embryo sich ein gewisser Gegensatz seiner Endpunkte bei dem Fortgange des Wachsthums manifestirt. Die vorragende Entwickelung der Centraltheile des Gehirns überwiegt bedeutend die der übrigen Uranlagen des Nervensystems; aber der innige Zusammenhang des untern Theils des letztern mit den Ernährungsfunctionen in der ursprünglichen Verbindung des sinus uro-genitalis (in welchen die Ausführungsgänge der Wolff'schen Körper, die Ureteren und die ausführenden Geschlechtstheile einmünden) mit der Allantois, die nach der Ausbildung des Amnions auftritt, vindicirt dem Ganglienapparat der Bauchhöhle eine Wichtigkeit, die mit der Geburt zum Theil verloren werden muss, während erst dann die charakteristische Entwickelung des Gehirns, nach ermöglichter Einwirkung der specifischen Sinnesreize, auftritt. Mit der Geburt beginnt eben die Erfüllung des menschlichen Daseins und die Ausbildung der Geistesfunctionen, die (verworren mit den Processen des Organismus verwachsen, so lange die Substanz des Gehirns selbst noch im Fortwachsen begriffen ist) in freier Selbstständigkeit losgelöst auftreten und handeln, wenn sich in voller Manneskraft der individuelle Character mit bewusster Entschiedenheit abgeschlossen hat. Der polare Gegensatz des Gehirns im untern Theile des Centralsystems ist mit seiner Thätigkeit ganz und gar in die Functionen vegetativer Processe übergegangen, an deren Fortwachsen die Nervenmasse freilich gleichfalls Theil nehmen muss, aber nur in der gleichmässig organischen Fortentwickelung eines nothwendigen Rhythmus. Indess, gleichsam den nach unten wachsenden Pflanzenwurzeln vergleichbar, treibt im Momente lebendigster Entwickelung des zur Vollendung strebenden Gehirns das Bauchgangliensystem aus sich die Geschlechtsnerven oder wenigstens die Thätigkeit der vorgebildeten Organe hervor, als ob einer compensirenden Reaction für das zunehmende Ueberwiegen des Kopftheiles bedürftig. Das eigentlich Bedeutsame des (dadurch dann zu psychischem Schaffen befähigten) Gehirns für den animalischen Organismus liegt darin, dass es durch selbstständige Erzeugung von Nervenkraft (in und aus den schon gegebenen Substraten) die den Körper durchziehenden Faserstränge specifisch anzuregen vermag. Eine entsprechend veränderte Selbstständigkeit des Thätigseins findet sich auch bei den Geschlechtsfunctionen. Alle übrigen Organe des Körpers sind entweder gesetzlich nothwendigen Bewegungen unterworfen, wie die der Circulation, oder bestimmten Reactionen auf entsprechende Reize, wie die der Eingeweide, oder willkürlicher Influenzirung durch das Gehirn, wie die animalischen Gewebe. Im Respirationssystem findet eine Mischung willkürlicher und unwillkürlicher Thätigkeiten statt, und in abnormen Fällen kann das Gehirn seinen Einfluss, in activer Bewegung oder passiver Empfindung, selbst auf dem Sympathicus unterworfene Apparate äussern. Ein normaler Zusammenhang vermag sich auch zwischen dem Gehirn und den Functionen des Geschlechtssystems herzustellen. Er ist nie ein so directer, wie der zwischen jenem und den Rückenmarksnerven, die es durch den directen Willenseinfluss bewegt, sondern bedarf, um die hemmenden Ganglienzellen zu durchdringen, erst eines längeren Aufbaues von Vorstellungsreihen, ehe sich die Kette zur Ausführung schliessen kann; aber mit den Jahren wird sich die Wechselwirkung zwischen Gehirn und Geschlechtssystem auf bestimmte Normen zurückführen. Dennoch ist das zwischen diesen überall mehr oder weniger angebahnte Verhältniss der Abhängigkeit des letzteren von dem ersteren nicht das eigentlich ursprüngliche, da den Geschlechtsfunctionen eine selbstständige Thätigkeit zugeschrieben werden muss, die periodisch (am regelmässigsten bei dem Weibe, wo seine Organe direct mit dem vegetativen Gewebe ineinanderwachsen, während sie bei den Thieren meist mit dem Jahrescyclus zusammenhängen) in die Erscheinung tritt, und wenn sie sich nur in Folge körperlicher Zustände äussert, darin von der selbstständigen Thätigkeit des Gehirns bloss gradweise verschieden ist, da auch ihr in letzter Instanz körperliche Zustände zu Grunde liegen. Eine durch das ganze Nervensystem zu verfolgende Erscheinung ist die zeitweis mögliche Umkehrung seiner Polaritäten, indem, besonders bei krankhaften Störungen, das Centrum auf die Peripherie reagirt, statt diese auf jenes, oder umgekehrt dass diese auf jenes reagirt, statt jenes auf diese. So darf schon a priori angenommen werden, da, wie die Einwirkung des Gehirns auf die Geschlechtsorgane beweist, ein Weg zwischen beiden herzustellen ist, dass dieser Weg möglicherweise auch in umgekehrter Richtung, also von diesen nach jenem hin durchlaufen werden könnte. Da der obere und untere Theil des Nervenstranges von der ersten Anlage der Centralachse an die Enden des Gesammtorganismus repräsentirt, so kann eine Communication zwischen beiden Enden auch nur auf einem, sämmtliche Theile dieses Gesammtorganismus durchsetzenden Wege möglich sein. Daraus erklärt sich die mächtige und weitverbreitete Affection, die der Zeugungsact, d. h. die Thätigkeitsäusserung des Gehirns auf das Sexualorgan, in allen Apparaten des Körpers hervorruft, und daraus umgekehrt ist auch von selbst erklärlich, dass, wenn in abnormen Zuständen das Geschlechtsorgan auf das Gehirn reagirt, das Allgemeingefühl des Organismus normalwidrig transturnirt sein muss. Diese normalwidrige Störung muss in solchem Falle um so bedeutsamer für das Bewusstsein hervortreten, da in andern Zuständen krankhafter Zerrüttung es nur die von ihm nach der Peripherie entsandte Thätigkeit, oder wenigstens ein bekanntes Maass derselben, ist, welche von dort in abnormer Reaction nach dem Centrum zurückspringt, wogegen in den aus Unordnungen des Geschlechtssystems hervorgehenden Krankheitszuständen sich die abnorme Reaction in unbegrenzter Weise durch die selbstständig erzeugende Thätigkeit des Geschlechtsorgans vermehren kann, so dass also das Bewusstsein in seiner Beherrschung des Körpers auf einen unbekannten Widerstand stösst, dass es mit einem gleichgestellten, wenn auch nicht ebenbürtigen Gegner sich plötzlich gezwungen sieht, um das Terrain zu kämpfen, das es aus vererbtem Rechte von jeher als sein unbestrittenes Eigenthum angesehen hatte. So entstehen die dämonischen Gefühle einer doppelten Persönlichkeit, die schreckbare Aufführung der Besessenen, die, mit gangbaren Vorstellungen des Volksglaubens associirt, in allen Geschichten und Zeiten wiederkehren. Das ursprünglich Bedingende ist hier die beeinträchtigte Herrschaft des Selbstbewusstseins. Sämmtliche Nerven des Körpers sind gewissermaassen von einer fremden Quelle her mit überschüssiger Kraft geladen, so dass sie den Anordnungen jenes, sie in gewohnter Weise seinen Zwecken dienstbar zu machen, einen selbstständigen Widerstand entgegenzusetzen vermögen, der das bisher ruhig vorwaltende Bewusstsein um so mehr erschreckt, je plötzlicher und unerwarteter er auftritt. Der Teufel erstickt die Stimme, die reden will, oder die offen gekrümmten Hände zittern krampfhaft um die Hostie, ohne im Moment des Ergreifens zusammenschnappen zu können. Der leiseste Anstoss des Willens ruft die complicirtesten und ungewohntesten Muskelcontractionen in weitgehender Associirung hervor, und die Ueberladung der Körpernerven kann auch selbstständige Bewegungen verursachen. In den rein pathologischen Fällen manifestirt sich diese Einführung einer fremden Macht in den Körper durch die bald diese, bald jene Sphäre des Nervensystems invadirende Hysterie in ihren Anfällen, Umherziehen, Convulsionen und Schmerzen, und auch im normalen Zustande kann der kräftige Mann sich oft plötzlich unter der Herrschaft der Sinnenlust fühlen, die ihn gleich einer fremden Gewalt auch wider seinen Willen fortreisst. Bei leichteren Störungen der Geschlechtsfunctionen ist mehrfach beobachtet, wie gleichsam überall die Empfindung*) emporgequollen ist, wie gewissermaassen ein Angeschwollensein derselben alle Gewebe durchdringt. Das Tasten und Berühren ist nicht feiner und unterscheidender wie gewöhnlich, aber dennoch empfindbarer, so zu sagen, in seinem eigenen Gefühle, das, obgleich an der Oberfläche (in den in ihrer specifischen Wirkung nur dem Gehirn gehorchenden Tastkörperchen) tauber, doch innerlich jede Gewebsfaser ausdehnend belebt, im höhern Reizzustande das Herz, als eine durch innerliche Rotation anschwellende Kugel zur Empfindung bringt, oder das Gehirn, als äusserlich emporgewölbte Decke. Dies Gefühl eines innerlichen Auftreibens der Nervenfasern ist gleichsam die Folge eines von dem entgegengesetzten Ende, eben dem Geschlechtspole, in sie eintretenden Stromes, der dem normalen des Bewusstseins entgegenwallt, und wenn es ihm gelingt, denselben völlig zu verdrängen, das Individuum, wofern nicht durch den Nervenarzt reclamirt, in die unumschränkte Gewalt eines besitzenden Dämon giebt, wogegen eine mässige Instillirung der geheimnissvollen Kräfte des untern Poles in das Gehirn das aus seiner jungfräulichen Ruhe aufgestörte Bewusstsein zu jenen, als ungewohnt zwar regellosen, aber eben deshalb um so glänzendern Anstrengungen treibt, wie wir sie in den prachtvollen Phantasiegebilden des Genius bewundern.

SEELENSTÖRUNGEN.

Besessene. Es war einmal, so wahr der Herr mein Zeuge ist, ein Weib, welches das Schauspiel besuchte, und mit einem Teufel im Leibe zurückkam. Wenn man nun den unsaubern Geist drängte und bedrohte, weil er es gewagt, eine der Gläubigen anzugreifen, erwiederte er: Ich habe Nichts gewagt, als was Recht ist, denn ich fand sie auf meinem Grund und Boden. (*Tertullian.*) — Die Erscheinung des Jesuskindes befreite den Erzbischof Edmund von Canterbury, das Holz Gabriel's die Nonne Marcella vom Teufel. — Im Dhaça-kumara-Caritam simulirt eine Prinzessin Besessenheit (wie Bentoresch, Gemahlin Ramses XIV.) durch einen Yaxa, den ihr Liebhaber austreibt, wie ein Brahmane den einen Ochsentreiber bedrängenden Pysachi, den der Lärm des Volks nicht erschreckte. — Der den heiligen Martin, als gefürchtet (wie Andere die peinigende Radegunde) anrufende Geist konnte von ihm nur in Tours niedergehalten werden. — Der besessenen Apollonia zu Spalt lief 1587 der böse Feind als dicke Natter zwischen Haut und Fleisch hin und her, und als ihn der katholische Dechant (trotz der Rivalität des protestantischen Geistlichen) austrieb, sahen Einige eine schwarze Amsel aus dem Munde entfliegen, wie St. Agricola erzählt. — Ausser

*) „Ach, diese Freuden der Liebe, die wir zusammen genossen, haben mich zu süss bezaubert. Ich kann nicht umhin, sie zu lieben, noch sie aus meiner Erinnerung verbannen. Sie umhüllen meine Schritte, sie verfolgen meine Blicke mit ihren angebeteten Momenten und füllen meine aufgeregten Adern mit aller Gluth der Sehnsucht und Begierden. Das ewige Luftbild schwebt noch mit allen seinen Illusionen über meinen schaudernden Nächten," schreibt Heloise an Abälard.

der Seelenwanderung durch Thiere, glauben die Celebesen, dass es der Seele grosser Fürsten beliebig freisteht, den Körper eines andern Menschen zum Aufenthalt zu wählen. Die Seele eines Prinzen kann z. B. in den eines Todtengräbers fahren, der dadurch sogleich zum Prinzen wird. Gefällt es ihr dort nicht und verlässt sie ihn wieder, so wird der Leib auf's Neue der eines Todtengräbers. Wird aber der Todtengräber, während er Prinz ist, ermordet, so kehrt die Seele des Prinzen wieder in den Himmel zurück, und die Leiche ist die des Todtengräbers. Im Jahre 1841 wurde die Fahne des Aufstandes in Macassar erhoben durch einen Moscheendiener, der sich von der Seele eines nach Ceylon verbannten Prinzen besessen fühlte, und von dem Volke in der Einsiedelei, wohin er sich zurückgezogen, aufgesucht, aber bald hingerichtet wurde. (*Schmidtmüller.*) — Gassner theilt die Grade der Besessenheit in 1) Belagerte und Angefochtene (circumsessi), 2) Bezauberte (obsessi oder maleficiati) und 3) eigentlich Besessene (possessi). Viele seiner Heilungen sind gerichtlich constatirt. (*Heinroth.*) — Nach Athenagoras weissagten die alten Propheten im Zustande der Verzückung, indem ihnen der heilige Geist einblies, wie ein Flötenspieler seinem Instrument. — Ausser den Priestern giebt es auch andere Individuen, vorzüglich weibliche, die als von Göttern Begeisterte auf den Tonga-Inseln erscheinen. Sie versinken grösstentheils in Niedergeschlagenheit und sind gedankenvoll, als ob irgend ein schweres Missgeschick sie niederbenge, und wenn dieses Symptom der Manie bei ihnen seine Höhe erreicht hat, so endigt es fast immer mit einem Ergusse von Thränen. Oft sind sie einige Minuten lang ohnmächtig, und der Paroxysmus der Abspannung überhaupt dauert meist eine Viertel- oder halbe Stunde. Man glaubt, dass sich hierin irgend eine Gottheit offenbare, um zu Reformirung von religiösen Vernachlässigungen aufzufordern. Der Sohn Finow's wurde vielfach vom Geiste des Tugoh Ahuh, des ermordeten Königs, inspirirt, und als Mariner ihn um eine Beschreibung seiner Empfindungen anging, erwiederte er, dass er seine Gefühle nicht wohl erklären, sondern nur soviel sagen könne, dass dann eine glühende Hitze in ihn komme, mit einer grossen Rastlosigkeit und Unbehaglichkeit, ja dass er dann seine persönliche Identität nicht einmal mehr wieder erkenne, sondern eine von seiner eigenen natürlichen Seele ganz verschiedene angenommen zu haben glaube, indem seine Gedanken auf ganz fremde und ungewöhnliche Gegenstände abirrend seien, obgleich immer noch empfänglich für die Eindrücke der umgebenden Dinge. Als Mariner weiter fragte, woher er wisse, dass es der Geist des Tuguh Ahuh gewesen sei, antwortete er: „Du Narr, wie kann ich dir denn sagen, wie ich es gewusst habe? Ich fühlte es so und wusste es so durch eine Art von innerlichem Wissen. Meine Seele sagte mir, dass es Tuguh Ahuh war.“ König Finow war zuweilen vom Geiste Mumui, eines früheren Königs von Tonga, inspirirt. — Ueber die Anfechtungen des Teufels, die ihr den ganzen Körper blutig schlugen, klagt die heilige Angela von Foligno († 1309): Nam in locis verecundis est tantus ignis, quod consuevi apponere ignem materialem ad extinguendum ignem concupiscentiae, donec confessor meus mihi prohibuit. — „Mein Sohn ging eines Tages in ein Haus (erzählt R. Simon), da begegnete ihm ein böser Geist, der ihn beschädigte, und krümmte seinen Mund. So wurde er auf seinen Händen und Augen verdreht.“ — Dr. Gray (homöopathischer Arzt in Newyork) erzählt in der Newyorker Zeitung (1853), wie ihm ein einen Grobschmied plagender Geist mitgetheilt habe, „dass er bis noch vor drei Wochen den Körper eines unnützen Burschen bewohnt habe und, da er jetzt zur Hölle fahren müsse, sich in der Zwischenzeit mit dem jungen Menschen amüsiren wolle.“ Doch gab er das Versprechen, ihn nicht weiter zu belästigen, und dieser verweigerte auch jede weitere Unterhaltung. — Etsi sunt interdum physicae causae furorum seu παραφροσύνης seu μανίας, tamen certissimum est, diabolos in aliquorum hominum corda ingredi et efficere furores et cruciatus in eis. (*Melanchthon.*) — Die Canadier begraben die Kinder auf solchen Stellen, wo insgemein viele Leute vorbeigehen, damit sich die Seelen der Schwangerschaft der Weiber bedienen können, um einen neuen Körper zu bekommen. (*Charlevoix.*) — Im armenischen Kloster Dar Rohat hatte sich der Matran (Bischof) einen Teufel, den er aus einem Besessenen ausgetrieben, dienstbar gemacht, um täglich das Haus zu fegen. (*Niebuhr.*) — Wesley hat seine Zweifel, ob Montanus, der Erzketzer (der, wie Eusebius sagt, vom heiligen Geist weggeführt wurde, der Schrift entgegen, und zwei Frauen mit Begeisterung füllte), nicht einer der heiligsten Männer des zweiten Jahrhunderts war. — Almost every girl now „struck" in Belfast (sagt Archdeacon Stopford) has „visions" (1859), where Christ mostly appears with a „gown of glory" or „with his glorious train," handing them over to the throne of his father. — The Irish malady (the revivals) is known to the people „as catching." — Die Saccare waren boshafte Dämonen auf Madagascar, von denen Männer und Frauen besessen wurden. Flacourt sagt davon: „Sie erscheinen in der Gestalt eines feurigen Drachen und quälen den Menschen für 10—15 Tage. Und wenn das geschieht, so giebt man ihnen einen Säbel in die Hand, und sie gehen tanzend und springend umher mit sonderbaren und ausgelassenen Bewegungen. Männer und Frauen des Dorfes umgeben den Besessenen oder die Besessene und tanzen gleichfalls und machen dieselben Bewegungen, um den Kranken, wie sie sagen, zu erleichtern. Und häufig geschieht es, dass sich in dieser Gesellschaft Besessene befinden, und der teuflische Dämon ergreift sie, und manchmal geschieht dies Vielen so." — Wurde Jemand in Tahiti von Krämpfen befallen, so war es eine Folge der Besessenheit durch Dämonen, die zuweilen das Gesicht zerkratzten, das Haar ausrissen und sonst misshandelten. — Beim Onnonhouarori (Verrückung des Gehirns) genannten Feste laufen die Irokesen in phantastischer Verkleidung in den Hütten umher und zerschlagen Alles, bis man ihnen ihre dunklen Träume auslegt. — Die Griechen unterscheiden Engastriten und Engastrimythen von den Dämonizomenoi. — Edepol larvarum plena est, heisst es bei Plautus von der verrückten Alcmene. — Die Teufel flogen in Vögelgestalt aus der kaffernden*) Frau am Tschad-See. (s. *Clapperton.*) —

*) Ein von dem Kabbalisten Rabbi Isaac Lorja beschworener Geist, der in eine Frau, als sie im Zorn das Wort Satan ausgesprochen, gefahren war, erzählte, wie nach dem Abscheiden von den Teufeln wegen seiner Sünden auf der Erde umhergetrieben, er zuerst in eine trächtige Rehkuh fuhr: „Als ich nun in ihren Leib gekommen war, hatte ich grosse Qual, weil die Seele eines Menschen und die Seele eines Thieres einander nicht gleich sind, denn jene gehet aufrecht, diese aber gehet liegend. So ist auch die Seele eines Thieres voll Unreinigkeit und ekelhaft und der Geruch der menschlichen Seele unangenehm, und ihre Speise ist nicht die Speise eines Menschen." Die von Schmerzen geplagte Hindin rannte wild umher, bis sie zerplatzte, und die wieder frei gewordene Seele fuhr in den Leib eines jüdischen Priesters in Sichem, wurde aber durch ismaelitische Pfaffen mit Zetteln, die an den Hals des Besessenen gehängt worden, ausgetrieben. Zwar können die Kräfte der Unreinigkeit an sich selbst Niemandem etwas Gutes oder Böses thun, aber „weil die Pfaffen durch ihre Beschwörung so viel unreine Geister in den Leib des jüdischen Priesters brachten, dass ich fürchtete, dieselben möchten sich an mich hängen, so fand ich für besser, auszufliegen." Dann kam sie nach Zephath und fuhr in den Leib der Frau, aus der sie der Kabbalist beschwor auszufahren, und zwar durch kein anderes Glied, als die kleine Zehe des linken Fusses, „weil das Glied, durch das der böse Geist ausgehet, verdorben und gänzlich untüchtig gemacht wird." Die kleine Zehe schwoll, und der Geist zog fort, kam aber nach einiger Zeit wieder, um an den Fenstern und Thüren des Hauses zu rumoren, bis der Rabbi ein Mesusa

Theophilus erhielt zu Adana 537 sein Teufelspact durch Maria zurück, wie Michael Schramm (1612) durch die Jesuiten in Nettesheim. — Als ein bajlchinscher Samojede in Phantasien starb, die als Folge einer Besessenheit angesehen wurden, und sein Sohn später ein ähnliches Uebel bekam, so beschlossen die Verwandten, den Teufel, damit er nicht erblich in der Familie würde, zu tödten, was wegen seines tiefen Sitzes mit spitzen Pfählen geschah, womit man den Schlafenden durchbohrte. (*Castrén.*) — Die Wasaramo verbrennen mit einem Zauberer zugleich seine Nachkommenschaft. — Ein scandinavischer Häuptling gelobte dem Gott, der die Sonne erschaffen hat, ein uneheliches Kind aufzuziehen, damit sein Bruder von der Berserkerwuth befreit würde. — Nach Philo liessen sich nur die bösen Engel, die der Erde näher sind, in Körper einschliessen, was die guten stets verschmähten. — Der Popo (bei den Wanika) flieht vor dem blauen Känike des Doctors, der Exarch Smaragdus wurde zur Strafe besessen. — Die Zwickauer mit Carlstadt waren von unreinen Geistern besessen, nach Luther, der vom Teufel klagt: Multas noctes mihi satis amarulentas et acerbas reddere novit. — Nachdem der Teufelsglaube geschwunden, sind auch die Besessenen nicht mehr vom Teufel in Besitz genommen, andere Geister müssen herhalten, das innere subjective Gefühl zu objectiviren. Die sittliche Anna Elisabeth Lohmann spricht, von einem noch lebenden Jägerburschen besessen, im Tone eines irreligiösen, rohen Jägers mit rauher Stimme, der alte nüchterne, brave Bauersmann J. (bei Kerner) ruft als dämonische Stimme des verstorbenen Schultheissen seiner Frau zu: „Sau, weisst du denn nicht, dass ich schon sechs Jahre lang in deinem Esel bin?“ Der Mann in Bicêtre, der sich einbildet, von einem Husarenofficier besessen zu sein, handelt in dessen Geiste, weckt durch Trompetengeschmetter des Nachts seine Nachbarn und schiesst einen todt. (s. *Schindler.*) — „Wie ich nicht mein eigen war und auch nicht ein einziges meiner Glieder nach meinem Willen gebrauchen konnte, so verhinderten mich auch die Teufel, wenn ich mit einem Priester zusammenkam, und machten, dass ich ihm widersprechen musste (schreibt die besessene Nonne Fery von sich). Ich disputirte viel mit ihnen, brachte spitzfindige Sachen auf die Bahn, die mir selbst zu schwer waren, und hätte ich für meine Person es nicht fassen und widerlegen können.“ — Prof. Schuppert in Giessen beklagt sich über die Peinigungen der Geister und sagt von den Backenstreichen, die seine Frau erhielt: „Die Schläge aber, obschon sie so schrecklich auf den Backen geklatscht, haben ihr doch nicht so weh gethan, als man es aus dem Klatschen hätte urtheilen mögen.“ — Die Nonnen des von den abgefallenen Geistern in Cambrai (1491) in Besitz genommenen Klosters liefen wie Hunde durch die Felder, erhoben

---

an die Thür heften liess. Ein anderer Geist erzählt unter seinen Erlebnissen, dass er einmal in ein Mühlrad fuhr und dasselbe zerbrach. (s. *Eisenmenger.*) — Mariner erzählt von einem Häuptling der Tonga-Inseln, der inspirirt wurde, aber ohne zu wissen, von welchem Gotte. Er versank plötzlich in einen ausserordentlichen Kleinmuth und ward dann ohnmächtig. Als er wieder zu sich kam und sich immer noch sehr abgespannt fühlte, ward er in die Wohnung eines Priesters geschafft, der ihm offenbarte, dass ein seit Jahren verstorbenes Mädchen, die sich in Bolotuh befinde, die Urheberin seiner Begeisterung sei. Sie sei mit glühender Leidenschaft in ihn verliebt und wünsche seinen Tod, um sich mit ihm vereinigen zu können. Der Häuptling gestand, es selbst vermuthet zu haben, da er seit mehreren Nächten eine weibliche Gestalt im Traume gesehen, und starb bald darauf. — Die Engel heissen Malach oder Gesandte (Melech oder König, Dios). Ein jeder Mensch hat seinen Engel, der für ihn redet, als sein Masal (Genius oder Glück), und für ihn betet, damit der h. gebenedeite Gott ihn erhört. (Orchadesh.) Damit Elias, der wieder unter die Menschen kommen sollte, leicht und geschwind an allen Orten erscheinen konnte, ist er mit Leib und Seele weggenommen worden und allezeit lebendig in seiner Zusammenfügung geblieben (nach Abarbenel).

sich wie Vögel in die Lüfte, kletterten wie Katzen an den Bäumen in die Höhe, hingen sich an den Zweigen auf, machten Thierstimmen nach und weissagten, obwohl sie der Papst in Rom selbst bei der Messe exorcisirte. (*Del Rio.*) — Wer durch den Eros mit den Göttern zu verkehren weiss, ist, nach Plato, ein dämonischer Mann, zum Unterschied vom Gemeinen. — Die syphilitischen Convulsionärinnen im Bicêtre (1790 und 1793) heilte Cullerier durch Hineinwerfen in kaltes Wasser. — Als der Prediger im Hause der Wittwe zu Kjöge (1607) zu beten anfing, purzelte der Teufel aus der Naht des Mantels, worin er gesessen. — Der Maria Fleischer zu Freiburg renkten die Teufel alle Glieder aus und die Engel renkten sie wieder ein. — Die Somnambulen stellen (nach Werner) die Verbindung Gottes mit den Menschen oft als Ehe dar. — Die heilige Therese wurde von dem feurigen Pfeil des Engels gequält. — Das erste durch seine Erweckungen berühmte Campmeeting wurde zu Cane-Ridge in Tennessee unter den Hinterwäldlern von methodistischen Predigern (1799) abgehalten, das zweite am Descha-Bach. — Ueber die Hexenpatres in Frankreich schreibt Garinet: „Il n'y a pas encore cinquante ans, que le père Apollinaire fut surpris au lit, chassant le diable des parts inférieures de la servante d'Henriet, curé de St. Humiers. Le charitable capucien se vanta humblement d'avoir reçu durant cette bonne oeuvre un coup de pied de la pâte d'Astaroth, démon de l'impudicité, qui se mit à beugler, disait-il, contre son séraphique père Saint-François, dès l'instant, qu'il lui avait faire sentir son cordon.“ — Agobard von Lyon curirte eine Besessene durch Auspeitschen, ebenso (1588) der Bischof von Amiens Lydus durch Drohen mit den hanfenen Postronken, Boerhave die Haarlemer Waisenkinder, bei den Mädchen von Charenton (1682) wirkte die Ruthe.

Wie Erman von den jakutischen Frauen, erwähnt Castrén mehrere Beispiele von der Schreckhaftigkeit der lappischen. Ein durch plötzliches Händeklatschen erschrecktes Weib fuhr wie rasend empor, alle Umstehenden zerbeissend und zerkratzend. Eine durch den ungewöhnlichen Anzug eines entgegenkommenden Kareleu frappirte warf ihr in den Händen gehaltenes Kind in's Meer. Als man mit einem Hammer an die Aussenwand einer Hütte pochte, in welcher terskische Lappen in gleichgültigem Gespräche beisammen sassen, fielen Alle augenblicklich auf den Boden, zappelten ein wenig mit Händen und Füssen und lagen unbeweglich wie Leichname. Nach einer Weile fingen sie wieder an, sich zu bewegen und sich zu verhalten, als ob nichts Ungewöhnliches passirt wäre. — Viele Individuen fürchten sich jetzt eben so sehr vor der Polizei, wie einst vor den Hexen und Dämonen. (*Esquirol.*) — Eine Besessenheit-Epidemie brach 1554 unter den Nonnen des Klosters Kerndrop aus, und die Köchin, die man als Zauberin angab, wurde verbrannt. — Aehnlich den Nervenkranken hat Esquirol bei den Besessenen häufig einen stark ausdünstenden Geruch wahrgenommen (wie heilige Mönche *Laster* zu riechen vermochten). — Die scrophulösen Kinder haben eine eigene Neigung zur Geophagie, die sich, wie bei americanischen Stämmen, auch bei den westindischen Negern (wo sie oft als Mittel zum Selbstmord verwendet wird) findet und auch sonst vorkommt. So heisst es von Hadschadsch, dass er den griechischen Arzt Theodokos um ein Mittel gegen das Essen des Thones gefragt und denselben weggeworfen und nie wieder berührt habe, als dieser antwortete, dass ein fester Wille genüge. — Mariner erzählt Fälle aus seinem Aufenthalte auf den Freundschaftsinseln, wo Häuptlinge sich plötzlich von einem Mordtriebe befallen fühlten und die begegnende Person, ohne selbst zu wissen weshalb, tödteten. Der reizbare Finow behauptete, dass sein zorniges Auffahren eine Art Krankheit sei, die vom Bolotuh über ihn gesandt worden. Als sein Sohn das Fühlen des Pulses gelernt hatte, pflegte er sich selbst durch die Beobachtung desselben in heftigen Aufwallungen zu mässigen. — Plötzliche Wahnsinnsanfälle kommen unter den Negern vor, während (nach Livingstone) Stupidität seltener ist und dauernder Wahnsinn wohl kaum beobachtet wird (indem die Wilden nur in den untersten, durch die körperliche Organisation zu fest bedingten Nervenschichten denken, als dass dort durch geistige Einwirkungen allein fortdauernd materielle Störungen eintreten, wie es aber um so leichter ist, je künstlicher und höher sich ein reines Ideengebäude entwickelt. Jedes irgendwie plötzliche Uebertreten über jene niederste Sphäre ergreift dann dagegen sogleich bei dem Wilden das gesammte Individuum in den Erscheinungen übernatürlicher Inspiration). — Nach Mariner hatten die Tongas kein Wort, um den ätherischen Theil des Menschen, unter dem sie die Seele auffassten, auszudrücken, denn das annähernde Wort Loto bezeichnete mehr Neigung, Leidenschaft und Gefühl. Die Seele soll im ganzen Körper wohnen, besonders aber in dem Herzen, dessen Pulsschläge ihre Kraft andeuten. Die rechte Herzkammer ist der Sitz des Lebens, das Gehirn der des Gedächtnisses, da man beim Nachsinnen die Hand an die Stirn lege, die Leber der des Muthes. Der chinesische Uebersetzer einer englischen Physiologie behauptet, dass den Chinesen das Gehirn schon als Sitz des Gedächtnisses bekannt gewesen, da Substanzverlust bei einem Gelehrten durch Kuhgehirn ersetzt worden sei, worauf nun zwar jener fortgelebt hätte, aber als ein anderer Mensch. Ellis erzählt, wie man auf Tahiti Schweinsgehirn verwandte, aber nur eine tödtliche Gehirnentzündung hervorrief. — Quant au tétanos (dit Piorry) ce que l'on peut dire de plus remarquable, c'est que les nègres en sont affectés pour la moindre piqûre, tandisque les blancs dans les mêmes circonstances n'en sont pas atteints. — In den tropischen Affectionen des Nervensystems zeigt sich das Rückenmark leichter erregbar, als das Hirn bei den Negern, auch bei den Indianern und Creolen in America sowie bei den Eingeborenen in Ostindien, während bei den Europäern eine Neigung zu Hirn-Congestionen und zu Delirien überwiegt. (*Mühry.*) — Im Gegensatz zum apathischen Indifferentismus der tropischen Neger, die stumpfsinnig den Tod sich nahen sehen, leben die Polarvölker in einem Zustande aufgeregter Reizbarkeit, die bei den Koräken, Tschuktschen, Kurilen, Kamtschadalen jeden Augenblick, gleich den Japanen, zum Selbstmord führen kann. — Nach Högström kommt bei den Lappen oft ein solcher Grad von Excitabilität vor, dass sie die ausserordentlichsten Erscheinungen manifestiren. Wenn ein Individuum den Mund öffnet oder schliesst, oder mit dem Finger auf irgend einen Gegenstand zeigt, oder tanzt, oder irgend eine andere Geberde macht, so werden diese Bewegungen von Allen, die sie bemerken, nachgeahmt. Wenn der Anfall vorüber ist, so fragen sie, ob sie etwas Unpassendes gemacht hätten, denn sie wissen selbst nicht, was sie dann thun. Wenn der Pfarrer in der Kirche zu heftig gesticulirt, so sollen sie manchmal wie todt hinfallen, oder wie Verzückte aufspringen und umherrasen. — Die unter den sibirischen Frauen häufige Nervenkrankheit (mirak) wird der Magierin Shiganskaja zugeschrieben. — Das Amoklaufen, als eine durch Opiumgenuss oft verstärkte Raserei aus Rache oder Eifersucht, ist besonders häufig (nach Junghuhn) bei den Macassaren, die das Princip der Wiedervergeltung bis auf's Aeusserste treiben. — Die Tscherkessen gerathen zuweilen in eine Art von (Berserker-) Wuth, die sie zu Mord und Zerstörung treibt. — Wir sahen mit unseren eigenen Augen, sagt Delancre (der Untersuchungsrichter in die Dämonomanie zu Labourd 1609), dass, sobald die Angeklagten die ersten Worte des Geständnisses ausgesprochen hatten, der Teufel ihnen an die Gurgel sprang und ihnen von der Brust bis zum Schlunde ein Hinderniss aufsteigen liess. — Der Pfarrer Gaufridi, den der aus der Nonne Louise sprechende Teufel Verrine als Fürsten aller Hexenmeister zu Spanien, Frankreich, England und der Türkei anklagte, und dass er Lucifer als leibeigenen Dämon besitze, wurde zu Aix (1611) verbrannt. — Marie du Saint-Sacrement musste (1642) viele Hostien (in welche der sie besitzende Teufel gefahren war) zurückweisen, weil ihr der eine Theil immer schwarz erschien. (*Bosroger.*) — Die Frau Clusette durchlief tanzend und springend (1681) die Strassen eines Dorfes bei Toulouse, indem sie schrie, sie wäre Robert und dieser wäre der Herr der Welt. (*Bayle.*) — Marie de Sains, die (1613) von Lucifer einen Zauber empfangen, um die Nonnen der heiligen Brigitte zu Lille zu verderben, erzählte (in ihren Aussagen vor dem Erzbischof von Malines), dass ihr Jesus erschienen sei und ihr verkündet habe, dass er die Nonnen beschützen wollte und die Schläge der Zauberer von ihnen abwenden, dass die Jungfrau Maria sie beschworen, wieder zu Christus zurückzukehren. Sie aber schmähte beide, ja bei einem neuen Besuche schlug sie den Erlöser in's Gesicht und versuchte, ihn mit einem scharfen Eisen zu durchstechen. Auch der heil. Dominicus, Bernhard u. A. sind ihr erschienen, sie hat sie mit eigenen Augen erblickt, und als sie in einem Wuthanfalle die Schwester Peronne mit einem Messer durchbohren wollte, traten die Heiligen, den tödtlichen Streich abwehrend, herbei. (*Lenormand.*) — Ellis, von den convulsivischen Zuständen sprechend, die unter den heidnischen Tahitern gewöhnlich waren, sagt: „It is unnecessary now to enquire, whether satanic agency affects the bodies of men. We know this was the fact at the time our Saviour appeared on earth. Many of the natives of these islands are firmly persuaded, that while they were idolaters, their bodies were subject to most excruciating sufferings, from the direct operation of satanic power. Since the natives have embraced Christianity, they believe they are now exempt from an influence, to which they were subject during the reign of the evil spirit." — Irre wurden in Tahiti in hoher Achtung gehalten und in ihren Handlungen, die eines Gottes und nicht eines Menschen wären, nie beschränkt. — Geübte Revivalprediger wissen durch einen besonderen Ton ihrer Stimme die hysterischen Mädchen der Manufacturdistricte in einen Zustand der Convulsiones zu werfen. (1859.) — Il s'est établi (sagt Dubois von den Hypochondern) de rapports tellement intimes et tellement vicieux entre le sensorium commune et l'estomac, que l'appétition, par exemple, est plutôt sous la dépendance du premier, que du second et que la chymification est presque entièrement conforme aux cours des idées.

Exorcisation. Den bösen Feind Orloff trieb der Dompräbendar Cornäus zu Mainz (1725—1726) aus Elisabetha Ulrichen, einen Spulwurm (1680) der protestantische Stadtpfarrer zu Krailsheim aus Agnes Schleicher, aus F. Secretain kam er als Schnecke. Der von Apollonius exorcisirte Dämon warf ein Standbild um, und Vespasian sah einen nach Judenweise aus der Nase ziehen. In Tyrol fahren die Teufel in die (nicht zu Zahnstochern gebrauchten) Grashalme. Der die A. Geisselbrecht besitzende Teufel gesteht, als der Dechant die Hostie auf ihren Kopf legt (1587), Schwamm (Schwalm oder schwebender Schatten) zu heissen. — Gegen den Dämon eines gefallenen Soldaten, der, da seine Frau sich wieder verheirathete, aus Weiberhass einen Knaben besass, erhielt die Mutter einen Drohbrief von den indischen Weisen. Die von den Capuzinern in den Nonnen von Loudun beschworenen Teufel antworteten in einem Kirchenlatein, und Astaroth entschuldigte sich später mit seiner Jugend, als man ihm lateinisch zuredete, Beelzebub mit dem Vorgeben, dass er ein armer Teufel sei, obwohl ihnen gedroht wurde, die von Gott bestimmten Strafen noch um 100 Jahre zu vermehren, und die Richter waren zweifelhaft, wie weit ein Teufel verpflichtet sei, Gelehrsamkeit zu besitzen. — Nach Louise Capeau (1611) suchen die in verschiedenen Leibern sitzenden Teufel einander aus Hass aufzufressen. Beim Examen des Bischofs von Evreux (1643) erklärten die Nonnen zu Louviers, bösen Geistern zur Umhüllung zu dienen. — So oft der heilige Augustin (Apostel von England) den Noncommunicanten bei der Messe sich zurückzuziehen befahl, ging ein excommunicirter Priester (wie der Einsiedler in Alexandrien) aus seinem sich öffnenden Grabe hervor, bis er absolvirt wurde. (*Bromton.*) — Als Juan Perez, bei der Inquisition wegen Läugnung des Teufels angeklagt, denselben mehrmals nach Angabe eines Zauberers, aber ohne Erfolg, gerufen zu haben gestand, setzte man ihm auseinander, dass Gott zuweilen besondere Zwecke habe, eine Verschreibung nicht gelten zu lassen, und legte ihm Abbitte und Gefängniss zur Busse auf. — Extrait de la sentence donnée contre les démons, qui sont sortis du corps de Denyse de Lacaille: Nous, étant dûment enformés, que plusieurs démons et malins esprits venaient et tourmentaient une certaine femme, nommée Denyse de Lacaille, de la Landelle, nous avons donné à Laurent Lapot toute puissance de conjurer lesdits malins esprits. Ledit Lapot ayant pris la charge, a fait plusieurs exorcismes et conjurations, desquels plusieurs démons sont sortis, comme le procès-verbal le démontre. Voyant que de jour en jour plusieurs diables se présentaient, comme il est certain, qu'un certain démon, nommé Lisel, a dit posséder ladite Denyse, nous commandons, voulons, mandons, ordonnons audit Lisel de descendre aux enfers, sortis hors du corps de ladite Denyse, sans jamais y rentrer et pour obvier à la revenue des autres démons, nous commandons, voulons, mandons et ordonnons, que Belzébub, Satan, Motelu et Briffault les quatre chefs et aussi les quatre légions, qui sont sous leur puissance, et tous les autres, tant ceux, qui sont de l'air, de l'eau, du feu, de la terre et d'autres lieux, qui ont encore quelque puissance de ladite Denyse de Lacaille, comparent maintenant et sans délai, qu'ils aient à parler les uns après les autres, à dire leur noms de façon qu' on les puisse entendre, pour les faire mettre par écrit. Et à défaut de comparoir, nous les mettons et les jetons dans la puissance de l'enfer pour être tourmentés davantage, que de coutume et faute de nous obéir, après les avoir appelés par trois fois commandons, voulons, mandons, que chacun d'eux reçoive les peines imposées ci-dessus, défendant au même Lisel et à tous ceux, qui auraient possédé le corps de ladite Denyse de Lacaille, d'entrer jamais dans aucun corps tant de créatures raisonnables, que d'autres. Suivant quoi ledit Lisel, malin esprit, prêt à sortir, a signé ces présentes. Belzébub paraissant, Lisel s'est retiré au bras droit, lequel Belzébub a signé, pareillement Belzébub s'étant retiré, Satan apparut et a signé pour sa légion se retirant au bras gauche, Motelu, paraissant, a signé pour toute la sienne, s'étant retiré à l'oreille droite, incontinent Briffault a comparu, et a signé ces présentes. Signé: Lisel, Belzébub, Satan, Motelu, Briffault. Le signe et la marque de ces cinq démons sont apposés à l'original du procès-verbal. Beauvais, 12. Dec. 1612. — Im apocryphischen Evangelium der Kindheit treibt Jesus durch seine Windeln (die die Magier unverbrennlich fanden), Drachen zurückschreckend, die unreinen Geister aus, bald als Raben und Schlangen, bald als Hunde, bald (von einem Mädchen) als Jüngling. — Der Wahnsinn kann den Menschen gegen äussere Dinge gleichgültig stimmen, wie die Gewohnheit die Galiläer, und Vernunft und Nachdenken sollten uns zu der Ueberzeugung erheben, dass die Gottheit die ganze Welt als ein vollendetes Ganze und die Theile desselben um des Ganzen willen geschaffen hat. (*Epictet.*) — Ein Mönch in Brasilien erzählte an Coreal, welche Mühe er einst gehabt, eine Seele aus den Klauen des Teufels zu retten und zwar nach einer von der Jungfrau erhaltenen Warnung. Er las erst vier Messen, ohne dass er im Geringsten erkennen konnte, dass zwei Teufel die von ihnen gehaltene Seele fahren lassen wollten. Bei der fünften Messe verzog der Eine sein Gesicht auf hässliche Art, bei der sechsten fingen Beide an mit den Füssen zu wanken, bei der siebenten schäumten sie vor Zorn, bei der achten erhielt die gefangene Seele Ohrfeigen, bei der neunten Nasenstüber, aber bei der zehnten riss sie der Mönch los und sandte sie in's Paradies, die Teufel aber in die Hölle. — Mit der fallenden Sucht Behaftete werden nach dem jacobitischen Kloster Dar Mar Malki gebracht, um durch das Gebet der Geistlichen curirt zu werden. — „Hinsichtlich der Besessenen brauche ich nicht erst an den Meister dieser Kunst, den berühmten Syrer aus Palästina zu erinnern (Alle kennen ja den merkwürdigen Mann), welcher Leute, die beim Anblick des Mondes umfallen, die Augen verdrehen und Schaum vor dem Munde haben, aufstehen heisst und sie gesund und für immer frei von ihrem Uebel wieder nach Hause schickt, wofür er sich jedesmal eine schöne Summe zahlen lässt. Er stellt sich nämlich vor den zu Boden liegenden Kranken und fragt, woher er in diesen Leib gefahren sei? Auf das spricht der Kranke selbst kein Wort, aber der böse Geist antwortet auf Griechisch oder in irgend einer ausländischen Sprache, wo er eben zu Hause ist, wie und woher er in diesen Menschen gekommen sei. Jetzt rückt der Mann mit Beschwörungen und, wenn der Geist nicht gehorchen will, mit Drohungen heraus und treibt so den Unhold aus dem Leibe. Ich selbst sah einmal einen solchen Geist ausfahren, der ganz schwarz und rämsig aussah," erzählt Ion. (*Lucian.*) — Der besessene Diener von Mynheer Clatz wurde (im 15. Jahrhundert) durch das Gebet der Judith exorcisirt, indem er aus seiner Geschwulst einen Gürtelriemen, Fadenknäuel, Salz, Nadeln, Zeugfetzen und Pfauenfedern erbrach. — Nach Gellius glaubten die Egypter, dass das Herz jährlich an Gewicht um zwei Quentchen zunähme, bis zum 50. Jahre, und dann ebensoviel abnähme. — Nach Mattheau de Paris wurde der ketzerische Simon de Tournay mit Stummheit und Taubheit geschlagen und konnte erst später, als Gottes Zorn etwas besänftigt war, wieder beginnen, von seinem Sohne das Pater und Credo stammeln zu lernen. Ebenso erzählen die Bettelmönche, dass, als die Verdammung des Buches de tribus Impostoribus ausgesprochen wurde, sich die Augen des Thomas de Catimpré zu verdrehen begannen, er wie ein Ochse zu brüllen anfing, sich convulsivisch umherrollte und alle seine Wissenschaft vergass, ausser dem Namen seiner Concubine. (*Renan.*) — Zu Friedeberg in der Neumark wurden 1593 eine Menge Menschen vom Teufel besessen, die in der Kirche viel Unfug verübten, so dass der Prediger (Lemrich), der sich vorher viel mit diesen Leuten abgegeben und unterredet hatte, sich einstmals selbst auf der Kanzel, da er davon predigte, wie ein Besessener geberdete und auch dafür gehalten wurde, welches die Macht des Teufels noch mehr in Ansehen brachte. (*Möhsen.*) — Marthe Brossier, deren Teufel schon durch das Lesen der lateinischen Aeneide in Orleans gequält wurde (1599), wurde noch von den Capuzinern in Paris exorcisirt, die gegen die medicinische Behandlung der Aerzte eiferten. — Nach Plater erkennt man einen Menschen, der an einem von Dämonen bewirkten Wahnsinn leidet, daran, wenn er Geister um sich herum erblickt, wenn er längere Zeit schweigt, keine Nahrung zu sich nimmt, wenn er seinen Körper in seltsame Stellungen biegen kann, wenn er den Dämon aus seinem Munde reden hört, wenn er Vergangenheit und Zukunft verkündet, verborgene Dinge ahnt und eine Zunge redet, die er nie gelernt hat. Die von Dämonen herrührenden functionellen Störungen dürfen nicht durch gewöhnlich therapeutische Mittel bekämpft werden, sondern die Theologen müssen die Dämonen durch Gebete verscheuchen (1736). — Delacourt, apostolischer Missionär in Cochinchina, erzählt (1738) in einem Briefe an Winslow seine Exorcisirung*) eines besessenen Christen, dessen Dämon auf sein Latein antwortete: Ego nescio loqui latine, aber trotz zehntägiger Exorcisationen seinerseits und dann auch zweier anderer Missionäre nicht ausfahren wollte, bis nach Ablegung einer reinigen Beichte die Anfälle endlich unter den Exorcisationen in längeren Intervallen kamen und schliesslich ganz ausblieben, nachdem einmal der Teufel auf Befehl den Körper mit dem Kopfe nach unten an die Kirchendecke gezogen und dort die Falschheit der heidnischen, sowie die Heiligkeit der christlichen Religion laut bezeugt hatte. — Die Bettelmönche pflegten krankes Vieh, worin der Teufel (wie einst in die Schweine) gefahren, zu exorcisiren, und als ein Bauer sich beklagte, dass seine Kuh, trotz der Bezahlung, doch gestorben sei, entschuldigte sich der Capuziner damit, dass er in der Eile die Ochsenexorcisation vorgenommen hätte, die für eine Kuh allerdings zu stark gewesen sei. — Doppelt war gleichsam das Herz des betrübten Königs: | wie eine Schaukel eilte er wieder und wieder fort | und kehrte wieder und wieder zur Hütte zurück, heisst es (in Nalas und Damajanti) von Nalas, als der böse Dämon Kalis in ihm gefahren war. (Mahabharata.) — Die Rabbinen treiben die Ruache aus den Besessenen mit dem Nidui und Cherem (grossen und kleinen Bann). — In dem zweiten Exorcismus bei der griechischen Taufe heisst es: „Daher beschwöre ich dich, du böser, unreiner, stinkender, abscheulicher und verworfener Geist, durch die Kraft Jesu Christi. Fahre aus aus diesem Menschen und komme nicht wieder. Weiche und erkenne deine Schwäche, nach welcher du nicht einmal über Schweine Macht hast.“ (s. *Heineccius*.) — „Nach deinem Tode sollst du in Ewigkeit nicht zu Asche werden, sondern wie Stein und Eisen ewiglich unverweslich liegen und zwar zum Zeugniss über dir, wenn du nicht Busse thust.“ heisst

*) Die besessenen Töchter des normannischen Herrn de Loynes, die wie Hunde bellten, wurden durch Beaufsichtigung und Einschliessung in ein Seminar curirt (1738). — Van Helmont setzte die geistigen Fähigkeiten in den Magen. — Ein 1816 von Mimi, Zozo und Crapaulet besessenes Mädchen bei Amiens wurde im Hospital geheilt. — Da bei Melancholikern das dicke Blut nur langsam fliesst, so hält man es für eine Wirkung des Teufels, wenn bei Nadelstichen Nichts hervorkam. — Die blauen Teufel sind Gebilde der Hypochondrie. — Nicolai wurde durch Blutigel von seinen Visionen geheilt. — Melanchthon wagt nicht zu entscheiden, ob die der Wittwe seines Onkels erschienenen Gespenster abgeschiedene Seelen oder böse Geister gewesen seien. (*Leloyer.*) — Das Mädchen von Salamanca, das als die Gattin Gottes (1811) beständig von ihrer Schwiegermutter (der heiligen Jungfrau) begleitet war, wurde von den sie in Madrid untersuchenden Commissarien des Papstes als nicht verdächtig befunden, weshalb man zu warten beschloss, bis die Vorsehung zu erkennen gäbe, ob der sie beherrschende Geist von Gott oder dem Teufel sei. In den Unterhaltungen, die der Inquisitorgeneral und andere hohe Geistliche vielfach mit ihr gepflogen, war ein Theil überzeugt, dass sie vom heiligen Geiste erfüllt sei, während Andere sie für fanatisch hielten. (*Llorente.*) — Das Parlement der Franche-Comté erliess 1572 ein Reglement pour chasser les loups garoux. (*Dros.*) — Eine 1606 auf Verurtheilung des Parlaments in Paris wegen Umgang mit einem Incubus verbrannte Frau gestand es für eine Sünde, mit einem anderen, als ihrem Manne zusammengeschlafen, aber hielt es für keine Sünde, mit dem Geiste zu thun gehabt zu haben.

es in der griechischen Exorcisation. (s. *Heineccius.*) Sultan Mohamed liess eine unter Gennadius unabsolvirt gestorbene Wittwe ausgraben, deren Körper wie eine Trommel angeschwollen im Grabe lag, aber mit Geräusch zerfiel, als sie der Patriarch in der Kirche vom Banne lossprach. Die Bauern schreiben plötzliche Todesfälle dem umgehenden Burcolaceas zu, graben deshalb die unverwesten Körper aus, um sie von dem Priester absolviren zu lassen und in's Feuer zu werfen. Nach Tertullian balsamirten die Christen die Todten ein. Die Unverwesbarkeit der Leichen in Kiews Felsenkloster gilt als Beweis ihrer Heiligkeit. — In dem „Baptism for the dead“ erlösen die Mormonen renige Seelen ihrer Vorfahren, die sich in dem Prüfungsstadium der andern Welt befinden, und die dadurch Geretteten werden dem Haushalte des Getauften, als ihres Patriarchen, bei der Auferstehung zugewiesen. — „Der Teufel Dagon, der in dem Körper der Marie du Saint-Esprit (im Nonnenkloster der heiligen Elisabeth zu Louviers) steckte (1642), näherte sich ein Mal sehr wüthend dem Altare, um sich auf die heilige Hostie zu stürzen. Der Vater Esprit, der gerade die Messe abhielt, rief ihm entgegen: „Siehe hier den lebendigen Gott, wagst du ihn zu berühren? weiche von hinnen!“ Dagon, in der grössten Wuth, wollte fortwährend die beiden Hände des Mädchens um die Hostie herumlegen, um sie zu zerbrechen, aber obgleich die Finger sehr nahe herankamen, so konnte sie doch sie nicht berühren. Da warf er das arme Mädchen mit grosser Heftigkeit zurück, fasste dann wie ein Hund den Kelch mit den Zähnen, den der Vater in der Hand hielt, und als ihm dies verboten wurde, streckte er dem Mädchen zum Spotte die Zunge heraus und liess sie das Innere des Kelches auslecken.“ (*Bosroger.*) — Der Louise de l'Ascension (im Kloster der heiligen Elisabeth zu Louviers) wurden (1642) besonders zur Zeit der Beichte oder der Communion von ihrem Dämon Arphaxat zwei oder drei Stunden täglich alle Glieder auf das scheusslichste verdreht und ihre Sinne genommen. Er warf sie auf die rechte Hälfte oder den Bauch, so dass sie die Erde höchstens mit einer Oberfläche von vier Zoll berührte, während der übrige Körper in der Luft schwebte, beide Arme ausgestreckt und nach hinten von unten nach oben gekrümmt, den Kopf nach hinten zurückgebeugt, fast bis zu den Lenden, so wie man die Sirenen abmalt, die Füsse und Beine ebenso nach hinten nahe am Kopfe, ohne dass aber irgend ein Theil des Körpers die Erde berührte. Marie du Saint-Esprit war wie eine grosse Schlange, die sich zusammengewickelt, in sich gefaltet und gekrümmt. (*Calmeil.*) — Bei der vollkommenen Umwandlung der Persönlichkeit in dem hysterischen Teufelswahne des Elisabethenklosters zu Louviers, waren die Besessenen*) ganz

*) „Es scheint mir,“ sagte Simone Gourlet (die des Umgangs mit dem Teufel Lucem beschuldigt, nach langem Leugnen den Anklagen der Besessenen beistimmte), „als sei mir Alles im Traume begegnet und dass ich nur Lügen vorbringe, und doch fühle ich, dass es nicht von meinem Willen abhängt, still zu schweigen oder eine andere Sprache zu führen.“ Hierbei ist es noch möglich, dass die Bekenntnisse zum Theil frei waren (wenn auch durch die nach einem bestimmten Typus formulirten Anklagen, durch das von Martern und Foltern der Richter unterstützte Hineinexaminiren hervorgerufen) und dass die Unglücklichen in dem Augenblicke, wo sie ihre Geständnisse ablegten, selbst von der Wahrheit ihrer Frevel überzeugt waren. (*Calmeil.*) — Als bei dem Besuche Gaston's von Orleans in Loudun (1635) der Pater Surin, der sich mit dem Prinzen unterhielt, eben die Exorcismen beenden wollte, fühlte er plötzlich die Angriffe des Isacarum, die sich durch allgemeines Zittern kundgaben. Er zwang den Dämon durch das heilige Sacrament sich zurückzuziehen und dieser sprang wieder in die Priorin zurück (die schon ruhig geworden war), ihr Gesicht auf's Neue verzerrend. Auf die vom Pater Tranquille an den Dämon gerichtete Frage, wie er die Frechheit haben könnte, einen Exorcisten anzufallen, antwortete dieser, er habe sich aus Wuth an ihm rächen wollen. (*Calmeil.*) — In Gegenwart des Herzogs von Orleans

Eins mit ihrem Dämon. Nicht sie sprachen, sondern ihr Dämon redete aus ihrem Munde. Marie de Jesus hatte vier Namen, ihren vier Qualitäten entsprechend. (*Calmeil.*)

---

in Loudun liess der Exorcist Beelzebub in das Gesicht der Elisabeth Blanchard steigen. Dabei schwoll ihr Hals bedeutend an, bewegte sich auf und nieder und wurde so hart wie Holz. Dann mussten auf den Wunsch des Prinzen auch die andern Teufel einer nach dem andern vorkommen. Jeder verursachte eine scheussliche Verzerrung des Gesichtes, aber jeder in einer verschiedenen Weise. — Um seine kräftigsten Exorcismen loszulassen und den Dämon trotz seines Widerstrebens zur Anbetung zu bringen, liess Pater Surin die besessene Priorin in Loudun (1635) in die Capelle gehen. Hier aber stiess sie gleich eine Menge von Schimpfworten aus, wollte die Umstehenden und selbst den Exorcisten schlagen, bis sie dieser endlich sanft in die Nähe des Altars führen und auf einer Bank festbinden liess, worauf er dem Dämon feierlichst befahl, sich vor Jesus zu demüthigen. Der Dämon verweigerte es unter den fürchterlichsten Schmähungen. Darauf sang Surin das Magnificat und als er an die Worte kam: Gloria patri, schrie die ruchlose Nonne, deren Herz vom Teufel erfüllt war: „Verflucht sei der Vater, der Sohn und der heilige Geist, Maria mit allen himmlischen Heerschaaren." Beim Ave Maria Stella mehrten sich die Schimpfworte gegen Maria und Gott. Auch das Gloria war nur eine Veranlassung zu neuen Schmähungen. Surin bemühte sich von Neuem, um den Teufel Behemot zu einer Abbitte zu bewegen. Man band die Besessene los, weil sie während der Beschwörung heftige Convulsionen bekam und man sich einbildete, dass der Teufel endlich gehorchen wolle. Aber Isaacarum liess sie auf die Erde fallen und begann seine wüsten Reden wieder. Gegen die neue Aufforderung des Exorcisten, sich wegen dieser Schmähung, als Busse, wie eine Schlange auf der Erde zu winden, und den Fussboden der Capelle an drei Orten abzulecken, sträubte er sich wieder, bis man Hymnen anfing zu singen. Da begann er zu winseln, rollte den Körper bis an's Ende der Capelle und leckte unter Zittern und Heulen mit einer langen, schwarzen Zunge den Fussboden ab. Auch am Altare that er es, dann erhob er sich von der Erde und blieb mit einem stolzen Gesichte auf den Knieen liegen, und als ihn nun der Exorcist mit dem Sacrament in der Hand zu einer Abbitte in Worten mahnte, verzog sich wieder sein Gesicht, der Kopf beugte sich nach hinten, aber aus der Tiefe der Brust erscholl eine starke und eifrige Stimme: „Königin der Himmel und der Erden, verzeih die Schmähungen, die ich gegen deinen Namen ausgestossen." (*Calmeil.*) — Der Teufel Behemot verliess manchmal auf einige Zeit den Körper der Jeanne von Belfiel (1636) in Loudun. Dieser Austritt wurde ihr durch eine Empfindung angekündigt, als wenn etwas aus ihrem Kopfe fortgegangen wäre. Den einen Abend wurde ihr der Teufel eine halbe Stunde lang sichtbar. Er war sehr hässlich, hatte eine grosse Schnauze, aus der Flammen sprühten, und packte sie mit grossen Krallen an. Er hatte ihr das Gedächtniss genommen, so dass sie nicht einmal beten konnte, Gott aber unterstützte sie in diesem Kampfe. An einem Donnerstag (erzählte sie) um neun Uhr Abends stellte mir Behemot mein ganzes Leben seit sechs Jahren vor, durch eine Stimme, die in meinem Kopfe redete (par une locution, qu'il faisait dans ma tête), besonders sprach er viel über die Zeit meiner Besessenheit und über das seltsame Gemisch von meinem Geiste mit dem seinigen. (*s. Leubuscher.*) — Surin, nach Loudun berufen, um einige widerspenstige Teufel (die bei der Priorin noch festsassen) auszutreiben, erklärte nach genauer Untersuchung, dass die Besessenheit wirklich existire und dass, wie er vor Gott und den Menschen beschwören konnte, die Dämonen ihm mehrere hundert Male Dinge entdeckt hätten, die er ganz still und heimlich in seinen Gedanken getragen. Er hatte sich kaum einen Monat mit der Besessenen abgegeben, als er selbst die Symptome einer Monomanie äusserte. Die Teufel hatten ihn durch den Mund der Priorin bedroht, sich an ihm zu rächen, und plötzlich verlor er mitten in einem Exorcismus die Sprache, die er erst durch Auflegung des Sacramentes auf den Mund wieder erlangte. Später kamen solche Anfälle öfter. Es war von einem Teufel (Isaacarum genannt), der auf dem Gesichte der Priorin sass und durch ihren Mund redete, deutlich zu sehen, wie er plötzlich von dem Gesichte der Besessenen verschwand und den Pater angriff, wie dieser die Farbe wechselte und durch Zusammenpressung der Brust am Sprechen verhindert wurde. Besonders hatte der Pater Surin in der Charwoche zu leiden, wo ihm der Teufel schon vorher angekündigt hatte, ihn die Leidensgeschichte durchmachen lassen zu wollen, und am Charfreitag Abend wand er sich in Gegenwart verschiedener Personen in heftigen Herzbeschwerden. (*Calmeil.*) Es ist mir, als ob ich zwei Seelen hätte, schreibt Surin an den Pater d'Attichi. Die eine ist ihres Körpers und ihrer Organe entkleidet und schaut zurückgezogen der andern eingedrungenen ruhig zu. Die beiden Geister bekämpfen sich im Körper, wie auf einem Schlachtfelde und die Seele ist zerspalten. Ein Theil in ihr ist dem Teufel unterworfen, der andere folgt seinen eigenen Eingebungen und den Gedanken, die von Gott kommen. Wenn ich durch Gottes Hülfe Ruhe und Frieden empfinde, so bricht zuweilen die grösste Wuth und das grösste Ungestüm in mir aus. Ich fühle den

Psychisches Contagium. „Es giebt Leidenschaften (sagt Southey im Leben Wesley's, des Methodisten), die ansteckender sind, als die Pest, und selbst die Furcht ist nicht so contagiös, als der Fanatismus. Als einmal die körperlichen Affectionen, Convulsionen und Schreie für das Werk der Gnade, für den Process der Regeneration, für die Wehen der Wiedergeburt erklärt waren, so war freie Willkür für jede Art von Ausschweifungen proclamirt. Und wenn der Prediger statt seine Zuhörer zu ermahnen, mit ihrem Herzen zu Rathe zu gehen in ihrem stillen Kämmerlein und ruhig zu sein, sie ermuthigt, jeden Zwang und jede Zurückhaltung abzulegen und sich vor der Gemeinde jenen gemischten Sensationen des Geistes und des Körpers zu überlassen, so sind die Folgen von solchem Gebahren leicht denkbar." — Als psychische Ansteckung*) zeigen sich viele der vermeintlichen Erfolge der Missionäre, wie sich in den Prayer-meetings der Neger zu Sierra Leone, in dem Gebetbuchlieder-Singen der Tahiter beobachten und von den Epidemien des Mittelalters, wie von denen in Schweden und Lappland, gleichfalls annehmen lässt. „Die letzten Tage der Charwoche (sagt Dobrizhoffer von den Abiponern) entbrannten sie, wenn sie von den Leiden des Heilandes hörten

---

Zustand der Verdammniss und fürchte ihn, und in der fremden Seele, die doch mein zu sein scheint, herrscht trostlose Verzweiflung, und die andere Seele ist voll Zutrauen, verspottet solche Empfindungen und verwünscht in ihrer Freiheit den, der sie verursacht. Der Schrei, den mein Mund ausstösst, kommt von beiden Seelen, und ich kann kaum unterscheiden, ob es die Freudigkeit der einen oder die Wuth der andern ist, die ihn hervorruft. Den ganzen Tag verfolgt mich der Teufel. Er nimmt mir meine Gedanken, wenn es ihm gefällt. Nicht nur ein Teufel hat mich inne, es sind gewöhnlich zwei, deren Einer Leviathan ist, der Widersacher des heiligen Geistes, als der Anführer der ganzen Dämonenbande. Der Teufel hat einen Pact mit einer Hexe gemacht, um mich zu hindern, von Gott zu reden und an ihn zu denken. (*Calmeil.*) — Pater Tranquille, der lange gegen die Teufel in Loudun gekämpft hatte, unterlag später ihren Wuthanfällen. Als man ihm die letzte Oelung reichte, mussten die Teufel, das Sacrament verspürend, ihren Wohnsitz verlassen und fuhren in den dabei stehenden Pater Lucas, dessen Körper sie in jeder Weise verdrehten und verrenkten. — Anne de la Nativité (Nonne der heiligen Elisabeth zu Louviers) sah 1642 ihren Teufel sich Nachts auf das Chor folgen, wo er sie durch allerlei Spass zu ergötzen suchte. (*Borroger.*)

*) For thirty years the cows of a farmer at Toury had been subject to abortion, erzählt Chabert. His cowhouse was large and airy, his cows were apparently in good health, they were fed like others in the village, they drank from the same pond, there was nothing different in the pasture, his servants were not accustomed to ill-use the cattle and he had changed these servants many times in the thirty years. He had changed his bull many a time, he had pulled down his cowhouse and he had built another in a different situation, with a different aspect and on a different plan, he had even (agreeably to the superstition of the neighbourhood) taken away the aborted calf through the window, that the curse of future abortion might not be entailed on the cow that passed over the same threshold, nay, to make all sure, he had broken through the wall at the end of the cowhouse and opened a new door, in order that there might not be the possibility that an elf-struck foetus had previously gone that way, but still a greater or less number of his cows every year slunk their calves. Thirty years before he had bought a cow at a fair and she had warped and other had speedily followed her example, and the cow that had once slunk her calf was liable to do the same in the following year and so the destructive habit had been perpetuated among his beasts. Several of the cows have died in the act of abortion and he had replaced them by others; more of those, that had aborted once or twice or oftener, had been sold and the vacancies filled up. Advised at last to make a thorough change, he sold every beast and the plague was stayed. In abortion the foetus is often putrid before it is discharged, and the placenta or afterbirth rarely or never immediately follows it, but becomes decomposed and, as it drops away in fragments, emits a peculiar and most noisome smell. This smell seems to be singularly annoying to the other cows, they sniff at it and then run bellowing about. Some sympathetic influence is produced on their uterine organs and in a few days a greater or less number of those, that had pastured together, likewise abort. Hence arises the rapidity, with which the foetus is usually taken away and buried deeply and far from the cows and hence the more effectual preventive of smearing the parts of the cows with tar or stinking oils, in order to conceal or subdue the smell and hence too the ineffectual preventing of removing her to a far distant pasture.

oder über solche nachdachten, vor Begierde sich selbst zu martern. Viele geisselten sich scharf. Viele trugen Kreuze auf dem Platz processionsweise umher. Selbst die Knaben liessen sich weder durch das Verbot, noch durch Drohungen der Missionäre von der Selbstgeisselung abhalten, die Werkzeuge dazu bestanden in knotigen Stricken von Leder. Weil sie keine Kreuze hatten, fügten sie die Jochhölzer der Ochsen, die Deichseln der Fuhrwägen, grosse Balken und andere Hölzer zusammen. Sie schienen an der blutigen Zerfleischung ihres Körpers ein inniges Wohlbehagen zu haben," wie einst die Gallen und sich noch jetzt in Indien bei den Schiiten sehen lässt, wenn die Leidensgeschichte Hasan's und Hosein's vorgelesen wird. Aehnliche Beobachtungen machte Zuchelli bei der Mission in Sogno. „Der grösste Theil der Neger hatte sich nicht nur über und über mit Asche bestreut, sondern auch Dornenkronen auf die Köpfe gesetzt. Schwere Balken und grosse Kreuze auf den Schultern, dicke, starke Eisenketten um den Hals und die Füsse tragend, geisselten sie sich alle ohne Ausnahme. Von dem Fürsten und der Fürstin an, die gleichfalls mit Ketten behängt waren, bis zum untersten und allergeringsten gemeinen Manne, sowohl Manns- als Weibspersonen, gross und klein, schlugen sich Alle, keiner ausgenommen, mit gehöriger Disciplin, die ganze Zeit über dass die Procession (am Charfreitage) währte (fast drei Stunden lang)." — Wenn die Tuschetier bei Gelegenheit eines religiösen Festes sich an heiligen Orten versammeln, bleiben sie regungslos und stumm (wie die Quäker), bis Einer plötzlich von ihnen Begeisterung fühlt und nun bis zur Erschöpfung sich krümmt und windet. Dann fängt er an zu predigen und prophezeien, bis ein Anderer des Geistes voll wird und an seine Stelle tritt. — Ein unwiderstehlicher Drang zog (1458) die Michaelskinder nach dem Wallfahrtsorte St. Michael (auf Felsen in der Normandie), wo sie zu Engeln wurden, und keines zurückkehrte. — Der Rev. Macdonnel wurde im Herzen erfreut, vier Mitglieder seiner Gemeinde hinausgeführt zu sehen, indem sie alle diejenigen Symptome geistiger und körperlicher Aufregung, die ihm wohl bekannt waren, und dann den Wunsch zeigten, auszurufen: what shall I do to be saved (wie einst in Redruth), bei den Revivals (1859) in Irland, als Nachklängen der wahren Krisis in America, von wo sie durch einen dort anwesenden Geistlichen gebracht waren. — Many of the young women (sagt Grant) employed in the mills were actually struck, while at work and exhibited sudden religious impressions, quite as strong and unequivocal, as those manifested, at any of the meetings, where awakenings (in Irland) occurred. Die Symptome bei einem Methodisten-Meeting in Cornwallis werden beschrieben: A sense of faintness and oppression, shrieks, as if in the agony of death or the pains of labour, convulsions of the muscles of the eyelids (the eyes being fixed and staring) and of the muscles of the neck, trunk and arms, sobbing respiration, tremors and general agitation and all sorts of strange gestures. When exhaustion came on, patients usually fainted and remained in stiff or motionless state, until recovery. — Bei der Revivalbewegung in der Methodisten-Capelle zu Redruth in Cornwallis schuf die hydropathische Cur des rationellen Geistlichen bald Ruhe, der die Ergriffenen sogleich in kaltes Wasser stecken liess. — A boy of some 14 or 15 years of age was writhing in fearful agony of mind upon the floor, calling incessantly for mercy and for deliverance from the expected torments of an anticipated hell. „Oh Saviour of sinners (he exclaimed) deliver me from this horrible pit. Oh Jesus of Nazareth set my foot upon that rock." Weiteres in „Lorimor: American revivals (1859), James: Revivals of religion (London 1859), Massie: Revivals in Irland (London 1859), Salmon: Evidences of the work of the holy Spirit (Dublin 1859), Stopford: The work and counterwork (Dublin 1859)." — Auf das „falling exercise" in Tennessee folgte das „of jerking." — Wegen der Convulsionäre von St. Medardus liess der französische Hof den Kirchhof schliessen, worauf man sich mit dem Epigramm trug: „De par le roi défense à dieu | de faire miracles en ce lieu." — Die nervöse Reizbarkeit*) (Hysteria septentrionalis) kommt besonders bei den Samojeden vor. — Eine Section der Methodisten (in Wales und Cornwallis) zeichnete sich aus durch eine Jumping mania in Nachahmung David's. — In den Revivals (1801—1803) wurde eine junge Frau im Kreise herumgedreht wie ein Kreisel wenigstens fünfzig Mal in einer Minute, andere sprangen und tanzten, andere bellten wie Hunde, andere agirten, als ob sie auf einer Violine spielten, andere liefen mit einer erstaunenden Geschwindigkeit. — Ein americanischer Arzt, der eine ausgedehnte Erfahrung über americanische Revivals hatte, versicherte, dass er davon eine grosse Zahl von Patienten (in seinem Lunatic Asylum) habe, und Archdeacon Stopford beobachtete manche Fälle von Wahnsinn in Belfast als eine Folge (1859). — Ein epileptisches Weib, das begeistert in einer Kirche zu Schottland niederfiel, steckte die Inseln über hundert Jahre an. — Die Geschichte beweist, sagt Esquirol, dass in der Entstehung des Christenthums es eine grosse Menge religiös Maniacalischer gab. — Am Ende der sieben Wochen, wo Whitefield singend und betend auf der Erde gelegen, schwand das Gewicht der Sünden. — Il est rare (dit Moreau), que le délire héréditaire n'offre pas dans chaque aliéné la plus frappante analogie, quelquefois même une véritable identité. — Wenn Vater und Mutter Hexen sind, sind Söhne und Töchter Hexen (stellte Bodin als Grundsatz für die Einleitung der Untersuchungsprocesse auf). — Die der Choromanie ähnliche Epidemie, die 1737 in Forfarshire beobachtet wurde, war in vielen Familien erblich. — On a vu des familles entières se tuer, dit Esquirol, comme des familles entières devenir aliénées. — Der epidemische Selbstmord der milesischen Mädchen, von dem Plutarch erzählt, wiederholt sich im 14. Jahrh. in Lyon, wie Primerose und Bonnet berichten, und die theatralische Epidemie der Abderiten findet sich noch bei den Schotten, wo sie epidemisch**) als Springfieber vorkommt, sagt Schindler von den imitatorischen Pandemien.

---

*) Die melancholische Geisteskrankheit der Louparaika, die Nachts in wüthenden Mordanfällen umherlaufen, verbreitet sich oft epidemisch bei den Abiponen. — Die fanatischen Anhänger des Messias Sabbathai Zevi fielen in Verzückungen und weissagten Zukünftiges, indem sie, unter wilden Convulsionen, im Sohar-Dialecte oder fremden Zungen prophezeiten. — Wie Esquirol bemerkt, konnte man die Geschichte der französischen Revolution von der Eroberung der Bastille bis zum Sturze Napoleon's am besten durch die Geschichte der Geisteskranken studiren, deren Verrücktheit durch die Ereignisse jener Zeiten bewirkt wurde, und in den französischen Irrenhäusern fanden sich immer eine Menge Geisteskranker, welche lebende Blätter aus dem Buche der französischen Geschichte waren. Im Jahre 1830 kamen auf's Neue eine Menge Wahnsinniger in die Irrenanstalten. In dem Jahre, in welchem die Gebeine Napoleon's wieder nach Paris gebracht wurden, nahm Dr. Voisin 14 Kaiser in seine Irrenanstalt auf. Aehnliche Erfahrungen wurden in Deutschland 1848 und 1849 gemacht. Mit welch innerer Nothwendigkeit überall dieselben Ursachen gleiche Ideengebäude hervorrufen, zeigt eine Vergleichung der complicirten Eingaben, die in den verschiedensten Ländern von Irren an die Polizei gemacht werden, über die zu ihrer Vernichtung ersonnenen Machinationen und die ihnen auf Befehl der Obrigkeit von Kirchthürmen zugerufenen Schmähungen.

**) Der Inquisitor *Bernhard* von Como datirt die secta strigarum aus der ersten Hälfte des 14. Jahrhunderts, und Jaquier berichtet von einer neu entstandenen secta et haeresis maleficorum fascinariorum, die durch das vom Satan entstandene Zaubermittel überall Verderben aussäete, Krankheiten erzeugte und die Menschen verfolgte. War eine solche Ansicht, dadurch, dass sie sich zum allgemeinen Horizonte erweiterte, vor dem Irrenhause gerettet, so ist der zügellose Wahnsinn, mit dem gegen die aus jedem Naturgegenstande hervorblickenden Hexen gewüthet wurde, nicht nur erklärlich, sondern

— Die Muckerei trat (aus dem Halle'schen Pietismus) in's Leben durch den Bandweber Elias Eller von Ronsdorf, der sich für den „Herrn Christus,“ seine Frau für die „Zions-Mutter“ ausgab, die Ronsdorfer Secte stiftend, so wie durch Eva Buttler, die die Buttler'sche Rotte gründete. — Die Angst des Mädchens in der Baumwollenfabrik zu Hodden-Bridge, der man eine Maus in die Brust gesteckt, pflanzte die Convulsionen epidemisch nur durch das Gerücht fort (1787). — Nach Cotton bekehren die Quäker oft nur durch Bestreichen und Anhauchen. — Die nach dem schwarzen Tode von der Tanzwuth des Johannistanzes Ergriffenen wurden durch Schläge und Fusstritte erleichtert. — Der aufständische Derwisch von Sakaria, der sich (1638) für den Mehdi (Vorläufer des jüngsten Tages) ausgab, forderte, ohne Schmerzgefühl zu zeigen, den Henker auf, sich nicht zu beeilen, als ihm (nach Bezeugung seiner Anhänger) Riemen aus der Haut geschnitten und die Finger abgehauen wurden. — Die ketzerische Secte der Cicetcs tanzte und sprang im 17. Jahrhundert. — Die Epidemie von Mora (1670) wiederholte sich bei Calw (in Würtemberg), und in Paderborn wurden über hundert Männer, Frauen und Kinder von einer Magd, Trinche Morings, mit dem Teufel begabt. — Wegen ihrer unzüchtigen Ausschweifungen wurden die Pietisten in Königsberg (1835) Mucker (der dortige Jäger-Ausdruck für den männlichen Hasen, wegen dessen Geilheit) genannt. — Die rasenden Theophoreten durchzogen Samaria. — Als Dow (1805) in Knoxville (Tennessee) predigte, wurde die Versammlung von so heftigen Zuckungen ergriffen, dass man die von den Jerks Befallenen an Bäume binden musste.

Die Hystero-Dämonopathie im Kloster Uvertet (Grafschaft Hoorn) schrieben die Nonnen (die ätzende Flüssigkeiten ausbrachen) ihrer Behexung durch eine alte Frau in der Nachbarschaft zu (1557). — Sobald in der Hystero-Dämonopathie des Klosters Kentorp (1552) eine Nonne ihre Anfälle bekommen hatte, wurden auch die Uebrigen auf entfernten Lagerstätten befallen, sobald sie das Geräusch der Befallenen hörten. [Im 16. Jahrh. fand die Verheirathung Luther's mit einer Nonne statt.] — Epidemische Besessenheit zu Paderborn (1656), wobei Leute von allen Ständen hebräische, griechische und lateinische Fragen beantworteten (nach Happlius). — Epidemische Paroxysmen unter den Knaben von Annaberg (1712—1720), die Gesichter schnitten und die Wände hinaufliefen. Epidemische Besessenheit in Rom (8. Jahrh.). Epidemie der Waisenkinder zu Amsterdam, die Fratzen schnitten (1566), zu Hoorn (1670), mit Aufschwellungen. Epidemie in Bourignon's Mädchen-Institut zu Ryssel (1640—1650). — Psychisches Contagium bei den Piqueurs in Paris (1820); der Mädchenschänder (durch Stilette) in Augsburg (1819—1832); der Schwefelsäure-Begiesser in Frankreich; der Zopfabschneider in Baiern (1858). — Die Wittwe eines Parlamentsrathes in Grenoble, die von der Prophetin Isabeau in Dauphiné (1679—1690) inspirirt worden war, steckte auf ihrer Reise bis Liveron an 300 Personen (nach Brueys) durch ihre Improvisationen an. — Die im Kloster bei Paris täglich um dieselbe Stunde miauenden Nonnen wurden dadurch geheilt, dass man ihnen drohte, eine Compagnie von Soldaten vor der Thüre aufzustellen, und die Erste, die wieder miaute, sollte durchgepeitscht werden. (*Leubuscher.*) — Zuchelli erzählt, wie bei seiner Ankunft in Congo das christliche Benehmen der Neger ihn hätte hoffen lassen, dieselben binnen kurzer Zeit in die Zahl der Heiligen setzen zu können, dass er aber bald gefunden, wie die

---

selbst nothwendig. Jetzt würde dasselbe gegen Freimaurer, Juden und Electriker geschehen beim Loslassen Verrückter.

treue Nachahmung aller religiösen Gebräuche, das Schleppen von Kreuzen, Balken und Dornenkronen in den Processionen, das Geisseln, Beten und Klagen Nichts gewesen sei, wie die mechanische Nachahmung des unvernünftigen Viehs, wovon in Africa der Affe Beispiele genug bietet, und die ganze Religion der Schwarzen trägt diesen äffischen Character. — Als der Prophet mit seinen Anhängern sich nach Kirtland (Ohio) begab, wo schon von Pratt und Rigdon eine Gemeinde gegründet war, new ardor and energy were infused and such wonderful tales of visions, voices and miracles were spread about, that people flocked from all parts of the lake region to witness and judge of this new thing. There were ecstasies, pointing into the heavens, uttering Indian dialects, swooning, wallowing, running to the fields, reading characters of writing on picked up stones, pieces of parchement falling down u. s. w., so dass der zuletzt für seine Berufung fürchtende Prophet vor teuflischem Einfluss warnen musste. (s. *Gunnison.*) — Als 1823 Joseph und seine Familie von dem Revival bei der Predigt eines Methodisten betroffen waren, suchte jener nach der Enthüllung, die ihm durch einen Engel ward, indem zugleich von einer goldenen Bibel gesprochen wurde, die in Canada ausgegraben worden. In Folge dessen wanderte Joseph herum, bekannt als der money-digger, und wurde besonders von Stowell in Brainbridge verwandt, für die Schätze Soto's zu graben. Im Jahre 1826 wurde das Gerücht über das gefundene Buch verbreitet und erst Harris, dann Cowdery als Schreiber verwandt. — Als man auf die Predigten Hübmeyer's gegen die Juden (in Regensburg) ein Marienbild in ihre zerstörte Synagoge setzte (1516), kamen die Leute aller Orten herbeigelaufen in mancherlei Rüstung, wie es Eines, da es in der Arbeit war, ankommen war. Da geschahen grosse und auch sehr viele Wunderzeichen, ungebührlich zu sagen, davon ein eigener Truck ausgegangen, was Jemand gebracht, so er sich mit seinem Opfer dahin gelobet, dem ward geholfen, nit allein von allen seinen Krankheiten, sondern die Lebendigen nahmen auch ihre Todten wieder, die Blinden wurden sehend, die Lahmen liessen ihre Krücken im Tempel und gingen gerade davon, etliche liefen aus dem Kriege dahin, ja die Weiber von den Männern, das Kind wider den Gehorsam und Willen ihrer Eltern wollte dahin und sagten, sie möchten nit bleiben, hätten weder Tag noch Nacht keine Ruh. Etliche, so sie in den Tempel kamen und das Bild ansichtig wurden, fielen sie nieder, als hätte sie der Donner erschlagen. Da dies der tolle Pöbel sah, dass Etliche fielen, meinten sie, es wäre Gottes Kraft, es müsse Jedermann an dieser Stätte fallen, da entstand ein solches Fallen, dass fast Jedermann, der dahin kam, an dieser Stätte fiel. Viele aus dem Pöbel, die allda nicht fielen, dünkten unselig zu sein und nöthigten sich gleich zu fallen. Da wird ein Rath, wie man sagt, verursacht, solches zu verbieten. Also hörte dieses Zeichen und Fallen auf. (*Sebast. Franck.*) — Wir haben gehört, sagt Delancre, dass die Hexen von Amou bei der Stadt Acqs zwei Arten von Krankheiten zaubern, die eine ist Epilepsie oder Fallsucht, die andere nennt man mal de layra, bei der die Kranken hinfallen. Die natürliche Epilepsie ist durchaus nicht so gewaltthätig, als die durch Hexerei erzeugte, welche die Menschen ganz rasend darauf macht, sich selbst zu misshandeln. Beim mal de layra (mal-voyant) fingen eine Menge von Personen bisweilen in einer kleinen Kirche von Amou zu bellen an (wie es ungefähr Hunde in einer mondhellen Nacht machen, weil der Mond ihr Gehirn mit bösen Dünsten erfüllt). Dieses Concert beginnt Jedesmal, wenn Eine von den Hexen in die Kirche tritt, die das Uebel hervorruft. — Frauen fürchten sich oft bei den Operationen der tungusischen Schamaden auszusehen, wie Matjuschkin erzählt, um nicht angesteckt zu werden. — In der epidemischen Dämonopathie zu Auxonne (1652—1662) fielen die Klosternonnen in einen Zustand von Somnambulismus, bald auf Befehl der Exorcisten, bald zu der von ihren Unglücksgefährten angekündigten Stunde. Einige konnten willkürlich die Pulsschläge aufhören lassen. So soll Denise Parisot auf Befehl des Bischofs die Pulsschläge am rechten Arm vollkommen unterdrückt haben, während er am linken Arm noch fortschlug, dann ihn links aufhören lassen, während die Pulsationen am rechten Arm noch fortschlugen, und zwar in Gegenwart des Arztes. Die Schwester de la Purification machte auf Befehl des Exorcisten dasselbe Experiment zwei oder drei Mal. (*Morel.*) — Während der hysterischen Convulsionen im Waisenhause zu Hoorn (1670) wurden die Kinder meistens befallen, wenn sie andere im Paroxysmus liegen sahen oder wenn sie es auch nur am Heulen und Bellen hörten, dass eins in der Arbeit war. Aber auch von selbst befiel das Uebel sehr oft und fast immer bei Andachtsübungen, in der Kirche während der Predigt, während der Katechisationen, besonders aber in den Betstunden, die zu diesem Zwecke eigends eingerichtet waren und in denen man mit lauter Stimme betete. Je ernstlicher und feuriger das Gebet war, je mehr man zu Gott schrie, dass er des Satans Macht brechen möchte, desto heftiger wurden die Paroxysmen der Kinder. (*Bekker.*) — Von der Tanzwuth*), die 1374 epidemisch von Aachen aus als St. Johannistanz, 1418 von Strassburg aus sich verbreitend als Veitstanz, in Italien als Tarantismus auftrat, finden sich Spuren in Abyssinien bei den Tigretiern. (*Hecker.*) — Die besessene Marie Volet bei Lyon (1687), die mit Zuckungen behaftet war und in fremden Sprachen redete, wurde von Dr. de Rhodes mit Brechmitteln und künstlichen Mineralwassern curirt. — Zur Erklärung des panischen Schreckens, bemerkt der Scholiast zu Synesius, dass es ein Gebrauch der Weiber gewesen sei, dem Pan zu Ehren Orgien zu feiern mit lautem Geschrei, das plötzlich ausbrach, wenn der Gott ihr Gemüth ergriff, und so die, welche es hörten, in Schrecken setzte. — Im Examen des Bischofs von Evreux erklärten die Nonnen zu Louviers (1643), bösen Geistern zur Umhüllung zu dienen. — Ein 1801 in die Charité zu Berlin aufgenommenes Mädchen steckte durch ihren Starrkrampf-Anfall Viele der weiblichen Kranken an. — Calmeil erzählte von den Convulsionen eines Schülers, die sich nach

*) Wenn man einen Anderen gähnen sieht, so zwingt der blosse Gedanke des Gähnens viele Menschen, mit zu gähnen. Wenn man einen Anderen sich sehr mühen sieht, einen Körper zu heben oder fortzustossen, so können wir uns kaum enthalten, mit unserem Körper die Bewegungen nachzumachen. Junge Füllen auf der Weide springen, wenn eins von der Herde in die Höhe springt, alte Pferde thun dies nicht, weil ihr schon fester gewordenes Gehirn die Eindrücke nicht mehr so leicht aufnimmt. Wer gern tanzt, kann, wenn er eine taktmässige Musik hört, taktmässige Bewegungen seines Körpers nicht gut unterdrücken. Solche und ähnliche Beispiele überzeugen uns, dass gewisse Sinnesobjecte im Gehirn entstandener Eindrücke selbst bei Menschen von bestimmten Bewegungen des Körpers und der Säfte begleitet werden, dass der Lauf der Lebensgeister abgelenkt wird, wenn sich die Seele auf einen bestimmten Gegenstand richtet. Bei Abwesenheit der äusseren Objecte kann auch die Vorstellung allein solche Wirkungen hervorrufen, sagen Bayle und Grangeron zur Erklärung der Hysterie zu Toulouse (1680). — Das Denken des Menschen muss auf ein naturnothwendiges Rechnen reducirt werden, weil sonst jede kritische Entwickelungsphase solche Wahnsinnsperioden, wie sie zur Zeit der französischen Revolution wütheten, anbahnen mag, indem bei einem plötzlichen Umsturz des veralteten Ideenkreises, ohne dass das Gesetz organischer Fortentwickelung eingeleitet ist, der seiner bisherigen Leiter beraubte Geist verzweiflungsvoll nach einem neuen Halt umhertappt und bald im wüsten Wirbel chaotischer Theorien fortgerissen wird, wo, angelockt durch das Körnchen Wahrheit, das hier und da aus dem Schlamm des Falschen und Sinnlosen hervorblickt, er rettungslos und schmählich in diesem versinkt.

wenigen Tagen mehr und mehr unter den Uebrigen verbreiteten, und nur durch Abschliessung Jener gehemmt wurden. — Die Contagien könnten (unter den zymotischen Krankheiten) als Ferment-Pilze gedacht werden, welche im Blute (entweder nach der chemischen Theorie durch Erregung, d. h. durch Contact, Katalyse oder aber nach der botanischen, wahrscheinlicheren Theorie mittelst Anziehung des Stickstoffs oder hier vielleicht anderer Bestandtheile, zum Behufe ihrer eigenen Ernährung) eine Art Gährung im lebenden Körper hervorbringen und dabei von einem Minimum zu einer grossen Menge anwachsen. Miasmen wären nun denjenigen Gährungspilzen analog, welche Gährung bewirken, ohne sich selber dabei zu regeneriren, was aber nur in stickstofflosen fermentibeln Flüssigkeiten geschieht und also von einer verschiedenen Qualität der Flüssigkeit bestimmt wird, während doch das Blut für beide Arten von Fermenten eine gleichbleibende Composition darstellt, weshalb also beide Fermente selber verschieden sein müssen. (*Mühry.*) — Der Jaksha, mit dem Amba (als Tochter des Königs von Drupada) ihr Geschlecht getauscht (wie es in den Erzählungen des Sindbadkreises durch einen Quellentrunk geschieht), wird von Kuvera verurtheilt, während der Lebenszeit jener Frau zu bleiben. Ida (der Sohn Manu's), in Siva's Wald in eine Frau verwandelt, wird nach dem Pferdeopfer Ikshvakn's ein Zwittergeschöpf (Kimpurusha), das abwechselnd einen Monat Mann, einen Monat Weib ist. — In Birkenhead hielt Gott (nach West) seinen Geist (1846) zurück. Die Zahl der Methodisten nahm nicht zu (although considerable sums being realised), wegen des Mangels göttlicher Salbung und kirchlichen Dienstes in der Umgebung. — Die Krankheit, dass Frauen in Convulsionen fallen (Klikuschi oder Schreiende), kommt in russischen Dörfern häufig vor, und meistens wenn in einem Dorfe erst Eine ist, werden Alle angesteckt. — Im Jahre 1556 wurden die im Hospitale zu Amsterdam befindlichen Knaben und Mädchen (60—70 an der Zahl) vom „bösen Geiste" ergriffen, und zwar in solchem Grade, dass sie, gleich Katzen, über die Mauern und Dächer der Häuser kletterten. Sie liefen in der Stadt umher und verkündeten die geheimen Verhandlungen, die im Municipalrathe damals vor sich gingen (nach v. Dale). — In dem Kloster der heiligen Brigitte wurden die Nonnen von Contractionen des Pharynx befallen, nachdem sich das Uebel zuerst bei einer Nonne gezeigt, die wegen unglücklicher Liebe in's Kloster eingeschlossenwar. (*Wier.*) — Die Epidemie der jungen Mädchen in Milet (sich zu erhängen) wurde (nach Plutarch) durch den Befehl des Magistrats, dass jede derselben nackt über den Marktplatz getragen werden sollte, gehemmt, und angedrohte Ruthenstreiche haben mehr wie einen weiblichen Teufel ausgetrieben, der unter den feierlichen Ceremonien der Exorcisationen nur immer hartnäckiger und aufgeblähter geworden war. — Bei Pomare II. Hinneigung zum Christenthum füllte sich unter Tino's Aufstand Tahiti mit Inspirirten. — Im Jahre 1700—1740 wird der Vampyrismus in Ungarn, Mähren und Polen fast epidemisch, und sterben viele Personen an dem ausgesogenen Blute. (*Calmeil.*)

Inspiration. Wenn der Geist des Herrn mich erfassen will, so fühle ich eine grosse Wärme in meinem Herzen und in den benachbarten Theilen, der zuweilen ein Schauer vorangeht. Manchmal werde ich ohne vorherige Empfindung davon ergriffen. Meine Augen schliessen sich dann und der Geist schüttelt meinen Körper, lässt mich grosse Seufzer ausstossen, als ob ich Mühe hätte zu athmen. Selbst bei den heftigsten Zuckungen habe ich keinen Schmerz und verliere dabei auch nicht das Bewusstsein. Es dauert eine Viertelstunde, manchmal noch länger, ehe ich ein Wort hervorbringen kann.

Endlich fühle ich, dass der Geist in meinem Munde Worte bildet, die er mich aussprechen lassen will. Das erste Wort ist zuweilen in meinen Ideen schon vorgebildet, aber ich weiss noch nicht, wie es weiter gehen wird; manchmal, wenn ich ein Wort oder einen Satz auszusprechen glaube, bildet meine Stimme nur einen unarticulirten Laut. Während der ganzen Zeit ist mein Geist ausschliesslich auf Gott gerichtet, und ich kann feierlich beschwören, dass keinerlei weltliche Rücksicht mich zur Rede treibt, sondern der Geist Gottes oder der Engel des Herrn ist es, der meine Organe in Bewegung setzt. Mein eigener Geist achtet auf die Worte meines Mundes, als wenn ein Anderer eine Rede hielte, sagt Elie Marion, l'un des chefs des protestants, qui avaient pris les armes dans les Cévennes. — Somnambule, sagten die Kamisarden, sprechen und gesticuliren wie ein Mensch, der sich in einem Traume befindet. Die Inspirirten werden aber durch eine unsichtbare, unbekannte Gewalt getrieben Dinge zu sagen, die nicht von ihnen stammen. Sie behalten das Bewusstsein der Sensationen, die sie gehabt, während der heilige Geist bei ihnen war. (*Jurieu.*) — Bei den besessenen Nonnen wurden durch ein Federknäuel dieselben Convulsionen hervorgebracht, wie durch ächte Reliquien. — Die anabaptistischen Propheten schienen wie von Epilepsie ergriffen, ehe sie ihre Prophezeiungen hören liessen. (*Calmeil.*) — Die prophetische Gabe der Christina Poniatova (für deren Vermählung mit dem Sohne Gottes das Brautgemach bereits geschmückt war) verlor sich später, als sie sich verheirathete. (*Comenius.*) — Dubois hörte einen Knaben von fünfzehn Monaten in Quissac predigen (mit den Einleitungsworten: ,,Ich sage dir, mein Kind''), und Vernet ein Wickelkind von dreizehn Monaten zur Busse rufen. Das Kind einer Gefangenen prophezeite (wie Fléchier erzählt) im Mutterleibe, und auf den Händen ihrer Schwester tanzte der heilige Geist. — Angele de Foligni empfand in ihrem mystischen Gebet einst im Geiste einen kräftigen Trieb, ihren Mund an die geöffnete und bluttriefende Seite Christi zu legen und das daraus frisch hervorquellende Blut zur Reinigung von ihren Sünden zu trinken. Zuweilen war ihr Gemüth ganz verfinstert, worauf sie geängstet auf den Strassen umherlief und allen Begegnenden zurief: ,,Kommt und seht ein nichtswürdiges Weib, welches so voll Bosheit und Heuchelei ist, dass die Erde dadurch möchte vergiftet und verunreinigt werden.'' Zu anderen Zeiten fühlte sie sich mit süssen und göttlichen Besuchen oft dermaassen umstrahlt, dass Worte nicht zureichen wollten, einen Begriff davon zu geben. — In den von Pachomius angelegten Klöstern begannen die Mönche sich von den Felsen zu stürzen oder den Bauch aufzuschneiden, die Nonnen sich zu erhängen, um den Anfechtungen des Teufels, mit dem Antonius schon so schwer gekämpft, und den Gefahren der Sünde zu entgehen (nach Gregor von Nazianz). — Im Jahre 491 musste bei Jerusalem ein Hospital für die unglücklichen Opfer der mystischen Ekstasen von Mönchen und Einsiedlern errichtet werden, die in Klöstern und Wüsten toll geworden. — Havana bedeutet wahnsinniges Mädchen, nach der Geliebten des Sanchez, deren Hirn der grosse Geist mit seinen Fingern verbrannte, als sie die Spanier zu Niedermetzelung ihrer Familie, die sie misshandelte, in das Dorf einliess. — Macarius von Alexandrien schloss sich, um von Niemand beunruhigt zu werden, auf mehrere Tage ein und sprach dann zu seiner Seele: ,,Hüte dich, dass du nicht vom Himmel herabsteigst. Du hast Engel und Erzengel, Cherubim und Seraphim, alle himmlischen Mächte, deinen Gott und deinen Schöpfer. Verlass den Himmel nicht, lass dich nicht herab zu niedrigen und irdischen Dingen.'' Zwei Tage und zwei Nächte blieb er in dieser Gemüthsverfassung.

Aber der Teufel ward darüber so wüthend, dass er dem Macarius eingab, er sei in eine Feuerflamme verwandelt, Alles um ihn her entstände sich, er selbst brenne. Darüber erschrack Macarius so sehr, dass er das Gleichgewicht verlor und wieder aus seinem Himmel herabfiel. — Johann Ruysbroek (doctor ecstaticus) beschreibt als die Empfindung, welche durch die geistliche Zukunft Christi auf die Seele angeregt wird, die geistliche Trunkenheit, in der Jemand mehr geistlichen Geschmack und Vergnügen fühlt, als sein Herz und seine Begierde verlangen oder fassen kann. Sie äussert sich auf vielfache Art, besonders durch ein unruhiges Laufen, Springen, Tanzen, Händeklopfen, wiewohl auch mystischer Reif und geistlicher Nebel dabei zu befürchten sind. In solcher Hitze und Liebe der Ungeduld widerfahren der Seele auch Entzückungen und Offenbarungen. Der höchste Grad des Entgegengehens entsteht, wenn die unermessliche Bestrahlung Gottes, die die Ursache aller Gaben und Tugenden ist, die geniessende Neigung des Geistes mit einem unbegreiflichen und unermesslichen Lichte umformt und durchdringt. — Thomas von Kempen empfand oft, wenn er mit seinen Mitmönchen sprach, dass Gott ihn anrede, und ging dann mit der Versicherung in seine Zelle, dass ihm daselbst eine Unterredung bevorstände. — Nicolaus von Unterwalden († 1487) sah sich, auf sein Gebet, im Traume von einem göttlichen Lichte umgeben und empfand einen Schmerz in seinem Innern, als ob ihm ein Messer im Leibe umgekehrt werde, indem Gott ihm den Ort anzeigte, wo er sich niederlassen sollte (nachdem er seine Gattin und Kinder im Alter verlassen). Zugleich geschah an ihm das Wunder, dass er von dieser Zeit an weder Hunger noch Durst mehr fühlte und zwanzig Jahre lang ohne leibliche Speise lebte. — In ihren Zuständen der Entzückung zeigte sich der Heiland der heiligen Theresa, indem sie zuerst seine schönen Hände, und dann auch sein Angesicht erblickte. Zuweilen spielten die bösen Geister Ball mit ihrer Seele. — Als David Joris (1501) sich einmal vor den Lichtern, bei denen er (als Glasmaler) zu arbeiten pflegte, niedersetzen wollte, wurde er plötzlich so entzückt, dass er nicht wusste, ob er lebendig oder gestorben war, und lange Zeit unbeweglich stand, während welcher Zeit er viele Gesichter hatte. — Auf Befehl ihres himmlischen Bräutigams (der nichts Irdisches duldete), ihren Ekel zu überwinden, leckte Madame Guyon den Speichel von Bettlern auf, oder den Eiter aus den Wunden oder kaute mit Eiter bestrichene Pflanzen. — Durch den Ruf von Eleonora von Erlau und Rosamunde von Asseburg wurden viele andere Fräulein zu Entzückungen und Visionen disponirt. — Gichtel (geb. 1638 zu Regensburg), der Stifter der Engelsbrüder, sah in der Verzückung eine dicke Schlange in dreifachem Ringe um sein Herz gelagert. Mitten in diesem Kreise, im Mittelpunkte seines Herzens, flammte ein weisses Licht, und in diesem erblickte er Jesus im hellglänzenden Kleide, auf dessen Seufzen die Schlange mit heftiger Bewegung in kleine Stücke zertrümmert wurde und in Gichtel's Unterleib stürzte, mit solcher Empfindlichkeit, dass er meinte, sein ganzes Innere wäre zerrissen. — Nachdem Margarethe de la Fosse durch die Hostie eines appellantischen Pfarrers (1725) vom Blutfluss geheilt war, begannen die Wunder am Grabe Rousse's (1727). — Frau von Krüdener reiste mit männlichen Begleitern, von denen der eine, als Betkünstler, es fast bis zum Convulsionär gebracht hatte. (s. *Heinroth.*) — Gichtel war durch Wunder und Erscheinungen von Gott zur Erleuchtung der Welt geweiht, besonders durch die Feuertaufe, indem seine Seele fünf Tage nach einander, gleich einer flammenden Kugel zusammengerollt, in ein feuriges Meer getaucht worden. (*Schröckh.*) — Es giebt verschiedene Arten der göttlichen Eingebungen*), sagt Jamblichus. Entweder wohnt Gott in uns selbst, oder wir weihen uns ihm ganz. Zuweilen werden wir der höchsten, mittleren oder untersten göttlichen Macht theilhaftig, zuweilen ist Gott in seiner blossen Gegenwart vor uns, zuweilen ist eine Gemeinschaft durch Eingebungen. Wieder nimmt nur die Seele an den Eingebungen Theil, oder der Körper zugleich mit und so der ganze Mensch. Nach dieser Verschiedenheit gehen die verschiedenen Zeichen an den Begeisterten hervor. Einige nämlich werden am ganzen Leibe bewegt, einige an gewissen Gliedern, andere hingegen bleiben völlig in Ruhe. Zuweilen wird eine wohlgeordnete Harmonie vernommen, ein Tanz oder ein übereinstimmender Gesang, zuweilen von diesem das Gegentheil. Zuweilen scheint ihr Körper in die Höhe zu wachsen, zuweilen in die Breite, zuweilen scheint er in der Luft zu schweben. Zuweilen vernehmen sie eine gleiche wohlklingende Stimme, wiederum die allergrösste Verschiedenheit durch Zwischenräume. Nach Porphyrius gerathen Einige vorzüglich in Entzückung, wenn sie ein musikalisches Instrument hören. Von Jamblichus selbst behaupteten seine Schüler, dass er beim Beten immer zehn Fuss hoch über die Erde gehoben würde und die Haut, sowie das Kleid des Betenden dann die Goldfarbe annähme. Die buddhistischen Heiligen erscheinen gewöhnlich schwebend, und Apollonius von Tyana sah auch die Brahmanen in der Luft wandeln. Von der Wunderthäterin Maria Fleischer heisst es in ihrer Legende: „Auch ist sie im Beisein der beiden Diakonen, welche es auch jetzt wieder beide vor uns ausgesagt, urplötzlich im Bette mit dem ganzen Leibe, Haupt und Füssen bei drittehalb Ellen hoch aufgehoben worden, dass sie nirgends angerührt und also frei geschwebet, dass es das Ansehen gehabt, als wollte sie zum Fenster hinausfahren.“ — Von der Sibylle sagt Virgil: „Sie verändert ihre Züge und Farbe im Gesicht. Ihre Haare sträuben sich empor und das wilde Herz stösst wüthend an. Ihre Lippen schäumen und ihre Stimme ist schreckhaft. Wie ausser sich, irrt sie in der Höhle umher und geberdet sich, als wollte sie den Gott aus dem Busen stossen.“ Die Sibylle sagt von sich selbst: „Ich bin ganz gestreckt und mein Leib ist betäubt, da ich nicht weiss, was ich sage. Allein Gott befiehlt mir, zu sprechen. Warum muss ich diesen Gesang Jedem verkünden? Und wenn mein Geist nach der göttlichen Hymne ausgeruhet, so befiehlt mir Gott, von Neuem zu weissagen.“ — Die Seele nimmt Alles wahr im Körper selbst bei geschlossenen Augen, sagt Hippocrates, und nach Galen zieht sich die Seele im Schlafe in die innersten Theile des Körpers zurück, giebt alle äusserlichen Thätigkeiten auf und bemerkt

*) Ausser den Wahnvorstellungen kommen bei Verrückten häufig Sinnesdelirien vor, indem sich Träume und wirkliche Welt vermischen, ohne Möglichkeit, zu unterscheiden, was ihre Sinne erfassten und was sie unwillkürlich hinzugedichtet haben. (*Spielmann.*) — „Ich kann mir nicht helfen, ich muss reden, schreien, singen, unruhig sein,“ hört man oft die Geisteskranken sagen. — Das Dämonium oder Göttliche, das Socrates in sich zu tragen behauptete, als eine Stimme, die sich in ihm seit seiner Kindheit hören lasse und ihm Winke gebe über das, was zu thun sei, gab ihm keine directen Weisungen über die neuen Götter. — „Ich trage ein ganzes Nest Gespenster mit mir herum,“ schrieb der hypochondrische Lenau kurz vor seinem Wahnsinn. — Eine Schlafwache von Lausanne sagte, sie höre, was sie vernehme, wie eine Stimme, doch sei es mehr wie ein Windstoss (bouffée), der ihr Alles eingäbe. (*Werner.*) — W. Reinholt, das wunderbare Mädchen von Johanngeorgenstadt, der Christus am grünen Donnerstag die Füsse wusch, lag vom Charfreitag bis Ostersonntag in einem kataleptischen Schlaf, aus dem sie nach gerichtlicher Constatirung nicht zu erwecken gewesen. — Man hat den boshaften Dämon in dem Bauche eines Menschen reden hören, er verdient gar wohl, den Mist zum Wohnsitz zu haben, sagt Photius (Patriarch von Constantinopel), dem die Bauchrednerei noch ein Wunder war, in einem seiner Briefe.

alles mit den Functionen des Körpers im Zusammenhang Stehende nicht, dagegen in Bezug auf sich selbst Alles, was wirklich gegenwärtig ist. — Nach Luther war es Gott selbst gewesen, der ihm eingegeben, die Nonne Catharina von Bora zu heirathen. — Hung-siu-tsuen, der Anführer des christlichen Rebellenhaufens, der (1834) einen Tractat von einem chinesischen Christen (Liang-afa) erhalten, begann seine Visionen (als der jüngere Bruder unseres Herrn), nachdem er an einem Fieber gelitten hatte, dessen Delirien mit seinen Geistesüberzeugungen sich verschmolzen, worauf er die Offenbarungen des himmlischen Vaters veröffentlichte (nach Taylor). — Seit der Erweckung, die 1728 unter die magistri und studiosi von Jena kam, datirt die Idee der Heidenbekehrung unter den Herrnhutern. (*Cranz.*) — Die Herrnhuter erzählen in ihren Bekehrungen, „wie der Heiland ein Mädchen gleich von Anfang kräftig angepackt,“ wie er „nicht ermüdete, an ein Herz zu klopfen, bis es sich öffnete,“ wie „ein roher Mann so gefasst wurde, dass er zitterte,“ und die Grönländer sprechen ganz in ihrer Terminologie von „dem Küssen der Wunden,“ „der Mitgenossenschaft an dem Leichnam,“ dem „Salben mit Blut,“ „dem Verliebtsein in die Martern,“ „dem Wonnegefühl der Gnade im Herzen,“ „der Zärtlichkeit gegen das Lamm“ u. s. w. In den Versammlungen der Helfer wird die „Gegenwart des Heilandes mächtig und beugend gefühlt.“ Besonderen Eindruck macht die Ceremonie des Pediluvium, und bei den Agapen freut man sich, zuweilen geschenkten Schiffszwieback neben den getrockneten Häringen auftischen zu können. — Schon Porphyrius meint in seinem Briefe an Anebon, ob die Gegenwart der Götter, Engel und Dämonen vielleicht auf die Seele selbst, die sich dieselben vorstelle, zurückzuführen sei, als wie etwa durch Funken in der Seele angeregte Veränderungen. — Aristoteles bemerkt schon, dass Einer, der schwache Geister in den Augen hat, seine Person öfters in der Luft, wie in einem Spiegel erblicken könne, wie überhaupt die pathologische Doppelsichtigkeit für das second sight zu beachten ist. — Cardan empfand in seinen (meistens unwillkürlichen) Paroxismen eine Art Trennung von dem Herzen, als ob die Seele sich aus dem Körper wegbegeben wollte und ihr eine Thür geöffnet sei. Worte, die zu ihm gesprochen wurden, vernahm er dann nur wie aus weiter Ferne, und sein Gefühl wurde unempfindlich gegen Schmerz. Er suchte sich (wie er in seiner Lebensbeschreibung erzählt) dann körperliche Schmerzen dadurch zu erregen, dass er sich selbst peitschte, bis zur Blutung in die Lippen und Arme biss oder die Finger heftig drückte, um einem grösseren Ungemach auszuweichen; denn wenn er gegen äussere Eindrücke völlig unempfindlich geworden war, so hatte er so heftige und erschütternde Ausbrüche der Einbildungskraft und so sonderbare Affectionen des Gehirns, dass sie ihm viel unerträglicher waren, als der heftigste Körperschmerz. (*Horst.*) — Jeder somnambulische Zustand ist aus dem Antagonismus zwischen Peripherie und Centrum im Nervensystem abzuleiten und ist in der Hinsicht ebenso erklärlich oder ebenso unerklärlich, als die wohlbekannte Regel der Therapeutik, durch äussere Hautreize ableitend bei Leiden innerer Organe zu wirken. — Bei beginnender Lähmung des Abducens auf einem Auge bilden sich oft, ehe die neue Accommodation eingetreten ist, Fälle von Doppelsehen, die für Erklärung mancher Visionen bei hinzutretender Nervenstörung zu beachten sind, wie überhaupt leichtere oder plötzliche Erscheinungen von Strabismus. Nisi Princeps Condeus cognoscendae rei tantum studii, imo et sumtus impendisset, laboraremus adhuc et conflictaremur cum quibusdam ingeniis, quibus gratius est per mira falli, quam nudae veritatis simplicitati acquiescere, sagt Leibnitz von den eingestandenen Betrügereien des Jacob

Aymar, aber Bayle meint mit Recht, dass sich trotzdem ähnliche Sachen bald genug wiederholen würden. — Als St. Franciscus den gekreuzigten Seraph sah, begriff er bald, dass er nicht durch die Martern des Fleisches, sondern durch die Entzündung des Geistes dem Herrn gleichförmig werden solle. Als die Erscheinung verschwunden, hatte sie ihm im Herzen einen grossen Brand, in seinen Gliedern aber eine wunderbare Bezeichnung zurückgelassen, denn es waren an seinen Händen und Füssen die Zeichen der Nägel erschienen, wie er sie kurz zuvor am Bilde des Gekreuzigten gesehen, und seine rechte Seite war zugleich wie mit einer Lanze durchbohrt. Nachdem der Heiland durch seine betrübten und zuletzt jammervollen Erscheinungen die untreue Therese wieder an sich gefesselt, fand er sein Belieben daran, seine Liebkosungen bei ihr zu verdoppeln, so dass der Beichtvater ihr ernstliche Vorstellungen darüber machen musste und sie sich entschloss, keinen Andern, als Gott zu lieben. Da wahrscheinlich wegen des Geheimnisses der Trinität der Sohn auch jetzt nicht ganz leer ausging, setzte er dennoch seine Besuche fort, gab das Crucifix, das, um seine etwa erborgte Lichtnatur zu prüfen, ihm entgegengehalten wurde, mit vier grossen Edelsteinen, die aber Niemand als Therese selbst sehen konnte, geschmückt zurück, und selbst einst die Versicherung, dass, „wenn er nicht den Himmel erschaffen hätte, er es ihretwegen thun würde.“ — Auch an Adonis ward das heilige Malzeichen in seiner Seite oder in der Ferse gezeigt, das ihm der Eber geschlagen. — Esaias Stiefel (1603) erklärte, dass Christus, der Sohn Gottes, in ihm wäre, nicht nur nach der Kraft, sondern nach dem Wesen (in Langensalza). Sein Nachfolger Ezechiel Meth nannte sich Ezechiel Christus, Gottes neuer erstgeborner Sohn der Herrlichkeit, ein selig berufener ewiger Gast, König und Priester auf Erden, durch den, als sein lebendiges Wort, Gott alle Dinge erschaffen habe. — „Gichtel, obwohl er die deutlichsten Spuren von Wahnsinn an sich sehen liess, fand vielfachen Glauben mit seinen Phantasien, die die unglaublichen Systeme der Gnostiker und die Tollheiten des heiligen Franciscus Assisi im Protestantismus erneuten,“ sagt Henke, wogegen Kanne ihn für einen Heiligen erklärt. — Ueberall, wo andere Menschen denken, überlegen und handeln, kurz die ihnen von Gott verliehenen Kräfte gebrauchen, überliess sich Jung-Stilling dem blinden Zufall, den er göttliche Führung nannte, und wenn er durch solche Fahrlässigkeit und Passivität sich in die höchste Noth gebracht hatte, so stürmte er tagelang mit Gebet auf den heiligen Vater ein, bis ihm das Erwünschte zu Theil wurde. Durch das Missverständniss des „Sorget nicht“ wünschte Mancher sich mit dem Himmel zu verbinden, um der Sorge für das Irdische entledigt zu sein. (*Heinroth.*) — Es giebt keine andere Philosophie, als die Religion, und Philosophie lehren heisst demnach nur die Grundsätze der wahren Gotteserkenntniss angeben. (*Scotus Erigena.*) — Coppinger (der zur Zeit Elisabeth's in London sein Wesen trieb) creirte Arthington zum Verkündiger des Gerichts und Harkot zum Könige von Europa; Thomas Wenner verkündete das tausendjährige Reich, und das Volk rief Jesum zum König aus, indem alle menschliche Regierung und besonders die der Cornwalls aufhören müsse; John Mosen, ein Prediger, verkündete die Ankunft Jesu, und das Volk feierte sie mit Singen, Geigen, Tanzen, wilden, enthusiastischen Geberden, und eine Familie Dutartres glaubte, sie allein auf Erden bekenne den wahren Gott, er belohne sie durch Inspiration, durch Zeichen und Wunder. (s. *Schindler.*) — Die uralte Synagoge in Gobar gilt den Damascener Juden für ein grosses Heiligthum, und auf die Nacht vom Freitag zum Sonnabend kommen viele derselben, um mit Weib und Kind in diesem Gebäude zu schlafen, was für segenbringend gilt und von den Goharanern, die selbst einmal Juden waren (obwohl jetzt Muselmänner), gern erlaubt wird. (*Wetzstein.*) — Die Edelsten der Phrygier (Montanisten) rühmten sich fälschlich (nach Pacian, Bischof von Barcelona), durch Lucius oder Seleucus (3. Jahrh.) belebt und erleuchtet zu sein, der die Ehe verdammend, den Cölibat erhob. — In der Lethargie der Inspirirten und Fanatiker in Languedoc (1688—1700) wurde in krampfhaftem Schlaf über die verfolgenden Katholiken geklagt und Strafe prophezeit. — Il y a des vieilles femmes et des vieillards, qui le soir de la Saint-Silvestre, tombent dans une espèce d'extase, de sorte, qu'ils restent étendus à terre, immobiles comme s'ils dormaient, sagt Klaproth von den Caucasiern. — Irenäus hatte heilige Frauen, die in Krampfanfällen, aber nicht immer gehorsam, prophezeiten. — Scott erzählt von den Hallucinationen eines Kranken, der den Kopf des Skelettes über die Schultern des zwischentretenden Arztes blicken sah.

Der Geist der Ekstase eilt den Ursachen und den Wirkungen voraus, erfasst das Ganze mit grosser Schnelligkeit und vertraut der Einbildungskraft, dass daraus das Resultat für die Zukunft entnommen werde. (*Aristoteles.*) — Die Phantasie ist die stete Offenbarung Gottes. (*Weill.*) — Mohamed verschmähte ein geregeltes Sylbenmaass in den Versen des Koran und den Namen des Dichters, weil er als Prophet ein Grösseres beanspruchte. — Dieselbe kranke Einbildungskraft (die den Wahnsinn bedingt) zeigt sich zuweilen sehr gesund, ja oftmals in einer genialisch erhöhten Thätigkeit in Allem, was mit der fixen Idee nicht zusammenhängt. (*Herbart.*) — „Mein ganzes Werk ist in einem leiblichen Traume vollendet worden," sagt Rafael von seinem Gemälde. „Woher sie kommen und wie, das kann ich nicht sagen, und ich habe keine Gewalt über sie," bemerkt Mozart von seinen Gedanken, wenn sie ihm beim Componiren leicht zuströmten. — Der griechische Redner Aristides erhielt von Apollo und Aesculap den Auftrag, Lobgesänge auf sie zu dichten; und da er kein Dichter ist, so dictirt ihm Apollo selbst den Anfang der Ode, die dann so trefflich ausfällt, dass sie öffentlich vorgetragen wurde. — Als Irving 1830 seine Anhänger vorbereitet hatte, die Ausgiessung des heiligen Geistes zu erwarten, sobald die Kirche Christi aus Babylon gekommen wäre, so fühlten Einige derselben sich in der That vom Geist ergriffen, glaubten die Gabe der Zungen zu besitzen und selbst die der Prophezeiung, was besonders ausgeübt wurde in den Gebetsversammlungen, wo der Untergang Englands vorhergesagt wurde. — Quidam vero etiam putant se aliquibus majoribus potestatibus impelli et futura praedicere, velut numine afflati, quos etiam privatim numine afflatos nominant. (*Paulus v. Aegina.*) Der allgemeine Character der alten Zeit war tellurisches Leben, und das psychische Leben erschien als Vorherrschen des Gefühllebens und der Phantasie, welchem das Selbstbewusstsein der Vernunft fehlt; der allgemeine Character der neuen Welt ist hingegen solares Leben und intelligentes Wirken, und das psychische Leben derselben stellt sich dar als Vorherrschen der intelligenten Seite der menschlichen Seele, als bewusstes Vernunftleben. (*Kieser.*) — Im Vendidad wird nur vorübergehend erwähnt, dass einst ein neuer Prophet von Osten kommen werde, und die Vorstellungen von dem Messias Çaoshank (Sosiosh) wurden erst später weiter ausgebildet (im Bundehesch). — Das Gesicht (visum, apparitio) ist nach Isidorus ein dreifaches, ein mit dem Verstande aufgefassten (intellectualis), ein in der Einbildung bestehendes (imaginaria) und ein körperliches (corporata). — Vision (ὅρασις, ὅραμα, visio) unterscheidet sich (als eine Offenbarung, wo der Geist durch sein geistiges Auge ein offenbartes, ihm selbst durch sinnliche Erleuchtung gezeigtes

Object wahrnimmt) von der Eingebung (verbum), weil diese oft ohne Erscheinung vorkommt, und von dem Traume, weil die Erscheinung auch im wachen Zustande statt hat. (*Del Rio.*) — Horaz sagt, es gäbe kein grosses Genie ohne etwas Verrücktsein (amabilis insania), und nach Cicero existirt kein guter Dichter ohne eine gewisse Entzückung der Seele oder einen gewissen Anflug von Irrsinn. — Ausgezeichnete Erfolge bezeichneten die Phrygier (nach Plutarch) als Manica nach einem alten Könige (Manes genannt), einem mächtigen Fürsten, der auch Masdes (Oro-masdes) heisst. — Manche der Convulsionäre wähnten, aus ihrem Munde eine andere Stimme hervorgehen zu hören, und verglichen sich selbst mit einem Echo oder einem Schreiber, der nur das ihm Vordictirte nachschreibt. (*Fontaine.*) — Der Freund des Kadi Akram, der (der Verabredung gemäss) nach dem Tode zurückkehrte, lehrte: Das Allgemeine vereinigt sich mit dem Allgemeinen und das Particuläre bleibt im Particulären. (*Abulfaradsch.*) — Die vorgebliche Thatsache, dass es eine intellectuelle Anschauung gäbe, hält Herbart für verdächtig, da das vermeintlich Angeschaute offenbar Product verirrter Speculation ist. — „Auf, jetzt horche der Kunde, denn Trunkenheit steigert die Sinne," singt Empedocles (bei Meyer), seine philosophischen Erörterungen über die Elemente beginnend. — Die Widersprüche in den Offenbarungen der Mormonen werden dadurch beseitigt, dass God gave them according to altered circumstances. — „Es giebt einen Aether, eine Seele, Zeiten und Orte und ein höchstes Wesen, das über Beschreibung und Gedanken hinausgeht und dem man sich nur innerlich nahen kann." So spricht man, wenn Einem die Galle steigt (d. h. wenn man wahnwitzig wird), nicht wahr? Einen Halt hat's nicht, sagt der (nachher widerlegte Buddhaist) dem Vertheidiger des Sivaismus in Graul's tamulischer Bibliothek. — Obgleich das Dämonische (sagt Goethe) sich in allem Körperlichen und Unkörperlichen manifestiren kann, ja bei den Thieren sich aufs merkwürdigste ausspricht, so steht es vorzüglich mit dem Menschen im wunderbarsten Zusammenhange und bildet eine der moralischen Weltordnung, wo nicht entgegengesetzte, doch sie durchkreuzende Macht, so dass man die eine für den Zettel, die andere für den Einschlag könnte gelten lassen. — Die Polarität organischer Lebensthätigkeit wiederholt sich als Polarität des Geistes. Der Geist waltet im ganzen Körper und jeder Theil desselben zeigt beide Polaritäten. (*Schindler.*) — Bardini verfiel im Traume auf die Theorie der Flageolettöne, und Tartini componirte seine Teufelssonate (an welcher er Monate lang vergeblich gearbeitet) im somnambulen Zustande. — Wuotan, im Sanscrit als Budhua oder vudhua (excitatio), von budh oder vudh (wach sein, bewusst werden), als Beiname Siva's, der Erwecker im Lingamdienst. Wuoth (Wuth) bezeichnet das erweckte, höhere Gefühlsleben. (*Leo.*) — In der unselig seligen Mitte zwischen seinen beiden Naturen schwebt der Mensch, zerrissen nach zwei Seiten, unvermeidlich, sobald er immer die eine begünstigt, mit der anderen in Streit. (*Schubert.*) — Rien, qui se touche de plus près que l'extase, les visions, les prophéties, les révélations, la poésie fougueuse et l'hystéricisme. (*Diderot.*) — Nullum magnum ingenium sine mixtura dementiae fuit, führt Seneca als ein Wort des Aristoteles an. — Wie die scandinavische Mythologie in Odin's Trank die Inspiration der wahren und falschen Barden unterscheidet, so stellte der Maler Galaton (nach Aelian) den Homer dar, wie er sich erbricht und die andern Dichter das, was er von sich gegeben, aufessen.

Nach plötzlicher Unterdrückung der Menstruation begannen die Convulsionen der (von Carl IX. begünstigten) Nicole Obry (1565), von der der

Geist ihres Grossvaters seine Befreiung aus dem Fegefeuer verlangte. — Das Weib, das den Geist der Wahrsagung hatte, sagte Guntramus den Bischofssitz voraus, aber Gregor verlachte die Prophezeiungen des Teufels und sah bald darauf einen Engel über das Haus fliegen, der verkündete, dass Chilperich mit seinem ganzen Geschlechte vertilgt werden würde. — Ganganelli's Tod wurde durch Bernardina Renzi prophezeit. — Prof. Kieser kannte einen Mann in Jena, welcher während der Nacht, mittelst inbrünstiger Gebete, prophetische Visionen hatte, wenn er sich auf einem gewissen Berge auf den Magen legte. — Die Geistlichkeit hiess im Gegensatz zu den Laien (λαος θεου) Klerus, da Gott durch das Loos die Erwählung des Matthias zum Apostel kundgegeben. — Von 1799—1803 kamen in den Vereinigten Staaten bemerkenswerthe Ausgiessungen des göttlichen Geistes (outpouring of divine spirit) unter verschiedentlichen Benennungen vor. Die grosse Wiedererweckung der Baptisten fand in der Boone County am Ohioflusse statt und verbreitete sich von dort über verschiedene Theile Kentuckys. — Die Clementinen erklärten die visionären Zustände und die paulinischen *ἐπιπνοιαι* und *ἀποκαλυψις* als dämonische Wirkungen. Nach ihnen quillt dem Propheten die Erkenntniss von Innen heraus, und die dem Petrus unmittelbar gewordene Offenbarung ist der Typus alles ächten Erkennens der Wahrheit, wobei zwar auch die Wirkung von übernatürlichem Einfluss ist, nur dass aber Petrus seine Einsicht dem *ἐνεργειν*, der Kraft Gottes verdankt. Die dämonischen Einsichten sind *ἐνεργουμεναι*. (s. *Ennemoser.*) — Nach St. Hilarius waren die Priesterinnen von Sibyllen und Dämonen besessen, wogegen der heilige Hieronymus erwiderte, sie hätten die Gabe der Prophezeiung wegen ihrer Keuschheit erhalten. — Vom *γλωσσαις λαλειν* (dem Ausstossen unverständlicher Worte im Zustande höchster Ekstase) spricht Paulus die Befürchtung aus, dass die also Redenden leicht für unsinnig gehalten werden könnten. — Anna Lace (das Oberhaupt der Zitterer in Nordamerica), die 1784 (trotz ihrer Unsterblichkeit) starb, redete in 72 Sprachen, aber nur den Todten verständlich. — Die Cevennenbewohner unterschelden (nach Peyrat) vier Arten von Ekstase, l'avertissement, le souffle, la prophétie und le don, als den höchsten Grad. Zur Drangsalsperiode des dreissigjährigen Krieges füllte sich Deutschland mit Schwärmern, Visionären und Propheten, die meistens nach der Art der Christina Poniatowitsch, in ihren ekstatischen Anfällen mit den Geistern communicirten. — „Der Schafhirt Hallbiörn Hali pflegt des Nachts auf dem Grabhügel Thorleif's zu schlafen, und auf den Hügelbewohner einen Lobgesang (lofkvaedit) zu machen, kann es aber nicht weiter bringen, als bis zu: her liggr skald, hier liegt der Scalde. Da erscheint ihm eines Nachts der Hügelbewohner im Traume, weissagt ihm, dass er ein Thiodskald (Volksscalde) werden, und Lob (Lobgedichte) auf viele Häuptlinge machen werde, zieht ihn an der Zunge, und sagt ihm eine Weise, in welcher der Scalde, der hier liegt, erhoben wird. Der Hügelbewohner sagt weiter: Nun sollst du anheben die Scaldschaft (Dichtkunst), dass du sollst machen einen Lobgesang auf mich, da, wenn du erwachst u. s. w. Als er erwacht, kann er die Weise. Hierauf macht Hallbiörn einen Lobgesang auf den Hügelbewohner und wird der grösste Scalde.“ — Plato versichert, „dass die delphischen Priesterinnen viel Wichtiges sowohl in Bezug auf öffentliche, als Privatangelegenheiten vorhersagten,“ wie immer der Geist, nur seinen eigenen Gesetzen überlassen, um so richtiger denken wird, und selbst die Ideen schaffen. Die Individualität des Menschen macht aber allerdings eine stete Einwirkung des Bewusstseins auf die Vorstellungsreihen nöthig, damit diese nicht in die abnormen Zustände der Verzückung gerathen, wie es bei nervöser Reizbarkeit leicht geschieht. Schon Aretäus bemerkt: Es ist zum Erstaunen, zu beobachten, was kranke Personen mitunter denken, sehen und sprechen. Exutoque sordibus animo, veracissimi vates quandoque oriuntur. — Alle wahren Dichter, sagt Plato, sprechen nicht künstlich, sondern als inspirirte Individuen. — Der Maler Johannes von Fiesole fiel während seiner Kunstarbeiten zuweilen in Entzückungen, worin ihm ideale Anschauungen vorschwebten. — Michael Angelo selbst sagt über ein von ihm gemaltes Bild der Madonna, dass kein Mensch ein solches Bild schaffen könne, ohne das Urbild gesehen zu haben. — Der Sänger Ali Ibn Nafi des Khalifen Abderahman hielt sich von Dschinnen inspirirt, wie die griechischen durch die Musen.

Nach Jamblichus erscheinen die Götter in der Umgebung von Göttern und Engeln, die Erzengel in Begleitung anderer Trabanten, die Weltfürsten, umschwärmt von einem Gewühl weltlicher und irdischer Bilder in ihrem Gefolge. — Die Betschwester Maberthe wurde jede Nacht von einem phantastischen Wesen besucht, durch das sie die Wonne und Entzückungen einer unaussprechlichen Liebe genoss. Sie hörte Vergebung ihrer Sünden, mit Auflegung einer Hand auf den Kopf, versprechen. — Kurze Zeit, nachdem Pordage die Gesellschaft der Engelsbrüder gestiftet hatte, fielen in einer Versammlung Alle zugleich in Ekstase, worin sie zuerst Visionen der finstern Welt in den schrecklichsten Gestalten, nachher aber, gleichsam zur Erquickung, solche aus der englischen Welt hatten. Die bösen Geister, wie die Engel (sagt Pordage), sind an allen Orten, in der Luft, wie auf der Erde, und können nirgends ausgeschlossen werden. Wir sehen sie im Freien und bei verschlossenen Thüren durch die Fenster dringen, ohne sie zu zerbrechen, und zwar auch bei hellem Tage. Die Geister können sich nach Belieben verwandeln, in eine Riesengestalt oder in grimmige Thiere. Hieraus lernten wir, dass die bösen Geister so wenig als die guten aus einem Orte mögen ausgeschlossen werden, denn wir sehen sie mit ihrem Pomp und Staat wie Wolken in der Luft umherziehen, und im nächsten Augenblick waren sie in unser Zimmer durch das Fenster gedrungen. Auch die Geruchswerkzeuge wurden afficirt. So erweckten die bösen Geister innerhalb drei ganzer Wochen einen „schädlichen, abscheulichen Gestank, der sie durch eine magische Tingirung vermittelst der Phantasie mächtig ergriff.“ Einzelne der Gesellschaft hatten einen unerträglich dämonischen Geschmack, wie Schwefel, Russ und Salz durcheinander gemengt. Zugleich fühlten sie fremde magische Wunden in Körper und Seele, Stiche und Plagen. (s. *Ennemoser.*) — Nach den Darstellungen arabischer Chroniken (Wakidi und Tabari) war Mohamed melancholisch und im höchsten Grade nervösen Temperaments, düster, tiefsinnig und unruhig. Er sprach wenig und nie ohne Noth. Sein Blick war immer auf den Boden geheftet und selten nur erhob er ihn aufwärts. Die Exaltation, in die er bei Ausarbeitung der dichterisch erhabensten Sure des Korans gerieth, war so mächtig, dass er behauptete, er habe dabei sein Haar bleichen sehen, seine Lippen zuckten und convulsivisch bewegten sich seine Hände, während er sich der Inspiration hingab. Gegen üble Gerüche war er so empfindsam, dass er Personen, die Knoblauch oder Zwiebeln gegessen, sich nicht nähern konnte. Sobald das wollene Gewand, das er trug, nach Schweiss zu riechen begann, legte er es ab, da er den Geruch seiner eigenen Hautausdünstung nicht ertragen konnte. Siech und leidend schluchzte er hysterisch oder brüllte (nach Ayscha's Aussage) wie ein Kameel. Während der Schlacht bei Bedr soll seine Gemüthsaufregung zu Tollheit gegrenzt haben. (s. *Sprenger.*) — An dem kleinen Bach zu Engistein (schreibt Herbart an Gries) sei er im Grunde zuerst seiner philosophischen Muse begegnet (1798). — Die Jungfrau erschien dem Prämonstratensermönch (Kloster Steinfeld) Hermann Joseph, dem sie als Kind Geld gegeben, um Schuhe zu kaufen, einmal in Begleitung zweier Engel, durch die sie sich mit ihm copuliren liess, und gab ihm das Christuskind zu tragen. — Der Visionär Kuhlmann in Breslau (1651) sah beständig eine göttliche Glorie über sich, seitdem ihm Gott erschienen war. — Die Heiden fanden den Namen Jesus mit goldenen Buchstaben in das Herz des Ignatius Theophorus eingeschrieben. — Die Götter der Quichés erschienen häufig am Quthal Tohil (Manifestation des Tohil), sich im Flusse badend, unter der Gestalt dreier Jünglinge (Balam Quitzé, Balam Agab, Iquibalam oder Mahucutah). — Ueber die Berufung Joe Smith's siehe Gunnison the: Mormons (S. 26—29). — Ein jeder Caraibe kann seinem Gott in seiner Hütte Opfer (Anacri) bringen, will er aber denselben herbeirufen, so bedarf er eines Boyez, von denen jeder seinen besonderen Gott (Maboya oder Teufel) hat, die beim Citiren in der Nacht oft miteinander kämpfen. Sie halten sich meistens in den Gebeinen der Todten auf (die aus den Gräbern genommen und in Baumwolle aufbewahrt werden), fahren auch vielfach in Frauen und reden aus denselben. Bei der Anrufung des Boyez bewegt sich der Gipfel der Hütte und beim Ausfahren klirrt der Teufel mit den Geschirren. Viele Caraiben tragen die Zeichen der Schläge auf ihrem Körper, die sie von den Teufeln empfingen, besonders wenn sie sie zwingen wollten, wieder Menschenblut in Kriegen zu vergiessen (nach Rochefort). — Bodin erzählt von einem Bibelleser, dem, unter den angenehmsten Empfindungen, ein übernatürliches Wesen als glänzendes Kind erschien, an seine Thür und sein Gebetbuch klopfte, ihn an den Ohren zog (um Handlungen zu billigen oder zu tadeln) und ihm Mittheilungen von Gott machte. — Nach den Millenariern wird der im Aequinoctium erscheinende Körper Christi, leuchtend über dem Aequator hängend, während 24 Stunden auf beiden Polen gesehen. — Lavater (der wundersüchtige Prophet) von Zürich wurde auf das höchste erbaut durch die Erscheinung eines schon vor Christi Geburt gestorbenen Kabbalisten (Gablidore), die ihm der Graf von Thun mittheilte. — Als Scotus einst über die Fleischwerdung nachdachte, setzte sich das Jesuskind auf seine Arme und tröstete ihn durch seine Umarmungen. — Die Visionen der Nonne von Dulmen (Emmerich, die dann statt Niederdeutsch einer reinen Sprache sich bediente) bezogen sich hauptsächlich auf die heilige Geschichte, zu der sie (besonders zur Passionsgeschichte) bis in's Einzelnste gehende, erläuternde, geschichtliche Supplemente gab, von denen v. Meyer hervorhebt, dass sich das Leiden und besonders die körperliche Zerfleischung des Herrn bis in's Grässliche steigern. — Farai, der Sohn Othman's aus der Stadt Nasrana, sagt (in dem Buche der Karmatier), dass Christus ihm in menschlicher Gestalt erschienen sei und zu ihm gesagt habe: „Du bist die Einladung, und du bist der Beweis, du bist das Kameel, du bist das Thier, du bist Johannes Zacharias Sohn, du bist der heilige Geist.“ Der Stifter der Secte (ein Armer aus Chuzestan) wurde nach dem Namen Karmatiah's oder Karmata's benannt, in dessen Hause er sich aufhielt, als er durch Hülfe eines Mädchens aus dem Gefängniss entkommen oder (wie seine Anhänger meinten) in den Himmel aufgenommen war. (s. *Abulfaradsch.*) — Im Grossherzogthum Baden erschien 1852 in einer Gegend, wo kurz vorher die Jesuitenmission gewirkt hatte, die Muttergottes in Lebensgrösse in einem Walde und liess sich zur Erbauung der Gläubigen auf einer Tanne oder Lärche nieder. — Der Gott Gohs der Buschmänner wohnt unter der Erde. Die Göttin Koa (begleitet durch die Ganna) erscheint zuweilen, um Wild zu zeigen (weiss und glänzend), und wenn sie auf den Arm bläst, trifft der Schütze immer. Der böse Geist kann erschossen werden, lebt aber stets wieder auf. — Da nach Qûtâmi (in seinen Abhandlungen über Prophetie) Offenbarungen nur im schlafenden, niemals im wachenden Zustande dem Menschen zu Theil werden können, so polemisirt er gegen die Anhänger des Ischita, welche das Gegentheil behaupten. — Als die Markgräfin von Bayreuth (Friederike Sophie Wilhelmine), die das Volk schwanger glaubte, gegen deutsche Gewohnheit zu reiten begann, erschien ein Gespenst in den Corridoren des Schlosses et prononçait d'une voix terrible ces étonnantes paroles: dites à la princesse du pays que si elle continue à monter le cheval noir, elle aura un grand malheur et qu'elle se garde bien de sortir de sa chambre pendant la durée de six semaines. — Wenn es jemals Wahrheit war, dass Gott gesprochen hat und sprechen kann, so sei es in ihrem Falle gewesen, meint die Verfasserin des Eritis sicut deus, so dass sich, wie die Grenzboten bemerken, die Theopneustie durch einen Roman documentirte. — Als in Anhalt-Zerbst ein Edict gegen die pietistischen Neuerer erschienen war, hörte ein pietistischer Prediger sogleich eine miraculöse Stimme von oben, die ihm befahl, den Fürsten zur Duldsamkeit gegen die Sectirer zu ermahnen. Als das nicht anschlug, erschien dem Geistlichen der Herr persönlich, in schöner Gestalt, flammenden Haares und mit einem Gewande von (revolutionär) weiss-roth-blauer Farbe, auf seiner Studirstube und befahl ihm, den Fürsten nochmals zu warnen. Darob entsetzte sich der Gewarnte so, dass er sieben Tage darauf starb. (*Scherr.*) — Quod ergo aquam egesserit, id est, exportaverit Numa Pompilius, unde hydromantiam faceret, ideo nympham Egeriam conjugem dicitur habuisse (quemadmodum Varro exponit). In illa igitur hydromantia curiosissimus ille rex Romanus et sacra didicit, quae in libris suis pontifices haberent et eorum causas, quas praeter se neminem scire voluit. — Die Caraiben verfertigen Bilder aus Holz oder andern Substanzen, nach der Gestalt, wie die Maboya ihnen erschienen sind, und tragen diese am Halse, lassen sie auch wohl von den Boyez besänftigen oder befragen. (*Rochefort.*) — Als Aurelian den Galenus beim Feldzuge gegen die Markomannen (172) wieder, als Leibarzt, mitnehmen wollte, entschuldigte er sich, dass sein vaterländischer Gott Asclepios, dem er besonders verpflichtet sei, es anders wolle. — Das kopflose Stück des von Bonnet durchgeschnittenen Wurmes bewegte sich in derselben Weise vorwärts, wie das andere. Leber, Lunge und Magen erstreckten sich durch Anwachsen an den Enden bei der späteren Wiederausbildung in beide Thiere gleichmässig hinein. — Zur Zeit der grossen Hoffart im Lande, erzählt die Chronik (s. *Grunau*), war des Hauptmanns Sohn zu Marienburg vom Teufel besessen. Als man denselben ausbannte, an dem Thor vor dem Jungfrau-Marien-Bilde, sagte derselbe: Er wolle gerne ausfahren, so man ihm nur vergönnen wolle, in die Schnäbel der Schuhe zu fahren. Da kamen sie gar ab, denn forthin wollte Niemand mehr spitze Schuhe tragen. — Gregory erzählt von einem Kranken, der alle Mittage beim sechsten Schlag eine alte Hexe bei sich eintreten sah, die ihn mit ihrer Krücke schlug, worauf er in Ohnmacht fiel, wie bei manchen Epileptikern sich das Eintreten des Anfalls oft mit einer einleitenden Ursache motivirt und im Traum ein aufweckender Pistolenschuss noch vorher eine lange Geschichtsabwicklung hervorruft, die zu ihm, als erklärend, führt. — Tieck sah bei einem Spaziergange in der Nähe von Tegel so deutlich das Haus, wo er seine Geliebte erwarten wollte, dass er erst, als er in den zu überspringenden Graben fiel, wieder zu sich selbst kam. — Barbe, die Hausmagd Michael Jering's in Königsberg, wurde (1633) auf einem Karren mit vier weissen Pferden abgeholt und zu Gott dem Herrn geführt, welcher (umgeben von Engeln und frommen Christen) dagesessen in weissen Kleidern, mit einem Haupte und Barte, mit seiner Strafe drohend, wenn nicht die Leute von ihrer Hoffart abstehen würden, besonders von den Krummflechten und den grossen Drahtkollern und den hohen absätzigen Schuhen mit den grossen Ballen darauf. (*Stimer.*) — Der nüchterne und gründliche Kopf des Mittelalters (R. Joseph Bechor-Schor aus dem zwölften Jahrhundert, als Commentator des Pentateuch) mag tief das neunzehnte Jahrhundert beschämen (schreibt Gosche), welches im Gefühl seiner Ohnmacht zu dem Auskunftsmittel der Vision geflüchtet ist, um über den Anfang der Genesis sich in seiner Art klar zu werden („Weisungen über die mosaische Schöpfungsgeschichte von einer Seherin," Wien 1856). — Der Visionär Holzhauser in Cöln († 1658), dem der Teufel schon in der Wiege als schwarzer Hund erschienen war, prophezeite während seines Lebens nach den verschiedenartigen Phantomen, die sich ihm zeigten, und die mit mannigfachen Thiergestalten in seiner Apocalypsis spielten.

Unter den Anhängern der wunderthätigen Magd Barbara von Königsberg, die von einem Engel entführt und wiedergebracht sein wollte (aber, nach dem Geständniss mehrerer Verbrechen, enthauptet und verbrannt wurde), trat 1636 eine Incarnation Gottes des Allmächtigen auf, die sich nannte: Johann Adelgreiff Syrdos Amada Cassamota Kikis Schmalkall mundus Schmakaldis Elloaïs, Ober-, Erz-, Hoherpriester, Kaiser und des heiligen römischen Reichs König, der ganzen Welt Friedensfürst, Richter der Lebendigen und der Todten, Gott und Vater, in welches Herrlichkeit Christus kommen soll zum jüngsten Gericht, Herr aller Herren und König aller Könige. — Nach schrecklichen Verzerrungen, sagte der Anabaptist Georges die Zukunft vorher und verkündete den Willen des göttlichen Vaters. — Um mit den Huacas zu reden, berauschte sich der peruanische Priester mit dem Tonca- (datura sanguinea oder Huacacacha) Getränk. Die Paccharicuc orakelten aus den Beinen, die Spinnen zerbrachen, wenn mit einem Strohhalm verfolgt. Beim Beginn der Confession legten die Priester einen bunten Lehmball auf einen Cactus, ihn mit einem Dorn zerstechend, worauf er, im Falle die Confession gut war, in drei Theile zerbrochen, herabfallen musste. Am Ende der Confession musste das Beichtkind Maiskörner in's Wasser werfen, und bei gerader Zahl derselben war die Beichte gut abgelegt. — Viele der indischen Jongleure lassen sich schwer zu Vorstellungen überreden, da sie körperlich allzu sehr dabei leiden, wie die Sibylle über die dämonische Gewalt klagt, mit der sie zum Prophezeien fortgerissen würde. — Bartholomini erzählt von einem Mädchen in Copenhagen, das über die Beschwerlichkeit ihres Gefühls (wie Cassandra) klagte. — Der Schamane der Koloschen prophezeit in Zuckungen nach den Eingebungen der Jeke (Geister).

Einer der Maui genannten Propheten hatte auf Tahiti geweissagt, dass in zukünftigen Zeiten ein vaa amaore (ein stützenloses Canoe) nach der Insel gelangen würde, wie die Einwohner solches später in den europäischen Schiffen (von denen sie meinten, dass sie umschlagen müssten) erkannten. Von der ferneren Weissagung, dass dann in einer weiteren Periode ein Schiff ohne Stricke und Takelage nach Tahiti kommen würde, meint Ellis (der im Jahre 1830 schreibt), dass sie sich vielleicht noch einmal in den Dampfschiffen erfüllen könnte. — Nach Eunapius verhalf Oribasius dem Kaiser

Julian zur Herrschaft, und in Folge der glücklichen Deutung eines Traumes glaubte dieser die Gabe der Weissagung in ihm zu sehen. — Der Goldberger Tuchmacher (zu Lauban) redete (1692) in mehr als funfzig Sprachen. Boyer und La Taste bestätigen die Kenntniss des Griechischen und Lateinischen bei den Convulsionairen. „Es ist eine bekannte Sache (sagt Mather von den Methodisten), dass viele Männer in Sprachen sich unterhielten, welche sie nie erlernt hatten.“ — „Die Engel drücken mit einem Worte mehr aus, als der Mensch mit tausend sagen kann,“ bemerkt Swedenborg über die Engelsprache. — Wie die ekstatischen Mönche umbilicarii genannt werden, so sagt Peucerus: Obsessi *ἐγγαστρίμυθοι*, *ἐγγαστριμάντεις*, *στερνομάντεις* et *δαιμονόληπτοι* nominabantur a Graecis inde, quod intra sese pectori ventrive inclusos spiritus vatidicos haberent, qui vel suggerebant vel vinctis compressisque obsessorum linguis ipsi efferebant ac proloquebantur requisita praescitaque vaticinia. — Was der Traum anzeigt, der in der Gabal spielt, das ist der Schatten der Fürsichtigkeit des Menschen, die zukünftige Dinge weiss und aus geschehenen Dingen das Vergangene und auch das Gegenwärtige, nach Paracelsus. — Nach Pomponatius seien alle Wunder, auch die mosaischen und neutestamentlichen, nur die Werke einer in allen Menschen liegenden Kraft gewesen. — Während Ennemoser alles dämonische Einwirken in den magischen Zuständen leugnet, nimmt er das Eingehen eines extramundanen Gottes in die Leiber der Propheten an. — Abulabbas (der Sterndeuter) erklärte dem Arzte Thabor (in Bagdad) sein glückliches Rathen aus den Zeichen seiner Geburt, indem er (einen Theil des Geheimnisses in dem Grade seiner Geburtsstunde vereinigt mit dem Grade des Jupiters und einen Theil der Fortuna beobachtend) ihm sagte: „Mein Theuerster, dieses redet und nicht du.“ (*Abulfaradsch.*) — Zu Alexandros Zeit lebte in Erythräa, woraus die gottbegeisterte Sibylle stammte, die Prophetin Athenais (nach Strabo bei Erwähnung des Arztes Herakleides). Tenkeluscha prophezeit von einem frommen Propheten, der unter dem Zeichen der Jungfrau geboren, den Leuten verbieten wird, Thiere zu tödten. — Die Prophetin Philumena enthüllte dem Apelles (Schüler des Marcion), dass das alte Testament keine göttliche Offenbarung sei. Marcion (ein stoischer Philosoph nach Tertullian) liess (nach Epiphanius) nur das Evangelium Lucas gelten. — Als die Portugiesen den Bischof Mar Joseph zur Rechenschaft zogen, dass er, obwohl er sich der lateinischen Kirche angeschlossen habe, wieder die Irrthümer der Nestorianer lehre, behauptete er, von Gott eine Offenbarung gehabt zu haben, dass die Religion seiner Väter die wahre sei. — Die Ionier und Egypter behaupten ebenso wie wir Chaldäer (sagt Qûtâmi), dass der Mond zur Zeit des Neumondes am kräftigsten wirke, dagegen stimmen sie uns nicht darin bei, dass er sich zu dieser Zeit in seinem besten Status befinde, denn sie behaupten, dass dies zur Zeit des Vollmondes statthabe. (*Chwolson.*) — Jarbuqa erwähnt (bei Ibn Wahschijah), wie ihm ein gefährliches Gift im Traume offenbart wurde. — Bei dem heiligen St. Thomas heisst es: Sibylla debet inter personas in fide Christi explicite salvatas computari, wie die Sibylle auch in den Todtenmessen figurirt. — Als die Wolga-Kalmücken (Torgöten) zur Rückkehr dahin, wo die Sonne entsteht, entschlossen waren, prophezeite der Priestergott von Lhassa ihrem Unternehmen einen glücklichen Ausgang, wenn sie es in einem Tiger- oder Hasenjahre ausführten (1770—1771). — Der Cazike Guarioner erfuhr durch fünftägiges Fasten vom Cemes, dass Maguacochios (bekleidete Männer) an den Inseln landen und sie unterwerfen würden (auf Haiti), was anfangs auf die Caraiben bezogen wurde, bis die Spanier kamen. — Im 10. Jahrh.

lief die Prophezeiung*) in Constantinopel um, dass die Russen sich eines Tages des orientalischen Kaiserthums bemächtigen würden, wie es auf der Statue des Bellerophon oder Jesus Maria geschrieben stehe, die (von Antiochien gebracht) im 13. Jahrh. von den Franzosen eingeschmolzen wurde. (*Paris.*) — Nach Berreo fand sich unter den Prophezeiungen im Tempel zu Cusco eine bezüglich der Zerstörung des Reichs, wonach die Incas durch ein Volk wieder eingesetzt werden würden, das von einem Lande kommen werde, Inclaterra genannt. Nach Ammianus Marcell. erhielt der Berg Matrona in den Alpen seinen Namen, weil dort eine edle Frau (matrona) verunglückt sei. — Eine Druidin, mit der Diocletian zu scherzen pflegte, prophezeite ihm die Kaiserwürde. — Egede erzählt, wie ein Angekok für einen kranken Knaben in das Land der Seelen reiste, dort eine Hasenseele erwischte und sie an der Stelle der verlorenen in den Kopf setzte, wo er sie mit Fett festkleistern liess. — Aus dem Stamm des Königs der Aradas (der Congo-Neger), dessen Sohn (Gaou Ginu) als Sklave nach Haiti verkauft wurde, hatten die Obis den Schwarzen geweissagt, dass der Heiland der africanischen Menschen hervorgehen würde, wie es sich in dessen ältestem Sohne (Toussaint) verwirklichte, als ein vaticinium post eventum (wie Jordan bemerkt). — In Folge der Prophezeiungen der Seherin (Kahine) Zarifa wurden die Azdiden veranlasst, ihre Fluren bei Marib zu verkaufen und auszuwandern.

Wunderheilungen. In den massilischen Tafeln (tabulae apud Massaeos) heisst es: „In den verwichenen Tagen erhielt ein gewisser Cajus, der blind war, das Orakel, dass er sich dem heiligen Altare stehend nahen, hierauf von der Rechten zur Linken gehen, die fünf Finger der Hand auf den Altar legen und dann mit der Hand die Augen bedecken solle. Und siehe, der Blinde ward sehend im Angesichte des jauchzenden Volkes, das sich freute, dass noch so herrliche Wunder geschähen unter unserm Kaiser Antonin." — Vespasian heilte in Alexandrien (nach Tacitus) Blinde und Krüppel, über deren Zustand die Ansicht der Aerzte getheilt war. — Um die Dämonen aus den Besessenen (Muhazimim) auszutreiben, zeichnen ihnen die Araber Kreisfiguren auf die Stirn. — Spix und Martius magnetisirten den durch Erkältung gelähmten Arm eines Negers, der sogleich ein lebhaftes Spiel der Muskeln zu zeigen anfing und schon nach einmaliger Manipulation

*) Das Bekenntniss und die Satzung des Ordens der Brüderschaft Ke lan, worin der in kriegerischen Spielen sich übende Pan tschhen Rin po tschhe von Kra schiss Lhun po alljährlich viele der dort zusammenströmenden Pilger aufnehmen lässt, besagt: „Wenn der Pan tschhen Rin po tschhe den gegenwärtigen Leib verlässt, wird er nicht, wie bisher, im jenseitigen Thibet (in g Tsang), sondern in Thian schan pe lu d. h. in der Dsungarei (statt nach fünfhundert Jahren im mythischen Westreich Shambala) wieder erscheinen. Während er sich hier still und ungesehen der grossen Dinge, die da kommen sollen, gewärtig hält, erlischt die Religion des Buddha in den Herzen ihrer Bekenner und lebt nur noch in der Brüderschaft Ke lan. In jenen Unglückstagen werden die Chinesen sich überall im Schneelande verbreiten und es selbst versuchen, dem Dalai-Lama die Herrschaft zu entreissen. Doch dieser Zustand wird nicht lange dauern. Eine allgemeine Erhebung wird erfolgen und alle Chinesen in Thibet an einem einzigen Tage bis auf den letzten Mann erwürgen. Ein Jahr nach diesem Blutbade wird der Kaiser seine zahlreichen Schlachthaufen gegen die Thibetaner in Marsch setzen und sich unter Strömen von Blut des Schneereichs bemächtigen. Doch auch dieser Triumph soll nur von kurzer Dauer sein, denn alsdann wird der Pan tschhen Rin po tschhe seine Macht offenbaren. Er erlässt einen Ruf an die heilige Verbrüderung der Ke lan, und sie sammeln sich alle auf einer weiten Ebene der Dsungarei. Selbst die verstorbenen Mitglieder erstehen wieder. Dann theilt er Waffen unter sie aus und stellt sich selbst an die Spitze dieses furchtbaren Heeres. Er stürzt sich mit demselben auf die Chinesen und zermalmt sie, erobert Thibet, China, die Mongolei, endlich sogar Russland. Hierauf wird er als allgemeiner Weltmonarch proclamirt. Unter seinem heiligen Einflusse erblüht der Lamaismus auf's Neue, prächtige Klöster erheben sich überall, und alle Völker huldigen der Macht der buddhistischen Kirche und ihres Gebetes." (s. *Köppen.*)

dem Befehle des Arztes, ihn zu bewegen, gehorchte. — Es ist eine bekannte Thatsache, dass ein Wechsel des Arztes beinahe immer eine vorübergehende Besserung selbst in den hoffnungslosesten Krankheiten erzeugt. — Ein Blinder, dem Egede auf einer Reise die Augen mit Branntwein gerieben, kam später nach der Colonie, um für das Wunder zu danken. — Die Curen der Blinden tragen meistens den Character der von Gregor von Tours erzählten bei Gelegenheit des Archidiaconus Leonastes zu Bourges. Dieser, am Staar leidend, brachte unter Beten und Fasten mehrere Monate in der Basilica Martin's zu und glaubte eines Festtages wirklich, dass er einen Lichtschimmer empfände. Nach Hause eilend, liess er sich zur Unterstützung der Cur von einem Arzte Schröpfköpfe setzen, fand aber seine Blindheit zurückgekehrt, die fortan auch kein Gebet wieder entfernte. Dem schon durch das Land verbreiteten Wunder that dies weiter keinen Eintrag, erhöhte vielmehr den göttlichen Character desselben, da die Schwachgläubigkeit mit Recht bestraft worden sei. — Als das auf das Grab des Paris gesetzte (seit der Geburt taubstumme) Mädchen aus einer langen Ohnmacht, die nach den Convulsionen folgte, wieder zur Besinnung kam (1731), konnte sie hören und articulirt die Worte, deren Klang ihr Ohr trifft, noch ohne sie zu verstehen. Wahrscheinlich war hier die Erschütterung der motorischen Nerven durch das unerwartete und überraschende Schauspiel der sich auf der Erde herumwälzenden Convulsionäre hervorgerufen worden, sagt Calmeil, und Leubuscher bemerkt dazu, dass bei unserer Unbekanntschaft mit den die Taubheit bedingenden Zuständen sich weiter nicht vermuthen lässt, welche Processe durch die Convulsionen im Gehirne vor sich gingen, so dass sie hören konnte. — Au IX. siècle des personnes suspectes déposèrent dans une église de Dijon des reliques, qu'elles avaient, disaient-elles, apportées de Rome et qui étaient d'un Saint, dont elles avaient oublié le nom. L'évêque Théobald refusa de recevoir ces reliques sur une allégation aussi vague, néanmoins elles faisaient des prodiges. Ces prodiges étaient des convulsions dans ceux, qui venaient les révérer. L'opposition de l'évêque fit bientôt de ces convulsions une épidémie. Les femmes surtout s'empressaient de leur donner de la vogue. (*Plancy de Collin.*) Gregor von Tours erzählt ähnliche Geschichten von einem herumziehenden Vagabunden. — Diodor sagt von Anubis und Macedon, dass sie zwei Feldherrn gewesen, der eine mit einem Hunds-, der andere mit einem Wolfsfell bekleidet. — Herodot leitet den Namen der Aegide von den Ziegenfellen her, die in Libyen getragen werden. — Wie Lewis Barthema de Vertoman erzählt, liess sich der König von Aden fromme Eremiten kommen, um zu entscheiden, ob ein Wahnsinn nachgeahmt oder ein heiliger sei. — Nach Lampe sind 34 Chiroteken (Heilende durch Handauflegen) heilig gesprochen worden. — Im siebzehnten Jahrhundert heilte zu London der Gärtner Larret, sowie Streeper durch Handauflegen, und eine derartige Heilung im Grossen vollzog der Richter in Royn bei Liegnitz. (s. *Schindler.*) — Der Männer Augen werden vom Stabe des Hermes eingeschläfert, *θέλγειν* (zaubern, streicheln). — Auf den Philippinen beteten die Catalinas (alten Weiber) zu ihren Götzen, dass sie ihnen die Heilmittel für Krankheiten enthüllen. — Die Heilung der Gräfin Droste-Vischering wird von dem behandelnden Arzt in Elberfeld so dargestellt, dass die in den Kniekehlen contrahirten Sehnen bei der grossen Aufregung, unter welcher sie Hülfe erwartete, zerrissen. — Als die Wittwe Delorme, die man zur Heilung auf das Grab gelegt, durch den kalten Marmor in der Seite gelähmt wurde, behauptete man, dass sie bestraft sei, weil sie des Paris habe spotten wollen (die Gläubigen fühlten sich erleichtert). — Die Convulsionen wurden bald nicht mehr nur ihrer heiligen Zwecke wegen angeregt, sondern selbst als eine heilige Sache und Begünstigung Gottes betrachtet (wie so viele Symbole, nachdem ihre Bedeutung vergessen ist). — Nach Lebanteka wird, wer sich im himmlischen Zustande befindet, um einen Kranken ein nebelig-blasses Fluidum sehen. (*Pope.*) — Hätte man alle von der Kunst gebotene Mittel nutzlos gegen das Schlucken angewandt, so räth Alexandros Trallianus, dem Kranken physische Anhängsel (Amulete) zu verschaffen. — Die chinesischen Barbiere machen durch magnetisches Drücken die Glieder schläfrig. — Da die zum Tode verurtheilten Hexen oft auf der Folter die Anschuldigungen bekennen, kommt der Wanyamwesi nicht aus dem Kreis des Aberglaubens heraus. (*Burton.*) — Der Wanyamwesi schreibt Krankheiten dem Phepo (üblen Hauch) zu, und der Mganga sucht ihn in einen Koti oder Stuhl (einen an einem Baum aufgehangenen Gegenstand) zu bannen. (*Burton.*) — Caesalpinus (1580) verweist die von bösen Geistern angeführten Krankheiten, als durch natürliche Arzneien unheilbar, aus den Spitälern in die Kirche. — Die arabische Sprache hat dasselbe Wort für Epilepsie und Teufelsbesessenheit. — Während man im Alterthume, wie körperliche, auch Seelenkrankheiten (und selbst moralische Fehler durch Waschen und Abführmittel) mit körperlichen Arzneien (Ausleerung von schwarzer Galle zur Reinigung) zu heilen suchte, so im Mittelalter nicht nur die Seelenkrankheiten (durch Exorcismen, Besprechungen), sondern auch körperliche Krankheiten (Kopfverletzungen durch Absingung von Psalmen und Hersagung von Gebeten) durch geistliche Heilmittel. — Pater Gassner nennt Gut- und Starkgläubige*), bei denen sich die Krankheit schon bei der ersten Aufforderung entfernte, Zaghafte und Kleingläubige, bei denen es der Wiederholungen bedurfte, und Verstellte oder Ungläubige, wenn er die Heilung aufgeben musste. Schon Schisel bemerkt, dass er nur die Cur der sogenannten unnatürlichen Lähmungen (d. h. bei denen keine organische Veränderung vorlag) übernehme. — Nach dem Glauben der Araber, den Khalif Welid II. in seinen Versen erwähnt, hört der Krampf des eingeschlafenen Fusses sofort auf, wenn man den Namen der geliebtesten Person nennt, in Folge der Aufregung. — Porli (der spätere Graf Leon) begann seine Wundercuren in Offenbach mit der Heilung eines nervenkranken Mädchens in der Familie Häuser und gewann dadurch den Glauben seiner Seele, die er zur Begründung des neuen Jerusalems nach America führte (wo, mit der Rappeschen Gemeinde zerfallen, er in Pittsburg Gold machen wollte), um das von den Türken (in Verbindung mit den Illuminaten) überschwemmte Europa, über Asien, mit seinem Heere zu befreien.

Durch Medicin nicht heilbare Irre werden nach dem Kloster des heiligen Antonius bei Tripolis gebracht, um dort angekettet durch Gebete, Prügel und Exorcismen curirt zu werden. Dr. Forest beobachtete einen exorcisirenden Mönch in der Privatpraxis, der (nachdem er erfahren, dass der Teufel, als Katze, von der Frau Besitz genommen) das Küssen seines Schuhes verlangte und als dies, trotz Beten und Fasten, nicht geschah, ihn auf den Mund damit schlug, aber dann erklärte, dass die Frau an Melan-

*) Faith is „the assurance, that men have in the existence of unseen things and the principles of action in all intelligent beings: without it both mind and body would be in a state of inactivity." But it is not only the principle of action, but of power, in heaven or in earth, for by faith „God created the worlds, and take this principle or attribute away from the deity, he would cease to exist," heisst es im mormonischen Book of covenants. God had „element and the principles of element, which can never be destroyed to organise it out of and these acon atoms are intelligent on a self-existent principle, which God himself could not create. (s. *Gunnison.*)

cholie leide und ärztlicher Behandlung bedürfe. — Fernelius erzählt von einem jungen Edelmanne, der von Zeit zu Zeit in Convulsionen verfiel, die die Aerzte für eine Art Epilepsie erklärten, herrührend von einem bösen Dunst in der Wirbelsäule, der sich von da aus auf die vom Rückenmarke entspringenden Nerven verbreite, ohne das Gehirn im geringsten zu afficiren. Da alle Heilungsversuche vergeblich waren, kam man erst im dritten Monate zu der Erkenntniss, dass der Teufel der Urheber des ganzen Uebels sei, der sich dann selbst entdeckte, durch den Mund des Kranken Latein und Griechisch (obwohl der Kranke kein Griechisch verstand) fliessend sprach und, durch den Exorcismus gezwungen, erklärte, dass er nur ein Geist (kein Verdammter) sei, der in Abwesenheit andere Leute quäle, durch die Fusssohlen in den Kranken hineingekommen und bis zum Gehirn gekrochen sei. — Die nach dem schwarzen Tode von der Tanzwuth des Johannistages Ergriffenen fühlten sich durch Schläge und Fusstritte erleichtert. — Ein Augenzeuge erzählte Gunnison, wie ein von einem tollen Hunde gebissener Knabe (während gleichfalls betroffenes Vieh starb) durch das Gebet eines Mormonen-Aeltesten geheilt wurde. Krankheiten, bei denen der Prophet vor Anwendung von Medicinen abräth, sind durch Austreibung des Teufels zu heilen, sowie durch meager diet and mild herbs. Die Wunder des Mesmerismus und Monachismus werden Beelzebub zugeschrieben. — Die religiösen Ceremonien, die in der Kirche Saint-Amans ausgeführt werden, bringen manchmal Heilung (bei den Irren von Gheel) hervor, indem sie die Einbildungskraft des Geisteskranken exaltiren. Man darf dieses Heilmittel in einer Gegend nicht verachten, wo die Einwohner so religiös und die Meisten von der Macht der heiligen Nymphna überzeugt sind. (*Baker*.) — Der Betrüger Didier (von Bordeaux), der mit St. Peter und St. Paul zu communiciren behauptete, heilte seine Kranken durch heftiges Ziehen an allen Gliedern (sechstes Jahrhundert). — Die Jesuiten lernten von den Brahmanen in Indien die Manipulationen (Tschampooning), um Krankheiten durch Massiren und Berühren zu heilen. Auch in China wenden die Aerzte vielfach das Drücken leidender Theile an. — Der griechische Redner Aristides, der sich, um Träume zu bekommen, zwischen das Thor und Treppengeländer des Tempels legte, giebt (zur Zeit des Marc Antoninus) eine umständliche Beschreibung einer Unterleibskrankheit, durch Andeutung und Belehrung des Gottes geheilt, mit dem er während der ganzen Zeit in Rapport blieb. — Um einen Irren zu curiren, lassen ihn die Buräten allein in der Jurte, und wenn sie bemerken, dass er in einem Augenblicke finstern Brütens ist, so schiessen sie ihre Gewehre ab oder suchen ihn längs des Ufers hinführend plötzlich in's Wasser zu stürzen, um durch die Nervenerschütterung zu wirken [wie der Fürst von Ferrara durch ein solches Hineinwerfen vom Fieber curirt wurde]. — Gleich dem Brennen der Männer wurden die Frauen tättowirt am Cap Lucas. (s. *Boscana*.) — Bei der Jünglingsweihe brannten die Californier mit Pflanzen-Pulver einmal auf den rechten Arm oder das Bein, um den Nerven grosse Kraft zu geben [wie Aehnliches Hippocrates von den Scythen erwähnt] und bessere Stärke in Führung des Bogens. (*Boscana*.) — Wie noch jetzt das feierliche Handauflegen eines durch seine Civilisation imponirenden Europäers die Wilden in Krämpfe versetzen oder daraus erwecken kann, so verstanden im Alterthume die in den Schulen oder durch ihre zurückgezogene Betrachtung zu höherer Bildung erzogenen Propheten sehr wohl, das besonders in Zeiten politischer Krisen von Nerven-Epidemien ergriffene Volk zu heilen. Den Jüngern wollte der Teufel noch nicht gehorchen, bis sie erst längeren Unterricht erhalten hatten, und die Siebenziger fanden in der Heilung der Besessenen ihren Haupt-Triumph. — Gleich dem bei der Berührung todtenähnlich niederfallenden Kümmelkäfer kann man auch die Rohrdommel so erschrecken, dass sie, Leib, Hals und Schnabel gerade in die Höhe streckend, unbeweglich wie ein Pfahl dasteht. — Die vom Veitstanz Ergriffenen, die man (wie schon im Alterthum) vom Teufel besessen hält, werden durch kreuzweises Herumlegen unter ein Crucifix und Besprengen mit Weihwasser in Russland geheilt. — St. Hubert, Schutzpatron der Jäger, wurde zugleich gegen die Wirkungen des Hundsbisses angerufen. Sobald ein Kranker bei den Mönchen im Ardennenwalde anlangte, stellte er sich in der Kirche dar und ein Priester machte ihm einen leichten Einschnitt in die Stirn, worin er ein zur Eiterung reizendes Kraut legte und den Kopf mit Binden umwickelte. Für sechs Wochen wird eine strenge Lebensordnung (der Kranke wäscht sich nicht, wechselt die Wäsche nicht, speist täglich auf demselben Teller, darf keinen weissen Wein trinken, sich nicht im Spiegel sehen, muss im Gehen stets gerade vor sich hinblicken u. s. w.) vorgeschrieben. Am neunten Tage wird die Binde von der Stirn abgenommen und im Chor der Kirche feierlich verbrannt, die Genesung mit Gepränge gefeiert und nach vierzig Tagen die Heilung als vollendet angesehen. Da die Entfernung des Kranken oft verhindert, früh genug in St. Hubert einzutreffen und die Angst die Entwickelung des Uebels beschleunigt, betrauten die Mönche die Glieder einer in Belgien lebenden Familie, die zu den Nachkommen des Heiligen gehöre, mit der Kraft, durch das mit dem Daumen auf die Stirn des Kranken gemachte Zeichen des Kreuzes und eine dabei ausgesprochene Formel die Gewalt des Uebels auf sechs Wochen zu lähmen. Auch vermag die Hubertsfamilie Thiere vor der Wasserscheu zu bewahren, indem sie ihnen den Hubertsschlüssel auf die Stirn drückt. Schon der Anblick eines ihrer Glieder beruhigt die wüthendsten Kranken. Für die an der Reise nach der Capelle Verhinderten wurde ein anderer Ort mit gleicher Kraft ausgerüstet und ein Aufschub von 40 zu 40 Tagen von den Bernhardinern als Verlängerungsprivilegium gegeben. Bei der Cur (la taille de la St. Etolle) fällt der Gebissene vor den Etollisten auf die Kniee und bittet um Befreiung von seiner Raserei. Für die Kinder können Eltern und Verwandte bitten, darauf erhält der Gebissene Aufschub. Er muss aber neun Tage nacheinander beichten und communiciren, auf neuen Betten liegen, aus besonderm Napfe Rothwein und Wasser trinken, nur Weissbrot essen, Hühner, Eier, Fische, Alles aber kalt. Binnen vier Tagen darf er seine Haare nicht kämmen, muss seinen Gurt dem Priester übergeben, der ihn zu Asche verbrennt und dieselbe in einen Teich streut. Dann wird ihm der Gürtel des Heiligen angelegt, der dem Papst Sergius im Traume von einem Engel gezeigt war. Die salernitanischen Aerzte setzten an die Spitze ihrer dem Herzoge Robert von der Normandie gegebenen Lebensregeln, die, wenn auszuführen, allerdings treffliche Vorschrift: Curas tolle graves. — De la Peña Montenegro, Bischof von Quito, warnt die Pfarrer, sich nicht von solchen versteckten Zauberern täuschen zu lassen, die (christliche Segnungen aussprechend) chupan aquella parte, que duele del enfermo y dicen que sacan sangre ó gusanos ó piedras, que llevan en las manos y las muestran en señal de que ya sacaron el mal. — Die Häuptlinge (Iriabos) der Chiquitos sind durch den Rath der Alten erwählt. (*d'Orbigny.*) — Die Iriabos der Chiquitos heilen Krankheiten durch Saugen, oder schreiben ihren Widerstand dem Umstand zu, dass das Fleisch einer Schildkröte einem Hunde gegeben sei, worauf die Seele jener sich rächen wolle, oder bezeichnen als Ursache eine Frau, die getödtet wird. (*Fernandez.*) — Die Playes der Guaranis heilen Krankheiten durch Saugen. (*Montoya.*)

Propheten. Ein im siebenjährigen Kriege gefangener Unterofficier (den Quäkern angehörend) wurde in Ochotsk der Glaubenslehrer der (zuerst im 18. Jahrhundert in Tambow aufgetretenen) Malakani (Milchesser) oder Jitini Christiane (wahrhaft geistigen Christen), die an Fasttagen Milch essen (nach dem Vorschriftsbuche des Orestes Nowitzki). Sie erkennen den Sonntag oder Auferstehungstag für heilig an und sehen den Bischof und Hohenpriester allein in der Person Christi, der alle gleichmässig berufen hat. Nach apostolischer Bestimmung sind jedoch aus ihrer Mitte fromme Männer (Alte) zum Vorlesen und Aufsehen auserwählt. Das tausendjährige Friedensreich Jung-Stilling's bezieht sich auf die Malakanen. — Nach den Kirchenvätern (Irenäus und Epiphanius) hatte Valentin in Nachahmung des Hesiod (dessen Chaos und Nacht seinem Bythos und Sige entsprach) aus der Theogonie dieses Dichters seine Aeonen und deren Genealogie geschöpft. — Die Kirche (in christlicher Idee) setzten die Valentinianer nicht aus Menschen zusammen, sondern aus unsterblichen Seelen, in den Himmel gestellt, von wo die Seelen herabstiegen, um die ihnen von der Vorsehung angewiesenen Körper zu beleben und lenken. — Die Ogdoade der Valentinianer war dem Platonismus entnommen. — Nach Pausanias ward Minerva von den Phöniciern Sige genannt. — Als ich den weitgebietenden Mithra schuf (sagt Ahuramasda im Zendavesta), schuf ich ihn an Göttlichkeit und Würde ganz wie ich selbst bin. Ich Ahuramasda. — Der 1841 in Arabien aufstehende Mehdi erwartet die Hülfe Jesus gegen den bösen Dedschall. — David George, ein Glaser von Genf, gab sich in den Niederlanden (1535) für den Messias aus, der zur Erde zurückgekommen sei, um den allzu leeren Himmel zu bevölkern. Er verstand die Sprache der Vögel und gab sich später in Basel, unter dem Namen Johann Bruch, für den Propheten Daniel und einen Neffen Gottes aus. Nach seinem Tode erwarteten seine Anhänger während drei Jahren die Auferstehung seines in der Kirche St. Leonhard prächtig begrabenen Leichnams, verbrannten aber dann diesen, als den eines Betrügers, da ihre Erwartungen nicht erfüllt wurden. — Im 12. Jahrhundert legte Eon de l'Étoile (ein Edelmann der Bretagne) den lateinischen Spruch: Per eum, qui venturus est, worin Eon ausgesprochen wurde, dahin aus, dass er der Sohn Gottes sei (gekommen, Lebende und Todte zu richten), und gewann viele Anhänger, mit denen er Kirchen und Klöster plünderte. — Auch an die melodienlosen Uebergänge in der Harmonielehre einer Zukunftsmusik mag das Ohr sich gewöhnen, und sie dann selbst schön finden, aber so lange es eben an solche Associationen nicht gewöhnt ist, wird es nur durch ein Chaos von Tönen getroffen werden, wie der aus faulen Fischen bereitete Balochan später auch dem Europäer schmeckt. — Terentij Belljorew, nachdem er (wegen seines verunglückten Himmelfahrtsversuches vor den betenden Malakanen) im Kerker die Idee, dass er der Prophet Elias (dessen Geselle Henoch sich noch im Abendlande befinde), aufgegeben, predigte (1833) seinen Anhängern (die in den durch Beten, Singen, Stampfen hervorgebrachten Convulsionen prophezeien) das tausendjährige Reich, nebst der Auswanderung nach Grusien. — Der sich unter Harun Alraschid für den wiederauferstandenen Moses ausgebende Betrüger ward hingerichtet (849). — Ein falscher Messias trat in Fez (1150) auf und in Cordova (1160). — Maimonides warnte vor dem falschen Messias in Marokko, der von den Arabern (denen er nach dem Kopfabschlagen wieder aufzustehen versichert hatte) enthauptet ward. — R. Ascher Lemlein aus Oestreich verkündete (1500) die baldige Ankunft eines Messias. — Abarbanel hoffte in seinem Commentar über Daniel, dass spätestens nach Verlauf von siebzig Jahren der Messias kommen würde (1494). — In den Ikarim (den Grundzügen der jüdischen Religion) strich R. Joseph Albo (1417) den Messiasglauben aus den Artikeln, da er zur Erlangung einer künftigen Seligkeit nicht nöthig sei, während ihn Maimonides zum Glaubensartikel erhoben hatte. — Als am Ende der Frist von siebzig Jahren, die, von Abbas gezwungen, die Juden als den Termin, bis zu welchem der Messias erscheinen müsse, gesetzt hatten, unter Abbas II. (1666) Schabthai Zebi als Messias*) auftrat, wurde allgemeine Niedermetzelung der Juden in Ispahan angeordnet. — In Marokko wurde den Juden (1684)

*) Schabthai, der Sohn des Israeliten Mordai Zebi in Smyrna, hatte sich (nach eifrigem Studium der Kabbala) durch seine öffentlichen Predigten eine grosse Anzahl Anhänger verschafft, mit denen er, unter täglichem Baden, sich vielfach kasteite und Fasten anstellte, bis er den zugleich durch seine Enthaltsamkeit in zweimaliger Ehe Ueberraschten sich 1648 als der Gesalbte des Herrn (der Sohn David's), der die Juden vom Joche der Mohamedaner und Christen befreien sollte, kund that, den heiligen Namen Gottes, wie er geschrieben ist, aussprechend, was nur dem Hohenpriester am Versöhnungstage im Allerheiligsten erlaubt war. Von den Rabbinen (an der Stelle der Pharisäer) verfolgt, floh er nach Salonike, später nach Egypten und schliesslich nach Jerusalem, wo er seine ascetischen Uebungen wieder aufnahm. Während seines dortigen Aufenthalts trat (als Vorläufer) Nathan Benjamin, ein Deutscher, den er in Gaza hatte kennen lernen, mit der Prophezeiung auf, dass ein zu Smyrna geborener, ihm (angeblich) unbekannter Schabthai Zebi der wahre Messias wäre und dass die Juden nicht mehr zu fasten und trauern brauchten, weil der Messias unter den Lebenden, weil er sich bald die Krone des Sultans aufsetzen würde. Um seine Sendung durch ein Wunder zu bekräftigen, liess Schabthai durch einen seiner Gefährten, der als Geist verkleidet war (gleich dem Engel, der Petrus aus dem Gefängniss befreite), ein von Christen gestohlenes Judenmädchen entführen, das er als die ihm vom Himmel bestimmte Braut (Simon's Helena) heirathete. Von den Rabbinen zum Tode verurtheilt, entfloh Schabthai nach Smyrna, und obwohl auch die Rabbinen von Constantinopel in seine Verdammung einstimmten, wagte Niemand Hand an ihn zu legen, wegen des zahlreichen begeisterten Gefolges, mit dem er umgeben war. Ein Geist der Bethörung ergriff viele Juden, machte aus ihnen Seher und Seherinnen, liess sie Verzuckungen bekommen und das Zukünftige sehen (durch Eingebung des heiligen Geistes). R. Moses Jennel tanzte in Constantinopel wie ein Besessener, mit verzerrten Gesichtszügen, fiel zu Boden und sprach im Sohardialecte (fremden Zungen) Prophezeiungen aus, die von ihn begleitenden Schreibern sogleich als Orakel aufgeschrieben wurden. Die Kabbala (als neues Testament der Propheten) erlangte das höchste Ansehen, und der Sohar (Apocalypse) ward heiliger geachtet, als das alte Testament. Bei seiner Ankunft in Constantinopel wurde Schabthai als Gefangener gehalten und der (wie Agrippa) neugierige Mohamed IV. forderte ihn in seinem Zimmer, unter genauer Beobachtung, zur Wiederholung seiner Wunder auf, worauf er sich als einfachen Rabbi bekannte, und da der, nicht durch ein aufrührerisches Volk (wie Pontius Pilatus) zu Gewaltschritten fortgerissene Sultan über seine Prätensionen witzelte und harte Prüfungen seiner Heiligkeit vorzunehmen meinte, ging er zum Islam über und starb (1676) in einer Festung, wo er mit Achtung behandelt wurde. Statt seine Partei zu brechen, diente der Abfall zum Islam erst recht, um (wie einst der schimpfliche Kreuzestod) den Fanatismus seiner Anhänger aufzuregen, die nun behaupteten, dass der Uebertritt des Islam zum Kennzeichen des wahren Messias gehöre, und so (wie Paulus durch Milderung des mosaischen Gesetzes) ausser Juden, auch Türken und Heargalen bekehrten. Mit einer Schnelligkeit, die die Erfolge der ersten Apostel noch übertraf, verbreitete sich die neue Messiasreligion schon in wenigen Jahren über die Nachbarländer, indem sie durch den gelehrten Rabbi Nehemias, der sich jeder Schmach und Ungemach zu Ehren seines Meisters unterzog, in Holland, durch Jacob in den Synagogen Deutschlands, durch Florentino im Oriente, durch Berachia besonders in Salonike und durch Raphael Cardoso in der Berberei gepredigt wurde, und wenn auch die überall damals in voller Kraft von der Regierungsgewalt gestützten Religionen des Christenthums und Islam durch eine Secte (ähnlich der, die in den verfallenen Zuständen des Römerreiches drei Jahrhunderte bedurfte, um sich Anerkennung zu schaffen) nicht weiter erschüttert werden konnten, so stand die Begeisterung ihrer Anhänger doch in Nichts der der ersten Christen nach. Unter Leitung des Chajim Malach und R. Nehemia Hajon verliessen (1700) in Polen und Deutschland viele Familien Haus und Hof und zogen bettelnd nach Jerusalem, die Lehre des R. Israeli predigend, nach welcher der Messias Schabthai noch immer lebe, sich verborgen halte und zu bestimmter Zeit in grosser Glorie wieder erscheinen würde. Da der Meister kein bestimmtes System hinterlassen hatte, so schlichen sich allerlei fana-

eine Frist gesetzt, dass, wenn innerhalb dreissig Jahren der Messias nicht gekommen, sie sich zum Islam bekehren müssten. — Bei der Nationalversammlung der Juden in Ungarn auf der Ebene von Agodar (1650) wurde durch Majorität entschieden, dass der Messias*) noch nicht gekommen, sondern noch zu erwarten sei. Der Frankfurter Reformverein (1843) sagte sich von der Beschneidung, dem Messiasglauben und den jüdisch-talmudischen Ceremonien los. Die meisten der seit der römischen Schätzung einander drängenden Empörer traten unter der Maske des Messias auf. Menachem (Sohn des Judas des Galiläers) hielt einen königlichen Einzug in Jerusalem, und Bar Cochba (Sohn des Sterns)**) wurde von dem gelehrten Rabbi Akiba selbst als der erwartete König gesalbt und gekrönt. — Vespasian wurden die letzten Sprösslinge des Hauses David vorgeführt, aber der Resch Glutha (Fürst der Gefangenschaft) wurde bis zu dem unter Jesdedgerd III. geborenen Bostani aus demselben gewählt. — Der Messias, der Sohn Joseph's aus dem Stamm Ephraim, der von Galiläa seinen Ausgang nehmen soll, wird (mit Elias in der grossen Würgeschlacht in der Ebene Megiddo gegen Gog und Magog, geführt von dem Antichrist, fallend) von Jesus, dem Sohn David's aus dem Stamme Juda, der im Thale Josaphat zu Gericht ruft, wieder auferweckt werden. — Die Imóshar' oder Tuarik (von terek oder aufgeben, d. h. den Glauben, im Arabischen), die sich mit Kreuzen schmücken, haben jetzt zwei Namen für die Gottheit, von denen sie den einen (Amân y oder den altberberischen Namen für Gott, der mit dem der alten Gottheit von Siwah identisch ist) nur in Schwurformeln anwenden, sonst dagegen (in allen den Beziehungen, wo im Koran Allah steht) Mési (Messias) gebrauchen. (*Barth.*) — Cotton Mather erzählt, „wie es durchaus nicht selten sei, dass Quäker andere Leute nur durch Bestreichen und An-

---

tische Ausschweifungen ein (wie bei den Agapen der ersten Christen), Talismane und Amulete wurden geschrieben (wie von den Basilidianern und Ophiten), Krankheiten wurden durch Zauberformeln geheilt (die Thaten des Geisterbanners und Wundermannes Löbli aus Prossnitz nehmen es mit den besten der Heiligen auf) und eine Art von Dreieinigkeit wurde (wie in [illegible]) gelehrt. Bald wurde die Sache wissenschaftlicher aufgefasst, wie durch den Oberrabbiner Eibeschütz in Hamburg (geb. 1690) und Moses Chaim Luzatto (geb 1704) in Padua, die dickleibige Bücher (gleich den Kirchenvätern) über die noch zu begründenden Dogmen schrieben. Auch der Papst des Sabbathaismus fehlte nicht, der 1760 in Polen als Jacob Frank auftrat. Er veröffentlichte (aus der Festung Czenstochow befreit) seine (sich dem christlichen Dogma annähernden) Glaubensartikel, und wusste über eine unendliche Zahl geheimer und einflussreicher Anhänger gebieten, wie die nach Offenbach beständig gesandten Geldsummen bewiesen, wo er mit dem grössten Pomp und Aufwand seinen Hof und seine Predigten abhielt und alljährlich durch grosse Mengen Wallfahrer besucht wurde, bis zu seinem Tode 1791. Die Ueberbleibsel der Secte finden sich jetzt in Polen und Russland unter der Form eines mystischen Ordens. — Trotz seiner Enthüllung durch den Fürsten Dolgoruki schlugen sich die Montenegriner noch lange begeistert für den Landstreicher Stephan Maly als Peter III. — An Versuchen, sich einen Constantin zu schaffen, hat es dem Judenthum nicht gefehlt, und obwohl es nicht immer so vollständig wie mit Bulan (König der Chozaren) glückte, so klagt doch Agobard, Bischof von Lyon, in seinen Schriften, dass die Juden am königlichen Hofe schon mehr, als die Christen gulten. Der durch David Rubeni (der die verlorenen Stämme in der asiatischen Tartarei wieder aufgefunden haben wollte) zum Judenthum übergeführte Salomo Molcho (vormals portugiesischer Geheimschreiber) bezahlte seinen Bekehrungsversuch an Franz I. und Karl V. mit dem Leben in Mantua (1532).

*) Sie stritten sich auf dieselbe Weise, wie es Aelian von den egyptischen Priestern erzählt, dass sie sich nicht vereinigen konnten, ob der Phönix schon gekommen oder noch zu erwarten sei.

**) Da nach Rabbi Abarbanel der Messias in der Conjunction des Jupiter und Saturn in der Constellation der Fische geboren werden sollte, bildeten die Kirchenväter aus den Anfangsbuchstaben seines Namens Ichthys, wodurch er mit den aus den phönicischen Religionen entlehnten Mysteriengebräuchen verknüpft wurde.

Indianen zu ihrem Glauben bekehrten," und fügt über den Einfluss, den der Quäker Tom Case über seine Schüler hatte, hinzu, dass, wenn er mit ihnen zusammenkam und seine Augen (die auch einen wüthenden Stier einmal gebändigt haben sollten) auf sie fixirte, sie sogleich zu zittern anfingen, taumelten und zu Boden stürzten, Epileptischen gleich schäumten und sich auf der Erde umherwälzten, bis sie vor seinen Füssen lagen, wo er mit ihnen machen konnte, was er wollte. — Das Christenthum verbreitete sich vom 9. Jahrhundert in Russland, und das Land ward ein Filial der orientalischen Kirche, besonders des Patriarchats von Constantinopel. — Die sich völlig Aufopfernden (Morelschiki) verbrennen sich in einer Grube zur Feuertaufe (besonders im Norden). — Als Benedict von Nursia in der unzugänglichen Höhle bei Sublacum von Hirten entdeckt war, begann er (520 p. C.) seine Klosterreform. — Antonius' Jünger bauten die Lawra in Kiew, wie buddhistische Mönche die Felsentempel in Dekkhan. Zoroaster überbrachte Gustasp die in einer abgelegenen Höhle verfertigten Werke. Moses zog sich in die Wüste zurück, worin Christus fastete, und Buddha meditirte unter einem Bodhi-Baum. — Birbhan, Bewohner von Beejhasar in Delhi, empfing (1544) eine wunderbare Mittheilung von Udajadas und wurde von ihm in den Elementen der Religion der Sauds, die den Gott Stutgur verehrten, belehrt. Die ihm gegebenen Zeichen, um bei seiner Wiedererscheinung erkannt zu werden und Glauben für seine Weissagungen zu finden, bestanden darin, dass sein Körper keinen Schatten warf, dass ihm fremde Gedanken mitgetheilt würden, und dass er auf sonderbare Weise in der Luft zwischen Himmel und Erde schweben würde und Todte wieder erwecken, wie es in dem Buche Pothe niedergelegt ist (im Hindudialect geschrieben). — Als die von Feinden umdrängten Mandanen einen Boten an den ersten Menschen Numank-Machana, als ihren Beschützer, senden wollten, schlug man erst die Vögel, dann den Blick des Auges vor; dann aber meinte ein dritter, die Gedanken würden das sicherste Mittel sein, ihn zu erreichen. Er wickelte sich in seine Robe und fiel nieder. Bald sagte er: „Ich denke, ich habe gedacht, er wird kommen." Er warf die Robe ab, in Schweiss gebadet. „Der erste Mensch wird sogleich kommen," rief er, stürzte sich in die Feinde, vertrieb sie und verschwand für immer. (*Neuwied*.) — Wallenberg, der finnländische Prophet, der sich seine Tochter zur himmlischen Braut erkor, predigte aus einer in's Finnländische übersetzten Schrift Jacob Böhme's, die er aus Stockholm gebracht hatte (1798) und das böhmische Buch nannte. — Gleich der Donnerposaune des Schustergesellen Dant und dem Sporergesellen Rosenbach, traten (im 18. Jahrhundert) die Gebrüder Kohler im Canton Bern als Propheten des nahenden Weltgerichts auf. — Indische*) Verfassung und Religion wurde nach Bali gebracht von

*) Die Sri Krishnavas glauben an 18 Propheten, von denen 10, unter denen sich Sudras und Parias finden, Alvars genannt werden; die andern 8 Acharyas, die nur aus Brahmanen bestehen, unter Rama Anuja als ihrem Haupte. Um seinen Beruf als ein Alvar zu beweisen, muss ein Mann sich der Frauen und aller Vergnügungen enthalten und einen Beweis seiner göttlichen Inspiration geben, indem er ein kommendes Ereigniss vorhersagt. Ist dieses geschehen und hat seine Prophezeiung sich als wahr bewiesen, so verfasst er einige Gesänge über die Geschichte der Götter, die dann unter die canonischen Bücher der Sri Vaishnavas aufgenommen werden. Ihre Brahmanen haben sich des Schlafes und der Speisen möglichst zu enthalten und verweilen in den Tempeln, wo die Bilder der 18 Propheten aufgestellt sind. Obwohl sie zugeben, dass die in den Puranas erwähnten Personen besonders begabte und heilige Menschen waren, so erkennen sie die Offenbarungen doch nicht als göttliche an. Die Gurus, sowohl die Sannyasis, als die Leiblichen, werden für Sri Vaishnavas als von der Gottheit begünstigte Menschen angesehen, aber nicht als wirkliche Gottheiten. Sie haben die Macht, von

Dewa Hagung Kalat, Sohn des Browijaya (Königs von Majapahit), der, durch seinen obern Brahmanen erfahrend, dass (der Weissagung eines heiligen Buches zufolge) die Herrschaft und der Titel der Raja Majapahit in 40 Tagen erlöschen sollte, auf dem Scheiterhaufen sich verbrannte. — Die Mirjachit (Schreckhaftigkeit) der Jakuten kommt auch unter Lappen und Samojeden vor (als Hysteria arctica), an die Berserkerwuth der nordischen Sagen erinnernd. Die Miräk in Nordsibirien gilt für angezaubert. — Theophanes und Zonaras suchten aus Koranstellen zu beweisen, dass Mohamed mit Epilepsie behaftet gewesen. — Gregor von Tours erwähnt eines als Christus mit bewaffnetem Anhang umherziehenden Betrügers. — Swedenborg*), aus dem schon als Kind die Engel redeten, wurde (1743) durch eine Entrückung in den Himmel versetzt, wo er alle Geheimnisse der Geisterwelt klar schaute, und dann begann die neue Kirche des neuen Jerusalems zu predigen. — Der Prophet Maulewi Ismail Hadschi, Schüler des Reformers Seyd Ahmed, predigte 1820 den heiligen Krieg (Dschihad) der Wahabis gegen Muschriks (Anhänger des alten Systems) unter den Sunniten in Indien. — Ein 12jähriges Mädchen hatte sich durch Schreck vor einem seltsam ausstaffirten Menschen mit einer rothen Mütze, der an einem Knochen nagte, ein krampfhaftes Uebel und eine öfter wiederkehrende Vision zugezogen, in der ihr jener Mensch als Phantasma wiedererschien, bis es, unter Dr. Brach's Behandlung, allmählig verblasste und dann ganz verschwand. (s. *Fechner*.) — Seetoo und Kanoo, die Leiter der Sonthalempörung in Indien, hatten eine Erscheinung ihres Gottes (Thakoor), der in der Gestalt eines Räderkarren verehrt wurde, mit 10 Fingern an jeder Hand. Als heiliges Buch, das sie die weisse Schrift nannten, galt ihnen das Evangelium Johannes, das zufällig durch Missionäre in ihre Berge gekommen war. Man suchte die gedruckten Lettern abzuschaben, und die Gelehrten der Sonthals pflegten dann diese ihnen unverständlichen Charactere auf geheimnissvolle Weise zu erklären. Die Incarnation der Gottheit wurde umhergeführt als ein Kind-Gott, der rasch zur Mannheit emporwuchs und dadurch der Soubah der Sonthal wurde. Andere Gottheiten wurden personificirt durch Leute aus dem gemeinen Volke, die in Communication mit der Gottheit Thakoor getreten waren, und die Priesterin (Thukarani) war

der Seelenwanderung alle diejenigen zu befreien, die von ihnen die Upadesa und die Chakrantikan erhalten haben. Alle diese werden mit ihnen in dem Himmel Veicunta leben in steter Verehrung Vischnu's. Die Lehre der Sivaisten, dass die Seelen guter Menschen in die Essenz der Gottheit absorbirt werden, lassen sie nicht zu. Brahma, der Sohn Vischnu's, ist Siva's Vater, aber die Sri Vaishnavas beten nur zu Vischnu allein als dem Erhalter aller lebendigen Wesen und der höchsten Gottheit. Der Guruparam Paray, der von Rama anuja, einer Incarnation der vier Gottheiten, geschrieben ist, bildet das heilige Buch der Sri Vaishnavas.

*) Nachdem der Herr sich Swedenborg in einer persönlichen Erscheinung manifestirt hatte (1743), wurden seine geistigen Augen geöffnet, so dass er fortan befähigt war, sich beständig mit Engeln und Heiligen zu unterhalten. Dann begann er zu schreiben und zu drucken, was ihm enthüllt war in Beziehung zu Himmel und Hölle, dem Zustand der Menschen nach dem Tode, der Verehrung Gottes im geistigen Sinn der Schriften, den verschiedenen Erden und Welttheilen, ihren Bewohnern und andreren Einzelheiten, sowie über die Dreieinigkeit in der Person Christi als Seele, Körper und Wirkung in jedem Menschen. Die Wissenschaft der Wechselwirkungen in den drei discreten Sinnen (dem himmlischen, geistigen und natürlichen) war verloren seit Hiob's Zeit, aber durch ihn auf's Neue enthüllt, als ein Schlüssel zu ihrem inneren Verständnisse. Das Ende der Welt oder die Vollendung des Zeitalters meint die Zerstörungen der gegenwärtigen Kirche, und das letzte Gericht in der geistigen Welt fand statt im Jahre 1757, von welcher Epoche die zweite Ankunft des Herrn datirt und der Beginn einer neuen Kirche, weshalb in der Offenbarung von dem neuen Himmel und der neuen Erde gesprochen wird, nebst dem neuen Jerusalem.

als altes Weib geboren. — Mohamed, durch Frömmigkeit ausgezeichnet, der 1785 das Zusammenhalten gegen Russland predigte, wurde von den Einsiedlern (durch ein vom Himmel gefallenes Siegel und Stellen der Glaubensbücher) überredet, dass er ein Prophet sei, und schickte (als Scheich-Mansur) an alle caucasischen Fürsten Briefe, ihm zu helfen (besiegt durch Wainowitsch). — Wenn „the saints" around „the flag of all nations" „led by their Seer" die Partei des römischen Papstes im letzten Entscheidungskampfe besiegt haben, wird der Herr von seinem himmlischen Thron herabsteigen, um das Millennium auf Erden zu herrschen. (s. *Gunnison*.) — In dem wiederhergestellten Jerusalem (Ezechiel's, während die Neu-Israeliten America's sich in Jackson County, Missouri, sammeln) wird der Priesterschaft der Aaronit, von dem Stamme Levi versehen, die grössere Priesterschaft des Melchisedek gegenüberstehen, held by those, commissioned through Joseph the Seer. (s. *Gunnison*.) — The Mormons (sagt Gunnison) talk boldly of the grandfather, great grandfather of God, thus tracing back almost ad infinitum to the Head-God, that called the grand counsel together, when the worlds came rolling in existence. Jesus that dasselbe, was sein Vater, der einst auf einer Erde lebte [als Boddhisattva] gethan hatte, wenn er sein Leben niederlegte, und es wieder aufnahm. Jeder Mensch, dessen Geist denselben Vater hat, kann durch Gehorsam und Glauben die gleiche Macht erlangen, einen Planeten zu schaffen, um über ihn in Ewigkeit zu regieren. — Nachdem Smith seine Kirche, besonders aus seiner Familie und dem Schreiber Cowdery constituirt hatte, wurde ein Campbellitischer Prediger, der beredte Parly P. Pratt bekehrt und bald darauf der (später, wie Lucifer, abtrünnige) Rigdon, der schon seit länger die baldige Sammlung der Israeliten bei dem zweiten Erscheinen des Herrn gepredigt hatte. — A first descending probation would be that of the Indian (bei den Mormonen), for the red men have been cursed only as to color and indolent habits. The lowest grade in the human race is the Negro, for the „Negro is cursed as to the priesthood and must always be a servant, wherever his lot is cast." The third grade, to subdue a rebellious spirit, would be assigned into the brute species and refractory horses or obstinate asses may be actuated by an apostate soul. Die adoptirte Sohnschaft des mormonischen Propheten erstreckt sich auch in das jenseitige Leben. — Johanna Southcott's Sendung, die durch himmlische Zeichen und durch ihre Empfindungen beim Gebete bewiesen wurde, ist zu erfüllen durch einen vollkommenen Gehorsam auf die Gebote des Geistes, der sie leitete, damit so das dem Weibe gemachte Versprechen (den Kopf der Schlange zu zertreten) erfüllt werde. Da man von ihr in nächster Zeit die Geburt eines zweiten Schilo erwartete, so wurde sie mit einer kostbaren Wiege beschenkt. Sie vertheilte unter ihre Anhänger ihre Siegel (versiegelte Papiere) als Talismane. Die Leiche nach ihrem Tode (1814) wurde während vier Tagen warm gehalten, da man ihre Auferstehung und die Geburt des versprochenen Kindes erwartete. — Die prophetische Berufung Kuhlmann's, der seinen spätern Feuertod verschiedentlich vorhersagte, datirt von dem Nachmittage, wo er sein türkischroth tapezirtes Zimmer, das gegen Westen lag, von überirdischem Glanze erhellt sah. — Im Buche des Chilam Balam (eines indianischen Propheten, der 1500 lebte) war die Vernichtung der Spanier in Yucatan geschrieben. — Die Culdeer (cultores dei) in Schottland waren Mönche, die vom Volke wegen ihres Religionseifers so genannt wurden. — Der Sara (Gomuta, Triloca und Lubdha Jaras) oder das heilige Buch der Jain ist verfasst von Adybrahma oder Adyswara, einer der vollkommensten Wesenheiten, der zu dem Stande eines Sidarn aufgestiegen ist. Ihm zunächst an Autorität kommt ein Commentar über dasselbe in 24 Büchern oder Puranas, der verfasst wurde von Jenasianu Acharya, einem Sannyasi. — In der zweiten Hälfte des Vernunftcultus der Catharine Theot wurde Robespierre zu einem Sohn des höchsten Wesens gestempelt (s. Vilate: les mystères de la mère de dieu, Par an III.). — Die Jansenistischen Convulsionäre unterschieden sich in Augustinisten oder Anhänger des (Augustin genannten) Cosse, der sich für einen Vorläufer des Propheten Elias ausgab, und Vaillantisten oder Anhänger des Vaillant (Priester von Tours), der der Priester Elias selbst sein wollte. — It is the law under which the primordial Gods came into existence, nach den Mormonen. (s. *Gunnison.*) — Als die von den Römern verfolgten Rabbinen aus der Höhle, wo sie seit zwölf Jahren das Gesetz studirt, wieder hervorkamen, verbrannte ihr Auge Alles, wohin sie blickten. (Tractat Schabbath.)

Die Schwärmer aller Zeiten konnten Hallucinationen nach bestimmten Regeln einleiten (extase à volonté) als eigene Kunst. (*Dona.*) — Nach Esquirol's Trennung legt die Illusion einer wirklichen Empfindung unangemessene Prädicate bei, die Hallucination einer Vorstellung das unangemessene Prädicat Empfindung. (*Volkmann.*) — „Die Sinne betrügen nicht, nicht weil sie immer richtig urtheilen, sondern weil sie gar nicht urtheilen.“ (*Kant.*) — Ein Indianer würde sich ebenso fürchten, falsche Träume zu ersinnen, als denen nicht nachzukommen, die er wirklich hatte, um nicht mit den Göttern Scherz zu treiben, obwohl es auch dort die starken Geister sind, die den Aberglauben benutzen. (s. *Kraft.*) — Nach dem Moskauer Gouvernementsblatt haben sich im letzten Frühling sechszehn Religionsschwärmer verbrannt (1860). Nach statistischen Nachrichten ist das Zürcher Irrenhaus über die Hälfte mit religiös Wahnsinnigen gefüllt. — Melanchthon (der mittelst der Chiromantie einem Mädchen prophezeite, dass es ein gelehrter Doctor werden würde) hielt die Geburt eines Kalbes mit zwei Köpfen in dem Gebiete von Augsburg für ein Omen, dass die Zerstörung Roms durch ein Schisma nahe sei, und meint in einem Briefe an Luther, dass die Augsburger Confession um dieselbe Zeit, an demselben Tage dem Kaiser hätte überreicht werden sollen. — Von allen Prophezeiungen gilt der von Boethius berichtete Ausspruch des Teiresias: „Alles, was ich sage, wird geschehen oder nicht, denn der grosse Apollo hat mir die Gabe zu prophezeien gegeben.“ — They were visionary men and believed that hidden treasures were in the vicinity and often employed themselves in digging for them and money, bezeugten die Nachbarn über Joe Smith's Familie in Palmyra und Manchester. They used what in Scotland are denominated Seer-stones, through which persons, born under peculiar circumstances, can see things at a distance or future events passing before their eyes or things buried in the earth. Such a stone was dug from a well by one Willard Chase, which was loaned to the prophet Joseph and retained by him and with which some of the family declared they read in the Golden Bible. The stones, they afterwards spoke of as using (like the Urim and Thummim) are spoken of in the Book of Mormons as the ones touched by the finger of God for the use of Jarges in his barges. The family also used peach and witch-hazel-rods to detect and drive off evil spirits, when digging for money. (s. *Gunnison.*) — Ausser durch Verfinsterung, gab die Gottheit in Peru ihren Zorn zu erkennen durch Blutregen, Summen der Ohren, Zucken der Augenlider. — Manche Zauberer Perus besassen die Gabe, Ereignisse in weit entlegenen Gegenden im Augenblicke des Geschehens in den Wolken zu erblicken. — God, our Father*), dwells (nach den Mormonen) on his planet (Koloh) and measures time by its revolutions. One of those revolutions begins and terminates a day, which is equal to one thousand of our years. Being finite, he employs agents to bring and communicate information through his worlds and all the material agents of light, electricity and soundor attributes are employed in this thing. Ein als Bote beauftragter Engel kann ebensowohl von einem andern, wie von dem Hauptplaneten sprechen, und würde in jedem Falle in seinen prophetischen Enthüllungen den Rechnungen der auf dem seinigen geltenden Chronologie folgen, und in dem Sinne von Tagen, Jahren oder Wochen sprechen. Zwischen diese Engel mögen sich aber auch böse Geister eindrängen und so (von der linken, ebensowohl wie von der rechten Hand) verführend auf den Menschen wirken. (s. *Gunnison.*) — Mr. Henry Lake erklärte, dass er 1833 in Corneaut die Geschichte der jüdischen Abkunft der Indianer von Spaulding 1810 (wie sie sich später im Buch der Mormonen fand) habe lesen hören, (ebenso wie dessen Bruder) unter dem Namen „Manuscript found" (in Pittsburg), das dem Drucker Lambdin überlassen wurde, damit es Sidney Rigdon drucke, aber später (1820) aus dem Koffer seiner Wittwe zu Onondaga verschwand. Smith erzählte seiner Familie, eine goldene Bibel gefunden zu haben, die Niemand, um nicht zu sterben, sehen dürfe und freute sich, to have fixed the fools and to have some more fun. (s. *Gunnison.*) — Die Dreieinigkeit der Hölle besteht (1613) nach den Aussagen der Marie de Sains (die von den besessenen Nonnen zu Lille als die Urheberin des Zaubers angeklagt war) aus drei Teufeln: Lucifer, als Vater, Beelzebub als Sohn und Leviathan als dem heiligen Geist. Sie erzählt vom Antichrist, vom Gericht, von der Apocalypse. Der Antichrist ist der Sohn einer Jüdin und eines Incubus, und Gaufridi hat ihn auf den Sabbath getauft. Sie selbst ist sein Pathe gewesen und Beelzebub hat ihn als seinen Sohn angenommen, als den wahren Messias. Sein Vorläufer ist ein Sohn von Magdalene von Mandal, gezeugt mit ihr von Gaufridi oder Beelzebub, der auf der Erde in einem Gefolge von Teufeln erscheinen wird, um an die Stelle der zerstörten Kirchen Synagogen zu setzen. (*Lenormand.*) — Pikard (Ziska's General) war vom himmlischen Vater auf die Erde gesandt, um das Gesetz der Natur wieder einzuführen, dass die Menschen nackt umherliefen. — Wenn der Anabaptist Hutter brüllte, so war es der Geist des Herrn, der ihn erregte. — Die Prophetin von Appenzell gab sich für Christus aus, da jetzt Eva verherrlicht werden sollte, wie einst Adam (*Calmeil.*) — Die Fa-

---

*) It was, that in the far eternity (wie Gunnison von den Mormonen hörte) two of the elementary particles of matter met in consultation and compared intelligences and then called in a third atom to the council and united in one will, they became the first power, to which no other could attain; as they had the priority and by uniting more atoms or exercising the power, which the combination gave, would thenceforth progress for ever. Under this union arose the plenitude of power, to make and enforce a Law to govern itself and all things. Thus was the everlasting gospel constituted the Law of nature. And out of this intelligence, according to the Law, a God was begotten, not made, and the other Gods sprung from him, as children. — To the spirits begotten by the Father (for the mind of man is not created, God having no power, to create the spirit of man) a choice is given, either to remain as they are, or to take a material body and, working out salvation, to obtain greater glory. When the spirit takes possession of its tabernacle (at the quickening of the embryo), the man is or becomes a living soul. Man is therefore a duality. The elements of his composition are gross matter, called the body and spirit. The latter is also matter, but more refined or elementary, and so constituted as to permeate the former, control and vivify it. It is not visible to mortal eyes without a miracle, nor is it ponderable, but like the electrical fluid.

natiker in Münster duldeten ruhig die schrecklichsten Qualen, und einer von ihnen sah, als er gehangen werden sollte, einen tröstenden Engel des Herrn am Galgen. (*Catrou.*) — Eine Frau von Basel verhungerte im Gefängniss, weil der Herr sie durch unsichtbare Speise nähren würde, wenn sie, wie Gottes Sohn, vierzig Tage zu fasten versuchte. (*Calmeil.*) — In Fulda wollte ein Prophet auf dem Wasser gehen und ertrank nebst dem ihm gegebenen Säugling. (*Calmeil.*) — In St. Gallen ermordete Leonhard seinen Bruder Thomas, um nach dem Willen des Herrn den Gehorsam Abraham's zu erfüllen. (*Catrou.*) — In Angerbach schneidet ein Wiedertäufer einem fremden Menschen in der Herberge den Hals ab, weil es der Wille des himmlischen Vaters war. (*Catrou.*) — David George, der sich oft mit den Vögeln unterhielt, wurde von seinen Anhängern für unsterblich gehalten. — Simon Morin (1663) hielt sich für den zum zweiten Male verkörperten Sohn Gottes. — Die Mechitaristen legen grosses Gewicht auf die Stelle des Zacharias (Patriarchen von Armenien), worin er über den Primat der römischen Kirche sagt: Noch vor der Geburt von Bethlehem giebt er die weltliche Herrschaft den Römern, denn er wollte den Sitz Pauli und Petri und den Primat der heiligen Kirche in Rom gründen. (*Neumann.*) — Beim Erscheinen des Neumondes liefen die Californier zu seinen Ehren (correr la luna), und die alten Männer im Zirkel tanzend, sangen [wie bei den Hottentotten]: „As the moon dieth and cometh to life again, so we also having to die, will again live,“ nach P. Boscana. (s. *Robinson.*) Dagegen sangen sie bei ihren Tänzen: Let us eat, for we shall die, and then all will be finished [wie bei den egyptischen Gastmählern]. — „Wenn wahrhaft religiöse Menschen beten, so fliesst das Lob aller Propheten in Eins zusammen, wie das Wasser aus verschiedenen Krügen in einem Becken, und weil dieses Lob ein Ganzes ist, bilden alle verschiedenen Religionen Eine Religion.“ heisst es im Sofismus, der die göttlichen Lehren aller Völker gleich stellt. — Die Picarden und Adamiten gingen (17. Jahrh.) in Schaaren von Männern und Frauen nackend einher, um dadurch in der Gemeinschaft beider Geschlechter die erste Unschuld wiederherzustellen. — Unter den „Enthusiasten,“ die von göttlicher Einsprache geleitet zu sein glaubten, wurde Thomas Münzer der Anführer und Richter der aufrührerischen Bauern. Nachdem durch Umstürzung aller Ordnung das Himmelreich auf Erden herbeigeführt sei, wollte Jeder Richter in Israel sein. Der Hang zum Schwärmen zeigte sich in verschiedenen Formen. Einige hatten eine schreiende Wuth, von Anderen hörte man nur stummes Seufzen, bei Einigen war es Schwindel, der die Köpfe für immer verdrehte; Einige schimpften, drohten, weissagten Unglück, Andere verschlossen sich in sich selbst und begnügten sich, in engen Verbindungen mit Gleichgesinnten oder in Schriften ihre Offenbarungen auszulassen. Der Prophet Matthiesen, dem später Bockelson und Knipperdolling im Weissagen folgten, liess in Münster alle Bücher, ausser der Bibel, verbrennen. (s. *Heinroth.*) — In Nachahmung der heidnischen Nachtfeste (*παννυχίδες*, pervigilia) feierte, gleich den ersten Christen (die nach Plinius ihre Zusammenkünfte ante lucem hielten), besonders die gnostische Secte der Basilidianer das Tauffest Christi mit einer Nachtfeier in Bezug auf das egyptische Fest der inventio Osiridis. Von der nächtlichen Feier des Osterfestes (*ἱερὰ νύξ*) ging eine solche auf die Feste der Märtyrer und Confessoren über, und Virgilius eifert gegen das unanständige Pernoctiren der Frauen auf ihren Gräbern. Die Methodisten feiern noch ihre watch-nights. (*Rheinwald.*) — Heliodor unterscheidet die wahre Sehergabe (durch die Gestirne) von der an den Schatten der Todten klebenden (in Egypten). — Ein Theil der

Missionäre glaubte, dass die americanischen Wilden unter der Herrschaft des sie quälenden Teufels stehen, ein Theil hielt ihre Ceremonien für abergläubisch und taufte nur, nachdem dieselben aufgegeben waren (wie Lafitau bemerkt). — Einige Völker erlauben Keinem eine Stelle unter ihren Geistlichen, wenn er nicht zuvor durch eine Menge anhaltender Schmerzen so sehr ausser sich selbst gebracht ist, dass er Alles, was zuvor im Leben geschehen ist, ganz und gar (wenigstens wie sie glauben) vergessen hat (wie in Virginien), und man kann überhaupt sagen, dass die meisten heidnischen Geistlichen, ehe sie für würdige Candidaten erklärt werden, eine Art der Verrückung des Gehirns ausgestanden haben und gewissermaassen aberwitzig geworden sind. (*Kraft.*) — „Commune hoc Graecis cum barbaris est, ut sacrificia celebrent, alia cum, alia sine furore ... Furor instinctum inspirationemque quandam divinam habet et ad fatidicum genus accedit.“ — Die Pachariruc orakelten aus Spinnen, die Hacaricuc durch Meerschweinchen, die Hachus durch Maiskörner oder Thiermist in Peru. — Die wahrsagenden Frauen der Somalis sprechen ihre Verkündigungen in rohen Reimen aus, die aus dem Munde eines todten Wahrsagers kommen sollen. (*Burton.*) — Menabozho, als der Nordwestwind, inspirirte zu Orakeln die seiner Hütte Nahenden. — Eines Traumes wegen darf Pausanias nicht erzählen, was er im Tempel der Ceres sah. — Die Arcadier wurden durch Träume darin unterrichtet, einen Marmorblock aus der Erde zu graben und der Gottheit als Säule zu bearbeiten. — Die Mormonen, wenn ihnen der heilige Geist die Gabe der Sprache mittheilt, stossen unter lautloser Stille in der Versammlung irgend welche unzusammenhängende Laute aus, als angeblich indianischen Dialect, sind aber nie mit Kenntniss einer bekannten Sprache (ausser dem Englischen) begnadigt. — Die Aeltesten der Shakers besuchen Anna Lee im Himmel (während der Verzückung) und bringen die Vorschriften der Mutter an ihre „kleinen Kinder“ zurück, besonders Einschärfungen, den Aeltesten zu gehorchen. — Hogouaho holte auf dem Vogelwagen den Irokesen aus dem Himmel die erste Frau, die auf die Schildkröte fiel. — Nach Faustus, dem Vertheidiger der zwei Principien, hatten die Katholiken die Verehrung des einheitlichen Gottes den Heiden entnommen. — Gegenüber den Arabern, die (von Mohamed) sprechen: „Was ist es mit diesem Gesandten? er isst Speise und wandelt auf der Strasse,“ wird der Beweis dadurch geführt, dass die früheren Gesandten von gleicher Beschaffenheit gewesen sind. Andere wollten nicht glauben, wenn nicht ein Engel vom Himmel gesandt wird, Andere wandten sich an die Götzenbilder. — Nach Ovid schliesst das Grab, vom Schatten umflogen, den Körper ein, steigen die Manen zum Orcus hinab und erhebt sich der Geist zu den Gestirnen. — Wurden die Orakelpriester der Centeotl vom Adel und den Oberpriestern um Rath gefragt, so sassen sie auf den Fersen und hörten mit niedergeschlagenen Augen zu. — Im geträumten Oiaron erscheint der Geist (Oikon oder Manitu), wie es die Saiotkatta (bei den Huronen), die Agotsinnachen (bei den Irokesen) erklärten. (*Lafitau.*) — Die Arcadier steinigten den Aristocrates, der die Priesterin der Diana Hymnia entehrt hatte, legten ihr aber von da an einen Mann zu, obwohl vom Volke getrennt. — Bei ihren Opfern heulen (pleurer) die Mandanen dem Herrn des Lebens. (*Neuwied.*) — Nach den Mandanen wird ein Mensch getödtet, wenn man eine von ihm verfertigte Lehmfigur mit Nadeln sticht. — Bei den Mönnitarris sah Neuwied im Medicintanz der Weiber, wie die Eine vorgab, sie habe eine Maiskolbe im Leibe, welche sie hervortanzte und die man nachher mit Wermuth wieder zurückcomplimentirte. Viele der Mandanen und Mönnitarris glauben, lebende Thiere im Leibe zu haben. (*Neuwied.*)

Dass Leute eine grosse Herzhaftigkeit haben blicken lassen, ob sie gleich nicht der Wahrheit wegen litten, beweist Guy de Bres mit den Beispielen des bösen Schächers, der Essener, der Circumcelliones, der papistischen Märtyrer, der Arrianer, der Mohamedaner und der Weltweisen Socrates und Zeno, indem er von den Anabaptisten, als das dritte Merkmal, wodurch sie die Einfältigen und Unverständigen verführen, ihre Beständigkeit im Leiden und Sterben anführt. Allein dies ist allzuschwach und kalt, die Lehre des Antichristen gut und gesund zu machen, wie der heilige Cyprian sagt: „die Marter macht keine Märtyrer, sondern die Ursache" [je nach der Parteibrille]. — Mit den Worten: „Vater Sultan, dein Reich uns zukomme" liessen sich die Jünger Börcklüdsche Mustafa's freudig vor den Augen ihres gekreuzigten Derwisch-Propheten in Ephesus martern und niederhauen. — Der Hass selbst, den sich Hakim für seine Grausamkeiten im egyptischen Volke zuzog, machte die Drusen des Libanon nur um so fanatischer an der von ihm verkündeten Offenbarung festhalten. — Kiahnikuk, der Schahnib-Prophet der Kickapuhs, verweigerte einem Methodistenprediger die Erlaubniss, in seinem Dorfe zu predigen, lernte aber von ihm im Geheimen das Glaubensbekenntniss und die Art zu predigen. Er gab dann vor, dass er eine Unterredung mit einem übermenschlichen Wesen gehabt, und führte bei seinen Predigten ein Gebet ein, das, auf Ahornstäben in hieroglyphischen Characteren eingeschnitzt, von allen Indianern Morgens und Abends hergesagt wird. — Gasi Mohamed, der den Mollahs die höhere Erkenntnissstufe der bucharischen Alimen gezeigt hatte, hatte nur ungewissen und schwankenden Erfolg während seines Lebens, als er zum heiligen Kriege gegen die Russen rief. Als er aber, fast von allen seinen Anhängern verlassen, auf der Bresche von Gimry gefallen war, hiess es, dass man seine Leiche in der Stellung gefunden, wie sie nur von einem wahrhaft Gläubigen angenommen werde, in Anschauung Allah's versenkt (d. h. mit der einen Hand am Bart, mit der andern nach dem Himmel zeigend). Er ward als Heiliger proclamirt, seine Verehrung überall gepredigt und Hamsat Bek zu seinem Nachfolger geweiht. — Nach Irenäus behaupteten die Valentinianer, dass ihre vier ersten Aeonen (Bythos, Sige, Nous und Aletheia) der Tetrade der Pythagoräer (den Wurzeln der ewigen Natur) entsprächen. — Als der Sofi Ahmed Ibnon Nuri mit seinen Anhängern hingerichtet werden sollte, berichtete der Oberrichter Bagdads, der ihren Starkmuth bewunderte, an den Khalifen Motadhid (der sie in Folge dessen begnadigte): „Sie sind Diener Gottes, welche stehen mit Gott und gehen mit Gott, die leben in Gott und sterben in Gott. Wenn diese Freigeister (Senadik) sind, so giebt es keine wahren Moslemin mehr auf Erden."

Idiosynkrasien. Beim Oeffnen des Grabes der heiligen Catharina, in dem die Knochen auf einem kostbaren Präsentirteller liegen, füllt sich die Kirche mit den Wohlgerüchen des Rosenöls, das überall von den griechischen Priestern verwandt wird. — Der Visionär Engelbrecht, von seiner Reise durch Himmel und Hölle in sein Bett zurückkehrend, verbreitete noch den mephitischen Gestank der letztern um sich, wie allen Umstehenden sehr wohl bemerklich war, während die Wohlgerüche jenes nur von ihm allein empfunden wurden. — Der Geruchlose riecht mit der Zunge. — Blinde unterscheiden Mineralien durch den Geruch. — Claude Bernard, der geistersehende Mönchs-Heilige, der nach seinem Tode (1641) strahlend im Paradiese erblickt wurde, saugte Menschen mit stinkenden Geschwüren in den

Hospitälern aus, indem er behauptete, den angenehmsten Geruch dabei zu empfinden. — Bischof Arnulph erzählt von einem Marienbilde in Constantinopel, das ein Jude sich auf seinem Abtritte unterzulegen pflegte, das aber, als es von Christen aufgefunden und gereinigt worden war, einen köstlich parfümirten Duft täglich destillirte. — Nach Henoch dufteten die Gebeine der Heiligen mit dem Parfüm des Lebensbaums. — Zur Zeit als unser Vater Abraham (heisst es im Schir haschirim) sich und seine Hausgenossen beschnitten hatte, legte er ihre Vorhäute über einen Haufen. Als aber die Sonne darauf geschienen hatte, waren Würmer darin gewachsen, und ihr Geruch stieg auf vor dem heiligen Gott wie ein Geruch eines Rauchs voll Gewürz, und wie der Geruch einer Handvoll Weihrauch auf dem Feueropfer. — Ueber das second sight der schottischen Hochländer sagt Martin: „Bei dem Erblicken einer Vision sind die Augenlider des Sehers nach oben gezogen und die Augen bleiben starr auf die Erscheinung gerichtet, bis sie verschwindet.“ Von den Jogis heisst es im Dabistan: „Ist es einer ihrer Gebräuche, die Augen zu öffnen, um sie aufwärts nach den Augenbrauen zu drehen, bis sie eine Figur sehen. Erscheint das Bild ohne Hand oder Fuss oder ohne anderes Glied, so schliessen sie je nach dem, wieviel Jahre, Monate oder Tage sie noch zu leben haben. Wenn es aber ohne Kopf erscheint, so haben sie keinen Zweifel, dass der Tod bevorsteht, und in dieser Ansicht lassen sie sich gewöhnlich begraben.“ In den beim Zuhalten der Ohren pulsirenden Arterien glaubten sie die Gottheit reden zu hören (wie aus der summenden Triton-Muschel der Gott spricht). — Der doppelte Blick der Aphrodite helioblepharos oder der geschlängelt Blickenden (nach Hesiod), der auf Einwärtsdrehen der Augapfel beruht und von Knapp besonders bei sinnlichen Männern in Rom beobachtet wurde, wird einen unheimlichen Eindruck auf Jeden machen durch den scheinbar gedoppelten Ausdruck des in der mangelnden Fixirung der Sehachsen unterbrochenen Bewusstseins. — Philipp Neri zwingt ein Thier, das er nie zuvor gesehen, durch seinen kräftigen Blick, ihm zu folgen, und der Quäker Tom Case, der durch Fixirung in den Versammlungen Leute in Zittern und Convulsionen warf, besänftigte auch einen wüthenden Stier durch seinen Blick, Bill Badser eine Meute auf ihn gehetzter Hunde, Martin, Carter von Amburgh, v. Aken Löwen und Tiger, wie es schon Didymus und Philarch gesehen zu haben berichten. (s. *Schindler.*) — Dr. Gregory berichtet, wie er auf Stone's Geheiss seinen Namen vergass und nur mit Mühe die von Jenem geschlossenen Augenlider öffnete, sowie dass derselbe das Zimmer in einen mit wilden Thieren bevölkerten Garten verwandelte und Anwesende in einem Stock eine Klapperschlange sehen liess. — Der Eindruck von Buddha's Fuss in Outschang nahm, je nach der Andacht der Verehrer, wechselnde Dimensionen an. — So lange der Blutandrang gegen die Sehnerven blos die Vorstellung des Rothen und die Affection des Hörnerven blos die eines unbestimmten Summens zur Folge hat, sind die subjectiven Empfindungen rein gefasst. Aber sobald das Eine als Blutstropfen, das Andere als Glockengeläute vorgestellt wird, ist die Täuschung fertig. (*Volkmann.*) — Wie eine Geschwulst im Auge, mag sein Adergeflecht, als ein Aeusseres, empfunden werden. — Pernacpe os stomachi non fert manum appositam: ibidem esse sensum acutissimum ac praecisum, qui alioqui magis in digitorum extremis requiri videbatur, sagt schon van Helmont. — Wie Hadekamp, berichtet auch Schmelzer, dass er beim Aderlass mehrfach früher den Blutstrom hervorspringen sah, als er den Schnepper losgehen fühlte und dessen Schlag hörte. — Boismont erzählt von dem Maler Josuah Reynolds, der später in

Wahnsinn fiel, dass er die Fähigkeit hatte, nach halbstündigem Betrachten sich aus der dann entworfenen Skizze der Person dieselbe so zu fixiren, um sie später mit völliger Deutlichkeit wieder zum Porträtiren hervorrufen zu können. — You must be careful of taking the description of a mountain-guide with its due share of exaggeration, sagt Gunnison, von den Wirkungen der Mirage in den Ebenen des Salt-lake sprechend. — Die eigenthümlichen Geruchsempfindungen der Heiligen kehren oft in pathologischen Fällen der Melancholiker wieder, wo sie sich Jedem durch eine unangenehme Hautausdünstung bemerklich machen. Die Indier gehen weiter in diese Geheimnisse ein, in einer Weise, die an die Fabeln der Kindheitsevangelien erinnert. Als bei der von den Lobgesängen Brahma's und Schiva's begleiteten Geburt Krischna's die Maya von den Augen seiner Eltern genommen war, erkannten sie das Kind als den vierarmigen Vischnu mit seinen göttlichen Attributen und fielen nieder, ihn anzubeten; aber im nächsten Augenblicke sahen sie wieder nur den Neugeborenen. Als der mit Nanda's Tochter (zu seiner Rettung vor den Nachstellungen des kindermörderischen Kamsa) vertauschte Krischna wegen des Naschens geronnener Milch verklagt wurde, liess er seiner Pflegemutter, die ihm in den Mund sehen wollte, gleichfalls die Maya von den Augen fallen, und sie erblickte so das ganze Weltall darin und Krischna in der Mitte, aber gleich darauf war Alles verschwunden. Wenn der Gott mit den Gopias tanzte, glaubte Jede ihn an der Hand zu haben. Wegen des Doppelsinnes in Naga wurde er, um die Schrift zu erfüllen, von dem Eisen des Jägers in der Ferse verwundet, mit der er die Häupter der Kalinaga zertreten hatte. — Die Guacarimachi (in Peru) machten die Idole (Guaca), die Ayatapuc die Todten reden. Die Hechecoc orakelten mit Tabak und Coca, die Cavilacoc in der Ekstase, die Huacanqui bereiteten Liebestränke, die Runatinguis Talismane, die Hachus prophezeiten aus Maiskörnern, die Aillacos aus Vogelexcrementen, die Virapircos aus dem Rauche der Opfer, die Calparicuis aus den Eingeweiden der geschlachteten Thiere. (*Balboa*.) — Die Puplem (Priester) oder Alten der Californier trugen unter dem linken Arm eine schwarze Kugel (aus Mescal und wildem Honig) in einem Ledersack und legen, wenn sie einen Zauber anstellen wollen, die rechte Hand auf denselben. Sollte die in's Auge gefasste Person gleichgültig bleiben, so pflegte ein Begleiter darauf aufmerksam zu machen, dass der heilige Talisman (Aguni) gegenwärtig ist, und Niemand weigerte sich, den ausgesprochenen Wunsch zu erfüllen. (*Boscana*.) — Da die Nacht im Norden zuweilen fehlt, und also die Muselmänner das vorgeschriebene Gebet nicht verrichten können, so brachte der Khan der Krimm den Sultan Selim II. 1568 von dem Project ab, durch einen Canal Wolga und Don zu verbinden, damit die türkischen Armeen nördlich vom Caucasus vordringen könnten. — Die Wanyamwesi wagen nicht die Zauberei der Käsebereitung den Arabern nachzuahmen, damit nicht Ziegen und Kühe behext werden. — Der indische Jogi, den Ibn Batuta bei Jin Kilan in China wiederfand, erkannte aus seiner Hand seine weltliche Gesinnung. — Wurde die heilige Brigitta von irgend einem unreinen Menschen berührt, so bekam sie schwarze Flecken auf der Haut.

Von Ibn Thalib (dem Prediger von Mekka) wird erzählt, dass er († 996) sich einige Zeit aller Speisen enthalten und nur von dem Kauen des Hyoscyamus gelebt habe, wovon er soviel ass, dass die Farbe seiner Haut ganz grün wurde, so dass nicht zu verwundern ist, wenn seine Zuhörer ihn später verliessen, weil er sich in seinen Reden verwirrte. (*Hammer*.) — „Gesundheit und Sofianus vertragen sich nicht,“ sagt Ed-Deineweri († 973). — Um eine Frau zur Wahrsagerin zu machen, wird sie (bei den Tappin Imbas) von den andern beräuchert und umtanzt, bis sie bewusstlos niederfällt. Der Payje erklärt sie dann für todt, und was sie beim Wiederaufleben spricht, gilt für Prophezeiung. — Die Mitglieder der Opium rauchenden Gesellschaft (Opiophiles) in Paris führen Buch, um ihre während des Rausches gehabten Phantasien aufzuzeichnen. — Die Jungfrau im Apollotempel des arcadischen Larissa ward durch Bluttrinken begeistert. (*Plinius.*) — Bei den brasilischen Indianern, die Hans Staden gefangen hatten, empfahl der Hauptmann den Abend vor einem Angriff den Vornehmen, gute Träume zu haben, und am nächsten Morgen erzählten sie solche. Er wurde, trotz des Drohens, nicht gegessen, da sie glaubten (als der Regen auf sein Gebet aufhörte), dass sein Gott thue, was er wolle. — Die Türken nennen den Tabak Tutun oder Rauch, der im Arabischen Dakhan heisst. Die Hottentotten rauchten das Dacchan. — Das theeartige Getränk, das man früher aus den Blättern des Kaad durch heissen Aufguss bereitete, wurde (nach La Roque) durch den Kaffee ganz verdrängt. — Nach Schomburgk schnupfen (um in ekstatischen Zustand zu kommen) die Makusi-Indianer in Guiana den Samen der Parica (Mimosa acacioides), wie die Otomacos und Guajibas am Orinoco die Bohnen der Acacia niopo. — Kaut man die Guru-Nüsse Abends, so wird der Schlaf gestört. Die vornehmen Neger kauen sie fast beständig und schreiben ihnen eine grosse Wirksamkeit gegen Impotenz zu (*Tiedemann*), während Geistliche den Gebrauch des Tabaks früher damit entschuldigten, dass er die sinnlichen Triebe schwäche. — Kämpfer empfand beim Betelkauen eine gewisse Aufreizung, Beängstigung und einen leichten Schwindel. — Man glaubte, dass es Drogtigisel (Bischof von Soissons), der durch unmässiges Trinken den Verstand verloren, von seinen entsetzten Diaconen durch Zauberei angethan sei. — Dass, wie Shakespeare sagt, auch in der Narrheit Methode ist, lässt sich auch bei Kindern und Wilden anwenden. — Nach dem Sprichwort haben die Feen Acht auf Kinder und Trunkene. — Nachdem der König den Käfig der Wodu (Schlange) in Haiti berührt (auf dem die Königin Orakel giebt), theilt sich die electrische Erregung der ganzen Versammlung mit. — Veitstanz-Epidemie 1370 (Tänze in Echternach) aus dem Cultus des Lichtgottes. — Nach Georgi werden die Schamanen im Alter oft blödsinnig und büssen ihr Gesicht ein, was sie freilich in den Augen des Volkes nur um so ehrwürdiger macht. — Die Brontides (wie die Mädchen vor der Verheirathung durch Romulus genannt wurden), welche Suidas mit den Sibyllen vergleicht, sind der Wortbedeutung nach Fatuae. — Nach dem heidnischen Glauben hatten es einem Blödsinnigen die Elben (die auch Wechselbälge an die Stelle von Kindern legen) angethan, während bei den Christen der Teufel den Verrückten besitzt und Wechselbälge stiehlt. — Der Indianer lässt sich von seinem jungen Sohne das Wild träumen, die Araber schreiben jungen Mädchen eine vorzügliche Fähigkeit zu, richtig zu urtheilen, und Amir der Gerechte versteckte seine Tochter Amrah hinter einem Vorhange bei den Berathungen, damit sie mit dem Stocke stampfe, wenn er ein verkehrtes Urtheil aussprechen wollte. — Das Gehirn des rasenden Roland (bei Ariost) findet sich im Mond. — Der Faunussohn Teiresias (Phinthias Terasias) erscheint in den Armen Mercur's, der ihn in die Unterwelt führt, als ein blinder Knabe blödsinnigen Verstandes, der dadurch inspirirt weissagt. — Wenn mit der narcotischen Hexensalbe, worin auch Knoblauch einging, besonders die Genitalien eingerieben wurden, so hatte es hysterisch-nymphomanische Erscheinungen zur Folge.

Saltitat, torquetur in partes omnes, fremit, furit, stridet, ululat, et sequentem obviamque populorum catervam circumspectans truci ac horribili vultu caedem minatur ac fatum. Saepe etiam de cistellis, quas bini comites ferunt lanceolis gladiolisque onustas, sumit et vibrat in turbas, heisst es bei Georgi von den lamaitischen Wahrsagern (Tschhoss es kjong), deren Rolle auch von Frauen versehen ward. — Als der Hallagier, den seine Anhänger für die Gottheit hielten, aus leerer Hand Dirhems unter das Volk auswarf, verlangte Einer der Anwesenden, dass er solche auswerfen solle, auf denen sein und seines Vaters Name stehe (obwohl dieselben nicht geprägt waren), um das Wunder zu beweisen, denn „wer etwas gegenwärtig macht, das abwesend war, der muss auch etwas hervorbringen können, das noch nicht vorhanden war." (s. *Abulfaradsch.*) — Die Convulsionäre lasen versiegelte Briefe (wie die Somnambulen) und verstanden alle Sprachen. — Der Bruder Augustin gab sich für einen sündlosen Menschen, für Johannes den Täufer und Vorläufer Elias', endlich für Gott selbst (vier Personen) aus, sich als Opfer auf das Grab legend. — Rosalie l'Invisible wollte für drei Tage sterben, aber liess sich erst zum Frühstück bereden, ehe sie sich hinlegte. — Unter Zuckungen erkannten die begeisterten Propheten der Camisarden die in die Versammlungen eingeschlichenen Verräther. — Zu der Fähigkeit zu hexen gelangte man in Preussen durch den Besitz eines Geistes (Lucifer, Nickel, Firley, Dribulte, Chim, Klaus u. s. w.). Um sich eines solchen Geistes zu entledigen, musste ihn Jemand abnehmen (meistens wurde er für drei Gulden preussisch verkauft), denn warf man ihn fort, so that er Schaden. (s. *Tettau* und *Temme.*) — Die Markgräfin von Bayreuth (Friederike Wilhelmine Sophie) erzählt, wie das fürstliche Grabgewölbe sich mit Blut gefüllt zeigte, das kein Chemiker zu analysiren verstand, bis, indem ein Arzt es kostete; le miracle disparut sur-le-champ, c'était du baume, der mit Fett gemischt aus dem Sarkophage einer seit 80 Jahren einbalsamirt begrabenen Prinzessin ausgeflossen war (1733). — Der Krihsindianer Mähsette Kinnab liess die Hütte, in welcher er gebunden stand, erbeben, für seine Prophezeiung. — Rev. Thomas hielt es vortheilhaft as some compensation for the incoherencies and oversights, at times, inseparable from extemporary prayers, dass the form of prayer, as abridged by John Wesley from the Book of Common Prayer of the English Episcopal Church, is used every Sunday morning before preaching. — Stephan Dudley (Kaufmann aus Buffalo) berichtet in dem New-England Spiritualist, dass in einem Zirkel, nachdem jede Möglichkeit einer Täuschung beseitigt worden (z. B. alles Wasser aus dem Hause entfernt war), ein so heftiger Sturzregen in der Stube erzeugt wurde, dass Alles im Wasser schwamm. „Würde dann nicht das zauberische Wettermachen in ein ganz neues Licht treten?" fragt Schindler. — Augustin erzählt von dem Priester Restitutus in Coloma, dass er sich durch einen Jammerton dem Leben entzog und gleich einem Todten ohne Empfindung blieb. Nach Bertrand fühlten die Convulsionäre von St. Medard keinen Schmerz. — Der Abt von Verdun, der heilige Richard, schwebte in Gegenwart des Herzogs Galizon und des ganzen Hofes während des Messelesens in der Luft, und Johanna von Orleans wurde bei zwölf Jahren von ihrer Schwester fliegend gesehen. — Ibn Kalifa sah am Hofe des Kaisers von Indostan zwei Irischirs (Zauberer) in ihren Mänteln sich in konischer Form in die Luft erheben. — Justinus Kerner erzählt von der Seherin von Prevorst, dass sie auf dem Wasser schwamm. — Gottbegeisterte (sagt Jamblichus) werden durch das Feuer nicht verbrannt. — Eine 1639 zu Arun gefolterte Wittwe wurde unempfindlich und sprach in fremden Zungen. — Die Schaustücke der Convulsionärs, sich Amboss oder Lasten auf dem Leibe zerbrechen zu lassen, sind auch den Derwischen bekannt, wie bei dem Beschneidungsfest Mohamed's (unter Murad III.) erzählt wird, dass einer derselben sich einen nur von acht Männern hebbaren Stein auf die Brust legen und dort zerbrechen liess. — Pététin erkannte zuerst, dass seine kataleptische Patientin durch den Magen seine Stimme vernehme, doch erwähnt Aurelius Prudentius Aehnliches und wird von einem nasus oculatus gesprochen. — Nach Kerner ist das Amulet eine heilige, mit der Kraft und dem Namen des wahren Glaubens ausströmende Ziffer oder Natureigenschaft. — Pearce sah die Tigretier (die von der Tanzwuth Ergriffenen in Abyssinien) oft in ihren Anfällen mit einem offenen Gefäss Matze auf dem Kopfe die verzerrtesten Stellungen annehmen, ohne dass etwas davon herunterfiel, und Aehnliches erzählen Reisende von Negerweibern an der Westküste. — Die höchste Stufe der heiligen Kraft (jenseits der Grenzen der menschlichen Kräfte in der Vernunft) ist die Prophetie, die zuweilen auf die Einbildungskraft als ein Intelligibles herabströmt. (*Ibn Sina.*) — Der von der Sängerin Moleikei begleitete Abidschet, der in Othom Dhahjan lebte, stand in dem Rufe, einen treuen Dämon um sich zu haben, der ihm (wie Socrates) alle Dinge verkünde. — Indem man zwischen solarer und lunarer Begeisterung unterschied, wurde die letztere wieder in Beziehung zu den Phasen des Mondes für ihre Krankheiten gesetzt. — Jane Lead von Norfolk vergleicht die Erleuchtung durch Jesum, den Seelenbräutigam, mit einem tingirenden Hauche, der aus geistiger Wurzel fortwachsend, den Menschen in den Stand setzt, die ganze Natur, Pflanzen-, Thier- und Mineralreich zu beherrschen, so dass, wenn Viele magisch in einer Kraft zusammenwirken, sie die Natur paradiesisch umgestalten könnten.

Nach Cheyne besass Townshead in der letzten Zeit seines Lebens das Vermögen, seine Herzschläge und jede Erscheinung der Gefässthätigkeit pausiren zu lassen. Nach Calmeil hätten die Nonnen ihre Muskelcontractionen so combinirt, dass sie dadurch einen Druck auf die Arterie auszuüben wussten und auf rein mechanische Weise ein Stillstehen zu Stande brachten. — Bei Johanna d'Arc, die das Gelübde ewiger Jungfrauschaft gethan, soll sich nie eine Spur von den ihrem Geschlechte eigenthümlichen Processen gezeigt haben. — Den schottischen Sehern, die doppelt sehen und den Todesschrei vernehmen, werden auch manche Dinge durch den Geruch verkündet, wie den Saludadores in Spanien. — Pater Gassner vermochte nach Belieben den Puls seiner Patienten zu ändern, zu mehren oder zu mindern, sie zum Lachen oder Weinen zu bringen, partiell zu lähmen. — Der Einfluss der Musik auf Seele und Körper geht so weit, dass der Tact selbst auf den Pulsschlag wirkt. (*Krieger.*) — Quetelet, der belgische Statistiker, glaubt mehrfach beobachtet zu haben, wie sich sein Pulsschlag einer rhythmischen Bewegung, die er ausführte oder hörte, accommodirte. — Wenn Cagliostro (wie sich aus den Verhören ergab) unter den Beschwörungen einen Knaben in der Wasserkanne (neben welche brennende Kerzen gestellt waren) zu schauen befahl, so behauptete er, zuerst etwas Weisses zu sehen, dann ein Kind oder Engel, und sagte weiter zukünftige Dinge vorher. — Den Vorstellungen von den Nokken oder Nikken lag die Beobachtung zu Grunde, dass das Einblicken in das spiegelnde Wasser Schwindel errege und Hallucinationen entstehen, so dass die betäubende Wahnvorstellung den Menschen in das Wasser treiben mag, wo er ertrinkt. — Bletton von Dauphigny (16. Jahrh.) fühlte Wasser auf bedeutende Tiefe, wie Catharine Beutler (in der Schweiz) Erzgänge und Metalladern. — Bei beginnender Lähmung des Abducens auf einem Auge bilden sich oft, ehe die neue Accommodation eingetreten ist, Fälle von

Doppelsehen, die für Erklärung mancher Visionen bei hervortretender Nervenstörung zu beachten sind, wie überhaupt leichte und plötzliche Erscheinungen von Strabismus. — Bonet erzählt von einem Bauer, der sich nicht ausreden liess, einen Frosch im Magen zu tragen (obwohl man einen solchen in seine Vomita practicirt hatte), am Marasmus starb und bei der Section eine eigrosse Geschwulst ulcerirend neben dem Pylorus zeigte. — Mende erzählt den Fall einer Amme, die bei plötzlicher Rückkehr der Menstruation innere Wallungen mit grosser Aufregung fühlte und trotz vielfältiger Versuche, sich davon zu befreien, stets auf den Gedanken, den sie selbst als schrecklich und ungeheuerlich laut verabscheute, zurückkam, das ihr anvertraute Kind zu ermorden, für welchen Zweck sie einmal schon das Messer ergriffen hatte, bis es ihr gelang, durch Wecken ihrer Stubengenossin und Unterhaltung mit derselben die Nacht, ohne den sie drängenden Aufforderungen Gehör zu geben, vorübergehen zu lassen, worauf sie durch den Gebrauch von Medicinen nach einigen Tagen zum normalen Zustand der Gesundheit zurückkehrte und dann ein Geständniss dessen ablegte, was bis dahin in ihr vorgegangen. — Bei der Entwöhnung Catharina's Olhaven konnte ihre Mutter dem Antriebe, sie zu tödten, nicht widerstehen und hatte schon ein Kissen aufgeschnitten, worin sie erstickt werden sollte, als sie daran gehindert wurde. Zu gleicher Zeit trat ein heftiges Fieber ein, mit dessen Vorübergehen sie sich Nichts mehr von ihren früheren Absichten erinnerte und stets die Mutterpflichten auf die gewissenhafteste und zärtlichste Weise erfüllte. (*Henke.*)

Hypochondrie und Hysterie. Die Hypochonder, die beständig mit Betrachtung ihres Körpers beschäftigt sind, sich in seine Processe versenken, verdauen zu fühlen glauben und den Fortgang aller Functionen genau kennen, leiten eine Art bewusster Communication mit den Nervenfasern der Ganglienknoten ein, die im normalen Zustande nur unbewusst in das Allgemeingefühl auslaufen sollten, und indem sie in dieser Verwirrung des cerebralen und sympathischen Systems, vielfach, auch ohne es bestimmt zu wollen, durch ihren Willen und vielleicht gerade, je weniger sie es wollen, in die nutritiven Vorgänge eingreifen, kann eine bedenkliche Zerrüttung derselben nicht ausbleiben, wodurch der Zusammenhang sich nur immer um so fester knüpft. — Möglicher Weise könnten die Götter, wie andere Plagen, wenn sie zürnen, auch Krankheiten senden, aber wahrscheinlich geht es meistens mit Betrügereien zu, sagt Hippocrates (*περὶ ἱερῆς νούσου*). Ahmen die Kranken einer Ziege nach, meckern sie oder werden sie nach der Seite hin krampfhaft zusammengezogen, so wird behauptet, dass die Mutter der Götter Schuld daran sei. Giebt der Kranke einen schärferen und kräftigeren Ton von sich, so vergleichen sie ihn mit einem Pferde und beschuldigen den Neptun. Geht etwas Darmkoth ab, wie zuweilen der Fall ist, hat die Göttin Hecate (Enodia beigenannt) die Schuld. Sind die Darmausleerungen dünner und flüssiger, wie bei den Vögeln, so war Apollo Nomios Schuld. Ist aber in der Nacht Furcht, Aufschrecken und Irrereden zugegen, springen die Kranken auf und sehen Schreckbilder oder laufen sie davon, so rührt es von den Nachstellungen und Angriffen der Heldengötter her, gegen die es Sühnopfer und Beschwörungsformeln bedarf. Doch sollte die Gottheit wirklich Ursache sein, so würde der Körper eher durch die Gottheit entsündigt und gereinigt, als verunreinigt werden, denn wie kann das Unreinste vom Reinen verunreinigt werden! Diejenigen, bei denen die heilige Krankheit bereits habituell geworden ist, haben ein Vorgefühl des ihnen bevorstehenden Anfalles, meiden die Leute, begeben sich in ihre Wohnung oder an einen einsamen

Ort, damit sie möglichst wenig beim Umfallen gesehen werden und verhüllen sich alsbald. Dies thun die Kranken, weil sie sich der Krankheit schämen, und nicht, wie der grosse Haufe glaubt, aus Furcht vor dem Dämon. — Cardan meint, dass die Hexerei oft nur eine Art von Hypochondrie sei, durch schlechte Nahrung verursacht, und erzählt, dass ein Bauer, Bernard, der wegen Zauberei verbrannt werden sollte, durch seinen Vater gerettet wurde, indem er ihm mit besserer Nahrung eine andere Stimmung gab. — Abercrombie erwähnt eines sonst gesunden Individuums, dem die Hallucinationen nicht erlaubten, wenn er einem Freunde begegnete, zu unterscheiden, ob er ein wirkliches Wesen oder ein Phantom sei. Die Eigenschaft der Seherin von Prevorst, überall Erscheinungen und phantastische Gegenstände zu sehen, war in der Familie Hauff erblich, in der allen ihren Mitgliedern (wie Kerner sich ausdrückt) die Fähigkeit zukam, mit den Geistern sich zu unterhalten. Im Mittelalter war das Teufelssehen vielfach epidemisch und endemisch, so dass sich jeder Baum, jedes Thier und jeder Begegnende in eine Verkappung des bösen Feindes verwandelte. — On sait, que c'est l'école fondée par Démocrite, qui devançant son siècle, substitua aux prétendues causes divines des aliénations mentales, des causes naturelles et dépendantes de l'organisme. Du temps de ce philosophe, en effet, on attribuait tous les phénomènes de ces maladies à la présence d'une divinité malfaisante, qui maîtrisait entièrement le malade. On sait encore, que dans le moyen-âge on revint à ces idées, et que l'esprit malin était regardé comme la cause de toutes les maladies, qui frappent de terreur les esprits vulgaires. (*Dubois.*) Dans l'hypochondrie on ne voit que trop souvent l'esprit se rétrécir à force de s'occuper d'une seule chose et de rester concentré sur de fausses idées de maladies et de remèdes. Dans l'hystérie on a quelquefois remarqué des attaques surprenantes par l'élocution, comme inspirée et par le grandiose des pensées de certaines malades, ce qui faisait dire à Diderot, que dans le délire hystérique la femme revient sur le passé, qu'elle lit dans l'avenir et que tous les temps lui sont présens. (*Dubois.*) — Un frottement rude de la plante des pieds n'est suivi d'aucun mouvement sympathique, tandis qu'un frottement léger de cette partie agite de convulsions la plupart des muscles du corps, convulsions assez violentes même pour produire la mort, lorsque l'impression d'irritation est appliquée d'une manière continue. C'est le supplice, dit-on, dont on se servait, sous Louis XIV., contre les habitans des Cévennes, pour les convertir à la communion romaine. (*Grimaud.*) — Le conduit alimentaire occupe la plupart des hypochondriaques, bien qu'il ne soit le siége d'abord d'aucune lésion, pas même d'une lésion fonctionelle. Toutefois il est notoire, que les fonctions digestives ne tardent pas à être troublées par le seul fait de l'attention concentrée uniquement sur elles. Là commence en quelque sorte une première transgression des lois de la vie, transgression dont les suites arrêteraient peut-être les malades, s'ils pouvaient les calculer alors, je veux parler de la part, que leur attention, ou mieux, que leur volonté s'ingère de prendre dans des actes naturellement placés hors de ses limites, dans les actes de la vie organique. Tout prouve que pour qu'il y ait harmonie dans l'action de centres nerveux, il faut, que chacun d'eux ne s'occupe que de ce qui lui a été confié, et si nous voyons ici le centre nerveux de la vie animale porter le trouble dans les fonctions organiques, ne voyons-nous pas en sens inverse les attaques de certaines maladies du système ganglionnaire amener à la longue l'altération des facultés morales? (*Dubois.*) — Dieses Ineinanderlaufen des Cerebral-Apparates und des Ganglien-Systemes bedingt eben die Geistesstörungen jenes, wo verworrene Traumvorstellungen nicht weiter von den Gedanken des Taglebens geschieden werden können, und die Reflexthätigkeit des letztern wird wieder zerrüttet, indem unrichtig, als einseitig gespannte Willensreihen, die nur oberhalb der somatischen Basis schwingen sollten, sich mehr und mehr in den Verlauf ihrer gleichmässig geordneten Processe ein- und zwischenzudrängen suchen. — Bei unregelmässigen Bewegungen der Eingeweide fühlt man sich erleichtert, wenn man entsprechende Verrenkungen in den Extremitäten vornimmt, während man durch den Schmerz auf jene aufmerksam und durch die Empfindung desselben regulirt wird, wogegen bei unbewussten Reflexstörungen (besonders der Urogenitalorgane bei den Frauen) aus derselben Ursache die unwillkürlichen Verrenkungen oder Convulsionen eintreten, um gleichfalls durch einen complementirenden Rhythmus zu erleichtern. — „Wenn meine Wahrnehmungen irrig sind," sagte ein sinnesgetäuschter Priester zu Foville, „so muss ich auch an Allem zweifeln, was Sie mir sagen, ich muss zweifeln, dass ich Sie sehe, dass ich Sie höre," und Aehnliches ein Patient Leuret's. (s. *Fechner*.) — Paterson berichtet von einem Falle, wo ein entschiedenes Phantasma bei Verschiebung des Augapfels mit dem Finger sich verdoppelt haben soll. — Heitere, sorglose Stimmung trifft sich im letzten Stadium der Lungentuberculose; ruhige in den von Symptomen freien Zeiten organischer Herzkrankheiten; muthlose in Unterleibskrankheiten; Depression und Exaltation bei Geistesstörungen.

Im ruhig dahinlebenden Menschen kann jedes in die Vorstellungsreihen eintretende Motiv nur nach dem Maasse der ihm zukommenden Schwere wirken, nur nach der Grösse seines Eindrucks, obwohl ein ungeübter Gedankengang vielfachen Täuschungen darüber ausgesetzt ist, welches Gewicht jedem einzelnen der seinen Willen bestimmenden Beweggründe zuzuschreiben sei. Ein Zustand anhaltender Unschlüssigkeit, wo zwei gleich starke Vorstellungsreihen einander balanciren und der Abschluss des entschiedenen Willens fehlt, muss auf das einheitliche Zusammenwirken der organischen Processe mehr oder weniger störend zurückwirken. Die Ruhe harmonischer Befriedigung tritt immer nur dann ein, wenn die Nothwendigkeit der einen oder andern Handlungsweise innerlich klar geworden ist. In solchen Fällen schwankenden Zweifels, wo die Eindrücke der äusseren Umgebung einander die Wage halten, ist es, dass die Subjectivität des Individuums entscheidend auftreten und die gestellten Fragen lösen muss, dann wird am deutlichsten der Character des vorherrschenden Temperamentes zur Geltung kommen. Organisationen, in denen der Lebensprocess mit reger Thätigkeit verläuft, werden den Zustand der Ungewissheit nicht auf die Dauer innerhalb der Sphäre der Gesundheit ertragen können, und deshalb bald diese oder jene Empfindung ihrer eigenen physicalischen Natur zu einer solchen Intensität steigern, dass ihr Hinzutreten auf einer der beiden Seiten ein entscheidendes Gewicht zum Ueberwiegen giebt. Es sind dies die starken Geister von raschem und eigenem Willensentschluss, die sich am vollkommensten in dem Choleriker darstellen, während die Reizbarkeit der sanguinischen Constitution allzu leicht jede Zufälligkeit als mitwirkendes Motiv in ihre Vorstellungen hinübernehmen wird. In dem zur Contemplation geneigten Menschen wird das subjective Moment des Willensentschlusses weniger bestimmend hervorscheinen. Dieser wird oft lange zwischen zwei entgegengesetzten Vorstellungsreihen stehen bleiben, sie immer auf's Neue in ihren gegenseitigen Werthen und das Gewicht jedes einzelnen Gliedes der Kette mit denen der anderen prüfen, um daraus schliesslich das am richtigsten deckende Facit zu ziehen, wenn nicht mittlerweile die günstige Gelegenheit vorübergegangen ist. Solche Constitutionen können für länger den Zustand mangelnden Abschlusses im Bewusstsein unbeschadet ertragen. Sie sind von jeher an ein innerlich zurückgezogenes Leben gewohnt, sind mit allen den Erscheinungsweisen ihrer Gedanken genauer vertraut und haben sich schon vielfach geübt, die mannichfaltigsten Gestaltungen derselben mit den verschiedensten Zuständen ihres Körpers in directe Beziehung zu setzen, so dass sie unbemerkt sich verbinden können, ohne als fühlbares Gewicht zu wirken. Der Melancholiker, zwischen dem und dem Choleriker die richtige Mitte liegt, wird hier den normalen Typus bezeichnen, der Phlegmatiker dagegen das zur Mystik neigende Uebermaass. — Très anciennement connue, puisqu'elle est également notée par Democrite et Hippocrate, la hystérie semble avoir été rare dans l'antiquité. Moins extraordinaire dans le cours du moyen-âge, elle doit aux siècles qui suivent, un tel développement, qu'un auteur (Musset) la regarde comme une maladie de la civilisation, tandis qu'elle demeure à peu près étrangère aux peuplades barbares (wo sie mehr das motorische Nervensystem afficirend, eine Mittelform der Hysterie und Epilepsie in den Besessenen bietet) et aux tribus sauvages, les villes et les capitales de l'Europe, d'après lui, seraient presque hystériques. Après s'y être montrée le partage exclusive de la classe élevée, elle y est descendue à la classe moyenne et s'y retrouve maintenant dans la classe la plus pauvre. (*Lucas.*) — Der Sitz der Hysterie muss nach Lucas noch immer im Uterus oder Geschlechtssystem gesucht werden, da der, um ihr Auftreten auch sporadisch bei Männern zu erklären, supponirte Ursprung im Gehirn meist auf einer Verwechselung mit Hysteria epileptiformis beruhte. — Musset definirt die Hysterie als: „Neurose de l'utérus, revenant par accès, sans fièvre, caracterisée le plus souvent par une boule, qui, ayant son point de départ dans cet organe, se propage, au moyen du grand sympathique, dans les différentes régions de l'abdomen, remonte dans la poitrine, envahit la huitième paire et arrivée au cou, y détermine un sentiment de strangulation fort pénible, lorsque l'accès est complet, le trisplanchnique communique ses impressions aux nerfs moteurs par leurs fréquentes anastomoses et détermine des convulsions." — Les circonstances, qui prédisposent le plus à l'hystérie, sont une influence héréditaire, une constitution nerveuse, le sexe féminin et l'âge de 12—15 ans. (*Georget.*) — Erblichkeit der Epilepsie und Katalepsie erwähnt Lucas. — Toutes les affections organiques du cerveau se peuvent propager par la génération. (*Lucas.*)

Die Ideale des Schönen entwickeln sich mit dem aufwachsenden Jugendalter und würden den normalen Horizont bilden, wenn dieselben nicht gewöhnlich durch eingeschobene Gestalten mythologischer Religionen zum Theil verdeckt oder entstellt wären. Die ästhetischen Ideale bilden den Abschluss der Gedankenreihen nach oben, wie die der naturwissenschaftlichen Typen nach unten. Ueber beide vermag der Geist hinauszudringen und wird sich dann bei den letztern in das Spiel elementarer Kräfte vertiefen, in denen er, so nutzbringend und nothwendig ihre zeitweise Betrachtung ist, vergebens die befriedigende Anschauung suchen wird, die ihm der festabgeschlossene Typus gewährt. Ebenso wird es durchschnittlich rathsam sein, nicht hinauszustreben über die Schicht des ästhetischen Idealismus, die den Gesichtskreis des Publikums umschwebt. Er ist, seiner ursprünglichen Erzeugung nach, das Product des im Jüngling ungestüm gährenden Geschlechtslebens, um die zerstückelte Welt sich anschaulich zu vereinen, das seine Phantasie hinausschleudert; aber er wird sich consolidiren, ordnen und klären, wenn die volle Kraft des aufwachsenden Mannes verwendet wird, um in ihm der Breite nach auszuwachsen. Die naturgemässe Entwickelung im Guten schafft stets das Schöne. Der verwegne Pionier, der nicht rastet, bis er hindurchgedrungen und die anmuthigen Wolkengebilde hinter sich gelassen hat, wird eine leere Wüste vor sich sehen, in der die Anforderungen des täglichen Lebens nur Wenigen die genügende Zeit gönnen werden, die dahinter liegenden Gefilde zu erreichen. Er wird es beklagen, den sichern Hafen, wo die Tage in schöner und heiterer Umgebung dahinflossen, verlassen zu haben, jetzt, wo er sich auf wildem Meere umhergeworfen sieht, wo sein Auge vergebens nach einem neuen Ruhepunkt aussieht. Nur der, der jeden Augenblick seines Daseins der Fortbildung des Gedankens widmen kann, mag es wagen, im vertrauensvollen Selbstopfer, diesen in der ganzen Fülle seiner Lebensprocesse in die ewige Unendlichkeit ausströmen zu lassen, und dann mag er ahnen, wie sich dort auf's Neue aus jedem der an sich unvergänglichen Momente höhere Ganze, wo die Kunst sich im harmonischen Wissen erfüllt, zusammenordnen in idealistischer Harmonie.

In der zufälligen Relativität der Associationen, aus der alle unsere Vorstellungen hervorgehen, sind wir einem unbestimmten Meere unbefriedigenden Zweifels anheimgegeben, da die Berechtigung eines Gedankens über den andern nie auf irgend eine Weise zu begründen oder consequent durchzuführen ist, sondern immer schliesslich ihre völlige Indifferenz zugegeben werden muss. Aber in diesem Chaos eines ewigen Fliessens, Entstehens und Vergehens ist der feste Punkt des Beharrenden, der uns durch nothwendige Einfügung unsere Stellung im harmonischen Alle giebt, das organische Gesetz typischer Gestaltung, unter dem zusammengeordnet unsere Ideen im Bewusstsein hervorspringen. Der Chemiker mag durch seine Analysen die Gleichartigkeit des Idokras und Granats nachgewiesen haben, die ähnliche Zusammensetzung aus gleichen Grundstoffen beim Gersten- und Weizenkorn, doch wird immer jener in Quadraten, dieser in Dodecaëdern krystallisiren, wird das Weizenkorn eine Weizen-, das Gerstenkorn eine Gerstenähre hervortreiben. So ist es die Gesetzmässigkeit unserer geistigen Bildungen, die wir zu studiren haben werden, um zu festen Principien zu gelangen, und wie man die Achsen am leichtesten in vollkommenen und reinen Krystallen misst, so müssen wir auch die Ideen unseres Bewusstseins, möglichst ungetrübt durch die Eingriffe des Willens, nach ihren innewohnenden Verwandtschaftsverhältnissen anschiessen lassen. Dies innere Gesetz der Gestaltung, das in der Aussenwelt nur rückschliessend abgeleitet wird, zu verstehen, ist aber das Gebiet des denkenden Geistes, der dagegen nie hoffen darf, über seine eigenen Operationen, als integrirenden Theil eines Ganzen, jenen objectiven Ueberblick zu gewinnen, wie er umgekehrt unsere Kenntnisse des Macrokosmos schematisirt.

Nach der einfachsten Weltanschauung des Hellenismus kommt jedem Menschen seine Moira, sein Lebensantheil zu. In fortgeschrittenerem Geistesleben, als man die in dem Zusammenleben der Gesellschaft in einander wirkenden Lebensverhältnisse aufzufassen begann, als man in den Mechanismus der psychischen Kräfte einzudringen suchte, musste hier als Zufall, als freie Willkür erscheinen, was sich bei Unbekanntschaft mit den psychologischen Denkgesetzen nicht folgerichtig aus Ursache und Wirkung erklären liess. Wie der Mensch, so sein Gott, d. h. die nothwendige Complementirung, um sich (je nach dem Standpunkte, den er einnimmt) mit der Umgebung in Einklang zu setzen. Wirkte in dem Menschen ein freier Wille, der sich aber doch in seiner Freiheit beschränkt fühlte, so musste ein göttlicher Wille vorausgesetzt werden, dessen höherer Macht er sich unterzuordnen hatte. In dem energischen Staatsleben der Griechen rang sich der herrschende Zeus aus der Gewalt der fesselnden Moiren los. Das leichte Gewebe, mit dem sie die Welt durchspannen, wurde durch den Aufschwung des in der Sittlichkeit frei gewordenen Willens durchbrochen, den die Magie vergebens wieder in ihren Zauberkreis zu bannen suchte, der sich aber jetzt organisch dem harmonischen Kosmos einfügt. Nothwendigkeit und Freiheit sind nur relative Begriffe, der Herr handelt frei, wenn der Sklave muss. Der Sklave ist Herr in seiner Familie, der Herr ist Sklave des Königs. Im Recht gleichen sich die Freiheiten der Persönlichkeit zu gesetzlicher Nothwendigkeit aus, dann liegt die höchste Freiheit im unbedingtesten Zwang. Ein nach absoluter Willkür frei waltender Zeus kann dem Rechtsstaate nicht genügen. In dem durch das Firmament umschlossenen Weltgebäude knüpfen sich die Geschicke an die unveränderten Gestirne, in ihrem ewigen Kreislauf kreist der Wille des höchsten Gottes. Für uns ist das Firmament zertrümmert, sind die Sterne im Alle zerstreut, für uns dehnt ohne Anfang und Ende sich die Unendlichkeit vom selbstgegebenen Mittelpunkte aus, für uns bestehen zahllose Welten jenseits der vom Planetensystem gelaufenen Bahn. Für uns kann es keine letzte Ursache geben, denn unsere Gedanken, in unendlichen Reihen fortschreitend, suchen nach dem Letzten das Letzteste, nach dem Ersten das Erstere. Für uns kann es keinen absolut freien Willen geben, denn der freie Wille im Weltall würde das Princip der Selbstvernichtung sein. Des Menschen Wille ist frei auf Erden, im Kosmos folgt er dem organischen Gesetze. Der einheitliche Abschluss im Grossen und Ganzen darf nicht objectiv gesucht werden, wo er nie zu finden ist. Uns fehlt die Schranke des Raums, fehlen die Schranken der Zeit, die die geistige Bewegung durchbrochen hat. In einander schlingen sich die Fäden des harmonischen Kosmos ewiger Gesetze, sie schlingen den Knoten des wunderbaren Lebensräthsels, sie schlingen sich im eigenen Auge, im Auge allein sind sie zu lösen.

Quelques sujets (affectés de maladies nerveuses) disent sentir un gaz, un air, qui monte dans le trajet des ganglions à partir du plexus solaire et qui vient frapper le gosier, le plus souvent la tête, où il parait s'éparpiller. Ils disent éprouver un coup, qui vient faire, comme une explosion dans le cerveau, une sorte de commotion électrique, on dirait une colonne gazeuse, qui de proche en proche, arrive à la région supérieure avec la promptitude de l'éclair, le coup ressenti fait parfois tournoyer celui, qui l'éprouve, peut même le fair tomber et perdre connaissance. (*Meral.*) — Praesternebantur saepenumero deorsum infima corporis parte succussata ad eum modum, qui Veneri solet ascribi, oculis interim clausis, qui postea cum pudore aperiebantur, quum velut a multo labore respirarent, sagt Wier (1564) von den hysterischen Anfällen der Nonnen im Kloster Nazareth zu Cöln. — Die Convulsionisten (vom Teufel Besessenen) am Grabe des heiligen Metrophan, dessen unverwester Leichnam (1832) seine Heiligkeit bewies, wurden durch die Knute curirt, aber andere wirklich Kranke in das Hospital geschafft (in Russland). — Irenäus in seinem Enthusiasmus für die Glaubensunmittelbarkeit der Barbaren, welche, ohne Tinte und Papier, durch den heiligen Geist die alte Ueberlieferung treu im Herzen trügen, konnte selbst die unbedingte Nothwendigkeit schriftlicher Religionsurkunden in Frage stellen. (*Semisch.*) — Wenn ein Bild in unserem Auge, geknüpft an Oberwellen, nach seinem Erlöschen im Auge noch einen Erinnerungsnachklang hinterlässt, welcher eintritt in ein allgemeineres und höheres Reich von Erinnerungen und Gedanken des allgemeinen oder Hauptbewusstseins, so dürfen wir glauben, dass etwas Entsprechendes unseren Hauptwellen begegnen wird, sofern sie ihrerseits Oberwellen über einer tieferen Schwelle sind, und dass unsere Geister somit nach dem Tode eingehen in ein höheres Geisterreich, in Gott. (*Fechner.*)

Lillbopp erzählt von einer Person, die glaubte, dass ein Geist sie ergriff, und nachher mehrere Tage lang an der angegriffenen Stelle einen Schmerz fühlte, und einer andern, bei der diese Theile wirklich geschwollen waren, indem für den fixirten Schmerz und die plötzliche Geschwulst jene Erklärung genommen wurde. — Die Urticaria, die sich bei manchen Personen nach dem Genuss von Krebsen, wie von Erdbeeren zeigt, beruht auf einer Idiosynkrasie der latenten Sensibilität. Uebelkeit bei Geruch von Rosen erklärt aus der latenten Sensibilität des Magens Brehme. — Paossee (Concubine des Kaisers Yeosvang), die sich belustigte, die Soldaten durch falschen Feuerlärm zu allarmiren, hatte die Idiosynkrasie, das Zerreissen von Seidenzeug ein angenehmes Geräusch zu finden, so dass sie den Kaiser oft tagelang damit beschäftigte. — Bei eingeschlafenen Füssen wird oft geglaubt, deutlich ein Thier im Strumpfe zu fühlen. — Der Arminianer Harläus, der von Gomaristen aus allen Stellen vertrieben wurde (weil er nicht mit der Synode von Dortrecht glauben wollte, dass Gott die grössere Zahl der Menschen nur in der Absicht geschaffen habe, sie zu verdammen), zerrüttete in den religiösen Streitigkeiten seinen Geist in solcher Weise, dass er elendiglich starb, weil er, sich von Butter glaubend, dem Feuer nahe zu kommen fürchtete. Pinel erzählt den Fall eines Theologen, der sich für ewig verdammt glaubend, den Verstand verlor, und alle Irrenhäuser sind von religiös Wahnsinnigen voll, die, wie Dr. Ideler bemerkt, die grösste Zahl der Insassen ausmachen. — Die Schamanen haben oft viel von den Nachstellungen des bösen Geistes, dem sie sich ergeben haben, zu leiden (bei den Aleuten), und wenn sie ihm entfliehen wollen, tödtet er sie. — Der Dichter Medschnun (1687) verlor aus Liebe zu Leila seine Vernunft und wanderte Nachts umher, wie Orlando furioso. — v. Haller, der berühmte Wiederhersteller der Staatswissenschaften, hielt an dem Glauben fest, dass eine seit einem Jahrhundert fortgehende grosse Verschwörung der Encyclopädisten, Illuminaten, Jacobiner und Freimaurer bestehe. (*Mohl.*) — Ein verdienstvoller Professor einer deutschen Universität soll sich von einem seiner Collegen, als Spion einer andern benachbarten Regierung, unablässig verfolgt und beobachtet glauben.

Wenn der Schlafwachende im Hinterzimmer des oberen Stockes den Tritt des die Hausthüre öffnenden Besuches erkennt, so unterscheiden die Indianer der Prärie das Pferdegetrappel auf unglaubliche Distanzen, oder verfolgen die Canadenser die Fährten eines Thieres oder Menschen Tage lang, auch auf dem weichsten Grase, und sagen nach der Form der Fusstapfen, der Grösse der Schritte, Geschlecht und Nation des Menschen, den man beim Verfolgen finden wird, vorher, wie der Beduine aus tausenderlei, nur für ihn existirenden Anzeichen die Caravanen, die vorbeigezogen sind, die Zahl ihrer Thiere, den Stamm der Begleiter, die Art der Ladung bestimmt. Die Wilden am Missouri orientiren sich mit grosser Leichtigkeit in unbekannten Gegenden und verlieren auf ihren Wanderungen selbst in dunkler Nacht ihre Richtung nicht. — Hottentotten riechen oft das ferne Wasser und erkennen unterirdische Quellen, auch ohne Wünschelruthe, an dem aufsteigenden feinen Dunste. Kalmücken erkannten (nach Zimmermann) den Rauch oder Staub eines Heeres Meilen weit, den die Europäer mit Ferngläsern nicht sahen, und erfahren vor einem Fuchsbau durch den Geruch, ob der Fuchs darinnen war oder nicht. Die abnormen Empfindungen, die ein verstimmtes Nervensystem anleiten kann, sind aus den Gelüsten der Schwangern bekannt, und dass auch im Thierreiche sich Idiosynkrasien finden, zeigt die Wuth des Stiers beim Anblick des Rothen. — Keine Ursache ohne Wirkung, zunächst auf das speciell Einzelne und dann auf das Allgemeine. Nicht nur in einer mechanischen Berührung, sondern schon bei einer gewissen Annäherung, muss ein Körper auf den andern mehr oder weniger weitgreifenden Einfluss ausüben, da jeder Organismus natürlich die ihn umgebende Luft durch Athmungs- und Verdunstungsprocesse afficiren und so auf alles in den Bereich desselben Tretende zurückwirken muss. Die überwiegende Bedeutung, die man den daraus hervorgehenden Aeusserungen oft beigelegt hat, findet ihren Grund darin, dass Alles, was in gewohnter Weise seltener zur Anschauung kommt, wenn man es einmal aus der Gesammtheit der Erscheinungen, bei auffälliger Fesselung der Aufmerksamkeit, herausreisst und isolirt betrachtet und beobachtet, stets einen mystischen Character annimmt, als aus den richtigen Proportionsverhältnissen des Ganzen einseitig heraustretend. Ein unmittelbarer Contact zweier nackten Handflächen würde die hysterischen Somnambulen ihre magnetischen Gefühle bald nur als einen unbefriedigenden Uebergangszustand auffassen lassen. — Zeidler hält in der Sanduhr durch seinen Willen den herabrinnenden Sand auf, wie ein junger Mensch das Wasser in der umgekehrten Schale, und ich habe nach meinen bisherigen Versuchen Grund zu glauben, dass es durch Experimente gelingen werde, durch den blossen Willen die Krystallform während der Krystallisation abzuändern. (*Schindler.*) — Schindler giebt in seinem magischen Geisterleben (S. 308) eine kurze Literatur „durch glaubwürdige Zeugen festgestellter" Spukgeschichten, wie sie den Klopfgeistern vorangingen, von 1550 bis 1842. — Die Herren Rechtsconsulent Frass von Weinsberg, Dr. Sicherer von Heilbronn, Baron Hügel von Eschenau, Pfarrer Magenau zu Willspach, Dr. Seiffer von Heilbronn hörten alle das Rutschen, Trommeln, Schlürfen, das Rollen eines Wagens, das Krachen, Glockengeläute, Oeffnen und Zuschlagen der Kellerthür, Rasseln am Fenster, Rütteln an den Eisenstangen im Gefängnisse der Esslingerin und sahen das Werfen von Sand und Kalk. Im Staate Iowa fand Mr. J. Sergent unter den von aller Civilisation entfernten Indianern das Klopfen. (s. *Schindler.*) — Mrs. Fox, die beschuldigt wurde, den Laut mit ihrer grossen Zehe im Schuhe hervorzubringen, benutzte das Geisterklopfen (in New-York) zu ascetisch-mystischen Zusammenkünften. (*Spicer.*) — Nach Lambolle's Untersuchungen wurde das geheimnissvolle Tacken der Klopfgeister durch unwillkürliche Muskelsehnen-Bewegungen, besonders des Wadenmuskels erzeugt. — „Der Vitalismus ist das von unserem Willen losgelöste Walten unserer Lebenskraft nach ihrer eigenen Selbstbestimmung und in ihrem höheren Können," erklärt Cohnfeld. — Schiff erklärt das Geräusch der „Klopfhexen" aus dem Ueberspringen der Sehne des Peronaeus longus, wie er an sich selbst übte. — „Alles dieses bezeichne als Gemeinsames das Ausgeben eines gewissen menschlichen Einflusses, welcher von dem Menschen aus, die Gegenstände seiner Welt durchdringen und sich sowohl innerlich in ihnen und durch sie bewegen, als auch nach Umständen räumliche Bewegungen derselben an oder in ihnen hervorrufen kann, welche sich zu ihm verhalten als eine weitergreifende Fortsetzung seiner lebendigen sensiblen Bewegungskraft über seine gewöhnliche Sphäre hinaus, die ja ohnehin bei verschiedenen Menschen verschieden begrenzt scheint," meint Nees von Esenbeck von den Erscheinungen des

Tischrückens. — Schindler nennt die Trapezomantie das täuschende Abbild einer durch alle möglichen Einflüsse turbirten Thätigkeit magischen Seelenlebens. — Wird der Tisch mit Oel bestrichen oder eine Serviette aufgelegt, so bewegt er sich nicht, während die Hände darauf hin- und hergleiten, wie an den mit Oel bedeckten Wellen der Wind abgleitet. — Nach Damascius (bei Photius) erkannte Isidor im Dunkeln Schriftzüge und Personen. (*Suidas.*) — Ueber das Spinngewebe sieht das Auge nicht, indem es die durch das Licht in der Luft gezogenen Krystallreihen nur im Moment des Sehens empfindet, während sich die electrische Spannung, bei Annäherung einer gedrehten Maschine, noch von der feinen Haut des Gesichtes fühlen lässt. — In den Schriftstücken, die Graf Szapary von den unter seiner Leitung geschriebenen Manifestationen mittheilt, finden sich seine Ansichten, seine Theorie wiedergegeben. Seine Tischsomnambulen schreiben über die Trefflichkeit des Magnetismus, als Weltkraft, über den Gegensatz der electrischen und magnetischen Menschen, von Somnambulismus, als Geisteskraft u. s. w., kurz sie sind in die Ideen des Mannes eingegangen, der den Zirkel beherrscht, wie die Somnambule in die Gedanken ihres Magnetiseurs. (*Schindler.*) — Die Stimme eines wahrsagenden Geistes hat sich, wie aus Merlin's Grabe, aus dem Holze des Tisches vernehmen lassen, welche zwar nicht durch hörbare Worte, wohl aber durch Schrift und Zeichen dem Fragenden Antwort steht. Es ist nicht ein Echo der eigenen Stimme des Nervengeistes des fragenden Vorwitzes, welche die Orakelsprüche ertheilt, denn der Inhalt dieser Sprüche und die zum Theil unverkennbare Absichtlichkeit derselben bezeugt es uns, dass hier ein fremder Geist mit dem Menschen sein Spiel treibt, sagt G. H. v. Schubert. — Einige Menschen können den am Hammer wirkenden Spannmuskel des Paukenfelles nach Willkür wirken lassen, wodurch sich ein schwaches Knacken hört. Jeder aber vermag ihn durch Bewegung der grossen Kaumuskeln aus Miterregung zur Zusammenziehung zu bringen, wodurch sich im Ohre der feine Ton des mitschwingenden Trommelfelles empfindet. — Somnambule haben das Eintreten ihrer eigenen Nervenzufälle, kritischer Entleerungen und Blutungen bei sich und Andern vorher mit Genauigkeit angekündigt, weil die im Gehirne feststehende Ueberzeugung, dass ein solcher Anfall zur bestimmten Zeit eintreten werde, die Kraft hat, eine solche Modification der Nerventhätigkeit wirklich hervorzubringen. (*Calmeil.*) — Die plötzlichen Ohnmacht- und Schwindelanfälle beim Bandwurm beruhen auf der Bewegung dieses Thieres, wodurch der Magen, als Centrum des Gleichgewichts, in eine seiner Natur entgegengesetzte Richtung gedreht wird, und so, wie beim Erbrechen und dem Schaukeln, das Einheitsgefühl des ganzen Individuums aus dem Gleise bringt. — In einem grossen Saale müssen (für Mesmer's Curen) Alle schweigend zusammenkommen. In der Mitte steht ein hölzerner Kasten (baquet) mit eisernen Haken an seinem Deckel, mit denen sich ein Theil der Kranken in Verbindung setzt. Alle sind durch einen Strick, der um ihren Körper geschlungen ist, mit einander verbunden, die eigentliche Communication aber wird durch gegenseitiges Anfassen der Hände vermittelt. Von Zeit zu Zeit ziehen leise Klänge von menschlichen Stimmen, Töne eines Fortepiano, einer Harmonika durch das Zimmer. Der Magnetiseur mit einem eisernen Stabe geht mit langsamen Schritten einher, die Spitze des Stabes hierhin und dorthin bewegend. Oft legt er seine Hände auf den Bauch, auf die Seiten der Kranken, er lässt seine Finger über ihr Gesicht, über ihren Nacken hingleiten und fixirt dabei einzelne Frauen mit seltsamem Blick. Unter diesen Einflüssen zeigen sich bald verschiedene Symptome. Einige fangen an sich zu recken, sie gähnen, sie klagen über herumziehende Schmerzen, über ein Gefühl von Wärme in einzelnen Theilen des Körpers, Andere fallen in eine Art von Erstarrung oder in sehr heftige und lang anhaltende Convulsionen. [Das über den Körper dominirende Bewusstsein hält im Allgemeinen das ganze Nervensystem in einem in seiner Spitze sich abschliessenden Zustande der Spannung zusammengeordnet. Wird das Bewusstsein auf irgend eine Weise abgelenkt, dauernd fixirt und gefesselt, so muss es seinen Halt über den Körper, die gespannte Concentrirung der aus diesem zufliessenden Eindrücke fahren lassen, und die natürliche Folge ist, dass die in selbstständiger Unabhängigkeit plötzlich aus der gewohnten Controle losgelösten Körpernerven sich jetzt in diesem Zustande der Freiheit auch als solche, und nicht mehr in dem normalen Bezug zum Bewusstsein, fühlen werden, woraus die eigenthümlichen Empfindungen herumziehender Wonne- und Schmerzgefühle entstehen, sowie in dem Recken und Gähnen die Vorläufer des Schlafes, als desjenigen Zustandes, der normalmässig allein in dieser Loslösung vom Bewusstsein bekannt ist.] Männer verfallen selten in Convulsionen, wenn aber eine Frau einmal davon befallen wird, so folgen gewöhnlich die meisten der Anwesenden nach. Die Kranken gehorchen der Stimme, dem Blicke, der geringsten Bewegung des Magnetiseurs, und nach mehrmaliger Behandlung scheinen die Uebel, an denen sie gelitten, zu verschwinden oder doch verringert. (*Calmeil.*) — Die von der Academie der Wissenschaften zur Prüfung von Mesmer's Theorien (1784) ernannten Commissarien liessen sich verschiedene Male von d'Eslon magnetisiren, ohne irgend eine Wirkung zu verspüren. Die Dame P., der man bei verbundenen Augen einredete, dass d'Eslon zugegen sei, um sie zu magnetisiren, empfand nach drei Minuten nervösen Schauer, Kopfschmerz und Ameisenkriechen, worauf der Körper starr wurde. Die Dame B. zeigte die gewöhnliche Krise mit Verdrehung des Körpers, als man sie überredete, dass d'Eslon hinter der verschlossenen Thür stehe, um sie zu magnetisiren. Bei Ungewissheit, welche unter verschiedenen Tassen die magnetisirten wären, brachten auch nicht magnetisirte die Krisen hervor. Eine Nähterin wurde in einer Gesellschaft eine halbe Stunde lang, ohne es zu wissen, magnetisirt und zeigte keinen Effect, hatte aber sogleich ihren Anfall, als man in ihrem Beisein zur Magnetisirung Anstalten machte, obwohl es dann mit entgegengesetzten Polen, die die Wirkung hätten aufheben müssen, geschah. Ein Knabe, für den d'Eslon einen Baum magnetisirt hatte, zeigte die erwarteten Anfälle in weiter Entfernung bei verschiedenen nicht magnetisirten Bäumen. Nach Bailly's Resumé kann die Einbildungskraft allein die beobachteten Erscheinungen hervorrufen. In der Mehrzahl der Fälle (sagt Bailly) beginnen die magnetischen Krisen erst nach zwei Stunden, denn bei längerer Dauer werden die Eindrücke stärker und lebendiger. Man kann dieselbe Bemerkung bei öffentlichen Schauspielen machen. Eine grosse Zuschauermenge macht die Theilnahme und die Erregung eines Einzelnen zu einer allgemeinen, die auf jeden Einzelnen wieder zurückwirken muss. In der Schlacht verbreitet sich die Begeisterung des Muthes ebenso, wie die Furcht und der Schrecken mit der Schnelligkeit eines Blitzes, das Gewirbel der Trommeln, der Donner des Geschützes versetzt alle Gemüther in dieselbe Bewegung. Dieselbe Ursache erzeugt Revolten, nur die Einbildung beherrscht hier die Menge. In zahlreichen Versammlungen gehorchen die Menschen mehr den augenblicklichen Sinneseindrücken, als den Beschlüssen ihres Verstandes. [Die rasche Verbreitung des psychischen Contagiums ist dasjenige, was den die

Gesellschaft beherrschenden Ideen ihren gleichartig nationalen Ausdruck giebt. Das ruhig geordnete Fortbestehen des Staates verlangt eine gewisse Stabilität des geistigen Horizontes, der durch den Character der Heiligkeit den unsteten Schwankungen der öffentlichen Meinung des Augenblicks entzogen sein muss, indem sonst eben jeder geschickte Demagoge das Volk zu Revolutionen fortzureissen lernen wird, wie der geübte Methodistenprediger zu Revivals. Besser aber, als durch den morschen Stab einer anachronistischen Religion, wird der Staat durch eine Jugenderziehung auf Basis der Naturwissenschaften gestützt sein, indem ihre Resultate eben die Gesetze des Denkens selbst zum klaren Bewusstsein bringen und fortan nicht mehr willkürliche Ansichten, sondern nur die Ergebnisse nothwendig durch sich selbst bedingter Rechnungen in den Entscheidungen zulassen werden.] Es ist deshalb ein richtiges Mittel, dass man in aufrührerischen Städten öffentliche Versammlungen verbietet. Wenn man die Individuen isolirt, so beruhigt man die Gemüther, die öfter wiederholten Eindrücke werden im Magnetismus zur Gewohnheit. Man braucht nur durch dieselben gegebenen Umstände die Erinnerung wieder zu erwecken, ohne auf's Neue der ganzen Procedur zu bedürfen. Man darf den Kranken mit verbundenen Augen nur sagen, dass man sie magnetisiren wolle, um die frühern Empfindungen wieder entstehen zu lassen. Die Gewohnheit verändert allmählig die Natur des Menschen. So kann der zuerst willkürlich erzeugte Zustand der Krise habituell werden, dann aber ist er zur Krankheit geworden, und die Medicin begeht ein Unrecht, wenn sie selbst zur Erzeugung solcher Zufälle beiträgt, ein um so grösseres Unrecht, weil das Uebel sich über ganze Städte verbreiten kann und die nachfolgenden Geschlechter vergiftet, da die Krankheiten der Eltern auf die Kinder übergehen. (*Bailly.*) — Die Exaltation und fast fieberhaft begeisterte Aufregung, von der viele Magnetiseure (gleich de Puységur) fortgerissen wurden, war sicherlich nicht der richtige Zustand, um nur die Erscheinung klar und umfassend wahrzunehmen. Zur Beobachtung so complicirter Zustände, wie sie der Somnambulismus bietet, gehört mehr, wie zu jeder andern, die ruhigste Ueberlegung und kaltblütigste Besonnenheit. (*Calmeil.*) — Wenn der Somnambulismus durch die Kunst bewirkt ist, so scheint die ganze Reihe von Symptomen das Resultat äusserer physicalischer Einwirkungen zu sein, während man doch nie vergessen darf, dass es nicht die Action eines besonderen Fluidums, sondern nur die Erregung der Nervencentren durch die Exaltation der Einbildungskraft ist, welche den zuerst künstlich erzeugten Somnambulismus jedesmal zu einem spontanen macht. (*Calmeil.*) — Bei länger anhaltendem Auflegen der Hände auf den Tisch (indem man sorgfältig alle andere Berührung vermeidet) wird demselben schon ein Druck (der bei fortgehender Verrückung des Gleichgewichts zur Bewegung weiterschreiten muss) mitgetheilt, indem sich der Körper auf seinen verschiedenen Stützpunkten balancirt (ähnlich dem auch von den Derwischen geübten Aufheben eines liegenden Mannes im Moment des Einathmens). Bei anhaltend einförmiger Spannung des Willens fällt derselbe aus dem Bewusstsein heraus (in gleicher Weise, wie ein beständiges Mühlengeklapper allmählig nicht mehr gehört wird), und da er den Impuls zum Agiren durch die angenommene Stellung schon eingedrückt enthielt, mag er anregend und bewegend fortwirken auf dem Gebiete reiner Reflexthätigkeit, der beim mechanisch gewordenen Marschiren auch das tactmässige Schwingen der Beine folgt. Dass bei den in erzwungener Position ausgestreckt gehaltenen Armmuskeln sich längs der Nervenstränge Sensationen electrischer Strömungen (besonders bei Sensitiven) bemerkbar machen werden, ist eine im Organismus nothwendig begründete Erscheinung.

Wenn wir auf den Ruhezustand eines Körpers verändernd einwirken, so geschieht es meistens unter der Form des Hebens, indem wir, um der fesselnden Schwerkraft entgegenzuwirken, die Muskeln, an einen festen Stützpunkt des Knochengerüstes angestemmt, als Hebel wirken lassen. Der dazu nothwendige Eingriff des fixirten Willensentschlusses ist dabei nur eine secundäre Erscheinung, die zu dem eigentlich Bedingenden der Bewegung, der Mittheilung des Impulses, hinzutritt. Der letztere summirt sich aus einer unendlichen Masse elastischer*) Faserbündel, die in ihr durch den Widerstand der äussern Berührung gestörtes Gleichgewicht zurückzugehen streben und so in dem mannigfaltigen Complex der Muskelbündel bedeutendere Resultate erzielen können, als wenn ein einzelner Faden oder eine aufgerollte Feder durch ihr Zurückspringen das Entgegenstehende vor sich herschiebt. Je stärker der Widerstand, desto fester muss sich die Feder spannen, und diese Spannung vermittelt sich im thierischen Organismus durch die entsprechende Anordnung des Knochengerüstes, woran die Muskeln ansetzen, meistens unter dem Einfluss des deutlichen Willens. Das bewusstlose Fortschieben eines relativ leichten Gegenstandes, auf dem man längere Zeit mit den ausgestreckten Armmuskeln, durch Auflegung der Hände, ruht, ergiebt sich daraus, dass die Elasticität der Fibrillen immer mehr oder weniger entschieden zur Abgleichung ihrer Spannung streben wird. Finden sie also bei gewaltsamer Unterdrückung eines dahingehenden Willensentschlusses nicht die entsprechende Anordnung in dem Fulcrum der Knochen, um das sie sich drehen, so werden sie unter sich selbst, in ihrem eigenen elastischen Gewebe, den ruhenden Punkt des Gleichgewichtes suchen und eine Reihenfolge von Contractionen und Expansionen hervorrufen, in ähnlicher Weise, wie bei jeder localen Reizung des Intestinal-Canals unregelmässig wurmartige Bewegungen auftreten können (ausser, neben oder innerhalb der normal peristaltischen, die vom Anfangs- nach dem Endpunkte verläuft) und bei den wirbellosen Weichthieren an allen Stellen des ganzen Körpers. Hat sich dann dieses System ausgleichender Kräfte in den Muskeln der Finger, Hände und Arme einmal hergestellt, so werden die unwillkürlichen Explosionen noch für einen längeren Zeitraum hinaus fortdauern, weshalb, wenn dieses künstliche Zusammenwirken durch die Vorbereitung eines längeren Schliessens der Kette einmal hergestellt ist, auch bei temporärer Unterbrechung derselben die bei ihrer nicht zu lange hinausgeschobenen Wiederherstellung berührten Gegenstände ebenfalls noch in Bewegung gesetzt werden mögen. — Die Versuche über die electrischen Häuser in New-York und überhaupt den Staaten, wo die im Winter lange geschlossenen und geheizten Räume durch die Teppichbedeckung, die Vorhänge, die Metallgefässe und Gasverbrennung vielfach bei angehäufter Gesellschaft electrische Spannungen anregen, sind für die Erklärungen des Geisterklopfens und der Communicationen mit der world of spirits zu beachten, da sich in den verschiedenen Clubs schon

*) Die Elasticität selbst ist nur eine Folge der Einwirkung der Schwerkraft auf die kleinsten Theilchen, indem eine indifferente Membran, in der nicht einzelne Ganze durch gegenseitig sich ausgleichende Kräftecomplexe (wie beim Krystall) selbstständig gebunden sind und also von jener nur nach dem Schwerpunkt ihrer Totalität influenzirt werden oder (wie bei starren Materien) sich aufeinander stützen, eine alle Molecule gleichmässig befriedigende Lage annehmen, nach gewaltsamer Aufrollung also sich strecken muss.

Systeme darüber herauszubilden anfangen. Einige africanische Götter erscheinen mit den aus Sassaholz gemachten Möbeln seit dem lebhafteren Handelsverkehr aus Yoruba importirt. Ein Ungebildeter, der keine Kenntniss von der Reibungselectricität hat, wird durch das Spinnewebegefühl in der Nähe des Apparates überrascht sein oder in der Einwirkung des Magnetes auf seinen Organismus, sowie auf den von Pferden und Hunden etwas Wunderbares sehen wollen; aber der Naturforscher darf diese Erscheinungen nur auf dem gewöhnlichen Wege seiner Untersuchungsmethode behandeln, darf denselben nicht weiter etwas Mysteriöses zuschreiben, als der letzte Grund alles seines Wissens mysteriös ist. Aus der häufig von einzelnen Individualitäten vermehrten Electricität (d. h. unserer physikalisch verständlichen Electricität, nicht dem Spukgebilde der Phantasten) erklären sich die Bewegungen der Geräthschaften, das Zerspringen der Scheiben in den verrufenen Gespensterhäusern Englands und Deutschlands, und erst neuerlich (1859) wurde dieses bei einer Magd in Triest durch wissenschaftliche Untersuchungen als der Grund von Erscheinungen erkannt, die schon Manchen zum Scheiterhaufen geführt haben. Prof. Loomis erzählt, wie Sprachrohre und Thürklinken Schläge ertheilten, wie die eingeschrumpften Möbel krachten. Das in einigen Personen beim Niedersetzen bemerkbare Knacken der Gelenke findet sich constant bei den Rennthieren, wo die Hufe zusammenschlagen. — Die Vorgänge des Processes beim Gewitter lassen sich im Einzelnen nicht weiter verfolgen, aber es ist schon genug aus ihnen bekannt, um darin das Wirken derselben Gesetze der Electricität zu sehen, die aus Experimenten zugänglicher Verhältnisse bekannt sind. Schlägt der Blitz in ein Haus ein, so findet man vielfach die beweglichen Möbel umgeworfen und umhergeschleudert, was von den durch die Detonirungen chemischer Verwandtschaften plötzlich ausgedehnten und verdichteten Luftmassen herrühren muss. In ähnlicher Weise mögen in den mit Electricität gefüllten Zimmern sich bestimmte Rapporte zwischen einzelnen Gegenständen, wo jene besonders angehäuft ist, mit der durch jeden Lebensprocess freiwerdenden Electricität sensibler Individuen, die sich dann als Medium constituiren, bilden und Wirkungen hervorbringen, die diesen anfangs selbst unbegreiflich sind, die sich aber bald, je nach dem saturirten Vorstellungskreis, den man in dieselben hineinträgt, zu phantastischen Theorien ausbilden werden, wo man die gewünschten Gestalten sieht oder zu hören meint und dem Glauben daran selbst neue Anhänger heranzieht, so dass, wie einst in den Hexenprocessen, es schwer wird, Trug und Selbstbetrug zu unterscheiden. — Wie weit man in Einzelnheiten eindringt, hängt durchaus von Umständen ab. Mit der Annahme des omne vivum ex ovo schien die Hauptsache erklärt, aber indem wir unter dem Mikroskop die Organe wieder in ihre Elementartheile auflösen und das Herabsteigen des Pollen in die Kernwarze der Samenknospe und sein Verhältniss zu den verschiedenen Geweben betrachten, häufen sich, statt sich zu vermindern, die Schwierigkeiten, mit einer letzten Ursache abzuschliessen. Noch grösser sind sie bei Untersuchung des Thier-Embryo, wo man nicht so sehr in der Gewalt hat, für jedes Uebergangsstadium Objecte zur Beobachtung zu gewinnen; aber auch hier lässt sich aus Analogien das allgemeine Gesetz des Processes entwickeln. Derselbe Maassstab naturwissenschaftlicher Forschungsmethode muss an jeden Gegenstand angelegt werden. Entweder muss Alles auf Erden, wenn es in Beziehung zum Absoluten gesetzt wird, ein Wunder genannt werden, oder, in den relativen Beziehungen aufgefasst, Nichts. — Ob bei der Berufung auf eine göttliche Sendung der Candidat sich zum

Irrenhaus oder zum Prophetismus reif erweist, wird von der subjectiven Auffassung der Zuhörer abhängen. Beim Zurückführen aller Verhältnisse auf eine letzte Ursache muss sich auch die Begeisterung natürlich daraus erklären, aber die übernatürliche Inspiration der Gottheit kann nur von dem als solche verstanden werden, der selbst spiritueller Erregung fähig ist, während der im beschränkten Kreis des gewöhnlichen Lebens Fortraisonnirende ihre vergrösserte Brechung im Kopfe des damit Erfüllten auf die abnorme Thätigkeit seines Verstandesorgans schieben und dieses zu curiren suchen wird.

www.ingramcontent.com/pod-product-compliance
Lightning Source LLC
Chambersburg PA
CBHW022124020426
42334CB00015B/743

* 9 7 8 3 7 4 1 1 6 8 8 7 1 *